푸틴의 사람들

푸틴의 사람들

러시아를 장악한 KGB 마피아와 대통령의 조직범죄

캐서린 벨턴 지음 박중서 옮김

일러두기
• 옮긴이주는 각주로 표시했습니다.

이 책은 실로 꿰매어 제본하는 정통적인 사철 방식으로 만들어졌습니다.
사철 방식으로 제본된 책은 오랫동안 보관해도 손상되지 않습니다.

나의 부모님 마저리와 데릭에게,
또 리처드에게, 아울러 캐서린 버킷에게 바친다.

「러시아의 범죄 조직 지도자들, 그 구성원들, 그 관련자들이 서유럽으로 옮겨 오는 중입니다. 그들은 부동산을 매입하고, 은행 계좌를 개설하고, 회사를 설립하고, 사회 조직으로 스며들고 있으므로 유럽이 경각심을 갖게 될 즈음에는 때가 너무 늦어 버리고 말 것입니다.」

전직 미국 연방 수사국FBI 특수 요원, 밥 레빈슨

「저는 미국인에게 경고하고 싶습니다. 전체적으로 당신네는 러시아에 대해서나 그 나라의 의도에 대해서나 매우 순진하기 짝이 없다고 말입니다. 당신네는 소련이 더는 존재하지 않기에 러시아가 친구일 거라고 믿습니다. 하지만 실제로는 그렇지 않습니다. 저는 오늘날 러시아 해외 첩보부SVR이 어떻게 미국을 파괴하려 시도하는지를, 심지어 냉전 시대 동안 국가 보안 위원회 KGB가 했던 것보다도 더 심하게 그러는지를 당신네한테 보여 줄 수도 있습니다.」

과거 뉴욕 주재 SVR 대령, 세르게이 트레티야코프

차례

블라디미르 푸틴 및 주요 사건 연보

1952년   10월 7일 푸틴, 레닌그라드(현 상트페테르부르크)에서 출생.

1975년   푸틴, 레닌그라드 국립 대학 졸업 후 국가 보안 위원회 KGB
            취직.

1982년   KGB 해외 첩보부, 시장 경제로의 이행 준비 시작.

1983년   푸틴, 류드밀라와 결혼.

1984년   9월 푸틴, 소령 진급 및 KGB 붉은 깃발 학교 입학.

1985년   3월 11일 미하일 고르바초프, 소련 공산당 서기장 취임.
            이후 페레스트로이카(개혁)와 글라스노스트(개방) 정책 추진.

            4월 28일 푸틴, 첫째 딸 마리아 출생.

            8월 푸틴, KGB 독일 드레스덴 지부 부임.

1986년   8월 31일 푸틴, 둘째 딸 카테리나 출생.

1987년   푸틴, 중령 진급.

1988년   KGB, 동독 붕괴에 대비한 루치 작전 추진.
         푸틴, 이에 관여했다는 의혹을 받음.

1989년   11월 9일 베를린 장벽 붕괴.

1990년   2월 푸틴, 독일 근무를 마치고 귀국하여 레닌그라드 국립 대학
         취직.

         3월 14일 고르바초프, 소련 초대 대통령 당선.

         5월 아나톨리 솝차크, 레닌그라드시 의회 의장 취임.
         푸틴, 솝차크의 측근이 됨.

         8월 소련 공산당, 비가시적 경제 창설 명령.

         11월 샬바 치기린스키, 도널드 트럼프와 첫 만남.
         이후 크렘린과 연계된 러시아 사업가들이 연이어 트럼프를
         지원함.

         12월 5일 푸틴, KGB 드레스덴 지부 건물 앞에서 시위대와 대치.

1991년   6월 12일 보리스 옐친, 러시아 초대 대통령 당선(초선).
         솝차크, 상트페테르부르크 시장 당선.

         6월 28일 푸틴, 상트페테르부르크시 해외 관계 위원회 위원장
         취임.

이후 물물 교환 계획 추진으로 훗날 의혹이 제기됨.

8월 18~21일 소련 보수파 쿠데타 발발.

8월 21일 푸틴, KGB 사직.

10월 옐친, KGB 폐지. 주요 업무를 연방 보안부 FSB와 해외
첩보부 SVR 등의 기관으로 분리.

12월 소련 해체.

1993년 10월 4일 옐친, 러시아 정부 청사 벨리 돔에 포격 명령. 소련
해체 이후 경제 정책의 실패로 의회와 갈등을 빚다가 나온
극단적 조치로 크나큰 비판을 초래함.

12월 러시아, 국민 투표로 새로운 헌법 채택 및 의회 선거 실시.

1994년 3월 푸틴, 상트페테르부르크 제1부시장 임명. 이 기간 동안
측근들과 함께 각종 이권에 개입하고 심지어 범죄 조직과도
협력했다는 의혹이 제기됨.

12월 제1차 체첸 전쟁 발발(1996년 8월까지).

1995년 러시아 정부의 주식 담보 대출 경매로 신흥 재벌 올리가르히
대거 등장.

1996년 6월 솝차크, 상트페테르부르크 시장 선거 패배(재선 실패).

7월 옐친, 대통령 당선(재선).

8월 푸틴, 크렘린 해외 재산부 책임자 임명.

1997년   3월 26일   푸틴, 크렘린 통제국 책임자 임명.

11월 7일   푸틴, 솝차크의 국외 도피 주선.

1998년   5월 25일   푸틴, 대통령 행정실 지역 담당 행정 제1부실장 임명.

7월 25일   푸틴, FSB 부장 임명.

8월   러시아 금융 위기.
루블화 평가 절하 및 채무 불이행 선언.

9월   예브게니 프리마코프, 총리 임명.

1999년   1월   스위스 검찰, 마베텍스 압수 수색.
옐친 패밀리의 뇌물 스캔들 급부상.

3월 9일   푸틴, 연방 안보 회의 서기 임명.

3월 17일   유리 스쿠라토프, 검찰 총장 비디오 스캔들.

5월 19일   세르게이 스테파신, 총리 임명.

여름   뉴욕 은행 돈세탁 계책 혐의에 대한 미국 정부의 수사
개시.

8월   제2차 체첸 전쟁 발발(2009년 4월까지).

8월 9일   푸틴, 총리 임명.

9월   부이낙스크와 모스크바 등지에서 연쇄 폭탄 테러로
사망자 300명 이상 발생.

9월 22일   랴잔 아파트 폭파 미수 사건. 이후 FSB의 자작극
의혹이 제기됨.

12월 31일 옐친, 대통령 조기 퇴진 발표.
푸틴, 대통령 권한 대행 임명.

2000년 2월 19일 솝차크 사망.

3월 26일 푸틴, 러시아 대통령 당선(득표율 53퍼센트).

5월 7일 푸틴, 대통령 취임식 거행.

5월 11일 메디아 모스트의 NTV에 대한 압수 수색.
이후 그 소유주인 블라미디르 구신스키를 체포하는 등 러시아
언론에 대한 크렘린의 탄압이 본격화함.

6월 푸틴, 모스크바에서 빌 클린턴과 정상 회담.

8월 12일 잠수함 쿠르스크호 침몰 사건. 탑승자 118명이
사망하면서 푸틴의 늑장 대응에 비난이 쏟아짐.

11월 7일 보리스 베레좁스키, 해외 망명 발표.
이후 영국에 거주하며 푸틴 반대 활동에 전념.

2001년 9월 11일 미국, 9·11테러 발생.
푸틴, 미국의 〈테러와의 전쟁〉에 협조 의향 시사.

11월 7~16일 푸틴, 미국 방문.

12월 1일 통합 러시아당 출범.

2002년 5월 7일 조지 W. 부시, 탄도탄 요격 미사일 협정 탈퇴 발표.

6월 16일 푸틴, 부시와 정상 회담.

10월 23일 두브롭스카 음악당 농성 사건 발생.

10월 26일 체첸 테러리스트의 인질극 진압 도중 170명 이상
사망.

2003년 2월 미하일 호도르콥스키, 푸틴과의 회동에서 자국의 부패
상황에 관해 일침.
이후 그의 회사 유코스에 대한 검찰 수사가 이어지며 본격적인
탄압이 시작됨.

6월 로만 아브라모비치, 첼시 FC 매입.
서방에서의 러시아 영향력 증대를 위한 푸틴의 지시라는
의혹이 제기됨.

6월 22~26일 푸틴, 영국 방문.

10월 25일 호도르콥스키, 사기 및 탈세 혐의로 체포.

12월 7일 통합 러시아당, 의회 선거 승리(득표율 38퍼센트).

2004년 2월 24일 푸틴, 미하일 카시야노프 총리 해임.
이로써 옐친 정부의 마지막 유임자가 사라지며, 푸틴의 이너
서클이 권력을 완전히 장악함.

3월 15일 푸틴, 대통령 당선(재선).

4월 12일 유간스크네프테가스 매각.
이후 최종적으로 이고리 세친의 로스네프트에 넘어감.

9월 1~3일 베슬란 초등학교 농성 사건 발생. 체첸
테러리스트의 인질극 진압 과정에서 어린이 186명 포함
사망자 330여 명이 발생하자, 정부의 무리한 대응을 놓고
비판과 의혹이 제기됨.

1월 13일 푸틴, 지역 주지사와 시장 등을 선출하는 지방 선거
폐지 발표.

1월 22일 호도르콥스키, 항소 재판에서 징역 8년 형 확정.
무리한 기소와 판결로 러시아 사법 시스템 훼손의 상징이 됨.

11월 우크라이나, 오렌지 혁명 시작.
대통령 선거의 부정 의혹에 대한 항의 시위로 시작, 12월의
재선거에서 야당 후보 빅토르 유셴코가 승리하며 정권 교체.

2005년 4월 푸틴, 대국민 연설. 당시 민족주의 색채를 본격적으로
드러내는 한편, 소련 붕괴를 〈20세기의 가장 큰 비극〉이라고
발언해서 논란을 일으킴.

미상 우크라이나 동부에서 친러시아 분리주의 세력이
도네츠크 공화국 운동 시작.

2006년 1월 1일 러시아, 우크라이나에 가스 공급 중단.
유셴코, 러시아와의 이면 거래 합의로 사태를 해결했지만
결과적으로는 반러시아 진영의 분열로 이어짐.

7월 로스네프트, 런던 증권 거래소에서 기업 공개.
이후 크렘린의 민간 기업 몰수와 에너지 산업 장악을 서방이
묵인한 셈이 되면서, 러시아 기업의 해외 주식 공모가
활발해짐.

10월 7일 언론인 안나 폴리트콥스카야 암살.

11월 영국 망명 중인 전직 FSB 간부 알렉산드르 리트비넨코
암살.

2007년 4월 23일 옐친 사망.

7월 2일 푸틴, 뮌헨 안보 회의 연설. 당시 냉전 이후 미국
중심의 세계 질서를 비판하며 서방을 향한 경고를 내놓아
논란을 일으킴.

12월 2일 통합 러시아당, 의회 선거 승리(득표율 65퍼센트).

2008년 3월 2일 드미트리 메드베데프, 대통령 당선(득표율
71퍼센트)

5월 7일 메드베데프, 대통령 취임.

5월 8일 푸틴, 총리 임명.

8월 8~13일 러시아, 조지아와 5일간 무력 충돌.

9월 전 세계 금융 위기 발생.
러시아에서는 푸틴 정권의 긴급 원조로 구제된 올리가르히가
더욱 크렘린에 종속되는 결과를 낳음.

11월 4일 버락 오바마, 미국 대통령 당선.

2009년 7월 6일 오바마, 러시아 방문. 메드베데프 대통령과 푸틴
총리와 회동.

2010년 1월 17일 빅토르 야누코비치, 우크라이나 대통령 당선.

2010년~2011년 아랍의 봄. 중동 전역의 권위주의 정권 전복을 러시아
정부도 예의 주시 함.

2011년   9월   푸틴, 대통령 선거 재출마 계획 발표.

12월 4일   통합 러시아당, 의회 선거 승리(득표율 50퍼센트).

12월 10일   의회 선거 부정에 대한 항의 성격으로, 모스크바와
여러 도시에서 수만 명이 참석한 시위 발생.

2012년   3월   게르만 고르분초프, 런던에서 피격 이후 몰도바 세탁소
돈세탁 계책 폭로.

3월 4일   푸틴, 대통령 당선(삼선, 득표율 64퍼센트).
대통령 임기 4년에서 6년으로 변경.

5월 8일   메드베데프, 총리 임명.

2013년   3월 23일   베레좁스키, 망명지 영국에서 의문사.

6월 6일   푸틴, 이혼 발표.

12월   호도르콥스키, 10년 만에 석방.

2014년   2월 7~23일   소치 동계 올림픽 개최.

2월 20일   우크라이나 마이단 광장 학살 사건. 당시 반정부
시위 도중 경찰 발포로 100여 명의 사망자가 발생하자,
야누코비치 대통령이 해외로 도피하고 임시 정부가 들어섬.

2월 27일   친러시아 세력, 크림반도 점령.

3월 16일   러시아, 국민 투표를 거쳐 크림반도 합병 선언. 당시
전 세계의 비판 쏟아짐.

4월 6일   우크라이나 돈바스 전쟁 발발.

7월 17일 우크라이나 동부 친러시아 분리주의 세력의
말레이시아 여객기 격추 사건.

2015년   2월 거울 매매 돈세탁 계책 관련 도이체 방크 모스크바 지점
압수 수색. 배후에 FSB와 범죄 조직의 연계가 있다고 의심됨.

2월 27일 야당 지도자 보리스 넴초프 암살.

6월 세르게이 푸가체프, 영국에서 프랑스로 도피.

9월 우크라이나 동부, 친러시아 분리 세력과의 무장 충돌
임시 휴전.

9월 30일 러시아, 공습 개시로 시리아 내전에 개입. ISIS 공격
명분으로 동맹자인 바샤르 알아사드 정권 지원.

2016년   4월 3일 파나마 문서 유출. 푸틴 정권의 이너 서클의 역외
금융 이용 내역이 공개됨.

6월 트럼프, 공화당 대통령 후보 선출.

6월 9일 트럼프 측근과 러시아 인사들의 비밀 회동.

7월 러시아, 미국 대선 개입 관련 의혹 제기.

9월 18일 통합 러시아당, 의회 선거 승리(득표율 55퍼센트).

11월 트럼프, 미국 대통령 당선.

2017년   5월 러시아의 미국 대선 개입 의혹 수사를 위한 특검 출범.

2018년   3월 18일 푸틴, 대통령 당선(사선, 득표율 77퍼센트).

6~7월 러시아 월드컵 대회 개최.

6~12월 연금법 개혁에 반발하는 시위가 일어나며 푸틴
지지율 급락.

2019년 9월 17일 통합 러시아당, 의회 선거 승리(득표율 50퍼센트).

2020년 1월 16일 미하일 미슈스틴, 총리 지명.

6월 25일~7월 1일 러시아 헌법 개정 국민 투표 실시.
78퍼센트의 찬성표로 푸틴의 대통령 임기 제한이 사실상
없어지는 등의 내용이 담긴 개정안 통과.

2022년 2월 24일 러시아, 우크라이나 침공.

8월 30일 고르바초프 사망.

9월 30일 러시아, 우크라이나 동부 루한스크, 도네츠크,
헤르손, 자포리자 병합.

등장인물

블라디미르 푸틴의 이너 서클, 즉 실로비키

이고리 세친 Igor Sechin   푸틴의 신뢰받는 문지기. 상트페테르부르크 출신의 전직 KGB 공작원. 푸틴의 크렘린 행정 부실장으로 권력을 얻어서 러시아의 석유 부문에 대한 국가의 장악을 지휘했다.

니콜라이 파트루셰프 Nikolai Patrusev   KGB의 후신인 연방 보안부FSB의 위세등등한 전직 대표로, 현재는 연방 안보 회의 서기이다.

빅토르 이바노프 Viktor Ivanov   전직 KGB 간부. 레닌그라드 KGB에서 푸틴과 함께 근무했고, 푸틴의 첫 번째 대통령 임기 동안 크렘린 행정 부실장으로 재직하며 직원들에 대한 감독을 담당했으며, 경제 분야에 대한 크렘린의 최초 확장을 주도했다.

빅토르 체르케소프 Viktor Cherkesov   전직 KGB 고위 간부. 상트페테르부르크 FSB를 지휘했으며, 푸틴의 멘토였다. 이후 푸틴을 따라 모스크바로 와서 가까운 자문 위원으로 남았으며, 처음에는 FSB 부국장으로 재직하다가, 나중에는 연방 의약품 관리청을 담당했다.

세르게이 이바노프 Sergei Ivanov   전직 레닌그라드 KGB 간부. 1990년대에 러시아 해외 첩보부에서 역사상 가장 젊은 장군 가운데 한 명이 되었으며, 푸틴 대통령 치하에서 위상이 높아지며 처음에는 국방 장관으로 재직했고, 나중에는 크렘린 행정실장으로 재직했다.

드미트리 메드베데프^{Dmitry Medvedev} 전직 변호사. 20대 초에 상트페테르부르크시(市) 행정부에서 푸틴의 보좌관으로 근무하기 시작해서, 이후 푸틴의 행보를 가까이에서 동행했다. 크렘린에서는 행정 부실장을 거쳐 행정실장까지 승진했으며, 이후에는 푸틴을 잠시 대신하여 대통령이 되었다.

보관인, 즉 KGB와 연계된 사업가

겐나디 팀첸코^{Gennady Timchenko} 전직 KGB 공작원이라는 설이 있다. 소비에트 무역 분야의 여러 직위를 거치며 승진한 끝에, 소비에트 붕괴 이전 석유 제품에 대한 최초의 독립 무역업체 가운데 한 곳의 공동 설립자가 되었다. 1990년대 초부터 푸틴과 긴밀하게 일해 왔고, 몇몇 관련자의 증언에 따르면 소비에트 붕괴 이전부터 그렇게 해왔다고 한다.

유리 코발추크^{Yuri Kovalchuk} 전직 물리학자. KGB와 연계된 다른 사업가들과 함께 상트페테르부르크의 은행 방크 로시야를 차지했는데, 미국 재무부에 따르면 이 은행은 푸틴과 다른 러시아 고위 공직자들의 〈전용 은행〉이었다.

아르카디 로텐베르크^{Arkady Rotenberg} 푸틴의 옛 유도 친구. 푸틴 대통령 치하에서 국가가 그의 회사에 수십억 달러짜리 건설 도급 계약을 부여하면서 억만장자가 되었다.

블라디미르 야쿠닌^{Vladimir Yakunin} 전직 KGB 고위 간부. 뉴욕의 국제 연합UN에서 위장 요원으로 근무하며 검소하게 생활하다가, 코발추크와 힘을 합쳐 방크 로시야를 차지했다. 푸틴은 그를 국영 철도 독점 기업 대표로 임명했다.

〈패밀리〉, 즉 러시아 초대 대통령 보리스 옐친을
가까이에서 둘러싼 친척, 공직자, 사업가의 무리

발렌틴 유마셰프 Valentin Yumashev   전직 언론인. 옐친의 회고록 집필을 담
당하면서 신뢰를 얻어, 1997년에 크렘린 행정실장에 임명되었다.
2002년에 옐친의 딸 타티야나와 결혼했다.

타티야나 디야첸코 Tatyana Dyachenko   옐친의 딸. 공식적으로 아버지의 이
미지 자문 위원으로 재직했지만, 실제로는 대통령의 문지기 역할을
했다.

보리스 베레좁스키 Boris Berezovsky   전직 수학자. 소비에트 시절의 상징
인 상자 모양의 지굴리 자동차를 만드는 회사 아프토바즈에 대한
무역 계책을 운영함으로써 재산을 모았고, 옐친과 그의 패밀리에
게 아첨하여 호의를 얻어 냈다. 석유 대기업 시브네프트를 매입하
면서, 옐친 시대에 정치와 밀접히 연계된 올리가르히의 전형이 되
었다.

알렉산드르 볼로신 Alexander Voloshin   전직 경제학자. 민영화와 기타 계
책에서 베레좁스키와 함께 일하기 시작해서, 1997년에 크렘린
으로 진출하며 유마셰프 밑에서 행정 부실장으로 일하게 되었다.
1999년에 행정실장으로 승진했다.

로만 아브라모비치 Roman Abramovich   석유 무역업자. 원래는 베레좁스키
의 제자였지만, 나중에는 스승의 허를 찌르고 그의 사업 제국을 차
지했다. 처음에는 옐친 패밀리의, 나중에는 푸틴의 〈금고지기〉였다.

세르게이 푸가체프 Sergei Pugachev   은행가이며 러시아 정교회 신자. 옐
친의 크렘린의 복마전식 금융 계책의 달인이며, 이후 푸틴의 은행

가로도 알려졌다. 메즈프롬방크의 공동 설립자로서 옐친 패밀리의 세계와 푸틴 측 〈실로비키〉의 세계 양쪽에 걸친 인물이다.

푸틴의 사람들에게 밉보인 옐친 시대의 올리가르흐

미하일 호도르콥스키 Mikhail Khodorkovsky 한때 공산당 청년 연맹의 일원이었으며, 〈페레스트로이카〉 시대와 1990년대에 러시아에서 가장 처음이자 가장 성공한 사업가 가운데 한 명이 되었다.

범죄 조직원, 즉 KGB의 행동대원

상트페테르부르크

일리야 트라베르 Ilya Traber 전직 소비에트 잠수함 승조원. 페레스트로이카 시절에는 암시장 골동품 매매업자가 되었다가, 나중에는 푸틴의 안보 기관과 탐보프의 범죄 조직 간 중재자 역할을 했으며, 상트페테르부르크의 가장 전략적인 자산인 항구와 석유 집하장을 장악했다.

블라디미르 쿠마린 Vladimir Kumarin 탐보프의 범죄 조직 두목. 암살 시도로 한쪽 팔을 잃었다. 상트페테르부르크에서는 〈밤의 지배자〉로 알려졌으며, 푸틴의 사람들과 함께 사업을 벌이며 특히 트라베르와 긴밀하게 일했다.

모스크바

세묜 모길레비치 Semyon Mogilevich 전직 레슬링 선수. 〈똑똑이 두목〉으로 통하며, 1980년대 말에 러시아에서 가장 강력한 범죄 조직 지도자들의 은행가가 되었다. 이후 솔른쳅스카야 등의 현금을 서방으로 옮기는 한편 자기 나름의 약물과 무기 밀매 범죄 제국을 수립했다.

1970년대에 KGB에 포섭된 그는 〈러시아라는 국가의 범죄 부문〉을 상징한다.

세르게이 미하일로프 Sergei Mikhailov 솔른쳅스카야 범죄 조직의 두목으로 알려진 인물. 모스크바에서 가장 강력한 범죄자로, KGB와 연계된 사업가 여러 명과 긴밀한 유대를 맺고 있으며, 훗날 뉴욕의 부동산 재벌 도널드 트럼프와의 연계를 육성했다.

뱌체슬라프 이반코프(야폰치크) Vyacheslav Ivankov(Yaponchik) 모길레비치가 미국 현지의 솔른쳅스카야 범죄 제국 감독을 위해 브라이턴 비치에 파견한 범죄 조직원.

예브게니 드보스킨 Yevgeny Dvoskin 브라이턴 비치 출신의 범죄 조직원. 숙부 이바노프를 따라 모스크바로 가서 러시아의 가장 악명 높은 〈음지의 은행가〉 가운데 한 명이 되었으며, 러시아 안보 기관과 힘을 합쳐 수백억 달러의 〈검은돈〉을 서방으로 옮겼다.

펠릭스 사테르 Felix Sater 드보스킨과는 유년기부터 절친한 사이였다. 트럼프 그룹의 핵심 동업자가 되어서, 트럼프를 위해 여러 건의 부동산을 개발했고, 그 와중에 러시아 첩보계 고위직과의 연줄을 유지했다.

머리말

모스크바의 지배

2015년 5월의 어느 날 늦은 저녁, 푸가체프는 자기가 13년 전에, 또는 그보다 더 오래전에 만들었던 낡은 가족사진첩을 뒤적이고 있었다. 그의 모스크바 별장에서 열린 생일잔치 사진에서는 아들 빅토르가 눈을 내리깔고 있고, 푸틴의 딸 마리아가 미소를 지으며 귓속말을 하고 있었다. 또 다른 사진에서는 빅토르와 또 다른 아들 알렉산드르가 크렘린의 대통령 서재에 있는 목제 나선 계단에서 푸틴의 두 딸과 함께 포즈를 취하고 있었다. 그 사진 가장자리에는 그때까지만 해도 여전히 러시아 대통령의 아내였던 류드밀라 푸티나가 미소를 짓고 있었다.

우리가 앉아 있는 곳은 푸가체프의 가장 최근 거처, 즉 런던의 부유한 지역 첼시에 있는 3층짜리 연립 주택의 부엌이었다. 늦은 저녁의 빛이 마치 대성당에나 어울릴 법한 크기의 창문을 통해 안으로 들어왔고, 바깥에서는 새들이 지저귀었으며, 인근 킹스 로드의 자동차 소리가 희미하게 윙윙거렸다. 한때 그가 모스크바에서 즐겼던 원기 왕성했던 삶, 즉 거래와 끝없는 막후의 합의와 크렘린의 권력 회랑에서 친구들 사이에 이루어지는 〈이해〉로 이루어진 삶은 마치 다른 세계의 이야기 같았다. 하지만 사실 모스크바의 영향력은 마치 그 집 문밖에 있는 그늘처럼 여전히 도사리고 있었다.

바로 전날, 푸가체프는 영국 대(對)테러 부대의 보호를 요청하지 않을 수 없었다. 경호원들이 그의 롤스로이스 차대(車臺)에 테이프로 부착된 수상해 보이는 상자 여러 개를 발견했던 것이다. 전선 여러 개가 툭 튀어나온 그런 상자들은 심지어 자녀들 가운데 각각 일곱 살, 다섯 살, 세 살로 가장 어린 세 명을 학교에 보낼 때 사용하는 자동차 밑에도 부착되어 있었다. 이제 푸가체프의 집 거실 벽에는, 즉 가족사진이 걸린 벽 맞은편의 흔들 목마 뒤에는 대테러반 SO15이 설치한 회색 상자가 있었다. 그 안에는 혹시라도 공격받으면 가동할 수 있는 경보기가 들어 있었다.

지금으로부터 15년 전, 크렘린의 인사이더였던 푸가체프는 푸틴의 권좌 등극을 돕기 위해 막후에서 끝없이 움직인 바 있었다. 한때 크렘린의 은행가로 알려진 그는 그 당시에 그 나라를 통치하던 사람들의 책략인 밀실 거래의 달인이었다. 여러 해 동안 푸가체프는 아무도 건드릴 수 없는 존재인 듯했는데, 권력의 정점에 있는 이너 서클의 일원이었기 때문이었다. 이들은 모든 규칙을 자기네 입맛에 맞춰서 만들고 구부렸으며, 법 집행 기관과 법원과 심지어 선거까지도 자기네 필요에 맞춰 전복시켰다. 하지만 이제는 한때 그가 속했던 크렘린이라는 기구가 그를 적대하고 있다. 검은 수염에 사교적인 미소를 지녔으며, 키가 큰 러시아 정교회 신자인 푸가체프는 가차 없이 늘어나는 푸틴의 사정거리의 최신 희생자가 되었다. 우선 크렘린은 그의 사업 제국을 습격해서 고스란히 가져가 버렸다. 푸가체프는 크렘린이 공격을 시작하자마자 러시아를 떠나 처음에는 프랑스로 갔고, 나중에는 영국으로 갔다. 푸틴의 사람들은 대통령이 그에게 허가한 크렘린 지척의 붉은 광장의 호텔 프로젝트를 가져가면서 아무런 보상도 내놓지 않았다. 푸틴과 가장 가까운 동맹자 가운데 하나인 세친이 러시아에서 가장 큰 양대 조선소, 즉 35억 달러로 가치 평가된 푸가체프의 조선소 두 곳을 실제 가치에 비하자면 사실상 푼돈을 주고 매입했다. 이어서 시베리아 투바 지역에 있는 세계 최대의 점결탄(粘結炭) 매장지로 40억 달러로 가치 평가된 석탄 프로젝트를 체첸 대통령이자 독재자인 람잔 카디로프의 측근이 불과 15억 달러에 가져가 버렸다.[1]

이 과정에서 푸틴의 사람들은 푸가체프가 오래전인 1990년대에 공동 설립 했고, 한때 자기 권력의 열쇠로 삼았던 은행 메즈프롬방크의 파산에 책임이 있다고 비난했다. 크렘린 당국은 이에 관한 형사 사건 수사를 개시한 다음, 2008년 금융 위기의 절정에 그가 이 은행의 자금 7억 달러를 스위스 은행 계좌로 빼돌려 파산을 일으켰다고 주장했다. 그 돈이 원래 자기 것이었다는 푸가체프의 주장에도 크렘린은 아랑곳하지 않았다. 그의 조선소를 세친이 그 실제 가치에 비하자면 푼돈에 불과한 금액에 인수한 것이 장부상 손실 발생의 가장 큰 이유였다는 사실은 그리 중요하지 않은 것처럼 보였다.[2]

크렘린의 의도는 명백한 것 같았다. 「그 나라에 있는 사람들은 그에게 불리하도록 규칙을 조작함으로써 은행을 파산시켰고, 당연히 그들 자신이 유익을 얻었습니다.」 오랜 경력을 보유한 러시아 금융 전문가 리처드 헤인스워스의 말이다.[3]

이것이야말로 그 사정거리가 가차 없이 늘어난 크렘린이라는 기구의 전형적인 이야기였다. 처음에는 단지 정적(政敵)을 노리고 뒤쫓았을 뿐이었다. 하지만 이제는 한때나마 푸틴의 동맹자였던 사람들까지 노리고 있었다. 푸가체프는 이너 서클 중에서도 최초로 몰락한 경우였다. 그리고 이제 크렘린은 모스크바의 잔혹하고도 비공개된 법원을 벗어나, 런던 고등 법원이라는 그럴싸한 간판으로까지 그를 겨냥한 공세를 확장했다. 그곳에서 크렘린은 재산에 대한 동결 명령을 손쉽게 얻어 냄으로써, 법정에서 이 재벌을 꼼짝 못 하게 묶어 버린 셈이 되었다.

푸가체프가 러시아를 떠난 이후에도 크렘린의 공세는 계속되었다. 프랑스에 있는 자택에서는 메즈프롬방크의 청산인이 보낸 하수인들로부터 협박받았다. 모스크바 마피아 집단의 구성원 세 명이 그를 끌고 니스 연안의 요트로 가서, 가족의 〈안전〉을 보장받고 싶으면 3억 5000만 달러를 내라고 요구했다. 그들의 말에 따르면, 이것은 〈평화의 대가〉, 즉 메즈프롬방크의 파산과 관련해서 시작된 형사 사건 수사를 종결하기 위한 대가였다. 문서 증거에는 이렇게 나온다.[4] 영국 법원에서 푸가체프는 완전히 속수무책이었고, 그 낯선 규칙과 절차에 따라서 행동할 수가 없었다. 그는 과거 크렘린에서 했던 밀실 거래에 너무 익숙해진 상태였고, 자신의 지위와 권력을 이용해 규칙과 규제의 그물을 빠져나가는 데에 너무 익숙해진 상태였다. 푸가체프도 딱히 애쓰지는 않았다. 자기 입장의 정당함을 확신했기 때문에, 즉 자기는 가장 최근에 있었던 크렘린의 자산 몰수의 희생자일 뿐이라고 확신했기 때문에, 자기가 영국 법원의 규제보다도 위에 있다고 믿어 버렸다. 급기야 푸가체프는 자산 동결과 관련된 법원 명령을 준수하지 않았고, 영국 법원 몰래 숨겨 두었던 계좌에서 수백만 파운드를 소진했다. 그는 정보 공개 판결이 자신에게는 적용되지 않는다고 믿었고, 자신의 사업 제국에 떨어진 재난에 비하자면 사소하다고 믿었으며, 기껏해야 번번이 자신을 뒤쫓고 좌절시키려는 크렘린의 공세에서 일부에 불과하다고 믿었다. 하지만 크렘린은 영국 사법 시스템을 통해서 적들에게 공세를 가하는 데에 능숙해진 상태였고, 그 홍보 기구도 저 러시아 올리가르흐가 훔친 부에 관한 주장을 영국 타블로이드의 지면마다 채워 넣는 방법을 연마한 상태였다.

크렘린은 일찍이 베레좁스키를 상대로 승리를 거두는 과정에서 영국 사법 시스템을 이용하는 법을 배웠다. 푸틴의 가장 격렬한 비판자가 된 저 망명 올리가르흐 사건이야말로, 여차하면 러시아 역사를 바꿀 수도 있는 것이었다. 베레좁스키는 한때 크렘린의 인사이더였던 말 빠른 남자로, 자신의 과거 동업자이자 크렘린의 동맹자인 아브라모비치에게 65억 달러를 내놓으라며, 런던 고등 법원에 소송을 제기했지만 결국 실패한 바 있었다. 이 사건을 심리한 판사 데임 엘리자베스 글로스터는 이 러시아 재벌의 주장을 받아들이지 않았다. 즉 베레좁스키는 자기가 본래 아브라모비치와 함께 러시아 석유 대기업 가운데 하나인 시브네프트의 공동 소유주였고, 러시아 알루미늄 대기업 루살의 지분도 갖고 있었는데, 아브라모비치의 강압으로 자기 지분을 헐값에 매각할 수밖에 없었다고 주장했었다. 비록 이 망명 재벌은 러시아 전역에서 이 사업체들의 소유주로 인정되고 있었지만, 판사 글로스터는 그를 〈천성적으로 신뢰할 수 없는 증인〉[5]이라고 판단한 끝에 상대방의 편을 들었다. 아브라모비치는 베레좁스키가 결코 한 번도 그 재산을 소유한 적이 없었고, 단지 정치적 후원을 제공하는 대가를 받았을 뿐이라고 주장했다. 나중에 가서야 글로스터의 의붓아들이 이 사건의 초기 단계에서 아브라모비치를 대리하는 대가로 50만 파운드 가까운 금액을 받았다는 사실이 밝혀졌다. 베레좁스키의 변호사들은 그 의붓아들의 관여가 이전까지 밝혀진 것보다 훨씬 더 방대하다고 주장했다.[6]

크렘린은 무흐타르 아블랴조프에게 공세를 가하는 과정에서도 영국 사법 시스템 활용법을 더욱 연마했다. 이 카자흐스탄의 억만장자는 하필 크렘린의 핵심 동맹자였던 카자흐스탄 대통령 누르술탄 나자르바예프의 최대 정적(政敵)이었다. 아블랴조프는 러시아 국영 예금 보험국으로부터 공세를 당했는데, 그가 러시아 전역에 지점을 보유한 카자흐스탄 BAT 은행에서 회장으로 재직하며 40억 달러 이상을 빼돌렸다는 것이다. 이 러시아 기관에 고용된 런던 최고의 법률 회사 호건 로벨스의 변호인단은 영국에서 아블랴조프를 상대로 열한 건의 민사 사기 소송을 제기했고, 그의 자산에 대한 동결 명령도 청구했다. 사립 탐정들은 저 카자흐스탄 재벌이 은행에서 빼돌린 40억 달러를 자신이 통제하는 역외 회사들의 네트워크로 옮겼음을 추적해 냈다.[7]

하지만 푸가체프 사건에서는 훔치거나 은닉한 자산이 발견된 것처럼 보이지는 않았다. 영국에서는 물론이고, 러시아 외부의 다른 어디에서도 사기 혐의가 제기된 적이 없었다. 그런데도 호건 로벨스의 바로 그 변호인단은 오로지 러시아 법원의 판결만을 근거로 푸가체프의 자산에 대한 동결 명령을 얻어 냈고, 자기 앞으로 날아오는 숱한 법원 명령에 짜증을 내느라 바빴던 그를 능숙하게 앞질러 나갔다. 푸가체프는 자산 공개에 관해서 심문당했고, 이 과정에서 석탄 산업 매각의 주체가 본인이었는지 아들이었는지에 대해 거짓 증거를 제출했다는 사실이 적발되었다. 그 매각이 그 사업체의 실제 가치의 20분의 1 이하의 가격에 이루어질 수밖에 없게끔 강제되었다는 사실이 판사에게는 별로 중요하지 않은 듯했다. 오히려 그가 절차를 따랐는지, 아울러 자신의 통제하에 남아 있는 자산 모두를 신고했는지가 중요하게 여겨졌다. 법원 명령에 따라 푸가체프는 여권을 제출했고, 이리하여 크렘린의 변호사들이 법적 그물을 조여 오는 와중에도 자신의 자산 공개에 관한 심문이 길어져서 영국을 떠나지 못하게 되었다. 그는 변호사들을 줄줄이 갈아 치웠는데, 어쩌면 변호사들도 영국에서는 정상 참작할 수 없는 사건에 그만 혼비백산했을 수도 있다. 또 다른 변호사들은 교활하게도 그를 손쉬운 먹이라고 간주했다. 모스크바의 재벌들이 런던 고등 법원에서의 공표를 목적으로 최고 가격을 기꺼이 지급하는 러시아 관련 사건들이 늘어나자, 버릇이 나빠진 법률 회사들은 자기네가 한 적도 없는 업무에 대해서도 천문학적 금액을 적어 넣는 방식으로 청구서를 부풀렸으며, 이는 서류상으로도 확인된다. 홍보 회사들도 이미지를 방어하는 대가로 푸가체프에게 매월 10만 파운드를 내라고 제안했다. 「그는 이제 우리 영역에 있으니까요.」 그를 대리하는 국제적인 법률 회사의 파트너가 한 말이다.

처음에만 해도 푸가체프는 자신을 상대로 하는 소송이 안하무인인 크렘린의 하수인들에 의해 주도된 것이라고, 즉 자신의 사업 제국을 몰수한 일에 대해 그들이 선을 긋고자 한 일이라고 믿었다. 하지만 공세가 확대되고 자신의 신변 안전을 걱정하기 시작하면서부터, 그는 푸틴이 직접 이 일을 주도하고 있음을 확신하게 되었다. 「그가 어떻게 나한테 이렇게 할 수 있죠? 나는 심지어 그를 대통령으로 만들어 주었는데.」 푸가체프는 그날 밤 첼시에 있는 자택 부엌에 앉아서 이렇게 말했다. 그는 SO15의 방문이나 자신의 차량 밑에서 발견된 수상한 장치들의 충격에서 여전히 벗어나지 못한 상태였다.[8] 크렘린이 런던으로 파견한 옛 친구는 푸가체프를 겨냥한 공세의 모든 단계를 푸틴이 몸소 관리한다고 말하면서, 다음과 같이 경고해 주었다. 「우리는 여기 있는 모든 것을 통제하고 있다네. 우리는 모든 것을 다 준비해 놓았다니까.」

런던에서 크렘린의 현금이 발휘하는 영향력의 증대라면 푸가체프도 오래전부터 감지해 왔다. 그의 말에 따르면, 법적 공격이 시작되기 전부터 그를 만난 영국 귀족들은 하나같이 웃음 짓고 악수하면서, 푸틴을 정말 대단한 사람이라며 추켜세웠다. 그 시절에만 해도 그들은 당시 언론에서 일컫는 것처럼 푸가체프를 〈푸틴의 은행가〉라고 믿었으며, 그러면서도 아무런 질문이나 생각 없이 보수당에 기부해 달라고 여전히 부탁했다는 것이다. 크렘린에 있는 그의 옛 친구 모두는 런던 시내에 친척이나 내연녀를 두고 있었으며, 주말마다 이 도시를 찾아와 현금 홍수를 일으켰다. 세친의 전처 마리나도 런던에 집을 한 채 갖고서 딸과 함께 살았다. 부총리 이고리 슈발로프도 런던에서 가장 유명한 아파트, 즉 트래펄가 광장을 굽어보는 펜트하우스 한 채를 소유하고 있었다. 과거에 푸틴의 유도 친구였던 로텐베르크의 아들들은 영국의 가장 유명한 사립 학교 가운데 한 곳에 다녔고, 그의 전처 나탈리야는 런던 고등 법원에 남편을 상대로 이혼 소송을 제기했다. 러시아 하원 의회의 부대변인이자, 러시아에서 가장 목소리 큰 애국자 가운데 하나인 세르게이 젤레즈냐크는 오랫동안 서방의 영향력에 반발하며 격분해 왔지만, 정작 그의 딸 아나스타시아는 여러 해 동안 런던에 거주해 왔다. 런던에 거주하는 러시아 공직자들의 명단은 끝이 없다고 푸가체프는 말했다. 「그들은 날씨도 형편없는 이 작은 섬에서 잘 지내고 있습니다.」 그가 빈정거렸다. 「영국에서는 항상 돈이 핵심이기 때문입니다. 푸틴은 자기 요원들을 보내 영국 엘리트들을 부패하게 했습니다.」

런던은 러시아의 현금이 일으키는 홍수에 점차 익숙해졌다. 처음에는 러시아 재벌들이, 다음에는 러시아 공직자들이 나이츠브리지, 켄싱턴, 벨그라비아에 있는 고급 저택들을 사면서부터 부동산 가격은 급등했다. 러시아 국영 기업들인 로스네프트, 스베르방크, 브네슈토르그방크가 주도한 일련의 러시아 주식 공모 덕분에 런던의 부유한 홍보 회사와 법률 회사들은 사무실 임대료와 임금을 지급하는 데에 도움을 받았다. 귀족과 전직 정치인들은 러시아 회사들의 이사회에 재직하면서 막대한 봉급을 받았지만, 정작 회사 운영에 대한 감독권은 부여받지도 못했다. 러시아의 영향력은 어디에나 있었다. 전직 KGB 간부 겸 은행가 알렉산드르 레베데프는 러시아에서 자유 언론의 옹호자인 것처럼 자리매김한 인물로, 런던에서 가장 많이 팔리고 영향력 있는 일간지 『이브닝 스탠더드 *Evening Standard*』를 매입함으로써 영국 수도에서 열리는 파티의 단골인 동시에, 가장 많은 만찬에 초대되는 손님 명단에 올랐다. 또 다른 인물인 드미트리 피르타시는 우크라이나 재벌이자 크렘린에 간택된 가스 무역업자였는데, 러시아의 주요 조직폭력배 모길레비치와 연계가 있다는 FBI의 경고에도 불구하고 케임브리지 대학은 이 억만장자의 기부금을 기꺼이 받아들였다. 런던에서 그의 주된 하수인인 로버트 세틀러존스도 수백만 파운드를 보수당에 기부하는 한편, 이 정당의 영향력 있는 고위층 여럿이 피르타시의 영국 우크라이나 협회 이사회에 재직하기도 했다. 이보다는 덜 주목받은 인물들도 역시나 있다. 최소한 그중 한 명은 어찌어찌 틈새를 비집고 들어가서 그 당시 런던 시장이자, 보수당 엘리트 가운데 최고위급인 보리스 존슨과 가까운 친구가 되었다. 「모든 사람이 영화에서나 나오는 검은 안경과 수상쩍은 행색의 스파이에만 익숙해져 있는 상태인 겁니다. 하지만 이곳은 어디에나 그들이 있습니다. 그들은 정상적으로 보입니다. 그러니 구분할 수 없는 거죠.」 푸가체프의 말이다.

영국에 모든 것이 준비되어 있다고 경고하기 위해 크렘린에서 파견한 특사가 과연 진실을 이야기한 것인지, 아니면 단지 그를 겁주려고 그런 것인지를 푸가체프로선 전혀 알 수가 없었다. 하지만 어느 시점에 가서 그는 사실 여부를 알아내기 위해 기다리는 위험을 감수하고 싶지는 않다고 결정했다. 즉 자기 차량에서 수상해 보이는 장치를 발견한 이후로, 아울러 러시아가 그를 영국에서 송환하려 도모할 예정이라는 사실을 처음 감지한 이후로 그렇게 결정하게 되었다. 이전까지는 푸틴과 가까웠음에도 불구하고, 아울러 〈실로비키〉라고 알려진 전직 KGB 사람들로 이루어진 크렘린 일족과 맺은 방대한 연줄에도 불구하고, 영국 외무부 소속 최고위층 공직자와 푸가체프의 회동 약속은 막판에 취소되고 말았다. 대신 영국을 방문 중인 크렘린 요원은 그에게 러시아 첩보부가 영국 해외 정보국 MI6 내부에 육성한 사람을 만나 보라고 전했다. 만사가 뒤집히는 판국이었다. 푸가체프는 영국 정부가 자기를 송환하기 위해 러시아와 협상을 준비하지는 않을까 걱정했다. 아울러 자기 친구 베레좁스키의 운명에 관해서도 궁금해했다. 크렘린의 강력한 비판자였던 이 올리가르흐는 2013년에 버크셔주의 시골 저택 화장실에서 쓰러져 사망한 채로 발견되었다. 평소 선호했던 검은색 캐시미어 스카프가 목에 감겨 있었고, 신원 미상의 지문이 현장에 남아 있었다. 그런데 알 수 없는 이유로 인해 런던 광역 경찰청은 이 사건을 수사하지 않았고, 그 지역을 담당한 템스 밸리 경찰서가 대신 수사한 끝에 결국 자살로 결론짓고 사건을 마무리했다.[9] 「마치 소란을 일으키지 않기로 러시아와 합의라도 맺은 것처럼 보였습니다.」 푸가체프는 이렇게 우려했다.[10]

그리하여 2015년 6월의 어느 날, 그러니까 첼시 자택에서 나를 만난 지 몇 주 뒤에 푸가체프는 갑자기 영국에서 모습을 감춰 버렸다. 휴대 전화는 모두 꺼졌고, 도주하면서 길가에 내버린 상태였다. 그는 이 나라를 떠나지 못하게 한 법원 명령도 무시했다. 심지어 자기 동거녀에게도 그 사실을 말하지 않았다. 런던의 사교계 명사인 알렉산드라 톨스토이는 푸가체프와의 사이에 아직 어린아이가 셋이나 있었다. 하필 그날은 그녀의 아버지의 80회 생일이어서 그가 파티에 오기를 밤늦게까지 기다렸다. 이 재벌이 마지막으로 목격된 곳은 자기 변호사들과의 회의 장소였다. 그곳에서는 러시아의 송환 요청이 임박했고 보석 판결을 얻어 내려면 1000만 파운드가 필요할 것이라는 경고가 나왔다. 하지만 푸가체프는 정작 그 현금에 접근할 수조차 없었다. 몇 주 뒤에 그는 프랑스에서 모습을 드러냈다. 그는 2009년에 그곳 시민권을 얻었으며, 프랑스 법률에서는 자국 시민을 러시아에 송환하지 않고 보호했기 때문이었다. 푸가체프는 니스만(灣)을 굽어보는 언덕 높은 곳에 있는 자신의 저택이 제공하는 상대적인 안전을 향해 달아났다. 이 요새는 뚫리지 않는 높은 철제 담장으로 에워싸여 있었고, 다수의 경호원과 일련의 경비 카메라가 모퉁이마다 배치되어 있었다.

크렘린이 런던에서 자기를 상대로 얼마나 쉽게 소송을 제기해 나갔는지를 지켜보며, 푸가체프는 이것이야말로 러시아 속담처럼 최초의 〈라스토츠카〉 같다고, 즉 봄을 알리는 첫 번째 제비 같다고 생각했다. 그것은 바로 모스크바의 지배가 런던에 도착했다는 뜻이었다. 여기서 크렘린은 자신들의 의제에 맞춰서 법적 절차를 뒤틀고 왜곡할 수 있었으며, 더 커다란 쟁점조차도 비교적 사소한 규칙에 교묘하게 묻히게 만들 수 있었다. 예를 들어 푸가체프의 수십억 달러짜리 사업 제국의 몰수보다는 동결 명령이, 또는 푸가체프가 그 명령을 정확히 준수했는지 여부가 더 중요하게 여겨지는 식이었다. 물론 푸가체프도 천사까지는 아니었다. 그가 메즈프롬방크에서 빼돌렸다고 고발된 7억 달러의 이후 행방은 전혀 명료하지 않았다. 하지만 영국 고등 법원에서 미처 물어보지 않았던 일련의 자산 공개에 따르면, 그 돈 가운데 2억 5000만 달러는 은행으로 돌아갔으며, 나머지는 한때 푸가체프의 동맹자였지만 지금은 크렘린과 긴밀히 일하고 있는 사람이 이미 청산해 버린 여러 회사로 들어가 사라져 버리고 말았다. 훗날 푸가체프의 스위스 은행 계좌를 막아 달라는 러시아의 요청을 받은 스위스 검찰조차도, 2008년 금융 위기 절정에 푸가체프의 메즈프롬방크 회사 계좌에서 스위스 은행 계좌로 7억 달러가 송금되었을 때 범죄가 벌어졌다는 증거를 전혀 발견하지 못했다고 말했다.[11]

하지만 크렘린의 변호사들이 푸가체프를 상대로 사기 소송을 개시하지는 않았어도, 아울러 훔친 자금의 자취가 전혀 없어 보였어도, 그를 겨냥한 법적 공세는 가차 없이 이루어졌다. 러시아 국영 예금 보험국을 대리하는 변호인단은 메즈프롬방크의 파산에 대해 그를 〈현행범으로〉 간주하고 있다고 주장했다. 「만약 규제 당국으로부터 현금을 얻었다면, 은행이 살아나도록 돕는 일에 써야지, 자기 봉급을 주는 데에 써버리면 안 되는 겁니다.」 그 변호인단과 가까운 한 사람의 말이다.[12] 크렘린이 자신의 사업 제국을 몰수했음에도 불구하고, 아울러 이제는 자신의 생명을 걱정하기 시작했음에도 불구하고, 푸가체프는 영국에서 도망침으로써 법정 모욕죄를 범한 까닭에 궐석 재판으로 징역 2년 형을 선고받았다. 법정 모욕죄 공판에서 그는 종종 거짓말쟁이로 지칭되었다. 푸가체프는 동결 명령의 규정들을 모욕했다. 이 나라에서 도망쳤을 뿐만 아니라, 차량 두 대의 판매 대금을 프랑스로 가져가기까지 했다. 이 사건의 배석 판사들 가운데 한 명인 비비언 로즈는 〈그가 제공한 증거 가운데 그 무엇도 확실히 믿을 수〉 없다고 판결했다. 그가 첼시 자택을 비롯해 수천만 달러의 부동산을 보유하기 위해 설립한 뉴질랜드 신탁 회사도 나중에 가서 사기인 것으로 판결했다.

이런 모든 결함에도 푸가체프는 자기가 영국 법원을 통해서 추구되는 러시아 정부의 복수의 희생자라고 주장했다. 크렘린은 마치 그가 한때 그곳과 잘 연계되어 있었다거나, 또는 그가 그곳에 손상을 끼칠 수 있는 어떤 지식을 갖고 있다거나 하는 생각 자체를 박멸하기 위해 열심인 것처럼 보였다. 크렘린이 이 사건의 정치적 함의를 거뜬히 억압할 수 있었던 까닭은, 한편으로 영국 첩보 기관이 이슬람 테러리스트의 위협을 감시하는 데에 정신이 팔린 나머지 러시아에 대한 지식이 감소했기 때문이었고, 또 한편으로 푸가체프가 평소에 몸을 낮추고 지냈기 때문이었다. 런던에서의 상황이 어려워지기 전까지만 해도 그는 평생 한 번도 인터뷰에 응한 적이 없었다. 푸가체프가 누구인지 아는 사람은 극히 드물었다. 대부분 최근 사망한 올리가르흐인 베레좁스키야말로 푸틴이 권좌에 오르도록 도와준 장본인이라고 믿었다. 호건 로벨스의 변호인단 역시 푸가체프는 무명 인사일 뿐이라고, 따라서 그를 상대로 한 소송은 정치와 아무런 관련도 없다고 전해 들고 있었다. 「그가 크렘린에서 뭔가를 하고 있었다는 증거는 저도 전혀 본 적이 없습니다. 우리는 극도로 신중해야만 했습니다. 푸가체프는 자기가 원하는 내용은 뭐든지 말하는 사람 같았거든요. 제가 만나 이 야기를 나눠 본 사람들도 그를 소란스러운 사기꾼일 뿐이라고만 말하 더군요.」[13] 그 변호인단과 가까운 사람은 이렇게 말했다.

하지만 사실 푸가체프는 크렘린의 심장부에서 일했던 사람이었 으며, 그곳의 가장 깊은 비밀 가운데 일부에 정통했던 사람이었다. 그 런 비밀 중에는 푸틴이 권좌에 오른 과정에 대한 정확한 설명도 있었 다. 이것이야말로 크렘린이 그에게 공세를 가하는, 그리하여 그를 법 적 난관에 뒤얽히도록 만드는 주된 이유 가운데 하나인 것처럼 보였 다. 크렘린이 자신의 사업 제국을 차지하기 훨씬 전부터 푸가체프는 러시아에서 떠나기를, 즉 그곳에서의 끝도 없는 사업 음모에서 벗어 나기를 물색했다. 이미 그는 푸틴의 상트페테르부르크 KGB 동맹자 들 때문에 언저리로 밀려난 상태였고, 2007년부터 프랑스 시민권을 물색했다. 내부자들이 보기에 푸가체프는 러시아를 지배하는 빈틈없 이 짜여 있는 시스템으로부터, 즉 누구도 떠날 수 없는 마피아 일족에 게서 벗어나기를 물색했다는 바로 그 이유로 처벌을 받는 중이었다. 「푸가체프는 마치 신장(腎臟)과도 같았습니다. 그는 그 시스템 작동에 필수적이었던 겁니다. 하지만 그는 정신이 나가 버렸는지, 그곳을 떠 나서 자기 사업을 하고 싶다고 생각했던 겁니다. 당연히 그를 제거하 라는 명령이 내려진 거지요.」 크렘린을 위한 금융 운영에 관여된 러시 아 고위급 은행가는 이렇게 말했다.[14]

영국에서 프랑스로 도주하느라 서두르는 과정에서 푸가체프는 이런 사실을 드러내는 흔적을 여럿 남겨 두었다. 크렘린의 변호사들 을 위해 일하는 수사관들이 그의 실종 며칠 뒤에 발부된 법원 명령에 근거하여 나이츠브리지 사무실을 압수 수색 했다. 그곳의 서류 더미

중에는 디스크 드라이브도 여러 개 있었다. 그런 디스크 드라이브 가운데 하나에는 녹음이 들어 있었다. 1990년대 말부터 모스크바 시내에 있는 그의 사무실에서 있었던 회합을 러시아 안보 기관이 몰래 모조리 테이프에 녹음한 것이었다.

그 녹음 가운데 하나에는 푸틴에 대한, 아울러 푸틴을 권좌에 올리는 과정에서 자신이 담당한 역할에 대한 푸가체프의 솔직하고도 분개한 느낌이 생생하게 기록되어 있었다. 그 테이프에는 그가 옐친의 사위이자 대통령 행정실장인 유마셰프와 함께 자기 사무실에서 저녁 식사와 좋은 포도주를 즐기면서, 또 한 번의 정치적 위기를 겪어 나가는 모스크바의 긴장된 정세를 논의하는 내용이 담겨 있었다. 그때는 2007년 11월, 즉 푸틴의 두 번째 대통령 임기가 몇 달밖에 남지 않은 상황이어서, 그 임기가 끝나면 푸틴은 러시아 헌법에 따라 반드시 권좌에서 내려와야만 했다. 대통령으로서 권좌에서 내려온 이후에 총리를 맡는 것에 대해 모호한 발언을 내놓았음에도 불구하고, 푸틴의 진짜 의도에 대해서는 아직 속삭임조차도 없었다. 크렘린의 마치 미로 같은 복도에서는 푸틴과 함께 권좌에 오른 전직 KGB 사람과 안보계 사람들이 자리를 놓고 다투었으며, 자기가 또는 자기네 후보자가 푸틴의 후계자로 선정될 수 있으리라는 희망으로 말다툼과 비방을 일삼았다.

푸가체프와 유마셰프는 조용히 건배를 나누며 대치 상태를 논의했다. 승계를 둘러싼 불확실성은 그들이 푸틴의 대두를 지원했던 1999년의 뚜렷한 기억을 다시 불러냈다. 그들에게는 마치 한 시대 전의 일처럼 느껴졌다. 이제 그들은 푸틴의 상트페테르부르크 KGB 동료들에게 밀려난 참이었다. 이제 그들은 완전히 다른 시대에서 넘어온 유물에 가까웠다. 권력 시스템은 돌이킬 수 없을 정도로 변했으며, 그들은 여전히 자기들이 한 일을 이해하기 위해 분투하는 중이었다.

그 테이프에서 푸가체프는 이렇게 말한다. 「그가 권좌에 올랐을 때 상황이 어땠는지 기억하세요? 그는 이렇게 말하곤 했지요. 〈저는 관리자인 겁니다. 저는 고용된 겁니다.〉」 그 시절에만 해도 푸틴은 주역을 맡는 것을 거리끼는 것처럼 보였고, 자기를 권좌에 올려 준 사람들에게는 유순하고 고분고분한 것처럼 보였다. 푸가체프는 이야기를 계속해 나간다. 「우리끼리니까 하는 말이지만, 처음에만 해도 저는 그에게 부유해지고 싶은 생각, 행복한 삶을 살고 싶은 생각, 자신의 개인적 문제들을 결정하고 싶은 생각만 있다고 생각했었죠. 그리고 원칙적으로 그는 이런 문제들을 매우 신속하게 결정했는데 (……) 하지만 4년의 첫 번째 대통령 임기가 지나는 동안, 그는 결코 자기가 권좌에서 내려오기를 허락하지 않는 일들이 벌어졌다는 사실을 이해하게 되었던 거예요.」

푸틴의 첫 번째 대통령 임기는 유혈과 논란으로 가득했다. 급기야 그 나라가 운영되는 방식에도 대대적인 변모가 이루어졌다. 그는 일련의 치명적인 테러리스트 공격을 마주했고, 그중에는 2002년 10월에 체첸 테러리스트들이 모스크바의 두브롭카 음악당을 점령한 일도 있었다. 이 인질극은 러시아 안보 당국이 극장에 대한 기습을 어설프게 대응하고, 구출했어야 할 관객들을 오히려 가스 공격에 노출시키는 바람에 100명 이상이 사망하는 것으로 마무리되었다.

푸틴이 캅카스 북부의 반항적인 체첸 공화국 반란자들과 벌인 전투로도 수천 명이 사망했으며, 그중에는 아파트 여러 채에 대한 폭탄 공격으로 사망한 294명도 포함되어 있었다. 모스크바의 많은 사람은 그 유혈이 낭자한 공격 배후에 푸틴의 안보 당국이 있다고 속삭였는데, 그 최종 결과가 푸틴의 권력을 강화한 안보 탄압이었던 것도 그런 판단에 적지 않은 이유로 작용했다.

1990년대의 고삐 풀린 올리가르히도 머지않아 그 뒤를 따랐다.

그 나라에서 가장 부유한 사람 하나를 겨냥한 한 건의 큰 소송만으로도, 푸틴과 그의 사람들은 옐친 시대의 시장 자유를 억제하고 국가에 의한 장악을 시작할 수 있었다.

푸가체프의 말이 계속되었다. 「제 생각에는 그가 4년을 마치고 기꺼이 물러날 것 같았어요. 하지만 그즈음 그 모든 논란이 벌어지고 말았죠. 이제는 서방까지 있으니, 마치 쿠바 미사일 위기에 거의 버금가는 심각한 대치 상태가 생긴 거였어요. 그리고 이제 그는 훨씬 더 깊이 들어가서 (……) 만약 더 들어간다면, 결코 벗어날 수 없다는 걸 그도 이해한 거죠.」

이 두 사람의 측면에서 보자면, 푸틴에 의해 건설된 권력 구조야말로 안정된 상태와는 정반대인 듯했다. 왜냐하면 대통령이 그 구조에 워낙 많은 권력을 누적했기 때문에, 이제 모든 것이 그에게 의존하고 있었다. 「그거야말로 뒤집힌 피라미드예요. 한 대 툭 치기만 하면 모조리 무너지게 될 터이니 (……) 그는 이 모두를 이해하고 있지만, 그렇다고 자신을 바꿀 수는 없는 거예요.」

「내 생각에는 그조차도 이 가운데 어느 것을 이해하는 것 같지는 않은데…….」유마셰프가 말한다.

「제가 한 일 모두가 후진적이라고 그가 말했다면 이상했을 거예요.」푸가체프가 끼어든다. 「그가 내린 결정 가운데 다수는 세상이 어떻게 돌아가야 한다는, 자신의 확신에 근거하고 있어요. 그는 애국주의의 신봉자죠. 진심으로 그렇다고 믿더군요. 소련 붕괴를 비극이라고 말했을 때, 그는 진심으로 그렇다고 믿었어요. (……) 그는 단지 그런 가치를 가진 거예요. 무슨 일을 하든지 진심으로 하는 거죠. 실수조차도 진심으로 범한다는 거예요.」

푸틴은 모든 권력의 고삐를 장악해 버렸는데, 예를 들어 주지사 선거의 종식이라든지, 사법 시스템을 크렘린 딕타트 아래로 가져온 것 등이 그러했다. 이런 조치를 정당화하려는 목적에서 그는 새로운 안정성의 시대를 선도하기 위해서는, 즉 1990년대의 혼돈과 붕괴를 종식하기 위해서는 그런 수단들이 필수적이라고 말하곤 했다. 하지만 마치 의사 결정 대부분을 추진하는 것처럼 보였던 저 애국주의적인 과시 행동의 배후에는 또 하나의 불편한 요소가 있었다. 푸틴과 KGB 인사들, 즉 충성하는 동맹자들의 네트워크를 통해 경제를 운영하는 당사자들은 이제 권력을 독점했으며, 정부에서의 지위가 사익 추구의 수단으로 사용되는 새로운 시스템을 도입했던 것이다. 이것이야말로 그들이 한때 봉사했던 소비에트 국가의 반(反)자본주의적이고 반(反)부르주아적인 원칙과는 큰 거리가 있었다.

「이 사람들은, 그들은 돌연변이예요. 그들은 호모 소비에티쿠스와 지난 20년 동안의 광포한 자본주의자들 사이에서 태어난 혼종이라고요. 그들은 많은 것을 훔쳐서 자기 주머니를 채웠죠. 그들의 온 가족은 런던 어디엔가 살고 있어요. 하지만 애국주의의 이름으로 누군가를 짓뭉갤 필요가 있다고 말할 때면, 그들은 그걸 진정으로 말하는 겁니다. 어떤 식이냐 하면, 만약 그들이 런던을 표적으로 삼게 되면, 맨 먼저 자기 가족을 빼낼 거라니까요.」 푸가체프가 말한다.

「나도 그게 끔찍하다고 생각하고 있어. 지금 크렘린에서 일하는 내 친구 중에서 일부는 이렇게 말하더군. 그것도 절대적으로 진심으로 말하더란 거지. 자기네가 거기서 그렇게 부자가 될 수 있다는 게 얼마나 대단하냐는 거야. 1990년대에만 해도, 그런 일은 용인될 수 없었어. 사업을 하든가 아니면 국가를 위해 일하든가, 둘 중 하나였지. 그런데 이제는 돈을 벌려고 국가를 위해 일하고 있다니까. 장관들은 돈을 벌기 위해 허가를 내주지. 물론 그 모두는 두목한테서 오는 거고 (……) (푸틴이) 신임 국가 공직자하고 맨 처음 나누는 대화는 이렇다더군. 〈자네가 할 사업은 이걸세. 오로지 나하고만 공유하세. 혹시 누군가가 자네를 공격한다면, 내가 자네를 지켜 줄 거고 (······) 만약 자네가 (자네의 지위를 사업에) 이용하지 않는다면, 자네는 바보인 걸세.〉」유마셰프가 말한다.

「푸틴 스스로가 이런 말을 했었지요. 공개적으로 말입니다. 제 기억에는 그가 저와 이야기를 하던 참이었어요. 그가 이렇게 말하더군요. 〈그 친구는 무엇을 기다리는 건가? 왜 돈을 벌지 않는 거지? 무엇을 기다리는 거야? 그는 지위를 갖고 있잖아. 스스로를 위해 돈을 좀 벌라고 하게.〉 이제 이들은 마치 피를 마신 사람처럼 되어 버렸어요. 멈출 수가 없는 겁니다. 이제는 국가 공직자가 곧 사업가라니까요.」푸가체프가 말한다.

「진짜 사업가는 극소수밖에 남지 않았지.」유마셰프가 동의하며 슬프다는 듯 머리를 젓는다. 「분위기가 (······) 이 나라의 분위기가 워낙 많이 변했어. 공기가 변했다고. 이제는 질식시키고 있어. 질식시킨다고.」

두 사람은 한숨을 쉰다. 모든 것이 변했다. 물론 자신들의 역할을 이상화하는 이들의 능력만큼은 그렇지 않았지만. 「1990년대에 정말 좋았던 것은 거짓말이 전혀 없다는 거였지.」유마셰프가 말을 잇는다.

「절대적으로 그랬지요. 제 경우만 해도, 제 평생 동안 그랬지만, 진실이야말로 자유에 버금가는 거였어요. 제가 돈을 번 이유는 부자가 되기 위해서가 아니라 자유를 얻기 위해서였죠. 당신이라면 얼마까지 쓸 수 있겠어요? 청바지 두 벌을 사기에 충분한 돈만 있다면, 그걸로 좋았다니까요. 하지만 확실한 독립성이 내게 준 것은 하나였어요. 즉 거짓말을 할 필요가 없었다는 거죠.」푸가체프가 말한다.

두 사람이 보기에 대통령은 예스맨들에게 둘러싸여 있었고, 그들은 푸틴을 위한 긴 건배사를 내놓으면서, 그야말로 이 나라를 구하기 위해 하느님이 보낸 인물이라고 말하며 그의 비위를 맞추기 위해 애썼다. 하지만 푸가체프가 보기에는, 이 예스맨들이야말로 시스템의 깊은 위선을 아는 것 같았다. 즉 크렘린의 집권당인 통합 러시아당이 대표하는 허위 민주주의를 이해하는 동시에, 그 시스템이 얼마나 깊이 부패하게 되었는지를 이해하는 것만 같았다.

「VV(푸틴) 주위의 사람들을 한번 보라고요. 그들은 이렇게 말하죠. 블라디미르 블라디미로비치, 당신은 천재예요!」 푸가체프가 말을 잇는다. 「제가 가만 보아 하니, 그들은 아무것도 믿지 않아요. 그들도 그게 모두 엉터리라는 걸 이해하는 거죠. 통합 러시아당이 엉터리라는 걸, 선거가 엉터리라는 걸, 대통령이 엉터리라는 걸 말이에요. 하지만 그들은 이 모두를 이해하는 까닭에, 계속해서 연기를 하면서 만사를 정말 대단하다고 말하는 거예요. 그들이 하는 건배사도 하나같이 완전히 거짓말이죠. 그들은 (……) 자기들이 어떻게 항상 함께였는지, 학교 걸상에 앉아 있던 시절 이래로 줄곧 어떻게 그래 왔는지를 앉아서 이야기할 수 있어요. 하지만 동시에 바로 옆 사무실에 앉아 있는 작자들은 이렇게 말하고 있는 거예요. 〈저 친구가 나오는 즉시 우리가 끝장내 버리자고.〉 그런 냉소주의가 있다니까요. 제 생각에도 그들은 편안할 것 같지가 않아요. 권력을 가진 사람이야말로 (……) 저는 그들을 딱하게 생각한다니까요. 그들은 사방팔방에서 훔쳐 대고, 그런 다음에야 푸틴이 부패에 맞서 싸우고 있다고 앞에 나와 떠들어 대는 거죠. 저는 그들을 보면서 이렇게 생각한다니까요. 이게 끝이라고 말이에요. 저는 그들을 딱하게 생각해요. (……) VV는 항상 이렇게 물어보았죠. 〈에스S로 시작하는 그 단어가 뭐죠? 소베스트Sovest(양심).〉 그들은 이에 대한 수용 능력을 갖고 있지 않아요. 그들은 그걸 이해하지 못해요. 그들은 그 단어를, 아울러 그 의미를 잊어버렸어요. 그들은 완전히 엉망진창이 되어 버렸어요.」

이들은 이때까지 푸틴 시대의 모든 업적은 그 재임 기간 동안 석유 가격의 가파른 상승 덕분이라고 요약될 수 있다고 입을 모았다. 즉 경제 성장, 수입 증가, 억만장자의 부, 그로 인해 모스크바가 거리마다 번쩍이는 외제 차가 가득하고 길모퉁이마다 아늑한 카페가 영업 중인 화려한 대도시로 변모한 것까지도 그러했다. 「2000년에 석유 가격이 17달러였을 때에도 우리는 행복했었지. 자네와 내가 권력을 잡고 있었을 때에는 10달러니 6달러니 했었어. 나에게 최고의 시기는 석유 가격이 2주에서 3주 동안 16달러에 육박했을 때였어. 그런데 지금은 무려 150달러인데도, 그들이 하는 짓이라고는 자기네가 살 집을 끔찍스러운 모습으로 짓는 것뿐이지.」 유마셰프가 말한다.

「국가는 그 돈으로 아무것도 하지 않아요. 나라의 기반 시설을 변모시킬 수도 있는데 말이에요. 하지만 그는 우리가 도로를 건설하면 모든 것을 도둑맞게 될 거라고 생각하니까 (……) 시간이 참으로 빨리 흘러가네요.」 푸가체프가 말한다.

「8년이 지났어. 2000년에 우리는 두목에게 기름칠이 잘된 기구를 건네주었지. 모든 것이 제대로 작동했어. 그런데 우리가 얻은 게 도대체 뭐야?」 유마셰프가 말한다.

「우리로선 그가 만사를 전진시키지 않을 거라는 사실을 이해하지 못했던 거죠. 저는 그가 자유주의자이고, 젊다고 생각했었어요.」 푸가체프가 대답한다.

「내 입장에서도 그가 젊었다는 게 제일 중요했었지.」 유마셰프의 말이다.

「당신도 아시다시피, 알고 보니 그는 뭔가 다른 종에 속했다는 사실이 드러났던 거죠.」

「맞아. 그들은 다른 사람들이야.」 유마셰프도 동의한다.

「그들은 다르고도 특별한 사람들이에요. 이거야말로 우리로선 이해하지 못한 뭔가였죠. 이 점을 매우 잘 이해하는 사람이 바로 (검찰 총장인) 블라디미르 우스티노프예요. 그가 저에게 이렇게 말하더군요. 〈당신도 아시다시피, 안보계 사람들은 뭔가 다릅니다. 만약 그들의 피를 모조리 뽑아내서 다른 머리에 집어넣는다 해도, 그들은 여전히 다를 겁니다. 그들은 자체적인 시스템 속에서 살아갑니다. 당신은 결코 그들 중 하나가 될 수 없을 겁니다. 그거야말로 절대적으로 다른 시스템이니까요.〉」 푸가체프가 말한다.

그 녹음은 푸틴을 권좌에 올린 두 사람의 솔직한 견해를, 아울러 그들이 일조하여 탄생한 시스템에 대해 느끼는 공포를 엿볼 수 있는 독특한 창문을 제공한다. 이 책은 바로 그 시스템의 이야기이다. 즉 푸틴의 KGB 동료들이 어떻게 권좌에 올랐으며, 새로운 자본주의 속에서 스스로를 부자로 만들기 위해 어떻게 돌연변이가 되었는지에 대한 이야기이다. 이것은 옐친에서 푸틴으로 서둘러 이루어진 권력 이양의 이야기이며, 그로 인해 KGB 안보계 사람들의 〈은밀한 국가〉가 어떻게 가능했는지에 대한 이야기이다. 즉 옐친 시대 동안 배후에서 잠복했던 그들이 이제는 모습을 드러내고, 최소 20년 동안 권력을 독점했으며, 급기야 서방을 위협하게 된 이야기인 것이다.

이 책은 푸틴의 과거 KGB 관련자들의 러시아 경제 장악을 추적하기 위한 노력으로 시작되었다. 하지만 이 책은 그보다 더 유해한 뭔가에 대한 조사로 변하게 되었다. 그 조사에서도 나타났고, 아울러 이후의 사건에서도 나타난 바에 따르면, 푸틴 시대의 금권 정치는 단지 대통령 친구들의 주머니를 채우는 것 이상의 뭔가를 겨냥하고 있었다. KGB의 경제 장악 결과로, 아울러 그 나라의 정치와 사법 시스템 장악의 결과로 대두한 정권에서, 푸틴의 친구들은 수십억 달러를 서방의 제도와 민주주의를 잠식하고 부패시키는 데 적극적으로 사용하고 있었다. 냉전 시기의 KGB의 지침서가 이제 완전히 재활성화된 것이다. 과거 소련은 그 지침서에 따른 〈적극적 수단〉을 이용하여 서방에 분열과 불화의 씨앗을 뿌리고, 동맹 정당에 자금을 지원하고, 그 〈제국주의〉의 적을 잠식한 바 있었다. 이제 달라진 점이 있다면, 이런 전술들이 이전보다 훨씬 더 깊어진 자금원에서 지원을 받는다는 것이다. 그 자금원인 크렘린은 시장의 방식에 숙련되었을 뿐만 아니라, 촉수를 서방의 제도 속 깊숙이 박아 넣었다. 푸틴을 비롯한 KGB의 일부는 서방에게 보복하기 위한 수단으로서 자본주의를 포용했다. 이것은 오래전부터, 즉 소비에트 붕괴 이전 시대부터 시작된 과정이었다.

전략적 현금 흐름을 푸틴이 장악한 것은 예나 지금이나 단지 그 나라의 경제를 좌지우지하는 것 이상의 것이었다. 푸틴 정권의 입장에서 부는 러시아 시민의 안녕보다는 오히려 권력의 투사, 즉 무대에서 그 나라의 지위를 재주장하는 것과 더 관련이 있었기 때문이다. 푸틴의 사람들이 만든 시스템은 혼종의 KGB 자본주의였으며, 서방 공직자들을 매수하고 부패시키기 위한 현금의 축적을 추구했다. 서방 정치인들은 냉전 종식 이후로 득의만면한 상태였기에, 그리 멀지 않은 과거에 있었던 소비에트의 전술을 잊어버린 지 오래였기 때문이다. 서방 시장도 러시아에서 건너온 새로운 부를 포용했으며, 그 배후의 범죄 세력이며 KGB 세력에 대해서는 주의하지 않았다. KGB는 이미 오래전에, 즉 소비에트 붕괴 직전부터 러시아 범죄 조직과 동맹을 결성했으며, 그리하여 수십억 달러어치의 귀금속과 석유와 기타 일용품이 국가의 손을 떠나 KGB와 연계된 기업들로 이전되었다. KGB 해외 첩보부 공작원들은 애초부터 검은돈을 축적하려 도모했고, 소비에트 붕괴와 함께 사라졌다고 오랫동안 간주된 영향력 네트워크를 줄곧 유지하고 보전하는 데에 이 자금을 사용했다. 옐친 치하에서 한동안은 KGB 세력이 배후에 숨은 채로 남아 있었다. 하지만 푸틴이 권좌에 오르면서부터, KGB와 범죄 조직 간의 동맹이 대두하여 본색을 드러냈다. 이 과정을 이해하려면 우리는 반드시 이 모두의 시작으로, 즉 소련 붕괴 당시로 거슬러 올라가야만 한다.

푸틴을 권좌에 올리는 데에 도움을 주었던 사람들의 입장에서는 KGB의 보복으로 심판까지 당하게 되었다. 푸가체프와 유마셰프는 옐친의 건강이 나빠지는 와중에, 공산주의의 위협이라 스스로 간주한 것에 맞서서 국가의 미래를, 아울러 자신들의 안전을 확보하기 위한 시도로서 필사적으로 서둘러서 권력 이양을 시작했었다. 하지만 이들 역시 그리 오래 지나지 않은 소비에트의 과거를 잊어버린 상태였다.

이들이 권좌에 올린 안보계 사람들로 말하자면, 이들이 가능하다고 생각했던 그 어떤 경계를 넘어서라도 자신들의 지배를 확장하기 위해 무슨 일이건 서슴지 않을 예정이었다.

「우리가 그에게 더 이야기를 해주었어야 했는데.」 유마셰프가 한숨을 쉬었다.

「당연하죠. 하지만 그때는 시간이 없었어요.」 푸가체프가 말했다.

제1부

제1장

루치 작전

〈상트페테르부르크〉. 때는 1992년 2월이었다. 시 행정부 소속의 관용차 한 대가 이 도시의 주요 거리를 따라 천천히 달리고 있었다. 보도에는 회색의 진창이 된 눈이 부분적으로 제설되어 있었고, 가방을 둘러메고 바람을 피해 웅크린 사람들은 두껍고 천편일률적인 코트 차림으로 추위를 뚫고 걸어가고 있었다. 넵스키 프로스펙트의 한때 웅장했지만 지금은 퇴색한 건물에 입주한 상점들은 거의 텅 빈 상태였다. 소련의 갑작스러운 내파(內破)의 후폭풍으로 진열대에는 사실상 물건이 없었다. 소련이 존재하기를 중단한 때로부터, 즉 러시아 대통령 옐친과 다른 소비에트 공화국 지도자들이 펜을 몇 번 놀림으로써 자신들의 연방을 끝장내도록 서명했던, 그 운명적인 날로부터 아직 6주가 지나지도 않은 상태였다. 이 도시의 식량 배급업자들은 지난 수십 년간 공급망을 통제하고 가격을 고정했던 엄격한 소비에트의 규제가 갑자기 존재하기를 중단하며 생겨난 신속한 변화에 대응하기 위해 분투하고 있었다.

버스 정류장에 늘어선 줄에서는, 아울러 주민들이 신발이라든지 집에 있는 온갖 물품을 팔아서까지 현금을 벌려고 시도하면서 도시 전역에 갑자기 나타난 비정기 시장에서는 식량 부족, 배급 카드, 우울함이 겨우내 화제였다. 설상가상으로 초인플레이션이 저축을 황폐화하고 있었다. 어떤 사람들은 심지어 기근을 경고하기도 했으며, 매일 최대 1000명이 굶어 죽었던 제2차 세계 대전 당시의 봉쇄에 관한 기억에 아직도 사로잡혀 있는 도시에 경종을 울렸다.

그 검은 볼가 세단을 직접 운전하는 시 공직자는 차분해 보였다. 계속해서 앞만 바라보는 그 홀쭉하고 결연한 사람은 푸틴이었다. 나이 39세에 상트페테르부르크 부시장이었으며, 최근 시의 해외 관계 위원회 대표로도 임명된 상태였다. 이 장면은 그 도시의 신임 행정부에 관한 다큐멘터리 시리즈를 위해 촬영된 것이었는데, 특히 이번 편은 적절한 식량 수입 확보 등의 책임을 담당하는 젊어 보이는 부시장에게 초점을 맞추고 있었다.[1] 영상 장면은 스몰니 청사에 자리한 시청의 집무실로 전환되었고, 푸틴은 독일과 영국과 프랑스에서 보내온 인도주의적 구호 물품에 포함된 곡물의 미터톤 수치를 줄줄이 읊고 있었다. 그는 걱정할 필요가 없다고 말했다. 거의 10분에 걸쳐서 푸틴은 수치에 대한 신중한 설명을 내놓았다. 그의 해외 관계 위원회는 긴급 식량을 확보했으며, 여기에는 그 도시의 시장 아나톨리 솝차크가 영국 총리 존 메이저와의 회동에서 확보한 시가 2000만 파운드의 사료용 곡물에 대한 획기적인 협상도 포함되어 있었다. 영국이 취한 이런 너그러운 조치가 없다면, 이 지역의 어린 가축은 차마 살아남지 못할 것이라고 그는 말했다.

푸틴이 세부 사항을 훤히 꿰는 모습은 인상적이었다. 이 도시의 경제에 닥친 거대한 문제를 파악하는 모습도 역시나 인상적이었다. 그는 새로운 시장 경제의 척추에 해당하는 소형 및 중형 사업주 계급을 발전시킬 필요성에 대해서 유창하게 이야기했다. 실제로 푸틴은 이렇게 말했다. 「사업가 계급이야말로 우리 사회 전체의 번영을 위한 기초가 되어야 마땅합니다.」

그는 그 지역의 방대한 소비에트 시대의 방위 산업체를 민간 제조업체로 전환하는 문제에 대해서 정확하게 이야기했다. 도시 남쪽에 자리한 대규모 대포와 탱크 제작사인 키롭스키 자보트의 경우처럼 넓게 펼쳐진 공장들이야말로 차르 시대부터 줄곧 이 지역의 주된 고용주였다. 이제 이런 공장들은 가동이 중단된 상태였는데, 소련 경제에 연료를 공급했을 뿐만 아니라 결과적으로는 파산까지 유발했던 군용 무기에 대한 끝도 없었던 주문이 갑자기 끊어졌기 때문이었다. 젊은 시 공직자는 우리도 앞으로 서방에서 동업자를 데려와 그 공장들을 전 세계 경제에 통합시켜야 한다고 말했다.

푸틴은 다른 모든 선진국을 서로 연결해 주는 자유 시장 관계에서 공산주의가 소련을 인위적으로 차단하면서 조성한 해악에 관해 갑자기 열심히 이야기했다. 그는 카를 마르크스와 블라디미르 레닌의 신조가 〈우리 국가에 크나큰 손실을 가져왔다〉고 말했다. 「제 삶에서도 마르크스주의와 레닌주의 이론을 연구했던 시기가 있었고, 저는 그 내용이 흥미로울 뿐만 아니라, 우리 중 많은 사람이 그렇다고 생각한 것처럼 논리적이라고 생각했습니다. 하지만 제가 성장하는 과정에서 진실은 점점 더 명확해지고 말았습니다. 즉 그 이론들은 아무리 좋게 말해 보았자 해로운 동화에 불과했다는 것입니다.」 실제로 볼셰비키 혁명은 〈오늘날 우리가 경험하고 있는 비극, 즉 우리 국가의 붕괴라는 비극〉에 대한 책임이 있었다. 푸틴은 인터뷰 진행자에게 대담하게 말했다. 「그들은 나라를 이전까지만 해도 존재한 적이 없었던 여러 개의 공화국으로 나누었으며, 문명화된 국가들의 국민을 통합해 주었던 뭔가를 파괴했습니다. 즉 그들은 시장 관계를 파괴했던 것입니다.」

상트페테르부르크 부시장으로 임명된 지는 겨우 몇 달에 불과했지만, 이 내용은 이미 강력하고도 신중하게 고안된 연기였다. 푸틴은 소탈하게 의자에 등을 기대고 앉아 있었지만, 나머지 모든 것은 정확성과 준비를 드러내고 있었다. 이 50분짜리 영화는 그가 유도 매트 위에서 상대를 메다꽂는 모습을, 외국 사업가와 유창한 독일어로 대화하는 모습을, 최근의 해외 원조 협상에 관해 솝차크와 통화하는 모습을 보여 주었다. 푸틴의 세심한 준비는 이 인터뷰를 진행하고 영화를 감독해 달라는 특별 요청을 받았던 바로 그 남자에게까지 연장되어 있었다. 이 영화 제작자는 여러 아이의 삶을 가까이에서 지켜본 다큐멘터리 시리즈, 즉 영국의 유명한 텔레비전 시리즈 「세븐 업Seven Up」의 소련판에 해당하는 영상물을 통해 소련 전역에 걸쳐서 명성과 사랑을 얻은 바 있었다. 이고리 샤드칸은 유대인이었고, 극북(極北)에서 소비에트 강제 수용소의 공포에 관한 영화 시리즈를 제작하고 상트페테르부르크로 막 돌아온 참이었다. 그는 여전히 소비에트 시대의 반유대주의적 비방에 대한 기억을 떠올리며 움찔하는 사람이었으며, 직접 시인했듯이 그 도시의 리테이니 프로스펙트에 자리한 구(舊) KGB 본부 앞을 지나갈 때마다 여전히 두려움에 고개를 숙이는 사람이었다.

하지만 푸틴이 자기가 매우 특별한 고백을 하게끔 도와 달라며 선택한 사람은 바로 이 남자였고, 그리하여 푸틴이 두려움과 증오의 대상인 KGB 공직자로 근무했었다는 사실을 전 세계에 전달하게 될 사람도 바로 이 남자였다. 아직 민주주의 운동의 첫 번째 물결에 해당하는 시기였기 때문에, 이런 시기에 이런 사실을 시인했다가는 그의 상사인 솝차크마저 체면이 실추될 수도 있었다. 솝차크로 말하자면, 구(舊)정권의 비밀에 대한 단죄, 아울러 KGB가 자행한 권한 남용에 대한 단죄의 물결에 편승해 시장 직위까지 오른 탁월한 연설가였기 때문이다. 오늘날까지도 샤드칸은 과연 푸틴의 선택이 신중한 재활 계획의 일부분이 아니었나 하는 의문을 품고 있다. 「저를 선택한 이유가 무엇이었을지 항상 묻게 됩니다. 그는 제가 필요하다는 사실을 이해하고 있었고, 자기가 KGB 출신이라는 사실을 저에게 말할 준비가 되어 있었습니다. 그는 KGB 인사도 역시나 진보적이라는 사실을 보여 주고 싶어 했습니다.」푸틴은 선택을 잘한 셈이었다. 샤드칸은 회고한다. 「한 비평가가 언젠가 저에게 이런 말을 하더군요. 제가 항상 주제 대상을 인간미 있어 보이게 만든다고, 그 대상이 누군지와는 무관하게 그렇게 만든다고 말입니다. 저는 그를 인간미 있어 보이게 만들었습니다. 저는 그가 누구인지, 아울러 그가 무엇을 보았는지 알고 싶었어요. 저는 소련 정권을 항상 비판해 온 사람이었습니다. 저는 그들의 횡포를 많이 참았습니다. 하지만 저는 그에 대해서 공감했어요. 우리는 친구가 되었습니다. 제가 보기에 그는 이 나라를 앞으로 몰고 갈 사람처럼, 즉 실제로 뭔가를 해낼 사람처럼 보였어요. 그는 실제로 저를 채용했으니까요.」[2]

영화 내내 푸틴은 KGB의 장점을 강조할 기회를 솜씨 좋게 이용했다. 혹시 당신도 직위를 남용해 뇌물을 받은 적이 있었느냐는 민감한 질문을 받자, 자기가 근무한 곳에서는 그런 행동이 〈모국에 대한 배신〉으로 간주되었다고, 따라서 만약 그렇게 했다면 법으로 철저히 처벌받게 되었을 것이라고 주장했다. 자기는 〈치노브니크〉, 즉 〈공직자〉였지만, 이 단어에는 굳이 부정적인 함의가 들어 있을 필요가 없다고도 주장했다. 그는 군인 〈치노브니크〉로서 국가에 봉사했으며, 이제는 민간인 공직자로서 〈정치적 경쟁의 영역 바깥에서〉 이전과 마찬가지로 국가에 봉사하고 있다는 것이었다.

다큐멘터리의 막바지에 이르자, 샤드칸도 이 주장을 완전히 믿었던 것처럼 보인다. 이 영화는 미화된 KGB의 과거에 대한 묵인으로 마무리된다. 즉 추위를 피하고자 털모자를 쓴 푸틴이 얼음 낀 네바강을 조사하는 모습을 보여 주었는데, 이때 이 민중의 지도자는 당시에 널리 사용되던 상자 모양의 승용차인 흰색 지굴리를 직접 운전했다. 그가 강철 같고 방어적인 시선으로 도시를 굽어보는 동안, 이 영화는 유명한 소비에트 텔레비전 시리즈의 주제곡을 틀어 주면서 마무리된다. 〈봄의 열일곱 가지 순간〉이라는 제목의 이 시리즈는 나치 독일 정권에 깊이 잠입한 비밀 KGB 스파이 막스 오토 폰 시틸리츠의 활약상을 보여 준 바 있었다. 이 음악은 샤드칸이 선택한 것이었다. 「그는 바로 그 일을 하던 사람이었으니까요. 저는 그가 여전히 그 일을 하고 있다는 사실이 어떻게 드러났는지를 보여 주고 싶었던 겁니다.」

하지만 푸틴은 그 인터뷰에서 자기가 1990년 2월에 (상트페테르부르크의 그 당시 명칭인) 레닌그라드로 돌아오자마자 KGB에서 사직했다는 인상을 주기 위해 신경을 썼다. 자기가 KGB를 떠나게 된 데에는 정치적인 이유가 아니라, 〈온갖 종류의 이유〉가 있었다고 샤드칸에게 말했다. 즉 그해 5월부터 솝차크와 함께 일할 예정이라서 떠났다는 것이었다. 당시 레닌그라드 주립 대학의 법학 교수로 재직하던 솝차크는 그 도시의 새로운 민주주의 운동에서 빠르게 대두하는 스타였다. 푸틴은 (독일 민주 공화국, 약자로 GDR인) 동독 드레스덴에서 5년간 KGB와 동독 비밀경찰 슈타지 사이의 연락관으로서의 근무를 마치고, 이 차르 시대의 수도로 돌아온 참이었다. 훗날의 전설에 따르면, 그는 귀국 후에 한 동료에게 택시 운전기사로 일하는 것보다 더 나은 미래를 가질 수 없을 것 같아 두렵다며 실토했다고 한다.[3] 분명 자기가 옛 주인님들과의 유대를 모두 끊어 버렸다는 인상을, 즉 러시아의 급속히 변화하는 질서 때문에 자기가 표류하게 되었다는 인상을 만들려고 열심이었던 것처럼 보인다.

푸틴이 샤드칸에게 말한 내용은 본인의 KGB 경력을 둘러싼 일련의 허위와 혼탁에서 겨우 시작에 불과했다. 드레스덴에서 돌아온 그를 맞이한 저 내파(內破)가 진행 중인 제국에서는 무엇이든지 간에 겉보기와는 달랐다. 드레스덴의 여전히 우아한 산개 대형을 굽어보는 엘베 강변 고지대에 있는 KGB 관저에서 푸틴은 이미 동독에 대한 소비에트 제국의 통제의 종식을, 이른바 사회주의의 꿈의 붕괴를 직접 목격한 바 있었다. 시민들이 공산당 지도부에 반기를 들고 일어나면서, 소련의 바르샤바 조약 세력권은 그의 주위에서 산산조각이 나고 말았다. 푸틴은 그 여파가 소련 전역에 걸쳐 반향을 일으키기 시작하는 모습을, 아울러 베를린 장벽 붕괴에서 영감을 얻은 민족주의 운동이 그 어느 때보다도 더 신속하게 국가 전역으로 확산한 까닭에 공산당 지도자 미하일 고르바초프가 새로운 세대의 민주주의 지도자들과 그 어느 때보다도 더 많이 타협할 수밖에 없게 되는 모습을 (처음에는 멀리에서) 지켜보았다. 푸틴과 샤드칸의 인터뷰가 진행될 무렵, 그런 민주주의 지도자 가운데 하나인 옐친은 1991년 8월의 강경파 쿠데타 시도를 겪으며 승자로 대두한 상태였다. 이 설익은 정치와 경제의 자유의 시계를 거꾸로 돌리려고 시도했지만, 결국 크나큰 실패로 끝나고 말았다. 옐친은 소련 공산당을 금지했다. 구정권은 갑자기 싹쓸이되어 없어진 것처럼 보였다.

하지만 구정권을 대체한 새로운 정권은 그저 경비병의 부분적인 교체에 불과했으며, KGB에서 벌어진 일이야말로 그 전형적인 사례였다. 옐친은 KGB 최고위급의 목을 날린 다음, 이 조직을 네 군데의 서로 다른 국내 업무 부서로 분할하는 명령에 서명했다. 하지만 그 결과로 대두한 것은 머리만 여러 개이고 몸뚱이는 여전히 하나인 괴물이었다. 거기서는 푸틴 같은 여러 간부가 그늘 속으로 물러난 채 지하에서 계속해서 활동했으며, 강력한 해외 첩보부 역시 여전히 멀쩡한 채로 남아 있었다. 그런 시스템에서는 정상적인 삶의 규칙이 이미 오래전부터 보류되어 왔던 것처럼 보였다. 그것이야말로 절반의 진실과 외양으로 이루어진 음지 세계였으며, 그 아래에는 구(舊) 엘리트의 온갖 파벌이 아직 남아 있는 고삐를 계속해서 붙잡고 있었다.

푸틴은 KGB 사직의 시기와 배경에 대해 몇 가지 서로 다른 설명을 내놓은 바 있다. 하지만 그와 가까웠던 전직 KGB 고위 인사의 말에 따르면, 그중 어떤 것도 진실은 아니었다. 공식 전기를 집필 중인 인터뷰 진행자들에게는 자기가 대학에서 솝차크를 위해 일하기 시작한 지 몇 달 뒤에 사직했다고 말하곤 했지만, 그의 사직서는 어째서인지 우체국에서 그만 분실되어 버렸다. 그리하여 강경파 쿠데타가 절정에 달했던 1991년 8월에, 솝차크가 당시 KGB 수장 블라디미르 크류치코프에게 직접 전화를 걸어서 그의 사직 사실을 확인했다는 것이 푸틴의 주장이었다. 이 이야기는 훗날 공식 설명으로 자리 잡게 되었다. 하지만 그 내용은 아무래도 허구인 것처럼 들린다. 쿠데타가 한창이던 상황에서 직원 한 명의 사직 여부를 확인하기 위해 솝차크가 크류치코프에게 연락을 취했을 가능성은 아무리 좋게 보아도 희박하기 때문이다. 푸틴과 가까웠던 동료의 말에 따르면, 오히려 그는 8월의 쿠데타 시도 이후로도 최소한 1년 동안은 그 비밀 기관으로부터 계속해서 월급을 받았다. 마침내 사직했을 즈음, 러시아 제2도시의 새로운 지도층 꼭대기에 있었던 푸틴의 지위는 안정적이었다. 그는 이 나라의 새로운 민주주의 지도층 속으로 깊이 침투한 상태였고, 이 행정부와 법 집행 기관들(그중에는 KGB 후신에 해당하는 기관인 연방 보안부, 약자로 FSB도 포함되어 있었다) 사이의 유대에서 핵심적인 인물이었다. 샤드칸과의 인터뷰에서 명백히 제시된 것처럼, 부시장으로서의 그의 연기는 이미 얄팍하고도 자기만족적이었다.

푸틴이 실제로 사직한 과정이며, 솝차크를 위해 일하게 된 과정에 관한 이야기는 결국, KGB 간부 한 명이 자기 나라의 민주주의적 변모 속에서 덩달아 변모함으로써 새로운 지도층에 들러붙은 과정에 관한 이야기이다. 이것이야말로 KGB의 한 파벌, 특히 그 해외 첩보부의 일부분이 소련의 〈페레스트로이카〉 개혁의 소동 속에서부터 오랫동안 비밀리에 변화를 대비해 온 과정에 관한 이야기이기도 하다. 푸틴은 드레스덴에 머물던 와중에도 마치 이 과정의 일부에 있었던 것처럼 보인다. 더 나중에 독일이 재통일되자, 그 나라의 안보 기관은 그가 혹시 〈루치 작전〉을 진행한 집단의 일부가 아니었는지 의심하게 되었다. 러시아어로 〈태양 광선〉이라는 작전명이 붙은 이 특수 작전은 동독 정권이 붕괴할 경우를 대비해 최소한 1988년부터 준비되었다.[4] 그 내용은 동독의 몰락 이후에도 오랫동안 러시아를 위해 계속해서 작동될 수 있는 요원 네트워크를 포섭하는 것이었다.

〈드레스덴〉. 푸틴이 드레스덴에 도착한 1985년에 동독은 간신히 명맥을 유지하는 실정이었다. 이 나라는 파산 직전의 상황에서 서독의 100만 마르크 차관 덕분에 생존하고 있었고,[5] 이의 제기의 목소리가 대두하고 있었다. 그곳에 도착했을 때 푸틴은 32세였다. 해외 첩보부 간부를 위한 KGB의 엘리트 〈붉은 깃발〉 학교에서의 훈련 과정을 갓 마친 상태로, 조용하고도 밝은색으로 칠해진 인근 거리를 굽어보는 넓은 계단과 베란다가 딸린 우아한 아르 데코 관저에서 일하기 시작했다. 잎이 무성한 나무들과 슈타지 엘리트의 깔끔한 사택으로 에워싸인 그 관저는 창문도 없는 작은 독방에 수십 명의 정치범을 수감하고 있는 슈타지 본부의 회색 산개 대형에서 길모퉁이 하나를 돌기만 하면 나왔다. 집권 공산당, 즉 SED의 그 지역 지도자인 한스 모드로는 개혁가로 알려져 있었다. 하지만 그는 이의 제기자에 대한 탄압 시도에서는 가차 없이 굴기도 했다. 한편으로는 계획 경제의 비참과 부족, 또 한편으로는 국가 사법 기관의 잔혹 행위에 동구권 전체에 걸쳐서 저항의 분위기가 늘어나고 있었다. 기회를 감지한 미국 첩보 기관들은 바티칸의 도움까지 받아 가면서, 소련에 대한 반대가 가장 강력했던 폴란드 자유 노조의 저항 운동에 인쇄 및 통신 장비와 현금을 전달하는 작전을 조용히 시작한 상태였다.

푸틴은 해외 첩보부에서의 경력을 오래전부터 꿈꿔 왔다. 그의 아버지는 제2차 세계 대전 당시에 소비에트 비밀경찰인 NKVD에서 일했다. 적의 후방 깊숙이 침투해서 독일군 진지에 사보타주를 수행했는데, 포로가 될 위기를 간신히 벗어나긴 했지만 자칫 치명적일 뻔했던 부상을 입었다. 푸틴은 아버지의 무용담을 본받아 어려서부터 독일어 학습에 몰두했으며, 10대 때부터 KGB에 들어가고 싶어 안달했다. 급기야 학교를 졸업하기도 전에 그 지역의 레닌그라드 지부에 찾아가 봉사를 제안했지만, 그러려면 대학을 졸업하거나 군대에 복무하는 것이 필수라는 거절 통보만 받고 말았다. 30대 초에 그는 마침내 해외 첩보부 간부를 육성하는 붉은 깃발 학교에 입학하게 되었는데, 이것이야말로 초기 삶의 단조로운 분투로부터 도피를 이룬 것으로 간주될 만한 업적이었다. 푸틴은 공동 아파트의 계단에서 쥐를 쫓아다니고, 거리에서 다른 아이들과 드잡이를 하면서 유년기를 보냈다. 그는 길거리 싸움질에 대한 개인적 기호를 변모시켜 유도에 숙달하게 되었는데, 이 무술은 상대의 공격을 역이용함으로써 균형을 잃고 넘어지게 만드는 섬세한 원리에 기초하고 있었다. 푸틴은 안보 기관에 채용되려면 어떤 과목을 이수해야 하는지에 대한 레닌그라드 KGB의 조언을 철저히 따라서 레닌그라드 대학 법학부에서 공부했다. 1975년에 대학을 졸업하고는 한동안 레닌그라드 KGB 방첩 부서에서 일했는데, 처음에는 위장 요원 역할이었다. 그러다가 푸틴은 공식적으로 첫 번째 해외 주재지였다고 언급되는 드레스덴으로 발령받았다. 그 지부는 작고 수수해 보였으며, KGB 공작원 약 1000명이 적의 〈제국주의〉 권력을 잠식하기 위해 사방으로 뛰어다니는 동베를린 지부의 화려함과는 한참 거리가 멀었다.[6]

　푸틴이 도착했을 무렵, 드레스덴에서 근무 중인 KGB 간부는 겨우 여섯 명뿐이었다. 그는 연상인 동료 블라디미르 우솔체프와 한 사무실을 썼는데, 이 선배는 이 후배를 〈볼로댜〉, 즉 〈작은 블라디미르〉라고 불렀다. 푸틴은 다른 KGB 간부들도 함께 사는 수수한 아파트에서 아내 류드밀라와 두 딸과 함께 살았고, 아직 어린 딸들을 매일같이 독일 유치원에 데려다주었다. 서방과의 경계에 있는 동베를린에서 벌어지는 스파이극에서 멀리 떨어진 상태이다 보니, 마치 평범하고 소박한 삶인 것처럼 보였다. 그는 소비에트 방문객을 〈친구들〉이라고 불렀던 슈타지 동료들과 함께 스포츠를 즐기고 농담을 주고받았던 것처럼 보인다. 푸틴은 호르스트 예믈리히와 함께 독일 문화와 언어에 관해 잡담을 나누곤 했다. 예믈리히는 드레스덴 슈타지 지부장의 특별 보좌관으로, 사실은 밀수 총책임자에 해당했다. 붙임성 좋은 이 육군 중령은 그 도시의 모든 사람을 알고 있었으며, 요원과 정보원들을 위한 안전 가옥과 비밀 아파트 관리를 담당하는 한편, 소비에트 〈친구들〉을 위한 물품 입수도 담당했다. 「그는 독일어의 관용적 표현 몇 가지에 각별히 관심을 가졌습니다. 그는 그런 것들을 배우려고 정말 열심이었습니다.」 예믈리히는 이렇게 회고했다. 푸틴은 겸손하고도 사려 깊은 동료였던 것처럼 보인다. 「그는 결코 전면에 나서지 않았습니다. 그는 결코 맨 앞줄에 서지 않았습니다.」 푸틴은 충실한 남편이자 아버지였다. 「그는 항상 매우 친절했습니다.」[7] 예믈리히의 말이다.

하지만 소비에트 스파이와 슈타지 동료들의 관계는 때때로 삐걱거렸으며, 드레스덴 역시 실제로 동독의 오지라는 겉보기와 영 딴판이었다. 예를 들어 이곳은 동독 경제에서 오랫동안 생명 유지 장치 노릇을 해왔던 밀수 제국의 최전선에 있었다. 드레스덴은 대형 및 개인용 컴퓨터와 기타 장비를 생산하는 동독 최대 전자 제품 제조업체 로보트론의 본거지였다. 따라서 이곳은 신속하게 발전하는 서방의 기술과 군사적으로 경쟁하려고 분투하는 동구권의 씁쓸한 (그리고 실패 중인) 노력의 일환으로, 서방의 최첨단 상품의 청사진과 부품을 불법으로 입수하여 경쟁의 핵심으로 활용하려는 소련과 동독의 전투에서 중추적인 장소였다. 1970년대에 로보트론은 서방의 IBM을 복제하는 데 성공했으며, 서독의 지멘스와 긴밀한 유대를 발전시켰다.[8]「동독의 첨단 기술 밀수는 드레스덴을 거쳐서 이루어졌습니다.」독일의 보안 컨설턴트 프란츠 제델마이어의 말이다. 그는 훗날 상트페테르부르크에서 푸틴과 함께 일했으며, 1980년대에는 뮌헨에서 나토NATO와 중동에 방위 제품을 판매하는 가족 사업을 시작했다.[9]「드레스덴은 이런 암거래의 중심지였습니다.」아울러 그곳은 상업 조정부의 중심지이기도 했다. 동독 해외 무역부 산하 부서인 이곳은 서방에서 수출이 금지된 첨단 상품을 밀수하는 작전을 전담했다.「그들은 골동품을 수출하고 첨단 제품을 수입했습니다. 또 그들은 무기를 수출하고 첨단 제품을 수입했습니다.」제델마이어의 말이다.「드레스덴은 소형 전자 제품 산업에 항상 중요한 장소였습니다.」예믈리히의 말이다.[10] 그의 말에 따르면, 동독의 전설적인 스파이 총책 마르쿠스 볼프가 이끄는 첩보부도 〈많은 일을 했다〉고 한다. 하지만 정확히 무슨 일을 했는지는 예믈리히도 입을 굳게 다물었다.

드레스덴 슈타지 지부의 해외 첩보부 책임자 헤르베르트 콜러는 정보 및 기술 첩보 부서의 책임자를 겸임했는데,[11] 이것이야말로 수출이 금지된 제품의 밀수가 그 도시에 얼마나 중요했는지를 보여 주는 상징이었다. 독일이 제2차 세계 대전 직후 동독과 서독으로 나뉜 이래, 동구권의 상당 부분은 암시장과 밀수에 의존하여 생존해 왔다. 전쟁의 파괴가 휩쓸고 지나간 뒤였기에 소련의 국고는 텅 비어 있었고, 동베를린과 취리히와 빈에서는 범죄 조직이 소비에트 안보 기관과 손잡고 암시장을 통해 담배, 술, 다이아몬드, 귀금속을 밀수함으로써 동구권의 안보 기관의 현금 보유고를 채웠다. 처음에만 해도 암시장 거래는 임시적인 필요에 불과하다고 간주했으며, 공산당 지도자들은 이것이야말로 자본주의의 기초에 가하는 일격이라며 정당화하기까지 했다. 하지만 1950년에 서방이 단합하여 혹시라도 군사적 수단에 사용될 수 있는 모든 첨단 제품을 소비에트 통제 권역에 수출하지 못하도록 조치하면서, 밀수는 생활 방식으로 굳어지고 말았다. 자본주의의 자유로운 선택과 수익을 향한 충동은 서방에서 기술 발전 열풍의 원동력이 되었다. 이에 비해 동구권의 사회주의 계획 경제는 훨씬 뒤떨어진 상태로 얼어붙어 버리고 말았다. 기업들은 연간 생산 계획을 간신히 달성할 정도로만 가동되었으며, 그 노동자와 과학자들은 가장 기본적인 물품조차도 반(半)암시장에서 비공식적 연계를 통해서만 간신히 구할 수 있는 처지에 몰렸다. 〈철의 장막〉으로 고립된 상태에서, 밀수는 동구권이 신속하게 발전하는 서방의 업적을 계속 따라잡을 수 있는 유일한 방법이 되었다.[12]

동독의 해외 무역부에서는 상업 조정부를 설립하고, 수다쟁이인 알렉산드르 샬크골로트콥스키를 책임자로 임명했다. 이 산하 부서의 임무는 밀수를 통해 불법 경화(硬貨)를 벌어들이는 것, 아울러 수출이 금지된 기술을 슈타지가 입수하는 데 필요한 자금을 지원하는 것이었다. 약자로 〈코코KoKo〉인 이 부서는 처음에만 해도 볼프가 이끄는 첩보부에 보고를 올렸지만, 나중에 가서는 독자적인 세력이 되었다.[13] 독일, 오스트리아, 스위스, 리히텐슈타인에 위장 간판 회사를 줄줄이 세우고 신뢰할 만한 요원에게 대표 역할을 맡겼는데, 그중 일부는 여러 가지 신분을 보유하고 있었다. 이들은 중동과 아프리카에 대한 불법 무기 판매와 밀수 거래를 통해 꼭 필요한 경화를 입수했다.[14] 그 와중에 소비에트의 주인님들은 동독의 이런 활동을 유심히 감시하고자 도모했다. KGB는 슈타지가 수입한, 수출이 금지된 첨단 기술의 청사진과 물품 모두에 접근할 수 있었다.[15] 그러다 보니 슈타지는 첩보 수집이 그저 일방통행으로만 이루어진다며 종종 불평하곤 했다.

푸틴이 드레스덴에 도착했을 무렵, 첨단 기술 물품의 원천으로서 서독의 중요성은 그 어느 때보다도 더 커지고 있었다. KGB는 1980년 대 초에 얻어맞은 중대한 일격으로부터 아직 회복 중이었다. 서방의 과학 및 기술에 대한 기밀을 전담해 입수하던 부서 T 국의 요원인 블 라디미르 베트로프가 서방에 협조를 자원했던 것이다. 그는 세계 각 국 대사관에서 기술 밀수를 담당하는 〈X 분과〉에서 근무 중인 KGB 요원 250명 모두의 명단을 넘겼다. 아울러 수천 장의 관련 문서도 넘 겨서 소비에트의 산업 첩보 부문을 박살 냈다. 그 결과 프랑스에서만 47명의 요원이 추방되었고, 미국에서는 소련의 불법 네트워크를 사보 타주하기 위한 방대한 프로그램을 개발하기 시작했다.

그 결과 KGB는 독일에서의 노력을 배가했으며, 지멘스, 바이엘, 메세르슈미트, 티센을 비롯한 여러 회사에서 요원을 포섭했다.[16] 푸틴 은 이 과정에 분명히 관여했으며, 서방의 기술을 동구권으로 밀수하 는 데에 도움을 줄 수 있는 과학자와 사업가들을 끌어들였다. 로보트 론은 동독에서 가장 큰 전자 제품 제조업체라는 지위 때문에 서방에 서 온 방문 사업가를 끌어들이는 자석 노릇을 했다. 「저는 푸틴과 그 의 작전조가 서방과 함께 일했다는 것을, 그들이 서방에 연락책을 갖 고 있었다는 것을 알고 있었습니다. 그들 대부분은 바로 이곳에서 요 원들을 포섭했습니다. 그들은 머지않아 서방으로 떠날 예정인 학생들 을 찾아갔습니다. 그들 중에 일부를 선발해서, 자기네한테 얼마나 도 움이 될 수 있는지를 알아보았던 겁니다.」[17] 푸틴의 슈타지 동료 예믈 리히의 말이다.

하지만 예믈리히조차도 KGB 〈친구들〉의 작전을 모두 아는 것까 지는 결코 아니었다. KGB는 요원을 포섭할 때 슈타지 동료들까지 종 종 속이곤 했으며, 심지어 슈타지 내부에서도 요원을 포섭했기 때문 이다. 예를 들어, 예믈리히는 푸틴이 민감한 작전에 참여하면서 가짜 이름을 사용하는 것을 한 번도 들은 적이 없다고 주장했다. 하지만 그로부터 여러 해 뒤, 푸틴은 그 당시에 해외 첩보부 작전을 위해 〈몇 가지 전문적인 가명〉을 사용했었다고 학생들에게 직접 말했다.[18] 그 당시의 관련자 가운데 한 명은 푸틴이 〈플라토프〉로 자칭했다고 말했는데, 이것은 KGB 훈련 학교에서 처음 받았던 가짜 이름이었다.[19] 그가 사용했다고 알려진 또 다른 이름은 〈아다모프〉였는데, 이웃 도시 라이프치히에 있는 소련 독일 친선 회의소의 대표를 맡으면서 바로 이 이름을 사용했다.[20]

푸틴과 긴밀히 일했던 슈타지 공작원 가운데 하나인, 체구가 작고 얼굴이 둥근 독일인 마티아스 바르니히는 훗날 푸틴 정권의 필수적인 일부가 되었다. 더 나중에 푸틴에게 포섭된 또 다른 전직 슈타지 간부 가운데 한 명의 증언에 따르면, 바르니히는 푸틴이 드레스덴에서 〈사업 컨설턴트 회사로 위장하여〉 조직한 KGB 세포 가운데 일부였다.[21] 그 시절에 바르니히는 수완가였으며, 1980년대에 서방의 군용 로켓과 비행기 기술을 훔치기 위해 최소한 20명의 요원을 포섭했다고 전해진다.[22] 그는 1974년에 채용되어 신속히 진급했으며, 1989년에는 슈타지 정보 및 기술 부서의 부책임자가 되었다.[23]

푸틴은 드레스덴의 역사적 중심지에 자리한 작고 어둑어둑한 술집 암 토르에서 시간 때우기를 가장 좋아했다. 그 당시에 함께 일했던 사람의 증언에 따르면, 그는 KGB 지부에서 전차를 타고 골짜기로 몇 정거장 가야 하는 곳에 있는 그 술집에서 몇몇 요원을 만나곤 했다.[24] 공작을 위한 주요 사냥터 가운데 한 곳은 엘베 강변에 자리한 벨레뷰 호텔이었다. 외국인에게도 개방된 유일한 호텔인 까닭에, 이곳을 방문한 서방 과학자와 사업가들을 포섭하기 위한 중요한 벌통 노릇을 했다. 이 호텔은 슈타지 관광부의 소유였으므로, 화려한 식당이며 아늑한 술집이며 우아한 침실 모두에 비밀 카메라와 도청기가 설치되어 있었다. 이곳을 방문한 사업가는 성매매 여성에게 유혹당하고, 침실 상황이 녹화되었으며, 결국 협박을 받아 동방을 위해 일하게 되었다.[25] 「우리가 그런 목적을 위해 여성 요원을 이용했다는 사실은 저도 물론 잘 알고 있습니다. 안보 기관이라면 어디서나 그런 일을 했습니다. 때로는 여성이 남성보다 훨씬 더 많은 일을 달성할 수 있으니까요.」 예믈리히는 웃으면서 이렇게 말했다.[26]

과연 푸틴이 서방의 깊은 곳으로까지 사냥을 나섰는지 여부를 우리로선 결코 알 수 없을 것이다. 동시대에 활동한 KGB 사람들의 공인된 설명을 믿을 수 없기 때문이다. 본인은 한 번도 그런 적이 없었다고 주장했던 반면, 동료들은 동독의 여러 인근 도시로의 길고도 느긋한 〈관광 목적〉 여행에 대해 말하기를 좋아했다. 하지만 푸틴의 주 임무 가운데 하나는 〈주적(主敵)〉이었던 나토에 관한 정보를 수집하는 것이었다.[27] 드레스덴은 그곳에서 500킬로미터 떨어진 뮌헨과 바덴뷔르템베르크주에서의 포섭을 위한 중요한 전초지였는데, 두 도시 모두 미군과 나토 병력의 주둔지였기 때문이다.[28] 여러 해 뒤에, 서방의 한 은행가는 자기 숙모 타티야나 폰 메테르니히의 이야기를 내게 들려주었다. 원래 러시아 귀족인 그녀는 독일 귀족과 결혼해서 서독 비스바덴 인근 성에 살았다. 마침 비스바덴에는 미 육군의 주 기지가 있었다. 여하간 그녀가 조카에게 한 말에 따르면, 젊은 KGB 간부 푸틴은 참으로 인상적인 사람이었다는 것이다. 그가 그녀의 집을 방문해서는, KGB라는 배경에도 불구하고 종교적인 발언을 내놓았다는 이유에서 였다.[29]

비록 레이더를 피해 막후에서 공작을 벌였지만, 푸틴의 발 아래 땅은 움직이기 시작하고 있었다. KGB 지도부 가운데 일부는 서방에 대항하는 투쟁 과정에서 소련의 역량 쇠퇴를 점점 더 많이 인식하게 된 끝에, 다른 국면을 위한 준비를 조용히 시작한 상태였다. 소련의 국고는 비어 있었고, 서방의 기술을 확보하려는 전투에서 KGB와 슈타지가 방대하게 노력했음에도 불구하고 동구권은 항상 뒤처졌으며, 따라잡으려 노력해도 어느새 서방의 기술보다 또다시 더 뒤처지곤 했다. 미국 대통령 로널드 레이건이 미국을 핵미사일 공격으로부터 방어하는 이른바 〈스타워즈〉 시스템을 구축하겠다는 새로운 계획을 선포했던 시대에, 소비에트권은 서방의 기술을 확보하기 위해 점점 더 많은 노력을 쏟아도 결국에는 자기네가 얼마나 뒤처져 있는지만 더 많이 자각할 뿐이었다.

1980년대 초부터 KGB의 몇몇 진보적인 구성원은 일종의 변모를 위해 연구해 오고 있었다. 이들은 모스크바 소재 세계 경제 연구소에 숨어서, 시장의 요소 가운데 일부를 소비에트 경제에 도입할 수 있는 개혁, 즉 경쟁을 만들어 내면서도 전반적인 통제를 유지하는 방안을 연구하기 시작한 상태였다. 그러다가 1985년에 고르바초프가 공산당 총서기장으로 취임하자, 이 발상에 추진력이 붙게 되었다. 고르바초프는 〈글라스노스트〉와 〈페레스트로이카〉라는 정치 및 경제 개혁을 출범시켰는데, 자국의 정치 및 경제 시스템에 대한 통제를 점진적으로 완화하려는 것이 목표였다. 동구권 전체에 걸쳐서 공산당 지배자들의 억압에 반대하는 저항의 분위기가 높아지고 있었기에, 고르바초프는 바르샤바 조약에 가입한 국가들에게도 이와 유사한 개혁을 추구하라고 압박을 가했다. 이것이야말로 분개와 반대의 조류를 앞질러 감으로써 생존할 수 있는 유일한 방법이라는 것이었다. 그럼에도 불구하고 붕괴가 다가오고 있음을 자각한 KGB의 소수 진보 세력은 몰락에 대비하기 시작했다.

마치 앞날을 내다보기라도 한 것처럼, 슈타지의 존경받는 스파이 총책 볼프가 1986년에 사임했다. 이로써 그는 두려움의 대상이었던 동독의 해외 첩보부인 정찰 총국, 약자로 HVA에 대한 집권을 끝냈다.

그는 이곳에서 30년 이상 슈타지를 위해 무자비하게 공작을 진행했고, 협박에 대한 인간의 약점을 가차 없이 이용하고, 자신을 위해 일하도록 요원들을 강제하는 능력으로 명성을 얻은 바 있었다. 그의 감독 하에 HVA는 서독 정부 깊숙이 침투했으며, CIA를 위해 일한다고 간주된 수많은 요원을 변절시켰다. 하지만 이제는 어째서인지 그 모든 일을 갑자기 포기한 것이었다.

공식적으로 볼프는 모스크바에서 보낸 어린 시절에 관해서 동생 콘라트가 집필 중인 회고록 작업을 돕고 있었다. 하지만 막후에서는 그 역시 변화에 대비하고 있었다. 볼프는 KGB의 진보적인 페레스트로이카 분파와 긴밀하게 일했으며, 베를린에 있는 자신의 호화로운 아파트에서 비밀회의를 열어서 정치 시스템의 점진적 자유화에 관해 논의했다.[30] 그들이 논의한 계획은 모스크바에서 고르바초프가 출범시킨 글라스노스트 개혁과도 유사하여, 비공식적 정치 운동의 등장을 점진적으로 허가할 예정이었고, 언론 규제도 완화할 예정이었다. 하지만 그 논의의 주제가 민주주의와 개혁에 대한 것이기는 했어도, 계획의 목표는 항상 안보 기관이 막후에서 통제하는 상태로 남아 있는 것이었다. 나중에 밝혀진 바에 따르면, 볼프는 그 내내 슈타지의 봉급을 몰래 받고 있었다.[31]

1980년대 중반에 공산당의 붕괴 위험을 더 많이 자각하게 된 KGB는 다가올 잠재적 정권을 위한 대비로써 루치 작전을 조용히 출범시켰다. 볼프는 이 작전에 관해 계속해서 잘 알고 있었지만, 그의 후임자는 그렇지 못했다.[32] 1988년 8월에 KGB는 이 작전을 담당한 동독의 소비에트 대사관에 최고위 간부 보리스 라프레프를 파견해서 감독시켰다.[33] 공식적으로 라프레프의 임무는 동독의 반대 집단에 침투하기 위해 공식 KGB 주재원과 병행하여 비밀리에 일할 공작원 집단을 만드는 것이었다. 「우리로선 반대 운동에 관한 정보를 수집해야만 했고, 그 어떤 발전도 저지해야만 했으며, 독일의 재통일을 향한 그 어떤 행보도 방지해야만 했습니다.」그는 훗날 이렇게 말했다.[34] 하지만 실제로는 반공 시위가 늘어나면서 KGB가 의도했던 노력의 무익함이 더 명료해지자, 라프레프의 임무는 사실상 애초의 정반대로 변모되었다. 즉 이 집단은 오히려 동독의 정치 서클에서 2군과 3군으로 깊이 파고들 수 있는 새로운 요원의 네트워크를 형성하는 데에 초점을 맞추었다. 즉 재통일된 독일에서도 여전히 소비에트를 위해 위장 활동을 계속할 요원들을, 붕괴 이전에 지도부 역할을 맡지 않아서 경력이 깨끗한 요원들을 물색하고 있었던 것이다.[35]

정황상 푸틴은 이 과정에서 일익을 담당하기 위해서 동원되었다. 그 당시에 그는 공산당 서기로 재직하고 있었는데,[36] 이 지위 때문에 그는 드레스덴 SED의 수장 모드로와 자주 접촉하게 되었다. KGB는 모드로가 동독을 장기 집권 한 지도자 에리히 호네커의 잠재적 후계자로 육성될 수 있기를 바랐고, 심지어 그가 이 나라에서 온건한 페레스트로이카와 같은 개혁을 이끌어 나갈 수 있으리라 믿었던 것처럼 보인다.[37] KGB 해외 첩보부 책임자 크류치코프도 1986년에 모드로를 방문한 적이 있었다.[38]

하지만 호네커는 물러나기를 거부하다가 결국 씁쓸한 최후를 맞이했으며, 이에 KGB도 동구권의 몰락 이후 자신들을 위해 계속 일할 요원들을 포섭하기 위해서 더 깊이 파고들 수밖에 없었다. 훗날 크류치코프는 그 당시에만 해도 자기가 푸틴을 전혀 만난 적이 없었다고, 아울러 볼프와 마찬가지로 푸틴은 루치 작전에서 아무런 역할도 담당하지 않았다고 항상 주장할 예정이었다.[39] 하지만 영국 국내 정보국 MI5에 상응하는 서독 기관인 헌법 수호청에서는 오히려 그 반대라고 믿고 있었다. 훗날 그들은 예믈리히를 불러서, 그 당시에 푸틴이 무슨 일을 꾸미고 있었는지에 대해 여러 시간 동안 조사했다. 이 독일인은 그 당시에 그 소련인이 자기를 배신했다고 의심했다. 「그들은 우리 조직의 2군과 3군에서 사람들을 포섭하려 시도했습니다. 그들은 모든 권력 기관에 들어갔지만, 지도자나 장군 중에서는 누구하고도 접촉하지 않았습니다. 그들은 이 모든 일을 우리 등 뒤에서 해치웠습니다.」[40]

슈타지의 다른 부분들 역시 비밀리에 몰락에 대비하기 시작했다. 1986년에 슈타지 수장 에리히 밀케는 만약 SED의 지배가 갑자기 종식될 경우, 엘리트 간부들로 이루어진 분대인 특수 작전 간부단이 계속해서 권력을 유지하도록 만드는 계획에 서명했다.[41] 슈타지의 미래 보장에서 가장 중요한 국면은 이들이 자체적인 밀수 네트워크를 통해서 여러 회사로 이루어진 그물망을 거쳐 서방으로 현금을 옮기면서부터 시작되었다. 독일 고위 공직자 한 사람의 추산에 따르면, 1986년부터 수십억 서독 마르크에 달하는 금액이 동독에서 빠져나가 일련의 유령 회사들로 흘러 들어갔다.[42]

푸틴이 담당한 드레스덴은 바로 이런 준비의 중추였다. 드레스덴 HVA의 수장이었던 콜러는 이런 유령 회사들 가운데 일부의 생성에 긴밀히 관여해 왔다. 이른바 〈공작 회사들〉로 지칭되던 유령 회사들은 슈타지와의 연관성을 숨기는 한편, 붕괴 이후에도 슈타지 네트워크의 생존을 위한 〈검은돈〉을 보관하는 목적을 지니고 있었다.[43] 콜러는 1980년대 초에 슈타지에 포섭된 오스트리아 사업가 마르틴 슐라프와 긴밀히 일했다. 슐라프는 드레스덴 인근 튀링겐주에 하드 디스크 공장 건설을 위해 수출이 금지된 부품을 밀수하는 임무를 담당했다. 1986년 말부터 1988년 말까지 그의 회사는 비밀 프로젝트를 위해 동독 정부로부터 1억 3000만 마르크 이상을 받았는데, 그것이야말로 슈타지가 이제껏 운용한 자금 중에서도 최고액 가운데 하나였다. 하지만 그 공장은 결코 완공되지 못했다. 부품 가운데 상당수는 끝내 도착하지 않았으며,[44] 다른 불법 거래로 벌어들여 공장 건설에 투입한 수억 마르크도 리히텐슈타인, 스위스, 싱가포르에 있는 슐라프의 유령 회사들로 흘러 들어가 사라져 버렸다.[45]

이런 자금 이전이 벌어진 시기는 푸틴이 KGB와 드레스덴 슈타지 지부 사이의, 특히 KGB와 콜러의 HVA 사이의 주 연락관으로 근무하던 바로 그때였다.[46] 과연 그가 자금 이전에서 어떤 역할을 담당했는지는 명확하지 않다. 하지만 여러 해가 지나서 슐라프와 푸틴의 관계만큼은 명료히 드러나게 되었다. 푸틴 정권의 영향력 작전에서 핵심 조력자였던 유럽의 여러 회사 네트워크에서 이 오스트리아 사업가가 재등장했기 때문이다.[47] 1980년대에도 슐라프는 최소한 한 차례 이상 모스크바로 가서 소비에트의 해외 무역 공직자들과 논의한 바 있었다.[48]

드레스덴 시절 푸틴이 한 일의 대부분은 수수께끼로 남아 있는데, 그 부분적인 이유는 동독 붕괴 직전에 문서를 파괴하고 이전하는 일에서 슈타지보다 KGB가 훨씬 더 효율적이기 때문이었다. 「러시아인들 때문에 우리로선 문제가 많습니다.」 드레스덴 슈타지 기록 보관소의 연구원 스벤 샤를의 말이다.[49] 「그들이 거의 모든 것을 파괴했기 때문이죠.」 슈타지에서 회수한 서류철 가운데 푸틴의 활동에 관한 내용은 그저 파편적으로만 남아 있을 뿐이다. 그에 관한 서류철은 얄팍하고, 손때가 많이 묻어 있었다. 예를 들어 슈타지 수장 밀케의 1988년 2월 8일 자 명령서를 보면, 푸틴 소령을 인민군 청동 공로 훈장의 수여자로 거론하고 있다. 드레스덴 슈타지 수장 호르스트 뵘이 푸틴 동무에게 보낸 생일 축하 편지도 있었다. 1989년 1월 24일에 거행된 체카 71주년 기념 만찬의 좌석 배열표도 있었는데, 여기서 체카란 KGB의 전신이자 소비에트 비밀경찰의 원래 명칭이다. 슈타지, KGB, 군 장교 등 40명 이상이 제1수비대 기갑군 박물관을 방문했을 때의 사진도 있는데, 푸틴은 회색의 사람 무더기 사이에서 슬쩍 고개를 빼고 있는 모습이어서 거의 알아볼 수조차 없을 지경이다. 겨우 최근에야 발굴된 몇 가지 사진에는 슈타지 첩보부의 고관들을 위한 시상식에서 촌스럽고도 지루해 보이는 푸틴이 연회색 재킷과 밝은색 스웨이드 구두 차림으로 꽃을 들고 술을 마시는 모습도 나온다.

푸틴과 관련된 공작 활동에 관한 유일한 흔적은 뵘에게 보낸 편지 한 통뿐이다. 거기서 그는 〈우리를 지원하는〉 독일 경찰 내부의 한 정보원을 위한 전화 연결 복구에 드레스덴 슈타지 수장의 지원을 요구하고 있다. 이 편지에는 세부 내용이 결여되어 있지만, 푸틴이 뵘에게 직접 호소했다는 사실 자체는 그 역할의 두드러짐을 암시하는 것처럼 보인다.[50] 훗날 예믈리히가 단언한 바에 따르면, 푸틴은 KGB 드레스덴 지부장 블라디미르 시로코프를 대신하여 슈타지와 KGB의 주 연락관이 되었다. 최근에 발견된 내용 중에 또 한 가지의 의미심장한 문서가 있다. 바로 푸틴의 슈타지 신분증인데, 이를 이용하면 슈타지 건물에 마음껏 드나들 수 있었다. 또한 요원 포섭도 더 쉬워졌는데, 자신과 KGB와의 연계를 굳이 언급할 필요가 없었기 때문이었다.

여러 해가 지나 푸틴이 대통령이 되자, 볼프와 과거 KGB 동료들은 그가 드레스덴에서 근무할 때에만 해도 사실상 무명 인사였다고 애써 강조했다. 볼프는 독일의 한 잡지와의 인터뷰에서 푸틴이 〈매우 한직에〉 있었으며, 그가 받은 청동 공로 훈장은 심지어 〈여성 청소원〉에게도 수여했던 것이라고 말했다.[51] 푸틴이 드레스덴에 도착했을 때에 사무실을 함께 사용했던 KGB 동료 우솔체프는 그 당시의 일에 관한 책을 써도 된다는 허락을 어찌어찌 얻어 냈고, 자기네가 담당했던 일의 단조로움을 애써 강조하면서도 정작 자기네가 담당했던 공작의 세부 내용은 전혀 드러내지 않았다. 비록 자신과 푸틴이 〈불법자들〉과 함께 일했다는 사실을 인정하면서도(여기서 〈불법자들〉이란, 비밀리에 심어 놓은 〈동면 요원들〉을 가리켰다) 자기네 업무 시간의 70퍼센트는 〈별 의미 없는 보고서〉를 작성하는 데에 들어갔다고 주장했다.[52] 푸틴은 드레스덴에서 5년간 머물면서 겨우 요원 두 명을 포섭하는 데에 그쳤으며, 어느 시점부터는 그 일조차 시간 낭비임을 깨닫고 굳이 더 포섭하기를 중단했다고 주장했다. 우솔체프는 그 도시가 워낙 시골 벽지였기 때문에, 〈드레스덴에서 근무했다는 사실 그 자체가 우리의 향후 경력이 전무했던 이유를 설명해 준다〉고 썼다.[53] 푸틴도 그곳에서 근무하는 동안 맥주만 퍼마시다 보니 무려 12킬로그램이나 체중이 늘었다고 했다.[54] 하지만 그 시절의 그의 사진을 보면 그 정도의 체중 증가가 엿보이지는 않는다. 나중에 러시아 국영 TV에서는 푸틴이 불법적인 일에 관여한 바가 전혀 없다고 주장했다.

하지만 드레스덴에서 푸틴의 활동을 깎아내리는 것이야말로 또다른 임무를 위한 위장일 뿐이라는 직접적인 증언이 하나 있다. 여기서 말하는 임무는 법의 경계를 넘어선 것이었다. 증언에 따르면, 푸틴이 그곳에 근무한 이유는 바로 벽지라는 사실 때문이었다. 즉 프랑스와 미국과 서독이 계속해서 밀접하게 감시하는 동베를린으로부터 멀리 떨어졌다는 사실 때문이었다. 극좌파 단체 붉은 군대파(赤軍派)의 전직 구성원인 이 증인은 그 당시에 푸틴을 드레스덴에서 만났다고 주장했다. 즉 1970년대와 1980년대에 서독 전역에서 테러 행위를 벌인 그 단체의 구성원을 푸틴이 지원했다는 것이다. 「드레스덴에는 아무것도 없었습니다. 정말 아무것도 없었어요. 오로지 급진 좌파뿐이었죠. 그러니 드레스덴을 아무도 주목하지 않았습니다. 미국도 마찬가지고, 서독도 마찬가지였죠. 거기는 아무것도 없었거든요. 다만 한 가지는 확실히 있었습니다. 바로 그 동무들과의 이런 만남이 있었던 거죠.」[55]

동방과 서방 사이에 벌어진 제국을 위한 전투에서, 소비에트 안보 기관은 적들을 교란시키고 불안정하게 만들기 위해 이른바 〈적극적 수단〉이라고 자칭한 것을 오래전부터 전개해 왔다. 냉전 상태에 갇혀 있었지만, 자기네가 기술적으로 너무 뒤처진 까닭에 군사 전쟁에서 승리하기는 불가능하다는 사실을 깨달은 소련은 1960년대부터 가짜 첩보, 서방 지도자들을 불신하게 만드는 헛소문의 언론 유포, 정적(政敵) 암살, 제3세계에서 전쟁을 조장하고 서방에서 잠식과 불화를 조장할 전위 조직 지원 등에서 자기네 강점을 발견했다. 이런 수단들 중에는 테러리스트 조직을 지원하는 것도 있었다. 중동 전역에 걸쳐서 KGB는 마르크스주의에 편향된 수많은 테러 집단과의 연계를 조성했다. 가장 주목할 만한 사례는 팔레스타인 해방 기구, 일명 PLO의 파생 단체인 팔레스타인 해방 인민 전선, 일명 PFLP가 1960년대 말부터 1970년대에 항공기 납치와 폭탄 공격을 연이어 수행한 바 있었다. 소비에트 정치국의 기록 보관소에서 찾아낸 극비 문서에는 이런 관계 가운데 일부의 깊이가 잘 드러나 있다. 그 문서에는 그 당시의 KGB 수장 유리 안드로포프가 PFLP 지도자 와디 하다드의 소비에트산(産) 무기 요청 세 건에 대해 서명한 것으로 나와 있다. 아울러 그 문서에는 하다드를 가리켜 KGB의 〈신뢰받는 요원〉이라고 서술해 두었다.[56]

동독에서 KGB는 제3세계에서 진행되는 자신들의 〈정치적 활동〉을 지원하라며 슈타지를 적극적으로 독려했다.[57] 실제로 국제 테러리즘 지원은 슈타지가 KGB에 제공한 가장 중요한 업무 가운데 하나가 되었다.[58] 1969년에 이르러 슈타지는 야세르 아라파트의 PLO 구성원을 위해 동베를린 외곽에 비밀 훈련소를 설치한 상태였다.[59] 볼프의 슈타지 해외 첩보부HVA도 아랍 전역의 테러리스트 집단과의 공조에 깊이 관여하게 되었는데, 그중에는 〈자칼 카를로스〉라는 별명으로 악명이 높은 PFLP의 카를로스 라미레즈 산체스도 있었다.[60] 슈타지의 군사 교관들은 중동 전역에 테러리스트 훈련소 네트워크를 설립했다.[61] 그리하여 1986년에 슈타지 방첩 부서의 간부 한 명이 독일 땅에 미치기 시작한 폭력에 두려움을 느낀 나머지 서베를린에서 활동하게 된 리비아인 집단의 폭파 계획을 중지시키려 시도하자, 슈타지 수장 밀케로부터 관여하지 말라는 경고마저 나왔다. 밀케는 이렇게 말했다. 「미국은 대적(大敵)이라네. 우리는 미국 스파이를 잡는 일에나 신경을 쓰고, 우리의 리비아 친구들을 방해하지는 마세.」[62] 그로부터 몇 주 뒤, 미군 사이에서 인기가 높았던 서베를린의 라 벨 디스코텍에서 폭탄이 터져 미군 세 명과 민간인 한 명이 사망하고 수백 명이 부상을 입었다. 나중에 밝혀진 바에 따르면, KGB는 폭파범들의 활동을 이미 알고 있었으며, 심지어 그들이 어떻게 베를린으로 무기를 밀수했는지도 정확히 알고 있었다.[63] 미국 〈제국주의자들〉에 맞서는 싸움에서는 모든 방법이 허용되었던 것이 명백했다.

　미국으로 망명한 전직 KGB 장군 올레그 칼루긴은 훗날 이런 활동을 〈소비에트 첩보의 심장이자 영혼〉이라고 일컬었다.[64] 루마니아 해외 첩보부 전직 수장으로서, 훗날 미국에 망명한 동구권 첩보계 간부 가운데 최고위급이었던 이온 미하이 파체파는 KGB와 테러리스트 집단의 작전을 최초로 공개적으로 언급한 인물이었다. 파체파의 말에 따르면, 전직 KGB 해외 첩보부 책임자 알렉산드르 사하롭스키 장군은 종종 이렇게 말했다. 「오늘날의 세계에서는 핵무기 때문에 군사력이 폐물로 변했기 때문에, 테러리즘이야말로 우리의 주 무기가 되어야 마땅합니다.」[65] 역시나 파체파의 말에 따르면, KGB 수장 안드로포프는 아랍 세계에서 반(反)이스라엘 및 반(反)미국 정서를 부추기기 위한 작전을 출범시킨 바 있었다. 이와 동시에 서방에서는 국내 테러리즘도 풀어놓을 예정이었다는 것이 그의 주장이다.[66]

　서독은 1960년대 말에 극좌파 민병대인 붉은 군대파(이 단체는 그 초기 지도자인 안드레아스 바더와 울리케 마인호프의 이름에서 따온 바더 마인호프단이라는 이름으로도 알려져 있다)가 일련의 폭파, 암살, 납치, 은행 강도 행위를 개시한 이래로 줄곧 불안 상태에 놓여 있었다. 이들은 자국의 〈제국주의와 독점 자본주의〉를 무너트리겠다는 미명하에 서독의 저명한 기업인과 은행가들을 살해했으며 (1977년에는 드레스드너 방크 대표도 희생자에 포함되었다), 미국 군사 기지에서 폭발을 일으켜 수십 명의 군인 사망자와 부상자를 낳았다. 1970년대 말에 서독 경찰이 체포 공세를 가하자, 슈타지는 이 집단의 구성원들에게 동방에서의 도피처를 제공해 주었다.[67] 「그들은 한 명도 아니고 무려 열 명을 숨겨 주었습니다. 드레스덴, 라이프치히, 동베를린 등지에 있는 판에 박힌 모양의 건물에 살게 했죠.」 독일의 보안 컨설턴트 제델마이어의 말이다.[68] 슈타지는 그들을 위해 위조 신분증을 제공했으며, 훈련소도 운영했다.[69] 그중 한 명인 잉게 피트는 1983년부터 1987년까지 4년 동안 드레스덴 교외에서 가명으로 살아갔는데, 이웃 한 명이 서베를린으로 여행을 갔다가 지명 수배자 포스터에서 그녀의 얼굴을 발견한 일도 있었다. 피트는 서독에서 손꼽히는 지명 수배자 가운데 한 명이었고, 〈테러리즘의 할머니〉로 알려져 있었다. 그리고 당시 나토 총사령관 겸 유럽 주둔 미군 총사령관이었던 프레더릭 크로슨 장군의 암살 기도에 관여한 혐의로 기소된 상태였다.[70]

처음에, 즉 베를린 장벽 붕괴 직후에만 해도, 서독 당국에서는 슈타지가 붉은 군대파 구성원들에게 단지 피난처와 위조 신분증만 제공했을 거라고 믿었다. 하지만 슈타지의 역할을 계속 수사하던 검찰은 훨씬 더 깊은 협력에 대한 증거를 발견했다. 이 수사는 전직 슈타지 대(對)테러리즘 간부 다섯 명에 대한 체포와 기소로 이어졌다. 즉 그들이 1981년 람슈타인 주둔 미군에 대한 폭파 및 크로슨 장군의 살해를 기도한 집단과 공모했다는 혐의였다.[71] 슈타지 수장 밀케도 같은 혐의로 기소되었다. 전직 붉은 군대파 구성원의 증언에 따르면, 슈타지는 아랍 세계의 테러리스트에게 무기를 운송하는 과정에서도 그 단체를 자주 이용했다.[72] 또 다른 전직 구성원은 자기가 1980년대에 악명 높았던 산체스의 관리자로 활동했다고 증언했다.[73] 산체스는 한때 동베를린에서 슈타지의 보호를 받으면서 그 도시에서 가장 호화로운 호텔과 카지노를 이용했다는 것이다.[74] 훗날 피트는 1981년의 크로슨 장군에 대한 공격을 준비하기 위해 동독의 훈련소에 들어갔었다고 자백했다.[75]

하지만 독일의 재통일이라는 혼란 속에서, 동독의 과거 악행을 근절하고 슈타지 요원들을 법정에 세우려는 정치적 의지는 전혀 없었다. 붉은 군대파와 공모한 혐의로 기소된 자들에게 적용되는 5년간의 시효는 이미 만료되었다고 간주되었으며, 결국 기소도 취하되고 말았다.[76] 그들의 범죄에 대한 기억도 퇴색했으며, 붉은 군대파와 KGB의 연관은 아예 수사조차 되지 않았다. 하지만 그 내내 소비에트는 슈타지의 작전을 줄곧 감독했으며, 고위층의 각 단계마다 연락관을 두고 있었다. 최고위층에서는 KGB의 통제가 워낙 엄격했기에, 전직 붉은 군대파 구성원 가운데 한 명은 이렇게 말하기도 했다. 「밀케는 방귀를 한번 뀌려고 해도 미리 모스크바에 허락을 구하지 않을 수 없었을 것이오.」[77] 슈타지 고위층 출신의 한 망명자도 이렇게 말했다. 「소비에트와의 사전 조율이 없는 한, 동독은 아무것도 할 수 없었습니다.」[78]

푸틴이 근무하던 당시의 환경이 이러했다. 전직 붉은 군대파 구성원이 드레스덴에 관해서 꼭 하려던 이야기는 이런 환경에 딱 맞아떨어진다. 그의 증언에 따르면, 푸틴이 동독에서 근무했던 그 몇 년 동안, 드레스덴은 붉은 군대파의 회동 장소가 되었다.

전직 붉은 군대파 구성원의 말에 따르면, 드레스덴이 회동 장소로 선택된 까닭은 정확히 말해서 〈그곳에 다른 사람이라곤 아무도 없었기〉 때문이었다.[79] 「베를린에만 해도 미국인이며 프랑스인이며 영국인이며 모두가 있었습니다. 우리가 해야 하는 일을 위해서 우리에게 필요한 곳은 수도가 아니라 지방이었습니다.」 그곳에서 회동이 열린 또 한 가지 이유는 볼프와 밀케가 그런 활동으로부터 거리를 두고 싶어 했기 때문이었다. 「볼프는 관여하지 않으려고 매우 신중히 행동했습니다. 볼프나 밀케 같은 사람은 테러리스트 조직을 지원하는 현장을 들키는 일을 그 무엇보다도 꺼렸으니까요. (……) (드레스덴에서 — 원주) 우리는 대여섯 번쯤 만났습니다.」 그를 비롯한 테러리스트 집단의 다른 구성원들은 우선 기차를 타고 동독으로 들어갔고, 거기서 커다란 소비에트산 질 승용차를 끌고 나온 슈타지 요원과 만난 다음, 드레스덴에 있는 안전 가옥에 도착해서는 푸틴과 또 다른 KGB 동료를 만났다. 「그들은 결코 우리에게 직접 지시를 내리지는 않았습니다. 다만 이렇게 말할 뿐이었습니다. 〈당신들이 이런 일을 계획 중이라고 들었습니다. 그걸 어떻게 하시고 싶은 겁니까?〉 그러면서 몇 가지 제안을 하는 겁니다. 그들은 다른 표적들을 제안하면서, 우리에게 무엇이 필요한지 물었습니다. 우리야 항상 무기와 현금이 필요했지요.」 서독에서 무기를 구매하기가 어려웠던 붉은 군대파는 푸틴과 그의 동료들에게 필요한 물품의 목록을 건네주곤 했다. 이 목록은 어찌어찌해서 서방에 있는 요원의 손으로 넘어갔으며, 그렇게 요청한 무기가 비밀 장소에 놓여 있으면 붉은 군대파의 구성원이 찾아오곤 했다.

이 전직 붉은 군대파 구성원의 증언에 따르면, 푸틴은 드레스덴 시절에 관한 공식 설명에서 언급되듯 말석을 차지한 사람과는 영 거리가 멀었다. 오히려 그는 이런 회동에서 지도자 가운데 한 명이었으며, 슈타지 소속 장군 가운데 한 명에게 명령을 내리기까지 했다.

전직 붉은 군대파 구성원의 증언에 따르면, 일련의 악랄한 폭탄 공격으로 서독 전역에 혼돈을 심는 이 테러 집단의 활동은 서방을 교란하고 불안정하게 만들려는 KGB의 시도에서 핵심 부분이 되었다. 소비에트의 권력과 동독의 종말이 가까워지는 과정에서, 그 집단이야 말로 KGB의 이익을 보호하는 무기였을 수도 있다.

그중 하나였을 가능성이 있는 공격은 베를린 장벽 붕괴로부터 몇 주 뒤에 이루어졌다. 1989년 11월 30일 오전 8시 30분, 도이체 방크 회장 알프레트 헤어하우젠은 평소처럼 프랑크푸르트의 바트 홈부르크의 자택을 떠나 일터까지 차를 타고 가고 있었다. 승용차 세 대로 이루어진 차량 행렬에서 맨 앞차는 이미 평소 출근 경로였던 도로를 따라 달려가고 있었다. 하지만 헤어하우젠의 승용차가 속력을 높이며 뒤를 따르는 순간, 폭발물 150파운드를 함유한 수류탄이 폭발하면서 방탄 리무진이 산산조각 나고 탑승자가 즉사했다. 수류탄의 기폭 장치는 도로를 가로질러 발사된 적외선 광선을 리무진이 지나가는 순간에 작동되었다.[80] 이 공격은 군사적 정확성을 갖추어 수행되었으며, 여기에 사용된 기술은 최상급의 정교함을 드러냈다. 「이것이야말로 국가 차원에서 지원한 공격이다.」 서방의 한 첩보 전문가는 이렇게 말했다.[81] 나중에 밝혀진 바에 따르면, 슈타지 간부들이 관여한 훈련소에 들어간 붉은 군대파 구성원들이 폭발물과 대전차 로켓은 물론이고, 헤어하우젠을 공격할 때 사용된 것과 똑같은 광전자 광선을 이용한 폭탄 장치 작동법까지 배운 바 있었다.[82]

헤어하우젠은 서독 사업계의 거물이었으며, 서독 총리 헬무트 콜의 가까운 조언자였다. 이 공격은 독일 재통일이 갑자기 현실적 가능성으로 대두한 상황에서 벌어졌다. 그 과정에서 도이체 방크는 동독의 국가 산업을 민영화함으로써 막대한 이익을 얻을 수도 있었다. 이때 푸틴의 친구이자 슈타지 간부인 바르니히를 조만간 채용하게 될 드레스드너 방크는 그 노획물을 놓고 도이체 방크와 경쟁해야 할 처지였다. 전직 붉은 군대파 구성원의 증언에 따르면, 헤어하우젠에 대한 공격은 소비에트의 이익을 위해서 조직된 것이었다. 「제가 알기로 이 표적은 붉은 군대파에서 지목된 것이 아니라, 오히려 드레스덴에서 지목된 것입니다.」[83]

전직 붉은 군대파 구성원이 보기에, 그 시절은 마치 오래전이고 멀리 떨어진 것처럼 느껴졌다. 하지만 자기가 기껏해야 소비에트의 영향력 게임에서 꼭두각시에 불과했다는 사실을 떠올린 그는 회한을 느끼지 않을 수가 없었다. 뒤틀린 미소를 지으며 그는 이렇게 말했다. 「소련은 우리를 기껏해야 유용한 바보들로 여기고 말았을 겁니다. 바로 거기에서부터 이 모두가 시작되었습니다. 그들은 우리를 이용해 서방을 교란하고, 불안정하게 만들고, 혼란을 심었던 겁니다.」

붉은 군대파에 대한 슈타지와 KGB의 지원에 관해서 묻자, 드레스덴 슈타지의 전직 밀수 총책임자였던 예믈리히의 아직 정정한 얼굴에 그늘이 생겼다. 우리는 그가 동독 시절부터 줄곧 살고 있는 햇볕 좋은 슈타지 아파트의 저녁 식탁에 앉아 있었다. 그 아파트에서 모퉁이 하나를 돌면 슈타지 본부와 KGB 사저가 나왔다. 예믈리히는 식탁 위에 레이스를 깔았고, 훌륭한 도자기에 커피를 따라 놓았다. 그의 주장에 따르면, 붉은 군대파 구성원들을 동독으로 데려온 까닭은 어디까지나 〈그들을 테러리즘에서 돌아서게 만들기 위해서였다〉고 한다. 「슈타지는 테러리즘을 방지하고, 그들이 테러리스트의 수단으로 돌아가는 것을 저지하기를 원했던 겁니다. 슈타지는 그들에게 재교육의 기회를 제공하기를 원했던 겁니다.」

하지만 그 일을 결정한 주체가 KGB였는지, 붉은 군대파 구성원들이 드레스덴에서 만난 사람이 푸틴이었는지, 헤어하우젠에 대한 공격을 명령한 것 역시 그곳에서 유래했는지 등을 질문하자, 그의 얼굴에 나타난 그늘은 좀 더 짙어졌다. 「그 일에 관해서는 저도 전혀 아는 바가 없습니다. 그 일이 극비였을 때에는 저도 몰랐습니다. 그 일에 러시아 비밀 기관이 관여되었는지는 저도 모릅니다. 만약 실제로 관여되었다고 치면, KGB는 그 일에 대해서 누구도 알지 못하게 하려고 시도했던 모양이군요. 그들은 이 모두가 독일의 문제일 뿐이라고 일축할 겁니다. 그들은 우리보다 훨씬 더 많은 문서를 폐기하는 데 성공했으니까요.」[84]

전직 붉은 군대파 구성원의 증언을 검증하는 것은 사실상 불가능하다. 예전 동료 대부분은 감옥에 있거나 이미 사망했기 때문이다. 그 당시 회동에 관여했다고 지목된 다른 사람들은 아예 사라져서 찾을 수조차 없다. 하지만 KGB에서 푸틴의 가까운 동료였던 어떤 사람은 그런 주장들이 극도로 민감할 수밖에 없다고, 아울러 붉은 군대파라든지 기타 유럽 테러리스트 집단과 KGB의 관계는 이제껏 한 번도 입증된 적이 없다고 주장했다. 「그러니 당신도 굳이 입증하려 시도해서는 안 된다는 겁니다!」 그는 날카롭게 덧붙였다.[85] 하지만 이와 동시에 푸틴이 안보 기관을 사직한 것에 대해 그가 이야기한 내용은 한 가지 불편한 의문을 제기한다. 이 전직 KGB 동료의 말에 따르면, 푸틴은 KGB의 연금 수령 자격을 겨우 6개월 남겨 둔 상황에서 사직했다. 당시 그의 나이는 39세로, 그의 계급이였던 중령의 공식 연금 수령 자격 나이인 50세보다 훨씬 더 어렸다. 하지만 KGB에서는 조국의 위험이나 명예와 관련해 봉사한 사람들에게 조기 연금을 제공하곤 했다. 예를 들어 미국에 주재할 때는 1년 근무가 사실상 1년 반으로 계산되었다. 교도소에 들어간 사람에게는 1년 복역이 3년으로 계산되었다. 그렇다면 푸틴도 붉은 군대파와의 협업에 관여하며 큰 위험을 무릅쓴 대가로 1년 근무가 2년으로 계산되며 조기 연금 수령 자격을 갖추게 된 것이었을까?

여러 해가 지난 뒤, 과거 푸틴에게 포섭되었던 사람 가운데 하나였던 클라우스 추홀트는 그 당시의 다른 〈적극적 수단〉에서 그의 관여에 대해 몇 가지 부분적인 세부 사항을 제공했다. 서방에 망명한 추홀트가 독일의 정기 간행물 『코렉티브Correctiv』에 밝힌 바에 따르면, 푸틴은 한때 흔적을 거의 남기지 않는 치명적인 독극물에 관한 연구를 입수하려 시도하면서, 일단 목표를 달성하면 그 연구의 저자가 등장하는 외설물을 유포함으로써 체면을 실추시키려 계획했다.[86] 과연 이 작전이 실행되었는지는 불분명하다. 추홀트의 또 다른 주장에 따르면, 푸틴의 활동 중에는 악명 높은 신(新)나치 라이너 존탁의 관리자 역할도 있었다. 존탁은 1987년에 서독으로 추방되었다가, 베를린 장벽이 붕괴한 이후에 드레스덴으로 돌아와 극우의 대두를 조장한 인물이다.[87] 그런데 붉은 군대파와 푸틴의 협업에 관한 주장을 알아보기 위해서 내가 수소문에 나섰을 무렵, 추홀트는 행적을 감춘 지 이미 오래였으며 인터뷰 요청에도 전혀 응답하지 않았다. 서방 첩보계와 가까운 한 인사의 설명에 따르면, 그는 헌법수호청의 특별 보호를 받고 있다고 한다.

붉은 군대파와의 협업이 제국주의 서방에 대항하는 적극적 수단 부문에서 푸틴의 훈련장 역할을 했다고 치면, 베를린 장벽이 무너진 직후의 경험은 그가 향후 수십 년 동안 잊지 못할 만한 수준의 일이었다. 동구권이 오래 버티지 못하리라는, 사회 불안으로 인해 자칫 산산조각 날 수 있다는, 여차하면 그 반향이 소련 그 자체까지도 도달할 수 있다는 예측이 점점 더 명료해지는 상황이었다. 하지만 드레스덴에 있던 푸틴과 다른 KGB 간부들은 갑작스러운 붕괴의 속도에 당황하면서도 네트워크를 구제하기 위해 발버둥 쳤다.

상황은 정말 한순간에 끝나 버렸다. 갑자기 지휘하는 사람이 아무도 없게 되었다. 수십 년에 걸친 투쟁과 비밀 스파이 게임이 막을 내린 것처럼 보였다. 국경이 사라졌고, 그토록 오랜 세월 동안 누적된 저항의 분출에 그만 압도되어 버렸다. 비록 그 저항이 드레스덴까지 도달하는 데에는 한 달이란 시간이 걸렸지만, 막상 저항이 도달했을 때 푸틴과 그의 동료들은 아직 완벽히 대비하지는 못한 상태였다. 매서운 추위 속에서 이틀 동안 슈타지 본부 바깥에 군중이 모여든 사이, 푸틴과 다른 KGB 직원들은 관저 내부에 바리케이드를 쌓았다. 훗날 푸틴은 이렇게 말했다. 「우리는 밤낮으로 서류를 태웠습니다. 우리는 모조리 없애 버렸습니다. 우리의 통신문이며, 우리의 연락책 및 요원 네트워크의 명단도 말입니다. 저도 상당히 많은 자료를 직접 불태웠습니다. 워낙 많이 태우다 보니 결국 화로가 망가지고 말았죠.」[88]

저녁이 가까워질 무렵, 시위대에서 수십 명이 떨어져 나와 KGB 관저 쪽으로 향했다. 푸틴과 그의 작전조는 인근의 소비에트 군사 기지로부터 거의 버림받다시피 한 상태가 되었다. 푸틴이 그 건물을 보호하기 위한 지원을 요청했지만, 병력은 몇 시간이 지난 뒤에야 도착했다. 그는 드레스덴의 소비에트 군사령부에 전화를 걸었지만, 당직 사관은 그저 어깨만 으쓱할 뿐이었다. 「모스크바에서 명령이 내려오지 않는 한, 우리로선 아무것도 할 수가 없습니다. 그런데 지금 모스크바에서는 아무 말이 없군요.」[89] 푸틴으로선 이것이야말로 자기네가 이제껏 일해 온 모든 것에 대한 배신처럼 보였다. 〈모스크바에서는 아무 말이 없군요〉라는 말은 이후 오랫동안 그의 머릿속에 남아 있었다. 제국의 전초지가 하나씩 하나씩 포기되고 있었다. 소련의 지정학적 힘은 마치 카드로 세운 집처럼 무너지고 있었다. 「〈모스크바에서는 아무 말이 없군요〉라는 바로 그 말. 그때 저는 그 나라가 더 이상 존재하지 않는다는 느낌을 받았습니다. 그 나라가 사라져 버렸다는 느낌을 받았습니다. 연방이 병들어 있었다는 점은 분명했습니다. 심지어 치료법도 없는 치명적인 질환을 앓고 있었지요. 그 질환이란 바로 권력의 마비였습니다.」 푸틴은 훗날 이렇게 말했다.[90] 「소련은 유럽에서 그 입지를 잃어버렸습니다. 장벽에 근거한 입지가 오래가지 못한다는 사실이야 저도 머리로는 이해할 수 있었습니다만, 그래도 저는 뭔가 다른 것이 그 자리에 대신 세워지기를 원했습니다. 하지만 별로 다르지 않은 것이 제안되더군요. 그게 상처로 남았습니다. 그들은 그냥 만사를 내던지고 떠나 버렸던 겁니다.」[91]

하지만 모두가 상실된 것까지는 아니었다. 비록 시위의 격렬함과 연이은 붕괴의 타이밍 때문에 KGB가 깜짝 놀랐던 것처럼 보이기는 하지만, 적어도 그 기관의 일부는 슈타지와 함께 바로 그런 날을 대비하고 있었다. 즉 KGB의 일부는 자신들이 막후에서 일말의 영향력과 통제를 계속해서 유지하기 위한 더 점진적인 이행을 계획하고 있었다.

시위대가 슈타지 본부로 쳐들어오기 직전, 드레스덴 주재 KGB 간부들은 어찌어찌해서 슈타지의 간부 가운데 한 명을 통해 슈타지의 서류철 가운데 소비에트와의 협업에 관한 내용 다수를 넘겨받았다. 푸틴이 드레스덴에 주재하던 초기에 동료였던 우솔체프는 슈타지 간부 한 명이 서류철을 통째로 건네주던 모습을 언급했다. 「불과 몇 시간도 안 되어서, 남은 것은 그저 재뿐이었다.」 우솔체프의 말이다.[92] 그 많은 서류는 인근의 소비에트 군사 기지로 운반되어서 구덩이에 던져졌다. 원래는 네이팜탄으로 파괴할 계획이었지만, 결국에는 휘발유로 불태워 버렸다.[93] 트럭 열두 대 분량의 다른 서류는 모스크바로 빼돌렸다. 「가장 귀중한 품목들은 모조리 모스크바로 가져가 버렸습니다.」 푸틴은 훗날 이렇게 말했다.

이후 몇 달에 걸쳐서 드레스덴을 빠져나가려고 준비하는 과정에서, 이들은 KGB의 불법자들을 운영한 영향력 있는 책임자 유리 드로즈도프로부터 각별한 보호를 제공받게 되었다. 드로즈도프는 KGB의 비밀 동면 요원들로 이루어진 전 세계 네트워크를 감독하는 책임을 맡은 전설적인 간부였다. 드레스덴 지부장 시로코프의 증언에 따르면,

드로즈도프는 오전 6시부터 한밤중까지 그를 보호하도록 조치했다. 곧이어 드로즈도프의 부하들은 한밤중을 틈타 시로코프와 그 가족을 승용차 편으로 국경 너머 폴란드까지 무사히 호송해 주었다.[94] 나중에 푸틴의 전직 동료 가운데 한 명이 언론인 마샤 게센에게 증언한 바에 따르면, 푸틴 역시 귀국하기 전에 베를린에서 드로즈도프를 만난 바 있었다.[95]

드레스덴 KGB 〈친구들〉은 흔적조차 거의 남기지 않고 한밤중을 틈타 사라졌으며, 이 과정에서 민중의 분노에 직면한 슈타지 동료들을 내버리고 떠났다. 그 지역의 슈타지 수장 뵘은 이로부터 비롯된 압력을 차마 견딜 수 없었던 모양이다. 이듬해 2월에 그는 가택 연금 상태에서 스스로 목숨을 끊은 것으로 보인다. 「그로선 다른 탈출구가 보이지 않았던 겁니다. 자기 집을 보호하기 위해 전기 퓨즈를 모두 제거하고 나서야 비로소 가스를 틀어 자살했죠.」 예믈리히의 말이다.[96]

인근 다른 지역의 슈타지 지휘관 두 명도 역시나 스스로 목숨을 끊은 것으로 보도되었다. 그들이 가장 두려워했던 것이 정확히 무엇인지는 우리로서도 결코 알 수가 없을 터인데, 그들이 실제로 맡았던 역할이 무엇이었냐는 질문을 던지기도 전에 사망했기 때문이다. 하지만 KGB의 입장에서 보자면, 비록 주둔지를 포기하고 떠날 수밖에 없는 입장이기는 했지만, 그들의 유산 가운데 일부는 최소한 멀쩡한 채로 남아 있었다. 그들의 네트워크며, 그들의 불법자들은 조사와 시선으로부터 멀리 떨어진 곳에 여전히 숨어 있었다.[97] 한참 뒤에 푸틴은 드레스덴에서 자신의 업무가 불법 〈동면 요원들〉에 대한 관리와 대부분 연관되어 있었다고 자랑스럽게 말할 예정이었다. 그는 이렇게 말했다. 「그들은 독특한 사람들이었습니다. 자기 삶이며 자기 가족과 친지를 내버리고 고국을 떠나 아주 오랫동안 지내며, 조국을 위해 봉사하는 일은 결코 아무나 할 수 있는 게 아닙니다. 오로지 선택된 사람들만 그렇게 할 수 있습니다.」[98]

그해 12월, 모드로가 소비에트의 지원을 받아 동독의 임시 지도자가 되었다.[99] 그는 슈타지 해외 첩보부인 HVA가 자체적으로 정리되도록 조용히 허락해 주었다.[100] 이 과정에서 막대한 자산이 사라졌으며, 수억 마르크가 빠져나가서 리히텐슈타인과 스위스에 있는 슐라프의 유령 회사들로 들어갔다. 재통일의 환희 속에서, 서방으로 건너간 슈타지 출신의 망명자들의 목소리는 거의 들리지 않다시피 했다. 하지만 그중 몇 명은 분명히 경고했다. 「특정 조건하에서는 네트워크의 일부가 재활성화될 수 있습니다.」 망명자 가운데 한 명은 이렇게 경고했다. 「서방의 어느 누구도 이런 요원들 가운데 일부가 KGB에 의해 재활성화될지 그 여부에 대해서는 아무런 보장도 내놓을 수 없다.」[101]

1990년 2월에 푸틴이 드레스덴을 떠나 러시아로 귀국했을 때, 베를린 장벽 붕괴로 인한 충격은 여전히 소련 전역에 걸쳐서 반향을 일으키고 있었다. 민족주의 운동이 대두하여, 그 나라를 산산조각 내겠다고 위협하고 있었다. 고르바초프는 수세에 몰리게 되었으며, 신흥 민주주의 지도자들에게 더 많이 양보하지 않을 수 없었다. 소비에트 공산당은 점차 권력의 독점을 잃어버리기 시작했고, 그 정당성은 나날이 의문의 대상이 되었다. 푸틴이 러시아로 귀국하기 거의 1년 전인 1989년 3월, 고르바초프는 새로운 의회인 인민 대표 회의의 의원을 선출하기 위해 소비에트 역사상 최초의 경쟁 선거를 시행하기로 합의했다. 그 결과 안드레이 사하로프와 옐친이 이끄는 민주주의자들의 어중이떠중이 집단이 의석을 얻어서, 최초로 공산당에 반대하여 토론을 벌이게 되었다. 사하로프는 소련 사회에서 이의를 제기하는 도덕적 권위의 목소리가 된 핵물리학자였고, 옐친은 제멋대로이지만 신속하게 떠오르는 정치 스타로서 일찍이 공산주의 당국에 대한 끝도 없는 비판으로 인해 소련 정치국에서 쫓겨난 이력의 소유자였다. 공산당 통치 70년의 종식이 가까워지고 있었다.

이런 소란 속에서 푸틴도 나름대로 적응하려고 노력했다. 하지만 그는 택시 운전사로 생계를 유지하거나, 해외 근무를 마치고 귀국한 요원의 전통적인 행보를 따라 (KGB 해외 첩보부의 모스크바 본부의 별칭인) 〈센터〉로 돌아와서 직위를 맡는 대신, 전혀 다른 임무를 개시했다. 드레스덴에서 옛 멘토이자 상사였던 라자르 마트베예프 대령이 모스크바에 머무르지 말고 고향인 레닌그라드로 돌아가라고 명령한 것이다.[102] 푸틴은 격동에 휩싸인 도시 한복판에 떨어지게 되었다. 고르바초프의 개혁하에서 최초로 실시되는 시 의회 경쟁 선거에서 민주주의자의 물결이 공산당에 맞서게 되었기 때문이었다. 사상 처음으로 민주주의자가 공산당의 다수 통제를 분쇄하겠다고 위협하고 있었다. 푸틴은 민주주의자의 대두에 대항하여 보수파를 보호하는 대신, 레닌그라드의 민주주의 운동에 편승할 방법을 찾아보았다.

푸틴은 레닌그라드에 도착하자마자 그곳의 가장 비타협적인 지도자 가운데 한 명에게 접근했다. 인민 대표 회의의 구성원으로 새로이 선출된 용감하고도 두려움을 모르는 여성 갈리나 스타로보이토바였다. 그녀는 주도적인 인권 활동가로서, 소비에트 권력의 실패를 비난하는 과정에서 비타협적인 정직성으로 유명했다. 시 의회 선거를 앞두고 그녀가 인상적인 연설을 한 직후, 밝은 눈동자에 딱히 두드러지지 않는 체구의 푸틴은 그녀에게 다가가 방금 그 연설에 무척 감명받았다고 말했다. 그러면서 자기가 도와줄 수 있는 일이 있느냐고 물어보았다. 심지어 자기가 운전기사로 일해 줄 수 있다고도 말했다. 하지만 그런 자발적 접근을 수상하게 여긴 스타로보이토바는 딱 잘라서 거절했던 것으로 보인다.[103]

대신 푸틴이 처음으로 얻은 직위는 레닌그라드 국립 대학 총장의 보좌관이었다. 푸틴은 젊은 시절 이곳에서 법학을 전공하고 나서 KGB에 처음 발을 들여놓은 바 있었다. 그의 임무는 이 대학의 해외 관계를 감독하고, 이곳의 외국인 유학생과 이곳을 방문한 저명인사를 감시하는 것이었다. 얼핏 보기에는 드레스덴 시절의 직위에 비해 크나큰 강등인 것처럼, 즉 외국인의 활동을 KGB에 보고하는 가장 단조로운 업무로의 회귀인 것처럼 보인다. 하지만 이 덕분에 푸틴은 불과 몇 주 만에 그 나라의 민주주의 운동 상층부에서 한자리를 차지하게 되었다.

솝차크는 그 대학의 법학 교수였다. 키가 크고, 박식하고, 외모가 수려한 까닭에 오래전부터 자신의 온건 반정부 성향으로 학생들을 끌어들였다. 급기야 새로운 민주주의 운동의 가장 선동적인 연설가 가운데 한 명으로 대두하여, 마치 사사건건 공산당과 KGB에 도전을 제기하는 것처럼 보였다. 그는 1990년 3월의 선거 이후 시 의회를 장악하게 된 무소속 및 개혁가 집단의 일원이었으며, 5월에는 시 의회 의장으로 선출되었다. 그리고 푸틴은 거의 동시에 그의 오른팔로 지명되었다.

푸틴은 솝차크의 해결사, 안보 기관과의 연락책, 막후에서 그를 감시하는 그림자가 될 예정이었다. 그의 임명은 애초부터 KGB의 주선으로 이루어졌다. 「푸틴은 그곳에 배치된 것이었습니다. 그가 담당할 역할이 있었던 거죠. KGB는 솝차크에게 이렇게 말했습니다. 〈이 친구가 우리 쪽 사람이오. 앞으로 이 친구가 당신을 돌봐 줄 거요.〉」훗날 푸틴과 함께 일했던 독일의 보안 컨설턴트 제델마이어의 말이다. 제델마이어의 주장에 따르면, 법학부에서의 직위는 단지 위장에 불과했다. 아울러 그는 솝차크도 오래전부터 비공식적으로 KGB와 공조해 왔을 것이라고 믿었다. 「법학 학위야말로 그들로선 가장 좋은 위장법이었던 거죠.」[104]

민주주의자로서의 공인된 자격이며, KGB의 권력 남용에 반대하는 신랄한 연설에도 불구하고, 솝차크는 바로 그 기관의 일부로부터 지원받지 않는다면 자기가 정치권력을 유지할 수 없다는 사실을 너무나도 잘 알고 있었다. 그는 자만하고 허영심이 강한 사람이었고, 다른 무엇보다도 위로 올라가고 싶어 했다. 그리하여 그는 푸틴을 채용했을 뿐만 아니라, 그 도시의 보수파의 고위 구성원 한 사람에게도 접근했다. 북해 함대 출신의 해군 소장이자 공산주의자인 뱌체슬라프 스체르바코프를 레닌그라드시 의회의 제1부의장으로 지명한 것이다. 그 도시의 민주주의 운동에서 솝차크를 지도자로 삼았던 동료 구성원들은 이 선택에 경악했다. 하지만 솝차크는 타협에 타협을 거듭한 끝에 꼭대기까지 올라가고 있었다. 1991년 6월에 실시된 시장 선거에서 그는 선두권 후보로 나서서 비교적 손쉽게 선출되었다.

그러다가 8월에 강경파 집단이 소비에트의 지도자에게 대항하는 쿠데타를 시도하자, 보수파에게 의존하고 특히 푸틴과 그의 KGB 연줄에 의존하던 솝차크는 아직 유혈극이라곤 없었던 반란 시도에 대항하여 자기의, 아울러 그 도시의 대담한 태도를 만천하에 드러냈다. 변화를 요구하는 민주주의자들에게 고르바초프가 내놓는 타협이 늘어나는 것에 불안을 느낀 쿠데타 음모자들은 비상사태를 선포했고, 자기들이 소련을 장악하겠다고 선언했다. 가뜩이나 까탈스러운 소비에트의 여러 공화국에 지도자를 허락하게 될 새로운 연방 협정을 고안하지 못하게 방지하려는 속셈에서, 음모자들은 우선 흑해 연안 포로스의 여름 별장에 고르바초프를 억류했다.

하지만 레닌그라드에서 다시 이름이 바뀐 상트페테르부르크에서는 그 도시의 민주주의 지도자들이 쿠데타에 반발했다. 시 의회의 구성원들이 마린스키 궁전의 너덜거리는 연회장에 마련된 민주주의자 본부의 방어에 자원하는 동안, 푸틴과 솝차크는 지역 경찰의 총책임자와 특별 의용군 60명의 지원을 받았다. 이들은 지역 TV 방송국 대표를 찾아가 설득한 끝에, 쿠데타 직후 처음 맞이하는 저녁 방송에 솝차크를 출연시켰다.[105] 그날 밤 솝차크의 연설은 쿠데타 지도자를 범죄자로 비난하는 내용으로 그 도시의 주민을 감격하게 했고, 다음 날이 되자 수십만 명이 거리로 몰려나와서 쿠데타 반대 시위를 벌이기 위해 로마노프 왕조의 겨울 궁전 그늘 아래로 모여들었다. 솝차크는 단결과 저항을 위한 강력한 호소로 군중을 부추겼지만, 정작 가장 중요하고 어려운 임무는 아랫사람인 푸틴과 스체르바코프에게 떠넘겼다. 반란 직후의 그 긴장된 첫날 밤, TV 연설을 마친 솝차크가 마린스키 궁전의 자기 사무실에 틀어박혀 있는 동안, 푸틴과 스체르바코프는 그 도시의 KGB 수장과 레닌그라드 지역의 군사령관을 만나서, 탱크를 몰고 다가오는 강경파 병력을 시내로 들여보내지 않겠다는 보장을 얻어 내기 위한 협상을 벌였다.[106] 다음 날 궁전 광장에 모인 군중에게 솝차크가 연설하는 동안에도, 푸틴과 스체르바코의 협상은 지속되고 있었다. 바로 그날 시 경계에서 탱크 행렬이 멈춰 서자, 푸틴은 솝차크와 한 무리의 특수 병력을 대동하고 그 도시의 주 방위 산업체인 키롭스키 자보트의 지하 깊이 마련된 벙커로 들어갔다. 이곳에서 그들은 암호 통신 시스템을 통해 안전한 상태에서 KGB며 군 지휘관들과 계속해서 대화를 이어 나갈 수 있었다.[107]

다음 날 아침 푸틴과 솝차크가 벙커에서 나왔을 무렵, 쿠데타는 이미 끝나 있었다. 권력을 차지하려던 강경파의 도박은 결국 실패로 돌아가고 말았다. 모스크바에서는 KGB의 엘리트 특수 부대가 벨리돔(러시아 연방 정부 청사)에 발포하라는 명령을 거부했다. 그곳에서는 마침 러시아 공화국의 지도자로 선출된 옐친이 쿠데타에 반대하고 고르바초프 개혁의 자유로 회귀하기를 바라는 수만 명의 지지자를 모아 놓고 있었다. 공산당의 합법성 가운데 그나마 남아 있던 것은 아예 누더기로 변하고 말았다. 러시아의 새로운 민주주의 지도자들이 나설 준비가 되어 있었다. 그 동기가 무엇이든지 간에, 푸틴은 그들이 그런 일을 할 수 있는 위치에 있도록 도와주었던 것이다.

KGB에서 받은 훈련에 걸맞게, 푸틴은 마치 거울처럼 모두의 시선을 그대로 반사했다. 처음에는 그의 새로운 이른바 민주주의자 주인님의 시선을 반사했고, 그다음에는 그가 함께 일했던 보수파 기성 시스템의 시선을 반사했다. 「그는 워낙 빨리 색깔을 바꿀 것이므로, 그가 실제로 무슨 색깔인지는 아무도 알아보지 못할 겁니다.」 제델마이어의 말이다.[108]

제2장
내부 범죄

〈우리가 논의한 내용은 가장 어두운 힘들이 결코 포기하지 않는
다는 점이었다. 프랑스 혁명, 소비에트 혁명, 아울러 다른 모든 혁
명은 처음에만 해도 해방 투쟁처럼 보였다. 하지만 머지않아 군
사 독재로 변모했다. 초기의 영웅들이 얼간이처럼 보이고, 흉악
범들이 본색을 드러내고, (실제로는 혁명이 뜻하는 바가 아니었
던) 하나의 주기가 완료되는 것이다.〉

크리스티앙 미셸

〈모스크바〉. 1991년 8월 25일, 니콜라이 크루치나는 밤이 늦어서야
당 엘리트의 거주지이자 경비가 철저한 주택 지구에 있는 자기 아파
트 문으로 지친 듯 터벅터벅 걸어 들어왔다. 겨우 나흘 전인 8월 21일
에 소비에트의 권력을 유지하고자 도모하던 공산당 강경파의 쿠데타
시도가 실패로 끝나고 말았다. 그리하여 이제 크루치나가 생애 대부
분 동안 근무했던 그 기관이 눈앞에서 해체되는 중이었다. 바로 어제,
그는 중앙 위원회 국제부의 기세등등한 상사 발렌틴 팔린과 일련의
고위층 회의를 가졌고, 그래서인지 지친 기색이었다.[1] 자택 바깥에 배
치된 KGB 경비원은 크루치나의 아래로 향한 시선이며, 말하고 싶지

않다는 뚜렷한 거리낌을 목격했다.[2]

그 나흘이라는 짧은 기간의 변화는 굵고 빠르게 이루어졌다. 우선 친(親)민주주의 성향의 러시아 지도자 옐친이 방송으로 생중계되는 가운데 명령에 서명함으로써, 소비에트 공산당을 금지시키고 지난 수십 년에 걸친 그 지배를 종식했다. 옐친은 쿠데타를 시도한 강경파 지도자들에게 대항하는 그 담대한 태도를 통해 확고하게 상승세를 타게 되었다. 이제는 고르바초프조차도 빛을 잃고 말아서, 옐친이 러시아 의회를 향해 연설하는 연단 옆에 소심하게 서 있을 뿐이었다. 옐친은 불법 쿠데타 발생의 책임이 공산당에 있다고 주장하면서, 모스크바 옛 광장에 있는 당 중앙 위원회의 넓게 펼쳐지고 미궁 같은 본부를 곧바로 봉인하라고 명령했다. 그곳의 수백 개에 달하는 방 안에는 소련의 방대한 경제의 비밀이 들어 있었다. 즉 행정 건물, 호텔, 별장, 요양소 등 수천 건의 부동산과 당 소유의 경화 은행 계좌, 나아가 정권의 임종 기간에 합작 사업체로 설립되었으나 아직 미공개 상태인 수백 개, 어쩌면 수천 개에 달하는 외국 회사들로 이루어진 네트워크에 관한 비밀 말이다. 이런 은행 계좌와 네트워크들을 통해서, 해외 공산당의 (아울러 동맹 정당들의) 전략적 작전에 필요한 자금을 지원했던 것이다. 이것이야말로 크루치나가 1983년부터 공산당의 재산부 책임자로서 관리해 온 일종의 제국이었다. 그러니 그곳에 대한 갑작스러운 봉인은 사라진 모든 것의 상징처럼 느껴졌다.

크루치나의 아내는 그날 저녁 일찌감치 잠자리에 들었다. 남편이 소파에서 하룻밤을 보낼 것이라고 생각하고 그냥 내버려 두었다. 하지만 다음 날 아침, 그녀는 문을 두들기는 소리에 잠에서 깨었다. KGB 경비원이었다. 댁의 남편이 7층 아파트 창문에서 뛰어내려 죽었다는 이야기였다.[3]

눈에 띄는 실랑이의 흔적은 전혀 없었고, 경비원은 크루치나의 시신 옆 보도에 떨어져 있는 구겨진 쪽지를 발견했다고 말했다. 〈나는 음모자가 아니다. 하지만 나는 겁쟁이다. 소비에트 인민에게 이 사실을 알려 다오.〉[4] 쪽지에는 이렇게 적혀 있었다. KGB는 곧바로 그의 죽음을 자살로 발표했다. 하지만 오늘날까지도 정확히 무슨 일이 일어났는지를 아는 사람은 전혀 없다. 혹시 아는 사람이 있다 치더라도 굳이 말하려는 의향까지는 없다. 예를 들어, 당시 소비에트 국립 은행의 대표였던 빅토르 게라셴코처럼 그즈음 사건의 중심에 있었던 사람들은 〈그는 떨어졌던 것이다〉라는 모호한 표현으로만 한정시켜 설명하는 편을 더 선호한다.[5] 또 당시 KGB의 기세등등한 분석부 책임자였던 니콜라이 레오노프 같은 다른 사람들은 크루치나가 제국의 붕괴 당시에 앓은 〈깊은 우울증〉의 희생자에 불과하다고 주장한다.[6]

그로부터 한 달이 조금 지나서, 재산부의 책임자로서 크루치나의 전임자였던 사람에게도 똑같은 일이 벌어졌다. 10월 6일 저녁에 게오르기 파블로프가 자기 아파트 창문에서 떨어져 죽었다. 81세였던 그의 죽음 역시 자살로 기록되었다. 파블로프가 사망한 지 11일 뒤에는 당의 재정 기구의 또 다른 고위급 구성원이 자택 베란다에서 역시나 떨어져 죽었다. 이번에는 공산당 국제부에서 미국 분과의 책임자였던 드미트리 리소볼리크였다. 역시나 이번에도 자살로 기록되었다.

세 사람의 공통점은 KGB가 고르바초프의 페레스트로이카 개혁 하에서 시장 경제로의 이행을 준비하던 즈음에 공산당의 비밀 재정 시스템을 철저히 알고 있었다는 것이다. 크루치나와 파블로프가 관장하던 재산부는 90억 달러 상당의 자산을 보유했다고 알려져 있었다.[7] 서방 전문가들은 이 부서의 해외 자산이 그보다 몇 배나 더 많을 것이라고 추정했다.[8] 하지만 공산당 붕괴 직후 처음 며칠 동안, 러시아의 새로운 지배자들은 당의 금고가 거의 텅 비어 있다는 사실을 발견하고 당혹스러워했다. 크루치나의 지시를 받은 공직자들이 정권 말기에

서둘러 설립한 해외 합작 사업체를 통해 수십억 루블과 기타 통화를 빼돌렸다는 소문이 자자했다.[9] 당시 러시아 검찰은 옐친의 지시에 따라 8월의 쿠데타 시도에서 공산당의 역할이 무엇이었는지를 수사하고 있었는데, 머지않아 당 자금의 행방에 대해서도 역시나 수사하게 되었다.

비록 옐친이 옛 광장에 있는 당 중앙 위원회 사무실을 봉인하라고 명령했지만, 당시 해외 작전의 자금 지원을 감독하던 중앙 위원회 국제부 책임자 팔린은 자기 부하들에게 문서를 폐기하라고 명령했다.[10] 기록 보관소에 들어 있는 내용이 공산당 정권의 범죄로, 가장 중요하게는 이미 어딘가에 은닉한 현금으로 나아가는 지도를 제공할 수 있기 때문이었다.

당시에 극비 작전을 담당하던 부서는 516호였는데, 바로 이곳에 국제부 산하의 〈당 기술〉 특수 분과가 있었다. 이곳의 책임자인 블라디미르 오신체프는 흑색 작전의 전문가로서, 예를 들어 엘살바도르나 튀르키예나 남아프리카나 칠레처럼 공산당의 존재 자체가 불법인 국가들에 불화를 심는 공산당의 영향력 공세를 운영했다. 러시아 검찰이 몇 달 뒤인 1991년 10월에야 마침내 그 사무실에 들어가 보니, 파쇄된 종이 더미만 바닥에 잔뜩 흩어져 있을 뿐이었다. 하지만 철저히 위장한 동면 요원들을 운영하는 과정에서 당의 공작원들이 어디까지 나아갔는지를 보여 주는 징후는 아직 남아 있었다. 검찰은 위조에 사용될 예정이었던 여러 국가의 해외 여권과 인장들, 공란이 남아 있는 기타 여행 서류, 공식 인장과 비자 무더기를 발견했다. 커다란 사진첩에는 온갖 유형과 인종의 인물 사진이 가득했고, 변장용 가발과 수염 더미는 물론이고, 위조 지문을 만드는 고무 주형도 있었다.[11]

국제부 직원 가운데 하나였던 아나톨리 스미르노프는 상부의 조치에 반발하여 최대한 많은 자료를 빼돌렸다.[12] 그가 빼낸 극비 문서

중에는 해외의 공산당 연계 정당들에 지급한 수억 달러에 대한 세부 내역이 포함되어 있었다. 그중 하나인 1989년 12월 5일 자 문서는 좌파 조직들을 위한 당 국제 자금에 사용할 2200만 달러를 팔린에게 직접 보내라며 소비에트 국립 은행에 전한 명령이었다.[13] 1987년 6월 20일 자 문서는 프랑스 공산당에 지급할 추가 자금 100만 달러를 당의 국제 문제 담당관에게 보내라며 소련 중앙은행인 고스방크에 전한 명령이었다.[14] 프랑스로 자금을 직접 운반하는 일은 KGB에서 담당할 예정이었다.

스미르노프가 보기에는, 당이 정기적으로 국고를 이용해 해외 정치 및 영향력 작전에 자금을 제공한다는 사실이야말로 〈우리 인민에게 반하는 범죄가 자행되었다〉는 뜻이었다.[15] 그가 보기에는 이것이야말로 선을 넘는 행위였다. 그 자체로 소비에트 법률에 반하는 행위였다. 당의 작전을 지원하는 자금은 국고에서 나오는 것이 아니라, 당원에게 모금한 기부금에서 나와야 마땅했던 것이다.[16]

러시아 검찰의 추산에 따르면, 소련이 마지막 10년 동안 해외의 공산당 연계 정당들에 지원한 자금은 2억 달러 이상이다. 스미르노프의 추산으로는 이보다 여러 배 더 많다.[17] 이보다 더 은밀한 활동을 위해 이보다 더 내밀한 방법으로 전달된 금액은 여전히 확인조차 되지 않은 상태이다.

하지만 중앙 위원회 기록 보관소에 남아 있는 자료를 검찰 수사진이 파헤치다 보니, 수많은 비공식적 비밀 계책을 통해서 수십억 달러의 자금을 추가로 빼돌렸다는 사실이 드러나게 되었다. 그런 계책 가운데 하나는 소비에트가 〈우호〉 회사라고 부르는 곳들과 관련되어 있었다. 동구권을 계속 유지해 주었던 방대한 암시장 시스템의 핵심에 놓여 있었던 한통속 회사들이었다. 그중 다수는 수출이 금지된 기술을 밀수하는 데에 관여하고 있었다. 예를 들어 동독의 무역 분야 공직자 샬크골로트콥스키가 동독, 오스트리아, 스위스, 리히텐슈타인에 걸쳐 배치한 여러 개의 유령 회사가 거기 포함되어 있었다. 또 그중 일부는 석유, 원자력, 제조 산업에 필수적인 장비를 실제 가격보다 몇 배나 부풀려 소비에트에 판매한 뒤, 그 수익금을 이용해서 이탈리아, 프랑스, 스페인, 영국, 기타 국가의 공산당과 기타 좌파 운동에 자금을 지원했다.[18]

그런데 소비에트의 엘리트 최고위층과 긴밀한 관계를 맺었으며, 훗날 푸틴 정권과도 마찬가지로 긴밀한 관계를 맺었던 나이 지긋한 이탈리아의 은행가 안토니오 팔리코의 말에 따르면, 소련 공산당, 즉 CPSU에서 외국의 여러 공산당 활동에 자금을 지원하기 위해 직접 보낸 자금 따위야 우호 회사들을 통해 보낸 금액에 비하면 아무것도 아니었다. 이탈리아 공산당이 매년 소련으로부터 받는 공식 기부금은 〈겨우 1500만 달러에서 2000만 달러에 불과했고, 그나마 현금도 아니었〉다. 그의 말에 따르면, 진짜 자금은 중개업체들로부터 나오는 것이었다. 「소련에서 사업하고 싶어 하는 이탈리아 회사 모두는 그런 회사들에 반드시 돈을 내야만 했는데 (……) 그렇게 오가는 금액은 정말 어마어마했습니다.」[19] 기록 보관소를 뒤지던 검찰은 그런 〈우호 회사〉 45개의 명단을 밝혀냈다. 대부분 무명인 그 수출입 회사들 중에는 그나마 유명한 이름도 하나 있었다. 바로 로버트 맥스웰의 퍼가몬 프레스였는데, 이 대형 출판사는 소련의 과학 서적을 서방에 판매하는 통로 역할을 오랫동안 해왔다.[20] 그런데 이 명단이 공개되기 며칠 전, 이 논란 많은 전직 노동당 하원 의원 겸 언론 재벌은 대서양에 있는 자기 요트에서 멀지 않은 바다 위에서 익사한 상태로 발견되었다.

소련 정권과 협업한 다른 회사들 중에서 레이더를 피해 간 곳들로는 피아트, 메를로니, 올리베티, 지멘스, 티센 같은 유럽 산업계의 거물들이 포함되어 있다. 이런 사실은 1990년대에 푸틴과 긴밀히 일했던 전직 KGB 공작원의 증언, 아울러 소비에트 시절에 이런 〈우호 회사〉 가운데 한 곳에서 일했던 사업가의 증언에서 드러난 바 있다. 특히 익명을 요청하고 발언한 이 사업가의 말에 따르면, 그가 다녔던 회사는 의료 장비로 위장한 군사 물자를 공급했다. 「의료 장비는 그저 외양이었을 뿐입니다. 그 배후에서 그 회사는 매우 본격적인 군사 장비를 생산했습니다. 지멘스며 티센크루프도 마찬가지였습니다. 이들 모두는 이중 용도 장비를 소비에트에 제공했습니다. 이들 우호 회사는 현재 운영되는 것처럼 단지 위장 간판에 불과한 것만이 아니었습니다. 사실은 유럽의 주요 기업들이었던 겁니다.」[21]

우호 회사의 네트워크는 단지 수입에만 관여하는 것도 아니었다. 고르바초프의 전직 보좌관 가운데 한 명의 증언에 따르면, 우호 회사 가운데 일부는 1970년대에 레오니트 브레즈네프 치하에서부터 시작된 물물 교환 작전에도 관여했다.[22] 예를 들어 국영 석유 수출 독점 기업 소유즈네프텍스포르트는 석유를 수출이 금지된 물품과 물물 교환하는 정교한 계책에 관여했다. 이 회사의 전직 관련자의 증언에 따르면, 우선 무역업자를 통해 핀란드에 있는 거대 저장소에 석유를 보내면, 그곳에서 석유의 원산지를 위장하고 중개업체를 통해 판매해서 얻은 대가로 수출이 금지된 기술과 기타 물품을 얻는 것이었다. 비료 수출도 마찬가지로 오래전부터 이런 계책에서 일익을 담당해 왔다.

당의 자금에 관해 수사하려던 러시아 검찰의 입장에서는 이런 계책의 흔적이야말로 가장 큰 적신호였다. 석유, 금속, 양모, 화학 약품, 무기 등의 미확인 재산이 물물 교환 계책이나 수출 거래를 통해 소련 바깥으로 이송되어, 서방의 중개 우호 회사에 헐값에 판매된 것이었다. 수출 계약에 의거하여 우호 회사들은 원자재를 소비에트의 국내 가격으로 매입했는데, 계획 경제 치하에서는 그 가격이 낮게 고정되어 있었기 때문에, 원자재를 세계 시장 가격으로 매각하면 막대한 이득을 거둘 수 있었다. 예를 들어 그 당시 석유의 국제 가격은 소비에트 국내 가격보다 거의 열 배나 더 비쌌다.[23] 우호 회사는 그렇게 얻은 자금을 스위스 방코 델 고타르도 같은 유럽 전역의 우호 은행에 개설된, 또는 키프로스나 리히텐슈타인이나 파나마나 홍콩이나 영국령 채널 제도 같은 조세 회피처에 개설된 수많은 통장으로 빼돌릴 수 있었다. 그렇게 마련한 재산은 공산당의 해외 활동을 위해, 즉 서방을 불안정하게 만들기를 겨냥한 적극적 수단을 위해 사용될 수 있었다. 가장 중요하게는 그 전체 과정을 KGB에서 감독했는데, 그 관련자들은 우호 회사에서 직원으로 근무하면서 소비에트의 무역 행정을 상당 부분 통제했다. 수사 감독 임무를 담당했던 검찰 총장 발렌틴 스테판코프는 이렇게 썼다. 〈우호 회사는 입수한 물품을 국제 가격으로 판매했다. 그 수익은 결코 소련으로 돌아오지 않았다. 우호 회사와의 모든 접촉은 KGB에 의해 수행되었다.〉[24]

소비에트 정권의 말기에는 일용품 빼돌리기가 가속화했다. 한때 소련군 첩보부에서 경제 분석 책임자로 재직한 비탈리 슐리코프가 훗날 주장한 바에 따르면, 향후 수십 년 동안 소비에트의 군사 부문을 계속 유지하기 위한 목적으로 보관되던 막대한 군용 원자재 비축분 (예를 들어 알루미늄, 구리, 강철, 티타늄과 기타 금속으로 이루어진 문자 그대로의 산더미) 가운데 상당 부분이 소비에트 붕괴 즈음에 신속하게 줄어들었다고 한다.[25] 하지만 검찰은 그저 파편적인 정보밖에 찾아내지 못했다. 이 원자재 거래는 사실상 아무런 흔적도 남기지 않았다.

하지만 검찰은 파편과 파괴를, 즉 사무실 바닥에 흩어진 분쇄된 종이 더미를 수색하던 와중에 중요한 문서를 찾아냈다. 이것이야말로 공산당 정권 말기에 일어난 일을 알아내는 부분적인 열쇠를 제공하는 것처럼 보였다. 고르바초프의 부서기장 블라디미르 이바시코가 서명한 1990년 8월 23일 자 문건으로, 공산당을 위한 〈비가시적 경제〉의 창설을 명령하는 내용이었다.[26] 고르바초프의 개혁으로 인해 자국이 혼돈으로 돌진하게 되자, 당 최고위 지도부에서는 당의 경제 이권을 보호하고 숨기는 데 사용할 여러 회사와 합작 사업체로 이루어진 네트워크를 다급히 만들 필요를 인식했음이 분명했다. 당은 그 경화를 〈우호자들〉이 운영하는 여러 국제 회사의 자본에 투자할 예정이었다. 자금과 사업 관계는 〈최소한의 가시적 연계〉만을 가질 예정이었다.

크루치나의 아파트에서는 이보다 더 많은 것을 고발하는 문서가 발견되었다. 그가 뛰어내려 죽은 이후에 도착한 검찰은 책상 위에 놓인 서류철을 하나 발견했다. 그 안에는 정권을 위해 자금을 관리했던 대리인들로 구성된, 잠재적으로 방대한 네트워크를 가리키는 서류가 들어 있었다.[27] 그들이 발견했다고 보고한 서류 가운데 하나는 성명, 당원 번호와 당원 서명을 공란에 적어 넣고 서명함으로써 신뢰받는 대리인 〈도베렌노예 리초doverennoye litso〉, 즉 당의 자금과 재산의 보관인이 되게 해주는 일종의 신청서였다.

나 _____ 는 _____ 년부터 CPSU의 당원이었으며, 당원 번호는 _____ 이며, 이제 당의 신뢰받는 보관인이 되어 당이 지정한 임무를 그 어떤 상황에서나 그 어떤 위치에서나 수행하되, 내가 신뢰받는 보관인 기구에 소속되었음을 드러내지 않고 수행하려는 의식적이고 자발적인 결정을 다음과 같이 확인하는 바이다.

나는 당의 이익을 위해 내게 위탁된 금융 및 물질 자원을 보전하고 신중하게 배치할 것을 맹세하며, 언제든 명령을 받자마자 곧바로 이 자원을 반환할 것을 보장한다. 당의 자금을 이용한 경제 활동의 결과로서 내가 벌어들이는 모든 것은 당의 재산으로 인정하며, 그 어떤 시간과 그 어떤 장소에서도 이를 전달할 것임을 보장한다.

　　나는 엄격한 정보의 비밀을 준수할 것을, 아울러 해당 권한을 보유한 개인을 통해 내게 전달되는 당의 명령을 수행할 것을 맹세하는 바이다.

CPSU 당원 서명 _____

임무 담당자 서명 _____ [28]

　　검찰은 이 문서가 뜻하는 바를 해명하기 위해 노력했다. 이들은 당 지도부, 또는 당 엘리트의 기타 구성원에게 문의했으나, 그중 조금이라도 관련 내용을 밝힌 사람은 거의 없다시피 했다. 대부분은 자기네가 그런 계책에 대해서는 미처 모르고 있었다고 주장했다. 하지만 검찰 수사진은 운 좋게도 KGB 해외 첩보부의 전직 대령 레오니트 베셀롭스키를 만나게 되었다. 자칫 탄압을 받을까 두려웠던 그는 자기가 당의 재산과 부의 관리 및 은닉을 돕기 위해 발탁된 다수의 KGB 해외 첩보부 공작원 가운데 한 명이었다고 공개적으로 밝혔다.[29] 해외 첩보부 간부들을 동원한 까닭은 이들이야말로 서방 금융 시스템의 작동 방식을 아는 사람들이었기 때문이다. 이들의 보고를 받는 사람들은 재산부 책임자인 크루치나, KGB 수장 크류치코프, KGB 제1차장 필립 봅코프, 중앙 위원회 재정 위원 이바시코였다.

　　국제 경제 전문가인 베셀롭스키는 1990년 11월에 포르투갈에 있다가 전근되어서, 당의 부를 위해 〈비가시적 경제〉를 만들어 내는 계획에 참여하게 되었다. 그야말로 당을 대신하여 자금을 보유하고 관리하는 〈신뢰받는 보관인들〉, 즉 〈도베렌니예 리차〉 시스템을 제안한 장본인이었다. 그는 크루치나를 위해서 일련의 문건을 작성했는데, 거기에는 당의 자금을 위장하여 몰수되지 않게 보호하자는 제안이 들어 있었다. 예를 들어 자금을 자선기금이나 사회 기금에 투자하거나, 또는 익명으로 주식에 투자하는 방법도 그중 하나였다. 이 절차는 KGB가 주도하기로 되어 있었다.

〈한편으로는 이를 통해 당의 미래와는 무관하게 안정적인 수입이 보장될 것이기 때문이다. 또 한편으로는 이런 주식은 언제라도 증권 거래소를 통해 매각하고 다른 영역으로 보내서 당의 관여 사실을 위장하면서도 여전히 통제를 유지할 수 있기 때문이다. 그런 수단을 수행하기 위해서는 그 프로그램의 개별 단계들을 수행할 수 있는 신뢰받는 보관인을 선발하는 일이 다급히 필요하다. 이 극단적인 시대에 그 어떤 상황에서도 당의 존재를 보장해 줄 비밀 당원들로 이루어진 시스템을 창설하는 일은 충분히 가능할 것이다.〉 베셀롭스키는 이렇게 썼다.[30]

또 다른 문건에서 그는 스위스 같은 조세 회피처에 여러 기업과 합작 사업체로 이루어진 네트워크의 창설을 제안했다. 중개업체와 무역 회사도 포함한 이런 업체들의 주주가 곧 〈신뢰받는 보관인〉이 된다는 것이었다.[31]

마치 슈타지가 몰락 직전에 유령 회사 네트워크로의 자금 이전을 준비했던 것처럼 KGB도 정권 교체에 대비하고 있었던 셈인데, 권력에 대한 그 독점이 점점 더 위태해지고 있는 사실을 잘 알았기 때문이었다. 원래는 해외 첩보부 네트워크에 포함되어 있었다가 졸지에 이 계책에서 일하기 위해 발탁된 공작원 가운데 일부가 보기에는, 크류치코프로부터 개인 회사를 만들라고 명령받은 것이야말로 공산당 정권에게 판이 불리해지고 말았음을 알리는 명백한 신호였다. 「그 일이 시작되자마자, 저는 이제 끝이라는 사실을 이해했습니다.」 1987년까지 KGB 워싱턴 지부에서 근무했던 고위 간부 유리 시베츠의 말이다.[32]

하지만 1991년 8월의 어설픈 쿠데타 시도 이후로 소련 공산당이 갑자기 더 이상 존재하지 않게 되자, 그 부를 보전하기 위해 만들어진 구조물에 과연 무슨 일이 일어났는지, 또는 과연 누가 그것을 책임지고 있는지 전혀 명료히 밝혀지지 못했다. 러시아 검찰의 입장에서 기록 보관소와 크루치나의 자택에 남은 문서는 단지 그 네트워크의 희미한 윤곽만을 제공할 뿐이었다. 그 계책의 주역과 조역, 신뢰받은 대리인들, 자금을 관리하는 〈도베렌니예 리차〉, 회사와 합작 사업체와 중개업체로 이루어진 네트워크는 여전히 은닉되어 있었다.[33] 더 나중에 가서야 그 문서에 관해 질문을 받은 정치국의 전직 구성원들은 붕괴가 너무 신속하고 예상외로 찾아왔기 때문에, 누구도 〈비가시적 경제〉에 관한 이바시코의 계획을 실행할 만한 시간을 얻지 못했다고 주장했다.[34] 하지만 검찰은 이 프로젝트가 최소한 부분적으로는 가동되었으며, 그것도 오랫동안 지속되었다는 흔적을 풍부하게 찾아냈다. 아울러 이 프로젝트를 KGB 해외 첩보부에서 주도한 것처럼 보이는 흔적 역시 상당했다.

베셀롭스키의 경력은 그저 한 가지 암시일 뿐이었다. 8월의 쿠데타 시도가 있기 2주 전에 그는 사직하고 스위스로 향했으며, 현지 무역 회사 시베코에서 일자리를 얻었다. 그 회사야말로 KGB의 후원을 받는 〈우호 회사〉의 전형이었으며,[35] 방대한 양의 소련산 원자재를 판매하고 있었다. 이 회사의 대표인 소비에트 출신의 이민자 보리스 비르시테인은 1970년대에 처음에는 이스라엘로 갔다가 나중에는 캐나다로 가서 합작 사업체를 여럿 설립했는데, 그중에는 소비에트 해외 첩보부의 인도하에 설립한 사업체도 포함되어 있었다.[36] 시베코의 성장 과정에는 KGB의 지문이 곳곳에 남은 것처럼 보인다. 「KGB의 후원이 없었다면 이 가운데 어떤 일도 벌어지지 않았을 것입니다.」 시베츠의 말이다.

이에 관해 전직 KGB 수장 크류치코프에게 질문을 던지자, 공산당의 자금을 위한 통로로써 그 무역 회사가 창설되었다는 사실까지는 시인했다. 하지만 그는 그 계획이 결코 실행되지는 않았다고 또다시 주장했다. 정권 붕괴 직전에는 그럴 만한 시간이 전혀 없었다는 것이다.[37] 하지만 시베코와 KGB의 지속적인 공조를 살펴보면 오히려 상황이 정반대였다는 흔적들이 드러났다. 예를 들어 시베코의 관련자와 러시아 해외 첩보부 책임자 사이의 전화 통화 녹음 유출본을 보면, 그들은 자기네가 세운 무역 네트워크에 관해서 공개적으로 논의하고 있다.[38] 시베코의 공동 운영자인 드미트리 야쿠봅스키는 이 회사가 유럽에서의 KGB 작전에 자금을 지원하기 위해 수천만 달러를 받았다고 폭로한 바 있다.[39]

하지만 베셀롭스키가 스위스의 일터에서 흔적도 없이 사라져 버리자, 검찰이 돈의 흔적을 뒤쫓을 만한 일말의 가능성 역시 완전히 증발하고 말았다. 적절한 자금 지원도 없고 빈약한 기록만 남아 있는 상태이다 보니, 검찰도 결국 막다른 길에 봉착했다. 러시아 내부에서만큼은 크루치나의 재산부에서 100개 이상의 당 회사와 상업 은행으로 10억 루블이 이전되었다는 사실을 검찰이 추적할 수 있었다.[40] 하지만 이 금액 가운데 일부라도 회수하려는 검찰의 시도는 벽에 부딪히고 말았다.[41]

소비에트 붕괴라는 혼돈 속에서 새로운 옐친 정부는 문제의 자금 가운데 일부라도 찾아내는 일에 거의 관심이 없는 것처럼 보였다. 마치 변화가 있을 것처럼 보인 순간이 짧게나마 있었다. 옐친 정부의 얼굴이 둥근 개혁 성향의 신임 총리 예고르 가이다르가 당의 현금을 추적하기 위해서 세계 최고의 탐정업체 크롤을 고용했다며 요란을 떨며 선언했던 것이다. 하지만 이후 150만 달러짜리 계약을 맺고 1년 동안 사라진 당의 자금을 뒤쫓아 세계 곳곳을 돌아다녔음에도 불구하고, 크롤은 러시아 검찰보다 오히려 성과가 덜했던 것처럼 보였다. 한마디로 보고할 만한 내용이 전무했던 것이 분명했다. 「그들은 아무것도 찾아내지 못했다. 고작해야 최고위 관료 몇 명의 계좌 외에는 아무것도 찾아내지 못했다. 그런데 그 계좌에는 기껏해야 50만 달러밖에 들어 있지 않았다.」 처음 크롤을 끌어들이자고 제안했던 정부 측 장관 표트르 아벤의 말이다.[42]

문제는 러시아 정부가 마치 그 자금을 찾아내기를 원하지 않는 것처럼 보였다는 점이다. 크롤이 대부분 빈손으로 돌아올 수밖에 없었던 이유는 사실 러시아 정부로부터의 지원이 없었기 때문이었다. 이 회사는 러시아 검찰과의 공조를 애초부터 차단당했다. 「러시아 정부는 우리가 뭐라도 찾아내는 데에 관심이 없었기 때문에, 우리도 굳이 찾아내지 않았던 겁니다. 러시아 정부가 바란 것은 그저 우리 이름을 기자 회견에서 사용하는 것뿐이었습니다.」 조사를 담당했던 크롤의 전직 대표 토미 헬스비의 말이다.[43] 즉 러시아 정부는 조사가 진행 중이라는 인상만 주고 싶어 했을 뿐이었다.

크롤의 임무가 더 어려워지고 말았던 데에는 또 다른 이유가 있었다. 소련의 부 가운데 상당 부분은 일반적인 은행 송금을 통해서 이전된 것이 아니라, 오히려 시베코 같은 우호 회사의 무역을 통해서 이전된 것처럼 보였다는 사실이었다. 헬스비의 설명에 따르면, 이런 무역에서 또 한 명의 주역은 제네바에 본사를 둔 글렌코어의 설립자이자 일용품 무역업자인 논란의 인물 마르크 리치였다.[44]

이 계책의 수립 배후에 있었던 KGB 해외 첩보부 공작원들은 이제 은닉된 부에 대한 열쇠를 갖고 있다. 「결국 소련이 붕괴했을 때, 즉 음악이 멈추었을 때 돈이 어디 있는지 아는 사람들은 바로 이 KGB 요원들이었습니다. 하지만 그때가 되자 이들은 아예 존재하지도 않는 소비에트 국가의 고용인이 된 셈이었죠.」 헬스비의 말이다.

그래도 그들 중 일부는 계속 남아 있었다. KGB 해외 첩보부 네트워크 가운데 일부는 보전되었던 것이다. 혼돈 상황의 막후에서 〈그들 중 일부는 계속해서 KGB를 위해 돈을 관리했〉다고 헬스비는 말한다.

크루치나가 뛰어내려 사망한 바로 그날 밤, 공산당의 부는 새로운 엘리트에게 이전되었다. 그리고 그 부 가운데 일부는 KGB 해외 첩보부 공작원들에게 넘어갔다. 현금 가운데 일부는 당 간부들과 범죄 조직에 의해 접수당하고 은닉되었음이 이미 분명했다. 하지만 옐친이 서명 한 번으로 소비에트 공산당을 역사 속으로 사라지게 만들었을 당시에 그 계좌를 통제하던 사람들은 바로 해외 첩보부 공작원들이었다. 크루치나는 자금을 다루는 그 사람들이 더 이상 자기 통제를 받지 않는다는 절망적인 현실 때문에 고민했을 것이다. 또 어쩌면 바로 그 사람들이 입막음을 위해서 그의 죽음을 도모했던 것일 수도 있다.

「크루치나는 그 재산이 다 어디로 갔는지에 관해서 질문받을 것을 두려워했을 가능성이 가장 큽니다. 이전까지는 크루치나가 명령을 내리는 입장이었지만, 이제는 그조차도 재산이 어디 있는지 전혀 몰랐습니다. 국가가 파괴되는 중이었던 겁니다. KGB가 파괴되는 중이었던 겁니다. 그 KGB 사람들이 어디 있는지는 이미 아무도 모르는 상태였습니다. 그 KGB 사람들이 누구인지도 역시나 모르는 상태였습니다.」 옐친의 전직 대변인이자, 당의 사라진 부에 관해 여러 해 동안 조사한 언론인 파벨 보샤노프의 말이다.[45]

사라진 당의 부를 찾아내려는 러시아 검찰 수사에 관한 이야기는 붕괴의 소란 속에서 신속히 잊히었다. 하지만 그 당시에 검찰이 찾아낸 내용은 더 나중에 찾아올 모든 것의 청사진이었다. 밀수 계책, 우호 회사, 신뢰받는 보관인 등은 푸틴 정권과 그의 영향력 작전을 가동하기 위한 일종의 모범이 되었다. 사실 KGB 해외 첩보부 엘리트 가운데 일부는 전직 수장 안드로포프가 소비에트의 지도자가 된 1982년부터 시장으로의 이행을 이미 준비해 오고 있었다. 1980년대 초에 소련 경제학자 가운데 일부는 시장으로의 이행에 대한 필요성을 이미 조용히 논의하기 시작했었다. 즉 이들은 사생활이 보장되는 자택의 부엌에서나마 소비에트 경제의 만성적 비효율성에 관해 속삭였고, 개혁의 필요성에 관한 지하 논고를 간행했다. 이와 동시에 첩보 엘리트 내부의 긴밀한 집단에서도 소비에트 경제가 죽음의 소용돌이에 빠져들고 있다는, 즉 남아메리카와 중동과 아프리카와 서방에서의 더 폭넓은 영향력 및 교란 공세를 수행하기는 고사하고 동구권의 제국을 유지하기조차 불가능하다는 깨달음이 점차 늘어나고 있었다. 「거대한 제국이 되려는 정책을 갖고 싶다면, 우선 막대한 돈을 쓸 능력이 있어야 합니다. 미국과 경쟁할 수 있는 수단은 우리에게 없었습니다. 매우 값비싸고 매우 어려웠고, 아마도 불가능했을 겁니다.」 그 당시에 개혁파 해외 첩보부 책임자들과 긴밀하게 일했던 어떤 사람은 이렇게 말했다.[46] KGB 내부의 진보적 분자들은 동독에서 향후 가능해 보이는 이행을 시험 삼아 시작해 보기 전부터, 소련 그 자체에서 포괄적인 개혁을 일찌감치 추진하고 있었다.

다른 모든 것을 희생해서라도 군사 관련 생산을 구축하고 서방과 경쟁해야 한다는 압박 때문에 소련 경제에서는 자원이 고갈되고 있었다. 이론상 공산주의 국가는 모든 노동자에게 무상 교육과 보건을 제공하겠다는 그 사회주의적 약속을 실현했다. 하지만 실제 계획경제는 제대로 가동되지 못하고 있었다. 대신 부패한 시스템이 생겨나면서, 공산주의 국가가 보호하겠다며 공언했던 일반인은 대부분 가난 속에서 살아가게 되었다. 공산주의 국가는 부패한 무역 계책을 위한 풍부한 천연자원을 입수할 수 있었던 반면, 경쟁력 있는 소비재를 생산하는 경공업 발전에는 실패하고 있었다. 사적 소유도 전혀 없었고, 수익이 무엇인지에 대한 이해조차 전혀 없었다. 대신 정부에서 사업체마다 생산 쿼터제를 지시했고, 모든 소득을 통제했고, 모든 물건의 가격을 고정했다. 누구도 동기를 부여받지 못했으며, 한마디로 시스템이 제대로 가동하지 않았다. 소비재 가격은 믿기 힘들 정도로 낮은 수준에 고정되어 있었지만, 그로 인해 모든 것이 크게 부족하기만 했다. 빵과 소시지와 기타 식품에서부터 자동차와 텔레비전과 냉장고, 심지어 아파트도 부족했다. 부족하면 줄 서기와 배급이 이루어질 수밖에 없었는데, 때로는 그 과정에 몇 달이 걸리기도 했다. 공직자와의 비공식적 연계와 뇌물만이 가장 기초적인 필수품을 얻기 위한 몇 주 동안의 줄 서기를 뛰어넘는 유일한 방법인 경우가 종종 있었다. 예를 들어 구두 수선, 병원 입원, 심지어 관 구매와 장례식조차도 그러했다. 소비에트 관료제의 거드름 피우는 권력은 시스템 깊숙한 곳까지 부패를 구축했으며, 이런 상황이다 보니 암시장이 번성했다.[47]

1960년대 말에 〈체호비키〉, 즉 암시장 상인들은 국영 공장에서 흘러나온 부품과 재료를 이용해 정규 경제 바깥에서 상품을 생산하는 지하 공장을 설립하기 시작했다. 그런 활동은 자칫 10년 이상의 징역에 처해질 수도 있었지만, 시간이 지날수록 이런 공장의 생산품이야말로 소비에트 시스템의 부족 가운데 최소한 일부나마 벌충할 수 있는 유일한 방법이 되어 갔다. 경화 투기꾼들은 소비에트 외국인 관광부가 운영하는 호텔 복도를 돌아다니면서, 교도소에 갈 위험을 감수하면서까지 소비에트의 고정 환율보다 훨씬 더 유리한 환율을 제안하며 외국 관광객들로부터 달러를 사들였다. 투기꾼들에게는 쏠쏠한 거래일 수밖에 없었다. 갖가지 부족이 만연한 소비에트 시스템에서는 경화를 입수하는 사람이 왕이었기 때문이다. 달러만 있다면, 뭐든지 재고가 충분한 소비에트 엘리트의 전용 상점 베레요즈키에 갈 수 있었는데, 그곳에는 서방의 고급 식품과 기타 사치품이 진열대마다 가득했다. 달러만 있다면 서방의 옷과 서방의 대중음악을 비롯해서, 케케묵고 비참한 소비에트 경제 바깥에서 생산한 물건을 무엇이든지 살 수 있었다. 그렇게 구매한 물건은 큰 이익을 남기고 되팔 수 있었다. 전직 KGB 해외 첩보부 공작원 시베츠의 말에 따르면, 소비에트 경제에는 부족 현상이 워낙 만연했기에 모든 사람이 항상 뭔가를 판매 중이었다. 공장 책임자들은 장부를 조작해서 원료를 암시장 상인에게 넘겨주는 대가로 그 수익에서 한몫을 챙겼다. 법 집행 기관 공직자는 소비에트의 호텔마다 들끓는 경화 투기꾼을 외면하는 대가로 뇌물과 호텔 뷔페 식사권을 챙겼다.[48] 피라미드의 맨 꼭대기에서는 1970년대부터 정당 엘리트가 밀수와 무역 계책에서 한몫을 챙겨 왔다. 이 모두는 생산을 향상시키려는 모든 노력을 잠식했다. 「소련은 하다못해 스타킹 한 켤레나 구두 한 켤레조차도 만들 수 없는 실정이었습니다. 성매매 여성들은 스타킹 한 켤레에 기꺼이 하룻밤 상대를 해주었고, 다음 날에도 또 스타킹 한 켤레에 기꺼이 그렇게 했습니다. 그거야말로 악몽이었습니다.」시베츠의 말이다.[49]

안보 기관의 해외 첩보부 구성원들이야말로 시스템 변화의 필요성을 가장 절실히 깨달은 사람들이었다. 이들은 해외로 여행할 수 있었기 때문에, 서방에서 시장 경제의 작동 방식이며, 사회주의 시스템이 서방 세계의 기술적 진보를 따라잡는 데에 계속해서 실패하는 과정을 볼 수 있었다. 소비에트의 전설적인 군 첩보 책임자 미하일 밀시테인도 그중 한 명이었다. 건장한 체격에 민머리, 굵고 무성한 눈썹을 지닌 그는 수십 년간 미국에서 근무하고 모스크바로 돌아와서 소비에트 군사 학교의 첩보학과를 이끌게 되었다. 1970년대에는 팔린의 영향력 있는 국제부와 긴밀히 공조하는 싱크 탱크인 미국 캐나다 연구소로 자리를 옮겼으며, 그곳에서 서방과의 화해를 만들어 내기 위한 방법을 연구하는 사람 중 하나가 되었다. 모스크바의 주요 도로 뒤편에 나무가 우거진 좁은 거리를 따라가다 보면 안쪽에 숨어 있는, 혁명 이전 시대의 우아한 건물에 자리한 미국 캐나다 연구소의 내부에서 밀시테인은 소비에트 해외 첩보부 엘리트의 다른 관여자들과 함께 군비 축소에 관해 연구했다. 그는 서방과의 거리 두기를 〈악순환〉이라 지칭했고, 거기서 벗어날 방법을 물색하는 과정에서 전직 미국 국무장관 헨리 키신저와 긴밀한 관계를 맺게 되었다.[50]

도시의 반대편, 즉 남부 교외 깊숙한 곳에 자리한 어둡고도 넓게 펼쳐진 1970년대의 어느 고층 빌딩에서는 세계 경제 및 국제 관계 연구소, 약자로 IMEMO에 소속된 일군의 경제학자들이 장차 경제에 대한 소비에트 국가의 독점을 완화시킬 개혁에 관해 연구를 개시한 상태였다. 그중에는 소비에트 군 첩보부 고위급 장군의 아들인 30대 초반의 명석하고 젊은 경제학자 라이르 시모냔도 있었다. 당시에 그와 긴밀하게 협력했던 보좌관 안드레이 아키모프는 해외 첩보부 공작원으로 훗날 빈 소재 소련 은행의 총책임자로 파견되었으며, 나중에는 푸틴 정권 배후의 가장 중요한 금융인 가운데 한 명이 되었다. 시모냔은 연구차 동독을 방문했을 때, 소비에트 경제가 얼마나 뒤처졌는지를 확실히 깨닫게 되었다. 「그곳이야말로 다른 세상이었습니다.」 그의 말이다.[51]

적어도 1979년부터 시모냔은 장차 해외 업체와 소비에트 업체 간의 합작 사업 창설을 통해 해외 자본을 소비에트 경제로 끌어들일 개혁을 연구해 왔다. 이것이야말로 장차 모든 해외 무역에 대한 소비에트의 독점을 잠식하게 될 대담한 수단이었기 때문에, 연구소의 소장도 곧바로 퇴짜를 놓고 말았다. 하지만 안드로포프 치하인 1983년에 새로운 소장이 임명되자, 〈완전히 다른 생활〉이 시작되었다는 것이 시모냔의 회고다. 새로운 소장 알렉산드르 야코블레프는 전직 캐나다 대사로서, 훗날 고르바초프의 멘토가 되어서 페레스트로이카 개혁의 대부가 되었다. 시모냔은 예브게니 프리마코프와도 긴밀하게 협력했는데, 이 고위 관료 같은 풍모의 해외 첩보부 공작원은 소비에트 신문 『프라우다Pravda』의 특파원으로 신분을 위장하고 중동에서 여러 해 동안 활동했으며, 소비에트의 후원 시스템을 통해 이라크의 사담 후세인을 비롯한 그 지역 여러 지도자와 긴밀한 관계를 맺었다. 프리마코프는 1970년대 내내 IMEMO에서 일했고, 미국 캐나다 연구소의 밀시테인과 긴밀히 협조했으며, 야코블레프가 승진해서 정치국으로 가게 되자 IMEMO의 소장 자리를 물려받았다. 이제 그는 해외 첩보부 진보주의자들의 본거지 가운데 하나를 이끌게 된 것이었다. 급기야 IMEMO는 페레스트로이카 개혁의 기관실이 되었다.

안드로포프 치하에서는 새로운 세대의 경제학자들이 교육받고 있었다. 당시 20대인 가이다르는 마찬가지로 젊은 아벤과 함께 광범위한 시장 개혁을 논의했는데, 그가 보기에 소비에트권의 생존을 위해서는 그런 개혁이 필수였기 때문이었다. 두 사람 모두 1980년대 초에 핵심 연구 기관인 전(全) 소비에트 시스템 연구소에서 일했으며, 두 사람 모두 소비에트의 핵심 엘리트 출신이었다. 아벤의 부친은 그 나라의 가장 존경받는 학자 가운데 한 명이었다. 가이다르의 부친도 『프라우다』의 특파원으로 신분을 위장하고 쿠바에서 활동하며 해군 제독 계급까지 승진했다. 피델 카스트로와 체 게바라가 자택으로 방문한 적도 있었으니, 어려서부터 소비에트의 최고위층 장군들에 둘러싸여 자라난 셈이었다. 가이다르와 아벤은 장차 새로운 러시아의 시장 개혁에서 주역을 담당할 예정이었다. 「고르바초프부터 젊은 개혁가들에 이르기까지, 훗날 명성을 떨치게 되는 시장 개혁가들은 하나같이 안드로포프가 만든 연구소에서 양성된 사람들입니다. 최초의 시장 개혁은 바로 그런 연구소들에서 기초한 겁니다.」 KGB에서 푸틴과 가까운 동료였고 훗날 러시아의 고위 공직자로 재직한 야쿠닌의 말이다.[52]

일단 안드로포프가 지도자로 등극하자, 해외 첩보국과 경제 범죄국 같은 KGB 내부의 진보적인 분파들은 소비에트의 계획 경제의 제한 밖에서 가동할 새로운 기업가 계급의 창설과 함께 실험을 실시했다. 이들은 암시장 상인들, 즉 체호비키로 그 실험을 시작했다. 「진정한 페레스트로이카는 안드로포프 치하에서 시작되었습니다. 그는 암시장을 모른 척하라는 메시지를 전달했지요. 그렇게 하지 않으면 자국이 대규모 기아로 향하게 된다는 사실을 알았던 겁니다.」 소비에트 정권을 위해서는 물론이고, 이후 러시아 정권을 위해서도 10년 넘게 자금을 관리했던 금융 관리인 미셸의 말이다.[53] 전직 러시아 군 첩보 고위급 공작원이었던 안톤 수리코프도 그 설명에 동의했다. 「암시장의 의도적 창설이 이루어졌습니다. KGB와의 연줄 없이, 아울러 KGB의 보호 없이 암시장에서 일하기란 불가능했습니다. 그들이 없다면 그 어떤 음지 사업도 불가능했습니다.」[54]

시스템 내부의 부패로 시작했던 것이 KGB에서는 미래의 시장 경제를 위해 육성한 배양 접시로 변했으며, 나아가 계획 경제의 부족을 채우는 수단으로 변했다. 암시장 상인들은 대부분 소련의 소수 민족 출신이었다. 이들로선 사실상 선택의 여지가 없었던 경우가 흔했는데, 당 엘리트의 편견 때문에 다른 경력이 막혔기 때문이었다. 「그 일에 뛰어든 사람들은 오로지 정상적인 소비에트의 시스템에서 아무런 전망이 없었던 사람들, 즉 유리 천장에 부딪혀서 더 이상 나아갈 수 없었던 사람들이었습니다. 즉 소수 민족이었습니다. 조지아인, 체첸인, 유대인처럼요.」 미셸의 말이다.

아울러 암시장 실험은 KGB의 우호 회사를 통해 소련의 방대한 부를 이전하는 일에서 갑작스러운 가속의 시작을 상징했다. 이는 소비에트 국가에 대한 약탈의 시작이기도 했다. 아울러 이는 훗날 상호 유익해진 KGB와 범죄 조직 간 동맹의 시작이기도 했다. 이 동맹은 비르시테인의 스위스 소재 회사 시베코를 거치고, 빈 소재 회사 노르덱스도 거치고, 급기야 금속 무역상 미하일 체르네이와 브루클린에 근거한 그의 관련자 샘 키슬린을 거쳐서 뉴욕까지 확산되었다. 훗날 스위스의 한 첩보 기관에서 밝힌 바에 따르면, 비르시테인은 물론이고 노르텍스의 소유주 그리고리 루찬스키도 KGB가 소비에트 붕괴 직전에 국가와 당의 부를 이전하기 위해 포섭한 소비에트 출신 이민자였다.[55] 나중에 비르시테인과 키슬린은 구소련으로부터 미국으로 돈을 옮기는 네트워크의 일부가 되었다. 그리고 미국에서 그 돈의 종착지 중에는 (비록 간접적이나마) 트럼프의 사업 제국도 포함되어 있었다.

푸틴이 드레스덴에 머물던 즈음, 모스크바에 있는 KGB의 진보주의자들은 그 시장 실험에서 두 번째 단계에 들어갔다. 즉 공산당의 청년 연맹인 콤소몰 구성원 중에서 자체적인 기업가들을 육성하고 창조하기 시작했다.

　머지않아 이들은 20대 초반의 열정적이고 젊은 모스크바인 호도르콥스키를 주목하게 되었다. 그는 모스크바 북부의 공동 아파트에서 보낸 유년기를 벗어나, 자기 지역 콤소몰의 부대표까지 된 사람이었다. 호도르콥스키는 소비에트 사회의 균열 속으로 추락하는 것이 얼마나 위험한지를 어려서부터 배운 바 있었다. 그의 부모 소유인 방 두 개짜리 아파트에서 함께 살던 또 다른 가족이야말로 삶에서 잘못될 수 있는 여러 가지 경우에 대한 명백한 예시나 다름없었다. 그 가족의 아버지는 반쯤 정신이 나간 볼셰비키로, 바지도 입지 않은 채 아파트 안을 돌아다니는 바람에 호도르콥스키의 어머니를 기겁하게 만들곤 했다. 그 가족의 아들은 주정뱅이였고,[56] 그 가족의 딸은 〈세상에서 가장 오래된 직업〉의 종사자였다. 호도르콥스키의 이전 동업자 가운데 한 사람의 증언에 따르면 그러했다. 「그곳의 전체적인 분위기 때문에, 그는 〈배우고 배우고 또 배우라〉는 레닌의 원리를 따르려는 확고한 추진력을 얻었습니다. 그는 자기 삶에서 열심히 노력하고 열심히 일하지 않으면, 아무것도 이루지 못하게 되리라는 것을 이해했습니다.」[57] 호도르콥스키가 10대에 접어들면서 가족은 공동 아파트를 벗어났지만, 그곳의 분위기는 지속적인 인상을 남겼다. 부모는 기술자였고, 그역시 14세 때부터 일을 시작해서 학교를 마치면 마당을 쓸고 부수입을 얻었다.[58] 그로부터 여러 해 뒤에 나를 만났을 때, 호도르콥스키는 마치 혜성 같은 상승과 역시나 아찔한 추락을 모두 경험한 상태였다. 내게 직접 말한 바에 따르면, 젊은 시절 그의 인생의 야심은 소비에트의 공장 책임자가 되는 것이었다. 하지만 아버지의 유대인 혈통 때문에 뜻을 이루지 못할까 봐 두려워했다.[59]

그 당시에 호도르콥스키는 마치 목이 굵은 거리의 건달처럼 청바지와 데님 재킷을 걸치고, 두꺼운 안경을 끼고 짙은 콧수염까지 길렀다. 하지만 그는 대단한 집중력으로 자기 지역 콤소몰의 고위층에 올랐으며, 그곳에서 멘델레예프 화학 공과 대학의 학생들이 들를 디스코텍을 만드는 일에 착수했다. 이 과정에서 기업가의 능력을 워낙 잘드러낸 호도르콥스키는 모스크바시 콤소몰의 고위층으로부터 초청받아 〈과학 청년 센터〉, 약자로 NTTM이라는 야심만만한 신생 조직을 운영하게 되었다. NTTM은 모스크바 최고의 과학 연구소들을 위한 중개업체로 활동하면서, 연구 결과를 현금으로 바꾸는 방법이며 컴퓨터 프로그래밍을 제공하는 방법을 찾아낼 예정이었다. 아울러 이 조직은 〈베즈날리치예〉라는 잠재적으로 방대한 자금원에 접근할 수 있을 예정이었다. 마치 『이상한 나라의 앨리스』의 내용처럼 비대칭적인 소련의 계획 경제에서는 수익에 아무 의미가 없었으며, 재료의 가격에서부터 완성품의 가격에 이르는 모든 것이 국가 계획가들에 의해결정되었다. 모든 국영 기업은 국가에서 지시한 연간 생산 계획을 반드시 엄격하게 따라야만 했다. 그 결과로 공장에서는 임금을 주는 데 필요한 것 이상의 현금을 굳이 계좌에 넣어 두어서는 안 되었다. 대신 공장에서는 베즈날리치예, 즉 비현금 계좌를 보유하게 되었다. 진짜 현금의 공급이 워낙 부족했기에, 진짜 현금 1루블은 물론이고 베즈날리치예 1루블도 액면가의 최대 열 배의 가치를 지닐 수 있었다.[60]

소비에트의 법률에 따라, 기업은 비현금을 진짜 현금과 교환하지 못했다. 하지만 고르바초프의 개혁하에서 NTTM은 베즈날리치예를 진짜 현금과 맞바꿀 수 있도록 허가를 얻었고, 그 방법도 단지 자금을 한 계좌에서 다른 계좌로 옮기기만 하면 끝이었다. 이로써 막대한 양의 자본이 풀려나서 어마어마한 이득을 낳았다. 바로 그즈음에 호도르콥스키가 레오니트 네브즐린과 블라디미르 두보프와 손잡았다. 네브즐린은 인공두뇌 전공자로, 강렬한 초록색 눈동자에 쾌활한 분위기를 지닌 말솜씨 좋은 모사꾼이었고, 두보프는 모스크바 소재 고온 연구소의 직원이었다. 이들은 고위층으로부터 도움받았다. 두보프의 일터는 소련의 가장 비밀주의적인 연구소 가운데 하나로, 레이저 무기와 스타워즈 경쟁을 위한 연구에 깊이 관여하는 거대 과학 단지였다. 연구소의 소장 알렉산드르 셰인들린은 이들이 자기네 베즈날리치예에 있는 17만 루블을 사용하도록 허락했는데, 현금으로는 거의 200만 루블에 달하는 금액이었다. 심지어 그는 이들이 그 돈으로 무엇을 할 예정인지 굳이 물어보지도 않았다.[61]

호도르콥스키와 동업자들은 고르바초프의 페레스트로이카 개혁으로 인해 창설된 새로운 운동의 전위대로 나서서, 그 나라 최초의 협동조합 가운데 하나를 형성했으며, 이것이야말로 사실상 소련 최초의 민간 보유 사업체였다. 1987년에 획기적인 법률이 통과되면서, 예를 들어 소비재, 구두 수선, 세탁 서비스처럼 공급 부족이 가장 극심한 경제의 일부 분야에 민간사업체를 설립할 수 있게 되었다. 그로부터 1년 뒤에 그 법률이 확장되면서, 소련에서 가장 유리한 사업인 원자재 무역에까지 기업가들이 뛰어들 수 있었다. 호도르콥스키와 동업자들은 고온 연구소의 베즈날리치예를 극도로 수익성이 높은 용도에 투입했다. 비현금을 국영 목재 수출업체들이 벌어들인 경화와 교환한 다음, 그 돈으로 컴퓨터를 수입했다. 하지만 이들의 행동은 여전히 고위층으로부터 부분적으로나마 지시를 받는 상태였다. 소비에트 경제는 서방 기술을 간절히 필요로 했으며, 컴퓨터 시스템도 한참 뒤떨어져 있었기 때문이다. 하지만 첨단 기술 상품에 대한 서방의 수출 금지 조치 때문에 컴퓨터 수입은 어려운 절차일 수밖에 없었다. 호도르콥스키와 동업자들로서는 KGB가 만들어 놓은 비밀 무역 통로를 이용할 필요가 있었다.[62]

「새로운 세대의 사업가들은 어느 날 갑자기 나타난 게 아니었습니다. 그들에게는 도와주는 사람들이 있었습니다. 소비에트 정부에나, KGB의 제1국(局)에나 간에, 서방 세계의 작동 방식에 대해서는 물론이고 변화의 필요성에 대해서도 이해하는 일부 분자가 있었던 겁니다.」 미국 국가 안보 회의 전직 러시아 담당 국장인 토머스 그레이엄의 말이다.[63]

「고르바초프가 밀어붙인 겁니다. 그게 공식 정책이었으니까요. KGB 내부에서 이에 특히 관심을 가진 국(局)이 두 군데 있었습니다. 하나는 경제 범죄국이었고 또 하나는 해외 첩보국이었습니다. 한편으로는 그들이 현재 벌어지고 있는 일을 정치국의 나머지보다 더 잘 이해했기 때문이었고, 또 한편으로는 그들이 많은 돈에 접근할 수 있었기 때문이었습니다. 그들은 현재 보유한 재산으로 더 나은 결실을 원했기 때문에, 그 돈을 호도르콥스키 같은 사람들에게 주면서 이렇게 말했습니다. 〈가서 한번 놀려 보게.〉」 1989년에 이르러 호도르콥스키의 새로운 부의 현금 관리자가 된 미셸의 말이다.[64]

나를 만났을 때에 호도르콥스키는 자기가 KGB의 실험의 일부분이었다는 사실을 결코 몰랐다고 주장했다. 자기는 너무 젊었고, 성공을 향한 결의에 몰두한 나머지 스스로가 더 넓은 계획의 일부일 수도 있었다는 사실을 미처 깨닫지 못했다는 것이었다. 그의 말에 따르면, 오히려 자기 자신도 여러 해 동안 그 활동을 직장의 일로만 여겼으며, 1993년에 가서야 자기가 운영하는 사업이 자기 소유로 간주될 수 있음을 깨달았다고 했다. 그때까지 줄곧 그는 지시를 받았다고 했다. 「그들은 이렇게 물어보았습니다. 〈이곳에 컴퓨터를 공급할 수 있겠나? 저곳에 컴퓨터를 공급할 수 있겠나? 이걸 할 수 있겠나? 저걸 할 수 있겠나?〉 그들에게는 일방적으로 명령할 권리도 있었습니다. 하지만 그들은 항상 저에게 먼저 물어보았습니다.」[65] 하지만 자기 주인님들이 정확히 누구였는지는 굳이 말하지 않았다.

젊은 사업가 수백 명이 협동조합을 세우기 시작했다. 대부분 컴퓨터를 수입하거나 소비재를 무역하는 일을 추구했다. 하지만 그중에서도 가장 성공한 사람들, 즉 원자재 무역에 진입하거나 금융업에 뛰어든 사람들은 가장 강력한 연고를 지닌 사람들이었다. 미하일 프리드만도 콤소몰 출신의 그런 암시장 상인 가운데 하나였다. 예외적으로 명석하고 야심만만한 20대의 이 청년은 둥근 얼굴에 싸움을 좋아하는 분위기를 풍겼는데, 비공식적인 반유대주의 쿼터 때문에 모스크바 최고의 대학에 입학하지 못하고 퇴짜를 맞은 상태였다. 대신 그는 모스크바 강철 합금 공과 대학에서 공부했다. 그곳을 졸업하고 모스크바의 엘렉트로스탈 공장에서 기술자로 종사하는 막다른 길로 접어드는 대신, 프리드만은 순진한 관광객들에게 암시장 가격으로 볼쇼이 극장의 입장권을 판매하고, 그렇게 벌어들인 달러를 상품과 물물 교환 했으며, 이 과정에서 항상 협조함으로써 KGB를 자기편으로 끌어들였다.[66] 그는 친구들과 함께 최초의 협동조합 중 하나인 〈알파 포토〉를 설립했다. 처음에만 해도 창문 닦이를 하던 이 회사는 훗날 컴퓨터를 수입했고, 급기야 일용품 무역으로까지 사업을 확장하도록 허락받은 극소수 업체 가운데 하나가 되었다. 이후 〈알파에코〉로 회사명을 바꾸었고, 소비에트와 스위스의 최초 합작 사업체로 스위스에 깊이 뿌리박았다. KGB의 후원이 없었다면 이 중 어느 것도 이루어질 수 없었을 것이다. 「그 모두는 소비에트의 통제하에 있었습니다.」 프리드만의 활동을 잘 아는 전직 정부 공직자의 말이다.[67]

KGB는 일용품 수출에 대해서 단단히 고삐를 쥐려 노력했지만, 협동조합의 무역 행위를 허가하는 법률이 통과된 1988년 이후에는 그렇게 하기도 점점 더 어려워지기만 했다. 국영 기업의 책임자들도 골드러시에 동참했고, 저마다 협동조합을 만들어서 자기 공장이 보유한 알루미늄, 강철, 구리, 비료 같은 막대한 원자재를 수출했다. 이들은 기업의 현금 흐름을 장악했으며, 누군가가 민영화라는 단어를 언급하기도 훨씬 전에 각자의 회사를 그 내부에서부터 민영화했다. 비록 KGB가 가장 전략적인 일용품에 대한 (특히 석유에 대한) 통제를 유지하려 시도했지만, 원자재 무역의 일부는 신속하게 횡재할 수 있는 일이 되었다. 고르바초프의 개혁은 병 속에 갇혀 있던 마신(魔神)을 불러낸 셈이었다. 소비에트 국가는 약탈당하고 있었고, 가장 중요하게는 공산당이 경제에 대해서 (아울러 국가 그 자체에 대해서) 휘두르던 권력이 잠식당하고 있었다.

협동조합과 관련한 법률에서 거의 주목받지 못한 한 대목에는 금융, 또는 신용 사업체의 설립을 허락하는 내용이 들어 있었다. 달리 표현하자면 은행 설립을 허락하는 내용이 들어 있었다는 것이다. 호도르콥스키는 이 대목에 주목한 최초의 사람이었다. 그는 소비에트 국영 주택 은행인 질소츠방크의 자기네 지역 지점에 찾아가서 자신의 협동조합을 위한 대출을 요청했다. 이에 충분히 해줄 수 있기는 하지만, 먼저 호도르콥스키가 은행을 하나 창설한 이후에만 그렇게 해줄 수 있다는 답변이 나왔다. 그는 또다시 고위층에서 우호적인 도움을 받았다. 질소츠방크는 호도르콥스키의 은행의 공동 설립자 가운데 하나가 되기로 합의했다. 훗날 메나테프 은행이라고 등록된 그 은행의 이사진에는 고온 연구소의 대표 역시 합류했다. 호도르콥스키는 이 은행에 NTTM의 수익에서 나온 자본을 제공했으며, 거꾸로 이 은행에서 자신의 컴퓨터 수입 사업에 자금을 조달하기 위한 대출을 받기 시작했다. 곧이어 그는 이보다 훨씬 더 쏠쏠한 무역으로 뛰어들 수 있는 틈새를 발견했다. 바로 경화의 교환이었다. 이때에 와서야 호도르콥스키의 사업은 진짜로 날개를 달게 되었다. 그는 1달러당 65코페이카인 국가 공식 고정 환율로 루블화와 달러화를 교환한 다음, 1달러당 40루블의 실제 환율로 컴퓨터를 판매했다.[68] 그 수익은 어마어마했다. 소비에트 중앙은행은 경화 무역에 대한 최초의 면허 가운데 하나를 메나테프 은행에 부여했고, 이 은행은 막대한 금액을 해외로 이전했다.

경화 무역을 통해서 해외에 있는 여러 계좌로 수억 달러가 이전될 수 있는 수문이 열린 셈이었다. 그 일의 대부분은 고르바초프의 부서기장 이바시코가 당의 부를 위한 〈비가시적 경제〉에 관한 계획에 서명하자마자 일어났으며, KGB의 베셀롭스키가 신뢰받는 보관인들인 〈도베렌니예 리차〉로 이루어진 시스템을 창설하자고 제안하자마자 일어났다. 모스크바의 소문에 따르면, 호도르콥스키의 메나테프 은행은 여러 해 동안 공산당의 부를 해외로 이전하는 주요 도관 가운데 하나였다. 당사자는 항상 이를 부인해 왔지만, 최소한 모스크바의 고위급 금융인 한 명과 러시아 해외 첩보부 고위급 공작원 두 명은 메나테프 은행이 당의 현금을 이전하기 위한 핵심 위장 간판이었다고 말했다. 「중앙 위원회에서 상당한 금액이 사라졌습니다. 저는 호도르콥스키가 그 일의 주역 가운데 하나였음을 확실히 알고 있습니다.」 금융인의 말이었다.

고르바초프는 자신의 경제 개혁이 불러온 상황에 두려움을 느낀다는 사실을 1989년 초에 처음으로 드러냈다. 그와 정부는 새로운 협동조합의 소유주가 벌어들일 수 있는 금액을 제한하자고 제안했다. 이 계획에 따르면 소유주는 (아울러 그 직원들도) 하루에 100루블까지만 받게 될 예정이었고, 그들이 벌어들인 돈의 나머지는 국영 은행의 특별 계좌에 보관될 예정이었다. 고르바초프는 소비에트 국가의 약탈을 저지하려 시도했음이 분명했다. 이미 국고가 비어 가고 있음이 명백해지는 상황이었기 때문이다. 하지만 이 제안은 곧바로 반발에 부딪쳤다. 협동조합 소유주들 가운데 하나이며 소련 최초로 공표된 루블화 백만장자인 아르툠 타라소프는 공개적으로 반대 캠페인을 펼쳤고, 정치국의 절반으로부터 지지를 얻어 냈다. 그를 지지한 정치국 사람들 중에는 전직 IMEMO 소장 야코블레프와 전직 KGB 수장 빅토르 체브리코프도 있었다.[69] 고르바초프는 항상 점진적 개혁을, 즉 경제를 사회주의 국가의 한계 안에 붙들어 놓기를 원했다. 하지만 이제 부를 향한 질주가 벌어지자 당 지도부의 단결 자체가 깨지고 있었으며, 진보주의자와 보수주의자 사이의 불화가 깊어지고 있었다. 진보주의자는 하나둘씩 옐친을 지지하게 되었다. 정치국의 전직 구성원이었다가 벼락출세한 이 정치인은 고르바초프의 통치에 점점 더 많이 도전하는 중이었다. 심지어 KGB의 구성원들도 비밀리에 그에게 합류했다. 고르바초프의 정치 개혁하에서 옐친은 자신의 힘으로 지도자로서의 발판을 얻어 냈다. 우선 1990년에 최고 소비에트에서 의장으로 선출되었을 때가 그러했고, 다음으로는 1991년 6월에 실시된 최초의 선거에서 러시아 연방의 대통령으로 선출되었을 때가 그러했다.
　러시아의 경제적 이행 과정에서 선별된 새롭고도 젊은 늑대들은 엘친을 뒤따라 달려갔고, 야코블레프 같은 개혁 성향의 정계 거물들 역시 그쪽 편으로 옮겨 갔다. 호도르콥스키와 동업자들은 엘친의 대통령 선거 자금의 절반을 융통해 주었으며, 그의 언론 유세 가운데 일부의 진행을 도우면서 그의 행정부 내에서 깊은 연계를 조성했다.[70]

1991년 8월 18일의 그 운명적인 저녁, 흑해 연안의 포로스에 자리한 고르바초프의 여름 별장 철문에 다섯 대의 검은색 볼가 세단이 도착했을 무렵, 소련 공산당은 이미 사실상 끝장난 상태였다.

KGB 일부는 강경파의 쿠데타를 결코 지지하지 않는 듯했다. 음모자들이 자기네 편이라고 선언한 KGB 수장 크류치코프도 막상 쿠데타에 반대하는 시위를 분쇄하는 결정적인 행동으로부터는 한 발짝 물러섰다. KGB는 음모자들이 권력을 장악한 다음 날 아침에 카자흐스탄에서 모스크바로 돌아온 엘친을 체포하지도 않았다. KGB의 엘리트 특수 부대인 알파 병력도 엘친이 다음 행보를 고심하는 동안 그의 별장 바깥에 잠복해 있었지만, 굳이 가택 연금까지 조치하지는 않았다. 대신 엘친은 아무런 저지도 받지 않고 러시아 의회 권력의 본거지인 벨리 돔에 도착했으며, 그를 지지하며 그곳에 운집한 수만 명을 이끌고 쿠데타에 반대하는 대담한 저항을 시도했다. 쿠데타가 일어난 셋째 날 오후에 음모자들이 마침내 엘친의 본거지를 공격하라는 명령을 내렸지만, 알파 병력은 벨리 돔에 발포하기를 거부했다. 이날 오전에 인근의 한 거리에서 탱크의 진입을 막기 위해 바리케이드를 설치하던 시위대 가운데 세 명이 피살되자 크류치코프는 명령을 철회했다. 어느 누구도 더 이상 피를 흘리고 싶어 하지는 않았다.

당과 KGB의 진보주의자들은 민주주의 지도자들을 명백히 지지하기 시작했는데, 왜냐하면 그들은 현금의 홍수가 멈추기를 원하지 않았기 때문이었다.[71] 「KGB 가운데 일부는 엘친을 지지했습니다. 그들은 엘친이야말로 시장 개혁을 시행할 대안이라고 여겼습니다.」 푸

틴의 대통령 임기 초에 경제 자문 위원이었던 안드레이 일라리오노프의 말이다.[72]

「페레스트로이카의 뿌리에 놓여 있던 사업체들이며 사람들은 더 많은 것이 필요하다고 판단했습니다. 급기야 그런 판단은 정치적 과정으로 변했는데, 왜냐하면 그들이 보기에는 자신들의 모든 노력이 자칫 막다른 길에 도달할 게 너무나도 명백했기 때문이었습니다. 고르바초프는 그저 너무 우유부단했던 겁니다.」군 첩보계와 연계된 젊은 경제학자로, 세계 경제 연구소에서 주도적으로 개혁을 시도했던 시모냔의 말이다.[73]

KGB 내부의 강경론자들은 소비에트 시스템의 붕괴가 미국 요원들의 공작 때문이었다고 오랫동안 목소리를 높여 왔다. 많은 사람은 미국이 시스템 내부의 약점을 이용하려 행동했다고, 아울러 바르샤바 조약 전체에 걸쳐서 독립을 위한 시위를 조장했다고 확신한다. 물론 이런 주장에도 일말의 진실은 들어 있다. 고르바초프의 페레스트로이카 개혁의 대부인 야코블레프가 사실은 소비에트 제국의 제거를 위해 정치국 최고위층에 이식된 CIA의 요원에 불과하며, 옐친 역시 미국의 들러리에 불과하다는 은밀한 소문도 있었다. 하지만 실상을 말하자면, 70년에 걸친 공산주의의 지배를 끝내 버린 혁명은 대부분 무혈 상태로 이루어졌고, 그 이유는 그 시스템 내부의 많은 사람이 당이나 사회주의의 생존을 원하지 않았기 때문이었다.

「소비에트 〈노멘클라투라〉의 최고위급은 싹 쓸려 나갔고, 2급과 3급의 일부가 나라를 장악했던 겁니다. 그들도 이념을 벗어던지기만 하면, 지금보다 더 잘살 수 있다는 사실을 깨달았던 겁니다. 그 나라가 산산조각 난 까닭은 2급과 3급 출신이었던 그들이 기존 시스템의 생존에 아무 관심도 없었기 때문이었습니다. 그들은 새로운 시스템 속에서 더 잘 생존하는 방법을 알아냈던 겁니다.」한때 미국 국가 안보

회의에 몸담았던 그레이엄의 말이다.[74]

궁극적으로 일어난 그 붕괴는 일종의 내부 범죄였다. 어느 전직 고위급 공작원의 말마따나, KGB 해외 첩보부의 최고위층에 있던 사람들은 〈자기네가 살던 집을 날려 버리기로〉 작정한 셈이었다.[75]

공산당에서 사라진 부를 찾아내기 위해 러시아 검찰이 투입되었을 때, 해외 첩보부의 수문장들은 그 앞을 막아서기 위해 수단과 방법을 가리지 않았다. 은닉을 주도한 사람은 개혁 추진의 배후에서 조용한 견인력이었던 세계 경제 연구소의 전직 소장 프리마코프였다. 그는 쿠데타 직후에 옐친에 의해서 러시아의 새로운 해외 첩보부의 책임자로 임명될 예정이었다.[76] 「프리마코프는 러시아의 국고를 고갈시킨 막대한 절도 행위를 파헤치려던, 유일하게 진지했던 그 시도를 결정적으로 방해했던 겁니다.」 1990년대 초에 구소련의 CIA 지부장이었던 리처드 파머의 말이다.[77]

그 와중에 프리마코프는 자신의 가까운 관련자이자 한때 미국 캐나다 연구소의 군사 첩보 책임자였던 밀시테인과 함께 자국과 서방의 대치 상태를 끝내기 위한 계획을 작업해 오고 있었다. 하지만 이들은 또한 러시아 해외 첩보부가 은닉한 현금 네트워크의 일부분을 보호하고 생성하기 위해, 소비에트 출신 이민자로 위장한 새로운 요원 집단을 서방으로 파견한 바 있었다.[78] 더 나중의 더 은밀한 게임을 위해 돈을 옮겨서 보관해 두었던 것이다. 러시아 해외 첩보부의 고위층 공작원 세르게이 트레티야코프가 훗날 주장한 바에 따르면, KGB 해외 첩보부 네트워크를 유지하기 위해 수백억 달러가 이전되었다.[79] 쿠데타 직전의 한 해 동안 수백 개의 해외 유령 회사와 소비에트 합작 사업체가 설립되었는데, 그중 일부는 소비에트 이민자들이 설립한 것이었고 나머지는 콤소몰 출신의 선별된 밀사들이 설립한 것이었다.[80]

소비에트 제국은 여차하면 패배할 수도 있었지만, 해외 첩보부의 진보주의자들은 어쨌거나 계획 경제에서는 서방에 맞서는 전투가 지속할 수 없다는 사실을 알고 있었다. 그들의 관점에서, 공산주의 정권의 종식이 곧 적대 행위의 종식까지 의미하는 것은 아니었으며, 결국에는 단지 새로운 후원하에서 적대 행위를 계속할 기회일 뿐이었다.

새로운 날

1991년 8월 19일 오후, 강경파 쿠데타가 벌어지는 와중에 옐친이 햇빛 속에서 눈을 깜박이며 벨리 돔에서 걸어 나오는 순간, 전 세계는 새로운 시대의 상징을 얻었다고 믿었다. 벨리 돔을 에워싼 군대의 무기를 무시한 채, 옐친은 뻣뻣한 동작으로 한 탱크의 위로 기어올랐고, 탱크의 기관총을 붙든 병사들과 악수했다.

이후의 그 황홀한 며칠 동안, KGB의 압도적인 무력의 상징이었던 소비에트 비밀경찰의 창설자 펠릭스 제르진스키의 동상이 모스크바 루뱐카 광장에 있는 KGB 본부 앞의 주추에서 끌려 내려가 사라졌다. 머지않아 서방의 은행가와 정부 공직자들은 시장 경제 수립에 관해 옐친의 신생 정부에 조언하기 위해 서둘러 러시아로 달려갔다. 신생 내각은 부분적으로나마 명석하고 젊은 경제학자들로 채워졌는데, 그중에는 가이다르와 아벤도 포함되어 있었다. 러시아는 서방 시장에 통합될 예정이었고, 새로운 협력의 시대에 대한 예찬이 나왔다.

비록 1991년 10월에 옐친이 KGB를 폐지하고 서로 다른 국내 기관 네 곳으로 분할하라는 내용의 명령에 서명했지만, 그 조직의 분할 직전 마지막 몇 달 동안의 수장으로 바딤 바카틴을 임명했다는 사실은 그 변화가 그저 겉치레에 불과할 것임을 보여 주는 초기의 징조였다. 그 새로운 수장은 소비에트 정권의 마지막 몇 년 동안 내무 장관으로 잠시 재직했을 뿐이어서 첩보 분야에는 경험이 없는 국외자였기에, 새로운 KGB 동료들은 아랑곳하지 않고 그의 주위에서 선수를 치고 다녔다. 모스크바의 언론인 예브게니야 알바츠에게 직접 시인한 것처럼, 바카틴은 자기 직원들에 대한 통제권이 사실상 없었으며, 심지어 직원들이 자기를 이용하는 동시에 정보를 숨긴다는 사실도 알고 있었다. 「〈코미테치키(간부들)〉가 저에게 알리고 싶어 하지 않는 일이라면, 저로서도 결코 알 수 없을 것이라는 절대적 확신이 들었습니다.」바카틴이 알바츠에게 한 말이다.[81] 일단 KGB가 공식적으로 분할된 이후에도, 이제 SVR로 개명된 강력한 해외 첩보부는 프리마코프의 관리하에 여전히 멀쩡한 상태로 남았다. 비록 명백히 도덕적으로 해이해진 직원 수만 명이 사직하고 열풍에 가담해 사업으로 진출했지만, 그 시스템의 일부는 단지 지하로 들어갔을 뿐이었다. 푸틴이 솝차크와 함께했던 것처럼, 〈그들은 그늘 속에 남아 있었〉다. 익명을 요구한 KGB의 전직 중개인 한 명은 이렇게 말했다.[82] 「그들은 사실 아무것도 제거하지 않았습니다. 그저 외관만 바꾸고 이름만 바꾸었을 뿐입니다. 그 외의 나머지는 사실 아무것도 바뀌지 않았습니다.」SVR의 예산도 공식적으로는 삭감되었지만, 머지않아 비공식적인 자금원이 발견되었다.

러시아 정부가 소비에트 붕괴라는 혼란 속에서 각종 연금을 비롯해서 교사와 의사와 기타 국영 노동자의 임금을 지불하려고 노력하는 와중에, 신임 총리 가이다르는 해외 첩보부의 전략적 전초지를 유지하기 위한 자금을 발견했다. 그런 자금 가운데 하나는 1992년에 쿠바의 카스트로 정권에 보낸 2억 달러로, 러시아 해외 첩보부가 미국을 도청하는 로우르데스 감청 기지를 계속 사용하기 위한 대가였다. 이 자금은 석유 제품을 설탕 수입품과 맞바꾸는 복잡한 물물 교환 계책을 통해 지급되었다. 이것이야말로 KGB가 우호 회사들을 통해 수행한 밀수 계책과 완전히 똑같았다.[83] 2억 달러가 해외로 이전된

1992년에 러시아의 공식 국가 예산은 1억 4800만 달러에 불과했다. 그해 말에 가이다르는 러시아의 경제 안정을 목적으로 국제 통화 기금IMF에서 대출한 10억 달러 전액을 러시아 해외 첩보부 네트워크에서 가장 중요한 금융 전초지 가운데 하나인 파리의 소비에트 국영 은행 유로방크 구제에 유용했다.[84]

1990년대 전반기 동안 KGB는 막후에서 여전히 강력한 세력으로 남아 있었다. 그 공작원들은 여전히 사방에 깔려 있었으며, 무역이나 정부 관계 자문 위원으로, 또는 안보 책임자로 고용되었다. 1995년까지만 해도 석유 부문 대부분은 국가의 손에 남아 있었으며, 그 수출업자는 KGB의 해외 공작원으로부터 감시를 받았다. 「이런 일을 사실상 어디에서나, 모든 회사에서도, 모든 정부 기관에서도 발견할 수 있었습니다. 네트워크를 보유한 까닭에 그들은 개인을 훨씬 능가했습니다. KGB 출신들은 네트워크를 통제했으며, 그들이 없다면 아무것도 움직이지 않았습니다.」미셸의 말이다.[85]

처음에만 해도 러시아의 시장으로의 이행을 조성하는 데 관여한 KGB 고위 공작원 다수는 자기네 덕분에 고르바초프의 페레스트로이카 개혁 동안 생겨난 젊은 재벌들을 위해 일하는 방면으로 나아갔다.[86] 그들 대부분은 단지 자기 몫을 떼어먹으려고 버티고 있었지만, 또 일부는 스스로 통제권을 지녔다. 「그들은 이렇게 말했습니다. 〈당신네가 돈을 벌면, 그걸 우리에게 도로 보내시오.〉」전직 해외 첩보부 공작원 시베츠의 말이다.[87]

하지만 옐친 정부에서 출범한 시장 개혁에서 부와 권력을 얻은 젊은 재벌들은 KGB의 옛 후원자들을 점차 능가하기 시작했다. 새로운 러시아가 대두하는 것처럼 보였고, 전직 콤소몰 구성원들은 새로운 자본주의 시대의 두드러진 상징처럼 보이게 되었다. 호도르콥스키와 동업자들은 심지어 선언문까지 발표했는데, 5만 부를 인쇄하여 거리에서 배포한 그 장광설에는 부유해지는 것의 미덕이 설파되어 있었다. 〈우리의 나침반은 바로 수익이다. 우리의 우상은 바로 자본 전하이시다.〉[88] 이들은 〈억만장자가 되는 것〉을 목표로 삼았고, 수익을 얻는 것이 범죄로 간주되었던 수십 년의 세월을 보내고 나자 부유해지는 것에는 전혀 잘못된 데가 없음을 예증하고 싶어 했다. 하지만 이들은 애초부터 부자가 되는 지름길에서 이득을 챙기고 있었을 뿐이었다.

가이다르의 신생 정부의 시장 개혁은 최대한 빨리 러시아에 시장을 도입하는 것을 목표로 삼았다. 즉 그 결과와는 무관하게 최대한 빨리 도입하려는 것이었다. 제프리 삭스를 필두로 한 하버드 출신의 미국 경제학자들로 이루어진 자문 위원단이 그렇게 하라고 독려했다. 삭스는 앞서 폴란드에서 이루어진 이른바 〈충격 요법〉 개혁의 성공을 러시아도 모방하기를 바랐다. 2년 전에 폴란드에서는 시장으로의 신속한 이행이 마치 성공적으로 출범했던 것처럼 보였기 때문이었다.[89] 하지만 러시아에서는 소비에트 국가의 유산이 훨씬 더 어마어마한 무게로 사회를 짓누르고 있었다. 가이다르의 시장 개혁가들은 소수파에 속했기 때문에, 가뜩이나 부패한 시스템 속에서 개혁이 출범하자 오히려 경제가 더 왜곡되고 말았다. 오로지 소련 말기에 은행을 설립한 호도르콥스키 같은 사람들만이 수익을 얻을 수 있는 위치에 있었다. 하지만 한동안은 미국 경제학자들도 이에 찬성하는 듯했다. 그들은 자신들이 사업가라는 새로운 계급을 만드는 데 도움을 준다고 믿었고, 그래서인지 소련 보수파의 장악을 분쇄하는 데 도움이 된다면 무슨 일이든 기꺼이 하려는 것처럼 보였다.[90]

1992년 1월 1일, 옐친 정부가 하룻밤 사이에 〈가격〉을 자율화하면서 수십 년에 걸친 소비에트의 통제를 거두자, 젊은 재벌들은 돈을 벌기 시작한 반면 대중과 정부는 생존을 위해 분투하게 되었다. 가격 자율화로 초(超)인플레이션의 파멸적인 발작이 야기되었으며, 공급자와 생산자는 소비에트 경제에 오랫동안 체질화된 부족을 극복하기 위해 분투했다. 인플레이션이 초기에만 급증했다가 금세 안정되었던 폴란드와 달리, 러시아에서는 총리 가이다르가 약삭빠른 보수파 중앙은행장 게라셴코와 싸우고 있었다. 한때 KGB의 작전에 자금을 지원하는 소비에트의 해외 은행 네트워크의 최상부에서 일했던 그 중앙은행장은 무작정 돈을 찍어 내고 있었다. 소비재의 가격은 무려 400퍼센트나 상승했으며, 때로는 그보다 훨씬 더 많이 상승했다. 초인플레이션으로 정부의 소비력은 망가져 버렸고, 대중이 보유한 쥐꼬리만 한 예금도 싹쓸이되어 사라졌으며, 오로지 호도르콥스키와 다른 젊은 재벌들만 평가 절하를 회피할 수 있었다. 이들은 각자의 은행을 통해 경화에 접근할 수 있었기에, 루블화 수입을 모조리 달러화로 신속하게 전환할 수 있었다.

재벌들은 가이다르 정부가 계획한 또 다른 시장 개혁인 국영 기업의 민영화로부터도 이득을 얻었다. 이른바 대량 민영화에 참여할 만한 자금을 보유한 사람들은 앞서 고르바초프의 페레스트로이카 개혁하에서 기업의 현금 흐름 가운데 상당 부분을 이미 차지했던 소수의 엘리트뿐이었다. 즉 콤소몰 출신의 젊은 사업가들이라든지, 암시장 상인들이라든지, 범죄 조직들이라든지, KGB와 정부의 고위직들뿐이었다.

그리고리 야블린스키의 말에 따르면, 초인플레이션 상황에서의 민영화는 그 나라의 부를 이 소수 집단의 손에 더욱 집중시킬 뿐이었다. 러시아의 가장 원칙주의적인 경제학자 가운데 하나인 그는 점진적인 개혁을 강력히 주장했다. 「제도로써 돈의 기능이 완전히 박살 난 상황에서 과연 어떻게 민영화가 가능하겠습니까? 단지 범죄적 민영화만이 가능할 뿐입니다. 다음 단계는 범죄적 민영화였던 겁니다.」[91]

「가이다르가 최초의 민영화를 수행하려고 시도했을 때, 만사는 이미 장악된 상태였습니다. 가이다르의 가장 큰 실수란, 개혁을 실시할 때 자기 앞에 놓여 있는 것이 여전히 1987년의 소비에트 경제라고 간주한 것이었습니다. 하지만 이미 소비에트 경제는 존재하지도 않았죠.」전직 크렘린 자문 위원 글레프 파블롭스키의 말이다.[92] 가이다르 정부는 민영화 과정을 모두에게 열린 상태로 유지하기를 추구했고, 이를 위해 공장 노동자들에게도 매각에 참여할 수 있는 상환권을 지급했다. 하지만 노동자 중에는 초인플레이션 상황에서 단지 살아남기 위해서라도 상환권을 현금으로, 또는 심지어 빵으로 바꾸지 않을 수 없는 상황에 처한 경우가 종종 있었다.

콤소몰 출신의 새로운 재벌들은 심지어 자기 손가락 하나도 까딱하지 않고 이득을 얻기도 했는데, 옐친 정부가 막대한 현금에 접근하게끔 허락해 주었을 때가 특히나 그러했다. 정부에서는 자체적인 국고를 보유하는 대신, 러시아의 국가 예산 가운데 전략적 자금을 보유하는 권한을 재벌들 소유의 은행들에(여기에는 호도르콥스키의 메나테프 은행과 프리드만의 알파에코가 포함되어 있었다) 부여했던 것이다. 이것이야말로 옐친 정권에서 선택받은 자들에게는 신속히 부자가 되는 계책이었다. 이들은 정부 자금 가운데 수억 달러를 수익성 높은 투자에 전용할 수 있었으며, 때로는 심지어 민영화 경매에도 전용할 수 있었다. 정부는 그 자금의 지출을 기다리는 채로 있어야만 했다. 러시아 극북에 자리한 다 무너져 가는 산업의 황무지에서 반쯤 버림받은 시민에 대한 원조라거나, 또는 국방 같은 필수적인 지출도 지연되거나 아예 체불되었는데, 그 와중에 무자비한 새로운 은행가들은 약속 어음을 가지고 정부를 속여 넘겼다. 정부는 고혈을 빨려서 말라붙어 가는데, 러시아 경제의 새로운 늑대들은 납세나 관세를 회피하기 위한 정교한 계책을 만드는 판이었다.

한때 그들의 주인님이었던 KGB보다 시장의 방식에 대해 더 신속하고 더 기민했던 콤소몰 출신의 젊은 재벌들은 마치 프랑켄슈타인이 만든 괴물 비슷하게 변해서, 자신들의 창조자를 재빨리 앞질러 버렸다. 진정한 전환점은 1995년 중반 무렵에 찾아왔는데, 이때는 회복이 불가능할 정도로 경제 통제권이 새로운 재벌들의 손으로 이전된 것처럼 보였다. 러시아는 소비에트 이후 최초의 대통령 선거를 한 해 앞두고 있었고, 정부의 국고는 텅 비어 있었다. 임금과 연금 지급은 몇 달째 연기되고 있었으며, 옐친의 지지도는 6퍼센트로 끔찍하게 낮았다. 재벌들은 공산주의로의 회귀를 두려워했는데, 그렇게 된다면 재산을 모조리 빼앗기는 것은 물론이고, 여차하면 교도소에 갈 수도 있기 때문이었다. 이보다 더 중요한 사실은 그들이 소비에트 산업의 왕관 보석에 해당하는 것에 오랫동안 눈독을 들여 왔다는 점이었다. 즉 국가 소유인 최대 규모의 산업체들을 노리고 있었다. 이들이 지금까지 획득한 것들조차도 국가의 통제를 받는 이 방대한 자원들에 비하자면 그저 소규모에 불과했다.

소비에트 고위급 외교관의 아들로 훗날 이 나라의 주요 신규 은행가 가운데 한 명이 된 언변 좋은 블라디미르 포타닌은 마치 천재적인 계책처럼 보이는 것을 만들어 냈다. 그는 젊은 은행가들이 일련의 대출을 통해서 현금이 부족한 옐친 정부를 돕자고 제안했다. 대신 재벌들은 국가 소유인 최대 규모 산업체 몇 군데의 지분을 담보로 차지할 수 있게 되는 것이었다. 재벌들은 그 산업체를 운영하고, 만약 정부가 대출금을 갚지 못할 때는 자기네 지분을 매각할 수도 있었다. 이 발상이 처음 나왔을 때, 외부의 관측자들은 아무런 호소력도 발휘하지 못할 계획이라며 코웃음 쳤다. 부패의 잠재성이 너무나도 크다는 것이 그들의 지적이었다.[93] 은행가들이 담보로 얻은 지분을 자기 자신에게 매각해 버리기가 너무 쉬울 것이기 때문이었다.

하지만 젊은 재벌들에게는 옐친 정부 내에서 영향력 있는 친구들이 있었다. 특히 아나톨리 추바이스가 있었는데, 가이다르의 가까운 동맹자인 이 붉은 머리의 부총리는 이때까지의 민영화 프로그램을 설계한 사람이기도 했다. 미국 경제학자들로 이루어진 자문 위원단으로부터 강력한 지지를 받은 추바이스는 무슨 대가를 치르더라도 경제에 대한 국가의 장악을 깨트리려고 열심이었다. 산업 가운데 너무 많은 부분이 여전히 국가의 손에, 즉 〈붉은〉 소비에트 시대의 고위직과 KGB의 손에 남아 있는 반면, 공산주의로의 회귀에 대한 위협은 너무나도 현실적인 것처럼 보였다. 만약 정부가 은행가들의 제안에 서명만 하면, 하룻밤 사이에 새로운 주요 재산 소유 계급이 만들어질 것이었고, 텅 빈 정부의 국고에는 대출금 18억 달러가 들어올 것이었다. 이어서 재벌들은 자신들의 새로운 부를 보전하기 위해서라도 옐친이 공산주의자들에게 맞서 싸우도록 최대한 지원할 것이었다. 추바이스는 이것이 보수파 세력에 대한 자유주의적 개혁가들의 최종적 승리를 알려 주게 될 것이라고 믿었다.

이 계책은 러시아의 시장으로의 이행에서 원죄가 되고 말았다. 이 계책은 모든 것을 오염시켰으며, 그 당시에 젊은 재벌들이 획득한 재산의 합법성에 대한 위협으로 나아가는 길을 열었다. 이 계책은 장차 주식 담보 대출 민영화로 일컬어지게 되었으며, 이 내부자 거래를 통해 국가의 부가 헐값에 젊은 은행가들의 손으로 넘어가게 되었다. 금융적으로 더 민첩했고, 자기 은행의 신속한 성장과 정부 보유금 확보 덕분에 훨씬 더 큰 자금줄에 접근할 수 있었던 젊은 부자들은 옛 주인님인 KGB의 허를 찌르고 말았다. KGB와 전직 소비에트 고위직은 석유 회사의 지분 경매 가운데 겨우 두 곳에서만 승리를 거두었을 뿐이었다. 즉 루코일에서는 5퍼센트를 차지했고, 수르구트네프테가스에서는 경영자들이 젊은 은행가들을 차단하는 데에 크게 성공한 덕분에 무려 40퍼센트를 차지했다. 경매가 실시된 시베리아의 석유 도시 수르구트에서 가장 가까운 공항을 아예 폐쇄하고, 도시로의 주 진입로를 봉쇄하고 무장 병력까지 배치했던 것이다.[94]

소비에트 산업의 나머지 대부분은 젊은 은행가들의 손에 넘어갔지만, 그 경매는 부정하기 짝이 없었다는 것이 대체적인 견해였다. 포타닌은 오랫동안 탐내던 목표물을 결국 손에 넣었다. 즉 세계 최대의 니켈과 백금 생산업체인 노릴스크 니켈의 지배 지분을 얻었다. 북극권 깊숙이 자리한 그 넓게 펼쳐진 공장의 수익금은 1995년에만 12억 달러였다. 그 지분을 얻는 과정에서 그가 한 일이라고는 정부에 대출금을 1억 7000만 달러로 늘려 준 것뿐이었다. 예상대로 옐친이 선거에서 승리를 확보한 이후에도 여전히 현금이 부족하던 정부가 대출금에 대해 채무 불이행을 하자, 포타닌이 경매를 통해 대출금보다 살짝 더 높은 가격에 지분을 매입할 길이 열렸다. 호도르콥스키는 오래전부터 유코스를 노리고 있었다. 시베리아 서부의 이 석유 생산업체는 러시아의 가장 큰 석유 매장지 가운데 일부를 통제하고 있었다. 그는 정부에 1억 5900만 달러를 대출해 주고 45퍼센트의 지분을 얻음으로써 이 회사를 장악하게 되었으며, 이어서 1억 5000만 달러를 투자함으로써 33퍼센트의 지분을 추가로 얻었다. 또 다른 석유 대기업 시브네프트는 1억 달러에 베레좁스키에게 넘어갔는데, 그는 이미 러시아 최대의 자동차 제조업체의 판매를 통제했으며, 자기 소유 은행의 대표를 맡고 있었다. 이 은행가들 대부분은 아직 30대 초반에 불과했지만, 경매 과정을 주관하는 정부 공직자들의 동조와 도움 덕분에, 앞으로 몇 년 안에 수십억 달러의 가치를 지니게 되고 이후로는 수백억 달러의 가치를 지니게 될 재산의 기초를 확보했다. 베레좁스키는 머지 않아 은행가 일곱 명으로 이루어진 집단이 자국 경제의 50퍼센트를 통제한다며 자랑할 예정이었다.[95]

주식 담보 대출 경매는 경제 통제에서의 거대한 변화를 상징했다.

바로 이 순간에 재벌들은 일개 은행가를 벗어나 자국에서 가장 큰 자산의 소유주로 변모했으며, 이로써 가장 쏠쏠한 현금 흐름 일부에 접근할 수 있게 되었다. 「바로 이때 그들은 스스로 재발명하기 시작했습니다. 그들은 진짜 자산을 획득했습니다. 그들은 은행보다 훨씬 더한 뭔가가 되었습니다.」미셸의 말이다.[96]

1990년대 말에 이르러, 젊은 재벌들은 생산량 하락, 막대한 부채, 그리고 나태 같은 소비에트 유산에 등을 돌리기 시작했다. 하지만 이 새로운 억만장자들을 만들어 내는 데 일조했던 안보 기관의 구성원들로서는, 주식 담보 대출 경매야말로 절대 용서할 수 없고 잊을 수도 없는 순간이었으며, 훗날 KGB가 자행한 보복의 핵심 이유가 될 예정이었다. 그 이전까지만 해도 KGB 사람들은 자국의 석유 부문에서 흘러나오는 현금 흐름의 상당 부분을 여전히 통제할 수 있었다. 하지만 이제 그들은 허를 찔리고 뒤처지게 되었으며, 금융의 고삐를 거의 손에서 놓친 상태가 되었다. 「젊은 재벌들이 장악에 성공한 바로 그때가 전환점이었습니다. 그것이 전체 패러다임을 변화시켰습니다.」초기 페레스트로이카 개혁을 작업한 프리마코프의 동맹자 시모냔의 말이다.[97]

하지만 그 당시에만 해도, 러시아 신(新)질서의 재벌들은 자신들이 만든 새로운 부로 잔뜩 들떠 있는 상태였다. 그들은 신속하게 올리가르히로 변모했으며, 약화한 옐친 정부를 상당 부분 좌우하게 되었다. 한때 정부에서 일했던 안보 기관의 보수파 구성원 중 아직 남아 있는 사람들도 대통령 선거 전의 스캔들 속에서 내쫓기고 말았으며, 추바이스처럼 서방 친화적인 개혁가들은 남아서 진두지휘를 맡게 되었다. 주식 담보 대출 매각의 성공적인 설계를 마무리한 포타닌은 옐친 정부의 부총리 직위를 받아들였고, 베레좁스키는 연방 안보 회의 서기로 임명되었다. 추바이스는 옐친의 행정실장이 되었다. 이때야말로 그들 시대의 정점이었다. 마치 온 나라가 그들의 것인 듯했다. KGB

세력은 배경으로 물러난 것처럼 보였다.

전직 해외 첩보부 고위 공작원 시베츠의 말에 따르면, 올리가르히는 〈자기들이 누구에게 빚을 지고 있는지를 까맣게 잊고 있었다〉.[98] 각자의 자리를 차지하기 위해 서두르는 와중에, 즉 더 많은 부를 축적하기 위해 싸우는 와중에, 호도르콥스키와 다른 사람들은 인근 상트페테르부르크의 공기가 서늘하다는 사실을 미처 깨닫지 못하고 말았다. 그곳에서는 상황이 다르게 돌아가고 있었다. 모스크바의 경제 열풍의 골드러시에서 고립되어, 경제가 훨씬 더 거칠고 더 어둡던 그 도시에서는 현금을 얻기 위한 격렬한 쟁탈전 속에서 KGB 세력이 훨씬 더 큰 통제력을 발휘하고 있었다.

제3장
빙산의 일각

〈상트페테르부르크〉. 핀란드만(灣)이 발트해와 합류하기 시작하는 곳인 상트페테르부르크의 남서쪽 가장자리에는 만을 따라 늘어선 혁명 이전 시대 저택들의 우아한 전면 앞으로 수많은 크레인과 컨테이너 더미가 툭 튀어나와 있었다. 한 작은 섬에는 운반선을 기다리는 뒤틀린 고철 무더기와 목재 더미가 놓여 있고, 수로 건너편에는 혁명 이전 시대에만 해도 이 도시 최대 상인들의 창고나 세관으로 사용되었던 붉은 벽돌 건물들이 어찌어찌 아직 서 있긴 하지만, 육중한 기계 장치 사이에서 반쯤 내버려져 있었다. 서쪽 가장자리 멀리에 있는 콘크리트 부두를 따라가면, 간혹 〈황금 문〉이라고 일컬어지는 장소가 나온다. 이곳은 바로 상트페테르부르크의 가장 전략적인 전초지를 상징하는 콘크리트 구조물로 이루어진 석유 보관 시설이다. 이 석유 집하장은 1990년대의 가장 치열했던 범죄 조직 간의 전쟁 가운데 일부가 벌어진 전장(戰場)이기도 했다.

이 제도(諸島)는 상트페테르부르크 항구의 본거지이며, 그곳의 수로를 통해서 러시아의 소란스러운 역사가 줄곧 흘러갔다. 18세기 초에 표트르 대제는 러시아에서 가장 큰 항구가 되기를, 그리하여 그 방대한 국가의 유라시아 땅덩어리와 서방 시장 간의 중요한 연결점이 되기를 바라며 상트페테르부르크를 건립했다. 얼어붙고 진흙투성이인 늪지대에 웅장한 바로크 양식의 저택과 우아한 운하를 세우려는 그의 꿈을 실현하기 위해 수천 명의 농노가 고생하고 사망했다. 상트페테르부르크는 〈서방으로의 창문〉으로 의도된 곳이었다. 이 항구 도시는 이 나라를 그 중세적이고 아시아적인 과거로부터 억지로라도 끌어낼 예정이었다. 그 어떤 대가를 치르는 한이 있더라도 말이다.

서방의 식민지 제국에서 출발한 옷감과 차와 비단과 향신료 같은 화물을 실은 배들이 점점 더 많이 도착하기 시작했고, 러시아에서는 목재와 모피와 삼과 칼륨 같은 제국의 부가 빠져나갔다. 상트페테르부르크의 상인과 귀족은 번영했지만, 인구 폭발로 이 도시의 노동자는 세계에서 가장 억압되어 있었다. 부두 노동자들은 화물을 등에 져서 배에 싣고 내렸지만, 한 해의 절반 동안 항구를 장악하는 얼음과 찬바람 앞에는 무방비 상태였다. 1917년에 레닌이 이 도시의 노동자들을 규합하여 임시 정부의 지배를 전복했을 때, 부두 노동자들이 맨 앞에 섰다. 제2차 세계 대전 당시에 레닌그라드로 이름이 바뀐 이 도시가 나치에 의해 봉쇄당했을 때, 항구는 굶주림과 포격에서 살아남기 위한 비통한 투쟁의 최전선이었다.

20세기에 러시아가 세 번째 혁명으로 인해 진동했을 때, 상트페테르부르크 항구는 다시 한번 결정적인 역할을 하게 되었다. 이곳은 훗날 러시아 전역으로 영향력을 확장할, 나아가 서방의 시장과 제도로까지도 영향력을 확장할 KGB와 범죄 조직 간의 동맹의 진원지가 되었기 때문이다. 이곳은 그 도시를 장악한 범죄 조직 지도자들과 긴밀히 일하던 부시장 푸틴과 그 석유 집하장을 통해 수출에 대한 독점권을 획득한 석유 무역업자 사이의 사업 동맹의 시작점이었다. 물물 교환과 수출의 정교한 그물망을 통해 조성된 그 관계는 향후 푸틴의 러시아가 운영될 방식의 모델이 되었다.

1990년대 초에 이 항구는 현금 확보를 위한 암흑가의 총격전과 포악한 전투가 비일비재한 그 도시에서도 가장 어두운 장소 가운데 하나였다. 「그 항구의 이야기란 무척이나 범죄적이고 지저분한 이야기입니다.」 상트페테르부르크시 의회의 전직 고위 공직자 한 명은 이렇게 말했다.[1] 「항구는 완전히 범죄화되어 있었습니다. 총격전이 많이 일어났습니다.」 그 지역에서 가장 큰 범죄 조직인 탐보프단(團)의 전직 구성원의 말이다.[2]

항구를 접수하게 된 이 조직은 범죄 조직과 KGB 사람들의 연합체의 일부였다. KGB는 1990년대에 이 도시를 장악했는데, 그 중심에는 바로 푸틴이 있었다. 만약 모스크바였다면 KGB의 힘도 대부분 그늘에 머물러 있었을 터이지만, 상트페테르부르크에서 그들은 훨씬 더 눈에 잘 띄었다. 상트페테르부르크의 경제는 모스크바의 경제보다 훨씬 더 규모가 작았고, 현금을 얻기 위한 전투는 훨씬 더 치열했으며, 시장실은 사업 대부분에 촉수를 뻗고 있었다. 이 도시에서 KGB 세력이 유효했던 주된 이유는 그곳의 시장 솝차크가 도시의 운영에 대해서는 거의 관심이 없었기 때문이다. 그는 그 일을 푸틴과 또 다른 부시장 블라디미르 야코블레프에게 맡겨 두었다. 당시 푸틴은 해외 관계 위원회를 이끌면서 그 도시의 무역 전체와 나머지 사업 대부분을 감독하고 있었고, 야코블레프는 도시의 경제 문제를 담당하고 있었다.

솝차크와 부시장들은 상트페테르부르크의 민주주의자들이 주도하는 시 의회가 있는 마린스키 궁전을 떠나, 마치 토끼장 같은 사무실이 늘어선 스몰니 청사로 시장실을 옮겼다. 스몰니 청사는 레닌이 정권을 차지한 시절부터 공산당이 줄곧 그 도시를 운영해 온 장소이기도 했다. 그들이 물려받은 유산은 절망적이었다. 시의 금고는 텅 빈 상태였다. 수출 대금을 지급할 현금이 전혀 없었고, 상점의 선반도 빠르게 비어 가고 있었다. 국내 식량 생산은 위험한 상태였다. 비효율적인 국영 집단 농장에서는 도로변에 곡물이 방치된 채 썩어 갔고, 흉년이 계속되며 상황은 더 악화되었다. 이들은 식량 위기에 대처해야 했을 뿐만 아니라, 범죄 급증에도 대처해야 했다. 소비에트 붕괴라는 혼돈 속에서 권력 제도가 마치 녹아서 없어지는 것처럼 보였다. 범죄 조직들이 나서서 그 진공을 메꾸었고, 보호비 명목으로 지역 사업체를 갈취하고 무역을 장악했다.

스몰니 청사의 웅장한 기둥과 색 바랜 전면 뒤에 있는 사무실을 차지한 솝차크는 악화되는 상황에 대처할 능력 자체가 없는 것처럼 보였다. 그는 설득력 있고 강력한 웅변가로서 자기 외모에 대해서도 자신감이 넘쳤지만, 그 도시의 법 집행 기관 가운데 아직 남아 있는 세력과의 관계에는 취약하기 짝이 없었다. 「솝차크는 얼간이였습니다. 그는 가장 멋진 정장을 걸치고 싶어 했고, 몇 시간이나 계속해서 연설할 수도 있었습니다. 그는 권력의 모든 속성을 사랑했고, 그의 아내는 마치 귀족처럼 살고 싶어 했습니다. 그는 리무진을 타고 여행하기를 좋아했지만, 그래도 누군가는 일을 할 필요가 있었습니다. 거리에서 오물을 치우는 일이며, 도둑놈을 상대하는 일을 도대체 누가 해야 한다는 겁니까?」 상트페테르부르크에서 한때 푸틴과 일했던 전직 KGB 고위 간부 한 명의 말이다.

법 집행 기관 종사자 가운데 솝차크의 전화를 받으려는 사람조차 드물었다. 「상트페테르부르크 KGB의 전직 지부장은 심지어 그와 같은 방에도 들어가지 않으려 했습니다. 안보가 어떻게 돌아가는지를 그에게 설명하려 시도하는 것은 마치 핵물리학을 설명하려 시도하는 것과도 비슷했습니다. 하지만 푸틴에게는 충분히 설명할 수 있었습니다. 예를 들어, 이렇게 말하는 겁니다. 〈볼로댜, 이런 상황이 있고, 또 저런 상황이 있습니다.〉 그러면 그는 상황을 해결하기 위해 경찰에 전화를 걸었고, 경찰도 그의 전화를 받으면 함부로 끊지 않았습니다.」 전직 KGB 간부의 말이다.

그리하여 솝차크는 푸틴에게 의존했다. 이 부시장은 그 도시의 KGB 고위층과 연계 네트워크를 유지하고 있었다. 이의를 제기하는 것을 단속한 까닭에 모두가 두려워했던 레닌그라드 KGB 제5국(局)에서 푸틴의 멘토였던 체르케소프가 그 기관의 후신인 상트페테르부르크 FSB의 새로운 수장이었다. 푸틴은 법 집행 기관과의 교섭에서 대표자가 되었다. 「그는 누군가에게 전화를 걸어서 이렇게 말할 수 있는 사람이었습니다. 〈우리는 이런저런 일을 반드시 해야 합니다. 그렇지 않으면 악몽이 펼쳐질 겁니다.〉 그는 이전에 특수 부대를 다루었던 장군에게 기꺼이 찬동할 수 있는 사람이었습니다. 그러면 장군은 이런저런 일을 다루는 방법을 말해 줄 뿐만 아니라, 잘만 하면 지원까지 제공해 줄 수 있었습니다. 그들은 연계를 가진 사람들이었습니다. 시스템은 붕괴했지만, 그 일부는 남아 있었던 겁니다.」 전직 KGB 간부의 말이다.[3]

혼돈과 붕괴를 (아울러 솝차크의 비효율성을) 토대로 삼아 푸틴, 그의 KGB 동맹자들, 그 도시의 경제 상당 부분을 운용하여 자신들의 이득을 챙기려던 범죄 조직 간 삼각 동맹이 나타났다. 시민의 이득을 위해 명령을 부과하려고 노력하는 대신, 이들은 대개 스스로를 위한 명령만 부과했다. 다른 무엇보다도 이들에게 혼돈과 붕괴는 자신들의 부를 축적할 수 있는 기회를 의미했다. 특히 푸틴과 그의 KGB 동맹자들에게 그러했기에, 이들은 향후 자신들의 네트워크를 유지하고 자신들의 위치를 확고히 하는 데에 사용할 전략적 비자금을 만들었다. 이 비자금은 KGB가 운용하는 우호 회사들의 물물 교환 계책에 뿌리를 두고 있었다. 훗날 이 계책은 항구로까지 확장되었고, 이후에는 석유 집하장으로까지 확장되었다. 이 모두는 상트페테르부르크의 범죄 조직 탐보프단이 운용했다. 그 지역의 전직 FSB 간부 한 명의 말에 따르면, 이것은 〈살인과 기습〉으로 이루어진 사업이었다. 「탐보프단의 두 팔은 피로 뒤덮여 있었습니다.」[4]

뭔가 잘못되었음을 마리나 살례가 처음 깨달은 때는 1991년 연말이 다가올 즈음이었다. 한때 상트페테르부르크의 민주주의 지도자로서 솝차크와 경쟁도 벌였던 이 열혈 민주주의자는 식량 위기에서 벗어나는 방법을 찾아내라는 임무를 시 의회 의장에게 부여받은 상태였다. 살짝 회색으로 물들어 가는 머리카락을 가지고 있고 결의에 찬 눈 밑에 그늘이 깊이 새겨져 있는, 50대 중반의 강인한 지질학자 살례는 부지런하기 짝이 없었다. 그해 가을, 그녀는 배급 카드 시스템 도입을 시 정부에 밀어붙여 결국 성공한 바 있었다. 레닌그라드 봉쇄 당시의 끔찍했던 굶주림의 시기 이후 이곳에서 식량 배급이 이루어진 것은 이때가 처음이었다.[5] 이제 살례는 이 도시의 원자재를 식량 수입품과 교환하도록 허락할 물물 교환 계책을 추진하려 작정하고 있었다. 이것이야말로 난국에서 벗어나는 유일한 방법인 것처럼 보였다. 이미 연방 차원에서는 전국이 직면한 위기에 대처할 수 있도록 마련된 유사한 시스템이 있었다. 즉 모스크바 정부는 국영 기업이 보유한 석유 제품과 금속과 목재 등의 천연자원 비축분을 식량과 교환하는 수출을 허가하기 시작했다. 상트페테르부르크에서도 수출 쿼터를 신청하라고 시장실을 밀어붙이기 시작한 살례는 푸틴의 해외 관계 위원회가 이미 그것을 받아 갔다는 소문을 듣게 되었다. 「무슨 쿼터요? 그건 뭐에 대한 쿼터일까요? 공식적으로는 아무도 몰랐습니다.」 훗날 그녀는 한 인터뷰에서 이렇게 말했다.[6] 살례는 시장실에서 더 많은 정보를 얻으려고 시도했지만, 아무도 그녀의 편지에 답장하지 않았다. 나중에 알고 보니, 그 계책은 최소한 12월 초부터 이미 진행 중이었지만, 어느 누구도 통보받지 못한 상태였다.[7] 가장 큰 문제는 그 결과로 예상된 식량 수입품을 어디에서도 찾아볼 수 없었다는 점이었다. 새해를 맞이했을 무렵, 그 도시의 식량 보유고는 겨우 한 달 치밖에 남지 않은 상태였다.[8]

살례는 이 거래에 대한 정보를 요구하는 의회 청문회를 개최했다.[9] 이에 응하여 결국 시 의회에 출석한 푸틴은 맑은 눈에 거만한 태도로 달랑 두 페이지짜리 문건만 들고 나타났으며, 의원들에게 그 외의 내용은 상업적 비밀이라고 발뺌했다.[10] 그가 의회에서 밝힌 내용조차도 살례가 직접 조사하고 돌아다닌 끝에 국가 관세 위원회와 기타 공직자들로부터 입수했던 문서의 내용과는 크게 달랐다.[11]

그녀가 완전한 그림을 맞추고 나서 보니, 푸틴의 해외 관계 위원회가 9500만 달러 이상의 수출 허가를 무명의 위장 회사로 이루어진 그물망에 건네주었으며, 그 대가로 입수하기로 했던 식량 수입품은 전혀 도착하지 않았음이 명백해졌다.[12] 연방 정부에서는 추가로 9억 달러어치의 수출 쿼터를 허가해 주었는데, 그중에는 7억 1700달러어치의 알루미늄 수출 쿼터도 포함되어 있었다.[13] 과연 푸틴이 앞서 했던 일을 계속했는지, 즉 이 추가적인 9억 달러도 다른 회사들에 건네주어 그 수익과 함께 사라지게 했는지 여부는 정확히 알 수 없다. 살례조차도 더 이상의 기록에 접근할 수 없었기 때문이다. 하지만 그녀는 푸틴이 실제로 그렇게 했다고 의심했다.[14]

살례와 보좌관들이 서류를 파헤치다 보니, 이 스캔들은 점점 자라나는 듯했다. 관세청의 공직자들이며, 해외 무역부의 상트페테르부르크 주재원들도 푸틴의 수출 허가 발급이 그런 물물 교환 거래를 규제하는 법률 위반이라고 이의를 제기하는 공문을 보낸 바 있었다.[15] 살례가 얻은 전문가 의견에서도 그 일에 관여한 회사들이 워낙 무명이기 때문에, 하룻밤 사이에 판매 수익을 챙겨 사라질 수 있다고 경고했다.[16] 그런 회사들 대부분은 그 용역의 대가로 정신이 아득할 만큼 많은 수수료를 받을 예정이었다. 즉 통상적인 수준인 거래액의 3퍼센트에서 4퍼센트가 아니라 무려 25퍼센트에서 50퍼센트까지를 수수료로 받을 예정이었다.[17] 몇 가지 계약에서는 그런 회사들이 시장 가격보다 훨씬 저렴하게 원자재를 구입할 수 있도록 허락하기도 했다. 푸틴이 부여한 쿼터 가운데 하나를 보면, 그 계책이 실시되기 딱 2개월 전에 설립된 한 회사에서 희토류 1만 3997킬로그램을 세계 시장 가격보다 무려 2000배는 더 저렴하게 입수해서, 그걸 내다 팔면 막대한 이익을 거둘 수 있게 해놓았다.[18]

살례가 파헤친 계책은 소련의 임종기에 막대한 원자재를 국외로 반출하기 위해 KGB의 합작 사업체들이 이용한 방법과 거의 똑같았다. 즉 국영 기업으로부터 소비에트의 저렴한 국내 가격에 구매하여 훨씬 더 비싼 세계 가격에 매각한 수익금을 해외 은행 계좌에 예치하는 것이었다. 그 당시에 원자재를 수출하려는 회사는 반드시 해외 무역부의 특별 허가를 받아야만 했는데, 그 부서에는 대부분 KGB 관련자들이 층층이 재직하고 있었다. 러시아 정부가 소비에트 붕괴 이후 대두하는 인도주의적 재난을 저지하기 위해서 일련의 물물 교환 계책을 출범시켰을 때도 이와 유사한 경로로 거래가 이루어졌다. 하지만 푸틴은 그 도시의 이른바 석유 식량 교환 거래를 위한 독자적 쿼터, 허가, 계약을 부여할 수 있도록 특별 허가를 받은 상태였으며, 각각의 거래에 대해서도 해당 부처와 합의할 필요를 우회하고 있었다.[19] 푸틴은 중앙 정부의 해외 무역부 장관 아벤으로부터 이런 권한을 부여받았다. 이 장관은 1980년대 초에 가이다르와 함께 개혁에 관해 긴밀히 일했던 바로 그 안경을 쓴 경제학자로, 훗날 석유 식량 교환 거래가 조사를 받게 되자 푸틴을 보호해 주었다.

푸틴이 부여한 계약 가운데 하나는 소비에트와 핀란드의 합작 사업체인 스핑크스와 맺은 것도 있었다. 1991년 12월 마지막 날에 가축용 곡물 20만 톤과 맞바꾸는 조건으로 디젤유와 시멘트와 비료의 무역 쿼터를 부여하는 내용이었다.[20] 소비에트와 독일의 합작 법인 타미고에 부여한 또 다른 계약은 설탕과 식용유를 공급받는 대가로 구리 500톤의 무역을 허가하는 내용이었다.[21] 앞서 설명한 희토류 1만 3997킬로그램을 시장 가격보다 무려 2000배나 낮은 가격에 입수하는 계약을 부여받은 회사는 지코프였는데,[22] 무술에 대한 관심을 공유한 푸틴의 대학 동창의 형제가 공동으로 운영하는 곳이었다.[23] 디젤유 쿼터를 받은 또 다른 회사는 인테르코메르츠라는 곳이었는데, 그 운영자인 겐나디 미로슈니크는 동독 주둔 소련군의 이전 비용으로 마련된 자금 가운데 2000만 도이치 마르크를 빼돌린 계책에 참여했다가 유죄 선고를 받은 범죄자였다.[24] 더 나중에 푸틴의 아내 류드밀라가 어느 친구에게 말한 바에 따르면, 인테르코메르츠는 그녀의 남편이 드레스덴 시절에 만난 동독인들과 연계되어 있었다.[25]

즉 이런 물물 교환 거래는 부시장이 〈자기 친구들에게 건네준〉 것이었다. 당시에 상트페테르부르크시 의회의 의장으로 살례의 조사를 감독했던 알렉산드르 벨랴예프는 이렇게 주장했다.[26] 「그런 거래는 반드시 푸틴이 신뢰하는 사람들에게 부여되어야만 했습니다. 합법적인 입찰 과정이 없었기 때문에, 그가 개인적으로 아는 사람들에게, 즉 그가 통제할 수 있는 사람들에게 부여되었음이 분명했습니다. 석유 제품 판매는 대부분 키리시와 연계되어 있었습니다. 그들이 거의 독점자였습니다. 바로 팀첸코, 안드레이 카트코프, 예브게니 말로프가 말입니다.」[27]

푸틴이 거래를 넘겨준 사람들은 단순한 친구들의 네트워크보다 훨씬 더한 뭔가를 상징하는 것처럼 보인다. 그중 한 명인 팀첸코는 매력적인 미소에 활발한 남자로, 독일어와 영어가 유창하고 프랑스어도 겉핥기로나마 할 수 있었다. 그는 고르바초프가 처음으로 무역을 완화한 1987년에 동업자인 카트코프와 말로프와 함께 키리시네프테힘엑스포르트 석유 무역 회사를 설립했다. 당시에 고르바초프는 소비에트의 독점 바깥에서 무역할 수 있는 권리를 70개 조직에 부여했는데, 그중에 레닌그라드 인근의 이 키리시 정유소도 포함되어 있었다.[28] 소비에트 해외 무역부에 근무하는 내내 수출 거래를 위한 서류에 도장을 찍고 철하는 일만 담당했던 카트코프와 말로프는 개인 사업에 진입할 기회에 달려들었다. 팀첸코는 약간 다른 상황인 것처럼 보였다. 공식 약력에 따르면 그는 해외 무역부에서 선임 기술자로 일했다. 하지만 그 문제에 대해서 잘 아는 세 사람의 증언에 따르면, 실제로는 전혀 다른 경로를 거쳤다. 즉 팀첸코는 푸틴과 함께 KGB의 붉은 깃발 학교에서 독일어를 공부했으며, 이후 전자는 빈과 취리히로 파견되고 후자는 드레스덴으로 파견되었다는 것이다.[29] 러시아 해외 첩보부에서 일한 전직 고위 간부 두 명의 증언에 따르면, 팀첸코는 발령지에서 위장 요원이 되어 소비에트 무역 조직에서 일했다.[30] 또 다른 전직 간부가 러시아 신문 『베도모스티*Vedomosti*』에 밝힌 바에 따르면, 그는 KGB의 불법자 네트워크에 자금을 지원하는 은행 계좌를 다루기 위해 그곳에 파견되었을 가능성도 있다.[31] 「저는 팀첸코가 그 당시에 푸틴을 알고 있었을 가능성을 배제하지 않습니다.」 전직 간부 가운데 한 명은 농담 삼아 시치미를 떼며 말했다.[32] 팀첸코는 KGB와 조금도 관련이 없다고 거듭해서 부정하면서, 그런 관련에 대한 주장은 사실이 아니라고 말했다. 안보 기관과 연계된 러시아의 고위급 은행가 역시 그가 드레스덴 시절부터 푸틴과 연계가 있었다고 암시한 바 있다.[33]

팀첸코는 키리시네프테힘엑스포르트가 스캔들투성이인 석유 식량 교환 거래에 관여한 적이 있었다는 사실에 대해서도 이미 부인했으며, 나중에는 자기 회사의 모든 활동이 〈투명하고 합법적〉이라고 덧붙였다. 하지만 내가 만난 팀첸코의 예전 동업자 가운데 한 명은 그의 회사도 참여했었다고 말했고, 다른 관련자 두 명도 그렇다고 말했다. 그들의 주장에 따르면, 그들이 수입을 담당했던 식량은 모두 상트페테르부르크로 운송되었다.[34] 하지만 전체적으로 보자면 이 계책은 재난으로 끝나고 말았다. 수입될 것으로 예상된 식량 가운데 아주 적은 분량만 실제로 배송되었기 때문이다. 결국 식량 수입품은 KGB 네트워크의 보전을 위해 유용된 것은 아닌가 하고 살례는 의심했다. 그녀는 한 친구에게 이 조사로 인해 〈빙산의 일각〉이 발견된 것 같다고 말했다.[35] 살례는 그 아래에 KGB의 해외 비자금에서 기원한 거대한 구조물이 있다고, 아울러 그 네트워크를 유지하기 위해서 그런 계책이 고안된 것이라고 믿었다.

나중에 밝혀진 바에 따르면, 그녀의 이런 믿음은 아마도 옳았던 것처럼 보인다.

「살례는 바보입니다! 그 모든 일은 실제로 일어났습니다. 하지만 절대적으로 정상적인 무역 작전이었습니다. 그런 폐경기 여성에게 이런 사실을 어떻게 설명할 수 있겠습니까!」[36] 2013년 5월, 그 계책이 세워진 지 20년이 더 지난 뒤에, KGB 해외 첩보국의 전직 고위 간부 펠리페 투로베르는 자신이 푸틴을 도와서 상트페테르부르크의 석유 식량 교환 계책을 수립하던 당시의 이야기를 처음으로 밝히고 있었다.

우리는 마드리드 인근의 언덕 지대에 자리한 나른한 시장 도시 보아디야 델 몬테에 있는 한 카페 테라스에서 햇빛을 받으며 앉아 있었다. 투로베르의 주장에 따르면, 1990년대 초에 그 계책은 공식적으로는 필요 불가결한 식량 수입품을 얻는 방안으로 제시된 바 있었지만, 실제로는 전혀 다른 목적이 있었다. 그 계책에서는 식량의 배송을 애초부터 의도하지 않았다. 오히려 더 큰 문제들을 처리해야 했기 때문이었다. 「살례의 보고서와 관련된 그 거짓말들은 완전히 핵심을 벗어난 겁니다. 완전한 붕괴 직전의 상황이었습니다. 시 행정을 위한 연방의 자금 지원이 전혀 없었는데, 모스크바는 그저 술을 마시고 훔치기만 할 뿐이었습니다. 만사가 붕괴하지 않게 만들기 위해서, 우리는 행동에 나서야 했습니다. 그건 마치 선장이 없는 배와도 같았고, 조타륜을 돌리려고 하자 그것마저 떨어져 나온 것과 같았습니다. 그 상황이 딱 그랬습니다. 우리가 일을 시작하지 않았다면, 상트페테르부르크는 똥 더미에 파묻혀 죽었을 겁니다.」

마치 보디빌더 같은 체격과 박박 민 머리에 검은 안경을 낀 투로베르는 호탕한 웃음을 터트리며, 소비에트 붕괴에 관한 이야기를 자랑했다. 투로베르는 소비에트 해외 첩보부의 엘리트 출신이었다. 아버지는 KGB의 붉은 깃발 학교에서 외국어를 가르쳤고, 브레즈네프의 통역사로 일했다. 오랫동안 이탈리아 총리를 지낸 줄리오 안드레오티와도 친분이 있었다. 소비에트 시대에 투로베르는 공산당이 금지된 여러 나라 깊숙이에서 흑색 작전과 불법자를 운용하던 중앙 위원회 국제부의 이른바 〈당 기술〉 분과 책임자였던 전설적인 〈코미테치크〉 오신체프와 긴밀하게 일했다. 소비에트 붕괴에 뒤따른 혼돈 속에서, 투로베르는 KGB와 당의 해외 영향력 작전의 비자금 지원 계책의 핵심에 자리한 〈우호 회사들〉에 진 부채를 갚을 방법을 찾아내는 일을 담당했다. 우호 회사 가운데 상당수는 에너지 기반 시설에 들어가는 장비를 비롯한 여러 가지 중요 장비를 바가지 씌운 가격으로 소련에 제공하고 있었다.

문제는 소련이 붕괴했을 때 러시아가 구(舊) 소비에트 공화국들의 해외 재산을 받는 조건으로 공화국들의 해외 부채 모두를 떠맡기로 합의해 놓고, 그 직후에 파산을 선언했다는 점이었다. 이에 러시아의 해외 부채 모두에 대해서 국제적 지급 정지가 선언되었다. 투로베르의 주장에 따르면, 이런 상황을 우회하여 아무도 모르는 상태에서 우호 회사들에 대금을 지급할 필요가 있었으며, 그 해결책으로서 물물 교환 계책이 고안된 것이었다. 결국 그는 루가노에 있는 작은 스위스 은행을 통해서 대금 지급 통로를 만들었는데, 이는 문서를 통해서도 확인된 내용이다. 「우리로선 다른 업체에는 대금을 지급했지만, 필립 모리스에는 대금을 지급하지 않았다는 식으로 말할 수가 없었습니다. 그건 쉬운 문제가 아니었습니다. 어떤 물건들에 대해서는 우리도 곧바로 대금을 지급해야 했으니까요. 만약 우리가 핵 발전소에 필요한 장비의 대금을 지급하지 않으면, 우리에게는 파국이 닥치게 될 것이었습니다. 나라가 존재하기를 중단한 상황에서, 모두가 공급을 중단해 버렸으니까요.」 그의 말이다.

투로베르는 푸틴이 우호 회사 가운데 일부에 대한 대금 지급 방법을 나름대로 고안하도록 돕기 위해 자기가 상트페테르부르크에 파견되었다고 설명했다. 그의 주장에 따르면, 그런 우호 회사 가운데 하나인 이탈리아의 카사 그란데 델 파보레는 상트페테르부르크의 무수한 수로를 종횡으로 잇는 하수도 시스템 수리에 필요한 섬세한 업무를 담당할 수 있는 몇 안 되는 공학 회사였다. 「우리로선 반드시 대금을 지급해야 했습니다. 그 작업이 완공되지 못하면 상트페테르부르크는 그 돔 지붕의 꼭대기까지 오물에 파묻힐 것이기 때문이었습니다.」 투로베르는 자기가 푸틴에게 석유 식량 교환 계책을 수립하라고 조언한 까닭은 〈누군가에게 신속하게 대금을 지급할 수 있는 공작 도구를 가질 필요가 있었기〉 때문이라고 말했다.[37]

애초부터 그 계책은 식량 수입품을 가져오기 위해서가 아니라, 단지 그 도시를 위한 경화 비자금을 만들기 위해서 의도되었음을 투로베르도 사실상 시인한 셈이었다. 하지만 아무런 감독도 받지 않다 보니, 그 자금 가운데 일부가 진짜로 우호 회사들의 채무 변제에 사용되었는지, 아니면 사실은 여전히 해외에서 활동하는 KGB 요원들의 네트워크로 흘러 들어갔는지 확인할 방법은 전혀 없었다. 투로베르의 주장에 따르면, 그것 말고는 다른 방법이 없었다. 그 당시 해외 작전을 관장하는 러시아 국영 은행 브네셰코놈방크는 붕괴 상태에 있었기 때문이었다. 그 계좌 모두는 러시아 정부가 자금 고갈을 공표한 1992년 1월 1일 자로 동결되었다. 「그건 순전히 필요에 의해서였습니다. 그 방법 말고는 그 도시의 경비를 지급할 수가 없었던 겁니다.」 투로베르의 말이다.[38] 소비에트의 파산하에서는 시청과 공식적으로 연계된 모든 경화 계좌가 동결되었으며, 다른 계좌들도 마찬가지로 압류당했다. 「만약 그들이 자금을 시 정부 계좌에 계속 보관했어도, 마치 브네셰코놈방크에 현금을 계속 보관하는 것과 마찬가지였을 겁니다. 하지만 해외 계좌 어딘가에, 예를 들어 리히텐슈타인에 자금을 갖고 있다면, 그걸 곧바로 지급할 수 있었던 겁니다.」[39]

러시아의 중앙은행 역시 더 나중인 1990년대에 발생한 어떤 스캔들을 설명하고 넘어갈 때에 똑같은 추론을 사용한 바 있었다. 당시 중앙은행이 자국의 경화 보유고 가운데 수백억 달러를 저지섬의 작은 역외 회사 피마코로 송금했다는 사실이 밝혀졌다. 이 회사는 이바시코가 〈비가시적 경제〉의 창설을 명령한 직후인 1990년 11월에 설립되었다. 러시아 중앙은행장이 훗날 주장한 바에 따르면, 피마코를 통한 비밀 송금은 소련이 파산을 선언한 이후에 자금이 압류되지 않도록 보호하려는, 아울러 소비에트의 국제 금융 네트워크의 해외 채무를 변제하려는 필수 조치였다는 것이다.[40]

하지만 이런 거래 가운데 어떤 것에 대해서도 전혀 감독하지 않았으므로, 많은 사람은 그 돈의 대부분이 채무 변제에 사용되기보다는 오히려 KGB의 해외 네트워크에 자금을 제공하는 데 사용되었으리라 의심한다. 여러 가지 면에서, 중앙은행의 피마코 작전과 푸틴의 석유 식량 교환 계책은 그 뿌리가 같다고 말할 수 있다. 양쪽 모두 러시아 정권의 검은돈 중 일부인 것처럼 보이고, 투명성이 워낙 결여되었기에 러시아를 운영하는 공직자들의 개인적인 비자금으로 사용되기가 매우 쉬웠을 것이다. 투로베르는 푸틴이 석유 식량 교환 계책을 통해서 만들어 내는 데 일조했던 비자금에서 일부를 훔친 적은 결코 없었다고 주장했다. 「하지만 그도 당연히 돈을 쓰기는 했습니다. 당연히 그 돈 가운데 일부를 쓰기는 했고, 그 돈을 운용하기도 했는데, 왜냐하면 그로서도 여행하고, 호텔 요금을 내고, 아마 식사를 할 필요가 있었을 테니까요.」[41]

그렇게 해서 생성된 돈은 사실상 (러시아의 범죄 전문 용어인) 〈옵스차크〉, 즉 범죄 조직에서 공유하는 돈주머니, 또는 비자금이었다. 이것은 가까운 동맹자들로 구성되어 단단히 통제되는 네트워크에 부를 맡기는 행동에 근거한 모델이었으며, 여기에서는 전략적 작전을 위해 사용되는 돈과 개인적 용도를 위해 사용되는 돈 사이의 경계가 편리하게도 흐려지기 마련이었다. 이 모델은 푸틴 정권의 금권 정치의 기반이 되었으며, 나중에는 그 영향력 작전에서도 역시나 기반이 되었다. 그리고 이것은 KGB의 비밀 네트워크와 지불 시스템에 근거한 방법이기도 했다.

이후 정치인으로서의 살례는 언저리로 밀려나고 말았다. 솝차크가 자기 제자의 석유 식량 교환 거래에 대한 그녀의 추가적인 조사를 금지했기 때문이었다. 1990년대 중반에 살례는 모스크바로 이주했지만, 그녀의 목소리는 수도의 정치적 소음 속에 그냥 묻혀 버렸다. 하지만 푸틴이 대통령으로 당선되기 직전, 그녀는 재부상하여 「V. 푸틴: 부패 올리가르히 집단의 대통령!」이라는 제목으로 그 거래에 대한 최초의 깊이 있는 탐사 보도 기사를 간행했다. 살례의 발견이 자유주의자 사이에서는 격분을 불러일으켰지만, 전국적으로 그들의 영향은 거의 없다시피 했다. 선거 직후에 그녀는 핀란드와의 국경과 가까운 곳

에 은거했는데, 가장 가까운 도시에서도 비포장도로를 따라 몇 킬로
미터를 더 가야 하는 곳이었다. 그곳까지 찾아가서 살례를 인터뷰한
기자는 겨우 몇 명에 불과했다. 하지만 그녀는 사망할 때까지 그 계책
자체며, 그 계책에 대한 조사에 지속적으로 몰두했는데, 2012년 푸틴
의 세 번째 임기가 시작된 지 몇 주 뒤에 사망했다. 살례는 자신이 그
거래에서 푸틴 정권의 진정한 본성을 일별했음을 알고 있었다.[42]

잠수함 승조원, 군인, 무역업자, 스파이

푸틴과 함께 상트페테르부르크를 장악한 KGB 사람들은 그 이전 세
대보다 훨씬 더 상업적인 정신을 보유하고 있었다. 비록 소비에트 제
국의 붕괴를 애도하기는 했지만, 푸틴과 마찬가지인 안보 기관의 더
젊은 중간급 간부 다수는 자본주의의 교의를 재빨리 포용했고, 공산
당의 교의를 거부해 버렸다. 이 새로운 세대의 입장에서는 공산주의
야말로 제국을 망가트린 주범이었으며, 아프가니스탄에서 그들을 고
립된 채로 방치하고, 동독에서 그들을 저버린 주범이었다.「그들은 공
산주의가 자기네를 배반했다고 보았습니다.」푸틴의 전직 경제 자문
위원 일라리오노프의 말이다.[43] 그들은 소비에트 지배 말기에 KGB가
해외 회사들의 네트워크를 창설하기 위해 출범시킨 작전의 산물이었
다. 그 활동들을 둘러싼 비밀주의는 애초부터 1980년대 KGB 사람들
이 사용한 방법이 돈세탁 작전과 유사했음을 의미한다.
　석유 식량 교환 계책이 끝나자, 푸틴의 동맹자들은 항구로 움직
이기 시작했다. 처음에만 해도 이 항구의 석유 집하장과 선단 하나는
레닌그라드 발트 해운사, 약자로 BMP로 알려진 방대한 국영 지주 회
사의 산하에 있었다. 상트페테르부르크 KGB 사람들은 오래전부터
BMP를 전략적 자산으로 간주했으며, 푸틴의 사람들이 이곳을 장악

하게 되는 이야기야말로 푸틴의 시청과 그 도시의 가장 악명 높은 범죄 조직 탐보프단 간의 동맹과 꼼짝없이 연계되어 있다. 소비에트 시절에는 KGB 요원들이 선장의 무역 보좌관 명목으로 해운사의 선박에서 근무했다.[44] 따라서 그들은 무역로, 화물, 밀수, 벌어들여야 하는 돈에 대해서 훤히 알고 있었다. 전성기에는 수백 척의 선박이 석유 제품과 금속과 곡물을 싣고 레닌그라드를 떠났고, 다른 수백 척의 선박이 멀리로는 남아메리카에서부터 과일, 설탕, (지하 작전과 현금 확보에 필수적인) 밀수품을 싣고 레닌그라드를 찾아왔다. 그 당시에 BMP는 이 도시에서 가장 전략적인 현금 흐름을 상징했다. 심지어 소비에트가 붕괴한 1991년에도 이 회사의 순수익은 수억 달러에 달했다.[45] 이 회사는 200여 척에 가까운 여객선과 화물선의 소유주였고, 또한 레닌그라드의 석유 집하장을 비롯해 항구 전체를 통제했으며, 인근 항구인 비보르크와 칼리닌그라드까지도 통제하고 있었다. 이 회사야말로 이 도시의 부의 핵심이었다.

옐친의 혁명 당시에 BMP를 운영하던 빅토르 하르첸코는 공공연한 자유주의자로서, 고르바초프의 〈페레스트로이카〉 개혁하에서 이 회사를 자신의 영지로 개조하게끔 정부의 허가를 얻은 바 있었다. 사각턱에 마치 탱크 같은 체구를 지닌 그는 점점 더 독립적으로 변했다. 비록 유년기를 고아원에서 보냈지만, 훗날 그 도시의 존경받는 사업가 중 한 명이 된 하르첸코였다. 그의 감독하에서 BMP는 1990년대에 정부가 민간에 대여한 기업이 되었으며, 그 수익의 50퍼센트를 계속해서 재투자했다.[46] 하르첸코는 옐친과 가까워지게 되었고, 8월의 쿠데타 이후 공산당 정권이 붕괴하자 곧바로 해운사에 있던 KGB 사람들을 모조리 쫓아냈다.[47]

하르첸코가 별개의 권력 기반을 만들어 내던 즈음, 상트페테르부르크 KGB 사람들은 현금 흐름에 대한 계속된 통제를 매우 간절히 원하게 되었다. 소비에트 붕괴의 혼돈 속에서, 아울러 범죄 조직들이 역시나 항구와 석유 집하장의 일부를 뜯어내려 시도하는 상황에서, KGB는 1년이 지나서야 복수를 개시할 수 있었다.

첫 번째 행보 가운데 하나는 조용히 이루어졌다. 1993년 2월의 어느 날 저녁, 모스크바에서 옐친을 만나고 돌아오던 하르첸코가 탑승한 〈붉은 화살〉 열차를 상트페테르부르크 외곽에서 경찰이 멈춰 세웠다. 그는 기차 밖으로 끌려 나왔고, BMP에서 3만 7000달러를 빼돌린 혐의로 수감되었다.[48]

하르첸코는 넉 달 뒤에 보석으로 풀려났지만, BMP 이사 지위에서는 물러나야 했다. 상트페테르부르크 KGB 사람들은 자체적으로 이사를 임명했으며, 그곳에 소속된 선박을 하나씩 매각하여 수많은 역외 회사로 이전해 놓았다. 이 과정에서 BMP 이사 가운데 한 명은 총격을 받고 사망했다.[49] 하르첸코의 관련자 한 명은 이렇게 말했다. 「그거야말로 진짜 기습이었습니다. 그들은 선박을 헐값에 팔아 버렸습니다. 모든 것이 사라졌습니다. 그들은 모든 것을 이 나라의 밖으로 빼돌린 겁니다.」[50]

하르첸코의 예전 관련자들은 그 당시에 실제로 일어난 일에 관해서, 또는 그 공격에 관련 있는 인물에 관해서 이야기하기를 여전히 두려워한다. 하지만 그 지역 KGB 사람들의 발자국은 사방에 널려 있다. 한 사람은 이렇게 말했다. 「흔적이라도 좀 감추고 먹었어야 옳았겠지요. 하지만 그들은 누구도 신경 쓰지 않았습니다. 대놓고 BMP를 차지해서 약탈했던 겁니다.」[51]

이 기습은 더 나중에 나타날 작전의 전조였다. KGB 사람들은 상트페테르부르크의 법 집행 기관을 자기네 멋대로 움직여서, 이 도시의 가장 중요한 무역의 연결부를 장악했다. 하르첸코는 중요한 순간에 BMP 대표직에서 물러난 셈이었다. 그와 동시에 항구와 석유 집하장은 BMP에서 떨어져 나와 여러 개의 법인으로 쪼개졌으며, 푸틴의 시청에 의해 민영화되었다. 「그들은 BMP를 지켜 주던 방파제를 떼어 냈던 겁니다.」 하르첸코의 예전 관련자 한 명은 이렇게 말했다.[52]

잠수함 승조원

시청이 보유한 항구 지분 가운데 일부를 민영화하기 시작할 무렵, 상 트페테르부르크의 범죄 조직원으로서 훗날 스페인 검찰로부터 범죄 조직 탐보프단의 관련자로 지목된 트라베르는 재빨리 행동에 돌입했다.[53] 매각이 시작되자 그의 부하들은 항구 노동자들이 상환권 명목으로 부여받은 지분을 사들였다. 그 과정은 폭력적이었다. 「항구의 민영화 과정에서 막대한 위법 행위가 벌어졌다. 하지만 그 모두는 그냥 덮이고 말았다.」 트라베르의 예전 관련자의 말이다.[54] 처음부터 그는 유리한 위치를 차지하고 있었던 것처럼 보인다. 서류상으로는 국가가 항구 지분 가운데 49퍼센트를 갖고 있었다. 그중 20퍼센트는 연방 재산부를 통해서였고, 29퍼센트는 상트페테르부르크 시청 재산부를 통해서였다. 하지만 시청 재산부의 직원 한 명이 어찌어찌하다가 펜을 한 번 〈잘못〉 놀리는 바람에 그 29퍼센트에 대한 시청의 표결권이 상실되면서, 트라베르와 그 관련자들은 자기네가 원하는 대로 할 길을 얻게 되었다.[55]

「시장실의 도움이 없었다면 기습자들의 장악은 벌어지지도 않았을 겁니다.」 그 도시의 전직 FSB 간부의 말이다.[56] 트라베르는 일련의 폭력적인 투쟁을 거친 끝에 석유 집하장 역시 장악하게 되었으며, 그즈음에는 상트페테르부르크 KGB 사람들과 탐보프단 사이의 핵심 중재인으로 부상했다.[57] 그는 1980년대 초에 처음 레닌그라드로 왔는데, 그때는 소비에트의 핵 잠수함 함대의 예비역 장교였다. 땅딸막하지만 건장한 체형에, 목이 굵고 미간이 좁은 트라베르는 레닌그라드의 불량배들과 갓 피어나는 암시장 상인들이 즐겨 찾는 도시 중심부의 술집 지굴리로 갔다.[58] 그는 이곳에서 바텐더 겸 지배인으로 일했고, 술집의 어두운 구석에서 경화를 거래하기 시작했으며, 나중에는 차르 시대의 골동품을 거래하게 되었다. 트라베르는 머지않아 골동품 시장을 장악했고, 이로써 〈안티크바르〉라는 별명을 얻게 되었다. 1980년대 말에는 암시장 밖으로 나와 양지에서 사업을 벌였으며, 그 도시에서 가장 훌륭한 골동품점을 넵스키 프로스펙트에 개업했다. 거기서 트라베르는 상트페테르부르크의 신임 시장 숍차크며 그 아내인 류드밀라 나루소바와 친분을 맺게 되었다. 이들 부부는 그와 긴밀한 우정을 쌓게 되었고, 이들의 관계는 숍차크의 시장 임기 이후로도 오래 지속되었다.[59]

트라베르는 그 도시의 KGB와 항상 긴밀하게 일해 왔으며, 이들의 지원이 없었다면 애초부터 골동품을 밀수할 수 없었을 것이다. 「그가 그 도시의 법 집행 기관과 깊은 유대를 맺고 있다는 사실은 분명했습니다.」 시 의회의 전직 고위 공직자는 이렇게 말했다.[60] 아울러 상트페테르부르크의 밀수 단속부에서 일했던 전직 FSB 간부의 말에 따르면, 그는 〈탐보프단과 함께 사업하고〉 있기도 했다.[61]

군인

그 당시에 탐보프단은 그 도시의 가장 강력한 범죄 조직이 되어 가고 있었다. 그 두목인 쿠마린은 1991년에 그 도시의 또 다른 범죄 조직과의 난폭한 전투를 벌인 끝에 복역 중이었다. 그가 교도소에서 출소한 뒤, 탐보프단은 푸틴과 트라베르와 그 부하들의 도움을 받아서 상트페테르부르크의 연료와 에너지 사업 전체를 장악하기 시작했다. 경쟁 범죄 조직들과의 전투도 지속되었다. 1994년에 쿠마린은 폭탄 공격으로 한쪽 팔을 잃었다. 하지만 그즈음 그는 상트페테르부르크 연료 회사, 약자로 PTK를 설립하는 중이었다. 이 회사는 훗날 이 도시의 독점적인 국내 석유 유통업체가 되었으며, 트라베르는 탐보프단을 대신하여 항구와 석유 집하장을 장악하게 되었다.[62] 나중에 스페인 검찰에서는 트라베르와 쿠마린을 PTK의 공동 소유주라고 서술했다.[63] 쿠마린은 워낙 강력해졌기 때문에, 상트페테르부르크의 〈밤의 지배자〉라고 일컬어지게 되었다. 한마디로 그는 〈심야 시청〉이었던 셈이다.

이 작전에서 푸틴은 핵심을 담당했던 것처럼, 즉 시장실로부터 물류 지원을 제공한 교섭인 노릇을 담당했던 것처럼 보인다. 그의 신뢰를 받는 보좌관 세친도 관여했는데, 이 사람은 평소 부시장 사무실 밖 부속실에 강대(講臺)를 갖다 놓고 그곳을 지나려는 사람을 모조리 단속했다. 애초에 트라베르가 항구와 석유 집하장을 통제할 수 있도록 허가하는 면허를 발급한 장본인이 바로 푸틴이었다. 아울러 그 도시의 구급차와 버스와 택시와 경찰차의 연료 공급에 대한 독점 계약을 쿠마린의 PTK에 허가한 사람 역시 그였다.[64] 탐보프단과 푸틴의 공조에 대한 첫 번째 징조는 1992년 여름 늦게 나타났는데, 그가 관장하는 해외 관계 위원회가 러시아와 독일의 합작 사업체인 상트페테르부르크 임모빌린 악틴게젤샤프트, 약자로 SPAG를 등기하면서 그 도시의 부동산 사업을 조사하도록 한 것이다. 그로부터 훨씬 더 나중에, 독일 검찰은 SPAG가 탐보프단을 위해서는 물론이고, 콜롬비아의 한 마약 카르텔을 위해서도 불법 자금을 세탁하는 수단이었다고 주장할 예정이었다.[65] 상트페테르부르크 부시장으로서의 임기 동안에 푸틴은 SPAG 자문단에 이름을 올렸다. 훗날 크렘린에서는 그가 부시장으로 이름을 올린 갖가지 〈명예〉 직위 가운데 하나에 불과했다고 주장했다. 하지만 SPAG의 공동 창업자 가운데 한 명은 자기가 푸틴을 대여섯 번이나 직접 만나 상트페테르부르크에서의 사업에 관해 논의한 적이 있었다고 말했다.

무역업자

전직 KGB 공작원으로, 일찍이 붉은 깃발 학교에서 스파이 기술을 공부하던 시절부터 푸틴과 알고 지냈음이 분명하다고 알려진 팀첸코의 입장에서는 석유 집하장에 접근하는 것이야말로 핵심적인 일이었다. 그는 자신의 설득 능력에 자부심을 드러냈으며, 나중의 인터뷰에서는 자신의 성공 원인으로 종종 누구에게나 무엇이든 판매할 수 있는 능력을 넌지시 말하곤 했다.[66] 팀첸코는 유년기부터 소비에트 엘리트의 일부였다. 아버지가 군 고위층이었기에, 그는 초기의 몇 년을 동독에서 보냈다. 팀첸코는 독일어 능력을 갖춘 덕분에 소비에트의 해외 무역 분야에서 일자리를 얻었으며, 예전 관련자들의 말에 따르면 거기서 다시 KGB로 자리를 옮겨 빈과 스위스에서 무역 회사 대표로 위장 근무를 했다. 그는 연줄을 이용해서 전직 KGB 고위 간부 안드레이 판니코프와 협력 관계를 조성했다. 땅딸막한 체구에 환한 미소와 마치 쟁반만큼 커다란 손을 가진 판니코프는 소비에트 무역 대학에서 역외 금융을 공부했다. 이후에 KGB 해외 첩보부 책임자 레오니트 셰바르신의 승인하에 소비에트의 독점 밖에서 석유 제품을 수출할 수 있도록 허가받은 최초의 합작 회사를 설립했다.[67] 팀첸코의 키리시네프테힘엑스포르트 석유 무역 회사도 판니코프의 우랄스 무역 회사와 협력 관계를 형성했다. 심지어 1990년부터 한동안은 팀첸코가 우랄스 무역 회사의 핀란드 지사 대표를 맡기도 했다. 프랑스 첩보 기관의 보고서에 따르면, 이 회사는 1980년대에 KGB가 공산당의 자산을 이전하는 데 사용하는 여러 회사의 네트워크 중 하나로 설립한 곳이었다.[68]

물론 팀첸코는 이런 주장을 부정했다.

그 모든 연줄을 가지고도, 최소한 2년 동안은 팀첸코와 판니코프조차도 상트페테르부르크의 석유 집하장에 대한 접근권을 얻을 수가 없었다.[69] 한편으로는 그곳이 하르첸코의 영지의 일부분이었던 까닭이고, 또 한편으로는 소련의 권력이 균열하면서 그곳이야말로 그 도시에서 전쟁 중인 범죄 조직들 간의 처절한 전장으로 변했기 때문이었다. 팀첸코가 설립한 석유 무역 회사는 수르구트네프테가스 석유 회사 계열인 인근 키리시 정유소의 사내 무역 부서 자격으로 이미 공급품에 접근할 수 있었다. 하지만 상트페테르부르크의 석유 집하장에 대한 접근이 불가능하다면, 그 석유를 훨씬 더 비용이 많이 드는 경로인 철도를 통해 에스토니아나 핀란드의 인근 항구까지 수출할 수밖에 없었다.[70]

상트페테르부르크의 석유 집하장을 통해 수출을 통제하는 것이 무척이나 중요해지자, 팀첸코는 푸틴에게 지원을 요청했다. 1992년 1월에 팀첸코는 우랄스 무역 회사의 판니코프와 손잡고, 푸틴의 해외 관계 위원회와의 합작 사업체인 〈황금 문〉을 설립했다.[71] 이들은 경쟁 관계인 범죄 조직들이 포위하고 궁극적으로는 하르첸코의 통제하에 있었던 기존 석유 집하장의 우회를, 나아가 서방의 자금을 이용한 새롭고 개선된 석유 집하장의 건설을 목표로 삼았다.[72]

푸틴과 팀첸코의 유대가 공개적으로 드러난 것은 이때가 처음이었다. 푸틴은 우랄스 무역 회사를 통한 수출을 등에 업고, 새로운 석유 집하장의 건설을 위한 대출에 관해 프랑스의 BNP 파리바 은행과의 논의를 1년 가까이 이끌었다.[73] 하지만 이 논의는 결국 흐지부지되고 말았는데, 대출이 승인되기 직전에 핵심 교섭자 가운데 한 명으로 파리에서 활동하던 전직 KGB 간부 미하일 간도린이 사망했기 때문이었다.[74] 이 과정에 관여했던 팀첸코의 예전 동업자 가운데 한 명은 이렇게 말했다. 「아마도 그는 뭔가를 투여받은 것 같았습니다. 그는 사망하기 이틀 전에 저에게 전화했었습니다. 그런데 아예 말을 할 수가 없는 상황이더 군요.」[75] 그해 여름에 〈황금 문〉의 또 다른 구성원인 세르게이 슈토프도 이 프로젝트에서 멀어지는 게 좋을 거라는 협박을 받았다.

프로젝트 자체는 극심한 공격을 당하고 있었다. 탐보프단을 포함한 상트페테르부르크 범죄 조직들이 기존 석유 집하장에서 나오는 수익에 대한 통제권을 얻기 위해서 서로 싸우는 중이었기 때문이다. 그 압력의 수위가 어찌나 높아졌던지, 서방의 고위급 은행가 두 명의 증언에 따르면, 푸틴조차도 안전상 두 딸을 한동안 독일에 보냈을 정도였다.[76] 트라베르가 항구와 석유 집하장을 장악하는 과정에 수반된 난폭한 투쟁에 팀첸코도 조금이나마 관여했다는 흔적은 전혀 없다. 하지만 결국에는 새로운 석유 집하장의 건설 대신, 기존 집하장을 통한 수출에 대한 독점권을 얻어 낼 기회가 그에게 열리게 되었다.[77]

트라베르의 예전 관련자 한 명, 팀첸코의 예전 동업자 한 명, 전직 KGB 관련자 한 명의 주장에 따르면, 팀첸코가 그런 독점권을 얻을 수 있었던 것은 어디까지나 트라베르와 모종의 협력 관계를 조성했기 때문이었다. 「트라베르는 팀첸코와 항상 좋은 관계를 유지했습니다. 팀첸코가 수출에 대해서 얻은 독점권은 어디까지나 그런 유대를 통해서만 가능했을 겁니다.」 트라베르의 예전 관련자 한 명의 말이다.[78] 「만약 석유를 선박으로 운반해야 하는 상황에서 항구에 강도가 바글거리면 합의하는 수밖에 없지 않겠습니까. 양측이 합의하는 것 외에는 다른 방법이 없었던 겁니다.」 1990년대에 푸틴과 함께 일했던 전직 KGB 고위 간부의 말이다.[79]

팀첸코 측 변호사들은 그 관계야말로 기껏해야 〈업무적이고 서먹서먹한〉 관계일 뿐이며, 팀첸코가 〈트라베르를 통해서, 또는 다른 어떤 방법을 통해서〉 간에 상트페테르부르크에서 범죄 조직이나 부패나 기타 부적절하거나 불법인 활동과 일말이라도 관련되어 있다는 주장은 모조리 거짓이며 명예 훼손 행위라고 주장했다. 2011년에 팀첸코의 대리인이 러시아의 『노바야 가제타*Novaya Gazeta*』에 말한 바에 따르면, 트라베르와 함께 항구와 석유 집하장의 공동 소유주인 드미트리 스키긴과 팀첸코는 서로 아는 사이이지만, 정작 두 사람이 공동 사업 프로젝트에 참여한 적은 없었다.[80]

이와 동시에 팀첸코는 KGB와 연관된 해외 은행가들의 네트워크를 끌어들여서 자신의 무역 작전에 자금을 지원하게 했다. 우선 드레스드너 방크가 있었는데, 그 은행의 상트페테르부르크 지점장은 한때 푸틴의 슈타지 동료였으며, KGB 세포의 일부분으로 드레스덴에서 함께 일했던 바르니히였다.[81] 다음으로는 아키모프가 있었는데, 그는 한때 세계 경제 연구소에서 프리마코프와 함께 일하다가 빈 소재의 소비에트 해외 은행의 최연소 대표로 부임한 바 있었다. 그는 빈에서 소비에트 붕괴 1년 전에 개인 사업체인 IMAG를 설립했는데, 바로 그 사업체에서 팀첸코에게 자금을 제공했다.[82]

그 와중에 푸틴도 지원에 나서서, 팀첸코가 트라베르의 항구에 있는 석유 보관 시설을 이용하도록 허가했고, 팀첸코의 키리시네프테힘엑스포르트와 쿠마린의 PTK 사이의 공급 계약이 원활해지게 도와주었다.[83] 그 와중에 쿠마린은 양쪽 회사의 공급자인 키리시 정유소의 이사회에 합류했다.[84]

「이 모두는 매우 잘 조직되었습니다. 푸틴과 그의 사람들은 시청의 지원을 보장했습니다. 왜냐하면 KGB 시절에도 그는 병참 조직을 이용해 도울 수 있었기 때문입니다. 모두가 한통속이었습니다.」 그 도시의 또 다른 석유 무역업체의 공동 소유주 막심 프레이존의 말이다.[85]

그 당시에 조성된 동맹은 소비에트 붕괴 이전의 KGB 전통을 따랐으며, 그 전통을 굉장히 상업적인 용도에 동원한 셈이었다. 「제가 기억하는 한, 악당들과 KGB 사이의 공생은 예전부터 항상 있었습니다. 통화 시장에서는 물론이고 성매매 사업에서도 KGB는 항상 악당들과 함께 일했습니다. 그곳이 정보의 출처였기 때문이죠. 그건 자연스러운 공생이었습니다. 그들 중 어느 쪽도 도덕적 한계를 두지는 않았습니다. 악당들은 KGB에게 마치 보병대와도 같았습니다. 기꺼이 모든 위험을 무릅썼죠.」 프레이존의 말이다.[86]

상트페테르부르크 항구와 석유 집하장에 대한 푸틴의 관심은 종종 시 보유 지분을 관리하는 국가 공직자의 관심 이상이었던 것처럼 보인다. 푸틴과 트라베르와 그 부하들이 구축한 동맹으로 인해 심지어 해외 사업가가 곤란을 겪는 일도 있었다. 항구에 대한 자금 지원을 돕기 위해 찾아온 그 해외 사업가는 풀코보 공항에서 신속한 안내를 받아 무장 차량에 탑승했고, 경찰과 트라베르의 경호원들이 수행하는 가운데 트라베르의 본거지로 곧장 안내되었다. 어느 뒷골목에 있는 담장 높은 건물에 도착한 그는 안내를 받으며 무장 경호원과 으르렁거리는 셰퍼드를 뚫고 지나갔다. 이콘[*]으로 장식된 방을 몇 개 지난 뒤에야, 트라베르가 기다리고 있는 내실에 도착했다. 그곳의 주인은 운동복 바지와 슬리퍼 차림에, 커다란 황금 십자가가 달린 굵은 사슬 목걸이를 걸고 있었다. 이것이야말로 그 도시의 악당 유니폼이었다. 해외 사업가로서는 지금 자기가 만나는 사람이 누구인지를 차마 모를수가 없었다. 「마치 영화 속의 한 장면 같았습니다. 그를 보자마자 가슴이 덜컥 내려앉더군요.」 그의 말이다.[87]

그 장면은 항구의 자금 지원을 도와 달라며 시청의 한 공직자로부터 초청받았을 때에 그 해외 사업가가 예상했던 것과는 거리가 한참 멀었다. 하지만 트라베르와의 긴장된 논의 끝에 해외 사업가는 승

---

[*] 러시아의 전통적인 미술의 한 형태. 주로 아기 예수와 성모 마리아, 성인 따위를 묘사한다.

인을 얻어 냈다. 다음 날 그는 좀 더 상쾌한 환경으로 안내되었다. 그곳은 트라베르의 사업 관련 동업자 보리스 샤리코프의 법률 사무소로, 상트페테르부르크에서도 가장 경치가 좋은 운하 가운데 한 곳에 있었다. 그 자리에는 훗날 트라베르의 또 다른 동업자가 될 전직 KGB 간부 한 명이 참석했고, 푸틴은 물론이고 시청 재산부 책임자 미하일 마네비치도 참석했으며, 장차 트라베르와 함께 항구를 공동으로 소유했다고 알려지게 될 사업가 스키긴도 참석했다. 스키긴은 능히 항구의 얼굴 노릇을 할 만한 사람이었다. 그는 온화한 태도의 괴짜로, 국제 금융 용어를 훤히 꿰뚫고 있고 프랑스어와 영어에 유창했고 교육을 잘 받은 사업가였으며, 여가에는 등산을 즐겼다. 모나코 측 첩보에 따르면, 그의 아버지 에두아르드는 푸틴과 가까운 사이였다.[88] 하지만 스키긴의 예전 동업자 두 명의 말에 따르면, 그는 또한 상트페테르부르크의 또 다른 범죄 조직의 두목인 세르게이 바실리예프의 위장 간판이기도 했다. 권투 선수 출신으로 싸움을 좋아하는 바실리예프와 트라베르는 항구의 (아울러 나중에는 항구의 석유 집하장의) 공동 통제를 위해 아슬아슬한 평화 협정을 맺은 바 있었다.[89]

상트페테르부르크 행정부가 탐보프단과 맺은 동맹은 그 도시의 기반 시설에 깊이 새겨지게 되었다. 시청에 있는 푸틴의 사람들의 도움 덕분에, 그곳 항구는 콜롬비아에서 들여온 마약을 서유럽으로 밀수하는 주요 중추가 되었다. 전직 KGB 고위 간부 시베츠는 훗날 런던의 법정에서 이렇게 증언했다. 상트페테르부르크 안보 기관에서 푸틴과 가장 가까운 동맹자 가운데 하나인 이바노프는 항구를 차지하는 과정에서 탐보프단을 지원했고, 푸틴도 시장실에서 보호를 제공했다는 내용이었다.[90] 이바노프는 열심히 부정했지만, 상트페테르부르크 항구가 실제로 마약 밀수의 중요한 도관이었다는 다른 증거들도 나왔다.[91]

항구에 대한 통제가 워낙 전략적으로 중요해진 까닭에, 1997년에는 시청 재산부 책임자 마네비치가 항구의 민영화 과정에서 잃어버린 시 보유 지분 29퍼센트에 대한 표결권을 되찾으려 시도하던 와중에 충격으로 사망하고 말았다. 그가 일터로 운전해 가는 도중에 저격수가 나타난 것이다.[92]

「마네비치는 국가가 그 모두를 되찾도록 추진 중이었습니다. 그가 가진 무기는 석유 집하장을 포함한 항구 전체에 대한 장기 임대 허가 연장을 여차하면 거부할 수도 있다는 사실이었습니다. 결국 그 대가로 자기 목숨을 내놓게 되었던 겁니다.」트라베르의 옛 관련자의 말이다.[93] 상트페테르부르크 의회의 전직 의원이었으며, 마네비치와 가까운 동료였던 뱌체슬라프 셰브첸코가 경찰의 살인 사건 조사 과정에서 증언했다는 내용에 따르면, 고인은 생애 마지막 며칠 동안 항구의 상황 때문에 깊이 고민했었다고 한다. 「저는 그의 요청에 따라 두 번이나 항구에 가서 그곳의 책임자와 이야기를 나누었습니다. 저는 영국 보험 회사 로이즈를 고용해서 항구의 재정 상황을 분석하자는 제안을 내놓았습니다. 그로부터 일주일 뒤에 트라베르의 악당들 가운데 두 명이 저를 찾아와서 말했습니다. 두 번 다시 항구에 오면 도끼로 제 머리를 잘라 버릴 거라고 말입니다.」[94]

트라베르는 지금 이 책에 대해서도 논평을 거부하며, 여기 나오는 주장들이 〈허구이고 비방〉이라고 일축했다.[95] 마네비치가 살해된 지 겨우 3개월 뒤에, 항구의 주주들은 트라베르의 신생 회사 OBIP와 맺은 새로운 장기 관리 계약을 연장하는 데 합의했는데 이 회사의 소유주는 리히텐슈타인 소재 재단인 나스도르 주식회사였다.[96] 더 나중에 가서, BMP의 약탈에 대해서 공개적으로 발언할 만큼 배짱이 있었던 사람이 딱 하나 나왔다. 바로 그 사건이 벌어졌을 당시에 시장이었던 솝차크였다. 권좌에서 물러난 지 한참 뒤에 그는 신문 기고를 통해서 처음이자 마지막으로 그 도시에서 행해진 소비에트 이후의 KGB

활동을 공개적으로 비판했다. 〈이 일에 관여한 검찰과 FSB와 경찰은 직권 남용 혐의와 아울러 국가에 막대한 손실을 야기한 혐의로 기소되어야 마땅하다.〉 숍차크는 이렇게 썼다.[97] 이로부터 4개월 뒤에 그는 사망했다. 「제 생각에는 바로 그것 때문에 숍차크가 결국 목숨을 내놓게 되지 않았나 싶습니다.」 하르첸코의 관련자 한 명은 이렇게 말했다.[98]

푸틴의 KGB 동료들이 보기에, 그들이 그 당시에 조성한 동맹은 소비에트 붕괴라는 혼돈으로부터 회복하기 위한 유일한 방법으로서 필수적이었다. 범죄 조직은 대중의, 즉 거리에 나온 사람들을 통제하기 위해 이들에게 필요한 보병대였다. 아울러 그 당시 푸틴의 관련자 가운데 한 사람의 말마따나, 교도소에 들어가 있는 사람들을 통제하기 위해서도 범죄 조직이 필요했다. 이것은 소비에트의 과거에 조성된 전형적인 KGB의 관습이었는데, 예를 들어 푸틴도 한때 동독을 통해서 불법자들을 운영한 적이 있었다. 「그들은 사람들과 함께 일했습니다. 이것이야말로 그들이 한 일입니다. 당신이 우두머리 수컷들로만 이루어진 무리를 진정시킬 필요가 있다고 칩시다. 그놈들에게 총을 쏠 수 없다고 치면, 그거야말로 끔찍하게 어려운 일일 겁니다.」 그들과 함께 일했던 전직 KGB 간부의 말이다.[99] 하지만 그들이 질서를 유지하기 위해서 이렇게 할 필요가 있었다는 식의 논증은 단지 권력 장악 배후에서의 자기 정당화에 불과하다. 석유 식량 교환 계책 역시 겉으로는 그 도시를 구하기 위해서 고안된 것이 아니었던가. 그 목적이 식량을 가져오는 것이었건, 아니면 부채를 갚는 것이었건 간에 말이다. 하지만 그 계획이 실제로 달성한 결과라고 해봐야 KGB의 권력과 네트워크를 보전하기 위한 검은돈 네트워크를 만들어 낸 것에 불과했다.

이런 관계들의 실타래 속에서 또 한 올의 실을 따라가 보았더니,

공산당 지배의 막바지에 당의 〈비가시적 경제〉를 위해 설립된 구조물 가운데 하나가 나타났다. 그것은 바로 방크 로시야라는 상트페테르부르크의 작은 은행으로, 석유 식량 물물 교환 거래의 핵심 중개업체 중 하나였다. 1991년 8월의 쿠데타가 실패로 돌아가고 슬그머니 설립된 여러 기관과 상당수의 회사와 마찬가지로, 방크 로시야의 통제권은 소리 소문 없이 KGB 대리인들의 손으로 넘어갔다. 그 새로운 주주 중에는 전직 KGB 간부 한 명과 KGB와 연계된 물리학자 두 명이 포함되어 있었다. 이 물리학자들은 희토류 전공자였는데, 그 물질은 워낙 희귀할 뿐만 아니라 전략적으로 중요했기 때문에 오로지 KGB 구성원들만이 다룰 수 있었다.

스파이

푸틴이 돌아온 때보다 한 해 뒤인 1991년 2월, 뉴욕에 있는 국제 연합에서의 위장 근무를 마치고 레닌그라드로 돌아온 KGB 고위 간부 야쿠닌은 고국의 상황을 보고 충격을 받았다. 그는 뉴욕의 편안한 거처를 떠나, 가로등이 켜지는 일조차 드물고 지저분하기 짝이 없는 레닌그라드의 노동 계급 지역에 온 것이다. 야쿠닌의 아내는 상점에 갔다가 울면서 돌아오기 일쑤였는데, 진열대에 있는 유일한 물건이 오이피클뿐이었기 때문이었다. 「한마디로 나를 해외에 나가서 일하라고 파견했던 나라가, 내가 자라났고 내 아이들이 태어난 나라가 더 이상 존재하지 않게 되었던 겁니다. 가치도 마찬가지의 상황이었습니다. 사회적 가치며 도덕적 가치도 말입니다. 그거야말로 그 어떤 사회에서나 기초적인 토대인데도 말입니다. 나라 전체가 어떤 암흑 속으로 가라앉아 버렸던 겁니다.」 그의 말이다.

야쿠닌의 입장에서는 자기가 한때 믿었던 모든 것이 붕괴한 듯 보였다.「우리는 당과 인민에 대한 충성의 정신 속에서 자라났습니다. 우리는 조국과 인민을 위해 뭔가 유용한 일을 하고 있다고 실제로 믿었던 겁니다.」하지만 해외 첩보부에 근무하는 여러 사람과 마찬가지로, 그 역시 당의 지도력이 실패하고 있음을 이미 오래전부터 깨달을 수 있었다.「점점 커져 가는 문제를 다룰 방법을 아는 사람이 하나도 없었고 (……) 현실과 이념적 교리 사이의 간극이 국가 지도자들에 대한 깊은 불신으로 귀결되었던 겁니다.」[100]

비록 제국의 상실과 수십 년에 걸친 냉전의 상실이 야쿠닌 같은 사람들을 강타했지만, 그는 말하자면 러시아의 새로운 자본주의를 포용하기 위해 재빨리 움직인 사람 가운데 하나이기도 했다. 아울러 비록 확실성이 있던 날들을 그리워한다고, 공산주의의 기반에 있었던 도덕성과 가치를 그리워한다고 말했어도, 사실 야쿠닌은 소련이 심지어 붕괴하기 전부터 사업에 뛰어든 사람이기도 했다. 이를 통해 그는 막대한 금액의 현금을 챙겼는데, 한편으로는 자신을 위해서였으며, 이와 동시에 더 중요하게는 KGB 네트워크의 보전을 돕기 위해서였다.

소련 붕괴 이후 4년 동안, 야쿠닌은 안보 기관의 간부로 계속 남아 있었으며, 절대 사직하지 않고 자리를 지켰다. 비록 본인은 명령을 받지는 않았다고 주장했지만, 자신과 동업자들의 사업 활동의 목표는 부분적으로나마 보전할 수 있는 것을 보전하려는 것이었다고 시인했다.「우리는 스스로 방향을 고칠 필요가 있었습니다. 우리는 돈을 벌어들일 상업 회사를 만들 필요가 있었고 (……) 우리는 모두 이 과정의 일부였습니다. 의사소통과 협력의 전통이 남아 있었던 겁니다.」

야쿠닌은 상트페테르부르크의 유명한 이오페 기술 물리 대학 출신 관련자들과 힘을 합쳤는데, 그는 원래 이 대학에서 국제 교류를 감독하는 일을 하다가 뉴욕으로 파견되었기 때문이다. 그곳 출신자 중에는 당시 39세의 매우 뛰어난 물리학자 코발추크가 있었다. 이마가 툭 튀어나오고 독수리 같은 눈매를 갖춘 코발추크는 안드레이 푸르센코와 긴밀히 일했다. 두 사람 모두 이오페 연구소에서 레이저 및 위성 시스템에 사용되는 감광성 반도체 기술 연구의 부책임자를 역임했다. 이 분야는 KGB의 특별한 관심의 중심에 있었기에, 서방의 수출 금지 조치를 우회하고 기술을 훔쳐 내기 위해서 온갖 종류의 밀수 계책이 동원된 바 있었다(야쿠닌은 뉴욕에서 위장 신분으로 근무하는 동안 기술을 밀수했던 것으로 추정된다). 이러한 전문 지식 덕분에 야쿠닌과 코발추크와 푸르센코는 쏠쏠한 과제를 부여받게 되었다. 바로 희토류를 판매하는 거래였는데, 그중에는 항공 우주 및 군사 산업에서는 물론이고 반도체 기술에서도 사용되는 희귀하고 전략적으로 중요한 동위 원소도 포함되어 있었다.[101] 야쿠닌의 말에 따르면, 이들에게 그 거래를 부여한 사람은 KGB의 고위급 장군이었다. 희토류 거래가 성사되자, 이들이 만든 합작 사업체인 템프는 2400만 루블의 이익을 얻게 되었다.[102] 그 당시에만 해도 막대한 금액이다 보니, 이들이 KGB와 연계된 방크 로시야를 차지하는 데 도움이 되었다.

소비에트 붕괴 직전의 마지막 몇 달 동안 KGB가 시장 경제로의 이행을 준비하는 사이에 세 사람은 이런 합작 사업체를 줄줄이 만들었으며, 이미 방크 로시야와 긴밀히 일해 오고 있었다. 야쿠닌의 말에 따르면, 8월의 쿠데타가 실패로 끝난 직후, 이들은 혹시 공산당의 재산 가운데 나머지와 마찬가지로 방크 로시야의 자기네 계좌가 동결된다면 사업을 못 하게 되는 것이 아닌가 하고 잠시나마 두려워했다. 하지만 이들은 연줄 덕분에, 아울러 희토류 거래에서 벌어들인 현금 덕분에 구제되었다. 그 지역당과 KGB 고위층의 묵인으로, 이들은 방크 로시야를 차지하여 소생시킬 수 있었다. 「우리는 레닌그라드시의 당 구조 내에서 잘 알려진 사람들이었습니다. 우리에게는 연락책이 많이 있었고, 사람들도 우리를 신뢰했습니다. 우리가 방크 로시야의 지배 지분을 갖도록 허락받은 이유는 정확히 말해서 그 사람들이 우리를 신뢰하고 존중했기 때문이었습니다.」야쿠닌의 말이다.[103]

방크 로시야는 애초부터 푸틴이 관장하는 해외 관계 위원회와 전략적으로 연결되어 있었다. 그 은행의 사무실은 훗날 시장의 본부가 되는 스몰니 청사에 있었으며, 그 은행은 푸틴의 사람들을 위한 돈주머니인 〈옵스차크〉를 만드는 데에서 핵심적인 임무를 수행했다. 야쿠닌과 코발추크와 푸르센코를 비롯한 그 도시의 KGB와 연계된 사업가들은 공산주의 정권의 황혼기에 KGB가 마련한 처방을 계속해서 거의 종교적으로 따랐는데, 그 당시에는 외국 법인과의 합작 사업체를 통해서 무역하라는 명령이 내려졌었다. 합작 사업체는 모조리 푸틴의 해외 관계 위원회 승인하에 설립되었으며, 그 대부분은 방크 로시야에 계좌를 개설하도록 지시받았다. 한번은 시 예산 중에서 수백만 달러가 방크 로시야의 계좌를 통해 빠져나가서, 푸틴의 사람들과 연계된 여러 회사의 네트워크로 흘러 들어가기도 했다. 그 현금은 〈20번째 신탁〉이라는 이름의 기금을 통해서 흘러 나갔다. 어느 시점에서 이 계책으로 인해 부시장이 형사 사건에 관련될 수도 있다는 위협이 대두했다. 푸틴의 사람들이 만들어 낸 비자금 가운데 상당수와 마찬가지로, 이 돈은 선거 유세 지원 같은 전략적 필요에 투입되기도 했고, 또는 핀란드와 스페인의 고급 부동산을 시 공직자들이 개인적으로 입수하는 데에 투입되기도 했다.[104]

푸틴과 그의 KGB 사람들이 시의 경제에 대한 통제권을 더 장악하게 되자, 이들은 각자 부르주아적인 꿈을 꾸기 시작했다. 예를 들어 푸틴과 〈20번째 신탁〉의 대표가 핀란드에 갔을 때 묵은 5성급 호텔의 요금을 내기 위한 송금 기록도 있었다. 이 사건을 수사한 경찰 고위 간부의 말에 따르면, 두 사람은 그곳에서 상트페테르부르크시 행정부에서 파견된 건축가를 만났는데, 아마도 여러 채의 별장을 건설하려는 계획을 논의했을 가능성이 가장 커 보인다.[105] 「소비에트 사람들은 별장을 갖는 꿈을 항상 지니기 마련입니다. 여기서의 핵심은 단지 좋은 땅을 하나 갖는 것만이 아니라, 거기에 아울러 적절한 이웃을 갖는 것이었지요.」 그 당시에 푸틴의 관련자 중 한 명이 이렇게 말했다.[106]

푸틴이 평화와 고요 속에서 주말을 보내기 위해 선택한 땅은 상트페테르부르크에서 북쪽으로 구불구불 이어진 도로를 따라 카렐리아의 숲과 호수를 지나 한참을 달려야 나왔다. 핀란드와의 국경 근처에서 표지판도 없는 도로를 따라가면, 낚시하기 좋은 곳으로 유명한 콤소몰스코예 호수의 가장자리에 아늑해 보이는 목조 주택이 여러 채나타난다. 푸틴이 이곳으로 오기 전에만 해도, 그곳의 도로는 흙길에 불과했다. 하지만 새로운 주민들이 도착한 직후, 그 도로에는 아스팔트가 깔리고 가로등이 설치되었다.

남들이 부러워하는 호숫가의 땅에 여러 세대 동안 평화롭게 살아왔던 마을 사람들은 더 강력한 신형 전력선이 설치되는 모습을 보았지만, 그중 어느 것도 이들의 집까지 연결되지는 않았다. 대신 마을 사람들은 차례대로 그곳을 떠나라는 요구를 받았으며, 그 대가로 이주비를 받거나 내륙으로 훨씬 깊숙이 들어간 곳에 마련된 새로운 조립식 주택을 얻었다. 저 권세가 당당한 새 이웃들은 방대한 부지에 위압적인 핀란드 양식의 산장을 지었다. 이들은 훗날 오제로 별장 협동조합이라고 알려지게 된 단체를 결성했으며, 호숫가를 차지한 상태에서 옛 마을 사람들이 접근하지 못하도록 높은 담장을 설치했다. 새로 온 사람들이 파티를 열면, 예전 주민들은 멀리에서 잔치나 불꽃놀이를 지켜볼 수밖에 없었다. 이들은 저항하지 말아야 한다는 사실을 익히 알고 있었다. 「저희 어머니가 한마디로 말씀해 주신 적이 있어요. 강자하고는 싸우지 말고, 부자한테는 고소하지 말아라.」 그중 한 명의 말이다.[107] 유일하게 싸우려고 시도한 주민은 결국 재판마다 줄줄이 지고 말았다.

푸틴을 따라서 콤소몰스코예 호수로 이주한 사람들이야말로 그의 KGB 지인들 중에서도 순혈(純血)에 해당하는 자들이었다. 대부분 방크 로시야의 주주였으며, 여기에는 야쿠닌과 푸르센코와 코발추크도 포함되었다. 그들 모두는 상트페테르부르크 시절 이전부터 푸틴과 연줄이 있었다. 「그들은 더 이전부터 푸틴과 가까웠던 사람들이었습니다. 그들이 거기까지 가게 된 이유는 그들의 업적이나 지식 때문이 아니었습니다. 단지 서로가 오랜 친구였기 때문이었습니다.」 푸틴의 예전 관련자 중 한 명의 말이다.[108]

바로 이 원칙이 훗날 국가 전체에 걸쳐서 확장될 예정이었다. 푸틴이 대통령이 된 이후, 그와 오제로 별장의 동료들은 경제의 전략적인 부분들을 접수하기 시작했으며, 충성스러운 부하들로 (즉 신뢰받는 보관인들로) 이루어진 긴밀한 네트워크를 만들어 냄으로써, 그 나라의 가장 큰 현금 흐름을 장악하고 다른 사람 모두를 배제해 버렸다. 방크 로시야는 이 집단의 배후에 있는 금융 제국의 핵심을 구성할 예정이었고, 그 촉수를 러시아 전역으로 뻗는 것은 물론이고 심지어 서방으로도 깊숙이 확장할 예정이었다.

항구와 석유 집하장에서 푸틴과 함께 일한 사람들은 그가 권좌에 오른 뒤에도 함께했다. 팀첸코는 그중에서도 가장 두드러져서, 예전 관련자 두 명의 말에 따르면, 처음에는 비공식적인 자문 위원으로 그늘에서 일했지만, 나중에는 그 나라 최대의 석유 무역업자가 되었다. 트라베르의 감독하에 상트페테르부르크 항구를 운영하던 사람들은 푸틴이 그 나라의 가장 크고 가장 전략적인 자산을 접수하기 시작하면서 급기야 국영 가스 대기업 가스프롬의 최고위직을 차지할 예정이었다. 이어서 푸틴이 호도르콥스키처럼 친서방적 올리가르히로부터 그 나라의 석유 산업을 접수하려는 첫 행보에 나서자, 팀첸코와 아키모프는 이로부터 이득을 챙긴 핵심 집단의 일부가 되었다.

하지만 1990년대에만 해도, 즉 막 시작했을 시절에만 해도 그들이 결국 그렇게 멀리까지 나아갈 수 있으리라 상상하기는 어려웠다. 오제로 별장 협동조합의 구성원들은 그저 자기들끼리만 어울렸고, 호숫가에서 쫓겨난 예전 주민들과는 거의 말을 섞지도 않았다. 하지만 푸틴이 모스크바로 자리를 옮기고부터는, 주말에 방문하는 일이 점차 드물어졌다. 이들이 지은 집들은 텅 빈 채로, 마치 호숫가의 유령처럼 남게 되었다. 「그들에게는 이곳이 너무 작아지게 된 거겠죠. 그들은 모스크바에서 다른 기회를 얻었으니까요.」 예전 주민들 가운데 한 명의 말이었다.[109]

1996년 여름에 푸틴이 갑자기 모스크바 크렘린의 고위직에 임명되었을 때, 상트페테르부르크에서 그의 경력을 자세히 관찰해 온 KGB의 고위급 장군 한 명은 만족스럽다고 발언했다. 「그는 일개 공직자로 밑바닥에서부터 경력을 시작했습니다. 물론 그 역시 실수를 저지르기는 했습니다. 그가 다룬 문제들은 절대적으로 새로운 것들이었고 (……) 실수를 저지르지 않는 유일한 사람이 있다면, 아무것도 하지 않은 사람뿐일 겁니다. 하지만 푸틴은 상트페테르부르크에서의 활동 막바지에 이르러 상당히 크게 성장했습니다.」 겐나디 벨리크 장군은 훗날 한 기자에게 이렇게 말했다.[110]

벨리크는 KGB 해외 첩보부 업무의 베테랑이었으며, 상트페테르부르크에서는 희토류를 거래하는 무역 회사들의 네트워크를 감독한 바 있었다. 그는 푸틴이 그 도시의 경제를 관리하는 동안 멘토 노릇을 해주었다. 가까운 동료의 증언에 따르면, 푸틴은 전직 KGB 수장 크류치코프와도 계속해서 연락했다.[111] 푸틴의 사람들은 상트페테르부르크 경제의 상당 부분을 장악했지만, 그들이 다룬 현금의 양이야 호도르콥스키 같은 젊고 친서방적인 재벌들이 모스크바에서 차지한 것에 비하자면 푼돈에 불과했다. 옐친 시대의 새로운 올리가르히가 그 나라의 산업적 부를 나눠 먹는 동안, 푸틴의 사람들은 전장에서 멀찌감치 떨어져 있었다. 상트페테르부르크 KGB 가운데 다수가 보기에, 모스크바에서 벌어지고 있는 일은 러시아라는 국가의 붕괴를 상징했다. 그중 한 명인 야쿠닌은 당 엘리트 가운데 부패한 구성원들의 음모가들이, 아울러 (자신이 〈범죄자〉라고 단언한) 호도르콥스키 같은 사람들이 온 나라를 장악했다고 여겼다.[112] KGB 사람들은 옐친을 술에 취한 어릿광대로 보았다. 즉 공산당의 중급 간부 출신인 최고 지도자가 서방이 들려주는 곡조에 맞춰 춤을 추는 것으로도 모자라, 이제 한 곡을 더 듣는 대가로 자국의 전략적 기업들을 탐욕스러운 사업가들로 이루어진 부패한 범죄 조직에 선뜻 넘겨준다고 생각했다. 「사람들은 자기 목숨을 바쳤습니다. 그들은 정직하게 봉사했고, 생명의 위협도 감수했습니다. 하지만 그들이 얻은 것이라고는 지역 공산당 지도자보다 더 잘난 것도 없는 그 술에 취한 개자식의 행패뿐이었던 겁니다.」[113]

비록 그 당시에는 가능성이 별로 없어 보였지만, 푸틴이 모스크바로 옮겨 간 것이야말로 변화를 향한 첫걸음이었다. 사실 그는 궁지에 몰린 순간에 용케도 승진해서 위기를 벗어난 셈이었다. 1996년 여름, 솝차크는 상트페테르부르크 시장 재선에 실패한 상태였다. 선거 유세의 책임자였던 푸틴에게도 부분적으로 책임이 있었다. 솝차크는 정말 간발의 차이로 패배했다. 겨우 1.2퍼센트 차였다. 그의 미망인 나루소바가 훗날 한 말처럼, 그 정도면 커다란 아파트 한 동에 거주하는 주민들의 표에 해당했다. 솝차크를 제거하고 싶어 했던 옐친이 선거 패배를 획책했다는 소문이 떠돌았다. 즉 화려하고 카리스마적인 이 현직 시장이야말로 그로부터 몇 달 뒤에 있을 선거에서 재선을 노리는 현직 대통령에 도전할 수 있는 사람이라고 생각했다는 것이었다. 나루소바는 이를 확신했다. 「그는 지나치게 독립적으로 되었던 거죠. 옐친은 그를 경쟁자로 보았고, 따라서 선거를 엉망으로 만들라는 명령이 하달된 겁니다.」[114] 선거가 차마 시작되기 전부터 솝차크는 뇌물 수수 혐의로 인해 수사의 표적이 되어 있었다. 많은 사람은 그것이야말로 옐친 주위의 보수파 안보계 사람들이 수행한 부정한 공작의 일환이었다고 믿었다.[115]

이 뇌물 수수 주장이 선거 결과에 영향을 주었다는 데에는 의심의 여지가 없으며, 푸틴은 솝차크의 패배 직후 상트페테르부르크 행정부에서 곧바로 사직했다. 푸틴의 경력에 관한 공식 해설자인 크렘린 홍보 전문가들은 그 당시의 사직 이유로 솝차크에 대한 충성심을 강조하는 한편, 푸틴이 본인의 원칙 때문에 실업 상태에 직면하는 위험을 무릅썼다고 강조했다. 하지만 사실 푸틴은 일을 그만둔 지 불과 한 달도 안 되어서 모스크바로 초청받게 되었다. 크렘린 행정실의 행정 부실장이라는 위신 높은 직위에 천거된 것이었다. 이 과정에서 푸틴은 알렉세이 볼샤코프의 도움을 받았다. 레닌그라드 방위 기구 출신의 이 거물은 KGB 출신이었을 가능성이 높은데, 어찌어찌 옐친의 부총리까지 승진했다.

친서방 성향에 민영화의 차르로서 옐친의 새로운 행정실장이 된 추바이스의 반대로 임명은 좌절되었지만, 그렇다고 푸틴이 완전히 버림받은 것은 아니었다. 대신 그는 크렘린 해외 재산부의 책임자가 되었다. 이 전설적인 부서는 소련 붕괴 이후의 방대한 해외 자산을 전부 물려받았다. 위풍당당한 무역 및 외교 시설, 군사 기지와 기타 군사 시설의 네트워크 등이 (비밀인 것과 비밀이 아닌 것을 망라해서) 모조리 그 자산에 포함되어 있었다. 비록 이미 설명조차 없이 사라진 것이 많은 제국이었지만, 그래도 그 나라가 보유한 부의 전략적 핵심을 상징하는 부서이므로, 푸틴에게는 실제로 위신 있는 승진이 아닐 수 없었다.

이것이야말로 푸틴에게는 아찔한 상승의 시작이었다. 모스크바로 옮겨 간 지 7개월도 되지 않아 푸틴은 그 이상으로 승진했다. 우선 통제국 수장이 되었는데, 크렘린 권력의 핵심 기관인 그곳에서 대통령의 명령이 자국 내 고분고분하지 않은 여러 지역에서도 확실히 수행되게끔 보장하는 임무를 담당했다. 「그들은 결코 푸틴을 그냥 길거리에서 데려온 게 아닙니다. 모스크바에서는 그를 솝차크의 자문 위원으로, 상트페테르부르크에서 영향력 있는 사람으로 알고 있어서 (⋯⋯) 제 생각에는 그의 이동도 미리 계획된 것이었습니다.」 그와 가까웠던 동료의 말이다.[116] 그러다가 푸틴은 1년 뒤에 크렘린의 지역 담당 행정 제1부실장으로 승진했는데, 크렘린에서는 대통령 다음에 세 번째로 강력한 지위였다. 그 직책을 담당한 지 겨우 3개월 만에 그는 다시 KGB 후신인 FSB 수장으로 임명되었고, 러시아 전체를 관장하게 되었다. 푸틴은 그 당시에 겨우 중령 계급이었는데, 장성급 미만인 사람이 FSB 수장이 되는 것은 전례가 없는 일이었다. FSB 장군들은 이 조치에 경악했다지만, 푸틴의 동료들은 그가 행정 제1부실장이라는 직위를 역임했으므로 장군에 상응하는 계급이었던 셈이라고 주장했다. 똑같은 계급을 단지 민간 용어로 표현했을 뿐이라는 것이 그들의 말이었다.[117]

엘친의 사위 유마셰프는 성격 좋은 전직 언론인 출신으로 대통령 행정실장까지 올라간 사람이었는데, 푸틴의 기적적인 상승에 관한 뒷공론은 오히려 그의 두드러진 실력을 낮춰 보는 격이라고 주장했다. 「저의 보좌관 중에서도 그야말로 가장 강력한 사람이었습니다. 그는 항상 명석하게 일했습니다. 그는 자신의 견해를 정확히 공식화했습니다. 그는 상황을 정확히 분석했습니다. 저는 그런 보좌관을 데리고 있다는 사실이 항상 행복했습니다.」 그가 직접 내게 한 말이다.[118] 하지만 상트페테르부르크 시절부터 알고 지내던 다른 사람들이 보기에, 푸틴의 상승은 뭔가 초현실적 성격을 지니고 있었다. 예전 관련자 가운데 일부는 혹시 그의 경력 초기부터 멘토 노릇을 해준 KGB 장군들이 밀어준 결과는 아니었나 하고 의문을 제기했다. 「애초부터 그가 솝차크와 일함으로써 민주주의 진영에 잠입하는 임무를 부여받았다는 설명도 가능합니다.」 예전 관련자 가운데 한 명은 이렇게 말했다. 그러다가 솝차크가 불필요해지자 선거에서 패배하도록 만드는 데도 일조했던 걸까? 「푸틴이 크렘린의 명령을 따르고 있었을 가능성, 아울러 자기 임무를 완수했을 때 크렘린으로 들어가서 매우 중요한 인물이 되었을 가능성은 전적으로 충분합니다. 애초부터 경쟁자인 솝차크를 없애기 위한 특수 작전이었다고 가정하면 만사가 명료해집니다.」 예전 관련자의 말이다.[119] 하지만 솝차크도 어쨌거나 상트페테르부르크에서 점점 더 논란을 일으키게 되면서, 사람들은 낙선의 주된 원인이 그의 오만이라고 주장하기도 했다. 즉 그의 재선 시도를 좌절시키는 데에는 큰 노력이 필요하지도 않았다는 것이다.

그곳에 어떻게 도달했는지 간에, FSB 수장으로 부임한 푸틴은 곧바로 상트페테르부르크 시절에 묻은 얼룩을 닦아 내기 시작했다. 그 시절에 가장 큰 적수 가운데 하나는 솝차크의 전직 보좌관 유리 슈토프였는데, 그는 푸틴과 충돌한 이후로 푸틴의 체면을 실추시킬 자료를 수집해 오고 있었다. 예를 들어 석유 식량 교환 거래에 관한 자료라든지, 시 자산의 민영화에 관한 자료라든지, 탐보프단과의 유대에 관한 자료 등이었다. 푸틴이 FSB 수장에 임명된 직후, 슈토프는 눈앞에 총구를 마주하며 체포되었다. 슈토프는 예전부터 매우 논란이 많은 인물이었으며, 상트페테르부르크 지하 세계와의 유대에 관한 소문도 파다했다. 푸틴이 FSB 수장이 되자마자 그 의심은 법적 혐의로 변모되었다. 슈토프는 네 건의 살인 청부 혐의와 두 건의 살인 청부 기도 혐의로 기소되었다. 지역 법원이 형사 사건 수사에 대한 법적 근거가 전혀 없다고 판결함으로써 석방되나 싶었지만, 법정으로 쳐들어온 특수 경찰에게 신속히 다시 체포되었다. 이번에는 시베리아 깊은 곳에 위치한 페름주의 벨리 레베드, 즉 〈백조〉라는 이름을 가진 교도소에 갇혔다. 그는 끝내 러시아에서 가장 험한 유형지인 그곳에서 벗어나지 못하고 사망했다. 슈토프를 잘 알았던 전직 시 공직자 안드레이 코르차긴의 말에 따르면, 탐보프단과 푸틴의 유대에 관한 자료도 사라져 버렸다. 「그는 러시아의 최초이자 유일하게 진짜인 정치범입니다.」[120]

이보다 더 불편한 징조는 푸틴이 FSB 수장으로 임명된 지 불과 넉 달 만에 나타났다. 1998년 11월의 어느 날 저녁 늦게, 스타로보이토바가 자기 아파트 건물 입구에서 총에 맞아 사망했다. 땅딸막한 체구에 싹싹한 성격, 연갈색 머리카락을 가진 이 인권 활동가는 일찍이 드레스덴에서 레닌그라드로 돌아온 푸틴의 제안을 거절한 바 있었다. 사망 당시에 스타로보이토바는 상트페테르부르크의 주도적인 민주주의자로서, 부패에 반대하여 가장 목소리를 높인 십자군이었다. 그녀의 사후에 도시 전체가 애도를 표했고, 국가 전체가 충격에 빠졌다. 많은 논평가가 스타로보이토바의 암살을 바로 다음 달에 실시될 예정인 지역 의회 선거를 둘러싼 긴장과 연계시켰다. 하지만 스타로보이토바의 전직 보좌관 가운데 한 명으로, 총격 당시에 함께 있었지만 어찌어찌 도망쳐서 목숨을 건진 루슬란 린코프는 오히려 스타로보이토바가 실시한 부패 조사 때문에 그녀가 살해된 것이라고 믿는다.[121] 스타로보이토바의 가장 가까운 친구 가운데 하나이며, 역시나 주도적인 민주주의자인 발레리야 노보드보르스카야는 상트페테르부르크 안보계 사람들이 그녀의 살해를 명령했다고 확신한다. 「그들이 배후에 있음은 분명합니다. 그들이 살인자에게 사주했어요.」[122] 트라베르의 예전 동업자의 말에 따르면, 스타로보이토바에 대한 가장 큰 위협은 항구와 해운사와 석유 집하장을 통제하는 상트페테르부르크 〈실로비키〉로부터 왔을 가능성이 있었다. 「그녀는 상트페테르부르크에서 석유 사업을 통제하는 사람들의 무리에 대한 사건 기록을 입수했습니다. 트라베르는 이에 관해서 저에게 말했었습니다. 그가 이러더군요. 〈도대체 왜 그 여자는 석유 사업을 들여다보기 시작한 걸까?〉 그녀가 살해된 이유는 바로 그것이었습니다.」[123] 나중에 그녀의 죽음을 수사한 전직 FSB 간부도 실제로 탐보프단이 살해를 조직했으리라 의심한다고 내게 말했다. 「우리는 이 사건에서 아무런 결론도 얻어 낼 수 없을 것이라고 이해했습니다.」[124]

푸틴의 상승에 수반되는 사건들은 불길하기 짝이 없었다. 하지만 그 나라는 또 한 번의 금융 위기로 돌진하고 있었기에, 이에 관한 경고 신호를 어느 누구도 알아채지 못한 것처럼 보였다. 옐친의 건강은 쇠퇴하고 있었으며, 최소한 한 가지 보고에 신빙성이 있다고 가정한다면, KGB 장군들은 복귀를 준비하고 있었다. 어느 날 저녁, 그러니까 1998년 8월에 러시아 경제를 말살한 금융 위기 직후에, 모스크바에서 KGB 간부 여러 명과 미국인 한 명으로 이루어진 작은 모임은 사적 만찬을 즐기고 있었다. 그중에는 전직 KGB 수장 크류치코프, 전직 모나코 안보 수장으로 잠시 FBI 정보원 노릇도 했던 로버트 에린저, 크류치코프의 보좌관으로 과거 붉은 깃발 학교에서 푸틴의 선배 강사 가운데 하나였던 이고리 프렐린이 있었다. 에린저의 말에 따르면, 프렐린은 머지않아 KGB가 권력을 되찾을 것이라고 다른 손님들에게 말했다. 「그는 이렇게 말했습니다. 〈우리가 아는 사람이 하나 있습니다. 그에 관해서는 한 번도 들어 본 적이 없으실 겁니다. 그게 누군지는 우리도 아직 말씀드리지 않을 겁니다. 하지만 그는 우리 중 하나이고, 그가 대통령이 되면 우리도 돌아갈 겁니다.〉」[125]

제4장
후계자 작전

〈모두 잊어버리고 말았습니다. 모두 민주주의가 그냥 거기 계속 있을 거라고 생각했던 겁니다. 모두 각자의 개인적 이득에 대해서만 생각했던 겁니다.〉

옐친 정부의 전직 재정 제1차관 안드레이 바빌로프[1]

제1안

〈모스크바〉. 1999년 여름, 크렘린에는 마치 죽음 같은 정적이 깔려 있었다. 주 행정 건물의 미궁 같은 복도에서 들리는 유일한 소리는 청소부들이 나무쪽 마룻바닥을 닦으며 나는 전기 모터의 꾸준한 소음뿐이었다. 멀리서는 순찰 중인 대통령 경호원 한 명의 달그락거리는 구두 뒤축 소리가 복도를 따라 메아리칠 뿐이었다. 한때 호의를 얻고자 늘어선 민원인들로 넘쳐 나던 사무실들이 대부분 텅 빈 상태가 되었고, 그곳의 예전 거주자들은 모스크바에서 멀리 떨어진 각자의 별장에 틀어박힌 채 좌불안석하며 차를 들이켰다. 「마치 공동묘지에 들어와 있는 것 같았죠. 마치 파산한 회사 같았습니다. 갑자기 거기에는 아무것도 없게 되고 말았던 겁니다.」 크렘린의 역대 행정실장들에게 자문 위

원 노릇을 했던 크렘린의 은행가 푸가체프의 말이다.[2]

푸가체프에게는 물론이고 옐친의 이너 서클의 다른 구성원들에게도(이들은 ⟨패밀리⟩로 널리 알려져 있었고, 크렘린에 아직 남은 극소수의 거주자들이었다) 긴장되는 새로운 현실이 시작한 상태였다. 옐친은 10월부터 계속해서 병원을 들락거리고 있었으며, 크렘린의 벽 바깥에서는 마치 쿠데타가 준비 중인 것처럼 보였다. 옐친의 통치는 기초부터 조금씩 붕괴되고 있었으며, 이것이야말로 지난여름의 파멸적인 루블화 평가 절하와 정부 부채 400억 달러에 대한 채무 불이행의 결과였다. 시장으로의 이행 열풍이 일어난 시절의 특징이자 연줄 좋은 극소수에겐 횡재의 기회였던 쉬운 돈벌이도 요란한 파국 속에서 끝나 버리고 말았다. 정부는 4년 동안 자국 예산에 자금을 지원하기 위해서 단기 부채를 발행했으며, 그리하여 생겨난 피라미드 계책에서는 옐친 시대의 젊은 늑대들인 소수의 올리가르히만이 유일한 승자였다. 재벌들이 치솟는 금리와 고정 환율을 이용해서 확실한 도박의 수익금을 챙기는 사이, 중앙은행은 루블화 안정을 도모하느라 경화 보유액을 소진해 버렸다. 이 모두는 1998년 8월에 무너졌으며, 러시아 국민은 다시 한번 그 일격을 정면으로 맞이할 수밖에 없었다. 올리가르히의 은행 가운데 다수도 재난 속에서 붕괴하고 말았지만, 그들은 재산 대부분을 역외로 옮길 수 있었던 반면 일반 대중의 예금은 싹 날아갔다. 여전히 공산당*이 지배하던 의회에서는 격분이 일어났다. 수세적인 입장에 몰린 옐친은 한발 물러서서 KGB 최고위층 출신인 프리마코프를 총리로 임명했다. 프리마코프는 전직 스파이 총책으로 해외 첩보부 업무를 담당했으며, 오랫동안 KGB 네트워크의 파수꾼이

* 비록 이 책에서는 같은 명칭으로 표기되었지만, 본문에 언급된 정당은 1991년에 해산된 ⟨소련 공산당⟩이 아니라, 그 후신으로 1993년에 창립된 ⟨러시아 공산당⟩이다.

기도 했다. 건강이 악화되고 정권이 누더기가 된 상태에서 옐친은 흑해의 휴양지 소치로 물러났고, 그 사이에 프리마코프는 소비에트의 경제 계획 기관 고스플란의 전직 수장을 비롯한 공산당의 자기 아랫사람 여러 명을 정부에 입성시켰다. 옐친은 반복해서 입원했으며, 크렘린의 한 보좌관은 그가 이제부터 뒷자리로 물러날 것이라며 넌지시 말했다.[3]

공산당 보수파의 구성원들이 하나둘씩 정부 고위층에 자리를 잡았다. 이들이 내각을 좌우하게 되자, 그 적대자인 옐친의 지배 엘리트들의 월권을 겨냥한 금융 스캔들이 연이어 대두하기 시작했다. 부패 기소를 주도하는 사람은 둥글둥글한 외모에 온화한 성격으로 보이는 러시아 검찰 총장 유리 스쿠라토프였다. 그해 초까지만 해도 그는 형사 사건 수사를 개시하는 능력보다는 오히려 조용히 종료하는 능력으로 더 시선을 끈 바 있었다. 하지만 이제는 국가의 금융 붕괴에 수반된 대대적인 격분 속에서 최고위층의 부패를 겨냥하기 시작했다. 우선 스쿠라토프는 중앙은행에 대한 맹비난을 내놓았다. 하원 의회의 공산당 대변인에게 보낸 편지에서 그는 이 은행이 저지섬에 등기된 무명의 역외 회사 피마코를 통해 자국의 경화 보유액 가운데 500억 달러를 비밀리에 옮긴 방법에 대해서 주의를 환기했다.[4] 이 폭로로 인해 정부의 채권 시장을 통한 내부자 거래와 빼돌린 자금에 관한 판도라의 상자가 열리게 되었다.

배후에서는 이보다 더 위협적인 수사가 몇 가지 더 진행 중이었다. 그중 하나는 자칫 옐친 패밀리의 금융 계좌로 곧장 이어질 수도 있는 사건이었다. 여기에서 핵심은 이탈리아와의 국경 인근인 스위스 알프스의 도시 루가노에 근거한 사실상의 무명 회사 마베텍스였다. 이 회사는 1990년대 내내 크렘린과 벨리 돔의 개보수 작업이며 기타 유명한 프로젝트에 대한 도급 계약을 맺음으로써 수십억 달러를 벌어들인 바 있었다. 스쿠라토프가 스위스 검사 여러 명과 공동으로 개시한 수사는 처음에만 해도 파벨 보로딘과 가까운 중개상에게 지급되었다고 간주한 리베이트에 초점을 맞춘 것처럼 보였다. 보로딘은 1993년부터 크렘린의 방대한 재산부를 지배한 시베리아파(派)의 수장으로, 쾌활하고도 세속적인 인물이었다. 하지만 그 배후에는 잠재적으로 더 큰 사건이 놓여 있었다. 크렘린에 남아 옐친을 대신하여 통치하던 사람들은 그런 사실을 너무나도 잘 알았다. 「모두들 무슨 일이 일어날지 두려워했습니다. 누구도 감히 출근하지 못했습니다. 모두가 토끼처럼 벌벌 떨었습니다.」 푸가체프의 말이다.[5]

이 사건을 위한 기초 작업은 조용히 진행되었다. 보수파의 일부, 특히 안보 기관에서 그늘에 숨어 기다리던 사람들은 옐친의 통치가 시작된 이래 줄곧 옐친을 내쫓을 방법을 물색해 왔다. 이들은 대통령의 민주주의 제안을 오래전부터 혐오스럽게 바라보았으며, 대통령이 러시아 여러 지역에 각자가 감당할 수 있는 한 최대의 자유를 가져가라고 호소한 것이야말로 러시아 연방을 약화시키려는 (그리고 궁극적으로는 파괴시키려는) 서방의 음모의 일부분이라고 간주했다. 여전히 냉전의 제로섬 사고방식에 머물러 있던 이들은 옐친이 미국 정부에 속박되어 있다고 여겼고, 미국 정부가 애초부터 그를 권좌에 올려놓는 데 이바지함으로써 소련을 파괴했다고 여겼다. 이들은 옐친과 미국 대통령 빌 클린턴의 뚜렷한 우정을 경멸했으며, 자기네가 일찍이 개발함으로써 옐친이 권좌에 오르는 데에도 도움이 되었던 시장 개혁이 변질되는 바람에 〈세미 반키르스치나〉, 즉 과거의 KGB 주인님들을 따돌리고 경제의 상당 부분을 장악한 은행가 일곱 명의 올리가르히 지배를 만들어 냈다고 믿었다. 이들은 대통령의 민주주의적 업적에는 전혀 관심이 없었다. 이들의 시각에서 보자면, 옐친은 정신이 혼란한 알코올 의존자일 뿐 국가를 이끌 능력이라곤 없었으며, 옐친의 패밀리는(여기에는 그의 딸 타티야나, 대통령 행정실장이자 훗날의 사위인 유마셰프, 올리가르흐 베레좁스키의 여러 하수인이 포함되어 있었다) 막후에서 불법으로 권력을 장악해 국가를 확실한 붕괴로 이끌어 가는 부정한 동맹자들이었다.

이 음모의 참여자 가운데 하나이며, 상트페테르부르크의 석유 식량 교환 계책에서 푸틴과 함께 일했던 전직 KGB 공작원 투로베르가 말했다. 「일부 집단에서는 상황이 이런 식으로 계속될 수는 없음을 이해했습니다. 작전이 필요했었고, 다른 선택의 여지가 없었습니다. 그렇게 해야만 했습니다. 옐친은 주정뱅이였고 심각한 약물 의존증이 있었습니다. 국가가 그의 딸에 의해서, 각자의 이익만 물색하는 멍청이 무리에 의해서 통치되고 있다는 것은 기정사실이었으니까요. (……) 주지사들은 크렘린에 불복종했습니다. 각 지역은 사실상 독립 국가처럼 변하기 시작했습니다. 우리로선 그 쓰레기들을 제거할 필요가 있었습니다.」

투로베르는 옐친을 권좌에서 제거하기로 음모했던 집단에 가담한 안보 기관 간부들의 이름을 밝히기를 거절했다. 하지만 이들이 옐친을 프리마코프로 교체하려 도모했음은 분명했다. 전직 스파이 총책이 이들의 최우선 선택지였던 것이다. 애초부터 이 집단은 옐친과 금융 부패를 직접적으로 연결하는 증거를 찾아보았다. 대통령을 회복이 불가능할 정도로 오염시킬 뭔가가 있어야만, 국가의 문제는 어디까지나 신하들의 부패와 잘못된 결정 때문이라는 보편적이고도 유서 깊은 러시아인의 사고방식을 극복할 수 있었기 때문이다. 즉 차르를 둘러싼 귀족들이 문제이지, 대통령 자체가 문제는 아니라는 사고방식을 넘어서야 했다. 「그는 위대한 민주주의자로 예찬되었기에, 어느 누구도 그를 제거할 방법을 알지 못했습니다. 유일하게 확실한 길은 법적인 길이었습니다. 차르는 선하고 잘못이 없으며 귀족들만 나쁜 놈들이라는 전형적인 구도는 이 사건과 무관하다는 점을 사람들에게 확실히 인식시켜야만 했던 겁니다. 대통령이 곧 도둑이라면, 모든 것이 분명해집니다. 우리는 뭔가 구체적인 것을 가질 필요가 있었습니다.」투로베르의 말이다.[6]

투로베르는 직접 이 사건의 기초를 구성하는 내용을 발견하고 폭로했던 정보원이었다. 소비에트 시절의 전략적 부채에 대한 비밀 상환을 감독하는 위치에 있었던 까닭에, 그는 적당한 때가 오리라는 기대를 걸고 여러 해 동안 옐친 정권의 내부 금융에 관한 〈콤프로마트〉, 즉 체면이 실추되는 내용들을 수집하고 선별했다. 투로베르는 해외에서의 불법 작전에 대한 자금 지원을 담당하는 KGB 흑색 작전 부서의 전직 수장과 가까운 친구였으며, 1980년대부터 KGB 안보 부서의 일원이었다. 아울러 그는 1990년대 초 상트페테르부르크에서 푸틴이 석유 식량 교환 계책을 (푸틴과 KGB 동맹자들을 위한 전략적 비자금을 만드는 그 계책을) 수립하도록 도운 적이 있었던, 바로 그 신랄하고도 거칠게 말하는 해외 첩보부 간부였다. 투로베르는 다른 비밀 계책들의 수립을 돕기도 했다. 본인은 그 모두가 소련이 이른바 〈우호 회사들〉에 지고 있는 전략적 부채의 상환을 보장하기 위한 것이었다고 말하지만, 그것 역시 실제로는 KGB의 비자금이었음이 거의 확실하다.

문서에 따르면 이 계책들 가운데 상당수는 루가노 외곽에 숨어 있는 작은 은행인 방코 델 고타르도를 통해 진행되었는데, 투로베르는 그곳의 자문 위원으로 선임되기도 했다.[7] 그의 말에 따르면, 방코 델 고타르도를 굳이 선택한 까닭은 〈우리로선 매우 지저분한 평판을 지닌 매우 작은 은행이 필요했기〉[8] 때문이었다. 이곳은 바티칸과 연계된 은행 방코 암브로시아노의 해외 지사였는데, 그 본사는 1980년대에 회장 로베르토 칼비가 런던의 블랙프라이어스 다리에서 목을 매어 사망하는 등의 스캔들로 인해 붕괴된 상태였다. 그리하여 러시아의 검은돈 금융 계책 다수가 방코 델 고타르도의 계좌를 통해 운영되었고, 거기에는 수십억 달러를 빼돌리는 데 사용된 물물 교환 및 일용품 수출 계책의 그물망도 포함되어 있었다.

이것은 옐친의 온갖 시장 개혁 시도에도 불구하고, 아울러 소비에트 붕괴의 잔해를 가지고 새로운 러시아를 건설하려는 그의 모든 노력에도 불구하고, 여전히 〈코미테치키〉, 즉 KGB 사람들의 예전 방식이 막후에 만연해 있다는 또 하나의 징조였다. 비록 옐친은 러시아 경제가 국가의 통제로부터 해방되기를 추구하는, 아울러 서방 제도들이 지시하는 투명한 방식을 따라 국가가 운영되기를 추구하는 이른바 〈젊은 개혁가들〉을 정부의 여러 직책에 채용하려 시도했지만, 사업의 규칙은 여전히 국가와 가까운 내부자들에게, 아울러 해외 첩보부에 유리하도록 기울어진 상태였다. 이런 계책들을 통해서 옐친 패밀리는 부패하고 말았으며, 대통령이 러시아에 가져오려던 자유에 대한 일격이 KGB 해외 첩보부의 일원에게서 나왔다는 사실은 시사하는 바가 훨씬 더 많았다. 옐친으로선 자기 나라는 고사하고, 심지어 자기 가족조차도 과거의 습관에서 벗어나도록 할 수가 없었던 셈이다.

방코 델 고타르도에는 크렘린의 개보수 도급 계약을 담당했던 무명의 스위스 회사 마베텍스의 계좌가 개설되어 있었으며, 바로 이 대목에서 옐친과 그의 가족과의 연계가 드러났다. 투로베르의 말에 따르면, 이 연계를 처음 발굴했을 때만 해도 그는 옐친이나 그 가족과 관련된 현금 흐름은 무엇이건 다루지 않겠다고 반발했다. 「하지만 곧이어 저는 반발을 멈추었습니다. 어쩌면 훗날에 이 내용이 유용해질 수도 있겠다고 판단했던 거죠.」[9]

투로베르는 방코 델 고타르도의 계좌들을 감독하다가 옐친과 그의 가족이 사용하는 신용 카드를 여러 개 발견했다. 신용 카드를 발급받은 사람은 마베텍스의 설립자 베흐제트 파촐리였는데, 싸우기 좋아하는 이 코소보계 알바니아인은 1970년대부터 소비에트 정권을 위한 금융과 건설의 암흑세계에서 일해 왔다.[10] 투로베르의 말에 따르면, 파촐리는 한때 유고슬라비아 공산당 대표의 보좌관으로 일했고, 수출이 금지된 이중 용도 군사 용품을 소비에트 정권에 판매하며 검은돈 금융 계책에 오랫동안 관여해 오고 있었다.[11] 문제의 신용 카드들은 외관상 파촐리가 옐친과 그의 가족의 주머니에 직접 넣어 준 확실한 뇌물이 아닐 수 없었으며, 그 대금이 해외 은행의 계좌에서 나간다는 사실은 러시아 공직자는 그런 계좌를 보유하지 못한다는 법률에 대한 위반이었다. 옐친의 딸 타티야나의 사용액이 가장 많았는데, 매년 청구서 총액이 20만 달러에서 30만 달러에 달했다.[12] 옐친도 부다페스트를 공식적으로 방문하는 동안, 이 신용 카드로 100만 달러를 별도로 사용했던 것이 확실하다.[13]

오늘날의 수십억 달러짜리 부패 스캔들을 기준으로 보자면, 솔직히 그냥 웃어넘길 만한 수준의 금액이다. 하지만 그 당시에는 상황이 전혀 달랐다. 권력의 균형은 이미 크렘린을 떠나 프리마코프의 벨리돔으로 신속히 옮겨 가는 중이었다. 보수파와 공산당이 대두하고 있었고, 금융 위기 직후에 옐친의 지지도는 사상 최저인 4퍼센트를 기록했다. 여전히 하원 의회를 지배하던 공산당은 탄핵 청문회 일정을 잡았고, 자신들이 대통령의 롤러코스터식 통치의 죄악이라고 간주하는 모든 것을 이유로 옐친을 재판에 부치려 들었다. 예를 들어 수많은 러시아 군인의 생명을 앗아 간 체첸에서의 파멸적인 전쟁이라든지, 소련의 해체라든지, 심지어 그들이 러시아 국민에 대한 〈종족 학살〉이라고 주장한 것도(이는 결국 시장 개혁을 가리킨 표현이었는데, 그들은 시장 개혁 때문에 생활 수준이 악화했으며, 급기야 러시아인 수백만 명이 일찍 사망하게 되었다고 믿었다) 그런 죄악에 포함되었다. 이런 상황에서 신용 카드에 관한 폭로는 마지막 한 방을 의도한 셈이었다. 「프리마코프는 상원 의회에 출석해서, 알고 보니 대통령은 도둑놈이었다고 의원들에게 고발할 생각이었습니다.」 투로베르의 말이다.[14]

검찰 수사 역시 국제 경제 협동조합, 약자로 MES라는 석유 수출 업체를 통해 세탁된 훨씬 더 큰 금액에 자칫 불편할 정도로 가까워지고 있었다. 이 업체도 방코 델 고타르도에 계좌를 보유하고 있었으며, 크렘린의 재건축 도급 계약과도 확실히 연계되어 있었다. MES는 러시아 정부로부터 자국의 석유 및 석유 제품 수출량의 8퍼센트 이상을 판매하는 계약을 따냈고, 그 연간 총수익이 1995년에만 20억 달러에 가까웠다.[15] 이 회사는 1993년부터 가동되었는데, 석유 무역의 통제권을 되찾으려 도모하던 옐친 정부의 보수파 구성원들이 〈스페츠엑스포르테리〉라는 특별 수출업체의 시스템을 복원한 결과, 모든 석유 회사가 반드시 이 시스템에 속한 수출업체들을 통해서만 각자의 석유를 판매하도록 되어 있었다.[16] 이것 역시 내부자 거래로, 옐친 행정부의 안보 기관과 가장 가까운 작고 불투명한 무역업체들의 주머니만 채워 주었다. MES는 원래 소비에트 통치하에서 수십 년에 걸쳐 파괴와 탄압을 감내한 러시아 정교회의 복원에 자금을 지원하는 수단으로 설립되었다. 하지만 러시아 정부가 수출 관세조차도 면제하며 이 업체에 제공한 원유는 무려 수십억 달러어치여서, 정교회의 복원을 위해서 이때까지 지출한 모든 금액을 훨씬 능가할 지경이었다.

MES는 마치 푸틴의 석유 식량 교환 계책을 통해 만들어진 비자금의 확대판처럼 보인다. 그 작전 가운데 어떤 것도 투명하지 않았으며, 전략적인 돈과 개인적 필요에 따라 지출될 수 있는 돈, 또는 뇌물 사이의 경계선이 편리하게도 흐려졌다. 대개 이 업체는 크렘린에서 옐친을 지지하는 안보계 사람들 일파가 원하는 방식대로 정치를 움직이는 데 사용된 검은돈을 만들어 냈다. 「권력자에게는 항상 돈이 필요합니다. 물론 국가 예산이란 것도 있는 것 같기는 합니다. 하지만 의회의 표결이 특정 방향으로 기울도록 보장하기 위한 자금이 필요할 경우, 국가 예산에서 그 돈을 가져올 수는 없는 겁니다.」훗날 스쿠라토프가 내게 한 말이다.[17] MES의 활동은 마베텍스며 크렘린 재건축 프로젝트와 긴밀히 연계되어 있었다. 크렘린 재산부의 책임자 보로딘이 크렘린 재건축 프로젝트를 위한 자금 지원을 처음 정부에 요청했을 때만 해도, 예산에 여유가 없다는 답변이 나왔다.[18] 그래서 보로딘은 MES를 통해 석유 공급 계약을 판매함으로써 자금을 조성하자고 제안했다. 하지만 MES에 석유 쿼터를 (처음에는 200만 톤, 다음에는 추가로 450만 톤을) 부여하는 명령은 모두 기밀로 처리되었다.[19] 그 수익금이 어떻게 지출되었는지에 관한 설명도 전혀 나오지 않았다. 머지않아 정부에서는 해외 차관으로 3억 1200만 달러를 조성해 크렘린의 재건축 자금을 지원하겠다고 공식적으로 발표했는데, 이것만 놓고 보면 마치 MES를 통한 석유 판매는 애초부터 없었다는 듯한 투였다.[20] MES는 석유 판매로 얻은 수익금 최대 14억 달러를 가지고 사라져 버린 것처럼 보였지만, 아무도 그 돈이 어디로 갔는지를 설명할 수 없었다.[21]

이 모든 일의 한복판에 푸가체프가 있었다. 앞에서 설명했듯이 과거 크렘린의 은행가였다가 훗날 런던을 거쳐 파리로 도망친 바로 그 사람이다. 키가 크고 사교적이며 밀실 뒷거래 전문가인 그는 메즈프롬방크를 공동으로 설립할 때부터 보로딘과 한 팀을 이루었으며, 크렘린 재산부의 주 채권자였다.[22] 그 당시에 재산부는 넓게 펼쳐진 영지와도 유사해서, 소비에트 붕괴 이후 러시아가 보유한 수십억 달러 상당의 재산을 관리하고 있었다.[23] 푸가체프의 도움을 받아서, 재산부는 옐친 정부의 구성원들에게 아파트와 별장, 의료 서비스와 심지어 휴가조차도 분배했다. 이런 소비에트 방식의 후원 네트워크는 옐친 패밀리에게까지도 연장되었다. 푸가체프의 말에 따르면, 그는

엘친의 딸 타티야나를 대신해 메즈프롬방크를 통해 아파트 한 채를 구매하기도 했다.[24]

공직자의 봉급이야 러시아의 시장으로의 이행 열풍 속에서 사업으로 벌어들일 수 있는 금액에 비하자면 여전히 푼돈에 불과했다. 푸가체프의 주장에 따르면, 재산부는 국가 공직자를 정직한 상태로 유지하고, 뇌물을 받지 않도록 방지할 수 있는 유일한 방법이었다. 하지만 실제로는 그 부서 자체가 궁극적으로 크렘린의 비자금이었으며, 덕분에 보로딘도 강력한 권력을 휘두르게 되어서 여차하면 한 사람의 경력을 만들거나 파괴할 능력까지도 갖추게 되었다. 「사람들이 그를 만나려고 줄지어 섰습니다. 설령 누군가가 장관이라 하더라도, 보로딘이 주지 않으면 전혀 가질 수 없었습니다. 누군가가 아파트, 자동차, 기타 자원을 얻고 싶으면, 반드시 보로딘을 찾아가야만 얻을 수 있었습니다. 매우 영향력 있는 지위였죠.」 푸가체프의 말이다.[25]

푸가체프는 MES에 본인이 관여한 정도를 구체적으로 설명하지는 않을 예정이었다. 하지만 그의 은행 메즈프롬방크는 그 작전의 자금 제공을 도왔으며,[26] 그 역시 러시아 정교회의 수장 알렉세이 2세 대주교와 임명 당시부터 줄곧 긴밀하게 일해 오면서 깊은 우정을 맺었다.[27] 푸가체프는 크렘린 재건축 프로젝트를 감독하며 매 단계를 인도했다. 그는 엘친의 크렘린의 복마전식 금융 계책에 정통했으며, 이 과정에서 자기 몫의 재산을 수확했다. 푸가체프는 어찌어찌해서 1990년대 초에 메즈프롬방크의 금융 지사를 샌프란시스코에 설립했고,[28] 그해의 상당 기간을 미국에서 보냈다. 이로써 서방의 금융 시스템에 직접 접근할 수 있게 되자, 엘친 정부의 고위 공직자들은 더 열심히 그의 비위를 맞추게 되었다. 「저는 서방의 금융 시스템이 작동하는 방식을 그들에게 설명할 수 있었습니다.」 푸가체프의 말이다. 그는 샌프란시스코에서 가장 비싼 집을 빌렸고, 나중에는 프랑스 남부의 니스만을 굽어보는 언덕 높은 곳에 있는 프레스코화로 뒤덮인 저택을 샀다. 푸가체프는 옐친 패밀리와 가까워지게 되었고, 특히 옐친의 딸 타티야나와 가까워지게 되었다. 1996년에 옐친의 재선을 보장하기 위한 지원단에 참가한 그가 미국의 홍보 전문가를 영입해, 옐친의 쇠퇴하는 지지율을 상승시키고 공산당의 복귀 위협을 환기하는 데에 집중하는 미국식 유세를 도모했던 것이 친해지는 계기가 되었다.[29]

그 와중에 푸가체프는 마베텍스의 소유주 파촐리와도 긴밀하게 일했다. 그의 말에 따르면, 계약서 서명에서부터 개보수 그 자체에 이르기까지, 크렘린 재건축 프로젝트 전체를 자기가 직접 감독했다. 비록 푸가체프는 이 과정에서 크렘린이 최대한 유리한 가격에 계약하게끔 애썼다지만, 실제로는 지출이 아낌없이 이루어진 것처럼 보인다. 예를 들어 크렘린 궁전 바닥의 장식 패턴을 재현하기 위해 무려 23종의 목재를 사용했다. 연회장을 장식하기 위해 무려 50킬로그램 이상의 순금을 구매했고, 벽을 덮기 위해 최고급 비단 662제곱미터를 샀다.[30] 크렘린은 수십 년에 걸친 공산당 지배 이후에 차르 시대의 영광으로 변모될 예정이었다. 그 수십 년 사이에 모자이크 바닥이며, 가장 귀중한 장식이며, 황금 거울과 샹들리에 같은 혁명 이전 시대의 보물은 모조리 뜯겨 나가고 가장 소박한 장식으로 대체된 바 있었다. 러시아의 새로운 차르에게 어울리는 궁전을 만들기 위해 2500명의 일꾼들이 밤낮으로 고생했다.[31] 모든 세부 사항은 푸가체프의 확인을 반드시 거쳐야 했다. 옐친이 왜 자기 사무실 바깥에 항아리가 하나 놓여 있느냐고 물으면서 〈우리는 여기서 담배를 피우지 않는다〉고 말하자, 그는 재빨리 항아리를 치웠다. 옐친이 왜 새로운 바닥에서 삐걱거리는 소리가 나느냐고 묻자, 그는 이제 크렘린의 최고 기밀 통신을 운반하는 케이블 설비함이 그 아래에 묻혀 있기 때문이라고 점잖게 설명했다.[32]

공사가 모두 끝나고 그곳을 방문한 해외 지도자들은 눈앞의 장관을 지켜보며 감탄해 마지않았다. 특히 미국 대통령 클린턴과 독일 총리 콜은 에카테리닌스키 연회장의 둥근 금박 천장과 거기 매달린 황금 샹들리에를 보고 깜짝 놀랄 수밖에 없었다. 「이런데도 이 사람들이 우리한테 돈을 빌려 달라고 한단 말인가?」 콜은 이렇게 말했다.[33]

재건축 비용은 7억 달러 정도였는데,[34] 바로 그 시기에 러시아는 명목상 생존에 도움을 얻고자 해외 원조로 수십억 달러를 받고 있었다. 하지만 재건축을 위해 국가가 마련한 자금은 그보다 몇 배나 더 많았다. MES 한 곳이 얻은 석유 쿼터만 해도 최대 15억 달러어치였지만, 옐친은 해외 차관 3억 달러를 가져오기 위한 공식 명령에 서명했다. 푸가체프는 재정 제1차관 바빌로프에게도 손을 벌려서, 크렘린 재산부를 위한 재무부 채권 프로그램의 보증금으로 별도 자금 4억 9200만 달러에 대한 승인을 얻었다. 이것이야말로 명백히 재건축 프로그램에 자금을 지원하려는 또 다른 계책이었다.[35] 이 가운데 어떤 것에 관해서도 설명이 나오지는 않았다.

파촐리가 옐친 패밀리를 위한 신용 카드를 발급한 직후부터 푸가체프는 그 사실을 이미 알고 있었다. 「저는 그에게 물었습니다. 〈왜 이렇게까지 하는 거요?〉 그는 그들에게 카드를 주면 속박할 수 있을 거라고 생각했답니다. 그는 그게 범죄라는 것을, 즉 결국에는 대통령이 뇌물을 받는다는 의미라는 것을 이해하고 있었습니다.」[36] 푸가체프는 옐친 패밀리에게 간 것이 분명한 더 많은 금액에 관해서도 역시나 알고 있었다고 말했다. 나중에 밝혀진 바에 따르면, 옐친의 딸 타티야나의 그 당시 남편 레오니트 디야첸코의 이름으로 케이맨 제도 소재 뉴욕 은행에 개설된 계좌 두 곳으로 270만 달러가 이전되었다.[37] 디야첸코가 운영하던 석유 회사를 대리하는 변호사는 훗날 그 자금이 디야첸코가 받은 보수였다고 주장했다.

그리하여 1999년 1월 말의 회색빛 추운 아침, 스위스 검찰이 헬리콥터와 무장 차량 여러 대를 동원해 루가노에 있는 파촐리의 마베텍스 사무실을 압수 수색 해서 여러 대의 트럭에 문서를 나눠 싣고 떠난 일은 아무리 줄잡아 이야기해도 충격이 아닐 수 없었다.[38] 파촐리는 곧바로 푸가체프와 보로딘에게 연락했고, 이 소식은 마치 독 묻은 다트처럼 타티야나에게도 날아갔으며(그녀는 부친의 부재중에 사실상 비공식 국가수반으로 활동 중이었다), 훗날 그녀의 남편이 될 남자이며 최근까지 크렘린 행정실장으로 재직했던 (흔히 〈발랴〉라는 애칭으로 통하는) 유마셰프에게도 날아갔다.[39] 푸가체프의 입장에서 이 일이 위협적이었던 까닭은 MES를 통해 세탁된 돈의 총액 때문이었다. 타티야나와 유마셰프에게 이 일이 위협적이었던 까닭은 신용 카드 문제로 이어질 잠재력은 물론이고, 사적인 역외 계좌로 송금된 것으로 보이는 다른 더 큰 금액으로 이어질 잠재력도 있기 때문이었다.

검찰 총장 스쿠라토프는 조용히, 즉 아무에게도 알리지 않은 상태에서 크렘린의 재건축 자금을 마베텍스를 통해 빼돌렸을 가능성에 대한 형사 사건 수사를 개시했다.[40] 지난 몇 달 동안 스위스 검찰청과 막후에서 작업해 왔지만, 압수 수색이 있기 전까지는 어느 누구도 그가 수사를 개시했다는 사실을 모르고 있었다. 1998년 8월의 채무 불이행 사태 직후 몇 주 동안 스쿠라토프는 이 사건에 대한 최초의 문서 더미를 전달받았다. 스위스 검찰 총장 카를라 델 폰테는 방해를 피하고자 외교 행낭을 통해 모스크바 주재 스위스 대사관으로 그 자료를 보냈다.[41] 그로부터 몇 주 뒤, 9월 말을 앞두고 스쿠라토프는 델 폰테와 비밀 회동을 추진했고, 공식적으로 파리를 방문하는 동안 잠시 제네바로 건너가서 상대방을 만났다. 바로 그곳에서 스쿠라토프는 투로베르와도 처음 만났다. 이 모든 일을 시작한 이 KGB 정보원은 머지않아 모스크바를 비밀리에 방문해 공식적으로 증언했다.[42] 이런 사실은 오로지 스쿠라토프와 가장 가까운 아랫사람 한 명만 알았다.[43] 또 검찰 총장은 KGB 출신의 보수파 총리 프리마코프와도 비밀리에 상의했다.[44] 하지만 1월에 스쿠라토프가 루가노 급습 명령을 내리자마자 비밀이 새어 나가고 말았다. 스쿠라토프가 말했다. 「이 사건의 기밀을 보장하려는 우리의 노력은 붕괴하고 말았습니다. 스위스 법률에 따라서 델 폰테는 압수 수색의 근거인 국제 영장을 파촐리에게 보여 줄 수밖에 없었습니다. 물론 그는 곧바로 보로딘에게 연락했습니다.」[45] 투로베르도 비밀주의 갑작스러운 종식에 격분하며 델 폰테를 탓했다. 「그 여자도 그렇게 소란을 떨 필요까지는 없었습니다. 굳이 그렇게 헬리콥터를 보낼 필요까지는 없었다는 겁니다. 그거야말로 자기네가 장부를 입수했다는 사실을 모스크바에 알리는 신호였으니까요.」[46]

이 압수 수색을 기점으로 푸가체프는 스쿠라토프를 검찰에서 제거하고, 이 사건을 종결짓기 위한 긴장된 술래잡기를 시작했다. 아울러 이 사건을 기점으로 푸가체프는 (아울러 옐친 패밀리는) 자신들의 생존을 위해 체스 게임을 시작함으로써 결과적으로 푸틴을 권좌에 등극시키는 데에 일조하게 되었다. 이 사건이야말로 그들이 완전 포위 공격을 당하고 있다는 사실을 깨닫게 된 티핑 포인트였던 셈이다.

「그들은 나흘이 지나서야 비로소 진용을 갖추었습니다.」 스쿠라토프의 말이다.[47]

푸가체프는 과거를 돌아보며 그 모두를 회고해 보아도, 그중 일부는 여전히 흐릿하다고 말했다. 전화 통화는 계속되었고, 회동은 한밤중까지 길게 이어졌다. 날짜 가운데 일부는 혼동되었고, 오로지 한 해의 언제쯤이었다고, 그날 창밖의 날씨가 어땠었다고 하는 식으로만 기억되었다. 하지만 회동 그 자체는 (특히 중요한 회동은) 분명히 기억되었으며, 그의 두뇌에 영원히 각인되었다. 다른 내용들은 그 시기에 작성된 일기에 남았다.[48] 그 시절로 말하자면 러시아의 미래가 결성된 시기였다. 이때 푸가체프는 최대한 빠르게 행동하려 노력하고 있었다. 그는 프리마코프와 공산당 간 동맹의 권력 장악 위협을 저지하고 (아울러 자기 자신과 옐친 패밀리의 위험을 모면하고) 있다고 믿었는데, 그 와중에 자기가 궁극적으로는 KGB의 복귀를 선도하는 데 일조하고 있었음을 미처 깨닫지 못했다. 푸가체프의 이야기는 푸틴이 권좌에 오르게 된 과정에 대한 미공개된 내부 설명이었다. 이것이야말로 옐친 패밀리가 결코 공개를 원하지 않았던 이야기이기도 했다. 마베텍스에 대한 압수 수색 당시에는 프리마코프의 정치적 운이 상승하고 있었으며, 그가 강력한 모스크바 시장 유리 루시코프며 기타 지역 주지사들과 조성한 동맹은 이미 옐친 정권을 둘러싼 커튼을 걷어 젖히겠다고 위협하는 중이었다. 스쿠라토프의 형사 사건 수사는 이들에게 더 강력한 무기를 가져다줄 수 있었다.

푸가체프는 여러 해에 걸쳐 러시아 검찰청 내에 자기만의 네트워크를 형성한 상태였다. 러시아의 다른 강력한 기관과 마찬가지로 이곳 역시 복마전이 따로 없어서, 간부급들이 직책을 얻으려고 아귀다툼을 벌이며 서로에 대한 〈콤프로마트〉를 수집했다. 푸가체프의 각별한 동맹자는 보로딘이 감독하는 크렘린 재산부의 축소판인 검찰청 재산부의 교활한 책임자 나지르 하프시로코프였다. 검사들에게 아파트와 기타 혜택을 배분하는 권력을 가진 하프시로코프는 술책의 명수였으며, 보로딘과 푸가체프가 크렘린에서 했듯이 검찰 내에서 누군가의 경력을 만들거나 파괴할 수 있는 권력을 휘두르고 있었다. 「한마디로 그는 검찰청 안에 있는 제 사람이었던 겁니다. 그는 저에게 온갖 정보를 갖다주었습니다. 옐친에 반대하는 봉기가 조직되고 있다고도 말하더군요. 그러다가 그가 테이프를 하나 가져왔습니다. 그의 말로는 〈스쿠라토프가 여자들과 함께 있는 모습〉이라고 하더군요.」 푸가체프의 말이다.[49] 푸가체프는 처음에만 해도 하프시로코프의 말을 믿지 않았다고 한다. 그런 테이프라면 궁극적인 콤프로마트가 될 것이고, 스쿠라토프가 직위에서 물러나고 마베텍스 사건이 종료될 만큼 충분히 강력할 것이었다.

푸가체프는 테이프를 자기 사무실로 가져갔지만, 기계를 다루는 데에 서투르다 보니 비디오를 틀지 못했다. 장치를 이것저것 눌러 보아도 화면이 제대로 나오지 않았다. 급기야 그는 비서의 도움을 받았다. 어찌어찌 비디오를 틀어 보자마자, 푸가체프는 이 일에 관여되었다는 사실을 후회하게 되었다. 둥글둥글한 몸매의 검찰 총장이 침대에서 벌거벗은 채 성매매 여성으로 보이는 두 명과 뒤엉키는 그 거친 화질의 영상은 불법으로 촬영된 것이었다. 푸가체프는 얼굴이 빨개져서 헛기침했다. 하지만 그의 비서는 어쨌거나 그 테이프의 복사본을 만들어 두었다. 푸가체프는 그것이야말로 결정적인 순간이었다고 믿었다. 「만약 우리가 복사본을 만들지만 않았더라도, 그 일 가운데 아무것도 일어나지 않았을 거예요. 그리고 역사가 달라졌을 겁니다. 푸틴은 권력을 잡지 못했을 겁니다.」그의 말이다.

푸가체프는 원본 테이프를 유마셰프에게 건네주었다고 말했다. 옐친의 사위이자 전직 행정실장인 그 사람은 사실상 똑같은 직위를 여전히 막후에서 차지하고 있었다.[50] 유마셰프는 그 테이프를 니콜라이 보르듀자에게 가져갔다. 러시아 국경 수비대 출신의 이 예비역 장군은 그 당시에 유마셰프의 후임으로 크렘린 행정실장에 임명된 상태였다. 보르듀자는 스쿠라토프를 불러들여서 그 테이프에 관해 이야기했으며, 당신의 행동은 검찰 총장 직위에 어울리지 않는다고 질타했다.

항상 자기 역할을 과장하는 버릇이 있는 푸가체프의 말에 따르면, 그 당시에만 해도 어떻게 행동해야 할지를 아무도 몰랐다고 한다. 「모두들 그저 벌벌 떨고만 있었습니다.」 보르듀자와 스쿠라토프의 회동은 어색하게 이루어졌고, 검찰 총장은 즉석에서 사임에 합의했다. 그러자 행정실장은 테이프를 상대방에게 건네주었다. 마치 친구들끼리 이제 다 잊어버리자고 암시하듯이 말이다.

하지만 2월 1일 저녁에 크렘린에서 가졌던 회동은 스쿠라토프의 제거를 보장하기는커녕 끝없는 대치로 이어지게 되었다. 검찰 총장 직위는 검찰의 독립성 보장을 위한 특별법의 보호를 받았다. 따라서 스쿠라토프의 사임이 효력을 발휘하려면 상원 의회의 승인이 반드시 필요했다. 하지만 그 당시 상원 의원 가운데 다수는 이미 프리마코프와 제휴한 상태였고, 모스크바 시장 루시코프도 크렘린과 대립하고 있었다. 이들은 스쿠라토프를 보호하려고 열심이었다. 검찰 총장이 중앙 병원에서 치료를 받는다는 핑계로 몇 달간 시야에서 사라진 사이, 의회는 그의 사임에 대한 표결을 앞두고 활동을 멈춘 상태였다.

그즈음 옐친 패밀리는 잠재적 쿠데타의 시작에 대처하고 있었다. 1월의 마베텍스 압수 수색으로부터 며칠이 지나서, 프리마코프는 옐친의 권력 장악을 공개적으로 비판하며 도전장을 내밀었다. 그는 의회의 지원을 업고 정치적 불가침 조약을 선언했는데, 표면상으로는 공산당이 주도하는 러시아 하원 의회와 크렘린 사이의 높아지는 긴장 조성을 끝내기 위해서였다.[51] 하원 의회는 최소한 연말에 있을 의회 선거 때까지만이라도 탄핵 청문회를 취소하기로, 아울러 불신임 투표를 통해 정부를 전복할 수 있는 그 헌법적 권리를 보류하기로 합의했다. 대신 옐친도 하원 의회와 프리마코프 정부 모두를 해임할 수 있는 대통령의 권한을 포기할 예정이었다. 하지만 옐친 본인은 이 제안에 경악했는데, 애초에 그 내용 자체가 그에게는 사전 통보도 없이 합의되고 발표되었기 때문이었다. 「이 모두는 그의 등 뒤에서 일어난 일이었기 때문에 완전히 당황할 수밖에 없었습니다. 거기에서 핵심은 엘친과 함께 일하는 사람들 앞에서조차, 프리마코프가 다음 대통령이 될 속내임을 벌써부터 숨기지 않았다는 겁니다.」그때까지도 여전히 엘친이 가장 신뢰하는 대리인이었던 유마셰프의 말이다.[52] 이 총리의 또 다른 제안은 문제를 더 악화시켰다. 즉 엘친이 8년의 재임 기간 동안 혹시나 저질렀을지 모르는 불법 행동 모두에 대해, 향후의 기소로부터 면책권을 부여받아야 마땅하다고 너그러운 척 제안했던 것이다. 프리마코프는 마치 대통령이 이미 물러나는 데에 합의라도 했다고 믿은 것처럼 보인다.

프리마코프와 엘친 패밀리의 알력은 곧바로 일어났다. 스쿠라토프가 크렘린으로 소환되어 콤프로마트 테이프를 놓고 사임 요청을 받기 몇 시간 전, 프리마코프가 러시아의 사업가와 부패 공직자들을 수감하는 교도소에 빈자리를 마련하라고 주문했다는 소식에 엘친 패밀리는 아마 등골이 오싹했을 것이다.[53]「우리는 비로소 이해하게 되었습니다. 만약 그가 정말로 권력을 잡게 된다면, 그 머릿속에는 이 나라에 대한 완전히 다른 계획이 들어 있을 것이라고 말입니다.」유마셰프의 말이다.[54] 다음 날 사임을 발표하기 몇 시간 전에 스쿠라토프는 반항심의 마지막 과시로 검사들을 파견해 석유 대기업 시브네프트를 압수 수색 했는데, 이것이야말로 명백히 엘친 패밀리를 겨냥한 조치였다.[55] 시브네프트와 엘친 패밀리의 관계가 너무 가깝다는 점, 그 소유주 베레좁스키가 완전한 내부자이자 올리가르흐가 되기 위한 기반이 바로 그 회사였다는 점에 대해서는 오래전부터 의혹이 있었다. 시브네프트는 두 군데의 무역 회사를 통해 석유를 판매했다. 그중 하나인 루니콤은 베레좁스키의 동업자 아브라모비치의 소유였고, 다른 하나인 벨카 무역이라는 더 무명의 회사는 타티야나의 그 당시 남편인 디야첸코가 소유하고 운영했다.[56]「시브네프트에 대한 압수 수색은 엘친 패밀리에게 어마어마하게 위험천만했습니다.」베레좁스키와 가까운 관련자의 말이었다.[57] 누가 봐도 손해를 감소시키려는 시도로써, 이들은 정치적으로 자기들에게 유해해진 베레좁스키와 거리를 두려고 노력하기 시작했다.

유마셰프는 12월에 이미 행정실장 직위에서 물러난 상태였다.[58] 그는 프리마코프가 대통령 직위를 노리고 있음을 처음 깨닫자마자 물러났다고 말했다. 그런 행동은 옐친이 애초에 저 보수파 정치인을 총리로 내세웠을 때 맺었던 합의의 경계를 훨씬 넘어선 일이기 때문이었다. 유마셰프와 옐친은 대통령 직책을 넘겨받기에 적절한 후계자를 찾는 동안 프리마코프가 관리인으로서의 총리가 되어 주기를 의도했을 뿐이었다. 「프리마코프를 끌어들인 것은 저의 개인적 책임이었습니다. 이제 그는 우리의 모든 합의를 위배하며 행동하고 있었습니다.」 유마셰프의 말이다.[59] 아울러 유마셰프의 후임 행정실장으로 안보계 사람이자 국경 수비대 장군 출신인 보르듀자를 발탁한 것 역시, 옐친의 통치에서 옐친 패밀리의 오점을 제거하기 위한 노력의 일환이라는 암시도 있었다.

푸가체프의 주장에 따르면, 그는 막후에서 스쿠라토프를 안 보이게 제거하기 위해 상원 의회와 합의를 시도하는 임무, 즉 스쿠라토프를 안 보이게 제거하도록 보장하려 시도하는 임무를 담당했다.[60] 하지만 의회에서는 정치적으로 강력한 지역 주지사들이 프리마코프와 루시코프를 중심으로 단결하여 크렘린에 맞섰다. 그 와중에 스쿠라토프의 수사를 둘러싸고 점점 더 커지는 긴장은 옐친의 크렘린 최고위층에까지 영향을 미쳤다. 이 일이 어디로 이어질지 두려웠던 그들은 하나둘씩 떨어져 나가기 시작했다. 맨 먼저 옐친이 출혈성 궤양으로 병원에 입원했다. 다음으로는 보르듀자가 심장 발작으로 중앙 병원에 입원했고, 곧이어 크렘린 재산부의 세속적인 수장이며 마베텍스 수사의 핵심인 보로딘도 그곳에 합류했다.[61] 크렘린은 신속하게 비어 가고

있었으며, 외관상의 진공 상태에서 검찰 총장은 슬그머니 복귀했다.[62]

3월 9일에, 즉 스쿠라토프가 떠나기로 예정된 날보다 한 달이 지난 상황에서, 상원 의회는 마침내 그의 사임에 대한 표결 날짜를 잡았다.[63] 하지만 그의 해임을 위한 주지사들의 표를 확보하려는 푸가체프의 노력은 여전히 실패하고 말았다. 투표일인 3월 17일, 스쿠라토프는 예상을 깨고 의회에 출석해서 발언을 했다. 자기가 러시아 대통령과 가까운 강력한 적들로부터 공격당하고 있다는 신랄한 연설을 내놓으며, 자신의 사임을 거부해 달라고 상원 의원들에게 호소한 것이다.[64] 이에 상원 의회는 거의 만장일치로 그의 사임에 반대하는 표를 던졌다.

스쿠라토프의 체면을 실추시킬 테이프에 관한 소문은 이미 언론에도 떠돌고 있었다. 하지만 푸가체프의 주장에 따르면, 사임안 부결에 깜짝 놀란 유마셰프와 당시에만 해도 거의 알려지지 않았던 (바로 이전 해 여름에 FSB 수장으로 임명된) 푸틴은 이 문제를 자기네 손으로 해결하기로 작정했다. 이들은 테이프 복사본을 연방 TV 방송국에 건네주었고, 방송국은 전국에 있는 수백만 명의 시청자 앞에 이를 방영했으며, 이 과정에서 스쿠라토프의 체면이나 그 가족의 기분 따위는 전혀 상관도 하지 않았다. 이들은 그저 그를 내쫓고 싶어 했다. 「스쿠라토프는 얼간이였습니다. 우리는 그 일을 점잖게 처리하고 싶었지만, 그가 스스로 무덤을 판 격이었죠.」 푸가체프의 말이다.[65]

푸가체프는 바로 그때 처음으로 푸틴을 눈여겨보게 되었다고 말했다. 비디오가 방영된 다음 날, 이 FSB 수장은 러시아 내무 장관 세르게이 스테파신과 공동 기자 회견을 열어서 그 테이프는 진짜라고 단언했다. 하지만 푸틴의 명료하고도 집요한 태도와 달리, 스테파신은 그저 시선을 바닥에만 고정했고 그 모습은 마치 그 공연의 일부가 되었음을 부끄러워하는 투였다. 푸가체프는 바로 그때부터 푸틴을 자기가 의존할 만한 누군가로 바라보기 시작했다고 말했다.[66] 「그는 매우 냉철하게 말했습니다. 마치 텔레비전에 나온 영웅 같았습니다. 제가 그를 주목하게 된 것은 그때가 처음이었습니다. 그때까지 우리 중 누구도 그를 떠올리지는 않았습니다. 하지만 저는 이렇게 생각했습니다. 그가 텔레비전에서 잘생겨 보인다고 말입니다. 우리가 그를 대통령으로 만들자고 말입니다.」[67]

그 모든 일에도 불구하고 스쿠라토프는 여전히 직위를 유지했으며, 마베텍스 사건에 대한 압박을 강화하고 있었다. 3월 23일, 스위스 검찰 총장 델 폰테가 다시 한번 모스크바를 방문하자 상황은 끓는점에 도달했다. 스쿠라토프는 검사들로 이루어진 수사진을 급파해 보로딘의 재산부와 마베텍스의 모스크바 사무실에서 서류를 압수했다.[68] 검사가 크렘린의 사무실을 압수 수색 한 것은 전례가 없는 일이었다. 옐친 패밀리는 (아울러 보로딘과 푸가체프 역시) 충격을 받았다. 그 연출도 이미 불길하기 짝이 없었지만, 보수파에게는 아직 남은 무기가 있었다. 바로 그날, 공산당의 주도적인 입법가 빅토르 일류킨이 기자 회견을 열어 압박을 한층 더 높인 것이었다. 그는 1998년 금융 위기의 절정에 국제 통화 기금이 러시아에 제공한 긴급 원조 차관 48억 달러 가운데 일부가 옐친 패밀리와 연계된 여러 회사로 흘러 들어갔다는 증거를 입수했다고 주장했다. 예를 들어 그중 2억 3500만 달러는 마치 오스트레일리아의 은행처럼 보이는 시드니 은행을 통해서 디야첸코가 25퍼센트의 지분을 소유한 어느 회사로 흘러 들어갔다는 것이다.[69] 언론의 법석도 열광 수준에 도달해서, 정치 분석가들은 과연 옐친이 군대의 지지를 확보할 수 있을지도 더 이상 확신하지 못하겠다고 말했다.

푸가체프의 말에 따르면, 그는 상원 의회로 돌아가서 스쿠라토프의 사임에 대한 표결을 다시 하라고 압박했다.[70] 하지만 앞서 표결을 주도한 전직 공산당 상원 의원은 다른 곳에 더 강력한 후원자들이 있다고 재차 암시했다. 그리하여 푸가체프는 모스크바 시장 루시코프를 만나러 갔는데, 이 정치인의 목소리는 상원 의원 중에서도 큰 정치적 무게를 지니고 있었다. 루시코프는 8월의 금융 위기 도래 이후로 줄곧 크렘린에 반대하는 의회의 표결을 주도하려 시도한 바 있었다. 유마셰프의 말에 따르면, 그 정치인은 나름대로 권력에 대한 야심이 있었다. 「루시코프는 상원 의회에서 활발하게 활동했습니다. 그는 각 지역 수장에게 이렇게 말했습니다. 〈나는 대통령이 될 거고, 그러면 나는 당신들에게 이것도 저것도 해줄 거다. 우리는 대통령과 싸우고 있으니, 검찰 총장이야말로 우리에게는 강력한 자원이다.〉 한마디로 대통령직의 미래를 위한 싸움이었던 겁니다.[71] 루시코프는 모스크바 내무부에 소속된 4만 명이 자기를 지지한다고, 심지어 그 지역 FSB도 마찬가지라고 호언장담했습니다.」 푸가체프의 말이다.[72] 「프리마코프와 루시코프는 군대의 중간 계급에 속하는 수만 명의 지지를 얻으려고 작업해 왔습니다. 그러다 보니 상황은 진짜 쿠데타처럼 보이기 시작했습니다.」 루시코프와 가까운 러시아 재벌의 말에 따르면, 모스크바 시장의 정치적 무게는 실제로 신속하게 늘어났다. 「옐친에 대한 맹공을 배경에 놓고 보면, 그가 권력의 새로운 중심이라는 사실이 분명했습니다. 제독과 장군이 그를 찾아오기 시작했습니다. 새로운 차르에게 인사하러 오는 것이었습니다. 그들은 그에게 명령을 구했습니다.」[73]

푸가체프의 주장에 따르면, 그 이후에 일어난 일은 최선의 의도로부터 동기를 부여받은 결과물이었다. 그는 프리마코프와 그 동료들이 권력을 장악해서 옐친 시대의 자유를 위험에 빠트리게 허락할 수가 없었다고 말했다. 아울러 푸가체프는 프리마코프와 그 동료들이 벨리 돔에 들어가자마자 풍기는 소비에트의 정체와 부패의 악취를 느끼게 되었다. 「그들이 맨 처음 한 일은 바로 뇌물을 요구한 것이었습니다. 저는 민주주의자가 권력을 유지하고 공산주의자가 계속 배제되게 하려고 무척이나 노력했습니다.」그의 말은 1996년 옐친의 재선 유세에서 자신이 했던 노력을 가리키는 것이었다. 「옐친 패밀리가 평범한 사람들이었다는 사실을 당신도 이해할 필요가 있습니다. 오늘날의 부패와 비교하면 아무것도 아니라는 겁니다. 제 생각은 그 모두를 붕괴하도록 내버려 두지는 말자는 거였습니다.」[74] 하지만 스쿠라토프가 추적하는 돈의 발자취에 대한, 아울러 그 발자취를 따라가면 결국 도달할 수 있는 곳에 대한 두려움이 이보다 훨씬 더 중요했다는 데에는 의심의 여지가 없다.

검찰 총장은 4월 1일 오전에 옐친에게 보고서를 하나 건넸는데, 그의 말에 따르면 거기에는 러시아인 24명의 불법 스위스 은행 계좌에 관한 내용이 들어 있었다.[75] 그날 저녁, 옐친의 크렘린에서는 스쿠라토프를 직위에서 내쫓기 위한 또 한 번의 시도를 출범시켰다. 검찰 차장인 유리 차이카와 군검찰 국장 유리 데민을 크렘린 행정실장실로 부른 것이었다. 당시의 행정실장은 베레좁스키의 관련자로 마른 체구에 턱수염을 기른 경제학자 볼로신이었다.[76] 그 자리에는 볼로신 외에도 푸가체프와 푸틴과 파트루셰프가 참석해 있었다. 푸틴과 함께 상트페테르부르크 KGB를 거쳐 승진한 파트루셰프는 지난 4년 동안 FSB 고위 직책을 여럿 담당한 바 있었다. 푸가체프는 이들을 이용해 스쿠라토프에 대한 형사 사건 수사를 개시할 의향이었다고 회고했다. 그들은 성매매 여성들과 어울린 것을 이유로 검찰 총장의 직무를 정지시키기를 원했다.

차이카와 데민은 질겁했다. 「그들은 왜 자기네가 거기 와 있는지를 이해하지 못했습니다. 마치 청각 장애인과 시각 장애인의 회동 같았죠. 그들 모두는 두려워했습니다. 〈어떻게 우리가 검찰 총장을 겨냥한 형사 사건 수사를 개시할 수 있다는 겁니까?〉 그들이 말하더군요.

그들은 그 회동에 누가 와 있는지 살펴보고 있었습니다. 푸틴이야 그 당시에만 해도 무명이었고, 파트루셰프 역시 무명이었습니다. 그들은 우리를 보고 생각에 잠기더군요. 〈우리는 결국 패배하는 쪽이 될 거고, 그러고 나면 쿠데타 모의 혐의로 기소당하고 말 거야.〉 그들의 머릿속에서 이런 생각이 스치는 것을 볼 수 있었습니다. 저는 불과 5분 만에 이런 사실을 이해했어요. 그래서 그들을 따로따로 불러냈습니다.」 푸가체프의 말이다.

푸가체프는 볼로신의 사무실 건너편에 있는 회의실로 들어갔다. 우선 그는 차이카를 불렀다. 「제가 그에게 물었습니다. 〈형사 사건 수사를 개시하는 대가로 원하는 게 뭡니까?〉 하지만 저는 가능성이 없다는 사실을 깨달았습니다. 다음으로는 데민을 불러서 이렇게 물었습니다. 〈당신은 검찰 총장이 될 준비가 되어 있습니까?〉」 협조의 대가로 풍부한 보상과 승진을 내놓겠다는 제안이 별 효과를 거두지 못함을 깨닫자, 푸가체프는 형사 사건 수사를 개시하려면 도대체 뭐가 필요한지를 자세히 설명해 달라고 그들에게 요청했다. 「우리는 여섯 시간 동안 이야기를 했고, 그 모두를 반복했습니다. 그들은 오로지 검찰 총장만이 검찰 총장에 대한 형사 사건 수사를 개시할 수 있다고 말하더군요. 그래서 제가 차이카에게 말했습니다. 〈이것 보세요. 당신은 제1차장이니까, 결국 검찰 총장 권한 대행이 될 겁니다. 당신은 전직 검찰 총장을 겨냥한 수사를 개시할 수 있어요.〉 하지만 그는 이렇게 말했습니다. 〈아닙니다. 반드시 상원 의회가 그걸 승인해야만 합니다.〉 저는 애초에 형사 사건 수사가 없는 상황이라면, 상원 의회가 어떻게 그걸 승인할 수 있겠느냐고 말했습니다. 우리는 이런 식으로 몇 시간이나 쳇바퀴 돌리듯 대화했습니다. 저는 그들과 거래하기란 불가능하다는 사실을, 즉 아무것도 이루어지지 않으리라는 사실을 이해했습니다.」

이미 자정이 지난 다음이었고, 푸가체프에게 남은 선택지는 신속히 줄어들고 있었다. 이제 그에게는 한 가지 수단이 남아 있었다. 한밤중에 푸가체프는 모스크바 지검장의 자택으로 전화를 걸었다. 「제가 말했죠. 〈당신이 필요합니다.〉 그가 말하더군요. 〈네, 무엇이 필요하신지요?〉 저는 그 내용을 전화로는 말할 수 없다고 대답했습니다. 하지만 그는 문제가 뭐냐고 다시 묻더군요. 그러면서 이렇게 말했습니다. 〈일단 말씀해 주셔야 합니다.〉 그래서 저는 부하 한 명에게 쪽지를 주고 그의 집으로 보냈습니다.」[77] 하지만 모스크바 지검장은 직접 응답할 의향이 거의 없는 것처럼 보였다. 푸가체프는 차이카가 저쪽에 미리 전화해서 경고를 남겼으리라 믿었다. 잠시 후에 푸가체프가 다시 전화를 걸자, 지검장은 자기 대신 오늘 당직 근무를 서는 검사에게 전화를 걸라고 조언했다.

그날의 당직 검사는 뱌체슬라프 로신스키라는 반백의 안경 쓴 남성이었는데, 하필 상태가 좋지 않았다. 술을 마셨기 때문이다. 최근에 딸이 아파트에서 목을 매어 자살했기에, 아버지로서 여전히 그 상실을 애도하는 중이었다. 그런데도 푸가체프는 승용차를 보내 그를 크렘린으로 데려왔다. 푸가체프의 말에 따르면, 로신스키는 자동차로 크렘린 정문을 지나면서 〈혼비백산〉했다. 「로신스키로선 지금 어디로 끌려가는지도 전혀 몰랐던 거죠. 제 사무실로 들어온 그는 술에 취한 겁쟁이가 되어서 앉아 있었습니다. 그는 매우 낙심한 상태였습니다. 하지만 제가 말했습니다. 〈이것 보세요, 이건 매우 간단합니다. 당신은 검찰 총장을 겨냥한 형사 사건 수사를 개시할 수 있습니다.〉 저는 그에게 기소용 명부를 보여 주었습니다.」 그 명부는 당연히 미리 준비된 것이었다. 「그는 저에게 뭘 수정해야 하는지 말해 주더군요. 그런 다음에 그가 서명했습니다.」[78]

푸가체프는 자기가 무엇을 대가로 줄 수 있는지 생각했다. 「저는 그에게 지금 당장 검찰 차장으로 만들어 줄 수는 없다고 말했습니다. 하지만 그가 이렇게 말하더군요. 〈그건 괜찮습니다. 저는 그걸 원하지도 않으니까요. 다만 가능하다면 차라리 저는 모스크바 지검장이 되고 싶습니다.〉 푸가체프는 그에게 힘써 보겠다고 말했다. 비록 보상을 성사시키지는 못했지만, 그건 문제가 되지 않았다. 그 형사 사건 수사에서는 스쿠라토프를 직권 남용으로 기소했으며, 이에 옐친은 그의 직무를 곧바로 정지시켰다. 테이프에 등장한 성매매 여성들이 스쿠라토프의 수사 대상이었던 어느 사업가 겸 금융인의 친척으로부터 그 요금을 받았다고 증언함으로써 검찰 총장의 입지는 위태로워지고 말았다.

스쿠라토프는 한동안 직무 정지에 저항하여 여전히 치열하게 싸웠다. 그는 테이프가 가짜라고 비난했고, 형사 사건 수사는 크렘린 고위층의 부패 수사를 막으려는 정치적 꼼수라고 주장했다. 스쿠라토프는 형사 사건 수사가 불법적으로 개시되었다고 말했고, 이를 조사한 모스크바 군검찰도 그의 주장에 동의했다. 비록 형사 사건 수사가 개시된 이후였지만, 상원 의회의 두 번째 표결에서도 그의 사임을 다시 한번 거부했다. 최근 임명된 행정실장 볼로신의 연설은 어찌나 형편이 없던지, 상원 의원들의 방해를 받는 내내 원고 내용을 더듬고 빠트리기 일쑤였다. 다음 날 크렘린의 두 번째 패배는 옐친의 권력 종말을 상징한다며, 모든 신문이 대서특필했다. 「1999년 4월 21일 오늘, 러시아 대통령의 권력은 붕괴했다.」 주도적인 주지사 가운데 한 명은 이렇게 말했다.[79]

프리마코프는 물론이고 공산당이 주도하는 하원 의회와 상원 의회의 지역 주지사들로 이루어진 그 제휴자들은 (아울러 마베텍스 사건을 추진했던 KGB 사람들도 마찬가지로) 옐친 패밀리의 처벌을 원했다. 하지만 어느 시점에 이르러, 이들은 너무 멀리까지 나아갔던 것처럼 보인다. 푸가체프의 말에 따르면, 그는 한편으로 여차하면 당신들을 쿠데타 모의 혐의로 기소할 수도 있다고 위협함으로써, 루시코프와 프리마코프를 한 발짝 물러나게 만들려고 시도했다. 다른 한편으로는 만약을 대비해 그가 루시코프에게 총리직을 제안할 수 있는 재량권을 갖기로 유마셰프와 미리 합의해 두었다.[80] 하지만 옐친이 정계로 복귀해서 으르렁거리지 않았다면, 푸가체프의 책략도 아무런 효과를 발휘하지는 못했을 것이다.

옐친은 지난 몇 달 동안 병원을 들락날락하면서 프리마코프에 비해서 위치가 더 약화되었는데, 그가 없는 동안에 총리가 마치 권력의 고삐를 장악한 것처럼 보였기 때문이었다. 하지만 4월에 들어 대통령은 남은 힘을 모아서 마지막 결전에 나섰다. 하원 의회의 탄핵 청문회 예정일로부터 딱 사흘 전에, 옐친은 생존을 위한 동물 같은 본능과 극적인 정치 책략의 기호를 드러내며 지금이야말로 행동할 때라고 판단했다. 그는 우선 프리마코프를 크렘린으로 불러 해임을 통보했다. 후임 총리인 내무 장관 스테파신은 민주주의 운동 초기부터 옐친과 가까운 동맹자였고, FSB의 최초 수장 가운데 한 명이기도 했다. 비록 언론에서는 대통령이 그런 행보를 취할 것이라는 추측이 오래전부터 나왔지만, 그 실행은 여전히 충격으로 다가왔다. 옐친은 마지막 순간까지 기다렸다. 「그는 자기가 사흘 더 기다린다면 때가 너무 늦을 수도 있겠다고 생각했습니다.」 푸가체프의 말이다.[81] 「하원 의회는 이에 전혀 대비하지 못한 상태였습니다. 크렘린의 우리 동료 가운데 상당수는 그거야말로 자살행위라고, 즉 하원 의회가 우리에게 반대하는 쪽으로 더 많이 돌아설 거라고 생각했습니다. 하지만 정반대의 일이 벌어졌습니다. 우리는 옐친의 위력을 모조리 보여 준 셈이었습니다. 그는 태연하게 강력한 힘을 행사했고, 급기야 프리마코프며 하원 의회까지도 그런 위력 과시에 겁을 먹고 말았던 겁니다.」 유마셰프의 말이다.[82] 프리마코프로서도 어쩔 도리가 없었고, 하원 의회의 기세도 총리 해임으로 인해 완전히 꺾이고 말았다.[83] 여차하면 옐친이 의회를 해산시킬 수도 있다는 두려움 속에서 탄핵 표결은 며칠 뒤에 무산되고 말았다.

KGB의 제1안은 실패한 셈이었다. 「프리마코프는 이 계책에서 대통령이 되어야 마땅했습니다. 스쿠라토프에 대한 상원 의회의 두 번째 표결 당시, 그는 자리에서 일어나 이렇게 발언할 예정이었습니다. 〈대통령은 도둑놈입니다.〉 프리마코프는 증거를 제시할 예정이었습니다. 그랬다면 충분했을 겁니다. 탄핵 청문회는 이미 예정되어 있었습니다. 그로선 자리에서 일어나서 이렇게 말하는 것만으로도 충분했을 겁니다. 〈저는 이 모두를 끝낼 합법적인 권한을 갖고 있습니다.〉 프리마코프는 모든 증거를 갖고 있었습니다. 하지만 그는 배짱이 없었습니다. 막판에 가서 겁을 냈던 겁니다.」 투로베르는 한숨을 쉬었다.[84]

비록 스쿠라토프는 자기가 정치적 게임을 해본 적이 결코 없었다고, 단지 크렘린의 부패한 거래에 종지부를 찍으려 노력했을 뿐이라고 주장했지만, 동시에 프리마코프가 옐친의 통치를 끝낼 수도 있었음을 무척이나 잘 이해했다. 「그 당시에는 두 가지의 권력의 중심이 있었습니다. 한편에는 입법 권력이 있었습니다. 즉 상원 의회와 러시아 정부였는데, 프리마코프와 모스크바 시장실이 주도하고 있었죠. 또 한편에는 권력의 꼭대기에 올라앉은 옐친과 그의 패밀리가 있었습니다. 만약 상원 의회와 프리마코프가 합의하여 압력을 가했다면, 당연히 옐친 패밀리는 슬금슬금 물러났을 겁니다. 모두가 프리마코프를 지지했을 겁니다. 비밀 기관들도 그를 지지했을 겁니다. 옐친 패밀리는 마치 바퀴벌레처럼 뿔뿔이 흩어져서 도망쳤을 겁니다. 옐친은 건강 문제 때문에라도 대통령이라는 권력을 프리마코프에게 이전했을 것이고, 그랬다면 나라가 달라졌을 겁니다. 하지만 프리마코프는…… 그는 매우 신중한 사람이었습니다. 어쩌면 그는 아주 단호하지 못했던 겁니다. 그는 나라를 위해 끝까지 싸우지 못했습니다.」[85]

제2안

프리마코프는 항상 중론을 따르는 사람이었고, 풍파를 일으키기를 좋아하지 않는 숙련된 외교관이었다. 이미 70세 생일을 맞이한 그는 한동안 그늘 속으로 들어갔으며, 일시적 패배를 시인한 듯했다. 마치 옐친의 크렘린이 숨 쉴 공간을 얻은 것처럼 보였다.

하지만 프리마코프가 권력을 탈환하기 위한 KGB의 제1안이었다고 치면, 아직 또 한 번의 기회가 남아 있었다. 우연에 의해서이건, 또는 설계에 의해서이건 간에, 법적 위협과 공포와 경쟁과 순수한 정치적 계산의 조합이 이루어지면서, KGB 사람들 중에서도 훨씬 더 무자비한 세대가 러시아를 장악하는 결과가 나타났기 때문이다. 옐친 패밀리는 프리마코프의 대체자로서 안보 기관 출신의 누군가를 데려와야만 한다는 사고방식을 갖게 되었다. 「프리마코프 이후, 자유주의자를 지명한다는 것은 불가능하게 되었습니다. 하원 의회가, 아울러 사회가 강력한 인물이라고 바라볼 만한 누군가여야만 했습니다. 예를 들어 장군 출신인 스테파신처럼 말입니다.」 유마셰프의 말이다.

하지만 스테파신은 아마도 러시아 안보 기관 지도자 모두를 통틀어 가장 자유주의적인 사람이었을 것이다. 심지어 진보 성향의 하원 의회 정당 야블로코에 입당하기까지 했다. 소비에트 시절 내무부에서 근무했던 경력에도 불구하고, 본업은 역사학자였으며, 오랫동안 옐친과 친하게 지냈다. 실패한 8월의 쿠데타에서 KGB의 역할에 대한 연방 조사를 옐친이 스테파신에게 지휘하도록 위임한 이후로 두 사람은 줄곧 함께 일해 왔다. 하지만 유마셰프와 푸가체프의 측면에서 보자면, 이 내무 장관은 기껏해야 임시 총리 후보에 지나지 않았다. 푸가체프의 말에 따르면, 스테파신은 〈뱔리〉였는데, 이것은 약골을 뜻하는 러시아어이다. 그는 이 내무 장관이 자기들을 보호하는 데 필요한 행동을 취할 만큼 충분히 결단력 있다고 믿지 않았다. 「제가 보기에 그는 공산당과 순순히 타협할 만한 사람이었습니다.」[86] 유마셰프 역시 자기가 스테파신에 대해서 의구심을 품기 시작했었다고 말했다. 두 사람은 이 내무 장관이 추바이스와 가까운 사이라는 점을 질투했는데, 전직 크렘린 행정실장이자 민영화의 차르인 추바이스는 옐친의 애정을 놓고 두 사람과 경쟁 관계에 있었기 때문이었다. 6월 말까지도 옐친 패밀리 중 일부는 또 다른 후보자로 철도 장관 니콜라이 악쇼넨코도 고려하고 있었는데, 자기네 이익을 더 강력하게 옹호해 줄 사람이라고 믿은 까닭이었다. 하지만 옐친은 머지않아 그를 매우 싫어하게 되었다.[87]

푸가체프의 말에 따르면, 그는 막후에서 오래전부터 자기 나름의 후보자를 밀고 있었는데, 그 사람이야말로 가장 안전하고 가장 충성스러운 하수인이라고 믿었다. 즉 그는 푸틴을 밀고 있었다. 푸가체프는 그가 스쿠라토프의 테이프 사건을 매우 냉철하게 다루는 모습을 지켜보며, 처음으로 그를 잠재적인 후계자로 바라보게 되었다. 두 사람은 1990년대 초의 상트페테르부르크에서 짧게 만난 적도 있었으며, 푸틴이 크렘린 재산부에서 보로딘의 보좌관으로 임명된 이후부터 서로를 더 잘 알게 되었다. 푸가체프의 말에 따르면, 두 사람은 매일같이 함께 일했다. 푸가체프의 메즈프롬방크는 푸틴의 해외 재산부를 위한 기금 마련에 관여하고 있었기 때문이다(물론 푸가체프는 그 은행이 정확히 무엇을 했는지 밝히기를 거절했다).[88] 푸틴은 옛 광장에 있는 구(舊) 공산당 중앙 위원회 본부에 있는 작은 사무실에서 소련 붕괴 이후 러시아가 물려받은 방대한 해외 재산을 파악하는 임무를 담당했다. 그런 재산 중에는 특별 무역 대표부의 사무실이었던 궁전 같은 건물도 있었는데, 바로 그 기관을 통해 소련의 수출 기반 경제의 생혈이 공급된 바 있었다. 아울러 대사관과 전략적 군사 기지라든지, KGB 무기고와 비밀 안전 가옥도 있었다. 이런 재산 가운데 다수는 소련 붕괴의 혼돈 와중에 KGB와 범죄 조직에 그만 약탈당하고 말았다. 그 내역은 외교부의 대차 대조표에 나와 있어야 정상이었겠지만, 이에 관해서는 그 어떤 설명도 이루어진 적이 없었다. 푸틴의 임무는 그 재산을 장부에 원위치시키는 것이었지만, 과연 그가 그 일에 성공했는지는 불분명하다. 해외 재산부는 KGB의 전략적 이익의 한가운데에 있었기에, 수십억 달러 규모의 수출 거래를 허가받은 석유 무역업체인 MES나 마베텍스를 통한 비자금 음모에 대해서 푸틴이 전혀 몰랐다는 푸가체프의 주장이 사실인지 아닌지는 분명하지 않다.

두 사람이 계속해서 가까운 관계를 유지하는 사이, 푸틴은 크렘린에서 아찔한 속도로 승진을 거듭했는데 처음에는 통제국의 수장이 되었으며 1998년 7월에는 FSB 수장이 되었다. 푸가체프의 말에 따르면, 그 기간 내내 푸틴은 그의 제자였다. 자기가 얼마든지 명령을 내릴 만한 상대로 여겨졌다는 사실이 바로 푸틴의 매력이었다고도 했다. 「그는 마치 개처럼 순종적이었습니다.」[89]

유마셰프는 처음에만 해도 후보자로서 〈푸틴에 관해서는 아무 생각이 없는〉 상태여서 악쇼넨코를 밀었다고 주장했다.[90] 하지만 푸틴의 능력만큼은 그 역시 예전부터 알고 있었다. 이 크렘린 행정실장은 그의 승진에서 핵심적인 순간을 모두 직접 감독하고 승인했기에, 두 사람은 가까운 관계를 형성했다. 1997년 3월에 푸틴은 크렘린 행정 부실장이었다. 하지만 유마셰프의 말에 따르면, 항상 겸손한 것처럼 보였고 다른 공직자 대부분과 달리 자기 경력을 향상시키는 데에는 관심이 없는 것처럼 보였다. 「제 보좌관 중에서는 그야말로 가장 유능한 사람 가운데 하나였습니다. 그는 항상 기발하게 일했습니다. 하지만 어느 순간, 저를 찾아와서 물러나고 싶다고 말하더군요. 저는 떠나지 말라고 부탁했습니다. 그러자 그가 이러더군요. 〈이 업무는 다 정리했습니다. 뭔가 새로운 것을 찾아보고 싶습니다.〉」[91] 얼마 뒤인 1998년 5월에 유마셰프는 푸틴을 크렘린에서 세 번째로 강력한 직위로 승진시켰다. 즉 지역 담당 행정 제1부실장에 임명한 것인데, 이 직위 덕분에 푸틴은 옐친과 더 자주 접촉하게 되었다. 그러다가 겨우 2개월 뒤, 유마셰프는 푸틴의 자리를 다시 옮겨서 FSB를 이끌도록 했다.

이것이야말로 푸틴에 대한 유마셰프의 (아울러 옐친 패밀리의) 절대적 신뢰를 보여 주는 첫 번째 징조였다. 1998년 8월의 금융 위기를 아직 한 달 앞두고 있었던 그 당시에, 옐친 행정부의 머리 위에는 벌써 빠르게 먹구름이 몰려들고 있었다. 국가는 임금 체불로 인한 광부들의 연이은 파업으로 신음하는 상태였는데, 급기야 원자력 부문으로도 파업이 확산되고 있었던 것이다. 광부들은 러시아 경제의 필수 동맥인 시베리아 횡단 철도를 봉쇄하고 나섰다. 푸틴의 전임자인 FSB 수장은 공산당과 가깝다고 간주되었는데, 그해 여름에는 파업이 확산되기 시작하고 경제 위기의 위협이 대두하는 상황에서 의회까지 이미 탄핵 이야기를 꺼내기 시작했기에, 옐친의 크렘린으로서는 자기네 사람에게 안보 기관을 맡기는 것이 급선무였다.[92] 푸틴이 장성급까지는 아니고 겨우 중령 계급에 불과하다는 사실은 최대한 좋게 얼버무려져서, FSB 최초의 민간인 수장으로 선전되었다. 위기와 우울로 점철된 그해 여름에는 이들도 어찌어찌 넘어갈 수 있었다.

유마셰프는 민주주의자로서의 푸틴의 자격을 항상 확신하고 있었다고 주장했다. 그의 말에 따르면, 가장 인상적이었던 점은 푸틴이 전직 멘토이자 상사인 상트페테르부르크 전직 시장 솝차크에게 보인 집요한 충성심이었다. 1997년 11월의 한 사건은 다른 무엇보다도 특히 두드러져 보였는데, 이것이야말로 유마셰프가 FSB 수장으로 〈그를 강력하게 추천했던 이유〉였다. 「그가 통제국의 책임자로 일하던 당시에 한 가지 일화가 있었습니다. 그가 저를 찾아와 이렇게 말하더군요. 〈솝차크가 곧 체포되게 생겼으니, 제가 반드시 그를 구해야만 합니다.〉 그가 말했습니다. 〈제가 반드시 그를 해외로 데려가야 합니다. 앞으로 이틀이나 사흘 안에《실로비키》가 (즉 검찰, 내무부, FSB가) 그를 체포할 테니까요.〉 그로서나 저로서나 그런 시도를 했다가는 붙잡힐 가능성이 절반이라는 사실을 아주 분명히 알고 있었습니다. 그래서 제가 이렇게 말했습니다. 〈푸틴, 만약 붙잡힌다면 당신도 직위를 잃게 된다는 걸 알고 있을 거요. 어쩌면 당신은 두 번 다시 일자리를 얻지 못할 수도 있소. 당신은 법을 어길 생각인 거니까.〉」[93]

하지만 푸틴은 물러서지 않았다. 그는 솝차크에 대한 혐의가 날조된 것이며, 전직 시장을 이념적으로 증오하는 보수파 안보계 사람들이 1996년의 상트페테르부르크 시장 선거에 재출마하지 못하도록 흠집을 내려는 공세의 일환일 뿐이라고 주장했다. 그 당시에 솝차크는 뇌물 수수와 관련해 진행된 형사 사건의 수사 대상이었다.[94] 하지만 푸틴이 (아울러 유마셰프조차도 그 이야기를 다시 하는 과정에서) 굳이 밝히지 않았던 사실이 하나 있었으니, 전직 시장의 체포는 결국 전직 부시장에게도 이어질 위험이 있다는 것이었다. 만약 경쟁 분파가 푸틴을 증오하고 있다면 과연 그 일이 어디까지 이어질지는 아무도 몰랐다.[95]

푸틴은 아무도 지켜보는 사람이 없는 국경일을 기해 솝차크를 병원에서 데리고 나와 빼돌리려고 준비했다. 이후에는 그를 개인용 비행기에 태울 예정이었다. 한 내부자의 말에 따르면, 그 비행기는 푸틴의 가까운 동맹자인 팀첸코의 소유였다. 전직 KGB 공작원이라는 소문이 있었던 팀첸코는 과거 상트페테르부르크의 석유 집하장을 통한 수출 독점권을 획득한 바 있었다. 푸틴이 짧은 부재 이후에 크렘린으로 복귀하자 유마셰프는 깊이 안도했다. 「이틀인가 사흘 동안 저는 걱정과 공포에 사로잡혀 있었습니다. 만약 푸틴과 솝차크가 러시아의 국경을 넘는 과정에서 FSB나 내무부에 붙잡혔다면 어마어마한 스캔들이 되었을 테니까요. 제 처지에서는 한 사람이 정의를 위해 자기 경력까지 희생할 태세가 되었다는 점이 중요했습니다. 그래서 그가 돌아오자 저는 옐친에게 그 이야기를 해드렸습니다.」[96]

유마셰프의 주장에 따르면, 푸틴이 선명한 인상을 남긴 또 다른 사건도 있었다. 프리마코프의 총리 임기 중인 1998년 말, 푸틴이 승용차를 타고 가던 중에 유마셰프에게 전화를 걸어서, 자기가 조금 전까지 프리마코프와 함께 있었다면서 다급하게 만나자고 요청했다. 「그는 도착하자마자 저에게 이렇게 말하더군요. 〈아주 기묘한 상황이 벌어졌습니다.〉 그의 말이었습니다. 〈프리마코프가 저를 불러서는 FSB 수장 자격으로 야블린스키에 대한 도청을 시작하라고 요청했습니다.〉」 야블린스키는 하원 의회의 자유주의 야당의 대표로서, 총리 내각의 부패에 관해서 목소리를 높인 사람이었다. 프리마코프는 야블린스키가 미국의 스파이라고 주장하면서, 그러므로 도청할 필요가 있다고 푸틴에게 말했던 모양이다. 「푸틴은 거절했다고 말하더군요. 왜냐하면 절대로 용인할 수 없는 일이기 때문이라는 겁니다. 이렇게 말하더군요. 〈만약 우리가 정치에서의 이의 제기자들을 탄압하던 소비에트 시절로 FSB를 돌려놓으면 그들은 결국 안보 기관을 파괴하게 될 겁니다.〉 또 이렇게도 말하더군요. 〈만약 옐친이 프리마코프와 같은 입장이라면 저는 기꺼이 사임할 태세가 되어 있습니다.〉」[97] 이런 발언 가운데 어느 것도 상트페테르부르크 부시장으로서 푸틴이 했던 행동과는 어울리지 않는데, 그때 그곳에서는 KGB와 범죄 조직의 무자비한 동맹이 만사를 좌우했기 때문이었다. 아울러 드레스덴에서 푸틴이 했던 활동과도 어울리지 않는데, 그때 그곳에서는 서방에 대항하는 불법자들을 운영했기 때문이었다. 하지만 여전히 유마셰프는 그의 말을 진지하게 받아들였다고 주장했다. 심지어 지금까지도, 즉 푸틴이 20년 동안 통치하면서 발생한 모든 일에도 불구하고, 유마셰프는 다음과 같은 견해를 고수하고 있다. 「저는 그가 저를 갖고 논 것이 아니라고 100퍼센트 확신합니다. 그 일에 대해서도 푸틴은 정말로 기꺼이 사임했을 터인데, 왜냐하면 그 일을 절대적으로 격하게 반대했기 때문이었습니다. 물론 옐친은 절대 허락하지 않았겠지만요.」[98]

푸틴이 상트페테르부르크에서 부시장으로 재직하는 동안 솝차크의 열렬한 민주주의 선언으로부터 어느 정도까지는 영향을 받았으리라는 것이 유마셰프의 믿음이었다. 하지만 그로선 상트페테르부르크가 실제로 어떻게 운영되었는지에 대한 세부 내용을 미처 알지 못했던 것처럼, 또는 굳이 알고 싶어 하지 않았던 것처럼 보인다.

푸틴은 포섭의 달인이었다. 예전 관련자의 말에 따르면, KGB에서도 이것이야말로 그의 전공이었다.[99] 「KGB 학교에서는 대화 상대에게 좋은 인상을 주는 방법을 가르쳤습니다. 푸틴은 이 기술을 완벽하게 터득했습니다.」 러시아의 고위급 해외 첩보부 공작원도 이렇게 말했다. 「소규모의 인맥 서클에서 푸틴은 극도로 매력적일 수 있었죠. 그는 누구든지 매료시킬 수 있었습니다. 보좌관으로서 그는 굉장히 효율적이었습니다. 어떤 과제든지 신속하고 창의적으로 해결했고, 그 방법에 관해서는 크게 걱정하지 않았습니다.」[100]

옐친 패밀리가 프리마코프로부터 격렬한 압박과 공격을 받은 그 한 해 동안 유마셰프가 순진했었다고 치면, 아마 베레좁스키도 마찬가지였을 것이다. 이 영리하고 말이 빠른 올리가르흐는 옐친 시대의 내부자 거래의 전형이었는데, 그 시절에는 소수의 사업가가 막후에서 주요 자산과 정부 직위를 거래했기 때문이었다. 이 전직 수학자는 소비에트 시대를 상징하는 상자 모양의 지굴리 승용차를 생산하는 회사 아프토바즈에 대한 무역 계책을 운영해 재산을 축적했는데, 그 시절에만 해도 자동차 산업에 범죄 조직이 크게 관여하고 있었다. 베레좁스키는 암살 시도에서 살아남은 적이 있었다. 이때 그의 운전기사는 머리를 절단당하고 말았지만 베레좁스키는 어찌어찌 크렘린으로까지 진출했다. 처음에는 옐친의 경호실장 알렉산드르 코르자코프의 사무실에서 차를 마셨고, 나중에는 대통령과 그의 패밀리의 호의를 얻기에 이르렀다. 이 와중에 그는 체첸의 분리주의 세력의 지도자들과 유대를 발전시켰다. 모스크바 시내의 복원된 저택에 자리한 베레좁스키의 로고바즈 클럽은 정부 정책의 비공식 중심지가 되었다. 베레좁스키의 권력이 절정에 달한 1996년에 옐친 정부의 〈젊은 개혁가들〉과 올리가르히는 바로 그곳에 모여서 밤새도록 강경파들을 겨냥한 반(反)쿠데타를 모의했다.

하지만 1999년에 이르러 베레좁스키는 정치적으로 유해해졌다. 옐친 패밀리와의 관계가 표적이 되었다. 한편으로는 그의 소유인 석유 대기업 시브네프트가 압수 수색을 당해 자칫 옐친의 딸 타티야나의 그 당시 남편인 디야첸코의 석유 무역 회사와의 거래 내역이 노출될 위기에 처했을 뿐만 아니라, 또 한편으로는 그가 상당한 지분을 갖고 있으며 옐친의 둘째 딸 엘레나가 대표로 재직하는 회사인 아에로플로트를 통한 사업 운영에 대한 형사 사건 수사가 진행되었기 때문이었다. 옐친 패밀리는 베레좁스키와의 관계를 끊을 방법을 찾고 있었다. 그의 방범 회사가 옐친 패밀리의 사무실을 도청해 왔다는 소문이 대두했고, 4월에 그는 (그 당시에 구(舊) 소비에트 공화국들의 느슨한 동맹을 가리키던 명칭인) 독립 국가 연합의 실무 서기라는 크렘린의 직위에서 해임되었다. 유마셰프 역시 이 올리가르흐를 상대하는 데에 지친 상태였다. 「베레좁스키로부터 뭔가 잘 이해하지 못하시는 것 같다는 핀잔을 듣는 경우가 너무 많았던 겁니다. 그가 신경에 거슬리기 시작했던 겁니다.」 이 올리가르흐와 가까운 관련자 가운데 한 명의 말이다.[101] 베레좁스키는 마치 모두로부터 버림받은 것처럼 보였다. 그러다가 푸틴이 1999년 초에 그의 아내 레나의 생일잔치에 나타나자, 이 올리가르흐는 모두가 자기를 벼르던 상황에서 보여 준 이 결속의 과시에 깊이 감동했다.

이 행동은 베레좁스키가 가지고 있던 푸틴의 KGB 과거 이력에 관한 불안을 옆으로 밀어 놓는 데에 도움을 주었다.[102] 처음에만 해도 그는 철도 장관 악쇼넨코를 옐친의 후계자로 줄곧 지지했었다. 그해 3월에 FSB 수장 푸틴이 베레좁스키와 가장 가까웠던 FSB 간부 알렉산드르 리트비넨코의 체포와 투옥을 명령한 이후, 두 사람의 관계가 급속히 냉각되었기 때문이었다. 하지만 지속적인 체포 위협에 직면한 이 올리가르흐는 결국 푸틴이 후보에 편입하는 것을 지지하게 되었다. 옐친의 크렘린에서 자기 영향력을 과장하기 좋아했던 성격대로, 훗날 베레좁스키는 푸틴을 권좌에 올리는 데 도움을 준 사람은 바로 자기였다고, 즉 1998년 여름에 그를 FSB 수장으로 유마셰프에게 천거한 사람이 바로 자기였다고 즐겨 주장했다. 본인의 말에 따르면, 그 당시에 그는 FSB의 위압적인 루뱐카 본부의 승강기 안에서 비밀 회동을 했고, 거기서 푸틴의 대통령 선거 출마에 대한 가능성을 논의했다.[103] 두 사람은 그 이전까지만 해도 그저 잠깐 만났을 뿐이었다. 즉 베레좁스키가 1990년대 초에 상트페테르부르크를 방문해서 자신의 로고바즈 자동차 대리점을 개업하는 데에 푸틴이 조력했던 것이다. 이 올리가르흐의 관련자 가운데 한 명의 말에 따르면, 그 사업에는 마피아가 깊이 개입해 있었기에, 베레좁스키도 그곳 범죄 조직과 푸틴의 연계에 대해서 반드시 알아야만 했다. 「푸틴은 상트페테르부르크에서 로고바즈 자동차의 판매와 관련된 모든 문제에 대해서 베레좁스키를 도와주었습니다. 이 사업은 마피아의 사업이었고, 날강도의 사업이었기 때문에, 베레좁스키는 모스크바에서도 체첸인과 부패한 관료제의 도움을 받아서 이 사업을 조직한 바 있었습니다. 상트페테르부르크에서 베레좁스키는 푸틴의 도움을 받아 이 사업을 조직했습니다. 따라서 베레좁스키는 상대방의 연줄이며 상대방의 상황에 대해서 모든 것을 알고 있었습니다. 베레좁스키는 호락호락한 어린아이가 아니었으니까요.」[104]

그해 말에 프리마코프의 패배를 확정하는 일을 돕는 과정에서 베레좁스키가 막대한 역할을 한 것에는 의심의 여지가 없다 치더라도, 그가 푸가체프만큼 푸틴과 가까이 알고 지냈다고, 또는 일했다고 알려진 바는 전혀 없었다. 그리고 이 올리가르흐의 가장 가까운 관련자 가운데 하나인 알렉스 골드파르브의 말에 따르면, 푸가체프는 푸틴을 옐친의 딸 타티야나에게 소개한 장본인, 또는 스테파신의 대체자로 추천하거나 심지어 옐친의 후계자로 추천한 장본인이 자기 자신이라는 말을 단 한 번도 한 적이 없었다.[105]

모든 것이 바뀐 순간은 7월 중순에, 즉 모스크바의 여름에서도 가장 무더울 때 찾아왔다. 크렘린은 텅 비어 있었고, 옐친을 포함한 상당수가 휴가 중이어서 자리에 없었다. 바로 그때 스위스 검찰이 옐친 패밀리에 충격을 가했다. 스쿠라토프는 그 시점에 푸가체프의 도움으로 개시된 형사 사건 수사로 인해 몇 달째 직무가 정지된 상태였기에, 옐친 패밀리도 마베텍스 사건이 이미 잘 처리되었다고 믿었다. 하지만 스위스 검찰은 여전히 활동 중이었고, 스쿠라토프의 부하들도 마찬가지였다. 7월 14일에 스위스 검찰은 보로딘과 기타 크렘린 고위 공직자를 비롯한 러시아인 24명이 스위스 은행 계좌를 이용해 저지른 돈세탁에 대해 형사 사건 수사를 개시했다고 발표했고, 그 자금은 〈권력의 남용, 또는 부패〉를 통해 입수되었을 수 있다고 주장했다. 그 명단에 옐친의 딸 타티야나가 포함되었느냐는 질문을 받은 검사 가운데 한 명은 이렇게 대답했다. 「아직까지는 아닙니다.」[106] 푸가체프의 말에 따르면, 그들이 아직 주위를 맴돌고 있음이 분명해지자 새로운 공황의 분위기가 생겨났다.

제네바 검찰은 러시아 검찰이 여전히 병행 수사를 진행하고 있다고 말했다. 푸가체프는 바로 그때 자기가 행동하기로 결심했다고 말했다. 「우리에게는 이 모두를 처리할 수 있는 누군가가 필요했습니다. 스테파신은 그렇게 하지 않을 거였습니다. 하지만 푸틴과 FSB, 연방 안보 회의, 파트루셰프가 있었습니다. 우리 쪽은 그들이 전부였습니다.」[107] 푸가체프의 말에 따르면, 그는 푸틴이 스쿠라토프의 테이프 사건을 다룰 때 보여 준 냉철함을 떠올렸고, 그래서 푸틴을 옐친의 딸 타티야나에게 소개하기로 결심했다. 그 당시에 그녀는 여전히 대통령에게 다가갈 수 있는 주요 통로였기 때문이었다. 마치 어디서 신호라도 떨어진 것처럼, 하루 뒤에 푸틴의 FSB는 행동에 나섰고, 옐친의 정적인 모스크바 시장 루시코프의 아내가 소유한 건설업체에 대한 형사 사건 수사가 개시되었다.[108] 푸가체프는 우선 현직 총리에 대한 타티야나의 견해를 잠식하려고, 스테파신이 텔레비전으로 방영된 스쿠라토프의 테이프를 푸틴만큼 열렬히 옹호하지는 못했음을 그녀에게 예증했다. 「제가 그녀에게 말했습니다. 〈이것 보세요. 당신에게 필요한 사람은 바로 당신을 구해 줄 사람이에요. 스테파신은 공산당과 타협하고 말 겁니다. 그는 우리가 지켜보는 앞에서라도 타협하고 말 겁니다. 그가 지금 어떤지를 좀 보세요.〉」[109] 곧이어 푸가체프는 크렘린의 연방 안보 회의 사무실에 있는 푸틴을 타티야나에게 데려갔다. 「저는 푸틴이 훨씬 더 명료한 사람이라고 그녀에게 말했습니다. 푸틴은 젊고 열심히 귀를 기울였습니다. 반면 스테파신은 더 이상 귀를 기울이지 않았습니다.」 푸가체프의 주장에 따르면, 유마셰프도 나중에 그녀를 설득했으며, 그녀가 아버지에게 찾아가서 그 교체를 이해시키도록 만들었다.

하지만 유마셰프의 주장에 따르면, 푸틴의 상승에서 푸가체프는 사실 아무런 역할도 하지 못했으며, 스위스의 형사 사건 수사와 미국의 수사 역시 아무런 위협도 제기하지 못했다. 「그 일이 위험했었다는 주장은 물론 완전히 엉터리입니다. 제 머릿속에는 한 가지 생각밖에 없었습니다. 볼로신도 같은 견해였고, 옐친도 마찬가지였습니다. 즉 정신적으로나 이념적으로나 정치적으로나, 우리와 완전히 똑같은 사람에게 권력을 주고 있다는 것이었지요. 우리는 한 팀이 되어서 크렘린에서 함께 일했습니다. 세계가 어떻게 돌아가야 하는지, 러시아가 어떻게 돌아가는지에 대해서 푸틴과 절대적으로 공통된 이해가 있었습니다.」 유마셰프의 말이다.[110]

하지만 그 나날들로 말하자면, 모든 것이 결정된 나날들이었다. 스테파신의 세계는 (아울러 더 자유주의적인 행정부가 들어설 가능성은) 싹 사라질 예정이었다. 스테파신을 상대적으로 무명 공직자에 불과한 푸틴으로 교체하면서 위험을 무릅쓸 다급한 이유는 전혀 없었다. 다만 가속화되는 마베텍스 조사로 인해 제기되는 위협 때문에라도, 옐친 패밀리에게는 더 충성스러운 (그리고 더 무자비한) 누군가가 필요했다는 이유만 있었을 뿐이었다. 유마셰프가 그 교체를 설명하려 시도하면서 내세운 이유는 그저 허술하게만 들릴 뿐이었는데, 예를 들어 스테파신이 부인의 말에 꼼짝 못 하는 공처가이기 때문이라는 식이었다. 그는 자기네가 신속하게 행동할 수밖에 없었던 이유, 즉 딱 알맞은 인물까지는 아니었던 스테파신을 교체하기가 너무 늦어지기 전에 행동할 수밖에 없었던 이유로, 자기가 그 당시에 만들었던 여러 가지 주장에 관해 길고도 배배 꼬인 이야기를 내놓기를 좋아했다. 하지만 스위스의 수사 앞에서 공황이 대두했다는 것 이외의 설명은 그 무엇도 이치에 닿지 않았다. 이것이야말로 옐친 패밀리로서는 결코 말하고 싶지 않아 하는 동기였는데, 왜냐하면 그런 동기를 밝히고 나면, 옐친 패밀리가 스스로를 구제하기 위해 서둘렀던 행동이야말로 애초의 의도와는 무관하게 푸틴의 상승과 아울러 옐친 패밀리의 세계가 종식된 원인이 되었기 때문이다. 그들은 자기네 이익을 보호할 거친 사람을 필요로 했는데, 결국에는 그들이 원했던 것보다 더 거친 사람이 나타났던 것이다. 유마셰프는 스스로 공인한 서술에서 이런 내용 가운데 그 어떤 것도 시인하지 않았다. 반면 푸가체프는 공식적인 크렘린에서 한참 동떨어진 서술자였기에 진실을 이야기했던 것처럼 보인다.[111]

처음에는 옐친도 머뭇거렸다. 하지만 7월의 마지막 주에 분리주의 세력인 체첸 반란군은 체첸 공화국에 인접한 산악 지대인 다게스탄과의 국경에서 무장 공격을 가하기 시작했다. 유마셰프의 주장에 따르면, 이때 스테파신은 이 문제를 해결하기 위해 분투하는 것처럼 보였다.[112] 총리 자격으로 처음 워싱턴으로 출장을 떠난 7월 27일 이전까지만 해도, 그는 체첸 공화국을 상대로 하는 새로운 전쟁은 절대 없을 것이라고 공공연히 단언했다. 하지만 스테파신이 귀국한 다음 주에는 거의 매일같이 국경에서 충돌이 생겼다. 주말인 8월 8일에는 무장한 체첸 반란군 200~300명이 다게스탄의 마을 두 군데를 장악하면서 교전이 대대적으로 확산했다. 총리를 유임시키려는 옐친의 노력도 거의 소진되고 있었다. 스테파신과 긴밀히 일하던 추바이스는 총리 교체가 계획되고 있음을 간파했고, 심지어 그때까지도, 즉 마지막 순간까지도 푸가체프와 옐친 패밀리의 계획을 거의 틀어지게 할 뻔했다. 옐친이 신임 총리를 발표하기 직전의 주말, 추바이스는 별장에 머물던 옐친과 접촉해 설득을 시도하려고 했다. 하지만 추바이스의 접근은 경호원에게 저지당했으며, 그 일은 곧바로 푸가체프에게 전달되었다.

푸가체프는 자기 계획을 잠식하려는 이 시도에 격분한 나머지 추바이스의 전화 연락에 대해서 절대 옐친에게 말하지 말라며 경호원들을 단속했다. 「저는 마지막 8개월 동안 푸틴을 권좌에 올려놓으려고 계속해서 일했습니다. 저는 푸틴을 한때 FSB 수장이었던 완전한 무명인사에서 진정한 권력의 요구자로 바꿔 놓았습니다. 저는 쉬지 않고 감시하고 확인했습니다. 그런데 추바이스는 우리가 마베텍스 스캔들을 처리해야 할 때 어디에 있었습니까? 그는 도대체 어디에 있었습니까? 그는 도대체 무엇을 했습니까? 그는 완전히 사라져 버렸습니다.」 푸가체프는 격분했다.[113]

푸가체프의 말에 따르면 심지어 그 당시에도, 즉 모두가 월요일 일찍 대통령 집무실에 모였을 때도 옐친은 여전히 머뭇거렸다. 스테파신은 의회의 표결이 있기 전에는 물러나지 않겠다고 했고, 옐친도 다시 한번 생각해 보기로 하고 집무실에서 나갔다. 「저는 그 이야기 전부를 기억합니다. 스테파신은 푸틴이 아무것도 아닌 작자라고, 따라서 그 일을 감당하지 못할 거라고 옐친에게 말했습니다. 하지만 모든 일은 이미 결정된 상태였습니다. 그거야말로 옐친이 아무것도 스스로 결정하지 않은 드문 경우였습니다. 그거야말로 삶과 죽음을 가르는 문제였으니까요.」 푸가체프의 말이다.[114]

옐친이 마침내 그날 늦게 발표를 내놓자, 신임 총리의 정체를 알게 된 온 나라가 충격에 빠졌다. 푸틴은 거의 알려진 바가 없는 관료였으며, 뉴스에도 거의 등장한 적이 없는 모호한 인물이었다. 언론 매체에서는 그의 약력을 작성하느라 바빴다. 전국을 가장 충격에 빠트린 대목은 옐친이 텔레비전으로 중계된 연설 도중에, 그 남자가 자기를 승계하여 대통령이 되기를 희망한다는 것을 공개적으로 거론했다는 점이었다. 「제가 이제 호명하려고 결정한 이 사람이야말로, 제가 보기에는 가장 넓은 정치적 역량에 근거하여 사회를 단결시킬 수 있으리라고, 러시아에서 개혁의 지속을 보장할 수 있으리라고 여겨집니다. 이 사람은 21세기에 러시아를 위대한 국가로 만드는 새로운 과제를 떠안은 주위 모든 사람을 단합시킬 수 있을 것입니다. 이 사람은 바로 연방 안보 회의 서기이며, 연방 보안부 부장인 푸틴입니다.」[115]

이로써 푸틴은 그 어지러울 만큼 가파른 상승 이력에서도 가장 아찔한 도약을 달성했다. 러시아 의회도 충격에 빠졌다. 그래도 의원 대부분은 그가 훗날 손쉽게 격파될 만한 무명 인사에 불과하다고 믿었기 때문에, 비준 투표를 통해서 총리 인준을 얻어 내는 데에 오히려 도움이 되었다.[116] 그즈음 프리마코프는 의회 선거를 앞두고 정계의 언저리에서 다시 대두하여, 저 강력한 모스크바 시장 루시코프와 대담하고 새로운 동맹을 형성한 참이었다. 유마셰프의 말에 따르면, 이들과 비교했을 때 〈푸틴은 마치 어린아이처럼 보였다〉고 한다.[117] 하지만 크렘린의 많은 사람은 여전히 옐친이 푸틴을 자기가 선호하는 후계자로 거론함으로써, 너무 멀리까지 나간 것이 아닌지 걱정하고 있었다. 「우리의 동료 가운데 상당수는 옐친이 절대 그래서는 안 되었다고 생각했습니다. 왜냐하면 푸틴은 무명 인사였고, 옐친의 정치적 지지율은 겨우 5퍼센트에 불과했기 때문이죠. 그들이 생각하기에, 그런 발표까지 하고 난 다음에는 푸틴이 결코 이길 것 같지 않았던 겁니다.」 유마셰프의 말이다.

외부 세계에서 보자면, 옐친 패밀리가 어마어마한 위험을 무릅쓴 것처럼 보였다. 하지만 다른 계획들도 준비 중이었다. 스테파신이 훗날 말한 바에 따르면, 체첸 공화국을 상대로 한 러시아의 군사적 공세의 증대는 그때부터 이미 논의되고 있었다.[118] 크렘린 내부의 관료와 홍보 전문가에게 가장 중요한 과제는 이제 자기네 앞에 선보인, 저 어색해 보이는 후보자를 충분히 무시 못 할 세력으로 변모시키는 것이었다. 첫눈에 보기에 그 재료는 아주 가망성이 높아 보이지 않았다. 사람들은 여전히 만나기만 하면 푸틴에 관해 이야기했다. 크렘린의 계획은 소비에트 시절에 가장 인기 있었던 텔레비전 속 영웅 가운데 하나의 이미지를 푸틴에게 덧씌우는 것이었다. 즉 그는 현대의 막스 오토 폰 시틸리츠가 될 것이었는데, 첩보 소설과 드라마 시리즈의 주인공인 이 위장 스파이는 나치 독일의 네트워크에 잠입하기 위해서 적진의 후방에 깊숙이 침투한 바 있었다. 푸틴은 러시아라는 국가를 회복시킬 애국자 〈칸디다트 레지덴트〉, 즉 스파이 후보자가 될 예정이었다.[119] 크렘린의 주요 과제는 신임 총리를 옐친 패밀리와 차별화하는 것이었다. 그래야만 대중은 푸틴을 독립적이라고 간주할 것이었다. 나이 먹고 병든 옐친에 비하자면 푸틴의 젊음은 직접적인 이득이 되었으며, 크렘린과 연계된 TV 방송국에서는 분리주의자의 다게스탄 침입에 대해 단호하게 행동하는 총리의 모습을 묘사하려 노력했다. 베레좁스키와 가까운 관련자 두 명의 말에 따르면, 이 올리가르흐는 막후에서 권력을 향한 푸틴의 도약을 돕기 위해 작지만 성공적인 전쟁을 완벽하게 조직했다.[120]

푸틴의 상승에 일익을 담당하느라 서두른 까닭에, 푸가체프는 그의 이중성에 대한 경고 신호에 그리 주목하지 못했다. 그해 7월에 푸가체프는 스위스 검찰의 사건 수사 결과를 놓고 협상을 시도하면서, 푸틴과 파트루셰프와 볼로신과 함께 밤늦게까지 크렘린에 머문 적이 있었다. 이들은 검찰 총장 권한 대행인 차이카를 설득해서 물러나게 만들고 더 충성스러운 동맹자를 앉히려고 도모했는데, 이때 푸틴은 명백히 이중 거래를 시도했다. 그 권한 대행은 처음에만 해도 제안을 거부했지만, 몇 주 뒤에 푸가체프와 개별 면담을 하고 나서는 결국 동의하고 말았다. 그런데 면담 중에 차이카는 크렘린에 대한 푸틴의 충성이 어쩌면 그리 확고하지 않을 수도 있다고 경고했다. 「푸틴을 상대할 때는 조심하실 필요가 있습니다. 당신네가 크렘린에서 무려 여섯 시간이나 사퇴하라고 저를 설득했을 때, 그 면담을 모두 끝내고 나오니 제 옆에 푸틴이 있었습니다. 그는 제가 동의하지 않은 게 옳았다고 말하더군요. 만약 제가 동의했다면, 그거야말로 범죄였을 거라고 말하는 겁니다.」차이카의 말이었다.[121]

하지만 푸가체프는 차이카의 경고를 곧바로 잊어버리고 말았다. 그 모든 노력에도 불구하고 마베텍스를 둘러싼 스캔들이 여전히 잠잠해지지 않고 있었으며, 8월 말에 이르러 재난이 결국 당도하고 말았기 때문이었다. 즉 관련 수사가 옐친 패밀리와 어떻게 연관되는지가 만천하에 공개되었다. 이탈리아 신문 『코리에레 델라 세라*Corriere della Sera*』에 게재된 기사에서는 마베텍스의 소유주 파촐리가 신용 카드를 발급해 주고, 그 대금을 대신 지급했다는 내용이 폭로되어 있었다.[122] 신문에 따르면, 스위스 검찰에서는 그 대금이 결국 크렘린 개보수 공사 도급 계약의 대가로 지급된 뇌물이라고 의심하고 있었다. 아울러 그 기사에서는 이 주장의 핵심 증인이 투로베르라고도 밝혀 놓았다.

이 뉴스는 옐친의 크렘린을 강타했다.[123] 그때까지만 해도 수사가 과연 어디까지 갈 수 있는지는 오로지 검찰만 알고 있었다. 푸가체프는 다시 한번 타티야나에게 달려갔다. 「언론 보도가 나오자 타티야나는 완전히 당황했습니다. 하지만 저는 그걸 싹 사라지게 만들겠다고 그녀에게 약속했습니다.」푸가체프의 말이다.[124] 푸가체프는 옐친 패밀리에게 자기 은행인 메즈프롬방크에 계좌를 개설하라고 말한 다음, 문제의 신용 카드는 원래 몇 년 전에 자기 은행을 통해 처음 발급된 것이라고 언론에 밝혔다. 이 조치는 옐친이 해외 은행 계좌를 보유함으로써 위법 행위를 했는지에 대한 질문을 제거하는 동시에, 언론을 교란하기 위해 고안된 것이었다.[125]

푸가체프가 보기에는 이 사건 자체가 불공평하기 짝이 없었다.

그의 말에 따르면, 옐친은 돈이 뭔지조차 결코 이해한 적이 없었다. 한 번은 술에 취한 대통령이 경호실장 코르자코프에게 보드카를 사 오라면서, 자기 방의 금고에서 지폐 뭉치를 꺼냈다고 한다. 푸가체프의 말에 따르면, 그 돈은 옐친이 유마셰프와 함께 집필한 책의 인세로 받은 것이었다. 이때 대통령이 꺼낸 돈은 100달러였다. 「그는 이 정도면 충분하겠느냐고 코르자코프에게 물었답니다. 돈이 무엇인지, 또는 물건 값이 얼마인지에 대해서는 전혀 몰랐던 거죠. 그는 이런 일을 결코 혼자 하지도 못했습니다.」 옐친은 자기 이름으로 발급된 신용 카드로 돈을 쓴 적도 거의 없다시피 했다. 단지 부다페스트를 방문했을 때에만 조금 썼을 뿐이었다. 하지만 그의 딸들은 훨씬 더 많은 돈을 썼다. 「타티야나는 한 달에 모피값으로 10만 달러도 쓸 수 있었습니다.」 푸가체프의 말이다. 하지만 그들 중 누구도 신용 카드가 무엇인지, 또는 그게 어떻게 작용하는지, 또는 그게 무엇을 상징하는지는 전혀 몰랐다. 「그들은 단지 이 플라스틱 쪼가리를 들고 나가서 물건을 사는 데 썼을 뿐입니다. 누군가가 반드시 그 대금을 지급해야 한다는 사실까지는 이해하지 못했습니다.」[126]

유마셰프의 말에 따르면, 대통령 가족은 신용 카드 대금이 옐친의 회고록 인세로 충당된다고 믿고 있었다. 크렘린의 재산부 수장 보로딘이 그렇게 말했다는 것이 유마셰프의 주장이다. 「그들은 그 돈이 책의 인세에서 나왔다고 절대적으로 믿고 성실하게 사용했던 겁니다. 하지만 제가 보기에는 보로딘의 그런 어리석음이 자칫 우리에게 반대하는 프리마코프와 스쿠라토프를 비롯한 온갖 종류의 세력에게 악용될 수 있을 것 같더군요.」[127]

지평선 위에 먹구름이 점점 더 커지는 가운데, 돈의 발자취는 자칫 수사가 그 이상으로 더 나아갈 수도 있는 잠재력을 지니고 있었다. 1998년 8월의 금융 위기로부터 딱 1년이 지났을 때, 『뉴욕 타임스*The*

New York Times』는 러시아의 또 다른 금융 스캔들에 관한 뉴스를 보도했다.[128] 미국 법 집행 기관에서는 뉴욕 은행을 통한 러시아 범죄 조직의 돈세탁 거래로 의심되는 수십억 달러에 대해서 수사 중이었다. 그로부터 한 달 뒤에, 이 사건과 옐친 패밀리의 연계에 관한 보도가 나왔다. 수사관들은 케이맨 제도 소재의 뉴욕 은행에 타티야나의 그 당시 남편인 디야첸코의 이름으로 개설된 계좌 두 곳으로 송금된 270만 달러를 추적했다.[129] 나중에 나온 문서에 따르면, 스위스 검찰 역시 한때 방코 델 고타르도를 거쳐 타티야나가 수익자로서 소유한 계좌로 들어간 훨씬 더 고액의 송금을 수사하는 중이었다.[130] 하지만 이 사건들과 관련해서는 기소가 전혀 이루어지지 않았다. 유마셰프의 말에 따르면, 타티야나가 그 금액을 받았다는 주장은 모조리 〈절대적인 거짓말〉이었다.

그러나 한편에 점점 커지는 긴장이 있고, 또 한편에 공격으로부터 자신을 구제하려는 발버둥이 있는 상황이다 보니, 그 한가운데 놓인 푸가체프는 푸틴의 예전 멘토 솝차크가 내놓은 경고조차도 무시해 버리고 말았다. 전직 시장은 푸가체프에게 지금 큰 실수를 하는 거라고 말했다. 「저는 아마 그가 질투를 한다고 생각했습니다. 물론 그는 모든 것을 알고 한 말이었습니다.」[131] 푸가체프는 베레좁스키가 불안해하면서 다음과 같이 말했던 것조차도 잊어버리고 말았다. 「이거야말로 당신의 삶의 가장 큰 실수입니다. 그는 오염된 서클 출신입니다. 〈코미테치크〉는 변할 수 없습니다. 당신은 푸틴이 어떤 사람인지를 이해하지 못하고 있습니다.」[132] 푸가체프는 KGB에 대한 자신의 깊은 증오에 관해서도, 자기가 오래전 10대였을 때 레닌그라드의 여러 관광 호텔에서 경화를 거래하면서 어떻게 KGB를 피해 도망치고 우회했는지도 역시나 잊어버리고 말았다. 푸가체프는 차이카의 경고를 흘려듣고 말았으며, 푸가체프를 포함한 그 누구도 푸틴이 여전히 프리마코프와 종종 만난다는 사실을 미처 파악하지 못하고 말았다. 이 공산주의자로 말하자면, 총리에서 해임된 이후로 그들의 대적(大敵)이 될 예정이었는데도 말이다. 알고 보니 푸틴은 FSB 고위급을 모두 데리고 프리마코프의 별장으로 찾아가서 축배를 든 적도 있었다. 그해 10월에 푸틴은 이 공산주의자의 70세 생일잔치에도 참석해 그를 한껏 추켜세우는 연설까지 했다.[133]

푸가체프와 옐친 패밀리는 이 모든 사실에 대해서 눈을 감았다. 이들은 다른 무엇보다도 푸틴이 자기네 사람이라고 믿고 싶었던 것이다. 그해 여름에 수사의 강도가 높아지면서, 이들은 안보계 사람들 중에서 자기네를 보호해 줄 만한 후계자를 필사적으로 찾을 수밖에 없었다. 어찌어찌해서 이들은 푸틴이야말로 그 일을 할 수 있는 유일한 후보자라고 믿게 되었다. 점점 더 질병으로 손상되고 있는 옐친도 어쩔 수 없이 이들을 따라갈 수밖에 없었던 것처럼 보인다. 1998년 8월의 금융 위기 이후 프리마코프가 총리로 지명되자, 옐친 패밀리는 그 후임으로 〈실로비키〉가 아닌 누군가를 임명하는 것밖에는 대안이 없다고 생각해 왔다. 그런데 금융 붕괴 속에서 자유주의적 이상과 젊은 개혁가들은 (옐친은 한때 그들 중에서 자기 후계자를 찾았었는데도) 오염되고 말았다. 「우리는 너무 많은 자유를 삼키는 바람에, 그만 자유에 중독되었던 겁니다.」 유마셰프는 훗날 짓궂게도 이렇게 말했다.[134]

시장과 민주주의 원칙에 대한 푸틴의 사탕발림도 푸틴이 자기네의 경로를 지속해 나갈 것이라는 옐친 패밀리의 믿음에 일조했다. 하지만 그들에게는 무엇보다 한때 체포 위협을 받은 솝차크를 몰래 빼돌려 러시아를 벗어나게 했던 푸틴의 무모한 작전이 가장 큰 영향을 미쳤다. 「그러한 충성의 표시야말로 (……) 그를 선택할 때 중요한 요소였다.」 그 당시 크렘린 자문 위원 겸 홍보 전문가였던 파블롭스키의 말이다.[135] 옐친 패밀리는 푸틴이야말로 스테파신보다 훨씬 더 무자비하므로, 필요하다면 자기 동맹자를 보호하기 위해 법조차도 어길 것임을 알고 있었다.

게다가 푸가체프의 말에 따르면, 푸틴은 충성스럽고도 순종적인 것처럼 보였다. 이 은행가는 여전히 푸틴을 마치 개처럼 자기를 따라올 누군가라고 생각했고, 여전히 푸틴을 자유주의적이고 민주주의적인 솝차크와 동일시했다. 「제 느낌은 이런 거였습니다. 솝차크와 가까운 사이였다면, 그는 당연히 자유주의적 견해를 가진 사람이겠지 싶었죠. 저는 그가 무엇을 대표하는지 자세히 살펴보지 않았습니다.」뿐만 아니라 푸틴은 총리 직위를 맡는 것을 탐탁지 않아 하는 것처럼 보였다. 푸가체프의 말에 따르면, 자기가 억지로 푸틴의 등을 떠밀어야 했고, 단지 상황이 안정될 때까지만이니 오래 걸리지 않을 거라고 말해 주어야 했다.

이 은행가가 미처 몰랐던 사실은 옐친 정권을 전복하려는 시도를 한 주역 가운데 한 명과 푸틴이 한때 긴밀히 일했다는 점이었다. 마베텍스와 옐친의 계좌에 대한 비밀 누설의 배후에 있던 KGB 간부 투로베르에 관해서 푸가체프는 미처 모르고 있었다. 투로베르는 KGB의 전설적인 흑색 작전을 수행하는 부서의 수장과 연고가 있었으며, 앞서 상트페테르부르크에서는 푸틴을 도와서 석유 식량 물물 교환 계책을 수립한 바 있었다.

투로베르가 내게 해준 다음과 같은 이야기도 푸가체프는 전혀 들어 보지 못한 상태였다. 즉 그해 8월에 이탈리아의 신문에 투로베르의 이름이 누설된 이후, 옐친의 경호실장이 투로베르를 제거하라는 명령을 내렸다. 그러자 푸틴은 그 당시 모스크바에 머물던 투로베르를 직접 찾아가서 그 명령에 대해 경고하고, 신속하게 그 나라를 떠나라고 말해 주었다는 것이다. 「그가 저에게 떠나라고 말해 준 이유는 대통령으로부터 저를 끝내 버리라는 명령을 받았기 때문이었습니다. 자신이 보장할 터이니 제가 떠날 수 있다고도 말했습니다.」

푸가체프가 역시나 몰랐던 사실은 푸틴이 줄곧 박쥐 노릇을 해왔다는 점이었다. 「푸틴은 항상 약속을 지켰습니다. 그는 결코 옐친 패밀리를 위해 진짜로 프리마코프를 적대시한 적이 없었습니다. 스쿠라토프를 적대시한 것도 어디까지나 형식적일 뿐이었습니다.」 투로베르의 말이다.[136]

푸가체프는 프리마코프의 권력 장악이 실패로 돌아간 이후, KGB의 제2안에 가까운 뭔가를 푸틴이 대표할 수 있으리라고는 꿈에도 생각해 본 적이 없었다. 그는 항상 푸틴을 자기가 통제할 수 있는 사람으로 생각했다고 주장했다. 푸가체프는 푸틴이 옐친 패밀리를 지지하는 것처럼 보였을 때조차도, 어쩌면 거짓말하는 것일 수 있다는 사실을 미처 깨닫지 못했다. 투로베르의 말마따나 푸틴은 〈그들을 기만했던〉 것이었다. 「전쟁은 기만에 근거합니다. 그거야말로 손자(孫子)의 전략이었죠. 지금으로부터 2600년 전에 『손자병법』을 쓴 그 사람 말입니다.」 그가 언급한 책은 고대 중국의 군사학 저술이다. 아울러 전쟁에서나 무술에서나 상대를 기만하는 것은 중요하다. 「푸틴은 유도를 제대로 배웠던 겁니다.」

옐친 패밀리는 공산주의의 과거에서 비롯된 무력 쿠데타가 아니라, 사실은 안보계 사람들에게서 비롯된 점진적 쿠데타에 굴복하고 말았다. 사방에서 공격당하는 상황이다 보니, 이들로선 KGB와 화해에 도달하는 것밖에는 다른 선택의 여지가 없었다.

「그들로선 반드시 타협적 인물을 찾아야만 했습니다. 무수히 많은 전현직 법 집행 기관 간부들이 적재적소에 자리하고 있었습니다. 그들로선 옐친의 퇴진 이후에 이 세력과의 관계를 원만하게 만들 수 있는 사람이 필요했던 겁니다. 그들의 정권은 사방에서 공격받고 있었으므로 다른 선택의 여지가 없었습니다. 그것이야말로 그들의 가장 큰 두려움에 근거하여 강제된 결정이었습니다. 즉 그들은 옐친이 권력에서 퇴진한다면 진짜로 반혁명이 일어날 수도 있고, 자칫 그들이 성취했던 모든 것이 상실될 수도 있다는 두려움을 품었던 겁니다. 그것이야말로 안전과 합의의 문제였습니다. 그들은 푸틴이야말로 자기네가 통제할 수 있는 일시적인 인물이라고 여겼습니다. 그 결정에 강력히 반대한 유일한 사람은 추바이스였습니다. 그는 푸틴의 배경이야말로, 즉 그가 KGB에서 일했다는 사실이야말로, 단순히 옐친 패밀리의 손에서 놀아나는 꼭두각시가 되지는 않으리라는 뜻이 아니겠느냐고 두려워했던 겁니다. 그의 직관은 틀리지 않았습니다.」 푸틴과 가까웠던 전직 KGB 고위 간부 가운데 한 명의 말이다.[1]

오랫동안 푸틴은 러시아의 〈우연한 대통령〉으로 묘사됐다. 하지만 크렘린에서 그의 상승이나 대통령 직위로의 도약은 우연과 별 관련이 없는 것처럼 보인다. 「그가 모스크바로 자리를 옮겼을 때, 그들은 이미 그의 적합성을 확인하기 시작한 상태였습니다.」 KGB에서 푸틴의 가까운 동맹자였던 사람의 말이다.[2] 외부 세계에서 바라본 옐친 치하의 러시아는 마치 안보 기관의 위력이 오래전에 이미 분쇄된 상태에서 획기적인 변화가 이루어진 나라처럼 보였을지도 모르겠지만, 정작 러시아 내부에서는 안보계 사람들이 여전히 무시 못 할 세력으로 잠복해 있었다. 옐친의 크렘린 내부에는 물론이고 각종 기관과 회사의 2군 직위에 KGB 대리인들이 있었다. 그중 일부는 그로부터 10년 전에 러시아에 시장을 도입하려고 노력했는데, 계획 경제하에서는 소련이 서방과 경쟁할 수 없다는 사실을 너무나도 잘 이해했기 때문이었다. 이들은 자신들이 시작했던 개혁이 옐친 치하에서 자신들의 통제를 벗어나는 모습을 그늘 속에서 지켜보고 있었다. 이들 대부분이 언저리로 밀려난 사이, 옐친 시대의 자유는 그 어느 때보다도 더 빠른 올리가르히의 성장을 낳았으며, 1990년대 중반에 이르자 올리가르히는 자신들의 예전 KGB 주인님들을 능가하게 되었다. 자유는 악덕 자본주의를 만들어 냈으며, 그런 자본주의 아래에서 결국 안보계 사람들은 옐친과 그의 가족의 체면을 실추시킬 수 있었다. 시장이 붕괴하자 이들의 때가 찾아왔다. 옐친과 그의 가족은 마베텍스 계좌며 베레좁스키와의 밀접한 사업 유대와 관련해서 약점을 드러냈으며, 그 사이 크렘린에서는 막후에 있던 사람들이 오래전부터 국가 통제주의적 보복을 계획해 오고 있었다.

「안보계 사람들이 일하던 기관들은 무너지지 않았습니다. 개인적인 네트워크는 사라지지 않았습니다. 그들에게는 단지 이 네트워크를 다시 한데 모아 놓을 누군가가 필요했을 뿐입니다. 그것이 바로 미래였습니다. 만약 푸틴이 없었더라도, 그와 비슷한 누군가가 그렇게 했을 겁니다.」미국 국가 안보 회의의 전직 러시아 담당 국장 그레이엄의 말이다.[3]

안보계 사람들로 이루어진 크렘린 막후의 더 넓은 카스트는 단지 시장으로의 이행 과정에서 생겨난 재산과 경제적 이득의 확보를 추구했을 뿐이었다. 크렘린 내부에서는 옐친 시대의 혼돈 이후에 새로운 대통령이 (누가 되든지 간에) 반드시 국가 통제주의적 보복을 대표해야 한다는 확신이 만연해 있었다. 그 보복은 결국 옐친 시대에 생겨난 패배자들의 보복일 예정이었는데, 그 시기에는 교사와 의사와 법 집행 기관원 같은 국가 공직자들이 가장 크게 고통을 겪었기 때문이었다. 「우리는 친(親)크렘린의 제휴를 위한 접착제를 찾고 있었습니다. 뭔가 다른 방식의 정치인이 반드시 권력을 잡아서 소비에트 이후의 이행을 완수해야만 했던 겁니다.」그 당시에 크렘린 자문 위원 겸 홍보 전문가였던 파블롭스키의 말이다.[4]

「어쨌거나 정권을 차지하는 것은 KGB가 될 예정이었습니다.」전직 대통령의 경제 자문 위원 일라리오노프의 말이다.[5]

만약 제1안이었던 프리마코프가 공산당 방식의 보복과 아울러 (프리마코프와 루시코프의 연합을 통해 옐친과 그의 패밀리가 남은 평생을 교도소에서 보내게 될 수도 있다는) 매우 실질적인 위험을 대표했다면, 푸틴은 오히려 그들을 구제할 선량한 〈실로비크〉였다. 즉 자기는 진보적이라고, 자기는 그들 중 하나라고 옐친 패밀리를 꾸준히 유혹한 매력남이었다. 「푸틴은 두드러진 정치인이었고, 옐친 패밀리의 신뢰를 얻기 위한 작전을 매우 성공적으로 수행했습니다. 프리마코프는 옐친의 주적으로 간주되었습니다. 안보계 사람들은 옐친이

그런 식으로 권력을 넘겨주지는 않을 것임을 정확하게 계산했던 겁니다.」일라리오노프의 말이다.[6]

자기네 위치를 확고히 하느라 서두른 나머지, 옐친 패밀리는 권력의 고삐를 더 젊은 KGB 사람들 가운데 한 파벌에 건네주고 말았다. 이 파벌로 말하자면, 권력을 획득하기 위한 경쟁에서 프리마코프의 선배들 중 그 누구보다도 더 무자비하고, 아울러 그 어떤 세대보다도 더 정치인다운 세대로 판명되었다. 다시 말해 크렘린의 술책 더하기 서로 싸우는 분파들의(심지어 안보계 사람들 사이에서도 그런 일이 일어났다) 대소동까지 더해진 상황 속에서, 옐친 패밀리는 안보계 사람들 가운데 한 분파에 권력을 넘겨주게 되었다. 그 분파로 말하자면, 상트페테르부르크에서 벌어진 난폭한 전투에서 동맹을 조성한 자들이었고, 훨씬 더 권력에 굶주린 자들이었으며, 자신들의 충성을 예증하기 위해서라면 무엇에도 굴하지 않을 자들이었다.

크렘린의 홍보 전문가들은 푸틴을 체첸의 다게스탄 침입에 단호하게 행동하는 사람으로 묘사하기 위해서 쉬지 않고 일했다. 하지만 총리 임기 첫 달 내내 푸틴의 지지도는 거의 높아지지 않았다. 그는 여전히 색깔이 없다고 종종 여겨졌다. 푸틴은 여전히 모호하고 무명인 관료로 남아 있었던 반면, 프리마코프가 새로 발표한 루시코프와의 동맹은 힘을 얻어 가고 있었다. 러시아의 강력한 지역 주지사들이 하나둘씩 그쪽에 가담했다. 그 와중에 해외 수사에 관한 뉴스는 마치 경종 타이머를 맞춰 놓은 격이 되었다. 뉴욕 은행에 대한 수사와 옐친 패밀리로 이어질 수도 있는 그 잠재력 있는 일에 대한 폭로는 마치 똑딱거리는 시한폭탄과 같았으며, 마베텍스 수사와 옐친 패밀리의 신용 카드에 대한 뉴스 속보는 압력을 훨씬 더 강화시켰다. 저 어딘가에는, 즉 페트로바 거리의 위풍당당한 저택에 있는 검찰 차장의 사무실 속 금고 안에는 이미 서명까지 완료된 체포 영장이 놓여 있었다. 하지만 또 한 가지 중대한 변모가 이루어질 예정이었다.

푸가체프의 말에 따르면, 바로 이즈음에 그는 지금까지 내놓은 것 중에서도 가장 대담한 조치를 제안했다. 그는 옐친이 일찌감치 물러나야 한다고, 그리하여 다음 선거 이전에 푸틴이 대통령직을 승계해야 한다고 타티야나와 유마셰프를 설득하기 시작했다. 그것이야말로 대통령 직위를 향한 푸틴의 도약을 확보하는 유일한 방법이었다. 푸가체프는 이들에게 이렇게 말했다. 「우리는 이듬해 여름의 대통령 선거 때까지 권력을 유지하지 못할 겁니다. 옐친이 그를 자기 후계자로 원한다고 말했다는 사실은 도움이 되지 않을 겁니다. 우리는 여전히 그를 거기까지 데려가야만 합니다.」 몇 시간 동안 논의가 이어졌다. 유마셰프는 옐친이 동의하지 않을 거라고 확신했다. 「제가 유마셰프에게 말했습니다. 이건 당신 개인의 안전에 관한 문제이자, 당신 가족의 안전에 관한 문제라고 말입니다. 또 이건 당신의 문제이자, 우리 모두의 문제라고 말입니다. 이건 이 나라의 미래에 관한 문제라고 말입니다. 하지만 유마셰프는 이렇게 말하더군요. 〈자네도 알겠지만, 그는 결코 권력을 포기하지 않을 걸세.〉」

푸가체프의 말에 따르면, 결국에는 유마셰프가 직접 옐친을 찾아가 보겠다고 대답했다. 두 사람은 저녁 늦게 헤어졌는데, 다음 날 크렘린에 돌아와 보니 유마셰프가 전화를 걸었다고 한다. 「그는 그 문제가 결정되었다고 저에게 말하더군요.」[7] 하지만 유마셰프는 그 당시에만 해도 그런 결정은 내려지지 않았다고 주장했다. 크렘린의 공식 설명에 따르면, 옐친이 물러나기로 한 것은 훨씬 더 나중의, 즉 그해 말이 가까웠을 때의 일이었다.

하지만 다른 전직 크렘린 공직자 두 명 역시 그 결정이 이보다는 더 일찍 내려졌다고 암시했고,[8] 푸틴과 가까운 KGB 동맹자 가운데 한 명도 뭔가 심각한 일이 당면했음을 감지했었다고 증언했다. 8월 말이 가까워지자 푸틴은 가장 가까운 동지 가운데 한 명과 함께 오제로에 있는 자신의 예전 별장으로 며칠 동안 휴가를 떠났다. 푸틴과 가까웠던 동맹자의 말에 따르면, 그는 혼자 있기 위해서 그곳에 간 것이었다.[9] 푸틴은 깊은 생각에 잠겨 있었고, 뭔가가 분명히 그를 짓누르고 있었다.

그해 9월, 3주에 걸친 비극과 테러 이후에야 푸틴에 관한 대중의 인식이 완전히 바뀌었다. 마베텍스에 관한 머리기사는 싹 없어졌다. 푸틴이 대두하여 지휘를 담당하고 옐친은 시야에서 사라지고 말았다.

1999년 9월 4일 저녁, 차량 폭탄 공격으로 다게스탄의 도시 부이낙스크에 있는 아파트 건물 한 채가 박살 나면서 64명이 사망했는데, 그 대부분은 러시아 군인의 가족이었다. 그 공격은 체첸 반란군과의 무장 투쟁 확산에 대한 응답으로 간주되었다. 체첸 반란군은 그 주에 다게스탄에 새로운 침입을 개시했고, 신임 총리 푸틴은 다게스탄에서 연방군의 승리를 선언한 지 겨우 하루 만에 마을 몇 군데를 장악했다. 이것이야말로 1994년에 옐친이 체첸의 분리주의자들을 상대로 전쟁을 시작한 이래, 러시아가 관여할 수밖에 없었던 산발적인 충돌에서 또 한 번의 비극적인 반전인 것처럼 보였다.

불과 나흘 뒤에 모스크바 남동쪽 교외의 조용한 노동 계급 지역에 있는 한 아파트 건물 한가운데에서 또다시 폭발이 발생했다. 숙면 중이던 주민 94명이 사망했고, 캅카스에서 벌어지는 러시아의 군사 투쟁은 치명적이고도 새로운 국면으로 접어들게 되었다. 처음에만 해도 수사관들은 이 사고의 원인이 천연가스 폭발일 것이라고 말했다.[10] 그 건물에 거주하는 가구 가운데에는 체첸 공화국의 분리주의 세력과 관련된 사람은 거의 없다시피 했기 때문이다. 도대체 이 폭발이 저 멀리 떨어진 곳에서의 군사 투쟁과 무슨 관련이 있을 수 있을까? 아무런 증거가 제시되지 않은 상태에서도, 공직자들은 하나둘씩 이 폭파 사건을 체첸 테러리스트의 공격이라고 비난하기 시작했다. 구조 요원들이 한때 구랴노바 거리 19번지였던 곳의 잔해에서 불에 그을린 마지막 몇 구의 시신을 차마 다 수습하지도 못한 상황에서, 나흘 뒤에는 모스크바 남부 카시르코예 대로에서 또 한 번의 폭발이 일어나 단조로운 9층 아파트 건물이 깡그리 무너지고 말았다. 그로 인해 119명의 주민이 사망했다. 한때 그곳에 사람이 살았음을 보여 주는 유일한 증거는 진흙탕 웅덩이에 둥둥 떠 있는 애들 장난감뿐이었다.[11]

모스크바에 공황이 확산했다. 남부의 분리주의자 반란군을 상대로 10년 가까이 이어진 간헐적 전쟁이 결국 수도의 심장부까지 도달한 것은 전례가 없었던 일이었다. 국가적인 위기와 공포의 감정이 증대하면서, 옐친 패밀리를 둘러싼 금융 스캔들은 1면에서 멀찍이 밀려났고, 푸틴이 전면으로 떠밀려 나왔다. 이것이야말로 푸틴이 권력의 고삐를 옐친으로부터 물려받은 결정적인 순간이었다. 갑자기 그는 이 나라의 총사령관이 되어서, 이 공격에 복수하기 위해 체첸 공화국에 대한 폭격 공세를 지휘하게 되었다.

그해 가을에 일어난 일이야말로 푸틴의 상승에서 가장 치명적이고 핵심적인 수수께끼이다. 아파트 폭파 사건으로 인한 사망자 숫자가 300명을 넘는 동안 크렘린에서는 정교한 홍보 캠페인을 펼쳤다. 혹시 푸틴의 안보계 사람들이 그의 대통령 직위 획득을 보장하기 위해서, 자기네한테 유리한 재난을 만들어 내려고 자국민에게 폭탄을 안겨 주었을 수도 있을까? 이런 의문은 종종 제기되었지만, 답변은 드물기만 했다. 이 사건의 조사에 깊이 관여된 사람은 누구나 뜻하지 않게 사망했거나 체포되었던 것처럼 보인다.[12] 하지만 폭파 사건과 그 이후에 진행된 공동 군사 공세가 없었다면, 푸틴이 프리마코프와 루시코프에게 심각한 위협을 제기할 수 있을 만큼의 지지를 얻게 되었으리라고는 차마 상상할 수 없다. 옐친 패밀리는 마베텍스와 뉴욕 은행과 관련된 수사의 늪에 여전히 빠져 있었을 터이고, 옐친이 선택한 후계자인 푸틴 역시 그들과 함께 바닥으로 떨어지고 말았을 것이다. 그런데 마치 어디서 신호라도 받은 듯, 푸틴은 갑자기 자신감 넘치고 준비된 모습으로 등장했다. 푸틴은 9월 23일 자로 체첸 공화국의 수도 그로즈니에 공습을 가한 행동파 영웅이었던 반면, 옐친은 완전히 시야에서 사라졌다. 총리는 테러리스트들을 〈싹 쓸어 내〉고서 〈화장실에 처박아 버리겠다〉고 러시아 국민에게 거리의 언어로 약속했으며,[13] 체첸 공화국은 무고한 러시아인을 죽이고 강간하고 노예로 삼는 〈강도들〉과 〈국제 테러리스트들〉이 활보하는 범죄 국가라며 맹비난했다.[14] 러시아인이 보기에는 마치 신선한 공기를 마시는 느낌이었다. 병들어 골골대는 옐친과 비교했을 때, 책임을 지는 지도자가 갑자기 생겨난 듯했기 때문이었다.

다게스탄의 군사 지휘부와의 만남을 보여 준 일련의 매끈한 방송 보도에서 푸틴은 행동할 준비가 된 카키색 바지와 가벼운 재킷 차림으로 착륙 중인 군용 헬리콥터에서 뛰어내렸다. 그가 군사 지휘관들과 야전 천막에서 근엄하게 축배를 드는 모습도 나왔다. 「우리는 약한 모습을 일말이라도 보여 줄 권한이 없는데, 만약 우리가 그렇게 한다면 이미 사망한 모든 사람이 헛되이 사망했다는 뜻이 되기 때문입니다.」 푸틴은 굳은 확신을 품고 선언했다.[15] 그는 러시아의 구세주로, 즉 질서와 희망을 회복시킬 러시아의 제임스 본드로 표현되었다.

이 공세는 러시아인의 민족적 정체성에 대한 굴욕감을 치료하기 위한 주사제였다. 이는 곧바로 옐친 시대의 혼돈과 붕괴에서 푸틴을 차별화시켰다. 전면적인 공습은 10년간의 울적한 민족주의적 좌절에 숨구멍을 내주었다. 이런 좌절은 그해 초에 급증했는데, 바로 그때 나토군이 러시아의 전통적인 동유럽 이해 지역으로 침입을 개시하여,

구(舊) 유고슬라비아의 코소보를 폭격했기 때문이었다. 그 전면적인 공습은 가을까지 이어졌고, 체첸 공화국 주민이 점점 더 많이 박멸되고 수천 명의 민간인이 무차별적으로 살해되었다. 그동안 8월에 31퍼센트였던 푸틴의 지지율은 11월 말에 75퍼센트로 상승했다.[16] 만약 이것이 계획이었다면, 훗날 붙여진 이름처럼 〈후계자 작전〉은 효과를 거둔 셈이었다. 그 결과 어마어마한 친(親)푸틴 세력이 다수 형성되었기 때문이다.

폭파 사건에 대한 끈질긴 의구심은 사실상 그 발생 즉시 표명되었다. 공산당의 부대표 일류킨은 처음으로 경종을 울린 사람 가운데 하나로서, 히스테리를 부채질하고 루시코프를 불신하려는 크렘린이 폭파 사건의 배후에 있을 수 있다고 주장했다.[17] 모스크바에서는 크렘린이 선거 취소를 위한 구실로 일종의 위기를 일으킬 수도 있다는 소문이 몇 달째 무르익고 있었다. 하원 의회의 대변인 겐나디 셀레즈뇨프는 러시아 남부 도시 볼고돈스크에서 또 폭탄 공격이 벌어졌다고 입법가들에게 알렸는데, 그때는 실제 사건이 벌어지기 무려 사흘 전이었다.[18] 가장 큰 적신호는 9월 22일 저녁 늦게, 모스크바에서 멀지 않은 도시 랴잔에서 나타났다. 수상해 보이는 사람 세 명이 웬 자루를 가져다가 자기네 아파트 건물 지하실에 놓아두었다며, 한 주민이 지역 경찰에 신고했다. 경찰이 도착했을 때, 용의자들은 번호판을 부분적으로 가린 승용차에 올라타고 현장을 떠난 다음이었다.[19] 건물 지하실을 수색한 경찰은 놀라서 얼굴이 창백해진 모습으로 나왔다. 세 개의 자루가 발견되었는데, 거기에는 기폭 장치와 타이머 장치가 연결되어 있었다.[20] 건물 전체에 대피 명령이 떨어졌고, 겁에 질린 주민들은 다음 날 저녁까지도 집으로 돌아가도 된다는 허락을 받지 못했다. 처음에 경찰은 그 자루에서 헥소겐의 흔적을 발견했다고 말했는데,[21] 이 강력한 폭발물은 앞서 다른 아파트의 폭파 사건에서도 사용된 바 있었다. 그 지역 FSB 책임자는 타이머 장치가 새벽 5시 30분에 작동하도록 맞춰져 있었다면서, 주민들이 폭발을 불과 몇 시간 남긴 상황에서 대피할 수 있었다는 사실을 축하했다.[22]

랴잔의 FSB와 경찰은 명백한 테러리스트들을 추적하기 위해 대대적인 작전을 전개하며 도시 전체를 봉쇄했다. 하루 뒤인 9월 24일, 러시아 내무 장관 블라디미르 루샤일로는 모스크바 법 집행 기관 수장들에게 또 한 번의 아파트 폭파 시도를 모면했다고 보고했다. 불과 30분 뒤, 산전수전 다 겪고 입이 거칠기로 소문났으며 일찍이 레닌그라드 KGB에서 푸틴과 긴밀히 일했던 FSB 수장 파트루셰프가 등장했다. 그는 문제의 그 자루에는 기껏해야 설탕밖에 들어 있지 않았으며, 그 일은 기껏해야 훈련에 불과했다고, 즉 대중의 경계심에 대한 시험이었다고 TV 기자에게 말했다.[23] 파트루셰프의 태도는 막후 책략에서 가차 없었던 것만큼 단호하기 짝이 없었다.[24] 그의 새로운 설명은 루샤일로의 발언과 모순되었을 뿐만 아니라, 그 문제의 자루를 갖다 놓은 자들을 여차하면 체포하려던 랴잔의 FSB조차도 깜짝 놀라게 만들었던 것으로 보인다.[25] 처음 경찰에 신고했던 주민이 훗날 이야기한 바에 따르면, 자루 안에 들어 있었던 물질은 노란색이었고, 설탕보다는 오히려 쌀에 가까운 질감이었다. 전문가의 말에 따르면, 이 묘사야말로 헥소겐과 딱 맞아떨어졌다.[26]

이후 몇 달 동안 노보셀례바 거리 14번지의 아파트 건물 주민들은 상충되는 설명을 접하며 분노했고, 혼란에 빠졌고, 정신적 외상을 겪었다. 몇 사람은 그 일이 단순한 훈련이었다고는 믿지 않는다고 주장했다.[27] 더 나중의 보도에 따르면, 그 지역의 법 집행 기관은 그 명백한 테러리스트들이 모스크바의 FSB와 연계된 전화번호로 연락한 것으로 추정되는 전화 통화를 감청했다.[28] 만약 이게 사실이라고 하면, 파트루셰프가 그 사건을 단지 훈련이었다고 단언한 것은 결국 수사를 더 진행하지 못하게 만들려는 조치였던 것처럼 보일 수 있다. 수사에 관여한 지역 당국자들은 굳게 입을 닫았고, 그 모두가 훈련이었다는 공식 설명을 확인해 주는 것 외에는 언론에 발언하기를 거부했다. 최초로 검사를 실시했던 폭발물 전문가는 아예 언론에 발언하는 행위가 금지된 특수 분과로 전보되었다.[29] 이 사건의 관련 서류도 즉시 기밀로 분류되었다.[30]

그로부터 몇 년 뒤인 2003년, 위험을 무릅쓰고 모스크바 폭파 사건을 수사했던 용감한 전직 FSB 대령 미하일 트레파슈킨은 재판에서 징역 4년 형을 선고받았다. 그는 모스크바 구랴노바 거리 19번지에서 발생한 첫 번째 폭파 사건의 용의자 가운데 한 명의 몽타주가 FSB 요원으로 알려진 한 남자와 닮았더라는 이야기를 어느 언론인에게 말하고서 며칠 뒤에 체포되었다.[31] 그 문제의 몽타주는 목격자 가운데 한 명인 건물 관리인의 묘사에 근거했는데, 나중에 가서는 어느 체첸인의 몽타주로 교체되었다. 물론 그 체첸인은 누명을 쓴 것이라고 주장했지만 말이다. 원래의 몽타주는 경찰 서류에서도 사라져 버렸다.[32]

만약 이것이 진짜로 푸틴의 상승 배후에 있는 치명적인 비밀이라고 치면, KGB 사람들이 얼마나 멀리까지 갈 의향이 있는지를 보여 주는 섬뜩한 암시였다. 여러 해 동안 폭파 사건에 관해서 갖가지 의문이 제기되었으며, 탐사 언론인들이 그 당시에 일어났던 모든 일에 관한 방대한 설명을 작성했지만, 푸틴의 크렘린에서 내세운 부정의 장벽에 모조리 막히고 말았다. 하지만 최근 들어 크렘린의 공식 설명에서도 첫 번째 균열이 나타났다. 전직 크렘린 공직자의 주장에 따르면, 랴잔에서 실제로 벌어진 일에 관해서 파트루셰프가 직접 이야기했었다고 한다. 즉 어느 날엔가 파트루셰프가 격분하면서, 옐친 시대의 유임자이며 베레좁스키와 긴밀한 유대를 맺은 내무 장관 루샤일로로 인해 폭파 사건에 대한 FSB의 관여가 하마터면 폭로될 뻔했다고 말한 것이다. 내무 장관의 부하들이 FSB를 위해서 일하는 그 폭발물 설치 요원들을 붙잡기 직전까지 갔기 때문이었다. 또 루샤일로가 하마터면 전체 작전을 날려 버릴 뻔했으며, FSB와 파트루셰프의 체면을 실추시킬 정보를 물색했다고 했다. 어쩔 수 없이 FSB도 한 걸음 물러나서, 그 문제의 자루에는 기껏해야 설탕밖에 들어 있지 않았다고 둘러대서 추가 수사를 막았다고도 했다.[33]

파트루셰프는 겉으로 후회를 전혀 드러내지 않았으며, 단지 FSB의 관여가 폭로될 위협을 당한 것에 분노하기만 했다. 이 사실을 증언한 전직 크렘린 공직자는 아직도 자기가 들었다고 기억하는 내용을 도무지 이해할 수 없다고 말했다. 「굳이 폭파를 시도할 필요가 없었습니다. 어떤 경우에도 선거라면 우리가 확실하게 매듭지었을 테니까요.」 크렘린의 선전 기구는 어쨌거나 푸틴의 승리를 보장할 수 있을 만큼 매우 강력했다. 하지만 전직 공직자의 증언에 따르면, 파트루셰프는 〈푸틴을 자기에게 묶어 놓기를, 그를 피로 물들이기를 원했던〉 것이다.[34]

크렘린의 대변인 드미트리 페스코프는 이 주장을 〈완전 엉터리〉라고 일축했다. 유마셰프도 아파트 폭파 사건 배후에 FSB의 음모 따위는 전혀 있을 수 없다고 오늘날까지 주장한다. 「저는 그 이야기가 정확하지 않다고 확신합니다. 이 나라는 두 번째 체첸 전쟁을 명백히 원하지 않았습니다.」[35] 첫 번째 전쟁은 워낙 굴욕적이었으며, 한때는 대단했던 러시아 군대가 지도 위에도 잘 표시되지 않는 작은 공화국으로 인해 많은 인명을 잃었기에, 〈체첸 공화국에서의 전쟁 유발자가 된다는 것은 자살행위〉였다. 유마셰프는 이렇게 단언했다. 「누군가가 두 번째 전쟁을 시작하기 위해 여러 채의 아파트에 폭발을 도모했다면, 정작 자기가 지지하려는 사람의 정치적 미래를 완전히 파괴하게 되었을 겁니다.」 하지만 푸틴이 수행한 공세는 옐친이 수행하여 수많은 생명을 잃어버렸던 전쟁과는 크게 달랐다. 지상군을 파견하는 대신 공습 위주였고, 푸틴도 처음부터 구분을 명확히 했다. 「이번에는 우리도 우리 장병들을 총탄 앞에 내몰지 않을 것입니다.」 그의 말이었다.[36] 크렘린 홍보 전문가 파블롭스키 역시 어떤 음모가 있었을 수 있다는 주장을 부정했다. 「아파트 폭파 사건은 (……) 우리가 보기에는 선거에서 루시코프에게 유리할 듯했습니다. 하지만 갑자기 그가 시야에서 사라졌고 (……) 그의 8월에, 모스크바 시장은 러시아 지도자가 될 기회를 잃어버렸던 겁니다.」[37]

하지만 모스크바 시장 루시코프는 공격에 대한 보복으로 체첸 공화국에 공습을 명령할 권한이 애초부터 전혀 없었다. 비록 그 역시 방송사 NTV의 언론 재벌 블라디미르 구신스키의 지지를 받기는 했지만, 푸틴의 일거수일투족을 마치 맹종하듯 홍보하는 국영 TV 채널 RTR과 베레좁스키의 TV 채널 ORT 같은 선전 기구를 동원할 수는 없었다. 크렘린의 반대 논증은 하나같이 약해 보였다. 만약 폭파 사건이 FSB의 계획된 음모였다면, 옐친 패밀리의 인지나 관여 없이 수행되었을 가능성이 있었다. 푸틴의 KGB 사람들이 무자비하게 자체적으로 주도했을 수도 있었다. 「우리 모두는 그거야말로 테러 행위라고 생각했습니다. 우리로선 그게 다른 뭔가가 될 수 있다고는 생각하지 못했습니다.」 옐친 패밀리와 가까운 어떤 사람의 말이다.[38] 하지만 실제로 FSB의 음모가 있었다고 치면, 그것이야말로 서방을 교란하고 분열시키는 수단으로써, 중동과 독일에서 활동한 테러리스트 집단을 1960년대부터 지원했던 KGB의 지침서를 훨씬 넘어선 셈이었다. 슈타지와 KGB가 관리했던 독일 테러리스트 집단들도 베를린 나이트클럽의 미군 병사들이라든지, 출근하는 독일인 은행가를 겨냥해 폭파 사건을 일으켰으며,[39] (만약 독일 전직 붉은 군대파 구성원 가운데 한 명의 주장을 신뢰할 수 있다면) 푸틴 역시 드레스덴에 주둔하는 동안 그 집단의 구성원들을 관리했었다.[40] 물론 그런 전술을 러시아 자국 시민에게 구사한다는 것은 전혀 다른 문제였다. 「저는 그 당시에만 해도 차마 믿을 수가 없었습니다. 러시아의 어떤 시민이 자기네 정치적 목표를 위해 그토록 많은 민간인을 죽일 태세가 되어 있다는 사실을 말입니다. 하지만 (물론 그들이 참여했는지 안 했는지는 저도 모르겠습니다만) 이제 저도 한 가지만큼은 알고 있습니다. 그들은 이보다 더한 일도 너끈히 할 수 있다는 겁니다.」 베레좁스키와 가까웠던 러시아의 어느 재벌은 이렇게 말했다.[41] 「어느 각도에서 바라보아도, 그는 아파트 폭파 사건과 함께 선거 유세를 시작했습니다.」 해외 첩보부와 유대를 맺은 러시아 고위급 은행가의 말이다.[42]

화끈하게 말하는 지도자 푸틴은 새로운 세대 출신이었다. 「그 유세는 국가 해방 혁명이라는 멋들어진 외관을 얻었습니다. 레닌그라드의 공동 아파트 출신의 소박한 남자가 여기에 나타나서 인민의 이름으로 크렘린을 차지했으니 (……) 폭파 사건에 복수하기 위해 전쟁을 벌인다는 푸틴의 결정은 자발적이었습니다만, 그렇다고 해서 우리의 모델을 파괴하지는 않았습니다. 오히려 강력한 새 정권이라는 발상에 딱 맞아떨어졌습니다.」 파블롭스키의 말이다.[43]

옐친 시대의 궁극적인 인사이더 올리가르흐이자 말이 빠른 수학자 베레좁스키는 이후 여러 해가 지났을 때도 이 폭파 사건을 오랫동안 기억에서 지우지 못했다. 훗날 푸틴의 크렘린과 대립하면서 런던으로 망명하지 않을 수 없었을 때, 그는 FSB가 그 사건에 관여했다고 반복적으로 주장했다.[44]

하지만 그 당시에만 해도 베레좁스키는 여전히 크렘린과 한통속이었으며, 1999년의 의회 선거가 다가오자 푸틴의 KGB 이력에 관한 나름의 불안조차도 잠시 뒤로하고,[45] 그 유세를 확고히 지원했다. 그는 간염으로 입원한 상태에서도 자신의 TV 채널 ORT를 통해서, 프리마코프와 루시코프의 평판을 파괴하려 도모하는 처절한 언론 유세를 펼쳤다. 당시 두 사람은 모국 전(全)러시아라는 강력한 의회 동맹을 형성했으며, 하원 의회 선거야말로 그 잠재력에 대한 중대한 첫 번째 시험이었다. 베레좁스키는 병상에서 밤늦게 ORT에 전화를 걸어서 세르게이 도렌코에게 지시를 내렸다.[46] 중후한 목소리로 인기 높은 이 앵커는 매주 방송되는 프로그램에서 프리마코프와 루시코프를 맹공격했는데, 심지어 러시아의 진흙탕 언론 전쟁의 기준에서 보더라도 선을 넘은 수준이었다. 한번은 도렌코가 다음과 같은 고발을 내놓았다. 루시코프가 스페인의 한 해안 도시의 부패한 시장으로부터 150만 달러의 리베이트를 받았고, 그의 아내이자 모스크바 최대 건설 재벌인 옐레나 바투리나가 일련의 해외 은행들을 통해 수억 달러를 해외로 옮겼다는 주장이 있다는 것이다.[47] 또 다른 방송에서 도렌코는 69세인 프리마코프가 최근 스위스에서 받은 고관절 수술 때문에 대통령이 되기에는 부적절하다고도 말했다. 그러면서 자기 주장을 강조하기 위해 모스크바에서 다른 환자에게 실시된 유사한 수술에서 피와 뼈가 드러나는 노골적인 영상을 방영하기까지 했다. 한술 더 떠서, 도렌코는 프리마코프가 러시아 해외 첩보부 수장이었을 때, 조지아 대통령 에두아르드 셰바르드나제를 겨냥한 두 건의 암살 시도에 관여했을 수도 있다고 주장했다. 이 프로그램에서는 스쿠라토프와 성매매 여성들의 영상을 거의 반복하다시피 틀어 주었는데, 이는 검찰 총장을 지지하며 모국 전러시아에 가담한 지역 주지사들의 평판을 깎아내리려는 시도였다.[48]

평소처럼 정력적이었던 베레좁스키의 말에 따르면, 당시에 그는 프리마코프와 루시코프를 파괴할 의도를 품고 있었다. 초가을의 어느 날 밤에는 아예 병원을 나와서 한 관련자를 찾아가 유세를 지원하기 위한 계획을 조직했다. 「그는 완전히 몰두해 있었습니다. 미친 사람처럼 보였죠. 그는 평소처럼 휴대 전화를 세 대씩 갖고 다니면서 쉬지 않고 떠들었습니다. 계속해서 이렇게 말했습니다. 〈그놈들을 산산조각 내고 말 거야. 그놈들의 흔적도 남지 않게 할 거야.〉」 그 관련자의 말이다.[49] 비록 푸틴의 지지도가 꾸준히 오르고는 있었지만, 여전히 위험은 컸다. 프리마코프 치하에서 베레좁스키의 사업 거래를 겨냥해 개시된 형사 사건 수사는 여전히 지연된 상태였다. 그는 체포의 위험에 계속해서 직면해야만 했다.[50]

도렌코는 극도로 효율적인 언론 매체의 사냥개였으며, 모국 전러시아의 지지율은 천천히 떨어졌다. 하지만 프리마코프와 루시코프를 겨냥한 주장들조차도, 그 두 사람을 지지하는 경쟁 방송사인 NTV에서 방영한 옐친 패밀리의 금융 스캔들과 비교하면 오히려 얌전한 편이었다. 비록 베레좁스키가 모국 전러시아에 대응하는 새로운 친크렘린 의회 정당인 통일당을 서둘러 규합하는 데 일조했지만, 이 신당은 이름 없고 얼굴 없는 관료들의 무정형 덩어리에 지나지 않아 보였다. 11월 중순, 통일당의 지지율은 겨우 7퍼센트에 머물러 있었던 반면, 모국 전러시아의 지지율은 거의 20퍼센트에 달했다.[51]

11월 말에 푸틴이 통일당을 지지한다는 공식 성명을 내놓고 나서야, 그 신당의 지지율도 급증하기 시작했다. 그때쯤에는 체첸 공화국을 겨냥한 단호한 행동에 관한 보도가 쏟아져 나와서 푸틴을 정치적 미다스로 변모시켰으며, 불과 일주일 만에 통일당의 지지율은 8퍼센트에서 15퍼센트로 급증했다.[52] 프리마코프 개인에 대한 강력한 지지가 지속되었음에도 모국 전러시아의 지지율은 10퍼센트 근처로 떨어진 반면, 공산당의 지지율은 21퍼센트로 선두에 있었다. 푸틴의 지지율은 무려 75퍼센트로 솟구쳤다.[53] 베레좁스키와 도렌코의 어마어마한 노력에도 불구하고, 푸틴이 통일당을 지지하지 않았더라면 크렘린은 의회를 잃어버릴 뻔했다.

투표일인 12월 18일, 통일당의 득표율은 예상외로 23퍼센트로 높았고, 공산당보다 딱 1퍼센트 뒤진 상태였다. 이보다 더 중요한 점은 프리마코프와 루시코프의 모국 전러시아가 겨우 12.6퍼센트만을 득표하며 참패했다는 것이었다.[54] 유마셰프의 주장에 따르면, 옐친은 이때 가서야 비로소 떠오르는 정치 세력으로서의 푸틴의 능력을 충분히 확신하게 되었으며, 그리하여 일찌감치 물러나서 그에게 길을 열어 주려고 결정하게 되었다. 옐친은 이 결정을 혼자서 내렸고, 푸가체프의 역할은 최소한에 불과했다는 것이 유마셰프의 주장이다.[55]

유마셰프가 대필한 자서전에서 옐친은 푸틴을 불러서 선거 나흘 전인 12월 14일에 물러나겠다는 자신의 결정을 알렸을 때의 이야기를 전한다. 그의 말에 따르면, 총리는 어쩐지 권력을 물려받는 것을 마뜩잖게 생각하는 것처럼 보였다. 자서전에 따르면, 바로 그날 두 사람이 만났을 때 옐친은 푸틴에게 이렇게 말했다. 「나는 올해 안에 물러나고 싶다네, 푸틴. 올해 안에 말이야. 그게 매우 중요하다네. 새로운 세기는 새로운 정치의 시대로, 즉 푸틴의 시대로 시작되어야만 해. 무슨 말인지 알겠나?」 옐친의 말에 따르면, 푸틴은 오랫동안 잠자코 있다가 이렇게 대답했다. 「저는 그 결정을 받아들일 준비가 되지 않은 상태입니다. 그거야말로 적잖이 어려운 운명이니까요.」[56]

하지만 푸틴이 외관상 마뜩잖아했다는 이야기는 물론이고, 옐친이 막판에 가서야 물러나기로 했다는 이야기도 이미 밝혀진 서사와는 들어맞지 않는다. 이는 그 결정이 훨씬 더 먼저 내려졌다는 푸가체프의 설명이라든지, 또는 다른 크렘린 공직자 두 사람의 설명과도 들어맞지 않는다. 의회 선거가 있기 몇 달 전, 푸틴은 이미 사실상 군대는 물론이고 안보 기관을 비롯한 법 집행 시스템 전체를 장악했고, 옐친은 시야에서 사라진 상태였다. 만약 자신이 대통령이 된다는 것에 대해서 미리 어느 정도의 보장을 받지 않았다면, 푸틴도 체첸 공화국을 상대하는 공세에서 보여 준 것처럼 단호한, 또는 대통령다운 행동을 차마 할 수 없었을 것이다.

비록 대통령 직위를 받아들이는 것에 대해서는 개인적으로 마뜩 잖아했다 치더라도, 그 당시의 푸틴은 권력에 접근 중이었던 안보계 사람들의 집단에서 일개 구성원에 불과했다. 그는 1999년 연말에 (비밀경찰의 별칭인) 체카인(人)의 연례 축하 행사에서 안보계 사람들의 우세를 명백히 밝히는 연설을 내놓았다. 「정부로부터 위장 신분으로 일하라는 임무를 부여받은 FSB 공작원들은 그 임무의 첫 번째 단계를 성공적으로 완수했습니다.」 푸틴의 말이다.[57] 그는 무표정한 얼굴로 이런 말을 했지만, 자기 연설의 막바지에 도달해서는 능글맞게 웃지 않을 수 없었다. 어쩌면 농담에 불과했을 수도 있지만, 푸틴의 눈 아래 새겨진 짙은 그늘과 창백하고도 수척한 외모는 전혀 다른 이야기를 하고 있었다. 사실상 그는 안보계 사람들을 향해서 이 나라가 마침내 자기네의 것이 되었다고 말한 셈이었다.

푸틴의 발언은 주목받지 못하고 그냥 지나가 버렸다. 하지만 그를 지원하던 크렘린의 안보계 사람들은 조용히 준비하고 있었다. 그 해가 끝나기 사흘 전, 푸틴은 새로운 정부 포털 사이트에 게시물을 하나 올렸는데, 그 내용은 안보 세력을 위한 선언서처럼 들렸다. 제목은 「새천년 전환기의 러시아」였으며,[58] 이것이야말로 그가 처음으로 나라에 대한 자신의 전망을 내놓은 때였다.

이 게시물은 푸틴이 안드로포프의 현대 후계자라는 외양을 취할 계획임을 알렸다. 그는 국가 자본주의의 새로운 시대를 위한 프로그램의 개요를 설명했는데, 여기에서 러시아는 국가의 강력한 〈손〉과 시장 경제의 요소를 융합할 예정이었다. 그 목표는 경제 성장과 아울러 세계 경제와의 통합을 독려함으로써 효율성을 고양하고 현대화하는 것이었으며, 또 안정성과 강력한 국가 권력을 추구하는 것이었다. 그 내용은 한편으로 공산주의의 교리에 대한 단호한 거부이기도 했다. 푸틴은 공산주의를 가리켜 〈막다른 길〉이라고 부르면서, 공산주의가 국가에 〈터무니없이 비싼 대가〉를 부과했고, 경제적 선진 국가에 뒤처지는 운명을 선사했다고 주장했다. 하지만 그 내용은 또 한편으로 옐친이 한때 러시아를 위해 추구했던, 자유주의적인 서방식 민주주의라는 또 다른 길에 대한 거부이기도 했다. 그 나라는 강력한 국가라는 자국의 전통에 근거한 제3의 길을 찾을 예정이었다. 〈러시아가 예를 들어 자유주의적인 가치에서 깊은 역사적 전통을 보유한 미국이나 영국의 재탕이 되는 일은, 설령 그런 일이 가능하다 치더라도 금세 벌어지지는 않을 것이다. 러시아인에게 강력한 국가란 반드시 제거되어야 할 변칙까지는 아니다. 오히려 정반대로 러시아인은 그것이야말로 질서의 원천이자 보장이라고, 모든 변화의 주창자이자 주된 동력이라고 간주한다.〉 푸틴은 이렇게 썼다.[59]

새해 연휴와 새천년 직전의 분주함과 준비 속에서 아무도 이에 주목하지 않았다. 단지 전국지 한 곳에서만 푸틴의 게시물에 대한 논평을 게재했을 뿐이었다.[60] 이를 제외하면 그 내용은 아무에게도 기억되지 못했다. 러시아 전역에서는 사람들이 선물을 사기 위해 달려가고 있었다. 눈 덮인 도시 광장에서는 전나무가 판매되었다. 거리에는 평소처럼 교통이 정체되었다. 대부분 집집마다 텔레비전 앞에 가족이 모여 앉아 러시아 대통령의 연례 새해 연설을 들을 예정이었다. 하지만 그해의 자정은 즉 새천년으로의 전환은 충격과 함께 시작되었다. 불안정한 동작과 부은 얼굴, 그런데도 여전히 위엄 있는 말솜씨를 구사한 옐친이 대통령 자리에서 일찌감치 물러나겠다고 전국에 알렸으며, 대통령 권한 대행으로 푸틴을 지명했다. 이 발표에서 그는 자신의 소란스러웠던 통치의 상징이었던 특유의 과시와 극적 효과를 모조리 동원했다. 대통령의 결정은 마지막까지 비밀로 지켜졌다. 「저는 사람들이 이렇게 말하는 것을 여러 번 들었습니다. 옐친은 최대한 오래 권력을 붙들고 있을 거라는, 그는 결코 권력을 놓지 않을 거라는 이야기를 말입니다. 그건 거짓말입니다. 새천년에 접어드는 러시아에는 새로운 정치인, 새로운 얼굴, 새로운 사람이 필요합니다. 똑똑하고 강하고 정력적인 사람 말입니다. 반면 여러 해 동안 권력을 잡고 있었던 우리는 반드시 떠나야만 합니다.」 그의 말이다.

옐친은 이례적인 겸손의 표현도 내놓았다. 즉 자신이 소비에트 정권 해체를 추구하는 과정에서 거의 10년 가깝게 이어진 혼돈에 대한, 아울러 결국에 가서는 자국에 자유를 완전히 가져오지 못한 실패에 대한 사과였다. 「저는 여러분의 용서를 구하고 싶습니다. 아직도 실현되지 않은 꿈에 대해서, 아울러 겉으로는 쉬워 보였지만 실제로는 매우 괴로우리만치 어렵다고 밝혀진 일들에 대해서 말입니다. 우리가 회색의 정체된 전체주의 과거에서 밝고 번영하고 문명화된 미래로 도약할 것이라고 제가 단언했을 때 그 말을 믿어 주신 분들의 희망을 정당화하는 데 실패한 것에 대해 여러분의 용서를 구하는 바입니다. 저는 그 꿈을 믿었습니다. 저는 우리가 단 한 번의 도약으로 그 거리를 뛰어넘을 수 있으리라 믿었습니다. 하지만 우리는 그러지 못했습니다.」[61]

이것이야말로 실현되지 못한 과거에 대한 통렬한 한탄이었으며, 또 어쩌면 장차 다가올 것에 대한 예언이기도 했다. 옐친은 연이은 경제 위기에 시달린 나라를 넘겨주는 셈이었다. 그런데 옐친에게 이 나라를 넘겨받는 사람으로 말하자면, 안보 기관 사람들로 이루어진 집단의 도움을 받아 권력을 얻었고, 심지어 그 문제의 집단에서는 옐친 시대의 가장 두드러진 업적이라 할 수 있는 기본적인 민주주의적 가치의 수립이 결국 자국을 붕괴 직전까지 몰아간 것이라고 믿어 의심치 않았다. 옐친이 대통령 직위를 푸틴에게 넘겨주었을 때만 해도, 민주주의적 가치는 강력해 보였다. 주지사는 선거로 뽑혔다. 언론은 국가의 간섭으로부터 대부분 자유로웠다. 의회의 상원과 하원 모두 정부 정책에 대한 비판의 장이었다. 하지만 푸틴의 상승을 지지했던 사람들은 옐친이 어렵게 얻은 자국의 자유가 너무 지나치다고 믿었고, 서방의 영향력 아래에서 옐친이 만들어 낸 무법 정권이 부패한 올리가르히 집단에 권력을 선사하고 국가 그 자체를 팔아먹었다고 믿었다. 이들은 옐친 시대의 난잡한 월권을 진정시키기 위해 민주주의적 제도의 강화를 추구하는 대신, 오히려 해체하려 의도했다. 순수하게 자신들의 이기적인 권력을 공고히 만들기 위해서 말이다.

어쩌면 옐친은 푸틴이 그런 사고방식으로부터 영향을 받았다는 것을, 즉 푸틴이 회색의 암울한 전체주의적 과거로 돌아가려는 의향이라는 것을 조금은 눈치채고 있었을지도 모르지만, 굳이 그런 낌새를 드러내지 않으려고 노력했다. 하지만 옐친이 권력을 넘겨주는 상대인 〈코미테치크〉로 말하자면, 애초에 생존을 위한 변화의 필요성을 인식하고 시장으로의 이행을 시작했던 해외 첩보부 간부들로부터 공인받은 위장 간판이었다. 그 간부들의 관점에서, 푸틴이 도약을 통해 옐친의 후계자가 되었다는 것은 일찍이 러시아에 시장을 도입하고자 했던 그들의 혁명이 완수될 수 있다는 뜻이었다. 소비에트 붕괴 이후에도 숨은 경제를 만들라는 정치국의 문건을 따라서, 그들이 보전한 KGB 네트워크의 파편들은 재생과 복원을 기다리며 제자리에 놓여 있었다. 옐친 치하의 금융 붕괴로 인해 그들은 지도부의 역할을 되찾아 올 수 있는 강력한 위치에 서게 되었다. 옐친 시대의 횡재할 수 있는 월권에 깊은 환멸을 품게 된 대중은 더 강력한 국가를 위한 푸틴의 프로그램에 공명했다. 지난 10년 동안 권력과 가까운 소수의 사업가가 상상조차 불가능한 부를 얻는 사이, 사람들은 연이은 금융 위기에 시달리며 지친 상태였다. 올바른 안무가 곁들여지면서 이제 그들에게도 기회가 열린 셈이었다. 「푸틴의 상승은 1990년대의 자연스러운 결과였습니다.」안보 기관과 밀접한 연계를 맺은 전직 정부 고위 공직자의 말이다.[62]

엘친이 푸틴을 대통령 권한 대행으로 만들기 위해 물러나겠다고 발표하자마자, 프리마코프와 루시코프는 푸틴을 위해 배경으로 녹아들어가고 말았다. 의회 선거에서 모국 전러시아가 패배한 후, 둘 중 누구도 대통령 선거에 나서지 않았다. 대신 이들은 현저했던 이전의 경쟁 관계를 옆으로 밀어 두고 푸틴을 지지했다. 프리마코프는 러시아 해외 첩보부의 전직 수장으로서, 소련의 〈페레스트로이카〉와 아울러 서방과의 이념적 대치에 마침표를 찍으려고 노력하던 집단의 핵심에 자리한 인물이었지만, 이제는 더 젊은 KGB 세대를 위해서 길을 비켜났다. 이로써 프리마코프는 국가 자본주의로의 이행을 완수하는 데에 더 정통한 집단을 위해 길을 내준 셈이었다. 프리마코프만 해도 과거 공산주의에 오염된 까닭에, 러시아의 그런 이행 초기에 담당했던 역할에도 불구하고 공산주의 이념이 그의 견해와 그의 행동에 여전히 깊이 배어 있었지만, 푸틴의 사람들은 공산주의에 오염되지 않을 것이었다. 이들은 훨씬 더 상업적인 세대의 일부로서, 처음에만 해도 진보적인 척하기를 좋아했다. 이들은 더 젊었기에, 러시아 해외 첩보부의 최고위층에 있는 더 나이 많은 장군님들은 여전히 자기네가 이들을 조종할 수 있으리라 생각했다. 하지만 프리마코프에게서 바통을 넘겨받은 집단은 훨씬 더 무자비한 사람들이어서, 권력 상승을 보장받기 위해서는 그 무엇에도 굴하지 않을 예정이었다.

비록 프리마코프는 러시아라는 국가의 권력과 KGB의 권력을 회복시키려고 했던 것이 분명하지만, 그렇다고 해서 1990년대의 상트페테르부르크의 범죄자들이 장악한 잡석 더미를 기어올라야 했던 적은 없었다. 그는 그 도시의 항구와 연료 네트워크를 무자비하게 장악하고, 그 도시의 재산 민영화의 약탈물을 탐보프의 범죄 조직과 나눠 가진 후에 돈세탁까지 했던 KGB와 범죄 조직의 융합의 일부였던 적도 없었다. 그는 1980년대에 대두하여 서방의 시스템을 통해 현금과 기술을 옮기고, KGB 네트워크와 광포한 자본주의적 장악을 조합시킨 더 젊은 KGB 세대의 일부였던 적도 없었다. 그는 더 나이 많고, 더 원칙적인 냉정 시대의 정치가로서, 1990년대의 자산 장악보다 훨씬 더 〈위〉에 있었다. 즉 프리마코프는 1990년대의 나눠 먹기에서 소외되었다가 이제 각자 나라의 부를 한 조각씩 얻어먹으려고 혈안이 되어 있는 푸틴의 사람들과는 같지 않았다.

프리마코프와 검찰의 공격으로부터 살아남기 위해 푸틴을 밀어 주기로 한 옐친 패밀리의 결정이 가져온 결과는 향후 수십 년간 러시아에서는 물론이고, 전 세계 각지에서도 느껴질 예정이었다. 만약 프리마코프가 대통령이 되었다면 과연 무슨 일이 일어났을지 우리로선 결코 알 수 없다. 다만 똑같은 KGB의 보복이라 해도, 그의 버전은 푸틴의 버전처럼 오래 지속되지는 않았을 것이라고, 아울러 그라면 국제 무대에서 궁극적으로 그토록 무자비하게 행동하지는 않았을 것이라고 말해도 무리는 없을 듯하다. 공산주의 시대에 대한 집착으로 프리마코프는 반동의 표적이 되었을 것이고, 마치 과거에서 온 공룡처럼 보였을 것이다.[63] 스테파신이 대통령이 되었다면 훨씬 더 온화했을 것이고, 푸틴 정권이 이끌었던 자유의 역전을 보게 되었을 가능성도 오히려 적었을 것이다.

옐친은 일찌감치 물러나기로 동의함으로써, 자신이 거둔 민주주의적 수확 가운데 일부가 즉각적으로 소멸되는 길을 열었다. 그는 푸틴의 대통령 당선을 거의 기정사실로 했다. 대통령 권한 대행은 행정부의 전적인 권한을 등에 업고 있었기에, 국가 예산을 사실상 마음대로 지출할 수 있었다. 3월 26일로 예정된 선거 전날에 푸틴은 교사와 의사와 기타 국가 공직자의 임금을 20퍼센트 올리는 명령에 서명했다.[64] 누구도 그의 승리를 의심하지 않았다.

푸틴은 유세할 필요조차도 없었으며, 오히려 선거 과정 전체를 못마땅한 듯 대했다. 선거일 밤에 그는 언론인들에게 이렇게 말했다. 「저는 선거에 참여한다는 생각을 정말 꿈에서조차 해본 적이 없었습니다. 제가 보기에는 그거야말로 절대적으로 수치스러운 일 같았으니까요. (……) 선거에서는 항상 상대보다 더 많은 것을 약속해야만 마치 성공한 것처럼 보이기 마련입니다. 어떤 일이 실현될 수 없다는 걸 미리 알면서도 선뜻 실현하겠다고 약속하는 모습을 저로서는 결코 상상도 못 했습니다. 다행히 이번 대통령 선거 유세가 수행되는 방식 덕분에 저는 그런 일을 회피할 수 있었습니다. 저로선 국민 대다수를 속이지 않아도 되었던 겁니다.」[65]

푸틴은 다른 후보자들과의 텔레비전 토론회에 참여하기를 거부했다. 불굴의 공산당 지도자 겐나디 주가노프와 자유 민주당의 열혈 민족주의자 블라디미르 지리놉스키가 후보로 나와 있었지만, 두 사람 모두 1996년에 옐친에게 이미 패배한 바 있었으며, 푸틴을 상대해서는 오히려 더 가능성이 없었다. 푸틴은 옐친의 특징이었던 서방식 TV 영상과 요란한 행사도 피했다. 「그런 비디오 영상은 광고일 뿐입니다.」 푸틴은 기자들에게 이렇게 말했다. 「저는 선거 유세 과정에서 생리대와 초코바 중에 뭐가 더 중요한지를 굳이 알아보려 노력하지는 않을 겁니다.」 그는 이렇게 조롱했다.[66]

사실 그 당시의 푸틴으로선 그 어떤 텔레비전 토론회에서도 살아남을 가능성이 없었다. 대중 정치인의 역할을 단 한 번도 담당한 적이 없었기 때문이다. 하지만 그에게는 손쉬운 출구가 있었다. 비록 유세하지는 않았지만, 대통령 권한 대행이라는 역할 덕분에 TV에서는 전면 보도를 통해 아첨했으며, 거기에서는 푸틴을 자국의 단호한 지도자로 묘사했다. 예를 들어 TV에서는 그가 전국을 돌면서 공장을 방문하는 모습이며, 수호이 전투기에 탑승해서 체첸 공화국으로 날아가는 모습을 보여 주었다. 유세 지원단에서는 이 모든 활동이 푸틴의 업무 일정의 하나로, 선거와는 아무 관련이 없다고 주장했다. 이 전술은 옐친의 쇼맨십과 정치적 드라마에 환멸을 느낀 유권자들의 구미에 맞아 떨어졌다. 그들은 그저 이끌어 줄 누군가를 원했다. 푸틴의 경쟁자들은 훨씬 뒤처져 있었으며, 신속하게 이미 정해진 결론으로 향하고 있었던 선거에는 어울리지 않는 주변적인 인물들에 불과했다. 선거 이틀 전에 푸틴과 루시코프는 모스크바의 한 건설 현장에 나란히 모습을 드러내서, 자신들의 화해를 모든 사람에게 과시했다.[67]

푸틴은 손쉽게 크렘린을 건네받은 셈이었다. 「마치 크리스마스 선물 같았던 겁니다. 아침에 일어나 보니, 그게 거기 놓여 있었던 거죠. 진짜 선거는 아예 없었고, 전체 시스템이 이미 만들어져 있었던 겁니다.」 푸가체프의 말이다.[68]

하지만 푸틴을 권좌에 올려놓기 위해 서두르는 과정에서, 한 가지 걱정스러운 징조를 거의 아무도 눈치채지 못하고 말았다. 그는 한때 자신의 멘토였고, 나아가 옐친 패밀리가 그를 진보주의자 겸 민주주의자로 바라보게 만든 장본인 솝차크에게 작별을 고하는 것으로 선거 유세를 시작했다. 이 전직 상트페테르부르크 시장은 선거 유세가 공식적으로 시작되기 직전에 갑작스레 사망했다. 솝차크는 지난여름 푸틴이 총리로 지명되기 직전에 부득이하게 파리로 망명했다가 다시 러시아로 돌아온 상태였다. 시장으로 재직하던 시절의 뇌물 수수 혐의에 대한 형사 사건 수사는 종료되었는데, 아마도 푸틴의 지시 때문이었을 것이다. 이제는 자신의 옛 제자가 자국의 지도자로 가는 길을 질주하고 있었으니, 숍차크도 그 혐의가 되돌아올 것에 대해 굳이 걱정할 필요는 없었다. 외관만 보면 그는 푸틴을 지지하고 있었다. 하지만 푸가체프의 말에 따르면, 숍차크는 푸틴을 대통령 후보로 내세우는 것이야말로 실수라고 경고했었다. 1999년 11월에는 상트페테르부르크의 FSB와 기타 법 집행 기관의 강압적인 BMP 장악을 겨냥했는데, 보기 드문 성토를 내놓으며 그 파산의 배후에 있는 자들을 교도소에 보내야 한다고 주장했다.[69] 그가 그 도시의 소비에트 이후의 법 집행 기관을 공개적으로 비판한 것은 이때가 유일했으며, 두 번 다시는 없었다.

사망 당일인 2000년 2월 20일, 숍차크는 러시아 지하 세계에 속한, 즉 안보 기관과 범죄 조직의 은밀한 연계에 속한 한 인사와 함께 있었다. 샤브타이 칼마노비치는 KGB 공작원이었다. 그는 1988년에 이스라엘에서 소비에트 스파이 활동 혐의로 징역 5년 형을 선고받았으며, 석방 후에는 러시아의 가장 강력한 범죄 조직 솔른쳅스카야의 지도자들과 긴밀한 유대를 맺었다. 그는 상트페테르부르크 항구를 통해 남아메리카산 과일을 수입하는 한 사업가의 긴밀한 동업자였으며, 전직 시 공직자의 말에 따르면 이 과정에서 남아메리카산 밀수품도 역시나 다루었다. 숍차크의 아내 나루소바는 칼마노비치를 가족의 친구로 여겼다.[70] 하지만 FBI에 따르면, 그는 〈솔른쳅스카야의 강력한 관련자이고 (……) 백만장자인 러시아 이민자로서 (……) 전직 KGB 요원들은 물론이고 러시아와 이스라엘을 비롯한 전 세계 여러 국가의 고위 공직자와 유대를 맺고 있다〉.[71]

숍차크가 어디를 가든지, 상트페테르부르크 항구는 여전히 그를 따라다녔던 것처럼 보인다. 그가 파리에 거주할 때 가깝게 지낸 이웃은 트라베르였다.[72] 1990년대 초에 골동품 거래를 하면서 그들 부부와 친분을 쌓았는데, 트라베르는 훗날 항구를 통제하게 된 탐보프 범죄 조직의 주도적인 구성원이었다. 사망 당시에도 마치 칼마노비치를 통해 그 항구가 다시 찾아온 듯했다. 숍차크는 그날 일찍 가슴 통증을 호소하며 칼리닌그라드의 호텔방으로 돌아갔다. 당시에 그는 그 지역의 대학에서 강의를 담당하면서 그 호텔에 묵고 있었다. 그로부터 30분 뒤에 숍차크는 〈앞방에 투숙한 사람〉에 의해 의식 불명 상태로 발견되었다.[73] 그의 방문은 열려 있었다. 무슨 이유에서인지 구급차를 부른 시각은 30분이 더 지나서였고, 다시 10분이 더 지나서 구급차가 도착했을 때 숍차크는 이미 사망한 다음이었다.[74] 나루소바가 훗날 말한 바에 따르면, 고인을 발견한 사람은 바로 칼마노비치였다.[75]

처음에는 지역 당국도 독살 가능성에 대해서 수사를 개시했지만, 나중에 가서는 숍차크가 자연사했다고 발표했다. 이전에도 심장 발작을 겪은 적이 있었기 때문이다. 하지만 일부 관련자는 여전히 그가 너무 많은 것을 알았기에, 푸틴의 사람들에게는 불편했던 사람이 아니었겠느냐고 의문을 제기한다. 숍차크는 푸틴의 상트페테르부르크에서 벌어진 가장 어두운 거래 가운데 일부의 내막을 훤히 알았다. 예를 들어 석유 식량 교환 계책이라든지, 부동산 회사 SPAG를 통한 탐보프단의 돈세탁이라든지, BMP의 민영화와 해체로 인해 트라베르가 항구와 석유 집하장을 장악하게 된 것 등이 그러했다. 그가 의식 불명 상태로 발견되었을 때 어째서 곧바로 구급차를 부르지 않았는지는 어느 누구도 설명할 수 없었다. 트라베르의 예전 관련자 가운데 한 명은 이렇게 말했다. 「저는 그가 자연사했다고 믿지 않습니다. 그는 이 모든 일에 대해서 너무 많이 알고 있었어요. 물론 그들이 그를 없애 버린 거죠. 하지만 그들은 워낙 똑똑하기 때문에 흔적을 전혀 남기지 않았던 겁니다.」[76]

푸틴은 숍차크의 시신이 안치된 상트페테르부르크의 타브리체스키 궁전을 찾아서, 울고 있는 나루소바를 위로했다. 그는 부패 혐의로 고인을 추적한 사람들을 비판하면서, 고인이 탄압의 희생자였다고 주장했다.[77] 훗날 자력으로 정치인이 되어 상원 의원까지 역임한 매력적인 금발 여성 나루소바는 푸틴이 줄곧 자기 남편에게 충성스러운 상태로 남아 있었다는 믿음에 매달린 것처럼 보였다. 하지만 몇 년 뒤에는 남편의 죽음에 대한 의구심을 딱 한 번 밝힌 바 있었다. 2012년 11월, 자기 지역구의 재선 후보 공천에서 갑작스레 탈락하며 상원 의원으로서의 경력이 끝나 버린 직후의 일이었다. 푸틴의 통치가 의회 자유의 모든 잔재를 박멸하는 동안, 그녀는 지나치게 비판적이고 말이 많아지게 된 것이다. 나루소바는 자신의 공천 탈락뿐만 아니라 자기가 목격한 자국 정치에 대한 탄압이 〈어떤 환상을 파괴했다〉고 한 기자에게 말했다.[78] 자기가 아는 푸틴은 〈절대적으로 정직하고, 정중하고, 헌신적인 사람〉이라면서도, 자기는 그를 둘러싼 사람들에게 〈혐오감〉을 느낀다고 주장했다. 남편이 사망했을 때, 나루소바는 별도의 부검을 의뢰했다. 그녀는 남편의 사망 원인은 심장 정지로 밝혀졌다고 말했다. 하지만 어떻게 해서 심장 정지가 일어났는지는 말하지 않을 예정이었다. 단지 검사 결과 심장 발작 때문은 아니었다고만 말했을 뿐이었다. 「그의 심장에 난 상처는 그가 1997년에 겪은 심장 발작에서 비롯된 것이었습니다. 그의 심장이 멈춘 이유는 또 다른 문제입니다.」 나루소바는 기자에게 말했다. 그녀는 이 의문에 대한 답변을 알고 있다고 주장하면서도, 자기 딸의 생명이 위협당할 수 있으므로 굳이 폭로할 수는 없다고 말했다. 「저는 그 사람들이 무슨 일까지 할 수 있는지를 알 수 있습니다. 그 사람들은 진실의 말은 듣고 싶어 하지 않아요. 모든 관련 문서는 해외 금고에 보관되어 있습니다. 만약 저에게 무슨 일이 일어나더라도, 그 자료는 여전히 거기 남아 있을 겁니다.」 당신이 말하는 〈그 사람들〉이 누구냐고 묻자, 나루소바는 이렇게 대답했다. 「그중 일부는 권력을 가진 사람들이죠.」 이후 그녀는 두 번 다시

같은 주장을 되풀이하지 않았다.[79]

대통령 권한 대행으로 지명된 이후, 푸틴은 상트페테르부르크 시절의 껍질을 벗어던지고 천천히 새로운 삶에 적응하기 시작했다. 옐친과 그의 가족이 모스크바 외곽 숲에 자리한 고르키 9번지의 대통령 관저에 한동안 머물러 있었기에, 아직 총리용 국영 별장에서 살던 푸틴은 대통령 주거지가 필요했다. 푸가체프는 그를 차에 태우고 비어 있는 소비에트 시절의 국영 주거지 세 군데를 둘러보았다.[80] 그중 한 곳은 도로에서 너무 가까웠고, 또 한 곳은 전혀 적합하지 않았다. 나머지 한 곳은 19세기 혁명 이전에 지어진 거대한 저택이었는데, 이들의 필요에 딱 부응하는 것처럼 보였다. 푸가체프가 보기에 노보오가레보라는 이름의 그 주거지는 역사적이고 영적인 중요성을 갖고 있었다. 이곳은 19세기와 20세기의 전환기에 차르 알렉산드르 2세의 아들인 세르게이 알렉산드로비치 대공과 그의 부인 엘리자베타 표도로브나의 자택이었다. 그 혁명 이전 시기의 소란 속에서, 극도로 보수적이었던 대공은 모스크바 지사로 재직하던 중에 테러리스트의 폭탄에 목숨을 잃고 말았다. 그의 아내는 거리에 흩어진 남편의 사지와 신체 파편을 조용히 수습했으며, 이후 가난한 자들을 돌보는 데에 평생을 바치다가 결국 수녀가 되었다. 볼셰비키가 권력을 장악한 이후, 그녀는 광산에 산 채로 파묻혀 살해되었으며, 1981년에 러시아 정교회의 성인으로 시성(諡聖)되었다. 정교회 신자인 푸가체프의 입장에서 보았을 때, 노보오가레보는 과거 차르 시대의 종교적 유물로써 중요성을 지니고 있었다. 하지만 푸틴의 입장에서 보았을 때, 네오고딕 양식의 스코틀랜드성(城)스타일로 건축되고 모스크바강까지 이어지는 넓은 잔디밭을 가진 그 저택은 상당히 다른 매력을 갖고 있었다. 그곳에는 길이 50미터의 수영장도 갖춰져 있었다. 푸가체프의 말에 따르면, 그걸 본 순간

〈그의 두 눈은 무척이나 휘둥그레졌다〉고 한다. 「저는 그의 삶에서 이것 말고는 무엇도 필요 없으리라는 사실을 깨달았습니다. 저는 이것이야말로 그의 꿈의 한계일 것이라고 생각했습니다.」

여전히 푸틴이 자기 통제하에 있다고 생각했던 것이 분명했던 푸가체프로선, 대통령 생활의 갖가지 화려함을 이용해서 그를 감동시키기가 쉬울 것이라고 생각했다. 「소련 붕괴 이전까지만 해도, 그는 생애 대부분을 공동 아파트에서 살았습니다. 그가 시장실에서 일하게 된 것은 40세 때의 일이었습니다.」 실제로 푸틴은 레닌그라드의 비좁은 공동 아파트에서 태어나서 자라났으며, KGB에서 드레스덴에 파견되기 전까지만 해도 아내 류드밀라와 함께 계속해서 공동 아파트에 살았다. 「류드밀라는 부엌을 3시부터 5시까지만 사용할 수 있다고 통보받았습니다. 그 사람들이 훗날 그렇게 살게 되리라고 상상이나 했겠습니까?」 푸가체프의 말이다.[81]

노보오가례보 저택은 소비에트 시절에 개보수를 거쳐, 해외에서 찾아온 정부 대표단의 숙소로 사용되었다. 첫 번째 저택과 가까운 오렌지 온실 건너편에는 그 모작(模作)인 두 번째 저택을 지어서 중앙 위원회의 연회 장소로 사용하고 있었다. 과거 소비에트 공화국들의 수장들이 그곳에 모여서 고르바초프의 역사적인 새로운 연합 협정을 작업했는데, 그것이야말로 1991년 8월의 쿠데타의 이유 가운데 하나였다. 푸가체프는 약간의 개보수를 거치고 적당히 높은 담장만 지어 놓고 나면, 푸틴 일가가 이곳으로 이사하는 데에는 문제가 없으리라고 보았다.

푸가체프는 이때까지만 해도 여전히 푸틴이 마지못해 나선 지도자라고 믿었던 것처럼 보인다. 대통령 권한 대행은 종종 자신을 〈고용된 관리인〉이라고 지칭했으며, 자신이 권력을 잡게 될 임기는 기껏해야 앞으로 몇 년에 불과하다는 점을 확신한 듯했다. 상트페테르부르크에서 경력을 시작할 때부터, 즉 샤드칸과의 첫 번째 인터뷰 때부터 푸틴은 항상 스스로 〈공복(公僕)〉이라고 지칭했다.

대통령 선거의 결과가 쏟아져 들어오던 2000년 3월 26일, 푸틴은 외관상 여전히 자신의 갑작스러운 상승에 얼떨떨한 것처럼 보였다. 심지어 득표수가 1차 투표에서의 승리에 필요한 50퍼센트를 넘었을 때조차도, 그는 자신의 과제 앞에서 움츠러든 것처럼 보였다. 푸틴은 언론인이 가득 모인 자신의 유세 본부에서 이렇게 말했다. 「모든 사람은 꿈꿀 권리를 갖고 있습니다. 하지만 어느 누구도 기적을 바라서는 안 됩니다. 기대의 수준은 사실 매우 높으며 (……) 사람들은 지쳤고, 생활은 팍팍하고, 사람들은 더 나은 쪽으로의 변화를 기다리고 있는데 (……) 저로서는 지금부터 기적이 일어날 거라고 감히 말할 권리를 지니고 있지 않습니다.」[82]

하지만 막후에서는, 즉 모스크바 외곽에 자리한 옐친의 별장에서는 그의 딸 타티야나가 벌써 축하하고 있었다. 비탈리 만스키의 다큐멘터리 영화에 나온 그 당시의 녹화 영상을 보면, 옐친의 가족은 위풍당당한 오크 식탁에 모여 앉아 있다.[83] 푸틴의 득표수가 50퍼센트를 넘자, 그때부터 축하가 시작되었다. 사람들은 샴페인을 따랐다. 타티야나가 축제를 선도했는데, 거의 방방 뜰 정도로 기뻐하고 있었다. 「우리도 샴페인을 맛볼 수 있게 됐어요! 몇 모금씩이라도! 우리가 이겼어요!」 그녀는 미소를 지었다. 하지만 옐친은 권력의 상실 때문에, 아울러 자신의 유산 상실의 가능성 때문에 불편해하는 것처럼 보였다. 부은 얼굴이며 질환으로 건강도 나쁜 상태에서, 그는 지금 무슨 일이 벌어지고 있는지 이해하는 데에도 어려움을 겪는 것처럼 보였다. 어느 대목에서 타티야나가 옐친에게 물었다. 「아빠, 왜 그렇게 슬픈 표정을 하고 계세요? 아빠, 기쁘지 않으세요? (……) 아빠가 다 하신 거예요. 아빠가 그 사람을 보시고는 그 자리에 어울린다고 하셨으니까요.」

하지만 그날 밤에 자기 후계자에게 축하 전화를 건 옐친은 궁극적인 모욕을 당하고 말았다. 그에게 대통령 직위를 양보받은 장본인은 너무나도 바쁜 나머지 통화를 할 수 없었다. 이미 옐친은 아무것도 아닌 신세가 되었으며, 말하려고 애쓰면서 전화기를 만지작거리는 노인이 되었다. 반면 타티야나의 안도감은 뚜렷했다. 그날 저녁 늦게 그녀는 푸틴의 유세 본부에서 유마셰프와 함께 미소를 짓고 서로를 끌어안고 있었으며, 옆에서는 옐친 시대의 유임자들, 즉 볼로신, 파블롭스키, 추바이스가 푸틴의 상트페테르부르크 안보계 사람들 가운데 일부와 기뻐하고 있었다. 승리는 이들 공동의 것이었다.

옐친 패밀리는 푸틴이 자신들의 안전과 재산을 공격으로부터 보호해 줄 것이라는 믿음으로, 여전히 안전하다고 느끼고 있었다. 푸틴과 가까웠던 동맹자, 아울러 전직 정부 고위 공직자의 말에 따르면, 옐친이 일찌감치 물러나는 데에 동의했을 때, 옐친 패밀리는 막후에서 그의 후계자와 협약을 맺었다.[84] 대통령 권한 대행으로서 푸틴의 첫 번째 조치 가운데 하나는 옐친에게 기소 면책권을 부여하는 명령을 내리는 것이었다. 하지만 막후에서는 더 넓은 협상도 역시나 체결된 상태였다. 「푸틴의 상승과 옐친의 퇴임을 놓고서 이루어진 협상은 재산에 관한 내용이었습니다. 이 협상의 주제는 사회 구조가 아니라 오히려 재산이었는데 (……) 모두 잊어버리고 말았습니다. 모두 민주주의가 그냥 거기 계속 있을 거라고 생각했던 겁니다. 모두 각자의 개인적 이득에 대해서만 생각했던 겁니다.」 그 당시에 재정 제1차관이었던 바빌로프의 말이다.

이 협상의 목적은 옐친 패밀리에게 기소 면책권을 보장하고, 이들의 조수들이 구축한 금융 제국을 보전하는 것이었다. 예를 들어 베레좁스키의 동업자이며 언론에서는 오래전부터 옐친 패밀리의 금고지기로 지목된 아브라모비치가 소유한 방대한 사업체가 대표적이었다. 여기 관련된 사업체로는 석유 대기업 시브네프트와 알루미늄 대기업 루살이 있었는데, 특히 후자는 푸틴이 대통령 직위를 승계하기 직전에 설립되어서, 러시아 알루미늄 산업의 60퍼센트 이상을 좌우하도록 허락받은 업체였다. 이 업체야말로 옐친 패밀리의 지속적인 권력의 잠재적 상징인 셈이었다.[85] 푸틴과 가까운 동맹자의 말에 따르면, 이 거래에서는 푸틴의 첫 번째 대통령 임기 동안 옐친 패밀리의 피지명인에게 계속해서 경제를 운영할 권리를 부여한다는 내용도 들어 있었다.[86]

하지만 유마셰프는 그런 거래가 이루어졌다는 사실 자체를 부정한다. 옐친에게 기소 면책권을 부여하기 위해 푸틴이 내린 명령에는 정작 옐친 패밀리에 대해서는 아무 언급도 없으며, 나아가 옐친 패밀리에게는 보전하고 자시고 할 사업체가 전혀 없었다는 것이 그의 주장이다. 정부 구성에 관해서도 마찬가지라고 했다. 「푸틴은 자기가 원하는 사람을 누구든 선택할 수 있는 완전한 자유를 누렸습니다. 그는 누구든 파면할 수도 있었습니다.」 푸틴의 권력 상승 배후의 유일한 이유가 있다면, 그건 단지 민주주의에 대한 그의 고수를 옐친이 믿었기 때문이라고 유마셰프는 주장했다.[87]

푸가체프는 자기네가 그 나라를 떠남으로써, 푸틴이 원하는 만큼 자유롭게 일할 수 있도록 허용하자는 유마셰프와 타티야나의 의견에 동의했다. 다만 푸가체프는 그들로선 여전히, 면책성 보장 하나 만큼은 확보할 필요가 있다고 믿었다. 하지만 푸틴은 막판에 돌아서 버렸다. 푸가체프의 말에 따르면, 선거 직후에 공식적인 권력 이양을 축하하기 위해 신임 대통령의 별장에서 만났을 때, 푸틴은 옐친 패밀리와 정부 내 그들의 사람들에게 계속 국내에 남아 있으라고 고집했다는 것이다. 「저는 이해할 수가 없었습니다. 그는 새 출발의 필요성에 관해서 줄곧 이야기해 왔습니다. 그러다가 갑자기 이렇게 말한 겁니다. 〈우리는 이 일을 모두 함께해야만 합니다. 우리는 한 팀입니다.)」[88]

푸가체프는 정권 변화가 진행 중이라는 사실을 이해했다. 푸틴의 사람들, 즉 KGB 사람들이 권력을 차지하게 되었으므로, 신임 대통령 역시 그들에게 영합하기 위해 노력하고 있다고 말이다. 「어쨌거나 무력 보유자들이, 즉 〈실로비키〉로 일컬어지는 안보계 사람과 스파이들이 권력을 차지하게 되었다는 사실은 명백했으니까요.」 그의 말이다.[89]

많은 사람이 보기에는, 심지어 이후에 벌어진 모든 일을 겪고 나서 생각해 보아도, 옐친 패밀리가 푸틴 같은 작자들과 협정을 맺을 수 있었다는 사실은 여전히 당혹스러운 문제가 아닐 수 없었다. 호도르콥스키의 관련자인 네브즐린도 그렇게 생각했다. 「그들이 모든 정보의 출처를 장악하고 있었던 상황에서, 도대체 어떻게 푸틴을 크렘린으로 데려올 수 있었던 걸까요? 그는 이미 상트페테르부르크에서 마피아의 일원이었습니다. 그들은 그런 사람을 도대체 어떻게 후계자로 만들 수 있었던 걸까요?」[90]

제2부

제6장

이너 서클

대(大)크렘린 궁전의 돔형 연회장을 혼자 걸어서 지나가는 푸틴의 모습은 대통령 취임식의 웅장함에 비해 왜소해 보였다. 진지한 표정에 약간의 미소를 띤 채, 눈길은 아래로 향해 있고 살짝 한쪽으로 기울어진 걸음으로 걷는 그는 일반적인 사무직 노동자의 복장과 별로 다르지 않은 짙은 색 양복 차림이었다. 푸틴은 온화하고도 눈에 띄지 않도록, 어디든지 섞여 들어갈 수 있도록 훈련받았다. 하지만 이날만큼은 흰색과 금색의 황실 제복 차림의 나팔수들이 그의 입장을 알렸고, 도금된 궁전에 늘어선 국가 공직자들도 끝도 없이 이어지는 붉은색 카펫을 밟고 번쩍이는 안드레옙스키 연회장으로 들어가는 그에게 박수를 보냈다.

2000년 5월 7일이었던 이날, 〈칸디다트 레지덴트(스파이 후보자)〉는 마침내 크렘린에 입성했다. 불과 8개월 전까지만 해도 또 한 명의 얼굴 없는 관료에 불과했던 전직 KGB 간부가 이제 러시아 대통령이 되려는 참이었다. 벽과 샹들리에 아래로 늘어진 황금은 러시아 제국의 부흥을 위한 KGB 사람들의 계획에 대한 증언인 동시에, 혁명 이전의 장관(壯觀)을 훨씬 뛰어넘어서까지 크렘린을 복원했던 (아울러 푸틴이 권좌에 오르는 데에 도움을 주었던) 저 부정한 마베텍스 도급 계약에 대한 증언이기도 했다.

　크렘린에서 열린 취임식 중에서 이러한 장관은 전례가 없었는데, 새로이 복원된 궁전 연회장에서 국가 행사가 개최된 것은 이때가 처음이었다. 한 대통령에게서 또 다른 대통령에게로 평화적 정권 이양이 이루어진 것도 이 나라의 역사에서 전례가 없던 일이었다. 옐친으로선 자기 파멸의 원인으로 입증된 도금과 황금에 에워싸여 있는 것이야말로 고역이었을 것이다. 하지만 그는 용감하고도 뻣뻣한 자세로 그곳에 서서, 자국이 어렵게 얻은 자유를 찬미하는 동안 감정을 억누르려 애썼다. 그는 말했다. 「우리는 정권 이양이 평화롭게, 즉 혁명이나 반란 없이 정중하고도 자유로운 방식으로 이루어진다는 사실에 대해 자랑할 수 있습니다. 그런 일은 오로지 자유로운 국가에서만 가능합니다. 타국을 두려워하기를 중단했을 뿐만 아니라, 그 자신을 두려워하기조차도 중단한 국가에서만 (……) 그런 일은 오로지 새로운 러시아에서만 가능합니다. 국민이 자유롭게 살아가고 생각하기를 배운 새로운 러시아에서만 말입니다. 우리는 새 출발과 함께 새로운 러시아의 역사를 써야 하며 (……) 여러 가지 만만찮은 시험이, 여러 가지 어려움이 있을 것입니다. 하지만 이제 우리는 뭔가 자랑할 만한 것을 갖고 있습니다. 러시아는 변화되었습니다. 이러한 변화의 원인은 우리가 자국을 돌보았기 때문이며 (……) 자유라는 우리의 주된 업적을 강력히 지켰기 때문입니다. (……) 우리는 이 나라가 독재의 나락에 떨어지는 것을 허락하지 않았습니다.」[1]

　옐친의 고별사는 마치 경고나 다름없는 것처럼 들렸다. 하지만 대통령에 취임하는 사람은 단호했으며, 자기가 연설할 차례가 되자 자국의 역사 모두가 (제아무리 잔혹하다 하더라도) 존중받고 보전되는 러시아라는 국가에 관해서 말했다. 러시아의 민주주의적 업적을 존중하는 입에 발린 말을 내놓기도 했지만, 옐친의 연설과 비교하자면 푸틴의 연설의 핵심은 마치 낮과 밤만큼이나 차이가 있었다. 「우리 나라의 역사는 여러 세기 동안 크렘린의 벽을 따라서 이어져 왔습니다. 우리는 〈그 출생을 기억하지 않는 러시아인들〉이 될 권리를 갖고 있지 않습니다. 우리는 어떤 것도 잊어서는 안 됩니다. 우리는 우리의 역사를 있는 그대로 알아야만 하며, 거기에서 교훈을 얻어야만 합니다. 러시아라는 국가를 만들고 그 가치를 지켰던 이들을, 위대하고도 강력한 나라로 만들었던 이들을 항상 기억해야 합니다. 우리는 이 기억을, 아울러 이 관계를 오래도록 보전할 것이며 (……) 우리 역사의 최선의 것들을 모두 우리 후손들에게 물려줄 것입니다. 우리는 우리의 힘을 믿습니다. 우리가 우리 나라를 진정으로 변모시킬 수 있다는 것을 말입니다. (……) 저는 러시아 국민을 단합시키는 것을, 명료한 목표와 과제 주위로 모이게 하는 것을 저의 거룩한 의무라고 간주하는 바입니다. 그리고 저는 우리에게는 하나의 조국과 하나의 국민이 있음을, 우리 모두가 하나의 공통된 미래를 갖고 있음을 매일, 또 매분 기억합니다.」[2]

그날 앞줄에서 박수를 보낸 사람 중에는 푸틴을 권좌에 올리는 데 도움을 주었던 옐친 패밀리의 공직자들도 있었다. 그중 첫 번째는 옐친의 행정실장을 역임한 능란한 전직 경제학자 볼로신이었다. 그 옆에는 옐친 정부의 또 다른 유임자로서 귀에 거슬리는 목소리를 가지고 있고 배가 불룩한 미하일 카시야노프가 있었다. 그는 말단부터 시작해서 재무부 수장이 되어 러시아의 전략적 해외 채무의 변제를 처리했으며, 새해 전날 옐친이 푸틴에게 권력의 고삐를 넘겨주면서 총리 대행으로 지명한 인물이었다. 푸틴은 대통령으로 맨 처음 내린 명령을 통해 카시야노프를 총리로 재임명했고, 더 나중인 5월에는 볼로신을 크렘린 행정실장으로 복직시켰다. 옐친 패밀리와 맺은 협정의 신호였다.

하지만 황금빛의 안드레옙스키 연회장에 늘어선 공직자 무리 중에는 숨어서 눈에 띄지 않은 사람들, 즉 푸틴이 상트페테르부르크에서 데려온 KGB 사람들도 있었다. 그 시절에만 해도 이들은 눈에 띄거나 귀에 들리는 일조차 드물었다. 하지만 이들로 말하자면 처음에는 옐친의 공직자들과 연합하며 힘을 과시하고, 나중에는 자기네가 스스로 알아서 힘을 과시하게 될, 그리하여 자기네 존재를 매우 잘 알리게 될 〈실로비키〉였다. 취임식으로부터 며칠 지나지 않아, 이들은 옐친이 무척이나 자랑했던 자유의 10년이 결국 종료되었다는 강력한 신호를 보내게 될 예정이었다.

이들 중에는 KGB와 연계된 사업가들도 있었다. 예를 들어 전직 물리학자 코발추크는 소련의 황혼기에 공산당이 만든 상트페테르부르크의 은행 방크 로시야의 대주주가 되었다. 한때 KGB 공작원이었다고 알려진 팀첸코는 그 도시의 석유 수출을 통제하기 위해 푸틴과 긴밀히 일한 바 있었다. 이들은 상트페테르부르크 경제에서 현금을 얻기 위한 치열한 투쟁을 벌이며 단련되었으며, 이제는 모스크바가 보유한 부를 향해 눈독을 들이고 있었다. 그 얼굴 없는 군중 속에는 이때까지 거의 알려진 바가 없었던 동맹자들의 그물망도 역시나 숨어 있었다. 푸틴은 과거 레닌그라드 KGB에서 처음 일했을 때 이들을 만났는데, 1998년 7월에 FSB 수장으로 임명되었을 때 이들을 자기의 보좌관으로 영입한 바 있었다. 그런데도 이들에게 주목하는 사람은 거의 없다시피 했다.

그중 한 명인 파트루셰프는 우락부락하고 경험 많은 공작원 출신으로, 어느 전직 크렘린 공직자의 증언에 따르면, 파트루셰프는 랴잔 아파트를 폭파 시키려던 계획이 현장에서 발각된 것에 대해 격노했다고 한다. 푸틴이 총리로 지명되자 그 후임으로 FSB 수장이 되었으며, 이후 푸틴이 권좌에 머문 최초의 두 임기 동안 고스란히 그 직위를 지켰다. 파트루셰프는 푸틴의 상승세가 시작된 때보다 훨씬 더 먼저인 1994년부터 모스크바 FSB 고위직으로 근무했다. 나이는 푸틴보다 한 살 많았고, 1970년대에 레닌그라드 KGB 방첩 부서에서 함께 일한 바 있었다. 푸틴이 솝차크 치하에서 부시장으로 임명되자, 파트루셰프는 상트페테르부르크에도 신설된 FSB 밀수 단속부의 수장이 되었는데, 그때로 말하자면 전직 KGB 사람들로 이루어진 푸틴의 일당이 그 도시의 밀수 물품의 주 통로를 (즉 전략적 중요성을 지닌 항구와 BMP를) 장악하려 시작했을 즈음이었다.[3]

머지않아 파트루셰프는 모스크바로 전근되었고, 신속히 승진하여 FSB 고위층에 도달했다. 두주불사인 이 KGB 사람은 부의 축적이라는 강력한 자본주의자의 윤리에다가, 러시아 제국의 복원이라는 팽창주의적 전망을 결합시켰다. 「그는 매우 단순한 사람입니다. 보수파 소비에트인이죠. 그가 원하는 것은 바로 소련, 다만 자본주의가 있는 소련입니다. 그는 자본주의를 무기로 간주합니다.」 파트루셰프와 가까운 사람의 설명에 따르면, 그에게 자본주의란 결국 러시아의 제국적 힘을 회복시킬 무기로 간주된다는 뜻이었다.[4] 푸틴과 가까운 또 다른 동맹자도 이 증언에 동의했다. 「그는 항상 매우 강력한 독립적 견해를 갖고 있었습니다.」[5] 파트루셰프는 항상 선견자였으며, 러시아 제국의 재건을 위한 이념가였다. 「그는 강력한 개성을 갖고 있습니다. 그는 러시아 제국의 재건을 진정으로 신봉하는 장본인입니다. 그는 푸틴에게 이 모든 생각을 주입한 장본인입니다.」 파트루셰프와 가까운 사람의 말이다.[6] 하지만 파트루셰프가 제아무리 러시아의 지정학적 야망의 기본 텍스트에 숙달되었다 하더라도,[7] 사실 그는 무자비하고 지칠 줄 모르는 공작원으로서, 그 어떤 일이 있어도 멈춰 서지 않을 사람이었다. 입만 열었다 하면 욕을 내뱉었고, 상대방이 거기에 욕으로 대꾸하지 않는다면 다음부터는 아예 무시해 버렸다. 「그는 다른 방법을 아예 이해하지 못했습니다. 그는 회의에 들어오자마자 이렇게 말했습니다. 〈그래, 이 씹할 놈들아. 또 무슨 일 때문에 사람을 부르고 지랄이야?〉」 푸틴과 가까운 또 다른 동맹자는 단지 파트루셰프가 원래부터 거칠었다고, 반면 푸틴은 처음에만 해도 그보다는 더 자유로운 편이었다고 말했다. 파트루셰프와 가까운 사람의 말에 따르면, 그는 항상 자신을 푸틴보다 더 똑똑하고 약삭빠르다고 여겼다. 「그는 결코 푸틴을 자기 상사로 인정하지 않았습니다.」 파트루셰프는 분리주의 세력인 체첸 공화국의 반란자들을 겨냥해 복수를 감행했다. 그는 〈체첸인〉뿐만 아니라, 그들과 함께 일하는 사람 모두를 극도로 증오했던 것이다.

안드레옙스키 연회장에서 거행된 푸틴의 취임식에서 박수를 보냈지만 거의 주목받지 않았던 〈실로비키〉 중에는 KGB 해외 첩보부 고위급 공작원 이바노프도 있었다. 그의 세련된 태도와 유창한 영어 실력의 배후에는 거친 입버릇과 때로는 악의적이기까지 한 태도가 숨어 있었다. 이바노프 역시 레닌그라드 KGB에서 푸틴과 긴밀히 일한 바 있었다. 즉 리테이니 프로스펙트에 자리한 네모반듯한 화강암 건물인 볼쇼이 돔에 있는 KGB 본부의 음침한 사무실에서 2년간 함께 일했었다. 이후 이바노프는 승진하여 해외로 전근되었던 반면, 푸틴은 한참이 더 지나서야 비로소 붉은 깃발 학교에 입학했다. 이바노프는 핀란드에서 근무했고, 어쩌면 영국에서도 근무했을 가능성이 있다. 그러다가 영국에 망명한 스파이의 폭로 이후에 귀국하여, 케냐 대사관에서 주재원으로 근무했다.[8] 1990년대에는 프리마코프의 직속으로 해외 첩보부, 즉 SVR에서 유럽 분과의 부책임자로 근무하다가, 소비에트 붕괴 이후 가장 젊은 장군이 되었다. 푸틴은 FSB 수장이 되면서 파트루셰프와 함께 이바노프를 간부로 임명했으며, 총리가 된 이후에는 이바노프를 러시아 연방 안보 회의 서기로 임명했는데, 이것이야말로 크렘린에서 두 번째로 강력한 직위였다. 그는 푸틴 정권 동안에 영향력이 커지게 되었다.

양복 차림의 회색 무리 중에는 또 다른 이바노프도 역시나 숨어 있었는데, 콧수염을 기른 이 보수파 KGB 사람은 엄격한 냉전의 렌즈를 통해 세계를 바라보았다. 푸틴보다 두 살 많은 그는 당(黨) 직원이었다가 레닌그라드 KGB에 포섭되었다. 이바노프는 푸틴보다 살짝 늦게 근무를 시작했으며, 거의 20년 동안 승진을 거듭하며 KGB 인력자원부에서 시작해 상트페테르부르크 FSB 밀수부의 수장까지 도달했다. 그가 파트루셰프의 후임으로 이 중요한 직위를 차지했을 때로 말하자면, 트라베르의 부하들이 항구를 차지할 즈음이었다. FSB 밀수부의 예전 동료 가운데 한 명의 말에 따르면, 이바노프는 밀수 단속에 손가락 하나 까딱하지 않는 것으로 악명이 높았다. 「그가 즐겨 하는 말은 〈나중에〉와 〈지금은 아니야〉였습니다.」[9] 전직 KGB 고위 간부가 작성한 첩보 보고서에 따르면, 이바노프가 활동을 하지 않았던 데에는 당연히 그럴 만한 이유가 있었다. 그는 콜롬비아에서 온 마약을 서유럽으로 밀수하는 데 사용되던 항구를 장악하려는 (트라베르도 가담한) 탐보프단의 시도를 돕고 있었던 것이다.[10] 이 보고서에서는(그 내용은 훗날 런던 법원에서도 공개되었지만, 이바노프는 강력히 부정했다) 이바노프가 상트페테르부르크에서 활동하는 내내 푸틴으로부터 보호받았다고도 적혀 있었다.

푸틴은 FSB 수장이 되자마자 이바노프를 보좌관으로 삼았으며, 대통령이 되자 행정실 행정 부실장으로 임명했다. 이바노프의 임무는 모든 사람을 면밀히 감시하는 것이었는데, 가까운 누군가의 말에 따르면 원래부터 〈놀라운 기억력〉의 소유자였기 때문에 이바노프는 모두의 특성을 파악하고 있었다.[11] 시베츠는 보고서에서 이 내용을 훨씬 덜 관대하게 서술했다. 즉 인력 자원 관리 업무라는 것은 사실상 동료들에 관한 불리한 정보를 수집하고, 이를 이용해 그들의 경력을 파괴하는 것뿐이었다는 설명이다. 〈이바노프는 자기가 근무한 곳 어디에서나 사람들을 의도적으로 반목시켰고, 그렇게 친밀하지 못한 환경을 조성한 다음, 자기가 생성한 갈등을 자기가 해결해 줌으로써 그곳을 지배할 수 있었다. 그는 주위의 힘의 균형을 이해하는 데에 탁월했다.〉[12]

하지만 신임 대통령과 가장 가까운 사람은 아마 세친이었을 것이다. 세친은 자기보다 여덟 살 많은 푸틴이 부시장으로 재직하던 시절부터 푸틴을 마치 그림자처럼 따라다녔다. 스몰니 청사 본부에 있는 부시장 집무실 옆 부속실에 강대(講臺)를 갖다 놓고 보초처럼 버티며 비서로 재직했는데, 모두에게 엄격한 수문장 노릇을 했다. 세친은 푸틴에 대한 접근을 모두 통제했고, 푸틴이 읽어야 할 보고서도 모두 통제했다. 사업체를 설립하기 위해 부시장의 서명을 받으려는 사람은 누구나 일단 이 비서를 상대해야 했다. 상트페테르부르크의 사업가 코르차긴은 네덜란드 회사와 석탄 및 석유 제품 무역을 위한 합작 사업체를 설립하기 위해 부시장의 서명을 받으려 했고, 친구들의 주선으로 결국 면담을 가졌다. 그 문제를 논의한 뒤에 푸틴은 이제 자기 비서인 세친을 만나라면서, 〈어떤 문서를 가져오면 제가 서명할 것인지 그가 말해드릴 것〉이라고 덧붙였다. 코르차긴은 이렇게 회고했다. 「저는 사무실을 나와서 세친을 찾아가면서도, 그가 도대체 누구일지는 생각하지도 않았습니다. 다만 비서는 보통 여자이기 마련인데, 어떻게 이 사람은 남자인지만 의아했을 뿐이었습니다. 그 당시에 우리는 공직자들을 매우 무시했으니까요. 우리는 제가 준비할 문서가 무엇인지에 대한 이야기로 시작했는데, 갑자기 세친이 종이쪽지에 뭔가를 쓰기 시작하더군요. 그러더니 이렇게 말했습니다. 〈또 가져오실 것은…….〉 그러면서 〈1만〉이라고 적힌 종이쪽지를 보여 주는 겁니다. 저는 그걸 보고 화가 치밀었습니다. 제가 대답했죠. 〈뭐라고! 당신 완전히 정신 나간 것 아니오!〉 하지만 그가 말하더군요. 〈우리가 여기서 사업하는 방식이 이렇습니다.〉 저는 다른 방법을 알려 달라고 말했습니다. 하지만 그걸로 끝이었습니다. 우리는 결국 사업체를 등록하지 못했어요. 그 당시는 완전히 다른 시대였습니다. 저로선 세친이 누군지 몰랐습니다. 그들이 쩨쩨하게 뇌물을 수집한 방법이 바로 그거였습니다.」[13]

푸틴과 가까웠던 옛 동맹자의 말에 따르면, 세친은 항상 자기 상사를 가로막는 방벽 노릇을 했으며, 그를 만나고 싶어 하는 사람들을 위해 회동을 주선했다. 설령 이미 날짜가 잡혀 있는 회동이라 하더라도, 반드시 자기를 통해 주선되어야 한다고 말하곤 했다. 「그가 관계를 장악한 방법이 바로 그거였습니다. 누군가가 세친의 명령을 따르지 않았음이 드러날 경우, 그 사람은 그의 적이 되어서 파멸로 향하게 되었습니다.」[14]

세친과 가까운 두 사람의 말에 따르면, 그가 종종 군 첩보부 출신이라는 주장이 있지만 사실이 아니며, 대신 KGB에서 오래 근무했을 뿐이라고 한다.[15] 세친과 가까운 한 사람의 말에 따르면, 그는 1970년대 말에 레닌그라드 국립 대학에서 어학을 전공하던 중에 채용되었으며, 동료 학생들에 관한 보고서를 제출하라는 명령을 받았다고 한다. 세친은 어린 시절에 부모가 이혼한 까닭에 열심히 공부를 했는데, 레닌그라드의 음울한 교외 지역에서 보낸 유년기의 가난으로부터 도피하고 싶은, 그리하여 성공하고 싶은 지칠 줄 모르는 야심이 그 동기였다고 한다. 「그는 항상 시비조였습니다. 그는 항상 열등감을 느꼈습니다. 그는 레닌그라드에서도 워낙 가난한 지역 출신이었는데, 정작 대학에서 어학과에 들어가 보았더니 외교관의 자녀들이 수두룩했던 겁니다.」 세친을 잘 아는 전직 크렘린 공직자의 말이다.[16]

세친은 항상 KGB를 위해 위장 신분으로 일했으며, 따라서 공식 약력에서는 그곳에서의 경력이 전혀 언급되지 않는다. 다만 공식 약력에 세친이 처음에 통역사 자격으로 모잠비크에서 일했다고 나오는데, 내전이 극심한 그곳에서 소비에트군이 정부군에게 훈련과 장비를 제공하는 상황이어서 포르투갈어에 대한 그의 지식이 필요했기 때문이었다. 이후에 세친은 역시나 공식적으로는 통역사 자격으로 앙골라에 파견되었는데, 또 다른 내전이 벌어지는 그곳에서도 여전히 그레이트 게임을 수행 중이던 소비에트군이 이번에는 반란군에게 조언과 장비를 제공하고 있었기 때문이었다. 귀국 후에 그는 레닌그라드 국립 대학에서 일자리를 얻었으며, 바로 그곳에서 해외 관계를 감독하는 푸틴을 만나서 함께 일하다가, 나중에는 시 의회로 진출해서 해외 자매결연 도시들과의 업무를 감독했다. 하지만 세친은 이 기간 내내 KGB의 위장 신분 공작원으로 남아 있었다. 세친은 이때부터 줄곧 푸틴과 가까웠다. 항상 아부하는 하인으로 행동하면서, 여행할 때에는 가방을 대신 들어 주고, 푸틴이 어딜 가든지 뒤따라 다녔다. 세친은 크렘린 해외 재산부에서도 푸틴의 보좌관으로 재직하면서 구(舊) 중앙 위원회 본부의 작은 사무실에서 함께 일했으며, 푸틴의 경력이 상승하면서 대통령 행정실의 더 높은 직위들을 섭렵했다. 그러다가 대통령이 된 푸틴은 그를 대통령 행정실 행정 부실장으로 삼았다. 하지만 세친의 비굴한 태도의 배후에는 지칠 줄 모르는 통제의 야심과 끝날 줄 모르는 음모의 능력이 자리하고 있었다. 그와 가까운 두 사람의 말에 따르면, 사실은 자기 주인님을 증오하고 원망했다.

세친은 푸틴의 정신에다가 이런저런 생각을 조용하고도 눈에 띄지 않게 집어넣으려고 추구했지만, 푸틴은 세친을 단지 그림자로만, 즉 기껏해야 자기 정권의 하인으로서만 간주할 뿐이었다. 「푸틴은 항상 세친을 자기 가방이나 들고 다니는 친구로 바라보았습니다.」 두 사람 모두와 가까웠던 전직 크렘린 공직자의 말이다.[17] 푸틴의 머릿속에서는 계급과 지위에 관한 쩨쩨한 고집이 항상 지배적이었다. 1990년대 중반의 크렘린 경력 초창기에 두 사람은 재산부 책임자 보로딘에게 모스크바 중심부의 아파트를 한 채씩 얻었는데, 세친의 아파트가 더 넓다는 사실을 푸틴이 알아내면서 문제가 생겼다. 모스크바에 온 직후에 세친이 푸틴을 새 아파트에 초대해서 구경시키면서, 모스크바를 가로지르는 전망을 보여 주었다. 푸틴은 이 아파트 면적이 어느 정도냐고 물었고, 세친은 관련 문서를 확인한 후에 317제곱미터(약 95평)라고 대답했다. 그러자 푸틴은 곧바로 소스라쳤다. 「나는 겨우 286제곱미터(약 86평)인데.」 그가 말했다. 푸틴은 세친에게 축하한다고 말했지만, 곧바로 걸어 나가 버렸다. 마치 상대방이 자기한테서 뭔가를 훔치기라도 한 듯, 또는 냉소적으로 자기를 배반하기라도 한 듯 말이다. 이 사건에 대해 잘 아는 공직자가 말했다.[18] 「푸틴에게는 남을 질투한다는 문제가 있습니다. 푸틴의 말이 무슨 뜻인지를 이해하려면 일단 그를 잘 알아야 할 필요가 있습니다. 세친이 저에게 한 말에 따르면, 바로 이 순간에 그는 만사가 끝났음을 깨달았다고 합니다. 즉 푸틴이 누군가에게 〈축하한다〉고 말하는 것은 사실상 상대방을 총으로 쏴버리고 싶다는, 그것도 상대방의 머리를 정확히 조준해서 쏴버리고 싶다는 뜻이었기 때문이죠. 세친의 말에 따르면, 이후 몇 주 동안 푸틴과는 말도 할 수 없었다고 합니다. 참으로 진부하고도 사소한 문제로 (……) 하지만 푸틴은 그런 콤플렉스를 갖고 있었습니다. 따라서 푸틴을 만날 때에는 차라리 만사가 얼마나 나쁘게 돌아가고 있는지를 보고하는 편이 항상 더 나았죠. 세친은 이 방법을 매우 빨리 배웠습니다.」[19]

이것이야말로 푸틴의 사고방식에 대한 의미심장한 암시였다. 즉 향후 여러 해 동안 그가 사소한 일 때문에 얼마나 빨리 불쾌감을 느낄 수 있을지를 미리 보여 준 사례였던 것이다. 세친과 마찬가지로 푸틴 역시 가난한 배경에서 출발해서 꼭대기까지 올라온 사람이었다. 그는 레닌그라드의 뒷골목에서 출발했는데, 그곳에서는 반드시 싸워야만 존중을 얻어 낼 수 있었다. 열등감의 흔적인 시비조가 항상 거기 있었던 것이다.

푸틴이 크렘린에 데려온 전직 레닌그라드 KGB 사람들의 무리 가운데 마지막 인물은 체르케소프였다. 그는 푸틴이 부시장으로 임명된 때부터 그 도시의 FSB를 지배하고 있었다. 푸틴보다 두 살 많은 체르케소프는 8년 가까이 레닌그라드 KGB의 최고위 직책을 섭렵했으며, 푸틴이 공부하러 모스크바로 파견되기 직전까지 그의 상사로 재직했다. 소비에트 정권의 마지막 몇 년 사이에 체르케소프는 KGB의 가장 악랄한 부서 가운데 하나의 수장으로 재직하면서 이의 제기자들의 활동을 수사했다. 하지만 정권 붕괴 후에는 상트페테르부르크를 지배한 새로운 음지(陰地) 자본주의를 포용했으며, 시장실과 안보 기관과 범죄 조직 사이의 핵심 연결 고리로 활동했다. 그는 탐보프단의 BMP와 항구 장악의 배후에 있는 핵심 인물이었으며,[20] 푸틴으로부터 항상 극도로 정중한 대접을 받았다. 「푸틴이 아무것도 아니었던 시절에 그는 고위급이었습니다. 그는 가장 가까운 서클 출신이었고, 엘리트였습니다.」 두 사람 모두와 가까운 어떤 사람의 말이다.[21] 푸틴은 총리로 지명된 이후에 체르케소프를 자기 대신 FSB 수장으로 앉힐 의향이었지만, 실제로는 파트루셰프가 뜻을 이루어서 대신 후임자가 되었다. 유마셰프는 푸틴에게 모든 소원을 다 들어줄 수는 없으며, 약간은 균형을 맞출 필요가 있다고 설명했다. 결국 체르케소프는 FSB 부책임자로 임명되었다.

푸틴이 대통령이 된 이후 처음 몇 년 동안, 〈실로비키〉로 통하는 이 레닌그라드 KGB 사람들은 옐친 정권의 유임자들과 함께 불안한 권력을 공유했다. 이들은 푸틴으로부터 유임 처분된 크렘린 행정실장 볼로신이 〈기름칠이 잘된 기구〉를 푸틴이 확실히 상속하도록 도와주는 모습을 옆에서 지켜보며 배웠다. 볼로신은 크렘린에서 옐친 패밀리의 주된 대리인이었으며, 경제적으로는 자유주의적 견해를 보유했지만 정치적으로는 국가 통제주의적 견해를 보유한 사람이었다. 그는 KGB로의 권력 이전을 설계하도록 도와준 사람 가운데 하나였다. 경제학자 출신인 볼로신은 KGB 해외 첩보부인 제1국과 항상 결부되었던[22] 해외 무역 학교를 졸업했으며, 이후 〈페레스트로이카〉 시절에 경쟁 연구 센터의 부책임자로 근무했다. 훗날 푸틴은 영어에 유창한 볼로신을 특사로 파견해서 미국의 최고위 장군들과 군사 문제를 논의하게 했다. 그는 푸틴이 정적들을 몰아내는 일을 도와주면서, 처음부터 실로비키의 필수적인 동맹자임을 입증했다.

또한 볼로신은 옐친 시대의 유임자인 다른 주도적인 인물들과도 나란히 일했는데, 예를 들어 푸틴이 총리로 재임명한 카시야노프가 대표적이었다. 이전까지 재정 제1차관으로 재직하면서 해외 채무를 담당했던 카시야노프는 정권의 음지 자금 조달의 중핵에 해당하는 불투명한 채무 관리에 깊이 관여하고 있었다. 비록 친서방적인 성향의 경제 자유주의자였지만, 그래도 유용한 하수인으로 간주되었다. 사실 카시야노프는 옐친 시대를 체현한 인물이라 할 수 있었다. 그는 낮고 굵은 목소리에 아저씨처럼 친근한 유형이었으며, (비록 본인은 강력히 부인하지만) 막후에서 총액의 2퍼센트에 해당하는 뇌물을 받고 사안을 원만히 진행시킨다는 평판을 얻은 까닭에 〈미샤 2퍼센트〉라는 별명으로 통했다.

푸틴은 옐친 패밀리의 신뢰를 얻기 위해 사용했었고, 나아가 대통령으로서의 공약에도 집어넣었던 비교적 친시장적 태도와 합치하는 일련의 자유주의적 개혁을 발표했다. 이에 전 세계 경제학자들이 박수갈채를 보냈고, 투자자들도 시장에 관해 푸틴을 신임하게 되었다. 푸틴은 세계에서 가장 경쟁력 있는 소득세율을 (딱 13퍼센트로) 도입했으며, 이로써 옐친 정권에 만연했던 체불 문제 가운데 다수를 단번에 없애 버렸다. 아울러 토지 개혁에 착수하여 사유 부동산을 사고팔 수 있게 함으로써, 투자에 대한 또 하나의 중요한 방해물을 치워 버렸다. 대통령 경제 자문 위원으로 일라리오노프를 채용했는데, 그는 국내에서 가장 철저한 자유주의 경제학자 가운데 한 명으로 간주되는 인물이었다. 이런 친시장적 행보의 와중에 (러시아의 예산 가운데 매우 많은 부분이 의존하는 대상인) 석유 가격이 마침내 오르기 시작했다. 치솟는 세입으로 부양된 푸틴 정부는 옐친 행정부가 국제 통화 기금에서 빌린 자금에서 비롯된 막대한 국가 채무를 갚아 나가기 시작했다. 옐친 시대의 불안정과 혼돈은 마침내 종식에 도달한 것처럼 보였다.

서방과의 화해를 추구하는 푸틴의 노력에 대해서도 전 세계는 환호해 마지않았다. 대통령으로서 그가 맨 처음 한 행동 가운데 하나는 가이다르가 무척이나 애를 써서 간신히 유지하던 로우르데스 감청 기지를 폐쇄한 것이었다. 푸틴은 미국 대통령 조지 W. 부시와 긴밀한 관계를 구축하려 시도했고, 2011년 9월 11일의 테러 직후에는 각국 정상 가운데 맨 먼저 전화를 걸어서 애도를 표하기도 했다. 심지어 자국 국방 장관(그 당시에는 이바노프였다)의 반대를 무시하고 중앙아시아의 러시아 군사 기지 여러 곳에 대한 미국의 접근을 허락했으며, 이에 미국은 그곳들을 근거지로 삼아 아프가니스탄에 대한 공격을 감행했다. 푸틴의 KGB 이력은 이미 뒷전으로 밀려난 상태여서, 심지어 부시는 푸틴의 눈을 깊숙이 들여다보면 〈그의 영혼을 감지〉할 수 있었다고 말했다.

하지만 이 모두는 오래가지 않았다. 푸틴의 대통령 임기 초를 이제 와서 돌아보면, 마치 희망적 관측과 대단한 순진함의 시대였던 것처럼 느껴진다. 푸가체프의 말에 따르면, 서방과의 화해 시도는 너그러움에서 비롯되었다기보다는 어디까지나 대가를 바란 행동이었다.[23] 그리하여 2002년 6월, 지난 몇 달에 걸친 푸틴과의 밀월 관계를 끝낸 부시가 냉전 시대부터 이어진 핵심 무기 협약인 탄도탄 요격 미사일 협정에서 미국의 탈퇴를 일방적으로 발표하자, 푸틴과 그의 자문 위원들은 배신감을 느꼈다. 미국은 이 협정에서 탈퇴함으로써, 구(舊)바르샤바 조약 국가들에 설치하겠다고 제안한 미사일 방어 시스템의 시험을 시작할 수 있게 되었다. 미국은 이란의 미사일에 대항하는 방어를 의도했을 뿐이라고 주장했지만, 푸틴 행정부에서는 그 무기가 러시아를 직접 겨냥한다고 보았다. 「미사일 방어 시스템이 러시아를 제외한 다른 어떤 나라에 대항하는 것이 아님은 명백합니다.」 볼로신은 기자들에게 이렇게 말했다. 그는 미국 공직자들이 〈냉전의 바퀴벌레를 머릿속에 넣고 있는〉 모양이라고 비판했다.[24] 이와 동시에 나토는 지칠 줄 모르고 동쪽으로 행군 중이었다. 동쪽으로의 확장은 없을 것이라고, 서방 여러 지도자가 고르바초프에게 내놓았던 그 단언은 이제 깡그리 짓밟히고 말았다. 옐친 통치의 마지막 해에는 나토가 폴란드와 헝가리와 체코 공화국을 집어삼켰다. 2000년 11월에는 나토가 중유럽과 동유럽 8개국을 추가로 합류시켰다.[25] 크렘린이 보기에는 자기네 코앞에서 미국이 서방의 우세를 과시하는 듯했다.

푸틴 정권 초기에 드러난 자유주의적 경제학의 배후에는 사실 처음부터 국가 통제를 강화하는 것을 목표로 삼는 강력한 저류가 있었다. 그의 초기 개혁은 사실 아우구스토 피노체트 유형의 통치를 수립하려는 의도였다. 즉 강력한 국가의 〈전체주의적 힘〉을 이용해서 경제 개혁을 추진하겠다는 뜻이었다. 푸틴이 대통령에 당선되자마자 아벤은(이 경제학자는 처음에는 가이다르와 함께 훈련을 받았고, 나중에는 오스트리아에 있는 KGB와 연계된 경제 연구소에서 근무한 바 있었다) 피노체트가 칠레를 통치했던 방식처럼 러시아를 통치하자고 제안했다.[26] 아벤은 과거에 중앙 정부의 해외 무역부 장관으로서 푸틴을 보호하고, 상트페테르부르크의 석유 식량 교환 계책에 서명했던 인물이었다. 아울러 국제 수사 업체 크롤에 의뢰해서 잃어버린 공산당 소유의 금을 추적하게 하면서도, 정작 러시아 검찰이 보유한 정보에는 접근하지 못하게 조치한 바 있었다. 이즈음 그는 KGB의 육성을 거쳐 그 나라 최초의 기업가 중 한 명으로 성장한 젊은 콤소몰 출신자 가운데 하나인 프리드만과 힘을 합친 상태였다. 아벤은 프리드만의 소유인 알파 은행의 대표였는데, 이 은행은 석유와 통신 분야의 주식을 보유하면서 러시아 최대의 금융 복합 기업의 중핵을 구성했다. 알파 그룹의 금융 네트워크 한가운데에는 지브롤터에 있는 그 주요 지주 회사들 가운데 하나의 대표인 프란츠 볼프가 있었다. 그는 다름 아닌 슈타지의 무자비한 전직 첩보부 수장 볼프의 아들이었다.[27] 어느 모로 보아도, 프리드만과 아벤은 KGB의 관계를 존중하고 보전하는 셈이었다. 아벤이 분명히 암시한 바에 따르면, 이제는 푸틴 역시 안드로포프가 의도했던 방식으로, 즉 그 과정이 걷잡을 수 없이 급강하하기 이전의 방식으로 러시아의 시장으로의 이행을 완수할 수 있는 위치에 오른 셈이었다.

푸틴이 뭔가 다른 유형의 권력을 만들어 내고 싶어 한다는 신호는 처음부터 있었다. 처음에만 해도 낙관주의자들은 그가 자기 정권에 포진한 좀 더 자유주의적이고 좀 더 친서방적인 옐친 패밀리에 대응하여 균형을 맞추기 위해, 상트페테르부르크 안보계 사람들을 데려와 긴장 효과를 만들어 내고 있다고 기대했다. 하지만 KGB 사람들의 영향력이 점차 나머지 모두를 훨씬 압도하기 시작했다. 이들의 세계관은 냉전 논리로 기울어져 있었으며, 점차 그런 세계관이 푸틴을 규정하고 형성하기에 이르렀다. 이들은 러시아의 힘을 회복시키려 추구하면서, 미국이 자국의 해체와 자국의 힘의 약화를 추구한다고 간주했다. 이들이 보기에 경제란 최우선적으로 러시아라는 국가의 (아울러 KGB 지도자들로서 그들의) 힘을 회복하기 위한, 아울러 서방에 대항하기 위한 무기로써 이용되어야 마땅했다. 푸틴도 어느 정도까지는 자유주의자인 솝차크의 영향력을 일부나마 견지하고 있었다. 하지만 푸가체프는 이렇게 말했다. 「결국에 가서는 이너 서클이 푸틴을 만들었습니다. 그들은 푸틴을 다른 누군가로 변화시켰습니다. 그는 미국에 실망하게 되었으며, 단지 부자가 되고 싶어 했죠. 이너 서클이 그에게 국가를 회복하라며 부추겼던 겁니다.」[28]

특히 FSB 수장 파트루셰프는 푸틴을 KGB 안보계 파벌과 그 냉전 관점에 얽매어 두려고 했다. 그는 FSB에서 푸틴의 선임자였고, 1990년대 대부분에 걸쳐 모스크바의 여러 안보 기관에서 최고위 직책을 섭렵했다. 푸틴이 FSB 수장으로 승진하더니 결국 대통령까지 되자, 파트루셰프는 의아해하면서도 자기가 그를 조종할 수 있을 것이라고 믿었다. 「파트루셰프는 항상 가장 단호한 인물이었습니다. 푸틴이야 그에 비하자면 아무것도 아니었죠.」 크렘린의 한 내부자의 말이다.[29] 파트루셰프는 푸틴이 결코 물러설 수 없도록 대통령직에 묶어 두기를 원했다. 그는 푸틴의 대통령 출마 당시부터 그러했는데, 훗날 체첸 전쟁으로 이어진 아파트 폭파 사건이 그 수단이었다. 하지만 첫 해에만 해도 옐친 패밀리는 푸틴의 배경에서 바로 이런 부분은 미처 몰랐던 것처럼 보인다. 또는 자기네 위치가 안전해졌다고 믿은 나머지, 굳이 그걸 알고 싶어 하지 않았던 것처럼 보인다.

푸가체프는 그 와중에 줄곧 그늘 속에 숨어 있었으며, 매의 눈으로 자신의 제자를 지켜보면서, 옐친 패밀리와 안보계 사람들이라는 상반된 세력이 대통령에게 끼치는 영향에서 균형을 맞추려고 시도했다. 푸가체프는 뇌물을 제공하려는 시도로부터 푸틴을 보호하려고, 차라리 푸틴이 필요로 하는 것을 자기가 대신 지불하려고 시도했다고 말했다. 푸가체프의 말에 따르면, 푸틴이 집권한 첫해 동안 푸틴 가족의 모든 필요를 채우기 위해 그가 5000만 달러를 지출했으며, 그 내역 중에는 이들이 가정에서 사용하는 식기를 구매한 것까지 포함되어 있었다. 그는 검찰을 위해 아파트도 매입했는데, 이는 그 조직을 대통령의 (아울러 자신의) 통제하에 확실히 두기 위해서였다. 푸가체프의 주장에 따르면, 이것이야말로 대통령과 그의 검찰이 부패하지 않은 상태로 남아 있도록 보장하기 위한 필수적인 일이었다. 「이런저런 일로 돈을 받으라고 제안하는 사람들이 항상 있었으니까요. 그 대부분은 코발추크를 통해서 이루어졌습니다.」 푸가체프의 말이다.[30] 그가 언급한 사람은 푸틴의 상트페테르부르크 동맹자 가운데 하나로서, 그 무리의 주된 돈주머니였던 방크 로시야를 장악한 인물이었다. 푸가체프의 주장에 따르면, 그는 옐친 시대의 올리가르흐가 공직자들에게 〈기부〉를 함으로써 크렘린을 조종한다고 믿었던 악습을 종식시키려 시도했다. 하지만 실제로는 자기도 그들과 똑같은 행동을 하고 있었다는 사실은 아마 깨닫지 못했던 모양이다.

「저는 단지 이런 일이 일어나지 않도록 만들고 싶었을 뿐입니다. 통치자들이 반드시 변화되어야 했으니까요.」 푸가체프의 말이다.

푸틴이 대통령 직위를 차지했을 무렵, 옐친 시대의 올리가르히의 힘은 여전히 강했다. 페레스트로이카 시대의 최초 시장 실험 당시, KGB의 후원을 받아서 약진했던 모스크바의 사업가들은 이미 오래전에 옛 주인님들로부터 떨어져 나와서 러시아 권력의 최고봉에 모습을 드러냈다. 이들은 국가 경제에서 상당한 부분을 차지하게 되었는데,

1996년의 선거 직전에 옐친의 약점을 이용함으로써, 국가 산업의 왕관 보석에 해당하는 것들을 자기들에게 넘기게끔 설득하는 데 성공했기 때문이었다. 주식 담보 대출 경매를 통해 러시아의 부에서 50퍼센트에 가까운 부가 사업가 일곱 명의 손으로 넘어갔고, 그로 인해 옐친은 이전보다 더 의존적이고 나약해지고 말았다. 옐친이 1996년에 재선에 성공하기 위해 올리가르히가 제공한 자금에 부분적으로 의존하자, 이들은 정권의 통치를 지지할 뿐만 아니라 심지어 지시까지 한다는 자신들의 역할에 익숙해지게 되었다.

1994년부터 매년 200억 달러로 추산되는 현금이 서방에 있는 은행 계좌로 흘러 들어갔지만, 정작 옐친 정부의 국고는 텅 비어 버린 상태였다.[31] 호도르콥스키와 베레좁스키 같은 올리가르히가 해외에 은닉한 자금이 러시아라는 국가를 약화시킨 까닭에, 푸틴의 KGB 사람들은 자국이 붕괴되기 직전의 상황에 놓였다고 주장할 정도였다. 1990년대에는 임금 체불이 누적되는 한편, 세금 납부는 거의 보편적으로 회피되었다. 러시아는 국제 통화 기금과 세계은행 같은 서방 기관들이 제공한 채무를 잔뜩 짊어진 상태였으며, 400억 달러의 채무 불이행으로 인해(그중 3분의 1 이상은 해외 채무자들의 것이었다) 자국의 금융이 더더욱 손상된 상태였다. KGB 사람들이 보기에는 옐친이 각 지역에 허락한 정치적 자유가 자국을 더 위기로 몰고 간 것만 같았다. 옐친의 임기 말년에 일어난 정치적 소란의 와중에, 일부 지역 주지사들은 자기네 세입 가운데 일부를 연방 정부로 이전하기조차 거절해 버렸다. 푸틴의 가까운 동맹자인 동시에 프리마코프와도 가까웠던 국영 석유 회사 로스네프트의 수장 세르게이 보그단치코프는 말한다.[32] 「우리는 국가가 어떻게 와해되는지를 보았습니다. 푸틴이 물려받은 것은 기껏해야 국가의 파편에 불과했습니다. 이미 상황이 악화될 대로 악화된 나머지, 일부 주지사들은 자체 통화를 도입하겠다는 이야기를 하고 있었고 (……) 만약 푸틴이 나타나지 않은 상태로 2~3년쯤 더 흘렀다고 가정하면, 우리에게는 러시아 연방이 남아 있지 않았을 겁니다. 발칸반도처럼 여러 개별 국가가 생겼을 겁니다. 제가 보기에는 붕괴가 절대적으로 확실했습니다.」[33]

KGB 사람들은 오래전부터 이 상황을 유심히 지켜보고 있었다. 일찍이 뉴욕 소재 국제 연합에서 위장 신분으로 근무했으며, 훗날 레닌그라드로 돌아와서 방크 로시야를 장악한 무뚝뚝한 전직 KGB 고위 간부 야쿠닌은 러시아 경제의 소유권에 관한 연구를 수행한 바 있었다. 그 내용에 따르면, 1998년부터 1999년 사이에 국내 총생산GDP의 50퍼센트 가까이를 겨우 여덟 군데 일가가 소유한 회사들이 산출했다. 20년이 지난 지금에 야쿠닌은 이렇게 말했다. 「만약 그런 식으로 상황이 계속된다면, 머지않아 그들은 50퍼센트 이상도 통제하게 될 예정이었습니다. 모든 수익은 개인의 주머니로 들어가는 겁니다. 세금은 전혀 납부하지 않고요. 그거야말로 순수하고도 단순한 약탈인 겁니다. 더 커다란 국가의 개입이 없다면, 제가 보기에는 그거야말로 막다른 길이라는 것이 명백했습니다.」[34] 오제로 별장의 시설을 공유했을 때부터 푸틴과 가까웠던 야쿠닌은 이 보고서에 자기 나름대로의 논평을 곁들여서, 푸틴이 취임한 직후에 건네주었다고 한다.

하지만 푸틴의 안보계 사람들로서는, 옐친 시대의 올리가르히가 서방으로 현금을 내보내는 것이야말로 자기네 힘을 뒷받침할 유용한 논증의 근거였다. 그들은 올리가르히의 지배가 곧 국가 안보에 대한 위협이라고 주장할 수도 있었는데, 실제로는 대개 그들 자신의 위치에 대한 위협일 뿐이었다. 그들은 러시아 제국의 복원을 위해 지명된 수호자로 자처했으며, 국가의 소생과 자신들의 운명이 불가피하게 (아울러 편리하게) 연결되어 있다고 믿었다.

야쿠닌의 회고에 따르면, 푸틴의 취임식 직후에 냉전 시대의 미국 국가 안보 보좌관이었던 즈비그뉴 브레진스키는 러시아 엘리트들이 해외 계좌에 현금을 보유한 것에 대해 논의하다가 경멸을 표시했다. 〈만약 그 모든 돈이 서방의 계좌에 들어 있다면, 그들은 과연 어느 쪽의 엘리트란 말인가?〉 그는 이렇게 물었다. 〈러시아의 엘리트인가, 아니면 서방의 엘리트인가?〉[35] 브레진스키의 논평은 KGB 사람들의 귀에 거슬릴 수밖에 없었다. 그와 같은 냉전의 전사로부터 그러한 이야기를 듣는 것은 훨씬 더 불쾌할 수밖에 없었는데, 왜냐하면 그들은 브레진스키야말로 소비에트 정권을 와해시키려는 시도의 설계자 가운데 한 명이라 간주했기 때문이었다.

KGB 사람들이 보기에 올리가르히의 행태 중에서도 가장 가증스러운 것은 바로 호도르콥스키의 자문 위원 미셸이 공동으로 소유한 역외 펀드인 발메트를 통해 운용되는 수십억 달러의 돈이었다. 런던과 제네바와 맨섬에 지사를 두고 있는 이 펀드는 호도르콥스키의 메나테프 그룹의 해외 은행 계좌를 관리했고, 베레좁스키와 아브라모비치의 소유의 석유 대기업 시브네프트에서 석유를 받아 수출하는 스위스의 석유 무역업체 루니콤의 해외 은행 계좌도 관리했다. 호도르콥스키와 베레좁스키는 올리가르히 중에서도 가장 독립적이었으며, 여러 가지 면에서 발메트는 미국이 만사를 좌우하고 독립적인 올리가르히가 러시아의 돈을 서방의 은행 계좌로 빼돌리던 냉전 이후의 새로운 질서를 상징하게 되었다. 이런 상황은 미국에서도 가장 오래되고 가장 존경받는 은행 가운데 하나인 워싱턴의 릭스 내셔널 은행이 발메트 지분의 51퍼센트를 매입했다는 사실로 입증되었다. 수십 년 넘게 세계 각국에 주재한 미국 대사관의 계좌를 유치했던 이 은행은 이제 동유럽과 러시아로의 확장을 추진하고 있었으며, 발메트야말로 이 목표를 위한 도구였다. 릭스 내셔널 은행의 국제 금융 책임자는 전직 나토 주재 미국 대사 앨턴 G. 킬이었으며, 그는 〈이전까지만 해도 적대적이었던 환경에서 민간 기업을 육성하도록〉돕는 것을 자신의 사명이라고 생각했다.[36] 한편 미셸은 공공연한 자유 지상주의자로서 릭스 발메트의 업무가 러시아라는 국가의 육중한 손으로부터 러시아 기업가들을 해방시키는 데에 기여한다고 확신했다. 호도르콥스키의 메나테프가 릭스 발메트의 지분도 인수했을 때, 미셸은 이 투자가 〈조지 W. H. 부시도 무척이나 자랑스러워했던 새로운 세계 질서의 놀라운 상징〉을 나타낸다고 믿었다. 「미국에서 가장 오래된 은행과 신흥 러시아 은행이 발메트의 자본을 공유하는 겁니다. 저는 이거야말로 쿠데타라고 생각합니다.」[37]

하지만 상트페테르부르크 KGB 사람들과 이들을 지원하는 장군들이 보기에, 릭스 내셔널 은행과 메나테프의 제휴는 그저 옐친 시대의 상징일 뿐이었다. 즉 호도르콥스키 같은 올리가르히가 각자의 의지를 권력에 지시할 수 있는 상징이자, 서방의 지원을 받는 악덕 자본주의에 불과했던 것이다. 이들은 특히 러시아의 민영화 프로그램의 설계자인 추바이스를 서방의 꼭두각시로 간주했다.

거의 모든 행동을 제로섬 게임의 일부로 여기는 냉전의 사고방식을 보유한 KGB 사람들은 추바이스에게 조언하기 위해 러시아로 몰려온 미국 경제학자들이 십중팔구 CIA 요원에 불과하며, 러시아 산업 가운데 아직 남은 것을 파괴하려 의도한다고, 즉 그 미국인들의 지원하에서 아직 남은 산업은 개인의 손으로 넘어갔고, 방위 산업은 산산조각으로 해체되었다고 간주했다. KGB는 산업의 현금 흐름에 대한 통제를 유지하려고 노력했지만, 추바이스의 감독하에서 국가 소유의 기업은 산산조각 나서 개인의 손으로 넘어가 버렸다. 푸틴과 가까운 관련자 한 명은 추바이스의 민영화 프로그램이 시작된 지 20년이 넘은 지금까지도 여전히 격분해 마지않았다. 「미국은 CIA 고위급을 러시아로 보내서 민영화 과정의 협상을 돕게 했습니다. 그들은 이 과정을 이용해서 돈을 벌었어요. 그들은 이 민영화에서 돈을 벌 권리가 전혀 없었는데도 말입니다.」[38]

러시아의 추가적인 시장으로의 이행을 지원하겠다는 그 모든 선언에도 불구하고, 푸틴은 사실 선거 유세를 시작할 때부터 올리가르히에 대한 자기 감정을 분명히 밝힌 상태였다. 첫 번째 암시는 2월 말에 나왔는데, 한 유세 지원단원으로부터 권력에 빌붙은 저 〈거머리들〉을(즉 올리가르히를) 과연 언제쯤 〈처리할〉 것이냐는 질문을 받고 내놓은 답변이었다. 푸틴은 자기 정권이 〈그들을 단순히 파괴하는〉 것 이상을 할 필요가 있다고 대답했다. 「모두에게 공평한 조건을 만들어 내는 것이 극도로 중요합니다. 즉 어느 누구도 권력에 빌붙어서 그러한 이점을 스스로를 위해 사용하지 못하게 하고 (……) 그 어떤 파벌도 못하게, 그 어떤 올리가르히도 못하게 (……) 모두가 공평하게 권력에서 거리를 두게 해야 마땅한 겁니다.」[39] 그다음 경고는 선거를 일주일 앞둔 상황에서, 모스크바의 한 라디오 방송국에서 푸틴이 올리가르히를 제거하고 싶다고 말했을 때에 나왔다. 「그런 올리가르히 계급은 더이상 존재하지 않게 될 것이며 (……) 우리가 모두에게 공평한 조건을 보장하지 않는 한, 우리는 이 나라를 현재의 상태에서 끌어낼 수 없을 것입니다.」[40]

이런 발언이야 당연히 옐친 시대의 월권에 진력이 난 대중에게 환호를 자아냈으며, 비교적 자유로웠던 (따라서 그 독립적인 재벌 소유주들이 주로 경쟁자를 공격하는 수단으로 써먹던) 언론이 보도하는 부패 이야기에 일상적인 소재를 제공해 주기도 했다. 푸틴은 일찍이 프리마코프가 사업가와 부패한 공직자들을 수감할 수 있는 교도소에 자리를 비워 놓으라고 전할 때 사용했던 대사를 반복하는 셈이었다.

프리마코프의 발언이 옐친 패밀리를 오싹하게 만들었던 반면, 푸틴의 그런 발언을 이들은 아예 듣지도 못한 것처럼 보였다. 옐친 패밀리는 그가 크렘린에 있는 자기네 대리인이라고, 따라서 절대로 자기네를 건드리지 않을 거라고 확신해 마지않았다. 「이너 서클과 올리가르흐는 그가 일시적인 인물에 불과하다고 생각했고, 따라서 자기네가 그를 통제할 수 있다고 진짜로 생각했던 겁니다.」 푸틴과 가까운 한 사람의 말이다. 대통령 선거를 앞두고, 올리가르히 가운데 한 명이 푸틴의 총리 집무실이 있는 벨리 돔으로 직접 찾아가서, 자기네 도움이 없이는 결코 당선될 수 없으리라는 사실을 당신도 알아야 한다고, 따라서 어떻게 행동해야 하는지를 당신도 이해해야 한다고, 아주 분명한 말투로 설명했다는 것은 확실하다. 이에 푸틴은 눈 하나 깜짝하지 않고, 단지 이렇게만 대답했다. 「두고 보면 알겠죠.」 푸틴과 가까운 그 사람은 이렇게 말했다. 「푸틴은 어느 누구도 자기 사무실에서 쫓아내지 않았습니다. 하지만 그는 상대방을 갖고 놀았던 겁니다. 사람들은 절대적으로 그를 과소평가했습니다.」[41]

이때 푸틴을 찾아간 올리가르히는 아마 베레좁스키였을 것이다. 그 당시에 그는 혹시 자기네가 치명적인 실수를 저지른 것은 아닌지 의문을 품은 유일한 사람이었던 것처럼 보인다. 프리마코프와 루시코프의 제휴를 파괴하려는 자신의 시도를 완수한 직후, 그는 대통령 선거 유세 기간 동안 대부분 앵귈라섬에서 새로운 여자 친구와 함께 휴가를 즐겼다. 베레좁스키는 귀국해서 목격한 변화에 걱정했음이 분명하다. 「그가 휴가에서 돌아와 보니, 그로선 좋아할 수 없는 어떤 일이 벌어져 있었던 겁니다. 그는 2004년에 누가 대통령이 될지에 관해 합의하기 위해서 푸틴을 찾아갔습니다. 베레좁스키는 푸틴에게 4년 동안만 대통령을 할 수 있을 것이라고, 그 사이에 자기는 야당을 하나 만드는 작업을 하겠다고 제안했습니다. 그는 그곳에 진정한 민주주의를 만들고 싶었던 겁니다.」 그와 가까웠던 한 사람의 말이다.[42] 하지만 설령 이런 대화가 실제로 이루어졌다 하더라도, 아주 잘 마무리되지는 않았음이 분명하다. 푸틴의 취임식 며칠 전, 베레좁스키 소유의 『콤메르산트Kommersant』는 야당과 모든 비판자와 언론에 대한 입마개로써 크렘린과 FSB를 합병하려는 계획을 폭로하는 내용의 기사를 게재하며 경종을 울렸다. 비록 그런 합병이 공식적으로는 결코 이루어지지 않았지만, 지금 와서 돌아보면 그 기사에서 설명한 계획은 불길하게도 예언적이었던 셈이다. 푸틴의 권좌 등극은 사실상 KGB가 크렘린을 차지한 것에 상응했다. 두 기관은 실제로 융합될 예정이었다. 베레좁스키는 자신의 실수의 깊이를 갑자기 깨달은 듯했다. 〈신임 대통령이 정말로 질서와 안정을 보장하고 싶어 한다면, 자율적인 정치 시스템은 굳이 필요하지 않을 것이다.〉 크렘린의 청사진이라고 주장된 문건의 내용은 이러했다. 〈대신 러시아 연방의 정치 및 사회 과정을 명백히 통제할 수 있는 정치 기구가 행정부 내에 필요할 것이다. 따라서 FSB의 첩보, 인력, 전문성의 잠재력을 가져와서 정치 과정을 통제하도록 조치해야 할 것이다.〉 FSB는 대통령이나 그의 이너 서클의 이익에 불리한 정보가 부상할 경우에 그 상황을 수습하기 위해 사용될 예정이었다.[43]

크렘린은 그런 제안이 현재 논의 중이라는 사실을 부정했다. 하지만 푸틴의 취임식으로부터 겨우 나흘 뒤에는 그 계획의 첫 단계가 실행된 것처럼 보였다. 이는 언론을 복종시키려는 의도였음이 분명했다. 푸틴의 가장 두드러진 비판자인 NTV 채널을 보유한 메디아 모스트 그룹의 소유주 구신스키의 사무실에 자동 화기로 무장하고 복면을 쓴 경찰 특공대가 들이닥쳤다.[44] NTV는 러시아에서 두 번째로 인기 높은 채널이었으며, 구신스키는 아무런 두려움 없이 이를 정치적 목적에 사용했다. 즉 의회 선거에서 루시코프의 모국 전러시아를 지지하는 데에 동원했고, 독립에 대해서도 목소리를 높이며 푸틴의 체첸 전쟁을 면밀히 따져 보는 중이었다. 대통령 선거 전날에는 랴잔에서 발생한 수상한 사건에 관한 토론회를 황금 시간대에 방송했으며, 과연 그 아파트 폭파 시도의 배후에 FSB가 있었는지를 공개적으로 질문했다. 주간 풍자 쇼 「쿠클리Kukly」, 즉 〈꼭두각시〉는 푸틴의 측근들에게 항상 눈엣가시였다. 여기서는 푸틴을 에른스트 호프만의 동화에 나오는 징그러운 난쟁이 차헤스로, 즉 자신의 노력은 전혀 없이 막대한 부를 보유한 기존의 왕국을 물려받은 인물로 짓궂게 묘사한 적도 한두 번이 아니었다.

푸틴의 통치가 시작되고 처음 며칠 동안 크렘린의 새로운 KGB 주인님들로부터 나온 강력한 신호는 비단 구신스키에 대한 압수 수색만이 아니었다. 취임식 열흘 뒤에 푸틴은 러시아의 지역 주지사들의 권력을 제한하는 포괄적인 새 계획을 공개했다. 이는 앞서 루시코프와 프리마코프를 대리하여 행동했던 것처럼, 선출직 주지사들이 크렘린에 반대하여 단합하는 일이 두 번 다시는 없도록 만들려는 법안이었다. 그 내용에 따르면 상원 의회에서 주지사들의 의석을 없앨 예정이었는데, 앞서 주지사들은 스쿠라토프의 검찰 총장 해임을 막기 위해 버티는 과정에서 상원 의회를 독립적인 정치 세력으로 만든 바 있었다.[45] 주지사들의 의석을 없애면 이들의 기소 면책권도 사라질 예정이었다. 한편 이 법안에서는 지역 주지사가 형사 수사의 대상이 되면 대통령이 해임할 수 있게 했는데, 이는 이들이 두 번 다시는 크렘린의 대열에서 벗어나지 못하도록 만들려는 조치였다. 크렘린의 또 다른 통제 요소로, 푸틴은 일곱 군데 지역을 감독할 일곱 명의 전권 대표를 (즉 일종의 총괄 주지사를) 크렘린이 임명하는 것을 제안했다. 그리하여 군대와 FSB 출신의 장성급 다섯 명, 아울러 크렘린의 충성파 두 명이 곧바로 이 직책에 임명되었다.

베레좁스키가 보기에, 이 입법은 옐친 시대의 민주주의적 업적의 위험한 와해를 상징했다. 5월 31일에 그는 공개편지를 통해 그 법안은 〈러시아의 지역적 통일성과 민주주의에 대한 위협〉이라고 항의했다.[46] 이 편지는 모스크바의 거의 모든 신문의 1면을 장식했으며, 베레좁스키가 통제하는 TV 채널 ORT에서는 이 내용을 저녁 뉴스의 첫 소식으로 다루었다. 그의 친구 중에서 안보계 사람들과 가깝고 특히 프리마코프와 가까운 어느 재벌 사업가는 차라리 입을 다무는 게 나을 거라고 경고했다. 「제가 그랬죠. 〈이제 됐어. 도대체 뭐 하는 거야? 자네 쪽 사람이 결국 대통령이 되었잖아. 더 이상 뭘 바라는 거야?〉」하지만 베레좁스키는 이렇게 대답했다. 「푸틴은 독재자야.」 그 재벌 사업가가 말했다. 「그는 푸틴이 독재자임을 남들보다 먼저 깨달았던 겁니다.」[47]

하지만 그 당시에 베레좁스키는 민주주의의 종언을 경고하는 탄광 속의 외로운 카나리아 신세였다. 옐친 패밀리와 가까운 공직자들 중에서 현재 크렘린을 운영하는 사람들, 즉 행정실장 볼로신과 앳된 얼굴의 행정 부실장 블라디슬라프 수르코프 역시 지역 주지사들을 복종시키려는 그 계획의 주된 설계자에 속했던 것이다. 이들은 또한 언론을 억제하려는 계획을 막후에서 지원하기도 했다. 마치 불과 12개월 전에 자칫하면 자기네를 교도소에 집어넣을 뻔했던, 그리하여 자기네에게 크나큰 불안을 야기했던 세력에게 복수를 가하려는 듯했다. 유마셰프는 푸틴이 이 문제를 꺼냈을 때, 자기는 NTV에 대한 그 어떤 공격도 언론의 자유에 걸맞지 않는다고 조언했다고 주장했다. 하지만 유마셰프고 볼로신이고 간에, 훗날 TV 채널들을 정부의 통제하에 두려는 공세를 저지하려는 시도는 전혀 하지 않았으며, 특히 볼로신은 오히려 그 조치에 적극적으로 가담했다. 유마셰프는 이렇게 회고했다.[48] 「푸틴은 옐친이 역사책에서 오명을 뒤집어쓸 것이라고 저에게 말했습니다. 그는 모든 책에서 옐친 패밀리에 대해 이야기할 것이라고, 결국 NTV 때문에 거짓말이 거짓말을 낳게 될 것이라고 말했습니다. 푸틴이 그러더군요. 〈제가 왜 이런 일을 참아야 합니까? 우리가 왜 그들이 정권을 불신하도록 허락해야 합니까? 그들이 매일같이 거짓을 말하는데, 제가 왜 이런 일을 참아야 합니까?〉 저는 그에게 언론의 자유야말로 가장 중요한 권력 제도라고 말했습니다. 우리는 그걸 기억할 필요가 있다고 말입니다. 하지만 그는 정권이 허약할 때일수록 그걸 결코 관용해서는 안 된다고 말했습니다. 정권이 강력할 때에는 관용할 수 있지만, 정권이 허약할 때에는 결코 소화할 수 없을 거라고 했습니다. 그리하여 그는 자기가 필요하다고 간주한 대로 행동했던 겁니다.」

푸틴이 이 대화를 이끌어 나간 방식은 전형적인 KGB의 조종 방식이었다. 푸틴은 NTV에 대해서 옐친 패밀리가 갖게 된 본능적 반감을 부추긴 것이다. 이전 해에 이 방송국에서는 옐친 패밀리를 겨냥해서 부패 스캔들을 가차 없이 조명했으며, 그로 인해 이들은 괴로움과 부끄러움을 겪은 나머지 서둘러 권력을 이양하지 않을 수 없었다. 푸틴은 이 사건이 자기네 유산에 끼칠 영향에 대한 두려움을 이용해서, 그 채널에 대한 공격을 옐친 패밀리가 지지하도록 조종했던 것이다. 「그는 이 TV 방송사가 사람들에게 정보를 제공하는 일에만 관여할 뿐만 아니라, 그 소유주의 이익을 위해 로비한다고 간주했습니다. 그가 말하더군요. 〈그들은 딱 걸렸습니다. 그들은 국가에서 자금을 대출받은 상태예요. 만약 이 대출금이 없었더라면, 저도 그들을 건드리지 않았을 겁니다. 하지만 그들은 부패했고, 따라서 우리도 이걸 사용할 필요가 있는 겁니다.〉」 유마셰프의 말이다.[49]

구신스키의 메디아 모스트에 대한 압수 수색은 푸틴의 크렘린이 (여기에는 옐친 패밀리에 속한 볼로신과 기타 공직자들도 포함되었다) 옐친 시대의 올리가르히 가운데 다수를 겨냥한 전면적인 공세의 시작이었다. 이것이야말로 자신의 권력에 대한 도전을 박멸하려는 푸틴의 시도의 출범이었다. 이때 필요한 구실이라곤 표적이 어떤 식으로건 부패하는 것뿐이었다. 이제 푸틴의 사람들이 법 집행 기관을 장악한 상태였으므로, 트집거리를 잡아내기는 그리 어려운 일도 아니었다.

그해 여름에 이어진 일은 잘 계획된 일련의 합동 압수 수색으로, 재벌들에게 겁을 줘 정치에서 물러나게 하기를 의도했으며, KGB 특유의 정확성을 발휘하며 수행되었다. 우선 메디아 모스트에 대한 압수 수색으로부터 한 달이 되기도 전에 구신스키가 투옥되었다. 모스크바의 악명 높은 부티르카 교도소에 고작 사흘 밤 동안 구금되고, 국가 예산 1000만 달러를 유용한 혐의로 기소되었을 뿐이었지만, 옐친의 통치 동안 거의 무소불위의 지위를 누리는 데에 익숙해진 올리가르히로선 차마 상상조차 할 수 없었던 일이 벌어진 셈이었다. 수다스럽고도 배포가 큰 인물인 구신스키는 이전까지만 해도 항상 자기 언론 매체를 이용해 당국을 비판하고서도 무사히 빠져나갈 수 있었다. 재벌들은 한데 뭉쳐 그의 체포에 대한 공동 항의 편지를 작성했고, 이 사건을 〈정적을 겨냥한 (……) 복수 행위〉로 규정했다.[50] 혹시나 이들 중 누군가가 새로운 정권에 대항하는 반란을 생각하고 있었는지 모르겠지만, 머지않아 이들을 겨냥해 새로운 경고가 나왔다. 일주일 뒤, 모스크바 검찰이 1997년 노릴스크 니켈의 민영화에 관한 소송을 제기했던 것이다. 15억 달러 상당의 가치를 지닌 이 방대한 니켈 생산업체는 과거 논란이 되었던 주식 담보 대출 경매를 통해 겨우 1억 7000만 달러에 그 민영화 계책의 설계자 포타닌에게 매각되었다. 메디아 모스트 제1부회장 이고리 말라셴코는 이 소송이 민영화에 관여한 모든 사업가를 〈내일 당장이라도 교도소에 집어넣을 수도 있음〉을 암시한다고 경고했다. 「이 나라에 새로운 질서가 만들어지는 중인데, 이것이야말로 새로운 지도부가 보기에 만사는 크렘린의 통제하에 있어야만

한다는것을 의미합니다.」[51]

　마치 재벌들의 제국 가운데 어느 것도 안전하지 못한 새로운 정권의 도래를 추가로 강조하려는 듯, 7월 초에 푸틴의 사람들은 불과 이틀 동안에 세 번의 압수 수색을 더 단행했다. 이들은 우선 아제르바이잔 출신의 약삭빠른 소비에트 시절 공직자 바기트 알렉페로프가 소유하고 운영하던 방대한 에너지 복합 기업 루코일을 표적으로 삼았고, 이 회사가 세금 환급액을 조작했다고 고발했다. 이어서 이들은 구신스키의 메디아 모스트를 다시 한번 압수 수색 했으며, 이번에는 그 TV 채널인 NTV도 처음으로 압수 수색 했다.[52] 다음 날에는 옐친 시대의 자본주의의 또 다른 유력한 상징인 문어발식 기업 아프토바즈의 차례였다. 러시아 최대의 자동차 회사인 이곳은 베레좁스키의 관련자들이 통제하고 있었다. 국세청 단속반 수장은 이 회사가 수억 달러 상당의 세금을 포탈했다고 주장했다.[53]

　실업계의 당혹감은 거의 병적 흥분에 도달했다. 국세청 단속반이 아프토바즈에 몰려들었던 바로 그날, 푸틴은 TV 인터뷰에서 이 압수 수색을 정당화하면서, 소비에트 붕괴 직후의 〈흙탕물〉에서 재산을 모은 사람들에게 정의를 구현하겠다고 단언했다. 그는 이렇게 경고했다.[54] 「우리는 민주주의를 무정부 상태와 혼동해서는 안 됩니다. 러시아에는 흙탕물에서 물고기를 낚는 것에 관한 속담이 있습니다. 이미 고기를 많이 낚은 어부들은 현행 시스템을 유지하고 싶어 합니다. 하지만 저는 지금의 상태를 우리 국민이 좋아한다고 생각하지는 않습니다.」 다음 날 대통령은 한 신문과의 인터뷰에서, 최근의 조치들은 경찰 국가로의 복귀 신호가 아니라고 주장했다. 하지만 그는 사업에서 〈게임의 규칙〉을 준수해야 마땅하다고 덧붙였다. 이제는 푸틴이 자유화에 대한 노력을 하고 있다고 간주된 딱 13퍼센트짜리의 그 새로운 소득세율을 내놓았기 때문이었다.[55]

이것이야말로 전형적인 KGB의 유인 작전이었으며, 크렘린의 기름칠 잘된 기구는 푸틴을 위해 작동하고 있었다. 크렘린의 선전 기구와 법 집행 기관은 거의 완벽하게 일치하여 작동하고 있었으며, 새로운 게임의 규칙을 이해하기 위해 필사적이었던 재벌들은 대통령과의 회동을 간청하게 되었다. 호도르콥스키는 애초부터 모순적인 방식으로 작성된 소비에트 이후의 법률과 자기네 중 누군가가 충돌할 수 있다고 치면, 그건 사법부가 허약하기 때문이라고 조용히 경고를 던졌다.[56] 여기서 또다시 베레좁스키는 외로운 항의의 목소리를 냈다. 그는 의원직에서 요란하게 사임하면서, 북적이는 기자 회견에서 자기는 〈러시아의 와해와 권위주의 통치의 강요〉에 참여하고 싶지 않았다고 말했다.[57] 그의 입장 표명은 다른 모스크바의 재벌들에 보내는 필사적인 돌격 신호였다. 하지만 이미 너무 늦은 다음이었다.

7월 말에 가장 강력한 재벌 21명이 푸틴을 만났다. 화려하게 장식된 에카테리닌스키 연회장의 타원형 탁자를 둘러싸고 이루어진 이 만남은 이들이 과거 옐친과 가졌던 아늑한 비밀 회동과는 거리가 멀었다. 이것은 공식 행사였으며, 공개 질책이기도 했다. 푸틴의 발언은 전국에 텔레비전으로 중계되었는데, 이때 그는 국세청 단속반과 형사 사건 수사의 물결이 밀려온 것은 전적으로 당신네 탓이라고 말했다. 「당신들 스스로 통제한 정치 및 준(準)정치 구조를 통해서 이런 상태를 자초했다는 점을 분명히 기억해야만 합니다.」 그러면서 러시아 속담을 인용하여 이렇게 덧붙였다. 「거울을 욕해 봤자 아무 소용없습니다.」 즉 애초부터 못생긴 자기 얼굴을 탓하라는 뜻이었다.[58] 결국에 가서 푸틴은 한편으로 자기가 1990년대의 민영화를 번복하지는 않을 것이라고 이들을 안심시켰고, 또 한편으로는 자신의 경제 프로그램을 지지하라고, 동시에 큰 사업에 대한 사법 수사를 〈정치화하는〉 목적에 각자의 언론 매체를 이용하는 일을 중단하라고 타일렀다. 중계 카메라가 철수한 이후, 푸틴은 새로운 게임의 규칙을 그들에게 냉료히 설명해 주었다. 그들은 정치에서 물러나야 하며, 그렇지 않으면 재미없다는 뜻이었다. 재벌 가운데 두 명은 그 부재로 인해 유난히 두드러졌다. 즉 베레좁스키와 구신스키 두 사람은 모두 푸틴의 정책에 공개적으로 비판을 가했으며, 각자의 언론 매체를 그 목적에 이용했다.

하지만 그 가까움으로 인해 유난히 두드러진 사람도 한 명 있었다. 푸틴의 오른편에는 푸가체프가 앉아서 때때로 귓속말로 뭔가를 전했다. 다른 사람들이 떨고 있는 반면, 그는 침착한 것처럼 보였다. 푸틴이 새로운 역할에 적응 중이었던 그 당시에만 해도, 두 사람은 하루에도 여러 번 대화를 나누었다. 그날 늦게 대통령은 푸가체프의 제안을 따라서 중계 카메라와 멀리 떨어진 다른 장소로 올리가르히를 불렀는데, 이것이야말로 상징성이 풍부했다. 푸가체프는 이들을 더 격식 없는 환경에서 만나서 자기는 전쟁을 치를 의향이 없음을 보여 주라고 푸틴을 설득했다. 하지만 대통령이 〈친근한〉 바비큐를 위해 선택한 배경은 또한 예리한 신호를 의미하기도 했다. 모스크바 근교의 숲에 숨어 있는 그 별장은 1953년에 이오시프 스탈린이 사망한 장소였으며, 이후 거의 손대지 않은 상태로 유지되었다. 독재자가 명령을 지시했던 전화기도 원래 자리에 남아 있었다. 독재자가 잠자리로 침대보다 선호했던 소파 역시 서재에 그대로 남아 있었다. 마치 스탈린이 그곳에서 자국 엘리트 중 자기 적들의 명단을 작성하던 과거에 시간이 멈춰 선 것처럼 보였다. 올리가르히는 이른바 대숙청 사건 당시에 수천 명을 죽이라고 스탈린이 명령했던 바로 그 장소로 초대된 것이었다. 푸틴은 티셔츠와 청바지 차림이었으며, 편안하고도 다가가기 쉬운 모습으로 꾸미려고 시도했다. 푸가체프의 말에 따르면, 대통령은 재벌 가운데 다수를 그저 텔레비전에서만 보았기에, 과연 그들 앞에서 어떻게 행동해야 할지 여전히 불안해하는 상태였다. 하지만 푸턴이 불안했다고 치면, 재벌들은 훨씬 더 불안할 수밖에 없었다. 어느 누구도 거기서 신임 대통령에게 감히 도전하지 않았다. 「그가 우리를 무사히 돌아가게 놔둔 것만으로도 충분했습니다.」 푸가체프의 회고에 따르면, 재벌 중 한 명은 이렇게 말했다.

그 와중에 푸가체프는 막후에서 활동했다. 다른 올리가르히가 압수 수색과 국세청 단속반에 직면했던 그 당시에만 해도, 푸가체프는 자신의 계획을 모두 실현했다고 믿었다. 자기 사람을 대통령으로 만들었고, 자기 동맹자를 FSB 수장으로 만들었다. 연방 국세청의 신임 청장 겐나디 부카예프 역시 푸가체프가 이권을 보유한 석유 부문인 바슈코르토스탄 출신의 관련자를 개인적으로 영입한 경우였다. 그는 마베텍스를 둘러싼 수사를 잠재우기 위해 우스티노프를 검찰 총장에 임명하는 데에도 일조했다. 푸가체프는 자기가 이들 모두를 통제한다고 믿기를 좋아했다. 자기 소유인 메즈프롬방크를 통해서 양쪽에 현금을 나눠 주었다. 여기서는 우스티노프에게 아파트를 한 채 주고, 저기서는 그 휘하의 검찰 차장에게 아파트를 한 채 주는 식이었다. 다른 재벌들도 그와 함께 일하려고 줄지어 섰다. 「그들은 항상 저를 찾아와서 이렇게 말했습니다. 〈이 친구를 압수 수색 해서 그 사업체를 차지합시다.〉」 푸가체프는 마치 그 시절에 대한 깊은 향수를 느끼는 듯한 웃음을 터트렸다.[59] 심지어 아브라모비치조차도 그에게 고개를 조아렸다. 수줍은 성격에 짧은 수염을 기른 이 석유 무역업자는 본래 베레좁스키의 제자로 시작했었지만, 지금은 옐친 패밀리의 호의를 얻기 위해서 옛 멘토의 허를 찌르고 있었다. 훨씬 더 나중에 가서 아브라모비치가 또 다른 재벌에게 불평한 내용에 따르면, 그 당시에만 해도 그는 만사를 푸가체프와 합의해야만 했다. 한 모스크바 신문에서는 푸가체프를 크렘린의 새로운 〈선호 인물〉이라고 예찬한 반면, 다른 신문들에서는 상트페테르부르크에서 온 푸틴의 KGB 사람들과 함께 금융 흐름을 장악한 새로운 회색 추기경이라고 불렀다.[60] 그는 올리가르히가 〈공평하게 권력에서 거리를 두도록〉 만드는 새로운 정책의 배후에 있는 이념가로 간주되었다. 지금의 푸가체프는 이런 평가를 결코 인정하지 않지만, 그 당시에만 해도 자기가 남들 모두의 위에 서 있는 한에는 기꺼이 인정했던 것처럼 보인다.

푸가체프와 아브라모비치 같은 일부 올리가르히는 분명히 다른 사람들보다 더 공평했음이 명백했던 반면, 푸틴의 권력에 대한 주된 위협은 하나둘씩 제거되었다. 대통령과 모스크바 재벌들의 크렘린 회동이 있기 겨우 며칠 전, 구신스키는 차마 거절할 수 없는 제안을 받았다. 푸틴의 신임 언론 장관 미하일 레신이 나서서, 그의 소유인 메디아 모스트 그룹을 부채 4억 7300만 달러에 현금 3억 달러의 조건으로 독점 국영 가스 대기업 가스프롬에 매각하는 데에 동의해야 마땅하리라고 말한 것이다. 그렇지 않으면 구신스키는 교도소에 가게 될 예정이었다.[61] 푸틴이 유마셰프와의 대화에서 언급했듯이, 메디아 모스트의 부채는 대부분 바로 그 국영 가스 대기업에게 진 것이었으며 상환 일자도 넘긴 상태였다. 구신스키는 재빨리 동의했다. 그로선 저 낡아 빠진 부티르카 교도소에서 며칠 밤을 더 보내는 위험을 감수하고 싶지 않았기 때문이다. 재벌들이 크렘린에 모였을 무렵, 검찰에서는 구신스키에 대한 모든 혐의를 기각했다고 발표했다.

하지만 그 직후에 구신스키는 해외로 도주했으며, 나중에 다시 모습을 드러내서는 자기가 감금 상태에서, 즉 사실상 〈총구를 마주한〉 채로 그 거래에 서명하도록 협박당했다고 주장했다.[62] 따라서 자기는 그 거래를 취소하겠다고 했다. 이 거래에 관한 뉴스가 처음 나왔을 때, 그 나라의 엘리트들은 충격을 받았다. 이것이야말로 푸틴 정권이 독립 언론 매체의 네트워크에 대한 통제를 얻기 위해 어디까지 나아갈 의향이 있는지를 보여 주는 첫 번째 신호였기 때문이다. 푸틴의 사람들은 기업체 장악을 위한 〈어설픈 협박〉의 무기로 사법 시스템을 이용했다. 그들에게는 이런 전술이 예사로운 일이었다.

하지만 푸틴의 입장에서는 언론 재벌들과의 최종 결전이 아직 남아 있었다. 처음부터 크렘린은 이들에게 집중했다. 대통령은 언론 매체의 위력에 대해서 강박적으로 몰두하게 되었는데, 앞서 자신이 베레좁스키의 TV 채널의 도움으로 일개 무명 인사에서 자국 최고의 인기 지도자로 변모했음을 너무나도 잘 알고 있었던 까닭이었다. 그는 자국의 연방 TV 채널들을 통제하지 않는다면, 그 상황이 언제라도 바뀔 수 있음을 자각했다.

푸틴의 사람들이 보기에, 옐친 시대의 전형적인 올리가르히 중에서 가장 상징적인 인물은 바로 베레좁스키였다. 이들은 그를 비난하고 혐오하는 것만큼이나 두려워하기도 했다. 베레좁스키는 옐친 시대의 내부자 거래의 전형이었으니, 그 시절에 소수의 사업가들끼리 주요 자산과 정부 직위를 막후에서 거래했던 것이다. 특히 KGB 사람들은 체첸 공화국의 분리주의 지도자들과 유대를 맺었다는 이유로 이 올리가르흐를 불쾌하게 여겼으며, 체첸인과 관련된 사람이라면 누구든지 증오했던 파트루셰프가 특히나 그렇게 여겼다. 베레좁스키는 분리주의 지도자 아슬란 마스하도프를 지원했으며, 러시아 병사 수천 명이 (아울러 그보다 더 많은 체첸 공화국의 민간인이) 생명을 잃은 옐친의 파멸적인 첫 번째 체첸 전쟁 이후에는 평화 협상을 추진하도록 일조했다. 이 협상으로 마스하도프는 폭넓은 자율권을 얻었으며, 푸틴의 KGB 사람들이 보기에는 그곳이야말로 인력과 현금을 빨아들이는 블랙홀이었다. 베레좁스키는 체첸 공화국의 군벌들로 이루어진 여러 모반적인 분파들 사이를 오가면서 인질 석방 협상으로 돈을 벌어들일 뿐만 아니라, 전쟁 사업으로부터도 돈을 벌어들일 수 있었다. 푸틴의 관련자 한 명은 이렇게 주장했다. 「그는 전쟁 범죄자입니다. 그는 사람을 훔쳤습니다. 그 모두가 그렇습니다. 그 전쟁이며, 체첸의 군벌들이며 하는 것들은 모두 베레좁스키의 작품이었던 겁니다.」

하지만 푸틴의 사람들이 가장 두려워한 것은 베레좁스키가 운영하는 언론 매체의 위력이었다. ORT 채널만 해도 서류상으로는 지분 51퍼센트를 보유한 국가의 통제를 받았지만, 실제로는 나머지 지분을 보유하고 이사회를 자기 동맹자들로 채운 이 올리가르흐가 좌우하고 있었다.

8월 초에 베레좁스키는 새로운 정권에 대한 전적인 반대를 선언했다. 테러리스트의 폭탄에 모스크바 중심가의 지하도가 파괴되어 7명의 사망자와 90명의 부상자가 나온 다음 날, 그는 기자 회견을 열어서 자기가 푸틴의 신흥 권위주의에 맞서 싸울 수 있는 반대 진영을 만들고 있다고 발표했다. 그러면서 체첸 공화국의 반란군을 파괴하려는 〈위험천만한〉 압박을 크렘린이 계속한다면, 그런 폭발이 더 일어날 수 있다고 경고했다.[63] 베레좁스키와 체첸 공화국의 반란군 사이의 유대를 고려해 보면, 마치 푸틴 정권을 향해서 정식으로 도전장을 던지는 것처럼 보였다.

그달 말에 한 가지 재난이 벌어지면서, 푸틴은 갓 시작된 대통령 임기에서 최초의 중대한 위기에 직면하게 되었는데, 이것이야말로 크렘린 사람들에게는 언론 매체 게임에서 베레좁스키를 몰아내는 것보다 훨씬 더 다급한 일이었다. 러시아 핵 잠수함 가운데 한 척인 쿠르스크호에 탑재된 어뢰 한 발이 어떤 이유에서인지 터져 버렸고, 그로 인한 폭발로 함체가 파손된 잠수함과 승무원 모두가 바다 밑바닥에 가라앉았다. 베레좁스키는 TV 채널 ORT의 전력을 동원하여 푸틴이 이 재난을 다루는 방식을 비판했다. 대통령이 이 비극에 대해서 공개 발표를 미루면서 6일 동안이나 혼란이 벌어졌다. 그사이에 푸틴은 흑해 연안 소치 인근의 여름 별장에 은둔했으며, (ORT에서 방영한 영상에 나왔듯이) 오로지 제트 스키를 타고 즐길 때에만 모습을 드러냈을 뿐이었다. 해군이 상황 파악을 하느라 며칠 동안이나 얼이 빠진 동안에도, 이후에 비로소 잠수함이 침몰했다는 사실을 시인했을 때에도, 대통령은 전적으로 침묵을 지켰다. 승무원 가족들은 절망에 빠졌고, 구조 작전은 기껏해야 마지못한 듯 시작되었다. 러시아는 처음에만 해도 국제 지원을 거절했는데, 자칫 자국의 핵 함대의 상태에 관한 기밀이 폭로될까 봐 두려워한 까닭이었다.

비록 여러 해에 걸쳐 서방을 겨냥한 불법자들을 관리했고, 또한 체첸 공화국에 단호한 군사 행동을 실시한 적은 있었지만, 아직까지는 경험이 부족했던 지도자로서 푸틴은 처음에만 해도 두려움에 마비되다시피 했다. 그와 가까운 어떤 사람은 이렇게 증언했다. 「그는 망연자실한 상태였습니다. 완전히 하얗게 질려 있었습니다. 그 문제를 어떻게 처리해야 할지 몰랐기에, 아예 처리하는 것 자체를 회피하려 시도했습니다. 우리는 잠수함이 곧바로 폭발했음을 알았고 (……) 우리는 애초부터 모두가 사망했다고 믿었습니다. 푸틴은 그걸 어떻게 다루어야 할지 정말 몰랐기에, 모두가 들어오자 이렇게 말했습니다. 〈당신들은 우리가 뭘 하기를 원합니까? 구조 작전을 출범시키고, 미국에 전쟁을 선포하자고요?〉」 왜냐하면 처음에만 해도 쿠르스크호가 미국 잠수함과 충돌했다는 주장이 있었기 때문이었다. 「그는 질질 끌면서 시간을 벌었습니다. 비록 모두가 죽었다고 믿었지만, 우리는 구조 작전을 출범시켰습니다. 함체 벽을 두들기는 잠수함 승무원들의 애처로운 고함에 관한 온갖 이야기가 등장했습니다. 노르웨이와 다른 나라에서는 도움을 주겠다고 제안하고 나섰습니다. 하지만 푸틴은 모두가 죽었다는 사실을 외국에서 발견하기를 원치 않았기에, 그 도움을 그냥 거절해 버렸습니다. 물론 그렇게 하자 만사가 더 나빠지고 말았지요. 그 모든 거짓말 때문에 만사가 더 나빠지고 말았던 겁니다.」[64]

사고 발생 7일째가 되어서야 푸틴은 조용히 모스크바로 돌아왔다. 하지만 그로부터 다시 3일이 더 지나서야 그는 대중 앞에 나타났다. 자문 위원들로부터 수많은 부추김과 감언이설을 들은 뒤에야, 푸틴은 북극권에 자리한 비공개 군사 도시이자 쿠르스크호의 모항(母港)인 비댜예보로 날아갔다. 그곳에는 승무원의 친지들이 슬픔에 잠긴 채 며칠 전부터 모여 있었는데, 혹시나 하며 좋은 소식을 바라던 헛된 희망조차 이미 오래전에 가라앉아 슬픔과 분노와 절망으로 바뀐 상태였다. 바로 전날 러시아 당국에서는 승무원 118명이 모두 사망했다고 비로소 시인했으며, 푸틴도 이 사건을 다루는 과정에서 드러낸 무반응 때문에 이미 언론 매체에서 두들겨 맞고 있었다. 베레좁스키의 ORT가 공격을 주도했으며, 슬픔에 사로잡혀 대통령의 지도력 부족을 비난하는 사망자의 친지들을 인터뷰했다. 푸틴은 이 영상을 보고 격분했으며, 안보 기관 사람들이 제출한 보고에 따르면, 영상에 등장한 여성들은 사망자의 아내나 친지가 아니라 베레좁스키가 자신에 대한 불신을 초래하기 위해 고용한 성매매 여성들에 불과하다고 주장했다.

하지만 비댜예보에 도착한 푸틴은 사망자의 진짜 아내와 친지들이 퍼붓는 실제 분노의 격론에 직면했다. 베레좁스키의 ORT에서 묘사된 분노는 진짜였던 것이다. 그게 조작되었다는 주장은 무엇이든지 간에 일고의 가치도 없었다. 이에 대한 푸틴의 최초 반응은 그의 깊은 곳에 자리한 편집증과 공감 부족을 보여 주는 또 다른 신호였다. 그는 세 시간 동안 이들과 대화를 나누면서 이들의 분노를 달래려 노력했다. 자기가 대통령으로 재직한 지난 100일 동안 자국에서 일어난 모든 일에 대해서 책임을 질 준비가 되어 있다고 호언장담하면서도, 정작 그 이전 15년 동안 벌어진 일에 대해서는 똑같이 할 수가 없다고 둘러댔다. 「이 일에 대해서는 저 역시 여러분과 나란히 앉아서, 똑같은 질문을 다른 사람들에게 던질 준비가 되어 있습니다.」[65] 푸틴은 서투른 구출 작전의 원인을 군대의 위험하고도 딱한 상태 탓으로 돌렸는데, 옐친의 통치 동안 자금 지원이 거의 없다 보니 군대가 녹슬어 갈 수밖에 없었다는 이유에서였다.

하지만 다른 무엇보다도 대통령은 언론 재벌들의 행보에 비난을 쏟아 냈다. 확실히 베레좁스키와 구신스키를 겨냥하면서, 이들이야말로 군대 곤경의 진짜 이유라고 비난했으며, 이들이 심지어 비극을 이용해서까지 정치적 점수를 따려고 시도하면서 여전히 나라에서 도둑질을 하고 있다고 주장했다. 「오늘날의 텔레비전에 나오는 사람들이야말로 (……) 지금 사람들이 죽어 나가는 육군과 해군을 지난 10년 동안 파괴한 장본인들이며 (……) 그들은 돈을 훔쳤고, 언론 매체를 매입했고, 여론을 조작하고 있습니다.」[66]

결국 푸틴은 사망자의 친지들을 자기편으로 끌어들인 것처럼 보인다. 하지만 언론 재벌들에 대해 국가를 잠식하는 악당들이라고 딱 꼬집어 말한 것이야말로, 베레좁스키나 구신스키가 각자의 독립적인 언론 매체 채널을 계속해서 소유할 수 없음을 알리는 셈이었다. 앞서 언급했던 베레좁스키의 관련자, 즉 안보계 사람들과 연줄이 있다는 바로 그 사람은 다시 한번 친구를 야단치면서 물러서라고 경고했다.[67] 「제가 이렇게 말했습니다. 〈베레좁스키, 도대체 왜 그를 잠식하려고만 하고 기회를 주지는 않는 거야? 이 잠수함 때문에 어떻게 그를 비난할 수 있어?〉」하지만 베레좁스키도 물러서지 않았다. 그는 KGB 국가의 대두를 두려워했으며, 이를 잠식하기 위해서라면 무슨 일이든지 하려고 들었다. 쿠르스크호 관련 보도 이후, 볼로신은 베레좁스키에게 더 이상 ORT를 소유할 수 없다고, 왜냐하면 그가 그 채널을 〈대통령에게 반대하는 일을 하게끔〉 이용했음이 밝혀졌기 때문이라고 통보했다.[68] 베레좁스키의 말에 따르면, 곧이어 볼로신은 그에게 앞으로 2주 안에 소유 지분을 포기하라고, 그렇지 않으면 구신스키를 뒤따라 부티르카 교도소로 가야 할 거라고 말했다. 이 올리가르흐는 이것을 〈러시아에서 텔레비전 정보의 종식〉으로 이어질 수도 있는 최후통첩으로 간주했다. 「크렘린의 자문 위원들이 통제하는 텔레비전 선전이 그 자리를 대체할 것이었습니다.」[69] 한동안 베레좁스키는 크렘린과 불편한 술래잡기를 벌였고, 자신의 ORT 지분을 그 채널의 언론인들에게 위탁하겠다고 발표했으며, 그 내내 자기는 이 나라가 권위주의의 나락으로 떨어지도록 내버려 둘 수 없다고 주장했다.

이 올리가르흐의 선견지명에도 불구하고, 크렘린에 남아 있던 옐친의 유임자들은 푸틴이며 법 집행 기관에 발맞춰 일했다. 크렘린의 기구가 베레좁스키와 구신스키에 대항하여 단결했고, 이제 그 두 사람에게는 아무런 기회도 남지 않을 예정이었다. 푸틴의 선거 유세의 선전 가운데 일부를 만드는 데에 일조했던 파블롭스키는 새로운 크렘린의 〈정보 안보 신조〉를 만드는 데에도 일조했다. 파블롭스키의 말에 따르면, 이는 〈자국의 국익에 대한 심각한 위협〉을 제기하는 베레좁스키와 구신스키 같은 〈음지의 정보 중개업자들〉을 정부가 제거하도록 허락해 줄 것이었다.[70]

10월 중순에 검찰은 베레좁스키가 일부 소유한 러시아 국영 항공사 아에로플로트가 스위스의 여러 회사를 통해 수억 달러를 빼돌렸다는 주장에 대한 수사를 재개했다. 압박은 차마 견딜 수 없는 지경이 되었다. 11월 13일에 검찰이 조사를 위해 베레좁스키를 소환하겠다고, 아울러 기소할 준비가 되어 있다고 말하자, 베레좁스키는 절대 돌아오지 않겠다고 말하며 러시아에서 도망쳐 버렸다. 「그들은 저에게 정치범이 되든지 아니면 정치적 망명자가 되든지, 양자택일하도록 강요했습니다.」 그는 어딘지 밝히지 않은 장소에서 발표한 성명에서 이렇

게 밝혔다.[71]

　구신스키에게도 똑같은 전술이 사용되었다. 그 역시 같은 날 조사를 받기 위해 소환되었다. 하지만 그도 이미 오래전에 사라진 상태였다. 7월에 메디아 모스트 지분을 넘기는 계약에 서명한 직후, 검찰의 사정거리 바깥인 스페인 소재의 자기 저택으로 도망쳤던 것이다. 이후 구신스키는 거래 자체를 취소하면서, 협박받는 상태에서 자신의 자유에 대한 보장과 맞바꾼 서명이라고 주장했다. 하지만 그는 러시아 검찰의 긴 사정거리에서 벗어날 수 없었다. 검찰은 구신스키가 가스프롬에서 대출받는 과정에서 메디아 모스트에 있는 자기 자산을 허위로 신고한 혐의를 제기해 궐석 상태로 기소했으며, 체포를 위한 인터폴 영장을 발부했다.

　망명 상태에서도 두 사람이 차마 견디지 못할 정도로까지 압력이 커졌다. 2001년 2월, 볼로신의 강요에 못 이겨 베레좁스키는 ORT의 자기 지분을 아브라모비치에게 매각했다. 옛 동업자를 버리고 옐친 패밀리와 푸틴의 사람들 사이의 금융 가교가 된 아브라모비치는 곧바로 그 주식을 국가에 매각했다. 그해 4월, 가스프롬은 구신스키 소유의 NTV 통제권을 장악했으며, 메디아 모스트에 빌려준 대출금 2억 8100만 달러를 회수하면서 이사회 쿠데타를 출범시켰다.

　푸틴과 그의 사람들이 사용한 전술은 이미 상트페테르부르크 시절에 확실히 검증된 바 있었으니, 그 당시에는 대표를 교도소에 집어넣는 것만으로도 항구와 BMP를 장악할 수 있었기 때문이다. 하지만 푸틴의 통치 초기에만 해도, 크렘린에 있는 옐친의 유임자들이 지원하지 않았다면 푸틴의 사람들끼리 할 수 있는 일이 별로 없었을 것이다. 「그들이야말로 (즉 옐친 패밀리야말로 — 원주) 언론 매체를 국가의 손으로 넘긴다는 계책을, 즉 사실상 모든 독립 언론 매체의 파괴로 귀결된 바로 그 계책을 구상한 장본인들이었습니다.」 과거 메나테프 은행의 재벌이자, 언저리에서 상황을 면밀히 관찰했던 네브즐린의 말이다. 「그들은 이 계책을 푸틴에게 건네주었고 (……) 우리는 푸틴의 통치 첫해에 이 모든 일이 어디로 귀결될지를 미리 예측했어야 마땅했습니다. 하지만 우리는 장밋빛 안경 너머로 계속 바라보고 싶어 했는데, 왜냐하면 경제의 나머지가 모두 그저 좋아 보였기 때문이었습니다.」[72]

푸가체프의 말에 따르면, 크렘린의 장막 너머, 즉 과장된 힘의 과시 너머에서도 푸틴은 여전히 신경이 곤두선 상태였다. 가스프롬이 NTV를 장악하기 직전인 2001년 1월에 대통령은 국가의 의도에 대해서 안심시키기 위해 그 채널의 고위급 언론인들을 크렘린으로 초청했다. 푸가체프의 회고에 따르면, 푸틴은 크렘린의 도서관으로 들어가서 이들을 마주하기 전까지 눈에 띄게 초조해했다. 「푸틴은 그 회동을 앞두고 겁에 질렸습니다. 그들과 이야기를 나누고 싶어 하지 않았죠. 뭐라고 말할지를 제가 계속해서 설명해 주어야만 했습니다. 그들이야말로 모스크바 지식인계의 최상층이었고, 널리 알려진 인물들이었으니까요.」[73]

푸가체프의 말에 따르면, 푸틴은 워낙 불안한 나머지 언론인 가운데 한 여성을 별도의 방으로 불러서, 당신이 듣고 싶은 이야기가 뭐냐고 직접 물어보았다. 스베틀라나 소로키나는 지난 4년 동안 NTV의 가장 인기 높은 정치 토크 쇼 「글라스 나로다Glas Naroda」, 즉 〈민중의 목소리〉의 간판이었다. 「푸틴은 그녀에게 이렇게 말했습니다. 〈당신과 나, 우리 둘 다 상트페테르부르크 출신 아닙니까. 우리는 그런 공통점을 갖고 있으니, 당신은 이 회동이 어땠으면 좋을지 저에게 말해 보시죠.〉」 푸가체프의 말이다. 밖에서 기다리던 다른 언론인들은 푸틴이 자기들에게 선수를 치기 위해서, 즉 돛에서 바람을 빼버리기 위해서 소로키나를 따로 데려갔다고 믿었다. 하지만 푸가체프의 말에 따르면,

그건 어디까지나 푸틴이 뭐라고 말해야 할지를 전혀 몰랐기 때문이었다. 이것이야말로 동료를 포섭하는 고전적인 전술이었다. 대통령이 마침내 나무 패널로 장식된 크렘린의 도서관으로 걸어 들어와서 언론인들을 맞이했을 때, 그는 마치 카멜레온처럼 소로키나의 페르소나를 흡수하여 그들이 딱 듣고 싶어 하는 내용을 말해 줄 수 있었다. 이것이야말로 또 다른 KGB 방식의 작전이었다. 이후 세 시간 반 동안, 푸틴은 크렘린의 선량한 의도를 그들에게 이해시키려 노력했다. 당시 푸틴의 말에 따르면, 이것은 어디까지나 구신스키와의 싸움에 불과했다. 대통령은 이 채널의 편집부 직원까지 바꾸고 싶어 하지 않았다. 대통령은 이 채널의 해외 투자자를 환영할 예정이었다. 대통령은 이 채널의 독립적인 편집권을 보전하기를 원했다. 푸틴이 단언한 바에 따르면, 가스프롬은 국가가 아니었다. 하지만 검찰은(당시에 검찰은 이제 개별 언론인과 구신스키의 금융 관계로 관심을 돌리고 있었다) 자기도 차마 통제할 수 없다고 말했다. 검찰은 자기의 명령 너머에 있기 때문이라고 덧붙였다.

그 자리에 참석한 언론인 가운데 한 명인 빅토르 셴데로비치는 훗날 이 회동을 회고하면서, 자기는 그때 들은 말을 거의 믿지 않았다고 빈정거리며 말했다. 「바로 그날에야 우리는 검찰청이 절대적으로 독립적인 기구라는 사실을 알게 되었습니다. 푸틴이 직접 여러 번 그렇다고 말했으니까요. 그는 자기가 우리를 도울 준비가 되었다고, 아울러 검찰의 행보 가운데 일부가 과도하다고 간주하고 있다고 말했습니다.」[74] 푸틴은 그들에게 이렇게 말했다. 「여러분은 제 말을 믿지 않으시겠지만, 저로선 할 수 있는 일이 전혀 없습니다. 혹시 여러분은 제가 전화법 시대로 돌아가기를 원하시는 겁니까?」[75] 그의 말은 과거 소비에트 정치국이 법원과 검찰에 이런저런 판결을 전화로 지시했던 방법을 가리키는 것이었다.

이것이야말로 탁월한 연기였고, 장차 푸틴이 행한 여러 번의 연기 중에서도 전형적인 사례였다. 즉 어떤 제도의 공식적이고 합법적인 지위를 준수하겠다고 단언함으로써, 막후에서 작용하는 영향력을 은폐하는 것이었다. 그는 다른 사람의 페르소나와 관심사를 취하는 데에 솜씨가 뛰어났다. 이것이야말로 푸틴이 드레스덴에서 연마한 전술이라고 할 수있다. 「푸틴은 마치 거울과도 같았습니다. 모든 사람에게 저마다 듣고 싶어 하는 이야기를 해주었기 때문입니다.」 푸가체프의 말이다.[76]

그럼에도 불구하고 크렘린을 떠나는 언론인들은 불편할 수밖에 없었다. 자기네가 들은 내용을 과연 어떻게 믿을 수 있었을까? 4월 초에 구신스키의 채무 불이행을 이유로 가스프롬이 새로운 경영진을 영입하자, 언론인들은 방송국에 대한 통제를 유지하기 위해 점거 농성에 들어갔으며, 마치 푸틴이 했던 말을 여전히 반신반의하듯 크렘린을 비판하는 보도를 계속 내보냈다.

하지만 점거 농성 11일째에 푸틴의 진정한 의도가 선명하게 드러났다. 그 채널의 독립적인 편집권을 보전하겠다고 말한 그의 발언은 결코 진심이 아니었다. 오전 4시에 안보계 사람들이 조용히 방송국 건물로 들어서서, 경비 인력을 대체한 것이다. 그날 오전에 출근한 언론인들은 새로운 경영진에게 충성을 맹세해야만 입장이 허락되었다. 고위급 언론인들은 자신들이 힘들게 얻은 독립적인 편집권을 앗아 간 고압적인 전술에 항의하며 단체로 사직했다. 그 채널의 공동 창립자인 말라셴코는 이렇게 선언했다. 「이 나라에서는 은근한 쿠데타가 벌어지고 있습니다. 이 공작은 1991년 8월의 쿠데타 시도와 똑같은 방식이며, 역시나 그때와 똑같은 사람들인 안보 기관의 일원들에 의해서 수행되고 있습니다.」[77] 저명한 인권 활동가 세르게이 코발료프는 기자들에게 이렇게 말했다. 「우리는 모두 유죄이니, 우리는 KGB가 권력을 되찾도록 내버려 두었기 때문입니다.」[78]

　　푸틴의 크렘린은 공중파를 탈환했다. 옐친 시대에서는 자유롭게 돌아가던 언론 매체는 더 이상 없었다.

제7장
에너지 작전

모스크바 동쪽 멀리 우랄산맥 너머, 자작나무 숲이 끝나고 전나무와 늪으로 이루어진 타이가가 시작되는 곳에 시베리아 서부의 유전(油田) 평지 지대가 방대하게 펼쳐져 있었다. 1960년대에 소비에트의 지질학자들이 이 방대한 석유와 가스 매장지를 발견한 이후, 이 지역은 소비에트 제국의 전 세계적 야망의 배후 동력이 되어 왔다. 이곳이야말로 이 나라의 제국적 힘의 핵심이었다.

거의 텅 비어 있던 지역을 개발한 공학자와 시추업자와 지질학자는 소비에트의 영웅으로 찬양받았다. 이들은 겨울의 뚝 떨어진 기온이며 얼음과 맞서 싸운 끝에, 여름의 몇 달 동안에는 통과할 수도 없는 호수와 모기가 들끓는 늪으로 변하던 그 지역 곳곳에 시추 장치와 파이프라인을 건설했다. 이들의 노고로부터 도움을 얻은 소련은 한때나마 경제적 발전소로 변모했고, 1980년대 말에 이르러서는 한때나마 세계 최대의 석유와 가스 생산국이 되었다. 점점 더 많아지는 정치국의 수요를 채우기 위해 생산은 무모하게 늘어났다. 유정에 물을 주입하는 방식으로 뽑아낸 석유는 소련의 게걸스러운 군산 복합체에 연료를 제공하는 데 도움을 주었다. 소비에트의 석유 산출량 가운데 3분의 2가 이곳에서 생산되었다. 세계의 가스 매장량 가운데 40퍼센트를 보유하고, 중동 이외 지역의 석유 매장량 가운데 12퍼센트를 보유한 이곳이야말로 소비에트 시스템의 왕관 보석이었다.

이곳에서 생산한 석유와 가스 대부분은 낮은 국내 고정 가격에 판매되어서, 서방에 대항하는 소비에트 제국을 무장시키는 탱크와 기타 무기의 대량 생산을 보조했다.[1] 석유 수출은 더 전략적이었다. 소비에트 제국이 전 세계에 영향을 미칠 수 있는 사정거리가 바로 이 검은 황금에 근거했기 때문이었다. 예를 들어 동독의 경제는 대부분 세계 시장 가격보다 현저히 낮은 금액의 소비에트의 석유와 가스를 통해 지원받았고, 동유럽권의 나머지 국가들도 이와 유사한 거래로부터 지원받았다.[2]

석유 수출은 특히 KGB로부터 철저히 감독받았다. 소비에트 국영 석유 수출 독점 기업 소유즈네프테엑스포르트가 소비에트 가격과 (그 여섯 배에 달하는) 세계 가격의 차이를 이용해서 얻은 이익은 소비에트 제국의 경화 국고를 채우는 데에 도움을 주었으며, 궁극적으로는 중동과 아프리카로의 공산주의 침투에 자금을 지원하고, 무장 충돌과 봉기를 부추기고, 서방을 교란하는 적극적 수단에 자금을 융통하는 데 사용되었다.

소련이 붕괴하고, 석유부의 지휘 계통이 박살 나자, 석유 산업은 우선 네 개의 서로 다른 수평적 통합 생산 회사들로 나뉘었다. 즉 루코일, 유코스, 수르구트네프테가스에 한동안은 로스네프트도 있었다. 비록 이 회사들은 여전히 명목상으로는 국가의 통제를 받고 있었지만, 실제로는 소비에트 시절부터 운영을 담당한 대표들인 석유 장군들이 대부분 장악한 상태였고, 러시아의 지방 도시들을 휩쓸던 범죄 조직들이 진출을 시도하고 있었다.[3] 산출량에서도 폭넓은 하락이 생겨났는데, 시베리아 서부의 유전은 소비에트의 수십 년에 걸친 잘못된 운영 방식으로 대부분 고갈된 상태였다. 하지만 1990년대의 초반 동안

KGB 해외 첩보부는 그늘 속에서 눈에 띄지 않은 상태로 석유 수출을 계속해서 통제해 왔다. 생산업체들은 그 산출량의 최대 80퍼센트를 낮은 국내 고정 가격으로 국가에 판매하라는 명령을 받았고, 이후 〈스페츠엑스포르테리〉 시스템, 즉 KGB나 기타 한통속 범죄 조직과 긴밀히 동맹을 맺은 수출업체들이 나서서 전 세계 석유 가격과의 차액을 챙겼다.[4] 이렇게 해서 벌어들인 자금은 KGB와 크렘린의 검은돈으로 사용되기 위해 빼돌려지거나, 또는 아예 약탈당하는 경우가 종종 있었다.

1990년대 중반에 주식 담보 대출 경매를 통해서 소비에트 산업의 가장 전략적이고 쏠쏠한 부문들이 매각되었을 때, KGB 네트워크의 이 금맥 가운데 상당수도 개인의 손으로 넘어갔다. 서로 인접한 시베리아 서부의 석유 생산업체 유코스와 시브네프트는 옐친 정부와 가까웠던 젊은 은행가들의 손으로 넘어가서, 전자는 겨우 3억 달러에 호도르콥스키에게, 후자는 겨우 1억 달러에 베레좁스키와 아브라모비치의 합작 회사에 매각되었다. 젊은 재벌들은 자기 소유의 은행에서 정부 재정 계좌를 관리한 까닭에 막대한 자본에 접근할 수 있었고, 덕분에 자국의 자원을 둘러싼 전쟁에서 유리한 위치에 서게 되었다. KGB 공작원들은 결코 그 정도 금액을 선뜻 내놓을 수가 없었다.

그 결과는 어마어마했다. 비록 그 당시의 전 세계의 석유 가격이 낮은 편이기는 했지만, 석유는 여전히 이 나라의 수출 소득에서 큰 부분을 차지하고 있었다.[5] 예를 들어 호도르콥스키의 사람들은 1996년에 유코스를 장악하자마자 자체적인 무역 네트워크를 수립했다. 그의 메나테프 그룹은 러시아라는 국가의 손이 닿지 않는 개인 역외 계좌에 수익을 은닉하는 한편, 법적 구멍을 발견하여 세금 납부를 최소화했다. 권력의 균형은 결정적으로 옐친 시대의 재벌들 쪽으로 기울어졌다. 이들이 석유 수출의 현금 흐름을 민영화함으로써 만사가 변화했다. 이로써 호도르콥스키와 베레좁스키 같은 사람들은 완전한 올리가르히가 되었으며, 옐친의 사람들에게 뇌물을 먹이고 의회 투표를 자신들에게 유리한 쪽으로 의도할 수 있게 되었다. 전직 KGB 간부였다가 석유 무역업자로 변신한 판니코프의 말에 따르면, 석유 무역이 개인의 소유로 넘어간 사건이야말로 러시아라는 국가의 통합에는 위협이자, 결코 일어나서는 안 되었던 사건이었다. 「저라면 국가 독점을 절대로 파괴하지 않았을 겁니다. 저라면 모든 수출 무역을 국가의 손에 계속 남겨 두었을 겁니다.」[6]

푸틴과 그의 KGB 사람들로서는 당연히 이것이야말로 즉각적인 관심을 끄는 문제였다. 전 세계 석유 가격은 사실상 1999년 여름에 푸틴이 옐친의 후계자로 지명되자마자 급등하기 시작했다. 급기야 2002년 중반에 호도르콥스키는(그는 예전에 열성적이지만 조용한 말투의 화학을 전공한 학생이었으며 콤소몰을 대신해 디스코텍을 운영하면서 처음 사업에 뛰어들었다) 자신이 메나테프 그룹의 지분 36퍼센트를 소유함으로써, 개인 재산이 70억 달러라고 세계에 선언했다.[7] 이것이야말로 재산의 어마어마한 급증이 아닐 수 없었는데, 유코스는 메나테프가 주식 담보 대출 경매를 통해 3억 달러에 매입한 1995년에만 해도 빚더미에 올라앉은 상태였기 때문이었다.[8] 호도르콥스키를 공식적으로 러시아에서 가장 부자로 만든 이 발표를 한 당시에 러시아의 전체 예산은 670억 달러였으며, 러시아의 가장 큰 국영 기업 가스프롬의 시가 총액은 250억 달러였다.

호도르콥스키와 메나테프의 동업자들은 각자의 재산 내역을 공개적으로 밝힌 최초의 러시아 재벌들이었다. 올리가르히 대부분은 각자의 소유권을 여러 위장 간판 회사들의 배후에 숨겼는데, 1990년대의 민영화에 대한 논란 이후에 혹시라도 국가가 보복할까 봐 두려워한 까닭이었다. 호도르콥스키가 굳이 재산 공개에 나선 까닭은 한편으로 푸틴의 대통령 취임이 자국의 혼란스러운 시장으로의 이행의 합법화를, 즉 1990년대에 획득한 것의 공고화에 대한 신호를 의미했기 때문이었다. 이것이야말로 이 신임 대통령이 그토록 폭넓은 지지를, 특히 중요하게도 옐친 패밀리로부터 지지를 얻은 이유 가운데 하나였다. 비록 언론 재벌을 무자비하게 제거하기는 했지만, 푸틴은 다른 어느 분야에서도 국가 소유를 늘리기를 원한다는 암시를 전혀 드러내지 않았다. 올리가르히를 굴복시키겠다고 위협하는 소란을 상당히 많이 일으키기는 했지만, 또 한편으로는 1990년대의 민영화를 번복하지는 않을 것이라고 주장하기도 했다. 호도르콥스키의 재산 공개와 함께, 러시아는 더 성숙하고 발전한 시장 경제의 방향으로 한층 나아가고 있었다. 이 행보는 투명성을 위한 돌파구로 칭송되었지만, 시장의 위력이 자신을 보호해 줄 것이라는 쪽에 판돈을 건 호도르콥스키의 도박일 수도 있었다. 그는 서방 시장의 게임의 규칙에 따라서 기업을 운영하는 쪽에 판돈을 걸었다.

하지만 푸틴과 함께 권좌에 오른 〈실로비키〉가 보기에, 호도르콥스키가 얻은 자국 최고의 부자라는 새로운 지위야말로 (결국 그가 그들의 통제 바깥에서 움직인다는 뜻이었으므로) 또 하나의 적신호였다. 그들은 소비에트 붕괴 이후 그늘 속에서 기다리면서, 러시아의 힘을 회복하기 위한 야심을 품고 있었다. 옐친 패밀리에게 미묘한 기만과 약속을 내놓음으로써 푸틴이 대통령에 등극한 것이야말로 이 목표의 달성을 향한 첫걸음을 의미했다. KGB 사람들은 항상 자국의 석유 산업을 지정학적 파워 게임에서의 통화로 간주했다. 이들이 보기에, 러시아의 석유 자원을 장악한다는 것은 한편으로 권력에서 그들 자신의 입지를 확보하는 데에서는 물론이고, 또 한편으로 러시아의 입지를 회복하는 데에서도 중차대한 일이 될 예정이었다. 물론 그 과정에서 자기네 주머니를 채우는 것 역시 크게 해가 되지는 않았다.

문제는 과연 어떻게 해야 그럴 수 있느냐였다. 공산당과 달리 실로비키의 새로운 세대는(이들은 KGB에서 최초로 시장 개혁을 시작했던 바로 그 계급 출신이었다) 결코 재(再)국영화 캠페인을 공표하지는 않을 것이었다. 이들은 항상 스스로가 시장을 선호한다고 선언했기 때문이다. 하지만 시장을 무기로 사용하고 왜곡하기를 의도했다. 이들은 자신들의 (그리고 자신들이 보기에는 러시아의) 권력을 증대시킬 일종의 준(準)국가 자본주의를 수립하고 싶어 했다.

가스 산업은 석유 부문에 비해 상황이 더 간단했다. 석유와 달리 가스는 방대한 국가 통제 독점 사업으로 거의 온전하게 보전되어 있었기 때문이었다. 국영 가스 대기업 가스프롬은 자국에서 가장 전략적인 자산이었다. 지구상에서 가장 큰 가스 매장지 위에 걸터앉은 이 기업이야말로 세계 최대의 가스 생산업체였으며, 자국에서 가장 큰 세입 물줄기에 해당했다. 가스프롬은 러시아의 가정에 열과 빛을 제공했을 뿐만 아니라, 유럽의 가스 수요 가운데 25퍼센트를 제공하기도 했다. 우크라이나와 벨라루스에서는 물론이고, 중유럽과 동유럽 대부분의 지역에서도 주요 가스 공급자의 역할을 감당했다. 다시 말해 이 회사는 정치적 영향력의 도구로 사용될 수 있었으며, 또 그 막대한 현금 보유액과 금융 자산으로 푸틴의 사람들에게 풍부한 기회를 제공해 주었다. 옐친 치하에서는 가스프롬의 고위 경영진이 회사를 대부분 장악했고, 이곳을 자기네의 고유 영지로 변모시켰다. 하지만 푸틴은 이들을 자기 동맹자들로 대체하는 일을 최우선 과제 가운데 하나로 삼았고, 주주들을 수사했다. 그 결과 옐친 시대의 관리자들이 가스프롬 소유의 가스전과 기타 자산 다수를 각자와 연관된 회사들로 빼돌렸음이 드러났으며 폭넓은 숙청을 단행했다. 이들 대신 임명된 사람들은 모두 상트페테르부르크 항구에서 중역으로 근무한 바 있었으며, 푸틴의 실로비키가 장악한 그 전략적 자산에서 탐보프단과 힘을 합치며 잔뼈가 굵어진 인물들이었다. 이것이야말로 그 당시에 조성된 동맹이 연방 규모에서 자산을 장악하게 될 것이라는 최초의 암시였다. 가스프롬의 새로운 최고 경영자는 키가 작고 콧수염을 기른 39세의 알렉세이 밀레르였다. 그는 상트페테르부르크 시장실의 해외 관계 위원회에서 푸틴의 보좌관으로 근무했고, 훗날 항구의 임원으로도 근무한 바 있었다.[9]

개인이 소유한 석유 산업은 이보다 훨씬 더 어려운 도전을 제기할 예정이었다. 상트페테르부르크에서는 실로비키가 그 도시의 법 집행 기관을 자기네 멋대로 손쉽게 움직여서 경쟁자를 몰아냈었다. 하지만 모스크바의 올리가르히를 공략하는 것은 완전히 다른 문제였다. FSB를 통해 휘두르는 모든 권력에도 불구하고, 푸틴의 추종자들은 아직 법 집행 기관 전체에 대한 통제를 달성하지는 못한 상태였던 반면, 모스크바의 재벌들은 이미 입지를 다진 인물들로서 서방 시장에 무역 회사를 설립한 까닭에 서방에도 잘 알려져 있었다. 해외 투자를 끌어오는 자국의 능력이 위험에 처해 있던 상황에서, 실용적인 푸틴은 1990년대의 붕괴에서 자국 경제가 회복하는 과정을 촉진하려면 해외 투자가 여전히 필수적임을 이해하고 있었다.

실로비키는 훗날 〈에너지 작전〉이라고 일컬어진 작전을 조용히 시작했다. 옐친 패밀리는 푸틴을 시장 신봉자라고 믿은 까닭에 계속해서 안전하다고 느꼈다. 이들이 보기에 그는 수습 대통령이었고, 여전히 통치의 요령을 배우는 중이었다. 통치 첫해에 푸틴은 영어, 산더미 같은 문서를 빨리 읽는 방법, 러시아의 행정부와 역사 등에 관해서 강도 높은 수업을 받았다. 이 문제에 관해서 잘 아는 KGB와 연계된 고위급 은행가의 말은 이러했다. 「지도자를 준비시키는 시스템이 붕괴했기 때문입니다.」[10]

옐친 패밀리는 푸틴의 충성을, 자신들을 향한 그의 복종을 여전히 확고하게 믿었다. 심지어 그의 첫 임기 동안에 경제를 대부분 자기들이 운영했다고도 역시나 믿었던 것처럼 보이는데, 왜냐하면 처음에만 해도 그가 그 기간을 넘어서까지 재직할 의향은 없다는 듯 암시했기 때문이었다. 옐친 패밀리는 워낙 편안한 기분이었기 때문에, 아울러 상트페테르부르크 KGB 사람들이 품고 있을 수도 있는 석유 산업을 향한 야심에 대해서 워낙 무지했기 때문에, 마지막으로 남은 국영 석유 대기업 로스네프트까지도 민영화하려는 계획을 추진하기 시작했다. 아브라모비치는 오래전부터 이 회사에 눈독을 들이고 있었다. 그와 베레좁스키는 시브네프트가 1997년에 처음으로 민영화 대상이 되었을 때부터, 거기에다가 로스네프트까지 합병시키기를 희망했다. 푸가체프의 말에 따르면, 이제 그들은 자기네 미래가 확정되었다고 믿었으며, 심지어 볼로신은 로스네프트의 민영화에 관한 명령서를 준비해서 푸틴의 서명만 기다리고 있었다. 아브라모비치는 원활한 진행을 위해 막후에서 조용히 로비를 벌였다. 훌륭한 이탈리아제 정장 여러 벌과 구두 여러 켤레가 갑자기 푸틴의 노보오가레보 저택 복도에 놓여진 모습이 보였다. 푸가체프의 증언에 따르면, 아브라모비치의 선물이었다. 「제가 이렇게 말했습니다. 〈푸틴, 도대체 무엇 때문에 이런 물건을 바라는 겁니까? 당신은 세계에서 가장 큰 나라 가운데 하나의 대통령입니다. 당연히 정장 정도는 스스로 마련할 수 있잖아요! 당신은 이런 뇌물을 바라면 안 됩니다. 그들이 뭔가 대가를 바랄 테니까요.〉」[11]

푸가체프의 입장에서는, 아브라모비치가 놓는 포석이야말로 인내의 한계에 해당했다. 그는 국가 소유의 마지막 석유 회사를 옐친 패밀리의 손에 들어가지 않도록 유지하는 것이 필수적이라고 믿었다. 푸틴을 권좌에 올리는 과정에서의 역할 덕분에 자신의 입지가 상승하자, 푸가체프는 정치적 필요에 따라서 푸틴의 상트페테르부르크 KGB

사람들과의 동맹과 옐친 패밀리와의 동맹 사이에서 유동적으로 움직이기 시작했다. 하지만 정작 자신의 실제 충성 대상이 어디인지는 계속해서 감추었다. 하지만 이 경우에는 확실하게 실로비키 쪽으로 움직였다. 「그들은 대통령을 볼로신의 별장으로 초대했습니다. 그를 자기네 앞으로 불러온 겁니다. 그거야말로 절대적으로 부적절한 일이었어요. 제가 말했습니다. 〈왜 굳이 거기 간 겁니까? 왜 그걸 민영화해야 한단 말입니까? 당신은 어떻게 생각하는 겁니까? 예산에 쓸 돈이 없는 상황입니다. 로스네프트가 없다면, 당신은 어떻게 살아갈 의향이며, 어디서 봉급을 얻을 겁니까?〉」 푸가체프의 회고다.[12]

배후에서는 실로비키가 로스네프트를 개인의 손에 들어가지 않게 단속하려고 이미 나름의 방어를 구축하고 있었다. 안보 기관과 가까운 어느 고위급 은행가의 말에 따르면, 옐친 패밀리의 등 뒤에서 이들은 조용히 평행 시스템을 만들어 놓았다.[13] 이 과정을 지휘한 인물은 상트페테르부르크 출신으로, 푸틴의 충성스러운 KGB 동료이자 대통령 행정실 행정 부실장으로 임명된 세친이었다. 고위급 은행가의 말에 따르면, 더 배후에는 전직 KGB 공작원으로 알려졌으며 상트페테르부르크의 석유 집하장에서부터 푸틴과 가까운 동맹자였던 팀첸코도 있었다. 이 은행가의 말에 따르면, 그 당시에만 해도 팀첸코는 푸틴의 측근 중에서도 가장 영향력 있는 인사 가운데 한 명이었다. 「그는 푸틴이 대통령에 지명되자마자 곧바로 강력해졌습니다.」 하지만 푸틴은 팀첸코를 계속해서 눈에 띄지 않는 곳에 숨겨 두었다. 「팀첸코는 마치 투명 인간 같았죠. 그는 결코 눈에 띄지 않았습니다.」 푸틴과 가까운 또 다른 사람의 말이다.[14] 팀첸코가 변호사를 통해 전한 말에 따르면, 그가 평행 정부 시스템을 만드는 그 어떤 계획에라도 관여했다는 주장 모두는 〈부조리의 차원에 도달한 전적인 거짓말〉이었다. 팀첸코는 〈정치적 쟁점에 관여한 적도, 푸틴이나 그의 참모나 장관 가운데 어느 누구와 정치적 쟁점을 논의한 적도 결코 없었다〉는 것이다.

이 집단의 첫 번째 과제는 푸틴의 재선을 확고히 만드는 것이었는데, 심지어 대통령 스스로가 과연 그 일을 원한다고 확신했는지와는 무관하게 그렇게 하는 것이었다. 이 목표를 달성하기 위해서 이들은 자신들의 지위에 권력을 보강해야 했다. 「이들의 과제는 더 많은 현금 흐름을 자기 손에 끌어들이는 것이었습니다. 그들은 옐친 패밀리가, 즉 아브라모비치가 특정 경제 부문들을 통제하는 것을 우려했습니다.」 은행가의 말이다.[15]

배후에서는 KGB 사람들의 더 폭넓은 카스트가 석유 부문에서의 표적 명단을 이미 오래전부터 작성해 오고 있었다.[16] 처음에는 소비에트 시절부터 블라디미르 보그다노프가 운영해 온 시베리아 서부의 석유 생산업체 수르구트네프테가스가 그 명단 맨 위에 있었다. 하지만 보그다노프와 수르구트네프테가스는 팀첸코를 통해 푸틴의 KGB 사람들과 이미 긴밀한 관계를 수립한 상태였으며, 팀첸코의 석유 무역 업체가 수르구트네프테가스 산하의 키리시 정유소의 수출을 거의 독점하고 있었다. 「팀첸코는 보그다노프를 크렘린으로 불러서 푸틴과 차를 마시며 회동하게 했습니다.」 안보 기관과 유대를 맺은 고위급 은행가의 말이다. 「그때 보그다노프는 푸틴에게 이렇게 말했습니다. 〈이건 당신 회사입니다. 저는 어떤 경우에도 당신 편입니다. 돈을 어떻게 쓸지만 말씀해 주십시오.〉」

그러자 실로비키도 루코일 쪽으로 눈을 돌렸다. 소련 붕괴 당시에 소비에트의 전직 석유 가스 부차관 알렉페로프가 시베리아 서부의 석유 생산 설비 세 군데를 합쳐서 만들어 낸 루코일은 그 당시 러시아 최대의 석유 대기업이었다. 약삭빠른 아제르바이잔인(人) 알렉페로프는 러시아 석유 산업을 나눠 먹는 방법을 창시한 사람들 가운데 한 명이라고 할 수 있었다. 그는 항상 러시아 첩보 네트워크와 긴밀한 관계였으므로(루코일은 우랄스 무역 회사를 통해서 석유를 판매했는데, 이 석유 무역 회사는 팀첸코의 동업자인 판니코프와 전직 KGB 간부가 함께 설립한 업체였다) 머지않아 푸틴의 사람들이 루코일을 굴복시킬 예정이었다.

루코일을 겨냥한 일제 사격은 올리가르히에 대한 크렘린의 사정(司正)의 첫 번째 물결의 와중인 2000년에 이루어졌다. 국세청 단속반에서는 알렉페로프가 저지른 세금 허위 신고 혐의에 대한 형사 사건 수사를 시작했다고 발표했는데, 처음에는 이것이야말로 산업 전반에 대한 사정의 일부분이라고 밝혔으며, 나중에는 그 결과 러시아에 형성된 역외 지역을 통한 총액 90억 달러의 조세 회피를 발굴했다고 주장했다.[17] 하지만 루코일에 대한 압력이 실제로 가해지기 시작한 것은 2002년 9월이었다. 어느 날 아침, 루코일의 제1부회장 세르게이 쿠쿠라가 경찰 제복과 마스크를 착용한 사람들에게 납치되었다. 이들은 헤로인을 주사함으로써 쿠쿠라와 운전기사를 움직이지 못하게 만들고 머리에 가방을 덮은 것으로 보인다.[18] 쿠쿠라는 13일 뒤에야 나타났는데, 그 공격 배후에 누가 있는지에 대해서는 쉬쉬하는 것이 분명했다. 그로부터 4개월 뒤, 러시아 경찰은 기묘하게도 이 납치 사건에 대한 수사를 중단해 버렸다.[19] 그보다 일주일 전에 정부에서는 루코일이 체납 세금 1억 300만 달러를 납부하기로 합의했다고 발표했다. 이 금액은 루코일이 국내 역외 구역에서의 작전을 통해 빼돌렸다고 정부가 주장했던 금액과 정확히 일치하는 것이었다.[20]

만약 알렉페로프와 루코일이 새로운 푸틴 정부와 일종의 타협에 이르렀다고 하면, 수르구트네프테가스의 경우처럼 국가에 의한 공식적인 장악이 굳이 필요하지는 않은 셈이었다. 더 나중에 석유업계 고위급 중역 한 명이 내게 내놓은 증언에 따르면, 알렉페로프는 자신의 주식 가운데 일부를 푸틴 대신 보유하기로 합의했다고 한다. 이것이야말로 러시아의 가장 전략적인 산업에 잠복하게 된 크렘린의 위장 간판 시스템의 일부였다.[21] 루코일은 물론 이런 시스템의 존재 자체를 부정했다.

루코일이 새로운 주인님의 의지에 재빨리 굴복한 것처럼 보였던 반면, 석유 산출량의 큰 덩어리는 여전히 크렘린의 손이 닿지 않는 곳에 떨어져 있었다. 이런 상황을 교정하느라 몰두하던 실로비키는 훗날 푸틴의 통치에서 결정적인 순간이 된 대치를 향해 나아갔는데, 이 사건은 러시아 석유 산업의 외관을 바꿔 놓은 것은 물론이고, 전략적 현금 흐름이 가까운 동맹자의 손으로 흘러 들어가는 국가 자본주의의 일종으로 이 나라를 확실히 이행시켰다. 푸틴의 KGB 사람들의 권력은 공고해졌는데, 이 사건이 전 세계 무대에서 하나의 세력으로서 이들의 귀환을 형성하는 데 일조했기 때문이다. 이것이야말로 러시아에서 가장 부유한 사업가를 쓰러트리고, 러시아 사법 시스템 전체를 전복시킨 충돌이기도 했다.

모스크바의 올리가르히 중에서도 호도르콥스키야말로 자기 회사를 서방에 통합시키기 위해서 가장 적극적으로 노력하는 인물이었으며, 지지를 얻기 위해 서방 투자자며 지도자들에게 공개적으로 구애하는 인물이었다. 그는 러시아의 적자생존식 실업계에서 여러 해 동안 악동 노릇을 했으며, 이후에는 서방의 기업 경영 기법과 투명성을 자기 회사에 주입하려 시도하는 과정에서 선도자가 되었다. 푸틴의 실로비키가 유코스의 시베리아 서부의 유전에 대한 호도르콥스키의 통제권을 빼앗으면서 펼쳐진 갈등은 곧바로 러시아의 미래에 대한 전망의 충돌이자 제국을 향한 전투가 되었다. 이는 러시아의 제국적 부흥을 정의하는 동시에, 자국을 서방에 맞서는 독립적인 세력으로 복원하려는 푸틴의 노력을 정의하게 될 예정이었다. 하지만 이것은 매우 개인적인 충돌이기도 했다. 그 뿌리는 1990년대 말에 발생한 갈등이었는데, 이때 호도르콥스키는 푸틴의 가장 가까운 동맹자들, 즉 이전까지만 해도 공산당의 자금을 서방으로 이전하는 KGB의 작전의 핵심에 있었던 사람들의 수중에 마지막으로 남아 있던 검은돈 통로 가운데 하나를 빼앗은 바 있었다.

호도르콥스키의 동방 석유 회사, 즉 VNK 장악은 1990년대에 있었던 석유 산업 민영화 중에서도 유독 거대했던 마지막 사례들 가운데 하나였다. 눈앞에서 이곳을 빼앗기고 만 것이야말로 푸틴의 사람들에게는 인내의 한계였다. 전직 러시아 에너지 차관 블라디미르 밀로프는 말한다. 「그것이야말로 푸틴 무리와 유코스 사이에서 벌어진 첫 번째 갈등이었으며, 가장 심각한 갈등이었습니다. 바로 그때부터 모든 것이 시작되었던 겁니다.」[22]

이제 호도르콥스키는 그 모든 일로부터 멀리 떨어져서, 지난 10년 동안 교도소 복역과 고국으로부터의 부득이한 망명을 경험한 후, 런던 하노버 광장의 낙엽을 굽어보는 자기 사무실의 오크 패널로 장식된 회의실에 나와 함께 앉아 있었다. 그는 그 당시에만 해도 VNK와 푸틴의 KGB 사람들 사이의 유대를 미처 몰랐었다고 주장했다. 「VNK가 과연 어느 정도까지 FSB의 이권과 관련된 조직이었는지를 알기만 했었더라도, 저는 아마 굳이 거기 들어가는 위험을 감수하지는 않았을 겁니다.」 호도르콥스키의 말이다.[23] 그는 단순한 퀼트 셔츠를 입고 있었는데, 그 문양으로 말하자면 과거 시베리아 교도소에서 입을 수밖에 없었던 패딩 재킷과도 유사해 보여서, 혹시 이제는 그런 옷차림이 끊을 수 없는 습관이라도 된 건가 싶었다.

호도르콥스키는 1990년대 말에 러시아의 소란스러운 시장으로의 이행에서 최정상까지 올라갔으며, VNK는 러시아 석유 산업의 마지막 보물 가운데 하나였다. 1997년에 이 회사가 민영화 대상이 되자,

그 매각은 할인 논쟁을 불러일으킨 주식 담보 대출 거래와는 확실히 다르게 진행될 것이라고 예고되었다. 품위 있는 시베리아 중부의 대학 도시 톰스크와 아친스크 정유소를 둘러싼 톰스크네프트 유전을 토대로 설립된 이 회사는 최대 10억 달러에 매각될 예정이었다. 이 금액은 불과 1년 전에 유코스와 시브네프트가 주식 담보 대출 매각을 통해서 받은 금액보다 거의 열 배나 더 많았다.[24] 완고한 민영화의 차르 추바이스는 러시아가 진정한 법치 시장 경제로 스스로를 변모시키고 있음을 전 세계에 보여 주려고 작정하고 있었다. 그는 VNK를 진정한 시장 경제 가치에 매각하고 싶어 했다.[25]

유일한 문제는 당시에 그 회사를 운영하는 사람들이 마치 추바이스로부터 그곳을 넘겨주겠다는 약속을 미리 받은 것처럼 굴었다는 점이었다. VNK는 막후의 KGB 사람들을 위한 위로의 선물이 될 예정이었는데, 이들로선 러시아 석유 산업의 나머지 대부분이 여러 재벌에게 넘어가는 모습을 줄곧 지켜본 까닭이었다. 이곳은 1994년에 설립된 이후로 줄곧 그들의 〈옵스차크〉, 즉 자금원 노릇을 해왔다. 석유 수출 가운데 상당수는 거의 알려진 바 없는 오스트리아 회사 IMAG와 연관된 여러 회사를 통해 이루어졌다. IMAG의 경영자 아키모프는 해외 첩보부 고위급 간부로서, 소련 붕괴 직전까지 오스트리아에 있었던 소련의 해외 금융 지부 도나우 은행의 대표를 맡기도 했다.[26] 그는 34세에 이 은행의 수장이 되어서 소련의 최연소 은행장이라는 기록을 세웠다. 아키모프가 그 직위에 임명되었을 즈음, KGB는 해외 은행 계좌를 통해 공산당의 부를 빼돌리려는 계책을 수립하기 시작했고, 마침 빈은 서방으로 흘러 들어가는 소비에트 자금의 전략적 출입구 노릇을 오랫동안 해오고 있었다.[27]

아키모프와 러시아 해외 첩보부의 네트워크의 연고는 넓고도 깊었다.[28] IMAG에서 아키모프의 부하로 일했던 한 경제학자는 해외 첩보부 공작원들의 산실인 세계 경제 연구소에서 프리마코프를 도와 초기 〈페레스트로이카〉 개혁을 설계했던 장본인이었다. 알렉산드르 메드베데프라는 그 경제학자는 훗날 아키모프와 막역지우가 되었다.[29] 그 와중에 IMAG는 팀첸코의 무역 작전을 위한 자금을 지원하는 초창기의 출처 가운데 하나가 되었다.

아키모프는 VNK의 매각에서 자신의 승리를 워낙 확신했던 까닭에, 결과가 나오기도 전에 메드베데프를 VNK의 재정 담당 부회장으로 임명했다.[30] IMAG의 입장에서는 수억 달러어치의 석유 공급 계약이 그 매각에 걸려 있었다. VNK는 사실상 설립 직후부터, 생산한 석유 대부분을 동(東)석유 유한 회사라는 무역업체를 통해서 판매했는데, IMAG의 사무실 인근에 등기된 이 회사는 아키모프와 가까운 인물인 예브게니 리빈이 운영했다.

그러니 VNK의 국가 소유 지분 84퍼센트가 마침내 경매에 나왔을 때, 호도르콥스키가 입찰에 참여하기로 결정한 것은 졸지에 벌집을 쑤신 격이 아닐 수 없었다. 아키모프는 승리를 위해 비용을 아끼지 않겠다고 작정한 나머지 찰리 라이언의 도움까지 받았는데, 이 미국인 은행가로 말하자면 1990년대에 유럽 재건 개발은행 상트페테르부르크 지사에서 일하면서부터 푸틴과 연고가 있었던 인물이었다. 두 사람은 애초부터 호도르콥스키가 자기네와 경쟁 입찰을 벌인다는 사실을 알았다. 「우리는 VNK를 매입하겠다고 작정했습니다. 사샤와 (즉 메드베데프와 — 원주) 아키모프와 저는 적절한 자금을 가지고 입찰에 응할 예정이었습니다.」 라이언의 말이다.[31]

하지만 이 매각은 호도르콥스키의 사람들과 아키모프의 사람들 사이의 치열한 대치로 변모했으며, 그 결과는 사실상 주식 담보 대출 계책만큼이나 혼탁했다. VNK의 국가 소유 지분 84퍼센트는 두 덩어리로 나뉘어 매각될 예정이었다. 즉 첫 번째인 지분 50퍼센트 빼기

1주는 현금 경매를 통해서, 두 번째인 나머지 지분 35퍼센트는 공개 매수를 통해서 매각될 것이었다. 첫 번째 매각은 그 어떤 감시에도 노출되지 않은 상태에서 비공개로 이루어졌다. 두 번째 매각은 입찰자가 하나뿐이라는 이유로 결국 취소되었는데, 알고 보니 그 입찰자란 바로 호도르콥스키의 유코스를 대리하는 유령 회사였다.[32]

결국 이 매각은 투명성의 새로운 기준을 세우기는커녕, 앞서 이루어진 민영화만큼이나 부정하게 보이고 말았다. 정부에서는 호도르콥스키의 유코스가 현금 경매에서 지분 45퍼센트를 7억 7500만 달러에 매입했다고 발표했다. 유코스는 이미 공개 시장에서 지분 9퍼센트를 추가 매입했기 때문에, 결국 지배 지분을 확보한 셈이었다.[33] 그 이전까지의 민영화 과정에서 나온 금액보다 훨씬 더 많은 금액을 지급하기로 합의한 셈이었지만, 경쟁자인 라이언의 말에 따르면 호도르콥스키는 그런 결과조차도 본인에게 유리하게끔 왜곡했으며, 결국 아키모프 진영에는 일말의 기회조차 주지 않았다. 라이언의 말에 따르면, 호도르콥스키의 사람들은 아키모프와 그의 사람들을 위협했으며, 첫 번째와 두 번째 경매 사이에는 러시아 안보 기관의 한 부서에 돈을 줘서 이 경매를 주관하는 연방 재산 기금을 압수 수색 했다.[34] 그동안에 호도르콥스키의 사람들이 아키모프의 입찰과 관련된 문서를 입수함으로써 결과를 왜곡했다는 것이 라이언의 주장이다. 「그들은 우리의 정보를 보았고, 우리가 더 많은 금액으로 입찰했음을 알았습니다. 그러자 그들은 돈을 더 빌리려고 시도하면서 자신들의 석유 수출을 담보로 삼았는데, 심지어 VNK에 대한 통제권을 얻기 전부터 그 회사의 수출까지도 담보로 삼았습니다.」 결국 호도르콥스키 진영은 아키모프 진영보다 더 많은 돈을 융통함으로써 낙찰에 성공했다. 그리고 나자 이들은 두 번째 경매에 참여할 의향이 전혀 없었다.

호도르콥스키는 그런 행동에 관여한 적이 없다고 부인했다. 하지만 그 직후에 VNK의 수출 계약을 둘러싸고 장기간의 전투가 벌어졌다. 경매에서 패한 현 경영진인 아키모프 진영은 향후 20년 동안 리빈의 동석유 유한 회사를 통해 VNK의 석유를 판매하기로 약정했는데, 이것이야말로 그 회사의 현금 흐름이 외부인의 손에 떨어지는 것에 대한 추가적인 방어책이었다.[35] 새로운 대주주 호도르콥스키는 이 계약의 지속을 거부했으며, 양측의 대치는 이사회 너머로까지 확대되어 법원으로까지, 급기야 거리로까지 진출하게 되었다. 리빈의 생명을 노린 암살 시도는 두 번이나 있었다. 첫 번째 시도는 1998년 11월의 눈이 내린 저녁 늦은 시간에 모스크바 거리에서 누군가가 그를 향해 총을 쏜 사건이었다. 두 번째 시도는 이듬해 3월에 폭탄이 터져서 운전기사가 사망한 사건이었다. 뼛속까지 겁에 질린 리빈은 러시아를 떠나서 이후 5년 동안 숨어 지냈다.

아키모프와 그의 사람들은 호도르콥스키에게 VNK를 빼앗김으로써 깊은 상처와 굴욕을 얻었다. 이 회사를 둘러싼 전투의 진상이 거의 주목받지 못한 까닭은 1998년 8월의 금융 위기 이후의 혼돈 때문이었지만, 이것이야말로 러시아의 석유 부문에서 이루어지는 향후의 전투를 규정한 사례였다. 이때부터 아키모프는 복수를 벼르게 되었다. 리빈 역시 빈에서 숨어 지내는 동안, 호도르콥스키의 메나테프 그룹의 체면을 실추시킬 정보를 수집하기 시작해서 이를 러시아 법 집행기관에 제공했는데, 그 수신자는 대부분 그와 친숙한 관계인 FSB 현직 간부들이었다.[36]

처음에는 리빈의 시도가 아무런 성과를 내지 못하는 것처럼 보였다. 하지만 푸틴이 권좌에 오르고 나서는 분위기가 바뀌었다. 이 문제에 대해 잘 아는 고위급 은행가의 말에 따르면, 세친은 아키모프의 동업자 가운데 한 명과 손잡고 호도르콥스키가 대통령의 권력 장악에 위험을 제기한다는 점을 납득시키기 위한 홍보전을 시작했다. 리빈 역시 예고르 리가체프를 영입했는데, 정치국의 보수파 중에서도 저명한 일원인 그는 VNK의 유전이 자리한 시베리아의 톰스크 지역에서 입법가로 활동한 바 있었다.[37] 리가체프는 푸틴에게 뚜렷한 메시지를 전달했다. 호도르콥스키가 당신의 정권의 존재를 위험에 빠트리고 있다는 이야기였다. 그 사업가의 사람들이 자국의 자금 흐름 전체를 통제하고 있으며, 머지않아 국가 그 자체보다도 더 많은 돈을 갖게 될 예정이라는 이야기였다. 그들은 이미 권력을 잡은 국가 공직자의 절반 이상을 매수해 두었다는 이야기였다.[38]

이 메시지는 경쟁 집단들을 상대로 자신의 권력을 강화하기 위해 노력하던 푸틴에게 강력한 반향을 일으켰다. 하지만 이런 충동질에도 불구하고, 푸틴은 처음에만 해도 유코스를 장악하라는 호소에 따르기를 마뜩잖아했다. 그 회사는 너무 크고 너무 깊이 서방 시장에 들어가 있었기 때문이었다. 안보 기관과 가까운 고위급 은행가의 말에 따르면, 그렇기 때문에 너무 복잡한 과제가 될 것처럼 보였다는 것이다.[39] 이곳이야말로 그 나라에서 가장 잘 알려지고 가장 널리 무역하는 회사였다. 이곳은 러시아의 시장 진척의 상징이 된 상태였다.

따라서 호도르콥스키 스스로가 행동만 조심했더라도, 그 회사의 몰락은 벌어지지 않았을 수도 있다. 하지만 그는 앞서 루코일과 수르구트네프테가스가 했던 것처럼 크렘린에 복종하는 대신 계속해서 도박을 걸었고, 그리하여 〈결국〉 러시아를 지배하는 사람은 누구이며 이 나라는 어느 방향으로 가야 하는지를 놓고 전투가 벌어지고 말았다. 호도르콥스키는 푸틴의 사람들이 감히 자기를 체포하지 못하리라는 쪽에 자기 생명도 기꺼이 걸 의향이 있었다. 호도르콥스키는 그들이 아주 강하지는 못하다고 생각했고, 따라서 러시아의 불안정한 시장으로의 이행을 차마 위험에 빠트리지는 못하리라고 생각했다. 여러 가지 면에서 이것이야말로 호도르콥스키의 전형적인 태도였다. 「그는 마치 미친 사람 같은 기세로 자기 제국의 건설에 착수했습니다. 그를 멈출 수 있는 것은 오로지 총알뿐이었습니다.」그의 자문 위원 미셸의 회고다.[40]

지금 와서는 호도르콥스키 본인도 자기가 〈아드레날린시크〉, 즉 아드레날린 중독자인 까닭에 위험을 터무니없이 축소해서 인식한다는 사실을 시인했다. 그가 이 사실을 처음 알게 된 것은 유코스를 둘러싼 전투가 일어나기 여러 해 전, 그러니까 모스크바에 있는 멘델레예프 공과 대학의 화학 전공 학생이었던 시절의 일이었다. 호도르콥스키는 10년간의 복역을 마치고 석방된 지 얼마 지나지 않았을 때, 취리히에 있는 한 지하 술집에서 나를 만나 찡그린 미소를 지으며 이렇게 말했다. 「저는 자신도 잘 모르는 어떤 이유로 인해서 두려움이라는 감정이 없는 사람입니다. 저는 폭탄을 만들면서도, 또는 폭탄을 손에 들고 있으면서도 위험하다는 느낌이 든 적은 전혀 없었습니다. 제가 선호하는 시간 때우기는 항상 안전 장비 없는 암벽 등반이었습니다. 이것은 제가 두려움을 어찌어찌 극복했기 때문이 아니라, 애초부터 제가 두려움을 갖지 않았기 때문이었습니다. 여러 해 동안 교도소에 있으면서도 저는 절대적으로 편안하게 잤습니다. 비록 누군가가 칼을 들고 저를 공격한 상황도 있기는 했지만, 저는 평소에 사용하던 침상에 눕자마자 곤히 잠들어 버렸죠. 가끔은 저도 우습다는 생각이 들더군요. 당신 등 뒤에 칼이 있을 수도 있다는 사실을 알기는 했느냐고 사람들이 물어보았을 때는 말입니다. 저는 그냥 두렵지 않았을 뿐입니다.」[41]

호도르콥스키가 자칫 위험에 처할 수도 있다는 사실을 처음 전해 들은 것은 2002년 중반이었다. 루코일은 이미 공격당하는 상태였고, 그가 사내 보안부에 채용한 전직 KGB 사람들도 FSB가 자국의 에너지 거물들의 체면을 실추시킬 정보를 수집하는 〈에너지 작전〉이라는 것을 출범시켰다며 경고해 주었다. 그들의 말에 따르면, 유코스의 경우에는 VNK의 지분과 관련된 이 회사의 운영이 표적이라고 했다. 하지만 호도르콥스키는 그것이야말로 기껏해야 석유 재벌들을 굴복시킬 정보를 찾으려는 일상적인 작전에 불과하다고 간주했다. 「그런 작전은 그때가 처음도 아니었기 때문에, 우리로선 그게 그토록 과격할 거라고는 생각하지 않았습니다.」 그는 하노버 스퀘어의 자기 사무실에서 안전하게 나와 만났을 때 이렇게 말했다.[42]

2002년 당시에 호도르콥스키는 메나테프 그룹의 지분 36퍼센트를 소유했다고 밝힘으로써 76억 달러의 재산을 공개했다. 물론 상대적 표현이기는 하지만, 이로써 그는 러시아 실업계의 분위기를 여전히 지배하던 복마전식 법칙 속에서 투명성의 등대가 되었다. 러시아와 서방의 통합에 자신의 회사와 자신의 미래를 걸었던 셈이다. 불과 3년 전에만 해도, 호도르콥스키는 러시아의 무법 지대의 악덕 자본주의의 전형을 대표했으며, 서방 소수 주주의 권리를 침해했다는 이유로 비난받았다. 하지만 이제 그는 서방 시장에서 미래를 위한 보호와 합법성을 추구하고 있었으며, 서방식이고 더 훌륭하며 통합적인 경영의 기준을 유코스에서 개척하는 중이었다.

호도르콥스키는 여전히 과거 콤소몰에서 사업을 처음 시작했을 때만큼이나 열렬하고 저돌적이었다. 1990년대에 착용했던 렌즈가 두껍고 무거운 안경을 가벼운 명품 안경으로 바꾸었는데, 새로운 안경은 그 선명함 면에서 투명성을 향한 그의 새로운 추진을 상징하는 것처럼 보였다. 비록 여전히 단출하게 청바지와 검은색 폴로 넥 스웨터 차림이었지만, 1990년대에 풍성했던 검은색 머리카락은 짧아졌고 강철 느낌의 회색으로 바뀌었으며, 콧수염도 오래전에 사라진 상태였다. 그는 여러 서방 출신자를 중역으로 채용하여 유코스의 재정과 생산을 감독시켜 산업계 전반에 걸친 선회를 주도했고, 이는 마침내 시베리아 서부의 유전에서의 산출량을 소비에트 붕괴 이전 수준까지 회복하는 데 도움이 되었다. 급기야 개인 소유의 석유 대기업마다 서방 출신의 시추 장비 제조업체들을 고용하고, 그 기술을 향상하고, 장비에 투자하고, 서방 출신의 회계사를 채용하게 되었다. 그즈음 유코스는 쿠웨이트보다 더 많은 석유를 생산하게 되었다.

호도르콥스키는 이런 변모를 통해 서방에서 갈채를 받았으며, 덩달아 유코스의 주가도 계속해서 치솟게 되자, 서방과의 연계를 한층 더 깊게 만들었다. 그는 워싱턴의 엘리트와 함께 와인이며 식사를 즐겼으며, 자선 조직 〈오픈 러시아〉를 출범시켜서 키신저는 물론이고 전직 러시아 주재 미국 대사까지도 이사회에 앉혀 놓았다. 원유를 실은 유조선을 텍사스에 보내는 선구적인 일도 해냈는데, 러시아산(産) 석유가 미국으로 직배송된 것은 이때가 사상 처음이었다. 아울러 러시아 극북(極北) 무르만스크 항구에서 출발해 미국으로 이어지는 파이프라인을 건설하기 위해 러시아라는 국가와는 별개로 로비에 들어갔다.

이 모든 활동은 푸틴의 KGB 사람들로부터 더욱 반감만 샀을 뿐이었다. 호도르콥스키와 서방의 염문이야말로 그들의 권위에 대한 직접적인 도전이었으며, 다른 민간 석유 재벌들에게도 힘을 합쳐서 민간 소유의 파이프라인을 만들자고 부추긴 로비 활동은 이보다 훨씬 더 큰 위협이었기 때문이다.[43] 러시아에서 석유 파이프라인 시스템은 예전부터 항상 국가의 소유였으며, 이에 대한 접근 허가야말로 정부가 석유 재벌들을 다스리는 데 사용할 수 있는 얼마 안 되는 전략적 수단 가운데 하나로 간주되었다. 2003년 초에 푸틴의 안보계 사람들이 복수 계획을 실행에 옮기기 시작했을 무렵, 호도르콥스키는 어쩌면 자기한테 문제가 있을지도 모르겠다고 개인적으로 시인한 바 있었다.

그해 2월에 우리 두 사람은 모스크바의 주요 거리 가운데 한 곳에 있는 메나테프 본사에, 그 요새처럼 거대한 콘크리트 건물에 자리한 그의 넓은 사무실의 흐릿한 등불 앞에 앉아 있었다. 그가 점점 더 나지막해지는 목소리로 내놓은 말에 따르면, 〈크렘린 내부에서 자신의 회사를 차지하고 싶어 하는 사람들의 무리〉가 있다는 사실이 점점 명확해지고 있었다. 호도르콥스키의 말에 따르면, 그 사람들은 국가 소유 기업이 민간 기업보다 더 효율적일 수 있는지 다시 한번 검사하기를 원했다. 하지만 그는 그런 일이 일어나도록 푸틴이 결코 가만 내버려 두지 않을 것이라고, 즉 1990년대의 민영화를 번복하지 않을 것이라는 푸틴의 발언은 진심이었을 거라고 주장했다. 그는 사실상 그렇다고 확신하고 있었다. 「푸틴은 말한 것을 지키는 사람이니까요. 저는 전혀 걱정하지 않습니다.」 호도르콥스키의 말이었다.[44]

그 2월의 오전, 짙은 회색의 분위기는 향후의 전투를 위한 배후의 준비와 긴장을 숨겨 준 셈이었다. 호도르콥스키는 푸틴이 KGB 출신이라는 배경에도 불구하고 그 인성에서 또 다른 측면을, 즉 일찍이 상트페테르부르크에서 자유주의자이자 민주주의자인 솝차크와 함께 일하면서 양육된 측면을 갖고 있으리라고 여전히 기대하는 것이 분명했다. 그리하여 겨우 몇 주 뒤에, 푸틴에게 직접적으로 호소하기로 작정했을 때의 호도르콥스키는 마치 상대방의 선한 일면을 위한 전투를 준비한 듯했다. 지난달에 그는 러시아가 갈림길에 서 있다고 이미 경고한 바 있었다. 즉 자국은 국가 관료제의 길로 갈 수도 있고, 서방 경제의 길로 갈 수도 있다는 것이었는데, 전자의 경우에는 사우디아라비아처럼 예산 전반이 국가 관료의 임금 지불에 사용될 것이고, 후자의 경우에는 생산성이 높아질 뿐만 아니라 서비스 부문이 늘어나서 탈산업 사회가 되리라는 것이었다.[45] 2월의 더 나중에, 즉 이제는 정기적으로 가지게 된 푸틴과의 회동에 참석한 올리가르히가 크렘린의 에

카테리닌스키 연회장에 있는 커다란 타원형 테이블에 둘러앉았을 때, 호도르콥스키는 경제 문제에 국가의 참여가 점진적으로 늘어나는 것에 대한 질문을 좀 더 노골적으로 던져 보기로 작정했다.

그는 국가의 부패에 관해 지적하기로 했고, 대담하게도 〈러시아의 부패: 경제 성장의 브레이크〉라는 제목으로 프레젠테이션을 시작했다. 그 내용에 따르면, 자국의 부패 수준은 국내 총생산의 10퍼센트인 매년 300억 달러에 도달했으며, 매년 세입액은 국내 총생산의 약 30퍼센트로 추산되었다.[46] 호도르콥스키는 이런 질문을 던졌다. 〈그런데도 학생들이 러시아 국세청의 공직자 선발에 몰리는 것은 어째서인가?〉 국세청 공직자의 월급은 150~170달러에 불과한 반면, 이보다 네 배는 더 많은 임금을 받는 석유 기술자가 되려는 학생은 훨씬 더 적었다.[47]「이를 보면 우리는 어떤 생각을 떠올리게 됩니다.」그는 이렇게 말하며, 커다란 테이블 저편에 앉아 있는 대통령을 흘끗 바라보았다. 곧이어 호도르콥스키는 여전히 더 신랄하게 쟁점을 제기하며, 한 가지 거래의 사례에 주목하자고 권했다. 즉 국가 소유의 석유 대기업 로스네프트가 최근 몇 년 사이 최초로 달성한 커다란 거래로, 러시아 극북의 방대한 매장지 위에 걸터앉은 석유 회사인 세베르나야 네프트를 6억 달러에 매입한 사례였다. 개인 소유의 석유 회사들이 여러 달 동안 탐내던 이 업체는 결국 로스네프트에 넘어갔는데, 그 매입 가격은 공인된 가치 평가의 두 배에 달했다. 그런데 호도르콥스키의 주장에 따르면, 여기에는 다음과 같은 문제가 있었다. 과다하게 지급된 3억 달러는 도대체 어디로 갔는가? 그는 과다하게 지급된 이유를 확인하기 위한 조사가 필요하다고 대통령에게 말했다.[48] 그 차액은 공직자들이 챙겨 먹은 리베이트였다는 소문이 이후 몇 주 동안 돌았기 때문이었다.

호도르콥스키의 도박은 좋지 않은 역풍을 불러왔다. 그는 푸틴의 역린을 건드린 것이었다. 그 회동은 텔리비전에서 중계되고 있었으며, 대통령은 비록 미소를 짓고 있었지만 내심 타격을 받았음이 역력했다. 푸틴은 말했다. 「로스네프트는 국가 회사이므로 그 보유금을 늘려야 마땅합니다. 다른 회사들의 경우는, 예를 들어 유코스도 그렇습니다만, 보유금을 과도하게 많이 갖고 있는데, 과연 그 돈을 어떻게 얻었는가와 같은 내용이야말로 오늘 우리가 논의할 주제 가운데 하나가 되겠고, 여기에는 세금 미지급에 대한 문제도 포함될 것이므로 (……) 이제는 공을 당신께 돌려드리겠습니다!」[49]

「텔레비전으로 그 장면을 본 순간, 저는 이제 우리가 끝장임을 깨달았습니다. 우리는 그 문제를 사전에 논의한 적이 없었습니다. 그가 회동을 마치고 돌아오자 제가 말했습니다. 〈호도르콥스키, 도대체 어째서 그 프레젠테이션을 다른 누군가에게 맡기지 않았던 건가?〉 그러자 호도르콥스키가 말하더군요. 〈제가 이걸 어떻게 다른 누군가에게 맡기겠습니까? 우리 중에는 투사가 워낙 드물잖아요.〉 그때부터 우리는 문제를 겪게 되었습니다. 저는 그가(즉 푸틴이 ─ 원주) 이 일로 인해 결코 호도르콥스키를 용서하지 않으리라는 사실을 알았습니다. 그 3억 달러는 푸틴의 사람들이 챙긴 것이었으니까요.」호도르콥스키의 수석 분석가이자 전직 KGB 장군 알렉세이 콘다우로프의 말이다.[50]

만약 푸틴의 KGB 사람들이 3억 달러의 리베이트를 챙겨 먹었다면, 그것이야말로 푸틴이 대통령이 된 이후에 이루어진 중요한 거래에서 그들이 부를 챙길 수 있었던 최초의 사례였다. 이 거래는 세베르나야 네프트의 최초 소유주 가운데 하나였던 바빌로프를 통해서 이루어졌는데, 전직 금융부 차관인 그는 자기가 이 회사를 온전히 소유한 것은 아니었다고 실토했다(서류상으로 세베르나야 네프트는 여섯 개의 무명 회사들이 소유하고 있었다). 이 거래에 대해 잘 아는 어떤 사람의 말에 따르면, 바빌로프는 로스네프트의 대표 보그단치코프를 통해서 그 돈을 푸틴에게 돌려주었다.[51] 하지만 나와 이야기할 때에 바빌로프는 리베이트가 관여된 바가 전혀 없다고 부정했으며,[52] 크렘린에서도 그 어떤 불법도 없었다고 강력히 부정했다.

하지만 푸틴의 반응으로 미루어 판단해 보건대, 호도르콥스키는 민감한 부분을 가격했다. 대통령으로서도 올리가르흐가 거래에 관해서 공개적으로 도전한 것은 차마 생각도 못 했던 일이었다. 푸틴은 이러한 부패 주장에 대해서 깊이 분개했는데, 자기가 보기에는 호도르콥스키 역시 본인의 재산을, 그중에서도 특히 유코스를 부패한 방식으로 취득했기 때문이었다.

호도르콥스키로선 크렘린이 자신의 부를 공격할 수 있게끔 문을 더 활짝 열어 준 셈이었다. 하지만 그가 이렇게 정식으로 도전을 제기한 까닭은 딱히 선택의 여지가 없기 때문이었다. 세베르나야 네프트 거래를 통해 로스네프트의 사정거리가 크게 늘어났고, 이는 게임의 규칙이 국가에 유리한 쪽으로 크게 기울었음을 알리는 셈이어서, 호도르콥스키의 사업 모델 전체에 도전을 제기했기 때문이었다. 「그는 다른 어떤 방식으로 행동하는 것도 불가능함을 이해했습니다. 자신의 사업을 다른 어떤 방식으로도 발전시킬 수 없었으므로 죽을 각오로 덤벼들었던 겁니다. 그는 모두를 걸었습니다. 어쨌거나 거기서 한 발짝만 더 나아가면, 결국 막다른 길밖에 없으리라는 걸 이해했던 겁니다.」 콘다우로프의 말이다.[53]

바로 그 순간부터 호도르콥스키는 마치 자기가 가진 것을 모두 거는 도박을 벌이는 듯했고, 자기 제국의 확장을 가속해서 유코스를 아브라모비치의 시브네프트와 합병하는 360억 달러짜리 거래를 성사시킴으로써, 규모로는 세계에서 네 번째이고 매장량으로는 세계에서 두 번째인 석유 생산업체를 만들어 냈다.[54] 이 거래는 4월 말에 아무런 예고 없이 발표되었으며, 그 장소는 하필 루뱐카의 FSB 본부에서 모퉁이 하나를 돌면 나오는 모스크바의 최신 고급 호텔 하얏트의 (카메라 플래시가 작열하는) 우아한 로비였다. 마치 호도르콥스키는 자기회사와 옐친 패밀리가 결합하는 이 합병 덕분에, 자신이 또 한 겹의 보호를 추가로 얻게 되었다고 생각한 듯했다. 하지만 오늘날까지도 그의 동업자 네브즐린은 그때 아브라모비치가 함정을 파놓았다고, 즉합병을 통해 유코스를 차지하고 나서 호도르콥스키를 몰아낼 생각이었다고 믿는다.

그럼에도 불구하고 호도르콥스키는 계속해 나갔다. 서방과의 통합을 위한 추진을 계속했고, 합병 회사 유코스시브네프트의 지분을미국 석유 회사 엑슨모빌이나 셰브론에 매각하는 것에 관한 역사적인대화를 시작했다.[55] 이렇게 하면 유코스를 러시아라는 국가의 사정거리 너머에 둠으로써, 또 한 겹의 보호를 얻게 될 예정이었다. 그로부터겨우 3개월 전, 역시나 전직 콤소몰 구성원이었던 알파 그룹의 프리드만이 주도하는 또 다른 올리가르히 집단은 영국 국영 석유 회사 즉,BP와의 67억 5000만 달러짜리 협업에 합의했으며, 이 계약에 따라BP는 튜멘 석유 회사, 즉 TNK의 주식 50퍼센트를 차지하게 될 예정이었다. 따라서 유코스시브네프트도 이 선례를 따를 것은 그저 자연스러워 보였다. 이 문제를 잘 아는 어떤 사람의 말에 따르면, 처음에는푸틴도 이 협상을 좋아하는 듯했고, 러시아 국영 은행의 대출금을 이용하여 유코스시브네프트가 거꾸로 미국 에너지 대기업 가운데 하나를 장악할 수 있으리라는 웅장한 야심도 품고 있었다.[56]

하지만 프리드만과 그의 동업자 아벤은 워낙 몸을 낮추었고, 온갖 방법을 동원해서 푸틴 정권에 충성을 표시했던 반면, 호도르콥스키는 정치 분야에서도 자신의 활동을 늘리기 시작했다. 그는 오픈 러시아를 통해서 자선 사업에 자금을 쏟아부었으며, 러시아군 전사자자녀를 위해 모스크바 교외에 설립한 학교와 연례 청소년 캠프에서 젊은 러시아 10대들에게 민주주의의 원리를 가르치려 시도했다. 유코스와 시브네프트의 합병 발표 직전에는 개인적인 정치적 야심을 명백히 밝혔으며, 45세 생일이 되면 유코스의 조종석에서 내려오고 싶다는 희망을 전 세계에 밝혔다.[57] 결국 2007년에 그렇게 하겠다는 뜻이었는데, 바로 다음 해인 2008년에 대통령 선거가 예정되어 있었다. 마치 대통령 선거 출마 의도를 알린 것처럼 보였다.

호도르콥스키는 또한 러시아를 의회 공화국으로 변모시키는 문제에 관해서, 오래전부터 의회 지도자들과 대화를 이어 나가고 있었다. 이는 많은 비판자가 자국 정치 시스템의 치명적인 결함이라고 여기는 것을 삭제할 수 있으리라 간주되었다. 여기서 말하는 결함이란 바로 대통령에게 권력이 과다하게 집중된 것을 가리켰다. 현행 시스템은 1993년에 옐친이 의회와 격렬히 대립한 이후에 나온 것이다 보니, 대통령이 명령을 이용해 국가를 사실상 운영할 수 있게 허락함으로써 대통령에게 유리하게 기울어져 있었다. 의회 공화국으로의 이행은 대통령에게서 핵심 행정 권한을 빼앗아서, 의회가 선출한 총리에게로 이전할 예정이었다. 호도르콥스키는 이제 이런 논의가 푸틴이 빤히 바라보는 가운데, 심지어 푸틴의 동의하에서 진행되고 있다고 주장했다.[58] 그는 이것이 대통령의 권력을 축소하는 것이 아니라, 그의 퇴임 이후 더 균형 잡힌 시스템을 형성하는 것을 목표로 한다고 말했다. 푸틴은 그 당시까지만 해도 헌법에 명시된 연임의 한계인 두 번째 대통령 임기를 마치고 2008년에 퇴임할 예정이었기 때문이다. 하지만 많은 사람은 이 올리가르흐가 점점 더 과대망상증에 휘둘리고 있다고, 스스로 총리직을 넘보고 있다고 간주했다.

러시아의 여러 재벌과 마찬가지로 호도르콥스키는 하원 의회의 여러 정당에 자금을 제공했다. 이것은 크렘린 행정실장 볼로신과 행정 부실장 수르코프가 적극적으로 권유한 결과이기도 했는데,[59] 이들로서는 그렇게 함으로써 공산당을 좌파 부르주아 정당에 가깝게 변모시키는 데 도움이 되리라고 여겼던 까닭이었다. 하지만 호도르콥스키가 이 습관을 너무 멀리까지 밀고 가면서 우려가 증대했다. 그는 수천만 달러를 쏟아부어 가면서 공산당에게는 물론이고 다른 자유주의 정당 야블로코와 우파 연합, 이 두 곳에도 자금을 지원했던 것이다. 유코스 그룹의 최고위 중역 가운데 두 사람은 공산당의 후보 명단에서 맨 위에 있었으며, 그의 가장 가까운 사업 관련자이며 메나테프 그룹의 공동 설립자인 두보프는 이미 1999년 12월의 선거에서 당선되어서 의회에서도 영향력이 큰 조세 위원회를 이끌고 있었다.[60]

호도르콥스키가 의회에서 발휘한 영향력은 급기야 크렘린의 권력에 도전을 제기하기 시작했다. 이런 상황이 특히나 두드러졌던 것은 2003년 5월로, 이 재벌은 석유 부문의 대대적인 조세 개혁을 위한 크렘린의 시도를 저지할 만한 의회의 표를 충분히 확보하는 데 성공했다. 크렘린의 원래 의도는 사상 최초로 러시아 경제를 석유 수입에 대한 과도한 의존으로부터 멀어지도록 재편하려는 것이었다.[61] 전 세계 석유 가격이 급상승하면서(1998년에 배럴당 12달러였던 것이 2003년에는 배럴당 28달러까지 올랐다) 정부의 국고를 급속히 채우고 해외 채무를 갚아 나가는 데에는 도움이 되었다. 하지만 증대하는 석유 가격은 또 한편으로 러시아의 예산 충당과 경제 성장에서 석유와 가스 세입에 대한 의존성을 더 고조시켰다. 2003년 러시아의 석유와 가스 산출량은 국내 총생산의 20퍼센트를 차지했으며, 전체 수출액의 55퍼센트를 차지했고, 전체 세입의 40퍼센트를 차지했다.[62] 국제 통화 기금이 발행한 보고서에 따르면, 2003년의 러시아는 1998년의 채무 불이행 사태 이전과 비교해서 세계 석유 가격에 다섯 배나 더 의존하게 되었다. 1998년 이전에도 세계 석유 가격에 대한 러시아의 의존에서 비롯되는 불확실성은 파멸적이다 싶을 정도로 자명했다.[63] 만약 석유 가격이 1998년에 목격된 것처럼 배럴당 12달러로 내려앉을 경우, 러시아는 국내 총생산의 3퍼센트에 상응하는 130억 달러를 예산용 납부 세액에서 잃어버릴 수도 있다고 국제 통화 기금은 전망했다.

러시아가 자국의 통제를 벗어나 있는 전 세계 에너지 가격에 압도적으로 의존한다는 사실 때문에, 푸틴 정부에서도 더 자유주의적인 분파에서는 오래전부터 탈출구를 모색해 왔다. 옐친 시대에는 정부도 연이은 위기에서 벗어나느라 너무 바빴던 까닭에, 석유와 가스 세입에 대한 러시아의 의존도를 감소시키지 못했다. 세금을 징수하려 안간힘을 썼던 그 당시의 정부로서는 사용할 수 있는 세원이 모조리 필요했기 때문이었다. 하지만 이제는 석유 가격이 급등하고 있었으므로, 정부에서도 더 자유주의적인 분파에서는 마침내 더 안정적인 상황을 (아울러 갓 피어나는 세입을) 이용하여 경제를 재편하려던 것이다. 이 자유주의적인 분파는 재무 장관 알렉세이 쿠드린과 경제 장관 게르만 그레프가 주도했는데, 전자는 상트페테르부르크 시절 솝차크 밑에서 푸틴과 함께 일한 바 있었고, 후자 역시 상트페테르부르크 시절 연방 재산부 책임자로 일한 바 있었다. 일찍이 2003년 2월 초에 그레프는 첨단 기술과 국방 부문에 대한 국가 투자를 위해, 석유 산업의 예기치 않은 수익에서 세금을 더 징수할 방법들을 발표했다.[64]

정부는 수출과 로열티 모두에 대한 세금을 더 많이 징수하는 방법으로 석유 산업에 대한 과세를 높이려고 도모했다. 하지만 호도르콥스키는 로열티에 대한 세금에 줄곧 반대했다. 5월에 의회에 있는 그의 사람들이 이 세금을 부과하려는 정부의 최초 시도 가운데 하나를 물리칠 수 있게 되자, 푸틴 정부 내의 자유주의자들도, 즉 그레프와 쿠드린도 이에 반감을 갖게 되었다. 쿠드린과 가까운 고위급 은행가의 말에 따르면, 그 이전까지만 해도 이 자유주의자들은 국가 통제주의자인 안보계 사람들의 공격 의향이 점점 커지는 상황에서도 호도르콥스키를 보호하려고 노력했었다는 것이다. 하지만 호도르콥스키는 이들의 계획을 잠식한 것은 물론이고, 자기를 옹호하는 이들의 논증조차도 잠식하고 말았다. 「호도르콥스키는 하원 의회에서 주요 투자자가 되었습니다. 하원 의회의 절반에게 돈을 뿌렸던 겁니다. 그가 위협이 아니라고 말하는 것은 아예 말이 안 되는 상황이었습니다. 그가 세금 부담을 늘리는 쪽에 표결하지 못하게 맺은 계약은 단지 친(親)사업적 성향의 의원들로부터 지지를 받았을 뿐만이 아니라, 심지어 강경파 공산주의자, 골수 반유대주의 민족주의자, 자유주의자와 보수주의자로부터도 지지를 받았던 겁니다. 그거야말로 세금 인상에 반대한 사람들치고는 가장 희한한 조합이었던 겁니다. 쿠드린은 호도르콥스키에게 전화를 걸어서 이렇게 말했습니다. 〈당신이 다 망쳐 놓은 거요. 당신은 애초에 국가의 주요 기관을 매수해서는 안 되었던 거요. 세금을 90퍼센트까지 인상하고 싶어 하는 사람들도 있소. 당신도 차라리 이 거래를 받아들이는 게 더 나았을 거요.〉 그런데 호도르콥스키가 쿠드린에게 뭐라고 말했는지 아십니까? 이렇게 말했답니다. 〈당신이 도대체 뭔데 그러는 겁니까? 엿이나 처드쇼. 내가 당신 모가지 달아나게 만들 테니까.〉」은행가의 말이다.

그레프와 쿠드린은 상황이 차마 견딜 수 없는 지경까지 치달았다고 생각했다. 그런데 은행가의 증언에 따르면, 호도르콥스키는 이런 상황을 더 악화시키고 말았으니, 표결 이후에 향후의 총리직 후보자들에게 전화를 돌려서, 당신네도 앞으로는 정책을 자신과 합의해야만 할 거라고 큰소리를 쳤던 것이다. 「그는 이번 표결이야말로 자신이 하원 의회를 통제한다는 객관적인 예증이라고 말했습니다. 그러면서 이제 자기가 다음번 의원을 선출할 수 있는 권한도 갖게 되었다고 말했습니다.」[65]

호도르콥스키는 그런 내용의 전화를 돌렸다는 사실 자체를 부정했다. 하지만 그로부터 몇 주 뒤에 언론 매체에는 그가 대통령의 통치를 잠식하려는 친서방 올리가르히로 이루어진 〈위험한〉 집단의 지도자라는 보고서가 간행되었다. 이 보고서에 따르면, 이들의 목표는 의회에서 다수의 권한을 매수하는 것이었고, 그리하여 대통령이 기껏해야 명예직에 불과한 의회 공화국으로 자국을 변모시키는 것이었다. 호도르콥스키의 최근 행동을 거의 정확하게 묘사한 이 보고서는 푸틴의 사람들 사이에서 감돌던 편집증을 더 정당화하려는 의도였음이 분명했다. 이 보고서에서는 올리가르히로 이루어진 이 집단의 행동을 〈반국가적〉이라고 일컬었다. 이들의 재산은 국가에 대항하여 보호받기 위해 역외 지역에 등록되어 있었다. 「올리가르히는 러시아에서 자신들의 정치적이고 경제적인 이익을 보장받기 위해서 다른 국가의 자원에 호소한다고 말할 수 있을 것이다. 국가 경제의 주요 자산의 민영화를 달성하고 나자, 이들은 러시아에서 정치권력의 민영화를 위해 나아가고 있는 셈이다.」[66]

이 보고서는 푸틴의 사람들의 사고방식을 정확히 반영했다. 아울러 그 저자의 말이라든지, 안보 기관과 가까운 어느 고위급 은행가의 말에 따르면, 이 보고서는 푸틴의 사람들이 호도르콥스키와 그의 관련자들의 전화와 사무실을 도청했을 때에 들은 내용까지도 역시나 반영했다. 「오늘날 교도소에 있는 사람들 가운데 상당수는 안보계 사람들에 대한 그들의 솔직한 생각을 당사자들에게 들켰기 때문에 거기있게 된 겁니다. 실명까지 거론하며 그들이 욕한 것을 당사자들에게 들켰기 때문에 말입니다.」이 보고서의 공동 저자이자 저명한 정치 분석가 스타니슬라프 벨콥스키의 말이다.[67]

머지않아 푸틴도 자신의 기분을 분명히 밝히기 시작했다. 그해 5월 말에 푸틴은 호도르콥스키와 아브라모비치와 이들의 핵심 참모

몇 명에게 전화를 걸어서, 자기 소유의 노보오가레보 저택에서 개최되는 사적인 만찬에 초청했다. 그 자리에 있었던 어떤 사람의 말에 따르면, 이들은 식사 자리에서 엑슨과 셰브론 거래에 관해서 논의했으며, 식사를 마치고 훌륭한 코냑을 즐기는 자리로 옮겨 가서는 푸틴이 호도르콥스키를 향해 공산당에 대한 자금 지원을 중지하라고 명령했다. 이에 그 올리가르흐는 반발하면서, 자기는 행정실장 볼로신과 행정 부실장 수르코프와 자금 지원에 이미 합의한 상태라고 말했다. 그러자 푸틴은 이렇게 말했다. 「그만두시오. 당신은 큰 회사를 갖고 있고, 아직 완수해야 할 사업이 많잖소. 당신은 그런 일을 할 시간이 없소.」 호도르콥스키는 계속해서 버티면서, 자기는 다른 유코스 주주들이 각자 원하는 사람에게 자금을 지원하는 것을 차마 막을 수 없다고 말했다. 「호도르콥스키가 이러더군요. 〈만약 우리가 공개적이고 투명한 회사라면, 저로선 주주와 직원들이 특정 정치 성향을 따르지 못하도록 저지할 수가 없습니다.〉」 호도르콥스키는 러시아에서의 민주주의 지지와 사회사업이야말로 자기에게는 본업만큼이나 중요하다는 점을 푸틴에게 설명하려 시도했다.[68]

이들의 대화는 급작스럽게 끝났고, 손님들도 그곳을 떠났다. 하지만 푸틴은 이 문제를 그대로 덮어 두고 넘어갈 생각이 없었다. 그해 6월, 푸틴은 대통령이 되고 처음으로 국빈 자격으로 영국을 방문했다. 토니 블레어 총리며 여왕으로부터 환대받게 될 영예와 과시와 행사를 위해 러시아를 떠나려고 준비할 즈음, 그는 눈앞에 벌어진 말썽에 관한 첫 번째 암시를 내놓았다. 연례 기자 회견에서 에너지 산업에 대한 세금 인상 개혁을 의회에서 저지했다며, 재벌들을 겨냥해 맹비난했던 것이다. 비록 호도르콥스키의 이름을 거론하지는 않았지만, 푸틴이 지칭하는 대상이 누구인지는 확실히 알 수 있었다. 「우리는 그런 사업적 이해 당사자들이 자기네 집단의 이익을 위해서 이 나라의 정계에 영향을 주도록 내버려 두어서는 안 됩니다.」 푸틴의 말이었다.[69] 또한 푸틴은 자국을 의회 공화국으로 변모시키려는 정치 시스템 개혁에 대해서도 사상 최초로 공개적으로 발언했다. 즉 그것이야말로 터무니없는 생각이며, 심지어 〈위험한〉 생각이라고 말한 것이다.

푸틴의 발언이 누구를 겨냥했는지는 모두에게 명확해 보였다. 대통령이 해외에 머물면서 버킹엄 궁전의 화려한 연회에 참석하고, 블레어 총리가 〈러시아에 대한 장기적 신뢰〉의 증거라고 찬양한 BP와 TNK의 협정에 서명하는 사이, 국가 기구는 이미 행동에 돌입한 상태였다. 마치 푸틴과는 아무 관련이 없는 것처럼 보이도록 시기적으로 조율된 상태에서, 러시아 검찰은 유코스에 대한 공격에서 최초의 운명적인 조치를 조용히 취했다. 즉 그 회사의 안보 책임자 알렉세이 피추긴을 체포하고, 고용주 호도르콥스키의 40세 생일에 살인죄로 기소했다. 피추긴이 또 다른 메나테프 직원을 암살하라고 명령한 것을 가지고 거꾸로 피추긴을 협박하려 시도했다는 어느 부부를 살해한 혐의였다.[70] 크렘린의 위협이 이보다 더 강력할 수는 없었을 것이다. 피추긴의 체포는 별로 주목받지 못하고 그냥 넘어갈 수도 있었지만, 그로부터 일주일 뒤에 훨씬 더 저명한 인물이 체포되면서 덩달아 주목받게 되었다. 호도르콥스키의 오래된 오른팔이자, 메나테프 그룹의 회장이자, 그 사업 상당 부분의 배후 인물인 플라톤 레베데프가 체포되었던 것이다. 갑자기 호도르콥스키의 세계가 발칵 뒤집어졌다.

레베데프는 병원 침대에 누워 있다가 수갑을 차고 연행되었으며, 메나테프가 민영화한 최초의 대기업이자 비료업계의 대표 주자 아파티트의 지분 20퍼센트를 유용한 혐의로 기소되었다.[71] 이 소식이 사방의 신문에 보도되면서, 불과 하루 만에 유코스의 시가 총액 20억 달러가 날아가 버렸다.[72] 배후에서는 VNK의 민영화와 관련된 또 다른 형사 사건 수사가 개시되었으며, 유코스의 또 다른 고위급 중역이 소환 조사를 통보받았다. 유코스를 겨냥한 맹공이 시작된 것이었다.

그해 여름의 머리기사는 지칠 줄 모르고 계속되었다. 검찰이 수사를 진행하는 동안 유코스의 주식은 연타를 당했다. 7월 말, 호도르콥스키가 투자자 지원책을 홍보하기 위해 미국에 다녀온 지 나흘 만에, 검찰은 피추긴의 살인 및 살인 기도 혐의에 대한 네 건의 개별 형사 사건 수사의 결과를 발표했다.[73] 이 발표는 호도르콥스키의 최악의 악몽 모두를 들추어냈다. VNK 지분을 놓고 리빈을 겨냥했던 공격에 대해서뿐만 아니라, 1998년 6월의 네프테유간스크 시장이 살해된 사건에 대해서도 조사가 이루어졌다. 유코스 본사가 자리한 시베리아 서부의 석유 도시 네프테유간스크의 시장은 메나테프가 유코스를 장악한 이후에 호도르콥스키와 갈등을 빚었다. 그런데 이 올리가르흐의 생일날 아침에 그 시장이 출근을 하다가 총격으로 사망했고, 이에 고용주에게 생일 선물을 주고 싶어 하던 열성적인 부하들에 의해 살해되었다는 소문이 급속도로 퍼졌다.[74] 유코스는 현금 흐름의 합리화를 도모하는 과정에서, 주 생산 시설이 있는 네프테유간스크에서 3만 명 가까이 고용한 서비스 회사를 분리할 준비를 하고 있었는데, 이에 메나테프가 유코스를 매입한 이후 그 도시의 급감한 세입에 대해서 시장이 직접 옐친에게 항의 편지를 썼던 것이다. 그 도시의 시민 수천 명이 거리로 나와 호도르콥스키가 시장의 죽음을 지시했다며 공개적으로 비난했다. 하지만 얼마 후에 호도르콥스키를 직접 만난 『파이낸셜 타임스Financial Times』의 기자의 말에 따르면, 이 올리가르흐도 그 살인 사건 때문에 진정으로 당혹스러워하는 것처럼 보였다.[75]

호도르콥스키는 레베데프와 관련된 살인 및 살인 기도 사건에 자신이나 다른 어떤 관련자가 개입했다는 사실을 완강히 부인했다. 네프테유간스크 시장의 살인 사건의 경우, 그의 변호사들은 유코스의 수출 가운데 일부를 장악했다가 호도르콥스키의 사람들에게 쫓겨난 어느 위험한 체첸 범죄 조직을 진범으로 지목했다.[76] 더 나중에 가서야 VNK를 놓고 호도르콥스키와 싸웠던 KGB 사람들의 배경이 명백해지자, 그와 가까운 어떤 사람은 그 살인이 호도르콥스키에게 오명을 씌우려는 시도였으며, 실제로는 VNK의 KGB 지지자들에 의해 조직되었다고 주장했다.[77]

호도르콥스키는 미국에서 피난처와 보호 방법을 물색했다. 핵심 측근 레베데프가 체포된 직후에 그는 곧장 미국 대사관으로 갔고, 독립 기념일을 맞아 성조기와 장식이 걸려 있는 그곳에서 기자들을 만나 자신과 정부의 갈등이 지속될 수 있다고 생각하지는 않는다고 주장했다.[78] 그 직후에 호도르콥스키는 아이다호주 선 밸리에서 열린 회의에 참석했으며, 빌 게이츠와 워런 버핏 같은 명사들과 마치 보란 듯이 친밀하게 이야기를 나누었다.[79] 모스크바로 돌아온 그는 다시 한번 도박을 걸었고, 국영 TV 채널에 출연해서 자신의 조직에 대한 공격이 지속될 경우에는 러시아에서 자본 유출이 급증할 것이고, 그렇게 되면 투자 분위기를 망치는 것은 물론이고 전체주의적인 과거로 시간을 돌리는 셈이 될 것이라고 주장했다.[80]

하지만 미국과 호도르콥스키의 예비 교섭은 크렘린의 반감을 더욱 부추겼을 뿐이었다. 9월에 푸틴은 미국 방문이라는 중요한 과제를 준비하던 중이었는데(그는 캠프 데이비드에서 부시 대통령과 함께 회담을 할 예정이었다), 대통령이 검찰을 억제할 수 있으리라 생각한 모든 사람에게 명백한 메시지를 전했다. 즉 미국 기자들을 앞에 놓고, 이 사건은 살인과 관련된 것이라며 날카롭게 이야기한 것이다. 「그런 사건인데 제가 어떻게 검찰의 업무에 개입할 수 있겠습니까?」 푸틴이 반문했다.[81]

크렘린이 전력으로 펼치는 공세에서 도망칠 수 있는 기회가 호도르콥스키에게 실제로 있었는지 알 수 없지만, 푸틴은 미국 방문 중에 인내의 한계를 만났다. 뉴욕 증권 거래소에 초청을 받은 그는 미국의 대표적인 기업인들을 만나 연설하며, 시장 경제에 대한 러시아의 헌신을, 즉 민영화의 번복은 없다는 점을 확언했다. 이때 푸틴은 공식 행사 이외의 회동에서 엑슨모빌 최고 경영자 리 레이먼드를 일대일로 만났다. 덩치가 큰 중서부 출신의 이 남자는 엑슨과 모빌의 합병을 성사시킴으로써, 3750억 달러의 가치를 지닌 세계 최대 회사를 만들어 낸 바 있었다. 공격적인 경영 방식으로 유명한 레이먼드는 푸틴 앞에 서도 말을 삼가는 법이 없었고, 급기야 엑슨이 소수 지분을 매입하는 거래의 첫 단계가 지나고 나면, 결국에는 유코스시브네프트의 지배 지분을 매입하고 싶다고 말해 버렸다.[82]

푸틴은 완전히 소스라쳤다. 미국 에너지 대기업이 러시아의 자원 매장지를 장악할 수 있다는 시나리오에 대해서는 호도르콥스키나 아브라모비치와도 전혀 논의해 본 적이 없었던 까닭이었다. 이전까지 그는 엑슨이나 셰브론이 소수 지분을 차지하는 대신, 유코스시브네프트도 미국 에너지 대기업 가운데 한 곳의 지분을 차지하려는 계획이겠거니 하는 인상만 갖고 있었다. 「푸틴이 보기에는 지분 교환이 중요했습니다. 그것이야말로 러시아와 미국 사이의 에너지 가교가 될 예정이었으니까요.」 이 협상에 대해 잘 아는 어떤 사람의 말이다.[83] 하지만 그해 여름에 유코스에 대한 압력이 늘어나자, 주주들도 매각을 서두르라고 압박했다. 이들은 지분을 교환하기보다는 차라리 완전히 현금화하고 싶어 했다.

푸틴의 입장에서는 유코스시브네프트의 지배 지분을 엑슨모빌에 매각한다는 것은 절대적으로 터무니없는 일이었다. 그로선 러시아의 전략적 자원 매장지의 통제권을 미국에 매각하는 것을 승인할 가능성이 없었다. 그것이야말로 KGB 사람들이 러시아의 제국적 힘을 회복시키겠다는 목적을 위해 노력했던 모든 것에 반대되는 일이었다. 프리드만과 아벤은 BP와의 50대 50 협업을 하도록 허가받았지만, 그들의 경우에는 호도르콥스키와 달리 크렘린에 절대적으로 충성하는 상태로 남아 있었으며, TNK와 BP의 합작 사업체의 운전석에 계속 앉아 있기 위해서는 무슨 일이든지 서슴지 않았다.

그로부터 일주일 뒤에 모스크바에 도착한 레이먼드는 거래를 마무리하기를 원하는 기색이 역력했다. 바로 그날 『파이낸셜 타임스』에서는 엑슨이 250억 달러에 유코스시브네프트의 지분 40퍼센트를 인수하는 논의가 한창이며, 나중에 가서는 지분이 50퍼센트 이상으로 늘어날 수도 있다는 뉴스를 보도했다.[84] 하지만 레이먼드는 악수와 축배 대신, 기관총을 든 방탄조끼 차림의 수사관 50명 이상이 모스크바 각지에 있는 유코스 관련 시설을 압수 수색 했다는 소식만 접하게 되었다. 압수 수색을 당한 장소 중에는 이미 교도소에 들어간 레베데프를 비롯해서 호도르콥스키와 가장 가까운 동업자들인 메나테프의 다른 주요 주주들의 자택도 포함되어 있었다. 이들은 모스크바 외곽에 있는 엘리트 주거지 주코프카에서도 높은 금속 펜스가 설치되고, 경비가 철저한 주택 단지에 함께 모여 살고 있었다.[85] 호도르콥스키도 문밖에 경찰이 몰려왔다는 아내의 전화를 받자, 레이먼드에게 양해를 구하고 서둘러 자리를 떠났다.

크렘린의 신호가 이보다 더 명료할 수는 없었다. 엑슨모빌은 결코 거래를 성사시키지 못하리라는 뜻이었다. 아내의 전화를 받은 순간, 호도르콥스키는 레이먼드와 함께 세계 경제 포럼이 주최한 회의에 참석 중이었고, 마침 그곳에서는 푸틴이 기조연설을 할 예정이었다. 저 올리가르흐가 경찰의 압수 수색으로부터 자택을 구하기 위해 달려가는 동안, 레이먼드가 할 수 있는 일이라고는 만약 러시아가 세계 시장에 참여하고 싶다면 그 어떤 투자자에 대해서도 〈자의적으로〉 규제해서는 안 된다고 경고하는 것뿐이었다.[86] 푸틴은 압수 수색 사실에 대해서는 마치 까맣게 모르는 듯, 자기는 투자의 방해물을 제거하기 위해 최선을 다하고 있다고 투자자들에게 계속해서 주장했다.[87] 이것이야말로 그가 권좌를 향해 상승하기 시작했을 때부터 채택한 일구이언의 전형적인 사례였다. 여기서 푸틴은 시장을 예찬하고 있었지만, 막후에서는 그의 안보계 사람들이 스스로를 위한 지배 지분 장악에 최선을 다하고 있었던 것이다.

호도르콥스키는 여전히 굴복하기를 거부했고, 회사를 보호하기 위해서라면 자기는 교도소에 갈 준비가 되었다고 전 세계에 밝혔다.[88] 그는 자국을 떠나지 않을 것이며, 싸움을 포기하지도 않을 것이었다. 하지만 막후에서는 호도르콥스키도 탈출구를 필사적으로 물색했으며, 심지어 푸가체프를 찾기까지 했다. 그는 1990년대부터 자신의 오랜 경쟁자였으며, 이 당시에 상트페테르부르크 안보계 사람들과 가까웠던 이 은행가에게 크렘린의 동기가 무엇이냐고 물어보았다. 푸가체프는 이런저런 질문을 던지고 나서, 상대방에게 명확한 메시지를 전달했다. 계속해서 자유롭게 살아가고 싶다면 이 나라를 떠나라는 것이었다. 그러지 않는다면 결국 교도소에 가게 될 거라고 말했다.[89] 호도르콥스키의 말에 따르면, 그때 그는 그 말을 믿지 않았다. 크렘린은 감히 자기를 체포할 수 없을 거고, 설령 체포하더라도 미국이 개입해서 자기를 지켜 줄 거라고 믿었다.

이것이야말로 그의 오만을 보여 주는, 아울러 그의 과대평가를 보여 주는 신호였다. 두 나라 사이의 가교를 건설하려 시도하는 올리가르흐를 보호하기 위해서, 미국이 과연 무엇까지 할 수 있는지에 대해서 과대평가를 범하고 말았다.

호도르콥스키가 아랑곳하지 않고 시베리아 출장을 다니던 중에 결국 일이 터지고 말았다. 그 일이 일어나기 바로 전날 검찰에서는 소환 조사를 시도했지만, 그는 모스크바에서 먼 곳에 있었다. 2003년 10월 25일 토요일 오전, 이 올리가르흐의 개인용 비행기가 재급유를 위해 노보시비르스크의 비행장에 착륙하자, FSB 특공대 소속 무장 분대가 강제로 비행기에 올라탔다. 이들은 호도르콥스키가 있는 일등석 격실로 들어와서 외쳤다. 「FSB다! 무기를 바닥에 버려! 움직이면 쏜다!」[90] 그는 대규모 사기 및 탈세 혐의로 체포되었으며, 저녁 무렵에는 모스크바의 악명 높은 마트로스카야 티시나 교도소에 들어가 있었다.

이것이야말로 러시아의 정치와 경제의 방향이 서방 주도하의 전 세계 통합으로부터 돌이킬 수 없을 만큼 선회했던, 그리하여 서방과의 충돌을 향해 나아가는 독자적인 경로를 선택했던 순간이었다. 국가 통제주의적 안보계 사람들 무리에게도 역시나 돌아갈 수 없는 지점이었다. 이들은 러시아의 재부상을 (아울러 자신들의 경제적 영향력을) 확보하려면 이것 외에 다른 길이 없다며 로비를 벌이고, 음모를 꾸미고, 급기야 푸틴을 설득했던 것이다. 하지만 이것이야말로 그 나라에게나 이들 자신에게나 미지의 영역일 수밖에 없었다. 그 일이 그 정도로까지 진행되리라고 예상한 사람은 거의 없지만, 실업계의 상당수는 뭔가 돌아갈 길이 있기를, 호도르콥스키가 풀려날 수 있기를, 양측이 합의할 수 있기를 바랐다. 심지어 푸가체프조차도 실로비키 가운데 일각에서는 오래전부터 그런 기대가 있었다고 말했다. 즉 호도르콥스키와 그의 관련자들이 푸틴과 그의 사람들에게 상당한 금액의 현금을 지급하는 데 합의함으로써, 온갖 혐의를 지워 버릴 것이라는 기대가 있었다. 「모두들 리베이트를 기다렸습니다. 어느 누구도 실제로 준비되지는 않은 상태였어요. 어느 누구도 그 회사를 어떻게 해야 할지 몰랐습니다. 그들은 이때까지만 해도 뭔가를 운영한 경험이 전무했기 때문입니다.」 푸가체프의 말이다.

호도르콥스키의 체포는 실업계 전체를 충격 상태로 몰아넣었다.

그는 러시아에서 가장 부유한 인물이었고, 가장 저명한 시장 옹호자였으며, 불과 7년 전에 3억 달러를 주고 매입한 회사를 이제 250억 달러에 매각하는 세기의 거래를 마무리하기 직전까지 이끌었던 사람이었다. 만약 그가 쓰러질 수 있다면, 다른 누구에게나 똑같은 일이 벌어질 수 있었다. 호도르콥스키가 체포된 날, 올리가르히의 주요 기관이 된 러시아 기업인 경영인 연맹의 주도적인 구성원들은 모스크바 소재 발추그 호텔에서 긴급회의를 열었다. 비록 너무 두려운 나머지 언론에 직접 말하지는 못하는 사람이 대부분이었지만, 그래도 이번 체포를 비판하고 면회를 허락하라는 내용의 조심스럽고 머뭇거리는 항의 편지를 단체의 명의로 작성하여 푸틴에게 보냈다. 〈러시아 대통령 푸틴의 명료하고 명백한 입장만이 현 상황을 개선할 수 있습니다. 그런 입장이 부재하면 돌이킬 수 없을 만큼 투자 분위기를 악화시킬 것이며, 러시아를 자기 사업을 발전시키려는 사람들에게 우호적이지 못한 나라로 변모시킬 것입니다.〉[91] 민영화의 차르이며 러시아의 자유주의적 개혁의 설계자인 추바이스는 이 메시지를 한 걸음 더 밀고 나아갔다. 주말의 TV 인터뷰에서 그는 호도르콥스키의 체포가, 아울러 다른 실업계 지도자들도 다음 표적이 될 가능성 여부에 대한 명증성의 결여가 자칫 엘리트들 사이의 〈통제 불가능한〉 분열로 이어지고, 급기야 사회 전체가 거기 빨려 들어갈 수 있다고 경고했다.[92]

하지만 푸틴은 이제 물러서지 않을 작정이었다. 비록 호도르콥스키의 체포와 자신의 관련성을 계속해서 부정했지만, 그런 일들이 최고위층의 분명한 묵인 없이 일어나지는 않게 마련이었다. 다른 무엇보다도 이 체포 사건은 그 올리가르히가 푸틴의 통치의 기본 교의를 (그의 경험을 통해 훗날 다른 올리가르히가 너무나도 잘 알게 된 바로 그 내용을) 미처 파악하지 못했음을 보여 주었다. 한때 호도르콥스키를 위해서 일했지만 끝내 결별한 변호사 드미트리 골롤로보프는 말했다. 「누군가가 러시아 재무부로부터 보증금을 받아서 석유 대기업을 1억 5000만 달러에 매입한다면, 그 사람은 러시아의 법칙에 따라서 행동해야 한다는 겁니다. 그 사람은 합법적인 소유주라고 말할 수 없습니다. 민영화는 합법적 재산을 만들어 내지 않았으니까요. 다른 올리가르히는 이 사실을 잘 이해했습니다. 그들 중 누구도 자기네가 그 사업체의 실제 소유주라고 주장하지 않았습니다. 그들은 자기네가 단지 관리자에 불과하다는 사실을 이해했던 겁니다.」[93]

이런 사고방식은 푸틴이 대통령 선거에 나서면서 지지한다고 주장했던 모든 것과 상충되었다. 이것이야말로 러시아가 시장으로의 이행을 시작했을 때에 자기네가 재벌들을 만들었다는, 따라서 새로운 억만장자들이 얻은 것은 모두가 자기네 덕분이라는 KGB의 믿음에서 근거한 기만이었다. 호도르콥스키에게 일어난 일은 1990년대에 대한 복수였다. 그 시절에만 해도 KGB는 언저리에서 기다릴 수밖에 없었으니, 서방 친화적인 모스크바 재벌들의 영향력 때문에 옆으로 밀려나 있었던 것이다. 「지금 푸틴과 더불어 일어나는 일은 바로 KGB의 보복인 겁니다. KGB가 올리가르히 집단을 만들었는데, 이후에는 오히려 그들을 섬겨야 했던 거죠. 그러니 이제는 복수하는 겁니다.」 그 당시 고위급 군 첩보 장교였던 어느 전직 군인의 말이다.[94]

전투가 지속되다 보니, KGB도 자국의 가장 부유한 석유 자산이 서방에 넘어가는 일을 방지했다고 자처함으로써, 자신들의 자산 압류를 정당화할 수 있다고 느끼는 상황에 도달했다. 그들 가운데 하나는 이렇게 주장했다. 「유코스는 그 자산의 가장 큰 부분을 서방에 넘겨주려는 의도를 갖고 있었다. (호도르콥스키가 — 원주) 마치 번개처럼 구축한 자본, 이 모든 자산이 가짜 역외 회사들을 통해 해외로 빠져나갔을 것이다. 만약 우리가 이를 저지하지 않았더라면, 우리의 석유와 가스 산업을 계속해서 통제할 수 없었을 것이고, 우리는 오랫동안 서방 기업가들의 하인이 되었을 것이다.」[95]

그리하여 호도르콥스키의 체포 이후 며칠 동안, 이 나라의 나머지 억만장자들은 그의 유코스시브네프트 지분 150억 달러어치를 검찰이 압류하는 모습을 공포에 질린 채 지켜보았다. 푸틴은 이 사건에 관해서는 대화를 나누지 않겠다고 단호히 말했고, 주식 시장은 급락했다. 체포 직후의 월요일에 푸틴은 투명성에 관한 올리가르히의 호소에 대해 퉁명스럽고 솔직담백한 답변을 내놓았다. 「법 집행 기관이 러시아 법률 내에서 활동하는 한, 이 기관의 활동에 관한 회동이나 협상은 없을 것입니다. 법률 앞에서는 모두가 평등해야 마땅하며, 제아무리 개인 계좌나 기업 계좌에 수십억 달러를 가진 사람이라도 마찬가지입니다. 그렇지 않을 경우, 우리는 결코 어느 누구에게도 세금을 납부하라고, 조직범죄며 부패와 싸우라고 가르치고 강제할 수 없을 것이기 때문입니다.」[96]

이것이야말로 새로운 시대였다. 푸틴은 자신의 대통령 임기 가운데 처음 2년 동안의 특징이었던 머뭇거림을 대부분 벗어던지고 말았다. 크렘린의 새로운 주인님들은 자국의 전략적 자산들을 자기들끼리 나눠 먹을 준비가 되어 있었다. 푸틴에게나 그의 사람들에게나, 이제는 돌아갈 길이 없었다.

제8장
테러와 제국의 각성

마치 세 가지 요소의 매듭과도 비슷하다

푸틴은 마지못해 대통령이 된 지도자로서 임기를 시작했던 것처럼 보인다. 권좌로 도약했을 때조차도 옐친에게는 그 임무를 맡을 준비가 아직 되지 않았다고 말했으며, 옐친 패밀리에게는 자신을 고용된 관리인으로 묘사하면서 기껏해야 몇 년만 일할 것이라고 암시했다. 잠수함 쿠르스크호 침몰의 경우처럼 재난이 닥치면 뒤로 숨어 버리는, 마비되어 아무 행동도 못 하는, 때로는 마치 백지처럼 얼굴이 하얗게 변하는 습관이 있었다. 그런데 이제 러시아에서 가장 부유한 사람을 체포하라고 명령한 이상 예전으로 돌아갈 방법이 없었다. 설령 예전으로 돌아가기를 원했다 하더라도, 실제로 그럴 수 있다고 느끼지는 않았다. 특히 푸틴의 이너 서클, 즉 상트페테르부르크에서 데려온 〈실로비키〉는 그에게 계속 그 자리에 있으라고 압박했다. 「그들은 그를 겁주곤 했지요. 이렇게 말했던 겁니다. 〈유코스 건에 대해서나, NTV 장악에 대해서나 간에 아무도 당신을 용서하지 않을 겁니다. 만약 당신이 서방에 간다면, 그들이 곧바로 당신을 체포할 겁니다.〉」 푸가체프의 말이다.[1] 이제 권력을 맛본 KGB 사람들은 옆으로 물러서려 하지 않았다. 이들은 자국을 더 장악할 준비에 나섰다. 2004년에 푸틴이 재선되면, 이들은 그가 옐친 패밀리로부터 권력을 물려받으면서 맺었던 계약 가운데 일부로부터도 해방될 예정이었다.[2]

푸틴은 언론 재벌 구신스키와 베레좁스키를 제거했다. 그의 행정부가 출범시킨 초기의 개혁은 크렘린에서 임명한 전권 대표들이 통치하는 〈총괄 지역〉의 창설을 통해 지역 주지사들의 권력을 많이 감소시켰다. 이런 수단들은 상트페테르부르크 출신의 전직 군 첩보 장교 겸 검사 드미트리 코자크가 주도했는데, 대통령이 주지사들에게 〈당신들이 할 수 있는 한 최대한의 자유를 움켜쥐라〉고 명령했던 옐친 시절의 정책을 역전시킨 셈이었다. 자유주의자와 언론 재벌들은 KGB의 보복에 관해서, 크렘린의 증대하는 권위주의적 장악에 관해서 어렴풋이나마 경고했다. 호도르콥스키의 체포와 유코스시브네프트의 지분 몰수로 인해 주식 시장과 실업계는 불안에 떨었다. 하지만 푸틴과 크렘린은 이것이 별개의 사건이라고, 즉 너무 멀리까지 나간 악덕 올리가르흐 한 명에 대한 처벌이라고 설명하려고 노력했다. 한편 그 나라는 석유 가격의 급등으로 인한 유익으로 즐거워하고 있었는데, 푸틴이 권좌에 오른 이후 배럴당 12달러이었던 가격이 배럴당 28달러까지 올랐기 때문이었다. 1990년대의 혼돈에 마침표를 찍었다는 것에 대한, 나아가 올리가르흐에게 분수를 가르치려 시도했다는 것에 대한 대중의 인정이 반영된 결과, 첫 번째 대통령 임기 내내 푸틴의 지지율은 꾸준히 70퍼센트 부근에 머물렀다.

모든 신호가 순조로웠기 때문에, 푸틴으로선 두 번째 대통령 임기로 나아갈 만했다. 하지만 그의 첫 번째 대통령 임기에 상처를 남긴 사건들은 비단 NTV의 장악과 호도르콥스키의 체포만이 아니었다. 이전까지는 공개되지 않았던 한 내부 소식통의 말에 따르면, 실로비키의 주도적인 구성원들은 뭔가가 잘못될 가능성을 하나도 남기지 않으려 들었다. 2002년 10월 23일 수요일 저녁, 인기를 끌고 있는 신작 뮤지컬 「노르드오스트Nord-Ost」의 제2막을 시작하기 위해 탭 댄서들이 무대 곳곳에 늘어선 순간, 40명 정도의 무장한 체첸인 전사들이 두브롭카 음악당으로 몰려 들어와서 저격용 소총을 공중에 발사했다.[3] 이 음악당에는 900명에 가까운 관객이 가득 들어차 있었는데, 푸틴의 러시아에서 번성하기 시작한 이 중산층 구성원들은 제2차 세계 대전 당시 레닌그라드 농성 동안 소비에트인들의 용맹을 기리는 공연을 보러 그곳에 와 있었다. 무장한 체첸인들은 건물에 폭발물을 설치했으며, 그 전사들이 객석 문을 봉인하는 사이에 인질범들은(검은 히잡 차림이어서 〈검은 미망인〉이라고 일컬어지는 여성들로, 각자의 몸에 폭발물이 달린 허리띠를 착용한 것처럼 보였다) 겁에 질린 관객 사이에 자리를 잡았다.

이후 사흘 동안 이루어진 농성은 마치 푸틴에게 최악의 악몽인 것처럼 보였다. 체첸 공화국에서 가장 유명한 반란자의 조카 모브사르 바라예프가 이끄는 체첸인 전사들은 앞서 푸틴의 권좌 등극을 도왔던 1999년의 아파트 폭파 사건 이후 자기네 공화국에서 줄곧 진행되고 있는 러시아의 전쟁 종식을 요구했다. 이들은 러시아를 향해 7일 안에 군 병력을 철수하라고, 그렇지 않으면 이 건물을 폭파해 버리겠다고 말했다.[4] 이 농성에 관한 뉴스가 나가자마자, 야당 정치인과 안보계 공직자 모두가 차가운 비와 어둠에도 불구하고 음악당 바깥에 모였다. 이런 일이 크렘린에서 불과 5.6킬로미터 떨어진 곳에서 일어날 수 있다는 사실에 충격받은 상태였다. 어떻게 이렇게 많은 반란군이, 온몸에 폭발물로 무장한 채로, 모두가 훤히 지켜보는 가운데 음악당에 들어갈 수 있었던 걸까?

그 사흘 동안 푸틴은 크렘린 꼭대기 층에 있는 자기 집무실에서 꼼짝하지 않았으며, 저 아래 세상에서 상황이 걷잡을 수 없이 전개되는 모습을 지켜보며 공황에 사로잡혀 있었다. 이 위기를 벗어날 방법을 모색하는 와중에, 그는 미국 대통령 부시를 비롯한 세계 각국 지도자와 만날 예정이었던 멕시코 방문 계획을 취소해 버렸다. 인질범들은 협상을 위해 일부 저명한 인물들을 음악당 안으로 들어오게 했는데, 그중에는 가수이자 국회의원인 이오시프 코브존, 자유주의 계열의 야당 정치인 몇 명, 아울러 체첸 공화국에서의 전쟁에 대한 과감한 보도로 유명한 언론인 안나 폴리트콥스카야가 포함되어 있었다. 이들은 어린이와 외국인 가운데 일부를 비롯한 인질 다수의 석방을 성사시켰지만, 체첸인 전사들은 전쟁 종식에 대한 자신들의 요구를 굽히지 않았다.

농성이 시작된 지 사흘째 저녁에 NTV의 취재진 한 명이 바라예프와의 인터뷰 녹화를 위해 안으로 들어갔다. 「우리의 목표는 이미 한번 이상 선언한 바와 마찬가지로, 전쟁을 중단하고 병력을 철수시키는 겁니다.」 바라예프의 말이었다.[5] 폭발물이 달린 허리띠를 착용한 것이 분명한 여성 인질범 한 명이 기자에게 이렇게 말했다. 「우리는 알라의 길을 따르고 있습니다. 우리가 여기서 죽는다고 해도, 그걸로 끝은 아니라는 겁니다.」

푸틴은 다시 한번 두려움으로 마비되고 말았다. 공격자들은 안보기관 병력이 개입할 경우에는 인질을 죽이고 건물을 폭파시킬 것이라고 분명히 밝혔으며,[6] 실제로 사망자가 이미 나온 상태였다. 즉 민간인 두 명과 음악당에 들어가려 시도한 FSB 대령 한 명이 총에 맞아 죽었던 것이다.[7]

러시아 안보 기관들이 마침내 행동에 돌입한 것은 10월 26일 토요일 새벽이 되기 직전이었다. 인질범이 폭발물을 터트리는 것을 저지하기 위해서, 음악당의 환기 시스템을 통해서 객석에 가스를 주입했다. 그리하여 체첸인 전사들 가운데 일부도 의식을 잃기는 했지만,

결과적으로는 인질 가운데 다수까지 사망했다. 그런데 응급 의료반은 장비가 부실하고 준비도 미비한 나머지, 도로에 줄줄이 누운 상태로 토하거나, 아예 의식이 없거나, 혀가 목구멍을 막아 질식한 상태였던 생존자들을 제대로 돌보지 못했다.[8] 이들은 90분이 지나서야 치료를 위해 병원으로 이송되었다.[9] 폭파와 총격으로 인한 피바다를 예상했던 까닭에, 현장에 대기 중인 구급차의 80퍼센트는 외상 처치에 필요한 장비만 실었고, 가스 중독에 관련된 장비는 없었던 것이다.[10] 다음 날이 다 지났을 무렵, 사망한 인질은 최소 115명으로 집계되었다. 이 가운데 총격으로 사망한 사람은 겨우 두 명이었다. 나머지는 모두 가스 때문에 사망했다.[11]

농성에 대한 대응을 놓고 푸틴을 향한 규탄이 한동안 이어졌다. 애초에 어떻게 이런 일이 벌어질 수 있었을까? 어째서 응급 의료반은 가스에 관한 정보를 적절하게 제공받지 못했던 걸까? 공격에서 살아남은 인질 가운데 몇 사람의 증언에 따르면, 문제의 가스는 무대 아래에서 흘러나와 객석으로 스며들었으며, 그리하여 무대에서 가장 가까이에 있던 인질범들은 의식을 잃고 쓰러졌지만, 정작 복도로는 워낙 천천히 흘러 나갔기 때문에 인질범들의 일부는 가스의 초록 색깔과 자극성 냄새를 감지했다.[12] 그 성분을 밝히라는 거대한 압박에 직면한 러시아 보건 장관은 결국 그 가스가 마취제 성분인 펜타닐의 분무식 파생 물질이었다고 주장하면서, 진통제로 널리 사용되는 효과 좋은 이 오피오이드는 〈그 자체로 치명적이라 할 수는 없다〉고 덧붙였다.[13] 그러면서 인질이 사망한 이유는 사흘 동안 극도의 스트레스와 탈수, 그리고 굶주림으로 체력이 약해졌기 때문이라고 주장했다. 1년 뒤에야 비로소 공개된 모스크바 검찰의 최종 보고서에서도 문제의 가스를 단지 〈미확인 화학 물질〉이라고 지칭했다.[14]

음악당에 안보 기관 병력이 진입한 바로 그날 밤에 크렘린에서 일어난 일은 지금껏 줄곧 비밀주의의 벽 뒤에 갇혀 있기만 했다. 하지만 당시 크렘린의 논의에 관여했다고 주장하는 내부자 한 명이 그 벽 너머를 엿보는 창문을 열기 시작했다. 그의 주장에 따르면, 그 당시 실제로 일어난 일은 원래 계획대로 진행되지 못한 어떤 음모의 치명적인 와해였다. 이 내부자의 설명에 따르면, 음악당 공격은 우락부락한 FSB 수장 파트루셰프가 푸틴의 대통령 재선을 더욱 굳건히 만들려고 계획한 것이었다. 원래 의도는 이 사건을 성공적으로 종식시킴으로써 푸틴의 권위를 끌어올리고, 시들기 시작하는 체첸 공화국에서의 전쟁에 대한 지지를 늘리기 위한 가짜 훈련에 불과했다. 내부자의 말에 따르면, 파트루셰프는 돈을 주고 고용한 테러리스트들이 진짜 폭탄으로 무장한 것은 아니며, 농성이 끝나면 FSB의 보호 아래 그 테러리스트들을 비행기에 태워 튀르키예로 데려갈 예정이라고 푸틴에게 설명했다. 이 사건을 통해 푸틴은 민간인 사망자가 전무한 채로 인질극을 종식한 세계적 지도자이자 영웅으로 대두할 수 있을 것이었다. 아울러 체첸 공화국에 대한 통제도 강화할 수 있을 것이었다.

하지만 농성 첫째 날부터 만사가 와해되고 말았다. 체첸인 가운데 한 명이 음악당 안으로 들어가려 하는 민간인 한 명을 총으로 쏴 죽인 것이었다. 내부자의 말에 따르면, 푸틴은 공황 상태에 빠졌다. 「만사가 걷잡을 수 없이 곤두박질했습니다. 누구를, 또는 무엇을 믿어야 할지 아무도 몰랐습니다.」[15] 안보 기관 병력이 건물에 진입하려고 준비할 즈음, 인질극은 마치 실제 테러 행위인 것처럼 간주되었다. 그 당시의 논의에 대해 잘 아는 전직 공직자의 말에 따르면, 상트페테르부르크 출신으로 푸틴과 가장 가까운 KGB 동료인 세친이 상황을 처리하기 위해 불려 오자, 상대방의 과도한 열의를 익히 알고 있었던 파트루셰프는 독려했다. 「파트루셰프가 이렇게 말했습니다. 〈세친, 자네는 군대 경험이 있지. 우리가 이 문제를 다루는 걸 좀 도와주게나.〉 이 설명에 따르면, 가스를 사용하자는 발상은 세친으로부터 나온 것이었다. 그는 러시아 화학전 부대의 전직 사령관과 이야기를 나눠 보았는데, 문제의 가스가 워낙 오래된 것이어서 어쩌면 효과가 없을 가능성도 있다는 이야기를 들었다. 「세친이 저한테 그러더군요. 그래서 자기가 평소 용량의 열 배를 사용하라고 명령했다고 말입니다.」 전직 공직자의 말이다. 그의 주장에 따르면, 이후 사건의 전개를 지켜보며 공포에 사로잡힌 푸틴은 심지어 하야 성명까지 준비했다고 한다. 하지만 그 즈음이 되자 그 역시 너무 깊이 관여한 상태였고, 따라서 계속 그 자리에 머무를 수밖에 없다는 이야기를 들었다고 한다. 파트루셰프는 공격 계획은 물론이고, 그 계획에 대한 안보 기관 병력의 대응 역시 의도적으로 모호하게 방치했던 것처럼 보인다. 유혈극과 인명 피해 역시 푸틴을 대통령 직위에 묶어 둘 수 있을 것이기 때문이었다. 「그 계획은 푸틴이 두 번째 대통령 임기 동안 계속 그 자리에 머물게 만들기 위해 조직된 것이었습니다.」 만약 뭔가가 잘못된다면, 그는 오히려 더 깊이 끌려 들어갈 것이었다. 「만약 푸틴이 다른 사람으로 대체된다면, 콜랴도(파트루셰프도 ─ 원주) 끝장이 될 것이었습니다. 따라서 그는 푸틴을 피로 뒤덮기 위해서 이 계획을 준비했던 겁니다.」[16]

크렘린 대변인 페스코프는 이 내부자의 설명을 〈완전 엉터리〉라고 일축하면서, 그 사람은 〈아무것도 모른다〉고 덧붙였다. 물론 그 내용을 완전히 검증하는 일이야 불가능할 것이다. 오로지 권력 최고위층에 있는 극소수의 서클만이 이 사건의 전개 과정을 알고 있겠지만, 내게 사건을 설명해 준 전직 공직자는 충분히 진실을 알 만큼 그 서클에 가까운 인물이었다. 농성으로부터 1년 뒤에야 등장해서 거의 주목받지 못한 모스크바 검찰의 보고서가 없었다면, 그의 설명은 (특히 아파트 폭파 사건의 불투명성 이후로) 크렘린의 폐쇄적인 의사 결정을 놓고 대두한 전형적이고 황당무계한 음모 이론 가운데 또 하나로 일축되고 말았을 것이다. 마침내 수사를 마무리한 검찰에 따르면, 객석 내에 설치된 폭탄 두 개는 사실상 가짜였다. 결국 내부자의 이야기 가운데 최소한 한 가지는 사실이었다. 〈그 폭탄은 사용하도록 준비되지 않은 상태였다. 기폭 장치에 연료 공급 장치 자체가 없었다. 배터리가 아예 없었으며 (……) 폭탄은 안전한 공포탄인 것으로 드러났다.〉 보고서의 설명이다.[17] 여성 인질범 가운데 일부가 착용했던 폭탄물이 달린 허리띠도 마찬가지였고, 다른 폭발 장치들도 마찬가지였다. 문제의 허리띠를 착용한 여성 가운데 다수는 객석에서 인질들과 함께 있었지만, 자기네가 위협하는 데 사용했던 장비를 작동시키지 못하고 가스에 그만 의식을 잃고 말았다. 그런데 러시아 안보 기관 병력은 이들을 생포하고 심문하여 테러리스트들의 계획의 경위를 알아내는 대신, 모조리 현장에서 총으로 쏴서 죽여 버렸다.[18]

검찰이 알아낸 바에 따르면, 가스가 효력을 발휘하는 데에는 5분 내지 10분이 걸렸지만, 정작 테러리스트들은 폭탄 가운데 어떤 것도 작동시키지 않았다. 정말로 애초에 그들이 뭔가를 폭파할 의도 자체가 전혀 없었으며, 가스로 인한 진압은 결국 불필요한 희생만 낳았던 걸까? 검찰의 보고서에 대해 보도한 유일한 러시아 신문으로 보이는 『콤메르산트』에 FSB와 내무부의 익명 소식통들이 말한 바에 따르면, 테러리스트들은 우발적인 폭파를 우려한 까닭에 기폭 장치를 제거하라는 명령을 미리 받은 상태였다.[19] 협상을 위해 건물에 들어갔던 자유주의 성향의 정치인 이리나 하카마다 역시 농성에 대해서 의구심을 표시했다. 「나는 공연장을 폭파하는 것이야말로 테러리스트들의 계획에 들어 있지 않았다고, 아울러 당국에서는 인질 전부의 석방에는 관심이 없었다고 믿게 되었다. 하지만 대통령 행정실장은 나에게 이 이야기에 끼어들지 말라고 위협적인 어조로 명령했다.」[20]

사건에 관여한 테러리스트 가운데 일부에 관해서도 의문이 제기되었다. 이들의 명백한 지도자 바라예프는 이미 2개월 전에 체포되었다는 당국의 발표가 나온 상태였다.[21] 그런 그가 어떻게 교도소에서 나와 공격에 가담했을까? 여성 인질범으로 간주된 사람 가운데 하나도 마찬가지였는데, 그 어머니는 텔레비전 보도를 보고 자기 딸을 알아보았다.[22] 그렇다면 혹시 이들을 교도소에서 음악당으로 옮기는 과정에 당국이 개입했던 걸까?

안보 기관이 러시아에서 일어난 테러리스트들의 공격에 개입했다는 지속적인 의문을 남기는 경우는 이번이 처음도 아니었다. 그중 가장 주목할 만한 이전의 사례는 바로 푸틴의 권좌 등극을 도와주었던 아파트 폭파 사건이었다. 하지만 이 경우에 공격이 일으킨 논란은 훨씬 덜했다. 대부분 가스 사용을 둘러싼 의문들이었으며, 폭탄이 모형에 불과했다는 검찰의 발견은 『콤메르산트』 보도의 맨 끝에 파묻혀 있었는데, 그 위에는 테러리스트 집단이라고 지칭된 자들이 다른 공격을 준비하고 있었다는 요약문이 나와 있었다.[23]

농성 직후에만 해도 그 사건의 전개 과정에 대한 의문은 대부분 옆으로 밀려나 버렸고, 국민 대부분은 사망자 수가 더 많지 않았다는 사실에 그저 안도의 한숨을 내쉬었을 뿐이었다. 푸틴의 대응은 국제 지도자와 지역 정치인들로부터 찬사를 얻었다.[24] 그의 지지율은 당선 이후 가장 높게 치솟았다.[25] 러시아 안보 기관들은 무장 테러리스트들을 모스크바 한복판에 들여놓았다는 이유로 대대적인 쇄신에 직면하는 대신, 오히려 지원금 증액이라는 보상을 얻었다.[26] 이 농성 덕분에 푸틴의 사람들은 체첸 공화국에서의 군사 작전을 준비했고, 병력 감축을 위한 계획을 취소했다.[27] 수많은 체첸인이 야간 공습 중에 자택에서 실종되었고, 체첸 지도자 마스하도프와의 평화 협상을 시작하라며 크렘린에게 가해지던 압박도 하루아침에 사라지고 말았다. 다시 한번 대중이 전쟁을 지지했으며, 마스하도프는 완전히 불신당했다.

러시아 당국은 그가 이번 공격의 배후에 있다고 비난했지만,[28] 새로운 공격을 가하겠다고 위협하는 오래된 비디오테이프 하나를 제외하면 정작 증거는 전혀 제시하지 못했다. 마스하도프 본인은 아무런 관여도 없었다며 부정했다.

또한 이 농성은 체첸 공화국에서 벌이는 전쟁을 서방의 테러에 대한 전쟁과 유사한 것처럼 둘러댈 기회를 크렘린에 제공했다. 체첸 공화국의 반란군과 해외에서 온 이슬람 민병대 사이의 연계를 수립하려는 노력은 이미 그 공격이 시작되기 전의 몇 달 동안 지속된 상태였고,[29] 농성은 그러한 인식을 더 고조시켰다. 방송사 알자지라는 체첸인들의 연루자라고 주장한 사람들이 아랍어로 〈하느님은 위대하시다〉라고 적힌 현수막 앞에 서 있는 모습을 촬영한 비디오를 방영했고, 푸틴은 이 공격을 〈해외 테러리스트 중심지〉에서 계획된 〈테러리즘의 무시무시한 표현〉이라고 일컬었다.[30] 이후의 몇 달 동안 미국도 체첸 공화국의 반란군에 대한 시각을 바꾸기 시작해서, 이 농성에 참여했다고 일컬어지는 세 군데 집단을 알카에다와 연계된 테러 조직이라 지목했으며,[31] 마스하도프를 더 이상 중도적이라고 간주하지 않게 되었다. 미국의 한 고위급 외교관은 이 농성 직후에 이렇게 말했다. 「체첸 공화국에 대한 우리의 정책은 러시아에 더 가깝게 옮겨 갔습니다. 체첸 공화국의 대의명분은 이번 공격으로 상당히 손상되었습니다.」[32]

KGB 사람들이 푸틴을 대통령 직위에 묶어 두려고 도모하는 사이, 그 자신도 두브롭카 음악당 농성 같은 무시무시한 사건들을 저지함으로써, 어찌어찌 자기 역할에 익숙해지게 되었다. 「푸틴은 그걸 좋아하게 되었습니다. 그 모든 행사며, G8 회담이며, 인정 같은 것들을요.」 푸가체프의 말이다.[33] 이너 서클은 푸틴을 러시아의 구세주라고 찬미했다. 확실한 붕괴로부터, 올리가르히의 예속과 서방의 파괴적 위력으로부터 자국을 구해 냈다고 말했다. 한때 KGB에서 그의 상급자로 근무했던 사람들조차도 머리를 조아렸다. 첫 번째 대통령 임기 초에 푸틴이 생일을 맞아 친구들로 이루어진 작은 서클을 초대했는데, 드레스덴 시절에 푸틴의 상사였던 세르게이 체메조프가 권좌 등극에 대해 축배를 제안했다. 푸가체프는 말했다. 「그는 푸틴의 과거에, 즉 대통령이 되기 전에 매우 가까웠던 인물이며, 나이도 더 많고 계급도 더 높았고 푸틴의 존경도 받고 있었습니다. 그런 그가 이렇게 말했습니다. 〈블라디미르 블라디미로비치, 제가 축배를 제안하겠습니다. 아시다시피 당신이 대통령이 되었다는 소식을 제가 처음 들은 지도 제법 시간이 흘렀습니다만, 그 당시에 제가 느낀 기분은 지금도 그대로 남아 있습니다. 저는 러시아 하늘에 태양이 솟아오르는 것과 비슷하다고 생각했으며 (……) 이제 저는 국민 100퍼센트가 저와 마찬가지로 그 느낌을 공유한다고 봅니다.〉」 푸가체프로선 손발이 오그라드는 축사였다. 푸가체프는 상대방의 말을 끊었다. 거대한 과제들이 앞에 잔뜩 놓여 있었기에, 정치 상황에 대한 논의를 서두르고 싶었기 때문이었다. 하지만 푸가체프의 말에 따르면, 푸틴은 오히려 푸가체프를 노려보며 자기 친구가 축사를 끝낼 때까지 기다리라고 말했다. 「그 양반은 그를 똑바로 바라보면서, 당신이야말로 하느님이 주신 선물이라고 말했습니다. 그 양반은 러시아 국민의 크나큰 고통을 종식할 통치자를 하느님이 이 나라에 주셨다고 그에게 말했습니다. 그런데 그 양반으로 말하자면, 무려 15년 동안이나 그와 알고 지냈고, 한때 그의 상사이기도 했으니 (……) 저는 그런 모습을 난생처음 보았고 (……) 맨 처음부터, 사실상 맨 첫날부터 그런 식이었습니다. 그는 극도로 허영심이 많은 사람입니다.」 푸틴에게 질문을 하나 던지려면, 우선 그를 길게 추켜세우는 것이 관행처럼 되었다. 「세친은 그 방법을 매우 잘 알았습니다. 그는 우선 깍듯이 고개를 숙이며 이렇게 말하곤 했습니다. 〈블라디미르 블라디미로비치, 당신이 이걸 어떻게 하셨는지 기억합니다. 당신은 세계를 변모시키셨습니다.〉이런 모든 말을 처음 들었을 때, 저는 지금 여기가 정신 병원인가 하는 생각이 들었습니다. 그들은 푸틴을 향해 이런 말들을 늘어놓았으니까요. 〈당신은 인간성의 본질을 흔들어 놓으셨습니다. 당신은 놀라운 인물입니다.〉」[34]

끊임없는 아첨은 점차 푸틴의 머릿속에 주입되었다. 새로운 차르로서 자신의 권력에 믿음을 갖게 된 그는 대담하게도 더 거칠고 더 권위주의적인 결정을 내리게 되었는데, 호도르콥스키와 그의 사람들을 공격한 것도 그중 하나였다. 「사실상 올리가르히 집단 전체가 그에게 머리를 숙였고, 이것저것을 제공했으며, 아주 사소한 일에 대해서도 허락을 구했습니다. 그런데 푸틴은 진짜로 이걸 좋아했어요. 그리고 어찌어찌해서 이게 그의 머릿속에 주입되었죠. 슬금슬금 그렇게 되었던 겁니다. 그는 예전부터 그런 경향이 있었습니다만, 어느 시점엔가 확 변하면서 스스로를 차르로 여기는 과장된 믿음에 지배당하고 만 겁니다.」푸가체프의 말이다.[35]

처음에만 해도 푸틴이 국가 기구를 옐친 패밀리의 대리인들과 공유했다면, 호도르콥스키가 체포된 이후로는 국가 기구가 진짜로 그만의 것이 되었다. 옐친 정부의 약삭빠른 유임자로서, 1999년 3월부터 크렘린 행정실장으로 근무해 온 볼로신은 한편으로 상황의 반전에 놀라고, 또 한편으로 상황을 까맣게 몰랐다는 데에 놀란 나머지 물러나고 말았다. 그는 호도르콥스키를 겨냥한 법적 맹공에 관해서 푸틴과 이미 몇 번이나 이야기한 바 있었지만, 마지막까지도 그런 일이 억제될 수 있으리라 간주했다. 「솔직히 저는 그들이 그를 교도소에 넣을 거라고는 생각하지 않았습니다. 저는 일종의 오해가 있었다고 생각했습니다. 그것이 공세였음은 명백했습니다만, 그렇다고 좋지는 않았습니다. 저는 그 일이 이 나라의 발전에 유해하다고 간주했습니다.」[36] 푸틴은 자기 사람이자 상트페테르부르크 출신의 동료를 볼로신의 후임자로 앉혔다. 조용한 말투의 변호사 메드베데프는 푸틴을 위해 법적 쟁점을 처리해 주었으며, 그중에는 석유 식량 교환 스캔들의 부산물을 억제하는 것도 포함되어 있었다. 그는 열성적이고 정확하다는 평판이 있었지만, 또 한편으로는 소심하다는 평판도 있었다. 가장 중요한 점은 이 변호사가 겨우 25세의 나이에 상트페테르부르크 행정부에 들어갔을 때부터, 푸틴에게 사실상 양육되다시피 했다는 점이었다. 「푸틴이 메드베데프를 키웠습니다. 메드베데프는 항상 푸틴을 뭔가 배울 게 있는 사람으로서 우러러보았습니다.」 솝차크의 시청에서 역시나 법률 자문 위원으로 활동했던 발레리 무신의 말이다.[37]

옐친 시대의 유임자 중에서도 가장 영향력 있는 인물의 후임자랍시고, 경력이라고는 크렘린 행정 부실장 3년을 가까스로 넘긴 것이 전부인 상트페테르부르크 출신의 아첨꾼을 임명한 것이었다. 메드베데프의 임명이 발표된 바로 그날, 실로비키는 자신들의 의도를 그 어느 때보다도 더 크게 알렸다. 검찰이 유코스의 주식 150달러어치를 동결시켰다고 발표한 것이었는데, 합병 회사 유코스시브네프트에서 호도르콥스키의 간접 보유 지분 44퍼센트를 매각하지 못하도록 방지하기 위해서였다.[38] 시장은 충격받았고, 이 행보야말로 실로비키가 단지 호도르콥스키의 체포만을 의도한 것이 아니라, 유코스 그 자체를 장악하려는 의도까지 있다는 명백한 신호라고 받아들였다. 아울러 이 행보는 옐친 시대의 올리가르히의 종식이자, 지난 4년 가까이 실로비키의 이익과 자기네 이익의 균형을 신중하게 맞추어 온 옐친 패밀리의 종식으로 간주되었다. 혹시나 아직까지 남아 있는 의심이 있다면 깡그리 없애 버리려는 듯, 비교적 자유주의적인 사고방식을 가진 푸틴 정부의 재무 장관 쿠드린은 이를 좀 더 명확하게 표현했으니, 볼로신의 퇴임을 가리켜 옐친 시대의 종식을 상징한다며 공개적으로 축하한 것이었다. 그는 이렇게 선언했다. 「복마전은 끝났습니다! 볼로신에게 바쳐야 마땅한 모든 경의를 표하며, 저는 그의 퇴임이 옐친 시대의 종식과 일치한다는 점을 강조하고 싶습니다. (올리가르히도 — 원주) 성공하려면 공명정대하게 행동하는 방법밖에 없는 사업 환경으로 복귀한 것입니다.」[39]

마치 세친과 다른 사람들이 막후에서 조용히 작업해 왔던 평행 정부의 기구가 천천히 굴러가기 시작한 것처럼 보였으며, 이와 관련된 광고 캠페인이 출범했다. 유코스 지분이 압류되고 메드베데프가 크렘린 행정실장으로 임명된 바로 그날, 푸틴은 시티 그룹과 모건 스탠리와 ABN 암로를 포함해, 세계에서 가장 큰 금융 기관들 가운데 일부와 친밀한 회동을 했다.[40] 1990년대 초 상트페테르부르크 시절부터 푸틴과 함께 일했던 그 지역 증권 중개업체 유나이티드 금융 그룹의 대표인 미국 태생의 라이언이 동석해 푸틴이 자신의 의향을 전달하는 것을 도왔다. 이 미국인은 처음부터 푸틴의 메시지를 전 세계 금융계와 더 넓은 세계로 전달하는 일에서 핵심 도관 역할을 담당해 왔다. 푸틴이 투자자들에게 말한 내용에 따르면, 유코스 공세는 민간사업을 겨냥한 더 폭넓은 맹공의 전조가 결코 아니었고,[41] 지분을 압류한 결정도 몰수가 아니라 단지 손실을 만회하려는 조치였을 뿐이었다. 단지 법치를 적용한 것일 뿐이라고도 했다. 세계적 은행들도(예를 들어 그중 한 곳인 시티은행은 유코스의 채무로 수십억 달러를 잃을 위험에 놓여 있었다) 어느 정도까지는 이해해 주었다. 이들은 대출금을 회수하지 않았다. 만약 대출금을 회수했다면, 그로 인해 경제 붕괴에 관한 호도르콥스키의 직접적인 예언이 실현될 수도 있었을 것이다. 하지만 권력은 크렘린 쪽으로 이미 기울었고, 푸틴의 사람들은 세계 금융과의 의사소통 시스템을 구축하고 있었다. 수천억 달러 가치의 자산들을 푸틴이 좌지우지하게 되면서, 세계적 금융 대기업들은 훗날 그에게 무릎을 꿇게 될 예정이었다.

볼로신의 퇴임이 옐친 패밀리에서 푸틴의 상트페테르부르크 실로비키로의 권력 이전을 신호했다고 치면, 그로부터 겨우 한 달이 조금 지나서 실시된 의회 선거는 이들의 정치권력을 더욱 굳건하게 해주었다. 친서방 자유주의 정당들은 옐친 시대 내내 의회에서 필수적인 발판을 보유하고 있었는데, 추바이스의 우파 연합과 야블린스키의 야블로코가 그러했다. 하지만 이들은 2003년 12월의 선거에서 참패했다.[42] 이제 국가가 독점한 TV 채널에서는 이들을 아예 방송에서 빼버렸고, 크렘린이 지원하는 새로운 푸틴 세대의 정당이자 민족주의집단 로디나에 대해 대대적으로 보도했다. 이 정당의 지도자들인 세르게이 글라지예프와 드미트리 로고진은 올리가르히의 수익을 국가에 돌려주자며, 크렘린의 새로운 분위기와 일치하는 국가 통제주의적인 경로를 선언했다. 〈국가의 부를 국민에게 돌려주자!〉는 것이 바로 그 정당의 표어였다.[43] 이는 그 순간의 분위기와 딱 맞아떨어졌는데, 국영 TV 채널들에서는 호도르콥스키의 체포와 관련된 뉴스를 끝도없이 재방영했다. 우파 연합과 야블로코에게는 기회조차 없었다. 이들은 하원 의회의 의석을 차지할 수 있는 하한선인 5퍼센트도 넘기지 못한 반면, 로디나는 갑자기 9퍼센트를 득표하게 되었다.[44] 불과 4년 전에 푸틴을 권좌에 올리는 데 도움을 주는 도구로써 창설된 친크렘린 정당인 통합 러시아당은 압도적 과반수를 확보했다. 대통령에 대한 충성 외에는 사실상 아무 내용도 없는 유세를 벌였는데도 불구하고 그러했다.[45] 한편 옐친 시대의 큰 적수였던 공산당은 겨우 12.6퍼센트를 득표하는 데에 그쳤다.

그때부터 푸틴의 손이 자유로워지면서, 자신이 원하는 정책은 무엇이든지 간에 수행할 수 있게 될 것임은 분명했다. 자유주의자들로부터는 이에 맞서는 세력이 없을 것이었다. 친크렘린 정당들은 분명하고도 압도적인 다수를 차지했다. 러시아는 거수기 의회의 시대로 접어든 것이었다. 이런 환경에서 푸틴이 재선을 위해 출마한 대통령 선거는 마치 결과가 이미 정해진 듯했다. 그의 지지율은 70퍼센트가 넘었다. 하지만 그런 상황에서조차도 그와 그의 사람들은 뭔가가 잘못될 가능성을 하나도 남기지 않으려 들었다.

호도르콥스키의 관련자 레베데프가 7월에 체포된 이래, 옐친 정권의 유임자 가운데 아직 권력을 보유한 마지막 사람이자 사교적인 성격을 가진 총리 카시야노프와 푸틴 사이에는 긴장이 고조되고 있었다. 옐친 시대에 재정 장관이었던 카시야노프와 옐친 패밀리의 유대는 길고도 깊었다. 푸틴이 권좌에 오르자, 아브라모비치는 자신들의 대리인인 그를 총리에 임명하라고 주장했다.[46] 그 직책을 위험하다고 간주한 카시야노프는 굳이 그 자리를 맡을 의향이 없었다. 카시야노프는 해외 채무를 담당하는 차관으로 재무부에서 처음 근무하던 시절부터, 그 편안한 지위에 익숙해진 상태였다. 불안정한 권력 이행처럼 보이는 것의 한가운데로 떠밀려 들어가서, 옐친 패밀리와 푸틴 모두에게 보고해야 하는 상황에 처하는 것이야말로 카시야노프의 야심에 포함되지 않은 일이었다. 하지만 그는 설득당했고, 자신의 새로운 역할에 점차 익숙해졌다. 「3년 반 동안 저는 적절한 사람들이 적절한 장소에서 적절한 일을 하고 있다고 간주했습니다. 하지만 그들이 레베데프를 교도소에 넣고, 갖가지 다른 스캔들이 시작되자, 저는 이걸로 끝이라는 것을 깨달았습니다.」 카시야노프의 말이다.[47]
　　카시야노프는 푸틴의 첫 번째 대통령 임기 동안 마치 자유주의적인 것처럼 보이는 개혁을 주도했다. 소득세율을 딱 13퍼센트로 내렸고, 마침내 토지의 사유화를 허락하는 야심만만한 토지 개혁도 있었다. 그는 총리로서 유코스시브네프트를 엑슨모빌에 판매할 가능성을 놓고 엑슨의 레이먼드와 나눈 대화에서도 선봉을 담당했다. 카시야노프는 이렇게 말했다. 「그 당시에 우리는 미국과 친밀하게 지냈습니다. 부시와는 물론이고 (부통령이었던 — 원주) 딕 체니하고도 좋은 관계를 유지했죠. 저는 항상 체니와 에너지 자산에 관해서 이야기를 나누었습니다. 우리는 9·11 테러의 비극 이후에 크게 협력했으며, 아프가니스탄으로 들어가는 통로를 놓고서는 양국 정부 사이에 협력 채널을 두기도 했었고 (······) 만약 유코스와 엑슨모빌 사이에 자산 교환만 이루어졌어도, 에너지 부문은 지금과는 달랐을 겁니다. 훨씬 더 자유주의적이 되었을 겁니다.」

하지만 2003년에 이르러 빈번한 충돌로 인해, 카시야노프와 푸틴의 KGB 사람들의 사이는 갈라지고 말았다. 처음에는 가스프롬을 둘러싸고 갈등이 일어났다. 푸틴이 자기 사람인 밀레르를 그 국영 가스 대기업의 조종석에 앉혀 놓고, 러시아에서는 〈밀접국〉이라는 소유욕이 다분한 명칭으로 즐겨 부르는 구소련 국가들을 향해 크렘린이 영향력을 발휘하고 통제를 가하는 수단으로 그 대기업을 이용하기 시작했다. 푸틴의 명령에 따라, 가스프롬은 벨라루스와 우크라이나에 가스 공급에 대한 대금 지불 문제를 훨씬 더 깐깐하게 따지게 되었다. 크렘린이 구소련 공화국들을 대상으로 군기를 잡으려 도모한 까닭이었다.

카시야노프는 옐친 시절부터 정부 내 자유주의자들이 줄곧 추진해 오던 가스프롬의 개혁을 추진하던 중이었다. 즉 가스 시장을 자유화하고, 이 대기업을 생산 부문과 운송 부문으로 분리해서 가스 생산 공장들과 그 파이프라인 네트워크를 나누려는 것이었다. 이것이야말로 경제에서 경쟁을 부추기기에 필수적인 개혁이라고 오래전부터 여겨 왔다. 하지만 이제 푸틴의 사람들이 굳건하게 장악한 상황이다 보니, 이 개혁은 의제에서 무기한으로 밀려나고 말았다. 하필이면 카시야노프가 이 중대한 개혁을 조만간 발표하려고 작정한 바로 그 순간에 말이다.[48] 그해 가을, 가스 개혁을 첫 번째 안건으로 올린 각료 회의를 앞두고 언론이 집결한 상황에서 대통령이 총리에게 전화를 걸었다. 「푸틴이 저에게 말하더군요. 〈이 안건은 의제에서 빼시기 바랍니다.〉 우리는 목표에 아주 가까이 다가간 상태였습니다. 그 일에 대해서라면 심지어 유럽보다도 앞서 있었습니다. 우리는 준비되어 있었죠. 하지만 불과 몇 분을 앞두고 푸틴이 저에게 전화를 걸었던 겁니다.」 카시야노프의 회고다.

카시야노프도 그 직책에서 점점 더 버티기 힘들어졌다. 한 달 뒤에 호도르콥스키가 체포되었을 때, 총리는 감히 거기에 반대하는 목소리를 냈던 단 두 명의 고위 공직자 가운데 하나였다. 하지만 푸틴은 각료 회의에서 모두가 보는 와중에 그를 향해 〈히스테리를 그만 부리라〉고 직접적으로 말했다.[49] 「그건 저를 향한 일종의 경고였습니다.」 카시야노프의 말이다.[50] 하지만 그는 이에 굴하지 않았고, 2004년 1월에 다시 한번 공개 발언에 나섰는데, 유코스의 2000년도 체납 세금 30억 달러가 소급 적용을 통해 징수되었다는 오랜 소문을 국세청이 공개적으로 확인해 주었기 때문이었다. 카시야노프는 『베도모스티』에 세법을 소급 적용 하는 것은 불공정하다고 말했다.[51] 이 가운데 어느 것도 법치를 위해서는 좋아 보이지 않는다고도 말했다.

카시야노프는 정권 내에서 에너지 부문에 대한 푸틴의 장악에 저항하여 발언하는 유일한 인물이었다. 두 사람은 여전히 서로 말을 건네기는 했지만, 대통령은 점점 더 냉담하고 의심스러운 투로 총리에게 말했고, 차마 상대방을 똑바로 바라보는 것조차도 못 견디겠다는 듯했다. 그러다가 2월 중순, 기온이 영하 24도까지 뚝 떨어진 상황에서, 가스프롬은 이웃 국가에(이때에는 벨라루스였다) 가스 공급을 차단하는 조치를 사상 최초로 실시했으며,[52] 이로써 두 사람 사이의 긴장도 가속화되어 전면 충돌 했다.[53] 가스프롬은 구(舊) 소비에트 공화국인 벨라루스에 대한 가스 보조금 지급을 끝내는 문제와 함께, 그 나라의 가스 운송 네트워크의 지분을 취하는 문제를 놓고 어려운 협상에 갇혀 있었다. 러시아의 가스 대기업은 협상에서 압력을 넣기 위해 공급을 끊겠다고 이전부터 위협해 왔지만, 카시야노프는 그런 행보에 완강히 반대해 왔다. 「저는 밀레르가(즉 가스프롬의 CEO가 ― 원주) 벨라루스로 보내는 가스를 끊지 못하게 단속했습니다. 민스크는 영하 25도였습니다. 하지만 2월 중순의 어느 날 오전, 폴란드 총리와 리투아니아 총리가 저에게 전화를 걸어서 이렇게 말하더군요. 〈가스가 없습니다.〉 어느 누구도 저에게 말조차 해주지 않았던 겁니다. 우리에게 공개 스캔들이 벌어진 겁니다.」 밀레르는 푸틴의 명령에 따랐을 뿐이라고 해명했다. 「우리는 그저 서로를 향해서, 아울러 푸틴을 향해서 소리를 질렀습니다. 다른 장관들은 여차하면 테이블 밑으로 기어 들어갈 준비가 되어 있더군요.」 대통령도 더는 참지 않았다. 그로부터 겨우 열흘이 지나서 총리는 해임되었다.[54] 「푸틴으로서도 줄곧 불만이 쌓여 갔던 겁니다. 호도르콥스키, 엑슨, 가스 개혁, 벨라루스와 우크라이나. 그런데 이제는 제가 이 스캔들을 시작하고 있었던 겁니다. 그는 더 이상 저를 견딜 수 없었던 겁니다.」 카시야노프의 말이다.[55]

대통령 선거를 2주 앞둔 상황이었기에, 푸틴이 그 선거 이후에나 내각에 변화를 줄 것이라고 기대되고 있었다. 하지만 그와 그의 사람들은 뭔가가 잘못될 가능성을 하나도 남기지 않으려 들었다. 이제 그들은 권력에 대한 장악을 공고히 하려는 행보에 나섰기에, 그 어떤 사고도 감내할 수 없었다. 헌법에 따르면, 만약 푸틴에게 무슨 일이 벌어질 경우, 총리가 자국의 통치를 인계하도록 되어 있었다.

사실상 경쟁이라고도 할 수 없었던 선거 유세 기간에 푸틴은 마지막 위험 요소를, 즉 정권 내에서 자기에게 도전할 수 있는 옐친 시대의 마지막 유임자를 제거한 셈이었다. 그가 카시야노프의 후임자로 임명한 미하일 프랏코프는 지난 수십 년 동안 안보 기관의 그늘 속에서 일해 왔기 때문에, 거의 알려진 바가 없는 기술 관료였다.[56] 임명 직전까지 유럽 연합 주재 러시아 특별 대표단에서 일해 왔지만, 정작 그의 이름을 들어 본 사람조차 거의 없다시피 했다. 하지만 프랏코프는 푸틴의 KGB 사람들의 신뢰할 만한 동맹자임을 입증했으니, 1980년대 초부터 해외에서 소비에트 정권을 지원했던 이른바 우호 회사들을 비롯한 해외 무역 분야의 전략적 작전에서 핵심 조력자 역할을 담당해 왔기 때문이었다. 상트페테르부르크의 석유 식량 교환 계책 당시, 그는 해외 경제 관계 차관이었다. 아벤의 부하로서 그 도시에 주재할 때, 프랏코프는 결과적으로 푸틴과 안보계 사람들을 위한 전략적인 검은돈을 만들어 낸 계약을 승인한 바 있었다.

갑작스럽게 해임된 이후에도, 카시야노프는 여전히 푸틴의 길이 변화될 수 있다고 생각했다. 그로서는 소비에트 붕괴 이후 러시아가 나아간 길을 역행하고 있다는 사실을 이해하기가 어려웠다. 「정부를 떠난 이후에도 저는 6개월이 더 지나도록 푸틴이 실수했다고, 따라서 이 모두는 교정될 수 있다고, 아울러 분명히 교정될 것이라고 믿었습니다. 그러다가 나중에 가서야 (베슬란에서 발생한 테러리스트 공격 이후에야) 저는 이 모두가 전체 정치 시스템을 바꾸기 위해서 계획되었음을 이해했습니다.」[57]

그해 3월의 대통령 선거는 대중의 의식에 각인되지도 못했다. 푸틴이 무려 71퍼센트 이상의 득표로 손쉽게 승리했기 때문이다. 엘친 시대의 주요 정적이었던 공산당의 주가노프와 민족주의 성향의 자유 민주당의 지리놉스키는 심지어 그에게 맞설 만큼의 열광을 불러 모으지도 못했다. 이들은 본인 말고 대리인을 선거에 내보냈는데, 이 가운데 거의 알려진 바가 없는 공산당 후보 니콜라이 하리토노프가 13퍼센트를 득표하여 격차가 큰 2위가 되었다.[58] 이것은 심지어 경쟁도 아니었다. 하지만 설령 경쟁이었다 하더라도, 크렘린은 뭔가가 잘못될 가능성을 하나도 남기지 않으려 들었다. 국영 TV 채널에서는 야당 후보들에게 방송 시간을 사실상 전혀 부여하지 않았다. 하리토노프의 계산에 따르면, 그와 유권자의 만남에 관한 보도는 겨우 4분 50초에 불과했던 반면, 푸틴에 관해서는 전폭적인 보도가 나갔다. 푸틴의 KGB 사람들은 머지않아 내각의 가장 강력한 지위 모두를 채우게 되었다. 이들은 옐친 시대의 배후 실력자들의 견제와 균형이 없는 상태에서 권좌에 오른 채 두 번째 대통령 임기를 시작할 수 있었다.

푸틴의 두 번째 대통령 임기에 대해서 반대의 목소리를 낸 유일한 사람은 아내 류드밀라였다. 그녀는 칼리닌그라드의 다 쓰러져 가는 마을에서 태어나 술고래 아버지 밑에서 성장했다. 어려서부터 빈곤했던 류드밀라로서는 대통령 생활의 엄격한 감시와 화려한 예복에 적응하기가 쉽지 않았을 것이다. 「그가 두 번째 대통령 임기를 위해 출마하려 한다고 말하자, 그녀는 남편과 헤어지고 싶어 했습니다.」 푸가체프의 말이다. 푸가체프는 류드밀라와 가까워지게 되어서, 종종 대통령 사저의 부엌에 몇 시간 동안 함께 앉아서 푸틴이 돌아오기를 기다리기도 했다. 「그녀가 말하기를, 자기는 4년만 하고 더는 하지 않겠다기에 동의했을 뿐이라는 겁니다. 푸가체프는 류드밀라가 떠나지 못하도록 설득해야만 했지요. 만약 떠났다고 치면, 여론 조사에 좋지 않았을 겁니다. 아내가 이혼하려는 상황에서 남편이 대통령에 출마할 수는 없을 테니까요. 그녀는 항상 술을 많이 마셨습니다.」[59]

류드밀라로서는 푸틴의 지속되는 부재에 적응하는 것도 어려웠을 터이다. 그는 오랜 시간 일하러 나가 있었지만, 이제는 그런 시간이 끝도 없이 점점 더 연장되기만 했다. 푸틴은 아내를 부끄러워하는 듯

거리를 두었으며, 공식 방문과 여행 때에 동반하는 경우가 점점 줄어들었다. 설령 집에 돌아오더라도 (대개는 한밤중이다 보니) 아내와 함께 시간을 보내기보다는 실내화 차림으로 텔레비전에서 방영하는 진부한 코미디 쇼를 시청하곤 했다.

그 와중에 푸가체프는 KGB 사람들의 상승하는 권력을 지켜보면서 희미하게나마 불편한 느낌을 받았다. 1980년대에만 해도, 그는 고향 레닌그라드에서 KGB에 맞서 싸웠다. 그 당시에 푸가체프는 암시장 경화 매매업자였으며, 자신을 방해하고 교도소에 넣겠다며 위협하는 KGB와 철천지원수였다. 하지만 또 한편으로는 KGB 공직자들을 매수하는 방법도 배웠다. 이제 푸가체프는 권력을 잡은 새로운 사람들과 친밀하게 지냈고, 종종 그들을 자기 집에 초대했으며, 이바노프며 세친과 웃고 떠드는 친밀한 관계를 맺었다. 상원 의원이 된 푸가체프는 여전히 막후의 실력자로 간주되었다. 한동안은 크렘린에서도 행정실장의 사무실 맞은편에 자기 사무실을 유지했다. 그리고 한동안은 푸틴도 그의 동반자로 남아 있었다.

하지만 지금 와서 푸가체프가 하는 말에 따르면, 그러는 내내 그는 국가 통제주의적 방향에 관해서 걱정했고, 자유에 대한 탄압에 관해서 걱정했으며, 푸틴의 권력 장악을 공고히 했던 사건들에 관해서 걱정했다. 비록 본인은 이런 우려를 종종 제기했다고 말하지만, 그로선 딱히 조치하지는 않기로 선택한 셈이었다. 그는 항의하고 물러나는 것보다는 차라리 내부에 있을 때 더 많은 영향력을 발휘할 수 있으리라 믿었다고 설명했다. 자기가 푸틴과 그의 사람들에게 더 가까이 남아 있기만 한다면, 이들의 권위주의적인 경향을 저지할 수 있으리라 믿었다고 설명했다. 하지만 사실 푸가체프는 이들 못지않게 자신의 권력과 지위를 즐겼다. 그리고 어떤 경우든지 간에, 자기에게 선택의 여지가 별로 없다고 믿었다. 「비유하자면 자동차에 올라타서 문을 닫고 보니, 운전기사가 막 정신이 나가 버리기 직전의 상태에 있다는 걸 알게 된 격이었습니다. 하지만 문은 닫혀 있고, 자동차는 이미 빠르게 달리고 있는 겁니다. 이런 상황에서는 과연 계속 타고 있어야 할지 말지, 또는 지금 뛰어내리는 것이 더 위험할지 아닐지를 결정해야 하죠. 조용히 자동차에서 내릴 수 있는 순간은 이미 지나간 겁니다.」 푸가체프의 말이다.[60]

KGB 사람들이 러시아라는 국가의 위대함을 회복시키고, 구(舊) 소비에트 공화국들과의 제국적 유대를 강화하기 위해서 제안한 새로운 이념이 대두하고 있었다. 대통령으로서 푸틴이 첫 번째로 행동한 일 가운데 하나는 (푸가체프와 볼로신 같은 옐친 정부의 유임자들로서는 정말 경악할 수밖에 없게도) 소비에트 국가 「자유롭게 태어난 공화국들의 굳건한 연합」을 복원한 것이었다.[61] 알렉산드르 알렉산드로프가 작곡한 힘찬 곡조는 단순한 향수 이상의 것이었다. 소비에트 시절의 제국을 소생시키라는 호소였으며, 전 세계 강대국으로서 이 나라가 달성했던 위업들과 스탈린을 향한 찬가로서 탄생한 결과물이었다. 아울러 그 과정에서 이 나라가 산출한 크고도 끔찍한 희생을 향한 찬가로서 탄생한 결과물이기도 했다. 소비에트의 과거를 향한 이런 호소와 함께, 정교회에 대한 새로운 열성이 나타나서 지배 엘리트들을 사로잡게 되었다. 푸틴은 처음 대통령에 당선되기 몇 달 전에 간행된 인터뷰집에서 자신의 종교 신앙을 세계에 알렸으며, 레닌그라드의 공동 아파트에서 자기 어머니와 이웃 주민 한 명이 자기에게 비밀 세례를 주었으며, 이 사실은 공산당원으로 종교적 믿음을 좌시하지 않았던 자기 아버지에게도 계속 비밀로 유지했었다고 자랑스럽게 말했다.[62] 그는 1990년대 초에 자기가 상트페테르부르크 부시장 자격으로 이스라엘을 방문할 예정이었을 때, 어머니가 예수의 무덤에 가서 축성을 받아 오라며 자신의 세례 십자가를 건네주었다고 말했다. 「그때 이후로 저는 그 십자가를 몸에서 떼어 놓은 적이 없었습니다.」푸틴의 말이다. 2001년에 부시와 처음 만났을 때에는 1990년대 중반에 자기 별장을 파괴한 화재 당시에 그 십자가를 간신히 건져 낸 이야기를 늘어놓아 미국 대통령을 매료시켰다. 급기야 부시는 〈그의 영혼을 감지〉했다고 훗날 말했다.[63]

정교회를 불법화한 국가를 위해 평생 일해 온 KGB 간부가 종교적 믿음을 표명한다는 것은 뭔가 기묘해 보이기도 한다. 하지만 푸틴과 함께 권력을 잡았고 그의 상승 배후에 버티고 있었던 KGB 사람들은 하나둘씩 이 선례를 따랐다. 처음부터 이들은 새로운 민족적 정체성을 추구했다. 정교회의 교의는 소비에트 시절을 지나 과거 러시아의 제국주의적 시절로까지 거슬러 올라가면서, 러시아 국민의 위대한 희생과 고난과 인내에 호소하는 강력한 단결의 신조를 제공해 주었으며, 러시아야말로 지상에서 군림하는 다음번 제국인 세 번째 로마라는 신비로운 믿음도 제공해 주었기 때문이다. 이것이야말로 한 나라를 곤경과 상실에서 벗어나 재건하는 데에 이상적인 재료였다. 이런 종교적 믿음의 급증을 회의적으로 바라본 한 올리가르흐의 말에 따르면, 그런 믿음은 러시아인을 다시 농노로 만들고 중세에 계속 머물러 있도록, 그리하여 차르 푸틴이 절대 권력을 이용해 통치할 수 있도록 편리하게 고안된 것에 불과했다. 「러시아의 20세기는 (그리고 지금 21세기는) 16세기의 지속이었을 뿐입니다. 차르가 다른 모두의 위에 있고, 이것은 하늘에서 내려 준 신성한 역할이고 (……) 이런 신성한 권력은 그 주위에 절대적으로 통과할 수 없는 〈무죄성의 차단선〉을 형성합니다. 당국은 그 무엇에 대해서도 유죄일 수 없다는 것이지요. 그들은 절대적으로 올바르게 행동한다는 겁니다.」[64]

10대 시절부터 헌신적인 정교회 신자였던 푸가체프의 말에 따르면, 푸틴은 진정한 신앙에 대해서 사실상 아는 게 없었다. 그는 상황이 이렇게 벌어진 것에 대해서 종종 자책했는데, 왜냐하면 훗날 대통령의 〈고해 신부〉로 알려진 성직자 티혼 셰프쿠노프 신부를 소개한 사람이 바로 자신이었기 때문이다. 하지만 푸가체프의 말에 따르면, 그들의 동맹은 양쪽 모두에게 편리했다. 셰프쿠노프의 입장에서는 그 덕분에 정교회와 그 가르침에 위신이 생겼고, 그가 있는 스렌텐스키 수도원에도 부와 자금 지원이 생겼다. 푸틴으로서는 이것이야말로 대중적 호소력 가운데 일부를 차지하도록 만들었지만, 물론 그 이상의 의미까지는 없었다. 「이렇게까지 될 거라고 미리 알았더라면, 저는 절대로 푸틴을 정교회에 소개해 주지 않았을 겁니다.」 푸가체프의 말이다. 한번은 푸가체프가 대통령과 함께 정교회의 사순절 이전 마지막 일요일인 이른바 〈용서의 일요일〉에 예배에 함께 참석했다. 푸가체프는 전통에 따라서 푸틴에게 사제 앞에 엎드려서 용서를 구해야 한다고 설명해 주었다. 「그는 깜짝 놀라서 저를 바라보더군요. 〈제가 왜 그래야 합니까?〉 그가 말했죠. 〈저는 러시아 연방의 대통령입니다. 그런데 제가 왜 용서를 구해야 한다는 겁니까?〉」[65]

10년 동안의 붕괴 이후에 나라를 한데 엮어 줄 새로운 사상을 물색하던 푸틴과 그의 지지자들 눈에는 공산주의의 실패가 이미 오래전에 명백해진 상태였다. 「공산주의는 건전한 자기 발전을 위한 그 부적절함을 분명히 예증했고, 우리 나라를 경제적으로 발전한 나라들에 꾸준히 뒤처질 운명으로 만들었습니다. 그것이야말로 문명의 주류로부터 멀리 떨어진 막다른 길로 나아가는 길입니다.」 푸틴은 대통령 취임 전날 이렇게 말한 바 있었다. 그리하여 통치를 시작하고 처음 몇 년 동안, 신임 대통령에게 러시아의 역사를 가르치기 위해 초빙된 여러 교사와 기타 전문가들은 러시아의 제국적 정교회의 과거를 거론했다. 푸틴은 백계 러시아인 망명자들에 관해서도 배웠는데, 이들은 볼셰비키 혁명 당시에 러시아를 떠나서 망명하는 동안 혹시나 소련이 붕괴했을 경우를 대비해, 자국의 부흥을 위한 새로운 이념을 만들어 내려고 시도했다. 예를 들어 종교 철학자 이반 일린의 저술이 그러했는데, 그는 러시아의 새로운 민족적 정체성이 정교회 신앙과 애국주의에 근거해야 마땅하다고 믿었다. 푸틴은 바로 이 교의를 자신의 두 번째 대통령 임기 동안의 연설에서 여러 차례 언급할 예정이었다. 아울러 언어학자 니콜라이 트루베츠코이의 저술이라든지, 몇 세기에 걸친 몽골 대군의 침략 이후에 일어난 슬라브와 유럽과 튀르크 문화의 융합이야말로 러시아의 독특한 성격이라고 주장한 소비에트의 역사가 겸 민족학자 레프 구밀료프의 저술도 있었다. 이 사상가들은 러시아의 독특한 유라시아 경로를 강조했으며, 서방의 대서양주의의 대안으로서 유라시아주의라는 철학을 제창했다. 푸틴은 우선 벨라루스와 우크라이나와 카자흐스탄을 끌어들일 유라시아 공동 경제 구역을 만들고, 나중에는 구(舊) 소비에트 국가들의 동맹에 근거한 언젠가는 유럽에 도달하게 될 더 커다란 제국을 만들려고 추구하는 과정에서 거듭해서 이 철학을 언급했다.[66]

여기서 목표는 내부 붕괴와 외부 공격에 대항하여 푸틴 정권을 보강해 줄 정체성을 조성하는 것이었다. 그리하여 백계 러시아인 망명자들의 직계 후손들을(그중 상당수는 이미 KGB와 긴밀히 연결된 상태였다) 푸틴의 이너 서클로 끌어들여, 러시아의 제국적 과거와의 가교 건설을 위한 노력을 주도하게 했다. 그중 한 명은 푸틴의 통치의 철학을 가리켜 〈마치 세 가지 요소의 매듭과도 비슷하다〉고 묘사했다. 「첫 번째 요소는 독재이며 결국 강력한 정부, 강력한 인물, 아버지, 삼촌, 두목을 뜻합니다. 이것은 독재 정권인 겁니다. 두 번째 요소는 영토이며 결국 조국, 애국 등을 뜻합니다. 세 번째 요소는 교회이며 이것은 모든 것을 한데 엮어 줍니다. 접합제라고 말해도 무방합니다. 그게 교회인지, 아니면 공산당인지는 중요하지 않습니다. 큰 차이는 없습니다. 러시아의 역사를 살펴보면, 이 요소들이 한데 엮여 있음을 발견하게 됩니다. 푸틴은 이 세 가지 요소를 한데 엮는 과정에 매우 신중했습니다. 이것이야말로 이 나라를 온전하게 유지하는 유일한 방법입니다. 이 요소들 가운데 하나라도 없애 버리면 결국 붕괴하고 맙니다.」[67]

이 철학은 가장 반동적인 차르 가운데 하나이며 러시아 최초의 민주주의 봉기 가운데 하나를 가혹하게 탄압한 것으로 유명한 니콜라이 1세의 〈정교회, 독재, 민족성〉이라는 국가 신조를 그대로 베낀 것이었다. 이제 푸틴의 KGB 사람들은 그 차르의 이념을 재활용해서 자기네 통치를 규정하는 동시에, 모든 반대를 향한 자기네 탄압을 정당화하기를 추구하고 있었다.

하지만 이것은 단지 변모의 싹에 불과했다. 푸틴과 그의 동맹자들이 실제로 강경하게 움직인 것은 2004년 말에 가서였는데, 왜냐하면 바로 그때 이들은 구(舊) 소비에트 공화국 중에서도 특히 중요한 우크라이나에 대한 크렘린의 장악력에 제기된 도전을 만나게 되었고, 아울러 무시무시한 테러리스트 공격이 또 러시아를 강타했기 때문이었다. 그때가 되어서야 푸틴은 자국의 민주주의 중에서 아직 남아 있는 것마저 전복해 버리는 길을 마련했으며, 서방과의 대립을 통해서 자국을 단결시키려 도모했다.

우크라이나에서의 위기의 원인이야, 푸틴의 사람들의 생각에는 너무나도 명백하기 그지없었다. 그들은 서방이 키이우를 모스크바에서 멀어지도록 만들기 위해 음모를 꾸미고 있다고 믿었다. 하지만 그 무시무시한 테러리스트 공격의 원인은 그만큼 명백하지 않았다. 이 행동으로 300명 이상의 인질이 사망했으며, 푸틴의 크렘린은 그 장악을 더 강화하게끔 자극받게 되었다.

2004년 9월 1일 오전, 러시아 전역의 어린이들은 개학 첫날을 준비하고 있었다. 여자아이들은 가장 좋은 옷을 입었고, 머리에 커다란 색색

리본을 묶었다. 남자아이들은 선생님에게 줄 꽃을 들었고, 부모들은 교문 주위에 모여서 이런저런 이야기를 나누며 각자의 아이들의 사진을 자랑스럽게 찍었다. 하지만 체첸 공화국에서 113킬로미터쯤 떨어진 북(北)캅카스의 작은 도시 베슬란에서는 전통적인 개학식이 중단되고 말았다. 체첸 공화국에서 벌어지던 푸틴의 초토화 전쟁이 공식적으로 끝나기는 했지만, 러시아 병력은 여전히 체첸 공화국을 점령하고 있었으며, 그 지역 전체가 일촉즉발의 폭탄이었다. 러시아 병력과의 격렬한 전초전이 거의 매일같이 이어졌고, 이웃 공화국들로의 무장 침입도 여전히 벌어지는 중이었다.[68]

대략 오전 9시 10분쯤, 베슬란의 어린이들이 개학식을 위해 교문 주위에 모여들었을 때, 무장 테러리스트 수십 명이 경찰 트럭을 타고 나타나서 학교를 경비하던 경찰관 몇 명을 총으로 쏴 죽였다. 이들은 학교를 장악했으며, 1100명이 넘는 학부모와 어린이와 교사들을 인질로 잡았다. 인질 가운데 몇 명이 나중에 설명한 바에 따르면, 테러리스트들은 학교의 마룻바닥 밑에 감춰 놓은 탄약 더미를 꺼냈다고 한다. 어느 고위급 경찰 간부의 말에 따르면, 개학 전에 실시된 개보수 공사 동안 한패였던 근로자들이 그곳에 숨겨 둔 것이라고 했다.[69] 테러리스트들은 인질을 체육관으로 데려갔으며, 학교 건물 전체에 폭발물을 설치했다. 체육관 양쪽 끝에 있는 농구대를 서로 연결한 끈에 폭탄을 꿰어서 공중에 매달아 놓았고, 자리에 앉아 있는 테러리스트 두 명의 발치에도 페달 장치와 연결된 폭탄이 하나씩 있었다. 학교 주위에는 구조 시도를 감지할 수 있도록 철선을 설치해 두었다. 테러리스트들은 두브롭카 농성 때처럼 가스 공격에 당하지 않도록 방독면을 갖고 있었으며, 환기를 위해 체육관의 창문을 모조리 박살 내버렸다. 이후 이틀 동안 끔찍한 더위에도 불구하고 인질들은 식량과 식수조차 얻지 못했다. 아이들은 각자의 오줌을 마시고, 선생님에게 주려고 가져온 꽃을 먹게 해달라고 애원했다.[70] 때때로 총소리가 들렸으며, 두 번째 날에는 학교에 너무 가까이 접근했다고 간주된 자동차 두 대가 수류탄 공격을 받았다.[71] 테러리스트들은 이번에도 역시나 체첸 공화국에서 러시아 병력의 즉각적인 철수를, 체첸의 독립에 대한 인정을, 공화국 내에서의 무장 활동 종식을 요구했다.[72]

협상은 금세 시작되었다. 인질범들은 두 번째 날에 인근 공화국 잉구세티아의 전직 대통령 루슬란 아우셰프를 학교에 들여보냈으며, 그는 곧바로 26명의 어린이와 어머니들의 석방을 성사시켰다.[73] 체첸 공화국 담당 대통령 자문 위원이자 실제로 체첸인 혈통인 아슬람 베크 아슬라하노프는 이튿날 오후 3시에 학교에 들어가기로 합의했다고 말했다.[74] 그는 자원한 700명의 유명한 러시아인이 교체 인질로 학교에 들어가는 대신 어린이들을 석방하라고 제안하면서, 이 계획을 실천에 옮길 수 있으리라는 희망을 품은 채 비행기를 타고 모스크바에서 베슬란으로 향했다. 나중에 밝혀진 바에 따르면, 그 지역 당국에서는 심지어 체첸 공화국이 여전히 분리주의 성향을 가지고 있던 1990년대 중반에 그곳의 대통령이었던 마스하도프에게도 연락을 취했다.[75] 크렘린의 입장에서 그는 여전히 기피 인물이었으며, 두브롭카 농성에 대해 책임이 있다고 낙인찍고 테러리스트로 규정했던 대적(大敵)이었다. 하지만 상황이 워낙 절망적이었기 때문에, 그 지역 북(北)오세티야의 지방 의회 의장이 런던에 있는 마스하도프의 최측근 관련자에게 연락했고, 결국 인질범들과의 협상을 위해 전직 대통령이 직접 학교로 가는 데에 승낙했다는 답변을 얻었다. 마스하도프가 내건 유일한 조건은 그곳까지의 안전한 통행을 보장하라는 것뿐이었다. 세 번째 날 정오가 되자, 이 메시지가 북오세티야 대통령에게 직접 보고되었다.

이들이 대화를 나눈 지 겨우 한 시간 뒤에 갑자기 체육관 안에서 폭발이 일어났다. 곧이어 두 번째 폭발이 일어났고, 그다음부터는 연이어 일어났다.[76] 총소리와 로켓 발사 소리가 요란한 가운데, 러시아 특수 부대가 학교를 향해 슈멜 화염 방사기로 알려진 로켓을 발사하기 시작했다.[77] 곧바로 지붕에 불이 붙었다. 오후 2시 30분경, 목격자 증언에 따르면 최소한 한 대 이상의 러시아 탱크가 진격해서 학교 벽을 향해 포격을 가했다.[78] 불이 번지면서 테러리스트들은 인질 다수에게 불타는 체육관에서 나와 식당으로 가라고 명령했으며, 식당에 도착해서는 인질을 창문에 강제로 세워 놓아서 인간 방패로 삼았다.[79] 훗날 독립적으로 이루어진 조사로 밝혀진 바에 따르면, 최대 110명의 인질이 그곳에서 사망했다.[80] 체육관에서는 화재가 한창이었지만, 정작 소방관은 불이 일어난 지 두 시간이 지나서야 도착했다.[81] 그때쯤 천장은 이미 붕괴한 다음이었다. 어린이를 포함한 인질 다수가 산 채로 불타 죽었으며, 학교에서 도망쳐 나오려고 시도한 사람들도 십자 포화에 갇혀서 총을 맞고 사망했다. 부상자를 병원으로 옮기려고 대기 중인 구급차는 몇 대에 불과했다.[82] 총격전은 한밤중까지 지속되었다.

때마침 베슬란에 도착한 아슬라하노프는 지금까지 벌어진 테러리스트 공격 중에서도 가장 치명적이었던 사건의 마무리를 목격하게 되었다.[83] 「그곳으로 출발할 때만 해도, 저는 이제 아이들을 풀어 주게 되었다는 사실에 대한 크나큰 기쁨을 기대하고 있었습니다. 그런데 비행기에서 내린 저는 당황할 수밖에 없었습니다. 문득 이런 생각이 들더군요. 도대체 어떻게 해서 이런 일이 벌어진 걸까?」 그의 말이다.[84]

330명의 인질이 사망했고, 그중 절반 이상이 어린이였다. 이들의 죽음이 과연 어떻게 이루어졌는지, 러시아 특수 부대는 왜 로켓과 총탄으로 건물을 공격하기 시작했는지, 아울러 가장 중요하게는 체육관 안에서의 최초 폭발은 무엇에 의해 격발되었는지, 오늘날까지도 여러 가지 의문이 제기된다. 최초 폭발이 테러리스트들의 의도적인 행동이 었는지, 아니면 러시아 병력의 우발적인 행동이었는지는 아무도 알지 못한다. 그토록 많은 죽음을 초래한 화재는 학교 내부에서 일어난 폭발로 시작된 것이었을까, 아니면 러시아 병력의 화염 방사기로 시작된 것이었을까?

푸틴은 마지못해 의회 조사에 동의했지만, 사실은 그 조사마저 그와 가까운 동맹자이며 FSB와 오랜 유대를 보유한 상원 의원 알렉산드르 토르신이 지휘했다. 따라서 독립적이라고 말할 수는 없었던 의회 조사가 2년 뒤에야 마무리된 끝에, 테러리스트 가운데 한 명이 폭탄 하나를 의도적으로 터뜨려서 학교의 파괴를 일으켰다는 결론이 나왔다.[85] 즉 테러리스트는 〈더 이전에 만들어진 계획에 따라서 행동했던〉 반면, 연방 당국은 완전히 합법적으로 행동했다는 주장이었다.[86] 〈이 비극적인 사건이 전개되는 동안, 사람들의 생명을 구하기 위해 가능한 한 모든 수단이 사용되었다.〉 보고서에서는 이렇게 설명했다. 그러면서 탱크와 화염 방사기는 어디까지나 인질 모두가 건물 밖으로 나온 뒤에 배치되었다고 주장했다. 하지만 이런 설명은 목격자들의 증언과 완전히 불일치하며,[87] 최초 폭발이 테러리스트에 의해 의도적으로 이루어졌다는 결론 역시 독립적으로 이루어진 다른 조사들의 발견과 상충한다. 이와 별개로 독립적인 조사들 가운데 하나는 북오세티야 의회의 부대변인이자 농성 당시 현장에 있었던 스타니슬라프 케사예프가 지휘했다. 그 조사 보고서에는 체포된 인질범 가운데한 명의 증언이 인용되었는데, 최초 폭발은 기폭 장치에 발을 올려놓고 있었던 테러리스트 한 명을 저격수가 쓰러트렸을 때 격발되었다고 한다.[88]

토르신이 지휘한 조사단이 이러한 주장에 대해 의구심을 표하는 것은 비교적 쉬운 일이었는데, 왜냐하면 그 학교의 창문은 불투명했기 때문에 저격수가 그 내부를 들여다보기란 거의 불가능했기 때문이다.[89] 하지만 무기와 폭발물 전문가인 유리 사벨레프가 세 번째 조사에서 발견한 것을 일축하기는 훨씬 더 어려웠다. 하원 의회의 무소속 의원인 그는 최초 폭발이 오로지 학교 외부에서 발사된 로켓에 의해서만 가능했음을 발견했다.[90] 그 보고서에서는 아직 협상이 진행 중인 상황에서 특수 부대가 로켓 추진 폭탄을 아무 경고 없이 발사했다고 결론지었다.[91] 한마디로 불필요한 죽음을 그토록 많이 일으킨 연쇄 폭발이 러시아 병력의 간섭 때문에 일어났음을 발견한 것이었다.

사벨레프는 자기 분야에서 매우 존경받는 인물이었다. 원래 토르신이 지휘한 조사단에 속해 있었으며, 거기서도 유일한 탄도학과 무기 전문가였지만, 공식 발견이 자신의 발견과 현저하게 달라질 예정이라는 사실이 분명해지자 스스로 사퇴했다. 그의 결론은 베슬란에서의 사건으로부터 3년 가까이 지난 뒤에 공개된 영상의 내용, 즉 농성 종료 후에 육군 공병들이 검찰에 설명한 내용과도 합치했다.[92] 공병들은 테러리스트들이 소지했던 자작 폭발 장비 가운데 터지지 않은 채 학교 탁자 위에서 발견된 몇 가지를 살펴보았다. 플라스틱병 안에 유산탄과 볼 베어링을 채운 물건이었다. 공병 가운데 한 명은 학교의 벽에 생긴 〈안쪽으로 들어간 구멍은 이 폭발물들로 인해 생겨났을 가능성이〉 있다고 말했다. 「그들이 계속해서 이야기하듯, 이 모두는(즉 볼 베어링들은 — 원주) 사방으로 흩어졌을 터인데, 정작 우리가 데리고 나온 아이들에게서 발견된 것과 같은 종류의 부상에 대한 증거는 전혀 없는 겁니다. 다른 사방에도 마찬가지입니다.」 또 다른 공병이 물었다. 「그렇다면 건물 내부에서는 폭발이 전혀 없었다는 겁니까?」 앞의 공병이 대답했다. 「건물 내부에서는 폭발이 전혀 없었습니다.」

그날 벌어진 살육의 정도를 고려해 보면, 그 증거를 절대적으로 결정적이라고 제시하기는 어려웠다. 하지만 최초 발포가 학교 바깥에서 이루어졌다는 것은 살아남은 인질들이 『로스앤젤레스 타임스 *Los Angeles Times*』와의 인터뷰에서 거듭해서 내놓은 주장이었다. 「그들도 이런 폭발을 예상하지는 못했습니다. 게다가 이런 말도 했는데, 저로 선 결코 잊지 못할 겁니다. 〈당신네 쪽 사람들이 당신네를 날려 버렸어.〉 인질범 가운데 한 명은 매우 심각한 목소리로 이 말을 여러 번 반복하더군요. 저로선 결코 잊지 못할 겁니다.」[93] 그렇다면 어느 전직 크렘린 내부자가 주장한 것처럼, 혹시 크렘린 당국이 학교에 대한 공격을 촉발한 그 발포를 명령했을 가능성도 있을까? 그들로서는 전직 반란군 지도자이며 자신들이 공언한 적수인 마스하도프가 협상을 위해 그곳에 도착하는 위험을 감수하고 싶어 하지 않았을 터이니 말이다.[94] 최초 폭발은 보좌관이 마스하도프가 협상하러 올 것이라는 메시지를 전달한 지 겨우 한 시간 뒤에 일어났다. 비록 소문에 불과하기는 해도, 차마 숙고하기가 힘들 정도로 끔찍한 이야기이다.

푸틴은 이 농성에 대한 대처를 놓고 일어난 분노의 파도와 마주하게 되었다. 앞서 두브롭카 음악당 공격을 해결한 데에는 찬사를 얻었던 반면, 이번에는 러시아 병력이 학교로 진입하면서 발생한 유혈극에 대해서뿐만 아니라, 나아가 애초에 테러리스트들이 (역시나 잔뜩 무장한 상태로 역시나 모두가 훤히 지켜보는 가운데) 그곳까지 갈 수 있었던 이유에 대해서도 갖가지 의문이 제기되었다. 하원 의회에 아직 남아 있던 극소수의 무소속 의원들 역시 과연 대통령이 국가 안보를 보장할 수 있는지에 대해 질문을 쏟아 냈다. 푸틴이 권좌에 올랐을 때 러시아 국민에게 제공한 사회 계약의 핵심 항목 가운데 하나는 앞서 아파트 폭파 사건을 일으킨 테러리즘을 체첸 공화국에 대한 전쟁으로 종식하겠다는 것이었다. 하지만 그의 안보 기관들은 두브롭카 농성의 교훈을 배우지 못했다는 것이 비판자들의 주장이었다. 크렘린과 매우 가깝다고 평가되는 저명한 정치 평론가 세르게이 마르코프도 이를 〈어마어마한 위기〉라고 일컬었다.[95] 심지어 오랫동안 야당 세력 답지 않게 겁먹고 조용했던 공산당도 푸틴 정권이 정치적 반대를 탄압하느라 정신이 팔린 나머지, 테러리즘이라는 더 큰 문제를 공략하지 못하고 말았다고 주장했다. 「그들이 쌓아 올린 권력의 기둥은 정작 이런 테러리스트의 위협 앞에서는 무용지물인 것으로 입증되었습니다.」 공산당의 부대표 이반 멜니코프의 말이다.[96] 끝도 없이 이어지는 체첸 전쟁에 대한 피로감이 생겨나면서 푸틴의 지지율은 재선 이후로 꾸준히 내려갔는데, 베슬란 사건 이후로는 4년 만에 최저인 66퍼센트까지 가라앉았다.[97]

사망자 집계가 파국적인 숫자에까지 도달했음이 명백해진 뒤에야, 대통령이 창백한 얼굴에 결연한 모습으로 등장했다. 그가 들고나온 답변에 따르면, 그 공격은 러시아의 영토적 통일성을 잠식하고 그 붕괴를 일으키길 원하는 외부 세력의 소행이었다. 농성이 끝난 다음 날 내놓은 대국민 연설에서 푸틴은 이 비극적 사건을 가리켜 〈러시아 모두에 대한, 우리 국민 모두에 대한 도전이다. 이것이야말로 우리 모두를 겨냥한 공격〉이라고 말했다. 「우리의 상대는 러시아를 겨냥한 국제 테러의 직접적인 간섭이며, 그 총력적이고도 전면적인 전쟁은 거듭해서 우리 동포들의 생명을 앗아 가고 있습니다.」 그의 말이다. 체첸 공화국의 테러리스트들을 지목하는 대신, 푸틴은 이 공격은 서방으로부터 방출된 더 넓은 음모의 일부분이라고 주장했다. 「일부는 우리에게서 〈맛 좋은 파이 한 조각〉을 떼어 가려고 합니다. 또 다른 일부는 그들을 도와줍니다. 그렇게 도와주는 까닭은 러시아가 계속해서 세계의 주요 핵 강대국 가운데 하나로 남아 있으면, 자기네한테는 여전히 위협이 된다고 추론하기 때문입니다. 그렇게 해서 이들은 이런 위협을 제거해야 마땅하다고 하는 겁니다. 물론 테러리즘은 그러한 목표를 달성하기 위한 하나의 수단에 불과합니다.」[98]

푸틴의 주장에 따르면, 이 공격은 (그와 그의 KGB 사람들이 서방의 조작이었다고 믿어 의심치 않았던) 소련 붕괴와도 직결되는 것이었다. 한때 〈방대하고도 위대한 국가〉의 핵심이었던 러시아는 〈자국에서는 물론이고 세계에서도 작용하던 과정의 복잡성과 위험을 완전히 이해할〉 수가 없었다고 했다. 「어쨌거나, 우리는 적절하게 반응할 수 없었음이 입증되었습니다. 우리는 스스로 약함을 드러냈습니다. 그리하여 그 약점을 얻어맞았습니다. 한마디로 우리는 이전처럼 태평한 태도로 살아갈 수도 없고, 그렇게 살아가서도 안 됩니다. 우리는 훨씬 더 효율적인 안보 시스템을 반드시 만들어야 하며 (……) 가장 중요한 것은 이 공통의 위험에 직면하여 국가 전체를 동원하는 일입니다.」 그는 이 주장을 서방 학자들과의 연례 회동에서 밀고 나아갔으며, 냉전 시대의 서방과의 대치와 베슬란 사건을 직결시키기까지 했다. 「이것이야말로 냉전의 사고방식의 재현으로서 (……) 어떤 사람들은 우리가 내부 문제에 집중하기를 원하기 때문에, 우리가 국제 문제에 신경을 쓰지 못하도록 자기네가 이곳에서 배후를 조종을 하는 겁니다.」[99]

이후의 조사에서는 베슬란 사건에서 발생한 사망의 원인이 대부분 러시아 병력의 간섭으로 인한 것으로 보인다고 지적했다. 하지만 푸틴의 KGB 사람들이 권력의 장악을 강화하려 도모하면서 크나큰 변모가 시작되었다. 대통령은 현 상황에 대한 응답으로, 소비에트 이후 역사에서 가장 큰 헌법 개정이 이루어질 것이라고 선언했다. 베슬란 사건으로부터 열흘 뒤에 푸틴이 발표한 바에 따르면, 러시아는 지역 주지사 선거를 폐지하기로 했다. 이는 지역 주지사들의 권력을 통제하기 위해 크렘린이 이미 부과한 시도보다 훨씬 더 멀리까지 나아가는 셈이었다. 이제는 선출되는 것이 아니라 크렘린에서 임명되어 지역 의회의 인준을 거칠 것이었다. 푸틴의 말에 따르면, 이 조치는 외부 위협에 대항해 시스템을 더 강화할 예정이었다. 「테러 공격의 조직가와 가해자들은 국가의 분열과 러시아의 와해를 목표로 삼고 있으며 (……) 국가 권력 시스템은 베슬란의 비극에 적응할 필요가 있을 뿐만 아니라, 그런 위기의 반복을 방지할 필요도 있는 것입니다.」[100]

니콜라이 페트로프 같은 독립적인 정치 평론가는 물론이고, 하원 의회의 무소속 의원들 역시 이는 소비에트 관습으로의 회귀라고, 즉 크렘린이 궁극적으로 통치하는 일당제(一黨制)로의 회귀에 상응하는 조치라고 경고했다.[101] 이것이야말로 옐친 시절에 얻은 가장 중요한 자유 가운데 하나에 대한 완전한 역행이었으며, 지역 민주주의의 가장 중요한 교훈 가운데 하나를 유권자와 지역 엘리트 모두에게 제공해 주었던 시스템의 제거이기도 했다. 하지만 크렘린은 이것이 단지 부패한 시스템의 제거, 즉 선거에서 가장 많은 돈을 쓰는 사람이 지역 주지사를 할 수 있도록 만들었던 시스템의 제거일 뿐이라고 주장했다. 러시아의 젊은 민주주의는 너무나도 약하기 때문에 직접 선거의 위험을 차마 감당할 수 없다는 것이었다. 또 그 단결을 겨냥한 외부의 위협이 너무나도 크다는 것이었다. 푸틴의 사람들은 러시아를 요새로 구축하고 있었으며, 자국을 외부 공격의 위협으로부터 포위당하는 모습으로 제시했다. 하지만 실제로 이들은 단지 각자의 권력을 보전하는 데에만 열중했을 따름이었다. 푸틴의 해외 정책 기관은 오래전부터 서방이 체첸 테러리스트 가운데 일부를 지원하는 몇몇 인물을 은닉시킨다는 이유로 비난해 왔다. 예를 들어 영국에 머무는 아흐메드 자카예프와 미국에 머무는 일랴스 아흐마도프가 그러했다.[102] 그러면서 체첸 반란군이 판키시 협곡을 이용했는지 여부에 대해서 의문을 제기했다. 조지아와 북캅카스를 연결하는 이 좁은 계곡은 테러리스트가 러시아 영토에 공격을 가하기 위해 지나가는 경로였기 때문이다. 하지만 그 순간까지도 서방이 러시아를 와해시키려는 의향을 품고 있다는 생각을 푸틴의 사람들이 공개적으로 암시하는 경우는 드물었다.

어느 크렘린 내부자의 말에 따르면, 베슬란 사건에 서방이 관여했다는 증거는 파트루셰프가 푸틴에게 제시했으며, 당연히 아무런 의문 없이 받아들여졌다. 「푸틴이 그걸 믿은 까닭은 그게 자기에게 어울렸기 때문이었습니다. 핵심은 허구를 만들어 내는 것이었고, 서방 탓을 하는 것이었습니다. 그들이 이 모두를 덮을 수 있었던 방법이 그거였습니다. 그 일이 일어난 뒤에야, 그들은 그 일이야말로 지역 주지사 선거까지 폐지하기 위한 좋은 핑계라고 판단했던 겁니다.」[103] 사실 이러한 행보는 오래전부터 의제에 들어 있었다. 안보계 사람들은 단지 그걸 실행시킬 순간을 기다려 왔을 뿐이었다.

두브롭카 농성 이후에만 해도 푸틴은 서방의 관여에 대해 이와 유사한 주장을 내놓지 않았다. 그뿐만 아니라 베슬란 사건에 서방의 세력이 조금이라도 관여했다는 증거는 전혀 제시된 적이 없었다. 러시아 안보 기관이 외부로 유출한 보고서에서는 영국 거주자 세 명이 농성에 참여했다고 나오는데, 그중 한 명은 런던 핀스베리 파크에 있는 유명한 과격파 모스크의 출석자이고, 다른 두 명은 런던에 사는 알제리인이었다.[104] 하지만 이 내용에 대해서는 금세 아무런 언급도 없게 되었으며, 사실 여부도 절대 확증되지 않았다.

하지만 이와 동시에 〈실제로〉 일어났던 일도 있었으니, 바로 가장 중요하고 가까운 이웃 국가에 대한 러시아의 영향력을 겨냥한 위협의 고조였다. 그해 가을에 우크라이나의 대통령 선거가 다가오고 있었다. 1994년부터 동방과 서방 사이에서 자국의 균형을 잡아 온 전직 공산당 대표 레오니트 쿠치마의 헌법상 임기가 조만간 끝날 예정이었던 것이다. 친(親)크렘린 후보 빅토르 야누코비치는 당시 총리이자 전직 범죄자이며 산업계 거물로서, 친(親)러시아 세력의 거점인 우크라이나 동부 도네츠크에서 지지를 받고 있었다. 그에 맞서 점차 고조되는 도전을 제기하는 또 다른 후보는 서방과 더 가까운 통합을 선호하는 빅토르 유셴코였다. 이 후보는 역시나 한때 총리로 재직했으며, 우크라이나에 대한 푸틴의 계획에 차질을 줄 만한 모든 것을 대표했다.

모스크바는 소비에트 붕괴 이후 구(舊) 소비에트 공화국들의 상실 중에서도 우크라이나의 상실을 가장 괴로워했으며, 러시아로서는 이 나라야말로 여전히 붙어 있다고 착각되는 제국의 환지(幻肢)와 유사했다. 우크라이나는 그 공화국들 중에서도 러시아와 카자흐스탄에 이어 세 번째로 영토가 넓었다. 인구 중에서 30퍼센트 가까이는 러시아어를 모국어로 사용했고, 경제 분야 역시 소비에트 시절부터 러시아와 긴밀히 연계되어 있었다. 정치국에서는 우크라이나의 산업화에 대대적으로 투자했고, 그로써 한때 농업 지역이었던 그 나라를 러시아의 물자 공급에 중요한 주요 방위 제조업자로 변모시켰다. 제철 분야에서 우크라이나 공장들은 소비에트 계획 경제 치하에서 러시아 공장들과 합병되었던 반면, 알루미늄 분야에서 우크라이나 공장들은 여전히 러시아의 핵심 원료 제공자였다. 가장 중요한 것은 우크라이나가 러시아의 가장 전략적인 수출품이 지나가는 지대에 있다는 사실이었다. 유럽으로 수출하는 러시아의 가스 가운데 85퍼센트는 소비에트 시절에 건설된 제국의 동맥인 우크라이나의 파이프라인 네트워크를 통해 운송되었고, 우크라이나의 크림반도 역시 여전히 전략적으로 중요한 러시아 해군 기지의 소재지였다.

푸틴으로선 러시아의 제국적 부흥을 주장하려 시도하는 과정에서 우크라이나가 서방으로 돌아서는 것이야말로 가장 바람직하지 않은 일이었다. 하지만 그 나라는 오래전부터 분열되었으며, 혁명 이전 시기부터 동방과 서방의 교차로였다. 폴란드와 리투아니아가 1868년 이래로 줄곧 우크라이나 서부의 방대한 영토를 통제했고, 러시아와 폴란드도 30년에 걸친 전쟁 끝에 그 나라를 나눴다. 비록 소비에트의 통치로 그런 잔재는 모두 종식되었지만, 우크라이나 서부에는 서방의 영향력이 지울 수 없을 만큼 각인된 상태였다. 그곳에서는 친유럽적 독립운동도 강력했다. 쿠치마는 임기 내내 자국 내 친서방 세력과 친러시아 세력 사이에서 솜씨 좋게 균형을 잡는 행보를 수행해 왔다. 하지만 이제 유셴코가 대두함으로써, 유라시아 공동 경제 구역의 창설을 통한 더 단단한 연합이라는 푸틴의 계획에 도전하게 된 것이었다. 양국의 의회는 4월에 이미 공동 경제 구역의 창설을 비준한 상태였다. 하지만 푸틴의 생각에는 유셴코가 러시아의 재부상을 저지하려 작정한 서방 정부들로부터 지원을 받는 것만 같았다.

유셴코는 우크라이나의 유럽 연합과 나토로의 통합을 강력하게 지지했다. 쿠치마가 유셴코를 총리에서 해임한 것도 이런 친서방 성향 때문이었다. 유셴코의 아내는 우크라이나계 미국인으로, 시카고에서 성장했고 훗날 미국 국무부에서 근무한 바 있었다. 두 사람은 비행기에서 우연히 옆자리에 앉으면서 처음 만났다. 푸틴은 이 모든 사실이 유셴코가 CIA에 포섭되었음을 암시한다고 간주했다.

푸틴과 그의 사람들이 경악한 까닭은 이런 상황이야말로 그들의 영역이라고 간주한 곳으로의 침입인 동시에, 그들이 계획해 왔던 더 긴밀한 유라시아 통합에 대한 직접적 위협이었기 때문이었다. 푸틴은 이미 그해 여름에, 그러니까 베슬란 사건이 있기 몇 달 전에 우크라이나에 관한 첫 번째 경고를 서방에 보낸 바 있었다. 러시아 제국의 부활을 위한 크렘린의 계획이자 첫걸음인 러시아, 우크라이나, 벨라루스, 카자흐스탄 간의 이른바 공동 경제 구역이 위기에 처했기 때문이었다. 「더 긴밀해짐으로써 우리는 경쟁력을 증대시키는 것입니다. 이것이야말로 단지 우리에게만 양해된 것뿐만 아니라, 해외에 있는 우리의 동역자들에 의해서도 양해된 것입니다.」 푸틴은 7월에 있었던 쿠치마와의 회동에서 이렇게 선언했다.[105] 「그들의 대리인들은 여러 나라의 내부며 외부 모두에서 러시아와 우크라이나 간의 통합을 저해하기 위해 가능한 한 모든 노력을 다하고 있습니다.」 푸틴은 이 성명서의 배경을 신중하게 선택했다. 즉 쿠치마와의 회동 장소인 얄타의 리바디아 궁전은 제2차 세계 대전의 종식을 앞두고 스탈린과 프랭클린 루스벨트와 윈스턴 처칠이 유럽을 동방과 서방의 영향권으로 나눴던 바로 그 역사적 장소였다. 푸틴은 갱신된 역사적 권리를, 즉 밀접국에 대한 러시아의 영향권을 주장하는 셈이었다.

하지만 그의 경고는 아무런 영향력도 발휘하지 못했던 것으로 보인다. 야누코비치의 득표를 돕기 위해 크렘린 홍보 전문가들이 키이우로 파견되기까지 했지만, 유셴코의 인기는 나날이 높아졌다. 9월 5일, 그러니까 푸틴이 베슬란 사건 이후의 연설에서 〈외부 세력이 러시아에서 맛 좋은 파이 한 조각을 떼어 내려 시도한다〉고 주장한 바로 다음 날, 유셴코의 적들이 공세에 나섰다. 그날 유셴코는 우크라이나의 안보 기관 수장 이호르 스메슈코 소유의 별장에서 만찬을 즐겼다. 그런데 다음 날 병이 났고, 이후 며칠 사이 얼굴에는 끔찍한 물집이 줄줄이 생겨났다. 유셴코가 치료를 위해 찾아간 오스트리아의 의사들은 매우 유독한 다이옥신에 중독되었다는 결론을 내렸다. 하지만 그의 유세의 파죽지세는 계속되었다. 비록 유셴코가 잠시 언저리로 물러나기는 했지만, 우크라이나의 민족주의자이자 만만찮은 정치 공작가인 율리아 티모셴코가 그의 부재중에 유세를 이어 나갔다. 이들의 유세는 간단하고도 명료했다. 이들의 표어는 〈예〉라는 뜻의 〈타크Tak〉 단 한 마디뿐이었으며, 이들의 오렌지색 깃발과 플래카드는 어디에나 있는 듯 보였다. 푸틴의 간섭 시도는(심지어 푸틴은 친크렘린 후보 야누코비치에게 투표하라고 독려하기 위해 선거 며칠 전에 키이우를 전격 방문했다) 그저 역풍만 일으켰을 뿐이었다.[106] 러시아 국영 TV 채널에서도 무뚝뚝한 야누코비치를 위한 전면 지원에 나섰다. 우크라이나 동부의 러시아 거점 지역 출신의 이 당수 겸 전과자는 때때로 한 문장조차도 제대로 마무리하지 못하는 것처럼 보였으며, 독립을 향한 유권자들의 열망에 대해 오히려 분개하고 있었다. 야누코비치가 무능해 보이는 반면 유셴코는 박식했으며, 얼굴이 망가진 것은 물론이고 어쩌면 지금까지도 생명의 위협을 가할 수도 있는 중독 기도에서 생존하며 영웅으로 등극했다.

11월 말에 실시된 선거에서는 푸틴의 간섭이 다시 한번 역풍을 불러왔다. 그는 결과가 나오기도 전에 야누코비치의 승리를 축하했는데, 정작 출구 조사는 정반대의 결과를 가리켰다.[107] 공식 집계를 감독한 인물이 푸틴의 가까운 동맹자였고, 급기야 러시아 대통령의 때 이른 축하 인사에 부합하는 결과가 나오자, 야당에서는 선거 부정이 있었다고 주장했다. 수만 명의 유셴코 지지자가 거리로 나왔고, 그중 다수는 젊은이들이었다. 청년 단체 〈포라〉에서 이들을 규합하여, 마이단 광장에 텐트촌을 건설했다.[108] 얼어붙을 듯한 추위에도 불구하고 시위대의 규모는 늘어났으며, 급기야 최대 100만 명이 마이단 광장에 운집하자, 쿠치마도 결국 마지못해 재선거를 시행하는 데에 동의했다. 12월에 지역 및 국제 입회인의 면밀한 감시하에 치러진 재선거에서는 유셴코가 승리를 거두었다. 서방의 후보자가 승리한 것이다.

푸틴과 그의 지지자들에게는 이것이야말로 파멸적인 패배가 아닐 수 없었기에, 그들 중 다수는 지금까지도 이 일을 잊지 못하고 있다. 훗날 〈오렌지 혁명〉으로 일컬어지는 이 사건의 결과는 워낙 거대했으며, 크렘린의 계획에는 파멸적인 일격이었다. 푸틴과 가까웠던 두 사람의 증언에 따르면, 푸틴은 또다시 하야를 시도하기까지 했다.[109] 하지만 이너 서클의 어느 누구도 그의 자리를 대신하려 들지 않았으며, 그 누구도 어마어마한 책임을 지고 싶어 하지 않았다. 이것이야말로 러시아의 뒷마당에서 일어난 두 번째 친서방 혁명이었다. 그로부터 딱 1년 전에는 컬럼비아 대학 출신의 친서방 성향을 가진 미혜일 사카슈빌리가 구(舊) 소비에트 공화국 조지아에서 권좌에 올랐다. 푸틴과 그의 동맹자들이 보기에는 마치 서방 세력이 그들 주위에서 활성화되는 듯, 러시아의 영향권을 에워싸는 듯, 자국 그 자체에까지 도달하려 위협하는 듯 보였다. 푸틴의 KGB 사람들에게 최악의 악몽이란, 이웃 국가들에서 일어난 사건들로부터 영감을 얻은 러시아 내 반대파가 서방으로부터 자금 지원을 받아서 푸틴 정권까지 무너트리려 도모한다는 시나리오였다. 이렇게 음침한 편집증은 이들이 향후 취하게 될 행동 가운데 상당수를 채색하고 추진한 원동력이었다.

푸틴과 그의 이너 서클의 반응은 역시나 앞서 주장을 재탕한 것, 즉 러시아를 공성당하는 국가로 제시한 것이었다. 우크라이나와 조지아에서 일어난 일은 향후 몇 년 동안 푸틴의 크렘린의 행동에 영향을 끼칠 예정이었다. 자신을 한편으로는 제국을 위한 전쟁에, 또 한편으로는 자기 보전을 위한 전쟁에 임하고 있다고 간주함으로써, 이들은 그 어떤 외부의 영향력이 대두하는 것을 차마 허락할 수가 없었다. 바로 이런 요인이 지역 주지사 선거 폐지라는 결정에 분명히 영향을 주었을 것이다.

우크라이나의 재선거를 불과 며칠 앞둔 12월에, 푸틴은 연례 기자 회견을 이용해 서방을 비난했으며, 서방이 밀접국에서 혁명을 조장함으로써 러시아를 고립시키려 시도하고 있다고 주장했다. 또다시 그는 이 상황을 체첸 공화국에서의 소란과 연계시켰다. 「만약 이것이 사실이라면, 체첸 공화국에 대한 서방의 정책은 더 이해할 만한 것이(……) 왜냐하면 그 정책은 러시아 연방을 불안정하게 만드는 요소들을 수립하는 것을 목표로 하기 때문입니다.」 푸틴은 구(舊) 소비에트 공화국들에서 일어나는 혁명들이 〈다른 장소들에서 계획된〉 것이라고 주장하면서, 미국 억만장자 조지 소로스가 새로운 조지아 정부의

봉급을 제공한다고 덧붙였다.[110]

이듬해 4월에 연례 대국민 연설을 할 즈음, 러시아 대통령이 백계 러시아인 망명자들로부터 배운 주제들은 분명히 전면에 나서고 있었다. 볼셰비키 혁명을 피해 달아났던 종교 철학자 일린의 말과 러시아 마지막 차르의 개혁 성향의 총리였던 세르게이 비테의 말을 자유롭게 인용하면서, 푸틴은 러시아가 독특한 길을, 그 스스로의 운명을 따라가고 있다고 주장했다. 즉 자국의 민주주의 형태는 서방의 모델을 따라가지 않을 것이라고 한 것이다. 그러면서 소련 붕괴는 20세기의 가장 큰 비극이었다고 말했는데, 그로선 이런 견해를 전 국민 앞에서 처음으로 표명하는 셈이었다. 「그 당시에 많은 사람은 우리의 젊은 민주주의가 러시아 국가성의 지속이 아니라, 오히려 소비에트 시스템이라는 지속된 고통의 궁극적인 붕괴라고 생각했습니다. 또는 그렇게 생각하는 것처럼 보였습니다.」 푸틴의 말은 이제 자국이 새로운 발달 단계에 접근하고 있다는 의미였다. 「우리의 사회는 자기 보전의 에너지뿐만 아니라, 새롭고도 자유로운 삶을 위한 의지도 산출하고 있으며 (……) 우리는 민주주의적이고 자유롭고 공정한 사회와 국가를 만들기 위하여 우리 자신의 길을 반드시 찾아내야만 합니다.」[111]

그 이전까지만 해도 푸틴의 대국민 연설은 거의 전적으로 경제에, 국내 총생산을 두 배로 높이고 러시아 국민에게 〈편안한〉 삶을 만들어 내는 방법에, 아울러 전 세계 경제며 유럽에 대한 자국의 더 긴밀한 통합에 초점을 맞추었다. 「유럽 연합의 팽창은 우리를 지리적으로 더 가깝게 만들 뿐만 아니라, 경제적으로도 영적으로도 더 가깝게 만들어야만 마땅합니다.」 푸틴은 불과 1년 전에만 해도 이렇게 말했었다.[112] 하지만 이번의 연설은 전혀 다른 어조를 띠고 있었다. 「러시아는 유라시아 대륙을 문명화하는 사명을 지속해야 마땅합니다. 우리는 해외에서 러시아인의 권리를 존중하는 것에 대한 국제적 지원을 매우 중요하게 간주하며, 이것은 정치적이고 외교적인 협상의 주제가 될 수 없습니다.」[113]

러시아는 비록 뒤늦게나마 구(舊) 소비에트 공화국들에 자신의 영향권을 표시하는 셈이었다. 이것은 새로운 궤적이었다. 즉 그 제국적 과거와의 가교를 건설하는 것이었다.

제9장
〈먹다 보니 식욕이 돋았던 겁니다〉

2004년 6월, 수갑을 찬 호도르콥스키가 모스크바의 한 법정으로 인도되어 들어오면서, 훗날 러시아 경제의 방향을 변화시키고 동시에 러시아 사법 시스템을 푸틴의 사람들에게 유리하게 전복시킬 재판이 시작되었다. 이 올리가르흐는 시베리아의 어느 비행장에서 새벽에 체포된 이후로 줄곧 모습을 드러내지 않았다. 하지만 이제는 이곳에, 그러니까 러시아의 가혹한 법정 규칙에서 피고석으로 지정한 금속제 격실의 철창에 들어가 있었으며, 이것이야말로 그의 실추된 체면을 만천하에 보여 주는 것이었다. 합판으로 만든 법관석에서는 불룩한 헤어스타일의 여성 판사 세 명이 굳은 표정으로 그를 내려다보고 있었으며, 격실 주위로는 무장 경비원들이 둘러서 있었다.[1]

그 여름날의 작은 법정의 열기는 숨이 막힐 정도였다. 정장 차림의 변호사들, 기자들, 호도르콥스키의 연세 지긋한 부모를 비롯한 가족 등이 허술하기 짝이 없는 나무 벤치에 어깨를 맞대고 잔뜩 끼어 앉아 있었다. 공중에는 먼지가 날아다녔다. 때때로 몇 안 되는 시위자들이 외치는 〈자유!〉라는 소리가 열려 있는 창문 너머에서 힘없이 날아왔다. 청바지와 갈색 재킷을 입은 간소한 옷차림의 호도르콥스키는 보석을 신청하는 중에도 여전히 평소처럼 차분하고도 열중한 모습이었다. 그는 나지막한 어조로 말했다. 자기가 지난 8개월 동안 모스크바의 악명 높은 마트로스카야 티시나 교도소에 구금된 것이야말로 불법적인 권력 남용으로, 장차 다른 사람들까지 탄압하게끔 국가를 대담하게 만들 것이라고 말이다. 「제 사건이야말로 정의에 대한 선례입니다. 이러다가는 장차 수백 명이 재판도 받기 전에 구금되고 말 것입니다.」[2]

11개월에 걸친 공판이며, 수백 시간의 반대 신문과 법정 진술의 결과물은 결국 푸틴의 국가 자본주의의 기초를 만든 사건이 되었다. 이 사건은 그의 KGB 사람들이 전략적 〈지휘대〉를 장악하는 길을 열어 주었고, 자국 사법부를 푸틴의 〈실로비키〉의 기나긴 팔의 연장으로 변모시키는 선례를 만들어 냈다. 이 재판은 법 집행 기관 시스템 전체를 (즉 경찰, 검찰, 법원을) 변모시켰다. 즉 푸틴의 지배 엘리트들을 위해 사업체를 장악하고 정치적 경쟁자를 제거하는 포식성 기구로 만드는 데 일조했다. 재판이 끝났을 무렵에는 매년 수천 명의 사업가가 재판을 받기도 전에 구금되었으며, 그중 다수는 자기 사업체를 넘겨주기로 합의한 뒤에야 비로소 풀려났다.[3] 이것이야말로 실로비키가 법적 무기고에 보유한 가장 조악한 무기였으며, 결국에 가서는 FSB와 법 집행 기관 간부들을 위해 전국에 걸쳐 크고 작은 규모로 체계화되었다. 호도르콥스키의 몰락은 안보 기관 사람들에게 사실상 백지 위임장을 준 셈이 되어서, 2012년에 이르자 러시아의 국내 총생산 가운데 50퍼센트 이상이 푸틴과 긴밀하게 연결된 사업가들과 국가의 직접 통제하에 있게 되었다. 경제의 70퍼센트 이상이 민간의 소유였던 호도르콥스키 재판 당시와 비교해 보자면, 정말 어마어마하고도 신속한 선회가 아닐 수 없었다.[4] 이는 소생하는 안보 기관에도 검은돈으로 이루어진 방대한 음지 경제를 조장했는데, FSB와 기타 법 집행 기관 간부들은 그 과정에서 얻은 검은돈으로 자신들의 월급을 훨씬 웃도는 구매력을 갖추며 커다란 사륜구동차와 대궐 같은 아파트를 구매했다. 그 덕분에 안보 기관 사람들은 내부자 거래에 마음껏 접근할 수 있었으며, 막대한 루블화를 빼돌리거나 나중에 그 돈을 세탁해서 서방에 있는 은행 계좌로 보낼 수도 있었다.

아무리 줄잡아 말하더라도 이 재판은 모든 것을 바꿔 놓았다고 할 수 있다. 이 재판은 한편으로 푸틴의 사람들이 서방 세력에 대응하는 자국의 부활이라고, 또 한편으로는 우크라이나와 조지아의 혁명이며 베슬란 사건의 배경에 대응하는 자국의 부활이라고 간주하던 것을 위해 노력하던 시기에 벌어졌다. 푸틴의 사람들의 관점에서는 유코스 장악이야말로 자국의 제국적 영광을 회복시키는 데에서, 아울러 국가에 대한 (그리고 국가의 금융 흐름에 대한) 통제를 강화하는 데에서 중대한 요소였다. 그것이야말로 그 당시에 그들이 자신들을 정당화시키기 위해서 내놓은 설명이었다. 「KGB는 자기네가 프랑켄슈타인의 괴물을 만들어 냈음을 깨달았습니다. 자체적인 생명을 보유한 그 괴물의 이름은 바로 자본주의였지요. 그들은 자기네가 도와준 덕분에 생겨난 올리가르히가 오늘날 수십억 달러를 벌어들이고 있음을, 하지만 정작 자기네는 그중 아무것도 얻지 못하고 있음을 깨달았습니다. 그래서 그들은 국가의 이름으로 자원을 돌려받기 시작한 겁니다. 그들은 스스로 이렇게 말했습니다. 〈우리는 국가의 소유인 자원을 돌려받고 있는 거야. 이렇게 하지 않으면 미국인이 그 통제권을 사들일 테니까.〉」 호도르콥스키의 전직 자문 위원 미셸의 말이다.[5]

이처럼 편리한 허구의 날조는 단지 추진 동기에 그치지 않았다. 이것은 그들이 마음껏 행동할 수 있다는 허락이기도 했다. 그들의 견해에 따르면, 자기네는 러시아 회복의 수호자였다. 자기네는 러시아의 구원자였다고, 따라서 자기 재산을 축적할 만한 자격이 있다고 자처했다. 더 먼저 있었던 소비에트 지도자들과 마찬가지로, 그들은 곧 국가의 의인화였으며, 그들의 이익도 거기에 완전히 맞춰져 있었다. 하지만 이전까지만 해도 국가는 곧 당(黨)과 동의어였던 반면, 이들은 국가 자본주의의 시대를 만들어 낼 예정이었다. 국가 자본주의에서는 국가의 전략적 이익과 그들 자신의 개인적 이익 사이의 경계선을 사실상 구분할 수 없었다. 「그들은 더 높은 대의라는 말로 모든 것을 채색했습니다. 하지만 실제로는 개인적 탐욕을 위해서였으며, 바로 여기서부터 문제가 시작된 것이었습니다.」 미셸의 말이다.

국가가 경제의 지휘대를 돌려받는다는 발상은 옐친 시대의 억만장자들을 향해 푸틴의 KGB 사람들 못지않게 분개하던 대중에게 적극적인 지지를 얻었다. 호도르콥스키가 체포되기 딱 일주일 전, 푸틴은 이른바 〈올리가르히 지배〉 시스템을 만들려고 시도했다는 이유로 1990년대의 재벌들을 다시 한번 비난하면서, 그 악의를 다음과 같이 요약했다. 「우리에게는 흔히 하는 말마따나 하룻밤 사이에 억만장자가 된 사람들을 가리키는 범주가 있습니다. 국가가 그들을 억만장자로 임명한 것입니다. 국가가 막대한 재산을 사실상 무료로 건네주었던 것입니다. 이후 상황이 전개되면서, 그들은 마치 자기네가 하늘의 가호를 받는 듯한, 모든 것이 자기네에게 허락되는 듯한 인상을 받게 되었습니다.」[6] 크렘린은 심지어 유코스와의 전투를 테러리즘과의 싸움의 하나로 설명하려고까지 했다. 베슬란 사건으로부터 3주 뒤, 이미 그 당시에 정부가 통제하던 NTV 채널에서는 어떤 증거도 전혀 제시하지 않고, 호도르콥스키와 그의 동업자들이 체첸 공화국의 테러리스트들에게 자금을 지원했다는 기묘한 저격을 했다.[7]

상트페테르부르크 출신으로 푸틴과 가까운 KGB 동맹자이자 그 당시에 국방 장관으로 재직 중이었던 이바노프는 장차 벌어질 일을 공개적으로 신호한 최초의 인물이었다. 그는 호도르콥스키가 체포된 지 한 달 뒤인 2003년 11월에 이렇게 말했다. 「국가는 경제의 전략적

부분에 대한 통제를 잃어버려서는 안 됩니다. 우리는 석유 탐사와 석유 추출의 수준을 통제해야 마땅하며 (……) 소련이 유전 탐사와 개발에 막대한 자원을 투자했기 때문에, 오늘날 석유 회사들의 수장들이 이로부터 막대한 이익을 얻고 있는 것입니다. 어떤 경우든지 간에 유정과 자원은 개인의 재산이 아니라 국가의 재산입니다. 따라서 국가는 이 과정을 통제할 완전한 권리를 가지는 것입니다.」[8]

러시아의 통치 방식이 선회할 것이라는 신호가 명백했음에도 불구하고, 서방 정부들은 그런 변화가 훗날 입증될 것만큼 대대적이리라고는 생각하지 않았던 것처럼 보인다. 처음에만 해도 미국 공직자들은 이것이 오로지 호도르콥스키 한 명만을 겨냥한 공세인지 아닌지, 또는 에너지 부문을 장악하기 위한 더 폭넓은 시도의 신호인지 아닌지를 이해하기 위해 안간힘을 썼다.[9] 그들은 이것이야말로 사법 및 정치 시스템을 장악하기 위한 시작이라는 것도 미처 깨닫지 못했으며, 푸틴의 KGB 사람들이 축적하게 될 자원이 결국 서방에 대항하여 사용되리라는 것도 미처 깨닫지 못했다. 비록 이바노프는 국가의 통제를 강화하려는 그들의 열망을 강력하게 암시했지만, 본인은 물론이고 푸틴의 사람들 가운데 나머지도 다음과 같이 신중하게 주장했다. 즉 이것은 1990년대의 민영화의 번복을 뜻하는 것까지는 아니라고, 호도르콥스키를 겨냥한 형사 사건 수사는 어디까지나 악덕 올리가르흐 한 명을 겨냥한 것뿐이라고, 재산권은 존중될 것이라고, 러시아는 여전히 서방과의 통합에 나선 시장 경제라고 주장했던 것이다.

호도르콥스키는 미국 정부에서 자신의 체포에 대해 예민한 반응을 내놓을 것이라고 기대했으며, 그 결과 자신이 신속히 석방될 것이라고 믿었지만, 정작 그런 반응은 절대 나오지 않았다. 오히려 쉬쉬하는 반응뿐이었다. 공화당 소속 상원 의원 존 매케인 같은 개별 정치인이라든지, 억만장자 금융인이었다가 자선 사업가로 변신한 소로스 정도만 목소리를 높였다. 이들은 선진국 중에서도 엘리트를 망라한 G8 모임에서 러시아를 제외하라고 요구했는데, 푸틴이 대통령에 취임한 이후에 이 모임이 확장되며 러시아를 포함했기 때문이었다. 그런데 그 당시에 유코스를 겨냥한 국가의 공격이 가져올 잠재적인 결과를 제대로 인식한 사람은 오로지 매케인뿐이었던 것처럼 보인다. 그는 호도르콥스키의 체포에 반응하여 미국 상원에서 이렇게 말했다. 「러시아에서 민주주의와 시장 자본주의 세력에 반대하여 일어나는 은근한 쿠데타는 미국과 러시아 관계의 기반을 위협하는 동시에, 워싱턴과 모스크바의 냉각된 평화라는 새로운 시대의 망령을 제기하는 실정이다. 미국으로선 그런 나라와 협력 관계는 고사하고 정상 관계조차도 누릴 수가 없다. 왜냐하면 그런 나라는 푸틴이 건설하겠다고 주장했던 근대 국가보다는 오히려 소비에트와 차르 시대의 선례들과 점점 더 많은 공통점을 가진 것처럼 보이기 때문이다.」[10]

하지만 부시 행정부의 입장은 평소와 다르지 않았다. 9·11 테러 공격 직후인 그 당시에만 해도, 테러리즘에 대응하는 협력에 초점이 맞춰져 있었기 때문이다. 따라서 러시아와 연락할 수 있는 창구를 유지하는 것이 중요했으며, 이제는 러시아가 체첸 공화국의 반란군과 전 세계의 테러리스트 사이의 연계를 서방에 이해시키기 시작한 상태이기 때문에 더욱 그러했다. 또한 미국은 아프가니스탄에서 모스크바의 지원에 점점 더 의존하게 되었는데, 여기에는 러시아에 전쟁 물자 운송 경로를 마련하는 것도 포함되어 있었다. 「미국 정부로로선 최소한 자기네가 하고 싶은 일을 러시아가 방해하기를 원하지 않았던 겁니다. 예를 들어서 이라크에 대해서는 양국의 의견이 불일치했는데, 미국 정부로선 최소한 아프가니스탄에서 나타난 것처럼 테러리즘 대응에 대한 지원을 원했던 것입니다.」 미국 국가 안보 회의의 전직 러시아 담당 국장 그레이엄의 말이다.[11]

그레이엄의 말에 따르면, 물론 미국 정부도 크렘린과의 몇 차례 연락에서 호도르콥스키의 투옥과 유코스 장악에 대해 우려를 제기했다. 「하지만 정부는 그 당시까지만 해도 러시아 내부의 상황 전개에 그리 많이 집중하지 않았습니다.」 미국은 러시아가 민주주의에서 뒤로 물러나고 있다고 여기지는 않았으며, 옐친 시대의 혼돈을 겪은 이후이다 보니 미국 정부는 국가 기구의 세력을 재편하려는 푸틴의 시도조차도 그리 나쁘다고 간주하지는 않았다. 언론 재벌 구신스키와 베레좁스키가 강제로 물러난 것이며, 그들 소유의 TV 채널이 국가에 넘어간 것 역시 국내 사정으로 보았다. 그레이엄의 말에 따르면, 두 재벌 중 어느 누구도 민주주의의 지지자로 간주되지는 않았던 까닭이었다. 그들은 각자의 언론 매체 제국을 이용해 각자의 의제를 팔아먹었을 뿐이었다.[12] 하지만 호도르콥스키는 악덕 재벌 이미지를 벗어던지고, 더 나은 경영을 추구하기 시작한 이래로 뭔가 다른 올리가르히의 부류로 부상한 상태였다. 자신의 석유 회사를 미국에 매각하려 시도하면서부터는 특히나 그러했다. 「하지만 미국 정부로서 보자면, 굳이 한 발 뒤로 물러나서 러시아를 향한 정책을 바꿀 정도로까지 큰 거래는 아니었습니다.」[13] 한마디로 이 올리가르흐가 미국과의 유대를 육성하려고 갖가지로 노력했음에도 불구하고, 미국 정부는 결국 그를 늑대들에게 던져 주었던 셈이다.

하지만 러시아의 시장 변모에 판돈을 걸었던 전 세계 투자자들의 관점에서, 호도르콥스키의 체포와 이후의 유코스 장악은 훨씬 더 의미심장할 수밖에 없었다. 그가 체포되고, 국가가 그의 소유인 유코스 지분 44퍼센트를 동결한 바로 그 순간부터, 투자자들은 그 회사를 눈여겨보고 있었으며, 과연 국가가 호도르콥스키의 재판을 이용해 유코스를 해체하려 도모할지를 살펴보고 있었다. 유코스는 러시아 최고의 석유 생산업체였으며, 쿠웨이트보다 더 많은 석유를 생산했다. 이곳은 그 나라에서 가장 유명한 회사가 되었으며, 서방 투자의 기함(旗艦)에 해당했기 때문에, 이곳에 대한 정부의 조치는 시장 개혁의 더 폭넓은 선회의 전조가 될 수 있었다. 투자자들은 호도르콥스키가 교도소에 더 오래 있을수록 실로비키가 유코스를 차지할 위험도 더 커진다고, 그렇게 되면 러시아 시장 전체에 대한 투자의 정당화를 망칠 것이라고 두려워했다.[14] 이들은 NTV 채널을 놓고 구신스키에게 이루어진 조치가 반복될까 봐 두려워했으며, 일찍이 푸틴의 KGB 사람들이 상트페테르부르크에서 처음 연마한 전술대로 호도르콥스키를 압박해서 그의 지분을 손쉽게 넘겨받을까 봐 두려워했다. 높은 세계 석유 가격과 소생하는 경제에도 불구하고, 그해에 러시아 주식 시장은 최악의 실적을 보였으며, 유코스 주식은 이전 해 가을의 정점 이후 그 가치의 절반 이상을 상실한 상태였다.[15] 호도르콥스키와 가장 가까운 동업자 네브즐린은 이미 메나테프의 주주들에게 〈인질〉 석방의 대가로 유코스의 통제권을 국가에 양보하는 것이 어떠냐고 제안하면서, 이 제안은 자기가 매일같이 밀실 거래를 제안해 오는 중재인들로부터 들은 이야기를 전하는 것뿐이라고 해명했다.[16]

하지만 이 경우에는 그런 제안조차도 마치 바람 빠진 풍선처럼 되고 말았으니, 푸틴의 크렘린은 여전히 서방 투자자를 (그리고 서방 전반을) 자기편으로 끌어들이기 위해 필사적이었기 때문이다. KGB 사람들은 자기네가 취하는 모든 행보를 신중하게 계산해야 한다는 사실을 이해했다. 호도르콥스키를 사기와 탈세 혐의로 투옥하는 과정은 반드시 합법적인 것처럼, 즉 정부의 유코스 해체와 장악을 정당화하는 동시에 어떤 면에서는 서방의 시각에서도 용인할 만하다고 간주될 수 있는 과정의 일부인 것처럼 보여야만 했다. 그 당시에만 해도 푸틴의 서클은 여전히 국제 재판의 결과를 두려워했다. 이들은 전 세계 시장에서 러시아의 더 깊은 통합을 확보하기 위해서 안달했으며, 자국의 경제 회복을 지속하는 데에는 물론이고, 자기네가 위협으로 인식되지 않는 상태에서 서방으로 확장할 그리고 침투할 수 있는 국가 자본주의의 브랜드를 구축하는 데에도 서방의 투자가 필요하다는 사실을 알았다.

따라서 이들은 메나테프의 유코스 지분을 어설프게 몰수하는 대신 정교한 법적 공세에 착수했던 것이며, 여기에서 호도르콥스키의 재판은 능지처참 가운데 단 한 가지 요소에 불과했다. 그 결과 실로비키의 몰수를 위장하기 위해서, 엄격히 통제되는 사법 질서와 사법 시스템을 이용하는 정교한 과정이 시작되었다.[17]

이 과정이 전적으로 더 쉬워진 까닭은 1990년대 민영화 과정의 무법 이행 때문이었다. 그 당시에는 호도르콥스키를 비롯한 올리가르히가 자기네에게 유리하게끔 환경을 왜곡할 수 있어서, 소수파 투자자와 기타 사람들의 권리를 마구 짓밟고 부정을 저질렀다. 사업가 대부분이 사실상 법적 진공 상태에서 행동했으며, 국가는 워낙 약해진 까닭에 그 어떤 법률도 거의 강제할 수가 없었다. 사법 시스템과 법 집행 기관이 돈에 팔려 다닌 셈이다. 하지만 이제 크렘린을 장악한 푸틴의 KGB 사람들은 상황을 완전히 뒤집기 시작했다. 호도르콥스키 사건의 핵심은 사법 판결을 사실상 크렘린에서 지시했다는 점이었다. 공판에서는 절차상의 위반이 가득했고, 법률은 소급적이고도 선별적으로 적용되었다. 푸틴의 동맹자들은 과거의 남용을 지우기 위해서 제도를 강화하려고 모색하는 대신, 오히려 제도를 장악함으로써 권력 남용의 독점권을 스스로 부여했다.

러시아 법률에 구멍이 가득한 까닭에, 누구라도 법률을 위반한 죄로 고발을 당하기가 쉽다는 사실이 이들에게는 도움이 되었다. 그런 환경에서 법률은 해석의 여지가 많았으며, 친구들 사이의 마피아식 〈이해〉나 합의 시스템보다도 훨씬 못했고, 그리하여 살아남고 싶은 사람은 크렘린의 편에 반드시 머물러 있어야만 했다.

호도르콥스키가 재판의 첫날을 맞이했을 즈음, 유코스는 파산 위기에 처해 있다고 경고했다. 검찰에서는 이 회사를 공성하기 위해 동시 공격에 나섰으며, 2000년도의 체납 세금 34억 달러를 소급해 부과했다. 투자자들은 유코스를 의도적으로 파산시킴으로써 국가가 장악할 수 있게 만들려는 의도가 아닌지 우려했다. 해외 채권자들은 이미 그 회사가 10억 달러의 대출금을 상환할 수 없게 될까 봐 우려하고 있었다.[18] 자유주의 성향의 기술 관료인 재무 장관 쿠드린이 이끄는 정부 공직자들은 석유 회사들이 국내 역외 지역을 이용해서 납세를 최소화하는 것 때문에 오래전부터 불만을 품은 상황이었다. 하지만 그런 계책을 이용하는 회사는 이곳만이 아니었으며, 그 당시의 러시아 법률하에서는 합법적이기도 했다. 유코스가 납부한 사실상의 세율은 아브라모비치의 시브네프트와 TNK-BP 같은 여타 민간 소유의 석유 회사들의 세율과 동등한 수준이었다.[19] 투자자들은 이와 유사한 체납 세금의 부과가 다른 회사들로도 향할까 봐 두려워했지만, 크렘린과 이를 추종하는 서방의 은행가들은 이 사건이 어디까지나 호도르콥스키에 한한 것이라고 주장하느라 열심이었다.

크렘린의 전술도 정교해졌다. 호도르콥스키가 모스크바 법정의 창살 안에 처음 등장한 다음 날 푸틴은 이 사건과 관련해서 투자자들을 안심시키는 보기 드문 확언을 공개적으로 내놓았다. 그는 이웃 나라인 우즈베키스탄을 공식적으로 방문하면서 도량이 넓은 지도자인 척 연기했으며, 저 올리가르흐의 운명의 선회를 추가로 강조했다. 「러시아 연방 당국, 정부와 자국 경제 권위자들은 유코스 같은 회사의 파산에 관해서는 관심을 두고 있지 않습니다.」 푸틴은 이렇게 말했다. 안심한 투자자들 덕분에 유코스 주가는 하루 사이에 34퍼센트나 급상승했다. 하지만 대통령은 도망갈 구멍을 남겨 놓은 상태였는데, 독립적인 사법 시스템의 정당한 절차라는 구실을 이용해 국가의 자산 몰수를 위장했던 것이다. 「정부는 그 회사의 붕괴를 방지하기 위해서 최선을 다할 것입니다. 하지만 법원에서 일어나는 일은 별개의 문제입니다. 법원은 이에 대해서 스스로 답변해야 마땅합니다.」[20]

이때 푸틴이 당연히 언급하지 않은 사실이 있었다. 그즈음 법원에서 일어나는 모든 일은 자신의 가장 가까운 관련자이며, 호도르콥스키에 대한 법적 공격을 처음부터 감독하고 추진했던 크렘린 행정부실장 세친의 직접적인 통제하에 있었다는 사실이다. 마치 면밀한 조정 능력을 확보하기라도 하려는 듯, 세친은 심지어 검찰 총장 우스티노프의 가족으로도 편입된 상태였다. 즉 법적 공격이 시작된 바로 그때인 2003년 11월에 세친의 딸과 우스티노프의 아들이 결혼했던 것이다. 공세를 감독하는 고지에 오른 이 구부정한 전직 KGB 간부의 눈에는 모든 것이 기회로 보였다.

세친이 보기에, 유코스 사건은 대통령 밑에서 항상 아첨하는 하인에 불과했던 자신의 입지를 더 높일 독특한 기회였다. 여러 해 동안 그는 푸틴의 가방을 들고 다녔으며, 푸틴을 만나려는 사람을 막아서는 수문장 역할을 했다. 그런데 이제 세친은 자신의 이득을 위해 그 위치를 이용할 수 있었다. 크렘린의 내부자 가운데 한 명이 이전에 내게 불평한 바에 따르면, 자기가 푸틴과 합의한 명령서를 세친이 의도적으로 분실한 적이 있다고 한다. 「모두가 그게 어디 있느냐고 물어보았습니다. 명령서가 발표되지 않았던 겁니다. 푸틴은 자기가 서명해서 세친에게 넘겼다고 하고 (……) 그래서 제가 세친을 찾아갔더니만, 그가 이렇게 대답하더군요. 〈어이쿠, 그게 아마 책상에서 떨어졌던 모양입니다. 여기에 서류가 워낙 많이 쌓여 있어서요.〉 그런 식으로 계속되었습니다. 그가 그렇게 한 이유는 자기가 바로 결정하는 사람이라는 것을, 자기가 바로 어떤 일을 할지 말지 결정하는 사람이라는 것을, 따라서 제가 뭔가를 결정하려면 자기를 찾아와야 한다는 것을 보여 주기 위해서였습니다.」[21]

유코스 사건은 세친에게 자신의 권력 기반을 확장하고 자기만의 영지를 만들어 낼 기회를 준 셈이었다. 「그는 이것이야말로 일석이조의 기회임을 이해했습니다. 자산을 차지하는 기회이자, 이 사건을 이용해서 법 집행 기관을 장악하는 기회였던 거죠.」 한때 유코스의 중요한 주주 가운데 하나였던 알렉산드르 테메르코의 말이다. 세친의 딸이 검찰 총장의 아들과 결혼한 것도 마찬가지였다. 「그거야말로 가족 사업이 된 겁니다.」[22]

테메르코는 유코스 주주 중에 곤경에서 벗어날 길을 찾아보기 위해서 모스크바에 남아 있던 유일한 사람이었다. 호도르콥스키가 메나테프 제국을 세우는 데에 함께했던 동업자들 가운데 아직 살아남은 네브즐린 등은 체포를 우려해 이미 모두 러시아를 떠났으며, 대부분 이스라엘로 향했다. 하지만 테메르코는 달랐다. 3성과 4성 장군들을 한때 아랫사람으로 거느리기도 했었기에 사실상 아무도 건드릴 수 없는 인물이었다.[23] 옐친의 대통령 임기 초에 그는 국가 군사 위원회의 대표로 근무한 바 있었다. 테메르코는 옐친 시대의 여러 국방 장관과 가까워졌으며, 전략적 국가 무기 복합 기업을 운영했다. 호도르콥스키와는 콤소몰 시절부터 알았으며, 유코스가 육군에 연료를 납품하는 중요한 계약을 따내도록 도와주었다.[24] 테메르코는 궁극의 로비스트였다. 매력적이면서도 성마른 성격이었으며, 불룩한 배와 짙은 콧수염을 갖고 있었다. 따라서 크렘린과의 대치 상태에 대한 해결책을 교섭할 수 있는 사람이 있다고 치면, 그가 바로 적임자였다. 테메르코는 푸틴의 크렘린을 운영하는 음험한 안보계 사람들의 진영과 호도르콥스키 진영 모두에 발을 걸치고 있었다. 동업자들의 말에 따르면, 매파인 FSB 수장 파트루셰프와도 가까웠다.

서방 투자자들은 여전히 유코스의 중역으로 남아 있는 미국인 석유 전문가 두 사람에게 협상의 희망을 걸었다. 코노코필립스 출신의 스티븐 시드와 마라톤 오일 출신의 텍사스인 브루스 미서모어였다. 두 사람 모두 서방의 경영 기법에 정통했으며, 모스크바의 지하철을 이용해 출근하는 근면한 미국인이었다. 하지만 이들은 크렘린의 협상이라는 복마전식 미로를 차마 제대로 이해하지 못했다. 그 일에 적합한 사람은 오로지 테메르코뿐이었다. 그는 막후에서 뒷방 중개인의 역할을 담당했으며, 때로는 세친과 이야기할 기회를 얻기 위해 크렘린의 대기실에서 여덟 시간 내내 앉아 있기까지 했다. 한번은 테메르코가 세친을 우회해서 자신의 민원을 직접 푸틴에게 가져가려 시도했고, 크렘린의 한 고위 공직자와 합의한 끝에 연방 안보 회의가 열리는 장소의 뒷문 앞에 대기하다가 새치기하듯 대통령을 만나기로 계획했다. 하지만 세친은 이 계획을 알아내고 화를 내며 그를 막아섰다. 「타당한 제안을 대통령에게 직접 건네주는 것이 세친의 업무였습니다. 하지만 그는 항상 이렇게 말했지요. 〈이건 정확하지 않군요. 이건 타당하지 않고요.〉 그러면 우리는 처음부터 다시 시작할 수밖에 없었습니다.」테메르코의 말이다.[25]

호도르콥스키의 사람들로서는 애초부터 패배할 전투를 치르는 셈이었다. 투자자를 안심시키는 푸틴의 언급이 나온 지 3주가 채 되기도 전인 7월 초에, 유코스에 대한 압박은 더 높아졌다. 대통령이 건설 중인 시스템은 그 진면목을 드러내고 있었다. 정부 요원 수십 명이 모스크바의 가장 번쩍이는 신축 건물들 가운데 한 곳에 있는 유코스 본사를 압수 수색 해서 컴퓨터 서버를 가져갔고, 곧이어 회사의 은행 계좌를 동결시켜 버렸다.[26] 설상가상으로 총기를 휴대한 국세청 공직자들이 시드를 찾아와서 2001년도의 체납 세금 34억 달러에 대한 새로운 고지서를 전달했다. 이로써 유코스가 체납한 세금은 두 배로 늘어났으며, 앞서의 세금도 차마 납부할 능력이 없는 데다 그 마감 기한도 멀지 않은 상태였다. 「이렇게 하면 그 회사는 죽는 겁니다.」 올리가르히가 결성한 로비 단체의 고위급 구성원 이고리 유르겐스의 말이다.[27]

압수 수색 직후의 며칠 사이, 교도소에 있던 호도르콥스키는 체납 세금을 납부하기 위해서 메나테프가 소유한 유코스 지분을 넘겨주겠다는 또 다른 제안을 공개했다.[28] 시드와 미서모어가 지휘하는 유코스의 고위급 경영진은 체납 세금 80억 달러를 3년에 걸쳐 납부하기 위한 회사 재편 계획을 이미 제안했는데, 그러려면 우선 정부가 유코스의 은행 계좌 동결을 해제해 주어야만 했다.[29]

이 모든 노력도 결국 아무 소용이 없었다. 협상은 7월 내내 지속되었지만, 갑자기 정부 측에서 그 재편 계획을 승인하는 대신에, 차라리 유코스의 주요 생산 부문인 유간스크네프테가스를 매각하여 체납 세금을 충당하겠다고 발표한 것이다.[30] 그 업체 한 곳에서만 유코스의 전체 산출량 가운데 60퍼센트를, 즉 리비아보다 더 많은 석유를 생산했다. 이 결정으로 시장은 다시 한번 충격에 휩싸였다. 유코스의 해체가 현실화되었다. 충격적인 발표가 나오고 며칠 뒤, 이 공격을 막후에서 조율하던 세친은 자기가 들고 있던 패를 드디어 공개했다. 바로 그 자신이 국영 석유 회사 로스네프트의 회장으로 임명된 것이다.[31] 그러자 로스네프트가 유코스의 자산을 넘보고 있었다는 그간의 소문에 갑자기 무게가 실렸다.

유코스를 향해 잘 겨냥된 일격을 날릴 때마다, 세친은 점점 더 세력이 강해졌다. 과거의 세친은 푸틴의 신뢰할 만한 보좌관이자, 대통령에게 들어가는 정보와 접근을 차단하는 사나운 수문장 겸 조종자였지만, 이제는 그 자체로 강력한 세력으로 변모했다. 세친은 협상 내내 추종적인 조수 역할을 담당했으며, 메나테프 관련 협상이 잘 진행되도록 국세청과 법무부에 말해 주겠다고, 푸틴에게 제안을 전해 주겠다고 먼저 제의했다. 「처음부터 그는 거리를 두려고 노력했습니다. 그는 자기가 그 과정을 주도하고 있다고는 한 번도 말하지 않았어요. 하지만 우리가 양해에 이르렀다고 생각했을 때마다, 그들은 또 다른 계좌를 막아 버려서 우리가 돈을 낼 수 없게 만들었습니다.」 테메르코의 말이다. 세친은 아쉽다는 듯 고개를 저으면서, 테메르코에게 자기네가 동의할 수 없었던 점이 정말 유감스럽다고 말하곤 했다. 「그는 자기네가 합의할 수 없었다고 말했습니다. 하지만 실제로 그는 우리를 점점 더 많은 타협과 정보 공개로 밀어 넣으려고 했을 뿐이었습니다.」[32]

여전히 정부는 서방 투자자들을 자기네 편으로 계속 유지하려고 도모했다. 정부는 유코스의 주요 생산 부문인 유간스크를 공정한 시장 가격에 매각하겠다고 약속했다. 하지만 그 가치 평가를 수행하는 임무를 맡은 드레스드너 방크 모스크바 지점으로 말하자면, 푸틴의 가장 가까운 동맹자 가운데 하나로서 일찍이 드레스덴에서 함께 일했던 전직 슈타지 요원 바르니히가 대표를 맡고 있었다.[33] 물방울처럼 뚝뚝 떨어지는 정보와 꾸준한 물살 같은 새로운 공격이 진행되는 와중에, 서방 시장은 유코스가 해체될 것이라는 생각에 익숙해지게 되었다. 결국 러시아 정부가 유간스크의 매각을 발표했을 즈음에는 서방의 석유 대기업들이 그 회사를 호도르콥스키의 손에서 빼앗는 데에 도움을 주겠다고 제안할 지경이 되었다. 이러한 제안은 유코스 장악과 관련해서 미국 행정부가 크렘린에 보낸 경고를 잠식하는 행동이었다. 「문제는 우리가 러시아를 향해서 당신네 행동이 러시아에 대한 투자 분위기에 부정적인 영향을 줄 것이라고 말할 때마다, 서방 회사들 가운데 한 곳이 대뜸 앞으로 나와서 유코스를 매입하겠다는 제안을 내놓았다는 겁니다. 그 당시에만 해도 유코스를 매입하겠다는, 아울러 러시아가 그 이미지 때문에 갖게 될 문제들을 완화하도록 도움을 주겠다는 제안이 두세 개쯤 크렘린에 전달되었으니까요.」 그레이엄의

말이다.[34]

이런 제안은 푸틴이 오래 견지한 냉소적 시각을 확증하는 데에도 도움이 되었다. 즉 서방 측 사람은 누구든지 매수할 수 있으며, 상업적 필요야말로 그 어떤 도덕적 우려나 다른 우려를 항상 능가한다는 점이었다. 머지않아 크렘린은 자국의 자산 몰수에 대한 서방 투자자의 지원을 얻기 위해 대대적으로 새로운 아부 공세를 출범시켰다.

이즈음에 이르러 크렘린은 매우 교활하게 움직이기 시작했다. 서방 은행가들은 막후에서 유코스 장악과 관련해 러시아 정부에 조언을 제공했는데, 그중에는 증권 중개업체 유나이티드 금융 그룹의 대표이자 미국 시민인 라이언도 있었다. 9월 중순에 푸틴이 베슬란의 비극에 대응하는 차원에서 러시아의 민주주의 이행에서 가장 큰 업적 가운데 하나인 지역 주지사 선거를 폐지하겠다고 발표한 것은 유코스를 해체하고 장악하려는 국가의 시도가 점점 더 명백해지는 상황에서 더욱 불길하게 보였을 것이다.

하지만 푸틴은 해외 투자자들을 위해 깜짝선물을 준비하고 있었다. 지역 주지사 선거 폐지를 발표한 바로 다음 날, 크렘린은 세계에서 가장 큰 에너지 대기업을 만들 계획이라고 시장에 알렸다. 즉 국가에서 통제하는 가스 대기업 가스프롬과 국가에서 소유한 마지막 석유 대기업 로스네프트를 합병함으로써, 사우디아라비아에 이어 세계에서 두 번째로 많은 매장량을 통제하고, 서방의 가장 가까운 상응 기업인 엑슨모빌보다 다섯 배나 큰 초거대 회사를 만들겠다는 것이었다. 사우디아라비아의 국영 기업 아람코와 달리 이 새로운 회사는 서방 투자자들이 지분을 보유할 수 있도록 개방될 예정이었다.[35]

중동에서의 소란 때문에 러시아의 에너지 공급에 대한 서방의 관심이 커지던 시점에 나온 이 제안은 전 세계를 향한 푸틴과 그의 서클의 대담한 야심에 대한 증언인 셈이었다. 이것이야말로 커다란 선회가 아닐 수 없었다. 불과 6개월 전에만 해도 카시야노프 총리가 자유주의적 개혁하에서 가스프롬을 해체함으로써 가스 부문에 대한 그 독점을 감소시키를 원했었으니 말이다. 푸틴은 이 계획을 거부해서 중단시킨 바 있었기에, 그 독점 가스 회사를 로스네프트와 합병한다는 새로운 계획은 에너지 부문에 대한 국가 지배라는 정부의 의도를 보여 주는 뚜렷한 상징이었다.

하지만 서방 투자자들로서는 좋은 소식일 수밖에 없었다. 경제에 대한 국가 통제의 강화는 이들이 오랫동안 두려워하던 바이기는 했지만, 이번에는 거대한 신생 에너지 대기업의 한 조각을 얻을 수 있다는 매력적인 전망과 짝지어 나타났던 까닭이다. 이 거래는 가스프롬로스네프트에서 국가의 지분을 51퍼센트로 늘려 줄 예정이었으며, 이로써 해외 투자자들이 가스프롬에서 보유할 수 있는 주식의 양에 대한 규제도 자동으로 제거될 예정이었다. 푸틴 정부는 이른바 〈한정 규칙〉이라고 알려진 이런 규제를 제거하려는 계획을 오랫동안 고려해 왔다. 이제는 초록불이 들어온 것처럼 보였으므로, 주가가 곧바로 급등했다. 서방 투자자들은 신생 국영 대기업의 주식을 매매했을 때 자기네가 벌 수 있는 돈을 생각하며 침을 줄줄 흘렸다. 「석유와 가스 가격이 지붕을 뚫고 오르던 상황에서, 이곳이야말로 외국인도 투자할 수 있는 전 세계의 석유와 가스 기업 중에서 가장 큰 업체였던 겁니다.」 가스프롬의 지분을 상당량 보유했던 허미티지 캐피털의 대표 윌리엄 브라우더의 말이다.[36] 그러면서 그는 〈그것이야말로 유코스라는 쓴 약을 삼키기 위해 첨가된 일종의 당의(糖衣)〉였다고 덧붙였다.[37] 뉴욕에 근거한 파이어버드 펀드의 대표 이언 헤이그는 크렘린의 제안을 더 직접적으로 설명했다. 「그들은 정치적 독재처럼 보이는 뭔가를 만들어 내는 과정에서 해외 투자자 공동체의 충성심을 매수했던 겁니다. 그런데 효과가 있었던 거죠.」[38]

어떤 사람들이 보기에는 이것이야말로 아름다운 우정의 시작이었는데, 왜냐하면 크렘린에서는 어디까지나 푸틴의 사람들이 통제하는 한에서는 해외 투자도 환영한다고 신호한 것이기 때문이었다. 신생 국영 대기업에 합류하려는 투자자들이 줄지어 늘어서면서, 유코스의 몰락과 관련된 불편함도 잦아들었다. 이런 전망에 기뻐하지 않는 것처럼 보인 유일한 사람은 로스네프트 회장 세친뿐이었다. 로스네프트와 가스프롬의 합병 계획으로 인해, 국영 에너지 분야의 독자적인 거물이 되려는 자신의 꿈이 여차하면 막을 내릴 위험에 처했기 때문이었다.

세친이 노발대발하는 와중에도 유간스크의 매각 제안을 둘러싼 드라마는 아직 끝나지 않은 상태였다. 어느 유출 보고서에 따르면, 드레스드너 방크는 그 생산 부문의 가치를 최소 157억 달러에서 최대 173억 달러 사이로 보았다. 이것이야말로 시장이 공정한 가격이라고 믿었던 바와 합치하는 셈이었기에,[39] 서방 출신의 유코스 경영진은 유간스크의 매각 이후로도 회사의 나머지를 한데 묶어 유지할 수 있을 만큼의 현금이 생길 것이라고 믿었다. 하지만 그해 11월 말에 이르러 그런 희망은 회복이 불가능할 정도로 박살 나고 말았다. 법무부에서 유간스크에 대한 정부 경매의 시작 가격을 드레스드너 방크의 예상 범위보다 훨씬 낮은 86억 5000달러로 발표했을 뿐만 아니라, 유코스에 2002년도와 2003년도의 미납 세금 두 건을 추가로 고지했기 때문이었다.[40] 이로써 유코스가 납부할 세금은 240억 달러로 불어났으며, 이 막대한 금액은 유코스의 가뜩이나 박살 난 시가 총액의 네 배가 넘었다. 유코스의 경영진에게는 이것으로 완전히 끝장이 났다는 사실이, 아울러 회사의 나머지도 해체되어서 헐값에 팔려 나가게 되리라는 사실이 너무나도 명백해진 셈이었다.

마치 이 메시지만으로는 부족하기라도 한 듯, 새로운 세금이 고지되기 전날 밤에 무장 경찰이 유코스의 경영진 수십 명의 자택을 압수 수색 했다. 경영진은 이 조치가 1937년에 있었던 스탈린의 숙청 사건을 연상시켰다고 말했다. 그중 한 명의 말에 따르면, 이들은 〈밤에 집에 있기를 두려워했고, 자기네 친지를 걱정〉했다.[41] 호도르콥스키가 더 나은 경영을 위한 행보의 상징으로 영입한 서방 출신의 석유 전문가들도 이 조치의 핵심을 깨닫게 되었다. 텍사스 출신의 붙임성 좋은 최고 재무 책임자 미서모어는 마침 그날 런던에 있었다. 위험을 감수하고서라도 러시아로 돌아갈지 말지를 저울질하는 사이, 테메르코가 그에게 전화를 걸어서 러시아에 도착하면 그 즉시 체포될 것이라고 경고해 주었다.[42] 결국 미서모어는 영영 돌아가지 않았다. 2004년 6월부터 유코스의 대표로 근무해 온 시드도 마찬가지였다. 그 역시 마침 그날 사업차 해외에 있었는데, 경찰의 사무실 압수 수색은 모스크바로 돌아가서는 안 된다는 분명한 신호였다. 시드의 말에 따르면, 러시아 정부가 유간스크에 매긴 낮은 판매가는 〈정치적 원한을 풀기 위해 정부가 조직한 도둑질〉을 상징했다.[43]

미서모어가 보기에는 합의에 도달하기 위한 경영진의 모든 노력이 물거품으로 돌아간 것이었다. 총 240억 달러에 달하는 막판의 세금 고지 세례를 고려하면, 유코스의 자산은 모조리 조각난 상태로 국영 기업들에 매각될 것이었다. 미서모어는 이것이야말로 크렘린의 본래 목표였다고 믿는다. 자산 동결과 은행 계좌 동결로 인해서 이 회사는 채무를 상환하는 처지에 결코 서지 못할 것이었다. 「처음에만 해도 우리는 돈을 주기만 하면 그들이 떠날 수도 있으리라 생각했습니다. 우리는 협상하기 위해 크렘린에서 적절한 사람들에게 접근하려 백방으로 시도했습니다. 그들이 앞장서서 이끌어 주면, 우리는 합의에 매우 가깝게 다가갔다고 생각했습니다만, 그러다가 갑자기 누군가가 푸

틴을 만나면 만사가 무용지물이 되고 마는 거였습니다.」 미서모어의
말이다.[44]

테메르코가 보기에도 협상이 결국 막다른 길에 불과했었음이 마
침내 분명해졌다. 정당한 절차가 준수되고 있다는 착각을 시장과 해
외 지도자들에게 심어 줄 필요가 있었기에, 세친과 푸틴과 그의 사
람들이 장악을 위한 위장 간판으로 그들을 이용하고 있었을 뿐이었
다. 테메르코는 궁극적으로 〈우리는 거짓말을 듣고 있었다〉고 말한다.
「그들은 거짓 메시지를 보냈던 겁니다. 푸틴의 서클의 고위급 사람들
은 저에게 이렇게 말했습니다. 〈이 모두는 게임일 뿐입니다.〉 그들은
이렇게 말했습니다. 〈만약 그들이 회사를 갉아먹기 시작한다면, 정말
끝까지 갉아먹을 겁니다. 결국 이빨이 뼈에 닿을 때까지 말입니다.〉 그
들은 아마 자기네가 뭔가 과정을 보여 주어야 한다고, 뭔가 협상할 열
의를 보여 주어야 한다고 생각했던 모양입니다. 하지만 현재 진행되
는 일에 모두가 익숙해지고 나자, 그들은 이런 시각을 취했습니다. 〈우
리가 왜 합의해야 하지? 어쨌거나 모두 우리 것인데.〉 드레스드너 방
크의 평가라든지, 잠재적 거래의 지속적인 변죽 울리기는 〈전형적인
체카인(人)〉의 책동이었습니다. 그들은 거짓 정보를 내놓은 다음, 이
와는 별개로 자기네만의 사업을 진행했던 겁니다.」

이런 전술은 푸틴의 크렘린에서 거듭해서 실행되었으며, 한참 뒤
인 2014년에 크림반도를 장악했을 때도 마찬가지였다. 그때도 러시
아는 크림반도에 지상 병력이 나타난 것이 자기네와 관계가 없다고
주장했다. 하지만 크림반도 합병이 확보되자, 푸틴은 그들이 사실은
러시아 병력이었음을 시인했다. 「그들은 서방의 국가 정상들에게 거
짓말을 했습니다. 그들을 향해서 우리는 범죄자라고, 자기네는 우리
에게서 회사를 가져가려는 것이 아니라 단지 공통의 언어를 찾고 싶
을 뿐이라고 말했던 겁니다. 푸틴은 여러 번 말했죠. 〈우리는 유코스

를 파산시키고 싶지 않습니다.〉 하지만 실제로는 파산시켰습니다. 유코스를 장악했을 때 그들은 거짓말하는 방법을 처음으로 배웠습니다. 그리고 이제 그들은 전문적으로 거짓말을 했습니다.」 테메르코의 말이다.[45]

러시아가 유간스크의 매각을 준비하는 동안, 푸틴의 안보계 사람들 내부에서는 노획물을 놓고 주요 분파 두 곳이 다투었다. 로스네프트와의 통합에 대한 푸틴의 지지에 대담해진 국영 가스 대기업 가스프롬도 유간스크를 매입하려는 의향을 품게 된 것이었다. 이곳은 푸틴 정부에서도 더 자유주의적 성향의 기술 관료들의 지원을 받고 있었는데, 이 분파의 수장인 재무 장관 쿠드린은 로스네프트 회장이자 자기네의 가장 큰 경쟁자이고 안보계 세력에서도 주도적이고 가장 매파인 세친의 권력이 더 커지지 않게 억제하려고 열심이었다. 그들은 유간스크를 공정한 시장 가격에 매각하라고 촉구했으며, 가스프롬이 수십억 달러의 대출을 제공하는 서방 기관들의 지원을 받음으로써, 매입에 대한 서방의 승인을 얻을 수 있기를 바랐다.[46] 이들은 그런 결과가 더 바람직한 국가 자본주의를 낳을 것이라고, 서방도 그 조건에 기꺼이 협조할 것이라고 믿었다. 경매가 열릴 즈음에 가스프롬은 러시아 기업의 역사상 가장 큰 대출을 준비한 상태였으니, 도이체 방크와 드레스드너 방크가 주도하는 은행 신디케이트로부터 130억 달러 이상을 대출할 예정이었다.[47] 이 회사는 또한 미국 에너지 대기업 셰브론과 엑슨의 지원도 받고 있었다. 두 회사는 한때 호도르콥스키와 계약 성사 직전까지 갔지만 지금은 그에게 등을 돌릴 채비를 하고 있었다. 이 사안을 잘 알고 있는 두 사람의 증언에 따르면, 두 회사는 이제 가스프롬과의 컨소시엄을 통해 유간스크의 한 조각을 취하는 문제를 논의하는 중이었다.[48] 아울러 영국 석유 회사 로열 더치 셸 역시 지분에 대한 이야기를 나누는 중이었다.

푸틴이 보기에는 이것이야말로 서방에서는 상업적 필요가 민주주의의 방향에 대한 우려를 거뜬히 능가한다는 사실을 보여 주는 또 하나의 사례였다. 하지만 호도르콥스키의 동업자들이 보기에는 이 매각에 존경할 만한 면모가 털끝만큼도 없었으며, 서방 기관과 회사들의 참여를 통해 합법성을 부여하려는 쿠드린의 시도는 기껏해야 위장술이자 서방의 지조 없음을 상징할 뿐이었다. 그들은 유간스크 매각을 전적인 도둑질이라고 간주했기에, 그 진행을 저지하기 위해서 최대한 노력하려 들었다.

새로운 세기의 매각이라 약속된 것을 위한 모든 준비가 끝났다. 이 경매에서는 석유 산업의 가장 큰 보물 가운데 하나가 국가의 손으로 돌아가게 될 예정이었다. 그것도 서방의 금융 기관과 석유 대기업의 승인과 참여까지 덤으로 얻어서 말이다. 하지만 유간스크의 매각 예정일로부터 딱 나흘 전에, 여전히 런던에 머물던 시드와 미서모어가 주도하는 유코스의 고위급 경영진이 마지막 반항을 시작했다. 그 일격은 아무런 경고 없이 가해졌다. 이들이 휴스턴 법원에 파산법 11조에 따른 파산 신청을 조용히 제기해서, 유코스의 매각을 중지하라는 일시 중단 명령을 얻어 낸 것이었다.[49] 이에 서방 지원자들이 갑자기 떨어져 나갔다.[50] 유코스 경영진은 이 회사가 미국 사법 시스템의 보호 대상에 해당한다고 주장했는데, 미국 투자자가 10퍼센트의 지분을 보유하고 있으며, 그 석유 대기업 자체도 미국 내에 〈뚜렷한 사업체〉를 보유하고 있기 때문이었다.[51]

이 막판의 차질에 푸틴은 노발대발했다. 해당 판사를 가리켜 〈러시아가 어디 있는지나 아는 사람인지 궁금하다〉며 험담하기도 했다.[52] 크렘린은 러시아에서 일어나는 일에 대해서는 미국 법원이 아무런 사법권을 갖지 못한다고 주장하면서, 매각을 예정대로 밀어붙였다. 하지만 가스프롬으로서는 경매 입찰로 인한 위험이 너무 커진 상태였다.

유럽에서의 가스 배급을 위한 저장 시설, 무역 허브, 합작 사업체 등 이미 서방에 다양한 자산을 소유한 상태이다 보니, 자칫 매각에 입찰하려다가 미국의 법원 명령을 위반할 경우에는 소송을 당할 가능성이 있었다. 이와는 반대로 책동적인 성격과 무자비한 야심 때문에, 금융계의 많은 사람으로부터 〈어둠의 군주〉라는 별명을 얻기 시작한 〈실로비크〉 세친에게는 입찰을 시도할 길이 열렸다. 그의 석유 대기업 로스네프트는 서방에 보유한 자산이 전혀 없었기 때문이었다.

유간스크네프테가스의 매각은 과거 소비에트 산업의 왕관 보석들을 몇몇 연줄 좋은 재벌에게 헐값에 넘겨준 밀실에서의 주식 담보 대출 경매와는 정반대임을 강조하려 의도된 것이었다. 비록 유코스가 이 경매 자체를 도둑질이라고 비난했음에도 불구하고, 러시아 정부는 그 매각을 시장의 정상 규범에 따르는 행위로 제시하려고 했다. 마치 1990년대의 밀실 거래와의 차이를 강조하려는 듯, 붉은색 천으로 장식된 러시아 연방 재산 기금의 회의실에 마련된 두 개의 스크린으로 생중계되는 경매를 참관하라며 언론인들까지 초대한 상태였다.[53] 이는 투명성의 새로운 선례를 수립하려는 의도였다. 하지만 막판에 가서 휴스턴 법원에 파산 신청이 이루어졌다는 사실은 이 매각이 웃음거리로 끝나리라는 뜻이었다. 비록 언론인들을 위해 생중계까지 되었지만, 실제 입찰은 한 건뿐이었으며, 그 배후에 누가 있는지는 아무도 몰랐다. 작은 목제 패널로 장식된 방에는 정장 차림의 회사 중역들로 이루어진 두 무리가 앉아 있었는데, 그중 오로지 한쪽만 정체가 확인되었다. 그들은 가스프롬이 불과 몇 주 전에야 설립한 회사 가스프롬네프트에서 온 사람들이었다. 다른 한쪽의 중역 두 명은(회색 양복 차림의 키가 큰 남자와 안경을 낀 땅딸막한 여자였다) 전혀 알려진 바 없는 사람들이었다. 이들의 회사는 경매일 사흘 전에야 참여하겠다고 등록했으며, 실제로 이들만 입찰했다. 키가 큰 남자는 엄숙하게 패들을 들어 올려서 93억 7000만 달러를 입찰했는데, 시작 가격보다 겨우 5억 달러 더 많은 금액이었다. 반면 가스프롬네프트에서 온 중역들은 전화를 한 통 걸어 보더니 아예 입찰하지 않았다. 무척이나 기대되었던 매각은 시작하자마자 경매인의 갑작스러운 망치 소리와 함께 끝나 버렸다.

리비아보다 더 많은 석유를 산출하던 석유 생산업체가 이때까지 들어 본 적도 없는, 훗날 바이칼 금융 그룹이라고 이름 붙인 업체에 매각된 것이었다. 심지어 경매를 주관한 연방 재산 기금의 의장인 유리 페트로프조차도 그 업체가 어딘지 전혀 몰랐다. 「이 회사에 대해서는 우리도 전혀 모릅니다.」그의 말이었다.[54] 알고 보니 바이칼 금융 그룹은 경매일로부터 겨우 2주 전에 설립된 업체였고, 본사는 러시아의 지방 도시 트베르에 위치한 〈런던〉이라는 이름의 술집이 들어선, 혁명 이전 시대에 지어진 건물에 있었다.[55] 그곳의 소유주가 누군지 아는 사람은 아무도 없는 것 같았다.

하지만 푸틴은 낙찰자의 배후에 누가 있는지 정확히 알고 있었으며, 모두에게 걱정하지 말라고 타일렀다. 그 배후에 있는 사람들은 〈에너지 부문에서 다년간의 경험을〉 가졌다는 것이 그의 설명이었다.[56] 알고 보니 이들은 푸틴의 가장 가까운 동맹자 두 명과 연계되어 있었으며, 그 동맹자 가운데 한 명은 1990년대에 호도르콥스키가 동석유 유한 회사를 장악하는 과정에서 짓밟았던 바로 그 사람이었다. 즉 상트페테르부르크에서 푸틴과 함께 일한 바 있었던 석유 무역업자 팀첸코였다. 나머지 한 명은 팀첸코의 석유 무역업체에 자금을 지원하고 VNK를 놓고 경쟁 입찰에 참여했던 구(舊) 소비에트 국가의 은행가 아키모프였다. 이들을 대신해서 경매장에 나와 실제 입찰에 임했던 중역들은 알고 보니, 크렘린에 충성하는 석유 대기업 수르구트네프테가스의 중간급 간부들이었다.[57] 수르구트네프테가스는 팀첸코의 석유 무역 회사의 주 공급자였으며, 유간스크의 매각 당시 그는 이 회사에서 상당한 지분을 통제하고 있었다는 것이 전직 에너지 차관 밀로프, 팀첸코의 예전 동업자, 팀첸코와 일했던 러시아 고위급 은행가, 이 세 명의 공통된 증언이다.[58] 반면 팀첸코는 자기가 이제껏 소유했던 수르구트네프테가스의 지분은 겨우 0.01퍼센트 미만이었다고 말했다. 팀첸코의 변호사들의 말에 따르면, 그는 바이칼 금융 그룹과는 아무런 연계도 없고 소유권도 없다고 한다.

푸틴의 KGB 동맹자들은 마침내 호도르콥스키에게 VNK를 빼앗겼던 과거지사에 복수한 셈이었다. 이 올리가르흐를 공격하자며 푸틴을 설득하는 막후의 책동을 1년 넘도록 펼친 끝에, 유코스에서 가장 큰 조각을 최초로 손에 넣었다. 매각에 참여하면서 투명성을 최소화하는 한편, 미국 법원이 내린 명령의 법적 결과를 회피하기 위한 위장 간판 회사로써 바이칼 금융 그룹을 급조했던 것이다. 경매 나흘 만에 바이칼 금융 그룹은 유간스크를 세친의 로스네프트에 매각했다.[59]

기껏해야 60억 달러에 불과한 잔챙이 가치를 보유했던 회사 로스네프트는 하룻밤 사이에 약 300억 달러의 자산 가치를 지닌 전 세계급 위상의 석유 대기업으로 변신했다. 이 과정에서 세친의 세력을 강화해 주었다. 유코스의 파산 신청은 매각을 중지시키기는커녕, 유코스를 쓰러트리기 위한 사법 공세 가운데 상당 부분을 조직했던 실로비크에게 새로운 발전소를 만들어 주는 결과만 낳았다.

만약 가스프롬이 법적 위험 없이 유간스크를 깨끗하게 매입할 수만 있었어도, 로스네프트는 훗날 가스프롬에 합병되었을 가능성이 높으며, 덕분에 이 핵심 자산이 세친의 손아귀에 들어가는 일도 없었을 것이다. 제아무리 권세가 등등하더라도 세친은 결국 관료로만 남았을 것이다. 하지만 이제 그가 대표를 맡은 회사는 새로운 국영 석유 기업의 선두가 되었으며, 그는 크렘린의 막후 실력자에서 진정한 경제 세력으로 변모했다. 세친의 지위가 증대하면서, 이전까지 줄곧 논의되던 가스프롬의 로스네프트 합병에도 문제가 제기되었다. 그가 로스네프트를 독자적인 세력으로 남겨 두고 싶어 한 까닭이었다.

유간스크의 매입 자금을 마련하기 위해 가스프롬과 긴밀하게 일했던 서방 은행가들 가운데 한 명이 보기에, 휴스턴 법원에 제기된 신청은 실로비키를 강화시키는 쪽으로 판을 기울인 재난이나 다름없었다. 그가 보기에는 가스프롬을 지원했던 쿠드린이 주도하는 자유주의적 기술 관료야말로 더 온화한 세력으로서, 장차 러시아에서 더 투자자에게 친화적인 환경을 만들어 냈을 법한 쪽이었다. 그 은행가는 말했다.「우리는 여차하면 투명성을 향상하고 서방의 영향력을 증대시킬 수도 있는 거래를 준비하고 있었습니다. 우리는 경매에 참여하기로 계획했던 원래의 회사들 가운데 한 곳, 예를 들어 엑슨이나 셰브론이나 셸에 그 거래의 한 조각을 차지하게 할 예정이었죠. 우리는 그 회사들 가운데 한 곳을 끌어들여 전략적 동업자로 만들 예정이었습니다. 그런데 갑자기 금지 명령이 나왔고, 결국 악당들이 도로 밀고 들어왔던 것입니다. 세친의 권력, 영향력, 이력은 극적으로 줄어들 예정이었습니다. 이것이야말로 저 어리석은 미국 판사의 어리석은 짓거리였습니다.」[60]

유간스크가 가스프롬에 매각되기만 했어도 더 정당한 절차가 되었을 것이라고 정말로 믿었다면, 이 서방 은행가는 아마도 자신을 속이는 셈일 것이다. 진짜 문제는 그 매각이 사실상 국가의 몰수였으며, 그 당시에만 해도 합법적이었던 계책에 대해서 미납 세금 명목으로 수백억 달러를 선별적으로 부과한 정부에 의해서 촉발되었다는 점이기 때문이다. 서방 은행의 참여는 무엇이든지 간에 눈속임에 불과했을 것이며, 기술 관료들의 좌절 역시 노획물을 둘러싼 크렘린의 내부 다툼에 불과했을 것이다. 서방의 입장에서는 가스프롬으로의 매각이 차라리 더 나았을 것처럼 보일 수 있지만, 최종 결과는 아마 똑같았을 것이다.

하지만 세친으로서는 이것이야말로 의심의 여지가 없는 승리였다. 투명성의 (아울러 러시아 국가 예산의) 입장에서는 이것이야말로 의심의 여지가 없는 추가적 손실이었다. 서방의 은행들로부터 자금 지원을 받을 예정이었던 매각은 결국 러시아 국가 예산으로부터의 자금 지원과 관련된 불투명한 거래를 통한 대금의 지급으로 마무리되었다. 비록 유간스크 매각이 명목상으로는 체납 세금 수십억 달러를 상환하기 위해 강행된 것이었지만, 중앙은행의 자료에 따르면 연방 재무부에서는 그 매입 대금의 지급을 돕기 위해 국영 은행 브네셰코놈방크를 통해 로스네프트로 53억 달러를 보냈다.[61] 1990년대의 주식 담보 대출 매각에서 가장 큰 스캔들 가운데 하나는 올리가르히가 자기네 은행 계좌에 예치된 연방 재무부의 자금을 멋대로 퍼내서 개인 자금으로 유용했다는 만연한 믿음이었다. 그런데 이제는 로스네프트도 이와 거의 똑같은 일을 자행한 것처럼 보였다. 하지만 이번에는 스캔들의 기미조차도 없다시피 했다. 오로지 경제 일간지 『베도모스티』에서만 이 계책을 보도했으며, 국가 공직자 중에서는 딱 한 명만 언성을 높였을 뿐이었다. 이 자금은 2005년에 가서야 비로소 재무부에 상환되었는데, 그나마도 구체적인 조건이 절대 공개되지 않았던 석유 공급 거래의 하나로 로스네프트와 브네셰코놈방크가 중국 은행들로부터 60억 달러의 긴급 자금 거래를 매듭지음으로써 가능했다.[62]

크렘린 내부에서 이 매각을 〈한낮의 강도질〉이라고 비유하면서까지 항의한 유일한 공직자는 일라리오노프로,[63] 푸틴의 대통령 임기 초창기부터 줄곧 경제 자문 위원으로 재직해 온 자유주의적 성향의 경제학자였다. 그의 말에 따르면, 매입을 위한 자금을 연방 재무부에서 빌려준 것이야말로, 그 모두가 체납 세금을 징수하기 위해서였다는 구실의 허위성을 폭로해 주는 셈이었다. 원칙주의자로 널리 존경받았던 일라리오노프는 점점 더 불편함을 느끼게 되었다. 온 나라가 자유 시장의 모든 버전으로부터 확실히 등을 돌리는 상황에서, 아울러 대두하는 국가 자본주의가 무척이나 부패한 것처럼 보이는 상황에서, 자기가 현재 직위에 얼마나 오래 남을 수 있을지 알 수 없었기 때문이다. 그는 이미 비판을 가했다는 이유로 자기가 맡은 주요 역할 가운데 하나에서 강등을 당한 상태였다. 유코스를 겨냥한 법적 공격에 대한 공식 해명은 〈정당한 근거가 없다〉는 것이 일라리오노프의 말이었다. 「쟁점은 체납 세금의 존재가 아닌데, 이 사건에서는 어느 누구도 체납 세금에 관심이 없었기 때문입니다. 그 회사는 세금 체납을 시인하지도 않았을 때부터 상환을 시작한 상태였고 (……) 심지어 이 황당무계한 금액을 상환하려고 준비했습니다만, 누구도 그쪽에는 관심이 없었습니다.」 유코스에 대한 세금 고지 공세는 결국 그 자산을 몰수하기 위해 날조된 것이라고 그는 믿었다. 푸틴의 크렘린은 〈재산을 획득하기 위해서 추가적인 세금 납부 제안을 거절했던〉 것이다. 이것이야말로 유코스 장악에서 그들의 진정한 관심에 대한 가장 극적이고도 가장 솔직한 선언이었다.[64]

이후 여러 달과 여러 해 동안, 서방의 여러 기관은 푸틴의 새로운 경제 질서에 승복했다. 그 길을 터준 것은 모스크바에서 수천 마일 떨어진 미국 텍사스주 휴스턴 법정이었다. 그 매각이 성사된 지 2개월 뒤인 2005년 2월에 그곳에서 한 판사가 가스프롬의 법정 대리인인 텍사스의 유력한 법률 회사 베이커 보츠의 강력한 논증을 수용하여 마침내 유코스 사건의 본안을 기각한 것이다. 비록 매각에 딱 맞춰서 일시 중단 명령이 내려지기는 했지만, 판사는 모든 주장을 고려한 결과 유코스가 미국 법원의 보호를 받을 만큼 미국에서 충분한 존재감을 갖고 있지 못하다고 판결했다.[65] 이 판결은 사실상 유코스의 나머지의 해체를 위해 경종 해제 조치를 내려 준 것이나 다름없었다. 그 조치에서 한 조각 얻어먹고 싶어 안달하던 서방의 여러 회사에도 유코스 자산의 추가적인 파산 매각에 참여할 길이 열린 셈이었다.

테메르코는 이 판결이 나왔을 때의 느낌을 이렇게 회고했다. 「저에게는 전투가 끝났다는 점이, 미국이 앞길을 막아서지 않을 것이라는 점이 명백해졌습니다.」[66] 그의 말에 따르면, 그 이전까지만 해도 크렘린은 혹시나 미국이 보복을 가하지 않을까 싶어서 신경이 곤두선 상태였다. 하지만 미국 국무부가 계속해서 매각을 조용히 규탄하는 와중에도, 호도르콥스키와 그의 동업자들이 바라 마지않던 서방의 추가적인 항의에 대한 전망은 점차 사그라지고 말았다. 대신 서방의 석유 대기업들은 푸틴의 새로운 질서에 참여하기 위해서, 새로운 능력을 부여받은 로스네프트에서 투자자와 동업자가 되기 위해서, 어느 때보다 더 큰 열의를 드러내며 줄지어 늘어서기 시작했다. 특히 도이체 방크와 가스프롬의 서방 변호사들은 앞길을 순탄히 만드는 데 도움을 주었다. 핵심 주역은 역시나 모스크바의 증권 중개업체 유나이티드 금융 그룹의 대표 라이언이었는데, 도이체 방크는 2003년 말에 바로 이 회사의 지분의 40퍼센트를 매입한 상태였다. 그는 가스프롬이 서방에서 대출을 얻도록 도왔으며, 나중에는 이 국영 가스 대기업에 베이커 보츠를 소개함으로써, 이 법률 회사가 저 외국 기업을 대리하여 휴스턴에서 파산 보호 신청에 반대하여 강력하게 싸우도록 했다.

라이언은 서방의 승인을 얻기 위한 러시아의 공세를 공화당의 텃밭 한가운데 있는 미국에서도 가장 저명한 법률 회사로 가져갔던 셈이다. 베이커 보츠가 크렘린을 지원하고, 또 에너지 대기업 가스프롬과 로스네프트를 지원한 것이야말로 이 법률 회사가 세계 여러 독재 정권 치하에서 이미 연마한 모델을 따른 셈이었다. 지난 수십 년 동안 이 업체는 미국의 주요 석유 회사들의 이익을 지지해 왔기 때문이었다. 이 법률 회사의 주 파트너인 전직 미국 국무 장관 제임스 베이커는 가스프롬 최고 경영자이자 푸틴의 가까운 동맹자인 밀레르와 만났다.[67] 크렘린에서 길 하나만 건너면 나오는 호텔 로시야의 근사한 식당에서 아침 식사를 하며, 이 상황을 이해하고 가스프롬의 변호를 맡기로 했다. 이 과정에 개입했던 서방의 중개인 가운데 한 명이 말했다. 「저는 호도르콥스키가 살인자라고 그에게 말했습니다. 베이커는 매우 노련한 사람이더군요.」 그는 곧바로 이해했던 것이다.

약간의 도덕적 상대주의도 베이커 보츠의 마음을 사로잡는 데에 도움을 주었다. 러시아에서 상대한 사람들만 놓고 보면, 앞서 그들이 중동에서 함께 일했던 지도자들 가운데 일부보다는 비교적 온화한 듯했기 때문이었다. 「하느님께서 당신의 무한한 지혜로 말미암아 석유를 넣어 두시기로 한 세계의 모든 지역 중에서도, 그들이 카다피와 후세인을 상대해야 했던 저 악당 소굴에 비하자면 러시아야말로 가장 문명화된 지역 가운데 하나인 것처럼 보였던 겁니다. 그런 작자들에 비하자면 밀레르는 마치 순진한 학생처럼 보였죠.」 서방 측 중개인의 말이다.[68]

하지만 상트페테르부르크 시장실 산하의 해외 관계 위원회에서 근무한 바 있었던 관료 출신의 밀레르는 푸틴의 보좌관에 불과했다. 비록 그가 실제로 순진한 학생처럼 보였다 하더라도 사실상 가스프롬은 푸틴이 지휘하고 있는 곳이었다. 하지만 베이커 보츠의 입장에서는 이 새로운 관계가 쏠쏠한 것으로 입증될 예정이었다. 덕분에 이들은 가스프롬과 긴밀히 일할 예정이었고, 이후에는 로스네프트와도 10년 이상 긴밀히 일하게 되어서, 결국에는 엑슨과 로스네프트가 32억 달러 규모의 전략적 제휴를 맺고 새로운 석유 매장지를 찾아 북극해와 흑해를 공동으로 탐사하는 길을 열어 줄 것이기 때문이었다.[69] 이들은 국가 몰수를 놓고 유코스 경영진과 메나테프가 제기하는 소송에 대항하여 로스네프트의 방어를 지원해 주었다. 유출된 이메일 내용에 따르면, 이 법률 회사는 심지어 로스네프트의 법치 전복을 도와준 것처럼도 보이는데, 아르메니아 법원에서 메나테프가 제기한 소송에 대항하여 로스네프트가 방어에 나섰을 때, 이 국영 석유 대기업의 변호사들이 기초했던 판결문의 준비를 지원했기 때문이었다.[70]

유간스크 매각의 부산물은 푸틴이 서방의 갑옷에서 중대한 약점을 발견하도록 도와주었다. 궁극적으로는 경제적 이익이 러시아 정권의 법률과 민주주의 남용에 대한 우려조차도 거뜬히 능가한다는 것이었다. 이것이야말로 서방에서 널리 퍼진 자기만족의 (그리고 어느 정도까지는 오만의) 일부분이었다. 즉 러시아는 더 이상 아무런 위험도 상징하지 못한다는 생각이었다. 소련 해체 이후에는 그 붕괴가 워낙 깊었기 때문에 이제 서방은 그저 에너지 부 가운데 한몫을 차지할 방법만 있으면 그만이라는 생각, 아울러 러시아가 서방 시장에 통합된다는 것은 결국 시간이 지나면 그 나라도 서방이 지배하는 지구화의 일부분이 되어서 다른 나라들과 똑같은 규범을 준수하게 되리라는 것을 의미한다는 생각이었다. 하지만 테메르코의 입장에서 보자면, 미국은 러시아와 일종의 불가침 조약을 맺은 것처럼 보였으며, 그리하여 푸틴과 그의 사람들이 멋대로 행동할 수 있는 초록불을 켜준 것처럼 보였다.

이제는 크렘린이 더 많은 현금 흐름을 통제할 수 있는 길이 열렸으며, 덕분에 러시아는 훗날 서방에 도전을 제기할 수 있게 될 예정이었다. 석유 부문의 장악은 2006년 여름에 서방으로부터 추가적인 승인 도장을 얻게 되었으니, 로스네프트가 서방 시장에서 자사 주식 104억 달러어치의 기업 공개IPO를 시행했기 때문이었다. 이때까지 이 회사의 가치는 800억 달러에 가까운 것으로 평가되었는데, 유간스크를 매입하기 이전의 가치인 60억 달러에 비하자면 막대한 상승이었다. BP는 그중 일부인 10억 달러어치의 지분을 차지했고, 다른 국제 석유 대기업들 역시 상당한 주식을 매입했다.[71] 전 세계 투자자들은 유코스의 나머지를 이 국영 석유 대기업이 장악하는 과정에 대한 크렘린의 계속되는 지원에, 아울러 치솟는 전 세계 석유 가격에 판돈을 걸었다. 이 모두는 푸틴 정권을 정당화하는 데에 기여했고, 러시아가 서방 시장으로 통합되는 데에 기여했으며, 크렘린의 사정거리를 연장시켰다. 가능성이야 사실상 무한했다. 테메르코는 말했다. 「이전까지만 해도 이들은 그저 커피만, 어쩌면 샐러드 한 입 정도만 생각했을 뿐이었습니다. 하지만 샐러드를 가져오고 보니, 여차하면 뷔페 전체를 먹을 수도 있다는 사실이 드러났던 겁니다. 먹다 보니 식욕이 돌았던 겁니다.」 그는 이렇게 코웃음 쳤다.[72]

2007년에 유코스의 나머지 자산들이 연달아 파산 경매에 나오자, 서방의 석유 대기업과 금융 기관들은 그 과정이 원활해지게끔 도와주었다. 즉 이들은 푸틴의 사람들을 위해 편리한 위장 간판을 제공해 주었다. 처음에는 (러시아 정부가 아니라) 프랑스 소시에테 제네랄이 주도하는 서방 은행들의 컨소시엄이 무려 4억 8200달러라는 막대한 대출금을 놓고 2006년에 유코스에 대한 파산 신청을 제기했다.[73] 비록 그 파산 신청은 서방 은행들이 제기했지만, 실제로 만사는 로스네프트가 (그리고 크렘린이) 좌우했다. 당시에 포위 공격을 당하던 메나테프 그룹의 이익을 대변했던 런던의 변호사 팀 오스본은 서방 은행들이 로스네프트의 명령에 따라 행동했음이 분명하다고 말했었다.[74] 그럴 법도 한 것이 이들이 소송을 제기하고 사흘 뒤, 로스네프트가 서방 은행들의 저 막대한 채권을 사들였기 때문이었다.[75]

유코스의 나머지 자산들 역시 경매에 부치게 될 때가 되자, 또 다른 서방 은행들의 컨소시엄이 로스네프트에 220억 달러라는 기록적인 대출금을 제공했다.[76] 이 매각이 전적인 도둑질로 이루어졌다는 메나테프의 항의에도 불구하고, 서방의 에너지 대기업 세 곳이 이 과정에 합법성을 제공해 주었다. 첫 번째 파산 매각에서 유코스가 보유하던 로스네프트 지분 9.4퍼센트의 경우, 영국 기업 BP가 절반을 소유한 러시아 에너지 합작 사업체 TNK-BP가 불과 10분 만에 물러서면서 로스네프트에 낙찰되었다.[77] 다음으로 유코스의 가스 자산 매각에서 이탈리아 에너지 대기업인 에니와 에넬이 56억 달러에 낙찰받았지만, 곧이어 가스프롬과 시작한 더 폭넓은 거래의 일환이라면서 그 가스 자산의 통제권을 그 국영 에너지 대기업에 넘겨주었다.[78] 시장 분석가들의 눈에는 양쪽의 사례 모두에서 해외 참가자들이 마치 크렘린의 호의를 구하는 것처럼 보였는데, 그 당시에 러시아 에너지 부문에서 발판을 얻기 위해서는 국가의 지원을 얻는 것이 핵심이었기 때문이다. 「크렘린은 에니와 BP 같은 부류가 참여하는 것을 좋아할 터였는데, 왜냐하면 그들로서는 유코스의 손상에도 불구하고 (……) 실제로는 국제 석유 회사들이 러시아 에너지 부문에 들어가려고 줄지어 섰다는 사실을 보여 주고 싶어 했기 때문입니다.」 그 당시에 러시아 알파 은행의 전략 책임자였던 크리스 위퍼의 말이다.[79]

유코스의 해체가 끝날 즈음, 러시아의 석유 산출량 가운데 55퍼센트는 국가가 장악한 상태였다. 푸틴이 권좌에 올랐을 때 그중 80퍼센트가 민간 소유였던 것에 비하면 크나큰 선회였다.[80] 서방의 변호사와 은행가 가운데 일부는 그런 부가 이전되는 과정에서 자기네가 크렘린을 지원했던 것을 정당화하기 위해 나름대로 안간힘을 썼다. 「호도르콥스키는 세금 면에서 극도로 공격적이었습니다. 그는 모든 허점을 이용해 가면서까지 환급액을 극대화하려 시도했습니다. 불법까지는 아니었지만, 불법의 경계에 매우 가까이 다가가긴 했었습니다.」 로스네프트의 유코스 장악을 위한 자금 지원을 주도했던 네덜란드 은행 ABN 암로의 국제 석유와 가스 부문 책임자였던 프랑크 쿠일라르스

의 말이다.[81]

서방 변호사와 은행가들이 크렘린의 유코스 장악 과정에서 주머니를 채우는 동안, 호도르콥스키가 직면한 현실은 훨씬 더 엄혹했다. 그는 11개월 동안 거의 매일같이 수갑을 찬 상태로 모스크바 법정에 나타났으며, 그를 겨냥한 사건의 합법성을 예증하려는 크렘린이 그 고발 내용을 펼쳐 놓는 내내, 그 몇 시간에 걸친 증거 확인 절차 동안에 억지로 앉아 있어야 했다. 하지만 검찰의 주장은 깊은 결함을 갖고 있었다. 심지어 크렘린의 몰수를 지원했던 해외 은행가들조차도 그런 사실을 시인하는 듯했다. 여러 가지 혐의 가운데 하나는 호도르콥스키가 1994년에 러시아 극북의 거대한 비료 공장 아파티트를 민영화한 것, 아울러 이듬해에 그곳의 부설 연구 기관을 매입한 것과 관련된 내용이었다. 이 두 가지야말로 이 올리가르흐의 메나테프 그룹이 참여했던 것 중에서도 최초의 민영화였다. 호도르콥스키의 변호를 맡은 변호사는 이 기소에 사실적이거나 법률적인 근거가 전혀 없다고, 즉 10년의 공소 시효가 거의 끝나 가는 사건들과 관련되어 있다고 주장했다. 또 다른 혐의는 1990년과 2000년에 유코스가 러시아 국내의 조세 회피처를 이용한 것과 관련되어 있었는데, 검찰에서는 이것이 위법이라고 주장했다. 하지만 다른 석유 대기업들에서도 똑같은 계책이 널리 사용되었으며, 그 당시의 러시아 법률과도 합치했다. 호도르콥스키의 변호사들은 검찰이 소급적이고도 선별적으로 그를 겨냥하고 있다고 말했다.

마침내 재판에서 최후 변론을 하도록 허락받았을 때, 호도르콥스키는 혐의 하나하나를 상세히 설명하는 일장 연설을 시작했다. 「저의 불법 활동을 보여 주는 문서는 단 하나도, 다시 한번 강조합니다만, 정말 단 하나도 없었습니다. 검찰청에서 무려 2년 동안 초인적인 노동을 감내했지만 결과는 전혀 없었다는 겁니다!」

이 수사는 탐욕에 물든 국가 공직자들이 유코스를 몰수하는 과정에서, 위장 간판을 제공하기 위한 보여 주기식 재판이라고 그는 주장했다. 「제가 이렇게 교도소에 갇혀 있는 이유라면 온 나라가 알고 있습니다. 그래야만 제가 유코스의 약탈을 방해하지 못할 것이기 때문입니다. 그렇게 함으로써, 저를 겨냥한 탄압을 조직한 사람들은 애초에 있지도 않았던 저의 정치적 야심을 날조해서 당국과 사회를 놀라게 하려 몸소 시도했던 것입니다. 〈유코스 사건〉으로 인해 경제에서 국가의 역할이 강화되기에 이르렀다고 그들이 말할 때, 저는 쓴웃음을 지을 수밖에 없습니다. 오늘날 유코스의 자산을 약탈하느라 바쁜 이 사람들로 말하자면, 러시아라는 국가며 그 이익과는 사실 아무 관련이 없습니다. 쉽게 말해, 그들은 더럽고 이기적인 관료에 불과할 뿐입니다.」

그는 열성적인 일장 연설을 마치면서 판사의 정의감에 직접적으로 호소했으며, 검찰이 법원에 가하는 〈직접적이고도 노골적인 기만〉을 그냥 넘어가서는 안 된다고 주장했다. 「저는 조국 러시아가 정의와 법률의 국가가 될 것이라는 믿음을 갖고 있습니다. 법원이 반드시 정의에 근거하고 법률에 근거해 판결해야 하는 이유도 그래서입니다.」[82]

판사 세 명은 열심히 듣는 것처럼 보였고, 심지어 그가 말하는 동안 뭔가를 받아 적기까지 했지만,[83] 판결 내용은 이미 결정된 상태였다. 세친과 그의 보좌관 가운데 한 명이 그 과정의 모든 단계를 단단히 통제했다는 사실에 관해서는 목격자 증언이 나와 있었다.[84] 판사들이 어떻게 판결할지에 대한 의구심을 모조리 제거하기 위해, 크렘린은 판사들이 판결을 작성하는 동안 모스크바에서 50킬로미터 떨어진 요양원에 머물도록 조치했고, 그 모든 비용을 부담했다. 그 당시에만 해도 크렘린은 여전히 판사들의 충성심을 완전히 확신하지는 못한 상태였는데, 이때야말로 러시아 사법 시스템이 결국 그들의 손아귀에 떨어진 바로 그 순간인 셈이었다. 크렘린은 호도르콥스키의 동업자들이 그에게 유리한 판결을 얻어 내려 판사들을 매수하지 못하게 만들려고 안달했다. 요양원에서라면 안보 기관 요원들이 판사들을 자세히 감시할 수 있었다.

세친은 대통령 행정실에서 블라디미르 칼란다와 함께 상황을 자세히 감시했는데, 창백한 얼굴의 FSB 장군 칼란다는 마침 로스네프트 법무 팀의 대표 변호사와 조만간 결혼할 예정이었다. 판사 가운데 한 명이 경찰 감시하에 요양원에 머물기를 거부하자, 칼란다는 모스크바 지방 법원의 법원장을 직접 찾아가서 부하의 동의를 받아 내도록 조치했다. 당시의 법원장은 올가 예고로바였다. 그녀는 금발을 한 용감무쌍한 여성으로, 소비에트 시절부터 사법 시스템의 사다리를 꾸준히 올라와 정상에 오른 인물이었다.[85]

그런데 세 명의 판사는 요양원에 머문 지 한 달이 넘도록 판결문 작성을 마무리하지 못했는데, 크렘린의 기대와 합치되도록 쓰려다 보니 내용에 앞뒤가 안 맞았고, 이 때문에 문장을 더 적어 가기가 어려웠던 까닭이었다. 그리하여 예고로바는 그 임무를 직접 맡았고, 한 동료에게 대필을 지시하면서 일단 모든 의심을 접어놓으라고 덧붙였다. 목격자의 증언에 따르면, 대필을 담당한 동료는 모든 혐의가 이치에 닿지 않는다고 하소연했지만, 예고로바는 판결문 내용이 어떠해야 하는지를 처음부터 정확하게 알고 있었다. 「나는 일단 마음을 먹으면 절대로 바꾸는 법이 없습니다.」 그녀는 동료에게 이렇게 말했다.[86]

모스크바 지방 법원은 이와 같은 목격자 증언에 대해, 그 어떤 논평도 불필요한 〈날조〉에 불과하다고 일축했다. 하지만 결국 법정에서 낭독된 판결문 내용은 검찰이 제시했던 혐의 내용과 별로 다르지 않았다. 때로는 검찰 측 목격자 증언을 문자 그대로 인용한 까닭에, 마치 검찰의 기소장을 그대로 베낀 것처럼 보이기도 했다. 판사들은 피고 측 주장을 하나씩 기각했다. 다만 아파티트의 민영화와 관련된 혐의만 별도였는데, 이에 관해서는 공소 시효가 지났기 때문이었다. 「저는 판결문 내용이 검찰의 기소장 내용과 똑같다는, 다만 살짝 편집한 것에 불과하다는 인상을 받았습니다.」 호도르콥스키의 연세 지긋한 아버지는 판결 선고 첫 번째 날이 끝나고 이렇게 말하며 고개를 저었다.[87] 「판사는 완전히 검찰 편을 들었습니다.」 호도르콥스키의 수석 변호인 가운데 한 명도 이렇게 말했다.[88]

12일이라는 긴 기간 동안 빠르고도 단조로운 목소리로 판결을 읽어 나간 끝에 판사들이 내놓은 선고는 가혹했다. 호도르콥스키는 소급적인 세금 허위 신고 혐의 여러 건에다가, 아직 공소 시효가 지나지 않았던 1995년 아파티트 연구소의 민영화 관련 사기 혐의 한 건으로 징역 9년 형을 선고받았다.[89]

물론 판결 자체는 오래전부터 이미 예정되었던 것처럼 보였지만, 이 결과는 여전히 충격이 아닐 수 없었다. 법정 곳곳에서는 울음소리가 들렸고, 호도르콥스키의 아내인 날씬한 금발 여성은 두 팔을 가슴에 교차시켜 모은 채 감정을 억누르려고 애썼다.[90] 저 올리가르흐도 안색이 창백해진 모습으로 미루어, 이런 결과까지는 예상하지 못한 듯했다. 혹시나 크렘린의 기구가 여전히 일말의 자비를 베풀어 줄지도 모른다고 생각했거나, 심지어 어찌어찌 정의가 승리를 거두리라 기대했던 것처럼도 보였다. 비록 호도르콥스키는 판결의 나머지가 낭독되는 동안에는 격실 창살에 기댄 채로 축 늘어져 있었지만, 남은 힘을 끌어모아 마지막 저항을 시도했다. 마치 본인의 운명에 맡기려는 듯 모두가 법정 밖으로 빠져나가기 시작한 순간, 저 올리가르흐는 벤치 위에 올라가 이렇게 외쳤다. 「이거야말로 무법이에요!」 무장 경비원들이 말리려고 시도했지만, 그는 기자들을 향해서 말했다. 「아무런 법적 근거도 없단 말입니다.」[91]

　어쩌면 호도르콥스키는 여전히 자비를 바라고 있었을지 모르지만, 4개월 뒤인 2005년 9월에 항소가 제기되자 크렘린은 이전보다 더 강한 압박에 나섰다. 세친은 항소를 빨리 처리하라고 예고로바를 압박했다. 크렘린에서는 아파티트 연구소의 민영화와 관련하여 아직 남아 있는 최대 징역 7년짜리 사기 혐의의 공소 시효가 곧 만료될 예정이었기 때문이었다. 세금 허위 신고와 관련된 다른 혐의들은 겨우 징역 4년, 3년, 1년 6개월짜리였으며, 세금 회피 계책 가운데 하나에서 약속 어음을 사용한 것과 관련하여 징역 7년짜리 사기 혐의가 하나 더 남아 있기는 했지만, 그 당시에만 해도 정당한 절차의 외양을 갖추려고 고심하던 크렘린으로선 이조차도 확고한 것과는 거리가 멀다며 우려했다.[92] 호도르콥스키를 겨냥한 사건은 합법적으로 보일 필요가 있었으며, 로스네프트의 유간스크 장악을 강화해야만 했다. 예고로바는 아파티트 연구소의 민영화와 관련된 혐의에 대한 공소 시효가 끝나기 전에, 항소 판결을 내놓아야만 했다. 그렇지 않을 경우 크렘린은 유럽 인권 재판소에서 이의가 제기될까 봐 두려워했다.

　항소 재판이 시작되자, 세친은 예고로바를 매일같이 크렘린의 자기 사무실로 불렀다. 그녀는 워낙 자주 그곳에 갔기 때문에, 나중에는 경비원도 얼굴을 알아볼 정도였다.[93] 그곳에서 세친은 자신의 가장 가까운 관련자 가운데 하나인 (아울러 유코스 장악을 면밀히 감시해 온 인원들의 우두머리인) 이바노프와 함께 사기 혐의에 대한 판결을 시간에 맞춰 확실하게 내놓으라며 예고로바를 닦달했다. 만약 공소 시효가 끝나면 자기네도 형기를 감축할 수밖에 없으므로, 자칫 2008년으로 예정된 다음 대통령 선거 이전에 호도르콥스키가 자유를 얻지 않을까 하고 우려했던 것이다. 만약 그렇게 된다면 유코스를 장악하는 일이 모두 뒤집힐 수도 있었다. 그들은 이전 해에 우크라이나에서 일어난 사건들을 보며 소스라친 나머지, 만약 호도르콥스키가 시기적절하게 석방되어 반란을 조직한다면 러시아식 오렌지 혁명에 직면할 수도 있으리라고 우려했다. 목격자의 증언에 따르면, 세친은 예고로바에게 이렇게 말했다. 「앞으로 3년 안에 이곳은 혼돈의 도가니가 될 겁니다. 그러니 그 죄수는 계속 교도소에 있을 필요가 있습니다.」[94]

항소 재판의 첫 번째 날인 9월 14일에 세친은 여차하면 툭 하고 터지기 직전까지 과민해진 상태였는데, 피고의 변호인단이 아예 출석하지 않았기 때문이었다. 변호 권한을 부여받은 유일한 변호인이 병원에 입원했기 때문이라고 호도르콥스키가 법원에 해명하자, 예고로바도 다음 주 월요일인 9월 19일까지 공판을 연기할 수밖에 없었다. 격노한 세친은 그녀를 크렘린으로 불러서 변호인 없이 재판을 시작하라고 명령했다. 예고로바가 안 된다고 완강히 버티자, 다시 한번 크렘린으로 불러서 이바노프와 검찰 차장까지 합세하여 진행을 서두르라며 압박을 가했다. 모스크바에서는 저 판사가 호도르콥스키의 메나테프 동업자들로부터 10억 달러의 뇌물을 받고서 공판을 연기하면서 형기를 깎아 주려는 시도를 하는 것이라는 소문이 퍼졌다.

이런 소문과 귓속말은 결국 효과를 발휘하고 말았다. 자칫 크렘린에서도 자기를 부패한 사람이라고 생각할지 모른다고 판단하자, 예고로바로서도 차마 견딜 수 없었던 까닭이었다. 비록 호도르콥스키의 변론권을 계속해서 주장하기는 했지만, 판사는 무슨 일이 있더라도 자기가 징역 8년 형을 선고할 거라고 크렘린 행정실장이자 푸틴의 동맹자인 메드베데프와 세친에게 말했다. 「이 일에 대한 모든 책임은 저 혼자 지겠습니다. 혹시나 제가 어찌어찌해서 여러분을 실망시킨다면, 그 길로 사직하겠습니다. 저도 이제는 신물이 나네요.」 그녀의 말이다.[95]

호도르콥스키의 수석 변호인 겐리흐 파드바가 불출석한 것을 놓고 추가적인 긴장과 지연이 벌어지는 가운데 공판은 계속되었다. 뇌물을 받았다는 귓속말이 지속되는 가운데, 예고로바에 대한 압박은 커져만 갔다. 판사는 이렇게 반박했다. 「차라리 저를 체포하라고 하세요. 자기네가 원하는 건 자기네가 알아서 하라고 하시라고요. 저로서도 이렇게 모욕당한 적은 처음이니 (······) 만약 제가 뭔가를 받았다고 당신들이 생각하시지 않는다면, 결국 8년이 될 겁니다.」 그녀는 세친과 메드베데프에게 말했다. 막판에 가서 호도르콥스키가 파드바를 이 사건에서 줄곧 일해 온 다른 변호사로 교체하는 데 합의했고, 공판은 공소 시효의 만료를 피하고자 9월 22일 하루 동안 파죽지세로 진행되었다.

호도르콥스키의 변호인단은 공판 내내 그 진행 속도를 놓고 거듭해서 이의를 제기했다. 그의 수석 변호인은 이렇게 말했다.[96] 「지금 우리가 여기서 상대하는 대상은 검사나 판사가 아니라, 국가 기구 전체입니다. 지금 여기서 벌어지는 일은 정치 당국에서 지시하는 대로입니다.」 첫 재판 기록이 무려 600페이지에 달했기에, 변호인단에서는 자기네가 그 내용을 살펴볼 시간조차도 충분히 얻지 못했다고 항의했다. 하지만 판사들은 지칠 줄 모르고 밀어붙였다. 호도르콥스키가 스스로 변호하는 최후 진술을 시작하고 한 시간이 지나자, 재판부는 그의 발언을 중단시키려고 시도했다. 「모든 내용은 문서에 들어 있습니다. 우리는 사실 판결할 준비가 되어 있습니다.」 판사 중 한 명은 이렇게 말했다.[97] 시간은 오후 7시 20분이었고, 법원이 평소에 문을 닫는 시간보다 한 시간 이상 지난 상태였다. 비록 판사들은 호도르콥스키가 한 시간 더 발언을 이어 나가도록 허락했지만, 그가 말하는 내용이야 어쨌거나 아무 상관이 없었다. 이들은 이미 결정을 내린 상태였기 때문이다. 재판부는 법정에서 퇴장한 지 불과 몇 분 뒤에 판결을 선고하려고 다시 입장했다. 징역 8년, 예고로바가 약속했던 그대로였다. 9월 22일 오후 9시였다. 사기 혐의에 대한 공소 시효는 아직 끝나지 않은 상태였다.

호도르콥스키와 그 동업자 레베데프는 이때까지만 해도 위치가 밝혀지지 않은 노동 수용소로 가게 될 예정이었다. 창백한 표정에 지친 모습의 올리가르흐도 이번만큼은 법정에서 이끌려 나가는 동안 최후 발언을 전혀 남기지 않았다. 그의 부모인 보리스와 마리나는 눈물이 글썽글썽한 채 아들에게 손을 흔들었다. 불과 3주 뒤에 그는 창문조차도 없는 화차에 실린 채 러시아의 대초원을 지나서 땅끝으로 이송되었으며, 극동에 자리한 치타 지역의 황량한 우라늄 채굴 도시 크라스노카멘스크에 자리한 노동 수용소에 도착했다. 이곳은 두 세기 전에 차르 시대의 정치범인 〈12월당원들(데카브리스트)〉이 갇혔던 곳이었다.[98]

이 재판은 푸틴의 러시아의 모든 것을 바꾸었다. 세친이 판사들에게 가한 압박이며, 항소 공판의 속도며, 혐의에 대한 근거 부족 등은 실로비키 치하의 사법 시스템을 회복 불가능하게 만들었다. 이전까지만 해도 판사들이 딱하리만치 적은 임금 때문에 유력한 올리가르히의 뇌물 공세에 속수무책이었다면, 이제는 크렘린이 그 자리를 차지한 셈이었다. 목격자 증언에 따르면, 재판이 끝나자 푸틴은 예고로바가 한 일을 치하하기 위해 크렘린에서 직접 만나 이렇게 말했다.[99] 「이것은 국가의 문제였습니다.」 대통령은 호도르콥스키를 교도소에 집어넣기 위해서 서둘렀던 것을 두둔하기 위해 이렇게 해명했다. 「해외 자본이 이 나라를 지배해 왔는데, 바로 그것이 이 모든 혼돈의 원인이었던 겁니다.」 푸틴과 크렘린은 호도르콥스키와 그의 동맹자들을 서방의 하수인이라고 묘사함으로써, 자신들의 권력 장악을 정당화했다. 대통령이 그녀에게 말한 바에 따르면, 호도르콥스키의 사람들은 재판에 간섭하기 위해서 100억 달러를 조달한 상황이라고도 했다. 어느 누구도 이런 주장의 진위를 확인하지는 않을 것이었다. 이것이야말로 생성

중인 정교한 거짓말 시스템 가운데 일부에 불과했으니까.

푸틴의 크렘린은 재빨리 그 통제를 각인하기에 나섰다. 이것이야 말로 훗날 〈루츠노예 우프라플레니예〉, 즉 〈지침 정권〉이라고 널리 알려지게 된 것의 시작이었는데, 이 정권에서는 모든 과정의 역학이 크렘린 사람들에 의해서 단단히 통제되었기 때문이다. 푸틴은 유코스 재판이 자신이나 크렘린과는 아무 관련이 없다고 항상 주장해 왔다. 하지만 처음부터 모든 결정, 모든 행보는 자세히 감독되고 있었다. 사법 시스템의 장악은 판사가 크렘린의 적들로부터 뇌물을 받아 챙긴다는 비난이며 귓속말과 함께 시작된 것이었다. 판사들은 이런 주장을 반박하고 자신들의 충성심을 드러내기 위해서 크렘린의 명령에 합치하는 판결을 만들어 냈다. 이런 패턴은 소비에트 시절을 떠올리게 하는데, 그 당시에는 동료들끼리 서로를 염탐하고 밀고했으며, 모든 사람이 의심의 대상이 되고 면밀히 감시받았기 때문이다.

이런 편집증이 실제로는 결코 사라지지 않았다. 그리고 이제 이 나라는 모든 사람이 〈우리와 그들〉 사이에서 분열되었던 시대로, 즉 시스템을 망가트리려 시도하는 외부의 적에 대한 두려움이 만연했던 시대로 되돌아가게 되었다. 하지만 새로운 면모도 가미되었으니, 이제는 판사가 다름 아닌 크렘린에게 오염되고 말았다. 예를 들어 한 판사의 남편이 자기 생일날 집 밖에 나오자마자, 안보 기관 사람들이 자기네 차에 태우더니 곧장 스바루 대리점으로 데려가서는 승용차 한 대를 고르라고 권하는 식이었다.[100] 그 승용차가 그의 봉급 수준을 능가한다는 사실이야 모두가 알았다. 그의 아내의 직업이 무엇인지, 지금 어떤 중요한 사건을 다루는지도 모두가 알았다. 남편이 다른 선택의 여지가 없었다고 제아무리 항변하더라도, 그게 뇌물이라는 것은 모두가 짐작할 것이었다. 이런 수단에 의해서 사람들은 오염되었고, 크렘린과 유대를 맺었으며, 계속해서 그 통제하에 있게 되었다. 시간이 지나고, 푸틴 정권이 그 권력을 더 굳건히 하면서 이런 〈선물〉의 규모는 극적으로 커졌다.

훗날 장군으로 진급한 FSB 간부를 남편으로 둔 예고로바에게도 이 재판은 전환점이 되었다. 그녀는 러시아 사법 시스템의 〈철의 여인〉으로 알려지게 되었다. 또 법원에 대한 엄격한 장악을 수립한 법원장으로서, 만약 명령에 따르지 않는다면 직장과 자택 모두를 잃게 될 거라며 판사들을 위협했다.[101]

이 나라는 강제 수용소의 시대로 돌아가고 있었다. 소비에트의 〈전화법〉 시스템이 복원되는 중이었다. 크렘린은 사법 시스템을 장악한 상태였다. 비밀 기관의 힘은 공고해지는 중이었다. 한때 이 나라에서 가장 부유했던 인물인 호도르콥스키는 크라스노카멘스크의 노동 수용소에서 고통을 당하고 있었다. 그리고 서방은 이 과정의 공모자였다.

제3부

제10장

옵스차크

2004년 여름, 모스크바 전체가 유코스 공격에 정신이 팔렸었던 까닭에, 그 도시의 증권 거래소에서 이루어진 일련의 거래는 레이더를 피할 수 있었다. 가스프롬 산하의 거의 알려진 바가 없는 보험 회사 소가스가 지분 49.9퍼센트, 26퍼센트, 12퍼센트의 세 묶음으로 나뉘어 순차 매각이 되었다.[1] 처음에만 해도 주목할 만한 내용은 별로 없어 보였다. 알고 보니 그 지분은 방크 로시야와 연계된 세 군데의 무명 회사들이 시세 이하로 매입한 것이었다. 방크 로시야는 앞서 설명했듯이 과거에만 해도 공산당 자금의 도구였고, 나중에는 KGB와 연계된 푸틴의 동맹자들의 도구였던 바로 그 상트페테르부르크의 은행이었다.

이 거래는 조용하게, 즉 그런 국가의 자산 매각에 통상적으로 수반되게 마련인 정부의 의논이며 명령 세례와는 동떨어진 상태로 이루어졌다. 이미 여러 해 동안 정부에서는 가스프롬이 그간 축적해 온 소가스며 기타 금융 자산을 어떻게 처리할 것인지를 놓고 논의가 있어 왔다. 카시야노프와 그 정부 내의 다른 사람들은 서방의 투자 은행들이 참여함으로써 자산의 가치 향상이 이루어지는 경매를 원했지만, 실제 매각은 예고조차도 없이 증권 거래소에서 이루어지고 말았다. 「소가스가 그토록 신속하고 그토록 저렴하게 매각되었다는 사실은 새로운 발전이었습니다. 우리로선 그런 일을 논의한 적이 결코 없었습니다. 카시야노프의 해임이 그런 종류의 거래를 위한 길을 열어 준 셈인데 (……) 그걸 동맹자에게 매각할지에 대한 질문도 나온 적이 결코 없었습니다. 그 모두는 정말 예상치 못한 일이라서 (……) 하지만 그 당시에만 해도 저는 소가스의 매각이 거대하고도 새로운 과정의 시작이라는 점을 이해하지 못했습니다. 기껏해야 보험 회사 하나였으니까요. 그게 다였죠.」 카시야노프 내각의 전직 에너지 차관 밀로프의 말이다.[2]

소가스 매각은 이와 유사하게 거의 눈에 띄지 않고 이루어진 일련의 거래의 시작을 상징했으며, 이 일련의 거래를 통해 한때 가스프롬이 보유하던 금융, 산업, 언론 매체 자산 중에서 수백억 달러가 상트페테르부르크 시절부터 푸틴의 동맹자였던 코발추크의 본거지인 방크 로시야로 빠져나가게 되었다. 이것이야말로 푸틴의 전략적 (그리고 개인적) 필요에 따른 대규모 〈옵스차크〉, 즉 돈주머니 형성의 시작이었다. 아울러 이는 새로운 올리가르히 카스트의 대두를 세상에 알렸다. 이들은 하나같이 상트페테르부르크 시절 푸틴의 KGB 관련자들이었으며, 그중에서도 방크 로시야의 대주주들은 대부분 푸틴의 오제로 별장 협동조합의 구성원이기도 했다.

푸틴이 옐친 시대의 올리가르히의 독립성을 빼앗고, 호도르콥스키를 교도소에 집어넣고, 그 집단의 나머지를 제거하겠다고 위협하는 사이, 코발추크는 푸틴의 두 번째 대통령 임기에 급부상해 올리가르히를 대신하는 충성스러운 KGB 동맹자들로 이루어진 집단의 핵심을 차지하고 있었다. 처음에는 조용하게, 그다음에는 더 눈에 띄게, 이들은 내부자 거래를 통해 이익을 얻기 시작했다. 예를 들어 방크 로시야는 과거에만 해도 모스크바 사람들 가운데 그 존재를 아는 사람조차 드물었던 피라미급 지역 은행에 불과했지만, 가스프롬으로부터의 자산 이전 덕분에 하루아침에 러시아 전역에 촉수를 뻗은 새로운 금융의 발전소로 변모했다. 그 자산은 2004년 이후에 무려 40배나 불어났고, 불과 8년 만에 89억 달러에 도달했다.[3] 가스프롬의 금융 계열사로서, 자산 가치가 수백억 달러에 달하는 러시아에서 세 번째로 큰 은행인 가스프롬방크의 통제권 역시 자산 이전을 통해 방크 로시야로 넘어가게 되었다.

이러한 자산 이전이 가능했던 까닭은 푸틴이 대통령 임기를 시작하고부터 가스프롬을 푸틴의 사람들이 장악했기 때문이었다. 대통령이 그 경영진을 상트페테르부르크 출신의 자기 동맹자들로 대체하는 작업을 우선순위 가운데 하나로 놓은 이래로, 그 막대한 현금 보유액과 금융 자산은 그의 이너 서클에게 기회의 풍요를 상징했다. 자산 매각이 가능했던 까닭 역시 어디까지나 카시야노프와 볼로신 같은 더 자유주의적인 옐친 시대 유임자들이 더 이상 정부에 남아 있지 않았기 때문이었다. 「이전까지만 해도 모두가 동의해야만 가능했었습니다. 하지만 푸틴의 두 번째 대통령 임기에는 모스크바 집단이 주고 싶어 하지 않았던 것을 상트페테르부르크 집단이 가져가 버리는 매우 분명한 순간이 있었습니다.」 밀로프의 말이다. 하나씩 하나씩, 푸틴의 사람들은 더 넓은 경제의 구역을 담당하게 되었으며, 그사이에 〈실로비키〉는 이전까지만 해도 자기들 사정거리 밖에 있었던 사법 시스템이며 연방 국세청이며 기타 정부 부서들을 차지하게 되었다.

이것이야말로 훗날 〈크렘린 주식회사〉라고 일컬어지는 과정의 일부분이었는데, 푸틴은 두 번째 대통령 임기에 경제의 전략적 부문들을 담당하는 자리에 자신의 핵심 충성파들을 임명했다. 이 과정에서 그는 단지 국영 에너지 대기업 가스프롬이나 로스네프트만이 아니라, 심지어 여러 국영 기업을 담당하는 자리에도 자신과 가장 가까운 KGB 동맹자들을 심었다.[4] 우선 과거 옐친 패밀리의 영지였던 항공사 아에로플로트가 있었다. 이곳에서는 푸틴의 상트페테르부르크 시절 KGB 동료이며 훗날 대통령 행정실 행정 부실장으로 재직한 이바노프가 2004년 말에 회장으로 임명되었다. 다음으로 130만 명의 직원들이 국내 총생산의 2퍼센트에 가까운 수입을 올리는 러시아 국영철도도 있었다. 이곳에서는 방크 로시야의 대주주이며 오제로 별장협동조합의 일원인 무뚝뚝한 전직 KGB 고위 간부 야쿠닌이 2005년 6월에 대표로 임명되었다.

해외 첩보부와 유대를 맺은 전직 소비에트 국영 은행가 아키모프는 빈에 머물다가 귀국해서 가스프롬방크를 감독하는 자리로 승진했다. 한때 런던 대사관에서 근무했던 전직 소비에트 외교관 안드레이 코스틴은 소비에트 외국 무역 은행의 직계 후손인 브네슈토르그방크, 약자로 VTB를 책임지게 되었다. 또 푸틴은 2004년에 드레스덴 시절 가장 가까웠던 동료 체메조프를 국영 무기 수출 기관 로소보로넥스포르트 대표로 임명했다.

「KGB 출신 사람들과 KGB의 금융인들이 바로 지금 주도권을 쥔 사람들인 거죠. 마침내 그들이 자본주의를 1층에서부터 장악하는 거니까요.」이 과정의 주도적인 참여자 가운데 한 명은 의기양양하게 말했다.[5]「1990년대의 올리가르히는 더 이상 올리가르히가 아니었으며, 다시 그냥 사업가가 되었습니다. 이제 우리는 체카인 출신의 올리가르히 집단을 가진 겁니다.」대표적인 야당 정치인 보리스 넴초프는 냉소적으로 말했다.[6]

하지만 가장 조용하면서도 신속하게 부를 축적하는 사람들은 바로 방크 로시야의 주주들이었다. 그중에는 팀첸코도 한때나마 포함되어 있었는데, 가급적 몸을 낮추고 지내는 자칭 KGB 공작원 출신의 이 석유 무역업자는 과거 상트페테르부르크에서 푸틴과 긴밀하게 일한 바 있었다. 호도르콥스키가 교도소에 가고, 세친의 로스네프트가 유코스를 장악하기 시작한 이후, 팀첸코는 자신의 석유 무역 업무에 더 많이 초점을 맞추었다. 그의 최신 사업체인 군보르는 스위스에 깊이 뿌리내리고 있었다. 이 업체는 과거에만 해도 호도르콥스키의 유코스에서 무역을 담당했던 분량의 석유를 조용히, 처음에만 해도 거의 감지할 수 없을 정도로 가져오기 시작했다.

방크 로시야의 주주들은 푸틴의 이너 서클의 엘리트들이었다. 푸틴의 두 번째 대통령 임기 동안 이 은행의 규모가 커지면서, 그 주주들의 주거지도 커지게 되었다. 이들은 단체로 상트페테르부르크의 네바강 삼각주에 자리한 나뭇잎이 우거진 섬으로 이주했는데, 과거에는 차르의 신하들이 살던 곳이었다.[7] 〈바위섬〉이라는 뜻의 카메니 오스트로프에 있는 대궐 같은 연립 주택의 울타리로 둘러싸인 부지 주위로는 장식된 해자, 넓은 석교, 삼엄한 경비가 구비되어 있었다. 개보수를 거친 그 부지의 새로운 주민들은 푸틴 정권 배후의 재정 조신들이었기에, 현대판 귀족 행세를 하게 되었다. 이들은 연미복을 입고 대궐 같은 부지에서 열리는 비밀 파티에 참석했으며, 그 아내와 애인들은 예카테리나 대제 시절의 야회복을 차려입었다. 공연을 위해 고용된 신인 연예인들은 관객이 누구인지도 알지 못했으며, 공연의 대가로 다이아몬드 반지와 손목시계와 이콘을 받았다. 하나같이 값비싼 물건이었는데, 주고받아도 아무런 흔적이 남지 않았다.[8]

푸틴의 두 번째 대통령 임기 동안 방크 로시야가 신속히 확장된 것이야말로, 그의 개인적 필요를 위해서 사용될 수도 있었고 그의 KGB 사람들의 지배를 강화하기 위해서 사용될 수도 있었던 옵스차크의 형성을 다른 무엇보다도 더 잘 조명해 준다. 1990년대 초에 푸틴과 그의 상트페테르부르크 동맹자들이 리히텐슈타인과 기타 피난처에 만들어 놓은 비자금의 경우와 마찬가지로, 전략적 필요를 위해 놓아둔 돈과 개인적 필요를 위해 놓아둔 돈 사이의 경계선은 항상 흐려졌다. 예를 들어 소가스의 지분은 코발추크의 방대한 국영 언론 매체 제국의 충성스러운 손으로 넘어감으로써, 크렘린의 언론 매체 독짐을 공고히 하는 데 도움을 주었다. 아울러 이 조치 덕분에 푸틴은 차르에게나 어울릴 법한 궁전을 흑해 연안에 지을 수도 있었다. 방크 로시야 배후의 여러 회사 네트워크에 은닉한 수억 달러 가운데 일부가 곧바로 푸틴에게로 이어진 것처럼 보이기 때문이다. 이 계책을 위해 일했던 한 금융인의 말에 따르면, 이것은 푸틴의 개인적 부 가운데 일부였다.[9]

그 시스템의 작동 방식을 공개한 세르게이 콜레스니코프는 방크 로시야의 운영에 관여한 금융인들로 이루어진 긴밀한 서클의 일원이었다. 그는 이 은행의 가파른 성장이야말로 푸틴 정권에 대한 견제와 균형이 점점 더 부족해진다는 징후라고 간주하며 점점 더 우려하게 되었다. 「푸틴이 처음 권좌에 올랐을 때만 해도, 저는 그의 등장을 무척이나 기뻐했었습니다. 우리는 모두 그 일을 이 나라에 질서를 가져오는 것과 연관시켰습니다. 처음 3년 동안 저는 그를 지지했고, 그가 하는 모든 일이 좋다고 여겼으며, 심지어 그가 호도르콥스키를 교도소에 넣었을 때도 좋다고 생각했었죠. 하지만 그 이후에, 그러니까 2004년의 두 번째 대통령 선거 이후에, 어쩌면 그가 영원히 통치할 수도 있겠다는 생각이 떠오르기 시작했고 (……) 그들은 호도르콥스키 사건을 통해서 언론 매체를 장악했고, 이어서 사업을 장악했습니다. 곧이어 그들은 정치 분야를 정리해 버렸습니다. 그들은 지역 주지사 선거며, 대도시의 시장 선거를 폐지했습니다. 이것이야말로 주요 과제였습니다. 독립적인 사람들은 자신을 스스로 드러내고 발전시킬 기회조차 없어졌습니다.」콜레스니코프의 말이다.[10]

콜레스니코프가 절레절레 고개를 저으며 말한 바에 따르면, 바로 이 과정 덕분에 푸틴은 마치 차르처럼 통치할 수 있었으며, 훗날 거의 봉건 경제에 가깝게 변한 상황 위에 군림할 수 있었다. 옐친 시대의 올리가르히는 호도르콥스키의 재판을 지켜보며 겁을 먹었고, 자기네 가운데 누구라도 유사한 운명을 맞이할 수 있다고 두려워했다. 콜레스니코프의 관측에 따르면, 푸틴이 약속한 것처럼 올리가르히 계급이 제거되는 대신, 방크 로시야 배후에 있는 사람들이 새로운 올리가르히 집단의 일부가 되었다.

콜레스니코프 역시 원래는 그들 중 한 명이었다. 그는 푸틴의 시스템이 어떻게 작동하는지를 훤히 알았다. 방크 로시야의 주주들과 함께 카메니 오스트로프에 살았다. 하지만 가스프롬 자산을 신속하게 빼돌리는 것을 목도하면서 점점 더 공포에 질렸다. 「금융 자원을 일단 한번 장악하게 되면, 그때부터는 멈출 수가 없습니다. 이것이야말로 사업의 법칙입니다.」[11] 2010년 가을에 이르러, 콜레스니코프는 더 이상 견디지 못했다. 그는 작은 가방 하나만 가지고 카메니 오스트로프에 있는 자신의 연립 주택을 나와 공항으로 가서 튀르키예로 가는 편도 비행권을 구매했으며, 나중에는 미국으로 갔다. 콜레스니코프의 가방 안에는 그가 푸틴의 사람들을 위해서 수행한 모든 거래에 관한 다량의 문서가 담긴 USB가 들어 있었다. 이 문서는 대통령의 옵스차크 생성을 위한 계획이었다.

진지한 태도에 안경을 착용한 콜레스니코프는 원래 물리학자였으며, 소비에트 시절에는 의학 및 기타 장비를 개발하는 극비 연구소에서 일했다.[12] 훗날 그와 함께 사업을 벌인 두 사람도 원래 같은 분야에 관여하고 있었다. 그중 한 명인 드미트리 고렐로프는 그 당시에 덴마크에서 KGB 레지덴트(스파이)의 수장이었는데, 푸틴과는 드레스덴에서 서방의 수출 금지 조치를 피해 기술 밀수 작전에 관여할 때 함께 긴밀히 일한 사이였다.[13] 다른 한 명인 니콜라이 샤말로프는 이중 용도 장비를 KGB에 공급하기 위해 오래전부터 소비에트 요원들이 잠입해 있었던 독일 기술 대기업 지멘스의 상트페테르부르크 지사장이었으며,[14] 역시나 푸틴과는 오랜 친구 사이였다. 「그들이 1990년대 이전부터 서로 알고 지낸 사이임은 분명했습니다. 하지만 지금 이 자리에서 이런 일들의 역사를 파고드는 것은 적절하지 못합니다.」콜레스니코프의 말이다.[15]

콜레스니코프와 고렐로프와 샤말로프는 1990년대에 의료용품 공급 회사 페트로메드를 공동으로 설립해서 지멘스의 장비를 상트페테르부르크의 병원에 판매했다. 이들은 푸틴과 가장 가까운 친구들이었으며, 샤말로프가 특히 그러해서 심지어 오제로 별장 협동조합에 가입했을 정도였다. 이들의 활동을 통해서 과거 KGB 네트워크가 보전되었다. 「시스템의 파편들은 남아 있었습니다. 푸틴과 그의 작업조도 그중 하나였죠.」 상트페테르부르크에서 푸틴과 일했던 전직 KGB 간부의 말이다.[16]

푸틴이 대통령 직위를 차지하자, 페트로메드는 이른바 수억 달러의 기부금을 모으는 활동의 중심이 되었는데, 명목상으로는 지멘스와 제너럴 일렉트릭에서 의료 장비를 구매해서 상트페테르부르크의 군(軍) 의과 대학을 최신화하려는 목적이었다.[17] 하지만 이 〈기부금〉은 사실상 올리가르히가 새로운 러시아 차르에게 바치는 공물이었고, 푸틴의 이너 서클로 들어가는 입장료였으며, 결국 푸틴의 통치를 위한 비자금의 일부가 되었다. 그 돈의 상당 부분은 방크 로시야의 신속한 확장을 위한 자금으로 사용되었다. 방크 로시야가 가스프롬 소유의 보험 회사 소가스를 매입한 현금이 바로 그 돈에서 나왔기 때문이다. 아울러 고렐로프와 샤말로프가 방크 로시야의 지분을 매입한 자금도 거기서 나왔다. 그즈음 방크 로시야의 회장이 된 바르니히는 일찍이 기술 이전과 관련해서 푸틴과 긴밀히 일한 바 있었던 전직 슈타지 간부였다. 이것이야말로 푸틴의 과거 KGB 네트워크가 단지 보전된 것 이상이었음을 보여 주는 신호였다. 그 네트워크는 부활하고 있었으며, 나아가 가스프롬에서 빼돌린 현금 수백억 달러를 제공받고 있었던 것이다.

　그로부터 여러 해 뒤에도, 즉 그 모든 일에서 벗어난 상태에서 나를 만나 이야기를 할 때까지도, 콜레스니코프는 이제부터 자기가 감히 밝히려는 비밀에 대해서 여전히 경악을 금치 못하고 있었다. 그는 샤말로프며 고렐로프와 함께, 리히텐슈타인부터 영국령 버진 아일랜드와 파나마에 걸쳐 있는 역외 회사들로 이루어진 그물망을 통해 페트로메드의 〈기부금〉을 옮겼다. 2001년 7월에 옐친 시대의 올리가르흐 아브라모비치가 내놓은 2억 300만 달러를 예로 들면, 그 기부금 가운데 35퍼센트는 영국령 버진 아일랜드에 있는 회사 롤린스 인터내셔널로 이전되었고, 다시 그 가운데 50만 파운드는 콜레스니코프가 〈금고〉라는 별명으로 즐겨 지칭한 파나마에 있는 산탈 무역이라는 회사로 갔다.[18] 이곳은 방크 로시야의 확장에 자금을 지원한 돈주머니였다. 롤린스 인터내셔널은 이 은행이 신속히 성장하기 직전에 고렐로프와 샤말로프가 그 지분 12.6퍼센트씩을 각각 매입했을 때 자금을 지원했다. 콜레스니코프의 말에 따르면, 롤린스 인터내셔널은 우선 고렐로프와 샤말로프에게 각각 2230만 달러와 2180만 달러를 배당금으로 지급했고, 이들은 그 자금을 이용해 주식을 매입했다.[19] 이어서 2004년 여름에 산탈 무역은 대출과 보증 형태로 1800만 달러와 4100만 달러를 방크 로시야와 연계된 무명 회사인 악체프트와 아브로스로 조용히 이전했는데, 이들 회사에서는 이 현금을 이용해 소가스의 주식 13.4퍼센트와 51퍼센트를 각각 매입했다.[20] 아울러 콜레스니코프가 운영하는 또 다른 투자 회사 리루스도 12.5퍼센트의 주식을 추가로 매입했다.

　이 일에 관여된 금액만 놓고 보면, 오늘날 푸틴의 서클이 움직이는 수백억 달러와 비교해 오히려 적어 보일 수도 있다. 하지만 그 자산 이전은 그보다 훨씬 더 큰 자산 무더기를 건설하기 위한 첫걸음이었다. 소가스의 매입은 주목할 만한 과정의 시작이었다. 푸틴의 사람들이 이 회사를 매입한 이후, 그 순이익은 폭증했다. 러시아의 가장 큰 국영 기업들이 고객 명단에 이름을 올리려고 몰려왔다. 이곳은 더 이상 가스프롬만이 선호하는 보험 회사가 아니었고, 이제는 러시아 국영 철도 독점 기업과 로스네프트도 선호하는 곳이 되어 있었다. 푸틴의 일족을 위한 회사라는 그 무게에 더해서, 나중에는 푸틴이 임명한 국방 장관이자 상트페테르부르크 KGB 출신의 또 다른 동맹자 이바노프의 아들이 소가스 대표 이사로 임명되었다. 최고 수준의 고객들이 몰리면서, 2006년에 이르러 그 순수익은 무려 세 배 이상으로 뛰었다. 이렇게 사업이 폭증하자, 소가스는 훨씬 더 큰 목표를 향한 도약대로 사용되었다. 2006년 8월에 이루어진 일련의 거래를 통해서, 이 회사는 리더 자산 운용사라는 의미심장한 이름을 가진 회사의 지분 75퍼센트를 미공개된 금액에 매입했다.[21] 이곳은 가스프롬의 방대한 연기금인 가스폰드의 자산을 운용하는 회사였다. 가스폰드는 보유액이 60억 달러(1677억 루블) 이상인 러시아 최대의 연기금이었고, 그 당시 가치로 77억 달러어치인 가스프롬 지분 3퍼센트를 보유하고 있었다.[22] 아울러 샤말로프의 아들 유리가 가스폰드의 대표로 임명된 상태였다.

일단 여기까지 조각들을 맞춰 놓은 상태에서, 가스폰드는 방크 로시야가 더 큰 표적을 차지하는 데 사용되었다. 그 표적이란 가스프롬의 금융 부문인 가스프롬방크로, 당시 러시아에서 세 번째로 큰 은행이었으며, 가장 중요하게는 가스프롬이 자사의 자산 수백억 달러를 예치해 놓은 금고에 해당했다. 이 거래 역시 레이더를 피해 이루어졌으며 거의 주목받지 못했다. 한때 카시야노프의 정부가 논의했던 경쟁 입찰과 서방의 투자 은행들이 등장하는 현금 경매 대신, 푸틴의 두 번째 대통령 임기 말을 앞두고 이루어진 단순한 자산 교환 거래를 통해서 넘어가 버렸다.[23] 가스폰드는 자사가 보유한 모스크바의 전력 공익 기업체 모세네르고의 지분 18억 달러어치를 가스프롬의 가스프롬 방크 지배 지분과 맞바꾼 다음, 이를 방크 로시야의 리더 자산 운용사에 이전했다. 사실상 어느 누구의 눈에도 띄지 않은 상태에서 자국에서 세 번째로 큰 은행을 방크 로시야가 직접 통제하도록 만든 것이다.[24] 「그런 식으로 해서 가스프롬은 그 모두를 공짜로 내준 셈이었습니다.」 카시야노프 내각에서 에너지 차관을 역임한 밀로프의 말이다.[25]

마치 러시아에서 세 번째로 큰 은행의 통제권이 그 나라 특유의 새끼치기 인형, 즉 마트료시카 한 세트를 통해서 방크 로시야의 손으로 이전된 것처럼도 보였다. 이 거래는 복잡하게 여러 겹으로 둘러싸여 있어서, 그 최종 결과를 숨기는 동시에 검증을 최소화하려는 의도인 듯했다. 가스프롬이 훗날 주장한 바에 따르면, 이 자산 교환 거래는 드레스드너 방크의 시장 가치 평가와 합치하는 것이었다. 하지만 18억 달러짜리 거래가 이루어진 지 불과 몇 달 만에 가스프롬 스스로도 가스프롬방크의 가치를 80억 달러로 평가했다. 푸틴의 통치 동안 이 은행의 수익이 계속해서 늘어나자, 더 나중에 가서는 그 가치 평가액도 두 배 가까이 뛰었다.

이 거래에서 가스프롬은 수십억 달러 가치의 산업 및 언론 자산을 공짜로 건네준 셈이 되었다. 우선 가스프롬이 축적한 연방 언론 매체 제국이 있었는데, 여기에는 한때 구신스키가 소유했던 NTV 채널도 포함되었다. 자산 교환 거래가 완료되기 1년 전에 가스프롬은 그 언론 매체 자산을 1억 6600만 달러에 가스프롬방크에 매각했다. 그로부터 2년이 채 되기도 전에, 이 언론 매체 제국이 코발추크와 방크 로시야의 통제하에 확고히 들어가게 되자, 상트페테르부르크 출신의 행정실장 메드베데프는 바로 이 언론 매체 자산의 가치를 75억 달러로 추산했다. 이로써 러시아에서 가장 큰 자칭 〈민간 소유〉의 언론 매체 복합 기업의 수장 코발추크는 자국에서 가장 중요한 언론 재벌로 변모했다.[26] 이 제국은 확장을 거듭하며 한때 베레좁스키가 소유했던 채널 원, 이보다 더 규모가 작은 채널들인 렌 TV와 STS, 러시아에서 가장 신뢰받는 신문 가운데 하나인 『이즈베스티야*Izvestiya*』, 러시아에서 가장 많이 읽히는 타블로이드 신문 『콤소몰스카야 프라우다*Komsomolskaya Pravda*』, 지식인 계층에서 가장 애호하는 라디오 방송국 에호 모스크비까지 거느리게 되었다. 그 운영은 점차 크렘린의 선전 기구에서 중요한 일부분이 되었다.

다음으로는 러시아에서 가장 큰 석유 화학 회사 시부르가 있었는데, 가스프롬이 이곳의 지분 75퍼센트를 보유하고, 가스폰드가 나머지 25퍼센트를 보유하고 있었다. 가스프롬방크가 방크 로시야로 이전된 이듬해에 시부르의 가치는 40억 달러에서 50억 달러 정도였다. 그 총수입은 60억 달러에 달했으며, 영업 이익은 12억 달러였다. 하지만 이 회사가 방크 로시야로 이전된 것 역시 주목받지 못했으며 눈에 띄지도 않았다. 2011년에 이르러 가스프롬방크는 시부르를 푸틴과 가까운 사업가 두 명에게, 즉 팀첸코와 레오니트 미헬손에게 넘겨주었지만 그 매각 대금이 얼마인지는 공개하지 않았다. 그러면서 가스프롬방크는 그 회사의 가치가 74억 달러라고 평가했다.

밀로프의 추산에 따르면, 이러한 거래의 결과로 최대 600억 달러의 자산이 국영 기업 가스프롬에서 방크 로시야의 손으로 은밀히 흘러 들어갔으며, 그중 일부는 푸틴과 가장 가까운 한통속들에게 넘어갔다.[27] 하지만 이 가운데 어느 것도 정부나 주주나 의회의 독립적인 감독을 받은 적은 없었다. 가스프롬은 러시아라는 국가의 가장 크고 가장 중요한 회사가 되어야 마땅했으며, 가장 큰 세입 산출자가 되어야 마땅했지만, 그 분할은 아무런 논의도 없이 막후에서 진행되었다. 「이것이야말로 금융 및 기타 자산 모두의 완전한 무상 분배였습니다.

가스프롬은 그 대가로 전혀 받은 게 없었습니다. 정말 황당무계한 이 야기입니다.」밀로프의 말이다.[28]

풍성한 머리숱에 솔직하면서도 호기심 많은 태도를 지닌 밀로프 는 그 당시 나이가 30대 초였다. 그는 푸틴의 첫 번째 대통령 임기 동 안 정부 내에서 가장 명석한 젊은 공직자 가운데 한 명이었다. 하지만 가스프롬 같은 독점 기업을 해체하는 개혁이 결여된 것에 실망한 나 머지, 불과 1년도 채우지 못하고 자리를 떠나게 되었으며, 이후 정부 정책을 비판하는 보기 드문 목소리가 되었다. 정부의 에너지 정책에 대해 논평하는 독립 싱크 탱크를 설립했고, 기민하고도 자유로운 정 신을 가진 전문가라는 평판을 얻었다. 2008년에 푸틴 정부가 점점 더 금권 정치를 닮아 가자, 밀로프는 전직 부총리 넴초프가 이끄는 자유 주의 성향의 반대 운동에 가담했다. 그는 푸틴 정권의 실책을 면밀히 살펴보는 여러 보고서를 공저했는데, 그중에는 가스프롬이 빼돌린 자 산 문제를 다룬 단독 저술 「푸틴과 가스프롬Putin and Gazprom」도 있었다.

그 당시에만 해도 밀로프는 자산 유출의 규모를 지적하는 외롭고 도 용감한 목소리였다. 푸틴의 사람들이 모든 권력의 손잡이를 점점 더 많이 지배하게 되면서, 투자 은행이나 투자자 가운데 그 이전을 조 사한 사람은 거의 없다시피 했다. 대화 중에 그는 한 가지 아이러니를 자주 언급했다. 비록 푸틴의 사람들은 옐친 시대의 중역들의 자산 빼 돌리기를 근절하려는 시도로 자기네가 가스프롬을 차지했을 뿐이라 고 주장했지만, 푸틴이 그 가스 대기업을 장악한 이후로는 자산 빼돌 리기가 오히려 더 거대한 규모로 벌어졌다는 것이었다. 「이전의 가스 프롬 경영진이 자산을 나눠 준 것은 그나마 나름대로 이유가 있었기 때문이었습니다. 즉 가스프롬이 스스로 발전시킬 여력이 없는 자산을 남에게 시세 이하로 줘버린 거였죠. 하지만 푸틴의 사람들이 책임자 가 되었을 때는 정말 아무런 이유 없이, 그것도 거의 공짜로 자산을 줘

버린 거였습니다.」밀로프의 말이다.[29]

콜레스니코프가 서방으로 도피한 이후에 내놓은 설명에 따르면 그 이유는 간단했다. 푸틴은 가스프롬을 개인 영지로, 즉 자기 재산으로 만들어, 이곳을 크렘린의 권력을 투사할 지정학적 도구로 사용하는 동시에 자기 서클을 위한 자금원으로도 사용하려 했다. 「가스프롬의 진짜 소유주가 누군지 아십니까?」 콜레스니코프가 내게 물었다. 「그곳 CEO 밀레르에게 무엇을 하라고 말하는 사람, 어떤 계약을 어떤 가격에 체결하라느니 소가스와 어떤 가격에 일하라느니, 그걸 누구에게 팔라고 말하는 사람, 즉 가스프롬을 누구한테 팔라고 말하는 사람이 누군지 아십니까? 그 모두는 푸틴의 소유입니다.」[30]

콜레스니코프는 매우 민감한 정보를 훤히 알았다. 비자금 시스템의 작동 방식을 정확히 이해하는 그가 가스프롬의 자산 빼돌리기 말고도 가장 불편하게 생각했던 부분이 있었으니, 바로 자신이 감독하는 네트워크에 있는 현금 중에서 푸틴의 개인적 편의를 위해 유용되는 금액이 점점 더 많아진다는 것이었다. 콜레스니코프가 운용하는 자금 가운데 하나는 기부금의 일부를 진짜 러시아 경제에 대한 투자로 돌리려는 용도였는데, 예를 들어 상트페테르부르크 조선소도 그런 투자 대상에 포함되어 있었다. 그도 처음에는 이런 사실 때문에 기부금 빼돌리기를 나쁘지 않게 생각했었다. 그 부 가운데 일부는 일자리를 만들고 경제를 성장시키는 쪽으로 분배되었기 때문이다. 하지만 또 다른 일부는 흑해 연안에 대통령이 사용할 화려한 궁전을 건설하는 비용으로 사용되었다. 이 프로젝트는 원래 비교적 수수한 면적인 1000제곱미터짜리 주택으로 예정된 것이었다. 하지만 점차 규모가 커져서 10억 달러의 비용을 들여 헬리콥터 착륙장 세 곳, 여름용 원형극장, 선착장, 수영장 딸린 다실을 갖춘 면적 4000제곱미터짜리 이탈리아식 궁전이 되고 말았다.[31] 2008년 금융 위기 이후, 푸틴이 페트로

메드의 비자금 가운데 나머지를 조선소나 실물 경제의 기타 프로젝트 대신 자기 궁전에 사용하라고 명령하자, 콜레스니코프는 탈출 계획을 세우기 시작했다. 「알고 보니 저는 차르의 궁전을 짓기 위해서 지난 15년 동안 하루에 열 시간씩 일했던 거였습니다. 저로선 결코 동의할 수 없었죠. 하지만 제가 이의를 제기하자, 그들은 이렇게 대답했습니다. 〈자네 지금 누구하고 싸우겠다는 건가? 차르하고 싸우는 격이 될 거야.〉」 콜레스니코프의 말이다.[32]

대통령의 궁전을 만들기 위해 자금이 유용된 것이야말로 콜레스니코프가 감독을 도왔던 회사들의 네트워크가 푸틴의 개인 재산과 긴밀히 연계되어 있다는 가장 명료한 신호였다. 즉 그 돈은 푸틴이 개인적으로 이용할 수 있는 비자금이었다. 콜레스니코프의 주장에 따르면, 점점 늘어나는 금액을 실물 경제 투자 대신 궁전에 사용하라는 푸틴의 지시를 직접 받은 사람은 대통령의 가장 가까운 친구인 샤말로프였다. 실제로 그 궁전은 그가 소유한 회사의 재산으로 등록된 상태였다.[33] 「샤말로프는 푸틴을 대리했습니다. 그는 돈이 어디로 갈지 명령받는 사람이었습니다.」 한 내부자의 말이다.[34] 이 활동으로부터 제기되는 흥미로운 질문이 하나 있다. 만약 그가 궁전 건설 과정에서 푸틴의 이익을 대리한다면, 그가 보유한 방크 로시야 주식도 마찬가지로 푸틴의 개인적 이익을 대리하는 것일까? 샤말로프는 이에 대해서 논평을 거부했다. 하지만 콜레스니코프가 나타나서 자기 이야기를 꺼냈을 때, 푸틴의 대변인 페스코프는 그런 주장이 하나같이 〈터무니없다〉고 일축했다. 「푸틴은 예나 지금이나 방크 로시야와 아무런 연관이 없으며, 앞서 언급된 역외 회사나 회사들 가운데 어떤 곳을 통한 어떤 매매나 거래와도 아무런 연관이 없습니다. 그는 그 은행의 성장과 아무런 연관이 없습니다.」[35]

애초에 푸틴의 개인적 편의를 위해 지출된 자금이 없었다고 치면,

그의 개인적 이익과의 그 어떤 연계도 추적하기가 불가능했을 것이다. 뭔가를 〈푸틴이 소유했음을 보여 주는 문서나 서류는 전혀 없다〉는 것이 콜레스니코프의 말이다.[36] 「푸틴은 아무런 흔적도 남기지 말도록 특별히 교육받은 사람이었습니다.」 방크 로시야의 네트워크를 관리한 사람들 역시 자신들의 임무를 비밀리에 수행하라는 지시를 받았다. 이들은 사업을 논의하기 위해 만날 때를 대비해 별명 시스템을 고안했고, 혹시나 도청을 당하더라도 자기네 대화 속 사람이 누구인지 아무도 모르게 했다. 푸틴은 〈미하일 이바노비치〉로 통했는데, 원래는 소비에트의 고전 코미디 영화에 나오는 박식한 경찰서장의 이름이었다.[37] 코발추크는 기묘하게도 사팔뜨기라는 뜻의 〈코소이〉로 통했다. 「그들이 모두에게 별명을 지어 주려고 작정했을 때, 마침 그가 눈병이 났기 때문에 그 이름으로 부르자고 결정했던 겁니다.」 콜레스니코프의 말이다.[38] 샤말로프는 〈교수〉라는 별명을 선택했는데, 소비에트의 인간 상태를 다룬 미하일 불가코프의 풍자 소설 『개의 심장Heart of a Dog』에서 떠돌이 개를 가지고 실험하는 주인공의 직업에서 따온 것이었다. 밀레르는 군인을 뜻하는 〈솔다트〉로 통했는데, 명령을 따르는 충직한 아첨꾼으로서 그의 위치를 가리키는 별명이었다. 푸틴의 가까운 동료 팀첸코는 괴저(壞疽)를 뜻하는 〈강그레나〉로 통했는데, 그 당시에 그의 석유 무역 사업이 마치 그 질환처럼 무척이나 빠르게 성장했기 때문이었다.[39]

콜레스니코프는 해외로 도피할 때 거래 관련 서류뿐만 아니라, 이 집단의 구성원들끼리 나눈 대화가 기록된 녹음테이프까지 챙겨 갔다. 그중 하나는 그가 상트페테르부르크에서 샤말로프와 가진 회동의 일부인 듯한 내용이었다. 두 사람은 페트로메드 네트워크의 일부로 영국령 버진 아일랜드에 자리한 롤린스 인터내셔널에서 자기네가 관리하는 비자금 가운데 어떤 현금이 누구의 것인지를 계산한다. 「미하일 이바노비치의 돈은 4억 3900만 달러. 이건 미하일 이바노비치의 돈이지.」 콜레스니코프의 말이었다.[40]

푸틴과 그의 〈코미테치키〉 정권을 대신하여 행동할 수 있는 위장 간판들로 이루어진 정교한 시스템은 그렇게 형성되는 중이었다. 옐친 시대 재벌들이 약화된 크렘린을 조종하여 시가보다 낮은 금액에 자산을 분배하게끔 도모했다면, 푸틴은 신뢰할 만한 KGB 보관인들로 이루어진 충성스러운 네트워크를 만들고 있었다. 이 과정은 서쪽으로 유럽까지, 리히텐슈타인과 모나코까지, 급기야 파나마와 영국령 버진 아일랜드까지 확장되었다. 팀첸코는 오래전부터 근거지였던 상트페테르부르크를 벗어나 제네바에 깊이 뿌리를 박았다. 눈 덮인 알프스와 쥐라산맥에 에워싸인 이 도시는 오래전부터 러시아에서 나온 돈의 자연스러운 목적지가 되어 왔다. 제2차 세계 대전 말부터 동방과 서방 사이의 완충 지대였던 이곳에, 세계 강대국들의 금융 비밀이 이곳의 장벽 안에 단단히 파묻혀 있었다. 「그곳은 양쪽 권역 모두의 피난처였습니다. 그곳은 마치 중간에 있는 식당 같았습니다. 즉 양쪽의 악당 두목들이 차이나타운과 리틀 이탈리아 사이에 있는 그 식당에서 식사하며 사업을 논의하는 식이었죠. 거기야말로 세계에서 가장 안전한 식당일 겁니다.」 그곳에서 활동한 바 있었던 전직 KGB 간부의 말이다.[41] KGB의 돈은 오래전부터 그 도시의 금고에 은닉되어 있었다. 은행가들 사이에서 떠도는 소문에 따르면, 냉전 시대에는 소비에트 사업가들이 현금을 잔뜩 넣어 불룩해진 여행 가방을 들고 공중전화 부스로 들어가서 그들에게 전화를 걸었다.[42] 그때로 말하자면 신분 확인이 불필요한 번호 계좌가 있었던 시절, 고갯짓과 윙크에 근거해 수행되는 사업과 암호가 있었던 시절이었다. 냉전이 끝났다고 선언된 지 오래 지났지만, 제네바는 다시 한번 푸틴의 KGB 사람들이 좌우하는 석유부의 중요한 전초지가 되었다.

제네바 호수를 굽어보는 훌륭한 장소에 자리한 팀첸코의 석유 부역 회사 군보르는 크렘린의 유코스 장악의 가장 즉각적인 수혜자가 되었다. 한동안 그 상승은 그 업계의 최대 수수께끼였다. 세친의 로스네프트가 유간스크네프테가스를 매입한 이후, 이 새로운 국영 석유 대기업의 수출 가운데 상당량이 방향을 바꾸어 군보르를 거치게 되었다는 점을 눈치챈 사람은 처음에만 해도 극소수에 불과했다. 그러다가 국영 기업 가스프롬이 석유 산업에서 제 몫을 차지했을 때, 즉 2005년에 아브라모비치의 시브네프트를 매입했을 때, 그 석유 부문인 가스프롬네프트 역시 상당히 많은 계약을 군보르에 부여하기 시작했다. 크렘린의 커지는 힘에 굴복한 다른 석유 대기업들 역시 호의를 얻으려고 열심이다 보니 이런 선례를 따라갔다. 불과 4년도 되지 않아서 군보르가 러시아에서 선편으로 수출되는 전체 물량의 30퍼센트를 무역하게 되었다.[43] 그 상승은 무척이나 급속했기 때문에, 더 이상 남의 눈을 피할 수가 없었다. 2008년에 이 업체는 세계에서 세 번째로 큰 석유 무역 회사가 되었으며, 총수입은 700억 달러에 달했다.

옐친 시대에 제네바에서 번성했던 러시아의 다른 독립 석유 무역 업체들은 하나둘씩 문을 닫았다. 유코스가 제네바에 있는 계열사 페트로발을 통해서 석유를 판매했을 때, 국내 석유 가격과 세계 석유 가격의 차이를 이용해 벌어들인 수십억 달러는 푸틴 정권에 큰 쟁점이 되었다. 하지만 이제는 석유 흐름의 방향이 바뀌어서 푸틴의 가장 가까운 동맹자 가운데 한 명이 소유한 수출업체를 거치게 되자, 그런 격정도 마치 사라진 것처럼 보였다. 제네바 중심부의 군보르 본사에서 길모퉁이 하나만 돌면 나오는 론 거리에 자리하던 페트로발은 결국 문을 닫을 수밖에 없었다.[44] 군보르가 〈우리의 물량을 모두 차지해 버렸다〉는 것이 페트로발의 전직 무역업자 가운데 한 명의 말이었다.[45]

겉으로는 푸틴 정권이 1990년대의 이른바 〈이전 가격 조작 무역 계책〉에서도 최악의 월권을 단속했던 것처럼 보였는데, 과거에는 중간상과 무역업자가 더 낮은 국내 가격에 매입한 일용품을 수출해서 국제 가격과의 차액을 이익으로 얻었기 때문이다. 하지만 군보르는 그 수익을 절대 공개하지 않았으며, 주 공급자 로스네프트와 마찬가지로 오랫동안 그 어떤 조사도 회피했다. 2007년 말까지만 해도 로스네프트는 그 원유 수출분 가운데 어느 것도 공개 입찰 시스템을 통해서 판매하지 않았다. 처음에는 〈그 중간 이윤이 정말 믿을 수 없을 정도였다〉는 것이 군보르의 무역 업무에 관여했던 한 사람의 증언이다.[46] 그런데도 팀첸코가 변호사를 통해 밝힌 바에 따르면, 로스네프트와의 모든 계획은 전적으로 실력으로 얻어 낸 것이며, 군보르의 〈시장을 주도하는 지위와 아울러 전문성과 경험의 깊이〉를 반영한 것이라고 했다.

한동안은 군보르의 소유권 역시 그 재정만큼이나 수수께끼처럼 보였다. 서류상으로는 팀첸코와 그의 스웨덴인 동업자 토르비에른 토른크비스트의 공동 소유였지만, 앞에서 언급한 무역업자의 증언에 따르면 차마 이름을 밝힐 수 없는 세 번째 주주도 있다고 한다.[47] 오늘날 실업계에서 상승하는 푸틴의 가까운 KGB 동료들 중에서도 팀첸코는 가장 몸을 낮춘 인물이었다. 그는 비밀주의에 에워싸인 세계에서 활동했으며, 모스크바와 스위스에 오갔고, 제네바 호수를 굽어보는 콜로니의 쾌적한 교외 지역의 높은 방범 담장과 잘 정돈된 정원으로 둘러싸인 저택에서 눈에 띄지 않게 살아갔다. 그가 다루는 사업 분야가 워낙 민감하므로, 심지어 이메일조차 사용하지 않았다.[48] 휴대 전화로 통화할 때는 도청 가능성을 완전히 자각한 상태에서 행동했다.[49] 이전까지는 인터뷰에도 전혀 응하지 않았다가, 군보르의 급속한 상승으로 인해 2008년에야 어쩔 수 없이 모습을 드러냈다.[50] 그때까지만 해도 그의 사진은 단 한 장밖에 공개되지 않은 상태였다.

초창기에 팀첸코는 심지어 푸틴과 가장 가까운 사람들의 눈에도 거의 띄지 않았을 정도였다. 푸가체프조차도 코발추크 같은 사람들과는 종종 함께 시간을 보냈지만, 팀첸코를 본 것은 딱 한 번뿐이었다. 「푸틴은 항상 그를 제가 못 보도록 숨겼습니다.」 푸가체프의 말이다.[51] 어느 겨울 저녁, 푸가체프가 모스크바 외곽에 있는 푸틴의 노보오가레보 저택에 찾아가 보니, 팀첸코가 부엌에 앉아 있었다. 푸틴은 잠시 푸가체프와 사업 이야기를 나누어야 하니, 팀첸코에게 눈 쌓인 바깥에 나가서 기다리라고 지시했다. 마치 팀첸코가 자기에게 중요한 사람이 아니라는 점을 굳이 입증하려 시도하는 것처럼 보였다. 하지만 푸가체프가 보기에는 그것이야말로 두 사람의 관계를 드러내는 사례였다.

푸가체프가 이처럼 뚜렷한 비밀주의의 이유를 확실히 알게 된 것은 2003년 말에 한 스위스 은행가가 그를 찾아왔기 때문이었다. 그 은행가는 팀첸코에 관해 물어보면서, 그가 대통령의 자금 관리자라는 소문을 들었다고 말했다. 「그가 이렇게 말하더군요. 〈팀첸코라는 사람이 있는데, 어마어마한 돈을 우리에게 가져왔더군요.〉 그러면서 그 돈이 모두 푸틴 것이라고 저에게 말했습니다.」 푸가체프의 말이다.[52]

군보르의 상승을 두고 푸틴과의 경제적 유대에 관한 추측이 생겨나기 시작했다. 하지만 팀첸코는 자사의 성공이 대통령과 아무런 관련이 없다며 항상 강하게 부정해 왔고, 그런 주장은 결국 자신의 사업 역량을 깎아내리는 셈이라고 주장해 왔다. 연줄이 좋은 정치 분석가 벨콥스키가 푸틴의 두 번째 대통령 임기 말에 이르러, 대담하게도 군보르의 궁극적인 수혜자는 바로 푸틴이라고 공개적으로 주장했다.[53] 대통령은 평소 보여 온 경멸 그 이상의 반응으로 이 주장을 반박했다. 즉 그 내용은 〈누군가가 손가락으로 파내서 휴지에 닦은 코딱지처럼〉 터

무니없다고 기자들에게 말한 것이다.[54]

하지만 푸가체프가 보기에, 팀첸코를 둘러싼 민감성과 비밀주의의 의미는 단 하나일 수밖에 없었다. 즉 푸틴의 대통령 임기가 시작될 무렵, 그를 대신하여 자금을 보유한 최우선의 사업 동맹자는 그 이너 서클의 다른 누구도 아닌 팀첸코였다는 점이었다. 푸가체프의 말에 따르면, 그가 베레좁스키를 만나고 와서 팀첸코에 관해 물어보았을 때, 푸틴이 깜짝 놀란 표정을 지었던 것도 분명히 그래서였을 것이라고 한다. 대통령의 대적(大敵) 베레좁스키는 당시 런던에 망명 중이었으며, 팀첸코와 관련된 스캔들을 공개하겠다고 위협하고 있었는데, 푸가체프가 그런 사실을 알렸다. 「그는 얼굴이 완전히 하얗게 질렸어요. 그러더니 곧바로 대화를 중단했습니다. 심지어 그 스캔들이 무슨 내용인지 물어보지도 않았죠.」 푸가체프의 말이다.[55]

팀첸코와 관련된 전직 KGB 사람 두 명, 푸틴과 가까운 동맹자 두 명, 이렇게 모두 네 명이 내놓은 설명에 따르면, 군보르의 성공의 뿌리에는 오로지 러시아 대통령과의 경제적 연관이 놓여 있을 수밖에 없었다. 「당연히 푸틴의 돈이 거기 있는 거죠. 그게 아니라면 팀첸코가 어떻게 그런 억만장자가 되었다고 생각하십니까?」 그중 한 명의 말이다.[56] 「군보르는 설립 당시부터, 100퍼센트 푸틴의 회사였습니다.」 푸틴과 가까운 러시아 재벌의 말이다.[57] 「팀첸코는 단지 남의 지갑의 관리자에 불과한데, 다만 그 계좌에 100억 달러가 들어 있는 겁니다. 그 금액 가운데 어디까지가 자기 것이고, 또 어디까지가 푸틴의 것인지에 대해서는 그의 생각이 약간 다를 수도 있습니다. 하지만 실제로는 다 똑같습니다.」 나중에 미국 재무부에서도 다음과 같이 잘라말했다. 「푸틴은 군보르에 투자했으며, 군보르의 자금에 접근했을 수도 있다.」[58]

팀첸코는 군보르와 푸틴 사이의 그 어떤 관계도 거듭해서 부정했으며, 자사를 향한 제재는 러시아 정권을 겨냥한 압박 시도에 불과하다고 주장했다. 하지만 제네바의 금융업자들로 이루어진 네트워크를 보면(그중 몇 명은 팀첸코와 일한 바 있다), 러시아 대통령과의 연계의 발자취가 드러난다. 이들은 또한 더 커다란 전략적 목표에 대한 암시도 제공한다. 그중에는 볼셰비키 혁명 이후 해외로 도피한 이래, 러시아 제국의 회복을 꿈꾸면서 오랫동안 KGB와 유대를 맺어 온 백계 러시아인 귀족의 후손들도 있다. 이들이야 당연히 러시아의 제국적 세력의 회복을 지지했으므로, 푸틴의 사람들이 경제를 장악하게 되자 모든 단계마다 지원해 주었다.

그중에는 은행가가 한 명 있었는데, 2007년에 그가 홍콩 상하이 은행, 즉 HSBC 제네바 지사의 러시아 프라이빗 뱅킹 책임자로 임명되자마자 팀첸코와 그의 딸이 고객으로 합류했다.[59] 이 상황을 잘 아는 두 사람의 증언에 따르면, 장 고우츠코프라는 이름의 그 은행가는 제네바 유수의 프라이빗 뱅크 여러 곳에서 연이어 팀첸코와 긴밀하게 일했다.[60] 하지만 팀첸코가 변호사를 통해 밝힌 바에 따르면, 그는 고우츠코프를 알기는 해도 사업 관계를 맺은 적은 전혀 없다고 한다. 그는 푸틴과의 연계도 전혀 없다고 거듭해서 주장했다.

고우츠코프의 할아버지는 백계 러시아인 귀족으로, 초기의 하원 의회에서 한 차례 의장을 역임했고, 볼셰비키가 순식간에 권력을 장악하기 전에 헌법적 군주제로의 개혁을 필사적으로 추진했던 10월당 운동의 지도자였다.[61] 고우츠코프 역시 이 저명한 조상의 위풍당당한 풍모를 고스란히 간직한 사람이었다. 도드라진 이마 뒤로 머리카락을 빗어 넘겼고, 푸른색 눈은 냉정했다. 그는 여러 해 동안 푸틴 정권과 긴밀하게 일해 왔고, 세련된 모습으로 모스크바에 드나들었으며, 처음에는 뉴욕 해상 은행에서 근무하고, 나중에는 줄리어스 베어와 HSBC에서 근무하면서 부유한 러시아인 고객들을 확보했다. 하지만 모스크바에 있는 동료 대부분이 보기에, 고우츠코프의 행보는 수수께 끼가 아닐 수 없었다. 「그는 모스크바에 머물면서도 남들에게는 절대 알리지 않았고, 남들에게는 누굴 만났는지도 결코 말하지 않곤 했습니다.」 HSBC에서 고우츠코프의 관련자였던 사람의 말이다.[62] 「그는 발자취를 남기지도 않은 채 나타났다 사라지곤 했습니다.」 고우츠코프를 아는 사람들은 그의 비밀주의에도 이유가 있었다고 말했다. 「그 사람은 러시아 권력의 중추에 있었으니까요.」 제네바에서 고우츠코프의 관련자 가운데 한 명은 이렇게 말했다.[63]

제네바의 관련자 가운데 두 명의 증언에 따르면, 1990년대에 고우츠코프는 팀첸코를 스웨덴 출신의 동업자 토른크비스트에게 소개해 주는 과정에서 핵심 역할을 담당했다.[64] 그 당시에 고우츠코프와 토른크비스트는 오래전부터 소비에트 사람들과 일해 온 논란 많은 스위스 금융인 브루스 라파포트의 사업 제국에서 일하고 있었다. 즉 고우츠코프는 라파포트가 소유한 해상 은행에서 일했고, 토른크비스트는 역시나 라파포트가 소유한 석유 무역업체 페트로트레이드에서 일했던 것이다.[65] 하지만 팀첸코는 자신과 토른크비스트의 만남이 이보다 몇 년 뒤에, 즉 이 스웨덴인이 에스토니아의 한 무역업체에서 일할 때 이루어졌다고 주장했다. 고우츠코프는 푸틴과 알고 지낸 적이 결코 없었다고 부정했다. 하지만 관련자 가운데 세 명의 증언에 따르면, 고우츠코프는 푸틴이 대통령이 된 이후에 점차 가까워지게 되었다.[66] 관련자 가운데 한 명의 말에 따르면, 고우츠코프의 아내가 2010년에 사망하자, 그는 푸틴과 팀첸코와 함께 핀란드와의 국경 근처의 라도가 호수에 있는 수도원을 방문했다. 이곳은 오래전부터 러시아 정교회 신자들에게 숭앙받는 곳이었다.[67] 심지어 그는 이후로도 두어 차례나 더 두 사람을 대동하고 같은 장소를 찾았다고 한다. 고우츠코프와 가까운 두 사람의 증언에 따르면, 푸틴은 고우츠코프의 봉사에 대한 보답으로 러시아 여권을 발급해 주기까지 했다.[68] 혹시 두 사람의 우정이 연장된 까닭에 금융 서비스를 제공할 정도로까지 가까워진 것이 아니냐고 질문하자, 제네바의 관련자 가운데 한 명은 조심스러운 답변을 내놓았다. 「그건 우정이라 해야겠지요. 하지만 그건 전략적이기도 합니다. 만약 푸틴이 뭔가를 원한다면, 고우츠코프가 그걸 할 수 있었습니다.」[69]

코발추크와 방크 로시야의 경우와 마찬가지로, 고우츠코프의 근접성이야말로 팀첸코의 상승 역시 대통령의 개인 재원을 훨씬 뛰어넘는 뭔가와 관련되어 있다는 암시였다. 그 뭔가란 바로 푸틴의 KGB 일족을 위한 비자금 생성이었으며, 그 목적은 그들의 권력을 보전하고 투사하는 것이었다. 팀첸코와 고우츠코프는 푸틴 정권의 필요를 위한 현금을 관리하고 지출하는 전략적 네트워크의 일부였던 것으로 보인다. 이 네트워크는 소비에트 시절에 공산당의 이익을 촉진했던 KGB의 지하 금융 네트워크와도 유사했다. 「물론 팀첸코의 행동 중에는 푸틴의 이익도 일부나마 있습니다.」이 제네바 금융업자들의 관련자이자 전직 KGB 고위 간부의 말이다.[70] 「하지만 이것이 반드시 어떤 개인적 돈의 형태를 취하지는 않았습니다. 이것은 당 활동에 자금을 지원하는 검은돈이 될 수도 있고, 선거 상황에 영향력을 끼칠 수 있는 자선기금이 될 수도 있습니다. 이것은 전략적 자원이 될 수 있습니다. 팀첸코는 실행할 필요가 있는 일을 실행했습니다.」과거 푸틴과 가까웠던 KGB 동맹자의 말이다. 「그는 특정 이익을 위한 특정 정책의 실현에 필요한 자원의 원천이었습니다.」[71] 미국 고위 공직자 두 명도 이러한 견해를 공유하고 있다고 말했다.[72]

이것이야말로 KGB의 작전 방식이었다. 마치 이 기관은 자신들이 소비에트 시절에 수입 금지 기술을 밀수하기 위해서 전개했던, 아울러 해외에서의 비밀 작전과 공산당 캠페인에 자금을 지원하기 위해서 전개했던 저 불투명한 금융 네트워크 없이는 생존하는 방법 자체를 아예 모르는 것처럼 보였다. 푸틴의 사람들은 과거 KGB가 운영했던 시스템을 복제하고 있었는데, 여기에서는 석유 수출이 검은돈의 핵심 원천이었다. 러시아는 계획 경제의 법칙을 벗어던진 상태였고, 세계 시장 경제에서 온전한 참가자가 된 상태였다. 그런데 이제 푸틴과 그의 KGB 사람들이 권력을 장악하면서, 러시아가 세계 시장 경제와 상호 작용 하는 방식을 변모시키고 있었으며, 국가 자본주의의 한 형태를 실시하고 있었다. 아주 오래전에 시장으로의 이행을 위해 작성된 KGB의 문건에서 권고했듯이, 국가 자본주의 치하에서는 팀첸코 같은 신뢰받는 보관인들이 정권을 대신하여 행동했다. 이들은 크렘린의 연장일 뿐이었으며, 표준적인 서방 경제에 내재된 자기 이익의 금언만을 따르는 독립적인 회사들이 아니었다.

KGB의 청사진에서는 해외에 설립될 회사들에 즉, 〈무역업체, 증권 중개업체, 서비스 회사, 대표 사무소 등에 모든 종류의 정보와 중개 활동에 참여하라〉고 권고하면서, 이런 회사들의 〈주주들은 신뢰받는 보관인들이 될 것〉이라고 했다. 특히 이 문건에는 이런 작전이 〈스위스처럼 온건한 세금 제도가 있는 자본주의 국가 가운데 한 곳에 근거해야 한다고 암시했다.〉[73]

푸틴의 사람들이 보기에, 자국에서 가장 크고 가장 전략적인 현금 흐름인 석유 무역에서 비롯되는 돈을 가까운 동맹자의 손에 맡겨야 한다는 것은 당연한 논리적 귀결일 수밖에 없었다. 이들의 관점에서 보자면, 호도르콥스키로부터 제기되었다고 간주된 정치적 도전은 이 일의 필요성을 예증하는 셈이었다. 「군보르의 돈은 모두 푸틴의 것이라고 말할 수 있습니다.」 석유 무역에서 팀첸코의 최초 동업자 가운데 하나였던 전직 KGB 간부 판니코프의 말이다. 「하지만 실제로는 이보다 훨씬 더 복잡합니다. 만약 시장이 충성스러운 사람의 손에 있다면, 이는 결국 가격 통제를 의미합니다. 그리고 이는 또한 수익이 테러리즘의 자금 자원으로 나가지 않음도 의미합니다.」[74] 판니코프는 서방 금융 시스템을 통한 작전 분야의 개척자였다.[75] KGB가 서방에 대한 자신들의 투쟁에서 새로운 국면을 준비하기 시작했던 1980년대에 판니코프는 소비에트 해외 무역 학교에서 역외 금융을 연구한 바 있었다.

원래 KGB가 제안했던 장부 미기재 시스템은 푸틴 치하에서 실제로 가동에 들어가게 된 것처럼 보이는데, 이는 현대의 국가 회계 제도라는 통상적인 시스템을 우회했다. 여기서 통상적인 시스템이란 예를 들어, 연방 예산에서 첩보, 선거, 사법 시스템, 정치에 대한 지출을 의회가 승인하는 것이다. 반면 장부 미기재 시스템에서는 막대한 비자금을 생성했는데, 이때 투명성이나 증빙이 결여된 것이야말로 권위주의적 지배와 함께 러시아의 지정학적 세력 복원을 의도하는 정권에는 딱 어울릴 수밖에 없었다.

고우츠코프는 파리에 있는 긴밀한 백계 러시아인 공동체에서 자라났는데, 제네바 금융업자 집단의 또 다른 구성원도 그곳에서 그와 함께 자라났다. 키가 크고 구부정하며 짙고 위압적인 눈썹에 두드러진 이마를 가진 세르주 드 팔렌도 오래전부터 푸틴과 가까운 사이였다.[76] 「드 팔렌은 푸틴의 가장 가까운 친구 가운데 하나였습니다. 그는 러시아 최고의 귀족 가문 가운데 한 곳의 출신이었습니다.」 제네바의 관련자 한 명의 말이다.[77]

고우츠코프의 할아버지가 1917년의 볼셰비키 혁명을 피해 달아난 수십만 명과 함께 파리에 정착했을 때,[78] 그의 가족과 드 팔렌의 가족은 제국을 잃어버린 슬픔에 잠긴 동시에 러시아 문화와 정교회에 대한 헌신에 사로잡힌 폐쇄적인 이산자(離散者) 공동체의 일부가 되어 살아가게 되었다. 파리의 백계 러시아인은 대부분 매우 검소하게 지냈다. 그 도시에는 택시 기사나 식당 웨이터로 일하는 대공과 공작에 관한 이야기가 가득했다. 그 공동체에는 계략과 이중간첩과 음모가 항상 가득했다. 상당수는 볼셰비키를 계속해서 비난했고 해외에서 반대파를 조직하려 시도했지만, 다른 사람들은 자기 동포에 관한 정보를 제공하기에 나섰다. 소비에트 비밀 기관들은 오래전부터 백계 러시아인 이산자 공동체에 침투하려고 도모해 왔다. 처음에는 반대 운동에 침투했고, 나중에는 요원을 포섭해서 자기네 힘을 더 강화했다. 포섭된 사람들로서는 이것이야말로 무척이나 필요했던 현금의 원천이 되었으며, 또 어떤 사람들에게는 이것이야말로 권력을 장악한 사람이 누구인지와 무관하게 자기들이 여전히 믿어 의심치 않는 러시아 제국을 바라보는 창문이 되었다.

전직 해외 첩보부 고위 간부의 말에 따르면, 드 팔렌은 백계 러시아인 공작의 아들 알렉산드르 트루베츠코이와 함께 1980년대에 KGB에 포섭된 제국의 신봉자들 가운데 하나였다.[79] 이들이 소속된 네트워크의 운영자 이고리 셰골레프는 훗날 푸틴의 통신 장관이 되는 인물로, 그 당시에 소비에트 국영 뉴스 통신사 TASS의 파리 특파원으로 주재하면서, KGB 비밀 요원으로도 일하고 있었다.[80] 수입 금지 기술의 밀수가 절정에 달했던 때에, 트루베츠코이는 오래전부터 소비에트 요원들이 침투해 있었던 반도체와 초소형 전자 기술 회사 톰슨에서 근무했다. 그 사이에 드 팔렌은 소비에트 정유소에 장비를 공급하는 한 프랑스 회사에서 일하며 파리와 모스크바를 오갔는데, 그 회사역시 소비에트의 영향력 작전에 자금을 지원해 준 것으로 보이는 우호 회사들의 네트워크 가운데 일부였다. 1981년에 드 팔렌은 피아트 가문의 수장의 딸인 마르게리타 아녤리와 결혼함으로써 귀중한 연줄을 잡았으며,[81] 곧바로 피아트의 국제 관계 담당 부회장이 되었다. 이때부터 드 팔렌은 계속해서 모스크바를 빈번히 방문했고, 당의 거물들과는 물론이고 소비에트 정권을 지지하는 해외 은행가들과도 친밀하게 어울렸다.[82] 피아트는 예전부터 줄곧 소비에트의 핵심 동업자였다. 전직 KGB 중개자 두 명의 증언에 따르면, 수많은 우호 회사를 거쳐 들어오는 이중 용도 기술의 공급자이기도 했다.[83] 그 와중에 고우츠코프는 모스크바에서 일하고 있었으며, 소비에트 석유 산업에 자금을 제공하는 프랑스 은행 집단을 감독했다.[84] 두 사람은 소비에트 정권을 보조하는 공작 네트워크의 일부분이었던 것이다.

드 팔렌은 1991년 11월에 푸틴을 처음 만났다. 당시에 푸틴은 상트페테르부르크 부시장이었고, 드 팔렌은 차르의 마지막 후계자인 블라디미르 대공의 러시아 귀환을 주선하는 데에 도움을 주었다.[85] 드 팔렌은 파리의 백계 러시아인 공동체를 통해 이미 상트페테르부르크 시장인 솝차크와 아는 사이여서, 푸틴과도 곧바로 친밀한 관계를 맺게 되었다. 제국적 사고방식을 가진 이 집단의 또 다른 구성원 콘스탄틴 말로페예프는 드 팔렌이 〈푸틴을 선택한〉 것이라고 말한다. 「그는 이렇게 말했습니다. 〈이 친구는 우리처럼 생각한단 말이지.〉」[86] 두 사람은 러시아를 강대국 이외의 뭔가로 생각할 수조차 없었다. 두 사람 모두 자국의 붕괴에, 아울러 실패한 8월의 쿠데타 이후에 펼쳐진 혼돈에 충격을 받았다. 두 사람은 긴밀한 관계를 지속했다. 푸틴이 파리에 갈 때면 항상 드 팔렌을 찾아갔고, 솝차크와 그 가족 역시 그와 가까운 사이로 남았다.

푸틴이 대통령이 되자, 드 팔렌은 곧바로 지원에 나섰다. 프랑스 정상 자크 시라크와의 첫 회동 전날, 대통령은 이 오랜 친구에게 조언을 요청했다.[87] 두 사람은 파리의 한 식당 별실에서 함께 식사했고, 이때 드 팔렌은 푸틴에게 당신도 예카테리나 대제처럼 30년 동안 통치해야 마땅하다고 말했다. 그것이야말로 질서를 회복하는 방법이자 러시아를 강대국으로 복원하는 유일한 방법이라는 것이었다.

고우츠코프와 드 팔렌은 소비에트 붕괴 이후 러시아의 전 세계적 지위를 회복한다는 임무로 푸틴을 몰아가는 데에 일조한 백계 러시아인 후손들의 네트워크에서도 주도적인 구성원들이었다. 이에 새로운 러시아의 정체성을 형성하고 이를 혁명 이전의 제국과 이어 주는 가교를 건설하려 도모하던 대통령도 유라시아 제국이라는 자국의 독특한 경로와 서방에 맞서는 대항력이라는 자국의 운명에 대해서 설파한 백계 러시아인 망명자들의 저술과 철학을 이용하게 되었다. 이들의 말은 푸틴에게 깊은 인상을 남긴 것처럼 보였다. 고우츠코프와 드 팔렌은 그가 대통령 직위를 차지한 이후에 옐친 시대의 올리가르히의 권력을 억제하려 도모하는 과정에 전심전력으로 지원했다. 이들은 크렘린 충성파들로 이루어진 새로운 시스템 건설에 대한 강조를 승인했다. 제네바 관련자 가운데 한 명은 이렇게 말했다. 「전략 부문에 종사하는 사람은 국가의 일부인 것입니다. 석유, 가스, 통신 같은 것들은 그 정의상 전략적 부문들입니다. 이런 부문에 종사하는 사람은 봉사해야 합니다. 그런 사람은 국가와 별개가 아닙니다.」[88]

고우츠코프와 가까운 한 사람의 말에 따르면, 푸틴은 〈자국을 구원하기 위한 신성한 임무를 지니고 있었다〉.[89] 책이 잔뜩 놓여 있는 제네바의 사무실에서 나를 맞이한 드 팔렌은 푸틴이야말로 러시아 부흥의 열쇠라고 여겼다. 「푸틴은 나라의 와해를 막았으며, 새로운 러시아의 회복을 시작했습니다. 이것이야말로 미국에 매우 중요한 일인데, 그 나라에서는 다극화된 세계를 원하지 않기 때문입니다. 그들은 강력한 러시아를 원하지 않기 때문입니다.」[90] 드 팔렌은 1990년대의 민영화를 가리켜 〈야만스러웠다〉고 말했다.

고우츠코프와 드 팔렌은 푸틴의 KGB 사람들이 그들 나름의 야만스러운 방법을 사용하고 있다는 사실, 즉 경제에 대한 통제를 주장하는 과정에서 법적 권리를 짓밟고 있다는 사실을 딱히 신경 쓰는 것처럼 보이지는 않았다. 그들은 크렘린의 사법 시스템 전복이 서방에 대한 대항력이며, 러시아의 세력을 복원하는 역사적 임무의 일부분이라고 정당화했다. 「모든 사람이 뭔가를 훔치고 있었습니다. 하지만 푸틴이 나타나서 이렇게 말했던 겁니다. 〈이제 그만. 이제는 러시아가 21세기의 강대국이 될 때이니 (……) 당신들은 러시아 자원으로부터 많은 것을 받았습니다. 당신들이 그걸 돌려주어야 할 때입니다.〉 법치의 관점에서 보자면 아마 다르게 진행되었어야 마땅했으리라는 것도 저는 이해합니다. 하지만 푸틴에게는 시간이 없었습니다. 그는 지름길을 취해야만 했습니다. 아마 호도르콥스키도 고통받았으리라 봅니다만, 푸틴은 자기가 반드시 해야 하는 일을 해야 했던 것이며 (……) 애국주의가 더 중요한 것입니다.」 제네바 관련자 가운데 한 명의 말이다.[91]

이들은 푸틴의 KGB 사람들도 뭔가를 훔치고 있다는 사실에 대해서도 딱히 신경 쓰는 것처럼 보이지 않았다. 심지어 석유 가격이 치솟기 시작하면서 어느 때보다도 더 큰 분량을 훔치고 있었는데도 말이다. 가장 중요한 점은 크렘린의 권력을 재주장하는 것이었다. 그들이 어떻게 거기에 도달했는지는 중요하지 않았다. 「돈과 권력은 고대 파라오 시대부터 나란히 있었습니다. 돈과 권력이 만나는 더 높은 영역은 항상 있었습니다. 러시아 사람들은 어리석지 않습니다. 물론 푸틴도 약간의 개인적 이익을 갖고 있죠. 하지만 중요한 것은 그만큼 인기 높은 지도자가 달리 없다는 것입니다. 일반 대중은 냉장고, 텔레비전, 집, 자녀, 자동차를 가지고 싶어 합니다. 자신의 물질적 문제에 영향이 없다면, 나머지에 대해서는 다소간 신경을 쓰지 않는 겁니다.」 제네바 관련자의 말이다. 그들의 목표는 지정학적 세력으로서 러시아의 위치를 회복하는 것이었다. 「고르바초프의 도래와 함께 우리가 지난 20년에서 30년 동안 지켜본 것은 일시적인 약함의 순간이었습니다.

그거야 다른 모든 강대국도 겪을 수 있는 일인데 (……) 이제는 경제
가 회복되고 있으므로, 푸틴은 관심의 영역을 되찾고 싶어 하는 겁니
다.」[92] 제네바 금융업자들 가운데 또 다른 KGB 관련자는 자기가 생각
하기에 미국이 제2차 세계 대전 종전 이후로 줄곧 독일에 대해서 행사
하는 것처럼 보이는 부당한 영향력에 항의하면서, 언젠가는 그 영향
력이 분쇄될 것이라고 말했다.

하지만 처음에만 해도, 이런 목표들은 그들에게도 단지 꿈에 불
과했다. 푸틴의 두 번째 대통령 임기에도 여전히 갈 길이 멀었다. 하지
만 러시아의 영향력을 회복하기 위한 시도는 고국에서 상당히 가까운
곳에서 시작될 예정이었다.

오렌지 혁명으로 우크라이나가 러시아의 궤도에서 떨어져 나가서 서
방의 품에 안긴 지 1년쯤 지난 2005년 11월, 우크라이나 대통령 유셴
코의 비서실장 올레흐 리바추크가 초조해하며 모스크바로 가고 있었
다.[93] 그가 방문한 목적은 우크라이나에 대한 러시아의 가스 공급과
관련해 새로운 내용을 논의하기 위해서였는데, 당시 분위기는 그리
좋지 않았다. 가스 수요의 대부분을 러시아에 의존하는 우크라이나에
서는 벌써 그 경제가 침체하기 시작했다. 여름부터 크렘린 공직자들
은 상당한 가격 인상을 적용할 수 있다고 경고해 왔으며, 친서방 성향
의 유셴코가 집권한 이제는 자국도 우크라이나 경제에 대한 사실상의
보조금 지급을 원하지 않는다고 밝히면서, 상대국 지도자들은 〈직접
적으로건 은밀하게건 간에 미국으로부터 봉급을 받기 때문〉이라고 주
장했다.[94]

구소련 공화국 간의 가스 무역의 중심을 차지하는 위치에다가,
어마어마한 가스 매장량이며, 러시아를 가로지르는 방대한 파이프라
인 덕분에, 가스프롬은 오래전부터 이웃 국가들에 대한 러시아의 영

향력에서 핵심적인 역할을 해왔다. 중앙아시아의 여러 공화국은 자체적인 가스 매장지를 갖고 있었던 반면, 조지아와 벨라루스와 우크라이나는 이 가스 대기업과 그 관련 회사들의 공급에 의존하는 상태였다. 대개 가스프롬은 크게 할인된 가격에 가스를 주었는데, 그 나라들이 소비에트 제국의 일부였을 때의 방식 그대로였다. 유럽에서도 가스 수요의 25퍼센트를 러시아에서 충당했다. 이 과정에서 중요한 이송 통로로 대두한 나라가 바로 우크라이나였다. 그런데 이제는 그 나라의 지도부가 서방을 향해 기울어졌기에, 크렘린도 더 이상의 보조금 지급을 중단할 의향임을 암시했다.

리바추크가 크렘린에 도착하자 푸틴은 이런 의도를 명백히 밝혔다. 러시아는 가격을 상당히 올리고 싶어 하므로 우크라이나도 〈특정 조건〉에 동의해야만 할 것이며, 그렇지 않을 때는 가스를 끊겠다는 내용이었다.[95] 하지만 이후의 회동에서 그 당시 크렘린 행정실장 겸 가스프롬 대표 이사였던 메드베데프는 타협적 거래를 위한 창문을 열어 놓았다. 만약 우크라이나가 크렘린이 지목하는 특정 무역업체를 통해 더 많은 가스를 구매하기로 동의할 경우, 전체적인 가격은 계속해서 저렴한 상태로 남게 되리라는 것이었다. 일단 리바추크가 유셴코의 완전한 동의를 확보하고 난 뒤에 더 자세한 내용을 논의하기로 합의했지만, 메드베데프가 맛보기 격으로 전한 말에 따르면, 이 계약을 통해서 분기당 5억 달러씩 벌 수 있었다. 즉 매년 20억 달러씩 벌면서도, 계속해서 저렴한 가스를 확보하게 될 것이라는 뜻이었다. 「그는 우리 몫이, 즉 우크라이나 정부의 몫이 그 정도 금액일 거라고 저에게 말했습니다.」 리바추크의 말이다.[96]

리바추크로선 자기 귀를 의심할 수밖에 없었다. 이 제안은 마치 리베이트 계책처럼 들렸기 때문이었다. 「그거야말로 정부 전체를 부패시키는 거래였습니다.」 메드베데프와 크렘린이 중개상으로 이용하라고 고집하는 가스 무역업체는 로수크레네르고였고, 그 소유권은 비밀주의에 가려진 상태였다.

메드베데프가 묘사한 내용은 크렘린이 러시아와 우크라이나 간에, 아울러 투르크메니스탄 간에 가스를 무역하기 위해서 운영 중인 일련의 은밀한 계책들 중에서도 가장 최근에 구체화한 것이었다. 즉 투르크메니스탄에서 생산되는 저렴한 다량의 가스를 러시아의 파이프라인 네트워크로 빼돌려서 러시아산 가스와 혼합한 다음, 그 결과물을 우크라이나로 보내면 비록 러시아가 가격을 올려도 우크라이나가 지급하는 가격은 더 낮아지게 되었다. 투명한 가격 책정 시스템을 보유한 가스프롬을 통해서 가스를 직접 무역하는 대신 수상한 중간상을 통하면, 그 수익 중에서 수십억 달러를 빼돌릴 수 있는 길이 열리는 것이었다. 아울러 그 금액을 리베이트로 건네줄 수 있는 길이 열리는 것이었다.

이런 거래 방식을 밝혀낸 사람은 검은 머리에 단호한 성격의 미국 출신으로, 러시아에서 가장 큰 해외 투자 펀드 허미티지 캐피털의 운영자 브라우더였다. 오랫동안 미국 공산당 지도자였던 얼 브라우더의 손자인 그는 헌신적인 자본주의자였으며, 러시아 기업의 투명성에 대한 가장 열렬한 옹호자 가운데 한 명이었다. 그는 가스프롬의 장부를 뒤져서 자산 빼돌리기의 흔적을 찾아내는 것을 투자 전략의 주춧돌로 삼았다. 2003년 말에 그의 연구원들은 놀라운 사실을 발견했다. 이 가스 대기업이 자체 파이프라인 네트워크를 통해 수십억 달러어치의 가스를 투르크메니스탄에서 우크라이나로 이송하는 권리를 무명의 무역업체 에우랄 트란스 가스에 부여했는데, 그 부여 날짜가 무려 그 업체의 설립 날짜보다 하루 먼저였다는 사실을 우연히 발견한 것이다.[97] 브라우더의 말에 따르면, 이 계약을 통해서 가스프롬의 세전 수익은 10억 달러 가까이 빠져나갔다고 한다. 헝가리의 한 마을에 등기된 에우랄 트란스 가스의 소유주 네 명은 정말 특이하다 싶을 정도로 자기네 앞에 놓인 임무에 부적절해 보였다. 우선 루마니아인 세 명은 사업 경험이 전혀 없었는데, 그중 한 명은 전화 요금을 낼 돈을 벌고 싶어 일에 뛰어든 여배우였고, 나머지 두 명은 각각 간호사와 컴퓨터 프로그래머였다. 나머지 한 명은 이스라엘의 변호사였는데, 그의 고객 중에는 러시아에서 가장 큰 범죄자 가운데 한 명이 포함되어 있었다. 브라우더의 말에 따르면, 가스프롬이 이 무역 경로를 굳이 외부 업체에 넘겨주어야 할 이유도 없으며, 그 소유권이 명백히 위장 간판에 불과한 업체에 넘겨주어야 할 이유는 더더욱 없었다.[98] 이어서 가스프롬은 에우랄 트란스 가스에 대출과 보증으로 3억 달러를 제공하기까지 했다. 우크라이나 주재 미국 대사 카를로스 파스쿠알은 러시아 범죄 조직과 이 회사의 뚜렷한 연계에 대해 공개적으로 우려를 표시했다.

이어진 스캔들 속에서 가스프롬은 조용히 에우랄 트란스 가스의 문을 닫아 버리고 로수크레네르고로 대체했다. 명목상으로는 로수크레네르고가 그 선행자보다는 훨씬 더 버젓한 회사라는 이유에서였다. 가스프롬도 이 회사의 지분 50퍼센트를 소유하고 있었다. 하지만 오스트리아 라이파이젠 은행을 통해서 소유한 나머지 지분 50퍼센트의 궁극적 소유자는 처음에만 해도 밝혀지지 않았으며, 이 업체가 우크라이나와의 무역 계책에 참여함으로써 가스프롬은 여전히 2004년과 2005년에 10억 달러 이상의 손실을 보았다는 것이 브라우더의 설명이다. 그는 한동안 로수크레네르고에 대해 비판을 쏟아 냈고, 언론에 이 명백한 부패에 대해서 제보했지만, 여기서 문제가 된 계책은 단순히 개인적 치부를 위한 수익 은닉보다 훨씬 더 많은 것을 상징하고 있었다. 브라우더는 밀접국에 영향력을 행사하려는 러시아의 시도가 파묻힌 지뢰밭으로 들어가고 있었던 셈이다. 로수크레네르고는 사실상 러시아 인접국들의 공직자들을 매수하고 부패시키는, 즉 민주주의를 잠식하는 정치적 영향력의 도구로서 전개될 수 있는 비자금이었다. 이것이야말로 푸틴의 KGB 정권의 작전에서 핵심이었는데, 이 정권에서는 밀수 경제가 재건되고 있었다. 단순히 수익뿐만 아니라 영향력도 주된 동기였다. 이것이야말로 푸틴의 사람들의 검은돈 작전이 서방의 눈에 띄게 된 최초의 사례였다.

리바추크가 새로운 가스 공급 거래의 협상을 위해 크렘린으로 향할 즈음, 브라우더는 솔직함으로 인해 호된 대가를 치르고 있었다. 그는 러시아 입국을 금지당했는데, 러시아 외무부에서는 국가 안보에 위협을 제기했기 때문이라고 설명했다. 그 와중에 우크라이나의 친서방 성향의 신생 지도부는 그렇게 불투명한 가스 무역 계책에는 참여하지 않겠다고 공언한 상태였다. 「양측이 많은 돈을 챙길 수 있도록 허락하는 것은 항상 부패한 작동 방식이게 마련이니까요.」 리바추크의 말이다.[99] 그는 그 무역업체들 배후에 항상 KGB가 있었다고, 아울러 스위스의 부유한 도시 추크에서 등기된 이사 세 명 가운데 두 명이 전직 KGB 간부라는 점에서 로수크레네르고도 전혀 다르지 않았다고 덧붙였다.

하지만 이제는 크렘린이 새로운 가스 공급 거래를 제안하고 있는 것처럼 보였으며, 여기에서 로수크레네르고의 역할은 훨씬 더 커질 예정이었다. 키이우로 돌아온 리바추크는 유셴코가 이 계책을 거부할 것이라고 확실히 예상했는데, 이 신임 대통령이야말로 우크라이나를 과거의 불투명한 거래에서 벗어나 새로운 길로 돌아서게 할 예정이었기 때문이다. 더군다나 1000세제곱미터당 50달러라는 낮은 가격으로 체결된 우크라이나와 러시아의 현행 가스 공급 계약은 2009년까지 유효할 예정이었다. 리바추크의 보고를 받은 유셴코는 만약 러시아가 우크라이나에 가스를 끊으면 대안을 제공해 줄 수 있는지 서방 동맹국들에, 즉 미국 국무부와 독일 외무부에 물어보라고 지시했다. 그로부터 2주가 지나기도 전에 비서실장은 서방의 지원에 대한 확답을 얻었다. 「그들은 우리가 압박받지 않을 것이라고 장담했습니다.」 그의 말이다. 리바추크는 가족과 함께 새해 연휴를 맞아 슬로베니아로 여행을 떠날 때까지만 해도, 지도부가 러시아의 압력에 굴복하지 않을 것이라고 확신한 상태였다. 그가 보기에는 어쨌거나 러시아가 가스 공급을 끊는 극단적인 수단까지 실행하는 위험을 감수할 가능성은 없어 보였기 때문이다.

하지만 새해 첫날 텔레비전을 켠 리바추크는 CNN의 머리기사를 통해 위기가 닥쳤음을 알게 되었다. 러시아가 우크라이나에 대한 가스 공급을 중단한 것이다. 이 나라는 러시아산 가스의 중요한 운송 통로였기 때문에, 유럽 각국의 공익 기업체 여러 곳도 압박을 느끼게 되었다. 마침 그해 가을은 이례적으로 추웠기에 서방 지도자들은 충격에 빠졌다. 바로 그날 러시아는 여러 선진국으로 구성된 G8 모임의 의장직을 넘겨받았다. 이제 전 세계 경제와 자국의 통합으로 나아가는 커다란 한 걸음을 예고할 예정이었으며, 그 모임의 주제는 에너지 안보가 될 예정이었다. 그런데도 바로 그날 이루어진 가스 차단은 러시아가 전 세계 통합을 자국에 유리하게끔 규정하는 방식을, 아울러 서방의 규칙에 적응하는 대신 자국이 전 세계 시스템을 잠식하려 도모하는 방식을 보여 주는 최초의 분명한 신호였다. 미국 국무부 발표에 따르면, 이 가스 차단 사건은 〈에너지를 정치적 압력 행사에 이용하는 것에 대해 심각한 의문을 불러일으키는〉 일이었다.[100]

리바추크는 서방이 간섭하여 지원을 제공할 것이라고 여전히 기대하고 있었다. 그가 알기로 러시아도 가스를 끊은 채로 3일 이상 버티지는 못할 것이었는데, 그 이상이 지나면 파이프라인 네트워크에 손상이 불가피하기 때문이었다. 이튿날 오후 3시에 가스 공급이 갑자기 재개되었다.[101] 리바추크에게는 미처 알리지도 않은 상태에서, 앞서 메드베데프가 암시했던 거래에 유셴코가 동의했던 것이다. 계약 조건은 놀라울 정도였다. 로수크레네르고는 이미 앞서 갖고 있던 무역 지분을 잃어버리기는커녕, 우크라이나에 대한 가스 공급 전체에 대한 독점권을 부여받았으며, 아울러 이 나라의 국내 배급 시장의 절반에 대한 접근권도 부여받았다. 이 계약을 통해서 러시아는 1000세제곱미터당 230달러라는 크게 오른 가격으로 우크라이나에 가스를 판매한다고 말하면서 체면치레를 할 수 있게 되었다. 하지만 그 가스는 더 저렴한 중앙아시아산 가스와 혼합된 것이었기 때문에, 우크라이나는 전체적으로 1000세제곱미터당 95달러만 내면 그만이었다.[102] 유셴코는 이 거래를 〈건강한 타협〉이라고 불렀고, 푸틴도 〈모두에게 유익한 결정〉이라고 추켜세웠다.[103] 하지만 리바추크가 보기에는 부패일 뿐이었다. 「저는 이해할 수가 없었습니다. 한쪽에는 러시아 정부가 있고 또 한쪽에는 우크라이나 정부가 있었습니다. 그런데 왜 군이 중개상이 필요하다는 겁니까?」[104] 이것이야말로 우크라이나를 더 투명한 서방식 경제로 선회하게끔 도모한 오렌지 혁명의 이상과 전혀 맞지 않았다. 그뿐만 아니라 가스 가격에 단지 시장 공식을 적용한 결과일 뿐이라는 가스프롬의 주장도 터무니없다는 것이 리바추크의 말이었다. 「가스프롬은 시장 공식을 이용한 적이 전혀 없었습니다. 그곳은 항상 정치적 요소를 이용해서 가스 가격을 결정했었으니까요.」우크라이나와 대조적으로 벨라루스는 여전히 가스프롬에 1000세제곱미터당 49달러를 내고 있었던 반면, 로수크레네르고는 잠재적으로 수십억 달러의 수익을 가져갈 예정이었다.[105]

리바추크는 키이우로 돌아왔을 때 우크라이나 주재 미국 대사가 자기한테 한 말을 결코 잊을 수 없을 것이라고 말했다. 「부패 클럽에 오신 것을 환영합니다.」[106] 이 거래로 우크라이나 정부는 혼돈으로 빠져들었으며, 오렌지 혁명의 스타로서 로수크레네르고와 그 가스 무역 계책에 격렬히 반대했던 총리 티모셴코와 대통령 유셴코 사이에 깊은 분열이 생겨나고 말았다. 하지만 대통령과 에너지 장관뿐만 아니라 국영 에너지 기업 나프토가스의 대표까지 이 거래를 결연히 지지했다. 알고 보니 유셴코는 리바추크를 모스크바로 파견하기 전부터 자기 나름대로 협상을 벌이고 있었으며, 이 과정에서 피르타시를 비밀리에 만나기도 했다. 40세의 우크라이나 가스 무역업자 피르타시는 크렘린의 허락을 받아 로수크레네르고의 나머지 지분 50퍼센트의 대부분을 비밀리에 보유하고 있었다.[107]

정확히 어떻게 그런 일이 일어났는지 리바추크도 여전히 알지 못하지만, 유셴코는 어찌어찌해서 이 거래에 타협하게 되었던 것처럼 보인다. 비서실장은 피르타시가 대통령의 형제와는 물론이고 대통령의 가족과도 가까운 시리아인 사업가와 긴밀한 관계를 맺었다는 사실에 의구심을 가졌다. 「우리도 입증할 수는 없습니다. 하지만 이 거래의 승인을 설명하는 유일한 논리는 그것뿐입니다.」[108] 많은 사람에게 우크라이나 혁명의 상징으로 여겨지는 인물이자 불같은 성격과 금발의 농촌식 땋은 머리로 유명한 티모셴코 역시 이 거래를 비판했다. 「부패가 없었다면 그런 계약에 서명하기는 불가능합니다.」 그녀의 말이다.[109]

이 거래에 서명한 바로 그 순간부터 우크라이나의 친서방 제휴는 점점 더 분열되었으며, 이 나라는 정치적 혼돈 속으로 떨어지고 말았다. 의회에서는 정부 불신임 결의안을 통과시켰다. 2006년 3월에 의회 선거를 앞둔 상황에서 오렌지 혁명으로 인해 축출된 전직 총리이자 친러시아 성향의 대통령 후보 야누코비치와 그의 지역당이 재부상했다. 이미 내부 다툼과 경제 침체로 인해 세력이 약해진 유셴코는 로수크레네르고 거래에서 부패하고 말았다는 주장 때문에 세력이 더 잠식당했다. 8월에 이르러, 몇 달 동안의 정치적 논쟁 끝에 야누코비치가 총리로 임명되었다.[110] 유럽과 더 가까운 방식으로 정치적이고 경제적인 유대를 건설하겠다는 우크라이나의 오렌지 혁명은 시작한 지불과 1년을 간신히 넘긴 상태에서 끝난 것처럼 보였다.

리바추크의 입장에서, 로수크레네르고 거래는 전형적인 러시아의 영향력 작전인 것처럼 보였다. 「우크라이나가 친서방 동맹자들에 의해서 통치되는 불상사가 없도록 단속하기 위해서, 이들은 온갖 수단을 동원해 부패시키려고 시도했습니다. 유셴코는 모스크바가 정리하지 못한 최초의 우크라이나 대통령이었고, 푸틴은 그것 때문에 격노했습니다. 오렌지 제휴를 깨트리고 친러시아 후보자를 복귀시킨다는 것이 저쪽의 생각이었습니다.」[111]

이 거래는 또한 푸틴의 사람들이 영향력 작전을 수행하는 과정에서 범죄 조직과 계속해서 협조하는 방식을 보여 주는 암시이기도 했다. 물론 로수크레네르고의 지분 50퍼센트 가까이를 비밀리에 보유한 피르타시가 줄곧 주장한 바에 따르면, 푸틴의 사람들이 옐친 시대의 고위급을 몰아냈을 때 자기가 투르크메니스탄과 우크라이나 간의 가스 무역을 장악할 수 있었던 이유는 어디까지나 투르크메니스탄 지도층과의 연줄과 자신의 사업가적 능력 덕분이었다고 한다. 하지만 실제로 크렘린의 후원이 없었다면, 그 혼자서는 결코 그런 일을 달성할 수 없을 것이다. 「그는 100퍼센트 푸틴의 사람입니다.」 피르타시와 푸틴 모두를 아는 사람의 말이다.[112] 또한 애초에 에우랄 트란스 가스를 등기한 이스라엘 변호사의 고용주인 러시아 주요 범죄 조직에 소속된 인물의 지원이 없었다면, 그 혼자서는 결코 그런 일을 달성할 수 없었을 것이다.

에우랄 트란스 가스의 배후에 숨어 있는 범죄 조직원은 여러 개의 여권을 보유했고, 심지어 생년월일도 두 개로 알려졌다. 때로는 〈시몬〉이란 이름을 썼고, 때로는 〈세르게이 슈나이데르〉로 자처했다. 하지만 그를 아는 사람들 대부분에게는 〈세바〉로 통했다.[113] 진짜 이름은 모길레비치로, 136킬로그램의 체중과 솥뚜껑 같은 손과 얽은 얼굴을 가지고 줄담배를 피우는 전직 레슬링 선수였다. 그는 방화 혐의로 교도소에 다녀왔고, 훗날 러시아 범죄 조직이 서방으로 돈을 옮기는 일의 배후에서 두뇌 역할을 담당했다. 모길레비치는 1970년대부터 활동을 시작했는데, 소련을 떠나도록 허락받은 유대인 이민자의 첫 물결이 일어났을 때, 이들이 여행 경비 마련을 위해 소지품을 매각하는 일을 도와주었다. 물론 예전 관련자 한 명과 전직 서방 공직자 한 명의 증언에 따르면, 대개는 이민자들을 등쳐 먹는 일을 도왔을 뿐이었다.[114] 나중에는 자금을 세탁해서 서방으로 보내려는 러시아 범죄 조직원들의 해결사가 되었다.[115]

모길레비치 스스로는 일개 사업가에 불과하다고 항상 주장해 왔다. 워낙 자신감이 넘치는 성격이었기 때문에, 하루는 『선데이 타임스 *The Sunday Times*』의 영국 부자 순위표에 오르고 싶다는 포부를 말한 적도 있었다.[116] 「그는 단지 서방이 만사와 연관 짓기 좋아하는 상상 속 악역에 불과합니다.」 그의 변호사 제브 고던이 내게 한 말이다.[117] 하지만 FBI에 따르면, 아울러 그와 가까웠던 예전 관련자 두 명에 따르면, 모길레비치는 그 당시에 대두한 가장 강력한 범죄 조직과 함께 일했다. 솔른쳅스카야단(團)이라는 이름의 이 방대한 조직은 러시아 곳곳에 촉수를 뻗었을 뿐만 아니라, 우크라이나와 중앙아시아와 헝가리까지도 침투했다. 그 우두머리는 뚱뚱한 체구에 천사 같은 얼굴과 미소를 지닌 미하일로프, 일명 〈미하스〉와 그 동업자 빅토르 아베린, 일명 〈아베라〉였다. 미하스도 역시 자기는 일개 사업가에 불과하다고 즐겨 말하곤 했다. 하지만 두 사람은 러시아에서 가장 위험한 범죄자에 속한다고 간주된다. 이들은 처음에 성매매 사업을 통해서 돈을 벌었고,

나중에는 무기와 마약 판매로 진출했다. 「미하스가 누구냐고요? 우리 사이에서는 웨이터 겸 포주였습니다. 웨이터로 일하면서부터 경화에 접근하게 되었고, 포주로 일하면서부터 성매매 여성들이 벌어들이는 더 많은 경화에 접근하게 되었지요.」 그의 예전 관련자의 말이다.[118] 미하스와 아베라는 무시무시한 싸움꾼이라는 평판도 얻었다. 어떤 사람들은 이들을 〈사이코패스〉라고 부르기도 했다.[119] 하지만 이들은 자기네가 신속하게 벌어들이는 달러화를 어떻게 해야 할지에 대해서는 사실상 모르고 있었다. 예전 관련자의 말에 따르면, 〈그 돈을 투자하는 방법을 아는 사람은 오로지 세바뿐〉이었는데, 세바는 우크라이나 서부의 한 대학에서 금융 관련 학위를 취득한 이력이 있었기 때문이었다. 「아베라와 미하스가 돈을 공급했습니다. 세바는 병참을 담당했습니다.」[120]

하지만 모길레비치는 예전부터 줄곧 KGB와 범죄 조직 간의 접점을 상징하기도 했는데, KGB가 범죄 조직의 네트워크를 위장 간판으로 이용하여 소비에트 제국 바깥으로 돈을 옮기려고 도모했기 때문이었다. 푸틴도 상트페테르부르크에서 탐보프단과 제휴하여 이런 습관을 지속했으며, 대통령이 된 이후에는 더욱 정착시킨 바 있었다. 모길레비치는 1970년대에 이미 KGB에 포섭된 상태였다. 「유대인 공동체에 대한 정보를 제공하는 대가로, 그는 이민자들의 귀중품을 갈취해도 된다는 허락을 받아 냈던 겁니다.」 서방의 어느 전직 공직자의 말이다.[121] 범죄 조직 지도자들을 상대하는 사업 활동이 확장되면서, KGB와의 협조도 마찬가지로 확장되었다. 「세바는 항상 안보 기관과 함께 일했습니다. 그야말로 러시아라는 국가의 범죄자 부문이었죠.」 그와 함께 일했던 한 사람의 말이다.[122]

에우랄 트란스 가스와 다른 거래 배후에서 모길레비치의 존재는 크렘린으로서도 유용할 수밖에 없었다. 그 문제를 잘 아는 사람들의 견해에 따르면 그렇다. 가스 가격을 놓고 키이우와의 협상이 더 격화된 대목에서 그를 호출할 수 있었기 때문이다. 모길레비치가 그 지역의 범죄 조직 네트워크와 연줄이 있다는 사실에, 우크라이나 공직자들은 지금 자기네가 상대하는 사람들의 세력을 새삼 상기하게 되었다. 이것뿐만이 아니었다. 「그의 역할은 결국 우크라이나인들에게 당신들도 매수될 수 있다는 점을 상기시키는 것이었습니다.」 서방의 전직 공직자의 말이다.[123]

하지만 에우랄 트란스 가스를 등기하는 과정에서 모길레비치의 변호사가 공개적으로 관여한 것은 가스프롬의 관점에서는 과도한 정치적 쟁점이 되어 버렸다. 비록 그 국영 가스 대기업에서는 모길레비치와 아무 관계가 없다고 해명했지만, 그 회사의 운영에 남은 그의 지문은 지나치게 뚜렷해졌다. 그 당시에 모길레비치는 FBI의 최고 지명 수배자 10인 가운데 한 명이었다. 그와 관련자들은 미국 법무부로부터 증권 사기 혐의로 기소된 상태였는데, 미국과 캐나다 증권 거래소에 상장시킨 자석 제조업체 YBM 마그넥스의 사업을 거짓으로 발표하여 미국 투자자들로부터 1억 5000만 달러의 투자금을 떼어먹은 혐의였다.[124] 또한 FBI는 모길레비치가 국제적인 규모의 무기 밀매, 청부 살인, 강요, 마약 밀매, 성매매에도 관여했다고 주장했다.

피르타시는 그의 대타로, 즉 좀 더 용인할 만한 얼굴로 등장했다. 그는 항상 자기가 투르크메니스탄과 우크라이나 간의 가스 무역을 넘겨받은 이후로 모길레비치와의 모든 유대를 끊었다고, 2003년에 자신이 장악한 회사 한 곳에서 모길레비치의 아내가 보유했던 지분을 전량 매입했다고,[125] 자기는 모길레비치와 아무런 사업 거래도 직접 하지 않았다고 주장했다.[126] 하지만 로수크레네르고 배후에 있는 회사들의 네트워크에는 연계의 흔적이 여전히 남아 있었다.[127] 나중에 피르타시는 자기가 사업체를 만들 때 모길레비치에게 허락받았다고 우크라이나 주재 미국 대사에게 시인할 예정이었다.[128] 그의 주장에 따르면, 소련 와해 이후에 범죄가 폭발적으로 증가한 상태였던 그 당시에는 범죄 조직 출신의 인물과 접촉하지 않고서는 우크라이나 정부의 구성원을 만나기가 불가능했기 때문이라고 했다. 하지만 다른 사람들의 말에 따르면, 이들의 유대는 더 깊었다. 「모길레비치가 없었다면 피르타시는 아무것도 아닐 겁니다. 피르타시가 가진 것은 하나같이 모길레비치로부터 얻은 것이니까요.」 모길레비치의 예전 관련자 가운데 한 명이 내게 한 말이다.[129]

오스트리아를 통해 유럽으로 뻗어 가기 시작했고, 이후로는 미국으로까지 뻗어 가기 시작했던 러시아 범죄 조직의 네트워크와 마찬가지로, 피르타시와 모길레비치의 연계는 푸틴의 영향력 작전의 약점 가운데 일부분이었다. 하지만 로수크레네르고의 계좌에 현금이 가득해지면서, 피르타시의 위신도 상승하게 되었다. 그는 우크라이나에서 배후 실력자가 되었으며, 그의 영향력은 정치적 분열 너머로 뻗어 나갔다. 처음에 피르타시는 유셴코와 함께 일했다. 그러다가 이 현직 대통령이 가스 거래 스캔들로 오점을 얻고 쇠락하자, 이번에는 거의 곧바로 야누코비치와 긴밀하게 일했다.[130]

나중에 피르타시는 야누코비치의 이미지를 반부패 후보자로 조성하기 위해 초빙된, 온화한 성격의 미국인 정치 로비스트 폴 매너포트와 함께 일한 소수의 우크라이나 재벌 가운데 하나가 되었다.[131]

피르타시의 회사가 우크라이나에서 벌어들인 현금은 유럽으로 흘러가기 시작했다. 로수크레네르고는 7억 달러어치의 연간 순수익을 신고했으며, 마찬가지로 그가 소유한 방대한 화학 회사 역시 수십억 달러를 더 벌어들였다. 피르타시는 소비에트 시절부터 서방으로 들어가는 러시아 현금의 주 출입구였던 오스트리아 빈을 자기 제국의 본거지로 삼았으며, 로수크레네르고에서 자기가 보유한 지분 절반을 그곳에서 그룹 DF라고 직접 명명한 더 큰 회사의 일부로 등기했다.

피르타시가 근거지로 삼은 도시에는 수많은 비밀이 쌓여 있었다. 빈은 제2차 세계 대전 당시에는 서로 대립했던 강대국들 사이의 교차로에 해당했고, 냉전 당시에는 동방과 서방 사이의 경계선에 해당하는 위치 때문에 세계 스파이의 수도가 되었다. 1955년부터 오스트리아는 중립국이었으며, 그곳에서 스파이 활동을 단속하는 법률은 악명 높을 정도로 느슨했다. 한때는 빵 한 조각과 맥주 한 잔에 자국의 비밀을 기꺼이 팔아먹으려던 굶주린 피난민들이 가득했던 그 도시의 역사적인 거리는 여전히 수천 명에 달하는 스파이들의 본거지였다. 하지만 냉전 이후에 서방이 우위에 있었던 시절에만 해도, 일각에서 정치적 간첩 행위를 부적절하다며 폄하할 때 러시아의 작전이 조용히 빈에 뿌리를 내리고 있다는 사실에 주목한 사람들은 별로 없었다. 예를 들어 로수크레네르고와 가스프롬의 또 다른 은밀한 가스 무역 중개업체 센트렉스를 통해 피르타시와 연계된 사람들의 경우를 보자. 이 회사들은 다른 유형의 정치적 작전의 최전선에 있었으며, 어쩌면 푸틴의 사람들이 우크라이나에서 전개한 작전 방식의 연장일 수도 있다. 한편에 러시아의 갓 피어난 경제적 영향력, 또 한편에 자국의 지정학적 지위를 회복하려는 푸틴의 야심, 이 둘의 접점에 있었던 이 회사들은 현금 빼돌리기와 영향력 장사의 기회가 풍부한 여러 겹으로 이루어진 불투명한 소유 구조를 상징했다.

피르타시는 빈에서 푸틴 정권의 최고 금융인 가운데 하나였던 아키모프와 힘을 합쳤다. 팀첸코에게 자금을 지원했던 이 KGB 은행가는 1990년에 바로 그 도시에서 투자 회사 IMAG를 설립한 바 있었다. 푸틴의 사람들을 통틀어 가장 몸을 낮추고 살았던 아키모프는 가스프롬과 연계된 중개업체 가운데 다수와 연계를 맺게 되었다. 푸틴이 대통령 직위를 차지한 직후에는 가스프롬방크의 대표로 임명되었다. 수백억 달러의 자산을 보유한 이 은행은 방크 로시야로의 이전을 통해서 푸틴의 사람들의 금융 안식처가 되었다. 가스프롬은 가스프롬방크와 관련된 키프로스의 한 역외 회사를 통해 로수크레네르고의 지분을 보유했으며, 아키모프는 로수크레네르고의 조정 위원회에서 한자리를 차지했다. 거기서 그는 피르타시며 그 관련자와 합류했을 뿐만 아니라, 자신의 오랜 보좌관 메드베데프와도 합류하게 되었다. 메드베데프는 그 당시에 가스프롬에서 가장 전략적인 부문으로서 이 국영 가스 대기업의 수출 모두를 통제하는 가스엑스포르트의 대표였다. 이들은 가스프롬의 금고에서 로수크레네르고로 이전된 수십억 달러를 함께 감독했는데, 그 업체가 독자적으로 우크라이나의 초과분 가스를 유럽으로 수출하기 시작한 까닭이었다.

로수크레네르고가 가스프롬의 연계 무역 중개업체 가운데 하나가 되었을 무렵, 유럽 곳곳에는 유사한 업체들이 수십 군데 생성됨으로써 과거 냉전 시대에서부터 있었던 오래된 네트워크가 재연결되고 있었다. 예를 들어 베를린에는 전직 슈타지 요원들 다수가 직원으로 근무하는 가스프롬 게르마니아가 있었다.[132] 크렘린 고위층과 연고가 있는 고위급 은행가의 말에 따르면, 가스프롬의 해외 운영은 예전부터 항상 〈러시아 첩보의 안식처〉였다.[133]

빈에서는 아키모프의 관련자들과 로수크레네르고 배후의 다른 사람들이 역시나 과거 KGB와 슈타지 네트워크의 또 다른 구성원과 만나고 있었다. 그 사람으로 말하자면, 푸틴의 과거 드레스덴 시절부터 직접 연계된 인물이기도 했다. 바로 슐라프, 즉 서방으로부터 수입 금지 기술을 밀수하기 위해서 드레스덴에서 일했고, 베를린 장벽의 붕괴 직후 슈타지 네트워크를 보전하기 위해 가짜 계약서를 이용해 수억 도이치 마르크를 빼돌렸던 전직 슈타지 요원이었다.[134] 그는 빈에 정착하여 그 나라에서 가장 영향력 있는 사업가 중 한 명이 된 상태였다. 푸틴이 권좌에 오른 무렵 슐라프는 50대였다. 펄프와 종이 무역업을 확장한 상태였으며, 소련 붕괴 후에는 과거 드레스덴 슈타지 해외 첩보부 수장이었던 콜러를 직원으로 고용하기도 했다.[135] 그는 카스트로의 특사가 직접 전달했다고 전해지는 쿠바산 시가를 즐기는 억만장자가 되었으며, 중유럽과 동유럽 각지와 이스라엘에 카지노를 여러 군데 소유했다. 아울러 오스트리아 금융계의 고위층과 유대를 맺었으며, 그 나라의 정치 시스템에도 깊이 관여하고 있었는데, 러시아 범죄 조직의 네트워크와의 연계는 이보다도 훨씬 더 깊은 것처럼 보인다.[136]

가스프롬이 아키모프를 통해서 오스트리아와 스위스와 이탈리아와 헝가리에 가스를 공급하는 또 다른 중개업체 센트렉스를 설립했을 때, 슐라프와 그의 가장 가까운 동업자 가운데 한 명은 그 회사의 빈 지사인 센트렉스 유럽 에너지 가스 주식회사의 주식을 매입했다.[137]

센트렉스는 머지않아 불투명한 무역 계책과 불분명한 소유 구조를 통해 수억 유로를 벌어들이게 될 가스프롬의 무역 제국의 또 다른 전초지였다.[138] 이곳 역시 가스프롬이 로수크레네르고 지분을 소유하는 데에 이용한 바로 그 키프로스의 역외 회사에 의해 설립되었다. 하지만 이곳은 2005년과 2006년의 재정 보고서를 전혀 제출하지 않았다.[139] 이 무역업체는 복마전식으로 복잡한 여러 층을 거쳐서 구성되었으며, 그 대부분은 마치 가스프롬을 우회하는 것처럼 보였다. 일부 전문가들이 보기에, 이 복잡한 소유 구조의 모습은 경종을 울릴 만했다. 〈투명성 결여, 수익자 이름을 숨기는 관습, 역외 간판 회사의 이용, 가스프롬과 그 고객이 맺은 계약의 비밀주의적 성격 모두는 유럽 연합에 유해함을 보여 주는 징조이다. 이처럼 정교한 층들은 (……) 돈 세탁과 아울러 그 탄생에 관여한 공직자들에 대한 리베이트 가능성을 암시한다.〉 에너지 전문가 로만 쿠프친스키는 이 계책에 대한 깊이 있

는 보고서에 이렇게 서술했다.[140]

그 당시에 이 내용을 귀담아들은 정책 결정권자는 거의 없다시피 했던 것처럼 보인다. 하지만 슐라프의 존재는 로수크레네르고 같은 가스 무역 계책이 실제로는 현금 빼돌리기보다 훨씬 더한 뭔가와 관련되어 있다는 암시였다. 그는 과거 냉전 네트워크의 대표자였고, 이스라엘 총리 아리엘 샤론에게 뇌물을 공여한 혐의로 이스라엘 경찰의 수사까지 받았던 영향력 있는 장사꾼이었기 때문이다.[141] 슐라프의 영향력은 길고도 깊었으며, 단지 오스트리아에만 국한된 것이 아니라 중동 각지로까지도 이어져서 팔레스타인 지도자 아라파트, 리비아 지도자 카다피, 시리아 지도자 바샤르 알아사드를 비롯해 아랍과 이스라엘의 고위 정치인들과 관계를 육성한 바 있었다.[142] 그는 소비에트 시절부터 보전되어 온 영향력 네트워크의 필수적인 부분이었던 것처럼 보인다. 슐라프와 유대를 맺은 아랍 세계의 지도자들은 냉전 시대 동안 소비에트 해외 첩보부 요원들에 의해서 육성되었던 바로 그 사람들이었다.

2005년에 센트렉스는 스캔들에 휘말리게 되었는데, 이탈리아 총리 실비오 베를루스코니와 가까운 친구에게 자금을 제공하는 작전에 이 업체가 관여했음을 이탈리아 의회에서 밝혀냈기 때문이었다. 가스프롬은 이탈리아 에너지 대기업 에니와 가스 판매 계약을 맺었는데, 이때에도 역시나 또 다른 불투명한 회사를 통하기로 했다. 이 회사의 지분 41퍼센트는 센트렉스가, 25.1퍼센트는 가스프롬의 수출 부문인 가스엑스포르트가, 나머지 33.9퍼센트는 베를루스코니의 친구가 소유한 두 회사가 보유했다. 이 연계를 알아낸 이탈리아 입법자들은 이 회사의 연간 총수익 예상치인 10억 달러 가운데 일부가 이 친구에게 가게 될 예정이라는 사실에 격분했다. 이들이 생각하기에는 그 친구가 다름 아닌 총리 본인의 대역에 불과했기 때문이었다.[143]

의회는 이 특정 거래를 차단하는 데 성공했다. 하지만 베를루스코니 쪽 당원들이 나중에 이탈리아 주재 미국 대사에게 말한 내용에 따르면, 이들은 그가 미처 밝혀지지 않은 다른 에너지 거래를 통해서 여전히 〈짭짤한〉 이익을 얻고 있으리라고 믿고 있었다.[144] 푸틴의 사람들은 이번에도 역시나 소비에트 시절에 형성된 오래된 연계를 토대로 작업한 셈이었는데, 과거에 베를루스코니는 소비에트 정치국과 긴밀하게 일했던 중개인 가운데 한 명이었다.

과거 아키모프와 긴밀하게 일했던 오스트리아의 전직 안보 기관 수장이 내게 말한 바에 따르면, 이런 작전의 최초 의도는 러시아가 유럽의 정책에 영향력을 발휘할 수 있는 발판을 마련하는 것이었다.[145] 예를 들어 2009년에 이탈리아 주재 미국 대사는 베를루스코니의 친러시아적인 공개 발언이 동유럽의 미사일 방어와 나토의 확장 같은 미국의 계획에 대한 서방의 단결을 잠식하고 있다며 불만을 표시했다. 푸틴의 사람들은 유럽에 깊이 뿌리를 내리고 있었는데, 특히 런던에서 그러했다. 피르타시는 그 도시의 주요 기관들의 핵심에서 한자리를 차지했고, 런던에서 그의 하수인은 보수당의 고위층에 후한 기부금을 지원했다. 처음에만 해도 러시아의 이익에 반하는 안보 제안에 대한 서방의 단결을 잠식하려는 것이 그 목표였다면, 나중에 가서는 상황이 더 불길한 분위기를 띠게 되었다. 우크라이나 대통령 유셴코의 전직 비서실장 리바추크가 보기에, 런던에서 이루어지는 피르타시의 투자는 앞선 누군가의 경로를 따라가는 것처럼 보였다. 「우크라이나는 유럽 연합에 대한 러시아의 잠식을 위한 훈련장이었습니다.」 그의 말이다.[146]

가스프롬의 중개업체들로 이루어진 그물망의 검은돈 작전은 러시아의 전 세계적 영향력을 회복하려는 푸틴의 노력에서 단지 시작에 불과했다. 러시아 내부에서는 점진적인 변모가 여전히 진행 중이었으니, 그의 KGB 사람들이 경제에서 더 많은 면적을 장악하고 있었기 때문이었다. 푸틴의 두 번째 대통령 임기가 끝났을 무렵, 자국 경제는 점점 더 봉건 경제를 닮아 갔다. 제네바의 은행가 고우츠코프와 그의 관련자들이 보기에, 러시아의 사업가들이 만사를 현대의 차르에게 빚지고 있다고 느껴야 마땅한 것은 그저 자연스럽기만 했다. 「동양적인 민중이니까요. 그들은 삶에 대해서, 실존에 대해서 뭔가 다른 이해를 하고 있습니다. 그 영토의 규모 때문에 소유권의 이해도 절대적으로 다른 겁니다. 민중의 소유권은 그 중심 문화의 일부분이었습니다. 민중은 여러 세기 동안 주인님의 소유였고, 이후에는 당의 소유였습니다. 그들에게는 주인님을, 즉 강력한 차르를 가질 필요가 있는 겁니다.」 제네바의 금융업자 가운데 한 명의 말이다.[147]

호도르콥스키에 대한 법적 공격에 겁을 먹은 옐친 시대의 재벌들 가운데 나머지는 하나둘씩 푸틴 정권에 충성을 맹세하기 시작했다. 고분고분하지 않았던 언론 재벌 구신스키와 베레좁스키는 망명을 떠났고, 이들의 자산은 국가가 장악해 버렸다. 산업 전반에 걸쳐서, 특히 금속 부문에서 자산의 합병이 이루어졌으며, 새로이 나타난 지도자들은 모조리 크렘린의 무력 앞에 굴복했다. 그중에서도 가장 먼저이고 가장 과도한 충성을 맹세한 사람은 과거 옐친 패밀리의 지갑 관리자로 오랫동안 간주되었던 중개인이자, 베레좁스키의 사업 제국을 넘겨받은 억만장자인 석유 무역업자 아브라모비치였다.

제11장

런던그라드

푸틴의 대통령 임기 첫해에 아브라모비치는 베링 해협 너머로 알래스카를 바라보는 외지고도 얼음에 둘러싸인 극동 지역 추코트카의 주지사로 근무했다. 그의 목적지는 모스크바에서 6000킬로미터 떨어진 땅끝의 버림받은 장소로, 나무는 거의 자라지 않을뿐더러 길거리의 개가 저만치 날아갈 정도로 바람이 지독하게 불어 댔다. 추코트카는 예전부터 항상 인구가 희박했었지만, 소비에트 붕괴 이후에는 주민 대부분이 다른 곳으로 떠나고 말았다. 아브라모비치가 도착했을 때의 인구는 15만 3000명에서 5만 6000명으로 급감한 상태였으며, 아직 남은 사람들도 가난과 알코올 의존증에 시달리면서나마 살아남기 위해 발버둥 치고 있었다. 아브라모비치가 흔치 않은 인터뷰를 통해 직접 밝힌 바에 따르면, 그가 굳이 그곳에 간 이유는 항상 돈을 벌어야 하는 생활에 〈신물이 났기〉 때문이었다.[1] 아브라모비치는 항상 이 행보를 자신이 스스로 내린 결정이라고 내세우면서, 자기는 〈문명화된 삶을 향한 혁명〉을 추진하고 싶었다고 주장했다.[2] 더 나은 변화를 약속한 그는 2000년 12월 주지사 선거에서 92퍼센트를 득표하며 당선되었다.

추코트카 지역 사람들은 아브라모비치가 거쳐 온 인생 역경을 숭

앙했다. 짧은 수염을 기르고 수줍은 미소를 보이는 이 재벌은 어려서 부모를 잃고, 러시아 북부의 황량하고 척박한 석유 도시에서 조부모에게 양육되었다. 하지만 이제 그는 그 지역 주민들에게 시혜자로 행동하고 있었으며, 삶의 수준을 향상시키기 위해 작업할 실무진을 데려오고 있었다. 이들은 새로운 텔레비전과 라디오 채널, 볼링장, 난방 시설을 갖춘 실내 빙상 경기장과 영화관을 지었다. 아브라모비치는 이 과정에서 수백억 루블을 사비로 지출했다.[3] 마치 대기업들을 향해 1990년대의 월권 이후에 더 많은 사회적 책임을 감당하라던 푸틴의 요구에 응해서 곧바로 충성 행위를 바치는 것처럼 보였다.

사실은 아브라모비치로서도 선택의 여지가 별로 없었다. 그와 가까운 어느 재벌의 말에 따르면, 추코트카에 가게 된 것 자체가 푸틴의 명령에 따라서였다.[4] 왜냐하면 아브라모비치가 러시아의 알루미늄 생산량 가운데 90퍼센트 이상을 통제하는 알루미늄 대기업 루살과 석유 대기업 시브네프트의 지분을 통해 벌어들인 재산을 대통령이 멋대로 다루고 싶어 했기 때문이었다. 이 올리가르흐가 설립한 자선 재단 〈희망의 기둥〉이 더 나중에 가서, 방크 로시야와 연계된 의료 장비 공급 기업 페트로메드에 2억 300만 달러를 기부할 준비가 되어 있다는 것만으로는 충분하지 않았다.[5] 푸틴은 아브라모비치의 현금 가운데 나머지에도 접근할 수 있기를 바랐으며, 그 당시의 법률로는 사업가보다 공직자를 교도소에 보내기가 더 쉬웠다. 「푸틴이 저한테 이렇게 말하더군요. 아브라모비치가 주지사 신분으로 법률을 위반하면 곧바로 교도소에 집어넣을 수 있다고 말입니다.」 저 올리가르흐의 관련자의 말이다.[6] 아브라모비치가 막대한 사비를 털어서 추코트카에 투자한 것은 그럴 위험을 줄여 준 것처럼 보인다. 하지만 유코스에 부과되었던 것과 유사한 체납 세금 부과에 대한 위협은 항상 그의 회사 시브네프트의 머리 위를 맴돌았던 것처럼도 보인다. 특히 추코트카에 대한 아브라모비치의 개인 투자는 결국 그를 크렘린의 낚싯바늘에 더 단단히 걸려들게 만드는 양방향 과정의 일부였기 때문이었다. 그가 주지사가 된 직후에 시브네프트는 자사의 석유 가운데 상당 부분을 극동 지역에 등기된 여러 무역 회사를 통해 판매했는데, 그 회사들은 곧바로 수억 달러의 감세 혜택을 받았다.[7]

이 세금 회피 계책은 앞서 호도르콥스키를 교도소에 보냈던 계책과 놀라우리만치 유사했다. 심지어 이 계책 덕분에 시브네프트는 유코스보다 세금을 훨씬 덜 낼 기회를 얻게 되었다.[8] 마치 경고라도 되는 양, 아브라모비치는 주지사 직위에 오르기 겨우 몇 달 전에 조사를 위해 모스크바 검찰청에 소환되었다.[9] 여기서 문제가 된 세금 허위 신고 혐의는 비교적 약소한 수준이어서, 35만 달러를 과소 납부한 것으로 되어 있었다. 하지만 그로부터 3년 뒤인 2004년 3월, 즉 러시아 국세청이 훗날 유코스를 파산시켜서 국가에 의해 장악되게 만든 체납 세금 고지 가운데 첫 번째 고지를 내놓은 직후에 그 합계액은 갑자기 늘어났다. 이제 시브네프트는 2001년도에 10억 달러를 과소 납부한 혐의로 조사를 받게 되었다.[10]

이 수사의 결과로 아무 일도 벌어지지는 않았으며, 시브네프트에서도 자사의 세금 계책은 법률에 합치했다고 항상 주장했다.[11] 하지만 세금 허위 신고 혐의에 대해 남아 있는 위협이야말로, 옐친 시대의 올리가르히를 충성스러운 가신들로 점차 변모시킨 과정의 일부였다. 아브라모비치는 이미 오래전부터 남보다 앞서서 그런 최초의 가신이 되었다. 마치 이런 사실을 강조하기라도 하는 듯, 8년간의 어려운 재직을 마치고 추코트카 주지사로서의 임기가 끝났을 때, 푸틴은 이 재벌의 다음번 목적지가 러시아 극동에 자리한 또 다른 가난하고 황량한 지역이 될 것이라고 말했다. 「그는 젊은 친구니까. 일하게 하자고.」 대통령은 이렇게 말했다.[12] 「그는 캄차카로 가서 자신의 자원을 심지어 더 많이 쓰게 될 예정이었습니다.」 아브라모비치와 가까운 사람의 말이다. 오랜 협상을 거친 뒤에야 이 올리가르흐는 결국 낚싯바늘에서 벗어날 수 있었다.

호도르콥스키 재판 이후, 러시아 사업가들은 자신들을 겨냥한 형사 사건 수사가 언제라도 개시될 수 있으며, 그 사건에서는 실제로 죄가 있건 없건 간에 애초부터 자신들에게 불리하게끔 판이 짜일 것이라는 사실을 너무나도 잘 이해하게 되었다. 봉건 시스템이 부활하고 있었는데, 여기서는 자국 최대 회사들의 소유주들, 특히 전략적 자원 부문에 있는 사람들이 마치 고용된 경영자처럼, 국가를 대신하여 그 회사들을 운영하기 시작했다. 이들은 기껏해야 관리자였으며, 크렘린의 은혜에 힘입어서 각자의 사업체를 지키고 있었다.

이런 사고방식은 차르 시스템에, 즉 고우츠코프와 드 팔렌 같은 사람들의 믿음에 뿌리를 두고 있었다. 푸틴의 KGB 사람들은 그 나라의 새로운 제국주의적 지배자였으며, 그 자원의 적법한 소유주였다. 국가의 자산은 크렘린이 애호하는 사람들에게 시여되어서, 그들이 국가를 위해서 일하면서 당연히 그 주인님들에게 공물을 바치도록 할 예정이었다. 「2003년에 이르러 러시아 이행의 첫 단계, 즉 올리가르히 자본주의의 단계는 이미 끝나 버렸습니다. 그리고 두 번째 단계, 즉 국가 친화적 자본주의의 단계가 시작되었습니다.」 그 이행에서 주도적인 인물이었던 영향력 있는 경제학자 예브게니 야신의 말이다. 그의 말에 따르면, 권력을 갖게 된 KGB 사람들은 자국의 부를 자신들의 것이라고 생각할 이유가 차고도 넘친다고 간주했다. 「그들은 자신들이 이 나라를 완전한 붕괴로부터 건져 냈다고 믿었습니다. 하지만 사실 그들은 권력을 장악했을 뿐이었고, 국가는 지배 엘리트의 보전을 위해서 운영되었을 뿐이었습니다.」[13]

이런 신호들은 불편하게 받아들여졌어야 마땅했다. 하지만 오랫동안 서방에서는 러시아가 겪은 변모의 깊이를 미처 이해하지 못했던 것처럼 보인다. 푸틴의 KGB 사람들의 대두는 명백할 수밖에 없었는데, 이들이 자국의 전략적 에너지 부문과 최대 국영 기업들의 이사회에 대한 통제를 시행했기 때문이었다. 하지만 서방의 눈에는 그 나라의 사업 가운데 나머지가 여전히 대부분 독립적인 것처럼 보였다. 아브라모비치 같은 옐친 시대의 재벌들이야말로 현대화하는 친서방 세력의 상징으로 여겨졌기 때문이다. 가장 중요하게는 일단 경제가 호황을 이루고 나면, 신흥 중산층이 언젠가는 정치에도 더 큰 목소리를 낼 수 있으리라는 희망이 커졌던 것처럼 보인다.[14]

푸틴이 옐친의 후계자로 지명된 이후로, 석유 가격은 줄곧 상승하면서 경제 부흥에 연료를 제공했다. 2005년에 이르러 석유 가격은 무려 세 배로 뛰었다. 1998년의 비참했던 400억 달러 채무 불이행과 루블화 평가 절하는 먼 기억이 되고 만 것처럼 보였다. 이제 이 나라의 경화 보유액은 1500억 달러로 세계에서 다섯 번째로 많았다.[15] 재무 장관 쿠드린의 인도하에서, 정부는 일찍이 석유 재벌들이 그토록 저항했던 세제 개편을 통해 거두어들인 운 좋게 늘어난 석유세를 이용해 안정화 기금을 만들었다. 2005년에 300억 달러에 머물러 있었던 이 기금은 갑작스러운 석유 가격 하락이 발생했을 때 경제를 위한 완충기 역할을 할 예정이었다.[16] 이듬해에는 이 기금이 700억 달러가 되었으며, 외화 보유액은 2600억 달러로 치솟았다.[17] 이즈음 석유 가격은 배럴당 60달러 이상으로 뛰어올랐는데, 러시아가 경제 위기에서 막 벗어난 직후이자 옐친이 푸틴을 후계자로 지명했던 1999년에 배럴당 17달러 40센트와 비교하면 큰 차이가 아닐 수 없었다. 석유 가격의 급상승은 만사를 바꿔 놓았다. 안보계 사람에게 권력을 양도하라며 옐친 패밀리를 설득하는 데 도움을 주었던 경제적 소란은 마치 다른 세상의 이야기인 것처럼 보였다.

아브라모비치가 추코트카의 생활 수준을 높이려고 애쓰는 사이, 모스크바와 다른 여러 지역에서는 더 자발적인 변모가 진행 중이었다. 처음에는 천천히, 나중에는 그 어느 때보다도 더 빠르게, 도시 중심가에 화려한 유럽식 쇼핑몰이 지어진 것이었다. 망고, 베네통, 디젤, 아디다스 같은 해외 상품 매장들이 그리 멀지 않은 과거에 있었던 우중충한 식료품 상점과 소비에트식 백화점을 대체했다.[18] 시베리아 깊은 곳에 있는 여러 도시에 생긴 멋들어진 식당에서는 뉴질랜드산 양고기, 오스트레일리아산 송아지 고기, 프랑스산 와인을 내놓았다.[19] 소비자의 지출이 급상승했다. 러시아에는 갑자기 중산층이 성장하기 시작했다. 지난 10년 동안 예금이 하루아침에 사라지는 일을 무려 두 번이나 겪고 난 뒤에야, 마침내 사람들은 지출할 돈을 얻게 된 것이었다. 석유 가격이 오르면서, 푸틴이 대통령 직위에 등극한 이후 몇 년 사이에 경제 성장률은 평균 6.6퍼센트를 기록했고, 평균 월급은 무려 네 배로 뛰었다.[20]

이때야말로 풍요와 안정의 시기였다. 이 모두를 추진한 석유 가격의 급상승은 푸틴의 의지와는 전혀 무관한 일이었지만, 러시아를 구원한 차르로서 푸틴의 마치 신과 같은 지위가 확립되었다. 이것이야말로 러시아 국민이 자국 대통령과 맺은 것처럼 보이는 암묵적 협약의 일부였다. 사람들은 크고 작은 사업에 대한 FSB와 각종 법 집행 기관의 자의적 권력의 확장이며, 국가의 부패의 확대를 눈여겨보지 않기로 선택했다. 자기네 월급이 늘어나는 한, 마침내 안정이 있는 한, 언론 매체 탄압에 관해서도 관심을 두지 않았다. 대신 유럽의 이웃들처럼 살아가기 시작했다. 신흥 중산층이 튀르키예 같은 곳에서 매년 휴가를 보낼 여력을 갖는 한, 푸틴과 그의 KGB 사람들은 누구라도 원한다면 교도소에 보낼 수 있을 것처럼 보였다.

어쨌거나 KGB의 최상층 장악에 관한 이야기며, 자산 빼돌리기며 법적 절차의 전복에 관한 이야기는 국민 대부분에게 도달하지도 않았다. 푸틴의 크렘린에서 언론 매체를 장악하고 정치적 경쟁 모두를 삭제했기 때문이었다. 크렘린이 모든 권력의 고삐를 장악했다는 것은 결국 국민이 정치 과정으로부터 소외되었다는 것을 의미했다. 하지만 마샤 리프먼이라는 분석가가 훗날 러시아인의 〈불참여 협정〉이라고 부른 것이 있었으니,[21] 러시아 국민은 크렘린이 각자의 삶으로 침입하지 않는 한 정치와 경제의 의사 결정을 독점하도록 내버려 두는 데에 만족한다는 것이었다. 이것이야말로 소비에트 시대의 모델과는 전적으로 다른 모델이었다. 그 당시에만 해도 당과 KGB의 거들먹거리는 권력이 일상생활의 거의 모든 국면에 침입했었다. 이제는 안보 기관들도 자기네 이익이 침해되지 않는 한 일상생활과 멀찍이 거리를 두었다. 국민 대부분은 새로운 시스템을 기꺼이 받아들였으며, 이는 차르 시대부터 러시아에 만연했던 통치 태도를 더욱 공고히 했다. 리프먼의 설명에 따르면, 그것은 바로 〈영구적인 러시아의 질서, 즉 지배적인 국가와 힘없고 파편화된 사회〉였다.[22]

내가 만나 이야기한 KGB와 연계된 사업가들은 자기네의 행동과 통치를 정당화하기 위해서 이런 사고방식을 종종 언급했다. 그들의 말에 따르면, 국민이 정치에 참여하기를 원하지 않는 것이야말로 러시아의 비극이었다는 것이다. 실제로 러시아 국민은 그 방법을 알지 못했다. 사업가들은 이런 사고방식이 러시아가 시작될 때부터 국민 심성에 깊이 각인되었다고 말하면서 슬픈 듯 고개를 가로젓곤 했다. 하지만 그들은 단지 자기네가 국민에게 민주주의 참여를 허락하지 않았던 것이 옳았다고 스스로를 정당화하기에 편리한 핑계를 들먹인 것일 뿐이었다. KGB는 과거 소비에트의 교훈을 잘 배운 상태였다. 압박하는 국가 대신 이제는 자본주의야말로 그들이 원하는 대로 행동할 수 있게 해주는 도구가 되었다. 제네바의 관련자 고우츠코프의 냉소적인 표현처럼, 실제로 그들은 국민이 〈냉장고, 텔레비전, 집, 자녀, 자동차를〉 갖게 되면 만족할 것이라고 믿었다. 「자신의 물질적 상황에 영향이 없다면, 나머지에 대해서는 다소간 신경을 쓰지 않는 겁니다.」[23]

하지만 서방의 정책 결정권자들은 러시아의 신흥 중산층에 대해서 전혀 다른 꿈을 계속해서 갖고 있었다. 서방 국가들에 접근할 수 있는 능력과 수입이 늘어나면, 러시아 국민도 결국 더 많은 정치적 권리를 요구하리라는 것이 서방의 바람이었다.[24] 냉전의 승리로 대담해지고, 구(舊) 동구권 국가들까지 포함한 유럽 연합의 확장으로 대담해진 서방은 러시아가 나머지 세계에 통합되리라 믿었기에 시장을 더 넓게 개방했다. 세계화의 힘에 대한 믿음, 자유로운 시장과 민주주의에 대한 믿음이 그 절정에 도달해 있었다. 2004년의 그 들뜬 나날에 유럽 연합 확대 집행 위원장인 귄터 페르호이겐은 유럽의 동쪽으로의 확장을 가리켜 〈최근 들어 유럽의 평화와 안정과 번영에 대한 가장 중요한 기여〉라고 말했다.[25]

러시아 회사들은 서방의 증권 거래소에, 특히 런던에 자사 주식을 상장하러 몰려왔다. 2005년 한 해에만 런던에서는 40억 달러어치 이상의 러시아 주식이 거래되었는데, 소비에트 붕괴 이후 13년 동안 모든 시장에서의 거래액이 13억 달러에 불과했던 것과 대조적이었다.[26] 서방에서는 이 회사들이, 아울러 그 배후에 있는 옐친 시대의 재벌 대부분이 러시아의 미래를 상징한다고 굳게 믿었다. 국가의 유코스 장악으로 인해 두려움이 생겨났음에도 불구하고, 주식 공모의 숫자가 늘어난다는 것이야말로 러시아가 시장 경제로 성숙하고 있다는 신호라고 확신했던 것이다.

런던으로 달려간 사업체들은 반드시 3년간 국제 기준에 맞춰서 회계 감사를 받은 계좌를 보유하고, 모스크바에서 주식을 상장한 지 최소 6개월 이상이 되어야만 비로소 런던 증권 거래소에서도 상장될 수 있었다.[27] 서방의 정책 결정권자 가운데 상당수는 러시아 회사들이 서방에서 더 많이 상장될수록, 서방의 투명성과 경영 법칙에 더 많이 적응할 수밖에 없을 것이라고 믿었다. 「주식을 상장하는 올리가르히가 기업 경영 법칙을 반드시 준수해야 할 것이고, 그러면 그들도 전 세계 시스템의 일부가 될 것이라는 믿음이었던 겁니다.」 모스크바 주재 영국 대사관의 상무관을 역임했고, 훗날 벨라루스 주재 영국 대사로 재직한 나이절 굴드데이비스의 말이다.[28] 즉 1990년대의 이행에서 나타났던 공격적인 행동 대신 〈그들도 행동을 바꿀 것이라고, 왜냐하면 반드시 그래야만 하기 때문이라고〉 믿었다는 것이다. 런던에서의 주식 상장은 해당 기업을 향해 푸틴의 〈실로비키〉가 가하는 공격에 대항하는 추가적인 보호막을 제공하는 것으로도, 아울러 버젓함의 자랑스러운 상징으로도 간주되었다.

서방의 은행가와 정책 결정권자들은 런던으로 모여드는 러시아 회사 대군이 러시아 중산층의 성장에 추가로 기여하리라는 희망을 걸었다. 현재 성장하고 있는 사업가 세대가 언젠가는 푸틴 정권에 압력을 가함으로써, 정치적이고 경제적인 여건의 해방을 이룰 것이라고 생각했다. 「상황이 올바른 방향으로 계속해서 움직일 가능성이 높았던 것은 사회에 여러 가지 변화가 있었기 때문이었습니다.」 뉴질랜드 출신으로 모스크바 최대의 투자 은행 가운데 하나인 르네상스 캐피털의 대표 스티븐 제닝스의 말이다. 「어느 시점이 되면 이런 조건들이 훨씬 더 자유롭고 현대화된 지도자를 요구하게 될 것이었습니다. 물론 다음번 사람이 그렇게 될지, 아니면 다다음 번 사람이 그렇게 될지는 우리도 전혀 몰랐지만 말입니다.」[29]

서방 은행가들은 수수료를 벌려고 모스크바로 몰려들었다. 그중 일부는 자기네가 그곳 국민에게 시장을 가져다주고 국가의 무거운 손으로부터 해방시킴으로써 〈하느님의 일〉을 하고 있다는 굳건한 믿음을 갖고 있었다. 런던의 금융 중심지인 시티 지구에서는 정기적으로 모스크바에 대표단을 파견해 사업을 선전하면서, 런던의 〈가벼운 규제〉에 관한 이점을 강조했다.[30] 세계 각지의 (특히 중국과 인도라는) 신흥 시장이 호황을 누렸을 때, 러시아는 런던 증권 거래소에서 국제 주식 공모의 가장 큰 원천이 되었다.[31]

어쩌면 런던 시티 지구가 현금의 홍수에 워낙 매혹된 나머지, 은행가와 투자자들조차도 러시아 주식 공모의 다음번 물결이 이전과는 완전히 다르다는 점을 군이 걱정하지 않기로 종종 선택했을 수도 있다. 이다음부터 런던에 오는 회사들은 대부분 러시아 경제의 자유화에는 아무런 관심도 없는, 푸틴의 국가 자본주의의 새로운 거대 기업들이었다. 또한 시티 지구는 이런 회사들 가운데 일부의 소유 구조와 재무 회계의 투명성에 큰 틈이 있다는 사실도 무시하기로 선택했다. 러시아 회사들이 런던으로 떼 지어 몰려오는 이유 가운데 하나는 주식 상장에 필요한 기준이 뉴욕보다 훨씬 덜 엄격했기 때문이었다. 미국에서는 증권 거래소 상장을 도모하는 회사의 최고 경영자와 재무 책임자가 재무 회계의 정확성을 보증하는 것이 필수였다.[32] 따라서 만약 그 내용 가운데 뭔가가 사실이 아니거나 사실을 오도한다고 밝혀지면 형사 범죄로 간주되었다. 「그 어떤 러시아 회사도 이에 대비하지는 못한 상태였습니다. 우리가 깨끗이 정리하려면 지금부터 5년, 어쩌면 더 오랜 세월이 필요할 터였습니다.」 유코스의 해외 주식 예탁 증권을 미국에 상장하는 일을 담당했던 러시아 변호사 골롤로보프의 말이다. 심지어 유코스도 위험을 고려하여 그 계획을 포기한 바 있었다고 했다.[33] 하지만 런던에서는 해외 주식 예탁 증권을 상장하는 회사들을 환영해 마지않았으니, 선관주의의 수준을 훨씬 더 낮게 허락하는 한

편, 회사가 제공하는 정보의 정확성 여부에 대한 확인을 투자자의 책임으로 남겨 놓았기 때문이다.[34]

『파이낸셜 타임스』는 조만간 런던에서 상장할 예정인 노볼리페츠크 스틸의 주식 공모용 사업 설명서가 〈도스토옙스키의 소설보다 더 많은 드라마〉를 함유하고 있다고 짓궂게 지적했다.[35] 그 내용에는 내부자 거래와 불투명한 거래의 상태가 고스란히 드러나 있었다. 이 회사는 무명 회사 여러 곳에 무이자 대출로 수천만 파운드를 지급했는데, 그 회사들은 나중에 가서 노볼리페츠크 스틸의 지배 주주에게 매입되었다. 바로 그 주주에게는 〈상담료〉 명목으로 수백만 파운드가 더 지급되었다. 가장 눈에 띄는 점은 노볼리페츠크 스틸의 민영화가 러시아의 다원주의적 무법 시기인 1990년대에 이루어졌으며, 이 회사가 자사의 소유권은 물론이고 자사가 매입한 다른 모든 회사의 소유권 역시 언제라도 논란이 될 수 있음을 시인했다는 점이었다. 하지만 투자자들은 여전히 몰려들었다. 마치 블레어 정부에서 러시아 돈에 대해서는 굳이 출처를 따지지 말고 문을 활짝 열어 주라고 명령이라도 내린 것처럼 보였다.

러시아의 주식 상장으로 인해, 런던의 은행가와 변호사와 컨설턴트와 홍보 회사로 이루어진 대군은 막대한 수입을 얻었다. 이 도시에는 러시아 현금이 넘쳐 났다. 하지만 실제로는 서방 시장으로의 통합을 거치며 러시아가 변화하는 것이 아니라, 거꾸로 러시아가 서방을 변화시키고 있었다. 서방에서는 런던을 찾아온 러시아 재벌들이야말로 독립적인 변화의 추진력이 될 것이라고 희망했지만, 그들은 오히려 크렘린에 점점 더 의존하게 되었다. 그들은 점점 더 권위주의적이고 금권주의적으로 변모하는 푸틴 국가의 봉신이었다. 서방이 러시아를 그 규범에 근거한 시스템에 합치하는 것이 아니라, 오히려 러시아가 서방을 타락시키는 것이었다. 마치 바이러스가 주입된 형국과도 비슷했다.

그 경로가 부분적으로나마 순탄해진 것은 2003년 여름에 아브라모비치가 런던의 축구단 첼시 FC를 매입했을 때였다. 이 1억 5000만 파운드짜리 매입은 성공적인 홍보의 일종이었다. 아브라모비치가 새로 매입한 구단을 살펴보기 위해 런던에 도착했을 때, 런던의 신문들은 그의 전용기 보잉 767을 보며 감탄했다. 이들은 아브라모비치의 호화스러운 요트 여러 척에도 넉넉한 지면을 할애했는데, 그중에서도 길이가 168미터나 되는 세계 최대 크기의 이클럽스호는 물에 떠다니는 궁전과 같았으며, 헬리콥터 이착륙장 두 곳과 자체 잠수함 한 척도 보유하고 있었다. 이 올리가르흐는 세계적으로 유명한 선수들을 첼시로 사 오는 한편, 스탬퍼드 브리지 구장을 개보수하는 데에 막대한 자금을 지출하면서 찬사를 얻었다. 이런 돈이 어디서 나왔는지를 묻는 사람은 거의 없다시피 했다. 「그거야말로 매우 훌륭한 노출이었습니다. 첼시 FC 덕분에 아브라모비치는 무려 신문 지면을 세 면이나 차지할 수 있었고, 나쁜 일이라고는 전혀 없었습니다. 아무도 그에게 묻지 않았으니까요.」 아브라모비치의 예전 관련자가 한 말이다.[36]

푸틴의 크렘린은 영국 사회의 용인을 얻는 방법이 바로 그 나라에서 가장 사랑받는 국기(國技)를 이용하는 것임을 정확히 계산한 셈이었다. 푸가체프의 말에 따르면, 그 매입은 애초부터 영국에서 러시아의 영향력을 늘리기 위한 발판을 구축하려는 의도였다.[37] 「축구단을 매입함으로써, 엘리트뿐만이 아니라 일반적인 영국인에게도 자기 영향력을 늘리고 러시아의 이미지를 높이는 계획에 대해서 푸틴이 저에게 직접 말한 적이 있었습니다.」[38] 어느 러시아 재벌의 증언, 아울러 아브라모비치의 예전 관련자의 증언에 따르면, 푸틴은 이 올리가르흐에게 구단을 매입하라고 지시했다. 「그것이야말로 대단한 작전이었습니다. 아무런 질문도 나오지 않았습니다.」그 매입으로 아브라모비치는 곧바로 영국에서 유명 인사가 되었다. 그의 전용석에서 경기를 관람할 수 있는 초대권이야말로 그 나라에서 가장 인기 있는 입장권 가운데 하나였다.

아브라모비치가 프리미어 리그로 진입한 것은 또 한편으로 피파, 즉 국제 축구 연맹에 대한 러시아의 영향력을 늘리려는 의도이기도 했다. 결국 피파에서는 러시아를 2018 월드컵 개최지로 선정했다. 「푸틴이 아브라모비치에게 축구 쪽으로 가라고 지시했던 겁니다. 그는 자기네가 피파에서 영향력을 얻어야 마땅하다고 생각했는데, 그곳은 이미 부패한 조직으로 유명했기 때문입니다. 그는 첼시 FC를 통해서 축구계로 들어가는 입장권을 얻었습니다.」아브라모비치의 예전 관련자의 말이다.[39] 「그는 그 입장권을 이용해서 월드컵을 위해 로비를 펼칠 수 있었고, 이는 모스크바에 중요한 의미였습니다. 그들은 대회를 유치함으로써 러시아가 고립되어 있지 않음을 사람들에게 보여주고 싶어 했던 겁니다. 그들에게는 그게 매우 중요했습니다.」어느 러시아 재벌의 말이다.[40]

아브라모비치와 가까운 어떤 사람은 그가 크렘린의 지시에 따라서 구단을 매입했다는 주장을 부정했다.[41] 하지만 그 문제의 진실이 어떻든지 간에, 이 올리가르흐의 선택은 영국으로 흘러 들어오는 러시아 현금의 상징이 되었으며, 그가 얻어 낸 흔쾌한 인정은 러시아 돈이 런던의 삶이라는 직조물의 일부가 되는 데에 도움을 주었다. 「그것은 또한 영국 상류층으로 들어가는 입장권이었습니다. 상원 의회로 들어가는 입구였던 겁니다. 그는 특별히 그 목적을 위해서 첼시에 클럽을 하나 만들었습니다.」이 올리가르흐의 예전 동업자의 말이다.

아브라모비치에 관해서 질문이 거의 없었던 까닭은 부분적으로나마 첫눈에는 푸틴의 KGB 사람들과 아무 관련이 없어 보였기 때문이었다. 아브라모비치는 옐친 패밀리와, 특히 옐친 시대의 크렘린 행정실장들이었던 유마셰프며 볼로신과 가까운 유대를 계속해서 유지했다. 이 올리가르흐는 러시아 사업의 용인할 만한 얼굴이었다. 즉 영국이 육성하고자 그토록 안달하는 러시아 엘리트 중에서도 좀 더 자유주의적 진영의 대표로 간주되었다. 하지만 이런 인식은 사실 기껏해야 푸틴에게 편의를 제공하는 것에 불과했다. 「푸틴은 아브라모비치나 유마셰프 같은 사람들이 세계 각지를 여행하면서, 〈우리 대통령도 그리 대단한 위선자까지는 아니라〉고 사람들에게 떠들어 주는 것을 좋아했습니다. 그에게는 자기를 위해 그런 일을 해줄 〈그들〉이 필요했습니다. 그들은 푸틴의 자발적인 무급 특사였던 셈이죠.」한때 유코스 주주였다가 2004년 말에 러시아를 떠나 영국으로 간 테메르코의 말이다.[42]

본인이 원했건 원하지 않았건 간에, 아브라모비치는 푸틴 기구의 일부가 되었으며, 크렘린의 신뢰받는 보관인 가운데 한 명이 되었다. 그는 에너지 가격이 계속해서 상승하는 와중에 그 사정거리를 서방에까지 연장하면서 강력해지고 있는 KGB 자본주의를 만드는 데에 필수적인 역할을 담당했다. 아브라모비치의 석유 대기업 시브네프트는 이런 변모의 일부분이었다. 2005년 9월에 이 석유 대기업도 국가가 삼켜 버리고 말았는데, 크렘린이 전략적 에너지 부문을 통제하려는 행보를 지속했기 때문이었다. 하지만 호도르콥스키처럼 본인은 교도소에 가고 회사는 수십억 달러의 체납 세금 때문에 파산하는 운명을 겪는 대신, 아브라모비치는 시브네프트를 국가에 무려 현금 130억 달러를 받고 매각할 수 있었다. 다만 이 소득 가운데 어떤 것도 그의 소유라고 간주되지는 않았다. 아브라모비치는 일찍이 호도르콥스키와 함께 계획했던 것처럼 자기 회사를 유코스와 합병한 이후에 미국의 엑슨이나 셰브론에 매각하는 대신, 크렘린의 새로운 질서에 굴복했다. 이번에도 역시나 선택의 여지가 거의 없었다. 2005년 말에 있었던 가스프롬의 시브네프트 매입은 크렘린의 에너지 부문 장악이 국제적인 합법성을 획득함으로써, 러시아 주식 시장 열풍에 다시 한번 연료를 제공한 사례였다. 바로 이 순간에 아브라모비치의 부는 이전보다 훨씬 더 크렘린과 결합하게 되었다.

이 거래는 모스크바 법원이 호도르콥스키에게 유죄 판결을 마침내 선고한 2005년 5월로부터 고작 2주가 지나서부터 시작된 여러 단계의 과정을 통해 이루어졌다. 그 당시에 궁극의 미끼를 이용해서 해외 투자자들의 기분을 부추기려 도모하던 러시아 정부는 가스프롬의 국가 지분을 51퍼센트까지 높이기 위해 여러 해외 은행에서 70억 달러를 빌릴 예정이라고 발표했다.[43] 이것이야말로 해외 투자자들이 오랫동안 기다려 왔던 행보였다. 가스프롬에 대한 정부의 통제가 더 늘어나면 투자자에게 더 좋다는 판단은 마치 직관에 반하는 것처럼 보일 수도 있다. 그러나 투자자들은 여러 해 동안 세계 최대 가스 생산업체의 주식을 자유롭게 거래하지 못하도록 배제된 상태였는데, 러시아 정부가 공식적으로 그 회사에 많은 지분을 보유하고 있지 않았기 때문이었다. 물론 그 가스 대기업은 사실상 국가가 통제했지만 서류상으로 국가 지분은 38퍼센트에 불과했다. 그리하여 정부에서는 해외투자자가 소유할 수 있는 지분에 대한 규제가 없다면, 자칫 러시아에서 가장 전략적으로 중요한 회사를 외국인이 장악할 수도 있다고 우려했다. 이전 해에 러시아 정부가 가스프롬과 로스네프트의 합병 계획을 발표했을 때만 해도, 그 지분을 지배적인 수준까지 높이고 규제를 풀어 줌으로써, 세계 최대의 에너지 대기업에 해외 투자자도 접근할 수 있도록 만들려는 전망에 대해 변죽을 울린 바 있었다. 하지만 유코스가 휴스턴에 파산 보호를 위한 최후의 소송을 제기함으로써 그런 계획은 물거품이 되었다. 그런 사법적 위험으로 인해 가스프롬 대신

로스네프트가 유코스의 유간스크네프테가스를 매입했다. 로스네프트의 유간스크 장악은 가스프롬과 무관하게 독자적인 국영 에너지 대기업을 건설하려는 그 회장 세친의 야심에 연료를 제공했으며, 양쪽 국영 대기업 사이의 다툼으로 인해 합병 계획까지도 망쳐지고 말았다.

소동이 가라앉고 나자, 러시아 정부는 훨씬 더 간단한 거래를 발표했다. 정부는 여러 국제 은행에서 70억 달러를 빌리는 방법을 통해, 가스프롬에서의 지분을 늘리는 데 필요한 주식을 사들일 예정이었으며, 이때에는 그 회사 자체가 보유한 주식을 사들일 예정이었다. 가혹한 호도르콥스키 사건 이후에 증권 시장에서는 환호성의 파문이 일어났다. 이제 저 올리가르흐의 재판이 끝났으니, 투자자들은 한고비가 넘어갔다고 믿었다. 외국인 소유에 대한 이른바 링 펜스 규제, 즉 한정 규칙 규제를 제거하는 것이야말로 유간스크의 강제 매각 이후에 크렘린이 해외 투자자들의 호의를 사는 방법으로 항상 간주되었다. 이제 해외 투자자들은 호도르콥스키의 판결이 국가 습격의 마침표가 되기를, 그의 재판은 단일 사건이며 크렘린이 더 이상 자산을 장악하지 않기를 희망했다. 주식 시장은 열풍을 일으켰으며, 러시아 RTS 지수는 6개월 사이에 두 배로 늘어났다. 호도르콥스키 사건 동안에 저해되었던 성장은 완전히 회복되었으며, 이를 추진한 가스프롬의 주식은 100퍼센트 이상 급상승했다.[44] 이것이야말로 국가의 늘어나는 사정거리에 대한 의도적인 맹목이었다. 즉 주가가 올라가는 한에는 그것조차도 아무런 문제가 되지 않는다는 식이었다.

한편 가스프롬에서는 자사의 주식을 정부에 매각하고 받은 현금을 이용해서 그 나름의 매입을 하겠다고 발표했다. 즉 아브라모비치의 시브네프트를 파산시킨 이후에 통제권을 장악하는 대신, 정식으로 매입하겠다는 것이었다. 이것이야말로 세친과의 다툼 속에서 이루어진 타협으로서, 가스프롬에 석유 계열사가 생기는 셈이었다. 결국 가스프롬은 130억 달러에 시브네프트를 사들였으며, 이 거래는 아브라모비치의 운명이 호도르콥스키의 운명과 얼마나 크게 달라졌는지를 마치 강조라도 하는 것처럼 보였다.[45] 이 거래를 통해서 또 하나의 석유 대기업이 민간에서 푸틴의 사람들의 손으로 넘어갔다. 하지만 아브라모비치는 호도르콥스키 사건에서 나타난 강제 매각이나 파산이나 체납 세금 혐의 없이, 자기 회사에 대해 공정한 시장 가격을 챙겨서 빠져나간 것처럼 보였다. 심지어 시브네프트는 유코스가 이제껏 세금을 납부했던 것보다 훨씬 더 낮은 세율로 세금을 납부했음에도 불구하고 그러했다. 이 거래는 러시아 역사상 가장 큰 소유권 이전 거래로 칭송되었으며, 시장에서는 이것이야말로 크렘린이 유코스 사건에서 벗어났다는 신호라고 간주했다. 즉 더 이상의 몰수는 벌어지지 않으리라는 것이었다.

하지만 사실 이것은 만사가 겉모습과는 딴판이었던 저 신흥 KGB 자본주의에서 또 한 번의 진화에 불과했다. 아브라모비치가 130억 달러를 받았지만, 그중 상당 부분을 푸틴의 사람들과 나눌 수밖에 없었다는 소문이 퍼졌다. 그의 예전 동업자 베레좁스키는 그 당시에 이렇게 말했다. 「저는 푸틴이 아브라모비치의 동업자였다고 오래전부터 이야기해 왔습니다. 저로선 시브네프트 매각으로 얻은 이익을 아브라모비치와 푸틴이, 아울러 다른 개인 몇 명이 나눠 가질 것임을 의심하지 않습니다.」[46]

「단지 그의 돈뿐만이 아닙니다. 그 사람 자체가 푸틴의 대리인입니다.」 한때 아브라모비치와 가까웠던 어느 러시아 재벌의 말이다.[47] 「그가 얼마나 많이 가졌는지는 아무도 모릅니다.」 또 다른 예전 관련자의 말이다.[48] 또 다른 러시아 재벌의 말에 따르면, 한번은 아브라모비치가 그에게 불평한 적이 있었다. 즉 자기가 푸틴의 명령을 이행하기 위해 쓴 돈이 시브네프트 매각으로 얻은 돈 가운데 자기 몫보다 더 많았다는 것이다. 실제로 이 올리가르흐는 러시아에 축구장 여러 곳을 지었고, 추코트카에도 투자했고, 크렘린의 유익을 위한 다른 여러 가지 사업을 수행했다.[49]

모든 사업이 규모를 막론하고 점차 크렘린의 선의에 의존하게 되었으며, 재벌들은 각자의 지위와 부를 보전하기 위해 국가에 봉사해야만 했다. 하지만 이 시스템은 은밀하게 점점 더 큰 국제적 용인과 합법성을 얻고 있었다. 서방이 아브라모비치 같은 사람들을 자유주의적 성향의 재벌이라 오판하고 즉각적으로 용인했을 때, 서방은 나아가 크렘린의 새로운 〈에너지 질서〉와 화해하기 시작했다. 이듬해인 2006년 여름에 서방은 유코스의 주요 생산 부문인 유간스크의 사실상 몰수에 대한 우려를 옆으로 밀어 두고, 로스네프트가 런던 증권 거래소에서 기업 공개를 하도록 허락했다. 이것이야말로 서방 시장의 고결성에 최초의 일격이 가해진 순간이었다.

바로 그해에 이루어진 세친의 로스네프트 주식 판매는 세계 최대의 거래 사례로 예찬되었다. 처음에 이 회사에서는 목표액을 200억 달러로 세웠다고 말했는데, 그 정도면 기록을 경신할 법한 액수였다.[50] 결국에 가서는 그 금액의 절반에 그치기는 했지만, 여전히 서방 은행가들로서는 눈독을 들일 만한 양이었기에, 이들은 수수료 1억 2000만 달러의 한 조각을 얻기 위해 몰려들었다.[51] 이 기업 공개는 그해에 세계에서 세 번째로 큰 규모였으며, 사실상 크렘린이 러시아의 에너지 부문을 장악한 것에 대한 투자자의 여론 조사인 셈이었다. 망명 상태에서 유코스의 나머지 부문을 계속 운영하던 서방 출신의 중역들은 이 판매를 비판했다. 이것이야말로 훔친 재산의 판매를 부추기는 일에 상응할 것이라면서, 영국의 시장 규제 기관인 금융 감독청에 중지를 요청한 것이다.[52] 이들은 로스네프트의 유간스크 장악과 관련된 일은 모조리 불법적이었다고 말했다. 예를 들어 강제 매각의 원인이었던 선별적이고 소급적인 체납 세금 혐의에서부터, 휴스턴 법원이 발부한 일시 금지 명령을 위반한 시세 이하의 매각 그 자체까지도 모조리 불법적이라는 것이었다.

불과 1년 하고도 조금 더 전에, 푸틴의 KGB 사람들이 유간스크를 장악하기 위해서 사법 절차마저 전복했던 것을 지켜보며 공포에 질렸던 사람들은 이 주식 상장에 대해 도덕적이고 윤리적인 의문을 떠올릴 수밖에 없었다. 억만장자 투자가 출신의 자선 사업가 소로스는 『파이낸셜 타임스』 기고문에서 과연 그 기업 공개를 애초에 허락했어야 하느냐며 의문을 제기했다. 〈이를 통해 투명성이 향상될 것이라는 주장은 로스네프트가 국가의 도구로써 항상 그 주주들의 이익보다는 오히려 러시아의 정치적 목적에 걸맞게 봉사할 것이라는 사실을 무시하는 셈이다.〉[53] 유코스의 다른 옹호자들이 보기에도, 크렘린에서는 로스네프트의 성공적인 기업 공개를 마치 시장 승인의 인장(印章)으로 간주할 듯했다. 〈서방 지도자들은 기본적 인권과 법치 같은 쟁점에 대해서 러시아에 양보하는 일의 함의에 관해서 현실적이고 장기적인 관점을 반드시 가져야 한다. 그러지 않을 경우, 현재 러시아에서 권력을 가진 자들은 서방의 이중 기준을 처벌 면제의 허가로 받아들일 것이다. 결과의 무게를 부정하거나, 무시하거나, 얕잡아 보는 것이야말로 역사의 교훈을 외면하는 셈일 것이다.〉 그 당시 러시아 극동의 노동 수용소에 갇혀 첫해를 보내고 있던 호도르콥스키의 변호사 로버트 앰스터댐의 말이다.[54]

지금 와서 돌이켜 보면 앰스터댐이 쓴 글의 내용은 앞으로 벌어질 일에 대한 경고처럼 들리지만, 푸틴의 사람들은 서방에서 돈이 다른 모든 우려를 능가한다는 점을 정확하게 계산한 상태였다. 「결국에는 모두가 돈을 벌려고 들었으며, 크렘린은 그 사실을 알았던 겁니다.」 뉴욕을 근거로 삼는 헤지 펀드 파이어버드 매니지먼트의 대표 하비 소위킨의 말이다.[55] 그 모든 항의와 소송 위협에도 불구하고 기업 공개는 진행되었고, 그해 여름에 상트페테르부르크에서 G8 모임을 주최한 푸틴에게는 이것이야말로 승리가 아닐 수 없었다. 로스네프트의 가치는 800억 달러로 평가되었다. 이는 유간스크를 고작 94억 달러에 매입하기 이전의 가치가 기껏해야 60억 달러로 추산되었던 것과 비교하면 어마어마한 변모가 아닐 수 없었다.[56] 이처럼 비약한 가치 평가는 푸틴의 KGB 동료들의 위력에 대한 증언인 셈이었고, 이들이 로스네프트를 지원하고 있다는 사실에 대한 이해야말로 향후의 그 확장에 대한 보장인 셈이었다. 크렘린의 지원은 향후에 있을 파산 경매에서 이 회사가 유코스의 자산 나머지를 헐값에 매입할 것이 확실하다는 뜻이기도 했다.

하지만 그 기업 공개는 사실 진정한 의미의 기업 공개가 아니었다. 즉 공모라기보다는 오히려 사모에 더 가까웠다. 크렘린의 호의를 사고 싶어 안달하던 BP, 말레이시아 국영 석유 회사 페트로나스, 중국 국영 석유 회사 같은 해외 석유 대기업들이 전체 공모 주식의 절반 가까이 사들였으며, KGB와 연계된 가스프롬방크가 25억 달러어치의 주식을 사들였기 때문이다.[57] 혹시나 이 주식 판매가 실패할 가능성을 제거하기 위해, 크렘린이 아브라모비치 같은 재벌들에게 그 매입에 참여하라고 압력을 넣었다는 사실이 널리 보도되었다. 보도에 따르면 이 올리가르흐는 최대 3억 달러어치의 주식을 매입했는데, 이것이야말로 그가 크렘린의 명령에 따라 움직인다는 추가적인 암시였다.[58] BP는 자사가 크렘린의 호의를 사는 방법으로 이 주식 공모를 이용하려 든다는 사실을, 즉 이것이야말로 〈관계 형성〉의 연습이라는 사실을 굳이 감추지 않았다. 「러시아에서 우리의 위치를 위해서, 아울러 러시아 석유업계며 러시아 당국과 우리의 관계를 위해서 이것이야말로 훌륭한 전략적 투자라고 생각합니다.」 그 회사의 대변인은 이렇게 말했다.[59] 하지만 다른 투자자들은 이 판매가 전형적인 KGB 작전이라고 불평했으며, 미국의 여러 투자자와 석유 회사는 자칫 사법적 위험이 있을까 봐 우려하여 멀찍이 거리를 두었다. 「그거야말로 중대한 강탈 연습이었습니다.」 한 펀드 매니저는 이렇게 말하면서, 그 판매가가 상당히 비싸게 매겨졌다고 주장했다. 「그들은 주식 공모의 성공을 보장하기 위해서 진정한 KGB 방식으로 투자자들에게 의존했습니다.」[60]

하지만 투자자들로서는 자기네가 푸틴의 KGB 사람들에 의한 국가의 기업 장악을 정당화하고 있다는 사실조차도 그리 문제가 되지 않았던 것으로 보인다. 아울러 투자자들로서는 이로써 생성된 자금이 러시아의 국가 예산을 우회하여 엉뚱한 곳으로 흘러가게 된다는 사실에 대해서도 우려하지 않았던 것처럼 보인다. 즉 그 자금은 이전 해에 국가가 가스프롬에서의 지분을 늘릴 때, 로스네프테가스라는 국가 소유의 불투명한 특별 목적 기구가 여러 국제 은행에서 대출했던 70억 달러를 상환하는 데 사용되었다. 이것이야말로 전직 에너지 차관 밀로프가 〈카드 바꿔치기 마술〉이라고 부른 것의 일부로, 어디까지나 국가 민영화에 일반적으로 요구되는 투명성을 회피하기 위한 목적이었다. 「이것이야말로 현 정권의 특징입니다. 그들이 수행하는 불투명한 계책에서는 푸틴의 사람들 스스로가 수익자가 되어서, 어느 누구에게도 굳이 설명하지 않은 상태에서 자기들끼리 돈을 나눠 먹을 수 있는 거죠.」[61]

그 당시의 변화에 질색한 나머지 스스로 물러난 크렘린의 전직 경제 자문 위원 일라리오노프가 보기에, 로스네프트 주식 판매는 〈러시아라는 국가와 러시아 국민 모두에 대한 범죄〉였다.[62] 그의 말에 따르면, 그 일에 참여하고 도움을 준 〈서방 회사들은 사실상 현대 사회의 기둥 그 자체를 파괴하고 있는 러시아 내부 세력들과 장기적인 관계를 형성하고 있었던〉 셈이었다. 「여기서 말하는 기둥이란 바로 시장 경제, 사유 재산에 대한 존중, 민주주의를 뜻합니다.」[63] 하지만 로스네프트의 변모 배후에 있었던 KGB 사람들이 보기에는, 이것이야말로 자기들이 지금까지 일해 온 것에 대한 승인 도장이었다. 그 덕분에 이들은 국제 시장으로의 침투를 더욱 심화해도 된다는 허락을 받은 셈이 되었다.

로스네프트가 파산 매각에서 유코스의 남은 자산을 싹쓸이하자, 서방 투자자들도 크렘린의 질서에 더 많이 편입되기 시작했다. 크렘린의 국가 운영 시스템에 속한 다른 거대 기업 두 곳이 신속하게 그 모범을 따라서 역시나 대규모의 주식 공모를 시행했다. 하지만 두 기업 가운데 어느 곳도 투명성의 등대까지는 아니었다. 오히려 양쪽 모두 크렘린이 만사를 지배하는, 신속히 대두하는 크렘린의 국가 운영 시스템의 대리인이었다. 우선 2007년 2월에는 국가 소유의 저축 은행 스베르방크가 88억 달러어치의 주식 공모를 통해 해외 및 국내 투자자 모두를 끌어들였다.[64] 비록 투자자들이 투명성을 우려하기는 했지만, 이 은행은 러시아의 호황을 이루는 소비자 경제의 대리인으로 간주되었으며, 국가가 이곳을 통제하고 있다는 사실은 이점으로 작용되었다. 이번 공모도 실패할 가능성이 완전히 배제되어야만 했다. 그로부터 겨우 3개월 뒤에 러시아에서 두 번째로 큰 은행이자, 소비에트 무역 은행의 후신으로서 역시나 국가 소유의 은행 브네슈토르그방크가 런던에서 82억 달러어치의 기업 공개를 했는데, 그해에 세계에서 가장 큰 규모였다.[65] KGB와 긴밀하게 연관된 크렘린의 〈특별 프로젝트〉를 위한 돈주머니 은행이라는 브네슈토르그방크의 평판조차도 투자자의 열광을 위축시키는 데에는 별 영향이 없었다. 런던 주재 소비에트 외교관 출신의 상냥한 최고 경영자 코스틴은 그 은행에 수십억 달러의 국가 지원금을 가져오는 능력을 제외하면, 은행가로서 재능을 드러낸 적이 거의 없다시피 했다. 불과 2년 전에만 해도 전직 중앙

은행 대표는 브네슈토르그방크를 〈침몰 중인 타이태닉호〉라고 불렀다.[66] 하지만 브네슈토르그방크가 그해 봄에 상장되었을 때, 그 주식에 대한 투자자의 수요는 실제 공모 주식의 양보다 여덟 배나 더 많았다. 2007년은 러시아 주식에 대한 전 세계 투자자의 관심이 절정에 이르렀던 해였다. 석유 가격은 배럴당 70달러에 근접하고 있었다. 월 스트리트의 거물이자 골드먼 삭스 회장 로이드 블랭크페인조차도 푸틴에게 면담을 요청하는 편지를 보낸 정도였고, 크렘린 웹 사이트에 그 사실이 자랑스레 게시되어 모두에게 알려지기도 했다.[67]

주위에서 이루어지는 수십억 달러짜리 거래에 혹한 전 세계 투자 은행들이 모스크바로 몰려들기 시작했다. 그중 일부 은행은 1998년 8월의 위기로 심하게 데인 이후에 처음 그런 일을 한 것이었다. 2006년 한 해 동안에 일어난 합병과 매입은 710억 달러 규모였다.[68] 하지만 모스크바에서 점점 규모가 커지는 클럽과 레스토랑에서 해외 투자자들과 파티를 벌이던 재벌들은 그즈음에 이르러 사실상 크렘린의 이익 대리인에 불과해진 경우가 종종 있었다. 예를 들어 체첸 공화국과 이웃한 일촉즉발의 지역 다게스탄 출신의 변덕쟁이인 41세의 술레이만 케리모프가 그러했다. 그는 2006년에 처음 뉴스의 머리기사를 장식했는데, 니스의 프롬나드 데 장글레에서 페라리를 몰다가 나무에 충돌하는 바람에 화상으로 자칫 죽기 직전까지 갔기 때문이었다.[69] 사고 이후에 케리모프는 불에 탄 손을 보호하기 위해 얇은 장갑을 낀 채, 경비가 삼엄한 모스크바의 연립 주택 꼭대기 층에 있는 조명이 약하고 시원하게 에어컨을 틀어 놓은 사무실에 틀어박혔다. 회복된 후에는 호화스러운 파티로 다시 한번 악명을 높였으며, 이때마다 앙티브에 있는 그의 저택에서는 비욘세 같은 유명 연예인이 모건 스탠리와 골드먼 삭스 소속의 고위급 은행가들을 앞에 놓고 노래를 불렀다. 2007년 초에 『포브스*Forbes*』는 이 올리가르흐의 재산을 144억 달러로 추산하여, 러시아에서 아브라모비치 다음가는 부자로 선정했다.

케리모프는 푸틴의 KGB 자본주의에서 비롯된 새로운 세대의 금융 재벌이었는데, 그의 재산은 전적으로 국가 자원에 대한 접근에 의존하고 있었다.[70] 1990년대에 옐친 시대의 재벌들은 처음에만 해도 자기네 은행에 정부의 국고 계좌를 유치함으로써 부를 쌓았으며, 이후에는 거기서 벗어나 자국에서 가장 큰 산업 자산을 차지하게 되었다. 반면 케리모프의 부는 거의 전적으로 서류상에 있는 것이었다. 2004년에 그는 스베르방크에서 32억 달러를 대출받았고, 이 자금을 이용해 스베르방크 지분 6퍼센트와 가스프롬 지분 4.2퍼센트를 보유하게 되었다.[71] 스베르방크의 가치가 열 배로 급상승하고 가스프롬의 가치가 여섯 배로 급상승하자, 케리모프의 재산은 신속히 늘어나서 175억 달러에 달했다. 전 세계에서 거래되는 가스프롬과 스베르방크의 주식 덕분에 그는 자기 재산을 이용하여 서방 금융 시장과 깊은 유대를 수립할 수 있었으며 모건 스탠리, 리먼 브라더스, 포티스, 크레디트 스위스 등에서 상당한 지분을 보유하게 되었다.[72]

문제는 케리모프가 축적한 재산을 과연 본인의 것이라고 설명할 수 있는지 누구도 확신하지 못한다는 점이었다. 케리모프는 항상 러시아 해외 첩보부의 이익과 밀접히 관련된 불투명한 영역에서 활동해왔다.[73] 이전에만 해도 거의 알려지지 않은 인물이었지만, 이제 국영 은행으로부터 수십억 달러를 대출받은 까닭에 조명을 받게 된 것이었다. 하지만 정작 케리모프와 함께 일하는 서방 은행가들조차도 지금 자기네가 누구와 거래하고 있는지를 확신하지 못했다. 「혹시 케리모프가 크렘린의 위장 간판에 불과한지, 그 여부가 저도 궁금할 때가 있었습니다.」 그중 한 명의 말이다.[74] 「설령 케리모프가 실제로 그렇다고 해도 굳이 놀랄 사람은 없을 겁니다.」 또 다른 사람의 말이다.[75] 「케리모프가 크렘린의 현금 보관인일 것이라는 추측은 항상 있었습니다. 하지만 그걸 어떻게 증명하겠습니까? 진짜 돈은 전혀 없으니, 굳이 운영할 것도 없었습니다. 그건 모두 차입 자본의 이용일 뿐입니다.」세 번째 사람의 말이다.[76]

푸틴 치하에서 형성된 재산은 옐친 시대에 형성된 재산보다 훨씬 더 막대했으며, 재벌들이 각자의 부를 구축한 방식도 매우 달랐다. 크렘린이 만사를 지시했다. 사업 기회는 푸틴에게 달려 있었으며, 재벌과 그 부하들은 그를 〈아버지〉, 또는 〈일인자〉라고 귓속말하며 천장을 손가락으로 가리키는 방식으로 지칭했다(내가 누군가를 만나러 갔을 때, 인터뷰 상대로부터 사무실 밖에 있는 책상에 휴대 전화를 놓고 들어가야 한다는 이야기를 듣는 경우가 많았다. 만사가 도청당한다는 두려움이 그 정도로 컸던 까닭이었다). 그들은 한편으로는 푸틴을 두려워하고 숭배하면서도, 또 한편으로는 푸틴의 호의에 의존하여 국영은행에서 대출받거나 국가와의 계약을 따냈다. 이것이야말로 그즈음에는 러시아에서 돈을 버는 주된 방법이 되어 있었다. 마피아 집단을 지배하는 비공식적 〈이해〉에 근거하여 사업이 이루어지는 마피아 시스템과 유사했다. 전체 시스템이 부패와 리베이트와 접근 기회 위에 건설된 경우, 모든 참가자를 통제할 수 있게 마련이다. 푸틴과 그의 사람들은 모두에 대한 〈콤프로마트〉를 갖게 될 것이었다. 예를 들어 사업가에서부터 뇌물을 받는 국가 공직자에 이르기까지 모두의 체면을 실추시킬 자료를 말이다. 이것이야말로 모두를 낚싯바늘에 계속해서 꿰어 두는 방법이었기에, 자기네가 어떤 선에서 벗어난다면 언제라도 교도소에 갈 수 있다는 점을 잘 알고 있었다. 「국가 당국은 대규모 사업체로 변모했으며, 모든 정부 공직자는 자기 지위를 이용해 돈을 벌 것이라고 예상되었습니다.」크렘린의 예전 내부자 두 명의 말이다.

변화하는 분위기를 공개적으로 인정한 최초의 인물은 젊은 금속 재벌 올레크 데리파스카로, 1990년대의 치열했던 지배권 전투 이후에 러시아 알루미늄 산업에서 최고의 자리에 대두한 인물이었다. 그는 2007년에 자신의 알루미늄 대기업 루살을 언급하며, 내게 이렇게 말했다. 「만약 국가가 우리에게 포기할 필요가 있다고 말하면, 우리는 포기할 것입니다. 저는 저 자신을 국가와 분리하지 않습니다. 저로선 다른 관심사가 없습니다.」[77]

푸틴의 크렘린에 대한 재벌들의 의존은 2008년 금융 위기로 인해 더 확고해졌다. 리먼 브라더스의 붕괴는 러시아 주식 시장에도 영향을 미쳤고, 그해 9월과 10월만 놓고 보면 그 시가 총액 3000억 달러 가운데 2300억 달러가 날아가 버렸다.[78] 러시아 억만장자들은 각자의 사업 제국의 신속한 확장에 필요한 자금을 충당하기 위해서, 서방 은행들로부터 막대한 돈을 빌린 상태였다. 당시 주식 담보 대출이라는 관습이 널리 퍼져 있었으며, 재벌들은 자기 사업체의 주식을 담보로 수십억 달러의 대출을 받았다. 이제 그 주식의 가치가 급락하자, 해외 은행들이 대출금을 회수하려고 나섰다. 데리파스카의 루살은 물론이고, 러시아에서 두 번째로 큰 휴대 전화 기업인 프리드만의 빔펠콤도 서방 은행들에 압류당할 위험에 처하게 되었다.[79]

급기야 푸틴 정부가 나서서 자국의 억만장자들을 구제했는데, 이번에는 그들의 자산을 재국유화하지 않았다. 더 미묘한 게임이 목전에 있었다. 국가가 주식을 압류하는 대신, 스베르방크와 브네슈토르그방크와 브네셰코놈방크 같은 국영 은행들이 수십억 달러의 긴급 원조 대출을 제공했고, 이로써 곤란을 겪은 재벌들은 정권의 낚싯바늘에 더 단단히 걸려들게 되었다.[80] 이 사업가들이 빚진 수십억 달러의 대출에 대한 만기 연장에 국영 은행들이 합의함으로써, 무수히 많은 사람들이 구제되었다. 국가의 긴급 원조로 구제받은 한 재벌은 이렇게 말했다. 「이것이야말로 매우 신중한 정책이었습니다. 푸틴은 사람들이 자기한테 고마워하기를 바랐습니다. 그는 그토록 큰 회사들을 구제했죠. 만약 누군가가 정부로부터 20억 달러나 30억 달러의 대출을 받으면, 나중에 크렘린에서 전화가 와서 어떤 프로젝트를 위해 10억 달러를 내놓으라고 말했을 때 거절할 도리가 없습니다. 순응할 수밖에 없는 거죠.」[81]

이것이야말로 푸틴 정권의 주춧돌이 되었다. 「푸틴은 그걸 이런 식으로 바라보았습니다. 〈내가 당신에게 대출해 주었으니 당신은 나에게 충성해야 한다.〉 이것이야말로 매우 동양적인 접근법입니다. 봉건 시스템인 거죠.」 그 재벌의 말이다. 크렘린 보관인의 서클은 푸틴의 상트페테르부르크 동맹자를 훨씬 넘어서까지 확장되고 있었다.

러시아 억만장자들을 전 세계 경제에 통합하려 그토록 열심히 일해 왔던 서방 은행가들의 처지에서 보자면, 크렘린에 대한 의존성은 항상 부차적인 문제였던 모양이다. 그들은 구소련에서 런던 시티 지구로 밀려드는 현금의 홍수에 그만 눈이 멀게 되었으며, 점차 그 현금에 의존하게 되었고, 서방 금융 시스템이 2008년 금융 위기를 향해 돌진하는 상황에서 특히나 그러했다. 그 당시 서방의 고위급 은행가가 내게 이런 말을 한 적이 있었다. 자기와 동료들은 신규 고객들에 관한 실사 보고서를 일단 한번 읽고 나면 컴퓨터에서 자체적으로 삭제되도록 설정함으로써, 혹시라도 경종을 울릴 수도 있는 모든 정보를 삭제해 버렸다는 것이었다.[82] 심지어 러시아 재벌들의 다채로운 이력을 편리하게 세탁해 주는 배경 보고서를 생산하는 회사가 생겨났고, 이런 기업 조사 회사는 새로운 산업으로 성장하기까지 했다.

런던으로 들어온 러시아 현금에 대한 자료는 드물다. 그 대부분은 키프로스, 영국령 버진 아일랜드, 파나마 같은 곳에 있는 역외 유령 회사를 통해서, 또는 영국 왕실 속령인 저지섬, 건지섬, 맨섬 등을 통해서 시티 지구로 들어왔는데, 이 지역들은 하나같이 측량할 수 없는 여러 구조를 통해서 수익 소유권을 은닉하기로 유명했다. 제네바 금융업자 가운데 한 명이 내게 설명한 바에 따르면, 러시아 고객들은 먼저 자기네 자금을 키프로스나 오스트리아로 옮겼는데, 양국 모두 러시아와의 협정을 통해서 이중 과세를 방지하고 있기 때문이었다.[83] 이 자금은 다시 영국으로 갔다가, 다시 파나마에 있는 익명의 신탁으로 가게 된다. 대륙과 앵글로·색슨 과세 시스템 사이의 구멍을 악용한 이 시스템은 과세를 거의 없애 버렸다. 지난 10여 년, 또는 더 먼저부터 런던으로 밀려온 현금 대부분은 그 출처를 알 수가 없었다. 예를 들어 2009년 한 해에만 영국 왕실 속령 세 군데에서 런던 시티 지구로 3325억 달러가 들어왔다.[84] 대부분은 해외 돈으로 여겨지지만, 그 최초의 출처는 확인할 수 없다. 하지만 런던 부동산 중개업자들은 런던에서 가장 훌륭한 부동산에 수백만 달러를 기꺼이 내는 가장 큰 고객들이 구소련 출신이라는 사실을 잘 알고 있으며, 이 도시의 변호사와 은행가들은 러시아 재벌들이 좌지우지하는 수십억 달러에 봉사하기 위해서 줄지어 늘어섰다. 이 돈의 출처라든지, 이 돈을 실제로 통제하는 사람에 대해서는 거의 관심이 없었다.

서방은 아브라모비치가 첼시 FC를 매입했을 때에만 해도, 그가 어쩌면 크렘린의 명령에 따라 행동하고 있을 가능성을 미처 모르고 있었다. 막대한 봉급을 받고 러시아 회사들의 이사회에 앉은 영국 귀족들이 정작 그 기업의 활동에 대한 감독권을 거의 부여받지 못했다는 사실도 미처 주목하지 못했다. 「런던에서는 돈이 만사를 지배합니다. 누구든지, 무엇이든지 살 수 있습니다. 러시아인은 영국 정치 엘리트를 타락시키기 위해서 런던에 온 겁니다.」 어느 러시아 재벌의 말이다.[85] 「러시아인은 게임 방법을 매우 잘 알고 있습니다. 이들은 돈을 가지고 많은 사람을 조종했습니다. 제가 이름을 댈 수 있는 사람만 50명에 달합니다. 이 모든 귀족이 러시아 회사의 이사회에서 도대체 뭘 하고 있을 거라고 생각하십니까? 그들이 받는 연봉이 50만 파운드에 달합니다.」크렘린의 권력층 최상부와 유대를 맺고 있는 런던 전직 고위급 은행가의 말이다.[86]

런던이 런던그라드로, 또는 〈모스크바나템스(템스 강변의 모스크바)〉로 알려지게 되면서, 러시아의 가장 부유한 억만장자들인 아브라모비치와 알리셰르 우스마노프는 아예 이 도시에 거처를 마련하고, 『선데이 타임스』가 선정한 10대 부자 명단에서 상위를 차지하게 되었다(참고로 우즈베키스탄 출신의 금속 재벌 우스마노프의 사업 역시 러시아 정부와 항상 나란히 발맞춰 진행된 바 있다). 한 러시아 재벌은 이 과정을 지켜보면서, 문득 오래전에 떠돌던 소비에트의 일화를 떠올리게 되었다고 말했다.[87] 소련이 파산을 향해 질주하던 당시에, KGB가 미국에 요원을 한 명 보내려고 준비하고 있었다. 이 요원은 신분 위장을 위해 매력적인 이야기를 직접 고안했다. 즉 자기가 요트 여러 척과 멋진 저택을 보유한 부자로 행세하며 미국에 간다는 것이었다. 그러면 미국 상류층 전체가 그를 찾아올 것이었다. 그는 KGB 상사에게 이 계책이 얼마나 효과적일지 설명했고, 상사도 기꺼이 이를 승인했다. 하지만 KGB 재무부의 승인을 얻으려고 했을 때, 이들은 콘셉트를 바꿀 수밖에 없었다. 그런 계책을 실현시킬 만한 돈이 없다는 통보를 받은 것이다. 따라서 그는 돈 없는 노숙자 행세를 하며 미국에 가야만 했다. 「예전의 상황은 그러했습니다. 그런데 이제는 꿈이 이루어진 셈입니다. 그들은 큰 요트와 개인용 비행기를 갖고 있으니까요. 심지어 이곳에 큰 집도 갖고 있고요. 첼시 FC도 있죠. 아브라모비치 혼자만이 아니라, 집단 전체가 서방으로 건너온 겁니다. 영국에 대한 침투가 성공을 거둔 겁니다.」그 재벌의 말이다.

제12장
전투가 시작되다

만약 러시아를 운영하는 KGB 사람들이 자국의 부를 이용해 자기네 권력을 보전하고 투사하려 도모하는 대신에 시장과 민주주의 제도를 강화하려 도모하기만 했어도, 이 모두는 굳이 문제가 되지 않았을 것이다. 만약 푸틴 주위의 강경파 〈실로비키〉가 서방을 바라볼 때마다 강대국으로서의 러시아를 약화시키려는 의도를 품은 적으로 점점 더 많이 간주하는 대신에 동반자가 될 만한 후보로 간주하기만 했어도, 이 모두는 굳이 쟁점이 되지 않았을 것이다.

하지만 그들은 냉전이 실제로는 절대 끝나지 않은 세계, 러시아의 지정학적 힘을 회복하는 것이 유일하게 중요한 세계에서 온 사람들이었다. 그들의 세계에서는 시장으로의 이행을 시작할 때부터 자본주의를 훗날 서방에 보복하는 데 사용할 도구라고 믿었으며, 푸틴 역시 서방은 돈으로 매수할 수 있다고 믿었다. 푸틴의 사람들로서는 나토를 통해서 러시아의 국경에 점점 더 가까워지는 서방의 잠식은 실존적 위협으로 보였으며, 우크라이나와 조지아에서 친(親)러시아 정부들을 전복시킨 민주주의 운동은 국민의 자유로운 의사 표현이 아니라 오히려 미국의 지원을 받은 혁명으로 보였다.

편집증은 제국의 붕괴로부터 탄생했으며, 공산주의 시스템의 쓰라린 패배에 근거하고 있었다. 문제는 권력을 추구하는 과정에서 점점 더 무자비해진 KGB 사람들로 이루어진 집단이 그런 편집증을 보유하고 있다는 점이었다.

푸틴은 2007년 2월 뮌헨 안보 회의에서 처음으로 세계 지도자들 앞에서 연설했을 때 자기 뜻을 가장 분명하게 드러냈다. 머지않아 두 번째 대통령 임기가 끝나면, 그는 헌법에 의거하여 반드시 물러나야만 하는 상황이었다. 하지만 푸틴은 〈어쩌면 자기가 지금부터 꼭 말해야 하는 내용을 마음에 들어 하지 않을 사람이 있을지도 모르겠다〉는 전투적인 경고로 연설을 시작했다. 이후 20분 동안 그는 미국이 유일한 초강대국으로 군림하는 냉전 이후의 세계 질서를 비난했다. 「미국은 모든 영역에서 그 경계를 넘었습니다. 경제에서나 정치에서나 인도주의적인 영역에서나 간에 자국의 뜻을 다른 나라에 강요하는 것입니다. 그러니 누가 좋아하겠습니까? 도대체 누가 좋아하겠습니까?」 푸틴은 이렇게 말했다.[1]

구(舊) 바르샤바 조약 국가들에 대한 나토의 확장도 비난했다. 푸틴의 말에 따르면, 서방은 베를린 장벽 붕괴 이후에 소련에 내놓았던 보장을 마음대로 무시해 버렸다는 것이었다. 다른 무엇보다도 푸틴은 폴란드와 체코 공화국에 미사일 방어 시스템을 건설하겠다는 미국의 계획을 비난했다. 미국은 이란과 북한의 미사일로부터 유럽을 보호하기 위해서 그런 시설이 필요하다고 주장했지만, 러시아가 오래 견지한 시각에 따르면, 그런 방어 시스템은 어디까지나 자국의 핵 공격 역량을 잠식하기 위해서나 필요할 뿐이라는 것이었다. 북한이나 이란 가운데 어느 나라도 유럽에 도달할 만큼의 미사일 기술을 갖고 있지는 않으며, 설령 북한이 미국을 공격하더라도 그 미사일이 굳이 유럽을 거쳐 가지는 않으리라는 것이 러시아의 믿음이었다. 「이것은 한마디로 탄도학의 법칙에 위배됩니다.」 푸틴의 말이었다. 그는 러시아의 국경에 미사일 방어 시스템을 만든다면, 결국 새로운 군비 경쟁으로 이어질 수밖에 없다고 위협했다.

푸틴의 장광설은 서방을 향한 경고로 끝났다. 그의 말에 따르면, 냉전 이후에도 아직 제거되지 못한 지뢰밭이 남아 있었다. 이념적인 고정 관념, 이중 기준, 〈권역 사고방식〉 모두가 여전히 남아 있는 반면, 미국이 만사를 지배하는 단극(單極) 세계는 실패할 운명이라는 것이었다. 「이 세계에는 하나의 주인, 하나의 군주만 있습니다. 이 세계는 결국에 가서 이 시스템의 일부인 모든 사람에게 파멸적일 뿐만 아니라, 그 군주 자체에도 파멸적일 것입니다. 왜냐하면 그 시스템은 내부로부터 파괴될 것이기 때문입니다.」 푸틴이 조용히 지적한 바에 따르면, 세계는 신속하게 변하고 있었다. 이른바 BRIC 국가들, 즉 브라질, 러시아, 인도, 중국 같은 신흥 시장들은 신속하게 상승하고 있으며, 선진국의 경제에 도전하고 있었다.

하지만 그 당시에 서방은 다른 골칫거리를 겪고 있었다. 9·11 테러 공격의 후유증에다가, 이라크와 아프가니스탄에 대한 군사 침공 때문에 여전히 고심했다. 테러리즘의 위협은 여전히 크나큰 걱정이었다. 그러니 벼락부자 주제인 러시아가 전 세계 안보 시스템에서 맨 꼭대기 자리에 대한 소유권을 주장하는 것이야말로, 서방으로선 가장 듣고 싶지 않은 소식이었다. 그런 시절은 이미 오래전에 끝났고, 전 세계 강대국으로서의 러시아도 끝났다는 확고한 믿음이 있었다. 이런 태도는 그 당시 미국 국방 장관 로버트 게이츠의 반응에 잘 요약되어 있었으니, 게이츠는 푸틴의 연설을 듣고는 한숨을 쉬며 이렇게 말했다. 「냉전은 한 번으로 족하다.」[2]

서방은 그해 말에 이르러 푸틴이 후임 대통령감으로 지목한 사람에게 희망을 걸었다. 상트페테르부르크 시절부터 그의 보좌관으로 근무해 왔던, 말투가 조용하고 체격이 작은 변호사 메드베데프였다. 검은 고수머리에 뻣뻣하고 어색한 분위기를 지닌 메드베데프는 자유주의자로 자처했다. 그는 레닌그라드 교외에서 성장했으며, 책을 좋아해서 고전 문학 서적과 서방의 록 음악의 음반을 구하기 위해 줄을 서곤 했다. 당시 41세였던 메드베데프는 〈부자유보다는 자유가 낫다〉는 대담한 선언과 함께 대통령 선거에 도전하면서, 경제에서 국가의 역할을 줄이겠다고 약속했다. 서방은 만약 메드베데프가 대통령이 된다면 러시아가 정상적인 시장 경제로 변모하는 경로로 돌아올 것이라고, 그 나라가 전 세계 시스템에 통합되며 정치적으로 적극적인 중산층의 발달을 자극하는 데 도움이 될 것이라고 희망을 품었다. 메드베데프를 지명한 것은 푸틴 행정부에서 더 자유주의적인 일각이 우세하다는, 사법 시스템 장악과 정치적 반대파에 대한 탄압의 증가를 비롯해 실로비키가 행하는 최악의 월권이 억제되리라는 신호로 간주되었다. 러시아 역시 다른 모든 나라와 똑같은 규칙을 따를 것이라고 기대한 것이다. 2009년 1월에 버락 오바마 행정부가 출범한 직후, 미국은 관계의 〈재개〉를 발표했다. 2008년 8월에 구(舊) 소비에트의 이웃이자 친서방 국가인 조지아에서 러시아가 군사적 충돌을 벌였음에도 불구하고 그렇게 했다.

그달 초에, 본래 조지아의 일부였다가 떨어져 나간 남오세티야 공화국에서 러시아산 무기를 많이 보유한 분리주의자들과 조지아군의 교전이 확산하며 5일 동안 전쟁이 벌어졌다. 조지아의 탱크가 자국의 여러 마을에 포격을 가한 분리주의자들에게 역시나 포격으로 반격했으며, 이후 남오세티야 수도 츠힌발리에 입성하는 과정에서 수십 명, 어쩌면 수백 명의 민간인이 사망했다.[3] 러시아와 조지아는 교전이 걷잡을 수 없이 확산된 것에 대해서 서로에게 책임을 돌렸다. 러시아 비행기가 조지아 병력이 있는 장소에 폭격을 가했고, 러시아 탱크가 조지아 영토로 들어갔다. 조지아 대통령 사카슈빌리는 츠힌발리에 대한 공격 명령이 어디까지나 러시아 병력이 로키 터널을 지나서 북부로 침공했다는 사실을 보고받은 이후였다고 주장했던 반면, 러시아는 자국 병력의 진입이 어디까지나 조지아의 공격이 시작된 이후였다고 주장했다. 진실은 전쟁의 안개에 갇혀 버렸던 것처럼 보인다. 하지만 몇몇 독립적인 군사 전문가는 러시아가 사카슈빌리를 잡기 위한 함정을 오래전부터 놓아두었다고, 즉 분리주의자들의 군사 활동을 의도적으로 가속화시켰고, 침공도 미리 계획해 놓았다고 믿었다.[4] 그 대치의 결과로 조지아의 영토에서 큰 덩어리가 떨어져 나갔으며, 그해 초에 나토 가입에 대한 논의가 오갔음에도 그 희망은 깡그리 사라지고 말았다. 러시아는 일방적으로 남오세티야의 독립을 인정했으며, 그곳을 〈동결 분쟁〉 지역으로 삼았다. 러시아의 공격적인 반응이 밀접국에 대한 통제권을 추구하는 새로운 주장을 암시한다는 사실을 의심하는 사람은 거의 없다시피 했다. 「러시아는 완전히 새로운 역할을 주장하는 것이며, 이는 향후 어디에서나 반향을 일으킬 것입니다. 러시아는 세계 각지에서 미국에 대한 공략을 더 적극적으로 시작할 겁니다. 이런 태도는 불과 한 달 전까지만 해도 없었어요. 지금 우리는 그때와 다른 환경에 놓여 있습니다. 러시아는 지역적 주도권을 주장하고 싶어 하는 것입니다.」 당시 모스크바 카네기 센터의 정치 분석가였던 드미트리 트레닌의 말이다.[5]

이런 공격에도 불구하고, 오바마의 행정부는 러시아와의 관계에 대해 새 출발을 하고 싶다고 신호했다. 말다툼에 마침표를 찍겠다는 것이었다. 대신 참여와 협력과 동반 관계를 강조하겠다고 했다. 메드베데프는 여기에서 한몫을 담당했는데, 오바마의 당선을 두고 〈좋은 협력 관계〉를 구축하기 위한 〈매우 좋은 기회〉가 만들어졌다고 축하했으며,[6] 전 세계 금융 시스템으로 통합되려는 러시아의 열망을 신호하면서 국제 금융 시장 개혁에 대한 계획의 개요를 설명했다. 「러시아는 유럽 연합의 회원 국가들이며 다른 동반자들과 함께 완전히 협력하는 노력에 참여할 준비가 되어 있으며, 새로운 세계 금융 시스템의 창설에도 참여하고 싶습니다.」 메드베데프의 대통령 임기의 큰 주제 가운데 하나는 모스크바를 〈국제 금융 중심지〉로 변모시키기 위한 추진이었다. 그는 미국의 미사일 방어 시스템에 대응하여, 폴란드와 리투아니아 사이에 끼어 있는 러시아의 고립 영토 칼리닌그라드에 이스칸데르 미사일을 배치하려는 계획도 억제하겠다고 제안했다.[7] 미국의 고위급 해외 정책 전략가들은 러시아가 전 세계 금융 위기로 인해 약해졌으며, 따라서 더 이상은 〈석유 초강대국〉으로서 위협이 되지 않는다고 믿었다. 예를 들어 클린턴 시대의 국무 차관 스트로브 탤벗 같은 사람이 그러했다.[8] 아울러 탤벗은 미래에 러시아가 전 세계 시스템에 통합될 경우, 결국 〈규범에 근거한 국제 질서〉가 따라 나온다는 뜻이라고 믿었다.

급기야 메드베데프와 오바마 사이에는 서로 친근한 척하는 태도가 나타났으며, 미국 대통령은 러시아 대통령을 가리켜 〈생각이 깊고 앞을 내다보는 인물〉이라고 칭찬하기까지 했다.[9] 러시아는 이란의 장거리 미사일 제작 기술을 저지시키는 데에 지원했고, 이에 대한 보답으로 미국의 미사일 방어 계획을 지연시키는 논의가 출범되었다.[10] 양국의 핵 무기고 감축에 관한 〈공동의 이해〉에 도달하기도 했으며, 아프가니스탄에서의 협력 강화를 위한 협상도 이루어졌다.[11] 2009년에 모스크바를 처음으로 방문한 오바마와 메드베데프는 마치 의기투합한 것처럼 보였다. 러시아 대통령이 이듬해에 미국을 답방했을 때에는 사업적 유대를 심화시키는 데에 초점을 맞추었다. 메드베데프는 〈현대화주의자〉로서의, 즉 아이패드와 트위터를 사용하는 완전히 새로운 종류의 러시아 대통령으로서의 모습을 보여 주려 시도했다. 실리콘 밸리 방문을 주요 일정으로 잡았으며, 러시아의 첨단 기술 개발을 도와줄 수 있는 협력에 관한 희망을 드러냈다.[12] 즐거운 분위기는 지속되었고, 급기야 양국 정상이 미국 대통령의 단골 햄버거 매장을 함께 방문하기도 했다.[13] 미국이 메드베데프에게 막대하게 투자한 까닭은 그가 훗날 러시아의 통합을 주도하리라는 희망 때문이었다.

하지만 대통령 자리에서 물러나 총리가 된 푸틴은 막후에서 대부분의 주도권을 쥔 상태였다. 메드베데프가 독립적으로 내린 결정은 거의 없다시피 했으며, 경제에서 국가의 역할을 줄이려고 노력하겠다던 말은 미사여구에 불과했다. 여러 가지 면에서 메드베데프는 허수아비에 불과했다. 푸틴이 메드베데프를 후계자로 고른 정확한 이유는 이너 서클을 통틀어 자신에게 도전할 만한 역량을 갖출 가능성이 가장 작아 보였기 때문이었다. 처음부터 푸틴은 메드베데프가 임기를 채우고 나면 대통령으로 복귀하려는 계획을 세우고 있었다. 「당신도 아시다시피, 메드베데프와 관련된 그 모든 일은 그가 복귀할 길을 찾아내는 데에 근거하고 있습니다.」 푸틴 정권에서 방크 로시야와 연계된 금융인 가운데 한 명이었던 콜레스니코프의 말이다.[14] 메드베데프가 대통령으로서 내린 최초의 결정 가운데 하나는 후임 대통령의 임기를 4년에서 6년으로 연장한 것이었다. 이는 마치 푸틴의 권좌 복귀를 준비하는 것처럼 보였다.[15]

메드베데프를 교화하려는 미국의 시도는 정치적 분위기를 완화시키는 대신 서방에 대한 푸틴의 의구심만 깊어지게 만들었다. 나중에는 이의 제기에 대한 훨씬 더 강력한 분쇄를 촉진하고야 말았다. 2011년 9월에 푸틴이 대통령 선거에 재출마할 것이라고 발표하자, 서방은 지금까지 펼쳐 온 정책에 대한 희망에 치명타를 맞았다. 메드베데프 실험은 마치 끝난 것처럼 보였다. 물론 그 실험이 애초에 시작되기나 했었다고 치면 말이다.

하지만 그해 겨울의 한순간, 마치 러시아가 전환점을 마주할 수 있을 것처럼 보일 때가 있었다. 메드베데프 정권의 영향일 수도 있는 변화의 희망이 잠깐이나마 되살아났기 때문이었다. 푸틴이 대통령 직위로 복귀하겠다고 발표하자, 그가 권좌에 오른 이래 처음으로 진정한 정치적 역풍이 밀어닥쳤다. 그 발표 직후에 푸틴이 텔레비전으로 중계된 레슬링 경기의 우승자에게 축하 인사를 건네기 위해 링에 오른 순간, 야유가 쏟아졌던 것이다.[16] 그가 대통령으로 8년, 총리로 4년 가까이 재직하며 권력을 잡은 12년에 가까운 세월 동안 관중으로부터 휘파람과 야유를 받은 경험은 그때가 처음이었다. 비록 경기 자체는 생중계되고 있었지만, 국영 TV 채널의 편집자들은 야유 소리를 어찌어찌 소거할 수 있었다. 하지만 그로부터 6주 뒤인 2011년 12월 10일, 수만 명의 시위대가 〈푸틴 없는 러시아〉를 요구하는 플래카드를 들고 그 정권의 마침표를 요구하며 모스크바강의 작은 섬으로 향했을 때, 이들의 함성은 너무나도 커서 편집해 버릴 수가 없었다.

그날의 시위는 소비에트 붕괴 이후 가장 규모가 컸다. 볼로트나야 광장에 눈이 내리는 가운데, 〈푸틴은 도둑놈이다〉와 〈도둑놈은 교도소에 가야 한다〉 같은 구호를 외치는 시위대는 크렘린의 붉은 담벼락과 겨우 강 하나를 사이에 두고 있을 뿐이었다. 이 시위의 가장 직접적인 이유는 바로 일주일 전에 실시한 의회 선거에서 부정 투표가 만연했음이 드러났다는 사실이었다.[17] 모스크바 시민 사회에서 점점 더 적극적으로 변해 가는 구성원들은 크렘린을 범죄 현장에서 딱 적발한 격이었는데, 통합 러시아당에 유리하게끔 득표수와 결과의 조작이 이루어졌던 것이다. 회색 관료들의 무리인 통합 러시아당은 가뜩이나 멸시 대상이었는데, 푸틴의 국가에 대한 이 관료들의 충성심은 어디까지나 개인의 승진에 대한 욕망과 부패로 추진되었기 때문이다. 하지만 투표에 대한 격노의 외침 배후에는 훨씬 더 깊은 불만족이 있었다. 이는 레슬링 경기에서 푸틴에게 야유를 보낸 사람들 역시 공유하는 바였다. 비록 사람들은 메드베데프 역시 그의 일족에 속한다고 인식했지만, 지난 4년 동안 메드베데프가 내놓은 좀 더 자유주의적인 수사(修辭)는 정치적 해빙에 대한 희망을 진정으로 부추겼으며, 특히 모스크바의 도시 엘리트에게 그러했다. 그들은 조롱당한 기분이었으며 속은 기분이었다. 온 나라는 푸틴이 과연 복귀할지, 아니면 메드베데프가 두 번째 대통령 임기까지 남아 있을지를 놓고 계속해서 조바심하고 있었다. 9월의 통합 러시아당의 당 대회에서 자신의 결정을 발표한 푸틴은 이 문제를 이미 몇 년 전에 메드베데프와 함께 결정했다고 암시했다. 마치 푸틴이 갑자기 무대에 등장해서는 지난 4년 동안 여러분이 들은 모든 이야기는 책략에 불과했다고 말하는 격이었다. 크렘린에 대해 비판적인 극소수 독립 잡지 가운데 하나인 『뉴 타임스*The New Times*』의 편집장 알바츠는 그 결정이 〈이 나라를 정말로 정말로 부끄럽게 만들었다〉고 말했다.

은행가와 사업가들조차도 연금 수령자와 10대 청소년들과 합세하고, 좌익 무정부주의자들조차도 자유주의자와 국수주의자들과 뒤섞여서 항의와 실망을 표시했다. 겨우내 시위가 계속되면서, 러시아 반대파는 과거 소비에트 시스템에 맞섰던 옐친 이후에 최초로 자신들을 단결시킬 만한 카리스마 있는 지도자를 찾아냈다. 호감 가는 인상에 약간 호리호리한 체구를 지녔으며, 오래전부터 정치에 입문할 방법을 찾아보던 35세의 전직 변호사 알렉세이 나발니였다. 그는 메드베데프 대통령 시절에 반부패 블로거로 인터넷에서 큰 인기를 얻었으며, 많은 사람으로부터 젊은 시절의 옐친과 유사점이 많다고 간주되었다. 나발니는 자국의 가장 큰 기업들의 허위 계약과 리베이트를 고발하는 극소수의 용감한 인물 가운데 하나였다. 그해 겨울의 시위 동안, 그는 마치 록 스타 같은 충격적인 존재감을 과시하면서 〈누가 권력을 갖고 있습니까? 여기 있는 우리가 권력입니다!〉라고 외쳤고, 사람들은 이에 호응하여 같은 말을 따라 외쳤다. 나발니는 푸틴 정권의 부패를 비판하는 격한 연설을 내놓으며, 그 정권을 가리켜 〈사기꾼과 도둑놈〉의 지배라고 불렀다. 시위가 새해를 넘겨서 3월의 대통령 선거철까지 이어지자, 크렘린 내부의 더 자유주의적인 세력과 강경파 세력 사이의 전투에 관한 이야기까지 나오기 시작했다.[18] 러시아의 큰 사업체에 속한 더 진보적인 구성원들 가운데 일부에게도 푸틴의 권좌 복귀 소식은 마치 일격을 당한 것처럼 느껴졌다. 「예를 들어 친척 중에 한 분이 불치병을 앓고 있다고 쳐요. 그분이 결국 죽음을 맞이한다면 당연히 그런 일이 벌어지리라는 건 이미 알고 있었지만, 그렇다고 해서 슬프지 않을 수는 없는 겁니다.」 그중 한 명은 이렇게 설명했다.[19]

비록 한동안은 그 겨울의 격앙된 분위기에서 정치적 봄에 대한 희망이 있을 것 같다는 기대도 느껴졌지만, 실제로 시위대에게는 기회가 전혀 없었다. 그들은 얼마 안 되는 소수자였던 반면, 푸틴의 KGB는 법 집행 기관 전체를 통제하고 있었다. 푸틴은 러시아의 중핵에 해당하는 사람들에게, 즉 자국의 이른바 〈침묵하는 다수〉에게 호소한 상태였다. 그 사람들은 블루칼라 노동자들로서 다른 무엇보다도 안정성을 중요시했으며, 옐친 시절의 혼돈을 끝냈다는 이유로 여전히 푸틴을 칭찬했다. 무엇보다도 푸틴은 그 시위의 물결이 메드베데프의 약속 모두가 허위에 불과했다는 점에 대한 불만과 실망의 진정한 분출이라는 사실을 차마 믿을 수 없어 했다. 대신 푸틴은 그 시위에 미국 국무부가 개입했다고 보았다. 푸틴의 생각은 이러했다. 외부의 개입이 아니라면, 무려 10만 명에 가까운 군중이 시위하며 행진하는 일이 어떻게 가능할 수 있단 말인가? 그가 보기에는 앞서 미국이 우크라이나와 조지아에서 봉기를 부추기려 도모했던 것과 마찬가지로, 이제는 러시아 자체에 간섭하고 나선 것만 같았다.

「우리는 어느 누구에게도 우리의 국내 문제에 간섭하도록 허락하지 않을 것입니다! 우리는 어느 누구에게도 자기네 의지를 우리에게 강요하도록 허락하지 않을 것입니다. 왜냐하면 우리에게는 우리 자신의 의지가 있기 때문이며 (……) 우리는 승리하는 국민입니다! 우리의 유전자 안에 승리가 들어 있는 겁니다. 이는 대대손손 물려받은 것이므로 우리는 승리를 거둘 것입니다!」푸틴은 2월의 대통령 선거 유세에서 경기장을 가득 메운 군중에게 이렇게 말했다.[20]

소비에트 제국의 붕괴를 여전히 속상해하면서 푸틴과 마찬가지로 서방을 의심하는 사람들에게는 이것이야말로 공감이 가는 메시지였다. 덕분에 푸틴은 64퍼센트의 득표율로 다시 대통령에 당선되었다.[21] 그 선거일 밤에 크렘린 바깥에 모여든 지지자들을 향해 승리를 선언하기 위해 연단에 올랐을 때, 푸틴은 눈물을 몇 방울 흘리지 않을 수 없었다. 보좌관들의 주장에 따르면 바람 때문이었지만, 마치 그는 2010년과 2011년에 중동 전역에서 권위주의 정권을 전복시킨 아랍의 봄의 망령에 시달리기라도 하는 것처럼 보였다. 크렘린은 모스크바의 시위에서 미국의 존재를 확신한 것만큼이나, 중동에서의 친민주주의 운동에서도 이를 후원하는 미국의 개입이 있었다고 확신하고 있었다. 푸틴을 크게 비판하던 미국 공화당 상원 의원 매케인이 그해 겨울에 조롱조로 올린 다음과 같은 트윗도 편집증 완화에 도움이 안 되기는 마찬가지였을 것이다. 〈친애하는 블라드, 아랍의 봄이 당신 근처의 동네까지 다가가고 있습니다.〉[22] 푸틴은 러시아의 전 세계적 지위를 재주장하겠다고 스스로 선언한 자기만의 전투를 벌이는 와중에 그만 감정이 치밀어 올랐던 것처럼, 즉 자기가 미국의 음모를 격퇴하는 데에 성공했다고 진짜로 믿었던 것처럼 보인다.

푸틴이 대통령으로 복귀한 바로 그 순간부터 시작된 정치적 탄압은 러시아의 자유주의적 엘리트들의 무력함을 뚜렷이 보여 주었다. 우선 6월의 푸틴 취임일 전날에는 격화된 시위의 참가자 수십 명이 체포되어 구금되었으며, 폭동 참여와 경찰 공격 혐의로 기소되었다. 이어서 나발니를 비롯한 반대파 지도자들의 자택에 대한 급습과 수색이 이루어졌으며, 한 달 뒤에는 나발니가 최대 징역 10년까지도 선고가 가능한 대규모 횡령 혐의로 기소되었다.[23] 해외의 자금 지원을 받는 비정부 단체에 상당한 규제를 가하는 새로운 법률도 생겨났다. 그 충격은 서늘했다. 메드베데프가 그토록 약속했던 정치 시스템에 대한 통제의 완화는커녕, 푸틴의 KGB 사람들은 권력을 계속 장악했고 심지어 더 강화하기까지 했다. 이들은 여전히 사법 시스템과 법 집행 기관 전체를 통제했다. 자기네 앞길을 가로막는 사람은 누구라도 교도소에 보낼 수 있었다. 옐친 시대의 재벌들은 자국의 새로운 궤적에 저항하고 싶어도 차마 그럴 수가 없었다. 이들 역시 너무 많은 투자를 받은 상태였기 때문이다. 「그들은 일인자에게 의존하고 있습니다. 러시아야말로 그들이 돈을 벌 수 있는 주된 장소이므로, 이를 위해 그들 모두는 푸틴의 고갯짓에 의존하고 있는 것입니다.」 그들 중 한 명과 가까운 관련자의 말이다.[24] 「그들이 권력을 모두 갖고 있는데, 우리가 어떻게 그들에게 대항할 수 있겠습니까?」 억만장자 가운데 한 명의 말이다.[25]

메드베데프가 자랑하던 자유화는 없었다. 그의 4년 통치에서 비롯된 결과라고는 오히려 경제에 대한 국가의 장악이 이전보다 더 강화된 시스템이었다. 한편으로는 2008년 금융 위기 직후에 서방 채무자들로부터 재벌들을 구제하기 위한 국가의 긴급 원조 대출 때문이기도 했지만, 또 한편으로는 메드베데프의 대통령 임기 동안 경제의 현대화라는 명목으로 정부의 자금 수십억 달러가 대표적인 국가 프로젝트에 들어갔기 때문이기도 했다. 우선 나노 기술 개발의 요람이 되기 위해 로스나노를 설립했는데, 푸틴의 사람들이 군사 기술과 인공지능에서 서방의 발전과 경쟁하기 위해서는 바로 그 분야가 중요하다고 생각한 까닭이었다. 또 메드베데프는 2010년에 기술 신생 기업의 발전을 독려하기 위해 첨단 기술 허브인 스콜코보를 설립했다. 양쪽 사업체 모두 정부의 돈을 빨아들이는 어마어마한 블랙홀로 변모했는데, 정작 그 자금의 사용에 대한 감독이나 투명성은 거의 없다시피 했다. 로스나노가 미국의 여러 기술 회사에 10억 달러 이상을 투자하고, 스콜코보가 실리콘 밸리며 매사추세츠 공과 대학과 협력을 심화하자, 미국 법 집행 기관에서는 러시아가 냉전 시대의 방식으로 돌아가는 것이 아닌가 싶어 우려했다. FBI에서는 러시아의 국가 프로젝트가 실제로는 미국의 이중 용도 기술과 군사 기술에 접근하려는 목적을 지닌 정교한 위장 간판에 불과하다며 보스턴의 기술 분야 지도자들에게 경고했다.[26]

메드베데프의 대통령 임기 동안 이루어진 미국과의 친선이며, 그로 인해 독려된 서방 투자의 꾸준한 유입은 단지 KGB 사람들의 권력 장악을 지지하는 데에만 도움을 주었을 뿐이었다. 「서방은 매우 순진했습니다.」 채텀 하우스의 정치 분석가 릴리아 셰프초바의 말이다. 그녀의 말에 따르면, 오바마 정권이 제공한 지원은 푸틴의 기존 시스템에 경제적이고 기술적인 〈비아그라〉 노릇을 했다.[27] 다시 살아나는 석유 가격은 추가적인 지원을 제공했다. 푸틴이 대통령에 복귀했을 즈음, 석유 가격은 배럴당 100달러 가까이 치솟았다. 2008년 금융 위기 당시의 35달러와 비교해 거의 세 배 가까이 뛴 것이다. 러시아의 경화 보유액도 5000억 달러 이상으로 회복되어서 세계에서 네 번째로 큰 규모가 되었다.

크렘린의 호의에 따라 부가 좌우되는 봉건 시스템은 그저 심화하기만 했다. 부패를 단속하겠다는 메드베데프의 발언에도 불구하고, 서방 고위급 은행가 두 명의 주장에 따르면, 몇몇 억만장자는 메드베데프의 위장 간판으로 행동했다. 심지어 크렘린의 승인이 필요한 거래에서 메드베데프가 한몫을 떼어 가도록 설계된 것이 있었다고 증언한 재벌도 최소한 한 명 이상이었다. 메드베데프는 이전까지만 해도 그런 부패와 관련된 주장을 일축해 왔다. 심지어 메드베데프가 경제에서 국가의 역할 감소에 대해 설교할 때조차도, 푸틴의 가장 가까운 사업 동맹자들이 보유한 부는 급증하기만 했다.[28]

푸틴의 KGB 동료들의 재산이 늘어나는 동안, 푸가체프 같은 사람들은 오히려 그들과 사이가 틀어지고 말았다. 그는 시대착오적 인물, 다른 시대의 상징, 즉 사업이 훨씬 더 자유로웠던 옐친 시대에서 푸틴 시대로 이행한 대표적 인물이 되었다. 호도르콥스키에 대한 공격 이후, 푸가체프는 점차 언저리로 밀려나게 되었다. 「KGB가 권력을 장악한 이후, 저는 더 이상 만사에 영향력을 발휘할 수 없게 되었습니다. 그들은 마치 해일처럼 덮쳐 버렸습니다.」 푸가체프의 말이다.[29] 푸틴의 두 번째 대통령 임기 중 어느 시점에 가서 푸가체프는 크렘린에 있는 사무실조차 내놓고 말았다. 더 이상 그에게는 사무실이 필요없었고, 지나치게 이목을 끄는 것처럼 보였기 때문이다. 푸가체프는 여전히 푸틴과 어느 정도까지는 가까운 상태를 유지했다. 2007년에는 모나코 알베르 대공이 푸틴과 함께 시베리아 투바의 야생 지대에서 여름휴가를 보내려고 하자 그 준비를 도와주기도 했는데, 몽골과의 국경에 가까운 그 지역이 마침 푸가체프의 상원 의원 지역구였기 때문이다. 시베리아산맥의 장관에 에워싸인 바로 그곳에서 머무는 동안, 국가 원수 두 명은 예니세이강에서 나란히 낚시를 했다. 특히 이때 처음으로 웃통을 벗고 카키색 바지만 걸치고는 낚싯대를 휘두르는 마초 영웅 행세를 하는 푸틴의 모습이 찍혔고, 그 사진은 유명해지게 되었다.

하지만 푸가체프는 다른 아첨꾼들처럼 푸틴에게 머리를 조아릴수가 없었다. 오히려 항상 불손한 성격답게 종종 자기 생각을 털어놓기도 했다. 두 사람 사이에는 항상 알력이 있었는데, 마치 푸틴이 자신의 권좌 등극 과정을 도운 푸가체프에게 빚진 것이 있음을 기억하며 분개하는 것처럼 보였다. 이런 알력은 점차 커졌다. 금융 위기가 닥쳐오고 메드베데프가 푸틴의 대통령 후계자로 지명되기 전부터, 푸가체프의 사업 제국 위에는 먹구름이 몰려들고 있었다. 그의 사업 제국은 그 나라의 가장 큰 조선소 두 군데를 비롯해, 시베리아에 있는 방대한 점결탄(粘結炭) 매장지와 부동산 개발업체를 망라하고 있었다.

2001년에 푸틴이 대통령에 취임한 직후, 푸가체프는 메즈프롬방크 회장직을 사임하고 그 소유권을 뉴질랜드의 한 신탁에 넘겼다. 불손한 태도를 보였음에도 불구하고, 푸가체프는 푸틴이 요청하는 일에 항상 자금을 지원했다. 그는 여전히 크렘린의 은행가로 알려져 있었다.[30]

메드베데프의 대통령 임기 첫해에, 푸틴은 자신에게 더 충성스럽고 더 가까운 인물이었던 또 다른 재벌의 상승을 위해 푸가체프에게 자금 지원을 요청했다. 러시아 역시 2008년 금융 위기에는 현금을 가진 재벌들이 드물었다. 하지만 푸가체프는 아직 그런 재벌들 가운데 하나였다. 2008년 여름에 푸틴이 그에게 전화를 걸어서, 자기 친구 로텐베르크를 돕기 위해 5억 달러를 대출해 달라고 요구했다. 「그가 저에게 말하더군요. 〈이건 그저 대출일 뿐입니다. 6개월 안에 상환될 겁니다.〉」 푸가체프의 말이다.[31]

푸가체프는 그해에 로텐베르크를 종종 만났다. 이 사람으로 말하자면, 레닌그라드의 거리에서 주먹다짐을 벌이며 푸틴과 함께 성장했고, 나중에는 같은 유도 체육관에서 함께 훈련한 사이였다. 로텐베르크는 푸틴이 대통령에 취임한 이후부터 사업에 관한 관심을 키워서 자기 형제 보리스와 함께 SMP라는 은행을 상트페테르부르크에 설립한 바 있었지만, 이때까지는 널리 알려지지 못한 인물이었다. 하지만 푸가체프는 로텐베르크의 성장을 도왔고, 그의 은행이 푸틴 정권의 또 다른 재정 관리자로서 그 역할이 확대되게끔 했다. 그 사이에 로텐베르크도 국가와의 도급 계약으로 수십억 달러를 얻을 수 있는 거래를 따낼 예정이었다. 그해 봄에 로텐베르크는 가스프롬으로부터 건설 회사 여러 곳을 매입했고,[32] 그로부터 몇 주 뒤에 가스프롬은 로텐베르크가 설립한 지주 회사 스트로이가즈몬타시에 수십억 달러짜리 파이프라인 도급 계약을 부여했는데, 발트해를 거쳐 독일까지 이어지는 새롭고도 중요한 전략적 가스 파이프라인의 러시아 쪽 구간을 건설한다는 내용이었다.[33] 유일한 문제는 그해 여름에 로텐베르크가 건설 회사의 매입 대가로 가스프롬에 지급할 현금을 아직 마련하지 못했다는 점이었다.[34] 바로 그때 푸틴이 전화를 걸었고, 푸가체프는 기꺼이 지원하겠다고 대답했다. 하지만 이 문제에서 푸틴의 관심사는 사실 로텐베르크의 건설 사업 배후에 실제로 누가 있는지를 푸가체프에게 명백히 알려 주는 것이었다. 「푸틴이 로텐베르크를 끌어들이고 싶어 한 이유는 자기가 진정으로 그를 통제할 수 있었기 때문입니다. 그 사람은 절대적으로 그의 것이었습니다.」 푸가체프의 말이다. 푸틴의 다른 사업 동맹자들과는 달리, 〈로텐베르크는 이전까지만 해도 진짜 사업을 해본 적이 없었다는〉 것이다.[35] 이 파이프라인 도급 계약 덕분에 로텐베르크는 억만장자로 변모했다. 로텐베르크는 자신의 자산 증가가 푸틴과의 우정과 관련되었다는 사실을 부정했다. 하지만 그는 푸틴과 가까운 동맹자 중 한 명으로서, 러시아 경제에서 점점 더 큰 구획을 차지하고 있는 팀첸코, 세친, 코발추크와 금세 어깨를 나란히 하게 되었다.[36]

이것이야말로 푸가체프가 푸틴에게 베풀어 준 마지막 호의였으며, 그 직후에 그는 갑자기 버림받고 말았다. 로텐베르크에게 돈을 빌려준 지 겨우 몇 달 뒤, 금융 위기가 러시아의 금융 시스템을 강타하자 푸가체프가 공동 설립 한 (그러나 더 이상 직접적인 소유주는 아니라고 주장하는) 메즈프롬방크도 다른 여러 러시아 은행과 마찬가지로 심각한 적자에서 헤어나지 못하게 되었다. 하지만 차입금이 과도한 다른 은행들과 비교했을 때, 중앙은행에서는 메즈프롬방크의 회생을 위해 긴급 원조 대출을 만기 연장하거나 채무를 재조정할 의향을 적극적으로 내비치지 않았다. 처음에는 중앙은행이 신속하게 개입해서, 긴급 원조 대출 21억 달러를 제공하며 메즈프롬방크를 계속 살아남게 했는데, 이는 그 위기로 타격을 입은 러시아 금융 시스템 전체에 중앙은행이 개입한 것과 마찬가지였다.[37] 하지만 2010년 여름에 이르러서도 메즈프롬방크가 중앙은행의 지원금을 상환하지 못하게 되자, 이 막대한 부채는 푸틴 정부가 푸가체프의 사업체인 북부 조선소와 발티스키 자보트를 장악하려 도모하는 빌미로 변모하고 말았다.

비록 메드베데프는 경제에서 국가의 역할 감소에 관해서 열심히 호들갑을 떨었지만, 푸틴은 앞서 유코스에 대한 국가의 공격을 설계한 KGB 동맹자 세친이 대표로 취임할 국영 조선업체를 만들고 싶어 했다. 상트페테르부르크 항구에서 부두 건너편에 자리한 푸가체프의 조선소 두 곳은 중요한 자산이었다. 북부 조선소와 발티스키 자보트는 러시아 최대의 군용 조선소였으며, 러시아 해군의 군용 호위함과 초계함급 전함을 건조했다. 푸가체프는 생산의 현대화에 대대적으로 투자했으며, 그의 조선소들은 러시아와 프랑스 국방 장관이 체결한 획기적인 도급 계약, 즉 러시아 해군이 사용할 수 있도록 프랑스가 설계한 미스트랄급(級) 전함 두 척을 건조하는 내용의 도급 계약을 따내는 과정에서 주도적인 경쟁자였다. 러시아 최초의 원자력 쇄빙선 〈승리의 50년호〉의 진수식을 위해 이 조선소를 처음으로 방문한 푸틴은 차마 눈앞에 펼쳐진 광경을 믿을 수 없어 했다. 「그가 얼마나 놀랐는지 기억합니다. 수영장과 정원과 오렌지 온실이 선상에 갖춰져 있었으니까요. 그 쇄빙선의 가치는 10억 달러 이상이었습니다. 하지만 그로 서는 차마 이해하기가 불가능했습니다. 그의 관점에서 민간 소유주는 기껏해야 빵이나 구우면 그만이었고, 쇄빙선이나 군함을 만들 수는 없었기 때문입니다.」 푸가체프의 말이다. 푸틴은 그때 푸가체프의 역 량을 처음으로 이해한 듯했다. 「제가 군용 조선소를 소유했다는 것이 푸틴에게는 마뜩잖았던 겁니다. 그는 제가 그곳을 소유해야 마땅하다 고 여기지 않았습니다. 그는 소비에트 사람이고, 체카인이었으니까요. 제 생각에는 바로 그때 그가 저에게서 그곳을 빼앗기로 작정했던 것 같습니다.」[38]

2009년 11월에 푸틴의 부름을 받고 참석한 면담에서 〈정부가 국 영 조선 회사를 만들 예정〉이라고 통보받는 순간, 푸가체프는 자신의 조선 사업이 끝장났음을 곧바로 이해했다. 푸틴은 세친이 그 회사의 대표를 맡을 것이라고도 말했다. 「그가 저에게 말하더군요. 〈이봐요, 당신은 그와 큰 문제를 겪게 될 겁니다. 그냥 매각하고 싶지 않습니 까?〉」 하지만 그 당시에만 해도 푸가체프는 합의에 도달할 수 있다고 믿었다. 조선소의 가치는 상당했기 때문이다. 정부 도급 계약만 해도 수십억 달러어치를 이미 보유한 상태였다. 그는 정부에 100억 달러를 요구했다. 하지만 어느 정도 협상이 진행되고 나자 50만 달러 이상으 로는 지급할 수 없다고 재무 장관 쿠드린이 말했다. 푸가체프는 이에 동의했다.

하지만 푸가체프의 말에 따르면, 그 과정의 어느 대목에서 세친 은 조선소를 그 실제 가치의 일부분만 지급하고 차지하기로 작정했다. 금융 위기 직후이다 보니, 새로이 설립된 국영 조선 회사는 현금이 하 나도 없었다. 푸가체프의 말에 따르면, 비록 메즈프롬방크의 경영과 더 이상 아무 관계가 없다고 주장했음에도 불구하고, 그는 조선소의 자기 지분을 담보로 넘겨주는 대가로 이 은행에 대한 긴급 원조 대출

21억 달러를 중앙은행에서 얻는 데에 동의했다. 이 조선소의 가치를 독립적인 회계 법인 BDO에서는 35억 달러로 평가했고, 일본의 투자 은행 노무라에서는 최소 22억 달러에서 최대 42억 달러로 평가했다. 따라서 이를 매각하면 그 채무를 충분히 감당하고도 남을 만한 금액이 생겨야 마땅했다.[39]

하지만 매각 준비가 지속되기는커녕, 2010년 10월에 중앙은행은 이자 지급 시한을 넘겼다는 이유로 메즈프롬방크의 면허를 갑자기 취소해 버렸다. 그러더니 곧이어 조선소 주식을 압류하기 위한 소송을 제기했고, 그로부터 촉발된 사건의 연쇄 끝에 조선소는 2012년에 강제 매각이 되고 말았다. 그 절차는 앞서 유코스 강제 매각과 똑같은 경로를 거쳤다. 즉 모스크바 법원에서는 북부 조선소와 발티스키 자보트를 그 가치의 일부분밖에 안 되는 가격에 매각하기로 밀실에서 합의한 것이다. 결국 두 조선소는 각각 4억 1500만 달러와 750만 달러에 세친이 운영하는 국가 통제하의 통합 조선 회사에 넘어갔다.[40]

국가는 메즈프롬방크의 채무를 상환하기에 충분한 금액을 지급하는 대신, 그 실제 가치의 일부분만 내고 푸가체프의 조선소를 가져간 셈이었다. 푸틴의 사람들은 이번에도 역시나 법원 시스템을 단단히 통제함으로써 전략적 자산을 획득할 수 있었다. 「그들이 메즈프롬방크의 면허를 취소했을 때, 이 일은 저의 사업에 대한 급습이 되었으며, 그렇게 되자 무슨 일이든지 가능해졌습니다.」 푸가체프의 말이다.[41] 마치 그를 노리는 사냥철이 개막되기라도 한 것처럼, 머지않아 나머지 자산에 대해서도 몰수가 진행되었다. 모스크바에서도 가장 유명한 명물 가운데 하나인 붉은 광장 5번지에서 진행되던 부동산 프로젝트의 경우, 이미 몇 년 전에 푸틴으로부터 개발 권한을 얻은 것이었는데도 아무런 보상도 없이 크렘린 재산부로 간단히 권한이 이전되었다. 다음으로는 푸가체프가 설립한 점결탄 회사 EPK로 경쟁자들이 몰려갔다. 비록 푸가체프는 체첸 공화국 대통령의 가까운 동맹자인 루슬란 바이사로프가 주도하는 컨소시엄에 그 회사를 매각하는 40억 달러짜리 합의에 이르렀다고 믿었지만(심지어 구매자들은 러시아 언론에다가 그 거래를 발표하기까지 했다), EPK의 지분 가운데 일차분을 1억 5000만 달러에 매각하자마자 러시아 정부가 방대한 엘레게스츠코예 점결탄 매장지에 대한 그 회사의 개발 허가를 취소하더니, 바이사로프가 소유한 신생 회사에 대신 부여해 버렸다.

심지어 메드베데프가 경제에 대한 국가 장악의 감소 필요성을 설교하고, 법 집행 기관을 향해 〈불유쾌한〉 업무를 중단하라고 요구하는 와중에도, 푸틴과 세친은 정교하게 조준된 공격을 개시했다.[42] 이것이야말로 푸틴의 국가 장악이 얼마나 정교해졌는지를 보여 주는 사례였다. 조선소 매각을 통해 중앙은행에 대한 메즈프롬방크의 부채를 상환하기에 충분한 자금을 얻기는커녕, 푸가체프는 그 은행의 붕괴에 대한 책임이 있다며 비난만 받았다. 머지않아 그는 형사 사건 수사에도 직면하게 되었다. 2008년 금융 위기의 절정에, 메즈프롬방크의 계좌에 있던 7억 달러를 스위스의 계좌로 이전함으로써 이 은행의 파산을 야기했다는 혐의였다.[43]

푸틴을 크렘린에 입성시키기 위해 움직였던 장본인이 이제는 버려도 그만인 존재로 변했다. 푸가체프는 더 이상 이 정권의 목표에 어울리지 않았다. 그는 더 이상 충분히 충성스럽다고 판단되지 않았다. KGB는 푸가체프가 모스크바의 자기 사무실 식당에서 유마셰프, 아벤, 쿠드린, 러시아 최대 국영 은행 수장들을 만날 때마다 지켜보고 또 귀를 기울였다. 그들은 푸틴에 대해서나, 오늘날 이 시스템의 작동 방식에 대해서 언급하는 푸가체프의 불손한 발언을 들었던 것이다. 「그는 자기 주둥이의 희생자였습니다.」 또 다른 재벌의 말이다.[44] KGB 강경파는 다른 무엇보다도 프랑스 시민권을 얻으려는 푸가체프의 시도를 못마땅하게 여겼는데, 결국 그는 1990년대 초부터 저택을 한 채 보유하고 있었던 바로 그 나라로 도망치고 말았다.

우리가 만난 때는 2014년 9월이었고, 그 장소는 본래 런던의 부유한 지역이었다가 나중에는 러시아 부자들의 놀이터가 된 나이츠브리지에 있는 푸가체프의 사무실이었다. 그의 사무실 바로 옆에는 대궐 같은 호텔 만다린 오리엔털이 있었으며, 불과 2년 전에 그곳에서는 크렘린의 강경파로 알려진 세친이 (러시아의 민간 소유 석유 부문 가운데 아직 남아 있는 업체로, 침입받기 직전의 상태인) 로스네프트의 대표 자격으로 전 세계 투자자들에게 처음 연설한 바 있었다. 그 사무실의 길 건너편에는 나무가 우거진 라운즈 광장이 있었는데, 런던에서 가장 독보적인 백화점 해로즈와 하비 니콜스에서 모퉁이를 하나 돌면 나오는 그곳에 있는 치장 벽토로 만들어진 저택 두 채를 아브라모비치가 매입한 상태였다. 거기서 좀 더 멀리 떨어진 이튼 광장에는 옐친의 사위 유마셰프의 딸과 결혼했지만 나중에는 푸틴의 국가에 대한 충성을 공개적으로 서약한 금속 재벌 데리파스카의 2500만 달러짜리 거처가 있었다. 푸가체프는 이곳에 사무실을 얻지 말 것을 그랬다고 후회했다. 「역겨우니까요.」 그의 말이었다. 그 주위 2.6제곱미터에 집중된 러시아 현금은 런던 엘리트 내부로까지 러시아의 사정거리가 얼마나 늘어났는지 알려 주는 씁쓸한 상기물이었다.

그즈음 크렘린이 법적 공세를 확대하면서 푸가체프는 런던 고등법원에서 발부받은 자산 동결 명령과 싸우고 있었다. 그에게 불리한 증언을 내놓은 주요 증인 두 명 가운데 한 명인 메즈프롬방크의 전직 회장은 완전히 종적을 감추었다. 다른 한 명인 메즈프롬방크의 전직 최고 경영자 알렉산드르 디덴코는 자기 형기를 단축하는 대가로 검찰과 거래하여 증언을 내놓았을 뿐이었지만, 이런 사실조차도 전혀 중요하지 않은 것처럼 보였다(나중에 디덴코는 푸가체프를 겨냥했던 바로 그 러시아 정부 기관이 운영하는 은행에서 일자리를 얻었다). 크렘린은 7억 달러의 자금 이전을 놓고 푸가체프를 추적하고 있었지만, 그가 보기에 이 사건은 어디까지나 푸틴 정권이 자신의 사업 제국을 차지하기 위해서 벌이는 더 넓은 공세에 불과했다. 그를 겨냥한 정부의 활동에 관한 문서가 가득한 여러 개의 상자 안에는 세친이 조선소를 차지하는 방법에 대해 논의한 문건이 하나 있었다. 훗날 FSB, 검찰의 수사 위원회, 모스크바 중재 법원으로도 사본이 발송된 그 문건에서는 푸가체프를 겨냥해 엄격한 형사 사건 수사를 개시하라고 언급하고 있었다.[45]

세친의 문건에 드러나 있듯이, 크렘린은 특정 자산을 장악하기 위해서라면 자국의 법 집행 기관에 직접적으로 지시를 내리는 일도 마다하지 않았다. 하지만 자산 장악이 항상 국가 권력을 (또는 효율적 경제를) 진정으로 구축하는 최고의 방법인 것까지는 아니었다. 푸틴의 사람들이 그 사정거리를 늘리는 동안, 러시아 경제는 침체하기 시작했다. 세친의 조선 회사가 푸가체프의 조선소를 차지한 이후, 그곳의 전함은 생산이 중단되고 말았다.[46] 현금 흐름에 대한 내부 다툼이 격해지면서, 새로운 경영진은 부패와 횡령 혐의로 하나둘씩 체포되었다.[47] 체첸 대통령의 동맹자인 바이사로프가 원래 EPK에게 속했던 점결탄 사업을 대신 차지한 이후, 모든 개발은 끝나 버렸다. 푸가체프가 그 회사를 소유하고 있었을 때만 해도 생산량이 1000만 톤에 달했으며, 그 탄전에서 중국까지 이어지는 15억 달러짜리 철도 계획에 대한 작업도 빠른 속도로 진행되고 있었다. 그런데 이제는 아예 생산을 못하고 있었다.

세친의 로스네프트에서도 똑같은 일이 벌어지고 있었다. 2004년 말에 이 국영 석유 대기업이 유간스크네프테가스를 차지한 이후, 그 산출량은 대부분 현상 유지에 그쳤다. 로스네프트의 생산 증가는 거의 전적으로 다른 회사들을 연이어 매입한 결과였을 뿐이고, 그 부채는 800억 달러 이상으로 급증했다.[48] 로스네프트의 중역들은 세친이 심지어 경영진의 출장 같은 사소한 일을 비롯한 모든 결정에 관여하려 든다며 사적인 자리에서 불평하곤 했다.

이 모두는 더 폭넓은 문제를 가리키고 있었다. 푸틴이 권좌에 머물렀던 처음 두 번의 대통령 임기 내내 지속되다가, 메드베데프 시절에 금융 위기 이후 잠시 만회되었던 경제 성장이 마침내 둔화되기 시작했던 것이다. 푸틴의 처음 두 번의 대통령 임기 동안에는 치솟는 석유 가격이 평균 성장률 6.6퍼센트에 연료를 제공했지만, 2013년에 이르러 평균 성장률은 1.3퍼센트로 낮아졌으며, 여러 경제학자는 경기 후퇴를 예고했다. 푸틴 정부의 원죄가 (즉 유코스를 확실하게 차지하기 위해서 사법 시스템까지도 전복했던 일이) 결국 역효과를 낳았던 것이다. 즉 당국의 압수 수색에 대한 두려움 때문에 투자가 저해되었다. 푸틴의 사람들은 사법 시스템을 남용하여 사업체를 차지하고도 무사히 빠져나갔고, 이들이 건설한 국영 대기업들은 워낙 비대해지는 바람에 이들 자신도 어떻게 다루어야 할지 모르게 되어 버렸다. 「유코스 장악은 법 집행 기관의 부패의 추가적인 동기가 되었습니다. 이 일 이후로 자신들이 경제를 적극적으로 잠식할 수 있는 백지 위임장을 갖고 있다는 사실을 이해하면서, 이들은 활동을 늘리기 시작했죠. 모두가 겁에 질린 나머지 투자를 줄이게 되었습니다.」 전직 크렘린 고위 공직자의 말이다.

경제적 고통은 푸틴의 지지율도 잠식해서 47퍼센트로 떨어트렸는데, 이는 그가 대통령이 된 이래 가장 낮은 수치였다.[49] 푸틴의 정권은 마치 막다른 길 위에 서 있는 것처럼 보였고, 성장을 촉진하는 유일한 방법은 경제에 대한 국가 장악을 (아울러 푸틴의 서클이 지닌 권력을) 풀어 버리는 개혁의 출범이었을 테지만, 이러한 발의는 억눌리고 말았다. 오로지 부패만이 번성했다.

하지만 내가 나이츠브리지에 있는 푸가체프의 사무실을 찾아가서, 도대체 어쩌다가 상황이 그렇게 되었는지를 알아내려 노력했을 즈음, 푸틴은 경제 문제를 공략하기는커녕 서사를 극적으로 변화시켜 버렸다. 대통령으로 복귀한 이후 처음 2년 동안 끈질기게 따라다녔던 경제에 대한, 아울러 개인적 인기 감소에 대한 괴로운 걱정은 어디론가 사라져 버렸다. 시위의 두려움도 완전히 증발해 버렸다.

대신 푸틴은 러시아의 제국적 부흥의 새로운 국면에 모든 것을 걸었다. 그는 전 세계 질서에서 자국의 자리를 재주장하는 커다란 도박을 개시했다. 그해 3월에 러시아는 크림반도를 합병했는데, 우크라이나 영토인 이 흑해 연안의 반도는 러시아가 오랫동안 해군 기지를 보유하고 있던 장소였다. 크림반도 합병은 냉전이 종식된 이후 처음으로 러시아가 다른 나라의 영토를 침입하고 차지했던 사건이었고, 곧바로 푸틴 정권은 서방과 더 깊은 대치에 빠지게 되었다.

런던에서는 러시아가 전 세계와 통합되리라 믿고 지원한 서방 은행가들이 도대체 어쩌다가 만사가 잘못되었는지를 이해하려고 안간힘을 쓰고 있었다. 상황은 걷잡을 수 없이 급강하한 것처럼 보였지만, 군사 행동 가운데 일부는 정확하게 전개되었던 것처럼 보였다. 러시아와 서방이 우크라이나의 미래를 놓고 오랫동안 충돌했다는 사실을 의심한 사람은 거의 없었다. 즉 이 나라는 유럽 연합에 가까워지거나, 아니면 러시아의 유라시아 공동 경제 구역 안에 있거나, 둘 중 하나였다. 하지만 서방의 어느 고위 은행가가 주장했듯이, 혹시 푸틴은 〈케케묵은 계획을 꺼낸〉 것이 아니었을까? 「그는 첫발을 내딛기 위해 뭔가를 할 필요가 있었습니다. 그가 경제를 부양할 수 있는 유일한 방법은 권력을 탈중앙화하는 것이었습니다. 하지만 압력이 밀어닥치자, 통제의 필요성과 권력 유지의 필요성에 그만 압도당했던 것이고 (……) 지금 우리가 보고 있는 상황은 문제를 회피하고 지원을 동원하는 유서 깊은 전략의 일부입니다.」[50] 그렇다면 푸틴의 사람들은 러시아 자체의 경제적 어려움으로 인해 우크라이나를 지배하기로 작정했던 것이고, 급기야 크림반도 합병으로 이어진 위기를 자초했던 것일까? 그 일은 도대체 언제, 아울러 어떻게 시작된 것일까?

크렘린이 우크라이나와의 깊은 충돌로 향할 수 있다고 처음으로 신호한 것은 이보다 훨씬 먼저인 2013년 9월이었다. 친크렘린 성향의 야누코비치가 (피르타시와 매너포트의 도움을 받아서) 우크라이나 대통령에 등극한 상태였고, 2006년의 가스 거래 이후의 부패 주장과 갈등의 결과로 오렌지 혁명 연합과 유셴코의 대통령 임기는 이미 실패로 돌아간 상태였다. 2010년에 권좌에 오른 야누코비치는 줄곧 독립과 부를 얻어 내고 있었다. 비록 본인은 친크렘린 성향이었지만, 독립적 사고방식을 가진 우크라이나 올리가르히로부터 독려받은 끝에, 우크라이나와 서방의 정치적이고 경제적인 유대를 더욱 강화시킬 유럽 연합과의 무역 및 협력 협정에 서명하기 위한 회담도 개최했다. 그런데 이 회담은 러시아의 고질적인 걱정을 소생시켰으며, 그것도 하필이면 가장 민감한 순간에 그렇게 했다. 우크라이나에서 서방을 향한 행보가 조금이라도 있을 때마다 푸틴의 KGB 사람들은 이를 심각한 위협으로 간주했는데, 푸틴의 권좌 복귀를 겨냥한 정치적 역풍이 불어온 직후에 그런 행보는 더욱 그렇게 간주될 수밖에 없었다. 그런 행보는 러시아의 국가 통제주의적 발전을 위협했으며, 자유주의적 성향을 가진 반대자들의 결의를 강화할 가능성이 있었다. 야누코비치는 그해 11월에 유럽 연합과의 협정에 서명할 예정이었는데, 예정일이 다가오자 푸틴 정권은 압박을 가하기 시작했다. 그해 9월에 불같은 성미의 크렘린 특사 글라지예프는 우크라이나가 그 협정에 서명하면 파국에 직면할 것이라고 공개적으로 경고했다. 여차하면 러시아가 징벌적 관세를 부과함으로써 수십억 달러의 비용을 물리는 동시에 150억 달러의 차관 제공 약속도 불이행하는 사태가 생길 수도 있었다.[51] 격노한 글라지예프의 더 불길한 발언에 따르면, 그런 사태가 벌어지면 우크라이나는 국가의 붕괴로 이어질 수도 있었으니, 왜냐하면 러시아는 자국과의 경계를 규정한 조약을 더 이상 준수할 필요가 없게 될 것이기 때문이었다. 만약 우크라이나 영토 내 친러시아 지역이 모스크바에 직접 호소할 때는 크렘린이 개입할 수도 있었다. 「조약에 서명하는 것은 정치적이고 사회적인 불안으로 이어질 것입니다. 삶의 수준은 극적으로 하락할 것이며 (……) 혼돈이 있을 것입니다.」 글라지예프의 말이었다.[52]

야누코비치는 이 위협을 매우 심각하게 받아들인 나머지, 유럽 연합과의 협정을 갑자기 철회해 버렸다. 비록 결과적으로는 상당히 다른 경로를 거치기는 했어도, 글라지예프의 경고는 섬뜩하리만치 예언적이었던 것으로 입증되었다. 야누코비치의 결정 번복은 마치 화약통에 불을 붙인 격이 되었다. 우크라이나가 마침내 서방을 향해 기울어지리라는 국민의 오랜 기대는 다시 한번 산산조각 났고, 수십만 명이 거리로 몰려나오는 친유럽 연합 시위가 촉발되었다. 야누코비치 정권의 비겁한 부패에 넌더리가 난 우크라이나 올리가르히의 지원을 받은 학생들이 다시 한번 천막 도시를 세웠는데, 그 장소인 마이단 광장은 키이우의 상징이자 오렌지 혁명으로 이어졌던 2004년의 친서방 봉기의 장소이기도 했다.[53] 시위대의 핵심 집단은 얼음과 눈에도 불구하고 3개월 가까이 그곳에 머물렀다. 정권이 광장을 정리하려 도모하는 과정에서 때때로 시위대와 폭동 진압 경찰이 충돌했다. 야누코비치가 시위를 금지하고 시위대에게는 무거운 벌금과 징역형을 부과할 수 있는 엄중한 법률을 부과하자 폭력이 가속화되었다.[54] 시위대는 이에 아랑곳하지 않고 버스 여러 대를 탈취했고, 그중 한 대에 불을 붙이고 나머지 여러 대를 몰아서 폭동 진압 경찰의 대열로 돌진했다. 일부는 금속제 울타리를 철거하고, 거기서 나온 막대기를 무기 삼아 경찰과 맞섰다. 시위대 내부에 침투한 극우 세력은 광장을 둘러싼 바리케이드를 지키는 민족주의자 집단들의 지휘를 받으며 점점 더 조직화되었다. 이들은 새총으로 무장하고 폭동 진압 경찰과의 충돌에서 최전선에 섰다.[55] 시위는 여차하면 걷잡을 수 없이 급강하하기 직전의 상황까지 몰렸다. 그러다가 어느 날 실제로 급강하가 일어났다.

2014년 2월 20일 오전, 저격수의 총소리가 울려 퍼졌다. 그 일이 어떻게 시작되었는지, 또는 최초의 총알이 어디에서 날아왔는지에 대해서는 여전히 아무도 모른다. 불과 두 시간 만에 시위대 46명이 사망했다.[56] 그날 하루가 끝날 무렵, 사망자는 70명에 달했으며, 야누코비치는 자신의 정치적 생존을 위해 프랑스, 독일, 폴란드 외무 장관과 긴급 논의에 들어갔다. 결국 우크라이나 국가 원수가 대통령 선거를 연내에 실시하기로, 아울러 대통령의 권한을 제한하도록 자국의 헌법을 개정하기로 합의하면서 협상이 마무리되었다. 하지만 여전히 러시아는 위협적인 수사(修辭)를 연발하고 있었다. 러시아 정부의 한 고위 공직자는 『파이낸셜 타임스』와의 인터뷰에서 만약 우크라이나가 계속해서 서방 쪽으로 기운다면, 러시아는 크림반도에 있는 군사 기지와 러시아계 주민의 보호를 위해 전쟁을 벌일 채비가 되어 있다고 말했다. 「우리는 유럽과 미국이 우크라이나를 우리에게서 빼앗아 가도록 허락하지 않을 것입니다. 그들은 러시아가 1990년대 초와 마찬가지로 여전히 약하다고 생각합니다만, 우리는 그렇지 않습니다.」 그 해외 정책 담당 공직자의 말이었다.

2월 22일 아침, 권좌에서 일찌감치 물러나겠다는 합의에 도달하는가 싶었던 야누코비치가 자신의 행정부를 버리고 밤사이에 도망쳤다는 소식이 전 세계에 퍼져 나갔다. 아마 자기가 더는 안전하지 않다고 믿었던 모양이었다. 심지어 대통령 경호단도 그를 버리고 떠났으며, 반대 세력 중에서도 더 급진적인 지도자들은 그의 타협적인 거래를 인정하지 않으면서, 그가 완전히 떠날 때까지 시위를 계속하겠다고 공언한 상태였다. 권력의 공백 상태에서 친유럽 연합 정부가 임시로 권력을 장악했다.

하지만 불과 일주일도 지나지 않아서, 우크라이나의 이 외관상의 돌파구는 새로운 전환을 맞이하게 되었다. 러시아가 앞서 발언한 그 위협을 실천으로 옮긴 것이다. 2월 27일, 동이 트기도 전에 복면을 착용하고 휘장 없는 군복을 걸친 병력이 크림 자치 공화국 의회로 진입해서 그 소비에트 시대의 건물에 러시아 국기를 게양했다. 비상 회의에서는 그 지역의 새로운 총리를 지명하고 러시아와의 합병에 대한 국민 투표를 실시할 것을 요구했다.[57] 그 와중에 15만 명의 러시아 병력이 우크라이나 국경 근처에 집결했다. 상황은 믿기 힘들 만큼 빠른 속도로 전개되었으며, 글라지예프가 경고했던 내용과 거의 흡사했다. 나중에 가서야 서방 공직자들은 이 작전이 매우 신중하게 준비된 것처럼 보였다는 점에 놀라워했다.[58]

서방은 푸틴 정권의 대담한 행동에 놀라 휘청거렸다. 러시아는 미국이 후원하는 키이우에서의 쿠데타에 대응하여 자국의 이익을 보호하기 위해 그렇게 행동할 수밖에 없었다고 주장하며 자신들의 행동을 정당화했다. 「우리는 거대한 지정학적 게임을 목격하고 있는데, 이 게임의 목표는 미국의, 또는 전 세계 금융 올리가르히 집단의 지정학적 상대인 러시아의 파괴인 것입니다.」 상트페테르부르크 시절부터 푸틴과 가까웠던 KGB 동맹자인 야쿠닌의 말이었다. 야쿠닌은 군사적 긴장의 와중에 나를 만났을 때, CIA가 1960년대부터 줄곧 추구해 온 정책을 미국이 계속해서 따라가고 있다고 주장했다. 여기서 말하는 〈정책〉이란 바로 우크라이나와 러시아의 분리였다.[59] 미국의 전직 국가 안보 보좌관 브레진스키는 1996년에 쓴 글에서, 우크라이나가 있으면 러시아는 강대국이지만 우크라이나가 없으면 러시아는 강대국이 아니라고 말한 바 있다. 「그것은 새로운 발상도 아닙니다. 지금으로부터 40년도 더 전에 미국이 소련의 파괴를 위한 계획을 고안할 때, CIA의 문서에서는 우크라이나와 러시아의 분리가 그 계획에 수반되어야 마땅하다고 나왔습니다. CIA 지도자들의 서류함 어딘가에는 그 프로젝트에 관한 서류철이 놓여 있어서, 대략 3년에 한 번씩 가동하는 모양입니다.」 야쿠닌의 말이었다.[60]

러시아 공직자들과 국영 언론 매체에서는 전례가 없었던 선전 공세를 개시했고, 야누코비치 정권을 쓰러트린 시위대 배후에 미국이 있다고 주장했지만, 정작 아무런 증거도 내놓지는 않았다. 이들은 〈신(新)나치〉가 시위를 주도했다고도 주장했다. 하지만 정작 시위대의 상당수는 2004년의 오렌지 혁명을 이끌었던 바로 그 서방에 기울어진 교양 있는 우크라이나인들이었고, 우크라이나 엘리트 대부분도 야누코비치 정권의 특징이었던 부패에 넌더리를 내는 상황이었다.[61] 러시아는 마이단 광장에서 70명 이상의 사망자가 발생한 2월의 그 운명적인 날에 총을 쏜 장본인이 바로 신나치 〈무장 전사들〉이었다고 주장했다.[62] 하지만 정작 바로 그날 시위대의 바리케이드 앞에 있었던 우크라이나 특수 부대 산하 조직 베르쿠트의 구성원은 대부분 러시아로, 또는 우크라이나의 러시아 통제 지역으로 도주했으며, 이들의 무기가 나중에 한 호수 바닥에서 발견되었다는 사실에 대해서는 아무런 언급도 없었다.[63] 베르쿠트는 러시아 요원들이 잠입해 있다는 사실로 악명 높았으며, 야누코비치 정권 당시에 특히나 그러했다. 나중에 가서 우크라이나 검찰은 그 학살 사건에 러시아 안보 기관이 개입되었다고 주장할 예정이었다.[64] 당시 영상에 대한 분석 결과를 근거로, 검찰에서는 베르쿠트의 엘리트 작전조가 검은색 옷으로 위장한 채 시위대 39명을 죽였다고 주장했다. 검찰청 공직자 한 명과 우크라이나 안보기관의 한 소식통이 『파이낸셜 타임스』에 내놓은 설명에 따르면, 마이단 광장을 에워싸고 있는 건물 옥상 여러 곳에서 미확인 병력이 시위대와 경찰 모두에게 발포함으로써 총격이 촉발되었다.[65]

하지만 그 무엇도 채널을 장악하다시피 한 러시아의 선전 내용과 들어맞지 않았다. 러시아의 선전에 따르면, 야누코비치가 총격 사건 이틀 뒤에 도망쳐 버린 것 역시 미국이 지원하는 쿠데타 때문이었으며, 경호단이 그를 저버렸다는 사실과는 아무 관계가 없다고 주장했다.

러시아 공직자들은 우크라이나 의회가 자국 내에서 러시아어를 사용하는 사람들의 지위를 향상시키는 내용의 2012년 언어법을 서둘러 철회한 것이야말로 자신들이 이런 행동을 하게끔 만든 원인이라고 주장했다.[66] 물론 다급히 구성된 신생 우크라이나 정부는 자기네가 서방에 기울어지긴 했어도, 그 조치는 실수였다고 재빨리 실토하며 거부권을 행사했다. 하지만 러시아의 공세는 아랑곳없이 지속되었다.

내가 야쿠닌을 만났을 당시, 푸틴은 긴장을 더욱 고조시키는 중이었다. 야쿠닌은 이 위협이 서방 지도자들에게 〈차가운 물세례〉가 되기를 희망한다고 말했다. 「다른 누군가의 집에 멋대로 들어와서 돌아다니는 것이 버젓한 행동은 아니라는 점을 그들이 이해하면 좋겠습니다.」

이 수사(修辭)며, 군사 행동에 수반되는 국가의 선전 모두는 2004년의 오렌지 혁명 당시부터 줄곧 심지어 이보다 훨씬 오래전에 KGB 관저의 거처에서 소비에트 제국이 무너져 내리는 모습을 지켜보았을 때부터 줄곧, 푸틴과 그의 사람들의 뇌리를 떠나지 않았던 깊은 편집증, 즉 러시아의 힘을 잠식하기 위한 서방의 음모에 자신들이 둘러싸여 있다는 편집증을 반영하는 것처럼 보인다. 하지만 이는 어디까지나 크렘린의 행동을 정당화하기 위한 핑계에 불과한 듯하다. 러시아의 전 세계로의 통합이니, 해외 직접 투자의 필요성이니, 경제의 현대화와 미국과의 화해이니에 관한 모든 이야기가 옆으로 밀려나면서, 푸틴 정권의 진면목이 갑자기 드러난 것과도 비슷했다. 소비에트의 마지막 지도자 고르바초프의 전직 보좌관 한 명의 말에 따르면, 그 당시 분위기는 마치 누군가가 크렘린의 지하실 문을 열어젖히자마자 그 안에 갇혀 있던 소비에트 시절의 과거의 유령과 악취가 모조리 튀어나온 것과도 비슷했다.[67]

푸틴으로서는 크림반도 합병이야말로 냉전 이후에 새로운 세계 질서를 의기양양하게 선언할 순간이자, 러시아가 대담하게도 미국의 지배에 굴복하기를 거부하면서 형세를 역전시키기 시작할 순간이었다. 러시아의 크림반도 합병에 대한 투표는 찬성표가 압도적이었고, 그 결과가 나온 이후에 푸틴은 자신의 연설을 듣기 위해서 크렘린의 게오르기옙스키 홀의 높은 아치와 황금빛 샹들리에 아래에 모인 공직자들로부터 열광적인 기립 박수를 받았다. 푸틴은 이렇게 말했다. 「우크라이나에서 일어난 일은 전 세계 각지에서 전개되고 있는 상황을 반영합니다. 초강대국 두 곳이 버티던 세계가 무너진 이후, 미국은 고압적인 정치를 이용할 수 있다고 판단했습니다. 그들은 자기네야말로 하느님으로부터 위임받았다고 생각합니다.」[68] 그는 서방이 여러 세기 동안 러시아를 밀어내고 억제하려 시도해 왔다고 그곳에 모인 공직자들에게 말했다. 「하지만 세상만사에는 한계가 있게 마련이어서 (……) 스프링을 너무 강하게 누르면 다시 튀어 오를 것이고 (……) 러시아는 다른 여느 국가와 마찬가지로 여러분이 존중해야만 하는 국가적 이익을 갖고 있습니다.」[69]

연설의 막바지에 이르자, 공직자 가운데 일부는 자부심에서 비롯된 눈물을 훔치는가 하면, 또 일부는 〈러시아! 러시아!〉라고 외치기도 했다. 푸틴은 수많은 러시아인이 공유한 열망, 즉 소비에트의 제국적 과거의 영광의 나날을 향한 마음 깊숙한 곳의 열망을 건드렸다. 바로 그 향수의 열망이 크렘린의 KGB 사람인 이 〈칸디다트 레지덴트(스파이 후보자)〉를 무려 세 번이나 당선시키는 데 도움을 주었던 것이다. 많은 러시아인의 눈에는 지금에 와서야 이 열망이 마침내 실현되고 있는 듯했다. 크림반도는 소비에트 제국의 붕괴보다 훨씬 더 먼저인 1954년에, 당시 공산당 지도자 니키타 흐루쇼프가 협정을 통해 우크라이나에 넘겨준 것이었다. 하지만 러시아인 대부분은 이를 재확인한 옐친을 비난했는데, 1991년 12월에 그와 다른 소비에트 공화국 지도자들이 협정에 서명함으로써 소련을 존재하지 않게 만들고, 크림반도를 확고히 우크라이나 국경 안에 남겨 두었기 때문이었다.

푸틴은 그날 모인 공직자들에게 소련이 붕괴하고 크림반도가 다른 나라에 속하게 되면서, 〈러시아는 스스로가 단순히 도둑을 맞은 게 아니라 강도를 당한 것이라고 느끼게〉 되었다고 말했다. 「수백만 명의 러시아인이 저녁에 잠들 때까지만 해도 한 나라에 살았는데, 아침에 잠에서 깨어 보니 국경 건너편에 있었습니다. 한순간에 그들은 구(舊) 소비에트 공화국들에서 소수자가 되어 버렸는데 (……) 하지만 그때 러시아는 그저 고개를 숙이고 수치를 삼켜 버렸습니다.」[70]

러시아 제국의 회복을 위한 행보를 처음으로 취하면서, 푸틴의 지지율은 80퍼센트 이상으로 급상승했다. 그로선 야누코비치에 대항하는 대중 봉기에 미국이 관여했다는 증거를 굳이 예증할 필요가 결코 없었다. 소비에트 붕괴에 뒤이은 러시아의 굴욕을 아직도 확신하고 있는 국민은 그 선전에 매우 공감했기 때문이었다. 미국 국무 차관 빅토리아 널랜드가 얼어붙을 듯한 추운 날씨에 키이우의 마이단 광장에 모인 사람들에게 과자를 나눠 주는 사진을 공개하는 것만으로도 충분했다. 나중에 가서는 선전 방식이 점차 정교하게 발전했다. 러시아 군 첩보부 GRU 산하의 사이버 부서에서는 페이스북과 러시아 소셜 미디어 네트워크에 가짜 이야기를 잔뜩 도배했다. 즉 러시아의 침입을 정당화하고, 우크라이나 혁명을 신나치가 주도한 결과물로 폄하하고, 그 나라는 체첸 공화국의 테러리스트의 온상이 되었다고 주장하는 내용이었다.[71] 그 충돌이 우크라이나 동부로 확산되자, 러시아 TV 채널에서는 우크라이나군이 〈종족 학살〉을 자행했다는 주장을 내보냈으며, 심지어 병사들이 세 살짜리 아이를 십자가형에 처하게 했다고 보도했다.[72] 연속적인 선전 공세에 국민 대부분은 점차 세뇌되고 말았다.

2008년의 조지아를 상대로 모스크바가 승리한 그 짧은 전쟁 동안에는 전혀 없었던 방식으로 러시아가 억지 주장을 하자, 서방도 각성하지 않을 수가 없었다. 혹시 러시아의 대리전이 유럽으로까지 확산될 수도 있지 않느냐는 두려움이 있었다. 푸틴이 도대체 어디까지 가려고 할지 아무도 이해하지 못했다. 독일 총리 앙겔라 메르켈은 우크라이나에서 그의 기동이 〈평화로운 유럽의 질서 전체를 의문에 빠트렸다〉고 말했다.[73]

유럽과 미국을 비롯한 각국 정부는 대응 방법을 찾기 위해 분주했다. 3월에 크렘린이 러시아의 크림반도 합병에 대한 국민 투표를 추진하자, 미국은 푸틴의 이너 서클의 핵심을 겨냥한 경제 제재로 반격했다. 자산 동결과 비자 발급 금지 조치를 시행한 것이다. 그 대상자 20명 중에는 국방 장관을 역임한 푸틴의 행정실장 이바노프, 상트페테르부르크 출신의 또 다른 전직 KGB 동맹자로 행정 부실장을 역임한 러시아 연방 안보 회의 소속 이바노프, 군 첩보부 수장 이고리 세르군 등 행정부의 고위급이 다수 포함되어 있었다.[74] 아울러 미국은 푸틴과 가장 가까운 동업자들이라든지, 크렘린의 위장 간판 시스템에 속한 신뢰받는 보관인으로서 잘 알려진 동맹자들 역시 그 대상자 명단에 올랐다. 예를 들어 군보르의 석유 무역업자 팀첸코, 방크 로시야의 대주주 코발추크, 푸틴의 예전 유도 친구로서 4년 전에 가스프롬에서 수십억 달러짜리 도급 계약을 따내기 위해 푸가체프에게 5억 달러를 빌린 로텐베르크도 포함되었다.

사상 최초로 미국 정부에서는 이들을 푸틴의 금고지기로 거명하며 창피를 주었다. 미국 정부에 따르면, 푸틴은 〈군보르에 투자했고, 군보르의 자금에 접근했을 수도 있으며〉, 코발추크는 〈푸틴을 비롯한 러시아 연방 고위 공직자들의 전용 은행가〉였다.[75] 아울러 로텐베르크는 국가와의 도급 계약으로부터 수십억 달러의 이득을 보았는데, 여기에는 2014년 소치 동계 올림픽을 위한 70억 달러짜리 건설 프로젝트도 포함되었다. 미국 정부는 푸틴과 가장 가까운 위장 간판 인물들로 이루어진 시스템을 공개한 것이다. 행정부 고위 공직자의 말에 따르면, 이들은 앞으로 미국 금융 서비스에 접근할 수 없을 예정이며, 달러화로 거래하기도 어려워질 예정이었다. 「이 사람들은 세계 경제에서 계속해서 활동할 수 있는 능력이 어떤 식으로든 심하게 제한됨을 깨달을 것입니다.」[76]

유럽 연합 역시 러시아 의회 구성원들과 최근에 취임한 크림반도의 러시아인 지도자들에 대해 제재를 가했다. 아울러 이런 타격에 모욕까지 더하는 격으로, 유럽이 미국과 합세하여 G8 모임에서 러시아의 자격을 정지시켜 버렸다. 러시아는 전 세계 경제와의 통합을 상징하는 그 모임의 회원 자격을 간절히 바란 끝에 얻어 낸 바 있었다. 하지만 이보다 더 강력한 경제적 제재, 즉 이란 경제를 무력화했던 것과 유사한 제재 수단에 대한 두려움이 지나가 버리자, 러시아 주식 시장은 다시 반등했고, 러시아 병력은 개의치 않고 우크라이나 국경 근처에 계속해서 집결했다.

충돌은 가속화되었다. 대리 전사들이(러시아는 그들이 〈자원병〉이라고 주장했다) 우크라이나 동부로 향하기 시작했고, 그곳에서 러시아제 군 장비를 갖춘 충성파 친러시아 민병대로 구성된 제법 많은 병력과 합류했다. 4월에 이르러 이들은 우크라이나 동부 지역 도네츠크와 루간스크에서 행정부를 차지하기 시작했고, 한동안은 슬로비안스크에서도 그렇게 했다.[77] 서방 여러 정부와 우크라이나 행정부의 입장에서는 앞서 크림반도를 차지하고 합병시킨 확인되지 않은 러시아 병력이 했던 방식과 놀라우리만치 유사해 보였다.

가혹한 경제 제재에 대한 위협 덕분에, 우크라이나 동부에 대한 전면 침공은 회피할 수 있었다. 대신 혼종 전쟁이 펼쳐졌으니, 키이우 정부가 자국 영토에 대한 침입에 반격하기 위해 발버둥 치는 가운데 우크라이나의 어중이떠중이 군대와 러시아의 대리인들이 전쟁을 벌이는 것이었다. 러시아 병력은 여전히 국경에 수십만 명이나 주둔하면서, 우크라이나 군대를 위협하는 심리적 전쟁의 일종을 수행하고 있었으며, 러시아 중화기와 이른바 〈러시아 자원병들〉은 제멋대로 우크라이나 동부로 넘어오고 있었다.[78]

7월에 미국과 유럽 연합은 러시아를 압박해 물러서게 만들려고 더 많은 제재로 반격을 가했다. 이번에는 미국이 러시아의 가장 큰 국영 기업 여러 곳을 표적으로 삼아서, 러시아 국영 은행 부문의 대기업들이 미국의 장기 금융에 접근하지 못하도록 차단했다. 아키모프의 가스프롬방크와 코스틴의 브네슈토르그방크와 브네셰코놈방크 등이 그 대상이었다.[79] 아울러 러시아가 자랑하는 국영 석유 회사 로스네프트는 물론이고, 팀첸코의 가스 생산업체 노바테크도 블랙리스트에 올려서 자금에 대한 접근 능력을 제한해 버렸다. 그로부터 2주 뒤에 유럽 연합도 뒤따라 유사한 조치를 가했다. 7월 17일에 친러시아 분리주의자들이 점령한 지역을 가로지르던 말레이시아 항공 여객기가 격추되어 탑승자 298명 전원이 사망하자, 대치 상황은 더욱 악화되었다.[80]

러시아가 우크라이나 동부를 황폐화한 대리전에 계속해서 연료를 제공하면서, 서방 여러 정부도 소비에트 붕괴 이후에 자기네가 추구했던 희망적인 정책이 (즉 러시아의 서방 세계로의 합류는 불가피하리라는 생각이) 허상에 불과했다는 깨달음에 눈을 뜨기 시작했다.[81] 이들은 서방과의 대치 결과에 아랑곳없이 자국의 이익만을 공격적으로 추구하는 것처럼 보이는 정권과 싸울 수밖에 없었다. 푸틴 정권은 오로지 자국의 전 세계적 위치를 회복시키는 것만을 최우선으로 놓고 있었다. 러시아는 서방이 지배하는 질서의 일부분이 되고 싶어 하지 않았다. 대신 자기네 나름의 규범을 세우고 싶어 했다.

서방의 입장에서는 상대편이야말로 자기 뜻을 관철하기 위해서 갖가지 기만책도 서슴지 않는, 여러 개의 가면을 쓴 정권이라는 사실이 점점 분명해졌다. 푸틴이 처음에만 해도 크림반도에 러시아 군대가 있다는 사실을 부정했다가, 합병이 완료된 이후에는 〈작은 녹색 사람들〉로 알려진 그 미확인 병력이 결국 러시아인이었음을 시인했을 때, 그 전술은 마침내 분명해지고 말았다. 푸틴 정권은 서방 세계가 그 어떤 제재를 가해도 아랑곳없이, 제국의 추구에 모든 것을 건 정권이었다. 2015년 9월에 임시 휴전에 도달했을 즈음, 러시아의 대리전으로 인한 사망자는 8000명 이상이었으며, 도네츠크와 루간스크라는 친러시아 분리주의자들의 발판은 그대로 유지되었다.[82] 러시아는 우크라이나를 분열시키는 데 성공했으며, 명목상의 휴전에도 불구하고 산발적인 전투는 계속되었다. 그 결과 1만 3000명이 사망했으며 그중 4분의 1 이상이 민간인이었다.[83]

이 모두가 어떻게 시작되었는지, 처음 총격을 가한 사람은 누구였는지 결코 정확히 알 수 없을 것이다. 하지만 러시아는 몇 가지 우발적 상황에 대해서 이미 오래전부터 준비해 왔던 것처럼 보인다. 만약 잃어버린 영토의 탈환이 어떤 식으로건 계획되었다고 치면, 그 초석은 이미 오래전에 놓였을 것이다. 즉 KGB가 소비에트 붕괴 직전의 마지막 몇 년 동안, 현금을 빼돌리면서 네트워크와 우호 회사들의 보전을 통해 그 생존을 위한 음모를 조용히 꾸몄던 시절에 놓였을 것이다. 이 과정은 푸틴이 대통령에 취임하면서 강화되었으며, 유코스부터 시작해서 경제의 나머지까지 확산한 것처럼 KGB 사람들이 전략적 현금 흐름을 차지하게 만들어 주었다.

엘친 시대의 올리가르히 가운데 혹시 자기가 독립적으로 행동할 수 있을지에 대해 일말의 희망을 품은 사람이 있었다고 한다면, 크림반도 합병 직후에 최종 신호를 얻게 되었다. 즉 그때 가서는 가장 충성스러운 재벌 가운데 한 명인 블라디미르 예프투셴코프조차도 자신의 석유 대기업 바쉬네프트를 국가에 넘겨줄 수밖에 없었다. 그는 체포되었고, 그의 바쉬네프트 지배 지분은 일단 국유화되었다가 나중에 가서 세친의 로스네프트 차지가 되었다.

이것은 러시아의 시장 경제가 기껏해야 모조품에 불과하다는 신호였다. 대신 막후에서는 세입 흐름의 지속적인 공유가 이루어졌다. 그 자금은 크렘린의 공동 금고, 즉 〈옵스차크〉로 들어갈 예정이었으며, 모든 거래는 제아무리 작은 것까지도 일인자와 합의를 거쳐야 했다. 「예프투셴코프는 바쉬네프트가 자기 것이라고, 자기가 돈을 주고 그 회사를 샀다고 생각했습니다. 하지만 알고 보니 그 회사는 그의 것이 아니었으며, 어느 순간에라도 빼앗길 수 있었죠. 오늘날 러시아의 실업계에서는 크렘린이 아무에게서 무엇이든지 가져갈 수 있다는 점이 절대적으로 분명합니다. 오늘날 러시아에서는 재산이 신성한 것도 아니며, 1990년대에 얻은 재산이라면 특히나 그렇습니다. 그건 어디

까지나 푸틴의 권위에 의해서만 지켜질 따름입니다.」 크렘린의 한 고위 공직자의 말이다.[84]

푸가체프의 말에 따르면, 러시아 경제는 전시 체제 상태인데, 왜냐하면 만사가 크렘린의 의지에 포섭된 상태이기 때문이었다. 「이제는 오로지 푸틴과 그의 명령을 이행하는 부하들만 있을 뿐입니다. 산출된 현금 모두는 푸틴이 좌우합니다. 이 나라는 전쟁 상태에 있습니다. 대기업들은 이전처럼 살지 못합니다. 군사적 지배하에서 살아야만 하기 때문입니다.」[85]

거의 모든 경제가 이제는 푸틴의 통제하에 있어서, 그가 적합하다고 생각하는 대로 전개될 수 있었다. 「그 모두가 푸틴의 돈입니다. 그는 권력을 잡았을 때만 해도, 자기는 고용된 관리인에 불과하다고 말했었습니다. 하지만 이후에 그는 러시아 전체의 지배 주주가 되었습니다. 처음에 그들은 주식을 한 주 건네주었을 뿐인데, 나중에는 그가 장악하게 된 거죠. 이 나라야말로 비공개 주식회사인 셈입니다.」 안보 기관과 연계된 어느 고위급 은행가의 말이다.[86] 「푸틴은 곧 차르, 모든 땅을 가진 황제인 겁니다.」 또 다른 재벌도 이 말에 동의했다.[87]

푸틴의 가장 가까운 동맹자 가운데 한 명으로, 방크 로시야의 최초 주주 가운데 한 명이었으며 러시아 국영 철도의 대표로 재직한 전직 KGB 간부 야쿠닌의 입장에서, 미국의 블랙리스트에 오른 것은 오히려 훈장이나 다름없었다. 하지만 그가 보기에 미국 정부가 오로지 팀첸코와 코발추크만을 푸틴의 금고지기라고 주장한 것은 어딘가 시기적으로 뒤처진 듯했다. 「러시아 대통령은 나라 전체의 자금에 접근할 수 있습니다.」 야쿠닌의 말이다.[88]

이런 정서는 팀첸코와 가까운 또 다른 예전 동업자가 내놓은 경고에도 반영되었다. 2014년 11월의 어느 비 오는 날에 나를 만났을 때, 그는 미국의 제재가 너무 늦었을 수도 있다고 경고했다. 이미 수많은 금융업자와 재벌로 이루어진 방대한 그물망이 푸틴 정권의 대리인으로 활동하고 있었기 때문이다. 「그들 모두를 제재해야만 하는 겁니다.」그의 말이다.[89]

경제 제재와 러시아 기업 채무의 재금융(리파이낸싱) 결여로 인해 2014년 12월에 루블화가 급락했지만, 이 나라의 경제는 궁극적으로 탄력적인 것으로 입증되었다. 러시아 정부는 정상적인 시장 경제의 규범을 유예한 상태였다. 국영 은행은 러시아 회사들이 상환 기한을 어겨도 대출을 회수하지 않았다. 채무 대부분은 만기 연장되고 재조정되었으며, 끝없는 재금융 피라미드의 일부분이 되었다. 정부는 지난 10년의 대부분 기간 동안 운 좋게 늘어난 석유 세입에서 얻은 안정 자금의 일부를 사용해서, 재금융을 가장 필요로 하는 국가와 연계된 기업들에 긴급 원조 대출을 제공했다. 한 러시아 금융인은 나를 향해 미소를 지으며 말했다. 「다른 무엇보다도 서방은 러시아의 비공식 경제의 규모를 과소평가했습니다.」장부에도 미기재되고 공식적인 국내 총생산 수치에도 미기록된 비자금으로 이루어진 방대한 그물망에 막대한 현금 보유액이 있기 때문이었다.

서방은 러시아가 휴전에 합의하지 않을 경우에는 추가 제재를 가하겠다고 계속해서 위협했지만, 푸틴은 러시아에 더 두드러진 역할을 부여하는 쪽으로 전 세계 안보 시스템의 규범을 재작성하라고 요구했다. 메르켈은 관련 회담에서 한 차례 중도에 퇴장하면서, 푸틴이 현실 감각을 잃어버렸다고 선언했다.[90] 하지만 푸틴의 전직 경제 자문 위원 일라리오노프가 보기에는 오히려 서방이 현실 감각을 잃어버린 셈이었다. 「서방에 있는 사람들은 푸틴이 비합리적이라고, 또는 미쳤다고 생각합니다. 사실 그 자신의 논리에 따르면 푸틴은 매우 합리적이고, 매우 잘 준비되어 있습니다.」[91]

지난 10년 동안 유럽으로 쏟아져 들어온 러시아 현금의 위력에 대한 신호는 경제 제재의 방식을 둘러싸고 유럽 연합의 회원 국가들 사이에서 나타난 불화에서 두드러졌다. 영국에서는 외무부 공직자가 〈런던의 금융 중심지에 러시아인이 오지 못하게 문을 닫아서는〉 안 된다고 주장하는 브리핑 서류를 가진 사진이 찍히는가 하면, 한 법률 회사의 로비 집단에서는 법적 논란을 해결하기 위한 중심지로서 런던의 위상이 받을 잠재적인 충격에 대해 경고했다.[92]

푸가체프가 보기에는 위험이 명백했다. 공직자를 부패시키고 매수하는 〈검은돈 시스템〉은 이미 오래전에 팀첸코와 코발추크와 로텐베르크 같은 푸틴 정권 최초의 보관인들을 넘어서서, 크렘린의 명령에 따라 위장 간판으로 행동하는 러시아 억만장자 모두에게 확장된 상태였다. 「그들은 이런저런 일에 필요한 돈을 보내라는 전화를 받습니다. 그들은 모두 이렇게 말합니다. 〈드리겠습니다. 혹시 또 필요하신 것은 없으십니까?〉 이것이 바로 그 시스템입니다. 이 모두는 일인자에게 의존하고 있는데, 왜냐하면 그는 무제한적인 권력을 갖고 있기 때문입니다. 모두가 이 규칙 아래에서 일하고 싶어 합니다. 그렇게 하고 싶지 않아 하는 사람은 교도소에 가거나, 또는 해외로 가거나 둘 중 하나입니다.」[93]

소련이 중동과 아프리카 내부로 깊이 파고든 영향력 작전을 운영했던 것처럼, 이제 푸틴의 KGB 자본주의는 유럽 내부로 깊이 침투한 상태였다. 「검은돈은 마치 방사능 오염용 핵폭탄과도 비슷합니다. 어떤 면에서는 거기 있지만, 또 어떤 면에서는 거기 없기 때문입니다. 오늘날에는 추적하기가 훨씬 더 어렵습니다.」 푸가체프의 말이다.[94]

우크라이나 정부가 보기에, 크렘린이 자국에 하는 일은 러시아가 서방을 교란하고 분열시키는 자신들의 행동을 확대하려 도모할 수도 있다는 경고였다. 친서방 성향의 우크라이나 총리 아르세니 야체뉴크는 2015년 초에 이렇게 말했다. 「러시아는 극우 정당 운동을 지원하

면서 유럽 연합에 혼란을 만들어 내려 시도하고 있습니다. 이것이야
말로 그들이 우크라이나에서 한 일의 복사판입니다.」[95]

제13장
검은돈

파나마의 한 법률 회사에서 익명 남성으로 자칭한 수수께끼의 내부 고발자가 전례 없는 분량의 자료를 유출했을 때, 세계는 푸틴 정권의 비자금 작전을 가까이에서 일별할 수 있게 되었다.[1] 이 자료 더미는 〈파나마 문서〉라는 이름으로 알려지게 되었으며, 비밀 세계를 들여다 보는 창문 노릇을 해주었다. 그 안에는 역외 현지 대리 이사들이며, 세이셸과 영국령 버진 아일랜드와 파나마에 걸친 유령 회사들의 여러 층이며, 고객들이 각자의 부를 숨기기 위해 고안한 암호로 이루어진 비밀 시스템이 들어 있었다.[2] 세계에서 네 번째로 큰 역외 서비스 제공업체 모사크 폰세카에서 나온 이 폭로는 사람들 대부분을 지배하는 법률을 넘어서서 작동하는 금융 시스템의 작동 방식을 드러내 주었다.

국제 탐사 언론인 컨소시엄, 약자로 ICIJ에서 살펴본 이 기가바이트 단위의 자료 안에는 세르게이 롤두긴이라는 러시아인과 관련된 문서도 있었다. 그는 2005년부터 방크 로시야의 주주였는데, 푸틴의 KGB 동맹자들이 소유한 이 상트페테르부르크의 은행을 가리켜 미국 재무부는 〈푸틴을 포함한 러시아 연방 고위 공직자들의 전용 은행〉이라고 지칭한 바 있었다.[3] 이 문서는 롤두긴이 방크 로시야와 연계되고 영국령 버진 아일랜드부터 파나마까지에 걸쳐 있는 여러 회사의 네트워크에서 핵심 역할을 담당했음을 보여 주었다. 2009년부터 2012년까지 20억 달러 이상이 이 네트워크를 거쳐 갔다.[4]

롤두긴은 이 문서 더미 대부분에서 조명된 회색이고 익명인 역외 운영자의 모습과는 영 딴판이었다. 그는 유명한 첼로 연주자로 상트페테르부르크 마린스키 극장의 수석 독주자이기도 했으며, 상트페테르부르크 음악원의 학장이기도 했다. 아울러 그는 푸틴의 가까운 친구이기도 했다. 두 사람은 1970년대 말에 처음 만났는데, 마침 롤두긴의 형제 예브게니가 푸틴과 함께 KGB에 근무한 까닭이었다. 이들은 승용차를 소유하는 것조차도 사치로 간주되던 시절에, 자포로제츠라는 작고 허술한 소비에트제 승용차를 타고 레닌그라드 곳곳을 돌아다니며 함께 노래를 부르고 극장을 찾아가곤 했다. 가끔은 서로 싸우기도 했다. 그러다가 칼리닌그라드 출신의 아에로플로트 승무원과 사귀게 된 롤두긴은 그녀의 동료 가운데 한 명인 사슴 눈망울을 가진 금발 여성 류드밀라를 푸틴에게 소개해 주었다. 오랜 연애 끝에 류드밀라는 푸틴의 아내가 되었다. 이들의 첫아이가 태어났을 때의 대부도 롤두긴이었다.

이 첼로 연주자와 관련된 특정한 비자금이야말로, 파나마 문서에서 폭로된 내밀한 비자금 가운데 하나처럼 보였다. 방크 로시야의 주식을 보유한 푸틴의 가까운 동맹자들을 통틀어, 롤두긴이야말로 대개 레이더를 피해 갔던 인물 가운데 하나였다. 예를 들어 샤말로프, 고렐로프, 팀첸코, 코발추크 같은 사람들이 푸틴과 긴밀한 유대를 맺었다고 폭로된 지 한참이 지날 때까지, 이 첼로 연주자는 여전히 주목받지 못한 상태로 남아 있었다. 그는 이 일과 가장 어울리지 않는 인물이기도 했는데, 다른 관련자들과는 달리 자기 사업체를 보유하지 않은 전문 음악가였기 때문이다. 푸틴과 가까운 어느 재벌의 말에 따르면, 롤두긴은 대통령에게 최후의 보루에 해당하는 위장 간판 가운데 한 명

이었다.[5] 즉, 그는 〈푸틴의 황금 낙하산〉의 일부였던 것이다.[6]

이렇게 노출되기 전까지만 해도 롤두긴은 방크 로시야의 주주가 된 과정에 관한 질문을 받은 적조차 드물었다. 2014년에 『뉴욕 타임스』로부터 그런 질문을 처음으로 받자, 그는 〈돈을 좀 가질 필요가 있어서〉 그 주식을 갖게 되었다고만 모호하게 대답했다. 「예술을 위한 돈이 어디에도 없었으니까요.」 롤두긴은 이렇게 말한 다음, 자기가 〈상당히 많은 요령〉을 거쳐서 대출받아 그 주식을 매입할 자금을 마련했다고 덧붙였다.[7] 하지만 자기가 주식을 매입한 때가 정확히 언제인지, 또는 매입 가격이 얼마인지는 결코 밝히지 않았다. 나중에 간행된 방크 로시야의 문서에 따르면, 그는 비교적 늦은 시기인 2005년에 1350만 달러어치의 지분을 매입한 것으로 되어 있었다.[8] 일개 첼로 연주자가 그런 유형의 현금에 어떻게 접근할 수 있었는지에 대해서는 결코 명료히 밝혀진 적이 없다. 2014년에 이르러 롤두긴의 지분 가치는 3억 5000만 달러 가까이 되었다. 하지만 그는 항상 자기가 수수하게 살았다고 주장했다. 「보세요, 심지어 제가 쓰는 첼로도 중고랍니다.」 파나마 문서 폭로 이후에 이 첼로 연주자는 한 기자에게 이렇게 말했다.[9]

파나마 문서에서 밝혀진 네트워크는 롤두긴과 연계된 역외 회사들이 푸틴과 가까운 여러 재벌로부터 간접 지급 형태로 수억 달러를 받았음을 보여 주었다.[10] 또한 이 첼로 연주자와 관련된 역외 회사들은 일련의 소급 주식 거래로부터도 이익을 얻었는데, 이런 거래에서 하루 수천만 루블이 산출되었던 것처럼 보인다.[11] 그런 회사들 가운데 한 곳으로 키프로스에 등기된 샌들우드 콘티넨털에서는 한 은행에서 아무런 담보도 없이 대출 한도액인 6억 5000만 달러를 받았다. 그 문제의 은행은 소비에트 외교관들이 운영하는 〈특별 작전〉을 위한 국영 은행 브네슈토르그방크의 키프로스 지점이었다.[12] 이곳은 은행가와 재벌 사이에서 리베이트의 통로로서 악명이 높았으며, 그 본사인 브네슈토르그방크는 2007년에 런던에서의 기업 공개 이후 러시아 안보 기관의 고위급 자제들의 취업 장소로서 인기를 누려 왔다.[13]

롤두긴의 회사 가운데 한 곳인 인터내셔널 미디어 오버시즈 주식회사, 약자로 IMO는 무려 8억 달러 이상의 연간 총수입을 산출하는 러시아 최대 TV 광고 대행사 비디오 인터내셔널의 지분 20퍼센트를 비밀리에 보유했다.[14] 유출된 파나마 문서에 따르면, 이 첼로 연주자는 IMO의 수익자인 것으로 드러났는데, 그 지위 덕분에 1900만 파운드 상당의 현금 자산에 접근할 수 있었다.[15]

파나마 문서의 폭로로 롤두긴의 위장막이 벗겨지면서 20억 달러 규모의 역외 계책이 모습을 드러냈다. 나중에 푸틴은 이 내용이 날조된 부패 주장이며, 러시아를 불안정하게 만들려는 〈적들〉이 만들어 낸 음모라고 주장함으로써, 이 유출에 대한 자신의 불쾌감이 어느 정도인지를 드러냈다. 「그들은 우리를 내부에서부터 흔들려고, 우리를 더 유순하게 만들려고 시도하고 있습니다.」 푸틴의 말이었다.[16] 다른 러시아 공직자들은 ICIJ가 미국 국무부와 CIA의 전직 직원들로 구성되었다고 주장하며 더 직접적으로 불쾌감을 표현했다. ICIJ가 밝혀낸 계책은 얼핏 보기만 해도 푸틴 정권에 만연하게 된 한통속 비자금 가운데 하나에 대한 가까운 일별을 제공하는 것처럼 보인다. 즉 이런 금전 생성책을 이용해서 재벌은 푸틴의 〈옵스차크〉에 〈기부금〉이나 공물을 내놓았으며, 때로는 어떤 거래에 대한 대가로 그렇게 했다.[17]

아울러 이 문서에는 그 네트워크의 현금 가운데 일부가 푸틴과 그의 사람들의 편의를 위한 프로젝트에 흘러 들어간 방식도 나와 있다. ICIJ의 언론인들은 푸틴이 각별히 좋아한 스키장 이고라를 소유한 러시아 회사로 수백만 달러가 이전되었음을 밝혀냈는데, 이 스키장은 푸틴과 방크 로시야 주주들의 출발점이었던 오제로 별장 협동조합의 부지에서 그리 멀지 않은 곳에 있었다. 러시아 회사 오존은 이 스키장을 매입하기 직전인 2011년에 롤두긴과 연관된 샌들우드 콘티넨털에서 사실상 무이자 대출로 300만 달러를 얻었다.[18] 머지않아 오존은 이고라에서 예술의 경지에 이른 온천 복합 시설과 얼음 궁전을 완비한 호화판 호텔 복합 시설을 개발했다.[19] 한때 다 무너져 가던 스키장은 2013년에 이르러 매우 특별한 행사를 위한 장소로 변모했으니, 참석자 모두가 비밀 엄수를 맹세한 상태에서 호화스러운 결혼식이 열린 것이었다.[20] 이날 말이 끄는 썰매를 타고 나타난 신부는 푸틴의 둘째 딸 카테리나였다. 그녀는 방크 로시야의 주주이자 대통령과 가장 가까운 사람인 샤말로프의 아들 키릴과 결혼했다. 신랑은 1년 뒤에 푸틴의 가장 가까운 동맹자 팀첸코로부터 러시아 최대의 석유 화학 회사 시부르의 지분 17퍼센트를 얻었다. 그 매입 과정에서 키릴은 크렘린과 친한 가스프롬방크로부터 10억 달러의 대출을 받았다.[21]

파나마 문서에서 드러난 계책은 앞서 콜레스니코프가 처음 설명했던 〈기부금〉의 역외 시스템과 유사하게 보였다. 그가 감독하는 회사들은 방크 로시야의 확장에 필요한 종잣돈을 제공함으로써, 그 주주들이 터무니없을 정도로 부유해지게 만들어 주었다. 더 나중에는 흑해 연안에 자리한 푸틴의 호화스러운 궁전 건축을 위한 자금의 출처가 되기도 했다. 푸틴의 가까운 동맹자들이 자기네 쪽으로 흘러오는 점점 더 커지는 자금 흐름으로부터 이익을 거둔 까닭에, 파나마 문서에서는 비자금의 진화의 그다음 단계가 드러났다. 급기야 역외 회사들로 이루어진 방대한 그물망이 훨씬 더 정교하고 복잡한 규모로 만들어진 것이다.

파나마 문서로 노출된 역외 시스템은 단지 개인적 부를 축적하는 방법에만 그치지 않았다. 이 시스템은 또한 검은돈으로 이루어진 더 폭넓은 시스템과 연결되었는데, 이 비자금은 워낙 방대해진 까닭에 이제는 그다음 단계로 옮겨 가서 해외에서의 영향력을 매입하는 데 사용될 수도 있었다. 수십만 건의 문서로 이루어진 정보의 수풀 속에는 더 폭넓은 책략이 가동 중임을 보여 주는 흔적이 있었다. 롤두긴과 함께 방크 로시야 연계 회사들 가운데 상당수를 운영하는 스위스 변호사 두 명 중 한 명은 알고 보니 체코 정치와 관련된 부업을 보유한 것으로 밝혀졌다. 그 변호사인 파비오 델코는 체코 공화국 내에 일련의 회사들을 소유하고 있었다. 그곳 직원들은 오래전부터 푸틴의 가까운 동맹자로 간주된 체코 대통령 밀로시 제만의 정당 기부금 총액 가운데 절반 이상을 제공한 것으로 밝혀졌다.[22]

롤두긴의 비자금은 그보다 더 방대한 과정을 암시한다. 러시아 전역에 걸쳐서 서방 은행 계좌로 도피한 자본 규모는 정신이 아득할 정도로 커졌다. 프랑스 경제학자 토마 피케티를 비롯한 저자들이 작성한 미국 국립 경제 연구국 보고서의 추산에 따르면, 소비에트 붕괴 이후로 역외에 은닉된 금액은 8000억 달러로, 러시아 국민이 자국 내에 보유한 부를 능가했다.[23] 이 시스템을 이용하는 사람 중에는 범죄자만이 아니라 자신의 부를 위한 더 안전한 피난처를 찾는 일반 사업가도 있었는데, 이것이야말로 러시아 경제에 깊은 위험이 있음을 보여 주는 신호였다. 푸틴 치하에서 높은 석유 가격과 늘어나는 안정성은 자본이 러시아를 떠나는 속도를 늦추었어야 마땅했지만, 푸틴 통치 후반기 동안 자국을 떠나는 돈의 홍수는 앞서 옐친 시대에 목격된 속도를 몇 배나 능가했다.[24]

이런 유출로 인해 세입이 줄어들자, 통화가 약해지고 전체 경제에 대한 투자가 타격을 입었다. 하지만 푸틴은 이런 상황을 저지하려는 조치를 사실상 하지 않았다. 그는 캠페인을 개시했으며, 거수기 형식의 입법을 거쳐서 사업가들에게 각자의 부를 국내로 가져오라고 촉구했다. 하지만 실제로는 이런 방법들이 아무런 효과도 거두지 못했다. 오히려 푸틴의 신뢰받는 보관인들로 이루어진 그의 서클에서야말로, 그런 빼돌리기가 필수적이었다. 러시아를 지배하는 KGB 사람들은 바로 이 시스템에서 아찔할 정도로 많은 역외 회사를 이용해서 자신들의 부를 위장했다. 또한 국영 기업과 리베이트로부터의 체계적인 약탈을 통해 러시아의 새로운 귀족으로서 살아갈 수 있었을 뿐만 아니라, 서방 민주주의를 잠식하기 위한 전략적인 검은돈을 만들어 낼 수 있었다. 심지어 옐친 시대의 재벌들이 보유한 역외 부조차도 KGB 사람들의 명령에 따라 좌우될 수 있었다.

처음에만 해도, 서방은 이것이야말로 진부한 〈한통속주의〉와 금권 정치에 불과하다고 보았다. 푸틴을 위해서뿐만이 아니라, 그의 조신들을 위해서도 궁전이 건설되고 있었다. 그중 차르 시대의 페테르고프 궁전의 찬란함을 모방한 궁전도 하나 있었는데, 장식된 정원과 위풍당당한 운하까지 완비한 그곳은 가스프롬의 최고 경영자 밀레르를 위해 지어지는 것으로 알려졌다.[25] 모스크바 외곽에 대리석 저택, 길이 50미터의 수영장, 승용차 15대가 들어가는 차고와 모피 코트 보관실을 완비한 면적 70만 제곱미터의 장원도 있었는데, 이곳의 소유주임이 명백한 야쿠닌은 전직 KGB 고위 간부이자 방크 로시야의 주주로서, 2005년부터 러시아 국영 철도 회장으로 재직 중이었으며, 이 국영 독점 기업의 연간 총수입은 420억 달러로 국내 총생산의 2퍼센트 가까이에 달했다.[26]

과도하게 부풀린 국가 도급 계약을 통해 수십억 달러에 접근하는 것은 부를 쌓는 새로운 경로가 되었으며, 이는 거의 전적으로 푸틴의 사람들만을 위한 경로였다. 이런 사실은 러시아가 일련의 전시용 기반 시설 프로젝트에 착수했을 때 두드러졌다. 여기에는 소치 동계 올림픽도 포함되었다. 그 비용은 2007년에 처음 발표되었을 때만 해도 120억 달러였다가, 2014년 초 개최 당시에는 500억 달러로 무려 네 배나 뛰어올랐고, 이로써 2008년 베이징 하계 올림픽에 투입된 비용 400억 달러를 뛰어넘어 역사상 가장 큰돈이 들어간 올림픽이 되었다. 이를 위한 도급 계약 대부분은 푸틴과 가장 가까운 동맹자들에게 넘어갔다.[27] 가장 값비싼 도급 계약은 소치의 흑해 연안 근처에 있는 올림픽 주 경기장에서부터 터널과 교량을 거쳐 산 위의 스키장 복합 시설까지 구불구불 이어지는, 길이 48킬로미터의 도로와 철도의 건설이었다. 여기에는 94억 달러라는 천문학적인 비용이 들어갔는데, 야당 정치인 넴초프의 말마따나 그 비용은 나사가 탐사선을 화성에 보낸 비용보다 무려 세 배 반이나 더 비싼 셈이었다.[28] 입찰도 거치지 않고 이 도로와 철도의 건설권을 얻은 주요 회사들 가운데 하나인 SK 모스트는 푸틴의 가까운 동맹자 팀첸코가 2012년에 건설 부문으로 사업을 확장하면서 부분적으로 그의 소유가 되었다.[29] 푸틴의 예전 유도 친구였던 로텐베르크도 2350억 루블, 즉 72억 달러 상당의 건설 프로젝트를 얻었다.[30] 이에 비해서 옐친 시대의 재벌들은 수십억 달러의 국가 도급 계약을 따내기는커녕 오히려 손해를 감수해야 했다. 데리파스카, 포타닌, 빅토르 벡셀베르크처럼 과거 1990년대 민영화의 가장 큰 승리자였던 사람들은 크렘린의 명령에 따라 오히려 수십억 달러의 사재를 투자했기 때문이다.[31]

푸틴과 가장 가까운 사업 동맹자들은 다른 모두를 누르고 상승하고 있었다. 「이너 서클 출신의 사람들은 아예 다른 행성에 살아가고 있습니다. 그들은 전용 은행을 갖고 있습니다. 심지어 우리와는 다른 도로로 오갑니다. 나머지 사람들을 위한 도로도 있는데, 거기서는 누군가가 규칙을 어기면 붙잡힙니다. 하지만 로텐베르크 같은 사람들은 전용 도로를 갖고 있으니, 애초부터 규칙을 어길 수가 없는 겁니다.」 러시아 고위급 은행가의 말이다.[32] 이러한 부를 획득한 전직 KGB 사람들은 그거야말로 자기들이 당연히 받아 마땅하다고 여겼다. 그들은 러시아를 붕괴에서 구제했다고, 옐친 시대의 재벌들의 손아귀에서 구제했다고 자처했다. 자국을 서방에 대항하는 강대국으로서 부활시키고 있다는 것이었다. 그들은 자신의 위업을 기리기 위해서 스스로 훈장을 수여했다. 1990년대에만 해도 살아남기 위해 발버둥 쳤던 로텐베르크는 심지어 가문의 문장(紋章)까지 주문했을 정도였다.[33]

하지만 푸틴의 사람들의 현금 흐름 장악은 워낙 거대한 규모에 도달했기 때문에, 오로지 개인적 치부만이 목적은 아니었다. 이제는 예전부터 항상 KGB 작전의 토대가 되었던 밀수 경제가 부활하고 있었다. 이 과정의 참가자들의 말에 따르면, 부풀린 정부 도급 계약을 통해 현금에 접근하는 것이야말로 민주주의적 감시로부터 멀리 떨어진 자금을, 따라서 선거에 영향을 끼치기 위해서라든지, 국내외 공직자를 매수하기 위해서 사용될 수 있는 예산을 형성하는 방법이었다. 이 것이야말로 러시아에서는 권위주의적 통제를 위한 장치였고, 서방에서는 제도를 잠식하기 위한 장치였다.

몰도바 세탁소

2012년 3월, 런던 캐너리 워프의 어둠 속에서 자택에 들어서던 러시아인 은행가가 거리에서 총격을 당해 쓰러지면서 푸틴 서클의 계책가운데 하나가 드러나기 시작했다. 게르만 고르분초프라는 이 은행가는 여러 은행으로 이루어진 네트워크의 공동 소유주였다. 야쿠닌의러시아 국영 철도의 주요 도급업체들이 수십억 달러의 계약금을 빼돌리고 그 수익금을 세탁하는 과정에서 바로 이 네트워크를 사용한 바있었다.

고르분초프는 2008년 금융 위기 당시에 사라진 현금을 놓고 싸움을 벌이던 강력한 국가 공직자와 범죄 조직들 사이에서 그만 십자

포화에 갇혀 버렸던 셈이었다.[34] 고르분초프는 공격받고도 살아남았다. 하지만 유도된 혼수상태에서 결국 벗어난 후에, 그가 꺼내기 시작한 이야기는 어마어마한 돈세탁 계책에 대한 폭로로 이어졌는데, 훗날 〈몰도바 세탁소〉로 일컬어진 이 계책을 통해 2010년부터 2014년까지 200억 달러 이상이 러시아를 벗어나서 몰도바와 라트비아와 에스토니아의 여러 은행을 거친 뒤에 서방의 역외 피난처로 불법 이전되었다.[35] 몰도바 세탁소를 거쳐서 흘러간 현금 흐름은 1990년대부터 야쿠닌과 가까운 관련자였던 안드레이 크라피빈과 발레리 마르켈로프가 주도하는 바로 그 러시아 국영 철도 도급 계약자 집단과 연결되어 있었다.[36] 고르분초프는 자기 목숨을 노린 범행의 배후에 이 두 사람이 있다면서, 그 거래 가운데 일부에 관한 데이터베이스를 런던 광역 경찰청에 넘겼다.[37]

2014년에 몰도바 검찰은 이 계책을 수사하기 시작했다. 무려 4년이 더 지나서야 러시아 법 집행 기관도 이 계책을 살펴보기 시작했다. 그즈음 철도 도급 계약자들은 크렘린 내부의 파벌 싸움에서 희생자가 되어 버린 상태였다. 러시아 법 집행 기관 내부에서 경쟁 관계에 있던 한 부서가 내무부 소속인 어느 경찰 간부의 아파트를 압수 수색해보니, 특별하게 제작한 금고실에 놓인 와인 상자와 비닐봉지에 1억 2400만 달러 이상의 현금이 들어 있었다. 철도 도급 계약자들이 자기네 사기 행각을 눈감아 달라며 제공한 뇌물 가운데 일부였다.[38] 그 경찰 간부의 증언으로, 철도 도급 계약자들이 30억 달러 이상을 러시아 국영 철도에서 빼돌린 다음, 몰도바 세탁소를 통해 자금을 세탁해서 서방으로 보냈다는 사실이 밝혀졌다.[39]

그 30억 달러는 이보다 훨씬 더 큰 불법 현금 유출 사이에 감춰져 있었는데, 그 대부분은 관세와 세금을 회피하려고 이 계책을 이용한 러시아 사업가들의 돈이었다. 몰도바 세탁소 계책 배후의 은행가들은 러시아에서 자금을 빼내기 위해서 기발한 방법을 고안했는데, 영국에 등기된 여러 개의 유령 회사로 이루어진 그물망을 수립한 뒤에 자기들끼리의 가짜 거액 대출 계약서에 서명을 하는 것이었다.[40] 이 허구의 대출금에 대해 러시아 회사와 몰도바 시민들로 이루어진 별도의 그물망에서 보증을 섰는데, 은행가들이 몰도바 법원에서 자기네와 공모한 판사들을 통해서 판결을 받아 내면, 보증인들은 영국 여러 회사에 돈을 물어 줄 수밖에 없는 처지가 되었다. 이런 방식으로 러시아에서 역외 피난처로 200억 달러 이상이 빠져나가고 나서야, 몰도바 검찰이 이 계책에 대해서 알아내고 봉쇄해 버렸던 것이다. 러시아 국영 철도에서 훔친 돈은 러시아라는 국가의 가뜩이나 긴 사정거리를 피해서 자기 돈을 옮기려 도모했던 기업가들에게서 나온 훨씬 더 큰 유출과 혼합되었기 때문에 사실상 추적하기가 불가능했다. 그리하여 그 대부분은 실제 소유주를 알 수 없는 역외 회사들로 이루어진 그물망 속에서 사라져 버렸다.

이 모두는 러시아라는 국가의 사정거리에서 벗어나, 고급 아파트와 상품에 투자된 훨씬 더 큰 자본 유출의 일부분이었다. 「전체 자본 유출은 무역액에 맞먹을 정도입니다. 관세와 세금을 줄일 필요가 있습니다. 매일같이 막대한 숫자의 상품이 모스크바로 들어옵니다. 텔레비전을 예로 들어 보죠. 관세와 세금을 줄이기 위해서, 100달러라는 인위적인 신고 가격으로 들어옵니다. 하지만 실제로 그 상품 가격은 300달러라는 거죠. 따라서 100달러는 러시아에서 직접 지급하고, 나머지 200달러는 러시아 바깥에서, 즉 외국에서 지급합니다. 따라서 상품 대금을 지급하기 위해 자금을 빼낼 필요가 있는 겁니다. 전체 흐름이 바로 이렇습니다. 무역업자가 주 고객인 거죠.」 고위급 은행가의 말이다. 하지만 이 계책을 수사한 몰도바 검찰은 혹시 그 안에 러시아 안보 기관과 연계된 검은돈이 감춰져 있는 것이 아닌가 하고 우려했다. 즉 해외에서의 영향력 작전에 사용되는 자금, 서방의 여러 제도를 교란시키고 잠식하기 위해 극좌와 극우 성향 정당들에 지원하는 자금의 존재를 우려했던 것이다.[41] 친서방 성향의 몰도바 검찰이 이 계책을 수사하기 시작하면서 맞닥뜨린 러시아 안보 기관들의 저항은 이 계책이 최고 수준의 보호를 받고 있다는 암시였다. 몰도바 수사관 가운데 한 명이 2017년에 이 사기 사건을 수사하기 위해 러시아로 갔지만 국경에서 억류되어 수색을 당했으며, 이 과정에서 러시아 검찰은 지원 요청을 묵살해 버렸다.[42] 이 계책 배후에 있는 러시아 여러 은행으로 이루어진 네트워크가 러시아 대통령의 사촌 이고리 푸틴에게로, 아울러 안보 기관 고위 공직자들에게로 이어진다는 사실 역시 그 자금 이전에 단순한 현금 빼돌리기 이상의 뭔가가 더 있다는 또 다른 암시였다.[43]

조직범죄 및 부패 보도 프로젝트 소속의 언론인들의 추적에 따르면, 이러한 자금 이전 가운데 하나는 폴란드의 작은 비정부 단체로 향했다. 운영자는 친크렘린 정치 활동가 마테우스 피스코르스키였다. 그는 유럽의 〈탈미국화〉를 공개적으로 요구하는 한편 러시아의 의제에서 여타의 핵심 내용들을 지지하고 있었다.[44] 그는 훗날 러시아를 위한 간첩 활동 및 자금 수수 혐의로 체포되었다. 더 나중인 2018년, 그러니까 러시아 법 집행 기관이 마침내 이 사기 사건의 참여자 가운데 일부를 체포했을 때에 러시아 국영 철도의 도급 계약에 참여한 고위급 공무원 한 명이 내게 시인한 바에 따르면, 그 〈자금 빼돌리기〉는 크렘린의 전략적 작전을 위한 검은돈을 만드는 방법이었다. 그의 말에 따르면, 규정이나 감독이 없는 상태에서는 전략적인 것과 개인적인 것 사이의 경계선을 흐리기가 쉬웠다. 하지만 이 시스템에서는 자칫 눈 밖에 날 경우 언제라도 러시아 법 집행 기관의 표적이 될 수도 있었다. 「이전까지만 해도 허가되고 승인되었던 것이 갑자기 그렇지

않게 될 수도 있습니다.」고위급 공무원의 말이다.[45]

주요 러시아 은행들 가운데 한 곳이 몰도바 세탁소를 통해서 자금을 옮겼다는 점은 이보다 훨씬 더 큰 책략이 진행 중이라는 암시였다. 그 은행은 바로 러시아 토지 은행, 약자로 RZB라는 곳이었다. 권투 선수 출신으로 싸움하기를 좋아하는 성격이며 범죄 조직과의 유대를 지닌 상트페테르부르크의 사업가 알렉산드르 그리고리예프가 부분 소유주로서 그곳을 통제했다. 그리고리예프는 오랫동안 최상부로부터 보호받아 왔다.[46] 그리고리예프와 그 사람들이 RZB를 매입한 2012년 초에, 그 당시 총리의 사촌 푸틴이 이사회 의장으로 영입되었다.[47] 그해 말에 푸틴이 대통령 직위에 복귀하자, 그리고리예프와 대통령의 사촌 푸틴은 또 다른 은행가 알렉세이 쿨리코프와 함께 또 다른 중간 규모의 은행 프롬스베르방크 이사회에 합류했으며, 이 은행은 머지않아 또 다른 주요 불법 현금 이전 계책을 출범하게 되었다.[48]

거울 매매

프롬스베르방크는 안보 기관 공직자와 범죄 조직이 불법 현금을 서방으로 잔뜩 보내는 데에 사용하는 바로 그 빈틈없는 네트워크에서 전개하는 여러 금융 기관들로 이루어진 그물망의 일부였다. 2011년부터 2014년까지 이 그물망은 러시아를 빠져나간 100억 달러 이상의 자금 이전에서 주요 도관 노릇을 해주었다.[49] 이 자금을 옮기는 과정에서는 완벽한 위장이 아닐 수 없는 뭔가가 동원되었다. 그 뭔가란 바로 서방 최대의 금융 기관 가운데 하나인 도이체 방크였다. 아울러 이때의 자금 이전에서는 몰도바의 경우처럼 부정한 법원 판결이 굳이 개입되지 않았으며, 주식 매매 시스템이 대신 사용되었다. 2011년부터 이어진 네트워크가 도이체 방크 모스크바 지점과 증권 매매를 시작했다. 이들이 러시아의 알짜 주식을 루블화로 다량 사겠다고 주문을 넣으면, 동시에 영국령 버진 아일랜드 같은 역외 지역이나 영국에 근거하여 이들과는 무관해 보이는 회사들이 도이체 방크 런던 지점을 통해 바로 그 주식을 바로 그 분량만큼 팔겠다는 주문을 넣었다. 매도하는 회사들은 주식 대금을 달러화나 유로화로 받았다.[50] 나중에 가서 규제 당국은 이런 회사들 가운데 상당수가 공통의 이사나 주소나 소유주를 통해 연계되어 있음을 알아냈다. 훗날 〈거울 매매〉라고 알려진 이 매매의 목적은 돈을 버는 것이 아니라, 국외로 자금을 이전하는 것에 대한 러시아의 규제를 우회하는 것이었다.

이 매매를 한 중개업체 가운데 상당수는 어떤 식으로건 프롬스베르방크와 연계되어 있었다. 그 은행의 주주인 IK 파이낸셜 브리지는 도이체 방크 모스크바 지점에 주식 매매 주문을 넣는 주역 가운데 하나가 되었다.[51] 러시아 중앙은행에 따르면, 또 다른 모스크바의 중개업체 로터스 캐피털 역시 프롬스베르방크에 있는 루블화 계좌에서 주식 대금을 지급했으며, 역시나 이 은행의 소유인 라로스 금융이라는 예탁 기관을 통해서 주식을 보유했다. 프롬스베르방크의 소유주 가운데 한 명인 쿨리코프가 훗날 증언한 바에 따르면, 그는 모스크바에서 도이체 방크 중역들을 만나 이 계책을 지속하라고 설득하기도 했다.

은행가들은 이상적인 도관을 발견한 것처럼 보였다. 도이체 방크 모스크바 지점은 푸틴 정권과 항상 특별한 관계를 유지해 왔다. 2000년대의 대부분 동안 이곳은 라이언의 영지였는데, 이 미국인 은행가는 상트페테르부르크 시절에 푸틴을 처음 만났으며, 훗날 도이체 방크가 인수한 모스크바의 중개업체 유나이티드 금융 그룹을 공동 설립했다. 이 은행은 푸틴 정권의 최고위 고객들을 항상 상대했다. 라이언이 도이체 방크 모스크바 지점의 대표에서 물러난 이후에 후임자로 들어간 이고리 로제프스키도 마찬가지로 연줄이 좋았다. 그는 러시아 국영 은행 여러 곳에서 고위급으로 재직했으며, 푸틴의 가장 가까운 동맹자인 슈타지 출신 바르니히를 대신하여 드레스드너 방크 모스크바 지점의 대표를 잠시 맡기도 했다. 로제프스키는 러시아 해외 첩보부와도 긴밀하게 연계되었던 것으로 추정된다.

모스크바에서 도이체 방크를 위해 일했던 서방 출신의 젊은 은행가들은 유유자적 해외 생활을 즐겼다. 이들의 세계로 말하자면, 나이트클럽에 성매매 여성이 가득하고, 돈이 마치 수도꼭지에서 흘러나오듯 쏟아지는 세계였다. 주식 매매업자들은 거울 매매를 수행하는 과정에서 우려나 질문을 거의 하지 않았다. 「하루 거래량의 절반이 거울 매매였습니다. 그렇다고 큰일까지는 아니었습니다. 그들끼리도 공개적으로 이야기하는 일이었으니까요.」 그 당시에 이들과 함께 일했던 주식 매매업자 가운데 한 명의 말이다.[52]

하지만 모스크바의 어느 준법 감시인이 마침내 이 거래를 수상하다고 판단하여 추가 조사를 위한 영장을 신청하면서, 이들의 세계는 박살 나고 말았다.[53] 주문을 냈던 러시아 업체들 가운데 일부는 안보 및 돈세탁 관련법을 위반했다는 이유로 허가가 취소되었고, 2015년 2월에 모스크바 경찰이 중개업체 가운데 한 곳에 대한 사기 혐의 수사의 일환으로 도이체 방크 모스크바 지점의 사무실을 수색했다.[54] 그 결과로 시작된 도이체 방크 내부 감사에서는 비교적 하위급인 직원 한 명에게 모든 책임을 돌렸다. 바로 주식 부서의 책임자인 36세의 말쑥하고 사교적인 팀 위스웰이었다. 도이체 방크에서 더 고위급인 중역들에게는 편리하기 짝이 없게도, 위스웰의 아내 소유인 역외 은행 계좌에서 출처가 불명한 자금 380만 달러도 발견되었다. 그중 25만 달러는 거울 매매에 참여했던 한 회사에서 온 것이었다.[55] 위스웰의 동료 가운데 일부는 경악했다. 더 고위급인 중역들 역시 그 매매에 대해서 당연히 알고 있었다. 그중 한 명의 말이다. 「이게 무슨 일인지 아무도 모르는 상태에서 100억 달러를 역외로 쉽게 옮길 수는 없는 노릇입니다. 심지어 4년씩이나 말입니다. 위스웰은 그 사람들에 관해서 런던 지점과 많은 대화를 나눈 바 있었고 (……) 그 사람들이 주문하리라는 것이며, 4년 동안 매일같이 사고팔고 하리라는 것을 모두가 알고 있었습니다. 그걸 비밀로 간직하기는 매우 어려웠습니다. 런던 지점에 있는 양반도 (비록 그는 이 일에 관해서 아무것도 몰랐다고 주장하더라도) 그 고객들이 누구인지를 알 수밖에 없는 것이, 무려 4년 동안이나 다섯 손가락 안에 들어가는 고객들이었기 때문입니다.」[56]

모스크바 규제 당국 역시 마침내 이 계책을 단속했을 때는 하위급의 주역들에게 주목했다. 프롬스베르방크의 주주로 도이체 방크와의 매매 가운데 일부를 주선하려 시도했던, 호리호리하고 학구적인 인물 쿨리코프는 프롬스베르방크에서 33억 루블을 횡령한 혐의로 재판에 부쳐졌고, 프롬스베르방크와 RZB 모두의 소유주인 그리고리예프는 몰도바 세탁소에서 담당한 역할로 인해 범죄 조직 운영 혐의로 나중에 기소되었다.[57] 하지만 쿨리코프가 암시한 바, 아울러 이 계책에 대해 잘 알고 있던 또 다른 고위급 은행가도 역시나 암시한 바에 따르면, 그 일의 진짜 주모자는 그들보다 훨씬 더 높은 사람들이었다.[58] 몰도바 세탁소와 거울 매매 사기 사건은 상호 연관이 되어 있었으며, 워낙 규모가 크기 때문에 FSB의 감독과 참여 없이는 애초부터 발생할수가 없었다. 「이것이야말로 산업 규모의 작전이었습니다.」 전직 도이체 방크 은행가 로만 보리소비치의 말이다.[59] 「FSB의 개입이 없었다면 그런 규모로 일어나지는 않았을 겁니다.」 안보 기관과 연줄이 있는 도이체 방크의 또 다른 고위급 은행가도 이렇게 말했다.[60]

그렇게 옮긴 현금은 워낙 복잡하게 층층이 쌓인 바람에, 어느 누구도 그 돈이 어떻게 사용되었는지를 알 수 없는 계책을 통해 런던과 미국에 있는 위장 간판 회사들로 들어갔다. 전직 도이체 방크 고위급 은행가가 보기에, 예를 들어 거울 매매 계책은 단순히 세금이나 관세 회피를 겨냥한 작전처럼 보이지는 않았으며, 오히려 본국인 러시아에서나 해외에서나 간에 공직자를 부패시키는 데 사용할 검은돈 은닉처를 만들기 위한 계책과 비슷해 보였다.[61] 〈오브날리치바니예〉라고 알려진 과정을 통해서, 회사 장부에서 나온 현금은 추적이 불가능한 검은돈으로 전환되었다.[62] 「1990년대에만 해도 〈오브날리치바니예〉는 세금 회피를 위해 사용되었습니다. 그런데 이제는 부패를 위해서, 국가 공직자의 매수를 위해서 사용되고 있습니다. 그건 오로지 범죄자와 FSB에게나 필요한 겁니다.」 그 은행가의 말이다.[63]

횡령 혐의로 재판에 회부된 이후, 쿨리코프와 프롬스베르방크의 또 다른 중역은 또 한 명의 숨은 주주로 이반 먀진을 지목했다. 50대 초의 이 호리호리한 인물은 비싼 옷을 입는 것을 좋아했으며, 불법 자금을 옮기기 위한 범죄 조직과 FSB 사이의 연계 중심에 있었다.[64] 두 사람의 말에 따르면, 몰도바 세탁소와 도이체 방크 거울 매매 모두의 진정한 주모자는 바로 먀진이었다. 양쪽 계책 모두를 잘 아는 러시아 고위급 은행가의 말이다. 「먀진은 매우 흥미로운 인물입니다. 그가 바로 이 계책들을 개발한 장본인입니다. 그는 FSB의 매우 존경받는 사람들의 친구죠.」[65]

하지만 먀진의 배후에는 여전히 더 위로 올라가는 또 하나의 층이 있었으니, 이 층은 FSB와 러시아 범죄 조직의 최상부로 이어졌다.[66] 2018년에 그 역시 결국 체포되었는데, 러시아 안보 기관과 내무부 사이에서 벌어진 격렬한 내부 다툼의 또 다른 희생자라 할 수 있었다. 하지만 더 높은 층에 있는 주역들은 무사히 빠져나갔다. 먀진의 배후에 강력한 집단이 있다는 암시는 그가 한때 러시아의 가장 악명 높은 범죄 조직원 가운데 한 명인 이반코프, 일명 〈야폰치크〉와 우정을 맺었다는 사실에 잘 나타나 있다. 이 별명은 〈작은 일본인〉이라는 뜻의 러시아어이다. 그 표현 그대로 야폰치크는 키가 작고 깡말랐고 덥수룩한 턱수염과 냉랭한 눈을 가졌으며, 신장(身長)의 부족을 악랄한 정력으로 벌충했다. 야폰치크는 격한 성격으로 널리 두려움의 대상이 되었는데, 1990년대 초에는 한때 뉴욕에 살면서 러시아 최대의 범죄 조직인 솔른쳅스카야를 위해 일한 바 있었다. FBI에서는 그를 〈가장 강력하고 국제적인 유라시아 범죄 조직 두목 가운데 한 명〉이라고 지칭한 바 있었다.[67] 1995년에 야폰치크는 러시아 사업가 두 명으로부터 350만 달러를 갈취하면서 이들의 목숨을 위협하는 한편, 그중 한 명의 부친에게 난폭한 공격을 가해 끝내 사망에 이르게 한 혐의로 미국 법 집행 기관에 의해 기소되었다.[68] 하지만 먀진은 야폰치크를 〈조용하고, 똑똑하고, 소탈한 사람〉이라고 평가했으며, 〈우리 가족과 함께〉 새해 연휴를 보내곤 했다고 말했다.[69]

미국 교도소에서 복역하는 동안 야폰치크는 친구를 사귀어 매우 가깝게 지냈다. 연료 매매 사기 계책으로 복역 중이던 브라이턴 비치 출신의 러시아인 강도 드보스킨이었다.[70] 알고 보니 그는 야폰치크의 조카이기도 했다. 두 사람은 2004년에 함께 모스크바로 돌아왔으며, 야폰치크의 연줄에다가 훗날 먀진과 맺은 긴밀한 우정으로부터 도움받은 끝에 드보스킨은 가장 큰 돈세탁 계책 가운데 다수의 배후 동력이 되었으며,[71] 음지의 은행가로서 러시아의 검은돈의 왕으로 알려지게 되었다.[72] 「알고 보니 이런 연계가 있었던 겁니다. 먀진, 야폰치크, 제냐(여기서 〈제냐〉는 드보스킨의 애칭이다 — 원주). 이들은 함께 세계를 장악하기로 작정했습니다.」 이 세 사람 모두와 함께 일했던 러시아 전직 고위급 은행가의 말이다.[73]

야폰치크는 2009년에 모스크바에서 총격을 받아 사망했다. 하지만 드보스킨은 살아남았으며, 돈세탁 계책에 대한 수사에서도 매번 무사히 도망치는 데 성공했다. 그는 강력한 보호자를 얻었으며, FSB

장군 이반 트카체프와 긴밀하게 일했다. 이 장군은 훗날 이 안보 기관의 전능한 부서인 K 국의 책임자가 되었다.[74] 이 부서는 본래 경제 범죄 수사를 담당했지만, 실제로는 거의 정반대의 일을 했다. 그 문제에 대해 직접적으로 알고 있는 러시아 고위급 은행가 두 명의 말에 따르면, 이 부서는 서방으로 들어가는 러시아 최대의 돈세탁 통로를 감독하고 통제했던 것이다.[75]

푸틴 치하에서 이 계책이 얼마나 체계화되었는지를 (아울러 안보 기관이 이 계책에 얼마나 깊이 개입했는지를) 보여 주는 첫 번째 암시는 한때 러시아 중앙은행의 총재였던 세르게이 이그나티예프가 대담하게도 공개적으로 언급하면서 나왔다. 2013년에 러시아 신문 『베도모스티』와 가진 고별 인터뷰에서, 깡마르고 진지한 이 은행가는 작년 한 해 동안 자국에서 불법적인 방식으로 벗어난 돈이 490억 달러라고 말했다.[76] 그의 말에 따르면, 그 금액의 절반 이상은 서로 연계된 여러 회사가 빼돌린 것으로 보였다. 「여러 사람으로 구성된 체계적인 집단 한 곳이 그 모든 회사를 통제하고 있다는 인상을 받았습니다.」 전직 FSB 간부 한 명과 러시아 고위급 은행가 한 명은 여기서 이그나티예프가 말하는 대상이 FSB임을 확신한다고 말했다.[77]

나중에 이 중앙은행장이 한 동료에게 불평한 바에 따르면, 자기가 그 계책을 봉쇄하려고 시도할 때마다 FSB에서 강력한 반대가 나왔다고 한다. 「그가 저한테 이렇게 말하더군요. FSB가 찾아와서 자기 방문을 두들기며 저지하려 들지만 않았더라도, 자기는 일찌감치 그 계책을 모조리 봉쇄해 버렸을 거라고 말입니다.」 그 동료의 말이다.[78]

디스콘트 은행

이그나티예프로선 조심해야 할 이유가 차고도 넘치는 상황이었다. 개혁 성향의 중앙은행 부총재 안드레이 코즐로프가 디스콘트 은행의 면허를 취소함으로써, 이런 현금 빼돌리기 계책의 초기 버전 하나를 봉쇄하려고 도모한 지 2주 만에 거리에서 총격으로 사망했기 때문이었다.[79] 그 직전에 이 은행가는 에스토니아에 있는 동료들을 다급히 만나서, 그곳의 돈세탁 단속 책임자에게 삼포 은행 에스토니아 지점이 러시아의 지저분한 돈 수십억 루블을 세탁하고 있다고 경고하고, 은행 계좌 몇 개를 폐쇄하라고 요구한 바 있었다.[80] 탐사 언론 잡지『뉴 타임스』의 보도에 따르면, 나중에 코즐로프의 죽음에 관한 러시아 경찰의 수사에서 그 돈세탁 계책에 크렘린 고위 공직자 여러 명과 FSB 부책임자가 연루되었음이 밝혀졌다.[81] 하지만 당국의 누군가와의 연계는 재빨리 덮였으며, 범인 추적은 (아울러 살인에 대한 책임 규명도) 모스크바의 하위직 은행가 한 명을 살인죄로 교도소에 보내면서 공식적으로 끝나 버리고 말았다.[82] 문제의 그 돈세탁 계책을 수립하는 데 관여한 다른 사람들은 드보스킨이며 먀진과도 연계되어 있었지만, 이들은 또다시 무사히 도망쳐 버렸다.[83]

오스트리아와 러시아 검찰이 디스콘트 은행의 계책을 봉쇄하려고 움직이는 사이, 다른 계책들이 빈자리를 대신 차지했다. 그리하여 러시아의 검은돈이 에스토니아를 거치는 경로는 오히려 확장되었다. 러시아 중앙은행으로부터 거듭된 경고에도 불구하고, 덴마크 단스케 은행이 2007년에 에스토니아 삼포 은행을 매입하면서, 이 은행은 몰도바 세탁소와 도이체 방크 거울 매매를 통해 현금을 서방으로 옮기는 핵심 통로 가운데 하나가 되었다.[84] 수사관들이 나중에 밝혀낸 바에 따르면, 모두 합쳐 2000억 달러 이상의 검은돈이 단스케 은행 계좌를 통해 이전되었다. 단스케 은행은 또한 러시아 국세청에서 부여한 허위 세금 환급 명목으로 2억 달러를 서방으로 옮겼는데, 이는 이 문제를 폭로한 뒤에 모스크바 교도소에 갇혀 의문스러운 죽음을 맞이한 러시아의 세금 전문 변호사 세르게이 마그니츠키가 2007년에 밝혀낸 또 다른 사기 사건의 일부이다.[85] 추가로 수사를 한 결과, 2006년부터 2010년까지 바로 이 회사와 은행들로 이루어진 그물망을 이용하여 허위 세금 환급 명목으로 총 8억 달러 이상의 돈이 국외로 빠져나간 것으로 밝혀졌다.[86]

허위 세금 환급, 몰도바 세탁소, 거울 매매 같은 계책들 모두에 있는 공통분모의 숫자는 깜짝 놀랄 정도이며, 그 한가운데 있었던 어느 은행가에게는 심지어 치명적이었던 것으로 입증되었다. 그의 이름은 알렉산드르 페레펠리츠니였다. 그의 소유인 IK 파이낸셜 브리지는 프롬스베르방크의 주주이며, 거울 매매 계책에서는 도이체 방크 모스크바 지점에서의 대량 주문자이기도 했다. 본인도 참여했던 허위 세금 환급 계책을 통한 자금 이전 가운데 일부에 관한 정보를 수사관들에게 공유한 직후, 그는 런던 근처의 한 공원에서 조깅을 하다가 수상한 정황에서 심장 마비로 사망하고 말았다.

비록 이 계책 모두가 너무 많은 이목을 끌게 되면서 결국에는 봉쇄되고 말았지만, 매번 상황이 너무 늦은 다음이었다. 러시아 규제 당국이 이를 겨냥하고 움직였을 즈음에는 이미 수백억 달러가 불법적으로 서방에 옮겨진 다음이었다. 드보스킨과 FBS 최고위 관리자들은 처벌받지 않은 상태로 남았으며, 안전하게도 소동에서 벗어나 있었다. 몰도바 세탁소와 도이체 방크 거울 매매 계책의 경우, 대통령의 사촌 푸틴은 규제 당국이 행동에 돌입하기 직전에 관련 은행들의 이사회에서 물러났으며, 돈세탁 통로는 다른 은행들의 다른 은행가들을 통해 다시 복제되었다. 예를 들어 거울 매매 계책이 봉쇄되면, 허위 법원 명령이나 재보험 사기처럼 돈을 움직이는 다른 장치로 대체되는 식이었다. 이 계책들에 대해서 잘 아는 러시아 고위급 은행가는 이렇게 말한다. 「어떤 물건을 사용할 수 있는 횟수는 정해져 있게 마련입니다. 예를 들어 텔레비전 한 대를 100년 동안 사용할 수는 없지요. 은행도 마찬가지입니다. 그 뼈대와 관련 인물이 경계를 넘어서기 시작하면, 결국 만사를 잠식하기 시작하는 겁니다. 남의 눈에 띌 수밖에 없는 겁니다.」

그는 예를 들어 먀진에 대해서 이렇게 말했다. 「그는 옷을 잘 차려입고 세련되며 여행하기를 좋아합니다. 이것은 그의 위치에는 어울리지 않죠. 러시아에서는 두 가지 유형의 계책이 있습니다. 우선 먀진과 관련된 계책들이 있는데, 그는 온갖 집단과 연계를 맺고 있으며, 너무 시끄럽게 떠들어 댑니다. 다음으로 반쯤 군사적이고 절도 있게 돌아가는 구조물들이 있는데, 여기에 관해서는 아무도 모릅니다.」 이런 계책들은 영원히 변모한다. 한 가지 통로가 봉쇄되면, 새로운 통로가 열린다. 「당신이 어떤 계책을 알아보더라도, 그걸 추적할 수는 없습니다. 그 돈을 가져가서 섞어 버리기 때문입니다. 그걸 추적해 보았자 쓸모없는 겁니다.」 고위급 은행가의 말이다.[87]

뉴욕 은행

수십억 달러를 서방 시장으로 옮기는 과정에 러시아 안보 기관과 범죄 조직이 깊이 관련되어 있다는 것을 보여 주는 최초의 신호는 1999년 여름에 나타났었다. 미국 금융 시스템의 여러 기둥 가운데 하나인 뉴욕 은행이 범죄 조직원과 연관되었을 가능성이 있는 러시아 현금 70억 달러 이상을 세탁한 혐의에 대해 미국 수사관들이 수사 중이라는 소식이 전해지면서, 요란한 경종이 울리게 되었다. 처음에만 해도 이 스캔들은 깜짝 놀랄 만한 것처럼 보였다. 앞서 살펴보았듯이, 옐친 패밀리의 계좌로까지 수사가 확대될 조짐이 생기면서, 결국 옐친이 푸틴에게 권력을 이양하도록 재촉하는 데 도움을 준 요인은 바로 신문 1면의 머리기사였다. 워싱턴 전체가 러시아 검은돈의 잠재적인 부식 능력에 대해서 특히 주의하게 되었다. 이틀에 걸친 의회 청문회에서는 돈세탁 작전과 범죄 조직과 KGB 사이의 연계 가능성을 질타했다.[88] 하원 의원들은 전직 CIA 국장 제임스 울지와 다른 여러 전직 CIA 러시아 전문가들로부터 증언을 들었다. 과거 워싱턴에 주재했던 전직 KGB 고위 간부 시베츠는 그 모두의 기원에 관해 짧고도 굵게 말했다. 「러시아 범죄 조직이 서방 금융 시스템에 대규모로 침투한 것은 소련 붕괴 직전부터 시작된 일이며 (……) 그 게임의 주역들은 소비에트 공산당 고위 간부들, KGB 최고위 지도부, 범죄 세계의 최고위 두목들이었습니다.」[89]

뉴욕 은행의 작전은 그 대담한 단순성 때문에 더욱 놀랄 만했다. 더 나중의 몰도바 세탁소나 거울 매매 계책만큼 정교하지도 않았다. 거의 알려진 바가 없는 중간 규모의 은행들에 소속된 러시아인 은행가 두 명이 러시아인 고객들을 대신해 자금을 송금했는데, 이 자금은 나우루에 등기된 시넥스 은행이라는 유령 은행과 역외 유령 회사 여러 곳을 종종 거쳐서, 베넥스와 벡스라는 무명 회사들이 보유한 뉴욕 은행 계좌로 들어갔다.[90] 이 자금은 다른 제3자의 계좌로 곧장 이전되었다. 수사관들은 베넥스 계좌에서 〈18개월 동안, 하루 24시간 내내, 밤낮을 가리지 않고, 평균 5분에 한 건씩 송금이〉 이루어졌음을 알아냈다.[91] 1998년에 이르러 그 액수는 한 달에 최대 2억 달러에 도달했다.[92]

미국과 영국의 수사관들이 가장 불편하게 생각했던 점은 베넥스의 거래 가운데 일부가 러시아에서 가장 악명 높은 범죄 조직원 가운데 하나인 모길레비치에게로 재차 이어진다는 점이었다. 영국 수사관들은 다른 사건과 관련된 문서 상자를 뒤지다가, 처음으로 베넥스를 우연히 알게 되었는데, 여기서 말하는 다른 사건이란 바로 모길레비치의 위장 간판 회사에 대한 주식 사기 수사였다.[93] 곧이어 FBI도 관련 업체인 베넥스 여행사가 모길레비치의 관련자로 알려진 사람들의 미국 비자 신청에서 보증을 담당했음을 알아냈다.[94]

서방의 법 집행 기관들은 모길레비치가 전체 돈세탁 계책 배후의 주모자일 가능성을 의심하기 시작했다. 이 사건과 관련해서 의회에서 증언한 전직 국무부 국제 법 집행 기관 담당 차관보 조너선 와이너의 말에 따르면, 그 연계 하나만 놓고 보아도 〈충격적인 함의〉가 있었다. 「이는 심각한 가능성을 암시합니다. 첫째는 베넥스가 미국 주요 머니 센터 뱅크 한 곳의 내부자를 포함한 러시아인 두 명에 의해서 운영되는 수십억 달러짜리 돈세탁 사업체라는 가능성입니다. 둘째는 베넥스가 다른 무엇보다도 뉴욕시 한복판에서, 그것도 러시아 범죄자 중에서도 최악의 분자들 가운데 일부를 위해 자금을 세탁하고 있었을 가능성입니다. 이 정보를 접하는 순간, 저는 말 그대로 입이 떡 하고 벌어지고 말았습니다.」[95]

얽은 얼굴에 체중이 136킬로그램이나 되는 골초인 범죄 조직원 모길레비치는 예전부터 항상 러시아 안보 기관과 연계되어 있었다. 투르크메니스탄과 러시아와 우크라이나 간의 은밀한 가스 무역 계책에서는 푸틴의 KGB 사람들 의뢰를 받아 중개인으로도 활동했었다.[96] 심지어 1970년에 소련을 떠나는 유대인 이민자를 돕는 (아울러 그 과정에서 종종 그들의 재산을 벗겨 먹는) 사업을 시작했을 때조차도 KGB와 함께 일했다.[97] 대학에서 금융을 전공한 이력 덕분에 모길레비치는 러시아 범죄 조직의 자금을 서방으로 옮기는 과정에서 책임자로 쉽게 변신했으며,[98] 예전 관련자 세 명의 증언과 FBI의 관련 서류의 내용에 따르면, 러시아에서 가장 강력한 범죄 조직 솔른쳅스카야와 가장 긴밀하게 일했고, 모스크바시 정부와도 긴밀한 관계를 발전시켰다.[99] 「그들은 경화를 많이 갖고 있었지만, 정작 그걸로 뭘 해야 할지는 모르고 있었는데 (……) 세바가 그들을 대신하여 투자해 주었던 겁니다. 그는 그들의 은행가였습니다. 그들은 돈을 벌었습니다만, 그걸로 뭘 해야 할지는 모르고 있었던 겁니다.」예전 관련자 가운데 한 명의 말이다.[100]

FBI의 추측에 따르면, 모길레비치는 그때부터 오랜 세월 동안 성매매 조직을 비롯하여 무기 및 마약 밀수로까지 확장된 독자적인 범죄 제국을 운영하는 데까지 나아갔다.[101] 그의 사업은 항상 KGB와 공조했다. 「세바의 사업 가운데 절반은 항상 안보 기관과 함께한 것이었습니다. 그는 항상 그들과 함께했습니다. KGB는 결코 그에게 등을 돌리려 하지 않았습니다. 그는 러시아라는 국가의 범죄 부문이었죠.」모길레비치의 예전 관련자 가운데 한 명의 말이다.[102] 뉴욕 은행의 자금 이전 사기 사건도 이와 전혀 다르지 않아 보인다. 이것은 소비에트 붕괴 직전에 KGB가 범죄 조직과 공모하여, 공산당의 부를 해외 은행 계좌로 옮기기 시작했던 과정의 지속이었다. 베넥스를 거쳐서 뉴욕 은행 계좌로 들어간 자금 유출 가운데 어느 것도 FSB와 해외 첩보부의 조율 없이는 불가능했을 것이다. 와이너의 말에 따르면, 공개 매매 주식을 이용하는 경우를 비롯하여 이전까지만 해도 코카인 밀매업자들이나 사용했던 정교한 역외 장치를 이용하는 러시아 범죄 조직이 점점 더 많아지고 있다는 것이 뉴욕 검찰의 추정이었다.[103]

이 계책의 구조물 가운데 상당수는 KGB와 범죄 조직이 공조한 동맹으로 운영되는 것처럼 보였던 반면, 그 이용자 중에는 자기 돈을 러시아에서 빼내 서방의 안전한 피난처로 옮기고 싶어 하는 일반인도 포함되어 있었다. 예를 들어 몰도바 세탁소와 도이체 방크 거울 매매 같은 더 나중에 등장한 러시아의 검은돈 계책에서와 마찬가지로, 베넥스를 거쳐 간 돈의 대다수는 관세와 세금을 회피하려 도모한 러시아 사업가들에게서 나왔다. 하지만 그 수익자 중에는 범죄 조직원, 이탈리아 범죄 조직, 옐친 패밀리 구성원들도 명백히 포함되어 있었다. KGB와 범죄 조직의 금융업자들은 느슨한 협력 관계를 이루고 일했다. 즉 이들은 계책을 만들었고, 이를 모두에게 선전했다. 「그런 도구를 갖게 되면, 그걸 선전해야 하니까요.」 러시아의 검은돈 계책 문제 전문가 마크 갈레오티의 말이다. 와이너의 말에 따르면, 이는 마치 슈퍼마켓에 가는 것과도 유사했다. 「당신은 일주일에 열 번이나 똑같은 슈퍼마켓에 갈 수도 있습니다. 하지만 그렇다고 해서 당신이 그 조직의 일부라는 뜻은 아니죠.」 그 배후에 있는 사람들은 특수한 〈중개상〉 네트워크의 일부였다. 「그들은 돈을 옮기기 위해 함께한 것입니다. 그들은 일을 해낼 수 있는 사람들입니다. 하지만 그중 누구도 피고용인까지는 아니죠.」 와이너의 말이다.[104]

뉴욕 은행 계책에 관해서는 처음에만 해도 경종이 크게 울렸지만, 정작 그 거래가 모조리 범죄 조직과 연계된 것까지는 아니라는 사실이 밝혀지자 소음도 잦아들기 시작했다. 이 스캔들은 전면 수사를 하는 대신에 얼버무려져 버렸고, 머지않아 잊혀졌다. 뉴욕 은행의 동유럽 담당 부서 책임자 루시 에드워즈와 퀸스의 작은 사무실에서 베넥스를 운영했던 에드워즈의 남편인 피터 벌린이 돈세탁 혐의로 유죄 판결을 받았는데, 두 사람 모두 러시아계 이민자 출신의 미국인이었다.[105] 하지만 뉴욕 은행의 더 고위급 사람들 중에서는 어느 누구도 처벌받지 않았다. 이 은행은 결국 검찰과 합의를 보았으며, 벌금 3800만 달러를 내기로 했다.[106] 시베츠가 보기에는 이것이야말로 치명적인 잘못이었다. 「수사는 아무런 결론에도 이르지 못했습니다. 막혀 버린 거죠. 클린턴 대통령은 그렇게 할 시간이 없었던 겁니다. 그 역시 옐친이 개새끼라는 것을 잘 알고 있었습니다. 하지만 그들은 최소한 그가 자기네 편인 개새끼라는 점이 중요하다고 생각했습니다. 미국은 러시아에 돈을 주고 있는데, 그 돈이 도둑맞고 있는 겁니다. 하지만 그들은 신경 쓰지 않았습니다. 클린턴은 돈을 더 많이 주었을 뿐입니다. 다른 할 일이 많았기 때문이지요. 하지만 뉴욕 은행 사건은 러시아 해외 첩보부가 모길레비치를 통해 운영한 작전이었습니다. 이것은 절대적으로 러시아 안보 기관의 작전이었지만, 미국은 결코 이를 인정하지 않았습니다. 그 결과로 우리에게는 지금과 같은 상황이 벌어진 겁니다. 미국에서 우리에게는 트럼프가 있게 되었고, 영국에서도 상황은 마찬가지가 된 겁니다.」[107]

이로써 훗날 러시아의 검은돈 수백억 달러를 서방으로 옮기게 될 몰도바 세탁소와 도이체 방크 거울 매매 같은 계책을 위한 길이 열린 셈이었다. 그 돈 가운데 일부는 호화판 아파트와 저택을 매입하는 데에 들어가거나 개인의 은행 계좌로 들어갔다. 또 일부는 재투자를 위해 러시아로 돌아갔다. 하지만 그 자금 가운데 일부는 범죄 조직과 연계된 자금과 중개업체로 이루어진 그물망을 통해 미국 주식 시장에 투자되었던 것으로 보인다.[108] 훗날 영향력을 매수하는 데에 사용될 수도 있는 비자금이 만들어지고 있었다. 모길레비치는 이 모든 일의 근저에 있는 인물이었다. 그는 1990년대 초에 무시무시한 거물 범죄자 야폰치크가 러시아 교도소에서 조기 석방이 되게끔 KGB에 협조했으며, 훗날 뉴욕 은행 스캔들과 가스 무역 계책으로 자기 정체가 노출되자, 야폰치크의 협업자 드보스킨이 새로운 세대의 더 정교한 돈세탁 계책을 수립하도록 도와주었다. 그즈음 모길레비치는 너무 눈에 띄게 되었다. 결국 푸틴의 안보계 사람들이 자신들의 수위권을 주장하면서 그는 2007년에 짧게 교도소 생활을 했다. 이전 관련자 한 명의 말에 따르면 이와 동시에 자기 사업 가운데 일부를 FSB에 넘겨줄 수밖에 없었다고 한다.[109] 「드보스킨은 확실히 새로운 세대였습니다. 그는 모길레비치가 다루던 계좌 가운데 일부를 넘겨받았을 가능성도 있습니다.」 러시아 범죄 조직원에 관한 전문가 갈레오티의 말이다.[110]

뉴욕 은행 스캔들과 9·11 테러 공격 이후에 미국은 더 엄격한 금융 규제를 도입했는데, 얼핏 보기에는 마치 미국으로 들어오는 러시아의 검은돈 경로가 더욱 험난해진 것처럼 보였다. 이른바 애국법의 일부였던 이 방안들에 따르면, 미국 은행들은 수익 소유주의 신분 확인을 의무화했고, 유령 은행의 이용을 금지했다. 베넥스가 사용한 것과 같은 단순한 계책은 더 이상 그리 쉽지 않을 예정이었다. 하지만 머지않아 더 정교한 계책들이 경로를 발견하게 되었다. 런던에서는 러시아 현금을 받아들이는 문이 훨씬 더 활짝 열렸다. 몰도바 세탁소와 도이체 방크 거울 매매와 단스케 은행 사기 사건을 통해 드러난 바에 따르면, 러시아 음지 은행가들은 투명성이 전무한 상태에 가까운 유한 책임 조합, 약자로 LLP인 영국의 회사 형태 덕분에 각별한 이득을 누렸다.[111] LLP는 2000년대 초에 만들어졌는데, 미국 에너지 기업 엔론의 스캔들과 그 회사의 분식 회계를 도운 회계 법인 아서 앤더슨의 몰락 이후, 4대 회계 법인의 파트너들이 자사의 채무에 대한 개인적 책임을 회피하려는 방법으로 고안한 것이었다.[112] 이들의 창조물이 멀리까지 영향을 미치게 될 것이라고는 누구도 깨닫지 못했던 것으로 보인다. 하지만 2000년대 중반에 이르러, 영국의 LLP는 돈세탁을 원하는 사람들이 선호하는 도구가 되었다. 영국 국가 범죄국의 집계에 따르면 런던은 매년 지저분한 돈 수천억 파운드를 세탁해 주는 지구촌 세탁소라는 평판을 얻게 되었다.[113] LLP 덕분에 유령 회사들은 영국에서 실제로는 아무런 사업을 하지 않으면서도 영국에 등기되었다는 간판을 얻을 수 있었으며, 완전히 가짜 계좌를 제출하는 것조차 가능해졌다. LLP는 과세할 수 없었기 때문에, 영국의 공식 등기소인 기업청에 제출된 계좌가 정확한지 아닌지를 확인할 방법이 전혀 없었다. 그런 회사들의 소유는 주로 마셜 제도나 세이셸처럼 악명 높을 정도로 정체 파악이 불가능한 역외 사법 관할권을 통해 이루어졌다. 「우리도 그 현금이 이후로 어떻게 되는지는 전혀 모릅니다.」돈세탁에 관한 독립 전문가 그레이엄 배로의 말이다.[114] 2008년 금융 위기 이후, 금융 기관들이 현금 흐름을 필사적으로 찾아 나서게 되면서, 서방 은행들은 점점 더 관대해졌다.

이 문제의 깊이가 결국 인식되었을 때는 너무 늦은 다음이었다. 고국 몰타의 부패에 관한 탐사 보도로 유명한 개혁 성향의 언론인 다프네 카루아나 갈리지아는 2017년에 폭탄 공격으로 사망하기 전, 영국의 한 의원을 만나서 이 문제로 인해 야기될 수 있는 결과를 경고한 바 있었다. 그 의원은 말했다. 「그녀가 제 사무실로 찾아왔더군요. 그리고는 러시아와 아제르바이잔 돈이 몰타 정부 전체를 매수해 버렸고, 그 모든 돈을 런던으로 보내고 있다고 말했습니다. 그러면서 저한테 이렇게 말하더군요. 〈산더미 같은 현금이 런던으로 향하고 있다니까요.〉 하지만 저는 그 문제에 관여하지 않았습니다. 저에게도 가족이 있으니까요. 아이들도 있고요.」[115]

여러 가지 면에서 서방의 〈가벼운 규제〉가 자기 파괴를 위한 장치를 만들어 낸 셈이다. KGB로선 검은돈으로 이루어진 방대한 그물망을 만들어 낼 방법이 열린 셈이었다. 이 그물망으로 말하자면, KGB가 소비에트 시절에 제국을 위한 전투에서 검은 작전과 영향력 장사를 위해 이용했던 네트워크보다 훨씬 더 크고 훨씬 더 정교했다. 이 네트워크들은 소련의 황혼기에 KGB가 시장 경제로의 이행을 준비했을 때부터 보전되었다. 하지만 이 네트워크들은 워낙 복잡해진 까닭에, 자금과 인력이 부족한 서방의 법 집행 기관으로선 여전히 애를 쓰지만 그중 어떤 것도 추적에 성공하진 못한 실정이다.

여러 해 동안 역외 시스템을 연구한 전직 KGB 고위 간부 한 명이 보기에, 러시아는 검은돈 작전의 와중에 자국이 이전까지 보유했던 그 어떤 무기보다도 더 강력한 무기를 개발한 셈이었다. 「핵무기를 매일 사용할 수는 없습니다만, 이 검은돈은 매일 사용할 수 있습니다. 심지어 이 무기를 전개함으로써 서방 시스템을 내부에서부터 와해시킬 수도 있습니다.」[116]

몰도바 세탁소를 통해 도급 계약 현금을 빼돌리던 당시에 러시아 국영 철도를 감독했던 한 러시아 고위 공직자는 오래전부터 서방에서 활동했으며, 싱크 탱크와 동맹자로 이루어진 네트워크를 만들어서 독일 안보 기관, 영국 의회, 프랑스 정계의 최고위층 서클 같은 높은 곳까지 도달했다. 그는 바로 푸틴의 이너 서클에 속한 전직 KGB 고위 간부 야쿠닌이었다. 야쿠닌이 러시아 국영 철도 대표직에서 물러난 지 2년 뒤, 그의 가까운 동맹자 크라피빈의 아들이 몰도바 세탁소를 거친 2억 7700만 달러를 자기 은행 계좌에 보유한 사실이 밝혀졌다.[117] 하지만 야쿠닌은 그런 금융 책동에 대해서 전혀 알지 못했다고 주장했다.

제14장
정교회 탈레반

우크라이나에서의 영향력 작전은 러시아 요원들이 그 나라 동부의 지역 정부에 침투해서 친(親)크렘린 분리주의자들의 장악을 용이하도록 도와준 때보다 훨씬 오래전부터 조용히 시작되었다. 그즈음 우크라이나 정치인들은 러시아 검은돈의 부식력에 대해서 오랫동안 경고를 들어 온 상태였으며, 그 영향력은 우크라이나 여러 대통령을 타락시키고 잠식했다고 여겨지는 저 불투명한 가스 무역 계책에서 절실히 드러난 바 있었다. 그 존재감은 역사적으로 우크라이나에 깊이 뿌리를 내린 러시아 정교회 활동에 대한 러시아의 투자 증대에서도 인지되었다. 이 지역이 친크렘린 민병대에 의해 장악되기 훨씬 전에, 러시아 정교회 사제들은 기도 중에 모스크바가 〈거룩한 루스〉를 구원하기를 간구했다. 여기서 〈거룩한 루스〉란 여러 세기 전에 키이우에서 창건되어, 러시아와 우크라이나와 벨라루스를 통일했던 러시아 제국의 요람을 가리켰다. 러시아 정교회는 점점 더 서방의 자유주의적 가치의 대립 항으로 선전되었으며, 재력이 풍부한 러시아 정교회 신자 올리가르히의 자금 지원을 받아 처음에는 우크라이나로, 나중에는 서방의 더 깊은 곳으로까지 그 사정거리를 늘려 갔다.

그런 러시아 정교회 신자 올리가르히 중에는 KGB 출신의 러시아 국영 철도 대표 야쿠닌이라든지, 제네바 금융업자들의 네트워크 관련자로 천사 같은 얼굴을 한 말로페예프가 있었다. 특히 말로페예프는 제네바에 근거한 백계 러시아인 드 팔렌과 고우츠코프의 제자였는데, 제국주의적 사고방식을 지닌 이 두 사람은 푸틴과는 물론이고 석유 무역업자 팀첸코와도 가까운 사이였다.

상트페테르부르크 페트로파블롭스크 대성당의 희미하고 신비로운 조명 아래에서 드 팔렌을 처음 만났을 때, 말로페예프는 겨우 17세의 왕정 지지자였다.[1] 당시 러시아 차르의 마지막 직계 후손 블라디미르 키릴로비치 대공이 사상 최초로 자기 조상들의 묘지에서 기도하고 있었으며, 소련은 그 존재의 마지막 몇 달로 접어들고 있었다. 1991년 11월의 그 잿빛의 날에 말로페예프가 키 크고 구부정한 드 팔렌과 조성한 관계는 마치 더 이전에 푸틴이 조성했던 관계처럼 지속적인 것으로 드러났다. 말로페예프는 드 팔렌에 관해서 이렇게 말했다. 「드 팔렌은 제 개인적인 삶에서 큰 역할을 담당했습니다. 그는 독특한 인물이었어요. 러시아 역사 전체가 그를 통해서 흘러갔죠.」[2] 말로페예프는 푸틴이 대통령 자리를 차지한 이후 러시아의 제국적 위력을 회복하기를 도모했던 KGB 사람과 제국주의자들로 구성된 네트워크에서 필요 불가결한 일부분이 되었다. 지지자들은 말로페예프를 가리켜 구(舊) 소비에트권 여러 나라에서 자유주의를 고취하기 위해 개인 재산의 상당 부분을 바친 억만장자 금융인 소로스의 러시아 버전이라고 호언장담하기를 좋아했다. 하지만 그는 당연히 소로스의 반명제이기도 했다.

말로페예프는 아직 30세의 젊은 나이였던 2005년에 투자 펀드 마셜 캐피털의 설립자가 되었는데, 이 회사는 급속히 성장해 통신사, 어린이 식품 제조업체, 호텔, 부동산 등 10억 달러 이상의 자산을 보유하게 되었다.[3] 비록 투자자가 누구인지 절대 밝히지 않지만,[4] 같은 시기에 그는 이사회에 재직 중인 드 팔렌과 함께 러시아 정교회 자선 단체인 성(聖) 대(大)바실리 재단을 설립했는데, 표면상으로는 정교회의 가치와 보수주의적 이상을 우크라이나와 유럽에, 나아가 미국에까지 전파하도록 지원하는 것을 목표로 삼았다.[5] 머지않아 그는 푸틴의 KGB 사람들의 이너 서클로부터 고위급의 후원을 받게 되었고, 2009년에 이르러 광범위한 재편 과정에 있었던 국영 통신 대기업 스뱌진베스트와 로스텔레콤의 이사회에서 사외 이사가 되었다.[6] 말로페예프의 마셜 캐피털 동업자는 로스텔레콤 대표 역할도 담당했으며,[7] 방크 로시야에서 지배하는 가스프롬방크에서는 말로페예프를 대리하여 로스텔레콤 지분 7퍼센트를 조용히 사들이기 시작했다.[8] 이 은밀한 장악 덕분에 말로페예프와 가까운 동업자들은 러시아의 국가 도급 계약에서 비롯된 현금 수십억 루블로부터 이익을 챙겼다. 로스텔레콤은 도급 계약 총액의 80퍼센트 이상인 120억 루블을 한 회사에 지급했는데, 그 회사에서도 말로페예프의 또 다른 마셜 캐피털의 동맹자가 대표를 맡았다.[9] 「말로페예프는 로스텔레콤에서 현금을 빼돌리는 일의 중심이었습니다.」 훗날 로스텔레콤에 흡수된 스뱌진베스트의 전직 대표 예브게니 유르첸코의 말이다.[10]

국가의 지원 덕분에 말로페예프는 억만장자로 신속히 변모했으며, 그의 마셜 캐피털이 관리하는 자금은 훨씬 더 신속하게 늘어났다. 알고 보니 여기에는 이유가 있었다. 그의 성 대바실리 재단은 러시아의 영향력을 확장하려는 크렘린의 정치적 계획에서 필요 불가결한 주역이 되었던 것이다. 말로페예프는 서방에 맞서는 제국을 위한 러시아의 전투에서 위장 간판이 될 예정이었다. 그는 오렌지 혁명으로 우크라이나가 친서방으로 선회한 직후부터 시작되었던 어떤 과정의 일부였으니, 이때 크렘린은 우선 우크라이나 내부에서 발판을 모색하고 나중에는 서방으로도 확장되기 위한 러시아 비정부 단체와 국가 대리 단체들로 구성된 네트워크를 만들기 시작했던 것이었다. 이들의 임무는 예를 들어 국립 민주주의 기금이나 프리덤 하우스처럼, 또는 푸틴과 그의 한통속들이 가장 경멸하는 소로스의 오픈 소사이어티처럼 미국의 자금을 지원받는 비정부 단체에 대항하는 것이었다.[11] 푸틴의 KGB 사람들은 이런 단체들이 미국 국무부와 작당해서 우크라이나에서 러시아의 영향력을 줄이려 든다고 믿었다. 이런 단체들이 인권, 시민의 자유, 민주주의 지원에 초점을 맞추었다는 사실 역시 크렘린의 눈에는 자기네가 항상 뒷마당으로 간주하는 구(舊) 소비에트 국가들을 서방의 궤도로 끌어들이기 위한 냉소적인 구실에 불과한 것처럼 보였다.

유명 인사인 소로스와 달리 말로페예프는 음지에서 활동했다. 그는 결코 자신의 예산이나 의향을 밝히지 않았다. 소로스의 오픈 소사이어티가 촉진하려고 도모하는 자유주의적 개방성 대신, 푸틴의 사람들은 러시아 정교의 공통적인 슬라브적 가치에 근거한 이념을 진작하기를 원했는데, 그 이념에서는 서방의 자유주의적 가치인 관용과는 거의 정반대 내용을 설파했다. 러시아 정교회는 자신들을 유일하게 진정한 신앙으로 자처했고, 자신들 이외의 나머지는 모두 이단이라고 간주했다. 아울러 개인의 인권이 전통과 국가에 반드시 복종해야 한다고, 동성애는 죄라고 설파했다. 푸틴의 KGB 사람들은 세계화에 뒤따른 소란 속에서 스스로 낙오되었다고 느끼는 사람들에게 동조될 만한, 또 그들의 태생적 편견에 동조될 만한 내용을 러시아 제국의 회복을 추진하기 위한 이념적 원리로 선택한 셈이었다. 그들은 마치 도스토옙스키의 소설에서 곧바로 튀어나온 것 같은 긴 턱수염을 기른 정치 사상가 알렉산드르 두긴처럼 이전까지는 주변적이었던 철학자들에게 주목했다. 그리고 세계 유일의 진정한 강대국이자 세 번째 로마로서 그 적법한 자리를 차지하게 될 유라시아 제국으로서의 러시아 운명에 관한 이론을 내놓았다. 그들은 자유주의적인 서방에 대항하여 자기네 동맹자들을 단결시킬 이념을 손에 넣은 셈이었다. 푸틴은 이런 발상이라든지 백계 러시아인 망명자이자 제국주의자들의 발상을 놓고 드 팔렌이며 다른 제네바 금융업자들과 오래전부터 논의해 왔다. 이들의 말은 그에게 깊은 인상을 심어 준 것처럼 보인다. 「이 집단과 함께하는 것이 우리에게는 매우 행운이었습니다. 이 문명화 계획이 대두한 까닭은 자국의 과거와 미래에 관한 그들의 배경과 그들의 이해 때문이었습니다. 푸틴은 그들과 많은 이야기를 나누었습니다.」 말로페예프의 말이다.[12] KGB는 소비에트 붕괴 이후에 러시아의 극우 민족주의자와 제국주의자 집단을 육성하는 데에 잠시나마 손을 댄 바 있었다. 2004년 말의 우크라이나의 오렌지 혁명 이후 점차 (처음에만 해도 거의 인식하지 못할 만큼) 이 집단은 주변부로부터 멀어지기 시작했으며, 꾸준한 자금 지원의 흐름에 서서히 접근할 수 있게 되었다.

이때 동원된 사람은 말로페예프와 야쿠닌만이 아니었다(야쿠닌은 예수의 첫 제자인 사도 성 안드레아의 러시아식 이름을 따서 러시아 정교회 자선 단체 〈첫 제자 안드레이〉를 직접 설립해 활동했다). 러시아의 공식 및 비공식 부가 늘어난다는 것은 결국 해외에서 러시아의 〈소프트 파워〉를 조장하기 위해 창설된 여러 국가 기관으로 이루어진 그물망으로 흘러 들어가는 현금의 양 역시 늘어난다는 뜻이었다. 예를 들어 2008년에 설립된 로소트루드니체스트보, 2007년에 설립된 〈러시아 세계〉라는 뜻의 루스키 미르가 그런 기관들이었다.[13] 그런 기관들은 러시아 해외 거주민과 기타 대상자를 위한 문화와 언어 프로그램을 운영했으며, 여러 사건에 대한 크렘린 쪽 설명을 홍보하기 위해서 수백만 달러를 쏟아부었다. 즉 루스키 미르의 설명대로, 현재의 러시아와 그 시민에 관한 〈객관적 정보〉를 제공한다고 자처했다. 하지만 그 기관들의 예산은 항상 불투명했으며, 전직 소비에트 해외 첩보부 간부의 말에 따르면, 사실상 러시아 첩보계의 위장 간판에 해당했다.[14] 로스트루드니체스트보나 루스키 미르 양쪽 모두 재정 보고서를 간행하지는 않았으며, (정부 웹 사이트의 국가 도급 계약 목록을 근거로 삼는다면) 국가의 지원금이 2015년에만 1억 3000만 달러쯤으로 추산되지만, 크렘린이 올리가르히로부터도 지원금을 얻었으므로 그 액수가 전체 지원금을 반영한다고 볼 수는 없었다.[15]

다른 수많은 대리 조직 역시 행동에 돌입했다. 러시아 코사크라는 단체는 군대식 청소년 캠프를 운영했다. 밤의 늑대라는 단체는 선전대와 민병대 역할을 번갈아 가면서 담당한 어중이떠중이 오토바이 부대로 푸틴의 특급 지원을 받았다. 푸틴은 〈작은 녹색 사람들〉이 크림반도를 차지하기 위해 나타나기 4년 전, 가죽 재킷에 두건을 쓴 밤의 늑대 무리와 함께 커다란 할리 데이비슨 삼륜 오토바이에 올라타서 굉음을 내뿜고 먼지구름을 휘날리며 의기양양하게 크림반도로 진입한 적이 있었다.[16] 이런 단체들에 들어간 자금의 총액은 어느 누구도 계산할 수가 없었다. 밤의 늑대의 경우, 2014년에 〈청소년 애국 교육〉을 명목으로 크렘린에서 1800만 루블의 자금 지원을 받았는데, 그런 교부금 중에서는 가장 액수가 컸다.[17] 크렘린은 (그리고 특히 FSB는) 그 어떤 사업가나 불법 비자금이라도 동원할 수 있었기 때문에, 비공식적인 경로의 현금은 역시나 언제라도 준비되어 있었다.

우크라이나 작전의 시작은 거의 인식조차 불가능할 정도였다. 오렌지 혁명 직후인 2005년에 우크라이나 동부에서 친러시아 분리주의자들인 어중이떠중이 단체 두 곳이 〈도네츠크 공화국〉 정치 운동을 수립했을 때, 어느 누구도 이들을 각별히 진지하게 받아들이지는 않았다. 그 지도자들은 〈미친놈 셋〉으로 간주되었으며,[18] 이들의 이력 가운데 어느 것도 그리 대단해 보이지 않았다. 그중 한 명인 안드레이 푸르긴은 서커스 일자리를 포함해서 무려 70개의 직업을 전전하다가 분리주의자로서의 삶에 정착했던 것처럼 보였다.[19] 이 단체는 참석자도 그리 많지 않은 집회를 개최해서, 러시아에 더 가까운 특별 연방 지위를 도네츠크에 부여하라고 요구했다. 이들은 우크라이나 민족주의자를 파시스트라고 비난하는 허술해 보이는 소책자를 나눠 주었다. 이들은 새로이 창설되어 크렘린의 후원을 받는 러시아 민족주의자 단체들과 느슨한 제휴를 조성하기 시작했으며, 크렘린 청소년 캠프에 참가하고, 역시나 말로페예프와 함께 일했던 두긴이 창설한 유라시아 청년 운동에 가담했다.[20] 우크라이나의 친서방 정부에서 한동안 금지했지만, 도네츠크 공화국은 계속해서 지하에서 활동했다. 「그들은 모스크바로 가서 로소트루드니체스트보의 프로그램에 참여했습니다. 그들은 결코 진지하게 받아들여진 적이 없었죠.」 도네츠크 전직 주지사 가운데 한 명이자 주도적인 기업가인 세르게이 타루타의 보좌관이었던 콘스탄틴 바토즈스키의 말이다.[21] 심지어 야누코비치의 친크렘린 행정부조차도 대개 그들을 무시했을 정도였다.

하지만 어느 시점에서부터 상황은 달라졌다. 2012년에 이르러 도네츠크 공화국 운동은 충분한 자금을 확보한 끝에, 모스크바에 있는 두긴의 유라시아 청년 운동 본부에 〈대사관〉을 열고, 사실상 누구도 인정하지 않는 도네츠크 공화국 여권을 발급해 주었다.[22] 바토즈스키의 말에 따르면, 그러던 어느 날, 즉 우크라이나가 2014년 1월과 2월의 마이단 광장 시위로 혼돈으로 굴러떨어지는 와중에, 신분을 알 수 없는 러시아인 몇 명이 자칭 대사관에 찾아와서 도네츠크 공화국 지도자들에게 이제는 할 일이 생겼으며, 러시아가 뒤에서 도울 것이라고 말해 주었다.[23]

마이단 광장 사건 이후 야누코비치가 도주하자, 이 과격파 단체의 정치적 목표는 현실이 되었다. 이들은 도네츠크의 행정부 건물을 습격하는 데에 참여했고, 잠시나마 러시아 국기를 게양하기도 했다.[24] 자칭 도네츠크 인민 공화국을 위한 이들의 첫 시도는 겨우 며칠 만에 폭동 진압 경찰에게 분쇄되고 말았지만, 이들은 전 세계에 걸친 친민주주의 운동에 대한 러시아의 최초 대답으로 크렘린이 〈러시아의 봄〉이라고 즐겨 부르던 것의 최전선에 있었다. 도네츠크 공화국 운동이 주도한 시위 초기인 2014년 3월에는 수백 명이 참여했을 뿐이었지만, 러시아 민족주의자들이 국경을 넘어 쏟아져 들어오면서, 그 규모가 급속히 늘어났고 그 규모는 수천 명이 되었다.[25] 우크라이나 공직자들은 그중 일부가 관광객 차림으로 버스를 타고 왔으며, 그 가운데에는 무기를 밀반입하는 군 첩보 장교들도 있었다고 주장했다.

4월에 이르러 시위는 군사 반란으로 변모했으며, 복면을 쓰고 무장을 갖춘 수백 명의 사람이 우크라이나 각지의 정부 건물을 습격했다.[26] 비록 지역민 가운데 지지자는 겨우 수백 명에 불과했지만, 5월에 우크라이나 병력이 지역 정부 여러 곳의 통제권을 탈환하기 위한 싸움에 나서면서, 처음에만 해도 〈미친놈들〉 수십 명의 시위에 불과했던 것이 갑자기 매우 잘 조직되고 매우 잘 무장된 친크렘린 분리주의자들로 구성된 군대로 변모했다.[27] 도네츠크 공화국 운동의 지도자들도 나름의 몫을 얻었다. 그 이전까지만 해도 직업 하나 변변히 가진 적이 없었던 푸르긴은 자칭 도네츠크 인민 공화국의 초대 부총리가 되었고,[28] 이들과 합류하여 새로운 분리주의 공화국의 전권을 장악하기 위해 군사 지도자 여러 명이 모스크바에서 찾아왔다.[29] 러시아 정부는 이들 모두가 자원자일 뿐이라고 주장했지만, 그들 중 일부가 친크렘린 올리가르히와 맺은 유대는 길고도 깊었다.

모두 1만 3000명 이상의 생명을 앗아 가고, 서방의 입장에서는 중대한 위기가 되었던 우크라이나에서의 이 전쟁은 어디까지나 러시아의 검은돈이 있었기 때문에 가능했다. 그 자금 가운데 일부는 복잡한 돈세탁 계책의 산물이었으며, 또 일부는 단순한 자산 빼돌리기의 산물이었다. 싸움을 지휘하는 러시아 군인에서부터 그들이 밀반입한 무기에 이르기까지, 모든 것이 비공식적인 대리 전쟁에서는 돈이 핵심 요소였다. 여기서는 모든 것을 부인할 수 있었다. 어떤 것도 추적되지 않았다. 그 봄에 친크렘린 분리주의자들의 반란을 위한 현금 가운데 일부는 반란군을 통해 우크라이나 국경을 넘어온 것처럼 보였다. 우크라이나와 러시아 사이에는 예전부터 항상 비공식적인 무역이 대규모로 이루어졌으며, 양국 사이에는 상당한 규모의 음지 경제가 있었고, 국경은 극도로 넘나들기가 쉬웠기 때문에, 현금의 움직임을 추적하려는 시도는 사실상 불가능했다. 「그건 모두 검은돈이었고, 여행 가방에 담아서 가져왔습니다. 우리로선 어느 누구도 붙잡을 수가 없었습니다.」바토즈스키의 말이다.[30] 우크라이나 공직자들은 봉기를 위한 초기 자금 지원 가운데 상당 부분이 크림반도 합병 이후 그 지역에 배치된 러시아 비밀 기관에 의해서 이루어졌다고 믿었다.

말로페예프는 이 모든 사태의 한가운데에 있었다. 모스크바 한복판에 자리한 그의 사무실은 골동품 이콘과 보기 드문 차르 시대의 방대한 수집품이 보관된 장소일 뿐만 아니라, 우크라이나 침공의 비밀스러운 지도자들이 된 사람들의 일터이기도 했다. 말로페예프의 경호실장 출신으로 스트렐로크 혹은 이고리 기르킨이라는 이름으로 알려진, 군 첩보 장교 이고리 스트렐코프는 크림반도를 떠나 우크라이나 동부에 도착한 러시아의 특별 부대를 지휘했다.[31] 그런가 하면 말로페예프의 덩치 좋은 홍보 자문 위원은 도네츠크 인민 공화국의 새로운 지도자가 되었다.[32] 싸움이 벌어지기 전인 2013년 11월에 말로페예프는 로스텔레콤에 있는 자기 지분을 현금화했는데, 자기가 〈인도주의적 계획〉에 집중할 수 있도록 7억 달러를 받고 국영 기업에 도로 매각한 것이었다.[33]

말로페예프의 경호실장 스트렐코프는 이전에 체첸 공화국과 보스니아에서 러시아를 대신하는 비밀 전쟁에 참전한 바 있었으며,[34] 급기야 우크라이나 내무 장관으로부터 〈괴물이자 살인자〉로 비난받기까지 했다.[35] 우크라이나의 상황이 걷잡을 수 없이 혼돈으로 떨어지기 바로 전달에, 그는 말로페예프와 함께 러시아 정교회를 위해 자신이 조직한 의기양양한 순회 전시회를 시작했으니, 그리스에 자리한 정교회 수도원에 있는 성유물 「동방 박사의 선물」을 모스크바로 가져왔다가, 다시 키이우를 거쳐 크림반도까지 가져가기 위해서였다.[36] 스트렐코프는 정교회 신자 수천 명이 구경하려는 이 황금 골동품, 향유, 몰약의 경비를 담당한다는 구실로 관여했다. 하지만 두 사람에게는 또 다른 임무가 있었다. 이들은 불과 한 달 뒤에 크림반도의 새로운 친러시아 지도자가 될 예정인 세르게이 악쇼노프를 그곳에서 만났다.[37] 친모스크바 성향의 작은 정당 러시아 통일당의 지도자에 불과한 무명 인사였지만, 휘장도 없는 러시아 병력이 그 반도에 출현하면서 갑자기 출세하게 되었다.[38] 「이 전시회를 통해서 말로페예프와 스트렐코프는 서로를 잘 알게 되었죠. 더 나중에 가서 무슨 일이 벌어졌는지를 목격한 사람은 없습니다.」 바토즈스키의 말이다.[39] 러시아 정교회 지도자 중에도 그 성유물의 순회 전시회가 향후의 모든 일을 위한 정찰 임무의 위장 간판에 불과했다고 믿는 사람이 적어도 한 명은 있었다. 「그〈선물〉을 크림반도로 가져온 까닭은 기반을 마련하고 정보를 수집하기 위해서였습니다.」 발레리 오츠타프니흐의 말이다. 그는 훗날 정교회에서 물러나고 말았는데, 자칫 푸틴의 국가의 수족으로 이용될까 봐 우려한 까닭이었다.[40]

말로페예프는 자신의 성 대바실리 재단과 연계된 여러 자선 단체의 네트워크를 통해 친크렘린 분리주의자들에게 자금을 보내는 과정에서 핵심이었다고 간주된다. 더 나중에 가서 우크라이나 안보 기관은 말로페예프와 스트렐코프가 우크라이나 병력과의 전투에서 거둔 성공을 언급했던 여러 차례의 통화를 도청한 결과물이라면서 그 내용을 유출했다. 그중 하나의 녹취록에 따르면, 스트렐코프는 말로페예프에게 이렇게 말했다. 「우리의 입장에서는 진지를 단 하나도 빼앗기지 않았습니다. 크라마토르스크에 있는 모든 진지를 지켜 냈다고요. 그런데 말입니다, 콘스탄틴 발레레비치, 우리가 공격하는 대상이 정확히 누군지 말해 주실 수 있겠습니까?」 말로페예프는 크림반도의 지도자 악쇼노프가 마침 방문 중이니, 스트렐코프의 성공 소식도 자기가 직접 전해 주겠다고 대답했다.[41]

말로페예프는 자기가 그 충돌에 관여했다는 사실 자체를 부정했고, 자기는 싸움에서 도망치는 피난민을 위한 자금을 제공했을 뿐이라고 주장했으며, 반란군 지도자들과 자신의 유대는 어디까지나 〈우연의 일치〉일 뿐이라고 말했다.[42] 하지만 심지어 유럽 연합조차도 그가 실제로는 잔뜩 관여했다는 사실을 발견하고서 분리주의자들과의 연계를 이유로 제재를 취했으며,[43] 우크라이나 정부도 그가 테러리스트에게 자금을 지원했다고 주장하며 형사 사건 수사를 개시했다.[44]

하지만 크렘린에서는 말로페예프가 이상적인 장식물이 아닐 수 없었다. 말로페예프의 참여 덕분에 러시아 정부는 부인의 가능성을 얻게 되었다. 즉 그들은 그가 독자적으로 활동하는 열혈 제국주의자라고 주장할 수 있었다. 말로페예프는 여러 인터뷰에서 참지 못하고 본색을 드러내는 경우가 종종 있었다. 「정치적 공정성이 부족한 발언이라서 유감입니다만, 우크라이나는 러시아의 일부입니다. 그 나라는 러시아 제국의 폐허 위에 건설된 인공적 창조물입니다.」 그는 블룸버그에 이렇게 말했다.[45] 「러시아에게는 이것이야말로 역사적 생존을 위한 전투죠. 러시아는 그 본성상 제국입니다. 미국이 겨우 태어났을 즈음, 우리는 이미 제국이었습니다. 우리는 그것 이외의 다른 성격으로는 존재할 수 없습니다.」 말로페예프는 내게도 이렇게 말했다.[46] 막후에서 크렘린 최상부와 그의 유대는 길고도 깊었다. 드 팔렌과의 우정이외에도, 대통령의 고해 신부가 됨으로써 점점 더 강력해진 정교회 사제 셰프쿠노프를 통해 푸틴과의 연계를 구축했다.[47]

말로페예프가 우크라이나 동부로 러시아 영향력이 확장하도록 돕는 사이, 푸틴이며 팀첸코와 함께 일하던 KGB와 연계된 제네바 금융업자들은 그 모습을 만족스러운 듯 지켜보고 있었다. 그중 한 명이 말했다. 「그건 정말로 종교 전쟁입니다. 도네츠크와 하르코프 출신 사람들의 경우, 그 선조들을 보면 아시겠지만 예전부터 항상 러시아인이었습니다. 그들은 영원히 러시아인이었던 겁니다.」[48]

말로페예프의 작전은 처음부터 러시아 첩보계와 연계되었던 것처럼 보인다. 그의 재산의 상당 부분에 기여한 통신 부문은 예전부터 항상 군 첩보계의 영역이었다. 우크라이나를 분열시키고 그 나라의 유럽 연합 가입을 저지한다는 목표를 위해 크렘린이 극우 러시아 민족주의자 단체를 지원하는 것은 마치 푸틴이 드레스덴에서 보낸 소비에트 시절의 방식처럼 보이기 시작했다. 그 당시에 KGB는(앞에서 만났던 예전 관련자 두 명의 말에 따르면, 여기에는 푸틴도 포함되었다) 독일 신나치 단체 내부로는 물론이고, 심지어 혼돈과 불안정을 심기 위해 미군 장교와 서독 산업계 거물을 여럿 살해한 극좌파 붉은 군대파 내부로도 깊이 침투한 요원들을 운영했다.[49] 우크라이나에 대한 크렘린의 약탈은 마치 전략적 작전의 경제가 밀수에 근거했던 시절, 즉 소비에트 지도자들에게는 힘의 투사와 서방에 우위를 점하기 위한 전투 이외에는 아무것도 중요하지 않았던 것처럼 보이던 시절에 상대를 분열시키고 교란하는 방법이며, 일련의 위장 간판과 중개상을 거쳐 무기와 현금을 옮기는 방법을 설명한 KGB의 옛날 지침서에서 뜯어낸 한 페이지처럼 보였다. 푸틴의 사람들은 그 당시에 자기네가 사용했던 케케묵은 계획을 여전히 사용하고 있었다. 하지만 지금과 마찬가지로 그 당시에 러시아는 직접적인 지상전에서는 대등하지 못했기에, 자기 적들을 비틀거리게 만들고 내부에서부터 잠식하기 위해 영향력 및 위장 간판 조직의 요원, 대리인, 기만, 선전, 전적인 거짓말에 의존할 수밖에 없었다.

소비에트 시절에 이런 전술들은 〈적극적 수단〉이라고 일컬어졌다. 2014년에 이르러 러시아가 그 나름대로 국가 자본주의의 왜곡된 버전으로의 이행을 완료하자, 크렘린은 새로이 서방을 공략할 준비를 마치게 되었다. 러시아가 우크라이나에서 연마한 전술 가운데 일부는 신속하게 확산하여 처음에는 동유럽으로 들어갔고 나중에는 서방으로도 들어갔다. 과거의 네트워크들이 깨어나고 있었으며, 새로운 위장 간판들이 작동하고 있었다.

소생하는 러시아가 서방에 분열을 심으려 도모한다는 사실을 처음으로 경고한 나라는 바로 우크라이나였다. 「러시아는 그냥 훔치기만 할 뿐이라고 모두가 생각했어요. 하지만 그들은 자기네 편인 부패한 정치인 서클을 만들려고 작업 중이었습니다. 이 작업은 꽤 오랜 시간 동안 지속되어 왔으며, 러시아는 장차 유럽을 잠식할 겁니다. 러시아는 유럽 연합의 기초에 커다란 폭탄을 놓고 있는 거죠. 러시아는 유럽을 갈라놓기 위해 취약점들을 찾아보고 있습니다. 이것이야말로 오늘날 거대한 위험입니다. 러시아의 NGO들은 매우 적극적으로 활동 중이며, 극좌와 극우에 속한 단체들에 지원금을 주고 있습니다.」 전직 도네츠크 주지사의 보좌관 바토즈스키의 말이다.[50]

서방의 몇몇 전문가도 러시아의 검은돈 영향력 작전이 단지 우크라이나에만 국한되지 않았다는 점을 점점 더 많이 자각하게 되었다. 「러시아는 프랑스의 국민 전선, 헝가리의 요비크, 이탈리아의 북부동맹과 오성(五星) 운동에도 자금을 지원하고 있습니다. 그들은 그리스의 시리자에도 자금을 지원했고, 우리는 독일의 디 링케에 대해서도 의심하고 있습니다. 그들은 좌우 양쪽의 반체제 정당 모두를 따라다니는 겁니다. 그들은 이런 점에서 완전히 난잡하며, 이 과정에서 비자금을 이용하고 있습니다. 그들의 목표는 유럽 국가들을 표적 삼아서 유럽 연합을 약화시키고, 제재에 대한 합의를 깨는 것입니다. 매우 심각합니다. 그들은 상당한 시간과 돈을 이 일에 사용했습니다.」 2015년 9월, 당시 미국 부통령 조 바이든의 러시아 문제 자문 위원이었던 마이클 카펜터가 내게 한 말이다. 하지만 이런 위험들은 결국 무시되고 말았으니, 러시아에 대해 그리 잘 알지 못하는 정책 결정권자들의 눈에는 더 직접적이고 현실적인 것처럼 보이는 다른 위협들이 대두한 까닭이었다. 「그들이 저희더러 애초부터 편견을 가졌다고 하더라고요. 이렇게 말하는 겁니다. 〈당신네는 러시아를 다루는 일을 하니까 당연히 러시아가 위협이라고 생각하는 겁니다.〉」 카펜터의 말이다.[51]

우크라이나 갈등, 중동에서의 고조되는 분쟁, 늘어나는 난민의 물결 등으로 이미 지친 상태였던 서방에서는 푸틴의 러시아가 자기네 정치와 경제 제도에 침투할 가능성에 대한 불신이 널리 퍼져 있었다. 우크라이나를 갈라놓는 데에 명백히 성공을 거두었음에도, 서방에서는 대체로 이를 어디까지나 보람 없는 승리로 간주했다. 러시아 경제는 오랫동안 약골로 여겨졌으며, 러시아 해외 첩보부도 소비에트 붕괴 이후 무력화되었다고 여겨졌다. 서방으로 밀려오는 돈은 단지 훔친 현금으로만 간주했지, 그 어떤 전략적 의제를 위해서 사용될 수 있는 방대한 비자금으로 간주하지는 않았다.

하지만 유럽 전역에서 과거의 KGB 네트워크들이 부활하고 있었다. 말로페예프가 아직 모스크바 교외에서 자라나는 어린이에 불과했을 무렵, 드 팔렌은 셰골레프가 육성한 네트워크의 일원으로 파리에서 KGB를 위해 위장 신분으로 일하면서,[52] 고우츠코프와 공조하여 우호 회사들이 소비에트 경제에 장비를 제공하는 일을 도와주었다.[53] 또 한 명의 백계 러시아인 동맹자 트루베츠코이 역시 소비에트에 프랑스 컴퓨터 기술을 제공하는 셰골레프의 네트워크의 일원이었다.[54] 이제 그들 모두는 말로페예프를 지원하러 나섰다. 드 팔렌은 성 대바실리 재단 이사회에 들어갔고, 고우츠코프는 말로페예프와 연계된 회사 한 곳의 이사회에 들어갔다.[55] 2011년에 트루베츠코이는 국영 통신 대기업 스뱌진베스트 회장으로 임명되었는데, 이 회사를 흡수한 로스텔레콤은 말로페예프가 부분적으로 소유한 회사이기도 했다.[56] 또한 트루베츠코이는 성 대바실리 재단의 운영 이사회에 들어갔고, 셰골레프는 푸틴의 통신 장관으로서 말로페예프의 사업 진척을 감독했다.

이들의 후원이 없었더라면 말로페예프는 결코 성공하지 못했을 것이다. 그들은 처음에만 해도 그의 성 대바실리 재단이 동유럽으로 확장하는 동안 거리를 두었다. 체코 공화국에서 말로페예프는 정치적 성향에 무관하게 서방에 반대하는 정치인들을 육성하는 두서없는 작전을 운영했던 것으로 보인다. 그곳에서 친러시아 집단의 권좌 등극을 획책하려 시도하던 벨라루스 출신의 한 정치 브로커에게 최소한 10만 유로를 건네주기도 했는데, 이 내용은 앞서 언급한 두 사람 사이의 이메일 유출본에 나와 있다.[57] 하지만 이 유출본은 이미 정교화된 작전의 표면만 겨우 드러냈을 뿐이고, 말로페예프로 말하자면 그 작전 활동가들로 이루어진 그물망에서 겨우 한 명에 불과했다. 예를 들어 야쿠닌은 2013년에 체코 대통령으로 당선된 정치인 제만과 그 전부터 오랫동안 친분을 유지해 왔으며, 제만의 핵심 자문 위원이자 그의 대통령 유세에 자금을 지원했던 정당의 공동 창당인이기도 한 마르틴 네예들리는 크렘린에 충성하는 러시아 석유 회사 루코일의 체코 지사 대표였다.[58] 방크 로시야와 롤두긴의 비자금에 관여한 스위스 변호사들 가운데 한 명이 소유한 회사의 직원들은 또한 제만의 주요 후원자이기도 했으며,[59] 제만 본인도 푸틴의 크렘린의 한결같은 지지자가 되었다. 급기야 그는 러시아에 대한 유럽 연합의 제재 철회를 처음으로 요구한 유럽 연합 지도자들 가운데 한 명이 되었다.

헝가리에서는 극우 성향인 요비크당이 신속히 상승하면서 크렘린의 이익을 지지했는데, 이 정당의 운명은 주변부에서 분투하던 2005년 이후로 완전히 변모했다. 이메일 유출본에서는 말로페예프가 만난 정치 브로커가 요비크당과도 공조하고 있음이 드러났다.[60] 하지만 그 정당을 헝가리 최대 야당으로 바꿔 놓은 촉매는 수수께끼의 헝가리 사업가 벨러 코바치의 등장이었으니, 여러 해 동안 러시아에서 일하고 돌아온 그가 입당과 동시에 이 정당을 파산 직전의 상황에서 구제했기 때문이다.[61] 코바치는 자기 돈을 투입해서 정당을 구제했다고 주장했지만, 2014년에 헝가리 검찰은 그가 KGB 요원이었을 가능성에 대해 수사를 시작했으며, 유럽 의회에서는 이 문제에 대해 충분히 확신을 가진 까닭에 유럽 의회 의원으로서의 면책권을 그에게서 박탈했다. 하지만 이 수사는 아무런 결론도 내지 못했다. 헝가리 대통령 빅토르 오르반 역시 크렘린의 가까운 동맹자가 되었기 때문이다.

크렘린은 극좌와 극우 양쪽의 정치 단체들을 모두 지원함으로써, 동유럽에서 상승하는 불만의 파도를 부추기고 이용했다. 구 동구권 국가들이 유럽 연합 회원국이 된 지 10년 가까이 되자, 서방과 자유주의의 광채도 사그라들기 시작했다. 계획 경제의 만성 부족 이후에 소비재에 대한 열망도 오래전에 만족되었으며, 동유럽에는 번쩍이는 쇼핑몰과 아이폰 최신 모델이 가득하게 되었다. 하지만 자유로운 이동이라는 유럽 연합의 자유주의적 질서에 합류함으로써 생긴 부정적인 결과도 절실하게 느껴졌으며, 소비에트 시절의 유령이, 즉 과거에 KGB와 일했던 요원들로 구성된 네트워크가 여전히 사회에 만연한 상태였다.

우크라이나의 갈라치기를 돕고 나서 중동으로 건너간 러시아가 크렘린의 오랜 동맹자 알아사드의 정권을 보호하려고 2015년에 시리아에서 폭격 공세를 출범하자 유럽의 문제는 그저 깊어지기만 했다. 폭격으로 인해 가뜩이나 많았던, 유럽의 안전한 피난처를 찾는 수십만 명의 피난민 물결이 더욱 늘어났기 때문이다. 2015년에 100만 명 이상이 시리아를 떠나 유럽으로 향했다. 푸틴의 크렘린으로서는 이 덕분에 지배적인 자유주의적 질서에 대한 반대와 증오와 불안을 부추길 기회를 얻을 수 있었다. 크렘린의 전술은 특히 동유럽에서 기름진 토양을 찾아냈다. 여기서는 경제적 부의 확산이 극도로 불균등했으며, 서방의 자유주의적 해방에 반대하는 러시아 정교회의 보수적인 호소에 귀를 기울이는 사람이 많았다.

제네바에서는 팀첸코와 가까운 스위스 은행가 고우츠코프가 폴란드와 체코 공화국과 불가리아에다가 러시아와 우크라이나를 합치고 헝가리로까지 연장함으로써, 프랑스와 독일이 지배하는 유럽 연합으로부터 떨어져 나오는 〈슬라브 유럽〉의 창조를 공개적으로 꿈꾸었다.[62] 우크라이나 위기가 절정에 달했던 2014년 5월, 고우츠코프는 유럽 연합이 끝장날 운명이며, 프랑스와 독일 지도자들은 동쪽에서 온 골치 아픈 새 회원국들이 없는 새로운 유럽을 만들기를 원한다고 주장했다. 이는 푸틴의 사람들이 내심 유럽 연합에 분열을 일으키기를 바라던 과정의 시작에 불과했다.

크렘린은 동방에서 자국이 시작한 전술을 확장하여 서방 깊숙이에 자원을 파묻기 시작했다. 예를 들어 제네바 금융업자들은 프랑스 엘리트의 최상부와, 특히 귀족 계급과 오랫동안 유대를 조성해 왔다. 팀첸코가 프랑스의 가장 중요한 에너지 대기업 토털과의 관계를 구축하기 시작했고, 이때부터 프랑스 사회의 최상부를 러시아의 영향력으로 더욱 에워쌀 길이 열린 셈이었다. 팀첸코며 고우츠코프와 긴밀하게 일하던 상냥한 성격의 제네바 변호사 알랭 비온다는 2009년에 토털의 최고 경영자 두 명과 함께 음주와 식사를 즐겼는데, 그때로 말하자면 마침 팀첸코가 러시아에서 두 번째로 큰 가스 생산업체 노바테크를 매입했을 즈음이었다. 2013년 초에 고우츠코프는 프랑스 대통령 자격으로 모스크바를 처음 찾은 프랑수아 올랑드와 조찬 회동을 가졌다.[63]

제네바 관련자들의 도움 덕분에 팀첸코는 자기 소유인 노바체크 지분 12퍼센트와 그 회사의 액화 천연가스 프로젝트 지분 20퍼센트를 토털에 매각하고 40억 달러를 받음으로써, 이런 유대를 공고히 했다. 2년 뒤에는 프랑스의 최고 영예인 레지옹 도뇌르를 받았다. 또한 팀첸코는 무역 기구인 불로(佛露) 상공 회의소 산하의 경제 위원회 의장으로 선출되었는데, 이 기구에는 머지않아 프랑스의 최고위급 기업가들은 물론이고 푸틴의 KGB 자본주의의 최상부 구성원들이 가득하게 되었다. 예를 들어 KGB와 연계된 가스프롬방크의 대표인 아키모프라든지, 드레스덴 시절부터 푸틴의 KGB 동료였으며 러시아의 국영 무기 독점 기업의 대표인 체메조프 같은 사람들이 포함되었다.[64] 크림반도 침공 이후에 서방이 러시아를 제재하러 나섰는데, 팀첸코와 아키모프는 비록 미국에게는 제재 대상이 되었지만, 정작 유럽 연합의 제재 대상에서는 여전히 빠진 상태였다. 체메조프는 비록 유럽 연합의 제재에 직면했지만 정작 경제 위원회에는 어찌어찌 그대로 남아 있었다. 그 와중에 토털은 제재를 철회하라고, 완전히 멈추라고 요구했다.

러시아의 노력은 오로지 사업적 유대를 조성하는 데에만, 또는 제재에 대한 서방의 단결을 갈라놓으려는 시도에만 근거하지도 않았다. 로소트루드니체스트보와 루스키 미르 같은 국가 기관들을 통해서, 여러 군데 싱크 탱크들로 이루어진 네트워크가 파리에 깊이 뿌리내리기 시작했다. 러시아의 민주주의와 협력 연구소는 2008년에 파리 제7구의 조용한 거리에 사무실을 열었다. 이것이야말로 미국 카네기 국제 평화 재단에 주는 러시아의 답변으로, 자국에 대한 서방의 부정적인 시각에 반박하고, 그 설립자 가운데 한 명의 말마따나 자의적으로 인권을 정의하고 그 준수를 요구하는 〈서방의 독점〉을 끝내기 위한 의도였다. 이것이야말로 푸틴 정부가 전 세계를 대상으로 CNN과 BBC 같은 서방 채널들의 주도권에 도전하려는 목적으로 설립한 영어 TV 방송 「오늘의 러시아Russia Today」를 수립하면서 시작한 홍보 공격의 일부였다.[65] 하지만 정작 그 기관의 주소지인 위풍당당한 석조 건물에는 그 존재를 암시하는 것이 전혀 없었고, 그 기관의 대표 역시 사실상 드러나다시피 한 러시아 첩보 요원 나탈리야 나로치니츠카야였다. 그녀는 소련 시절에 국제 연합 주재 고위급 외교관으로 재직했으며, 전직 러시아 첩보계 고위 간부의 말에 따르면, 소비에트 시절부터 KGB를 위해 일해 온 사람이었다. 말끔한 옷차림에 마치 새 같은 인상을 주는 이 붉은 머리의 전직 외교관은 〈페레스트로이카〉 개혁 당시에 모스크바에 있는 세계 경제 연구소에서 스파이 총책 프리마코프의 제자였다.[66] 그녀가 대표를 맡은 기관은 푸틴의 KGB 사람들의 세계관을 유포하기 위해서 나름의 역할을 담당하는 한편, 미래의 요원을 점찍어서 포섭하는 부가 업무도 담당하고 있었다.[67] 그 자금의 출처는 불분명했다. 그 설립자 가운데 한 명도 모스크바 주재 미국 대사에게 그 기관이 다른 누구보다 특히 〈사업가 열 명〉에게 후원받고 있다는 것 이상으로는 차마 말할 수 없었다.[68]

나로치니츠카야와 가까운 사이였던 야쿠닌은 자신이 설립한 러시아 정교회 자선 단체 〈첫 제자 안드레이〉 재단과 싱크 탱크 〈문명들의 대화〉를 통해서 유럽의 정치 서클의 내부 깊은 곳까지 유대를 구축하고 있었으며, 여기에는 드 팔렌과 연계된 프랑스 공화당 고위층도 포함되어 있었다. 2014년 5월에 나는 제네바에 있는 드 팔렌의 사무실로 찾아가서 대화를 나누었는데, 책상 위에는 그가 운영 중인 출판사에서 발행한 책 몇 권이 놓여 있었다(그리고 이 출판사 배후에는 정체 파악이 불가능한 투자 기금이 있었다). 드 팔렌은 미국이 주도권을 잡던 시절이 끝났다며, 마치 온화한 거인처럼 책상 위로 몸을 굽힌 채로 말했다. 「미국의 소프트 파워는 실패하고 있습니다. 그들은 이미 그것을 갖고 있지 않아요. 그것이 유럽 연합을 지배했던 시절은 끝났습니다. 이제는 러시아가 큰 나라이고, 중국도 큰 나라입니다. 미국은 오늘날 아무런 신빙성도 갖고 있지 못합니다. 그들은 리비아에서 했던 일을 지금 우크라이나에서 똑같이 하고 있습니다. 어쩌면 미국에게는 자기네가 쇠퇴하는 강대국이라는 사실이 명확하지 않은 모양입니다.」 그렇다면 과거 소비에트의 유럽 영향력 네트워크를 재현하려 시도하는 것이냐고 묻자, 드 팔렌은 믿을 수 없다는 표정으로 나를 한참 바라보다가 씩 웃었다. 「혹시 로비 활동에 관해서 말씀하는 거라면, 그렇다고 말하겠습니다. 그건 누구나 하는 일이니까요.」[69]

소련이 냉전 시절에 서방의 단결을 잠식하려는 의도에서, 여러 우호 회사로 이루어진 네트워크를 통해 유럽 전역의 정치적 동맹자와 정당에 자금 지원을 운영했던 것처럼, 이제 모스크바는 위장 간판과 대리인으로 이루어진 새로운 그물망을 전개함으로써, 서방 전역의 극좌와 극우 정당에 자금을 지원하는 중이다. 과거의 네트워크 가운데 일부며, 고우츠코프와 드 팔렌을 비롯한 금융업자들 가운데 일부는 여전히 남아 있어서, 이제는 새로운 현금의 유입을 받아들이고 있다. 모스크바는 프랑스의 극우 정당에 대한 자금 지원에 주로 초점을 맞추고 있다. 러시아의 적극적인 옹호자라면 일단 극좌파인 장뤽 멜랑숑이 있었지만(그는 모스크바의 부추김이 없는 상태에서도 이미 반미와 반나토 성향을 공언한 상태였다), 모스크바는 재빨리 국민 전선의 장 마리 르 펜과 그의 딸 마린에게 지원을 시작해 주었다. 이 자금 지원은 역시나 크렘린에 그럴싸하게 부인할 수 있는 가능성을 제공하기 위해 대리인들을 통해서 이루어졌지만, 그중 일부는 더 눈에 띄기가 쉬워지고 말았다. 예를 들어 2014년 11월에 국민 전선이 팀첸코와 연계된 체코의 한 은행에서 940만 유로를 빌렸음이 드러났다.[70] 물론 팀첸코의 변호사의 말에 따르면, 그는 이 은행의 결정에서 아무런 역할을 한 적이 없으며, 이 은행 경영에 전혀 관여하지도 않았고, 이 은행의 수익자였던 적도 없었다고 한다. 그 와중에 말로페예프는 르 펜에게 200만 유로를 빌려주는 추가 거래가 성립되도록 도와주었다.[71] 또 다른 사례로는 프랑스의 한 다큐멘터리 영화 제작자가 찍은 영상이 있는데, 거기서 르 펜은 모스크바에 있는 말로페예프의 마셜 캐피털로 들어갔다가 알루미늄 케이스를 하나 들고나왔다. 그 안에는 현금이 가득 들어 있을 것이라는 추측이 나왔지만, 르 펜은 (아울러 말로페예프도) 이 주장을 한사코 부인했다.[72]

이런 활동은 점차 현란해졌다. 모스크바는 오래전부터 유럽 전역에서 지지를 확보해 왔다. 독일에서 푸틴의 확고한 동맹자로는 전직 총리 게르하르트 슈뢰더가 있는데, 우크라이나와 시리아에서의 행동이며 자국에서의 민주주의 탄압에 대해서까지, 슈뢰더는 푸틴을 옹호한 노력에 대해 풍부한 보상을 받았다. 푸틴의 가까운 동맹자인 슈타지 출신의 바르니히와 마찬가지로, 슈뢰더 역시 노르트 스트림 가스 파이프라인 컨소시엄 이사회에 소속되었다. 러시아가 주도하는 이 148억 유로짜리 프로젝트는 우크라이나를 우회하여 가스를 직접 수출하기 위해 발트해를 지나가게끔 건설되었다. 이탈리아에는 푸틴과 오랫동안 친구 사이인 베를루스코니가 있어서, 두 사람이 사르디니아에서 함께 휴가를 즐긴 적도 있었다. 베를루스코니는 푸틴의 소치 거처를 자주 찾아오는 손님이기도 했으며, 소비에트 시절부터 있었던 금융 및 영향력 네트워크의 일원이었다. 1980년대 말에 그의 피닌베스트 출판사는 소비에트 국영 TV 회사에서 방송 시간을 사서 이탈리아 영화를 방영하기도 했다.[73] 또한 베를루스코니와 긴밀하게 일한 은행가 팔리코는 공산당의 해외 자금 지원 작전을 잘 아는 인물로서, 그의 소유인 인테사 은행은 푸틴의 KGB 자본주의의 중요한 금융 후원자 노릇을 지속하고 있었다. 가스프롬과 연계된 중개업체가 베를루스코니 쪽으로 돈을 보내려던 명백한 시도가 이탈리아 의회에 의해 발각되었을 때, 베를루스코니의 정당과 야당 양쪽 정치인 모두가 로마 주재 미국 대사에게 입을 모아 말한 바에 따르면, 이들조차도 저 총리의 개인적 이득을 위해 의도된 크렘린의 계략은 이것뿐만이 아니라고 믿는 모양이었다.[74]

이런 관계는 오래전부터 알려져 왔지만, 서방에서 러시아의 활동은 이보다 훨씬 더 적극적인 국면으로 접어드는 것이 분명했다. 유럽 전역에 걸쳐서 말로페예프는 기성의 자유주의적 체제에 저항하는 반란이라는 우파의 포퓰리즘 의제를 장려했다. 2014년 6월에 말로페예프는 빈에서 우익 세력들을 위한 대회를 주최했는데, 여기서는 마린 르 펜의 조카인 마리옹이 오스트리아의 우익 자유당과 불가리아의 극우 아타카당의 지도자들이며 드 팔렌과 함께 어울렸다.[75] 말로페예프는 자기가 기독교인의 지지자이자 보호자로서, 정치적 의제가 아니라 종교적 의제를 장려하고 있을 뿐이라고 항상 주장했다.[76] 하지만 그의 동맹자들의 지문은 2015년 1월에 그리스에서 권력을 장악한 급진적 좌파 정당 시리자의 대두 과정 곳곳에서 발견되었다. 이메일 유출본에서 밝혀진 바에 따르면, 말로페예프와 함께 일하는 유라시아주의자 두긴이 전략과 홍보 쪽에서 지원을 보냈다. 또한 말로페예프는 훗날 그리스의 국방 장관이 되는 열혈 민족주의자 파노스 카메노스가 이끄는 우파 정당 독립 그리스인과 긴밀한 유대를 발전시켰다.[77] 카메노스는 모스크바를 자주 방문했고, 말로페예프와 긴밀한 우정을 조성했으며, 아테네에 있는 그의 지정학 연구소는 상당한 영향력을 지닌 러시아 전략 연구소와의 협업 〈양해 각서〉에 서명했다. 러시아 전략 연구소는 파리에 있는 나로치니츠카야의 기관과도 긴밀히 일했으며, 사실상 러시아 해외 첩보부의 지부였다.[78]

2014년 3월에 미국과 유럽이 러시아에 대한 제재를 부과했을 때도 이런 활동 가운데 중단된 것은 전혀 없었다. 대신 러시아는 서방을 갈라놓으려는 시도를 가속화하고 격화했을 뿐이었다. 예를 들어 이탈리아에서는 동맹이 오히려 깊어졌는데, 말로페예프의 또 다른 관련자 한 명이 극우 정당 리가노르드의 대표 마테오 살비니의 수석 보좌관 잔루카 사보이니와 긴밀하게 일했기 때문이었다.[79] 이들은 롬바르디아 – 러시아 문화 협회를 공동 창립 했는데, 이곳에서는 친크렘린 성향인 우파의 견해를 장려하기 시작했으며, 나중에는 〈유럽 전체를 바꾸겠다〉는 목표를 내세우기도 했다.[80] 이 과정에서 사보이니는 북부 동맹의 선거 유세 자금을 마련하기 위해 크렘린과 연계된 석유 거래를 살펴보았으며, 잘 알려지지 않은 석유 회사 아방가르드를 통한 판매를 논의했다. 이탈리아 잡지 『레스프레소 *L'Espresso*』의 탐사 보도에 따르면, 이 회사의 주소는 모스크바 시내에 있는 말로페예프의 사무실 주소와 어째서인지 똑같았다.[81] 이후 사보이니는 로스네프트에서 중개업체를 거쳐 이탈리아 에니에 석유를 판매하고 얻을 수천억 유로를 정당으로 보내기 위한 거래를 논의했다.[82] 이 거래는 과거 KGB가 주도한 공산당의 해외 자금 지원 거래와 똑같은 방식으로 구축되었다. 버즈피드의 보도에 따르면, 중개업자를 통해 할인된 가격에 석유를 판매함으로써, 중개업체가 차액을 보전하고 그 수익금을(매년 6500만 달러쯤이었다) 북부 동맹의 금고로 보내는 것이었다. 「이것이야말로 우리가 우호 회사를 통해서 거래했던 자금 지원과 똑같았습니다.」 소비에트 시절 석유 무역 거래에 관여했던 전직 KGB 고위 간부의 말이다.[83]

살비니는 이 거래가 실제로 진척되었다는 사실을 부인했다. 하지만 버즈피드가 보도한 대화 녹취록에 따르면, 그의 보좌관 사보이니는 이렇게 제안된 거래의 결과로 형성되는 동맹이 유럽 각지의 친러시아 제휴의 받침점이 될 것이라고 분명히 밝혔다. 「새로운 유럽은 반드시 러시아와 가까워야만 하는데, 왜냐하면 우리는 우리의 주권을 갖기를 원하기 때문입니다. 우리는 브뤼셀이나 미국에 있는 일루미나티가 내린 결정에 의존해서는 안 됩니다. 우리의 동맹자들과 함께 (……) 유럽 전체를 바꿔 놓기 원하는 최초의 인물이 바로 살비니입니다.」 사보이니는 이렇게 말하면서, 오스트리아의 자유당, 독일의 독일을 위한 대안, 프랑스의 국민 연합 등 다른 극우 친크렘린 정당들을 열거했다. 「우리는 정말로 친러시아 성향의 이 정당들과 크나큰 동맹을 맺고 싶습니다.」[84]

푸틴의 러시아는 서방의 질서를 따름으로써 제재를 없애려고 노력하는 대신, 돈을 써서 제재를 벗어나려고 시도했다. 하지만 이 목표는 이보다 훨씬 더 깊은 곳까지 나아갔다. 푸틴의 사람들은 유럽 내에 자체적인 권역을 조성하려고, 그리하여 대륙 전체의 정치 지형을 전복하려고 도모하고 있었다. 여러 극우 정치 단체의 정치인들은 크렘린의 검은돈과 영향력을 기꺼이 받아들였다. 오스트리아에서는 자유당 대표 하인츠크리스티안 슈트라헤가 마지못해 사임하는 일까지 일어났는데, 이비사에 있는 어느 저택의 술자리에서 러시아 가스 재벌의 조카라고 자칭하는 여성에게 정치적 지원을 구하는 모습이 담긴 동영상이 유출된 까닭이었다.[85] 슈트라헤는 선거 지원에 대한 대가로 쏠쏠한 정부 도급 계약을 제공했는데, 거기에는 오스트리아 최대 신문 『크로넨 차이퉁Kronen Zeitung』을 러시아가 차지하는 것도 포함되어 있었다. 러시아의 반란을 지켜보며 친서방으로 기울어진 재벌들 사이에서 나오는 반대는 이미 오래전에 푸틴과 그의 사람들이 모조리 진압한 상태였다. 2014년 3월의 제재 직후, 대통령은 막후에서 자국 산업의 주도적인 거물들과 만났다. 그중 한 명은 러시아가 전 세계 속에 존재하는 지금의 상황에서 그런 제재가 좋은 결과까지는 아니라는 점을 공손하게 설명하려 시도했다. 이 견해에 대한 반응은 양손으로 테이블을 세게 내려친 것뿐이었다. 당신네가 좋아하건 말건 나는 상관하지 않는다는 것이 푸틴의 말이었다. 「그건 잘될 겁니다.」 그 자리에 있었던 재벌 가운데 한 명과 가까운 제네바의 관련자가 내놓은 말에 따르면, 푸틴은 이렇게 덧붙였다.[86] 재벌들은 개인적으로야 실망했을 터이지만, 이를 따르는 것 말고는 다른 선택의 여지가 없었다. 크림반도를 장악한 이후의 황홀경 속에서 애국주의가 만사를 압도하고 있었다.

그런데 팀첸코만큼은 미국의 제재 명단에 자기 이름이 올랐을 때 대경실색했다는 것이 그 친구들의 증언이다. 그는 항상 국제적인 사업가가 되는 꿈을 품고 있었기 때문이다. 팀첸코는 제네바에서 짐을 꾸렸고, 콜로니 교외의 상쾌한 호숫가에 자리한 자기 저택을 떠나 버렸다. 본인의 말마따나 미국으로부터의 〈도발〉을 두려워한 까닭에, 마침 법무부가 그의 사업에 대한 돈세탁 혐의로 수사를 개시했다고 전해지는 상황에서 어쩌면 체포까지도 가능하다고 두려워한 까닭에,[87] 그는 감히 러시아를 떠나 서쪽의 유럽으로 갈 엄두를 내지 못했다. 비록 자기가 유럽 연합의 제재 명단에는 용케 들어 있지 않았음에도 그러했다. 대신 팀첸코는 동쪽으로 가서 중국에 도착했으며, 이미 자신이며 고우츠코프와 함께 일했던 제네바 변호사 비온다의 도움을 받아, 그곳 지도부와의 유대를 육성하기 시작했다.[88] 그의 걸프스트림 개인용 비행기는 미국산이었는데, 그 제재의 여파로 이륙할 수 없었다. 조종사들이 비행기에 기본적으로 장착된 항공 지도를 사용할 수 없게 되었고, 미국 걸프스트림사에서도 그 비행기를 제공하는 계약을 무효화시켰기 때문이었다.[89] 하지만 그 외의 사업은 평소처럼 대부분 지속되었다.

서방의 정책 서클 속으로 침투한 팀첸코의 사정거리가 그 정도로 길었기 때문에, 어쩌면 그는 미국의 제재를 미리 알아냈을 가능성도 있다. 제재에 대한 발표가 나오기 며칠 전, 제네바의 금융 지구에 자리한 비온다의 사무실에서는 몇몇 사람이 밤늦게까지 일했으며, 비온다의 러시아 고객들 가운데 한 명의 지주 회사를 다급히 구조 개편 했다. 「팀 전체가 나와 있었습니다. 방 안에 담배 연기가 가득했죠. 고객 가운데 한 명이 제재에 때문에 매우 걱정하고 있었습니다. 자기가 추가 명단에 올라 있다고 말하더군요.」 그 자리에 있었던 사람 가운데 한 명의 말이다.[90] 비온다는 그 활동이 팀첸코와 관련이 있다는 사실을 부인했지만, 다음 날 제재에 대한 발표가 나왔을 때 그의 군보르는 무사히 살아남게 되었다. 이 무역업체에서는 팀첸코가 이 회사에 대한 자기 지분을 스웨덴인 동업자 토른크비스트에게 매각했다고, 따라서 군보르는 제재에도 불구하고 계속해서 운영할 수 있게 되었다고 발표했다. 그런데 비온다의 관련자 가운데 한 명의 말에 따르면, 이 거래는 〈위장 간판 작전〉에 불과했다. 「회사에서 발표하기 전까지 은행들은 모든 신용 거래를 중지해 버렸습니다. 이들의 무역은 모두 달러화로 이루어졌기 때문에 문제가 되었죠. 하지만 지분을 매각했다고 발표하자마자 문제는 싹 사라져 버렸습니다.」[91] 물론 팀첸코의 말에 따르면, 비온다는 그 거래에 전혀 관여한 바가 없으며, 지분 매각 협상은 제재 발표보다 〈오래전부터〉 시작된 것이라고 한다. 그 매각이 〈위장 간판 작전〉에 불과하다는 주장은 무엇이든지 간에 완전한 허위라는 것이 그의 주장이다.

제재 대상자들의 생활은 더 힘들어지게 되었다. 은행 계좌는 중국과 홍콩에 개설되었다. 구조 개편이 이루어졌으며, 고우츠코프는 제네바에 있는 소시에테 제네랄의 프라이빗 뱅킹 책임자 자리에서 조용히 물러났는데, 아마도 팀첸코와의 유대에 대한 조사를 우려한 까닭으로 보인다.[92] 「오늘날에는 그런 유형의 연계 때문에 자칫 위험에 빠질 수도 있으니까요.」 그의 관련자 가운데 한 명의 말이다.[93] 하지만 제재조차도 사업을, 또는 제네바 금융업자들의 영향력 장사를 중단시키지는 못했다. 예를 들어 비온다는 자기 회사 가운데 한 곳이 로터스 포뮬러 원 레이싱 팀의 지분을 소유했다는 점을 이용해서, 전 세계 에너지 산업의 거물들과 접촉하기를 좋아했다. 「만약 당신이 상하이나 싱가포르에 있다고 치면, 석유 산업의 경영자들이 그 애인들을 데리고 가기에는 딱이죠. 그런 점에서는 좋은 겁니다.」 제네바 금융업자 가운데 한 명의 말이다.[94] 제재 이후에 비온다의 연계 대상 가운데 하나가 영국 보수당에 돈을 보내기도 했다.

비온다는 팀첸코와 고우츠코프와의 연계를 통해서, 오래전부터 러시아의 돈과 권력 사이의 접점에 자리해 왔다. 제네바의 금융 지구로 들어가는 관문인 플라세 뒤 포르 1번지에 사무실을 보유한 그는 게니 에너지라는 회사의 지분을 갖고 있었다. 게니 에너지와 로터스 포뮬러 원 레이싱 팀 모두에서 비온다의 동업자인 스페인인 제라르 로페즈는 처음에 스카이프 투자로 수십억 달러를 벌어들였고, 나중에는 러시아 대통령과 친구가 되어서 그 여름 별장에 가서 반려동물에게 사과를 먹이고 피아노 음악을 감상하며 함께 시간을 보내곤 했다.[95] 로페즈가 투자한 또 다른 회사 라이즈 캐피털은 러시아의 도급 계약으로 수십억 달러를 벌어들이기 시작했다. 영국이 유럽 연합 회원 자격을 놓고 국민 투표를 향해 나아가던 2016년 6월, 로페즈는 보수당에 40만 파운드를 깜짝 기부했다. 이와 관련해서는 아무런 질문도 나오지 않았다.[96]

이것은 영국 정계로 들어온 러시아 현금 홍수의 일부분이었으며,

KGB와 가까이 연계된 저명한 인물 두 명이 보수당에 막대하게 기부한 돈 역시 마찬가지로 그 일부분이었다. 방금 말한 두 명 가운데 하나는 한때 유코스 주주이기도 했으며, 본래 러시아 국영 무기 산업의 최고직에서부터 사업을 시작했던 수다쟁이 테메르코였다. 그는 다른 유코스 주주들이 러시아에서 도망치는 동안 크렘린과의 협상을 위해 러시아에 남아 있었으며, 2011년에 영국 시민권을 취득하고 100만 파운드 이상을 보수당의 금고에 쏟아부었다. 테메르코는 푸틴 정권에 대한 반체제 비판자로 자처했지만, 사적으로는 강력한 연방 안보 회의 책임자 파트루셰프를 비롯한 러시아 안보 기관의 고위급 구성원들을 계속해서 칭찬했다. 그는 보수당의 고위층과 함께 음주와 식사를 즐겼으며, 유럽 연합을 떠나자는 캠페인을 선봉에서 이끌었던 존슨과도 가까운 관계를 조성했다. 공적으로는 테메르코 역시 브렉시트에 반대한다고 주장했지만, 사적으로는 때때로 브렉시트를 〈관료제에 대항하는 혁명〉이라고 찬양했으며, 그의 가장 가까운 동맹자들 역시 모조리 주도적인 브렉시트 지지자들이었다. 예전 동업자의 말에 따르면, 그는 오래전부터 러시아 안보 기관과 유대를 맺고 있었다. 유코스의 예전 주주 중에서도 대표적인 인물이었던 네브즐린은 테메르코를 가리켜 원래 러시아 〈연방 안보 기관 및 국방부〉와의 유대 때문에 유코스에 영입된 인물이었다고 지적하면서, 테메르코가 파트루셰프를 〈잘〉 안다고 덧붙였다.[97]

러시아의 활동은 영국이 유럽 연합을 떠나도록 추진하는 캠페인에 자금 지원을 주도하기 위해서 난데없이 등장한 영국인 사업가들에게 대부분 집중되었던 것으로 보인다. 그중 한 명인 애런 뱅크스는 처음에 보험 사업에서 부를 쌓았고, 나중에 남아프리카의 다이아몬드 광산으로 사업을 확장했던 성마른 백만장자였다. 뱅크스의 아내는 러시아 태생으로 1990년대 말에 학생 비자를 이용해 영국에 왔다. 나이가 두 배 이상 많은 어느 은퇴한 상선 선원과의 첫 결혼에 대한 의구심이 제기되었지만 본국 송환만큼은 간신히 피했다.[98] (이후 그녀는 런던 광역 경찰청 특수부로부터 잠깐 수사를 받고서는 〈전직 정보부 지목 스파이XMI5SPY〉라고 적힌 자동차 번호판을 구매했다.) 뱅크스는 〈EU를 떠나자〉 캠페인의 가장 큰 자금 지원자로 무려 840만 파운드를 기부했다. 하지만 국민 투표를 조사하는 의회 위원회에서는 이 돈이 어디서 나왔는지를 그가 결코 분명히 밝히지 않았다고 지적했다. 선거 위원회에서는 이 사실을 국가 범죄국에 알렸는데, 뱅크스가 그 자금의 〈진짜 출처〉가 아니라고 결론지을 만한 타당한 근거가 있다고 보았기 때문이다. 하지만 국가 범죄국에서는 아무런 결론도 내지 못했으며, 그 어떤 법률도 위반되었다는 증거를 찾아내지는 못했다고 밝혔다.[99] 뱅크스는 자신이 대주주로 있는 맨섬의 회사 록 홀딩스에서 500만 파운드를 빌리는 방법으로 자금을 마련했는데, 국가 범죄국에 따르면 그는 이런 대출을 받을 자격이 있었다. 하지만 선거 위원회와 국제 투명성 기구 모두에서는 이 수사 결과야말로 해외 자금이 영국 정계로 들어오는 길을 열어 준 영국 법률의 약점을 예증하는 셈이라고 질타했다.[100] 뱅크스는 러시아와 그 어떤 사업 관계도 없다며 거듭해서 강력하게 부인했다. 이와 관련된 갖가지 추측이 나오기 시작한 것은, 국민 투표를 몇 달 앞둔 상황에서 그가 러시아 고위급 외교관을 만났으며, 쏠쏠한 러시아 사업 거래를 여러 건 제안받았다는(이에 대해 뱅크스는 결코 그 거래에 응한 적이 없다고 말했다) 사실이 이메일 유출본을 통해 밝혀지면서부터였다.[101] 록 홀딩스의 현금의 궁극적인 출처는 영영 미확인 상태로 남을 수도 있겠지만, 뱅크스의 가장 가까운 동업자는 자기 나름의 연계를 지니고 있었다. 즉 그와 함께 문어발식 기업 맹크스 금융 그룹(뱅크스는 록 홀딩스를 통해서 이 회사를 공동으로 소유하고 있었다)의 공동 소유주인 짐 멜론은 1990년대에 러시아 주식 시장에 투자해서 수억 달러를 벌어들인 투자 펀드의 설립자였다. 더 최근에 멜론은 또 다른 러시아 전문 펀드 샤를마뉴 캐피털의 지분을 20퍼센트 가까이 보유하고 있었으며, 이 펀드는 2016년 말까지 크렘린의 국부 펀드와 공동 투자자로 긴밀하게 일한 바 있었다.[102]

유럽이 냉전 종식 이후 가장 소란스러운 시기로 나아가는 상황에서, 그 분열을 만들어 내기 위한 판돈이 걸린 셈이었다.

나를 만났을 때, 야쿠닌은 자기 자신과 푸틴 정권이야말로 서방의 세계화 추구 와중에 버림받은 보수적 가치를 지키려는 전사라며 즐겨 묘사하곤 했다. 어쩌다 보니 우연히도 서방과는 많은 의견이 불일치하게 되었던 상냥한 애국자인 셈이었다. 우리는 먼저 상트페테르부르크와 모스크바에서 만났고 나중에는 런던에서 만났는데, 그의 아들이 영국 시민권을 취득했기 때문이었다.

우리의 만남 가운데 한번은 2013년 6월에 있었는데, 당시 크렘린이 지배하던 러시아 의회는 연소자에 대한 〈비전통적 성관계에 대한 선전〉의 배포를 금지하는 법안을 통과시킨 직후였다. 유럽에서는 이 법률을 놓고 광범위한 비판을 제기했는데, 가뜩이나 심한 러시아의 동성애 혐오를 강화한다는 이유에서였다. 러시아에서는 동성애자 남성에 대한 폭행 사건이 꾸준히 일어났고, 나중에 체첸 공화국에서는 체포와 투옥과 고문까지 자행되었다. 하지만 야쿠닌은 이 법률을 자랑스러워했으며, 여러 유럽 정치인도 그런 입법을 원한다는 속내를 사석에서 자기에게 털어놓았다고 주장했다. 「프랑스에서 동성 결혼법에 반대하며 시위하는 여러 사회단체의 대표자들이 저에게 이렇게 말하더군요. 자기네는 이런 악행을 저지할 수 있는 유일한 요새라도 되는 것처럼 러시아를 바라보고 있다고 말입니다. 그들은 자기네 말이 푸틴에게 전달될 거라고는 기대하지 않았습니다. 그들은 아무런 대가에 의존하지도 않았죠. 그들은 단지 자기네 절망을 이야기했을 뿐입니다. 저는 그리스에 매우 자주 갑니다. 오늘날 거기 사는 그리스인 중에서 제가 러시아인이라는 사실을 알게 된 순간, 다음과 같이 말하지 않는 사람은 단 한 명도 없습니다. 〈정교회 옹호라는 관점에서 우리는 당신들에게 의존하고 있습니다.〉 그리고 제가 서방 동업자들이며 정치인들과 만났을 때, 그들은 오늘날 러시아야말로 인류가 나락으로 떨어지지 않도록 저지하는 주도적이고 적극적인 세력임을 객관적으로 이해하고 있다고 말합니다. 이건 푸틴에게 아부하는 말이 아닙니다. 그저 사실의 진술일 뿐입니다.」 야쿠닌의 말이다.[103]

서방의 관용과 자유주의에 맞서서 이른바 〈가족의〉 가치를 옹호하는 것이야말로 러시아와 유럽과 미국 각지의 극우 민족주의자와 보수주의자로부터의 지지를 지탱하는 푸틴 정권의 주요 동기가 되었다. 야쿠닌은 공식적으로 무신론을 주창했던 소비에트 국가를 옹호하느라 자기 경력의 대부분을 보낸 이후에 러시아 정교회로 전향했다. 푸틴과 가까운 KGB 사람 중에서도 자신의 전향을 과시한 최초의 인물 가운데 하나였다. 그의 자선 단체 〈첫 제자 안드레이〉는 러시아 정교회의 수도원과 정교회 제국의 전초지를 복원하는 사업에 많은 돈을 쏟아부었다. 또한 말로페예프는 서방의 악행에 대항하여 기독교적 가치를 옹호한다고 주장했으며, 2014년 9월에는 미국의 강력한 복음주의 운동과 긴밀한 관계를 조성하던 미국의 동성애자 반대 조직인 세계 가족 회의의 행사를 야쿠닌과 공조하여 모스크바에서 개최했다.[104] 미국의 새로운 제재 상황에도 불구하고 그 행사는 개최되었으며, 프랑스의 국민 전선과 오스트리아의 극우 성향 자유당의 저명한 구성원들도 참석했다. 이때 말로페예프는 세계가 〈정교회의 전례 없는 승리〉를 목격하는 중이라고, 러시아는 서방의 세속주의에 맞서서 기독교적

가치를 옹호하는 요새라고 말했다.[105]

이처럼 새로이 생겨난 종교적 열성은 사실 대부분 위장에 불과했다. 러시아 내부에서 정교회와 국가의 결합은 민주주의의 모든 잔재에 대한 부식에서 또 하나의 요소에 불과했다. 지배 엘리트는 정교회로 선회함으로써, 자기네 시스템 바깥에서 활동하는 사람 모두를 추가로 탄압할 수 있게 되었다. 「저는 그들을 정교회 탈레반이라고 부릅니다. 그거야말로 중세로의 귀환이지요. 그들은 종교를 이용해서 헌법을 잠식하고, 러시아 시민의 기본권을 잠식합니다.」 한때 푸틴의 멘토였던 숍차크의 아내 나루소바의 말이다.[106]

야쿠닌은 물론이고 푸틴의 이너 서클에 포함된 다른 사람들에게도 이 전술은 오래전부터 각인되어 있었다. KGB에서 경력을 시작했을 무렵의 야쿠닌은 이의 제기자를 단속하고, 동성애자를 단속하고, 다르게 생각하는 사람 모두를 단속하는 부서에 근무했다.[107] 이제 그들은 예전과 똑같은 전술을 이용해서 서방 정치에 잠입하고 있었다. 세계 가족 회의와의 연계는 푸틴의 사람들이 미국 보수주의 우파에 진출하게끔 허락해 준 수단 가운데 하나였다. 야쿠닌은 친푸틴 시각으로 유명해진 공화당 하원 의원 데이나 로러배커와 긴밀한 유대를 조성했으며,[108] 말로페예프와 드 팔렌은 낙태 반대 운동을 통해, 공화당 상원 의원 랜드 폴과의 관계를 구축하고 있었다(폴의 아버지는 티파티 운동에 영감을 준 자유 지상주의자 론 폴이다).[109]

이러한 전술도 역시나 KGB가 미국의 반핵 운동과 베트남 전쟁 반대 시위에 잠입했던 소비에트 시절의 지침서에서 가져온 것이었다. 이제 푸틴의 동맹자들은 저급한 포퓰리즘에 호소하고, 이민자와 소수자를 향한 편견에 호소하고 있었다. 이것이야말로 세계화와 다문화주의의 열풍 속에서 스스로가 낙오되었다고 느끼는, 마치 더 단순해 보였던 시절에 대해 향수를 느끼는 많은 사람에게는 유혹적인 메시지였다. 2008년 금융 위기 이후로 빈부 격차가 늘어나면서, 이런 사람들의 숫자도 늘어났다.

그러나 하다못해 야쿠닌조차도 자신이 말한 〈문명들 간의 전투〉가 실제로는 냉전 발발 이후로 러시아가 서방에 대항하여 수행해 왔던, 바로 그 과거의 지정학적 수위권 다툼을 위한 이념적 위장에 불과하다는 점을 시인하지 않을 수 없었다. 「이전에는 두 가지 이념 간의, 즉 공산주의 대 자본주의 간의 전투였다면 (……) 오늘날에는 전통적 인본주의 대 절대적 소비주의라는 발상 간의 갈등인 것입니다. 저는 러시아가 전 세계적 지위를 회복하기 위해 이 전투를 이용한다는 주장에 대해서 굳이 당신과 논쟁을 벌이지는 않을 겁니다. 물론 이 발상 간의 전투는 항상 국가 정책의 형태를 취하고 있으며, 구체적인 목표를 따라야만 마땅합니다. 하지만 저는 푸틴의 뮌헨 연설로 돌아가야 하겠습니다.」야쿠닌의 말이었다. 2007년에 푸틴이 서방에 맞서는 자신의 KGB 일족이 가진 깊은 불만을 처음으로 토해 냈던 순간을 언급하지 않을 도리가 없었던 것이다. 즉 러시아 국경으로의 나토 확장, 루마니아와 폴란드의 미사일 방어 시스템, 구(舊) 소비에트 공화국들을 서방 쪽으로 기울어지게 변모시킨 일련의 색깔 혁명 같은 것들을 향한 불만이었다. 「그때 푸틴은 러시아를 우려하게 만드는 것들을 공개적으로 말했습니다. 그는 숨기지 않았습니다. 그는 러시아 비밀 기관을 어디로 보내지도 않았으며 (……) 앞에 나와서 이렇게 말했을 뿐입니다. 〈여러분, 우리는 이런 것들을 우려하고 있습니다. 이건 부당합니다.〉그런데 그 발언 이후에 그들은 그를 추방자로 만들었습니다. 그들은 그를 거부했습니다. 무슨 말인지 아시겠습니까?」[110]

이것은 러시아의 늘어나는 활동에 대한 설명이었고, 서방을 분열시키고 교란하며 냉전 이후의 질서를 깨트리려는 크렘린의 노력 배후에 놓인 동기였다. 푸틴은 전 세계 안보에서 상석에 러시아의 자리를 요구한 바 있었으며, 자기가 뚜렷하게 무시당했다고 느꼈다. 오바마가 메드베데프의 대통령 임기 동안에 호의적으로 접근했던 반면, 푸틴과 그의 안보계 사람들로부터는 거리를 두었던 모습을 보면, 미국 행정부가 마치 그들을 과거에나 속한다고 치부하는 듯했다. 푸틴은 자신이 권좌에 복귀했을 때 반대 시위를 부추기는 일에 미국이 관여했다고 믿었다.

뮌헨 연설에서 푸틴은 러시아와 인도와 중국이라는 신흥 경제의 부상을 주목해야 한다고, 서방에게 경고한 바 있었다. 서방은 항상 러시아 경제를 자원에 근거한 약골에 불과하다고, 서방과 같은 생산성 향상의 능력이 없다고 바라보았다. 하지만 그런 프리즘을 통해 러시아를 바라보는 것은 푸틴의 안보계 사람들의 단기적 야심을 놓치는 셈이었다. 그들은 자국민의 경제적 안녕을 딱히 신경 쓰지 않았으며, 다만 자기네가 권력을 유지할 수 있을 만큼만, 전 세계에 권력을 투사할 수 있을 만큼만 경제가 안정적이면 충분하다고 보았다. 러시아의 국내 총생산은 이제 1조 6000억 달러에 달했으며, 푸틴의 KGB 사람들은 그 절반, 또는 그 이상의 금액을 역외 은행 계좌에 은닉하고 있었다.

이것이야말로 야쿠닌이 때때로 즐겨 지적한 핵심이었는데, 그 와중에도 그는 조금 더 미묘하게 지적하려고 신중을 기했다. 야쿠닌은 푸틴이 대통령 임기 초에, 그 이너 서클과 함께 냉전 시대의 미국 국가 안보 보좌관 브레진스키를 만났던 이야기를 꺼내곤 했다. 이때 그 미국인은 러시아 엘리트가 해외 계좌에 수십억 달러를 갖고 있다는 사실을 언급하며 딱하다는 듯 고개를 저었다. 브레진스키는 이렇게 물었다. 「만약 그 모든 돈이 서방의 계좌에 들어 있다면, 그들은 과연 어느 쪽의 엘리트란 말인가?」 결국 이제는 그들이 서방의 통제하에 있다는 암시였다. 러시아인은 냉전 시대의 전사가 내놓은 이런 발언에 격분했다. 하지만 이제는 〈배경이 바뀌었다〉고 야쿠닌은 조용히 말했다.[111] 즉, 그 돈이 대부분 푸틴의 사람들의 통제하에 있다는 것이었다.

일부 논평가들은 한통속들의 은행 계좌에 관한 세부 내역이 들어 있는 파나마 문서의 유출 때문에 푸틴이 서방 정치에 간섭하기 시작했다고 주장했다. 하지만 이는 핵심을 놓치는 주장이다. 푸틴의 KGB 사람들이 서방과 벌이는 전투는 오래전부터 계획되어 온 것이기 때문이다. 심지어 소련이 몰락하기 이전부터, 즉 KGB의 일부가 시장 경제로의 이행 이후에도 자신들의 네트워크를 보전하려 도모했을 때부터 준비되어 온 것으로, 덕분에 훗날 여러 분파가 푸틴의 권좌 등극을 음모하고 지원하게 되었던 것이다.

「부시는 냉전에서의 승리를 선언했고, 그걸로 끝이었습니다. 그들은 승자이기 때문에 자기네가 지시할 수도 있다고 판단했죠. 하지만 모든 사람이 그 명령에 따라 살 채비가 되어 있지 않다는 사실이 갑자기 드러난 겁니다. 푸틴의 노력은 깡그리 거절당했습니다. 오늘날 우리는 서방의 이처럼 근시안적인 정책의 결과를 수확하고 있는 것입니다.」 서방이 러시아에 부과한 제재는 그저 대치를 심화시키고 가속했을 뿐이라고 야쿠닌은 말했다. 「당신은 러시아인을 잘 아시죠. 우리는 게으를 수도 있고, 술에 취할 수도 있습니다. 우리는 피가 날 때까지 자신을 찌를 수도 있습니다. 하지만 외부의 위협이 생겼다 하면, 젊었거나 늙었거나 간에 상관없이, 우리의 유전자 속에는 이런 것이 새겨져 있다는 겁니다. 즉 우리는 맞서 싸운다는 겁니다. 그 제재는 크렘린의 어떤 캠페인보다 더 효과적으로 러시아 사회를 단결시켰습니다. 남들이 우리한테 침을 뱉는 상황에서, 왜 가만히 앉아서 닦아 내기만 해야 합니까? 서방이 제재를 부과한 것이야말로 선전 포고를 한 것이나 마찬가지입니다.」[112]

러시아와 서방의 대치가 점점 더 깊어지는 상황에서, 오바마 행정부의 일부 인사는 푸틴 정권의 역량에 대해서 점점 더 경각심을 품게 되었다. 그 당시에 가장 목소리를 높였던 사람은 부통령 바이든이었다. 바이든은 크렘린이 충성스러운 올리가르히에게 지시하여 지정학적으로 전략적인 작전을 수행하게끔 만드는 역량을 산출했을 뿐만 아니라, 부패를 활용하여 민주주의적 정권을 잠식하고 있다고도 경고했다. 「부패는 해외 정책의 새로운 도구입니다. 그 도구가 교란을 원하는 국가와 거기 호응하는 올리가르히의 손에 들어 있을 때만큼 편리하고 유용한 적은 또 없었습니다. 이건 마치 현행 민주주의에 대한 크립토나이트와도 유사해서 (……) 이 문제는 전략적인 동시에 경제적인데, 러시아와 다른 국가들은 부패와 올리가르히를 강압의 도구로 사용하고 있기 때문입니다.」 바이든의 말이었다.[113]

서방의 러시아 전문가들이 보기에는 점진적인 심판이 있었다. 미국 법무부와 FBI 내부에서 푸틴 정권의 진면목에 대한 최초의 진정한 경종은 2006년 11월에 나왔는데, 전직 FSB 간부 리트비넨코가 런던에서 폴로늄 중독으로 사망했기 때문이다. 그는 베레좁스키와 가까웠으며, 당시에는 과거 스페인에서 함께 일했던 러시아 마피아에 대한 수사에 협조 중이었다. 그의 도움으로 현지 검찰은 러시아의 돈세탁 조직을 체포했는데, 거기에는 상트페테르부르크 시절에 푸틴과도 긴밀하게 일한 바 있었던 범죄 조직 탐보프단의 주도적인 구성원들이 개입한 상태였다. 이 범죄 조직원들의 전화 통화를 도청한 내역을 비롯해서 검찰이 밝혀낸 내용은 경악할 만했다. 방크 로시야의 예전 주주 겐나디 페트로프를 비롯한 이 범죄 조직의 두목들은 러시아 법 집행 기관의 주도적인 구성원들과 정기적으로 접촉했다. 전화 한 통이면 너무 가까이 다가온 러시아의 수사를 회피할 수 있었고, 또 전화 한 통이면 세관 공직자들에게 압력을 넣어서 유럽으로 마약을 공급하기 위한 관문이었던 상트페테르부르크 항구를 자기네 화물이 무사히 통과하게 만들 수 있었다. 법 집행 기관의 고위급에게 돈을 주면 경쟁자를 체포하게 만들거나, 정부 데이터베이스에 있는 유죄 증거를 제거할 수도 있었다. 페트로프는 역시나 상트페테르부르크 출신이었던 러시아 국방 장관과도 정기적으로 의사소통했다.[114]

수사를 주도하던 스페인 검사가 미국 법무부 검사에게 말한 바에 따르면, 러시아는 〈사실상의 마피아 국가〉였다.[115] 상트페테르부르크 시장실에서 시작된 동맹은 러시아 전체로 그 권력을 연장했으며, 이 과정에서 범죄 조직이 안보 기관의 최고위층과 뒤얽혔다. 탐보프단은 스페인에서 마약 밀매와 무기 밀수도 했다. 전직 군 첩보 장교 수리코프의 말에 따르면, 그곳에 마련된 전초지는 시리아와 이란으로 들어가는 무기 판매의 비밀 통로를 감독하는 데에 필수적이었다.[116]

러시아 범죄 조직과 정부 최고위층의 융합에 대한 우려가 늘어나면서, 서방에서는 러시아 첩보 활동에 대한 각성도 늘어나게 되었다. 2010년에 FBI는 러시아인 열 명을 체포하고, 러시아 해외 첩보부 요원으로 활동한 혐의로 기소했다. 그중에는 붉은 머리의 요부 애나 채프먼도 있었는데, 그녀는 뉴욕에서 온라인 부동산 중개업체를 운영하면서 정계의 최고위층에서 연락책을 물색하고 있었다. 그중 여덟 명은 가짜 신분증을 만들고 일반적인 미국인의 삶을 영위하는 척하는 등, 신분을 깊이 위장한 상태에서 〈불법자〉로 활동했다는 혐의로 기소되었다. 여러 논평가는 이 스파이 조직의 활동을 도리어 무시하면서, 이것이야말로 냉전 종식 이후에 러시아 해외 첩보부의 역량이 얼마나 쇠퇴했는지에 대한 예증에 불과하다고 여겼다. 하지만 서방 첩보계의 간부들이 보기에, 이 사건은 러시아 해외 첩보부 네트워크가 죽어 가는 것과는 거리가 멀다는 신호였다. 그중 한 명의 말에 따르면, 이들이 체포한 집단은 단지 〈빙산의 일각〉에 불과했다.[117] 「미국에 있는 러시

아 첩보 공작원의 숫자는 그 누구의 예상보다도 훨씬 더 많습니다.」또 다른 사람의 말이다.[118]

메드베데프의 대통령 임기에 시작한 러시아와의 관계 복원에 여전히 열중하고 있었던 오바마 행정부는 전문가들의 우려를 무시해 버리기로 작정했다.「관계 복원에 대한 진정한 관심이 있었던 겁니다. 자기네가 메드베데프를 통해 영향력을 발휘할 수도 있을 것이고, 그렇게만 된다면 완전히 세상이 달라질 거라는 생각에도 부분적으로나마 근거하고 있었고요.」당시 FBI 방첩 부서 책임자였던 프랭크 몬토야 2세의 말이다.[119]

부통령 바이든이 경고를 내놓은 2015년에 이르러, 서방의 단결에 제기된 위협이 실제로는 훨씬 더 깊이까지 나아갔음을 온 세계가 삽시간에 발견하게 되었다. 서방의 정치 시스템의 약점이 사회에 깊은 각인을 남긴 것이었다. 2008년 금융 위기 이후 늘어나는 불평등과 긴축 재정으로 인해 서방은 극우와 극좌 모두에 연료를 제공하는 러시아의 공격적인 전술 앞에 문을 활짝 열어 놓은 형국이 되었다.「우리는 조지아, 크림반도, 발트해 연안국들에서 새로운 대담함을 목격하고 있습니다. 그들이 우리에게 등을 돌릴 수도 있다는 상당한 우려가 있어요. 하지만 그런 우려는 무시되고 말았는데, 이제껏 그들이 실제로 그런 적은 없었다는 이유에서였습니다. 그러다가 갑자기 폭발하고 말았던 겁니다.」몬토야의 말이다.

2016년 6월 24일 아침, 영국에서 하룻밤 사이에 유럽 연합을 떠나는 쪽에 다수가 찬성한 충격적인 국민 투표 결과가 나오면서, 냉전 이후의 질서는 미지의 영역으로 들어서게 되었다. 미국에서는 곧이어 다가올 대통령 선거 역시 냉전 이후의 기존 질서에 대한 국민 투표의 형태를 취하게 될 예정이었다. 지배 엘리트가 미국의 심장부와 노동 계급을 내버리고 망각했다는 광범위한 느낌 때문에, 유명 인사이자 부동산 재벌이 유력한 공화당 후보가 되는 길이 열리고 만 것이다. 「만약 트럼프가 이긴다면, 그는 유럽 연합을 땅에 파묻어 버릴 겁니다. 그렇다면 대서양 연합도 끝장일 겁니다.」 영국에서 〈EU를 떠나자〉 캠페인의 주도적인 구성원들과 긴밀한 유대를 육성한 전직 러시아 무기 재벌 테메르코의 말이다.[120]

제15장
네트워크와 도널드 트럼프

「서방에 있는 당신은 우리와 체스를 두고 있다고 생각합니다. 하지만 당신은 결코 이기지 못할 겁니다. 우리는 그 어떤 규칙도 따르지 않으니까요.」

　　　　　　　　　　한 러시아 범죄 조직원이 변호사에게 한 말

「한번은 영국에 파견된 소비에트 요원에게 돈이 부족했습니다. 그는 포커 모임을 소개받았고, 위기를 타개하기 위해 도박을 하기로 작정했죠. 그가 파악한 바에 따르면 영국에서는 포커를 할 때에 보통은 서로의 카드를 확인하거나 보여 주지 않았습니다. 상대방이 신사로서 하는 말을 모두가 믿어 주었던 겁니다. 그는 이기기 시작했는데, 어느 누구도 그의 카드를 확인하지 않았기 때문이었습니다. 그는 큰돈을 벌었습니다. 이곳의 상황이 딱 그렇습니다.」

　　　　　　페레스트로이카 시절 서방에 파견된 불법자들의
　　　　　　　　　　　　첫 물결에 속했던 한 러시아 재벌의 말

1990년 11월에 애틀랜틱시티에 있는 타지마할 카지노에서 트럼프를 처음 만났을 때, 샬바 치기린스키는 이미 3년 넘게 서방에 머물고 있었다.[1] 그는 소련이 무너지기 전에 러시아를 떠났는데, 스페인 국적자로 소련에서 성장하다가 1980년대 초의 귀국 물결 속에서 출국 허가를 받은 아내를 따라가려고, 덩달아 정부의 허가를 받은 까닭이었다. 하지만 이렇게 소문난 그 결혼 이야기는 허구에 불과했으며, 치기린스키 본인도 그렇다고 시인했다. 소련을 떠나기 오래전부터 그는 소비에트 해외 첩보부의 주도적인 인물 두 명과 친분을 쌓았다. 치기린스키는 암시장 사업 때문에 KGB에 워낙 많이 쫓겨 다녔기 때문에, 심지어 5년 동안이나 전화를 절대 사용하지 않았다고 사람들에게 말했다. 하지만 사실 그는 러시아의 스파이 총책 프리마코프를 아버지 같은 존재로 여겼고, 소비에트의 군 첩보부의 전직 미국 지부장 밀시테인을 〈교수님〉이라 부르며 종종 집으로 찾아가곤 했다. 「그분은 장군인 동시에 저의 친구이기도 했습니다. 그분은 저를 무척 예뻐해 주셨고, 저도 그분과 역사에 관해 이야기하기를 좋아했어요.」 치기린스키가 내게 한 말이다.[2]

조지아 태생으로 검고 굵은 머리카락과 눈에 띄는 외모를 지닌 치기린스키는 모스크바에서 의학을 전공했지만, 본업은 골동품 밀매였다. 그는 골동품 이콘과 회화와 기타 귀중품을 서방에 판매했다. KGB의 한 부서가 치기린스키의 암시장 활동을 추적하는 사이, 해외 첩보부의 최고위층에서는 그를 독려하고 육성했으며, 나중에는 서방에 파견되도록 도와주었다. 이러한 분열은 전직 KGB 수장 안드로포프 시절부터 진보주의자들이 시장 경제로의 이행을 서방과의 경쟁에서 생존하는 유일한 방법이라며 추진하고 밀어붙이는 동안에, 보수파가 모든 변화의 징후에 저항하면서 발생한 소비에트 안보 기관의 더 넓은 균열을 반영한다. 진보주의자들은 암시장에서 요원들로 이루어진 네트워크를 육성했으며, 이를 통해서 골동품과 원자재를 유통

시켰다. 이들은 특히 범죄 조직의 네트워크에 주목했는데, 거기서는 1970년대 말과 1980년대 초에 허가된 이민의 물결 속에 자기네 대표자들을 해외에 내보내서, 처음에는 오스트리아와 스위스에서, 이후로는 서방 더 깊숙한 곳에서 무역업체를 설립하게 했다. 모스크바 세계 경제 연구소의 프리마코프라든지, 미국 캐나다 연구소의 밀시테인 같은 안보계 사람들은 개혁을 위한 추진을 주도했다.[3] 격렬한 변화의 힘과 서방으로의 자산 유출 상태에서 소련이 붕괴했을 때도, KGB 진보주의자들은 어느 정도까지 무사했다. 이들의 요원들은 이미 자리를 잡은 상태였고, 이들이 만들어 낸 네트워크도 (최소한 부분적으로는) 여전히 이들의 통제 속에 있었다.

치기린스키는 자기도 이 과정의 일부였음을 결코 직접적으로 시인하지는 않을 예정이었다. 하지만 그가 아내를 따라서 러시아를 떠나게 되었다는 이야기는 그저 위장에 불과했으며, 오히려 철의 장막 안쪽에서 사업에 뛰어드는 과정에서 친밀하게 지냈던 사람들의 정체야말로, 그가 고위급의 후원을 받고 있다는 암시였다.[4] 치기린스키는 1987년에 소련을 떠난 이후 처음 몇 달 동안 가난하게 살았다고 주장했다. 「저는 두 달 동안 한 친구의 아파트 바닥에서 잤습니다.」[5] 하지만 바로 그해에 그는 베를린 장벽의 서쪽에 자리한 자신의 본거지에서 소련 최초의 합작 사업체 가운데 하나를 설립했으며, 이곳에서 장벽의 동쪽에 자리한 소비에트 군사 기지 여러 곳으로 담배와 술을 밀수하며 종횡무진 활약했다. 치기린스키는 서베를린의 번화가 쿠르퓌르스텐담 인근에서 소비에트 이민자가 운영하는 카지노 위층의 작은 아파트를 빌렸고, 새로 연 사무실에서 가까운 호텔 브리스톨의 대연회장을 종종 방문했다. 그는 베를린 장벽의 서쪽에서도 고위층의 보호를 받았는데, 소비에트 공사 루돌프 알렉세예프와 친분을 쌓은 까닭이었다. 베를린 장벽이 무너진 해의 5월 9일에 치기린스키는 알렉

세예프며 다른 소비에트 고위 공직자들과 함께 베를린 스판다우성에서 거행된 승전 기념식에도 참석했다.[6]

1990년 11월에 트럼프를 만났을 즈음의 치기린스키는 이미 성공을 거둔 상태였다. 그가 설립한 합작 사업체는 (시장 경제로의 이행에 관한 KGB 문건의 내용을 거의 그대로 따라서) 이후 컴퓨터 분야로 사업을 넓혔고, 다시 건설 분야로 사업을 넓혔다. 훗날 치기린스키가 프랑스 에너지 대기업 엘프 아키텐을 비롯한 모스크바 주재 외국 회사들이 입주할 최초의 비즈니스 센터를 건설하는 도급 계약을 따내자, 소비에트 외무부의 협력자들은 기쁨의 눈물을 흘렸다. 이제는 해외 세입자를 면밀히 감시할 수 있었을 뿐만 아니라, 그들로부터 임대료 명목으로 막대한 돈을 받을 수 있었기 때문이다. 치기린스키는 이미 카지노 업계에서 큰손이라고 일컫는 대상이 될 만큼 충분히 부자였으며, 애틀랜틱시티에 있는 트럼프의 타지마할에 들어서자마자 자기 앞에 펼쳐진 광경을 마음에 들어 하게 되었다. 타지마할은 샹들리에와 황금으로 장식되고 양파 모양의 돔으로 뒤덮인 높이 39층의 거대한 궁전이었다. 게임 테이블이 수백 개나 있었고, 우아한 라운지와 식당과 술집도 있었다. 「제가 트럼프를 처음 본 것은 새벽 3시쯤이었습니다. 갑자기 그가 나타났는데, 주위에 40명쯤을 거느리고 있었습니다. 우리는 그곳에 사흘인가 나흘인가 머물렀는데, 그는 매일 새벽 3시나 4시쯤에 나타나곤 했습니다. 그거야말로 일생일대의 프로젝트였습니다. 정말 거대한 사업이었죠. 그는 그곳에 큰돈을 썼습니다. 트럼프는 정말 매력적인 사람이었죠. 매우 세련되고 정력이 넘쳤습니다. 우리는 카지노에서 도박을 했습니다. 그때 우리는 이미 돈을 딴 상태였죠. 큰돈을 딴 상태였습니다. 트럼프는 우리에게 타지마할을 구경시켜 주었어요. 현금 계산실은 어디인지, 금고는 어디인지, 컴퓨터실은 어디인지 등 모조리요. 그는 그곳에 살고 있었고, 주위에 예쁜 여자

여럿을 데리고 있었습니다.」 치기린스키의 회고다.[7]

치기린스키가 바로 그날 밤에 조성하기 시작한 관계는 그때 이후로 거의 줄곧 트럼프의 주위를 맴돌게 될 러시아 첩보 공작원과 재벌과 범죄 조직 관련자로 이루어진 네트워크의 뿌리를 형성하게 될 예정이었다. 치기린스키와 유대를 맺은 사람 중에는 조지아 출신의 타미르 사피르, 그의 동업자 키슬린, 소비에트 붕괴 이전에 최초로 미국과의 합작 사업체를 몇 군데 설립했던 아제르바이잔 출신의 아라스 아갈라로프가 있었다. 이들은 공산당 정권 말기에 형성된 검은돈 네트워크의 지속적인 위력을 장차 증명하게 된 인사들로 구성된 그물망의 일부분이었다. 그중 일부는 나중에 부동산 사업에 합류하여 트럼프가 자금난에서 벗어날 수 있도록 도와주는 한편, 그에게 모스크바에서의 쏠쏠한 건설 계약을 제안하기도 했다. 특히 아갈라로프는 트럼프를 위해 2013년 미스 유니버스 대회를 모스크바에서 개최하도록 주선했다. 시베츠의 말에 따르면, 이들 모두는 훗날 〈트럼프를 파산에서 구제하는〉 일을 도와주었다.[8]

이 네트워크를 거쳐서 트럼프의 사업 운영에 들어간 돈의 흐름은 완전히 밝혀지지 않았다. 그 내역은 어떤 기록을 공개할 수 있는지를 놓고 트럼프 그룹과 미국 의회 사이에서 벌어지는 법적 대치의 중심에 놓여 있다. 하지만 모스크바가 트럼프에게 끼친 영향력의 윤곽은 추적이 가능하다. 치기린스키, 아갈라로프, 사피르와 그 동업자인 키슬린은 모두 KGB가 최초로 실시한 서방으로의 자금 이전 실험의 전위에 속해 있었다. 이들은 러시아 안보 기관과 범죄 조직이 각자의 이익을 위해 서로를 이용하는, 일종의 중간 회색 지대에서 활동했다. 치기린스키에게는 그가 솔른쳅스카야단 범죄 조직과 연관되어 있다는 소문이 따라다녔는데, 이 조직은 1980년대 말에 러시아 최강자로 대두하여 모스크바시 정부의 최상부와 유대를 맺었고, 모길레비치도 바로 이 범죄 조직과 KGB 모두를 위해 서방으로 돈을 옮기는 일을 했었다.[9] 치기린스키는 범죄 조직과의 그 어떤 연계도 없다며 항상 부인해 왔다. 「조직범죄라는 것 자체가 없습니다. 단지 서로를 지원하고 보호하는 사람들의 단체만 있을 뿐입니다.」 치기린스키의 말이었다. 하지만 그는 모길레비치를 아는 것은 물론이고 모길레비치의 가까운 관련자 또 한 명도 안다는 사실을 인정했다.[10] 같은 네트워크에 있는 다른 사람들 역시 이 단체와 긴밀히 유대를 맺고 있었다.

그날 저녁에 트럼프를 만나 보라며 치기린스키를 초대한 사람은 애틀랜틱시티 카지노 산업의 주역인 마틴 그린버그였다. 그는 1980년대 초에 뉴저지주의 카지노법 초안을 작성한 변호사였으며, 훗날 미국 최대 카지노 가운데 하나인 골든 너깃의 대표가 되었다.[11] 그린버그가 치기린스키를 만난 것은 1년 전인 1989년으로, 당시 KGB 해외 첩보부의 진보주의자들은 공산당의 부를 해외의 피난처로 이전하는 계획을 가속하던 참이었다.[12] 공산당의 어마어마한 부에 관한 소문에 흥미를 느낀 그린버그는 치기린스키와 사업 이야기를 나누게 되었고, 뉴저지주 검찰 차장이었다가 카지노법을 함께 작업한 인연으로 훗날 골든 너깃의 부대표가 된 앨프리드 루치아노도 이에 동참했다.[13] 세 사람은 크림반도에 자리한 소비에트의 휴양 도시 얄타의 스러져 가는 영광 한가운데에서 만나, 그곳에 소비에트 카지노를 설립하는 것을 포함하여 투자 가능성을 논의했다. 하지만 두 미국인은 〈자기네 카지노에 대한 투자도 물색하고〉 있었다는 것이 치기린스키의 설명이다. 「그들은 당의 돈에 관한 허황된 소문을 듣고서, 카지노야말로 그 돈을 보관할 좋은 장소라고 판단했던 겁니다.」

치기린스키는 그 만남의 결과로 실제 투자가 이루어진 것은 전혀 없다며 부인했다. 「미국의 실업계는 너무 투명합니다. 그래서 아무것도 할 수가 없습니다.」 그의 말이었다. 하지만 그 직후에 치기린스키는 해외 첩보부의 친구 가운데 한 명을 대동하고 애틀랜틱시티로 갔고, 그린버그는 그를 타지마할로 데려가서 트럼프에게 소개해 주었다.[14] 그즈음 치기린스키는 자기가 〈교수님〉이라고 부르는 사람, 즉 여러 세대에 걸쳐 미래의 첩보 장교들을 가르쳐 온 러시아의 군 첩보부 전직 수장 밀시테인의 아들 바딤과 동업을 시작한 상태였다. 바딤은 공식적으로는 경제학자였지만,[15] 마치 위장 간판처럼 보이는 번역 대행업체를 설립한 상태였다. 그의 동업자 중에는 KGB 엘리트 알파 특수 부대의 전직 구성원과 국제 연합 주재 소비에트 전직 특사도 포함되어 있었다.[16]

치기린스키와 만났을 즈음, 트럼프는 〈세계 여덟 번째 불가사의〉라고 즐겨 말하던 타지마할 건설에 워낙 많은 돈을 쏟아부은 까닭에, 빚더미에 올라 파산에 직면한 상태였다.[17] 치기린스키의 회고에 따르면, 당시에 이 사업가는 카지노 사업을 〈힘겨운 투쟁〉이라고 말했다. 나중에 트럼프가 매거진 『뉴욕 매거진New York Magazine』에 말한 바에 따르면, 1990년에 50억 달러의 빚을 지고 있었으며, 9억 8000만 달러의 개인 보증을 안고 있었다. 「저의 가치는 마이너스 9억 달러였던 셈이죠.」 잡지에 게재된 트럼프의 말에 따르면, 부동산 시장이 하락세로 접어들면서 한번은 그 당시 아내였던 미인 대회 우승자 출신의 매력적인 금발 여성 말라 메이플스와 함께 길을 가다가, 뉴욕 티파니 매장의 밖에 서 있는 시각 장애를 가진 걸인을 가리키면서 이렇게 말한 적도 있었다고 한다. 「지금 저 사람의 가치가 나보다 무려 9억 달러나 더 많은 거 알아?」[18]

하지만 1992년에 이르러 트럼프는 놀라운 반전을 달성했다. 요트와 비행기를 줄줄이 매각해서 개인 보증을 1억 1500만 달러로 줄였고, 나머지 채무에 대해서도 어찌어찌 재조정에 성공했다.[19] 1991년 7월에 타지마할은 합의 파산에 들어갔지만, 트럼프는 카지노 지분의

50퍼센트를 넘기는 조건으로 채권자들과 채무 지급 기한 연장에 합의해 곤경을 벗어났다.[20] 그는 이 과정에서 월 스트리트의 거물 두 명으로부터 도움받았다. 한 명은 헤지 펀드 소유주 칼 아이컨이고, 다른 한 명은 투자 은행 N. M. 로스차일드의 파산 부서 책임자 윌버 로스였다.[21] 이들은 채권자들이 이 거래에 동의하도록 유도하는 일을 도왔다고 한다. 치기린스키를 트럼프에게 소개했던 그린버그도 이 일과 연계를 맺고 있었다. 즉, 채권자 대표로 채무 재조정에 참여한 것이었다. 치기린스키는 아이컨도 안다고 시인했다.[22]

과연 치기린스키가 타지마할 채권자들의 협약에 관여했는지, 우리는 결코 알 수 없을 것이다. 그는 타지마할에 투자한 적이 결코 없었다고 주장했지만, 그 당시 카지노의 재정적 어려움에 관해서 이야기하던 중 어느 시점에서는 마치 그 사업체가 자기 소유인 것처럼 내게 말하기도 했다. 「우리는 결코 이 사업에 뛰어든 적이 없었습니다. 그 당시에만 해도 우리는 이 사업체에 대해서 모든 것을 이해하지는 못했으니까요.」 치기린스키의 말이었다.[23] 여하간 타지마할 사업은 다시 호황을 누리기 시작했다. 1992년 9월에 트럼프는 이 업체가 3개월 내내 기록적인 수익을 기록했다고, 지난 2개월 동안 무려 8000만 달러 이상을 벌어들였다고 자랑했다.[24] 러시아 이민자들이 카지노 개장 시간부터 떼 지어 몰려왔는데, 그곳의 휘황찬란함이며, 트럼프라는 이름이며, 그곳에 와서 공연하는 러시아 대중 가수들의 매력에 이끌린 까닭이었다. 러시아 큰손들은 한번 오면 10만 달러씩 쓰고 갔으며, 푹신한 호텔방이며 공짜 음식과 주류며 대형 리무진과 운전기사며 심지어 헬리콥터에 이르는 특별 대접을 받았다.[25] 훗날 미국 재무부 산하의 금융 범죄 수사 네트워크에서 알아낸 바에 따르면, 이 업체는 수상한 거래를 보고하지 않거나, 24시간 이내 1만 달러 이상을 도박에 사용하는 고객이 나올 때마다 필수로 작성해야 하는 보고서를 제출하지

않은 경우가 종종 있었다.[26]

이곳은 이반코프, 일명 〈야폰치크〉가 즐겨 찾는 장소가 되었다. 솔른쳅스카야단의 관련자로서, 냉랭한 눈빛과 격한 성격으로 두려움의 대상이었던 그는 위조와 마약 밀매 혐의로 러시아 교도소에서 10년간 복역하다가, KGB와 공조한 모길레비치의 도움으로 조기 석방된 이후인 1992년 3월에 뉴욕으로 건너왔다.[27] FBI는 야폰치크가 브라이턴 비치의 근거지에서 국제 범죄 조직을 지휘하면서, 마약과 갈취와 살인에 관여하고 솔른쳅스카야단의 미국 내 이권을 감독했다고 보았다.[28] 결국 요원들이 그의 뒤를 밟아서 맨해튼의 트럼프 타워에 있는 호화판 콘도까지 따라가고 나중에는 타지마할까지 따라가 보았더니, 1993년 3월부터 4월까지 이 카지노를 19회 방문해서 25만 달러를 도박에 사용했음이 밝혀졌다.[29]

트럼프는 첫 번째 파산 위협에서 살아남았으며, 이 과정에서 그를 도운 사람 중에는 러시아인도 여럿 포함되어 있었다. 타지마할은 러시아 이민자들에게 인기를 얻었는데, 심지어 러시아 범죄 조직이 소유한 카지노를 배경으로 삼은 코미디 영화 한 편의 일부 장면을 그 장소에서 촬영하기도 했다.[30]

트럼프가 파산 직전의 상황에서 벗어나는 동안, 치기린스키는 그 곁에 계속 머물렀다. 그는 소더비 소유주 앨프리드 타우브먼과는 물론이고, 그 사위이자 트럼프의 친구인 뉴욕의 부동산 개발업자 루이스 두빈과도 점차 가까워졌다.[31] 치기린스키는 트럼프 진영의 고위 간부로 트럼프 그룹의 부회장을 역임한 루이즈 선샤인을 채용했고, 플로리다주 팜비치에 있는 트럼프의 대궐 같은 대저택 마라라고를 매입하려고도 했었다. 하지만 결국 매입을 포기했는데, 왜냐하면 그곳에는 낮게 날아다니는 비행기가 너무 많다는 타우브먼의 경고 때문이었다. 그는 트럼프의 친한 친구이자 라이벌인 골든 너깃의 소유주 스티브 원과도 친하게 지냈다.

　매력적이고 쾌활한 치기린스키가 미국 상류층으로의 입장권을 손쉽게 얻은 배경에는 모스크바에서 사업을 확장하면서 벌어들인 수억 달러가 있었다.[32] 그는 루시코프의 모스크바시 정부와 긴밀하게 협조하며 일했고, 심지어 시청의 신규 건설 부서의 고위 공직자들과 사무실을 공유하기도 했다. 치기린스키는 모스크바 시장의 부인 바투리나며 밀시테인과 함께 모스크바 정유소의 공동 소유주가 되었는데, 이 업체는 BP와의 쏠쏠한 계약을 통해서 모스크바와 인근 지역 대부분에 석유를 공급했다.[33] 이 정유소는 치기린스키의 조지아 동포 겸 관련자로 뉴욕에서 활동하는 사피르를 통해, 최소 8억 달러어치의 석유 제품을 수출하는 계약을 맺었다.[34]

　사피르는 1975년에 소련을 떠나 뉴욕으로 이주했으며, 그곳에서 KGB의 후원을 받아 석유 무역 사업을 최초로 벌인 개척자가 되었다.[35] 처음에는 택시 운전을 했지만, 나중에는 소비에트 공직자와 KGB 간부를 고객으로 삼아 미국의 최신 전기 제품을 공급했다. 그 시절에 맨해튼 한복판에서 조이 러드라는 가게를 운영했는데, 고객 중에는 셰바르드나제와 프리마코프 같은 소련 외무 장관들도 있었다. 하지만 이 가게는 훨씬 더 큰 작전을 수행하는 위장 간판이었으며, 사피르는 소비에트의 비료와 석유 제품 상당량을 무역할 수 있는 면허를 얻게 되었다. 머지않아 그는 억만장자가 되었다. 사피르의 동업자인 키슬린은 우크라이나의 항구 도시 오데사 출신의 배가 불룩한 이민자이다. 그는 KGB와 연계된 회사들을 통해 부를 이전한 범죄 조직원으로 알려진 최초의 인물 가운데 하나인 체르네이와 함께 금속 무역도 하고 있었다. 이들 중 어느 누구도 KGB의 노골적인 지원과 관여가 없었더라면, 뉴욕에서 그런 사업을 하지는 못했을 것이다.[36] 나중에 키슬린이 밝힌 바에 따르면, 그는 아주 오래전인 1970년대에 트럼

프를 처음 만나서 텔레비전 700대를 구매할 자금을 대출해 주었다.[37]

나중에 사피르는 키슬린의 사업 관련자이며 전직 소비에트 무역 분야 공직자였던 테프피크 아리프와 힘을 합쳐 맨해튼 소호에 있는 트럼프 타워의 건설을 위한 자금 지원에 나섰는데, 그때야말로 이 미국 사업가에게도 가장 현금이 필요하던 순간이었다. 그 와중에 키슬린은 훗날 트럼프의 개인 변호사로 활동하게 될 뉴욕의 시장 루디 줄리아니와 긴밀한 관계를 조성하게 되었다.

아갈라로프

훗날 트럼프를 초청해서 2013년 미스 유니버스 대회를 모스크바에서 개최하게 했고, 나아가 힐러리 클린턴에 먹칠을 하겠다고 약속한 모스크바의 변호사와 운명적인 회동을 하게 했던 모스크바의 억만장자는 아갈라로프였다. 아제르바이잔 공화국 태생인 이 위압적인 전직 공산당 당직자는 치기린스키의 제자이자 건설 재벌이었다. 그는 시장 경제로의 이행을 위한 KGB 문건에 따라 소비에트 최초의 합작 사업체 가운데 또 하나를 설립하도록 선발된 인물이기도 했다. 그는 미국으로 갈 수 있도록 KGB로부터 허가받은 극소수 인물 가운데 하나로서, 1989년에 미국에서 소비에트와의 합작 사업체 크로커스 인터내셔널을 설립했다. 「그는 저의 제자랍니다. 저하고는 오래 알고 지낸 사이죠.」 치기린스키의 말이다.[38] 자칭 스승이 서둘러 설명한 바에 따르면, 아갈라로프가 건설 사업에 관해서 아는 것은 모두 자기한테서 배웠다는 뜻이었다. 하지만 1990년대 대부분 기간, 즉 모스크바에서 건설 사업에 뛰어들기 전까지만 해도 아갈라로프는 미국에 계속 남아 있었다. 처음에는 맨해튼 미드타운에 있다가 나중에 뉴저지주로 이사한 작은 사무실에서 수출입 사업을 지속했다.

시베츠의 말에 따르면, 아갈라로프는 소련의 황혼기에 서방으로 현금을 옮기기 위해 KGB가 포섭한 여러 요원 가운데 한 명이었던 것으로 보인다.[39] 「그 당시에만 해도 소비에트와 미국의 합작 사업체는 무엇이든지 간에, KGB의 승인을 받아야만 설립될 수 있었습니다. 러시아 안보 기관의 운영 방식이라는 관점에서 바라본 저의 전문가적 분석에 따르면, 그는 포섭된 겁니다.」시베츠의 말이다. 그 당시의 다른 여러 합작 사업체 운영자가 그러했듯이, 아갈라로프와 그 동업자들은 무척이나 필요했던 컴퓨터 기술을 소련으로 수입하는 것으로 사업을 시작했다. 그러다가 소비에트가 붕괴한 이후로는 소비재 무역으로 사업을 넓혔으며, 이때에는 중국에서 사다가 러시아에 파는 일도 포함되어 있었다.[40] 아갈라로프는 유럽에서 가장 큰 노천 시장 체르키좁스키 리노크의 지분도 갖고 있었는데, 판자촌으로 이루어진 모스크바 근교의 이 방대한 과밀 지역은 중국산 수입품과 밀수품의 메카라는 평판을 얻는 동시에, 자체적인 〈경찰, 세관, 법원〉에 수많은 이주민 노동자까지 보유한 〈국가 속의 국가〉라는 평판도 얻고 있었다.[41] 아갈라로프와 이 시장을 공동으로 소유한 사람들 가운데 한 명인 아제르바이잔 출신의 관련자 아리프는 소비에트 무역 분야의 공직자 출신으로, 훗날 소호에 있는 트럼프 타워의 건설에 자금을 지원했다.[42]

1990년대에 아갈라로프가 미국에서 운영하는 수출입 사업이 성장하기 시작하면서, 미국에서 그의 가장 가까운 동업자 가운데 한 명이 돈세탁 혐의로 수사 대상이 되었다. 미국 공직자들은 자국으로 밀려오기 시작하는 러시아 검은돈에 대해 자각하게 되었으며, 이라클리 카벨랏제가 이 일에 관여되어 있다고 의심하게 되었다. 시베츠의 말에 따르면, 이 말쑥한 조지아인은 〈불법자〉, 즉 러시아 정보기관이 미국에 침투시켜 시민권을 획득하려는 목적으로 영입한 요원이었다.[43] 처음에만 해도 KGB는 실존하는 서방 시민의 인적 사항을 훔쳐서 자기네 〈불법〉 공작원에게 덧씌우는 정교한 프로그램을 개발하는 데에 집중했지만, 1970년대부터 소련을 떠나는 이민 사례가 늘어나기 시작하자 이민자 중에서 요원을 육성하려 도모했다. 시베츠의 말에 따르면, 카벨랏제도 그중 한 명이었다. 1989년에 28세였던 그는 유명한 모스크바 금융 대학을 졸업하고 여행 허가를 받아 미국으로 갔으며, 펜실베이니아주 게티즈버그에 사는 어느 미국인 가족과 가깝게 지냈다. 2년 뒤에 카벨랏제는 미국 시민권을 취득했다. 그는 이 가족의 어머니인 주디스 쇼에게 〈입양된〉 것으로 보인다. 1993년에 그녀가 49세로 사망하자, 신문 부고 기사에도 카벨랏제가 〈양자〉라고 나왔다.[44] 「그는 이민 대열을 따라서 그곳에 파견되었던 겁니다. 소비에트 첩보계에서는 중국인과 모사드를 항상 부러워했습니다. 세계 어느 나라를 가도 현지에 거주하는 중국인과 유대인이 많이 있게 마련이었으니까요. 즉 그들은 항상 동포를 찾아갈 수 있다는 겁니다. 소련 붕괴 이전까지만 해도, KGB 통제하에서 방대한 이민의 물결이 일어났습니다. 카벨랏제는 이민자로서 파견되었던 겁니다.」 시베츠의 말이다.[45] 하지만 정작 당사자는 이에 관한 논평 요청에 응답하지 않았다.

카벨랏제는 10년 가까이 러시아와 동유럽의 검은돈 14억 달러 이상을 미국 은행 계좌로 이전하는 도구 노릇을 했다.[46] 졸업 후에는 아갈라로프의 크로커스 인터내셔널 합작 사업체의 부회장으로 채용되었으며, 1991년 10월에는 새로 취득한 미국 시민권을 이용해 그물망 형태의 수많은 미국 은행 계좌를 개설하기 시작했다. 카벨랏제는 독자적인 사업체 인터내셔널 비즈니스 크리에이션즈를 설립했는데, 아갈라로프의 다른 회사들과 마찬가지로 맨해튼 미드타운의 주소지를 공유했다. 나중에 미국 수사관들이 알아낸 바에 따르면, 그는 이 회사를 통해 미국 금융 제도의 기둥에 해당하는 시티 은행에다가 수상한 러시아 고객 100명 이상의 계좌를 개설해 주었으며, KGB와 연계가 있다고 알려진 어느 라트비아인이 일부 소유한 샌프란시스코 상업 은행에다가 100명의 계좌를 더 개설해 주었다.[47] 훗날 시티 은행이 수사관들에게 시인한 바에 따르면, 카벨랏제는 계좌를 개설하는 과정에서 러시아 고객들을 직접 데려오지도 않았으며, 그 고객들의 사업 활동에 대한 증거를 제출하지도 않았다.[48] 또한 러시아 고객들을 위해서 델라웨어주에 2000여 개의 회사를 등기했는데, 정작 자신은 그 고객들에 대해서 별로 아는 게 없으며, 심지어 그들의 진짜 인적 사항조차도 모른다고 주장했다.[49]

어느 전직 크렘린 공직자의 말에 따르면, 이 현금 흐름의 일부는 1990년대 중반에 옐친으로부터 술과 담배에 대한 무관세 수입권을 부여받은 러시아 국립 스포츠 기금이라는 기구가 조성한 10억 달러짜리 비자금에서 비롯되었다.[50] 이 기금은 밀수를 위한 블랙홀이 되었으며, 대통령 경호실장 코르자코프를 비롯한 옐친 시대의 안보 기관 고위 공직자들과 연계되었다. 카벨랏제가 개설한 계좌를 수사한 미국 수사관들 가운데 한 명이 가장 불편하게 생각했던 점은 그 회사들 가운데 일부는 현금을 이전한 적이 전혀 없으며, 또 일부는 현금을 이전한 적이 딱 한 번뿐이었다는 것이었다. 그 수사에 대해서 잘 아는 누군가의 말마따나, 마치 미래의 활동을 위해 세포를 만들어 놓은 것 같은 느낌이었다. 「그는 그 빌어먹을 놈의 회사를 무척이나 많이 설립해 놓았습니다. 자기가 필요할 때 사용하려는 거였죠. 선불 폰을 사용하는 것처럼요.」[51]

카벨랏제의 계좌들은 그저 빙산의 일각에 불과했다. 샌프란시스코 상업 은행을 통한 자금 이전 가운데 일부는 훨씬 더 큰 작전과 연계되었던 것으로 밝혀졌다. 즉, 70억 달러짜리 뉴욕 은행 돈세탁 스캔들과 연계되어 있었다.[52] 카벨랏제가 다룬 자금은 사실상 소비에트 붕괴 이전부터 미국으로 밀려 들어왔던 러시아 검은돈의 흐름 가운데 일부였으며, 그 자금 이전 시스템의 구조물 가운데 상당 부분은 KGB와 러시아 범죄 조직이 운영했던 것처럼 보인다.

뉴욕 은행의 현금 통로는 러시아 범죄 조직원 모길레비치와 연계되어 있었는데, 시베츠로부터도 〈러시아 해외 첩보부의 각별히 중요한 요원〉이라고 평가된 그는 오랫동안 솔른쳅스카야단과 KGB를 대신하여 서방으로 돈을 옮겨 왔다. 하지만 1999년 여름에 그 계책이 노출된 이후, 이 스캔들은 금세 잊히고 말았다. 본격적인 형사 사건 수사는 이루어지지 않았으며, 이 계책은 러시아인의 사업에서 일상적으로 일어나는 세금과 관세 회피에 불과하다고 치부되어 무시되고 말았다. 이 계책의 설계자들이 모길레비치와 러시아 안보 기관과 맺은 연계는 간과되어 버렸고, 미국 중개업체며 주식 사기 사건과의 연계 가능성도 마찬가지로 간과되어 버렸다. 시베츠가 보기에는 이것이야말로 치명적인 실수였다. 서방은 냉전에서 자기네의 승리라고 믿었던 것 때문에 눈이 멀었던 셈이다. 「그들은 러시아가 영원히 끝났다고 생각했고 (……) 도둑질에 대해서는 너무 눈에 띄지 않는 한 신경 쓰지 않았습니다. 아버지 부시가 냉전은 끝났고 새로운 협력의 시대가 시작되었다고 말하자, 그걸로 그냥 끝이었습니다. 하지만 러시아인은 협력을 이용해 미국을 속였습니다. 미국인은 마치 어린아이처럼 순진했습니다. 협력한다니까 진짜로 협력한다고 생각했던 겁니다. 그걸로 그냥 끝이었고, 아무런 질문도 하지 않았습니다. 심지어 러시아인이 벽돌을 집어서 등 뒤에 숨기고 있었는데도 말입니다.」[53]

러시아 첩보 기관과 그 협력자인 범죄 조직의 입장에서는 미국으로 돈을 옮길 다른 방법을 찾아낼 길이 열린 셈이었다. 나중에 가서, 바로 그 범죄 조직과 KGB와 연계된 음지 은행가의 새로운 세대가 몰도바 세탁소와 거울 매매 계책을 발명했다. 하지만 시베츠의 말과 모길레비치의 예전 관련자의 말에 따르면, 이처럼 새로운 계책이 탄생하기 이전에 그들이 집중했던 통로 가운데 하나는 바로 트럼프의 사업체였다.[54] 「그들로선 미국 은행을 통해서가 아니라, 사업을 통해 현금을 세탁하는 더 섬세한 방법이 필요했습니다. 그런데 마침 트럼프와 그의 재정 문제가 있었던 거죠. 이것이야말로 정말이지 시기적절한 해결책이었습니다.」 시베츠의 말이다.[55]

2000년대 초부터 줄줄이 찾아와서 쏠쏠한 사업 거래를 제안하기 시작한 구소련 사업가들과 관련해서, 뭔가 쟁점이 생길 수도 있다는 것을 트럼프가 깨달았다는 증거는 전혀 없다. 트럼프 그룹의 수석 법무실장 앨런 가튼의 말마따나, 굳이 자금 출처에 관해서 물어볼 이유가 전혀 없었기 때문이다.[56] 사실 그 당시에 트럼프는 여전히 빚더미를 안고 있었다. 1990년대 초에 이미 개인 파산을 피하기는 했었지만, 덕분에 플라자 호텔이라든지, 맨해튼 어퍼 웨스트사이드에서의 유명한 부동산 개발 계획이라든지, 타지마할 카지노의 일부분처럼 애지중지하던 재산을 매각하지 않을 수 없었다.[57] 방대한 부동산 제국의 나머지에 대한 소유권은 좋게 말해 봤자 흐릿했으며, 그는 카지노와 호텔의 운영사인 트럼프 호텔스 앤드 카지노 리조트의 20억 달러에 가까운 채무와 여전히 씨름하는 중이었다.[58] 도이체 방크를 제외한 나머지 서방 은행은 트럼프에게 돈을 빌려주는 일에 넌더리를 내고 있었다. 그런데 구(舊) 소비에트의 사업가 여러 명이 차례대로 그를 찾아와서는 트럼프 타워를 줄줄이 건설하자는 제안을 내놓았다. 난생처음으로 트럼프는 건물에 자기 이름을 붙이는 영예를 제공하는 대가로 짭짤한 명의 사용료와 관리비를 주겠다는 제안을 받았다. 적어도 그 중 한 가지 사례만 놓고 보면, 그는 전혀 투자하지 않은 상태에서도 자기 자본금 지분 18퍼센트를 받게 될 예정이었다. 트럼프의 입장에서는 뜻밖의 행운이라고 할 수밖에 없는 거래였다. 질문은 거의 없다시피 했다. 「트럼프는 선관주의를 하지 않았습니다.」 트럼프 그룹의 전

직 고위급 중역 에이브 월라크는 훗날 이렇게 말했다.[59]

그 당시에 트럼프를 찾아온 사업가 대부분은 KGB와 연관된 금융업자들로 이루어진 바로 그 연합체와 연계되어 있었으며, 그 금융업자들 가운데 일부는 솔른쳅스카야단과도 유대가 있었다. 예를 들어 치기린스키의 관련자였던 조지아인 사피르가 그러했다. 소비에트의 무역 분야 공직자 출신인 아리프도 그러해서, 그와 연계된 아갈라로프를 후원하는 카자흐스탄의 금속 재벌 세 명은 과거 솔른쳅스카야단의 관련자로 알려진 인물과 함께 사업한 바 있었다. 솔른쳅스카야단의 관련자로서 소비에트 정권의 황혼기에 공산당의 현금을 해외로 옮긴 것으로 알려진 인물의 사위인 금속 무역업자 알렉스 시나이데르도 그러했다.

이 네트워크의 매력과 현금 공격은 모길레비치의 관련자 아들과 함께 시작되었는데, 그가 자라난 터전인 뉴욕주의 고립 영토 브라이턴 비치는 사실 러시아 이민자들과 마피아 범죄 조직의 터전이기도 했다.

사테르

2001년의 언젠가 트럼프에게 처음 접근했을 무렵, 사테르는 이미 여러 번의 삶을 거친 상태였으며, 스스로 시인했듯이 러시아 첩보계의 고위급 인물들과 오랫동안 일해 오고 있었다.[60] 권투 선수 같은 얼굴에 싸우기 좋아하는 이 전직 증권 중개업자는 1970년대 초에 허가된 유대인 이민 물결의 일부가 되어서, 8세 때 가족과 함께 소련을 떠났다. 이들 가족은 브라이턴 비치에 가정을 꾸렸는데, 모길레비치의 예전 관련자 두 명의 말에 따르면, 사테르의 아버지 미하일 셰페롭스키는 그곳에서 모길레비치의 이권 가운데 일부를 담당하는 〈행동대원〉

이었다.[61] 사테르가 자라난 세계에서는 마피아 집단들 사이의 암흑가 총격과 영역 다툼이 일상적이었다. 아울러 그 세계에서는 러시아 범죄 조직이 화이트칼라 범죄로까지 확장되고 있었으며, 이탈리아 범죄 단체들과 동맹을 조성하고 있었다. 즉 처음에는 불법 석유를 판매했고, 다음으로는 시에라리온의 다이아몬드 사업에 진출했으며, 나중에는 주가 조작과 사기와 정교한 일용품 무역 계책에도 진출하고, 이보다 더 표준적인 총기와 마약 밀매도 자행했다.

사테르는 훗날 자기가 이런 일 가운데 어디에도 관여한 적이 결코 없다고 주장할 예정이었다. 하지만 나를 만나서 이야기를 나누었을 때, 그는 자기 배경에 대한 자부심을 차마 숨기지 못했다. 「저와 제 친구들은 브루클린에서 자라나서 그런지, 뭔가를 두려워한다는 생각이 머릿속에 맨 먼저 떠오르는 법은 없었습니다. 저로선 매우 독특한 사람들의 집단이었다고 말하고 싶군요.」 사테르는 가슴을 내밀면서 내게 말했다.[62] 월 스트리트의 여러 회사를 거치며 증권 중개업자로서 일하기 시작한 지 얼마 되지 않아서, 그는 법적 문제를 겪게 되었다. 부러진 유리 칵테일 잔으로 어느 일용품 중개업자의 얼굴과 목을 찌른 혐의로 1991년에 징역 15개월 형을 선고받은 까닭이었다. 이후 사테르는 아버지의 연줄을 통해서 알게 된 감비노와 그라베세라는 이탈리아 범죄 조직의 구성원들과 공모하여 4100만 달러짜리 〈주가를 띄워서 팔아넘기는〉 주식 사기 계책을 운영한 혐의에 대한 기소를 가까스로 피했다.[63] 사테르와 동업자들은 그가 공동 설립 한 뉴욕의 중개업체 두 곳을 통해서 다량의 주식을 비밀리에 매입했으며, 이후 중개업자에게 돈을 주고, 허위 서류를 발급하고, 이탈리아 범죄 조직의 영향력을 이용하는 등의 인위적인 방법으로 그 가격을 부풀렸다.[64] 이 일에 관여한 중개업체 가운데 일부는 뉴욕 은행 돈세탁 계획과의 연계 때문에 이미 조사를 받은 적이 있었다.[65] 이 계책이 1996년에 붕괴하자, 사테르는 뉴욕을 떠나 모스크바로 갔고, 그곳에서 브라이턴 비치의 연줄 덕분에 러시아 첩보계의 최상부와 친분을 쌓았다. 그는 러시아로 간 이유가 미국 통신 회사 AT&T의 컨설턴트 자격으로 미국까지 이어지는 대서양 횡단 케이블의 임대에 관한 1억 달러짜리 거래를 협상하기 위해서였다고, 아울러 바로 그 거래 제안을 통해서 러시아의 통신업을 통제하는 러시아 첩보계 고위층 간부들을 접촉하게 되었다고 주장했다.[66] 하지만 애초부터 러시아 범죄 조직과의 연계가 없었다면, 그토록 신속하게 접근할 수 없었을 것이다. 시베츠의 말에 따르면, 아울러 모길레비치의 예전 관련자로서 그 당시 사테르도 알았던 또 다른 사람의 말에 따르면, 그 연계에는 러시아 첩보계와 공조했던 모길레비치도 포함되어 있었다.[67]

1998년 1월, FBI가 사테르가 주식 사기 계책에 관여했음을 밝혀주는 은닉 서류를 뉴욕에서 찾아내자, 그는 모스크바 주재 미국 첩보 장교와 접촉하여 협조를 제안했다.[68] 즉 아프가니스탄의 탈레반과 북부 연맹의 활동에 관한 일급 정보를 제공하겠다는 것이었는데, 그 지역에서 러시아 첩보 공작원과 범죄 조직이 오래전부터 활동해 온 까닭이었다. 사테르에게는 (아울러 러시아 첩보계에는) 이것이야말로 아름다운 우정의 시작이었다. 우선 그는 미국 정부가 오래전부터 추적을 시도한 스팅어 미사일 분실 사건과 관련된 정보를 내놓았다. 현재 북부 연맹이 그 미사일을 입수하여 매각을 원한다는 정보를 전달하면서, 그 미사일 제품의 일련번호까지 파악해 왔다.[69] 이어서 알카에다 기지의 좌표에다가, 심지어 오사마 빈 라덴의 것이라고 주장하는 위성 전화번호 다섯 개를 비롯한 추가 정보를 전달하고 나서, 자수를 하러 미국으로 돌아왔다. 미국에 도착하자마자 사테르는 자칫 징역 20년 형을 받을 가능성이 있는 주식 사기 사건에 대한 기소를 피할 수 있도록 FBI와 거래를 맺었다. 그는 처벌 대신 칭찬을 받았으며, 이

후 10년간 이어질 FBI와의 결실 많은 협조를 시작했다.[70]

어떤 면에서 사테르는 유서 깊은 전통을 따르는 중이기도 했다. 소비에트 시절부터 브라이턴 비치 출신의 러시아 마피아 관련자들은 기소를 면제받는 대가로 FBI의 정보원 노릇을 자원했기 때문이다.[71] 하지만 그가 범죄 조직이며 러시아 첩보계와 연줄을 지녔다는 사실에 FBI는 오히려 경종을 울렸어야만 했다. 심지어 사테르는 FBI가 주식 사기 계책을 밝혀내도록 도와주었는데, 자기가 그 요금을 지불하지 않은 안전 금고에 은닉 서류를 남겨 두는가 하면, 나중에는 요원들이 그 서류를 해독하도록 돕기도 했다.[72] 2018년 5월에 나를 만났을 때, 그는 군 첩보부 GRU의 인사를 비롯한 자신의 러시아 첩보계 연줄들이 현금을 간절히 바라서 정보 제공에 동의했다고 말했다. 「GRU에서는 그 당시에 미국에 대한 스파이 활동을 걱정하지는 않았습니다. 다만 돈을 버는 것에 대해서만 걱정했지요. 그들은 금융 쪽으로는 그리 똑똑하지 못한 반면, 저는 월 스트리트에서 일하고, 러시아어와 영어 모두 유창하고, 금융을 이해하는 사람이었으니까요. 그래서 저는 훗날 1억 달러를 만들어 낼 거래를 그들과 논의하게 되었습니다.」 이 거래는 절대 실현되지 않았으며, 사테르도 첩보의 대가로 자신이 그들에게 돈을 (만약 냈다고 치면) 얼마나 냈는지에 대해서는 설명할 수 없었다.

시베츠의 말에 따르면, 사테르의 러시아 첩보계 최고위 연줄들은 소비에트 시절로 거슬러 올라가는 유서 깊은 전통을 따르고 있는 셈이었다. 즉 자신들의 첩보 자산을 통해 정보를 넘겨줌으로써, 그의 지위와 영향력을 향상하는 것이었다. 러시아 첩보계와 범죄 조직 고위급 구성원들의 적극적인 협조와 지원이 없었다면, 사테르가 그런 정보에 접근하기는 불가능했을 것이다. 시베츠가 보기에 그의 연계는 모길레비치와 칼마노비치의 동맹으로부터 비롯된 것이었다. 칼마노비치는 KGB와 연계된 또 한 명의 솔른쳅스카야단 관련자로서, 1980년대에 소비에트의 스파이 활동을 한 혐의로 이스라엘에서 교도소살이를 한 적이 있었다. 「칼마노비치가 사테르 대신 만사를 결정했습니다.」[73] 모길레비치와 칼마노비치는 모든 진영과 무기를 거래하며 (탈레반과 거래하는 것은 물론이고, 그 적인 북부 연맹하고도 거래했다), 러시아 첩보계를 위해 임무를 수행하는 무기 밀수 제국의 중심에 있었다. 그 당시에 모길레비치와 알고 지냈던 예전 관련자의 말에 따르면, 사테르는 결코 아프가니스탄에 가본 적이 없었으며, 빈 라덴의 전화번호와 분실된 스팅어 미사일에 관한 정보는 〈세바(모길레비치)에게서 나왔을 가능성이 크다고〉 한다.[74]

사테르는 어린 시절부터 사악한 세계의 일부분이었는데, 그 세계에서 살아남기 위해서는 이중으로, 심지어 삼중으로 게임을 벌여야 했고, 환경에 따라서 가면을 바꿔 써야만 했다. 「모두가 여러 가지 얼굴을 갖고 있었기에, 무엇이 진짜이고 무엇이 진짜가 아닌지를 우리로서도 알기가 어려웠습니다. 그들로서는 살아남기 위해 그렇게 해야만 했습니다.」 모길레비치의 또 다른 예전 관련자의 말이다.[75] 그들의 세계는 밀실 거래와 지하 경제의 세계로, 소비에트 시절부터 음지에서 운영되어 온 것이며, 여기서는 한 걸음만 잘못 내디디면 평생 교도소에서 썩을 가능성도 있었고, 머리에 총알이 박힐 가능성은 더 많이 있었다.

사테르의 주장에 따르면, 자기는 모길레비치와 결코 어떤 연줄도 없었으며, FBI를 위한 무기와 알카에다 기지 추적 과정에서 그 범죄조직원이 자기를 지원한 적도 없었다고 했다. 「분명히 말씀드리건대, 그건 완전하고도 전적인 헛소리입니다. 그건 완전히 더러운 거짓말이라는 겁니다. 저로선 그가 지금 나타나서 우리 옆에 앉아 있어도 누군지 못 알아볼 겁니다.」[76] 하지만 사테르는 자신의 연계가 그보다 훨씬 더 높은 곳까지 이어졌음을 자랑하지 않을 수 없었다. 「제가 모길레비치와 관련되어 있다는 주장은 모조리 일종의 모욕에 해당합니다. 저는 그보다 훨씬 더 높은 수준에서 활동하고 있으니까요.」[77]

사실 사테르의 유대는 모길레비치가 뉴욕 은행 스캔들로 인해 노출된 이후에 불법적인 검은돈 이전 계책 가운데 일부를 넘겨받은 러시아 범죄 조직원들의 새로운 세대로까지 연장되어 있었다. 그와 어린 시절부터 가장 가까운 친구였던 드보스킨은 음지의 은행가로서, FSB 고위급 장군과 긴밀하게 협조하며 일하다가, 2000년대의 새로운 돈세탁 계책 가운데 상당수, 즉 몰도바 세탁소와 도이체 방크 거울 매매의 설계자가 되어서, 불법 자금 이전을 통해 수백억 달러를 서방으로 옮긴 장본인이었다.[78] 두 사람은 브라이턴 비치의 브라이턴 12번가에서 함께 자랐다.[79] 「저는 그를 매우 잘 압니다. 그의 첫 번째 아내도 알고, 그의 두 번째 아내도 압니다. 그와 함께 자라났으니까요. 그는 저의 오래되고 친애하는 친구랍니다.」 사테르의 말이다.[80]

사테르는 드보스킨과의 연계를 자랑스럽게 여겼는데, 그의 말에 따르면 저 친구는 〈모길레비치를 너무나도 증오하는〉 사람이었다. 즉 드보스킨은 러시아의 강력한 범죄 조직원 가운데 하나로, 훗날 모스크바의 한 식당에서 총격을 받고 사망한 데트 하산과 긴밀하게 일했다는 설명이었다. 당신 친구가 하산과 사업하는 것이 걱정스럽지 않았느냐고 내가 순진하게 묻자, 사테르는 경멸하듯 콧방귀를 뀌었다. 「하산에게 무슨 일이 일어났는지를 좀 보세요. 드보스킨과 사업하는 것 때문에 걱정해야 할 사람은 오히려 그들입니다.」[81]

2001년에 트럼프를 만났을 즈음, 사테르는 소비에트 무역 담당 공직자 출신의 아리프와 힘을 합친 상태였다.[82] 아리프는 체르네이의 금속무역업체 트랜스월드 그룹의 대리인으로, 카자흐스탄에서 생산되는 크롬을 무역해서 돈을 벌었다. 이후 그는 이른바 〈삼인조〉라고 알려진 카자흐스탄의 금속 재벌들과 긴밀한 유대를 조성했다. 그 대표 격인 알렉산드르 마슈케비치는 애초에 솔른쳅스카야단의 관련자로 알려진 비르시테인 밑에서 일하면서 사업을 시작한 인물이었다.[83] (하지만 마슈케비치는 이에 관한 논평 요청에 응답하지 않았다.) 「그는 마슈케비치와 사업하고 있었습니다. 두 사람이 서로 알고 지낸 지가 20년인가 30년인가 그러니까요. 트랜스월드하고 (……) 체르네이하고요. 그는 처음에 체르네이하고 일했었습니다.」 사테르는 아리프에 관해서 이렇게 말했다.[84]

사테르의 주장에 따르면, 아리프를 알게 된 지 불과 석 달 만에 함께 사업하기로 결정했다고 한다. 두 사람이 만난 계기는 샌즈 포인트에서 서로 이웃이었기 때문이라고도 했다. 한때 윌리엄 랜돌프 허스트와 구겐하임 가문의 자택이 있었던 롱아일랜드의 그 배타적인 고립 지역은 『위대한 개츠비』의 무대인 이스트 에그의 모델이기도 했다.[85] 두 사람은 부동산 개발 회사 베이로크 그룹을 설립했고, 뉴욕 5번가 725번지의 트럼프 타워에 있는 트럼프 그룹 본사 바로 아래층에 사무실을 얻은 다음, 〈눈길을 확 끄는〉 동유럽 출신 여성들을 직원으로 채용했다.[86] 머지않아 트럼프 쪽의 간부 한 사람이 그곳에 들르기 시작하더니, 급기야 사테르를 트럼프에게 소개해 주기까지 했다.[87] 사테르가 말하는 모습만 놓고 보면, 그 만남은 자발적이었으며 그의 주도로 이루어진 것처럼 보였다. 「저는 그의 사무실로 들어가서 이렇게 말했습니다. 〈저는 뉴욕시에서 가장 큰 개발업자가 될 겁니다.〉 그는 웃더군요. 저의 트럼프식 접근법이 마음에 든 모양이라고 생각했습니다. 우리는 곧바로 함께 일하기 시작했습니다.」[88]

사테르와 아리프는 차마 거절할 수 없는 거래를 트럼프에게 제안했다. 베이로크 그룹이 일련의 호화판 개발 사업에 대한 자금과 건설을 맡는 대신, 트럼프의 이름을 사용하는 영예의 대가로 명의 사용료를 지급하겠다는 것이었다.[89] 2003년 말에 플로리다 포트 로더데일에 생길 고급 콘도미니엄 호텔 리조트 건설 계획이 발표된 상태였다.[90] 애리조나주 피닉스에도 2억 달러짜리 트럼프 인터내셔널 호텔 앤드 레지던스가 생길 예정이었는데, 베이로크는 이 부지도 비슷한 시기에 매입했다.[91] 이어서 2005년에는 맨해튼 소호의 유망한 거리에 있는 용지를 매입했는데, 이곳에는 콘도와 호텔과 펜디 가구로 이루어진 호화롭고 과도한 4억 5000만 달러짜리 46층 유리성, 즉 트럼프 소호가 건립될 예정이었다.[92] 트럼프는 땡전 한 푼 들이지 않은 상태에서 18퍼센트의 자기 자본금 지분을 얻을 예정이었고, 관리비도 꾸준히 챙길 예정이었다.[93] 트럼프로선 이보다 더 좋을 수 없는 순간에 이 거래가 들어온 셈이었다. 2004년에 트럼프 제국의 카지노와 호텔 부문은 파산법 11조항에 따른 파산과 또 한 번의 채무 재조정을 신청한 상태였기 때문이다.[94]

이 유대는 베이로크 그룹에도 잠재적인 이득을 제공해 주었다. 부동산 개발 덕분에 뉴욕 은행 스캔들과 9·11 테러 공격 이후에 부과된 더 엄격한 미국의 금융 규제를 우회할 방법을 얻었기 때문이다. 「그들은 더 이상 유령 회사를 통해서 손쉽게 돈을 가져올 수 없었습니다. 하지만 그 돈은 마이애미와 뉴욕과 런던에 있는 부동산으로 흘러 들어갔습니다. 부동산에서는 수상한 활동이 있어도 굳이 보고해야 할 의무가 전혀 없었기 때문입니다. 갑자기 호화판 콘도들이 세워졌습니다. 그 돈이 어디서 왔는지를 아무도 묻지 않았습니다. 제가 만약 악당이어서 위장막을 씌우는 데 도움을 줄 누군가를 물색 중이라고 치면, 결국 제가 부동산에 얼마나 투자할지가 거래의 핵심이 됩니다. 〈저는 건설을 담당할 터이니, 당신은 위장막을 제공하는 겁니다. 심지어 당신은 어느 정도 돈까지 벌 수 있습니다.〉 이것이야말로 세계 각지에서

트럼프 그룹의 모델이 되었습니다.」 워싱턴의 화이트칼라 금융 범죄 전문 변호사 잭 블룸의 말이다.[95]

　미국 재무부 공직자들은 이로부터 무려 20년 가까운 세월이 지나서야, 비로소 부패한 해외 공직자와 다국적 범죄자들이 지저분한 돈을 세탁하는 도구로 미국의 최고급 부동산을 사용하고 있다는 경고를 내놓았다. 2018년에 재무부가 실시한 조사에서는 최고급 부동산의 현금 구매자 세 명 가운데 한 명이 수상했으며, 시장 최고액으로 매매된 거래 대부분은 그 소유주를 알 수 없는 회사들을 통해 이루어졌다는 사실이 밝혀졌다.[96] 한 미국 수사관의 설명에 따르면, 심지어 이 계책 배후에 있는 사람들이 손해를 보고 아파트를 매각하더라도, 그들은 현금 세탁에 대한 수수료를 챙김으로써 이익을 보았다.

　베이로크의 전직 재무 담당자 조디 크리스가 보기에는, 그 회사의 자금 출처야말로 걱정스러운 의문일 수밖에 없었다. 훗날 그는 베이로크를 상대로 부당 이득 소송을 제기하면서, 그 후원자들 중에는 〈러시아와 카자흐스탄에 숨어 있는 이해관계자들〉이 포함되며, 이 회사는 기껏해야 현금 세탁을 위한 위장 간판에 불과하다고 주장했다. 〈세금 회피와 돈세탁은 베이로크의 사업 모델의 핵심이었다.〉 크리스가 처음 제기한 소송에는 이렇게 나와 있었다.[97] 그의 주장에 따르면, 베이로크는 〈범죄 조직원 대부분이 소유하고 운영하는 사업체〉로 〈카자흐스탄의 크롬 정제소에 있는 현금 계좌에 접근한〉 바 있었다.[98] 베이로크는 이런 주장을 부인했다.

　크리스가 언급한 정제소는 방대한 규모의 악튜빈스크 크롬 화학 공장으로, 세계에서 두 번째로 큰 크롬 기반의 화학 제품 생산업체였다. 이 공장은 황량한 카자흐스탄의 평원에 연기를 뿜어냈고, 그 지역의 수원(水源)을 독성 물질로 오염시켜 마실 수 없게 만들어 버렸다.[99] 아리프와 이 업체를 공동으로 소유한 그의 형제는 1990년대에 카자흐스탄 산업부 고위 공직자로 재직한 바 있었다. 이 네트워크를 엮어 주는 단단한 유대를 보여 주는 상징도 있었다. 바로 이 공장에 원료를 공급하는 크롬 광산의 소유주가 이른바 〈삼인조〉로, 또는 더 공식적으로는 유라시아 천연 자원 주식회사, 약자로 ENRC로 일컬어지는 카자흐스탄의 금속 재벌들이었다는 점이었다.

이 공장을 둘러싼 도시는 기껏해야 이주민 노동자들을 위한 가난한 동네에 불과했다. 그 수익은 다른 곳으로 가는 것이 명백했다. 베이로크 자체는 결코 현금이 부족한 것처럼 보이지 않았다. 크리스의 주장에 따르면, 아리프와 사테르는 〈베이로크에 현금이 부족할 때면 매달, 무려 2년 동안, 실제로는 그보다 더 빈번하게〉 자금을 가져오곤 했기 때문이다.[100] 고소장에 따르면, 현금 흐름이 빠듯해지기 시작할 때면 언제나 소유주들은 회사가 계속 굴러가기에 딱 충분한 송금을 〈어디에선가〉 얻어서 마법처럼 나타났다.[101] 하지만 트럼프는 아무런 질문도 절대 던지지 않았던 것처럼 보인다. 실제로 훗날 법원 공판에서 시인한 바에 따르면, 그는 〈누가 베이로크를 소유했는지 결코 제대로 이해하지 못했던〉 까닭이었다.

이와 동시에 트럼프는 다른 여러 구소련 회사와도 유사한 거래를 체결하기 시작했다. 2002년 초에는 유대계 소비에트 이민자 마이클 데제르와 그의 아들 길이 트럼프와 명의 사용 거래를 맺었는데, 마이애미 인근 서니 아일스의 특급 해안 부지에 6억 달러짜리 트럼프 그랜드 오션 리조트 앤드 레지던스를 짓겠다는 것이었다.[102] 로이터의 탐사 보도에서는 데제르 부자가 모든 비용과 위험을 감수하는 이 거래를 통해, 트럼프가 수천만 달러를 벌 것으로 추정했다.[103] 트럼프의 브랜드가 붙은 호화판 건물 일곱 동을 건설하겠다며, 플로리다 남부에 9840만 달러가 넘는 부동산을 매입한 러시아인들도 있었다. 이 건물 가운데 여섯 동도 데제르 부자가 개발한 것이었다. 이 일곱 동의 트럼프 건물에 입주한 2000채의 아파트 가운데 3분의 1은 익명 소유의 유한 책임 회사, 약자로 LLC를 통해서 매입되었다. 정치와 연계되고 실업계에서 2군과 3군에 해당하는 러시아 사업가들, 일명 〈미니가르히〉가 수백만 달러를 내고 트럼프의 개발 사업으로 완공된 콘도를 사들였는데, 그중에는 전직 국가 공직자도 세 명이나 포함되어 있었다.[104]

이어서 시나이데르가 등장했다. 이 36세의 러시아 태생인 금속 무역업자는 우크라이나의 제강소를 매입한 이래, 동유럽으로 사업을 확장하고 세르비아와 몬테네그로와 아르메니아의 전력망을 보유함으로써, 20억 달러의 재산을 축적하게 되었다.[105] 2003년에 시나이데르의 미들랜드 자원은 번쩍이는 유리 전면부 안에 콘도와 호텔방이 들어설, 높이 65층의 5억 달러짜리 토론토 트럼프 인터내셔널 호텔 앤드 타워의 개발업체가 되었다.[106] 권투 선수 같은 체구에, 짧게 깎은 머리카락과 단호한 사각턱을 지닌 시나이데르의 장인 비르시테인은 FBI로부터 솔른쳅스카야단의 관련자로 지목되었던 인물이었다.[107] 소비에트 시절에 비르시테인이 설립한 일용품 무역업체 시베코는 공산당의 부를 서방의 은행 계좌로 옮기기 위해서 KGB가 설립한 최초의 도구 가운데 하나였다.[108] 이 과정에서 비르시테인은 솔른쳅스카야단의 핵심 공작원이 되기도 했다. FBI의 보고서에 따르면, 그는 1995년 10월에 텔아비브의 다이아몬드 센터에 있는 자신의 사무실에서 그 범죄 조직 두목들의 회동을 주최했다.[109] 참석자 중에는 모길레비치와 솔른쳅스카야단의 두목 미하일로프도 있었다. FBI의 보고에 따르면, 당시의 논의 주제는 〈우크라이나에서의 이익 분배〉였다.

이들의 연계를 주시한 서방의 법 집행 기관은 FBI만이 아니었다. 스위스 첩보부도 2007년의 보고서에서 솔른쳅스카야단과 비르시테인의 〈밀접한 연계〉를 언급했고,[110] 스위스 경찰도 1990년대보다 더 나중에 비르시테인이 독자적인 사업체를 설립하기 위해 시베코를 떠낮을 때, 벨기에 안트베르펜에서 미하일로프와 함께 창업한 회사가 MAG 인터내셔널이란 이름으로 최소한 한 곳은 있음을 지적했다.[111] 하지만 비르시테인은 솔른쳅스카야단과 일한 적이 있었다는 주장을 변호사를 통해 부인했다.[112] 그는 아리프와 베이로크와 긴밀하게 일했던 카자흐스탄 금속 재벌 삼인조와도 역시나 긴밀한 연계를 수립했다. 이 삼인조 가운데 한 명인 파토흐 초디예프는 1991년에 브뤼셀에서 시베코의 지사를 설립했으며, 또 한 명인 마슈케비치는 1980년대에 시베코 부회장으로 경력을 시작해서 또 다른 시베코 관련자 한 명과 함께 브뤼셀에 근거한 회사를 또 하나 설립했다.[113] 시나이데르는 훗날 장인과 사이가 멀어졌다고 주장했지만, 그와 가장 가까운 동업자가 런던 고등 법원에서 내놓은 증언에 따르면, 시나이데르의 경력은 어디까지나 비르시테인과의 관계 덕분이었다.[114]

머지않아 트럼프는 여차하면 더 멀리까지 사업을 확장하도록 도와줄 법한 다른 사람들로부터도 기회를 제안받게 되었다. 2005년에는 부동산업 경험이라곤 전무한 레바논의 수출입업자 로저 카피프가 그에게 접근해서는 파나마에 트럼프 오션 클럽 인터내셔널 호텔 앤드 타워를 건축하겠다고 제안했다.[115] 이 번쩍이는 높이 70층짜리 건물에서는 트럼프에게 명의 사용료로 7500만 달러를 제공할 예정이었다. 카피프가 이 건물의 아파트를 판매하기 위해 영입한 브라질의 전직 자동차 판매업자 알레산드레 벤투라 노구에이라는 훗날 돈세탁 혐의로 기소될 예정이었다.[116] 예전 동업자가 녹화한 영상에서 노구에이라가 〈마약 돈〉을 세탁하는 것에 대해서 이야기했기 때문이었다. 트럼프 오션 클럽 아파트를 판매하는 과정에서 노구에이라는 알렉산드르 알초울과 전직 소비에트계 캐나다 이민자 스타니슬라우 카발렌카와 긴밀하게 일했다. 사실 이 두 사람은 범죄 조직과의 연계 혐의로 캐나다 법 집행 기관에 기소된 상태였다.[117] 알초울은 주택 담보 대출 사기 계책에 참여한 혐의로 기소되었고, 카발렌카는 러시아인 성매매 여성을 납치하고 성매매를 알선한 혐의로 기소되었다.[118] 하지만 양쪽 사건 모두 훗날 기소가 취하되었다.

트럼프 그룹의 수석 법무실장 가튼이 로이터에 밝힌 바에 따르면, 그 회사의 어느 누구도 노구에이라와 거래한 적이라든지, 또는 아파트 판매에 관여한 적이 있다고 기억하지는 못했다. 가튼의 말에 따르면, 트럼프는 단지 자기 브랜드에 대한 사용 계약을 맺었을 뿐이라는 것이었다. 하지만 그들 배후에 누가, 또는 무엇이 버티고 있든지 간에, 트럼프의 입장에서는 그런 계약들이야말로 식은 죽 먹기처럼 보였으며, 재정적 건전성을 상징하는 토템이 되었다. 미국이 신용 위기로 나아가던 2007년 말에, 트럼프는 그런 계약들이야말로 자신의 제국이 확실히 잘나간다는 증거라며 과시했다. 그는 2007년 11월에 『월 스트리트 저널 Wall Street Journal』에 보낸 편지에 이렇게 썼다. 〈그 어떤 개발업자도 자기 사업을 위한 자금을 얻지 못하는 지금의 환경에서, 우리는 지난 석 달 동안 토론토 트럼프 인터내셔널 호텔 앤드 타워, 트럼프 소호, 파나마 트럼프 인터내셔널 호텔 앤드 타워에 대한 자금 조달에 성공했다. 이런 사실들이야말로 금융계에서 트럼프의 이름과 브랜드가 지닌 위력에 대한 증언인 셈이다.〉[119]

그 당시에 트럼프의 사업에 합류한 사람들은 모두 상호 연관이 되어 있었으며, 그가 『월 스트리트 저널』에 편지를 보냈을 즈음에는 더 많은 자금 지원을 끌어들이려고 조치하고 있었다. 2006년에는 소비에트의 석유 무역으로 재산을 축적한 뉴욕 거주자 사피르가 베이로크의 트럼프 소호 개발 사업에 합류했다. 2007년 초에는 카자흐스탄의 삼인조가 자기네 지주 회사 ENRC를 통해서 자기 자본 조달을 제공할 수 있는 베이로크의 전략적 동업자로 공식적으로 합류했다.[120] 베이로크의 재무 기록에 접근할 수 없는 상태이다 보니, 그들이 과연 어떤 자금 지원을 (물론 실제로 그렇게 했다고 치면) 제공할 수 있었는지가 불분명하다. 하지만 네트워크만큼은 완전해지게 되었다. 치기린스키도 역시나 거기 속해 있었다. 그와 마슈케비치와 사피르와 아리프와 사테르는 모두 친구이자 관련자였다. 이들은 서로의 자녀의 결혼식에도 참석했고,[121] 어느 시점에서는 모두 트럼프와 사업을 수행했다.

금융 위기가 점점 더 가까워지는 상황에서 베이로크는 계속해서 지원을 물색했다. 2007년 5월에 이 업체는 정체가 불투명한 아이슬란드의 금융 회사 FL 그룹과 〈대출 계약〉에 서명했다. 이 대출은 트럼프소호를 비롯한 네 가지 프로젝트에서 베이로크의 이권으로 구성된 새로운 합작 사업체의 지배 지분으로 변모했는데, 그 시기로 말하자면 이 프로젝트에서 향후 2년 동안 5억 달러 이상의 수익을 주주들에게 지급할 것이라고 예상되기 직전이었다.[122] 그런데 훗날 베이로크의 재무 책임자 크리스가 제기한 부당 이득 소송의 최초 버전에 따르면, 사실 이 계약은 FL 그룹과 사테르와 아리프가 다른 채권자들이 손해를 보도록 방치하는 대신, 이 프로젝트에서 나온 수익금 수억 달러를 〈벗겨 먹으려는〉 방법으로 의도된 것이었다.[123] 하지만 이 주장은 나중에 철회되었기 때문에, 실제로 현금과 자산이 이 새로운 사업체로 이전됨으로써 베이로크가 껍데기만 남게 되었는지, 또는 트럼프가 트럼프소호 합작 사업에서 얻었던 18퍼센트의 자기 자본금 지분의 수익에서 자기 몫을 얻었는지 여부는 불분명하다. 아이슬란드에 있다는 회사의 소유권은 푸틴의 크렘린과 연계되었다는 소문이 꾸준히 돌았던 여러 회사로 이루어진 복잡한 그물망의 일부였으며, 그 회사 자체도 금융범죄에 관한 주장이 제기되는 가운데 금융 위기로 인해 머지않아 무너지고 말았다. 베이로크의 전직 재무 책임자 크리스가 나중에 증언한 바에 따르면, 그는 아리프와 사테르로부터 FL 그룹이 〈푸틴과 가깝

다〉는 이야기를 들었다. 하지만 진실은 금융 위기 속에 그만 파묻혀 버리고 만 것처럼 보인다.[124]

현금 부족이 더 심화하자, 이번에는 또 다른 러시아 재벌이 트럼프를 돕기 위해서 나타났다. 금융 위기 직전인 2008년 7월에 비료 분야의 거물 드미트리 리볼로프레프가 트럼프 소유의 팜비치 저택을 원래 구매가의 두 배가 넘는 9500만 달러에 매입하기로 응한 것이었다. 하지만 리볼로프레프는 한 번도 그 집에 살지 않았으며, 결국 그는 저택을 헐고 부지를 나눠서 매각했다.

금융 위기 이후에 이 프로젝트 가운데 다수가 결국 좌초되고 말았지만, 이들 중 누구에게도 그리 큰 문제가 되지는 않았던 것처럼 보인다. 우선 그 건설에만 무려 1억 4000만 달러 이상이 지출된 베이로크의 포트 로더데일 개발 사업이 비틀거리며 파산으로 나아갔다.[125] 건물이 아직 텅 빈 콘크리트 껍데기 상태에 머물러 있었던 2009년에 트럼프도 이 프로젝트에서 자기 이름을 뺐고, 베이로크는 구매자 수십 명과 주 대출 은행이 선금으로 내놓은 수백만 달러를 빼돌려 버렸다. 어쨌거나 그즈음 베이로크는 이 프로젝트와 다른 여러 프로젝트의 지배 이권을 사실상 FL 그룹이 지원하는 새로운 사업체로 이전했던 것으로 보인다.[126] 베이로크가 애리조나주 피닉스에 실현하겠다고 약속했던 화려한 개발 계획은 아예 시작조차 하지 못했으며, 사테르가 그 회사에서 현금을 빼돌린다고 주장한 그 지역의 한 투자자와의 갈등에 갇혀 있었다.[127] 트럼프 소호는 2010년에 화려하게 개장했지만, 베이로크와 트럼프는 인위적으로 부풀린 판매 가격에 속아서 매물을 샀다며 구매자들이 제기한 소송에 직면했다.[128] 그로부터 3년 뒤에 트럼프 소호는 폐업하게 되었다.[129] 시나이데르의 토론토 트럼프 타워는 2012년에 개장하고 4년이 지난 뒤까지도 그곳의 4분의 3이 여전히 텅 비어 있었다. 2016년에는 결국 파산하고 말았으며, 시나

이데르가 이 건물을 지으려고 설립한 개발 회사 역시 2015년에 이미 파산한 상태여서, 오스트리아 라이파이젠 은행으로부터 빌린 대출금 3억 달러도 채무 불이행 상태가 되고 말았다. 사실 이 은행은 크렘린의 엘리트와 긴밀한 관계일 뿐만 아니라, 더 이전에는 디스콘트 은행이 관련된 검은돈 이전 계책과도 긴밀한 관계였다고 알려져 있었다.[130]

마치 이 모두가 신기루처럼 느껴지는 와중에도, 트럼프는 미공개된 명의 사용료와 관리비로 막대한 이익을 얻었다. 베이로크와 시나 이데르 같은 사람들도 여러 프로젝트를 통해서 돈을 옮길 수 있었던 데다가, 어쩌면 큰 이익을 얻었을 가능성도 있었다. 「파산이 오히려 매우 쏠쏠한 곳들이 제법 있습니다. 어떤 프로젝트를 위해 은행에서 돈을 빌려 놓고 파산해 버리는 겁니다. 그러면 건설비를 고스란히 챙겨 빠져나갈 수 있습니다.」변호사 블룸의 말이다.[131]

변죽 울리기

미국에서 부동산 거래가 성사되는 와중에도, 바로 그 네트워크에서는 웅장한 모스크바의 트럼프 타워에 대한 일련의 제안들로 변죽 울리기를 하고 있었는데, 여기서 트럼프는 역시나 건설비를 땡전 한 푼 내지 않은 상태에서 자기 이름을 빌려준 대가로 쏠쏠한 지분을 얻을 예정이었다. 이런 거래 가운데 어느 것도 실제로 시작되지는 않았지만, 트럼프의 관심을 계속해서 유지하는 것만으로도 충분했다. 아울러 그와 그 가족을 계속해서 모스크바로 오게 만든 것만으로도 충분했다. 2005년에 사테르는 모스크바 강변에 있는 예전 연필 공장 대지에 트럼프 타워를 건설하겠다고 베이로크를 통해서 약속했다.[132] 이 땅의 소유주인 은행가 두 명 가운데 한쪽은 디스콘트 은행 이사회에 재직 중이었는데, 이 모스크바 은행으로 말하자면, 중앙은행 부총재 코즐로프의 살해로 귀결된 돈세탁 스캔들의 핵심에 있었다.[133] 이 거래는 결국 무산되고 말았는데, 왜냐하면 문제의 은행가가 스캔들 이후에 러시아를 탈출해서, 자기는 안보 기관의 위협 때문에 억지로 금융 작전을 수행할 수밖에 없었다고 주장했기 때문이었다.[134] 하지만 바로 그즈음 사테르는 모스크바를 방문한 트럼프의 딸 이방카와 큰아들 도널드 2세를 안내하고 있었다. 그런 방문 가운데 한 번이었던 2006년 2월, 얼음 같은 회색빛의 일정에서 사테르는 자기 연줄을 총동원하여 푸틴의 크렘린 집무실을 이방카에게 구경시켜 주기도 했다.[135]

머지않아 치기린스키도 이 소동에 끼어들었다. 조지아 태생의 이 사업가는 모스크바와 메이페어에서 이방카와 트럼프 2세와 자주 이야기를 나누었으며, 모스크바에 조만간 생겨날 금융 지구에 노먼 포스터가 설계가 정교한 유리 마천루를 20억에서 25억 달러의 비용으로 건설하여 유럽 최고층 건물로 만들겠다고 제안했다.[136] 그는 단지 트럼프의 이름을 사용하는 영예의 대가로 수익의 20퍼센트를 줄 의향이 있다고 말했다. 이 프로젝트는 2008년 금융 위기 와중에 좌초되고 말았는데, 그때 치기린스키의 사업 제국도 막판까지 차입 자본을 이용한 끝에 붕괴하고 말았기 때문이었다.

치기린스키의 제자였던 전직 공산당 당직자 아갈라로프는 재빨리 이를 차지했다. 그 당시에 아갈라로프는 최초의 소비에트와 미국 합작 사업체 가운데 하나를 운영하던 자기 뿌리를 벗어난 지 오래였고, 모스크바 최대의 건설 재벌 가운데 한 명이 되어서 모스크바 교외에 거대한 호화판 쇼핑몰 겸 공연장 크로커스 시티를 건설해서 유명해진 상태였다. 2007년 11월에 그는 이곳에서 개최되는 연례 사치품 전시회인 밀리어네어 페어에 트럼프를 초청했다. 호화 요트, 다이아몬드로 장식된 휴대 전화, 섬 하나 등이 판매되는 이 사치와 광채의 행사에 트럼프가 참석한 명목상의 이유는 순금으로 장식된 병에 술을 담아서 자신의 이름을 붙인 〈순금 슈퍼 프리미엄 보드카〉의 출범을 홍보하기 위해서였다. 모스크바에서 보드카 합작 사업을 출범하려던 이 시도는 마치 북극에서 선풍기를 판매하는 것만큼 성공과는 거리가 멀었지만, 그래도 트럼프는 아갈라로프와 새롭고도 운명적인 인연을 맺게 되었던 것처럼 보인다.

2013년 11월에 아갈라로프는 다시 한번 트럼프를 모스크바에 초대했다. 이번에는 이 손님이 소유한 미스 유니버스 대회를 개최하기 위해서였다. 아갈라로프의 손님 접대는 후하기로 유명했으며, 한 서방 은행가의 말에 따르면, 이 과정에서 아름다운 여성들을 동원하기로도 유명했다. 트럼프는 붉은 광장을 굽어보는 모스크바의 호화판 리츠 칼턴 호텔의 펜트하우스 객실에서 이틀 밤을 머물고 나서 밝은 모습으로 나왔다. 애초에 기대했던 것처럼 푸틴을 만나지는 못했지만, 그는 결코 기분이 나쁘지 않은 상태였다. 〈당신과 당신 가족과 함께 모스크바에서 멋진 주말을 보냈습니다.〉 트럼프는 아갈라로프 가족에 대해서 이런 트윗을 올렸다. 〈다음 차례는 트럼프 타워 모스크바입니다.〉 트럼프 타워 모스크바를 위한 프로젝트는 부흥했으며, 아갈라로프는 주요 신규 사업 개발에 대한 계획을 논의하기 시작했다. 미국 은행 계좌 수백 개를 개설하는 과정에서 그와 함께 일했던 카벨랏제가 그 논의를 주도했다. 크로커스 시티 몰 인근에 이른바 〈맨해튼〉으로 일컬어질 열두 개의 부동산을 건설하는 계획이 진행 중이었는데, 그 한가운데 건립될 두 개의 건물 가운데 하나에는 트럼프의 이름이, 또 하나에는 아갈라로프의 이름이 붙을 것이었다.[137] 러시아 국영 은행 스베르방크는 그 자금 지원을 준비할 예정이었다.

하지만 이것 역시 실현되지 못한 또 하나의 프로젝트에 불과했다. 그런데도 트럼프와의 관계를 심화시키는 과정에서, 아갈라로프는 모스크바에서 입지가 상승하게 되었다. 푸틴 정부에서는 위신 있는 국영 기반 시설 프로젝트 여러 개에서 그를 건축업자로 선정했다. 처음에는 극동에 새로 설립하는 대학을 짓는 730억 루블짜리 도급 계약을 맺었고, 다음에는 2018년 월드컵을 위해 개당 180억 루블짜리 축구장 두 곳을 짓는 도급 계약을 맺었다.[138]

2015년에 트럼프는 미국 대통령 선거에 나서기로 했는데, 그 옆에는 치기린스키가 있었다. 내게 직접 한 말에 따르면, 치기린스키는 그 결정이 발표된 직후에 윈을 만났다. 트럼프의 가까운 친구이자 동맹자인 이 카지노 소유주는 트럼프 선거 유세의 주요 기부자가 되었고, 나중에는 공화당의 재무 책임자가 되었다. 치기린스키는 너무나도 기쁜 나머지, 아울러 차마 믿을 수 없었던 나머지 고개를 저었던 것을 기억했다. 「윈이 저에게 그러더군요. 〈치기린스키, 기껏해야 두 달이 최대한도일 거고, 그는 결국 박살 날 거야. 그 역시 이걸 알고 있어.〉하지만 그는 석 달 동안이나 포기하지 않았습니다. 그는 점점 더 인기가 높아졌고, 미국 전역에서 연설했습니다. 그는 워낙 정력이 넘쳤죠. 제가 이야기를 나누었을 때, 저는 그의 결단과 정력과 자신감에 놀랐습니다.」[139]

트럼프가 대통령 직위를 향한 가능성을 높이는 와중에도, 바로 그 러시아 네트워크는 그와의 밀애를 가속했다. 사테르는 그 결정이 발표되자마자 무대에 다시 등장했다. 그는 트럼프의 개인 변호사 마이클 코언과 함께 일하기 시작했는데, 두 사람은 브라이턴 비치에서 10대 시절부터 가깝게 지냈다. 코언의 장인 예핌 셔스터먼은 우크라이나 태생의 택시 회사 소유주로서, 모스크바시 정부의 고위층과 긴밀한 유대를 맺고 있었다.[140] 이들은 함께 다시 한번 모스크바의 트럼프 타워 프로젝트를 도모하기 시작했는데, 이번에는 앞서 나왔던 제안보다 훨씬 더 거창한 규모였다. 사테르는 유럽에서 가장 높은 100층짜리의 이 유리 첨탑 건물이 트럼프에게 명의 사용료로만 1억 달러를 가져다줄 것이라고 호언장담했다.[141] 2015년 10월에 코언에게 보낸 편지에서 그는 이 일을 성사하기 위해서 크렘린의 자기 연줄을 총동원하겠다고 약속했다. 「저는 이 프로그램에 푸틴을 끌어들일 것이고, 그는 트럼프를 당선시킬 것입니다. 어리석음이나 탐욕으로부터 방해받지 않은 상태에서 이를 출범시킬 방법을 아는 사람이 그 하나뿐이라는 것은 우리 두 사람 모두 알고 있으니 (……) 저는 푸틴의 측근 모두를 이 일에 끌어들일 것입니다.」 사테르의 말이었다.[142] 사테르는 자금 지원을 위해 우선 크렘린의 특별 프로젝트를 지원하는 국영 은행 브네슈토르그방크와 접촉했다. 이어서 제재 대상인 크림반도의 무명 은행 겐방크와 접촉했는데, 이곳은 바로 사테르의 어린 시절 친구이자 음지의 은행가로서 수많은 검은돈 계책 배후에 있었던 드보스킨이 공동으로 소유하고 운영하는 업체였다. 마치 잠재적인 이익 충돌에 관한 양심의 가책일랑 모조리 잠시 옆으로 내던진 듯한 형국이었다. 하지만 사테르가 보기에는 (아울러 러시아 첩보계가 보기에는) 그것이 핵심일 수도 있었다. 이 분석에서 그들은 계속해서 트럼프의 체면을 실추시킬 필요가 있었기 때문이다. 마치 이 사실을 강조라도 하려는 듯, 사테르는 심지어 그 건물에 들어설 5000만 달러짜리 펜트하우스를 푸틴에게 선물하자고 제안하기도 했다. 이 제안이 실현될 가능성은 전혀 없는 셈이었지만, 이것이야말로 미래의 미국 대통령의 체면을 실추시킬 제안이기는 했다. 이때 제안된 건물에 관해 여전히 이메일이 오가던 2016년 6월, 트럼프는 공식적으로 공화당 대통령 후보로 발표되었다.

코언과 사테르가 계략을 꾸미던 바로 그때, 아갈라로프는 또 다른 각도에서 일하고 있었다. 자기와 가까운 모스크바의 변호사 나탈리야 베셀니츠카야와 트럼프 2세의 만남을 주선했던 것이다. 이 만남은 아갈라로프의 아들이자 구소련의 유명한 대중 가수가 된 에민이 먼저 제안했고, 이 가수의 홍보 담당자인 잉글랜드 북부 태생의 땅딸막한 전직 언론인 로브 골드스톤이 트럼프 2세에게 전달해서 성사되었다. 트럼프의 경쟁자인 민주당의 힐러리의 얼굴을 먹칠할 내용을 베셀니츠카야가 제공하겠다는 제안이었다. 2016년 6월 9일에 뉴욕의 트럼프 타워에서 이루어진 이 회동의 세부 사항은 크렘린과 연계된 미국의 로비스트로서, 한때 트럼프의 유세를 주도했던 동석자 매너포트가 미국 의회 조사관들에게 증언한 이후에야 비로소 드러났다. 나중에 이메일 유출본에서 밝혀진 내용에 따르면, 골드스톤은 도널드 2세에게 아갈라로프가 〈러시아 검찰 총장〉을 만났다고 대담하게 말하면서, 〈몇 가지 공식 문서와 정보를 트럼프 선거 대책 위원회에 제공하면, 힐러리와 그녀의 러시아에 대한 대처를 모함할 만한 내용이어서 당신의 아버지에게 매우 유용할 것〉이라고 제안했다. 〈이것이야말로 트럼프를 위한 러시아와 그 정부 지원의 일부입니다. 그 과정에서 아갈라로프와 에민이 도움을 주었습니다.〉[143] 〈만약 당신 말이 사실이라면 저로서도 좋습니다.〉 도널드 2세는 이렇게 답장했다.[144]

하지만 참석자 대부분의 말을 곧이 믿는다고 치면, 그 회동은 결국 실패로 돌아갔다. 베셀니츠카야는 그저 마그니츠키법(法)을 철회하도록 로비를 벌인 것뿐이었기 때문이다. 이 법률은 인권 침해를 자행한 러시아 법 집행 기관 종사자들에 대한 징벌적 제재였는데, 역외 자본 유출 계책을 폭로한 러시아의 변호사 마그니츠키가 모스크바의 교도소에서 의문스럽게 사망한 이후, 그의 동료인 미국의 투자자 겸 활동가 브라우더의 노력으로 의회를 통과했다. 베셀니츠카야가 힐러리에 관해서 갖고 있었던 유일한 먹칠거리는 기껏해야 브라우더의 헤지 펀드 후원자 가운데 한 명이 힐러리의 선거 대책 위원회에 수백만 달러를 기부했음을 보여 주는 몇 가지 문서뿐이었던 것으로 보인다. 심지어 골드스톤조차도 이 회동의 결과에 민망해했다. 하지만 다음 날 그는 아갈라로프가 트럼프에게 보내는 새로운 메시지를 전달하면서, 후보 보좌관에게 에민과 아갈라로프가 〈트럼프를 위해 상당히 큼지막한 생일 선물을 마련해 놓았다〉고 알렸다. 그의 생일은 며칠 뒤인 6월 4일이었다. 얼마 뒤에 오로지 트럼프 외에는 아무도 읽지 못했던 것으로 보이는 어떤 내용을 담은 쪽지와 함께 회화 한 점이 배달되었다.[145] 그로부터 며칠 뒤, 민주당 전국 위원회의 컴퓨터 서버가 해킹당했으며, 〈구시퍼 2.0〉으로 자처하는 러시아 집단의 소행으로 보인다는 뉴스가 나왔다.[146]

이후의 이야기는 이미 역사가 되었다. 선거 한 달 전에 위키리크스가 힐러리의 선거 대책 위원회 위원장인 존 포데스타의 계정에서 러시아인에게 해킹당한 일련의 이메일을 공개하기 시작했다. 지금 와서 돌이켜 보면, 그 유출조차도 트럼프 그룹의 활동에 관해 밝혀진 내용에 비하자면 오히려 사소해 보인다. 하지만 이 사건을 둘러싼 혼란은 워싱턴이야말로 내부 엘리트가 그들 자신의 이득을 위해 미국을 운영하는 시궁창 집단일 뿐이라는 트럼프의 포퓰리즘적 주장을 강화해 주었다. 일련의 유출이 시작되기 전부터 트럼프와 가까운 동맹자로저 스톤은 위키리크스가 힐러리를 파괴할 것이라는 트윗을 두 번이나 올렸다.[147]

2016년 11월에 트럼프가 대통령 선거에서 승리하자, 러시아인들은 처음에만 해도 자기네 행운을 차마 믿을 수 없어 하는 듯했다. 러시아 의회는 환희에 젖은 모습이었다. 그날 오전, 의사 진행 도중에 한 의원이 트럼프의 승리 소식을 외치자, 그 안에 있던 모두가 일어서서 커다란 박수갈채를 보냈다. 그날 밤에는 샴페인으로 축배까지 들었다. 「오늘 밤이야말로 미국인과 세계를 위한 트럼프의 밤입니다.」 민족주의 정당 LDPR 소속 보리스 체르니셰프는 이렇게 선언했다. 「오늘 밤, 우리는 트럼프와 함께 이런 구호를 사용할 수 있습니다. 〈예, 우리가 해냈습니다.〉」 그는 오바마의 2008년 선거 구호를 빗대어 이렇게 말했다.[148] 「오늘이야말로 미국 민주주의에는 위대한 날입니다. 우리는 미국의 민주주의를 존중해야만 합니다.」 크렘린의 주요 이념가 가운데 하나인 마르코프는 기뻐하며 이렇게 말했다. 뉴욕에서는 외관상 체스 대회를 위해 그곳에 머물던 푸틴의 대변인 페스코프가 기쁨을 차마 감출 수 없어 했다. 그의 말에 따르면, 푸틴과 트럼프는 〈똑같은 주요 외교 정책 원칙을 내세웠으며, 이것이야말로 믿을 수 없는〉 일이었다. 「외교 정책에 대한 개념적 접근만 놓고 보면, 두 사람이 서로 얼마나 가까운지 놀라울 정도입니다.」[149]

혹시 러시아가 자기 사람을 백악관에 입성시키기 위해서 기념비적인 작전을 성사시킨 것이었을까? 그게 아니라면, 러시아 첩보계와 연계된 사람들이 행한 그 모든 육성이며 거래의 변죽 울리기는 도대체 무슨 의도였단 말인가? 그 모든 일은 신중하게 계획된 것이었을까, 아니면 순전한 기회주의였을까? 그들은 정말로 그를 지배했던 것이었을까? 시베츠의 말에 따르면, 트럼프는 오랫동안 그들에게 관심의 대상이었다. 1987년 7월, 그 당시 미국 주재 소비에트 대사였던 유리 두비닌의 초청으로 트럼프가 모스크바를 처음 방문했을 때도 어떤 접촉이 있었다.[150] 트럼프는 눈부신 건축물이며, 너그러운 환대며, 다른 무엇보다도 현지 여성들을 보고 감탄해 마지않았다. 「러시아 여성, 즉 슬라브계 여성에 대한 그의 관심이 매우 컸다는 데에는 의문의 여지가 없습니다.」 푸틴과 가까운 전직 KGB 고위 간부 한 명이 웃으면서 내게 한 말이다.[151]

시베츠의 말에 따르면, KGB는 최소한 자기네가 그 당시에 트럼프를 포섭했다고 믿었다. 당사자가 이 사실을 조금이라도 알고 있었는지는 또 다른 문제이다. 하지만 모스크바에서 돌아온 직후에 트럼프는 미국 신문 세 곳에 게재한 전면 광고를 통해서, 일본과 페르시아 만의 핵심적인 전략적 동맹국들에 대한 미국의 지원과 방어를 철회해야 마땅하다는 견해를 주장했다. 「이제는 우리의 방대한 적자를 끝내기 위해서, 충분한 경제적 여력을 지닌 일본과 다른 나라들에 돈을 내라고 할 때입니다. 우리는 세계 보호를 위해서 이런 나라들에 수천억 달러를 쏟아붓고 있지만, 이들에 대한 보호에서는 우리보다 이들의 지분이 훨씬 더 크게 마련입니다.」 트럼프의 말이었다. 이것이야말로 미국의 초강대국으로서의 지위를 해체하기 위해서 고안된 것처럼 보이는 정책이었다. 시베츠의 말에 따르면, 〈그것이야말로 KGB가 내세우는 견해와 관심사의 총집합〉이었다.[152]

과연 러시아가 그토록 오래전부터 트럼프에게 현금을 제공했는지 여부를 우리로선 아마 결코 알 수 없을 것이다. 그는 러시아에서 나온 자금을 조금이라도 받았다는 사실을 한사코 부인해 왔다. 〈저는 러시아와 아무런 관계도 없습니다. 아무런 거래도, 아무런 대출도, 아무런 아무것도 없습니다!〉 트럼프는 2017년 1월에 이런 트윗을 올렸다. 하지만 분명한 사실은 1990년에 치기린스키가 타지마할에 처음 나타난 이후로 모스크바의 솔른쳅스카야단의 금융업자와 첩보 공작원이 그를 둘러싸게 되었으며, 베이로크가 무대에 등장한 2000년 이후로는 그들이 사업의 연계를 가속화했다는 점이다.

트럼프 타워 모스크바에 대한 계약은 끝내 마무리되지 못했다. 하지만 트럼프가 거기서 실제로 계약을 맺었는지는 중요하지 않았다. 그의 앞에서 계약에 대해 항상 변죽을 울리는 것만으로도 충분했기 때문이다. 대신 솔른쳅스카야단과 연계된 구소련의 사업가들로 이루어진 바로 그 네트워크가 주선한 미국 내 부동산 거래가 현금 흐름을 제공해 주었다. 2016년 6월에 뉴욕에서 있었던 트럼프 타워 회동에도 똑같은 원리가 적용된다. 러시아인으로서는 〈검찰 총장〉이 보낸 누군가로부터 (즉 러시아 정부의 대리인으로부터) 자기 아버지의 적수에게 먹칠할 내용을 얻어 낸다는 생각을 도널드 2세가 기꺼이 승인하게 만드는 것만으로도 충분했다. 시베츠가 보기에 그 회동은 전적으로 첩보 게임이었다. 다시 말해, 미래의 대통령의 체면을 다시 실추시킬 기회였던 셈이다.

트럼프 그룹이 트럼프 소호의 명의 사용권 거래와 자기 자본금 지분 18퍼센트로부터 얼마나 많은 돈을 벌어들였는지, 또는 트럼프가 베이로크의 개발 프로젝트라든지 시나이데르의 토론토 트럼프 타워에서 숨겨진 지분을 별도로 더 가졌는지에 대해서는 여전히 모른다. 2008년에 작성된 법정 진술 조서에서 사테르가 말한 바에 따르면, 트럼프 그룹은 피닉스의 트럼프 타워에 대한 〈개발 서비스〉 명목으로 베이로크로부터 〈지속적으로〉 매월 요금을 챙기고 있었는데, 심지어 그 프로젝트 자체가 전혀 착수된 적도 없는데도 불구하고 그러했다.[153] 하지만 그 요금이 정확히 얼마인지는 밝히지 않았으며, 다만 〈서비스 수행〉에 대해서 25만 달러가 지급된 것만 언급되었을 뿐이었다.[154] 트럼프의 재무 기록에 접근할 수 없는 현재에 베이로크가 트럼프에게 얼마나 많은 돈을 지급했는지 알기가 불가능하다.

소비에트 이민자 출신인 세르게이 밀리안은 미국 ABC 방송국과의 인터뷰에서 자기가 이 문제에 대한 답변을 일부 알고 있다고 주장했다. 그는 플로리다의 트럼프 부동산을 위해 대행업자로 일하면서 러시아의 구매자를 데려오고, 이 과정에서 트럼프와 코언을 만났다고 말했다. 밀리안의 말에 따르면, 트럼프는 〈러시아인과 중요한 사업을〉 했으며, 〈러시아 사업가들과의 상호 작용 결과로 수억 달러를〉 받았다고 한다. 그는 다른 누구보다도, 특히 베이로크와 협업하여 트럼프 소호의 자금 지원을 담당했던 조지아 태생의 사업가 사피르에 관해서 말했다. 밀리안의 말에 따르면, 트럼프와 거래했던 러시아인 가운데 일부는 그 결과로 〈수천만 달러〉의 손실을 보았다. 하지만 이들이 손실을 보는 와중에도 〈트럼프는 러시아인과 사업을 함으로써 많은 돈을 벌었다〉는 것이었다.[155]

1990년대 초에 트럼프가 개인 파산에 직면하자, 모스크바에서 도이체 방크를 통해 대출 약정과 채권 공모 가능성으로 40억 달러 이상의 추가 재정 지원을 했다는 소문이 꾸준히 있었다. 재정적 위험이 너무 크다는 이유로 월 스트리트의 다른 은행들이 트럼프를 외면했을 때도, 이 독일 은행은 대출업체가 되어 주었다. 2011년에 도이체 방크 프라이빗 뱅킹 부서에서는 시카고의 트럼프 인터내셔널 호텔 앤드 타워와 플로리다의 도럴 골프 리조트 앤드 스파 같은 프로젝트에 3억 달러 이상을 제공했다. 이것 때문에 그 은행 내부에서 큰 논란이 일어났는데, 트럼프가 시카고의 건물을 위해서라며 도이체 방크의 상업 금융 부서에서 가져간 대출금 6억 4000만 달러 가운데 3억 3400만 달러를 채무 불이행한 상태였기 때문이다. 도이체 방크는 예전부터 항상 푸틴의 크렘린과 특별한 관계를 유지해 왔다. 1990년대 초에 상트페테르부르크에서 푸틴과 처음 만났던 라이언은 당시 도이체 방크 모스크바 지점의 대표를 맡고 있었다. 그때 푸틴과 가장 가까운 동맹자들의 (즉 팀첸코, 로텐베르크, 코발추크의) 기업 계좌를 그 은행이 보유했으며, 강력한 러시아 국영 은행 브네슈토르그방크와 밀접한 관계를 육성했음은 물론이고, 코스틴의 아들을 채용하기까지 했다. 도이체 방크의 대표 요제프 아커만은 코스틴과 친하게 지내며 종종 조언을 제공했다. 도이체 방크 모스크바 지점은 훗날 사테르와 가까운 친구인 드보스킨이 설계한 거울 매매 계책을 통해서 100억 달러 이상을 이전하는 도구가 되었다.

그렇다면 트럼프의 사업은 애초부터 자금을 미국으로 옮기는 데 이용하는 편리한 도구에 불과했던 것이다. 「저는 이것이 오랫동안 계

획된 전략적 작전이라고 생각하지는 않습니다.」 시베츠의 말이다.[156]
하지만 어느 시점에선가 트럼프는 정치적 기회로 변모했다.

KGB의 복수

푸틴의 안보계 사람들은 트럼프의 승리에 환호작약했다. 여러 사람이
보기에는 이것이야말로 소비에트 붕괴에 대한 복수라도 되는 듯했다.
「서방이 제임스 본드 놀이를 하는 사이에 (……) 우리는 존경을 얻어
내는 쪽으로 관심을 돌렸습니다. 냉전의 경쟁이 끝났다고 생각했을
때, 서방은 자기네 적을 향한 존경을 잃어버렸습니다. 이제 그들은 다
시 이에 대해 각성하고 있습니다.」 러시아의 저명한 입법자 콘스탄틴
자툴린의 말이다.[157]

　들뜬 분위기가 잠잠해진 지 한참 뒤에도 푸틴은 자신의 기쁨을
표현하지 않을 수 없었다. 유럽 각지에서 포퓰리즘 지도자들이 대두
하고 있었으며, 트럼프의 당선과 영국의 유럽 연합 탈퇴 가시화로 인
해 냉전 이후의 질서가 명백해지게 되었다. 「자유주의적 발상은 폐물
이 되어 버렸습니다. 국민 가운데 압도적인 다수와 갈등을 빚은 것입
니다.」 푸틴은 2019년 6월에 『파이낸셜 타임스』에 이렇게 말했다. 그
의 말에 따르면, 자유주의자들이 〈최근 수십 년 동안에 걸쳐 시도해 왔
던 것처럼 아무에게나 아무것이나 지시할 수는 없다〉는 것이었다. 심
지어 트럼프의 승리 이전부터도, 야쿠닌 같은 사람은 한편에 서방에
서 상승하는 포퓰리즘의 조류가 있고, 또 한편에 소비에트 붕괴를 예
고한 공산당의 정치적 독점의 와해에 대한 요구가 있는 상황에서, 양
측의 유사성을 도출해 내려고 시도했다. 사실 두 가지 과정은 더 이
상 다를 수가 없을 정도로 달랐는데도 말이다. 야쿠닌은 서방의 엘리
트가 사실상 소비에트의 마지막 날의 소비에트 엘리트만큼이나 대중

에게서 멀어지고 나이를 먹었다고 주장하려 시도했다. 그는 트럼프가 당선되기 전 여름에 이렇게 말했다. 「브렉시트와 트럼프는 오히려 유용하게 여겨져야 마땅합니다. 정치 엘리트가 너무 둔해졌다는 사실을 보여 줌으로써 그들에게 근심을 안겼으니까요. 그들은 정치적 상황에 반응하는 능력을 잃어버렸으며, 대중으로부터 자신을 분리했고 (……) 이것이야말로 자연스러운 과정입니다. 엘리트가 나이 들면, 새로운 세력이 나타나서 그들을 대체하는 겁니다.」[158] 트럼프가 대통령에 당선 이후, 야쿠닌은 스스로가 자유주의적 세계 질서의 패배라고 간주하는 것을 보며 기뻐했다. 「자기네가 온 세계를 통제한다고, 자기네가 온 세계의 약점을 잡고 있다고 생각했던 네오콘은 갑자기 얼굴에 일격을 세게 얻어맞았고, 그리하여 그들로선 만사가 흔들려 버렸습니다. 대안이 있을 때는 그들이 구축한 이 시스템이 존재할 수 없습니다. 그들에게는 대안이야말로 최악의 것입니다. 푸틴은 대안입니다. 트럼프의 등장은 대안입니다. 흔들리는 유럽 역시 대안입니다.」[159]

야쿠닌이 결국 시인한 바에 따르면, 러시아는 다른 세계 강대국과 마찬가지로 자국의 안보 기관을 이용해서 서방의 기존 약점을 이용했다. 「모든 첩보 기관은 적극적 수단을 수행합니다. 지금 제가 무슨 말을 하는지는 잘 압니다. 물론 갈등이 있을 때마다 양측은 이점을 찾기 위해 시도하죠. 독일인도 그렇게 합니다. 프랑스인도 그렇게 합니다. 러시아인도 그렇게 합니다. 아무에게나 영향력을 발휘하려는 목표는 결코 없었습니다. 다만 러시아를 무릎 꿇은 상태에서 일으켜 세우려는 목표가 있을 뿐입니다. 이것은 독립적인 정책을 시행함으로써 수행될 수 있으며 (……) 이를 위해서는 친구들로 이루어진 서클이 필요합니다.」야쿠닌의 말에 따르면, 이것은 냉전 시대와 다르지 않은 과정이었으니, 그 당시에 소비에트에서는 서방의 자유 운동에 자금을 지원했기 때문이다. 「소련이 있을 때에는 평화 운동이 얼마나 강력했는지 기억하실 겁니다. 소련이 그 운동에 자금을 지원했으니까요. 이제 우리는 완전히 다른 상황을 보유하고 있습니다. 문제는 이 전투에서는 어떠한 승리자도 없으리라는 것을 우리의 정치인들이 아직 이해하지 못하고 있다는 겁니다.」 야쿠닌은 이렇게 숙고하면서 천천히 고개를 저었다.[160]

이런 〈적극적 수단〉은 역풍을 낳았다. 미국에서는 러시아가 트럼프의 대두에 일익을 담당했다는 주장에 대해 수사가 이루어지는 중이었다. 트럼프의 해외 정책 자문 위원이 힐러리의 이메일에 대한 러시아인의 접근을 사전에 알고 있었음을 무심코 폭로하면서 급기야 FBI가 수사를 개시하게 되었으며, 트럼프가 FBI 국장 제임스 코미를 해임한 것은 상황을 그저 악화시켰을 뿐이었다. 그 결과 러시아의 선거 개입 시도를 비롯해, 트럼프의 그 해임 지시가 부당했는지 여부, 러시아와 트럼프의 선거 대책 위원회 사이의 공모 가능성 유무까지 조사하기 위한 특별 검사 임명이 이루어졌다. 미국 첩보계의 압도적 결론에 따르면, 러시아의 군 첩보부가 민주당 전국 위원회의 서버를 해킹했고, 소셜 미디어 여론전을 통해 여론을 트럼프에게 유리한 쪽으로 돌리려고 도모했다는 것이다. 이러한 발견으로 인해, 트럼프 행정부에서 더 매파인 구성원들은 러시아 경제와 그 재벌에 대해서 점점 더 엄중한 제재를 가하게 되었다. 러시아의 개입에 관한 주장은 2년 넘도록 언론 매체의 머리기사를 장식했다. 그리하여 수십 년에 걸친 공작이 천천히 드러나게 되었다.

시베츠가 보기에, 푸틴 정권의 시도는 재난이나 다름없었다. 그가 경멸하듯 코웃음 친 바에 따르면, 그것이야말로 서투르고 진부하고 기회주의적인 작전이었으며, 농부들이 잔뜩 모인 소비에트의 거대 집단 농장 〈콜호스〉만큼이나 섬세하지 못했다. 시베츠는 반문했다. 「그게 어떻게 성공할 수 있었겠습니까? 그들은 결국 러시아를 전 세계가 꺼리는 나라로 만들었습니다!」

하지만 자기네 행정부에서 가한 새로운 제재에도 불구하고, 트럼프는 대통령으로서 여전히 푸틴의 KGB 사람들의 여러 가지 꿈에 응답했다. 그는 한편으로 자신이 오래 견지한 미국 우선주의적 사고방식을 따라서, 또 한편으로 혼란스러운 의사 결정 방식을 따라서 움직였다. 하지만 트럼프는 곧바로 푸틴과 그의 서클에 대한 자신의 경의를 분명히 밝혔다. 대통령 임기 시작과 동시에, 전례가 없었던 대통령 집무실 회동에서 그는 러시아 외무 장관 세르게이 라브로프와 미국 주재 러시아 대사 세르게이 키슬랴크에게 자신은 러시아가 대통령 선거에 개입했다는 미국 첩보계의 주장을 우려하지 않는다고, 왜냐하면 미국도 다른 어디에서나 똑같이 행동했기 때문이라고 말했다.[161] 머지않아 트럼프는 서방의 질서를, 즉 냉전 종식 이후 지배적이었던 안정적인 동맹을 깨트리기 시작했다. 선거 유세 동안에 그는 나토를 퇴물이라고 주장했으며, 러시아의 크림반도 합병을 인정할 수도 있다고 암시했다. 대통령 당선 이후에 트럼프는 영국 총리 테레사 메이에게 (아울러 그 후임자인 존슨에게도) 유럽과 영국의 균열을 심화하라고 독려했으며, 그렇게 하지 않는다면 자국과의 무역 협정을 철회하겠다고 위협했다. 또 아무런 보답도 내놓지 않는다고 불평함으로써 나토 회원국들을 계속 괴롭히기도 했다. 전 세계 자유주의 질서의 요새였던 독일 총리 메르켈과의 관계는 아무리 좋게 표현해도 위태로운 수준이어서, 트럼프는 그녀의 이민 정책을 대놓고 비판하기도 했다. 2019년에는 시리아에 주둔하던 미군 병력을 철수시켰는데, 이 파국적인 결정으로 미국은 동맹자인 쿠르드족을 저버렸고, 그로 인한 권력 공백을 러시아와 이란이 채우도록 내버려 두게 되었다. 트럼프는 변덕스럽고 예측 불가였으며, 내놓는 발언마다 미국의 지도력을 잠식하는 듯했다. 그의 감독하에서 미국의 민주주의 제도는 부식되고 말았으며, 미국 사회는 점점 더 분열되었다. 해외 정책은 트럼프 본인의 정치적 이익을 거래하는 수단으로 전개되었다. 전직 우크라이나 주재 미국 대사는 대통령으로부터 소환 명령을 받고 나서, 국무부가 〈내부로부터 공격받아서 텅 비어 가는〉 중이라고 말했다.[162] 2019년에 이르러 트럼프는 러시아의 G8 모임 복귀를 위해 공개적으로 로비 활동을 벌이기까지 했다.

치기린스키 같은 사람은 트럼프의 효과를 기뻐해 마지않았다. 「그는 자기가 약속한 모든 일을 하고 있습니다.」 2018년 5월에 나를 만나서 치기린스키가 한 말이었다. 치기린스키로선 흡족해하지 않기가 사실상 불가능한 모양이었다. 어쩌면 미국의 군사적 지원이 없는 상태에서 유럽이 민족 국가들 사이의 전투로 해체된다는 오랜 소비에트의 꿈조차도 실현될 수 있을 터였으니 말이다. 「그렇게 되면 아무것도 남지 않을 테고, 러시아인이 가서 여자들을 모조리 차지하게 되겠지요.」 그가 웃으면서 한 말이었다.[163]

물론 치기린스키는 농담한 것처럼 보였지만, 문제는 그가 전직 외무 장관 이고리 이바노프 같은 러시아 해외 첩보부 고위급 인물들과 여전히 연줄이 있었다는 점이다. 아울러 치기린스키의 웃음에는 날이 서 있었다. 2018년 7월, 헬싱키에서 트럼프가 마침내 푸틴과 만나 최초로 정상 회담을 가졌을 때, 러시아 정권이 어떤 식으로건 트럼프를 장악하고 있다는 주장을 기껏해야 언론의 선동쯤으로 무시했던 많은 사람은 충격적인 장면을 목격하게 되었다. 전 세계가 지켜보는 가운데 미국 대통령이 확연히 푸틴에게 아양을 떨고 있었기 때문이다. 즉 러시아 월드컵 개최에 대해서 갖가지 칭찬을 늘어놓고, 러시아 지도자에게 〈훌륭한 경쟁자〉라며 아부한 것이었다. 거기서 트럼프는 2016년 대통령 선거에 대한 러시아 개입에 관해 자국 정보기관이 내놓은 결론을 정면으로 반박하면서, 자기 말처럼 푸틴의 〈극도로 강력하고 단호한〉 부정을 선호했다.[164] 푸틴은 사람이 가득한 회견장에서 미소를 짓고 때로는 빙글거리면서 거의 모든 일을 주도했다. 미국 선거에 영향을 주려는 러시아의 시도에 관해 질문받자, 그는 〈일개 민간인〉의 행동이었다고 일축하고 넘겨 버렸다. 즉 자신의 가까운 동맹자로서 〈푸틴의 요리사〉라는 별명을 가진 전직 급식업자 예브게니 프리고진과 그의 소유인 콩코드 운용에 대한 미국 검찰의 기소를 가리키는 것이었다. 프리고진은 미국 유권자들이 트럼프를 지지하는 데에 영향력을 끼치기 위한 대대적인 온라인 공작 배후에 있는 트롤 회사를 운영한 혐의로 기소되었다. 「그들은 러시아라는 국가를 대표하지 않습니다. 그것은 일개 민간인의 문제이지 국가의 문제가 아니므로 (……) 사방에서 남의 일에 간섭하는 사람이라면 당신네 쪽에도 많이 있고, 예를 들어 소로스처럼 수십억 달러의 재산을 가진 사람도 있지 않습니까? 그렇다고 그것이 미국이라는 국가의 입장입니까? 아니죠. 그건 어디까지나 일개 민간인의 입장일 뿐입니다. 여기서도 마찬가지라는 겁니다.」 푸틴의 주장이었다.[165]

　푸틴으로서는 농담조로 한 말이었다. 〈일개 민간인〉이라는 용어는 그 어떤 크렘린의 개입에 대해서도 그럴싸하게 부인할 수 있는 가능성을 허락하는 전형적인 KGB의 전술로서, 푸틴 정권의 운영 방식의 핵심에 놓여 있었다. 그 당시에는 KGB 자본주의 치하에서 러시아의 모든 중요한 〈민간인〉 사업가는 국가의 요원이 된 상태였다. 2003년 호도르콥스키의 체포 이후, 이들은 점점 더 독립성을 빼앗겨 버렸다. 2008년 금융 위기는 그 과정을 심화했으며, 그 나라의 억만장자 가운데 다수는 국가의 긴급 원조 대출에 의존하게 되었다. 2014년에 러시아가 대치로 향하면서 그들은 마지막 신호를 받게 되었으며, 심지어 충성스러운 억만장자조차도 자기 사업을 국가에 강제로 넘기지 않을 수 없게 되었다. 한때 강력한 올리가르히로 알려졌던 사람들이 이제는 푸틴의 크렘린의 봉신(封臣)이 되었으며, 이들의 일거수일투족은 면밀히 감시받았고, 이들의 전화는 대부분 도청당했다. 이들을 단단히 통제하기 위한 〈콤프로마트〉 수집품은 법 집행 기관으로서도 큰 사업이 되었다. 여러 재벌은 각자에게 부과된 업무를 수행함으로써, 푸틴의 호의를 받으며 남아 있으려고 도모했다. 「이들은 크렘린으로 쥐를 잡아 가져오는 고양이와도 유사합니다.」 푸틴의 영향력 작전에 관한 전문가인 프라하 국제 관계 연구소의 갈레오티의 말이다.[166] 이들이 사업을 진행하려면, 아울러 법 집행 기관과 경쟁자인 다른 올리가르히의 공격으로부터 살아남으려면 푸틴의 승인이 필요했다. 「그들 모두는 일인자에게 의존하고 있습니다. 러시아야말로 그들이 돈을 벌 수 있는 주된 장소이므로, 이를 위해 그들 모두는 푸틴의 고갯짓에 의존하고 있는 것입니다.」 한 억만장자와 가까운 관련자의 말이다.[167]

그들은 봉건 제도의 일부분이 되었으며, 여기에서 사업을 두고 싸우는 경쟁자들 간의 궁극적 중재인이라는 푸틴의 역할이야말로, 그 권력의 원천이었다. 어느 정도 수준을 넘어서는 (누군가의 말마따나 5000만 달러 이상의) 거래는 대부분 푸틴의 승인을 받아야만 진행할 수 있었다. 서방의 한 고위급 은행가의 말에 따르면, 때때로 그 금액보다 더 낮은 거래에도 푸틴이 간섭했다고 한다. 「제가 정말로 놀랐던 점은 푸틴이 2000만 달러짜리 거래까지도 관여했다는 점이었습니다.」 이 특별한 사례에서는 한 사업가가 자기 사업을 정리하고 외국으로 떠나고 싶어 했다. 「하지만 그는 어디에도 가지 말라는, 자기 회사를 계속 유지하라는 답변을 얻었습니다.」 은행가의 말이다.[168] 그런 시스템에서는 러시아 사업가들이 땅 한 덩어리나 개발 허가에 대한 푸틴의 승인을 얻기 위해서라든지, 또는 단지 자기가 교도소에 가지 않기 위해서라도, 크렘린을 대신하여 해외 정치인들을 육성하려고 자원하고 나서는 모습을 상상하기도 어렵지 않다.

아울러 이런 시스템에서 푸틴의 사람들은 자신들이 상황을 어디로 끌고 가고 싶어 하는지에 대해서 분명한 신호를 내비쳤으며, 크림반도 합병 이후에는 특히나 그렇게 했다. 「그들의 발상은 매우 명료합니다. 서방은 러시아를 파괴할 것인데, 왜냐하면 우리가 정교회 신자이기 때문이라는 것이고 (……) 우리에게 있는 자원을 그들이 빼앗아 가고 싶어 한다는 겁니다. 우리에게는 가장 뛰어난 운동선수와 예술가와 발레리나가 있으므로 그들의 부러움을 산다는 겁니다. 우리에게는 가장 발전한 사람, 가장 똑똑한 사람이 있다는 겁니다. 이제는 그 기구의 각 부분이 그 나름대로 사업을 다루고 있으며, 그 기구는 스스로 작동하고 있습니다. 모두가 각자 할 수 있는 일을 하는 겁니다.」한 러시아 고위급 사업가의 말이다.[169]

푸틴과 그의 KGB 사람들은 너무 멀리까지 가버렸다. 소비에트 붕괴 직전에 서방으로 자산을 옮기기 위해 만든 네트워크는 보전되었으며, 새로운 현금으로 가득하다. 비르시테인 같은 범죄 조직 관련자들은 여전히 활동 중이며 가까이에 있는 상태이고, 치기린스키처럼 그들을 따르면서도 외관상으로는 더 존경받는 사업가들 역시 러시아라는 국가와 깊이 제휴하고 있다. 옐친 치하의 짧은 기간 동안 이 네트워크 가운데 일부가 걷잡을 수 없이 추락할 위험이 있었다고 치면, 푸틴 치하에서는 안보 기관이 자신들의 수위성을 재주장했다. 예를 들어 치기린스키의 사례를 보아도, 푸틴의 안보계 사람들이 그를 장악한 상태이다. 치기린스키가 2008년 금융 위기 이후 다시 러시아를 떠난 이후에도 형제인 알렉산드르는 모스크바에 남아 있었다. 치기린스키는 자기가 망명 중이라고, 형제와도 소원해진 까닭에 더는 이야기도 나누지 않는다고 모두에게 말하고 다녔다. 하지만 그는 두 사람이 최근에 주고받은 메시지 여러 개를 내게 보여 주었는데, 거기에는 알렉산드르가 참석한 모스크바시의 어느 고위 공직자의 은퇴식 사진이 들어 있었다. 아울러 알렉산드르의 부동산 사업은 크렘린과 좋은 관계를 유지하는 것에 거의 전적으로 달려 있었다.[170] 모길레비치와 그의 동료들을 통해, 범죄 조직 솔른쳅스카야단을 통해, 나아가 키슬린, 사피르, 아갈라로프, 치기린스키를 통해 아주 오래전에 구축된 검은 돈 네트워크는 지금도 여전히 사용되고 있다. 부시 행정부의 미국 국가 안보 회의 러시아 담당 국장 그레이엄은 〈그런 안보계의 네트워크는 결코 사라진 적이 없었다. 항상 그 자리에 있었다〉고 말했다.[171]

심지어 모스크바 금융업자들의 이 네트워크가 확장을 거듭하며 브라이턴 비치 출신의 새로운 세대까지 (즉 사테르와 드보스킨을) 포함하게 되는 와중에, 푸틴은 이를 넘어서서 다른 영향력의 수단들을 개발했다. 예를 들어 트럼프의 팜비치 저택을 과도하게 비싸게 구매했던 비료 재벌 리볼로프레프가 있었다. 또 전직 석유 재벌 아브라모비치가 있었는데, 그는 최근 들어 런던에서 뉴욕으로 초점을 옮긴 상태이다. 그의 두 번째 아내는 (그러니까 2017년에 8월에 두 사람이 이혼하기 전의 일인데) 뉴욕에 있는 적갈색 사암 저택을 매입했고, 이들 부부는 트럼프의 딸 이방카, 그 남편 재러드 쿠슈너와 그 형제와 함께 음주와 식사를 즐겼다. 「제가 알기로는 푸틴이 아브라모비치를 그곳에 보내서 영향력 캠페인을 지속하게 한 겁니다.」 예전에 그와 가까웠던 한 관련자의 말이다.[172] 다음으로 벡셀베르크가 있었는데, 첨단 기술 허브 스콜코보의 대표인 이 고위급 관료 같은 풍모의 인물은 러시아 석유에서 얻은 자기 재산의 일부를 사용해 미국의 자산을 매입했다. 그런 자산 중에는 CIFC의 지배권도 있었는데, 이곳은 개인 부채 140억 달러를 관리하는 미국 최대의 대출 채권 담보부 증권 관리업체 가운데 하나였으므로, 여차하면 채무를 진 미국인 사업가를 겨냥할 수 있었다. 즉 은밀한 무기 겸 영향력이 될 잠재력을 보유한 셈이었다.

「러시아 최고의 사업가 열 명은 저마다 뭔가를 하고 있습니다. 현금을 워낙 많이 갖고 있으니까요. 그들은 뭐든지 살 수 있습니다. 미국에서는 자국에 게이츠도 있고 마크 저커버그도 있다고 자랑하고 다녔습니다만, 러시아가 나타나서 그런 환상을 박살 냈던 겁니다. 러시아인은 항상 더 똑똑했습니다. 냉정히 말해서, 푸틴은 러시아를 위해서 대단한 일을 하고 있습니다. 그들은 규칙을 피해 갈 수 있는 길이 있다면 반드시 그렇게 합니다. 그들은 항상 서너 개의 서로 다른 이야기를 하고 있으며, 그 모두는 결국 소음 속에 모두 사라져 버립니다.」한때 러시아 억만장자 한 명의 가까운 관련자였던 사람의 말이다. 그의 말에 따르면, 푸틴의 사람들은 오래전부터 다수의 층위에서 활동 중이었다. 「그들에게는 어떤 사람의 당선을 돕기 위해 아이다호의 한 보건소에 기부한 300만 달러도 그리 큰돈은 아닙니다. 오히려 싼 편인 거죠.」[173]

강력한 언론 장관 페스코프는 이전까지만 해도 외교관으로 해외에서 근무했는데, 그는 트럼프와 러시아의 유대를 조사하기 위해 임명된 특별 검사 로버트 뮬러의 노력이 결코 성공하지 못할 것이라고 호언장담했다. 「러시아에서는 그런 것을 가리켜 체로 물을 퍼 올린다고 합니다. 그 과정이 지금 딱 그렇게 보이는군요.」페스코프의 말이었다.[174] 그의 말은 무척이나 옳았던 것으로 드러났다. 전직 KGB 간부 시베츠는 뮬러 특검이 간행한 결과물에 대해서 그저 코웃음 쳤을 뿐이었다. 「그건 단지 대담집에 불과했습니다.」그의 말이었다. 실제로 간행된 내용에는 방첩 관련 내용이 전혀 들어 있지 않았다. 「그런 내용도 없이 어떻게 트럼프를 조사한다는 겁니까?」[175]

트럼프와 공화당에 관한 공식 발표문만 보면, 뮬러 특검은 용두사미로 끝난 것처럼 보였다. 하지만 모스크바 금융업자들로 이루어진 바로 그 네트워크의 일부분이 계속해서 운영되었다는 사실만큼은 명백해졌다. 2020년 미국 대통령 선거가 다가오는 상황에서, 그중 일부는 여전히 트럼프에게 유리하도록 상황을 끌고 가려고 시도하고 있는 것처럼 보였다. 사피르의 동업자이자 치기린스키의 관련자인 키슬린은 전직 뉴욕 시장이자 그 당시에 트럼프의 개인 변호사로 활동 중이었던 줄리아니와 긴밀한 관계를 조성했다. 그는 트럼프와의 친밀한 관계를 자랑하기 좋아했으며, 1990년대에는 줄리아니의 시장 유세에 상당한 기부금을 내놓았다.[176] 2019년에 키슬린은 줄리아니에게 우크라이나의 부패에 관한 주장을 조사해 보라고 촉구했으며,[177] 트럼프 행정부에는 크렘린의 지원을 받은 분리주의자와 러시아의 크림반도 합병에 대항하여 혹독한 전쟁을 치르는 동안 우크라이나를 이끌었던 전직 대통령 페트로 포로셴코를 조사하라고 요구했다. 키슬린은 중요한 시점에 이런 주장을 내놓은 셈이었는데, 줄리아니는 2020년 대통령 선거에서 트럼프의 민주당 경쟁자가 될 가능성이 높은 바이든의 체면을 실추시킬 내용을 우크라이나에서 적극적으로 찾아보는 중이었기 때문이다. 키슬린은 줄리아니를 위해서 문을 열어 준 것처럼 보였다.[178]

소비에트 태생의 사업가인 이고리 프루만과 레프 파르나스는 역시나 줄리아니와는 물론이고 (둘 중 한 명의 주장에 따르면) 트럼프와도 친해진 두 사람 모두 해외의 영향력을 단속하는 법률을 위반하려 모의한 혐의로 훗날 체포되었다.[179] 이들은 중개업자로 활동했으며, 바이든의 아들 헌터가 근무했던 우크라이나 가스 회사 부리스마를 둘러싼 부패 주장에 관한 정보를 보유한 전현직 우크라이나 검사 세 명에게 줄리아니를 소개해 주었다.[180] 아울러 이때부터 이들은 〈민주당이 2016년에 우크라이나와 손잡고서 크렘린과 트럼프가 유세를 공모했다는 주장을 내놓은 것〉이라는 트럼프의 최애 이론을 확대할 수 있는 것이라면 뭐든지 물색하고 다니기 시작했다.[181]

그런데 트럼프 호텔의 리무진 서비스와 숙박에만 수만 달러를 과시하듯 써버리고, 트럼프와 제휴한 정치 활동 위원회에 수십만 달러를 건넸던 이 두 사람은 알고 보니 피르타시를 위해서 일하는 것으로 밝혀졌다.[182] 크렘린과 모길레비치의 후원을 받아 투르크메니스탄과 러시아와 우크라이나의 삼각 가스 무역을 넘겨받은 그 가스 재벌은 우크라이나 역대 대통령을 줄줄이 부패시킨 비자금을 만든 바 있었다. 피르타시는 2014년부터 빈의 자택에 연금된 상태였는데, 미국이 뇌물 혐의로 그의 인도를 요구했기 때문이었다. 하지만 그의 사정거리는 여전히 멀리까지 미쳤다. 즉 처음에는 유럽에까지 미쳤으며, 나중에는 미국에까지 미쳤으며, 여기서 파르나스가 그의 통역사로 함께 일했다. 파르나스와 프루만은 자기네의 호화로운 생활의 자금을 피르타시가 지원한다고 자랑했기에,[183] 마침 그의 뇌물 사건을 수사하던 시카고 연방 검찰에서도 이 두 사람을 주목하게 되었다.[184]

러시아의 검은돈 네트워크는 점점 더 깊이까지 파고 들어가는 것처럼 보인다. 미국 민주주의 제도와 법규에 대한 트럼프의 무시와 결합하면서, 러시아의 검은돈은 본격적인 대치 상태를 낳았다. 트럼프가 2019년 7월 27일에 우크라이나 대통령 볼로디미르 젤렌스키에게 전화를 걸어서 줄리아니와 만나고 바이든에 대한 조사를 진행하라고 요구했다는 통화 내역이 폭로되자, 많은 사람은 트럼프의 행동이 직권 남용에 해당한다고 보았다. 현직 대통령이 2020년 선거에서 자기를 지원해 달라며 해외 세력에게 직접 요구했던 것이다. 트럼프는 자신의 요구에 대한 응낙 여부에 따라서 우크라이나에 대한 미국의 군사 지원이 결정될 것이라고 암시했던 것처럼 보인다. 많은 사람이 보기에 이런 행동은 민주주의의 퇴화를 상징하는 동시에, 소비에트 붕괴 이후에 미국 외교관들이 추구했던 모든 것의 잠식을 상징했다. 미국 정부는 오래전부터 우크라이나에서 민주주의를 강화하려 도모했고, 그 나라를 러시아의 지배에서 보호하려 도모했으며, 그 나라의 통치를 잠식하는 부패 계책을 제거하려 도모했다. 문제의 통화 당시 우크라이나 주재 미국 특사 대표였던 윌리엄 테일러의 말마따나, 이러한 〈불규칙적인 정책 통로는 오래 견지되어 온 미국의 해외 정책 목표와 정면으로 배치되는〉 것이었다.[185] 이에 대처하는 유일한 방법은 탄핵 조사를 통하는 것뿐이었다.

러시아는 이런 혼돈에 기뻐하는 것처럼 보였지만, 또 한편으로는 미국 대통령 탄핵이 어떤 결과로 이어질지 두려워하는 것처럼 보였다. 이 스캔들은 미국 정치 시스템의 허약함을 폭로하는 동시에, 미국 정치 시스템이 어떻게 내부에서부터 부식됐는지를 폭로하는 셈이었다. 「마치 미국 정치가 통째로 경매에 나온 것처럼 보였습니다. 우리는 서방의 가치를 믿었습니다만 (……) 알고 보니 거기서는 만사가 돈에 달려 있었고, 그 모든 가치는 순전히 위선이었던 겁니다.」 러시아 안보 기관과 유대가 있는 한 고위급 은행가의 말이었다.[186]

하지만 애초부터 바로 그 시스템을 부식시키려고, 즉 서방에서 부패를 악화시키려고 러시아의 검은돈 네트워크가 파묻혀 있었던 것도 사실이었다. 러시아의 한 고위급 사업가가 보기에, 푸틴의 러시아는 서방의 자유주의적 민주주의에 대한 위협의 증대를 상징했다. 탄핵 조사와 2020년 미국 대통령 선거에서 자유주의적 가치와 푸틴식의 부패한 권위주의적 질서 사이의 충돌은 대단원에 도달했다. 「서방에 혼돈을 심기 위해서라면 러시아가 원하는 만큼 돈을 쓸 수 있다는 사실을 푸틴은 잘 이해했습니다. 〈옵스차크〉, 즉 검은돈의 금고는 국가 예산의 규모가 되었으며, 그들은 올리가르히에게도 명령을 내릴 수 있습니다. 이것이야말로 마피아가 국가 권력을 장악한 셈이고, 국가가 마피아 노릇을 하는 셈입니다.」[187]

KGB 자본주의 시스템은 여전히 작동 중이다. 그 네트워크들도 여전히 그대로 남아 있다.

1   푸틴과 그의 아내 류드밀라의 둘째 딸 카테리나, 일명 카탸는 1986년 8월에 가족이 머물던 드레스덴에서 태어났다.

2   1999년에 러시아 대통령 옐친(오른쪽)은 자신이 총리로 임명한 전직 스파이 총책
프리마코프(왼쪽)가 제기하는 점점 커지는 위협에 직면한 상태였다.

3   옐친의 딸 타티야나와 그녀의 남편이자 전직 대통령 옐친의 행정실장 유마셰프.
4   1999년의 마지막 날, 옐친(오른쪽)은 대통령 직위를 푸틴에게 넘겨주었다.

5   체첸 공화국에서 벌인 전쟁 덕분에 푸틴은 대통령 권좌에 등극했으며, 이로써 당시 FSB
     수장이었던 파트루셰프(오른쪽)가 주도하는 상트페테르부르크의 〈실로비키〉, 즉 무력
     보유자들의 대두가 보장되었다.

6   호도르콥스키(왼쪽)와 베레좁스키(오른쪽) 같은 옐친 시대의 올리가르히의 횡재할 수 있는
시절은 푸틴이 대통령에 취임하면서 끝나고 말았다.

7 한때 러시아에서 가장 부자였던 호도르콥스키(왼쪽)와 그의 가장 가까운 부하
레베데프(오른쪽)가 2005년에 사기와 세금 포탈 혐의로 재판을 기다리는 모습이다.
8 국영 석유 대기업 로스네프트의 회장 세친(왼쪽)과 석유 무역업체 군보르의 설립자
팀첸코(오른쪽)가 보유한 부는 크렘린이 호도르콥스키의 석유 대기업 유코스를 장악한 이후
신속하게 늘어났다.

9 　방크 로시야의 최대 주주 코발추크.
10 　1980년대에 드레스덴을 통해 수출이 금지된 기술을 밀수했다고 이야기되는 전직 슈타지 요원 겸
　　억만장자 슐라프.
11 　재벌이자 러시아 정교회 신자인 말로페예프.
12 　크렘린과 연계된 재벌 피르타시는 러시아와 우크라이나와 투르크메니스탄의 음지 가스 무역
　　계책의 중심에 있었다.

13 솝차크의 아내 나루소바를 위로하는 푸틴. 상트페테르부르크 시장이었던 솝차크는 2000년에
   푸틴의 대통령 당선을 몇 달 앞둔 상태에서 의문사했다.

14   2000년 5월에 거행된 대통령 취임식에서 번쩍이는 안드레옙스키 연회장으로 걸어 들어가는
      〈칸디다트 레지덴트〉.

15   2002년 10월에 러시아 특수 부대가 체첸 공화국 테러리스트의 농성을 진압하려는 필사적인
      작전의 와중에, 모스크바의 두브롭카 음악당에 정체불명의 가스를 살포하면서 115명 이상의
      인질이 사망했다.
16   내부자의 증언에 따르면, 푸틴은 그 인질극이 계획에서 완전히 벗어나 전개되자 공황 상태에
      빠지고 말았다고 한다.

17   2003년에 영국을 국빈 자격으로 방문했을 당시, 환영 행사에서 환대를 받는 푸틴과 류드밀라.
      이 당시에 러시아 검찰에서는 자국에서 가장 부유한 인물인 호도르콥스키를 겨냥한 법적 공세를
      시작한 상태였다.

18 베슬란 사건이 벌어진 학교 체육관에 모인 조문객들. 체첸 공화국의 무장 테러리스트가 이 학교를
　　점령하고 폭탄을 설치한 결과 인질 330명이 사망했는데, 그중 절반 이상이 어린이였다.
19 체육관에서 연쇄 폭발이 일어나고, 러시아 특수 부대가 학교에 화염 방사기를 발포하면서,
　　인질극은 치명적인 대화재로 끝나고 말았다. 폭발의 최초 원인은 여전히 의문으로 남아 있다.

20   모길레비치가 세금 포탈 혐의로 징역 18개월 형을 받았다. 러시아 안보 기관과 범죄 조직의
      교차점에 해당하는 그는 1980년대부터 러시아 범죄 조직이 서방으로 돈을 옮기는 일에서 두뇌
      노릇을 해왔다.
21   2002년에 솔른쳅스카야 범죄 조직 집단의 두목으로 알려진 미하일로프의 별장을 모스크바
      경찰이 압수 수색 했다. 하지만 이와 관련된 기소는 전혀 이루어지지 않았다.

22 야쿠닌은 무신론적인 소비에트 국가에 충성했던 경력의 소유자이지만, 푸틴과 가까운 KGB
   사람들 중에서 최초로 러시아 정교회로 개종했다.
23 억만장자 아브라모비치(오른쪽)는 2003년에 첼시 FC를 매입하면서 영국 축구계의 유명 인사가
   되었다.

24 푸틴은 2012년 선거에서 승리를 선언하면서 눈물을 흘리지 않을 수 없었다. 더 자유주의적인
    메드베데프 대통령의 임기 이후에, 푸틴이 권좌로 복귀할 예정이라는 소식에 그의 통치에 대한
    최초의 심각한 시위가 촉발되었다.
25 팀첸코처럼 가까운 동맹자들의 재산은 푸틴의 세 번째 대통령 임기 동안에 계속해서 급증했다.

26 1990년 4월에 개장한 애틀랜틱시티의 번쩍이는 사업체 타지마할 카지노에서의 트럼프.
  이 카지노는 러시아 범죄 조직원과 이민자들이 즐겨 찾는 관광지가 되었다.

27 트럼프와 함께 있는 아리프와 사테르는 뉴욕에 근거한 부동산 개발업체 베이로크 그룹의 배후에
  있는 구소련 이민자들이다.

맺음말

시스테마

푸틴의 러시아가 그 국경을 넘어서까지 서방의 자유주의적 질서에 대해 위협을 제기하는 사이, 내부적으로는 KGB 자본주의 시스템이 석회화되고 있으며, 어쩌면 유지가 불가능하게 되어 가고 있는 것처럼 보인다. 엄격한 통제와 부패로 이루어진 마피아 시스템이 사회의 모든 틈새로, 정치의 모든 결정으로, 사업의 모든 거래로 스며들고 있다. 유코스와 호도르콥스키의 몰락 이후, 안보계 사람들의 권력이 워낙 확장된 까닭에 FSB가 거의 모든 사업가와 모든 지역 정치인을 좌우하게 되었으며, 먹이 사슬에서 낮은 곳에 있는 사람에 대해서도 매한가지가 되었다. 이 시스템에서는 여러 분파가 (때로는 같은 법 집행 기관 내에서 서로 다른 부서들끼리도) 자국의 부의 조각들을 놓고 싸움을 벌였으며, 여기서 살아남기 위해서는 협조하지 않을 수 없었다. 반항하는 사람들은 교도소에 갔다. 이제부터 소개할 비교적 하급의 관료의 이야기는 이 시스템의 작동 방식을 예시하고 있다. 재판 전 구금 조치를 당한 이후에 흔적도 없이 사라진 수천 명의 사람과 달리, 이 관료는 안보 기관과 범죄 조직이 지역 권력의 가장 사소한 문제들까지 결정하는 부패의 뒤얽힘을 폭로하는 파괴적인 문서를 간행했다. 그가 폭로한 내용은 앞에서 소개한 내용에서 사테르의 친구 드보스킨과 함께 검은돈 계책에서 일했던 FSB 장군에게까지 이어진다.

알렉산드르 셰스툰은 모스크바에서 남쪽으로 100킬로미터쯤 떨어진 작은 시골 지역 세르푸호프의 시장이었다. 그는 1990년대 러시아의 난폭한 자본주의에서 산전수전 다 겪은 건설 자재 판매업자로 성공하면서 그 지역에서 가장 부유한 사업가 가운데 한 명이 되었다. 비유하자면 작은 연못의 큰 물고기였다.[1] 그 지역의 시장으로 당선된 이후에는 푸틴의 국가에 대한 충성을 예증하기 위해 온갖 노력을 다했다. 친(親)크렘린 통일당에 입당했으며, FSB와도 긴밀하게 일했다. 셰스툰이야말로 FSB에서 말하는 이른바 〈어뢰〉였다. 그는 지역 사업가와 공직자와 나눈 대화를 녹음해 두었다가, 자기 경쟁자를 몰락시킬 수 있는 정보와 함께 FSB에 제공하기로 비밀리에 약속했다. 이것이야말로 소비에트 정보원 시스템의 복사판이었으니, 그 당시에는 시민들이 교도소에 가지 않고 정권의 오른편에 서 있기 위해서 자기 이웃에 관한 이야기를 일러바친 바 있었다. 다만 지금은 그런 행동이 100배나 더 정교해졌다는 차이가 있을 뿐이었다.

셰스툰의 활동은 FSB에게도 극도로 귀중했던 것으로 드러났다. 그는 불법 카지노 사업을 운영하는 지역 검찰의 조직에 관해 정보를 제공함으로써, FSB가 그 우위를 유지하도록 도움을 주었다.[2] 하지만 2013년에 모스크바 지역에 강력한 신임 주지사가 임명되자, 시장으로서 셰스툰의 전성기도 끝나고 말았다. 신임 주지사는 전직 국방 차관 세르게이 쇼이구였다. 마침 푸틴의 가까운 동맹자인 팀첸코가 자기 가족의 사업에 투자하는 과정에서 셰스툰이 직접 통제하는 좋은 부동산 가운데 일부분을 원하게 되었다. 셰스툰의 시장으로서의 임기가 끝날 무렵, 그가 자택을 건설한 그 땅을 매입한 것에 대해서 FSB

가 형사 사건 수사를 개시했다. 하지만 셰스툰은 불가피한 결과에 굴복하지 않고 완강히 버텼다. 이전까지만 해도 협력 상대였던 FSB 장군 트카체프가 이 형사 사건 수사를 놓고 협박을 시작하자, 셰스툰은 자기네 대화를 녹음했으며, 나중에 그중 일부를 유튜브에 공개해 버렸다.

트카체프는 FSB에서도 강력한 K 국의 책임자였는데, 명목상으로는 경제 범죄를 수사하는 부서였지만 실제로는 검은돈 계책 가운데 다수를 감독하고 있었다. 드보스킨과 아는 사이인 전직 고위급 은행가의 말에 따르면, 이 장군은 검은돈 이전 계책 가운데 다수를 운영하는 과정에서 드보스킨이며 먀진과도 긴밀히 일한 바 있었다.[3] 셰스툰이 나중에 말한 바에 따르면, 그 역시 트카체프가 드보스킨과 함께 있는 모습이라든지, 이와 연관된 다른 돈세탁 계책을 운영하며 서방의 계좌로 수백억 루블을 옮긴 또 다른 은행가와 함께 있는 모습을 종종 보았다고 한다.[4] 이 장군은 자기 지위를 이용하여 이런 계책 가운데 일부에 대한 내무부의 조사를 막기도 했다. 2014년에 데니스 수그로보프와 보리스 콜레스니코프라는 경찰 수사관 두 명이 너무 가까이 다가오자, 트카체프는 이들의 체포를 도모했다. 결국 콜레스니코프는 구류 상태에서 베란다에서 추락해 사망하고 말았다.

셰스툰이 공개한 테이프 가운데 하나를 보면, 트카체프와 크렘린 행정실 소속의 한 고위급 공무원은 셰스툰을 직위에서 강제로 몰아내려고 시도하는 과정에서 그 경찰관의 운명을 언급했다. 트카체프는 이렇게 협박했다. 「당신은 무사히 떠나지 못할 거요. 그 문제는 대통령에게까지 보고되었으니까. FSB 수장이며, 대통령 행정실 행정실장 모두가 이 문제에 관해서 이야기를 나누었소. 당신이 행패를 부리면 그들이 증기 롤러로 당신을 깔아뭉개고 지나갈 거요. 수그로보프에게 무슨 일이 일어났는지 못 봤소? (……) 군이 이렇게까지 할 필요가 있소? 당신이, 또는 당신 부인이, 또는 당신 아이들이 이런 문제를 겪을 필요가 있소? 그들은 어쨌거나 당신을 교도소에 넣을 거고, 당신은 그들이 원하는 만큼 오랫동안 그 안에 들어가 있어야 할 거요. 당신도 이런 사실을 분명히 알아야 할 거요.」이어서 트카체프는 주지사 교체를 거부하며 완강히 버티던 훨씬 더 강력한 지역 주지사 여러 명을 자기가 줄줄이 교도소에 보냈다고 말하며, 그 이름을 하나하나 거론했다. 「우드무르트 공화국. 그는 그곳에서 차르이자 신이었지. 마리 엘 공화국. 그 역시 차르이자 신이었지. 사할린, 블라디보스토크. 그가 가장 냉철하더군. 하지만 나는 맨손으로 그를 끌어냈지. 나는 그 모든 주지사와 일했었소. 그 모든 지역 수장과 말이오.」[5]

트카체프가 셰스툰에게 말한 바에 따르면, 차라리 범죄 조직과 갈등을 빚었더라면 생존의 기회가 더 많았겠지만, 푸틴의 국가를 상대로는 그럴 수가 없었다. 「당신은 평범한 사람이오. 당신은 반역자가 아니란 거요. 당신은 타격을 가하는 방법을 예전부터 항상 알고 있었소. 하지만 이제 당신은 진짜로, 진짜로 증기 롤러 밑에 깔린 셈이오. 당신도 차라리 강도와 얽히는 게 더 나았을 뻔했소.」[6] 그 장군의 말에 따르면, 어쨌거나 푸틴이 이미 그 지역 범죄 조직의 수장 세르게이 랄라킨, 일명 루초크와 접촉했다는 것이었다. 「대통령이 그와 이야기를 나누었소. 그는 훈장도 받았단 말이오. 그가 어떻게 그와 이야기하지 않을 수 있었겠소? 삶이라는 게 그런 거요. 당신도 아시겠지만.」[7]

한 크렘린 내부자의 말마따나, 이것이야말로 점차 유지가 불가능해지는 시스템이었다.[8] 푸틴은 해외 정책의 위업으로 거둔 성공 덕분에, 대통령으로서 자기 이너 서클의 나머지보다 훨씬 더 위로 올라가 있게 되었다. 하지만 푸틴의 안보계 사람들 사이의 내부 갈등은 가속화하고 있었다. 서방의 제재에서 비롯된 경제 침체는 자원과 부를 통제하려는 점점 더 치열한 투쟁으로 이어졌다. 크렘린의 내부자가 넌

지시 말한 바에 따르면, 세친은 신속하게 힘을 얻어 갔다. 재빠르면서도 눈에 띄지 않게, 그는 FSB 최고위직 가운데 하나인 중장급 직위를 얻었으며, 자신의 명령을 이행하는 추종자들을 FSB 고위급 직책에 앉혔다. 한때는 강력했던 러시아 국영 철도 대표 겸 푸틴의 가까운 동맹자인 야쿠닌 같은 사람들은 생존을 위해 분투하고 있는 것처럼 보였다. 그의 가까운 관련자들이 포위되고 체포되었다. 한 러시아 재벌의 추측에 따르면, 그 관련자들은 여차하면 당장이라도 야쿠닌에게 불리한 증언을 내놓을 수도 있었다.[9] 이와 동시에 시스템의 모든 부분에 부패가 만연했으며, 심지어 푸틴의 직속 엘리트 경비대인 국가 근위대에 납품하는 소시지와 기타 식품의 공급 가격조차 부풀린 한통속 거래가 있을 정도였다.[10]

격화되는 투쟁과 심화되는 러시아의 고립 속에서, 〈서방이 어떻게 생각할지를 걱정했던 사람들은 이미 오래전에 그런 것을 까맣게 잊어버리고 말았다는〉 것이 한 러시아 재벌의 말이다. 「이제는 그저 생존을 위한 전투만이 있을 뿐입니다.」 모스크바의 한 고위급 판사는 예전에만 해도 최소한 법치를 따르는 외양을 지키려고 신경을 썼지만, 지금은 시스템에 편입된 지 오래이다. 자기 딸이 국영 석유 대기업 로스네프트에서 막대한 봉급을 받기 때문에, 이 판사도 상황을 위험에 빠트릴 만한 일은 하지 않는 것이다. 「이 사람들은 변했습니다. 판사는 마치 피를 마시기라도 한 것 같았습니다. 이제는 그 사람도 시스템의 일부분입니다. 이제 그들은 어떻게 해야만 자기네가 남들보다 더 거칠고 잔인해질 수 있을지에 대해서만 생각합니다.」 재벌의 말이다.[11]

이제 러시아 공직자들은 서방의 투자에 관해서 더 이상 신경을 쓰지 않는 모양인지, 급기야 러시아에 아직 남아 있었던 극소수의 서방 투자자 가운데 한 명인 마이클 캘비를 2019년 2월에 체포하고, 그의 펀드 자산을 동결해서 푸틴의 안보계 사람들이 차지할 준비를 마쳤다.

하지만 제재와 내부 다툼과 푸틴의 사람들의 독점에 가까운 사정 거리는 경제를 쉴 새 없이 저해하는 것으로 입증되었다. 한 서방 변호 사가 짓궂게 지적한 것처럼, 크림반도 공세 이전까지만 해도 러시아 는 2020년에 이르러 세계 5위의 경제력을 보유하게 되리라 추정되고 있었다.[12] 하지만 이제는 13위만 차지해도 운이 좋은 셈일 것이며, 그 나마도 이제는 누구 하나 신경 쓰지 않았다. 경제 성장률은 1퍼센트를 간신히 넘을 정도로 정체되어 있었다. 이 변호사의 말에 따르면, 그의 고객 대부분은 예전에만 해도 민간사업자였지만, 이제는 모두 어느 정도씩은 푸틴의 국가를 대신하여 활동하는 것처럼 보인다고 했다.

「KGB가 권력을 잡게 되면서 이런 일이 벌어진 겁니다. 그들이 아는 것이라고는 흑색 작전을 수행하는 방법뿐이니까요.」 어느 전직 정부 고위 공직자의 말이다.[13]

러시아가 크림반도를 합병한 직후에 나타난 애국주의와 자부심 의 급증은 푸틴이 2018년 3월에, 77퍼센트의 득표율로 재선에 성공 할 수 있을 만큼만 길게 지속되었다. 그 직후부터 러시아 내부에서는 그를 향한 대중의 지지가 마침내 떨어지기 시작했다. 국민 각자의 수 입이 늘어나는 한에는 푸틴과 그의 이너 서클이 마음껏 지배하게끔 허락했던 불문 협정도 시들해지고 있었다.

소비에트 시절에 그랬던 것처럼, 푸틴의 러시아는 영향력 작전 과 자국의 해외 위상 회복에만 초점을 맞추었고, 그 와중에 국내 경제 의 발전에는 소홀했다. 푸틴 정부는 중동에서의 군사력 과시라든지, 서방의 동맹에 균열을 내려고 도모하는 과정에서 다른 우호 국가들에 대한 정치적 지원 제공이라든지에 대한 지출을 점점 더 공개적으로 늘려 나갔다. 독립 매체 TV 레인의 보도에 따르면, 러시아가 시리아 에서의 공세에 지출한 금액은 30억 달러에 달했던 반면, 시리아의 기반 시설 복구를 위해 별도로 약속한 금액은 10억 달러에 불과했다.[14] 이와 동시에 러시아는 새로운 세대의 미사일을 내놓고 있었다. 자유주의적인 서방에 대항하는 러시아의 대의를 지지해 주기를 바라는 마음에서 개발 도상국에 대출금도 제공하고 있었다(덕분에 베네수엘라는 200억 달러 이상을 받았다). 이 모두는 해외 정치인과 영향력을 매수하는 비밀 작전에 지출하기 위해 국외로 빼돌린 금액 미상의 검은 돈으로 충당되는 것이었다.

하지만 같은 해인 2018년에 정부에서는 연기금이 부족해진 상태이므로 은퇴 연령을 높여야 한다고 발표했다. 「국민은 이 정권에 돈이 많다고 알고 있었습니다. 따라서 정부가 연금을 줄 돈이 없다고 말하는 것이야말로 큰 실수였습니다. 연금은 국가가 국민에게 제공해야 하는 주된 보장 가운데 하나이니까요. 사람들은 연금을 중심으로 각자 평생의 계획을 세워 왔습니다. 크렘린은 푸틴에 대한 국민의 지지가 마치 위대한 차르에 대한 국민의 지지만큼 무조건적이라고 생각했습니다. 하지만 국민으로선 만사에 대해 그를 용서하려는 것까지는 아니었죠.」 전직 에너지 차관이며 현재는 야당 정치인인 밀로프의 말이다.[15]

모스크바가 지역 선거를 앞둔 2019년 9월, 언젠가는 차르와 국민 사이에 치명적인 대치가 생길 수도 있음을 알리는 최초의 신호가 나타났다. 그해 여름에 야당 후보 금지에 반대하는 시위를 위해 거리로 나온 수백 명의 시위대를 폭동 경찰이 구금하고, 가혹한 새 법률에 의거하여 일부에게 징역 15년 형을 내리겠다고 위협하고, 야당 지도자들을 체포하여 몇 주 동안 교도소에 가두었기 때문이다. 평화 시위에 대한 고압적인 반응이 의미하는 바는 단 하나뿐이었다. 푸틴의 안보계 사람들 사이에 두려움이 자리 잡게 되었다는 뜻이었다. 푸틴에 대한 대중의 지지도는 31.7퍼센트로 뚝 떨어졌다. 급기야 크렘린은 서둘러 여론 조사 방법을 개편하라는 명령까지 내렸다.

　　머지않아 소동이 가라앉고, 국가 선전과 예산 집행이라는 늘 사용해 온 방법을 통해 상황이 안정되자, 푸틴의 지지율은 다시 조금씩 오르기 시작했다. 하지만 푸틴과 안보계 사람들은 이 경고 신호를 심각하게 받아들였다. 푸틴은 조만간 자신의 권력 장악에 대한 또 하나의 헌법적 제한에 직면하게 될 예정이었다. 2012년에 푸틴이 대통령으로 복귀한 이후 연임 기간이 끝나는 2024년에는 그 자리에서 물러나야 한다고 헌법에 나와 있었기 때문이다. 누가 그를 대체할 것인지를 놓고 불확실성이 늘어나면서, 내부 다툼은 이미 깊어진 상태였다. 푸틴의 사람들은 그 어떤 권력의 이전에도 위험이 따라온다는 점을 너무나도 절실히 이해하고 있었다. 이들은 옐친 통치 말년에 접어들어 옐친 패밀리가 직면했던 위험을 목격한 바 있었다. 20년에 걸친 통치가 한 해씩 지나갈 때마다, 푸틴이 (또는 그의 안보계 사람들 가운데 누구라도) 개인적으로 직면할 수 있는 잠재적 위험으로 말하자면, 과거 옐친 패밀리가 직면했던 그 어떤 위험도 훨씬 능가할 정도였다. 아울러 권력 이양이란 제아무리 지배 엘리트 내부에서 일어난다 치더라도 위험이 따르게 마련이었다. 그동안 아파트 폭파 사건도 있었고, 두브롭카 음악당 농성 사건도 있었고, 베슬란 사건의 처리 문제도 있었고, 한때 러시아 최고 부자의 몰락 사건도 있었으며, 자국의 사법 시스템과 경제에 대한 전복도 있었고, 그들이 권력을 장악하는 과정에서 좌지우지하며 해외로 내보낸 수천억 달러의 돈도 있었다. 이에 대한 역풍이 어떤 결과를 가져올지는 아무도 모르는 상황이었다. 자기들만의 권력 요새를 조성하기 위해서 너무 멀리까지 나아간 까닭에, 푸틴과 그의 안보계 사람들은 부패와 범죄의 그물망으로 너무 깊이 들어가 버렸으며, 이 상황에서 그들의 위치를 확고히 하는 유일한 길은 푸틴의 통치를 연장하는 방법, 또는 최소한 권력 이양을 지연시키는 방법을 찾아내는 것이었다.

　이들은 이미 자국의 정치 시스템에 대한 장악을 워낙 강화했기 때문에, 외부의 도전에 대한 가능성은 희박하기만 했다. 하지만 내부 다툼과 불확실성은 약점을 만들어 냈고, 크렘린의 집권당인 통합 러시아당에 대한 지지가 꺾이면서 점점 더 커지는 위험이 제기되었다. 2020년 1월 15일, 푸틴은 깜짝발표를 내놓았다. 헌법 개정을 통해 정치 시스템에 대한 자신의 장악력을 유지할 길을 열어 놓겠다는 것이었다. 우선 의회의 권한이 급격히 늘어나면서, 정부에 대한 감독을 더 많이 할 수 있을 예정이었다. 하지만 더 중요한 것은 대통령의 권한 역시 급격히 늘어나게 된다는 점이었다. 향후의 대통령은 법관과 장관과 총리를 마음대로 해임할 수 있을 예정이었다. 가장 중요한 것은 이 발표로 인해서 푸틴이 계속 대통령으로 머무를 길이 생겼다는 점이었으니, 사회의 불안 증가나 내부의 다툼 고조로 인해서 자기가 권력에서 안전히 물러날 길을 확보하기가 불가능한 경우에는 그렇게 할 예정이었다. 새로운 헌법하에서는 그가 대통령으로 두 번의 임기를 더 지낼 수 있어서, 사실상 평생 러시아를 통치하게끔 허락하는 셈이었다. 게다가 헌법 수정안에서는 푸틴이 정책 결정을 맨 꼭대기에서 계속 감독하게 허락했다. 즉 새로이 권력이 부여된 국가 위원회를 이끄는 일종의 국부(國父)로서 그렇게 한다는 것이었다. 이것이야말로 처음에는 더 가능성 높은 경로 같았지만, 결국에 가서는 외면당하고 말았다. 그 경로로 말하자면, 더 적극적인 정치로부터 점차 물러나기 시작하는 것이 안전하리라고 푸틴이 믿을 때만 갈 수 있었기 때문이다. 하지만 그는 자기가 그렇게 믿지 않는다는 점을 분명히 신호하기 시작했으며, 〈극도의 동요〉가 있는 시기에 자국을 안정시키기 위해서는 헌법 수정안이 마치 필수적인 것처럼 묘사했다.

　푸틴은 마치 이 한 방을 통해서 정치적 도전의 가능성에 대해 선수를 친 것처럼 보인다. 이전까지만 해도 그가 감히 공식적으로 자국 헌법을 고치자고 제안했던 적은 없었다. 사실상 푸틴의 사람들이 이미 헌법의 내용물을 짓밟기는 했지만, 그래도 헌법은 자국 안전성의 기반으로서 항상 보호되었다. 그뿐만 아니라, 마치 잠재적인 외부 위협을 예견하기라도 한 듯, 푸틴은 러시아가 국제 재판소의 판결을 더 이상 따르지 않을 것이라고 대담하게 주장함으로써 자국의 고립을 한층 심화시켰다. 이번에는 자기 정권 스스로의 선택을 통한 고립인 셈이었다.

푸틴의 사람들의 지배는 그대로 굳어지는 것처럼 보였다. 하지만 이제는 본인이 헌법 개정이라는 판도라의 상자를 열어 버렸고, 이로 인해 푸틴의 사람들의 지배 역시 부서지기 쉬운 상태로 변할 위험에 처하게 되었다.

심판

2013년 12월에 시베리아의 노동 수용소에 갇힌 지 10년이 된 호도르콥스키의 조기 석방을 허락한 것은 관대한 차르로서 푸틴이 드러낸 마지막 커다란 몸짓이었다. 소치 동계 올림픽을 앞둔 상황이었던 그때를 지금 와서 돌이켜 보면, 마치 전혀 다른 세계였던 것처럼 보인다. 그 시기로 말하자면 제재가 이루어지기 이전이었으며, 세계가 러시아 검은돈의 부식력에 대해서는 물론이고 전 세계 무대에서 러시아의 야심의 부흥에 대해서도 각성하기 이전이었기 때문이다. 하지만 심지어 그때조차도, 어쩌면 향후 다가올 모든 것의 상징으로서, 호도르콥스키의 조기 석방은 냉전 시대에 행해진 포로 교환의 재탕 격이었다.

그는 10년 동안 묽은 죽과 감자를 먹고 살았으며, 사방에 얼음이 깔린 러시아 극북의 거대하고도 외풍이 심한 격납고에서 종이 서류철을 조립했고, 그 내내 머리 위에서는 감시 카메라가 돌아가며 일거수 일투족을 바라보았다. 호도르콥스키는 아무런 예고도 받지 못한 상태에서 교도소의 승합차에 올라타고 눈 덮인 숲길을 덜컹거리며 지나간 끝에, 쌍발 비행기 한 대가 기다리고 있는 얼음이 깔린 작은 비행장에 도착했다. 그는 비행기를 타고 과거 소비에트가 지배하던 시절에 가장 서쪽의 전초지였던 베를린 남부의 쇠네펠트 공항에 도착했다. 그곳에서 호도르콥스키는 과거 독일 재통일 협상의 중추에 섰던 전직 독일 외무 장관 한스디트리히 겐셔의 영접을 받았다. 다음 날 아침, 짧은 휴식과 눈물겨운 부모와의 재회 이후, 호도르콥스키는 냉전 시대에 동방과 서방을 오가는 통로로 악명 높았던 장소에 건립된 찰리 검문소 박물관으로 향했다.

거기서 호도르콥스키는 투옥되기 이전에 알고 지냈던 사람들 가운데 사전에 선별된 언론인들을 만났다. 가벼운 미소와 깔끔하게 면도한 얼굴과 빳빳한 아르마니 정장만 놓고 보면, 첫눈에는 마치 회의실에서 곧장 나온 것처럼 보였다. 하지만 회백색의 안색이며 불안한 눈빛을 보면 그곳까지 오는 길이 얼마나 힘들었는지가 드러났다. 말끔하게 깎은 머리카락도 지난 세월 동안 하얗게 변해 있었다. 「여러분 중에 대부분은 10년 전에 마지막으로 뵈었었지요. 저로선 오늘의 모임이 평화로 건너가는 다리인 셈입니다. 우선 제가 아는 분들에게 이야기하고 싶습니다.」 호도르콥스키의 말이었다. 그는 교도소에서의 생활이며, 여기까지 오게 된 사건에 대해서 나온 질문에 답변했다. 호도르콥스키가 숙고 끝에 답변하기까지 가장 오래 걸린 질문은 바로 그의 체포에 대한 서방의 반응에 관한 것이었다. 그는 답변하면서 말을 더듬었으며, 몇몇 사람의 행동에 실망했었다고 얼굴을 붉히며 대답했다.

그로부터 다시 4년이 지나서, 런던 하노버 스퀘어에 있는 편안한 자기 사무실에서 나를 만나 이야기를 나누었을 때, 유코스 장악 과정에서 여러 서방 은행과 에너지 대기업이 참여와 도움을 제공했던 문제에 관해 질문하자, 호도르콥스키는 여전히 깊이 질색했다. 나는 혹시 그런 행동을 통해서 서방 스스로가 어느 정도까지는 훗날 서방의 여러 기관을 잠식하려는 러시아의 시도를 위한 배경을 준비한 셈이 아니냐고 물어보았다. 「서방의 여러 기관 가운데 일부가 원칙 없이도 살 수 있으리라고 생각했다면, 그거야말로 전략적 실수였습니다. 그들은 대단하다고 생각했을 겁니다. 〈우리는 앞으로 푸틴과 함께 일할 거야. 이번 일로 큰돈을 벌었으니까.〉 하지만 알고 보니 그건 별로 좋은 생각이 아니었던 겁니다. 이런 원칙의 결여로 인해 서방은 지금 경험하고 있는 결과에 도달한 겁니다. 이렇게 무엇이 좋고 무엇이 나쁜지에 대한 끊임없는 말 바꾸기로 인해, 사회는 자신을 위한 원칙을 잃어버리고 말았습니다. 이제 우리 앞에는 포퓰리스트가 권력을 장악하는 상황이 펼쳐졌습니다. 모든 것이 거꾸로 뒤집히고 있습니다. 그들은 푸틴의 예를 들면서 이렇게 말합니다. 〈그가 모두를 속이고 나서도 여전히 정치적 성공을 거두고 있는 걸 봐.〉」 호도르콥스키의 답변이었다.[16]

물론 호도르콥스키도 성인(聖人)까지는 아니며, 자유의 투사로서도 어울리지 않는 인물인 것은 사실이다. 하지만 크렘린이 그의 회사를 차지하고 법치를 전복시키는 과정에서 이루어진 서방의 지원 덕분에 푸틴의 안보계 사람들의 지배가 쉬워졌고, 이들은 서방 금융 시장으로 통합될 수 있었다. 궁극적으로는 돈이 다른 모든 고려를 능가한다는 서방 자본주의 시스템의 약점 때문에, 크렘린이 조종에 나설 길이 활짝 열린 셈이다.

러시아에서는 서방의 그런 적극적인 연루 덕분에 정상적인 시장 경제에 대한 KGB의 모조품이 산출되고 말았다. 원래는 독립적이어야 하는 권력 제도와 시장조차도 사실은 크렘린의 위장 간판에 불과했다. 러시아 법원이 내린 판결은 서류상으로는 합법적인 것처럼 보였다. 호도르콥스키의 사건에서 이 석유 재벌은 2년 넘게 법원 공판을 거쳤으며, 두 건의 기소를 당했다. 그중 두 번째 기소 내용은 이제껏 유코스가 생산한 석유 모두를 그가 빼돌렸다는 것이었고, 첫 번째 기소 내용은 바로 그 석유에 대한 세금을 그가 포탈했다는 것이었다. 하지만 법원의 판결은 사실 판결이 아니었고, 단지 크렘린의 지시일 뿐이었다. 법원 시스템은 사실 법원 시스템이 아니었으며, 단지 크렘린의 일개 부서일 뿐이었다. 의회도, 선거도, 올리가르히 집단도 마찬가지였다. 푸틴의 KGB 사람들은 그 모두를 통제했다. 이것이야말로 개인과 사업가 모두에게는 유령 권리로 이루어진 유령 시스템이었던 셈이다. 크렘린의 심기를 거스른 사람은 언제든지, 또 누구든지 조작되거나 꾸며 낸 혐의에 따라 교도소에 갈 수 있었다. 재산권도 크렘린에 대한 충성에 따라 조건부로 인정되었다.

훔치기가 만연한 시스템에서는 고갯짓 한 번, 또는 크렘린이나 법 집행 기관 관계자에게 건넨 뇌물 한 번에 따라서 재산이 분할되었다. 푸틴의 사람들은 모두에 관한 체면을 실추시킬 정보를 보유하고 있었다. 그 나라는 정보원의 시대로 돌아가 버렸다. 모두가 서로의 대화를 녹음했다. 만사가 도청되는 것으로 알려졌다. 2017년 12월, 경제 개발 장관 알렉세이 울류카예프에게 징역 8년 형이 선고되었다. 그가 세친으로부터 200만 달러의 뇌물을 받는 장면이 카메라에 포착되었기 때문이었는데, 이것은 세친 스스로가 정적(政敵)인 그를 제거하기 위해 마련한 함정 수사의 결과물이었다. 2018년 3월에는 한때 전략적인 항구 산업의 최정상에 있던 올리가르히 마고메도프 형제도 교도소에 가게 되었는데, 외관상의 이유는 국가 자금을 횡령하고 훔쳤다는 혐의 때문이었다. 하지만 러시아의 한 고위급 은행가의 말에 따르면, 이들의 실제 범죄는 눈치 없이 너무 오래 버티고 있었다는 것이었다. 「그들은 너무 멀리까지 나아갔습니다. 그건 매우 간단합니다. 영화가 끝나면 극장에서 나와야 하는 법입니다. 거기 계속 앉아서 다음 상영 시간까지 기다리면 안 되는 거죠.」[17] 또 다른 재벌의 말이다. 「그들은 이제 누구라도 사라지게 만들 수 있습니다. 올리가르히고 장관이고 간에 마찬가지입니다. 마고메도프 형제의 사건에서 무슨 일이 벌어졌는지는 아무도 모릅니다. 그들은 거물급 올리가르히였습니다만, 지금 그들이 어디 있는지는 아무도 모릅니다.」[18]

모두가 시스템의 인질이 된 상태였으며, 푸틴의 안보계 사람들이 권좌에 오르도록 길을 열어 주었던 옐친 시대의 배후 실력자들의 경우도 마찬가지였다. 볼로신과 카시야노프 같은 전직 크렘린 공직자들은 결코 마음껏 말하거나 행동할 자유를 얻지 못했다. 그들이 권좌에서 내려올 때, 푸틴이 당신네 돈이 어디 있는지 알고 있다고 분명히 말했기 때문이다.[19]

푸틴과 그의 안보계 사람들이야말로 바로 이 시스템에 가장 단단히 매여 있는 장본인들이다. 자기네 권력을 지지하기 위해서 그 모든 일을 하고 나자, 그들로선 어느 누구도 믿을 수 없게 되었다. 심지어 자기네 서클 내부에서도 마찬가지였다. 한편 푸틴은 모든 정적을 확고하게 제거하고 자기 손에 권력을 집중시킴으로써 자신을 상자에 가둔 셈이 되었으며, 그 정도가 너무 심하다 보니 사실상 빠져나갈 길이 없어졌다.

심지어 푸가체프처럼 러시아에서 도망친 사람들조차도 자기네가 그 시스템의 사정거리에서 진정으로 벗어났는지를 확신하지 못했다. 그는 20년 전에 푸틴을 권좌에 올리기 위해 스스로 수행한 책동과 조작에 대해 지금도 가책과 후회를 느끼고 있다. 푸가체프는 가장 최근의 법적 공격을 받는 와중에, 프랑스의 자택에서 나를 만나 이렇게 말했다. 「저는 중요한 교훈을 배웠습니다. 그건 바로 권력이 신성하다는 겁니다. 국민이 어리석다고 믿은 것, 따라서 내가 행동하지 않으면 국민이 공산당에 투표할 거라고 믿은 것이야말로 큰 실수였던 겁니다. 우리는 모두 국민이 아직 준비되지 않았다고 생각했고, 그래서 우리는 푸틴을 앉혔던 겁니다. 하지만 권력이란 하느님으로부터 내려오는 겁니다. 권력이 하느님으로부터 내려오는 것이라면, 거기 굳이 사람이 간섭할 필요가 없으니 (……) 국민은 푸틴에 대해서 전혀 몰랐습니다. 그런데도 그는 불과 석 달 만에 대통령이 되었습니다. 물론 우리는 멋진 일이라고 생각했습니다. 우리는 공산당으로부터, 프리마코프와 루시코프로부터 나라를 지켰다고 생각했습니다. 하지만 인제 와서는 과연 어떤 결과가 더 나빴을지 불분명합니다. 차라리 프리마코프가 권좌에 올랐다면 더 나았을지도 모르겠습니다. 그러면 불과 한 해 만에 쫓겨났을 테니까요. 러시아를 떠날 때, 저는 그 모든 일을 뒤로하고 떠난다고 생각했습니다. 하지만 그 모든 일은 어디에서나 저를 따라다닙니다. 제 운명은 푸틴의 운명과 결부되어 있고 (……) 여하간 우리는 서로 한데 묶여 있는 겁니다.」[20]

자기 사람이 권좌에 앉도록 돕고, 아울러 옐친 패밀리가 체포되지 않게 구제하려고 서두르는 과정에서 푸가체프는 베레좁스키가 내놓았던 경고를 무시하고 말았다. KGB 출신의 누군가를 임명하는 것이야말로 〈악순환으로 들어가는 격〉이라는 경고였다. 「그들은 아무것도 바꾸지 못합니다.」 그는 푸틴의 옛 멘토 솝차크가 깜짝 놀라며 내놓았던 반응도 무시하고 말았다. 푸틴이 총리로 임명될 예정이라는 소식을 듣자마자, 그는 〈겁주지 마시오!〉라고 말했다. 「저는 그가 아마 질투가 난 것이라고 생각했습니다.」 기죽은 목소리의 푸가체프는 그 기억을 떠올릴 때마다 여전히 얼굴이 붉어지곤 했다. 「하지만 그는 당연히 모든 것을 알고 있었습니다. 이제는 저 스스로가 두려움을 느낍니다.」[21]

하지만 여러 가지 면에서 러시아의 최근 역사는 훨씬 이전에 쓰여 있었다. 주사위는 이미 던져진 셈이었다. 러시아의 지배 엘리트 내에는 여전히 KGB가 곳곳에 있었다. 옐친은 정화(淨化)를 위한 제안을 내놓은 적이 있었는데, KGB와 일했던 사람은 누구든지 간에 공직에 머물지 못하게 하자는 것이었다. 하지만 그의 행정부의 고위 공직자들은 이 제안을 신속히 옆으로 젖혀 버리고 말았으니, 그들 모두가 서로 다른 경력과 계급을 보유한 KGB 사람들이었기 때문이다. 「그들은 그렇게 하기가 불가능하다고 말했죠. 그렇게 하면 일할 사람이 아무도 남지 않을 것이었습니다. 지배 엘리트의 90퍼센트는 타격을 입을 것이었습니다. 어떤 식으로든 협력하지 않았던 사람은 정말 극소수에 불과했으니까요.」 푸가체프의 말이었다.[22]

러시아의 혁명은 결국 한 바퀴 돌아서 출발점으로 돌아온 셈이 되었다. 지금으로부터 거의 30년 전에 전 세계로의 통합을 향한 새로운 시장의 길로 나아가겠다고 선언했던 개혁가들은 머지않아 타협해 버렸거나, 또는 줄곧 KGB와 함께 일하게 되었다. 그들이 자유 시장 도입을 위해 일한다고 믿었던 사람들은 안보계 사람들의 지속적인 힘을 과소평가한 셈이었다. 「이것이야말로 20세기 러시아의 비극입니다. 혁명은 전혀 완수되지 못한 겁니다.」 푸가체프의 말이다. 애초부터 안보계 사람들은 보복을 위한 기반을 깔고 있었다. 하지만 그들은 애초부터 과거의 실수를 반복할 수밖에 없는 운명에 처했던 것처럼 보이기도 한다.

감사의 말

내가 이 책을 쓸 수 있었던 것은 전적으로 애초에는 2년짜리 프로젝트로 시작했다가 나중에는 집필과 조사의 오디세이아로 발전한 작업 내내 나를 도와주고 지원했던 어마어마하게 많은 친구와 가족 덕분이다. 자료 조사는 오래전 모스크바와 상트페테르부르크에서 시작되었으며, 그때 밀로프와 나눈 몇 시간의 대화로 독려받은 덕분에 이 책이 나오게 되었다. 전직 에너지 차관인 그가 푸틴의 이너 서클의 사업 거래에 대해 지칠 줄 모르고 추적한 성과는 푸틴 정권의 자산 빼돌리기에 대한 일종의 지도를 제공해 주었다. 전직 대통령 경제 자문 위원 일라리오노프 역시 법의학적 분석과 통찰의 능력으로 이 책의 논제 가운데 일부에 대한 초기의 단서를 제공해 주었다. 옐친 대통령의 전직 대변인 출신의 『콤소몰스카야 프라우다』의 탐사 보도 기자 파벨 보시차노프는 소비에트 붕괴 당시에 KGB가 수행한 자산 빼돌리기라는 오랫동안 잊힌 세계를 들여다보는 창문을 열어 주었다. 러시아 바깥에서는 긴밀히 짜인 푸틴의 이너 서클에서 도망친 용감한 내부 고발자 콜레스니코프가 문서를 공유해 주면서 추가 조사를 독려해 주었으며, 마베텍스의 크렘린 개보수 공사 도급 계약에 대한 수사를 촉발한 정보원인 전직 KGB 공작원 투로베르도 유익한 통찰의 출처가 되어 주었다. 2019년에 너무 일찍 타계한 수사업체 크롤의 전 대표 헬스비는 너그러운 영감의 출처이자 귀중한 수사의 단서였다. 그가 없다는 사실이 아쉽다.

야쿠닌은 너그럽게도 몇 시간을 할애해 가면서 푸틴을 둘러싼 상트페테르부르크 안보계 사람들의 긴밀하게 짜인 파벌이 견지하는 관점을 설명해 주었으며, 처음에는 상트페테르부르크에서, 나중에는 런던에서 차를 여러 주전자로 함께 마시면서 그렇게 해주었다. 옐친 대통령의 전직 행정실장이자 사위인 유마셰프 역시 상당한 시간을 할애해 가면서 푸틴이 권좌에 오르게 된 과정에 대한 자기 나름의 설명을 해주었고, 모스크바에서는 부분적으로나마 푸틴의 상승으로 귀결되었던 수사의 중심에 있었던 전직 검찰 총장 스쿠라토프가 자신의 수사와 옐친 패밀리의 반격에 관한 극적인 이야기를 공유해 주었다. 호도르콥스키도 시베리아의 노동 수용소에서 10년간 복역하고 석방된 직후에 나를 만나 주었으며, 이후에도 계속 만나서 러시아라는 국가와 자신의 갈등을 이해하도록 도와주었다.

전현직 러시아 국가 공무원들, 러시아 재벌들, 전직 KGB 고위급 공작원들, 모스크바의 고위급 은행가들, 심지어 팀첸코의 전현직 관련자들조차도 역시 수십 시간을 너그럽게도 할애해 주면서까지 푸틴 시스템의 작동 방식을 설명해 주었다. 워낙 민감한 사안임을 고려하여 그들 대부분은 익명으로 표기했다. 그들이 무릅쓴 위험을 생각하면 나로선 영원히 감사할 따름이다. 특히 N 씨와 G 씨에게 깊이 감사드린다.

이 모든 내용을 하나로 합치는 일은 물론 어디까지나 내가 6년간 모스크바 특파원으로 재직했던 『파이낸셜 타임스』가 보여 준 믿음 덕분에 가능했다. 『파이낸셜 타임스』 재직 기간에 나는 러시아의 올리가르히와는 물론이고 크렘린과 정부의 전현직 공직자들과 더 깊이 접촉할 수 있었으며, 이 경험은 이 책에 수록된 내 보도를 위한 토대가 되었다. 그렇게 인맥을 쌓은 덕분에 나는 세친, 로텐베르크, 이바노프, 체메조프처럼 푸틴과 가장 가까운 사람들 가운데 여러 명을 만나서 인터뷰할 수 있었다. 『파이낸셜 타임스』에 기고할 수 있는 기회와 아울러 이러한 특등석을 차지하는 기회를 얻을 수 있도록 나를 채용하고 계속해서 지원해 준 라이오넬 바버, 닐 버클리, 존 손힐에게 감사드리고, 모스크바에서는 물론이고 이후 런던에서도 나를 인도하고 영감을 제공하며 내 삶을 밝혀 준 동료들인 찰스 클로버, 코트니 위버, 신시아 오머추, 마이클 스토트에게도 감사드린다. 아울러 내가 집필 휴직을 한 이후에도 보도 프로젝트에 일부 자금 지원을 해준 『파이낸셜 타임스』에 깊이 감사드린다. 집필 휴직 이후에도 인터뷰 요청 작업을 계속 도와준 『파이낸셜 타임스』 모스크바 지국의 엘레나 코코리나와 에카테리나 샤베르도바의 따뜻한 통찰에도 큰 신세를 졌다.

　내가 러시아의 영향력과 현금 네트워크 가운데 일부라도 이해할 수 있었던 것은 어디까지나 러시아에 남아 있는 극소수의 탐사 보도 현장에서 일하는 러시아인 동료들의 선구적이고도 두려움을 모르는 작업 (아울러 지원) 덕분이었다. 『노바야 가제타』의 로만 아닌은 너그럽게 상트페테르부르크 항구의 운영에 관한 문서를 공유해 주었으며, 중요한 접선책을 제공해 주었다. 푸틴과 연계된 조직범죄 네트워크에 관한 보도를 주도했던 『인사이더 The insider』의 아나스타시아 키릴렌코는 이와 관련한 문서와 중요한 접선책을 공유해 주었고, 『노바야 가제타』를 거쳐 『베도모스티』에서 활동하는 로만 슐레이노프는 상트페테르부르크 부시장 시절 푸틴의 활동에 관한 조사와 관련된 문서를 공유해 주었고, 푸틴의 이너 서클의 사업 거래에 관한 가장 중요한 초기의 보도 가운데 일부를 산출했다. 『베도모스티』를 거쳐 블룸버그 모스크바 지사에서 활동하는 이리나 레즈니크는 특이하다 싶을 정도로 연줄이 좋은 덕분에 귀중한 연결책들을 너그럽게 공유해 주었다. 이 언론인 네 명의 선구적인 탐사 보도 기사가 없었다면, 나로서는 이 모든 내용을 한데 모으는 작업을 시작하는 것조차도 불가능했을 것이다. 푸틴의 사람들의 연계에 관한 데이터베이스를 만든 고(故) 블라디미르 프리빌롭스키 역시 중요한 정보를 제공해 주었다.

아울러 독일의 탐사 언론인 고(故) 위르겐 로트는 오래전에 귀중한 문서와 함께 수많은 영감을 제공해 주었다. 『뉴욕 타임스』의 스티븐 리 마이어스는 자신의 예전 자료 조사 보조원인 베를린의 알무트 쉰펠트를 통해서 또 다른 중요한 접선책을 공유해 주었다. 나는 처음에만 해도 카네기 국제 평화 재단의 앤드류 와이스와 유진 루머, 미국 국가 안보 회의의 전직 러시아 담당 국장 그레이엄 등 미국에 있는 여러 동료와의 대화로부터도 역시나 유익을 얻었다. 영국에서는 미셸이 초기에 영감의 원천 노릇을 해주었다.

펠리시티 브라이언은 이 책의 잠재력을 믿고 내 에이전트가 되기로 합의했으며, 영국에서는 윌리엄 콜린스 출판사와, 미국에서는 패러 스트로스 앤드 지루 출판사와 계약을 맺어 주었다. 그녀의 노력에 대해서 감사드리며, 아울러 담당 편집자들인 윌리엄 콜린스의 출판부장 아라벨라 파이크와 패러 스트로스 앤드 지루의 알렉스 스타가 보여 준 크나큰 인내와 믿음에 대해서 감사드린다. 그들만큼 심지가 굳지 못한 편집자라면 이미 오래전에 포기했을 것이다! 나는 이 책을 몇 배나 더 향상시키는 데에 도움을 준 알렉스 샤프의 예리한 고찰과 편집 조언을 얻는 크나큰 행운을 누렸다. 아라벨라는 이 책이 원고 형태에서 완성품 형태로 변하는 내내 열성과 아울러 민감한 사안에 대한 인내심 깊은 이해를 보여 주었다. 아울러 현명한 검토와 삭제 제안을 해준 조 톰슨, 꼼꼼한 교정을 해준 로버트 레이시, 최종 텍스트를 인내심 많게 작업해 준 이언 헌트 등 윌리엄 콜린스의 편집 팀에게도 감사드린다. 아울러 이 출판사의 법무 팀에게도 깊이 감사드린다.

이 과정에서 나는 데이비드 호프먼의 끝없는 격려와 인내심 있는 조언을 얻는 극도의 행운과 영예를 누렸다. 『워싱턴 포스트』의 객원 편집자이며 전직 모스크바 지국장인 그는 원고를 꼼꼼하게 읽어 주었으며, 2002년의 저서 『올리가르히 The Oligarchs』를 통해 서사 논픽션의 모범이자 영감으로서뿐만 아니라, 러시아의 시장 경제로의 다사다난한 이행 과정에 대한 미래의 보도의 기초로서도 두드러진 업적을 남겼다.

탁월하고 전문적인 모든 도움에도 불구하고, 그 내내 나를 지원해 준 훌륭한 친구들이 없었다면 이 책을 결코 완성하지 못했을 것이다. 그중에서도 브래드 쿡, 미리엄 엘더, 윌리엄 플레밍, 지나 스킬벡, 에마 웰스는 우정을 제공해 주었을 뿐만이 아니라, 내가 보도를 위해 출장을 다니면서 머물 곳이 필요할 때마다 자기네 집을 공유해 주었다. 엘렌 배리, 캐서린 벨, 리처드와 찰스 에머슨 등 다른 친구들 역시 내가 이 마라톤 내내 제정신을 유지하도록 도와주었다.

정신적으로 지원해 준 크리스에게는 평생 고마움을 느낄 것 같다. 내 부모님 마저리와 데릭에게, 리처드와 캐서린 버킷에게도 깊은 감사를 보낸다. 이들의 지칠 줄 모르는 지원이 없었다면, 이 가운데 무엇도 가능하지 않았을 것이다.

주

머리말

1 여기서 열거한 자산의 가치는 푸가체프가 본인의 이른바 〈자산 몰수〉에 대해서 제기한 120억 달러짜리 양자 간 투자 보호 협정 소송의 일부로 제출된 서류 내용을 저자가 확인한 데에 근거했다. 그 내용에 따르면 서방의 회계 법인 BDO가 조선소 두 곳을 35억 달러로 평가했고, 노무라에서는 최소 22억에서 최대 42억 달러로 추산했다. 언스트 앤드 영에서는 점결탄 회사 EPK를 40억 달러로 가치 평가를 했다. 실제로 EPK의 구매자인 바이사로프와 이고리 알투시킨은 처음에만 해도 자기네가 40억 달러에 매입했다고 러시아 언론에 밝혔다.

2 노무라 투자 은행이 대리하는 채권자와 러시아 중앙은행 사이에 오간 서한의 사본 내용에 따르면, 조선소에 대한 지분은 중앙은행의 긴급 원조 대출의 담보로 잡혀 있었다. 서한에서는 시장 가격에 의거한 매각이 이루어졌다면, 채권자의 요구 모두를 충족시킬 수 있는 보장이 있었을 것이라고 주장했다.

3 헤인스워스와 저자의 2014년 6월 인터뷰 내용.

4 이 대화의 녹음테이프는 이 위협에 대한 형사 수사의 일환으로서 프랑스 내무부에 제출되었다. 저자는 이 증거를 검토했다.

5 Jane Croft and Neil Buckley, 'Kremlin Critic Loses $6.5 Billion Lawsuit Against Fellow Oligarch', *Financial Times*, September 1 2012. 국제 금융 기구의 전직 러시아 정부 대표자이자 주식 담보 대출 민영화 계책의 설계자인 콘스탄틴 카갈롭스키가 나중에 저자에게 말한 바에 따르면, 아브라모비치와 베레좁스키가 〈50대 50의 동업자였다는 사실을 아는 사람이 러시아에 많다〉고 한다. 그는 이런 사실을 증명하는 문서를 직접 찾아냈지만, 나중에 없애 버렸다고 말했다(카갈롭스키는 호도르콥스키의 메나테프 은행에서 제1부대표로 근무했으며, 호도르콥스키의 유코스와 시브네프트의 합병 계획을 작업한 바 있다). 그의 말에 따르면, 베레좁스키의 〈재판〉 동안에는 그의 소유권에 관해서 증언하러 나온 사람

이 러시아에서 한 명도 없었는데, 왜냐하면 이들은 러시아 당국이나 아브라모비치와 자신들의 관계를 손상시키기를 원하지 않았기 때문이라고 한다.

6 베레좁스키는 이 당시에 판결을 비난했다. 〈때로는 이 판결문을 푸틴이 직접 쓰기라도 한 것 같다는 인상을 받았습니다.〉 그의 말이다. 'Roman Abramovich wins Court Battle against Berezovsky', BBC News, August 31 2012. 나중에 밝혀진 바에 따르면 글로스터 판사의 의붓아들은 이 사건의 초기 단계에서 아브라모비치를 대리하는 대가로 50만 파운드 가까이 받았다. David Leppard, 'Berezovsky Cries Foul Over £3.5bn Abramovich Trial Judge', *Sunday Times*, September 22 2012. 글로스터 판사는 이에 관한 논평을 거부했으며, 판사들을 대리하는 법원 행정처에서는 글로스터 판사가 그 사실을 이미 밝혔으며, 베레좁스키도 그 당시에 아무런 이의를 제기하지 않았다고 말했다.

7 아블랴조프는 자신이 정치적 마녀사냥의 희생자라고 주장했다. 그는 나자르바예프의 유일한 진짜 정적(政敵)이었다. 그의 주장에 따르면, 은행의 붕괴는 나자르바예프가 그곳을 자기에게서 몰수함으로써 야기된 것이었다.

8 푸가체프와 저자의 2014년 5월 인터뷰 내용.

9 템스 밸리 경찰서의 이의 제기에도 불구하고, 검시관은 베레좁스키의 사망을 사인 불명이라고 기록했다. 베레좁스키의 가족을 대리하는 부검 전문가는 검시 사진을 살펴본 결과 베레좁스키가 자살한 것이 아니라고 믿게 되었다고 증언했다. 만약 스스로 목을 매달아 죽었다면 당연히 있어야 하는 목 주위의 V 자 상흔이 없다는 것이었다. 경찰은 샤워 커튼 레일에서 발견된 신원 미상의 지문을 FBI와 인터폴 데이터베이스에서도 찾아내지 못했다(Jane Croft, 'Open Verdict Fails to Dispel Mystery Over Death of Kremlin Critic Berezovsky', *Financial Times*, March 28 2014).

10 2018년 3월, 당시 내무 장관 앰버 러드는 영국 경찰과 MI5가 영국 영토에서 일어난 일련의 러시아인 사망 사건에 대한 수사를 재개시킬 것이라고 말했는데, 그중에는 베레좁스키의 사건이 포함되었던 것으로 보인다('Russia Spy Poisoning: Rudd Says Inquiry Widened to Other Deaths', BBC News, March 13 2018).

11 저자가 스위스 검찰청에서 입수한 문서 내용. 하지만 러시아의 수사 위원회의 주장에 따르면, 문제의 이전 자금은 푸가체프의 회사인 OPK 개발에서 나온 것이 아니라 중앙은행의 긴급 원조 대출에서 나온 것이었다. 메즈프롬방크에 있는 OPK의 예금에는 중앙은행의 긴급 원조 대출보다 훨씬 더 먼저인 2008년 6월 19일부터 러시아 국영 은행 브네슈토르그방크에서 가져온 상업 대출 자금이 포함되어 있었지만, 러시아 검찰은 그 날짜가 허위이고 소급되어 작성된 것이라고 주장했다. 하지만 이들의 주장은 단지 검찰의 협박으로 마지못해 거래에 합의한 메즈프롬방크의 고위급 중역 두 사람의 증언에만 의존한 것이었다. 그들 중 한 명인 드미트리 아문츠는 검찰이 구류에서 석방하겠다고 약속한 뒤에야 비로소 그 예금이 허위라고 말하기로 합의했는데, 이 내용은 아문츠의 아내와 변호사 마리나 야로시가 FSB의 고위 공직자를 언급한 대화 녹음테이프의 녹취록에 나온다(아문츠는 결국 증언을 내놓았지만 석방되지는 못했다). 다른 한 명인 디덴코 역시 검찰과 협조하기로 합의해서 더 일찍 석방되었다. 현재 그는 푸가체프를 고소하는 과정에서 선봉에 섰던 정부 기관인 국영 예금 보험국에서 고위직으로 근무 중이다. 이와 관련해 더 자세한 내용은

다음 자료를 보라. Ilya Rozhdestvennsky, 'Sbezhavshie Milliardy: kak Bankir Pugachev Vyvodil Dengi iz Rossii', RBK, November 14 2016.

12 러시아 정부 측 변호인단과 가까운 인물과 저자의 2018년 2월 인터뷰 내용. 푸가체 프에 대한 파산 고소 사건 역시 그가 본인 소유의 점결탄 회사 EPK의 매각을 준비하는 과 정에서 주식 담보를 해제하도록 또 다른 고위급 은행 중역에게 명령했으며, 이러한 조치가 은행의 재정적 위치를 악화시켰다는 주장에 근거했다.

13 러시아 정부 측 변호인단과 가까운 인물과 저자의 2018년 2월 인터뷰 내용.

14 러시아의 고위급 은행가와 저자의 2018년 3월 인터뷰 내용.

제1장

1 Igor Shadkhan, Vlast, 1992.

2 샤드칸과 저자의 2013년 6월 인터뷰 내용.

3 Vladimir Usoltsev, Sosluzhivets, p. 239.

4 드레스덴 슈타지 수장의 특별 보좌관 예믈리히 중령과 저자의 2018년 3월 인터뷰 내 용; Mark Franchetti, 'Germans Flush Out Putin's Spies', Sunday Times, January 16 2000.

5 Andreas Forster, Auf der Spur der Stasi Millionen: Die Wien-Connection, pp. 20 – 2.

6 John O. Koehler, Stasi: The Untold Story of the East German Secret Police, p. 75.

7 예믈리히와 저자의 2018년 3월 인터뷰 내용.

8 Kristie Mackrakis, Seduced by Secrets: Inside the Stasi's Spy-Tech World, p. 116.

9 제델마이어와 저자의 2018년 3월 인터뷰 내용.

10 예믈리히와 저자의 2018년 3월 인터뷰 내용.

11 Forster, Auf der Spur, p. 111.

12 Forster, Auf der Spur, pp. 50, 51, 68-71.

13 위의 책, pp. 23-5.

14 Deutscher Bundestag, Beschlussempfehlung und Bericht, May 27 1994, pp. 97 – 102, 117 – 28, 137 – 41, 176 – 211.

15 Koehler, Stasi, pp. 74, 76, 79 – 80.

16 Christopher Andrew and Vasily Mitrokhin, The Mitrokhin Archive: The KGB in Europe and the West, pp. 598, 285. 이 저자들은 슈타지 정찰 총국이 서방 기술에 관한 첩 보의 주된 출처였다고도 서술했다.

17 예믈리히와 저자의 2018년 3월 인터뷰 내용.

18 https://www.youtube.com/watch?v=9PAQ_Y5ins8, 21/7/2017. 푸틴이 소치 소 재 시리우스 영재 아동 교육 센터 학생들의 질문에 대답하는 내용이다.

19 전직 붉은 군대파 구성원과 저자의 2018년 3월 인터뷰 내용.

20 Michael Wines, 'Putin Was Once Decorated as a Spy. Few Agree on his Deeds', New York Times, January 10 2000; 제델마이어와 저자의 2018년 3월 인터뷰 내용.

21 Guy Chazan and David Crawford, 'In From the Cold: A Friendship Forged in Spying Pays Dividends in Russia Today', *Wall Street Journal*, February 23 2005.

22 위의 곳.

23 바르니히는 로켓 과학 기술부에 포섭되었다. 1989년에 이르러 바르니히는 슈타지의 정보 및 기술 부서의 부책임자가 되었다. 다음 자료를 보라. Mackrakis, *Seduced by Secrets*, p. 50; Karen Dawisha, *Putin's Kleptocracy: Who Owns Russia*, pp. 51-2.

24 전직 붉은 군대파 구성원과 저자의 2018년 3월 인터뷰 내용.

25 Mark Franchetti, 'Germans Flush Out Putin's Spies', *Sunday Times*, 16 January 2000; Geoffrey York, 'Putin Brings Spies in From the Cold', *Globe and Mail*, 8 May 2000.

26 예믈리히와 저자의 2018년 3월 인터뷰 내용.

27 Natalia Gevorkyan, Natalia Timakova, Andrei Kolesnikov, *In the First Person: Conversations with Vladimir Putin*, p. 69.

28 Forster, Auf der Spur, p. 111.

29 서방 은행가와 저자의 2018년 2월 인터뷰 내용. 훗날 푸틴이 부시장일 때에 메테르니히는 고향인 상트페테르부르크를 방문했다. 그녀가 대표를 맡은 자선 단체 성(聖) 나사로단에서는 소비에트 붕괴 직후 몇 달 동안 상트페테르부르크에 인도적 지원과 식량을 제공했다. 푸틴은 훗날 그녀를 〈높이 평가〉한다고 말했다. 이 대목은 메테르니히의 부고(*Daily Telegraph*, August 19 2006) 내용에 의거했다. 아울러 푸틴은 예루살렘 성 나사로 자선단 대표 메테르니히 앞으로 감사장을 보내기도 했다. 'Putin Tenders Thanks to Leader of German Charitable Order', ITAR-TASS, February 25 2003).

30 Forster, *Auf der Spur*, p. 31.

31 Koehler, *Stasi*, p. 411.

32 Forster, *Auf der Spur*, p. 29.

33 같은 곳.

34 위의 책, p. 31.

35 위의 책, pp. 29-31.

36 Stasi archives Dresden, BSTU number 10448. 1988년 12월 22일 자 이 문서에는 드레스덴 주재 소비에트 동료들의 생일이 열거되어 있다. 푸틴은 연락관 겸 당 서기로 나와 있다. 푸틴은 공식 행사 몇 번을 제외하면 모드로와 교류한 적은 없었다고 주장했다(*In the First Person: Conversations with Vladimir Putin*, p. 73). 〈대개 우리는 당직자들과는 함께 일하지 않았고, 우리 당의 당직자들과도 마찬가지였습니다. 그런 일은 금지되어 있었습니다.〉 그런데 당 서기라는 그의 공식 직책만 보아도 이 주장은 반박될 수밖에 없다.

37 Forster, *Auf der Spur*, p. 33.

38 크류치코프와 볼프의 인터뷰인 다음 자료를 보라. Leonid Nikitinsky and Yuriy Shpakov, 'Putin v razvedke', *Moskovskie Novosti*, January 20 2000, http://flb.ru/info/3508.html.

39 위의 곳.

40 예믈리히와 저자의 2018년 3월 인터뷰 내용. 푸틴은 자기가 루치 작전에 관여하지 않았다고도 주장했다(*In the First Person: Conversations with Vladimir Putin*, pp. 72-4). 〈저는 서방 국가들이 제가 포섭한 요원들을 찾아보고 있다는 이야기를 읽고 깜짝 놀랐습니다. 그건 모두 헛소리입니다. 우리 친구들, 즉 동독 안보 요원들은 우리가 만든 모든 문서의 사본을 갖고 있습니다. 그들의 기록 보관소에 모두 간직되어 있고 (……) 모든 것이 투명하고도 정상적입니다.〉 하지만 푸틴과 그 동료들은 자신들의 서류철 모두를, 심지어 슈타지가 보유한 서류철까지도 파기했다고 서술한 바 있으며, 드레스덴 슈타지 기록 보관소의 공직자들과 예믈리히도 러시아인들이 거의 모든 자료를 파기했다고 확언했다.

41 Forster, *Auf der Spur*, p. 26.

42 위의 곳, pp. 9 - 10(여기서 말하는 독일 고위 공직자는 그 당시에 동독의 자산 재민영화를 위해 설립된 국가 기관의 〈특수 자산〉 담당자였던 클라우스페터 빌트 박사이다).

43 위의 곳, p. 36. 또 다음 자료를 보라. Deutscher Bundestag, 2 Untersuchungsausschuss 'DDR Vermogen', Protocol of witness statement of Herbert Kohler, Bonn, 27/2/1997.

44 Report of Schalck commission, Beschlussempfehlung and Bericht des 2. Untersuchungsausschusses nach Artikel 44 des Grundgesetzes. Drucksache 13/10900, 1998, pp. 221 - 3. 또 다음 자료를 보라. Andreas Forster, *Auf der Spur*, pp. 98 - 107; 또 다음 자료를 보라. Kristie Mackrakis, *Seduced by Secrets*, pp. 130 - 2.

45 Forster, *Auf der Spur*, p. 131. 1997년에 재통일된 독일의 연방 당국으로부터 심문을 받았을 때, 콜러는 공작 회사들의 네트워크를 만들려는 계획은 결코 실행된 적이 없었다고 주장했다. 동독의 몰락 속도가 너무 빠르다 보니 계획 자체가 무용지물이 되어 버렸기 때문이라는 것이었다. 하지만 슈타지 기록 보관소의 문서에 따르면, 베를린 장벽 붕괴 이후에도 드레스덴 슈타지에서는 콜러의 감독하에 하드 디스크 공장을 위한 부품 수입에 대한 일련의 거래를 승인한 것으로 보이며, 그 부품은 끝내 모습을 드러내지 않았던 것으로 보인다. 일련의 거래를 통해서 리히텐슈타인, 스위스, 싱가포르에 자리한 슐라프의 위장 간판 회사들로 수억 마르크가 더 사라졌다. 슐라프의 회사들은 다시 전직 슈타지 구성원들이 재직하는 여러 회사에 무담보 대출을 해주었는데, 그중에는 여행사 여러 곳도 포함되어 있고, (볼프가 자주 방문했던 장소인) 엘베강을 굽어보는 엘리트용 슈타지 게스트하우스를 구입한 슈타지 협업자도 포함되어 있었다. 그 와중에 콜러는 슐라프의 자문 위원으로 재직했다. 하드 디스크 공장이 정확히 어떻게 되었는지는 여전히 비밀로 남아 있다. 독일 정부는 1990년대 말에 하드 디스크 공장에 쓸 수천만 마르크를 빼돌린 혐의로 스위스에 있는 슐라프에게 소송을 제기했다. 2002년에 스위스 법원은 이를 기각했다. 슐라프는 슈타지를 위해서 일한 적이 전혀 없다고 부인했다. 그는 이 책을 위한 인터뷰 요청에도 응답하지 않았다.

46 예믈리히와 저자의 2018년 3월 인터뷰 내용.

47 제11장을 보라.

48 Forster, *Auf der Spur*, p. 91.

49 드레스덴 슈타지 기록 보관소의 연구원 샤를과 저자의 2018년 3월 인터뷰 내용.

50 Putin's Stasi file, Dresden, BSTU MfS BV Dresden 1.Stellvertr. d. LTR. 3, BSTU

000004, September 7 1989.

51 Christoph Seils, 'Was tat Putin in Dresden?', *Cicero Magazin*, November 2004. 또 다음 자료를 보라. Leonid Nikitinsky and Yuriy Shpakov, 'Putin v razvedke.'

52 Vladimir Usoltsev, *Sosluzhivets*, pp. 61‒2. 푸틴은 불법자 운영으로 악명 높았던 KGB S 국(局)의 95주년 기념일인 2017년 6월 24일, 러시아 국영 텔레비전 채널 로시야 와의 인터뷰에서 자신이 불법자 부서에서 일했다는 사실을 처음으로 시인했다. https://ria. ru/politics/20170624/1497226538.html.

53 Vladimir Usoltsev, *Sosluzhivets*, pp. 69‒70, 109‒10. 이 책은 드레스덴에서 근무 한 KGB 간부들과 그 가족들의 일상생활을 주로 서술했다. 예를 들어 이들의 관광이라든 지, 드레스덴의 크리스마스 축제와 기타 명소라든지, 이들이 마신 맥주라든지, 이들이 슈타 지 〈친구들〉과의 〈규약〉을 위해서 반드시 참석해야만 했던 여러 공식적인 기념행사 등이 나오는 식이다. 이 책은 이들의 공작 업무에 대해서는 사실상 아무런 세부 사항도 설명하 지 않도록 주의를 기했고, 오로지 그 평범함만을 강조했다. 또 다음 자료를 보라. 'Intervyu s byvshim sosluzhivtsom Vladimira Putina', Radio Svoboda, November 11 2003.

54 Putin, *First Person*, p. 70.

55 전직 붉은 군대파 구성원과 저자의 2018년 3월 인터뷰 내용.

56 소비에트의 이의 제기자 블라디미르 부콥스키가 복원한 정치국 기록 보관서 내용. www.bukovsky-archives.net, document numbers 0903, 0911, 0912.

57 Koehler, *Stasi*, p. 359.

58 Dr Marian K. Leighton, 'Strange Bedfellows: The Stasi and the Terrorists', *International Journal of Intelligence and CounterIntelligence*, Volume 27, 2014. 이 문서의 저자는 1980년부터 미국 첩보계에서 일했으며, 처음에는 CIA에서 소비에트 담당 분석가 로 재직하고, 나중에는 국방부 첩보국에서 테러리즘 대응 전문가로 재직했으며, 나중에는 프리랜서 자격으로 다시 CIA와 일했다.

59 Koehler, *Stasi*, p. 360.

60 위의 책, pp. 361‒2, 368‒71. 또 다음 자료를 보라. Leighton, 'Strange Bedfellows'.

61 Leighton, 'Strange Bedfellows'.

62 Koehler, *Stasi*, p. 333.

63 위의 책, p. 344.

64 Oleg Kalugin, CNN interview, February 6 2007.

65 Ion Mihai Pacepa, 'Russian Footprints: What does Moscow have to do with the recent war in Lebanon?', National Review Online, August 24 2006.

66 위의 곳.

67 Koehler, *Stasi*, p. 389.

68 저자의 2018년 4월 인터뷰 내용.

69 Koehler, *Stasi*, p. 392.

70 Butz Peters, 'Dresden Vergessen', *Sächsische Zeitung*, August 1 2017 (https://

web.archive.org/web/20170802045025/http:/www.sz-online.de/sachsen/dresden-vergessen-3739077.html). 또 다음 자료를 보라. Leighton, 'Strange Bedfellows'.

71 Koehler, *Stasi*, p. 392. 또 다음 자료를 보라. Steven Kinzer, 'Spy Charges Widen in Germany's East', *New York Times*, March 28 1991.

72 Jeffrey Steinberg, 'Arrests Prove Stasi-KGB Control of Baader-Meinhof Terrorists', *EIR*, Volume 17, Number 27, June 29 1990.

73 전직 붉은 군대파 구성원과 저자의 2018년 3월 인터뷰 내용.

74 Koehler, *Stasi*, p. 370.

75 Leighton, 'Strange Bedfellows'.

76 Koehler, *Stasi*, p. 392.

77 저자의 2018년 3월 인터뷰 내용.

78 Lally Weymouth, 'East Germany's Dirty Secret', *Washington Post*, October 14 1990. 서독의 한 공직자는 이 기사에서 인터뷰한 망명자를 가리켜 〈지금까지 넘어온 동구권 첩보 요원 중에서도 가장 중요한 인물 가운데 하나〉라고 설명했다.

79 전직 붉은 군대파 구성원과 저자의 2018년 3월 인터뷰 내용.

80 Koehler, *Stasi*, p. 392. 또 다음 자료를 보라. David Crawford, 'The Murder of a CEO', *Wall Street Journal*, September 15 2007.

81 서방 첩보 전문가와 저자의 2018년 3월 인터뷰 내용.

82 Koehler, *Stasi*, p. 392.

83 저자의 2018년 3월 인터뷰 내용. 푸틴이 드레스덴에 머물던 시기에 붉은 군대파가 관여했던 공격들 중에는 미국 공군 라인마인 기지에 대한 폭탄 공격과 지멘스의 최고 기술 관리자 암살이 포함되어 있었다.

84 예블리히와 저자의 2018년 3월 인터뷰 내용.

85 푸틴의 동맹자와 저자의 2018년 10월 인터뷰 내용.

86 David Crawford and Marcus Bensmann, 'Putin's Early Years', *Correctiv*, July 30 2015.

87 위의 곳.

88 Putin, *First Person*, p. 76.

89 위의 책, p. 79.

90 위의 곳.

91 위의 곳, p. 80.

92 Vladimir Usoltsev, *Sosluzhivets*, p. 253. 〈우리와 조금이라도 관련된 문서는 토마스 뮬러가 모아서 푸틴에게 통째로 넘겨주었으니, 뵘의 명령을 수행한 것이었다. 불과 몇 시간 만에 그 문서는 사라져서 잿더미만 남았다.〉

93 Vladislav Kramar, 'Gruppa v Dresdene byla nebolshaya, no moshchnaya', *Voenny-Promyshlenny Kurier*, December 14 2005.

94 위의 곳.

95 Masha Gessen, *The Man Without a Face: The Unlikely Rise of Vladimir Putin*, p. 97.

96 예믈리히와 저자의 인터뷰 내용.

97 추홀트는 거의 곧바로 서방에 자수했으며, 다음 자료에 따르면 베를린, 라이프치히, 드레스덴, 에르푸르트에 있던 요원 15명의 신분을 폭로했다고 전한다. Thomas Schade, 'Verbrannte Vogel', *Sächsische Zeitung*, October 15 2015.

98 Putin Rasskazal o nelegalnoi razvedke i svoei rabote v KGB', *RIA Novosti*, June 24 2017.

99 Weymouth, 'East Germany's Dirty Secret.' 이 자료에 나온 이 망명자의 증언에 따르면, 1989년 11월 12일에 동베를린의 소비에트 대사관에서 열린 비밀회의에서 모드로가 그 당시 SED의 지도자였던 에곤 크렌츠의 후임자로 지명되었으며, 그 자리에는 소비에트 공산당의 국제부 책임자인 팔린, 볼프, 크렌츠, 모드로가 참석했다.

100 Forster, *Auf der Spur*, p. 122.

101 Weymouth, 'East Germany's Dirty Secret.'

102 Oleg Blotsky, *Vladimir Putin: Doroga k Vlasti*, pp. 281 – 86.

103 푸틴의 전직 경제 보좌관이자 레닌그라드 시절부터 스타로보이토바의 친구였던 일라리오노프와 저자의 2014년 9월 인터뷰 내용.

104 제델마이어와 저자의 2018년 4월 인터뷰 내용.

105 2018년에 크세니아 숍차크와 베라 크리쳅스카야가 촬영한 「델로 숍차카Delo Sobchaka」의 기록 보관소 영상에는 연설에 앞서 푸틴이 숍차크와 함께 TV 방송국으로 들어가는 모습이 나온다.

106 당시 상트페테르부르크시 의회의 부의장으로서 이 사건들을 직접 목격한 벨랴예프와 저자의 2013년 6월 인터뷰 내용.

107 위의 곳.

108 제델마이어와 저자의 2018년 4월 인터뷰 내용.

제2장

1 Sovershenno Sekretno, *Taina Zolota Partii*, 2007. 팔린과의 인터뷰 내용.

2 Valentin Stepankov, *Kremlyevsky Zagovor: Versiya Sledstviya*, pp. 238 – 9. 사라진 당 자금의 수사를 담당한 러시아 검찰 총장의 이러한 설명은 크루치나의 부인과 그의 시신을 발견한 KGB 경비원의 증언에 의거했다. 또 다음 자료를 보라. Sovershenno Sekretno, *Taina Zolota Partii*.

3 위의 책, pp. 235 – 6.

4 위의 책, p. 236.

5 게라셴코와 저자의 2013년 9월 인터뷰 내용.

6 레오노프와 저자의 2013년 9월 인터뷰 내용.

7 'Soviet Turmoil; New Suicide: Budget Director', *New York Times*, August 27 1991.

8 Sergei Pluzhnikov and Sergei Sokolov, 'Kak KGB Svodil Schety c KPSS',

Komsomolskaya Pravda, January 1 1992.

9 Peter Torday and Tony Barber, 'Communists Pillaged Party Gold – Officials Investigate Flight of Soviet Billions', *Independent*, March 27 1992; John Rettle, 'Russian government Launches Investigation into Missing Communist Party Billions', *Guardian,* September 10 1991. 니콜라이 리시코프가 나중에 의회 청문회에서 밝힌 바에 따르면, 고르바초프가 권좌에 올랐을 당시에 소련의 금 보유고는 1200톤이었지만, 권좌에서 물러날 즈음에는 0에 가까웠다. 러시아 신문 『콤소몰스카야 프라우다』가 인용한 문서에는 당이 여러 해외 은행의 경화 계좌로 2800억 루블(120억 달러)을 이전했음이 분명히 나와 있었다. 기사 원본은 이후 인터넷에서 사라져 버렸다. Sovershenno Sekretno, *Taina Zolota Partii.*

10 Stephen Handelman, 'How Man's Conscience Overcame His Fear', *Toronto Star*, February 14 1992.

11 Stepankov, *Kremlevsky Zagovor,* pp. 313 – 14.

12 위의 책, p. 284; Handelman, *Toronto Star,* February 14 1992.

13 Stepankov, pp. 286 – 7.

14 위의 책, p. 290.

15 Handelman, *Toronto Star*, February 14 1992.

16 나중에 이에 대해 질문을 받은 당의 최고위 공작원들 가운데 다수는 자기네가 옳았다고, 아울러 당의 이익이 국가의 이익과 동일하다고 믿었다. 실제로 당은 곧 국가였으며, 볼셰비키 혁명 이래로 줄곧 그러했다. 〈이런 관습에는 유별난 부분이 전혀 없습니다.〉 당의 전직 부서기장 이바시코는 훗날 검찰에 이렇게 말했다. 〈사회 세력들을 지원함으로써 (……) 여론에 영향을 끼치는 것이야말로 예전부터 항상 국가의 가장 중요한 기능 가운데 하나였습니다.〉 이바시코의 증언은 다음 자료를 보라. *Kremlevsky Zagovor*, pp. 295 – 6.

17 Stepankov, p. 285. 하지만 스미르노프는 1977년부터 1989년까지 매년 최소한 2억 달러가 소련에서 유출되어 공산당과 연계된 여러 해외 정당에 자금으로 지원되었다고 말했다. Handelman, *Toronto Star,* February 14 1992.

18 Stepankov, p. 301; Vadim Belykh and Valery Rudnev, 'Dengi Partii: Milliardy Obnaruzheny, no sledstvie, pokhozhe, v tupike', *Izvestia,* 10/02/92, https://old.flb.ru/info/4896.html.

19 팔리코와 저자의 2013년 6월 인터뷰 내용. 팔리코는 이탈리아 사업체들이 소련에서 사업상의 거래를 하기 위해서는 반드시 거쳐야 했던 우호 회사로 세 군데를 거론했다. 하나는 레스티탈이라는 업체였는데, 그의 말에 따르면 이탈리아 업체들은 실제로 거래에 직접 참여하지도 않는 이 업체 거래액의 1퍼센트를 지급해야 했다. 다른 두 업체는 이탈림페크와 에스테우로파였으며, 소련에 가려는 관광객은 반드시 공산당 소유의 업체인 이탈투어리즘을 거쳐야만 했다.

20 Mary Dejevsky, 'Maxwell's former firm on List of Soviet Favourites', *Independent*, November 9 1991; Peter Pringle, 'Soviets to Conduct Inquiry Over Friendly Firms', *Independent,* November 11 1991.

21 전직 KGB 고위급 공작원과 저자의 2013년 5월 인터뷰 내용, 아울러 이중 용도 의료·군사 장비를 공급한 우호 회사 가운데 한 곳을 운영했던 중개업자와 저자의 2013년 3월 인터뷰 내용. 하지만 다음 자료에서는 더 현실적인 설명을 내놓는다. 즉 티센과 지멘스와 기타 업체에 소비에트의 요원들이 침투해서 서방의 기술을 훔쳐 냈다는 것이다. Christopher Andrew and Vasily Mitrokhin, *The Mitrokhin Archive: The KGB in Europe and the West*, pp. 597 – 8.

22 고르바초프의 전직 보좌관과 저자의 2014년 6월 인터뷰 내용.

23 Vadim Belykh and Valery Rudnev, *Izvestiya*, 'Dengi Partii: Milliardy Obnaruzheny, no sledstvie, pokhozhe, v tupike', February 10 1992, https://old.flb.ru/info/4896.html; 크롤의 전직 대표 헬스비와 저자의 2013년 3월 인터뷰 내용. 우호 회사의 활동과 당 자금의 약탈에 관한 더 많은 정보는 구소련 주재 전직 CIA 지부장 파머가 1999년 9월 21일에 미국 하원 금융 재정 서비스 위원회에서 러시아 범죄 조직 구성원들의 서방 금융 시스템 침투에 관해 내놓은 탁월한 증언을 참고하라.

24 Stepankov, p. 301.

25 슐리코프와 저자의 2006년 9월 인터뷰 내용.

26 Stepankov, pp. 301 – 3.

27 Stepankov, p. 236; Belykh and Rudnev, 'Dengi Partii: Milliardy Obnaruzheny, no sledstvie, pokhozhe, v tupike', *Izvestiya*, February 10 1992; Sokolov and Pluzhnikov, 'Zoloto KPSS: Desyat Lyet Spustya', *Moskovskie Novosti*, September 18 2001 (http://kompromat.flb.ru/material1.phtml?id=566).

28 Sokolov and Pluzhnikov, 'Zoloto KPSS: Desyat Lyet Spustya', *Moskovskie Novosti*, September 18 2001.

29 Stepankov, p. 296; Sokolov and Pluzhnikov, 'Zoloto KPSS: Desyat Lyet Spustya', *Moskovskie Novosti*, September 18 2001; 파머의 1999년 9월 21일 자 미국 하원 금융 재정 서비스 위원회 증언 내용; 시베츠와 저자의 2018년 5월 인터뷰 내용.

30 Sokolov and Pluzhnikov, *Moskovskie Novosti*, September 18 2001.

31 위의 책.

32 시베츠와 저자의 2018년 5월 인터뷰 내용.

33 Sokolov and Pluzhnikov, *Moskovskie Novosti*, September 18 2001. 사라진 당의 부에 관한 러시아 검찰의 형사 사건 수사는 나중에 기밀로 분류되었다. 무려 200권에 달하는 사건 기록 전체도 그렇게 되었다. 공개된 정보는 겨우 파편에 불과하다.

34 Sovershenno Sekretno, *Taina Zolota Partii*. 이 자료에 수록된 인터뷰에서 전직 정치국 구성원 올레그 셰이닌은 고르바초프가 이바시코의 문건을 무시해 버렸기에 아무런 조치도 취해지지 않았다고 주장했다.

35 Stepankov, p. 303.

36 시베코가 토론토에 설립한 합작 사업체 가운데 하나는 소비에트 무역 연맹 중앙 위원회로 〈리조트, 백화점, 심지어 승용차 대여업체를 만드는〉 것을 목표로 삼았다('Soviet Organisation, Toronto Group of Firms Join Forces in Projects', *Globe and Mail*,

October 12 1988). 또 하나는 모스크바 소재 미국 캐나다 연구소의 소장 게오르기 아르바토프가 시베코와 함께 만든 업체로, 러시아 첩보를 위한 위장 간판이었다고 추정된다 (Canada Newswire, November 15 1988).

37 Sovershenno Sekretno, *Taina Zolota Partii.* 이 자료에 수록된 크류치코프의 인터뷰 내용.

38 Sovershenno Sekretno, *Taina Zolota Partii.* 테이프에 녹음된 내용은 1990년대 초에 시베코를 위해 일했던 야쿠놉스키와 해외 첩보부의 예비역 대령으로 1970년대에 프리마코프와 긴밀하게 일했던 유리 코토프의 대화로 보인다.

39 'Ex-Aide to Gaidar Targets Rutskoi in business scandal', Agence France-Presse, August 12 1993. 스위스 첩보 기관은 나중에 소비에트의 국가와 당의 부를 KGB가 이전했을 때의 중심에 있었던 것으로 짐작되는 업체 가운데 하나로 시베코를 거론했으며, 비르시테인을 지목하여 전직 KGB 간부라고 주장했다.

40 Sokolov and Pluzhnikov, 'Zoloto KPSS: Desyat Lyet Spustya', *Moskovskie Novosti*, September 18 2001. 다음 자료에 따르면 검찰이 소련에서 600개의 은행과 업체를, 아울러 해외에서 추가로 500개의 은행과 업체를 찾아낼 수 있었는데, 여기에는 독일과 스위스와 역외 회사들도 수십 군데 포함되어 있었다. Sovershenno Sekretno, *Taina Zolota Partii.*

41 Andrei Illesh and Valery Rudnev, 'Poisk deneg KPSS: Pessimistichesky Konyets', *Izvestiya,* April 1 1993.

42 아벤과 저자의 2015년 5월 인터뷰 내용.

43 헬스비와 저자의 2013년 3월 인터뷰 내용.

44 위의 곳. 리치는 사기와 갈취 혐의로 기소되었으며, 나중에는 미국 대통령 클린턴에게 사면됨으로써 논란의 대상이 되었다. 이탈리아 볼로냐에서 이 사건을 수사한 검사 파올로 조바뇰리의 말에 따르면, 리치는 러시아 범죄 조직원으로 알려진 그리고리 로웃찬스키가 소유하고 오스트리아 빈에 근거한 무역업체와 긴밀하게 일했다. 조바뇰리의 말에 따르면, 소비에트 붕괴 이전에 공산당의 자금을 옮기기 위해서 설립된 또 다른 회사는 바로 노르텍스였다(P. K. Semier, 'US Fugitive Rich Linked to Money Laundering; Russian-Mafia Prosecutors May Subpoena Him', *Washington Times,* June 21 2002).

45 보샤노프와 저자의 2013년 3월 인터뷰 내용.

46 러시아의 고위직 사업가와 저자의 2018년 5월 인터뷰 내용.

47 David Remnick, 'Soviet Union's Shadow Economy – Bribery, Barter, Black Market deals are the Facts of Life', *Washington Post*, September 22 1990. 소비에트의 불균형한 경제의 각종 부족 현상에 관해서는 탁월한 저술인 다음 자료를 보라. David Hoffman, *The Oligarchs: Wealth and Power in the New Russia,* pp. 11–20.

48 전직 암시장 외화 매매업자와 저자의 인터뷰 내용.

49 시베츠와 저자의 2018년 5월 인터뷰 내용.

50 밀시테인의 관련자와 저자의 2018년 5월 인터뷰 내용; Vesti, Programma 60 Minut; 'Mikhail Milshtein: Genialny Razvedchik I Borets s Kholodnoi Voinoi',

September 15 2010(http://www.vesti.ru/doc.html?id=392836).

51 시모냔과 저자의 2013년 11월 인터뷰 내용.

52 야쿠닌과 저자의 2018년 8월 인터뷰 내용. 또 다음 자료를 보라. Vladimir Yakunin, *The Treacherous Path*, p. 21.

53 미셸과 저자의 2004년 6월 인터뷰 내용.

54 수리코프와 저자의 2005년 2월 인터뷰 내용.

55 저자가 입수한 2007년 6월의 스위스 첩보 기관 보고서에 따르면, 루찬스키와 비르시테인은 소비에트 붕괴 직전에 국가와 당의 부를 개인의 손으로 이전하기 위해서 KGB가 포섭한 사람들이었다. 〈그 돈의 일부는 원래 정치적 작전에 자금을 지원하는 데 사용되어야 마땅했지만, 실제로는 그 돈의 일부가 도둑맞아서 개인의 경제 활동에 자금을 지원하는 데 사용되었다.〉

56 Mikhail Khodorkovsky and Natalya Gevorkyan, *Tyurma I Volya*, pp. 91 - 2.

57 호도르콥스키의 예전 동업자와 저자의 인터뷰 내용.

58 Khodorkovsky and Gevorkyan, p. 94.

59 호도르콥스키와 저자의 2014년 5월 인터뷰 내용.

60 Hoffman, *The Oligarchs*, pp. 107 - 10; 호도르콥스키와 저자의 2014년 5월 인터뷰 내용; Khodorkovsky and Gevorkyan, pp. 75 - 82.

61 Hoffman, *The Oligarchs*, pp. 107 - 8; 호도르콥스키와 저자의 2014년 5월 인터뷰 내용.

62 미셸과 저자의 2014년 1월 인터뷰 내용.

63 그레이엄과 저자의 2014년 6월 인터뷰 내용.

64 미셸과 저자의 2013년 9월 인터뷰 내용.

65 호도르콥스키와 저자의 2014년 5월 인터뷰 내용.

66 하원 안보 위원회의 전직 위원장 일류킨이 러시아 내무 장관에게 쓴 편지에 따르면, 프리드만은 학생 시절부터 KGB에 협력했다.

67 전직 정부 공직자와 저자의 2014년 6월 인터뷰 내용.

68 호도르콥스키와 저자의 2014년 5월 인터뷰 내용; Khodorkovsky and Gevorkyan, pp. 82 - 6.

69 타라소프와 저자의 2013년 11월 인터뷰 내용. 또 그의 자서전인 다음 자료를 보라. Artyom Tarasov, *Millionaire: The Sermon of the New Russia's First Capitalist*, Chapter 5.

70 미셸과 저자의 2014년 1월 인터뷰 내용.

71 소란을 피하는 것에 관해서 KGB와 논의하는 과정에서 핵심 중간책은 아르카디 볼스키였는데, 그는 KGB 수장 안드로포프의 전직 경제 자문 위원으로서 KGB와 긴밀한 유대를 형성했으며, 나중에는 러시아 기업인 경영인 연맹이라는 강력한 조직의 수장으로서 새로운 세대의 재벌들에게는 일종의 할아버지로 간주되었다. 볼스키 역시 골드러시에 참여했었으며, 그의 회사 시마코는 1달러당 1.8루블이라는 당의 특별 환율을 적용하여 루블화를 달러화로 바꿀 수 있는 허가와 아울러 다량의 무기를 수출할 수 있는 허가도 얻었다.

72 일라리오노프와 저자의 2015년 9월 인터뷰 내용.

73 시모냔과 저자의 2013년 11월 인터뷰 내용.

74 그레이엄과 저자의 2014년 6월 인터뷰 내용.

75 전직 KGB 고위급 공작원과 저자의 2013년 5월 인터뷰 내용.

76 파머의 1999년 9월 21일 자 미국 하원 금융 재정 서비스 위원회 증언 내용. 파머의 이 증언에는 당의 부를 국외로 빼돌려 서방으로 이전하기 위한 KGB의 계획의 여러 단계에 대한 명민한 설명도 포함되어 있다.

77 위의 곳.

78 제15장을 보라. 시베츠와 저자의 2018년 5월 인터뷰 내용.

79 Pete Earley, *Comrade J: The Untold Secrets of Russia's Master Spy in America After the End of the Cold War*, pp. 285 - 8.

80 그중에서도 가장 큰 도관 가운데 하나였던 피마코라는 회사는 〈비가시적 경제〉의 창설에 관한 이바시코의 명령이 내려진 지 불과 몇 달 뒤에 소비에트 금융 분야의 고위 공직자들에 의해서 저지섬에 조용히 설립되었다. 한 러시아 검사가 나중에 주장한 바에 따르면, 1990년대에 중앙은행의 보유액 가운데 최대 500억 달러가 이 회사를 통해서 옮겨졌으며, 그중에는 국제 통화 기금에서 얻은 대출금 수십억 달러도 포함되어 있었다. 〈백금 8세제곱미터톤, 금 60세제곱미터톤, 다이아몬드 다량, 150억 내지 500억 달러의 현금이 (……) 1989년부터 1991년 사이에 KGB 첩보부에 의해서 누군지 알 수 없는 사람들의 손으로 넘어갔습니다.〉 파머도 훗날 미국 의회에서 이렇게 증언했다.

81 Yevgenia Albats, *KGB: State Within a State*, p. 303.

82 KGB 중개인과 저자의 2013년 3월 인터뷰 내용.

83 일라리오노프와 저자의 2015년 9월 인터뷰 내용. 그 2억 달러는 러시아가 제공한 석유 제품과 쿠바가 제공한 설탕 수입품 사이의 가격 차이로부터 생겨났다. 이 계책에 관한 완전한 설명은 다음 자료를 보라. Illarionov, 'Trudny Put k Svobode' Part II, *Zhurnal Kontinent*, No 146, May 4 2011, pp. 13 - 17.

84 일라리오노프와 저자의 2015년 9월 인터뷰 내용. 그렇게 사라진 국제 통화 기금 대출금 10억 달러 때문에 그의 관련자이자 그 당시 재정 장관이었던 보리스 표도로프는 홍역을 치렀다. 일라리오노프는 2000년에 크렘린의 경제 자문 위원으로 임명된 이후에야 그 사건의 후일담을 알아낼 수 있었다. 그는 중앙은행의 감독 위원회의 일원 자격으로 유로방크를 비롯한 해외에 있는 러시아 국영 은행들의 계좌에 접근할 수 있었기 때문이다. 〈우리는 유로방크 네트워크의 동의하에 그 계좌를 살펴보고 있었는데, 제가 이렇게 말했습니다. 이 10억 달러는 어디에서 온 겁니까? 이 은행이 1992년 말에 받았다고 나오는 이 금액에 우리가 집중할 필요가 있습니다. 알고 보니 유로방크 구제를 위해 IMF 대출금을 이전한 것이었습니다. 그곳은 KGB의 은행이었기에, 가이다르는 그곳을 모두 구제할 수 있었던 겁니다.〉 정부에서는 해외 경제 작전을 위해 우선 이 대출금을 중앙은행에서 국영 은행인 브네셰코놈방크로 옮겼으며, 거기서 다시 유로방크로 옮겼다가, 나중에는 저지섬의 역외 피난처에 있는 피마코로 옮겼고, 그런 다음에야 그 자금을 이용해서 유로방크의 악성 부채를 갚았던 것이다. 더 자세한 내용은 다음 자료를 보라. Illarionov, 'Trudny Put k Svobode' Part II, *Zhurnal Kontinent*, No 146, pp. 150 - 6.

85 미셸과 저자의 2014년 1월 인터뷰 내용.

86 KGB 제5국의 전직 소수 민족 담당자였던 봅코프는 모스트 은행에서 분석 부서 책임자로 일하며 자신의 가까운 제자 구신스키와 긴밀하게 일하게 되었다. 정권 말기에 KGB 해외 첩보부의 책임자였던 셰바르신은 경화 취급 면허를 부여받은 최초의 은행인 전(쥰)러시아 환전 은행에서 보안 책임자로 근무했다. 해외 첩보부의 분석부의 강력한 책임자 레오노프도 그 은행의 부대표 직위를 차지했다. 서류상으로 그 은행의 대표는 23세의 금융 전문가 알렉산드르 코나닌이었다. 하지만 실제로 그 은행은 KGB의 위장 간판에 불과했다. 레오노프는 그 당시에 자국에서 가장 잘 레이더를 피하던 인물인 은행가 푸가체프와 긴밀하게 일했는데, 푸가체프의 메즈프롬방크 역시 경화 취급 면허를 처음으로 부여받은 은행 가운데 하나였다.

87 시베츠와 저자의 2018년 5월 인터뷰 내용.

88 Hoffman, *The Oligarchs*, pp. 120 - 1.

89 Jeffrey D. Sachs, 'Russia's Failure to Reform', Project Syndicate, August 30 1999.

90 Janine R. Wedel, 'The Harvard Boys do Russia', *The Nation*, May 14 1998. 웨델은 하버드 경제학자 가운데 한 명인 안드레이 슐라이퍼가 저서 『러시아의 민영화 *Privatising Russia*』에서 한 다음과 같은 말을 인용한다. 〈원조는 자유 시장 개혁가들이 그 정치적 반대자들을 무지르는 데에 명백히 도움을 줌으로써 정치적 평형 상태를 변화시킬 수 있다.〉

91 야블린스키와 저자의 2014년 2월 인터뷰 내용.

92 파블롭스키와 저자의 2014년 5월 인터뷰 내용.

93 Chrystia Freeland, *Sale of the Century*, p. 169.

94 위의 책, pp. 173 - 4.

95 Chrystia Freeland, John Thornhill and Andrew Gowers, 'Moscow's Group of Seven', *Financial Times*, November 1 1996. 예를 들어 호도르콥스키도 우선 KGB 전직 고위직 공작원 두 명이 포함된 유코스의 경영진과 협정을 맺어서, 나중에 이들에게 그 회사의 가치의 30퍼센트를 지급하기로 동의하지 않을 수 없었다. 유코스 경매를 주관했던 민영화 담당 공직자 가운데 한 명이 나중에 시인한 바에 따르면, 호도르콥스키는 거기서 자신의 연줄을 이용해서 유코스의 향후 석유 판매를 담보로 삼음으로써 경매에 필요한 현금을 마련했다.

96 미셸과 저자의 2012년 12월 인터뷰 내용.

97 시모냔과 저자의 2013년 11월 인터뷰 내용.

98 시베츠와 저자의 2018년 5월 인터뷰 내용.

제3장

1 저자와의 2014년 2월 인터뷰 내용.

2 저자와의 2014년 6월 인터뷰 내용.

3 전직 KGB 고위급 간부와 저자의 2013년 5월 인터뷰 내용.

4 전직 지역 FSB 간부와 저자의 2014년 6월 인터뷰 내용.

5 Marina Salye, 'V. Putin – "President" Korrumpirovannoi Oligarkhii!', The Glasnost Foundation, March 18 2000.

6 살례의 인터뷰인 다음 자료를 보라. Anastasia Kirilenko, 'Pochemu Marina Salye Molchala o Putine 10 Lyet?', Radio Svoboda, March 2-4 2010. 이와 관련해 더 많은 정보는 탁월한 보도인 다음 자료를 참고하라. Vladimir Ivanidze, 'Spasaya Polkovnika Putina: Vtoraya Popytka', Radio Svoboda, March 16 2010.

7 Vladimir Ivanidze, 'Spasaya Polkovnika Putina: Vtoraya Popytka', Radio Svoboda, March 16 2010. 살례 재단에서 수집하고 저자가 확인한 해당 거래 관련 문서에 따르면, 푸틴은 아벤에게 보낸 1991년 12월 4일 자 편지에서 식량 수입품과 교환할 1억 2400만 달러어치의 원자재 수출 쿼터를 자기네 도시에 부여해 달라고 요청했는데, 이것이야말로 1992년의 처음 2개월 동안 그 도시에 식량 공급을 보장할 유일한 방법이기 때문이었다. 이 편지에서 푸틴은 이 거래에 관여하는 여러 회사에 수출 허가를 발급할 권리를 자신의 해외 관계 위원회에 부여해 달라고 요구했다. 이에 찬동한 당시 러시아 총리 가이다르의 서명은 1991년 12월 5일 자인 것으로 보인다(일부 논평자들은 이 서명에 의구심을 표시하면서 위조임을 확신한다고 말했다). 하지만 실제로 이 계책에 찬동하는 정부 명령은 1992년 1월 9일에 가서야 비로소 내려졌다. 아울러 해외 경제 관계부의 상트페테르부르크 주재 대표부 책임자인 알렉산드르 파호모프가 아벤에게 보낸 1992년 2월 3일 자 편지를 보면, 11월 초에 이 도시를 위한 또 다른 물물 교환 계책이 승인되었지만 역시나 실패했음이 암시된다. 이 편지 내용에 따르면, 1991년 11월 21일 자로 가이다르가 10만 톤의 디젤유 판매에 대한 첫 번째 쿼터를 발급하여 키리시네프테오르그신테즈에 부여했지만, 이 업체는 디젤유를 판매한 뒤에도 그 수익금을 식량 구매에 사용하도록 시에 전달하지 않았다. 파호모프의 편지에 따르면, 이후에 가이다르 정부에서는 새로운 쿼터를 발급해 주었다.

8 상트페테르부르크시 의회의 전직 의장 벨랴예프와 저자의 2013년 6월 인터뷰 내용.

9 Marina Salye, 'Nastal Chered Putina – 'Presidenta' Korrumpirovannovo Klana', February 29 2012; Ivanidze, 'Spasaya Polkovnika Putina: Vtoraya Popytka'. 1992년 1월 14일에 시 의회에 출석할 것과 해당 거래에 관한 문서 모두를 제출할 것을 요청하기 위해 벨랴예프가 푸틴에게 보낸 편지 내용도 참고했다.

10 Ivanidze, 'Spasaya Polkovnika Putina'; Marina Salye, 'Nastal Chered Putina – 'Presidenta' Korrumpirovannovo Klana'. 푸틴이 의회에 제출한 다음의 두 페이지짜리 문건 역시 살례 위원회 보유 서류에서 찾아볼 수 있다. Prilozhenie 16 'O sostoyanii del po Vydache Litsenzii pod obespechenie goroda prodovolstviem', V. Putin; Tablitsa No 1 'Prodovolstvie, poluchaemoe v schet Vydannoi Litsenzii'.

11 Ivanidze, 'Spasaya Polkovnika Putina'.

12 Salye, 'V. Putin – "President" Korrumpirovannoi Oligarkhii!'.

13 같은 곳.

14 같은 곳. Salye, 'Nastal Chered Putina – "Presidenta" Korrumpirovannovo Klana'.

15 살례 위원회 보유 서류. 상트페테르부르크 세관의 책임자인 V. T. 스테파노프가 푸틴에게 보낸 1992년 1월 27일 자 편지에 따르면, 목재 화물이 세관을 통과하지 못한 이유는 그 수출 면허장이 그런 물물 교환 계책을 규정한 법률과 합치하지 않았기 때문이었다. 그 판매의 수익금 가운데 겨우 50퍼센트만 식량 구매에 사용될 예정이었으며, 면허에 서명한 사람도 정확한 책임자가 아니고, 상품의 가격 역시 인위적으로 낮게 책정되어 있었다. 상트페테르부르크 지역의 대통령 직속 부대표 표도르 슈크루드네프가 푸틴에게 보낸 1992년 2월 12일 자 편지에 따르면, 그 면허장에는 수출 상품의 가치에 대해서는 물론이고, 만약 중개상이 계약 조건을 충족하지 못할 경우에 조치할 제재 내용에 대해서도 심각한 오류가 들어 있었다. 해외 무역부의 상트페테르부르크 주재 대표인 파호모프가 아벤에게 보낸 1992년 2월 3일 자 편지에서도 푸틴에게 발급된 쿼터가 경제 재정부의 확인을 거치지 않았으며, 면허도 해외 무역 업무의 전문 업체가 아닌 무명 회사들에 분배되었고, 심지어 수익금 가운데 절반만 시가 가져가서 식량 수입에 사용하고 나머지는 중개업체가 가져가는 50대 50 분배 역시 물물 교환 계책을 규정하는 법률에 합치되지 않는다고 지적했다.

16 살례 위원회 보유 서류 중 전문가 의견. Prilozhenie 12.

17 살례 위원회 보유 서류 중 계약서와 면허장 사본. Salye, 'V. Putin – "President" Korrumpirovannoi Oligarkhii!'.

18 Salye, 'V. Putin – "President" Korrumpirovannoi Oligarkhii!'.

19 같은 곳. 살례 위원회 보유 서류를 보면, 푸틴은 아벤에게 보낸 1991년 12월 4일 자 편지에서 식량 수입품과 교환할 1억 2400만 달러어치의 원자재 수출 쿼터를 자기네 도시에 부여해 달라고 요청했는데, 이것이야말로 1992년의 처음 2개월 동안 그 도시에 식량 공급을 보장할 유일한 방법이기 때문이었다. 이 편지에서 푸틴은 이 거래에 관여하는 여러 회사들에 수출 허가를 발급할 권리를 자신의 해외 관계 위원회에 부여해 달라고 요구했다. 이에 찬동한 당시 러시아 총리 가이다르의 서명은 1991년 12월 5일 자인 것으로 보인다.(일부 논평자들은 이 서명에 의구심을 표시하면서 위조임을 확신한다고 말했다). 하지만 실제로 이 계책에 찬동하는 정부 명령은 1992년 1월 9일에 가서야 비로소 내려졌다. 나중에 가이다르는 그런 면허를 발급할 수 있는 푸틴의 권리를 명백히 거부했으니, 관세 위원회의 위원장에게 쓴 편지에서 1991년 12월 31일 자 정부 명령에 의거하여 오로지 해외 경제 무역부와 그 지역 대표부만이 그렇게 할 권한을 갖고 있다고 말했기 때문이다. 하지만 아벤은 다시 한번 푸틴을 옹호했으며, 1992년 3월 25일 자 명령에서 푸틴의 해외 관계 위원회에 해외 경제 활동 권한을 넘겨주라고 해외 무역부의 상트페테르부르크 대표 파호모프에게 지시했다. 즉 푸틴의 위원회가 현재 휘두르는 면허 관련 권한의 범위를 계속 유지하게 두라는 뜻이었다.

20 살례 위원회 보유 서류. Prilozhenie 3, date 20/12/91.

21 살례 위원회 보유 서류. Prilozhenie 30, 59, date 14/1/92.

22 Salye, 'V. Putin – "President" Korrumpirovannoi Oligarkhii!'.

23 그 사람은 잔디르 라기모프라는 아제르바이잔인이었다. 〈그는 푸틴과 매우 가까웠습니다.〉 지코프의 전직 직원과 저자의 2014년 3월 인터뷰 내용 중에 나온 말이었다. 서류상으로 이 회사는 페터 바흐만이라는 독일인의 소유였는데, 이 사람의 이후 소식은 전혀 알

수가 없었다. Ivanidze, 'Spasaya Polkovnika Putina'.

24 Salye, 'V. Putin − "President" Korrumpirovannoi Oligarkhii!'; Ivanidze, 'Spasaya Polkovnika Putina'.

25 Irena Pietsch, *Pikantnaya Druzhba*, p. 171.

26 벨랴예프와 저자의 2013년 6월 인터뷰 내용.

27 살례 위원회를 통해서 저자가 입수한 문서(Prilozhenie 44, date 31/3/1992)에 따르면, 디젤유와 연료유 15만 톤의 수출에 대한 쿼터는 석유 식량 교환 계책 아래에서 키리시네프테오르그신테즈에 부여된 것이었는데, 그 당시에 키리시네프테힘엑스포르트의 소유였던 이 키리시 정유소에서는 팀첸코가 고위직 관리자로 일하고 있었다(상트페테르부르크시 정부의 전직 공직자 코르차긴이 저자에게 말한 바에 따르면, 팀첸코는 1991년부터 1992년까지 키리시네프테오르그신테즈의 재정부장으로도 재직했다). 하지만 이 문서에 따르면, 이 수출품을 판매할 수 있는 면허는 평소에만 해도 키리시 정유소의 모든 수출을 담당했던 팀첸코의 키리시네프테힘엑스포르트가 아니라 넵스키 돔이라는 회사에 부여되었다는 점에서 이례적이었다. 키리시네프테힘엑스포르트에서 팀첸코의 예전 동업자였던 사람 가운데 한 명은 그 회사도 석유 식량 교환 계책에 참여해서 그 의무를 완전히 수행했다고 저자에게 말했지만(주 34번을 보라), 이와 관련해서는 그 계책에 관해서 살례보다도 더 폭넓은 감시를 담당했던 (살례의 위원회는 그 계책에 관련된 문서 전체에 접근할 수도 없었기 때문이다) 고위 공직자 벨랴예프의 주장대로 팀첸코와 그 동업자들 역시 그 계책에 참여했었다고 보는 편이 더 설득력 있다.

28 키리시네프테힘엑스포르트에서 팀첸코의 예전 동업자였던 사람과 저자의 2013년 6월 인터뷰 내용.〈우리는 정유소를 위해 외부 무역 회사를 만들기로 결정했습니다. 우리는 그렇게 시작했고, 정유소의 고위층에게 찾아가서 안면을 익혔습니다. 그건 우리가 주도했었습니다.〉팀첸코의 예전 동업자의 말이다.

29 전직 서방 첩보 소식통과 저자의 2013년 7월 인터뷰 내용.

30 전직 KGB 고위급 간부와 저자의 2014년 3월 인터뷰 내용; 또 다른 KGB 고위급 간부 및 팀첸코의 예전 동업자와 저자의 2013년 9월 인터뷰 내용.

31 Irina Mokrousova and Irina Reznik, 'Chelovek s Resursom', *Vedomosti,* January 21 2013.

32 전직 KGB 고위급 간부와 저자의 2014년 3월 인터뷰 내용.

33 안보 기관과 연계된 러시아의 고위급 은행가와 저자의 2017년 9월 인터뷰 내용. 또 다음 자료를 보라. Alexander Levinsky, Irina Malkova and Valery Igumenov, 'Kak Matthias Warnig stal samim nadezhnym "ekonomistom" Putina', *Forbes,* August 28 2012.

34 팀첸코의 예전 동업자와 저자의 2013년 6월 인터뷰 내용. 이 인터뷰에서 팀첸코의 예전 동업자는 석유 식량 교환 거래에서 자기네 회사의 참여에 대해 다음과 같이 말했다. 〈우리는 석유 제품을 (즉 디젤유와 연료유를) 판매하는 대가로 식량을 얻었습니다. 이것은 가이다르 정부 치하의 특별 명령에 의거한 물물 거래였고, 물론 우리 스스로 선택한 것은 아니었습니다. 우리는 그 도시로 찾아가서 무엇이 필요하냐고 (즉 우리가 당신들 대신 판

매하겠다고) 말했으며, 그 도시를 위해서 무엇을 살지는 우리도 알지 못했습니다. 물론 이를 위해서 우리는 시 행정부로부터 명령을 받았고, 수익은 100퍼센트 식량 구입에 들어갔습니다. 우리는 무엇이 필수적인지를 물어보았는데, 우리가 무엇을 구입했는지는 지금 와서 기억나지 않습니다. 제 생각에는 우리가 예를 들어 아동용 식품을 구입했던 것 같습니다.〉팀첸코의 예전 동업자는 그 회사의 설립자들이 그 당시에 푸틴을 만났다고도 말했다. 〈그의 권한 가운데 일부는 대외 경제 무역이었습니다. 물론 우리는 그와 마주쳤지요.〉다음 자료에 수록된 더 이전의 인터뷰에서 팀첸코는 키리시네프테힘엑스포르트, 일명 키넥스가 석유 식량 교환 거래에 참여했다는 사실을 부정했다. 〈키넥스는 그 이야기와 아무런 관련이 없습니다. 오래전부터 그런 이야기가 있었지만, 그 유래가 어디인지는 저도 모르겠습니다. 우리는 항상 확인을 했습니다. 그러다가 최근에야 마침내 그 디젤유 이야기와 키넥스는 아무 관련이 없음을 보여 주는 서류를 얻게 되었습니다. 우리와 이름이 유사했던 다른 회사가 있었던 겁니다.〉 Irina Malkova and Igor Terentyev, 'U menya vezde yest optsiony', *Russian Forbes*, November 2012. 팀첸코의 변호사들도 이 책에 관한 논평에서, 키넥스가 그 어떤 형태의 불법적인, 또는 부적절하거나 비윤리적인 행동에 관여했다는 주장은 〈완전히 사실이 아니다. 키넥스의 모든 활동은 완전히 투명하고 합법적이었다〉라고 말했다.

35 살례의 관련자와 저자의 2014년 3월 인터뷰 내용.

36 투로베르와 저자의 2013년 5월 인터뷰 내용.

37 같은 곳.

38 투로베르와 저자의 2014년 3월 두 번째 인터뷰 내용.

39 같은 곳.

40 게라셴코와 저자의 2013년 9월 인터뷰 내용.

41 투로베르와 저자의 2014년 3월 인터뷰 내용.

42 이 거래를 자세히 살펴본 다른 사람들도 겁에 질렸거나, 또는 그보다 더 심한 상태가 되었다. 상트페테르부르크의 의회 조사 과정에서 살례와 긴밀하게 일했던 보좌관 유리 글라트코프는 이 주제에 대한 인터뷰를 여러 해 동안이나 일절 거부해 왔다. 그가 오랜 병고를 겪다가 2007년에 사망하자, 한 관련자는 독살로 생각한다고 말했다. 〈사망하기 1년 전에 저를 만났을 때에 그는 몸을 떨고 있었습니다. 마치 뭔가가 주입된 사람 같았습니다.〉숩차크의 전직 보좌관 가운데 하나이며 푸틴과는 견원지간이었던 슈토프도 푸틴이 크렘린의 사다리를 타고 상승하던 도중인 1998년에 체포되어 러시아의 가장 가혹하고 가장 외딴 유형지에서 사망했다. 그가 푸틴의 부시장 시절에 관해서 파헤친 여러 가지 비밀 역시 덩달아 영원히 사라져 버렸다.

43 일라리오노프와 저자의 2015년 9월 인터뷰 내용.

44 하르첸코의 관련자와 저자의 2013년 11월 인터뷰 내용.

45 S. Ochinsky, 'Vozrozhdenie Flota − Zalog Stabilnosti Razvitiya Rossii. Konkurentskiya I Rynok', 2013, No. 4 (60). 1991년에 발트 해운사의 순수익은 화물 운송 부문에서만 5억 7100만 달러에 달했다.

46 같은 곳.

47 하르첸코의 관련자와 저자의 2013년 11월 인터뷰 내용.

48 하르첸코의 관련자 두 명과 저자의 2013년 11월과 2014년 3월 인터뷰 내용; 'Vmeste rabotali, vmeste I syadem', *Kommersant*, October 24 1996.

49 'Ubistvo Gendirektora Parokhodstva', *Kommersant*, October 4 1995.

50 하르첸코의 관련자와 저자의 2014년 3월 인터뷰 내용.

51 같은 곳.

52 하르첸코의 관련자와 저자의 2013년 11월 인터뷰 내용.

53 스페인 법원의 관련 문서는 다음과 같다. Protocols from Initial Investigation no 321/06, Central Court of First Division No. 5, Fiscalia Especial Contra la Corrupcion y la Criminalidad Organizada. 아울러 저자가 입수한 모나코 인터폴의 2006년 7월 3일 자 문건에 따르면, 트라베르는 〈러시아 조직범죄와 연관된 활동〉 때문에 2000년 4월부터 모나코 영토 입국이 금지된 상태였다. 역시나 저자가 사본을 입수한 2006년 10월 4일 자 모나코 대공 비서실장 장 뤼크 알라베나에게 제출된 문건에서 모나코 첩보 기관의 당시 수장인 에린저는 트라베르가 〈러시아 범죄 조직 탐보프와 연계를 맺고 있다〉면서, 〈그 조직을 대리하여 마약과 석유와 금속 무역에서 활동했다〉고 적었다.

54 트라베르의 예전 관련자와 저자의 2015년 11월 인터뷰 내용.

55 트라베르의 예전 관련자와 저자의 2015년 11월 인터뷰 내용; DozhdTV, 'Minstr Porta: Kak Peterburgsky Avtoritet Ilya Traber Svyazan s Vladimirom Putinym I yevo okruzheniem', August 25 2017.

56 전직 상트페테르부르크 FSB 간부와 저자의 2014년 6월 인터뷰 내용.

57 트라베르의 예전 관련자 두 명과 저자의 2015년 9월 인터뷰 내용, 2013년 3월과 2015년 11월 인터뷰 내용; 전직 상트페테르부르크시 공직자와 저자의 2014년 3월 인터뷰 내용. 저자가 입수한 문서에 따르면, 2001년 5월에 트라베르는 키프로스의 회사 세 군데를 통해 상트페테르부르크의 석유 집하장의 지분 52.5퍼센트를 보유하고 있었다. 세 군데 회사의 이름은 헬먼 지주 유한 회사, 마이라 지주 유한 회사, 알몬트 지주 유한 회사이다.

58 트라베르의 예전 관련자 두 명과 저자의 2015년 9월 인터뷰 내용, 2013년 3월과 2015년 11월 인터뷰 내용.

59 나루소바와 저자의 2014년 6월 인터뷰 내용. 이때 그녀는 자기 남편이 1996년에 러시아에서 파리로 도망친 이후로도 트라베르와 긴밀히 연락했으며, 파리에서는 이웃으로 지냈다고 확인해 주었다.

60 전직 상트페테르부르크시 공직자와 저자의 2014년 3월 인터뷰 내용.

61 전직 상트페테르부르크 FSB의 밀수 단속부 간부와 저자의 2014년 6월 인터뷰 내용.

62 쿠마린은 1996년에 PTK의 부대표가 되었으며, 그가 PTK를 좌우한다는 사실이 공개되면서 그의 가까운 협업자 블라디미르 스미르노프는 대표 이사가 되었다. 1994년에 PTK의 공동 창업자 중에는 방크 로시야도 있었다.

63 스페인 법원의 관련 문서는 다음과 같다. Protocols from Initial Investigation no 321/06, Central Court of First Division No. 5, Fiscalia Especial Contra la Corrupcion y la Criminalidad Organizada.

64 Roman Anin, 'Druzya – Ne Razlei Neft', *Novaya Gazeta*, April 15 2011. 석유 무

역업체 소벡스의 예전 소유주 프레이존과 저자의 2015년 9월 인터뷰 내용. 〈그 모두는 하나의 구조물이었고, 그 맨 꼭대기에는 푸틴이 있었습니다. 그가 없었다면 PTK를 만들기는 가능하지 않았을 것이며, [빅토르 — 원주] 체르케소프는 FSB 수장으로서 위장 간판을 제공했습니다.〉 전직 상트페테르부르크시 정부 공직자였던 코르차긴의 말이다.

65 독일 검찰은 2003년에 SPAG를 통한 탐보프단의 돈세탁에 대해 형사 사건 수사를 개시했다. 이 당시에 검찰은 그곳의 수상한 연계에 대해서 매우 구체적으로 밝혔다. 〈SPAG는 곧 쿠마린입니다. 모든 명령은 쿠마린으로부터 나왔습니다.〉 당시의 검사 가운데 한 명의 말이었다. SPAG의 창립 주주 가운데 하나인 리히텐슈타인의 금융인 루돌프 리터는 2003년에 체포되어 사기와 돈세탁 혐의로 기소되었다. 즉 콜롬비아의 칼리 카르텔을 위해 마약 밀매 자금 수백만 달러를 세탁하고, 러시아 범죄 조직을 위해 SPAG를 통해 자금을 이전했다는 것이었다. 2003년 10월에 리히텐슈타인 법원은 리터의 사기 혐의에 대해 유죄를 선고했다. SPAG에 대한 대대적인 수사는 2009년에 끝났는데, 러시아 검찰로부터 수사에 대한 저항이 나오면서 결국 공소 기한이 만료된 까닭이었다. 크렘린은 SPAG의 감독 위원회에서 푸틴의 역할이 기껏해야 대외 경제 문제를 다루는 상트페테르부르크 부시장의 역할 때문에 여러 회사에서 맡은 감독 위원회의 〈명예〉 직위 가운데 하나에 불과했다고 일축했다. 하지만 저자가 확인한 한 가지 문서에는 그가 훨씬 더 적극적인 역할을 맡았음이 암시된 것처럼 보였다. 1994년 12월에 푸틴이 서명한 보증서를 보면, 상트페테르부르크 연료 회사 PTK에서 쿠마린의 동업자이자 푸틴의 가까운 관련인 스미르노프에게 SPAG의 주식 200주, 그 회사의 지분 약 20퍼센트에 대해서 〈우리를 대리하여 투표할 권한〉을 부여했기 때문이다. 아울러 또 다른 SPAG 공동 창립자인 클라우스페터 자우어가 2003년에 저자에게 말한 바에 따르면, 그는 프랑크푸르트와 상트페테르부르크에서 대여섯 번쯤 푸틴을 만나 상트페테르부르크에 있는 SPAG의 자회사들에 대해 논의한 바 있었다.

66 예를 들어 다음 자료를 보라. Irina Malkova and Igor Terentyev, 'Tot samy Timchenko: Pervy Interview Bogateishevo iz Druzei Putina', *Russian Forbes*, October 26 2012.

67 Irina Mokorusova and Irina Reznik, 'Chelovek s Resursom', January 21 2013.

68 이 프랑스 첩보 보고서의 내용은 역시나 저자가 사본을 입수한 2006년 10월 4일 자 모나코 대공 비서실장 알라베나에게 제출된 모나코 첩보 기관의 당시 수장 에린저의 문건에서도 인용되었다. 두 가지 문건 모두 저자가 사본을 입수했다.

69 팀첸코의 예전 동업자였던 사람과 저자의 2019년 8월 인터뷰 내용.

70 같은 곳.

71 프리빌롭스키가 제공한 상트페테르부르크 등기 서류 내용.

72 이 과정에 관여한 서방의 고위직 은행가와 저자의 2014년 5월 인터뷰 내용; 이 과정에 관여한 팀첸코의 예전 동업자와 저자의 2014년 5월과 2018년 8월 인터뷰 내용.

73 같은 곳.

74 팀첸코의 예전 동업자와 저자의 2014년 5월 인터뷰 내용(서방의 고위직 은행가의 말에 따르면, 이 계획이 좌초된 까닭은 범죄 조직으로부터 공격이 있었기 때문이었다).

75 같은 곳.

76 서방의 고위직 은행가 두 명과 저자의 2014년 5월과 2013년 6월 인터뷰 내용. 이들의 말에 따르면, 독일에서 푸틴의 딸들의 안전을 보장했던 사람은 독일의 은행가 바르니히, 즉 KGB 세포의 일부분으로 푸틴과 함께 드레스덴에서 일했던 전직 슈타지 간부였다. 은행가 중 한 명의 말에 따르면, 바르니히는 푸틴의 딸들에 대한 법적 후견인이 되기까지 했다. 〈푸틴은 두려워하고 있었습니다.〉 바르니히는 푸틴이 부시장으로 임명되자마자 상트페테르부르크로 와서, 1991년 12월에 새로 문을 연 드레스드너 방크의 상트페테르부르크 지점의 대표가 되었다.

77 팀첸코의 예전 동업자 두 명과 저자의 2013년 6월과 2014년 5월 인터뷰 내용, 2014년 5월과 2019년 8월 인터뷰 내용.

78 트라베르의 예전 관련자와 저자의 2015년 11월 인터뷰 내용.

79 상트페테르부르크에서 푸틴과 함께 일했던 전직 KGB 간부와 저자의 2013년 5월 인터뷰 내용.

80 Roman Anin, 'Druzya — Ne Razlei Neft', *Novaya Gazeta*, April 15 2011.

81 Alexander Levinsky, Irina Malkova, and Valery Igumenov, 'Kak Matthias Warnig stal samym nadezhnym "ekonomistom" Putina', *Russian Forbes*, August 28 2012.

82 팀첸코의 예전 동업자와 저자의 2013년 6월과 2014년 3월 인터뷰 내용.

83 소벡스에서 스키긴의 예전 동업자였던 프레이존과 저자의 2015년 9월 인터뷰 내용.

84 같은 곳.

85 같은 곳.

86 Anastasia Kirilenko, 'On Prosto Pisal Summu vo vremya besedy', interview with Freidzon, Radio Svoboda, May 24 2015.

87 트라베르의 예전 관련자와 저자의 2013년 3월 인터뷰 내용.

88 모나코 대공 비서실장 알라베나에게 제출된 모나코 첩보 기관의 당시 수장 에린저의 2006년 10월 4일 자 문건.

89 트라베르의 예전 관련자 두 명과 저자의 인터뷰 내용. 프레이존의 증언에 따르면, 석유 무역 사업에 관한 푸틴의 관심은 워낙 컸기 때문에, 급기야 그의 병참 지원에 대한 대금 지급까지 이루어졌다. 최소한 프레이존의 증언에 따르면, 그가 스키긴과 공동으로 소유했던 훨씬 더 작은 석유 무역업체 소벡스가 실제로 겪은 일이었다. 소벡스는 팀첸코에게서 연료를 사서 그 도시의 풀코보 공항에 판매했다. 푸틴은 소벡스가 운영하는 데 필요한 모든 것을 부여해 주었다. 즉 연료 무역 면허, 공항 소재 보관 시설 이용 권한, 파이프라인 집하장 사용 권한 등을 부여해 주었다. 프레이존의 주장에 따르면, 푸틴은 그러한 노력의 대가로 이 사업체의 지분 4퍼센트를 얻었다. 프레이존의 말에 따르면, 푸틴은 그 지분을 트라베르의 가장 가까운 동업자 두 명인 알렉산드르 울라노프와 빅토르 코리토프를 통해서 보유했는데, 이 가운데 코리토프는 레닌그라드 KGB에서 푸틴과 긴밀하게 일한 바 있었던 전직 KGB 간부였다. 프레이존은 항구와 석유 집하장 같은 다른 사업으로도 마찬가지 방식이 연장되었을 것이라고 확신했지만, 관련 증거는 전혀 갖고 있지 못했다. 소벡스가 벌어들인 돈은 스키긴이 그 업체를 등기한 리히텐슈타인을 통해서 이전되었다(서류에 따르면 트라베르와 스키긴이 항구를 통제하는 데 사용하는 도구인 나스도르 주식회사도 역시나 리히텐

슈타인에 등기되었고, 2000년부터는 석유 집하장과 항구에 대한 스키긴의 이익을 하슬러라는 업체가 대표했다). 항구와 석유 집하장에서 스키긴과 트라베르의 지분도 마찬가지였다. 지배 지분은 피베코 신탁 관리 회사라는 업체가 보유하고 관리했는데, 이곳의 재정 관리자 두 명은 소비에트 시기에 서유럽에서 공산당의 선전물을 배포하던 사람들로서, 위장 간판으로 고서점을 운영했다. 소비에트 시절에 전개했던 금융 중개업체 가운데 일부는 여전히 그대로 남아 있다. 〈이 네트워크는 어디로 가버리지 않았습니다.〉KGB를 대신해 리히텐슈타인 금융업자들과 함께 일했던 전직 중개업자 가운데 한 명의 말이다(전직 KGB 중개업자와 저자의 2015년 11월 인터뷰 내용). 〈그 연계는 남아 있습니다. 사람들이 신뢰받는 접선책을 수립했을 때에는 새로운 접선책을 굳이 실험하기 좋아하지 않게 마련입니다.〉

90 시베츠가 인용한 다음 보고서에 따르면, 체르케소프며 푸틴과 가까운 관련인이 이바노프는 그 시절에 FSB의 밀수 단속부 책임자로 재직했고, 탐보프의 범죄 조직의 우두머리 쿠마린과 긴밀한 연계를 발전시켰으며, 그를 통해서 항구의 이권을 획득했다. 아울러 이 보고서에서는 푸틴이 이 거래에 공모했다고도 주장했다. Report into the Death of Alexander Litvinenko, Chairman: Sir Robert Owen, Jan 2016, pp. 100–1, https://assets.publishing.service.gov.uk/government/uploads/system/uploads/attachment_data/file/493860/The-Litvinenko-Inquiry-H-C-695-web.pdf; https://www.litvinenkoinquiry.org/files/2015/03/INQ006481.pdf.

91 러시아의 사업가가 공동으로 소유한 회사 올비자하즈는 1990년대 초에 상트페테르부르크로 바나나를 수입하면서 실제로는 코카인을 수입한 혐의로 한때 FBI의 수사를 받기도 했다. 『베도모스티』에 따르면, 이 회사는 KGB며 솔른쳅스카야와 긴밀하게 일한다는 혐의로 FBI에게 지목된 러시아의 범죄 조직원 칼마노비치와 연계가 있었다.

92 트라베르의 예전 관련자와 저자의 2015년 11월 인터뷰 내용; DozhdTV, 'Minstr Porta: Kak Peterburgsky Avtoritet Ilya Traber Svyazan s Vladimirom Putinym I yevo okruzheniem', August 25 2017.

93 트라베르의 예전 관련자와 저자의 2015년 11월 인터뷰 내용.

94 Konstantin Alexeev, 'Zavety Ilyicha, Versiya v Pitere', September 28 2009. 이 자료에서는 셰브첸코의 증언 전체를 인용한 신문 기사(Sovershenno Sekretno-Versiya, October 9 2001)와 아울러 다음 자료를 재인용했다. Nadezhda Ivanitskaya, 'Namyvnoe delo', Russian Forbes, November 2 2012; Dmitry Matveyev, 'Tsapki Ministra Levitina', Versiya v Pitere, December 20 2010; Arkady Butlitsky, 'Rokovaya Druzhba', Moskovskaya Pravda, August 16 2003; Anton Grishin, 'Vorotily "Zolotykh Vorot"', Versiya, October 9 2001. 이 기사에 따르면, 셰브첸코의 증언은 1999년 2월 18일, 상트페테르부르크 검찰청의 수사 담당 부책임자 N. A. 리트비노바에게 제출된 것이었다.

95 트라베르는 모스크바에 있는 자기 변호사를 통해 보낸 이메일에서 이 장(章)에 나온 발견과 연관된 일련의 질문에 대해 답변하기를 거부했으며, 단지 〈허구이고 비방이고 날조이고 어리석음인 것에 대해서 논쟁하기가 가능할 리 없다〉고만 말했다.

96 저자가 입수한 항구의 문서에서도 OBIP의 지분 50퍼센트는 나스도르 주식회사가 소유한다고 나와 있었다. 트라베르의 예전 관련자와 저자의 2015년 11월 인터뷰 내용. 또

다음 자료를 보라. Anastasia Kirilenko, '4% Putina. Kak blizkie k Kremlyu kriminalniye avtoritety otmyvayut neftyaniye dengi v Monako', *The Insider*, December 19 2017; Roman Anin, 'Zavody, Tsisterny, Offshory, Sosedy', *Novaya Gazeta*, April 20 2011. 마네비치 후임으로 상트페테르부르크 재산부의 책임자가 되어서 그 거래에 서명한 인물은 그레프였다. 푸틴의 가까운 동맹자였던 그는 훗날 푸틴 치하에서 고위급 국가 공직자가 되었으며, 트라베르와도 긴밀한 유대를 지속하는 것으로 보인다.

97 Anatoly Sobchak, 'Kak Rossiya Poteryala Flot na Baltike I Kto v Etom Vinovat?', *Moskovskie Novosti*, October 6 1998, retrieved from https://web.archive.org/web/20131029211741/http://datarhiv.ru/51/85.

98 하르첸코의 관련자와 저자의 2014년 3월 인터뷰 내용. 숍차크의 죽음에 관해서는 제5장을 보라.

99 전직 KGB 간부와 저자의 2013년 5월 인터뷰 내용.

100 야쿠닌과 저자의 2013년 6월 인터뷰 내용.

101 야쿠닌과 저자의 2013년 6월 인터뷰 내용. 〈희토류와 관련된 모든 것은 이오페 대학과 관련되어 있었습니다.〉 전직 상트페테르부르크시 의회 의장 벨랴예프의 말이다. 〈그들이 전문가입니다.〉 그의 말이었다.

102 야쿠닌과 저자의 2013년 6월 인터뷰 내용.

103 같은 곳.

104 저자가 사본을 입수한 1996년 12월 12일부터 1997년 4월 7일까지의 20번째 신탁에 대한 1993~1996년도 재무부 회계 감사 보고서의 내용에 의거함. 더 자세한 정보는 다음 자료를 보라. Roman Shleynov, 'Ugolovniye Dela, v kotorykh upominalsya Vladimir Putin, obyasnyayut kadrovuyu politiku prezidenta', *Novaya Gazeta*, October 3 2005; Ilya Barabanov, 'Ptentsy gnezda Petrova. Delo XX Tresta', *The New Times*, March 23 2009.

105 20번째 신탁을 통한 상트페테르부르크 예산 빼돌리기와 푸틴에 대한 형사 사건 수사를 지휘했던 전직 내무부 고위급 수사관 안드레이 지코프 중령이 제공한 정보이다. 저자와의 2014년 3월 인터뷰 내용.

106 푸틴의 예전 관련자와 저자의 2013년 1월 인터뷰 내용.

107 오제로 별장 협동조합의 이웃 주민과 저자의 2014년 6월 인터뷰 내용.

108 푸틴의 예전 관련자와 저자의 2013년 1월 인터뷰 내용.

109 오제로 별장 협동조합의 이웃 주민과 저자의 2014년 6월 인터뷰 내용.

110 Alexander Bondarenko, 'Ob etom, mozhet byts, kogda-nibud rasskazhut', *Krasnaya Zvezda*, January 10 2002. 이 자료는 벨리크와의 인터뷰이다.

111 푸틴의 동맹자와 저자의 2018년 8월 인터뷰 내용.

112 야쿠닌과 저자의 2013년 6월 인터뷰 내용.

113 전직 KGB 간부와 저자의 2013년 5월 인터뷰 내용.

114 숍차크의 아내 나루소바와 저자의 2014년 6월 인터뷰 내용.

115 나루소바와 저자의 2014년 6월 인터뷰 내용; *Delo Sobchaka*, film by Ksenia

Sobchak and Vera Krichevskaya, Moscow, 2018.

116 푸틴의 동맹자와 저자의 2018년 8월 인터뷰 내용.

117 같은 곳.

118 유마셰프와 저자의 2017년 10월 인터뷰 내용.

119 푸틴의 예전 관련자와 저자의 2013년 1월 인터뷰 내용.

120 전직 상트페테르부르크 공직자 코르차긴과 저자의 2015년 1월 인터뷰 내용.

121 린코프와 저자의 2013년 11월 인터뷰 내용.

122 Mariya Kaluzhskaya, Desyat Lyet bez Starovoitovy, Valeria Novodvorskaya on Starovoitova, grani.ru, November 20 2008, https://graniru.org/Politics/Russia/m.144242.html.

123 트라베르의 예전 관련자와 저자의 2015년 11월 인터뷰 내용.

124 전직 상트페테르부르크 FSB 간부와 저자의 2014년 6월 인터뷰 내용. 2019년 4월에 상트페테르부르크 검찰청에서는 마침내 탐보프단의 예전 우두머리 쿠마린을 스타로보이토바 살인 사주 혐의로 기소했다. 그즈음 쿠마린은 이미 범죄 조직 운영을 비롯한 여러 가지 죄목으로 선고된 형기 24년 가운데 12년째를 보내고 있었는데, 크렘린 당국과도 사이가 벌어진 상태인 데다가 탐보프단의 우두머리 자리도 페트로프에게 빼앗긴 지 오래였기 때문이다.

125 에린저와 저자의 2016년 6월 인터뷰 내용. 에린저는 이 모임 당시에 촬영된 사진을 간행했다. 푸틴에게 보내는 공개편지에서, 프렐린은 1999년 봄에 있었던 어느 기자 회견에서 자신이 러시아의 다음번 대통령은 현행 정치 엘리트의 일부도 아니고 대중에게 잘 알려지지도 않은 누군가일 것이라고 예견했었다고 썼다. 그 예견이 실현되고 나자, 해외 언론에서 자신이 다음번 대통령을 미리 알고 있었다는, 심지어 자신이 〈자기네 사람〉을 권좌에 올리려는 비밀 기관의 특수 작전에서 일익을 담당했다는 주장까지 나왔었다고 썼다. 프렐린은 이렇게 썼다. 〈이상한 이야기처럼 들릴 수도 있겠습니다만, 그런 어리석은 주장들이 나온 이후에, 저는 러시아 대통령으로서 당신의 행동에 대해서 어딘가 개인적인 책임을 느끼게 되었습니다. 마치 그 높은 지위에 당신이 선출된 데에 제가 실제로 직접적인 역할을 하기라도 했던 양 말입니다.〉 프렐린은 자기가 푸틴에게 영감을 주었기를 바란다고 말했고, 푸틴이 오른손잡이임에도 불구하고 오른손에 손목시계를 찬다는 사실이 그 상징일 수도 있다고 주장했다. 〈저는 이에 대해서 약간의 희망을 품고 있는 것이, 제가 알기로 당신은 저를 만난 이후로 손목시계를 오른손에 차기 시작했는데, 그것이야말로 제가 평생 해온 일이기 때문입니다.〉 그의 말이었다(프렐린이 손목시계를 오른손에 차는 까닭은 그가 왼손잡이이기 때문이었다). 이 편지의 사본은 다음 사이트에서 볼 수 있다. krasvremya.ru/veteran-vnesnej-razvedki-igor-prelin-otkrytoe-pismo-vladimiru-putinu/. 이 글을 쓰는 시점에도 저자는 프렐린의 행방을 여전히 찾아내지 못했다.

제4장

1 바빌로프와 저자의 2013년 1월 인터뷰 내용.

2 푸가체프와 저자의 2016년 2월 인터뷰 내용.

3 Arkady Ostrovsky, 'Ailing Yeltsin will not Stand Down', *Financial Times*, October 30 1998. 이 크렘린의 보좌관은 행정 부실장 올레그 시수예프였는데, 알고 보니 프리마코프와 가까운 동맹자였다. 그는 옐친이 의회에서의 신년 연설에서 새로이 축소된 역할의 개요를 설명하고, 매일의 경제 운영을 프리마코프에게 넘겨줄 예정이라고 신문에 밝혔다.

4 하원 의장 셀레즈뇨프에게 보낸 1999년 2월 1일 자의 6쪽짜리 편지의 사본을 저자가 입수했다.

5 푸가체프와 저자의 2016년 2월 인터뷰 내용.

6 투로베르와 저자의 2013년 5월 인터뷰 내용.

7 투로베르가 저자에게 제공한 일련의 문서에는 소비에트 시절에 대부분 전략적 장비의 공급으로 발생한 해외 부채를 다양한 물물 교환 계책을 통해 상환하는 과정에서 방코 델 고타르도가 중개업체로 활동했음이 드러나 있다. 예를 들어 러시아의 재정 제1차관 바빌로프와 해외 경제 무역 장관 올레그 다비도프가 1994년 3월 9일 자로 서명한 문서에는 〈러시아와 스위스의 합동 금융 회사 고타르도〉의 설립을 알리고 있다. 저자가 이에 관해 질문하자, 바빌로프는 방코 델 고타르도를 소비에트 시절 부채 상환의 중개업체로 사용하려던 계획은 결코 실행된 적이 없었다고 답변했다. 하지만 투로베르가 제공한 수많은 문서에서는 방코 델 고타르도가 최소한 3년 동안 계속해서 바로 그 역할로 활동했음을 보여 준다. 방코 델 고타르도가 이 상환 과정에서 담당한 역할을 러시아 정부는 결코 공개한 적이 없었다. 실제로 그 당시에 공식적으로는 러시아 연방이 해외 채무 상환 전체에 대해서 국제적 지급 정지를 선언한 상태였다. 다른 해외 채무자들도 상환받지 못했다. 1994년 3월 4일 자의 또 다른 문서에서는 투로베르를 〈러시아 연방의 정부 당국 및 기관과 우리의 관계에 관한 모든 문제, 아울러 러시아 연방의 금융, 상업, 경제 법인, 회사, 기업과 우리의 거래에 관한 모든 문제에 대한〉 방코 델 고타르도의 자문 위원으로 임명했다. 1997년 6월 2일 자의 또 다른 문건에서는 러시아 정부가 스위스 무역 회사 NOGA에 대한 상당한 부채를 상환하기 위해, 러시아의 고도로 전략적인 S-300 방공 시스템의 제작사인 마리엘 공학 제작소가 제작한 러시아 방공 시스템을 NOGA를 통해 판매하자고 제안했다. 이것 역시 러시아 정부에서는 결코 공개한 적이 없는 또 한 가지 거래였다.

8 투로베르와 저자의 2013년 5월 인터뷰 내용.

9 같은 곳.

10 Yury Skuratov, *Kremlyevskie Podryady Mabeteksa*, pp. 63-4.

11 투로베르와 저자의 2013년 5월 인터뷰 내용.

12 스쿠라토프와 저자의 2013년 10월 인터뷰 내용. 하지만 그의 저서에서 타티야나가 사용했다고 거론된 금액은 이보다 훨씬 적은 것처럼 보인다. Skuratov, *Kremlyevskie Podryady*, pp. 185-6. 여기서 그는 스위스 검찰이 보낸 신용 카드 관련 문서를 인용했는

데, 거기에는 타티야나와 동생 엘레나가 사용한 금액이 모두 합쳐 〈수만 달러〉에 달했다고 나와 있었다. 그의 말에 따르면 타티야나는 하루에 1만 3000달러를 쓴 적도 있었다. 아울러 자기가 보유한 타티야나의 은행 계좌 관련 문서 사본에 따르면, 그녀가 3년 동안 10만 달러 이상을 사용했다고 덧붙였다.

13 스쿠라토프와 저자의 2013년 10월 인터뷰 내용. 여기서도 그의 저서에서 옐친이 사용했다고 거론된 금액은 이보다 훨씬 적은 것처럼 보인다. Skuratov, *Kremlyevskie Podryady*, p. 185. 그는 옐친 본인이 사용한 금액은 〈순전히 상징적일〉 뿐이라고 말한 투로베르의 『뉴욕 타임스』 게재 발언을 인용했다.

14 투로베르와 저자의 2013년 5월 인터뷰 내용.

15 Skuratov, *Kremlyevskie Podryady*, p. 76.

16 Thane Gustafson, *Wheel of Fortune: The Battle for Oil and Power in Russia*, p. 90, The Belknap Press of Harvard University Press, Cambridge, Massachusetts, 2012.

17 스쿠라토프와 저자의 2014년 5월 인터뷰 내용.

18 Skuratov, *Kremlyevskie Podryady*, pp. 78 - 9.

19 위의 책.

20 위의 책, P. 80.

21 위의 책, p. 78. 스쿠라토프가 인용한 스위스 검사 다니엘 드보의 말에 따르면, MES는 석유 판매를 통해 최대 15억 달러를 벌어들인 것으로 보이지만, 이 가운데 크렘린 재건축의 자금 지원에 사용된 금액은 겨우 2억 달러에 불과했다.

22 푸가체프와 저자의 인터뷰 내용. 스쿠라토프는 저서에서 보로딘의 크렘린 재산부와 푸가체프의 메즈프롬방크의 긴밀한 관계를 묘사했다. Skuratov, *Kremlyevskie Podryady*, p. 95. 즉 메즈프롬방크는 크렘린 재산부의 주 채권자였으며, 메즈프롬방크는 재정부의 보증을 받아 크렘린 재건축 등 여러 사업에 대해서 해외 대출을 제공했다는 것이다.

23 보로딘은 1999년 1월에 가진 기자 회견에서 그 보유 자산의 가치를 6000억 달러로 추산한 적도 있었다. 이 금액은 실제보다 부풀려졌음이 거의 확실하지만, 보로딘은 미국 전문가들로부터 얻은 가치 평가에 근거한 금액이라고 주장했다.

24 푸가체프와 저자의 2014년 5월 인터뷰 내용(유마셰프도 보로딘이 〈모두에게〉 아파트를 사 주었다고 저자와의 2017년 10월 인터뷰에서 말했다).

25 푸가체프와 저자의 2018년 6월 인터뷰 내용.

26 푸가체프와 저자의 2016년 2월 인터뷰 내용. 또 다음 자료를 보라. Skuratov, *Kremlyevskie Podryady*, p. 95.

27 푸가체프가 저자에게 제공한 문서 중에는 알렉세이 2세 대주교가 옐친에게 보낸 1996년 3월 21일 자 편지도 있다. 여기서 알렉세이 2세는 푸가체프를 러시아 대통령에게 보낸 자신의 대리인으로 임명해 달라고 옐친에게 요청했다. 〈우리의 가장 최근의(2월 1일의) 만남에서 저는 자국의 복잡한 국내 상황과 아울러 우리가 살아가는 이 운명적인 시기를 감안할 때, 교회와 대통령 사이의 문제를 더 효과적으로 결정하기 위해서는 당신과 저사이의 중개인으로 활동할 수 있는 사람을 두는 것이 편리하겠다며 문제를 제기했습니다. 제가 보기에는 메즈프롬방크 대표인 푸가체프야말로 제가 말씀드린 바로 그런 사람이 될

수 있을 듯합니다. 저는 푸가체프를 교회의 복원에 많은 도움을 준 훌륭한 기독교인으로서 매우 잘 알고 있습니다.〉

28 샌프란시스코에 있는 메즈프롬방크의 금융 지사 이름은 인터내셔널 인더스트리얼 은행 주식회사였다.

29 저자가 확인한 문서 중에는 타티야나가 1996년의 선거 유세에서 받은 도움에 감사하며 푸가체프에게 보낸 편지도 있었고, 캘리포니아주 민주당과 긴밀한 연계를 보유한 샌프란시스코의 변호사 프레드 로월과 푸가체프와 사이에 오간 편지도 있었다. 로월은 캘리포니아 주지사 피트 윌슨의 전직 보좌관인 조지 고턴을 소개해 주었고, 고턴은 조지프 슈메이트와 리처드 드레스너와 함께 컨설턴트로 유세에 관여했다. 공식적으로 이들은 옐친 정부의 부총리 올레그 소스코베츠가 고용한 것으로 되어 있었다. 하지만 이들과의 일차적이고도 가장 직접적인 연락책은 바로 샌프란시스코 소재 인터내셔널 인더스트리얼 은행 주식회사에 근무하는 푸가체프의 직원 가운데 한 명인 펠릭스 브라이닌이었다. 이 미국인 컨설턴트들에 관한 이야기는 다음 기사에서 언급되었다. Michael Kramer, 'Rescuing Boris', *Time Magazine*, June 24 2001. 재선 유세에서 미국 컨설턴트들이 담당한 역할이 훗날 논란을 불러일으킨 까닭은, 그들이 자신들의 중요성을 과장했다는 타티야나의 주장 때문이었다. 하지만 그녀로선 미국 컨설턴트들이 옐친을 도왔다는 사실이 알려지면 정치적으로 이로울 것이 없다는 판단 때문에 그들의 영향력을 최소화하기를 원했던 것일 수도 있다. 유세에서 이들의 역할은 줄곧 비밀로 부쳐진 상태였다가, 2001년에 『타임』의 기사를 통해 공개되었다.

30 Skuratov, *Kremlyevskie Podryady*, pp. 60 - 1.

31 위의 곳.

32 푸가체프와 저자의 2016년 2월 인터뷰 내용.

33 Skuratov, *Kremlyevskie Podryady*, p. 62.

34 위의 곳.

35 위의 곳, p. 81. 푸가체프와 저자의 2016년 2월 인터뷰 내용. 그는 채권에 대한 재무부의 보증을 얻기 위해서 바빌로프에게 의존했다고 말했다.

36 푸가체프와 저자의 2016년 2월 인터뷰 내용.

37 Paul Beckett and David S. Cloud, 'Banking Probe Reaches Yeltsin Family - Cayman Accounts Now Draw US Scrutiny', *Wall Street Journal*, September 22 1999. 『월스트리트 저널』에 따르면, 두 계좌에 입금한 업체는 디야첸코의 석유 무역 회사 벨카 에너지였고, 알고 보니 이 회사는 스위스에 근거한 아브라모비치의 석유 무역업체 루니콤과 거래하고 있었다. 벨카의 변호사가 『워싱턴 포스트』에 밝힌 바에 따르면, 그 자금은 디야첸코가 그 회사를 위해서 한 일에 대한 보수일 뿐이고, 그 어떤 범죄 활동과도 연계되지 않았다고 한다. Robert O'Harrow Jr 'Bank Subpoenas Trading Firm', *Washington Post*, October 1 1999.

38 'Podrobnosti Dela Mabeteksa', Vremya MN, January 28 1999; 투로베르와 저자의 2013년 5월 인터뷰 내용; 스쿠라토프와 저자의 2013년 10월 인터뷰 내용.

39 푸가체프와 저자의 2016년 2월 인터뷰 내용.

40 스쿠라토프와 저자의 2013년 10월 인터뷰 내용.

41 Skuratov, *Kremlyevskie Podryady*, p. 25.

42 위의 곳, pp. 34 – 44.

43 위의 곳, p. 29.

44 위의 곳, pp. 54 – 5.

45 스쿠라토프와 저자의 2013년 10월 인터뷰 내용.

46 투로베르와 저자의 2013년 5월 인터뷰 내용.

47 스쿠라토프와 저자의 2013년 10월 인터뷰 내용.

48 저자가 확인한 푸가체프의 이 시기 일기에는 마베텍스에 대한 압수 수색 직후인 1999년 1월 27일부터 사흘 동안 〈타냐〉와 〈발랴〉와 (즉 타티야나와 유마셰프와) 가진 회동에 관한 내용도 있었다. 아울러 그해 내내 발랴, 타냐, 베레자(즉 베레좁스키), 푸틴, 볼로신과 가진 다른 여러 번의 회동도 기록되어 있었다.

49 푸가체프와 저자의 2016년 2월 인터뷰 내용.

50 2017년 10월의 인터뷰에서 유마셰프는 테이프를 입수한 사람이 어쩌면 푸가체프일 수도 있다고 시인했지만, 더 자세히 설명하지는 않았다. 〈도대체 누가 그 테이프를 발견했는지는 저도 모릅니다. 어쩌면 푸가체프일 수도 있는데, 왜냐하면 그는 하프시로코프와 좋은 관계였기 때문입니다. 하프시로코프는 검찰청의 재산부 책임자였습니다.〉 유마셰프의 말에 따르면, 푸가체프의 입장에서는 그 일이 중요했을 〈가능성이 확실히〉 있었는데, 왜냐하면 그는 보로딘과의 일을 통해 어찌어찌 마베텍스 사건과 관련되어 있었기 때문이었다. 하지만 유마셰프는 이 사건이 스쿠라토프를 쫓아내려는 크렘린의 결정에 영향을 끼친 것까지는 아니라고 주장했다. 〈제가 옐친에게 거듭해서 말했습니다. 업무를 논의하는 자리에서, 추바이스며 가이다르까지 참석한 자리에서 말입니다. 즉 여기서 중요한 점은 검찰 총장이 진짜 형사 사건을 다루는 대신에 사업을 위한 도구로 변모했다는 점이라고 말입니다. 스쿠라토프는 자기에게 뇌물과 성매매 여성을 제공한 사람들과 사업을 할 수 있다고 생각했다는 사실과 연관된 인간적 약점 때문에 자신의 독립성을 상실한 상태였습니다. 그런 방식으로 조종될 수 있는 검찰 총장이라면 그런 직위를 차지할 권한도 가질 수 없다는 것이 크렘린의 입장이었습니다.〉 2000년에 하프시로코프는 메즈프롬방크에서 푸가체프를 위해 일하게 되었으며, 2001년에는 당시 크렘린 행정실장이었던 볼로신의 보좌관으로 임명되었다.

51 David McHugh, 'Primakov Plan Sees Sidelined President', *Moscow Times*, January 27 1999.

52 유마셰프와 저자의 2017년 10월 인터뷰 내용.

53 Simon Saradzhyan, 'Primakov to Clear Jails for Corrupt', *Moscow Times*, February 2 1999.

54 유마셰프와 저자의 2017년 10월 인터뷰 내용.

55 Simon Saradzhyan, 'Prosecutor Resigns as Sibneft Oil Raided', February 3 1999.

56 Michael Wines, 'Yeltsin Son-in-law at Center of Rich Network of Influence', *New York Times*, October 7 1999.

57 베레좁스키의 관련자와 저자의 2018년 6월 인터뷰 내용.

58 유마셰프의 후임자인 보르듀자 역시 안보 기관의 대표자였으며, 프리마코프와는 훨씬 더 가까운 관계를 맺고 있었다.

59 유마셰프와 저자의 2017년 10월 인터뷰 내용.

60 푸가체프와 저자의 2015년 1월 인터뷰 내용.

61 Sarah Karush, 'Kremlin Rulers Set Up at Elite Hospital', *Moscow Times*, March 17 1999.

62 Natalya Shulyakovskaya, 'Prosecutor Skuratov Slips Back to Work', *Moscow Times*, March 10 1999.

63 스위스 검찰 총장 델 폰테는 스쿠라토프에게 전화를 걸어서, 마베텍스에 대한 압수수색 결과 자신들이 바라던 대로 파촐리가 지불하고 보증했던 옐친 패밀리의 신용 카드 관련 문서를 발굴했다는 소식을 전했다. 그 수사와 패밀리를 연계하는 이 직접 증거는 그 당시에만 해도 공개되지 않았지만, 반격을 위한 준비는 모두 갖춰진 셈이었다.

64 David McHugh, 'Upper House Reinstates Prosecutor', *Moscow Times*, March 18 1999.

65 푸가체프와 저자의 2016년 2월 인터뷰 내용.

66 같은 곳.

67 푸가체프와 저자의 2018년 6월 인터뷰 내용.

68 Sarah Karush, 'Prosecutor Steps Up Pressure on Yeltsin', *Moscow Times*, March 24 1999.

69 'Ilyukhin Nashel Scheta Yeltsina', *Kommersant*, March 24 1999.

70 푸가체프와 저자의 2016년 2월 인터뷰 내용.

71 유마셰프와 저자의 2017년 10월 인터뷰 내용.

72 푸가체프와 저자의 2015년 1월 인터뷰 내용.

73 루시코프와 가까운 러시아 재벌과 저자의 2018년 4월 인터뷰 내용.

74 푸가체프와 저자의 2015년 1월 인터뷰 내용.

75 보로딘도 거기 포함되어 있었다는 사실은 나중에서야 밝혀졌다.

76 푸가체프와 저자의 2016년 2월 인터뷰 내용.

77 같은 곳.

78 Skuratov, *Kremlyevskie Podryady*, pp. 354 - 6. 여기에서 스쿠라토프는 그날 밤에 있었던 일에 대해서 약간은 다른 설명을 내놓는다. 그의 말에 따르면, 그는 나중에서야, 즉 로신스키와 이야기를 나눈 보좌관을 통해서야 로신스키가 새벽 2시에 FSB의 호출을 받고 크렘린으로 갔다는 사실을 알게 되었다. 이때 로신스키를 맞이한 볼로신은 문제의 테이프와 사전에 작성된 형사 사건 서류를 보여 주었다. 볼로신은 로신스키에게 타티야나의 빈 사무실에 들어가서 작업을 하라고 말했으며, 혹시 어려움이 있다면 도움을 제공할 검찰 차장 두 명이 대기 중이라고 말했다. 이 설명에 따르면 푸틴과 스테파신은 볼로신과 함께 사무실에 있었고, 차이카와 데민의 승용차도 그날 밤 크렘린에 주차되어 있었다. 푸가체프에 대한 언급은 전혀 없었다. 하지만 로신스키에게 보상을 마련해 주는 사람이 바로 푸가체프였다고

치면, 로신스키로서도 굳이 푸가체프를 언급하지 않았을 가능성이 있다(스쿠라토프도 마침 바로 다음 날 검찰청이 베레좁스키를 체포할 예정이었다는 사실 때문에 굳이 이런 일까지 벌어지게 되었던 것 같다고 말했다).

79 Valeria Korchagina, 'Yeltsin Loses Vote to Oust Skuratov', *Moscow Times*, April 22 1999.

80 푸가체프와 저자의 2015년 2월 인터뷰 내용.

81 같은 곳.

82 푸가체프와 저자의 2015년 2월 인터뷰 내용.

83 옐친은 이미 몇 달 전인 겨울에 프리마코프를 해임하고 싶어 했다. 하지만 그의 보좌관들이 말렸다는 것이 유마셰프의 설명이다. 〈우리는 겨울에만 해도 프리마코프의 배후에 강력한 세력이 있는 반면, 크렘린은 여전히 약하다는 사실을 이해했던 겁니다. 겨울에는 채무 불이행의 결과가 아직 지나가지 않고 있었습니다. 하지만 봄이 되자 우리가 재난에서 벗어나고 있다는 사실이 명백해지면서, 단호한 정치적 행보를 취하기가 가능해졌던 겁니다.〉

84 투로베르와 저자의 2013년 5월 인터뷰 내용.

85 스쿠라토프와 저자의 2014년 6월 인터뷰 내용.

86 푸가체프와 저자의 2016년 2월 인터뷰 내용. 스테파신이 FSB를 이끌던 시절부터 긴밀하게 유지해 왔던 프리마코프와의 관계를 어떻게 계속할 것인지에 대한 우려도 있었다.

87 훗날 스테파신은 애초부터 자기가 악쇼넨코로 대체될 수 있다는 사실이 본인의 눈에도 명백했다고 인터뷰에서 주장했다. *Nezavisimaya Gazeta*, January 14 2000. 하지만 푸가체프의 주장에 따르면, 악쇼넨코는 단지 항상 주변적인 후보자에 불과했으며, 옐친도 마치 소비에트 시절 공장 간부의 행동과도 유사했던 그의 공격적인 행동을 싫어했다.

88 위의 책. 스쿠라토프도 저서에서 푸가체프의 은행이 재산부의 가장 큰 채무자였다고 말했다.

89 푸가체프와 저자의 2014년 9월 인터뷰 내용.

90 유마셰프와 저자의 2017년 10월 인터뷰 내용. 그의 말에 따르면 그때는 바로 1998년 12월부터 1999년 3월까지로, 그가 행정실장에서 물러나고 보르듀자와 볼로신이 후임자로 임명된 직후의 기간이었다. 〈그 당시의 주요 과제는 대통령이 될 만한 누군가를 찾아내는 것이었고 (……) 바로 그 순간에 푸틴이 있었던 겁니다. 저는 푸틴에 대해서 아무 생각도 없었습니다. 그 과정에서 저는 누가 대통령이 될 수 있을지 몇 가지 생각해 두었습니다. 예를 들어 세르게이 야스트르젬브스키가 될 수도 있다고 생각했습니다. 만약 (야스트르젬브스키가 루시코프를 지지하여 생겨난 — 원주) 그 재난만 없었더라도, 야스트르젬브스키가 가장 강력한 후보 가운데 하나가 되었을 겁니다. 그는 명석하게 말했습니다. 그는 잘생기고 흥미로웠습니다. 그는 절대적으로 자유주의자였고 (……) 그리고 솔직히 저는 정부에 누가 있는지도 살펴보았는데, 정부 안에도 대통령이 될 만한 후보들이 있었습니다. 예를 들어 철도 장관인 악쇼넨코가 있었는데, 그는 절대적인 일 중독자였습니다. 끔찍한 위기에도 불구하고 계속해서 잘 돌아갔던 유일한 부문은 바로 철도였는데, 이는 악쇼넨코의 조직 역량 덕분이었고 (……) 시장에 대해서 우리가 무엇을 해야 하는지에 대한 이해 면에서나 이념 면에서나 그가 적합했습니다.〉 아울러 유마셰프의 말에 따르면, 옐친이 그해 5월

에 스테파신을 총리로 지명했을 때에는 푸틴도 〈후보이기는 했지만, 주요 후보까지는 아니었다고〉 한다. 〈스테파신이 바로 그 순간에 등장한 까닭은 옐친으로부터 정치적 경험을 보유했다고 간주되었던 동시에 추바이스가 매우 적극적으로 그를 지지했기 때문이었습니다. 니콜라예비치에게는 추바이스의 의견이 매우 중요했습니다. 푸틴은 연방 안보 회의의 서기로 계속 일했으며, 대통령이 된다고는 꿈도 꾸지 않았습니다.〉

91 같은 곳.

92 체첸 공화국에서의 전쟁의 무익한 손실과 유혈극에 환멸을 느낀 말썽꾸러기 장군 레프 로흘린이 이끄는 더 음침한 세력이 그해 초, 옐친에 반대하는 쿠데타를 음모하고 있었다는 의심을 받았다. 그러다가 푸틴이 FSB 수장으로 임명되기 불과 몇 주 전에 로흘린이 수상하고도 잔혹하게 살해당함으로써 간신히 음모가 저지되었다. 이런 상황에서 〈옐친 패밀리의 입장에서는 자기네 사람이 FSB를 맡게끔 할 필요가 실제로 있었다〉는 것이 호도르콥스키의 메나테프에 재직했던 또 다른 옐친 시대의 올리가르흐 네브즐린의 증언이다.

93 유마셰프와 저자의 2017년 10월 인터뷰 내용.

94 나루소바와 저자의 2014년 6월 인터뷰 내용; *Delo Sobchaka*, film by Ksenia Sobchak and Vera Krichevskaya, Moscow, 2018.

95 아울러 유마셰프의 말에 따르면, 그는 푸틴이 솝차크의 도피를 도와준 것에 대해서 군이 말한 이유를 〈우리가 매우 개방적인 관계를 맺고 있었기〉 때문이었다고 생각했다. 〈제가 보기에는 그가 만약 그 이야기를 하지 않는다면 저에게 손해를 끼치리라 간주한 듯했습니다. 저로 말하자면 그를 옐친에게 추천한 사람이었으며, 그는 우리 팀에서 일했으니까요. 아랫사람인 자기가 그런 자살행위를 할 때에는, 윗사람인 저에게 미리 그런 행동을 경고하지 않을 수 없었다고 생각했던 모양이었습니다.〉 유마셰프와 저자의 2017년 10월 인터뷰 내용.

96 같은 곳.

97 같은 곳.

98 같은 곳.

99 한때 푸틴의 가까운 관련자였던 사람과 저자의 인터뷰 내용.

100 러시아의 고위급 은행가 겸 첩보 공작원과 저자의 2018년 12월 인터뷰 내용.

101 베레좁스키의 가까운 관련자와 저자의 2019년 10월 인터뷰 내용.

102 베레좁스키도 처음에는 후임 총리로서 악쇼넨코를 지지했었다.

103 Masha Gessen, *The Man Without a Face: The Unlikely Rise of Vladimir Putin*, pp. 18 - 19. 네브즐린이 저자와의 2018년 7월 인터뷰에서 말한 바에 따르면, 그는 푸틴이 FSB 수장 직위에 오르는 과정에서 베레좁스키가 일익을 담당했으리라고 믿었다. 베레좁스키는 전임 FSB 수장인 니콜라이 코발표프가 자기를 미워한다는 사실을 잘 알았다. 〈코발표프도 나쁜 사람은 아니었습니다.〉 네브즐린의 말이다. 〈하지만 그는 베레좁스키를 무척 미워했습니다. 그들이 그를 교체한 이유도 그래서였는데 (……) 그는 정말 상상을 뛰어넘을 정도로 그를 미워했습니다. 베레좁스키는 몇 차례인가 코발표프를 만난 적이 있었는데, 그는 항상 그를 적으로서 바라보았습니다.〉

104 베레좁스키의 관련자와 저자의 2018년 7월 인터뷰 내용.

105 골드파르브와 저자의 2015년 7월 인터뷰 내용. 하지만 베레좁스키는 1999년 7월 중순의 인터뷰(Gessen, *The Man Without a Face*)에서 자기가 푸틴에게 찾아가서 당신은 대통령이 될 거라고 암시했다고 실제로 주장했었다. 하지만 그는 세부 내용까지 설명한 적은 전혀 없었고, 유마셰프와 타티야나 역시 그 시점에는 이미 결정이 내려진 상태였다고 말했다.

106 Melissa Akin and Natalya Shulyakovskaya, 'Swiss Tie Kremlin to Money-Laundering', *Moscow Times*, July 15 1999; Andrew Higgins, 'Yeltsin Aide is Focus of Corruption Probe – Swiss Investigators Allege Money-Laundering', *Wall Street Journal*, July 16 1999.

107 푸가체프와 저자의 2019년 8월 인터뷰 내용.

108 'Luzhkov Schitayet "Politicheskoi Provokatsii" Vozbuzhdeniye FSB Ugolovnovo Dela, v Kotorom Figuriruet Firma Evo Zheny', Interfax, July 17 1999.

109 푸가체프와 저자의 2016년 2월 인터뷰 내용.

110 유마셰프와 저자의 2017년 10월 인터뷰 내용. 유마셰프는 푸틴의 권좌 등극에서 푸가체프가 뭔가 역할을 담당했을 수 있다는 주장을 부인했다. 〈사실 그는 그 당시의 모든 정치 이야기에서 가장 최소한의 역할만 담당했습니다.〉 유마셰프의 말이다. 〈우리가 그와 이야기를 나눈 것은 맞습니다. 하지만 저는 대통령 행정실장으로서 다른 사업가들 수십 명과도 역시나 이야기를 나누었습니다. 포타닌과도, 호도르콥스키와 알렉페로프와도 (……) 우리로선 그들이 우리의 동맹자라는 사실이 중요했습니다.〉 다만 푸가체프가 스쿠라토프의 테이프를 제공한 검찰청의 공직자 하프시로코프와 잘 아는 사이라는 점, 따라서 푸가체프가 그 테이프를 입수한 장본인일 수 있다는 점은 유마셰프도 시인했다. 아울러 마베텍스 도급 계약을 비롯한 여러 가지 일에서 푸가체프가 보로딘과 긴밀하게 일했다는 점 역시 시인했다. 하지만 유마셰프의 주장에 따르면, 푸틴을 스테파신의 후임으로 밀자는 발상은 애초에 크렘린 행정실장으로 재직 중이던 볼로신에게서 나왔다. 〈주된 발의자는 볼로신이었습니다. 그가 생각하기에는 캅카스의 상황이 가속화되고 있는 상황에서 (거기에는 테러리즘의 위협이 항상 있었으니까요) 대통령 선거가 1년도 남지 않은 판에 현직 총리는 부인의 말에 꼼짝 못 하는 사람이어서 (……) 나라를 맡기기에는 위험한 인물이었는데 (……) 선거를 불과 3개월 앞두고 총리를 교체하기가 가능하지 않다는 점이 명확했습니다. 그렇게 하는 사람은 결국 선거에서 질 테니까요. 신임 총리는 최소한 1년의 여유를 가져야만 온 나라가 그를 알게 될 터였습니다. 우리로선 가을까지 지체하지 말고 가급적 신속하게 그 일을 처리해야 할 필요가 있음이 명백했지요. 따라서 우리는 당연히 이 결정에 참여했습니다. 저와 타티야나와 볼로신과 추바이스가 말입니다. 우리는 상당히 떠들썩한 논의를 펼쳤습니다. 추바이스는 그렇게 하는 걸 실수라고 여겼고 (……) 임명된 지 겨우 3개월째인 스테파신을 지금 물러나게 하는 것이야말로 크렘린의 전적인 무능을 예증하는 셈이 될 거라고 믿었습니다. 그는 하원이 누군지 알지도 못하는 푸틴을 인준하지 않을 거라고도 믿었습니다.〉

111 다른 사업가들은 푸가체프처럼 역대 크렘린 행정실장들의 자문 위원 노릇을 한 적이 없었다(이 사실은 저자가 확인한 문서에서도 나타나는 바이다). 아울러 다른 사업가들은 앞서 푸틴을 권좌에 올리느라 서둘렀다고 회고했던 녹음테이프에 나온 것처럼 유마셰

프와 편안한 대화를 나눈 적도 없었다. 푸가체프의 일기에는 그 당시에 유마셰프며 디야첸코와 가진 빈번한 회동이 나와 있다. 푸가체프가 모스크바 시내 사무실에서 행한 장시간의 통화 기록에는 그와 유마셰프가 1999년에 최소한 88회나 통화했다고 나오는데, 이건 어디까지나 사무실 전화를 이용한 경우뿐이고, 휴대 전화나 크렘린 사무실 전화를 이용한 경우는 포함되지 않았다. 이 통화 기록은 또한 푸가체프가 크렘린에서 맺은 다른 연계의 깊이도 암시한다. 푸틴과의 통화 기록이며, 타티야나와의 통화 기록도 있기 때문이다. 볼로신과의 회동이며, 검찰 총장 우스티노프와의 통화 기록도 있고 데레보(베레좁스키의 별명)가 전화했었다는 메시지도 있었다.

112 유마셰프와 저자의 2017년 10월 인터뷰 내용.

113 푸가체프와 저자의 2015년 3월 인터뷰 내용. 추바이스도 자기가 푸틴의 임명을 저지하기 위해 각고로 노력했었음을 실제로 인정하면서 다음과 같이 말했다. 〈저는 푸틴 후보다는 차라리 스테파신 후보 쪽의 임명 가능성이 더 크다고 간주했습니다. 저는 마지막까지 저의 관점을 위해서 싸웠습니다. (8월 9일에 — 원주) 옐친이 스테파신에게 해임을 통보하던 바로 그 순간까지 말입니다.〉 Lyudmilla Telen, *Pokolenie Putina*, p. 53. 옐친 역시 추바이스가 주말 동안 그 임명을 저지하기 위해 막판까지 시도했었지만, 자기는 그런 사실을 훨씬 나중에야 알게 되었다고 말했다. Yeltsin, *Midnight Diaries*, p. 332. 〈추바이스라면 만사를 바꿔 놓을 수 있었습니다.〉 푸가체프도 시인했다. 〈옐친에게 유마셰프는 가족이었습니다. 하지만 그는 추바이스를 뛰어난 전문가로서 존경했습니다. 만약 추바이스가 옐친에게 스테파신을 건드리지 말라고 말할 수만 있었어도 (푸틴의 임명은 — 원주) 아마 이루어지지 않았을 겁니다.〉 (옐친은 8월 5일에 처음으로 스테파신과 푸틴을 따로따로 자기 집무실로 불러서 자신의 결정을 알렸다고 회고했다. 하지만 이후 주말 동안 그 문제를 더 숙고해 보기로 했다. Yeltsin, *Midnight Diaries*, p. 329). 러시아의 올리가르흐이자 알파 은행 대표인 아벤도 저서(*Vremya Berezovskov*)에서 그 일요일에 〈올리가르히의 회동〉을 소집해서 큰 사업에 대한 단결된 위치를 형성하자던 추바이스의 막판 노력에 대해서 이야기했다. 〈월요일 아침에 스테파신이 해임될 가능성이 매우 높다는 사실이 명확했지만, 주말 동안에 뭔가 시도해 볼 가능성도 있었습니다.〉 아벤의 말이다. 〈그 회동에서 추바이스는 푸틴의 후보 지명에 대해서 매우 명백한 반대를 표명했습니다.〉 아울러 아벤의 말에 따르면, 추바이스는 그에게 푸틴을 만나 지명을 거부하도록 설득해 달라고 부탁했다. 아벤의 말에 따르면, 그는 바로 그 일요일 저녁에 푸틴의 별장으로 찾아갔지만, 막상 그를 만난 푸틴은 자기가 이미 동의했다고 대답했다.

114 푸가체프와 저자의 2019년 8월 인터뷰 내용. 〈이때 그는 대통령이나 차르로서 행동하지 않았습니다. 다만 그는 타냐를 가장 걱정하고 자기 손주들을 걱정하는 할아버지로서 행동했습니다.〉 푸가체프의 말이다.

115 Brian Whitmore, 'Yeltsin Sacks Stepashin, Anoints Putin', *Moscow Times*, August 10 1999.

116 푸틴 후보는 총리 인준 투표에서 불과 여섯 표 차이로 가까스로 찬성표를 얻어냈다.

117 유마셰프와 저자의 2017년 10월 인터뷰 내용.

118 보도에 따르면 패밀리는 실제로 두 번째 체첸 전쟁을 계획하고 있었다. 프랑스 첩보 기관이 파악한 바에 따르면, 크렘린 행정실장 볼로신은 체첸인이 다게스탄에 대한 무장 침입을 개시하기 한 달 전인 7월 4일에 니스 외곽에 있는 한 저택에서 체첸 공화국 반란군 지도자 샤밀 바사예프를 만났다. John Dunlop, *The Moscow Bombings of September 1999*, pp. 66 – 8. 나중에 스테파신은 일련의 인터뷰에서 자신이 아직 총리로 재직하던 몇 달 전부터 크렘린에서 신규 군사 행동을 출범시킬 계획이 논의 중이었다는 사실을 시인했으며, 심지어 그 계획은 상황을 불안정화해서 비상 대권을 적용하기 위한 논의의 일부분이라고 암시하기까지 했다. 앞의 자료에서는 스테파신의 세 가지 인터뷰를 인용한다. 첫 번째 인터뷰(*Frankfurter Rundschau*, February 2000)에서는 체첸 공화국의 국경을 폐쇄해서 〈마치 베를린 장벽과도 비슷하게〉 체첸 공화국 주위에 〈일종의 완충 지대〉를 만들려는 계획이 3월부터 진행 중이라고 말했다. 〈7월에 우리는 테레크 북쪽의 체첸 공화국 영토를 장악하기로 작정했습니다.〉 그는 체첸인이 다게스탄에 대한 무장 침입을 시작한 8월보다 더 앞서서 체첸 공화국을 침공하려는 계획이 승인되었다고 시인했다. 두 번째 인터뷰(Michael Gordon, 'A Look at How the Kremlin Slid into the Chechen War', *New York Times*, February 1 2000)에서 스테파신은 3월의 계획은 단지 체첸 공화국의 국경을 확보하는 것이었지만, 7월에 이르러 특수 부대가 반란자를 추적하면서 체첸 공화국의 북쪽 3분의 1을 장악하는 것으로 확대되었다고 말했다. 러시아 신문과의 세 번째 인터뷰(*Moskovsky Komsomolets*, September 1999)의 인용문에 따르면, 그는 옐친이 비상 대권을 적용할 수 있게끔 제한적 충돌을 야기하려 베레좁스키가 도모했다고 암시했다. 〈음모론의 한 가지 버전을 만들 때는 전쟁을 일으킬 경우에 그 지역에서 신속히 승리를 얻기가 어렵다는〉 사실을 깨달을 필요가 있다고도 했다. 〈상황을 불안정화하고 비상 대권 치하로 가져가기 위해서 특정한 합의가 가능하다는 것은 전적으로 다른 문제입니다. 이제는 이것이 한 가지 버전입니다.〉

119 Gleb Pavlovsky, 'Eksperimentalnaya Rodina', Moscow, July 2018.

120 베레좁스키와 가까운 관련자 두 명과 저자의 2019년 10월 인터뷰. 두 사람 모두 베레좁스키가 체첸 공화국 지도자 바사예프와 아는 사이라고 확인해 주었다.

121 푸가체프와 저자의 2016년 2월 인터뷰 내용.

122 Carlo Bonini and Giuseppe D'Avantso, 'Svizzera, carte di credito accusano Eltsin', *Corriere della Sera*, August 25 1999.

123 유마셰프와 저자의 2017년 10월 인터뷰 내용.

124 푸가체프와 저자의 2016년 2월 인터뷰 내용.

125 Andrew Higgins, 'Former Legislator Clears Yeltsin Family', *Wall Street Journal*, September 28 1999.

126 푸가체프와 저자의 2016년 2월 인터뷰 내용.

127 유마셰프와 저자의 2017년 10월 인터뷰 내용.

128 Raymond Bonner and Timothy L. O'Brien, 'Activity at Bank Raises Suspicion of Russian Mob Tie', *New York Times*, August 19 1999.

129 Paul Beckett and David S. Cloud, 'Banking Probe Reaches Yeltsin Family –

Cayman Accounts Now Draw US Scrutiny', *Wall Street Journal*, September 22 1999. 디야첸코의 변호사 말에 따르면, 그 자금은 석유 무역 회사 벨카 무역에서 일한 것에 대한 보수였으며, 그 어떤 불법적 활동과도 연관되어 있지 않았다고 한다.

130 스위스 검찰청에서 나온 2000년 7월 28일 자 문서에 따르면, 스위스 검찰은 방코 델 고타르도를 거쳐 룩셈부르크의 이스트웨스트 유나이티드 은행 계좌로 이전된 2억 3500만 달러에 대해서 수사했는데, 검찰에 따르면 이 계좌의 소유주인 퀘스토르 유한 회사의 수익자는 바로 타티야나였다. 이와 관련한 서면 질문에 대해 유마셰프는 타티야나가 그런 자금을 받았다는 주장은 하나같이 〈완전한 거짓말〉이라고 답변했다. 〈타티야나는 역외 회사를 보유한 적이 전혀 없었습니다. 해외나 러시아 국내에 있는 어떤 회사도 말입니다. 만약 그런 자금 이전이 이루어졌다 하더라도, 타티야나는 그 회사와 아무런 관련도 없습니다.〉

131 푸가체프와 저자의 2014년 5월 인터뷰 내용.

132 푸가체프와 저자의 2014년 9월 인터뷰 내용.

133 Primakov, 'Vosem mesiatsev plus', pp. 222 – 3. 프리마코프의 말에 따르면, 그가 총리 직위에서 해임된 이후에 푸틴이 전화를 걸어서 FSB 지도부와의 회동을 제안했다. 푸틴은 FSB 고위직 전체를 프리마코프의 별장으로 데려와서 그에게 축배를 건넸다. 〈이것은 진지한 태도였고, 나는 푸틴이 그 세부 내용을 어느 누구와 상의했다는 생각은 들지 않았다.〉 프리마코프의 말이다. 이후 총리로 임명된 푸틴은 프리마코프의 70세 생일잔치 참석 초대를 받아들였고, 다시 한번 축하 연설을 내놓았다. 〈나야 물론 옐친의 이너 서클에서는 단 한 명도 초대하지 않았다.〉 프리마코프의 말이다. 그는 푸틴이 대통령으로 당선된 이후에도 두 사람이 가까운 관계를 유지했다고 말했다.

134 다음 인터뷰 기사를 보라. Valentin Yumashev, 'My glotnuli svobody I otravilis yeyu', *Moskovsky Komsomolets*, January 31 2011

135 Gleb Pavlovsky, 'Eksperimentalnaya Rodina', Moscow, July 2018.

136 투로베르와 저자의 2013년 5월 인터뷰 내용.

제5장

1 푸틴과 가까웠던 전직 KGB 고위급 간부와 저자의 2018년 8월 인터뷰 내용.

2 같은 곳.

3 그레이엄과 저자의 2014년 6월 인터뷰 내용.

4 Pavlovsky, 'Eksperimentalnaya Rodina', July 2018. 〈1996년부터 옐친의 대통령 임기가 끝날 때까지, 우리는 크렘린에서 후계자에 대해서가 아니라 권력 강화에 대해서 이야기했었습니다.〉 파블롭스키의 말이다.

5 일라리오노프와 저자의 2015년 9월 인터뷰 내용.

6 같은 곳.

7 푸가체프와 저자의 2014년 9월과 2018년 8월 인터뷰 내용.

8 그 결정이 더 일찍 내려졌다는, 즉 푸틴이 총리로 지명되고 옐친의 후계자로 선언되자마자 내려졌다는 푸가체프의 주장은 그 당시에 실제로 일어난 일과 훨씬 더 잘 들어맞는다. 다른 크렘린 공직자 두 명 역시 그 결정이 훨씬 오래전에 내려졌다고 암시했다. 전직 크렘린 행정실장이자 민영화의 차르였던 추바이스는 그 발상이 오래전부터 알려지고 논의되었다고 한 인터뷰에서 말했고(*Newsweek International*, January 10 2000), 크렘린 홍보 전문가인 파블롭스키도 그 결정은 그해의 더 이른 시기에 내려졌다고 말했다('Eksperimentalnaya Rodina', July 2018).

9 푸틴과 가까웠던 동맹자와 저자의 2018년 8월 인터뷰 내용.

10 Oksana Yablokova, Simon Saradzhyan and Valeria Korchagina, 'Apartment Block Explodes, Dozens Dead', *Moscow Times*, September 10 1999.

11 Valeria Korchagina, Simon Saradzhyan, 'Tensions Grow as Toll Rises to 118', *Moscow Times*, September 15 1999.

12 주도적인 자유주의 성향의 하원 의원 세르게이 유셴코프는 2003년 4월 2일에 자택 밖에서 총에 맞아 사망했는데, 그로부터 1년 전에 그는 아파트 폭파 사건을 수사하기 위해 창설된 독립적인 공공 위원회의 일원이 된 바 있었다. 역시나 이 위원회에 가담한 저명한 탐사 언론인 유리 셰코치킨도 그로부터 3개월 뒤에 방사능 물질 중독의 전형적인 증상을 보이는 수수께끼의 질병으로 사망했다. 역시나 이 위원회에 가담한 전직 FSB 대령 트레파슈킨도 구랴노바 거리 19번지의 폭파 사건에 FSB 요원이 관여했을 수도 있음을 암시하는 정보를 어느 언론인에게 공유한 직후, 기밀 자료의 부적절한 취급 혐의로 체포되어 4년간 군 교도소에 수감되었다.

13 Islamyev, 'Thousands Flee Grozny as Bombs Fall', *Moscow Times*, September 25 1999.

14 Brian Whitmore, 'Real Target of Airstrikes May Be PR', *Moscow Times*, September 28 1999.

15 헬리콥터와 천막에서 푸틴의 모습을 보여 주는 동영상은 각각 다음과 같다. https://www.youtube.com/watch?v=8Xn7pJQmATI; www.ntv/ru/video/1749560.

16 Brian Whitmore, 'Prime Minister's Popularity Rating Skyrockets', *Moscow Times*, November 30 1999.

17 Brian Whitmore and Simon Saradzhyan, 'Moscow Awash in Explosion Theories', *Moscow Times*, September 14 1999.

18 'Gennadiya Seleznyova Predupredili o vzryve v Volgodonske za tri dnya do terakta', Newsru.com, March 21 2002.

19 John Dunlop, *The Moscow Bombings of September 1999: Examination of Russian Terrorist Attacks at the Onset of Vladimir Putin's Rule*, pp. 170 – 1; 'Taimer Ostanovili za Sem Chasov do Vzryva: Terakt Predotvratil Voditel Avtobusa', *Kommersant*, September 24 1999. 푸틴의 언론 매체 탄압 이전에 NTV는 랴잔 사건을 다루는 거의 한 시간짜리 토론 프로그램('Nezavisimoye Rassledovanie: Ryazansky Sakhar', NTV, March 24 2000)을 방영했는데, 그 내용에 따르면 이 사건을 처음 신고했던 알렉세이 카르토펠니코프를 비

롯한 주민들은 그 일이 훈련이었다는 것에 대한 불신을 드러내며 FSB의 답변을 요구했다.

20 위의 책, pp. 170‒1. 또 다음 자료를 보라. Pavel Voloshin, 'Chto bylo v Ryazani: sakhar ili geksogen?', *Novaya Gazeta*, February 14 2000; 'Taimer Ostanovili za Sem Chasov do Vzryva: Terakt Predotvratil Voditel Avtobusa', *Kommersant*, September 24 1999.

21 Dunlop, *The Moscow Bombings of September 1999*, pp. 172‒7; Simon Saradzhyan, 'Police Find Dummy Bomb in Ryazan', *Moscow Times*, September 24 1999; 'Taimer Ostanovili za Sem Chasov do Vzryva: Terakt Predotvratil Voditel Avtobusa', *Kommersant*, September 24 1999.

22 'Nezavisimoye Rassledovanie: Ryazansky Sakhar' https://www.youtube.com/watch?v=K‒lEi_Uyb_U.

23 같은 곳. 이 토론 프로그램에서는 9월 24일에 루샤일로가 내무부 청사에서 법 집행 기관원들을 향해 연설하면서, 랴잔에서 폭파를 모면했다고 말하는 영상을 보여 주었다. 이 어서 연설이 나온 지 불과 30분 뒤에 파트루셰프가 그건 단지 훈련에 불과했다고, 문제의 자루 안에는 그저 설탕만 들어 있었다고 TV 기자들에게 말하는 영상도 보여 주었다.

24 파트루셰프는 레닌그라드 KGB 방첩 부서에서 푸틴과 함께 경력을 시작했으며, 이 후 자리를 옮겨 그 도시의 밀수 단속부 책임자가 되었다. 1994년에 그는 모스크바로 전근 했으며, 거기서 FSB의 무척이나 중요한 국내 안보 부서의 책임자로 재직했다.

25 Alexander Litvinenko and Yury Felshtinsky, 'FSB Vzryvayet Rossiyu'. 이 자료 에서 저자들은 한 가지 성명을 인용하는데, 아마도 파트루셰프가 그 사건은 훈련에 불과 했다고 주장한 직후에 랴잔 FSB가 내놓은 것으로 보이는 그 성명의 내용은 이렇다. 〈이후 에 알려진 것처럼, 1999년 9월 22일에 발견된 폭발 장치의 모조품 장치는 지역 전체에 걸 친 훈련의 일부분이었다. 그런데 이 소식이야말로 우리에게는 예상치 못한 것이었으며, 하 필이면 FSB가 그 폭발 장치를 놓아둔 자들의 랴잔 내 거주 장소를 발견하고 그들을 체포 할 준비를 하던 참에 나왔다.〉 아울러 이 자료에서는 랴잔 FSB 수사 부서의 책임자 유리 막 시모프의 2009년 3월 21일 자 발언도 인용했다. 〈우리는 그날 밤의 사건을 매우 심각하 게, 즉 군사적 상황과 마찬가지로 받아들였습니다. 이것이 FSB의 훈련에 불과하다는 소 식은 우리로서도 예상치 못한 것이었으며, 하필이면 우리가 (나중에 밝혀진 것처럼) 그 모 조품을 놓아둔 사람들의 거주 장소를 발견하고 그들을 체포할 준비를 하던 참에 나왔습 니다.〉 Anatoly Medetsky, 'Sacks in the Basement Still Trouble Ryazan', *Moscow Times*, September 24 2004.

26 'Nezavisimoye Rassledovanie: Ryazansky Sakhar'; Medetsky, 'Sacks in the Basement Still Trouble Ryazan'.

27 'Nezavisimoye Rassledovanie: Ryazansky Sakhar'.

28 Alexander Litvinenko and Yury Felshtinsky, 'FSB Vzryvayet Rossiyu'; *Blowing up Russia*, documentary film, producers Jean Charles Deniau and Charles Gazelle, 2002.

29 Medetsky, 'Sacks in the Basement Still Trouble Ryazan'.

30 'Nezavisimoye Rassledovanie: Ryazansky Sakhar'.

31 Igor Korolkov, 'Fotorobot ne pervoi svezhosti', *Moskovskie Novosti,* November 11 2003; M.I. Trepashkin, 'Na pervom fotorobote byl agent FSB', chechenpress.com, September 18 2003. 또 다음 자료를 보라. Scott Anderson, 'None dare call it conspiracy', *GQ,* September 2009.

32 위의 곳.

33 전직 크렘린 공직자와 저자의 2014년 12월 인터뷰. 크렘린 대변인 페스코프는 이 전직 크렘린 공직자의 주장을 〈완전 엉터리〉라고 일축했다. 〈이 내부자에게는 관심을 두지 마십시오. 그는 아무것도 모른다고 봐야 합니다.〉 페스코프의 말이다.

34 같은 곳.

35 유마셰프와 저자의 2017년 10월 인터뷰 내용.

36 Brian Whitmore, 'Real Target of Airstrikes May be PR', *Moscow Times,* September 28 1999. 또 다음 기사에서 푸틴은 이렇게 말했다. 〈이번에는 우리도 우리 장병들을 총탄 앞에 내몰지 않을 것입니다. 우리는 모든 현대적 역량과 수단을 이용해서 테러리스트를 파괴할 것입니다. 우리는 그들의 기반 시설을 파괴할 것입니다. 우리는 특수 병력을 오로지 그 영토의 정리에만 이용할 것입니다. 우리는 우리 국민을 보호할 것입니다. 물론 그렇게 하려면 시간과 인내가 필요합니다.〉 *Vremya MN,* September 27 1999.

37 Pavlovsky, 'Eksperimentalnaya Rodina', July 2018.

38 옐친 패밀리와 가까운 사람과 저자의 2018년 7월 인터뷰. 한 가지 이론에 따르면, 체첸 병력의 다게스탄 침공은 패밀리가 푸틴 및 FSB와 공조하여 부추긴 것으로 두 번째 체첸 전쟁을 일으켜 푸틴을 권좌로 밀어 올리려는 계산에서 비롯되었고, 9월의 아파트 폭파 사건은 푸틴을 권좌로 밀어 올리기 위해 FSB가 (즉 파트루셰프가) 직접 나섰다가 애초의 계획을 훨씬 크게 벗어난 사태가 야기되었다고 한다. 하지만 베레좁스키와 가까운 관련자는 (2019년 10월의 저자와의 인터뷰에서) 그 폭파 사건이 오히려 체첸인에 의해 자행되었을 수도 있다고, 즉 더 먼저 있었던 다게스탄으로의 무장 침공의 대가를 받지 못한 것에 대한 복수일 수도 있다고 주장했다. 물론 어디까지나 그 침공이 애초에 푸틴을 권좌로 밀어 올리는 데에 도움을 주려는 방안으로 계획된 것이라고 가정할 때 그렇다는 뜻이다.

39 제1장을 보라.

40 전직 붉은 군대파 구성원과 저자의 2018년 3월 인터뷰 내용.

41 러시아 올리가르흐와 저자의 2018년 7월 인터뷰 내용.

42 안보 기관과 연계된 러시아의 고위급 은행가와 저자의 2019년 1월 인터뷰 내용.

43 Pavlovsky, 'Eksperimentalnaya Rodina'.

44 Patrick E. Tyler, 'Russian Says Kremlin Faked "Terror Attacks"', *New York Times,* February 1 2002.

45 Alexander Goldfarb and Marina Litvinenko, *Death of a Dissident,* pp. 180-2. 이 책에 따르면 베레좁스키는 1999년 8월 말에 불안감을 드러냈는데, 푸틴이 총리가 된 후에 그의 새로운 집무실을 찾아갔다가 소비에트 비밀경찰 창시자 제르진스키의 조상(彫像)이 책상 위에 놓여 있는 것을 보았기 때문이었다. 그는 푸틴이 여전히 KGB와 밀착되어 있다며 걱정했고, 혹시 너무 늦지 않았다면 다른 후계자를 찾을 수도 있지 않을까 하고 고려했

다. 그러다가 그는 10월 7일의 푸틴 생일잔치에 아브라모비치를 대신 보냈고, 파티 장소에 다른 스파이들은 전혀 없더라는 아브라모비치의 보고를 받고서야 비로소 푸틴을 밀어주기로 했다.

46 베레좁스키의 관련자와 저자의 2018년 6월 인터뷰 내용.

47 Brian Whitmore, 'Agendas Clash on Sunday TV News', *Moscow Times*, October 12 1999.

48 Andrei Zolotov Jr, 'Media Wars Turn to Blood and Guts', *Moscow Times*, October 26 1999.

49 베레좁스키의 관련자와 저자의 2018년 6월 인터뷰 내용.

50 베레좁스키와 가까웠던 사람의 말에 따르면, 베레좁스키는 더 이전에 프리마코프와 스쿠라토프 사이에 오간 서신을 입수했는데, 거기에는 그가 체포 대상 명단에서 맨 위에 적혀 있었다고 한다(저자와의 2018년 7월 인터뷰 내용).

51 Michael McFaul, 'Russia's 1999 Parliamentary Elections: Party Consolidation and Fragmentation', demokratizatsiya.pub/archives/08-1_McFaul.PDF. 이 자료에서 저자가 인용한 여론 조사 자료에 따르면 모국 전(全)러시아의 지지율은 7월에 28퍼센트였다가 이렇게 떨어진 것이었다.

52 Andrei Zolotov Jr, 'Shoigu's Unity Rides on Putin's Coattails', *Moscow Times*, December 4 1999.

53 'Putin Soars High on War's Wings', *Moscow Times*, December 1 1999.

54 Sarah Karush, 'Pro-Kremlin Parties Sweep into Duma', *Moscow Times*, December 21 1999.

55 유마셰프와 저자의 2017년 10월 인터뷰 내용.

56 Boris Yeltsin, *Midnight Diaries*, p. 6.

57 1999년 12월, FSB 행사에 참석한 푸틴의 영상은 다음 자료를 보라. https://www.youtube.com/watch?v=6xkLdzrniyo.

58 Vladimir Putin, 'Rossiya na Rubezhe Tysyacheletii', December 27 1999. 이 게시물은 본래 러시아 정부 포털 사이트(www.government.gov.ru)에 게재되었지만 지금은 볼 수 없고, 대신 다음 웹 사이트에서 볼 수 있다. myruwin.ru/Vladimir-putin-rossija-na-rubezhe-tysjacheletij.

59 Putin, 'Rossiya na Rubezhe Tysyacheletii'.

60 'Vladimir Putin Obnarodoval Svoyu Programmu', *Nezavisimaya Gazeta*, December 30 1999.

61 옐친의 신년 연설 영상은 다음 유튜브 자료를 보라. https://www.youtube.com/watch?v=q0Zb8QqXo0A.

62 안보 기관과 가까운 전직 고위급 정부 공직자와 저자의 2014년 1월 인터뷰 내용.

63 전직 크렘린 고위 공직자와 저자의 2017년 11월 인터뷰. 그는 루시코프나 프리마코프의 집권하에서라면 〈불과 4년 안에 벌어졌을 만한 일이 블라디미르 블라디미로비치의 집권하에서 17년이나 걸렸다〉고 말했다. 〈그냥 질질 끌기만 한 겁니다.〉 아울러 전직 대통

령 경제 자문 위원 일라리오노프도 저자와의 2015년 9월 인터뷰에서 이렇게 말했다. 〈만약 프리마코프 치하였다면, 푸틴 치하에서 있던 것과 같은 초기의 경제 개혁은 없었을 겁니다. 하지만 프리마코프라면 반대를 탄압하는 과정에서 그렇게 거칠지도 않았을 겁니다. 따라서 불과 2년이나 3년이나 4년 안에 그의 정권을 전복하기도 쉬웠을 겁니다. KGB에 대항하는 민주주의자와 올리가르히의 연맹이 생겼을 것이고, KGB 정권을 전복할 기회가 있었을 겁니다. 프리마코프는 KGB의 더 젊은 세대를 끌어들일 만한 상태에 있지도 못했을 것이고, 정권의 안정성을 유지할 수도 없었을 것입니다.〉

64 Catherine Belton, 'Putin Campaign Cranks Through Regions', *Moscow Times*, March 22 2000.

65 푸틴의 당선이 확정된 날의 영상은 다음 자료를 보라. https://www.youtube.com/watch?v=DhQynqCXWAkn.

66 Catherine Belton, 'Putin Walks his Way into Women's Hearts', *Moscow Times*, March 9 2000.

67 Catherine Belton, 'Luzhkov Shows Putin About Town', *Moscow Times*, March 24 2000.

68 푸가체프와 저자의 2014년 9월 인터뷰 내용.

69 Anatoly Sobchak, 'Kak Rossiya Poteryala Flot na Baltike I Kto v Etom Vinovat?', *Moskovskie Novosti*, October 6 1998. 다음 웹 사이트에서 다시 볼 수 있다. https://web.archive.org/web/20131029211741/http://datarhiv.ru/51/85.

70 나루소바의 인터뷰는 다음 자료를 보라. Elena Masyuk, 'Volodya Tolko ne Bronzovei', *Novaya Gazeta*, November 9 2012.

71 저자가 입수한 모길레비치의 제국과 관련자에 관한 FBI의 1995년 보고서 내용.

72 나루소바와 저자의 2014년 6월 인터뷰 내용.

73 'Sobchak Ostavil Dver Otkrytoi', *Kommersant*, February 22 2000.

74 Ibid.; 'Kommersant Speculates about Sobchak's Death', *Moscow Times*, February 23 2000.

75 Masyuk, 'Volodya Tolko ne Bronzovei'.

76 트라베르의 예전 관련자와 저자의 2015년 11월 인터뷰 내용.

77 Catherine Belton, 'Thousands Say Farewell to Sobchak', *Moscow Times*, February 25 2000.

78 Masyuk, 'Volodya Tolko ne Bronzovei'.

79 저자와의 2014년 6월 인터뷰에서도 나루소바는 과거 『노바야 가제타』와의 인터뷰에서 내놓았던 발언에 관한 질문에 대답을 거부했다.

80 푸가체프와 저자의 2016년 8월 인터뷰 내용.

81 푸가체프와 저자의 2015년 5월 인터뷰 내용.

82 Catherine Belton, 'Putin Wins, Promises no Miracles', *Moscow Times*, March 28 2000.

83 Vitaly Mansky, 'Svidetely Putina', 2018.

84 푸틴의 동맹자와 저자의 2015년 3월 인터뷰 내용; 전직 정부 고위 공무원과 저자의 2013년 1월 인터뷰 내용.

85 Catherine Belton, 'Aluminum Sale Gets Stamp of Approval', *Moscow Times*, March 10 2000.

86 푸틴의 동맹자와 저자의 2015년 3월 인터뷰 내용. 그는 훗날 이렇게 해명했다. 〈한 가지 조건은 제가 보기에 분명했는데, 그건 바로 4년 동안은 경제 운영에 대해서 간섭받지 않는다는 거였습니다. 그건 매우 분명했습니다만, 저로서는 단지 추측일 뿐입니다.〉

87 유마셰프와 저자의 2017년 10월 인터뷰 내용.

88 푸틴과 옐친 패밀리가 하나로 융합했다는 점은 분명해 보인다. 푸틴의 사람들과 옐친 패밀리의 융합을 보여 주는 한 가지 상징은 그가 권좌에 오른 직후에 나타났다. 즉 선거 직후 몇 달 사이에 거의 주목받지 않은 석유 무역업체 하나가 설립된 것이었다. 우랄스 에너지라는 이 회사의 소유주 두 명 가운데 한 명은 팀첸코의 동업자였고, 또 한 명은 디야첸코의 동업자였다('Sky's the Limit for reborn Urals Energy', *Platts Energy in East Europe*, March 31 2006).

89 푸가체프와 저자의 2015년 6월 인터뷰 내용.

90 푸가체프와 저자의 2018년 7월 인터뷰 내용.

제6장

1 2000년 푸틴의 대통령 취임식에서 옐친이 한 연설은 다음 자료를 보라. www.youtube.com/watch?v=Q2AF_2gHHeQ.

2 Inauguratsionnaya Rech Vladimira Putina 7 maya 2000 goda, *Moskovskie Novosti*, www.mn.ru/blogs/blog_reference/80928.

3 이후에 그는 핀란드와 러시아의 전략적인 국경 지역에 자리한 카렐리아 공화국에 파견되어서 잠시나마 안보 책임자로 근무했다.

4 파트루셰프와 가까운 사람과 저자의 2015년 2월 인터뷰 내용.

5 푸틴의 동맹자와 저자의 2018년 8월 인터뷰 내용.

6 파트루셰프와 가까운 사람과 저자의 2015년 2월 인터뷰 내용.

7 그런 텍스트의 예를 들자면 핼퍼드 맥킨더의 저서가 있다. 이 영국 학자가 19세기와 20세기의 전환기에 집필한 지정학 이론의 창시적 논문 가운데 일부는 훗날 냉전 동안에 해외 정책에 영향을 주었기 때문이다.

8 하지만 전직 붉은 군대파의 구성원의 말에 따르면, 이바노프는 종종 드레스덴에서 푸틴과 함께 나타났다고 한다.

9 이바노프의 전직 FSB 동료와 저자의 2014년 6월 인터뷰 내용.

10 전직 FSB 간부 리트비넨코가 제공한 정보를 바탕으로 시베츠가 작성하여 리트비넨코의 살해에 관한 런던 고등 법원의 심리 중에 발표한 보고서의 내용이다. 다음 웹 사이트에서 볼 수 있다. webarchive.nationalarchives.gov.uk/20160613091026/https://www.

litvinenkoinquiry.org/files/2015/03/INQ006481.pdf.

11 이바노프와 가까운 사람과 저자의 2018년 6월 인터뷰 내용.

12 webarchive.nationalarchives.gov.uk/20160613091026/https://www.
litvinenkoinquiry.org/files/2015/03/INQ006481.pdf.

13 전직 상트페테르부르크 공직자 코르차긴과 저자의 2015년 1월 인터뷰 내용.

14 푸틴과 가까웠던 예전 동맹자와 저자의 2017년 1월 인터뷰 내용.

15 세친과 가까운 두 사람과 저자의 인터뷰 내용. 한 명과는 2015년 2월, 다른 한 명과
는 2018년 8월에 만나 인터뷰를 수행했다.

16 세친과 가까운 사람과 저자의 2015년 2월 인터뷰 내용.

17 같은 곳.

18 같은 곳.

19 같은 곳.

20 전직 발트 해운사 대표 하르첸코의 관련자와 저자의 2014년 3월 인터뷰 내용; 푸틴
과 가까웠던 예전 동맹자와 저자의 2018년 8월 인터뷰 내용.

21 체르케소프와 가까운 사람과 저자의 2015년 11월 인터뷰 내용.

22 전직 미국 고위 공직자와 저자의 2014년 6월 인터뷰 내용.

23 푸가체프와 저자의 2014년 9월 인터뷰 내용.

24 Catherine Belton, 'A Russian Volley over the ABM Treaty', *Business Week*,
November 9 2001.

25 서방 지도자들의 단언에 관한 논의는 조지 워싱턴 대학의 두 연구자가 최근 공개된
미국 국가 안보 기록 보관소 소장 문서를 분석한 다음 자료를 보라. Svetlana Savranskaya
and Tom Blanton, 'NATO Expansion: What Gorbachev Heard', December 12 2017,
https://nsarchive.gwu.edu/briefing-book/russia-programs/2017-12-12/nato-
expansion-what-gorbachev-heard-Western-leaders-early.

26 Ian Traynor, 'Putin Urged to Apply the Pinochet Stick', *Guardian*, March 31 2000.

27 Hans Leyendecker and Frederik Obermaier, 'Diskrete Geschafte am Affenfelsen',
Suddeutsche Zeitung, April 11 2013.

28 푸가체프와 저자의 2013년 9월 인터뷰 내용.

29 크렘린 내부자와 저자의 2014년 12월 인터뷰 내용.

30 푸가체프와 저자의 2015년 2월 인터뷰 내용.

31 국제 통화 기금의 추산에 의거했다. 다음 자료를 보라. Prakash Loungani and Paolo
Mauro, 'Capital Flight from Russia', International Monetary Fund Policy Discussion
Paper, June 1 2000.

32 보그단치코프와 저자의 2013년 8월 인터뷰 내용.

33 그 당시 크렘린 행정실장이었던 볼로신은 이렇게 말했다. 〈여러 공화국에서는 세금
을 내지 않았습니다. 체첸 공화국에서는 전쟁이 벌어지고 있었습니다. 일부 공화국은 군대
에 병력을 파견하는 것을 거부했습니다. 임금과 연금에 대한 부채가 쌓여 갔고, 대통령의
지지율은 겨우 4퍼센트였습니다. 이런 배경하에서 공산당은 강력했고, 프리마코프와 루시

코프도 강력했습니다. 적들은 강력한데 우리는 약했습니다. 여차하면 나라가 붕괴될 수도 있겠다는 위험이 실제로 있었습니다.〉

34 야쿠닌과 저자의 2013년 6월 인터뷰 내용.

35 야쿠닌과 저자의 2016년 11월 인터뷰 내용.

36 Alan A. Block and Constance A. Weaver, *All is Clouded by Desire*, p. 125, International and Comparative Criminology, Westport, Connecticut, 2004.

37 미셸과 저자의 2005년 5월 인터뷰 내용.

38 푸틴의 관련자와 저자의 2013년 5월 인터뷰 내용.

39 Andrew Jack, 'Putin Appears to Distance Himself from Oligarchs', *Financial Times*, February 29 2000.

40 'Oligarchs Will Become Extinct, Putin Vows', Agence France-Presse, March 18 2000.

41 푸틴과 가까운 사람과 저자의 2018년 8월 인터뷰 내용.

42 베레좁스키의 관련자와 저자의 2018년 6월 인터뷰 내용.

43 Nikolai Vardul, 'Kak Putin Budet Upravlyats Stranoi', *Kommersant*, May 3 2000.

44 Maura Reynolds, 'Russia Raids Media Company Critical of Kremlin', *Los Angeles Times*, May 12 2000.

45 David Hoffman, 'Putin Moves to Bolster Central Rule; Plan would Rein in Regional Governors', *Washington Post*, May 18 2000.

46 Gregory Feifer, 'Berezovsky's Letter Dominates News', *Moscow Times*, June 1 2000.

47 베레좁스키의 관련자와 저자의 2018년 6월 인터뷰 내용.

48 유마셰프와 저자의 2017년 10월 인터뷰 내용.

49 같은 곳.

50 Guy Chazan and Alan Cullison, 'Russia's Oligarchs Protest Arrest of Media Magnate', *Wall Street Journal*, June 15 2000.

51 Igor Semenenko, 'Suit Filed to Undo Norilsk Auction', *Moscow Times*, June 21 2000.

52 Dmitry Zaks, 'Tax Police Raid Russian Business Giants Following Putin Threat', Agence France-Presse, July 11 2000.

53 Andrew Kramer, 'Tax Police Open Case against Auto Giant', Associated Press, July 12 2000.

54 Dmitry Zaks, 'Putin Vows to Punish Russian Oligarchs as Tax Police Strike Again', Agence France-Presse, July 12 2000.

55 Sergei Shagorodsky, 'Russian President Defends his Heavy-Handed Policies', Associated Press, July 13 2000.

56 Marielle Eudes, 'Russian Business Barons Want Frank Talk with Putin', Agence France-Presse, July 14 2000.

57 Nick Wadhams, 'Berezovsky's Announcement he Will Resign from Russia's Parliament Another Riddle', Associated Press, July 17 2000.

58 Maura Reynolds, 'Putin Reaches Out to Oligarchs', *Los Angeles Times*, July 29 2000.

59 푸가체프와 저자의 2013년 12월 인터뷰 내용.

60 Andrei Savitsky, 'Favorit', *Nezavisimaya Gazeta*, November 6 2001. 또 다음 자료를 보라. 'Semya Kopilka', *Moskovsky Komsomolets*, June 28 2000; 'Sekretniye Druzya Putina', *Moskovsky Komsomolets*, April 4 2001; Konstantin Remchukov, 'Bodrym Shagom k BoNY-2', *Vedomosti*, November 27 2001; Andrei Savitsky, 'Syn Otvechayet za Otsa', *Nezavisimaya Gazeta*, November 30 2001; Mikhail Kozyrev, 'Tuvynets Pugachev', *Vedomosti*, December 26 2001.

61 Henry Meyer, 'Russian Media Magnate Says Government Forced Sale in Prosecution Deal', Agence France-Presse, September 18 2000.

62 위의 곳.

63 'Berezovsky Warns About More Possible Terrorist Acts in Russia', Interfax, August 10 2000.

64 푸틴과 가까웠던 예전 동맹자와 저자의 2015년 1월 인터뷰 내용.

65 Guy Chazan, 'Putin Lambasts the Media Over Coverage of Sub Disaster', *Wall Street Journal*, August 31 2000.

66 위의 곳.

67 베레좁스키의 관련자와 저자의 2018년 6월 인터뷰 내용.

68 Goldfarb and Litvinenko, 'Death of a Dissident', p. 210.

69 Vladimir Isachenkov, 'Oligarch Says Kremlin Moves to Take His Share in Television Station', Associated Press, September 4 2000.

70 'Pavlovsky Outlines Kremlin's Information Security Plans', IPR Strategic Information Database, September 26 2000.

71 'Russian Tycoon Berezovsky Fears Return to Russia', Agence France-Presse, November 14 2000.

72 네브즐린과 저자의 2018년 7월 인터뷰 내용.

73 푸가체프와 저자의 2015년 3월 인터뷰 내용.

74 Andrei Zolotov Jr, 'Putin Backs Foreign Investor at NTV', *Moscow Times*, January 30 2001.

75 위의 곳.

76 푸가체프와 저자의 2015년 3월 인터뷰 내용.

77 'Media Most Chief Compares NTV Seizure to August 1991 Coup', BBC Monitoring Report of Ekho Moskvy interview, April 14 2001.

78 'NTV Raid Shows "KGB in Power" in Russia: Ex-Dissident', Agence France-Presse, April 14 2001.

제7장

1 석유 생산량의 70퍼센트와 가스 생산량의 87퍼센트 이상이 국내 시장으로 갔는데, 대부분 군사 산업을 유지하는 데에 소비되었다. Sergei Yermolaev, 'The Formation and Evolution of the Soviet Union's Oil and Gas Dependence', March 29 2017, Carnegie Endowment for International Peace.

2 Yermolaev, 'The Formation and Evolution of the Soviet Union's Oil and Gas Dependence'.

3 Thane Gustafson, *Wheel of Fortune: The Battle for Oil and Power in Russia*, p. 76, The Belknap Press of Harvard University, Cambridge Massachusetts, 2012. 이 책에서는 옐친이 1992년 11월에 명령에 서명함으로써 수직적으로 통합된 석유 대기업들 세 곳을 최초로 만든 과정을 묘사한다. 루코일, 유코스, 수르구트네프테가스 세 곳에서 국가는 45퍼센트의 지분을 3년간 보유하다가 그 민영화에 대해 결정을 내릴 예정이었다. 석유 산업의 나머지는 일시적인 국영 기업 로스네프트로 가게 되었는데, 이곳은 최고의 생산 부문을 차지하려 도모하던 기업 사냥꾼들에게 금세 잡아먹히고 말았다.

4 Gustafson, *Wheel of Fortune*, p. 90.

5 다음 자료에 따르면, 석유 세입은 1996년에 전체 연방 세입의 35.5퍼센트를 차지했고, 1997년에는 27.4퍼센트를 차지했다. Goohoon Kwon, 'The Budgetary Impact of Oil Prices in Russia', IMF Working Paper, August 1 2003, p. 4 www.imf.org/external/country/rus/rr/2003/pdf/080103.pdf.

6 판니코프와 저자의 2008년 4월 인터뷰 내용.

7 Robert Cottrell, 'Russia's Richest Man Reveals Himself', *Financial Times*, June 21 2002.

8 이 회사는 재정 면에서 좋지 않은 상태였는데, 1990년대 전반기 동안에 그 당시 석유 매매를 지배하던 규정에 의거하여 그 생산량 대부분을 낮은 국내 고정 가격에 판매하고, 나머지 일부를 물물 교환해서 운영 자금을 마련했기 때문이었다.

9 밀레르는 1996년부터 1999년까지 항구의 투자 개발 부문 책임자로 재직했는데, 그 당시에 항구를 통제하던 트라베르는 러시아 범죄 조직원으로서 푸틴의 안보계 사람들과 탐보프 방계 범죄 조직 사이의 핵심 중간책이었다. 밀레르는 항구에서 함께 일하던 또 다른 임원도 데려왔다. 알렉산드르 듀코프는 1998년부터 1999년까지 항구의 총괄 책임자로 일했고, 나중에는 석유 집하장의 대표가 된 인물이었다. 훗날 그는 석유 화학 대기업 시부르의 대표로 재직했고, 나중에 푸틴의 두 번째 대통령 임기 동안에는 가스프롬에서 새로이 창설된 석유 자회사인 가스프롬네프트의 대표로 재직했다. 트라베르와 가장 가까운 동맹자 가운데 또 한 명인 KGB 사람 코리토프도 가스프롬방크의 부대표가 되었다.

10 안보 기관과 가까운 러시아의 고위급 은행가와 저자의 2016년 5월 인터뷰 내용.

11 푸가체프와 저자의 2014년 12월 인터뷰 내용.

12 푸가체프와 저자의 2018년 6월 인터뷰 내용.

13 안보 기관과 가까운 러시아의 고위급 은행가와 저자의 2016년 5월 인터뷰 내용.

14 푸틴과 가까운 사람과 저자의 2015년 1월 인터뷰 내용.

15 안보 기관과 가까운 러시아의 고위급 은행가와 저자의 2016년 5월 인터뷰 내용.

16 같은 곳; 안보 기관과 가까운 석유 회사 중역과 저자의 2014년 1월 인터뷰 내용.

17 Melissa Akin, 'Tax Police Target Boss of Lukoil', *Moscow Times*, July 12 2000. 또 다음 자료를 보라. Elizabeth LeBras and Natalya Neimysheva, 'Report – Oil Evades $9 Billion in Taxes', *Moscow Times*, November 29 2000.

18 Anna Raff, 'Lukoil Financial Officer Abducted', *Moscow Times*, September 13 2002.

19 'Lukoil Case Closed', *Moscow Times*, February 13 2003.

20 Natalya Neimysheva, 'Illuziya Lgot', *Vedomosti*, February 6 2003.

21 석유업계 고위급 중역과 저자의 2014년 3월 인터뷰 내용.

22 밀로프와 저자의 2013년 9월 인터뷰 내용.

23 호도르코프스키와 저자의 2015년 9월 인터뷰 내용.

24 Jeanne Whalen, 'Oil Tender Pricing Formula Proposed', *Moscow Times*, August 16 1997; Boris Aliabayev, 'Kremlin Pledges Fair Oil Auctions', *Moscow Times*, November 12 1997.

25 이 매각에 참여했던 서방의 고위급 은행가와 저자의 2013년 9월 인터뷰 내용.

26 아키모프와 소비에트 해외 첩보부의 연계를 지적한 소식통은 모두 세 명이었다. 〈그는 예비대 간부로 근무했습니다.〉 아키모프를 잘 아는 러시아의 고위급 은행가의 말이다. 〈그의 아버지는 KGB 소속 대령이었습니다.〉 전직 에너지 차관 밀로프도 다음과 같이 말했다. 〈KGB와 그런 연계가 없는 사람이 해외에 있는 소비에트 은행 가운데 한 곳의 고위직을 차지하기란 불가능했습니다.〉 아키모프와 긴밀하게 일했던 중역 역시 오로지 KGB와 긴밀한 관계를 통해서만 그런 직위를 얻을 수 있었다고 말했다. 그 당시에 소비에트의 해외 은행 네트워크는 소비에트의 전략적 작전에 자금을 지원하는 핵심 도관 노릇을 했다. 1989년에 파리에 있는 소비에트의 해외 은행에서 폐기 예정인 서류 여덟 자루가 도난당했는데, 그로부터 몇 달 뒤에 이 사라진 서류에 근거해 그 은행이 프랑스 공산당에 자금을 지원하는 방법을 자세히 설명한 책이 간행되었다. 이 시스템에서의 직위는 위신도 높았고 부러움의 대상이었다. 아키모프는 1985년에 처음 소비에트의 해외 무역 은행인 취리히의 브네슈토르그방크 부대표로 임명되었고, 이후 이 시스템에서 신속하게 승진했다.

27 Vladimir Pribylovsky, Akimov biography, Anticompromat.org/akimov/akimbio. html. 또 다음 자료를 보라. Irina Reznik and Anna Baraulina, 'Cold War Banker to Putin Billionaires Walks Sanctions Wire', Bloomberg, October 24 2014; Irina Mokrousova, 'Bankir pod Prikrytiem', *Forbes Russia*, April 2 2015; Alexander Birman, 'Orden Natsionalnovo Dostoyaniya', *Zhurnal Kompaniya*, May 16 2005. 아키모프는 러시아 연방 최고 소비에트와 정치국으로부터 완전한 승인을 얻어 IMAG를 설립했다. 상트페테르부르크의 석유 무역업체인 키리시네프테힘엑스포르트에서 팀첸코의 동업자였던 카트코프의 증언에 따르면, 아키모프는 IMAG의 자금을 이용하여 그 무역업체에 최초의 외부 자금을 조달했다. 또한 아키모프는 동업자인 슐라프와도 긴밀한 관계를 유지했다. 슐

라프는 과거 드레스덴 해외 첩보부 책임자 콜러와 함께 일하면서, 베를린 장벽이 붕괴하는 사이에도 수출이 금지된 전자 제품에 관한 가짜 운송 계책을 이용해 슈타지 네트워크를 보전하기 위한 자금을 빼돌린 장본인이었다. 아키모프와 슐라프의 긴밀한 관계가 드러난 것은 훨씬 더 나중인 푸틴의 대통령 임기 중이었는데, 이때 두 사람은 가스프롬의 가스를 위한 중유럽 무역 중추를 오스트리아에 만들었기 때문이다. 도나우 은행에서는 물론이고 더 나중에 IMAG에서도 아키모프의 부하로 일한 페터 핸젤러는 오스트리아 안보 기관의 대령 출신이었다. 아키모프와 일했던 사람의 말에 따르면, 핸젤러는 회사의 내부 운영을 비롯해서 도나우 은행의 보유 차량, 사무실 유지, 심지어 기타 〈특수 임무〉를 작업하는 과정에서의 여권 확보 등을 담당했다.

28 이 내용의 출처는 두 곳이다. 아키모프와 긴밀하게 일했던 사람(저자와의 2014년 1월 인터뷰 내용)과 푸틴과 일했던 KGB 고위급 공작원(저자와의 2014년 3월 인터뷰 내용) 모두 도나우 은행이 소비에트 붕괴 이전에 공산당 자금을 해외로 이전하는 과정에서 일익을 담당했다고 지적했다. 아키모프와 긴밀하게 일했던 사람의 말에 따르면, 아키모프는 소비에트 붕괴 이후에도 계속해서 도나우 은행에서 일했으며, 심지어 공식적으로는 그 은행을 떠나서 IMAG를 설립한 1990년 이후로도 계속해서 그렇게 했다. 아울러 「해외의 소비에트와 러시아 은행의 역사The History of Soviet and Russian Banks Abroad」에서 오스트베스트한델스방크의 전직 대표 세르게이 보츠카레프가 집필한 장을 보라. 보츠카레프가 밝힌 바에 따르면, 1991년 가을에 소비에트 해외 은행의 대표들이 프랑크푸르트로 가서 자기네 기관의 생존에 관해 다급하게 논의했으며, 이때 아키모프도 그 자리에 참석했다. 아키모프와 긴밀하게 일한 사람의 말에 따르면, 아키모프는 빈에 근거한 노르덱스 무역 회사의 대표 루찬스키와도 잘 알았다. 루찬스키는 소련 붕괴 직전에 KGB가 해외로 돈을 옮기는 과정에서 일종의 교차점에 있었던 범죄 조직 지도자로 지목된 인물이기도 하다. 나중에 루찬스키는 슐라프와 합작 사업체를 만들기도 했다. 〈루찬스키가 아키모프를 잘 안다는 사실은 익히 알려져 있었습니다. 두 사람은 빈에서 만났습니다.〉 아키모프와 긴밀하게 일했던 사람의 말이다. 전직 에너지 차관 밀로프의 주장에 따르면, 아키모프는 KGB와 긴밀하게 일했던 또 다른 주요 범죄 조직원인 모길레비치와도 가까웠다(저자와의 2013년 11월 인터뷰 내용). 훗날 아키모프의 가스프롬방크와 함께 빈에 근거한 가스 무역업체 로수크레네르고를 설립한 피르타시 역시 모길레비치와 가까운 관련자였다.

29 세계 경제 연구소에서 메드베데프와 가까운 동료였던 시모냔과 저자의 2013년 9월 인터뷰 내용. 또 다음 자료를 보라. Birman, 'Orden Natsionalnovo Dostoyaniya', *Zhurnal Kompaniya*, May 16 2005; Reznik and Baraulina, 'Cold War Banker to Putin Billionaires Walks Sanctions Wire', Bloomberg, October 24 2014.

30 아키모프의 입찰에 관여했던 서방의 고위급 은행가와 저자의 2013년 9월 인터뷰 내용. 또 메드베데프의 공식 약력인 다음 자료를 보라. https://www.gazprom-neft.ru/company/management/board-of-directors/medvedev/.

31 라이언과 저자의 2013년 11월 인터뷰 내용.

32 같은 곳. 또 다음 자료를 보라. 'Eastern Oil Bidding Has Begun', *Moscow Times*, October 11 1997

33 'Russia's Yukos Pays $775 million for 45 per cent stake in Eastern Oil', Dow Jones, December 8 1997; John Thornhill, 'Russian Oil Group wins Control of Rival', *Financial Times*, December 9 1997.

34 라이언과 저자의 2013년 11월 인터뷰 내용.

35 아키모프와 긴밀하게 일했던 사람과 저자의 인터뷰 내용. 또 다음을 보라. Ilya Zhegulev, 'Nevzlin Poprosil Zaschity u Genprokurora', gazeta.ru, July 21 2004; 'Delo o dvukh pokusheniyakh na ubiistvo direktora avstriiskoi kompanii East Petroleum, Yevgeniya Rybina', *Vremya Novostei*, July 4 2003. 또 리빈과의 인터뷰인 다음 자료를 보라. Oleg Lurye, Vslukh, September 10 2003.

36 리빈과 가까운 사람과 저자의 2014년 1월 인터뷰.

37 같은 곳.

38 같은 곳.

39 안보 기관과 가까운 러시아의 고위급 은행가와 저자의 2016년 5월 인터뷰 내용.

40 미셸과 저자의 2005년 5월 인터뷰 내용.

41 호도르콥스키와 저자의 2014년 5월 인터뷰 내용.

42 호도르콥스키와 저자의 2015년 9월 인터뷰 내용.

43 Catherine Belton, 'Kremlin, Big Oil on Collision Course', *Moscow Times*, January 28 2003; Jeanne Whalen, 'In Russia, Politics vs Pipelines – Kremlin Hesitates to Give Oil Firms Power to Invest in Infrastructure', *Wall Street Journal*, January 29 2003.

44 호도르콥스키와 저자의 2003년 2월 인터뷰 내용.

45 Dmitry Zhdannikov and Andrew Hurst, 'Standing at a Crossroads', Reuters, January 27 2003.

46 Valeria Korchagina, 'Cabinet Agrees to Slash Tax Burden', *Moscow Times*, April 24 2003.

47 RSPP 회동에서 호도르콥스키가 푸틴과 나눈 대화 내용. https://www.youtube.com/watch?time_continue=20&v=u6NKb79VN8U.

48 Torrey Clark, 'Tycoons Talk Corruption in Kremlin', *Moscow Times*, February 20 2003.

49 https://www.youtube.com/watch?time_continue=20&v=u6NKb79VN8U.

50 콘다우로프와 저자의 2014년 5월 인터뷰 내용.

51 푸틴과 예전에 가까웠던 사람과 저자의 2018년 6월 인터뷰 내용.

52 바빌로프와 저자의 2013년 1월 인터뷰 내용.

53 콘다우로프와 저자의 2014년 5월 인터뷰 내용.

54 Catherine Belton, '$36 Billion YukosSibneft Joins the Global Elite', *Moscow Times*, April 23 2003.

55 Andrew Jack and Carola Hoyos, 'Yukos Eyes Up Western Partnership', *Financial Times*, September 24 2003.

56 유코스의 예전 주주와 저자의 2013년 9월 인터뷰 내용.

57 Arkady Ostrovsky, 'Yukos to Expand Beyond Russia', *Financial Times*, September 28 2003.

58 호도르콥스키와 저자의 2015년 9월 인터뷰 내용.

59 전직 크렘린 고위 공직자와 저자의 2013년 11월 인터뷰.

60 Gregory L. White and Jeanne Whalen, 'Why Russian Oil is a Sticky Business — Energy Barons are Wielding More Clout in Parliament at a Critical Time for Putin', *Wall Street Journal*, August 1 2003.

61 서방의 고위급 은행가와 저자의 2013년 11월 인터뷰 내용.

62 Moises Naim, 'Russia's Dilemna: It's Sinking While it's Swimming in Oil', *The Australian*, December 15 2003.

63 Goohoon Kwon, 'The Budgetary Impact of Oil Prices in Russia', Working Paper, August 1 2003, www.imf.org/external/country/rus/rr/2003/pdf/080103.pdf.

64 Victoria Lavrentieva, 'Gref Says it's Time to Squeeze Big Oil', *Moscow Times*, February 20 2003. 석유 부문의 순수익은 납부하는 세금보다 훨씬 더 빠르게 늘어났기 때문에, 정부로서도 더 많은 세금을 거둘 여지가 생겼다. 다음 자료를 보라. 'Russian Oil Companies Got Richer by $20 Billion', *Finansoviye Izvestia*, January 24 2003.

65 서방의 고위급 은행가와 저자의 2013년 11월 인터뷰 내용.

66 'Doklad Soveta po Natsionalnoi Strategii: "Gosudarstvo I Oligarkhiya"', https://web.archive.org/web/20150325094708/http://www.utro.ru/articles/2003/05/26/201631.shtml. 이 보고서는 원래 2003년 5월 26일에 러시아의 한 뉴스 웹 사이트(utro.ru)에 간행되었던 것이다.

67 벨콥스키와 저자의 2016년 5월 인터뷰 내용.

68 이 회동 참석자 가운데 한 명인 유코스의 예전 주주와 저자의 2015년 5월 인터뷰 내용.

69 2003년 6월 23일 푸틴의 기자 회견 속기록. www.kremlin.ru/events/president/transcripts/22028.

70 Simon Saradzhyan and Valeria Korchagina, 'Head of Yukos's Parent Company Arrested', *Moscow Times*, July 3 2003.

71 위의 곳.

72 'Yukos Value Falls $2 Billion on Arrests', Combined Reports (Reuters, MT), *Moscow Times*, July 4 2003.

73 Valeria Korchagina, 'Four Yukos Murder Probes Opened', *Moscow Times*, July 21 2003.

74 Catherine Belton, 'The Oil Town that Won't Forget Yukos', *Moscow Times*, April 25 2006.

75 Chrystia Freeland, 'A Falling Tsar', *Financial Times*, November 1 2003.

76 Belton, 'The Oil Town that Won't Forget Yukos'.

77 유코스의 예전 주주와 가까운 사람과 저자의 2014년 5월 인터뷰 내용.

78 Valeria Korchagina, 'Prosecutors Summon Khodorkovsky', *Moscow Times*, July 4 2003.

79 Catherine Belton, 'Stocks See Blackest Day Since 1998', *Moscow Times*, July 17 2003.

80 Catherine Belton, 'Khodorkovsky Sees Totalitarian Threat', *Moscow Times*, July 22 2003.

81 'Putin Says Yukos Case All About Murder', *Moscow Times*, September 22 2003.

82 유코스의 예전 주주와 저자의 2013년 9월 인터뷰 내용.

83 같은 곳.

84 Andrew Jack and Carola Hoyos, 'ExxonMobil May Offer $25 Billion for 40 Per Cent of Yukos', *Financial Times*, October 2 2003.

85 Catherine Belton, 'Yukos Targeted in Three New Raids', *Moscow Times*, October 6 2003.

86 위의 곳.

87 Caroline McGregor, 'President Reassures Investors', *Moscow Times*, October 6 2003.

88 Catherine Belton, 'Yukos Chief – "It's Just Not Fair"', *Moscow Times*, October 7 2003.

89 푸가체프와 저자의 2014년 5월 인터뷰 내용.

90 Catherine Belton, 'Khodorkovsky Arrested on Seven Charges', *Moscow Times*, October 27 2003.

91 위의 곳.

92 Valeria Korchagina, 'The Elite Demand Some Answers', *Moscow Times*, October 27 2003.

93 골롤로보프와 저자의 2018년 8월 인터뷰 내용.

94 전직 GRU 고위급 장교와 저자의 2005년 4월 인터뷰 내용.

95 FSB와 연계된 석유 회사 중역과 저자의 2014년 1월 인터뷰 내용.

96 Valeria Korchagina and Maria Danilova, 'Putin Defends Attack on Yukos', *Moscow Times*, October 28 2003.

제8장

1 푸가체프와 저자의 2016년 2월 인터뷰 내용.

2 푸틴은 더 이상 경제 운영을 옐친 시대 유임자와 공유할 필요가 없어지게 되었다. 예전에 그와 가까웠던 동맹자의 말에 따르면, 이는 푸틴이 권좌에 오르면서 옐친 패밀리와 맺은 합의의 일부분이었다.

3 Natalia Yefimova, Torrey Clark and Lyuba Pronina, 'Armed Chechens Seize

Moscow Theater', *Moscow Times*, October 24 2002. 다음 자료의 설명도 보라. Steven Lee Myers, *The New Tsar: The Rise and Reign of Vladimir Putin*, Simon & Schuster London, 2015.

4 Michael Wines, 'Chechens Kill Hostage in Siege at Russian Hall', *New York Times*, October 25 2002.

5 'Russian NTV Shows Previously Filmed Footage with Hostage-Takers' Leader', BBC Monitoring Former Soviet Union, October 26 2002.

6 Eric Engleman, 'Armed Chechens Hold Hundreds of People Hostage in Moscow Theater', Associated Press, October 23 2002.

7 'Events, Facts, Conclusions – Nord Ost Investigation Unfinished', Regional Public Organisation for Support of Victims of Terrorist Attacks.

8 Luc Perrot, 'Russia Marks Anniversary of Moscow Theater Hostage Siege', Agence France-Presse, October 23 2003.

9 Michael Wines, 'Hostage Toll in Russia Over 100; Nearly All Deaths Linked to Gas', *New York Times*, October 28 2002.

10 Sergei Topol, Aleksandr Zheglov, Olga Allenova, 'Antrakt posle Terakta', *Kommersant*, October 23 2003.

11 Susan B. Glasser and Peter Baker, 'Gas in Raid Killed 115 Hostages; Only 2 Slain by Rebels; More than 600 Remain Hospitalised in Moscow', *Washington Post*, October 28 2002. 당국이 사망자 숫자를 완전히 공개할 채비가 된 것은 최소한 이틀이 지나서였으며, 가스를 거론한 것은 또다시 이틀이 지나서였다. 인질들을 치료하려 노력하던 의사들은 그때까지 자기네가 지금 무엇을 상대하고 있는지에 대해서 깜깜한 채로 남아 있었다. 표준 해독제 보유분은 공급이 부족하거나 아예 없었다.

12 Valeria Korchagina, Lyuba Pronina and Torrey Clark, 'Man, a Bottle, a Shot, Then Gas', *Moscow Times*, October 28 2002.

13 Michael Wines, 'Russia Names Drug in Raid, Defending Use', *New York Times*, October 31 2002.

14 Sergei Topol, Aleksandr Zheglov, Olga Allenova, 'Antrakt posle Terakta', *Kommersant*, October 23 2003.

15 전직 크렘린 공직자와 저자의 2015년 3월 인터뷰 내용.

16 같은 곳. 2015년 3월과 2018년 6월 인터뷰 내용.

17 Topol, Zheglov and Allenova, 'Antrakt posle Terakta', *Kommersant*, October 23 2003.

18 David McHugh, 'Doctors Say Knockout Gas Killed All But Two of the Victims of Moscow Hostage Crisis', Associated Press, October 27 2002.

19 Topol, Zheglov and Allenova, 'Antrakt posle Terakta', *Kommersant*, October 23 2003.

20 하카마다는 당시 하원 의회의 부대변인이었다. 'Obraschenie Iriny Khakamady',

January 14 2004, https://graniru.org/Politics/Russia/President/m.56704.html. (하카마다는 2004년 대통령 선거에서 결국 실패한 후보 도전의 일환으로서 이 성명서를 내놓았다). 이 성명서는 사망한 인질의 친척들이 작성한 보고서에서도 인용되었다. 'Events, Facts, Conclusions – Nord Ost Investigation Unfinished', Regional Public Organisation for Support of Victims of Terrorist Attacks.

21 Anne Nivat, 'Chechnya: Brutality and Indifference', *Crimes of War Project*, January 6 2003. 앤 니바트의 설명은 후버 연구소의 소비에트 및 러시아 정치 담당 고위급 연구원 존 던로프가 이 농성에 관해서 작성한 다음 보고서에서도 인용되었다. John Dunlop, 'RFE/RL Organised Crime and Corruption Watch', January 8 2004. 니바트의 말에 따르면, 러시아 군 첩보부 GRU는 이 농성 2개월 전에 바라예프의 체포 사실을 발표했다.

22 Yury Schekochikin, 'Nezamechenniye Novosti nedeli kotoriye menya udivili', *Novaya Gazeta*, January 20 2003. 이 자료에 따르면, 테러리스트 가운데 한 명의 어머니는 텔레비전 영상을 통해서 테러리스트 가운데 한 명이 러시아 유형지에 투옥된 지 오래인 자기 딸임을 알아보았다고 유리 스체코치킨에게 말했다. 〈그녀는 자기 딸이 어떻게 교도소를 나와서 테러리스트로 모스크바에 가게 되었는지 이해할 수 없었다.〉 이에 관한 더 많은 내용은 던로프의 자료와 니바트의 자료를 보라. 니바트에 따르면, 바라예프의 부하들의 출신 지역에 있는 체첸인 마을 한 곳에 사는 두 어머니는 자기네 딸들이 2002년 9월 말에 체포되었다가, 나중에 가서 자살 폭탄 테러리스트가 되어 다시 나타났다고 말했다.

23 『콤메르산트』는 폭탄이 모형에 불과했다는 내용을 기사의 맨 끝에 파묻어 버렸기 때문에 아무도 주목하지 않았다. 대신 기사의 전반부에서는 두브롭카 농성을 비롯해 모스크바에서 일련의 테러리스트 공격을 준비하는 데 관여한 혐의로 기소된 체첸인 무리의 기소장 내용을 보도했다.

24 정치인들은 기다렸다는 듯 작전 성공을 찬양했다. 가스를 사용한 것이야말로 유일한 선택지였다는 것이었다. 〈우리는 인질 모두의 죽음과 관련된 끔찍한 비극이냐, 아니면 인질범의 요구 모두를 들어주는 터무니없는 굴욕이냐 사이에서 양자택일을 해야 하는 상황이었습니다.〉 모스크바 시장 루시코프의 말이었다.

25 Caroline Wyatt, 'Moscow Siege Leaves Dark Memories', BBC, December 16 2002. 이 보도에서 인용된 여론 조사 내용에 따르면, 러시아인의 83퍼센트는 푸틴의 통치에 만족하는 것으로 나왔다.

26 Valeria Korchagina, 'Duma Seeks Probe of Theater Attack', *Moscow Times*, October 30 2002.

27 Timur Aliyev, 'Chechens Vanish in Veil of Darkness', *Moscow Times*, December 23 2002.

28 'Moscow Gunmen Threaten to Begin Killing Hostages Sat', Dow Jones, October 25 2002. 이 보고서에서는 마스하도프가 공격 배후에 있다는 러시아 내무 차관 블라디미르 바실리예프의 말을 인용했으며, 러시아 TV 방송국에서는 반란군이 게릴라 전쟁에서 〈적극적〉 전략으로 이행했다고 말하는 마스하도프의 영상을 방영했다. 영상에서 그는 이렇게 덧붙였다. 〈마지막 단계에 가서는 훨씬 더 특별한 행동이, 즉 지하드와 유사한 것이 이루

어짐으로써 러시아 침략자들로부터 우리 국토를 해방시킬 것이라고 확신하는 바이다.〉러시아 국영 방송 채널 원에서는 나중에 가서 이 테이프가 인질극이 일어나기 닷새 전에 촬영되었다고 주장했지만, 알고 보니 실제로는 그보다 몇 달 전인 여름에 촬영된 것이었다. 또 다음 자료를 보라. John Dunlop, 'RFE/RL Organised Crime and Corruption Watch', January 8 2004. 이 자료에 인용된 마스하도프의 대변인 말에 따르면, 마스하도프는 연방 병력에 대항하는 군사 작전을 가리켜 말한 것이지 그 어떤 인질극을 가리켜 말한 것은 아니었다고 한다. 아울러 이 자료에서는 푸틴의 대변인 야스트르젬브스키가 마스하도프를 가리켜 더 이상 〈이 저항의 합법적인 대표자〉로 간주할 수는 없다고 말한 것도 인용했다. NTV와의 인터뷰에서 인질범의 외관상 지도자였던 바라예프는 자기네가 〈우리의 지고한 군사 지도자〉, 즉 반란군 지도자 바사예프의 명령에 따라 행동하고 있다고 말했으며, 마스하도프가 대통령이므로 〈우리는 확실히 그의 명령하에 있다〉고도 말했다.

29 Steven Lee Myers, 'Russia Recasts Bog in Caucasus as War on Terror', *New York Times*, October 5 2002.

30 Andrew Jack, 'Moscow Siege May be Linked to Al Qaeda', *Financial Times*, October 24 2002. 러시아 안보 기관 병력에서는 체첸인 인질범들이 아랍 에미리트 연방과 튀르키예로 건 전화도 감청했다고도 밝혔다.

31 Steven R. Weisman, 'US Lists 3 Chechen Groups as Terrorist and Freezes Assets', *New York Times*, March 1 2003.

32 Nabi Abdullaev, 'There are No Rebels Left for Peace Talks', *Moscow Times*, November 1 2002.

33 푸가체프와 저자의 2015년 2월 인터뷰 내용.

34 푸가체프와 저자의 2013년 3월 인터뷰 내용.

35 같은 곳.

36 볼로신과 저자의 2013년 11월 인터뷰 내용.

37 Catherine Belton, 'Anointed Enigma: The Quiet Rise of a Dedicated Dmitry Medvedev', *Financial Times*, February 28 2003.

38 Catherine Belton, Valeria Korchagina and Alex Nicholson, 'Yukos Shares Frozen, Voloshin is Out', *Moscow Times*, October 31 2003.

39 쿠드린의 인터뷰는 다음 자료를 보라. Pyotr Netreba, 'Otstavka Voloshina Sovpala s Kontsom Epokha Yeltsina', *Kommersant*, November 3 2003.

40 Belton, Korchagina and Nicholson, 'Yukos Shares Frozen, Voloshin is Out'.

41 위의 곳.

42 Catherine Belton and Lyuba Pronina, 'The Duma of a New Political Era', *Moscow Times*, December 9 2003.

43 Catherine Belton, 'Homeland a Force to be Reckoned With?', *Moscow Times*, December 5 2003.

44 Belton and Pronina, 'The Duma of a New Political Era'.

45 Francesca Mereu and Oksana Yablokova, 'United Russia Set to Get 300 Seats',

Moscow Times, December 22 2003. 통합 러시아당은 무소속 의원들이 합류한 이후에 37.6퍼센트의 득표율을 기록하며 다수당이 되었다.

46 안보 기관과 연계된 러시아의 고위급 은행가와 저자의 2016년 5월 인터뷰 내용.

47 카시야노프와 저자의 2013년 1월 인터뷰 내용.

48 'Gazprom Off Reform Agenda', Reuters, *Moscow Times*, September 29 2003.

49 'President Putin Demands Stopping of Hysterics and Speculations about Arrest of Khodorkovsky', ntv.ru, October 29 2003.

50 카시야노프와 저자의 2013년 1월 인터뷰 내용.

51 Alexander Bekker and Vladimir Fedorin, 'Interview: Mikhail Kasyanov, predsedatel pravitelstva RF: Reformy vo vsekh sferakh budut prodolzheny', *Vedomosti*, January 12 2004.

52 Valeria Korchagina, 'Gazprom Cuts Supplies to Europe', *Moscow Times*, February 19 2004.

53 위의 곳.

54 Caroline McGregor, 'Putin Fires Kasyanov 19 Days Before Vote', *Moscow Times*, February 24 2004.

55 카시야노프와 저자의 2013년 1월 인터뷰 내용.

56 Caroline McGregor, 'Putin Picks Fradkov for Prime Minister', *Moscow Times*, March 2 2004.

57 카시야노프와 저자의 2014년 1월 인터뷰 내용.

58 Simon Saradzhyan, 'Early Returns Give Putin 70 Per Cent', *Moscow Times*, March 15 2004.

59 푸가체프와 저자의 2015년 3월 인터뷰 내용.

60 푸가체프와 저자의 2013년 5월 인터뷰 내용.

61 Valeria Korchagina, 'Duma Set to Revive the Soviet Anthem', *Moscow Times*, December 6 2000.

62 Natalia Gevorkyan, Natalia Timakova, Andrei Kolesnikov, *In the First Person: Conversations with Vladimir Putin*, pp. 11 – 12, Vagrius, Moscow.

63 Ana Uzelac, 'Putin, Bush Reach Across the Divide', *Moscow Times*, June 18 2001.

64 러시아 재벌과 저자의 2013년 11월 인터뷰 내용.

65 푸가체프와 저자의 2016년 3월 인터뷰 내용.

66 2004년 4월에 러시아 의회는 구(舊) 소비에트 공화국 네 곳 사이의 단일 경제 구역 창설을 요구하는 조약을 비준했다. 더 이전에 푸틴 정부는 루블화를 이 연맹의 단일 통화로 삼자고 요구한 바 있었다. Askold Krushelnycky, 'Parliaments Ratify Treaty on Single Economic Space', RFE/RL, April 21 2004.

67 푸틴과 가까운 백계 러시아인 이민자의 후손과 저자의 2014년 5월 인터뷰 내용.

68 그해 초에 새로이 들어선 친크렘린 지도자 아흐마드 카디로프가 축구장에서의 대규모 폭탄 테러로 사망했으며, 또 다른 친크렘린 충성파인 체첸의 전직 내무 장관은 거의 표

를 얻지 못했다. 그런데도 베슬란 사건 바로 전날, 바로 그 내무 장관 알루 알하노프가 74퍼센트를 득표하여 당선되었다는 발표가 나왔다. 여러 인권 단체에서는 이 투표에 (아울러 크렘린의 주도하에 이전 해에 실시된 러시아 연방의 존속 여부에 대한 국민 투표도 마찬가지로) 부정이 있었다며 대대적으로 비판했다. 체첸 공화국의 기반 시설 대부분은 여러 해에 걸친 푸틴의 군사 행동에서의 융단 폭격으로 인해 여전히 폐허 상태였다.

69 Simon Ostrovsky, 'Over 300 Killed in School Carnage', *Moscow Times*, September 6 2004.

70 위의 곳.

71 Simon Saradzhyan, '30 Women and Children Freed in Beslan', *Moscow Times*, September 3 2004.

72 'Hostage Takers Demands in N Ossetia Not Changed', Interfax, September 1 2004. 또 다음 자료를 보라. Peter Baker and Susan B. Glasser, 'Hundreds Held Hostage at School in Russia; Many Children Seized in Town near Chechnya', *Washington Post*, September 2 2004; Kim Murphy, 'Critics Detail Missteps in School Crisis', *Los Angeles Times*, September 17 2004.

73 Andrew Jack, 'Siege Gunmen Release 26 Mothers and Babies', *Financial Times*, September 2 2004.

74 Murphy, 'Critics Detail Missteps in School Crisis'.

75 'Svidetel na Protsesse po Delu Kulaeva utverzhdaet, chto Maskhadov byl gotov priekhats v Beslan dlya peregovorov c terroristami ob osvobozhdenii zalozhnikov', Interfax, December 22 2005.

76 위의 곳. 또 다음 자료를 보라. Simon Ostrovsky, 'Over 300 Killed in School Carnage', *Moscow Times*, September 6 2004.

77 C.J. Chivers, 'For Russians, Wounds Linger in School Siege', *New York Times*, August 26 2005; Kim Murphy, 'Aching to Know', *Los Angeles Times*, August 27 2005. 러시아는 처음에만 해도 열 압력식 슈멜 화염 방사기를 학교에 발사했다는 사실을 부인했지만, 2005년에 러시아의 고위급 검사는 실제로 그 무기를 사용했음을 인정했다. 다음 자료를 보라. Anatoly Medetsky and Yana Voitova, 'A Reversal Over Beslan Only Fuels Speculation', *Moscow Times*, July 21 2005. 다만 니콜라이 셰펠이라는 이 검사는 화염 방사기가 그 학교를 집어삼킨 화재를 일으켰을 수도 있다는 점을 부정했다. 그는 이때 사용된 유형인 RPO-A탄에 발화 효과가 없다고 주장했다. 하지만 북오세티야 지역 정부의 의뢰로 케사예프가 수행한 독립적인 조사에서는 시신에서 인(燐)의 흔적이 발견되었는데, 이는 발화 효과를 지닌 PRO-Z탄이 사용되었다는 증거였다.

78 러시아의 탱크 사용을 목격한 케사예프의 증언은 다음 자료를 보라. Chivers, 'For Russians, Wounds Linger in School Siege'. 또 다음 자료를 보라. 'Russia: Beslan Reports Compared', RadioFreeEurope/RadioLiberty, January 3 2007. 〈공화국 위원회의 대표이자, 그 비극의 현장에 있었던 사람으로서, 저는 인질들이 건물을 떠나기 훨씬 전부터 탱크가 발포하기 시작했다고 계속해서 이야기하는 바입니다.〉 아울러 케사예프의 보좌관 이즈

라일 토툰티가 그 농성에 관여한 테러리스트 가운데 한 명의 재판 동안 내놓은 증언은 다음 자료를 보라. 'Zarema, a kovo nam seichas ubyvats?', *Kommersant*, December 23 2005. 토툰티는 이렇게 말했다. 〈제가 탱크 발포 소리를 처음 들은 것은 오후 2시쯤이었습니다. 우리가 인질들을 학교 밖으로 끌고 나오기도 전이었습니다.〉

79 Chivers, 'For Russians, Wounds Linger in School Siege'.

80 위의 곳. 독립적인 조사에 따르면, 테러리스트들은 연방군의 발포를 중단시키기 위해서 인질들에게 각자의 옷을 흔들어 보여 주라고 명령했다. 하지만 발포는 멈추지 않았다.

81 Chivers, 'For Russians, Wounds Linger in School Siege'.

82 위의 곳.

83 Kim Murphy, 'Critics Detail Missteps in School Crisis', *Los Angeles Times*, September 17 2004.

84 위의 곳.

85 Nikolai Sergeyev and Zaur Farniev, 'Kommisiya Zavershila Terakt', *Kommersant*, December 23 2006.

86 위의 곳.

87 Chivers, 'For Russians, Wounds Linger in School Siege'. 자신들이 아직 학교에 붙들려 있을 때에 지붕이 흔들리기 시작했다고 설명한 그 당시 인질들의 자세한 증언은 다음 자료를 보라. Kim Murphy, 'Aching to Know', *Los Angeles Times*, August 27 2005. 이 기사에서는 그 당시 인질 가운데 한 명이었던 폭발물 전문가의 말을 인용했는데, 그는 탱크의 발포가 분명했다고 생각하는 이유로 〈건물 전체가 흔들렸기 때문〉이라면서, 〈수류탄은 아니고, 그보다 훨씬 더 심한 뭔가였다고〉 덧붙였다. 〈그때쯤 되자 저는 테러리스트보다 우리 편이 더 무서웠습니다.〉 또 다음 자료를 보라. 'Russia: Beslan Reports Compared'; 'Zarema, a kovo nam seichas ubyvats?'.

88 'Russia: Beslan Reports Compared'.

89 Nikolai Sergeyev and Zaur Farniev, 'Kommisiya Zavershila Terakt', *Kommersant*, December 23 2006.

90 Yury Savelyev, 'Beslan: Pravda Zalozhnikov', www.pravdabeslana.ru/doklad/oglavlenie.htm; Maria Danilova, 'Russian Lawmaker Makes Beslan Claims', Associated Press, August 30 2006.

91 Andrew Osborne, 'Kremlin to Blame for Beslan Deaths, Claims Russian MP', *Independent*, August 30 2006.

92 'Video Rekindles Russian Debate on Blame for Beslan Death Toll', Associated Press, July 31 2007.

93 Murphy, 'Aching to Know'.

94 전직 크렘린 내부자와 저자의 2017년 8월 인터뷰 내용.

95 Catherine Belton, 'Putin is Facing his Biggest Challenge', *Moscow Times*, September 9 2004.

96 위의 곳.

97 'Poll: Putin's Popularity at 4-Year Low', *Moscow Times*, September 23 2004.

98 푸틴의 2004년 9월 4일 자 연설. www.kremlin.ru/events/president/transcripts/ 22589.

99 Belton, 'Putin is Facing his Biggest Challenge'.

100 Nabi Abdullaev, 'Putin: Scrap Popular Vote for Governors', *Moscow Times*, September 14 2004.

101 Nikolai Petrov, 'Putin's Reforms are Dangerous for Russia', *Moscow Times*, September 15 2004.

102 Simon Saradzhyan, 'Putin Lashes Out at the US', *Moscow Times*, September 8 2004; Guy Faulconbridge, 'Putin Targets Terrorist Financing', *Moscow Times*, October 6 2004.

103 전직 크렘린 내부자와 저자의 2017년 8월 인터뷰 내용.

104 Jason Burke, 'London Mosque link to Beslan', *Observer*, October 3 2004. 러시아의 공직자이며 북캅카스의 연방군 대변인인 일리야 샤발킨이 『모스크바 타임스*The Moscow Times*』에 확인해 준 바에 따르면, 카멜 라바트 보우랄라는 러시아와 아제르바이잔의 국경을 건너려고 시도하다가 러시아 병력에게 체포된 상태였다. 하지만 과연 그가 베슬란 공격에서 일익을 담당했는지에 대해서는 이 공직자도 논평을 거부했다. (다음 자료를 보라. Valery Dzutsev, 'Report: 3 British Residents Assisted in Beslan Attack', *Moscow Times*, October 5 2004.)

105 Valeria Korchagina, 'Putin Tells West not to Meddle in Ukraine', *Moscow Times*, July 27 2004.

106 Simon Saradzhyan, 'Putin Goes on Stump in Ukraine', *Moscow Times*, October 27 2004; Francesca Mereu, 'Putin's Campaign has Kiev on Edge', *Moscow Times*, October 28 2004.

107 Anatoly Medetsky, 'Outrage as Yanukovych Takes the Lead', *Moscow Times*, November 23 2004.

108 Oksana Yablokova, 'Youthful Pora Charges Up the People', *Moscow Times*, December 3 2004.

109 푸틴과 가까운 사람 두 명과 저자의 인터뷰. 한 명과는 2014년 3월, 다른 한 명과는 2014년 11월에 만났다.

110 Simon Saradzhyan, 'President Lashes Out at the West', *Moscow Times*, December 24 2004.

111 푸틴, 2005년 4월 25일 자 연례 대국민 연설. www.kremlin.ru/events/president/ news/33219.

112 푸틴, 2004년 5월 26일 자 연례 대국민 연설. www.kremlin.ru/events/president/ news/31034.

113 푸틴, 2005년 4월 25일 자 연례 대국민 연설. www.kremlin.ru/events/president/ news/33219.

제9장

1 Catherine Belton, 'Ex-Yukos Chiefs Face Trial Together', *Moscow Times*, June 17 2004.

2 Peter Baker, 'Russian Oil Tycoons Lose Bid for Release', *Washington Post*, June 17 2004.

3 다음 자료를 보라. Leonid Ragozin, 'When Russian Officials Nightmare Your Business, You Can Lose Everything – Even Your Life', Bloomberg, January 29 2018. 상황이 워낙 가속화되다 보니, 2015년에 이르러서는 20만 건의 사업 관련 형사 사건에 대한 수사가 개시되었는데, 이 가운데 재판으로 이어진 경우는 겨우 4만 6000건에 불과했다. 하지만 그 20만 건의 사건에 관여된 사업가의 83퍼센트는 자기 사업체를 잃어버리고 말았다. 재판도 받기 전에 구금된 사업가들의 숫자는 2016년에 6856명으로 절정에 달했는데, 이와 관련한 추가적인 수치는 또 다음 자료를 보라. Kathrin Hille, 'Business Behind Bars', *Financial Times*, August 10 2018.

4 EBRD(유럽 재건 개발은행)의 통계 및 전직 에너지 차관 겸 독립 경제학자 밀로프의 의견; 전직 정부 공직자와 저자의 2012년 인터뷰 내용. 또 다음을 보라. 'Russian Anti-Monopoly Watchdog Says State Grip on Economy Rises', *Vedomosti*, May 6 2019. 이 보고서에 따르면, 연방 반독점청에서는 러시아의 국내 총생산 가운데 국가의 몫이 2013년에 이르러 50퍼센트 이상이 되었다고 밝혔다.

5 미셸과 저자의 2013년 1월 인터뷰 내용.

6 푸틴의 인터뷰 내용. *New York Times*, October 5 2003, www.nytimes.com/2003/10/05/international/06PTEXT-CND.html.

7 Catherine Belton, 'NTV Speculates on Yukos, Terrorists', *Moscow Times*, September 27 2004.

8 Ilya Bulavinov, 'Sergei Ivanov – Eto Ne Smena Epokh, a navedenie poryadka', *Kommersant*, November 17 2003.

9 Catherine Belton, 'Kremlin Playing Oil Game for Keeps', *Moscow Times*, December 29 2003.

10 매케인의 2003년 11월 4일 자 미국 상원 의회에서의 발언 내용. https://www.aei.org/research-products/speech/senatormccain-decries-new-authoritarianismin-russia/.

11 그레이엄과 저자의 2018년 9월 인터뷰 내용.

12 예전부터 항상 강경 회의론자였던 그레이엄은 옐친 시대의 러시아 정치를 옐친의 젊은 개혁가들과 공산주의자 사이의 흑백 전투로 바라보는 것의 위험성에 대해서 자기 동료들보다 훨씬 일찌감치 1990년대에 지적한 바 있었다. 그 당시에 모스크바 주재 외교관이었던 그는 올리가르히 중심의 정치가 민주주의에 제기하는 위험을 지적했다. 이와 관련한 더 많은 내용은 다음 자료를 보라. Hoffman, *The Oligarchs*, pp. 322-3.

13 그레이엄과 저자의 2018년 9월 인터뷰 내용.

14 Belton, 'Kremlin Playing Oil Game for Keeps'.

15 Andrew Jack, 'Facing Judgment: Turmoil at Yukos Drains Investors of Their

Confidence in Putin's Russia', *Financial Times*, June 16 2004.

16 Catherine Belton, 'Nevzlin Offers Shares for Freedom', *Moscow Times*, February 17 2004.

17 러시아의 사법 질서의 정교한 이용과 아울러 이것이 어떻게 정착되었는지에 관한 더 자세한 내용은 전직 모스크바 주재 미국 대사관의 미국 법무부 전임 법률 자문 위원이 저술한 다음 논문을 보라. Thomas Firestone, 'Criminal Corporate Raiding in Russia', *The International Lawyer*, Vol. 42, No. 4 (Winter 2008), pp. 1207 – 29.

18 Catherine Belton, 'Banks Warn that Yukos May Default', *Moscow Times*, April 27 2004.

19 Jack, 'Facing Judgment'. 유코스의 경영진은 비록 자신들의 모든 행동은 법률에 합치한다고 주장했지만, 호도르콥스키 재판이 시작되기 전날에는 고지된 세금 납부를 위해 주식을 발행할 수 있도록 정부에 거래를 제안했다고 발표했다.

20 Catherine Belton, 'Putin Tip Powers Yukos Recovery', *Moscow Times*, June 18 2004.

21 크렘린 내부자와 저자의 2017년 6월 인터뷰 내용.

22 테메르코와 저자의 2016년 6월 인터뷰 내용.

23 같은 곳. 테메르코의 말에 따르면, 국방부와 일했을 당시에는 민간인 신분이었지만 3성과 4성 장군들이 그의 밑에서 일했다고 한다.

24 같은 곳.

25 같은 곳.

26 Catherine Belton, 'Police Surround Yukos Headquarters', *Moscow Times*, July 5 2004.

27 Peter Baker, 'Court Defeat Brings Yukos to Verge of Bankruptcy', *Washington Post*, July 4 2004.

28 Catherine Belton, 'Khodorkovsky Offers Deal, Deadline Passes', *Moscow Times*, July 8 2004.

29 Erin E. Arvedlund, 'Yukos Says it Offered to Pay $8 Billion in Back Taxes', *New York Times*, July 12 2004.

30 Valeria Korchagina, 'Yukos Production Unit to be Sold', *Moscow Times*, July 21 2004.

31 Denis Maternovsky, 'Putin Aide Named Head of Rosneft', *St Petersburg Times*, July 30 2004.

32 테메르코와 저자의 2016년 6월 인터뷰 내용.

33 Guy Faulconbridge, 'Dresdner Will Set a Price for Yugansk', *Moscow Times*, August 13 2004.

34 그레이엄과 저자의 2018년 9월 인터뷰 내용.

35 Gregory L. White and Chip Cummins, 'Russia to Form Energy Giant Open to West But Led by Kremlin', *Wall Street Journal*, September 15 2004.

36 위의 곳.

37 Peter Baker, 'Russia State Gas, Oil Firms Merge; Aim is to Create Dominant International Supplier', *Washington Post*, September 15 2004.

38 Catherine Belton, 'Gazprom to Grab Rosneft, Alter Market', *Moscow Times*, September 15 2004.

39 Guy Faulconbridge, 'Second Leak Puts Fair Price on Yugansk', *Moscow Times*, October 4 2004.

40 Guy Faulconbridge, 'Yugansk Goes on the Block for $8.6 Billion', *Moscow Times*, November 22 2004.

41 위의 곳.

42 테메르코와 저자의 2016년 6월 인터뷰 내용.

43 Faulconbridge, 'Yugansk Goes on the Block for $8.6 Billion'.

44 Martin Sixsmith, *Putin's Oil: The Yukos Affair and the Struggle for Russia*, p. 175. (아울러 저자는 미서모어와의 대화 내용도 참고했다.)

45 테메르코와 저자의 2016년 6월 인터뷰 내용.

46 라이언과 저자의 인터뷰 내용. 미국의 은행가인 그는 그 당시 도이체 방크가 40퍼센트의 지분을 보유한 모스크바의 중개업체 도이체 UFG의 대표로 재직했으며, 서방 은행을 끌어들이기 위해 가스프롬이며 쿠드린과 함께 긴밀히 일한 바 있었다.

47 Catherine Belton, 'Foreign Banks to Lend Gazprom $13.4 Billion', *Moscow Times*, December 8 2004.

48 이 문제에 대해 잘 아는 사람 두 명과 저자의 인터뷰 내용. 이들과는 2018년 9월과 2013년 11월에 만났다.

49 Catherine Belton, 'Yukos Files for Bankruptcy Protection in Houston', *Moscow Times*, December 16 2004.

50 Catherine Belton, 'Report: Gazprom Loan Put on Hold', *Moscow Times*, December 17 2004.

51 2002년에 유코스에서 휴스턴에 원유를 보내며 사용한 유조선도 여기 포함되었다.

52 Alex Nicholson, 'Putin Defends Yukos Unit Sale', Associated Press, December 23 2004.

53 Guy Faulconbridge, 'Mystery Bidder Wins Yugansk for $9.4 Billion', *Moscow Times*, December 20 2004; Catherine Belton, 'Putin Says He Knows Mystery Buyer', *Moscow Times*, December 22 2004.

54 Belton, 'Putin Says He Knows Mystery Buyer'.

55 Andrew Osborn, 'Rumours Abound as Mystery Buyer is Tracked Down to London Bar', *Independent*, December 21 2004.

56 Belton, 'Putin Says He Knows Mystery Buyer'.

57 Ekaterina Derbilova, Irina Reznik, Svetlana Petrova, 'Pobeditel, pokhozhy na 'Surgutneftegaz'', *Vedomosti*, December 21 2004. 이고리 미니바예프와 발렌티나 코마로

바로 확인된 이 두 사람은 모두 수르구트네프테가스의 중간급 간부들이었다.

58 밀로프와 저자의 2013년 11월 인터뷰 내용, 팀첸코의 예전 동업자와 저자의 2014년 인터뷰 내용, 러시아 고위급 은행가와 저자의 2015년 5월 인터뷰 내용. 기업 기록에 따르면 바이칼 금융 그룹은 또 다른 무명 회사 마코일에 의해 설립되었으며, 이 회사는 수르구트네프테가스의 또 다른 중역으로 훗날 이사회에서도 재직한 알렉산드르 제르놉코프의 소유였다. 〈바이칼 금융 그룹은 팀첸코의 구조물〉이라는 것이 팀첸코의 예전 동업자의 말이다.

59 Anna Raff, 'State-Owned Rosneft Buys Mystery Buyer of Yukos Unit Auction', *Dow Jones Newswires*, December 23 2004.

60 유간스크 경매에서 가스프롬과 함께 일했던 서방 은행가와 저자의 2013년 11월 인터뷰 내용.

61 'Kto Oplatil "Yugansk"', *Vedomosti*, June 3 2005; Catherine Belton, 'The Money Trail Leading to Yugansk', *Moscow Times*, June 6 2005. 중앙은행의 자료에 따르면, 2004년 12월 30일에 중앙은행의 재무부 계좌에서 국영 은행 브네셰코놈방크로 53억 달러가 이전되었다. 같은 날 브네셰코놈방크에서는 로스네프트의 자회사들로부터 이와 같은 금액의 약속 어음을 받았고, 로스네프트는 그 대가로 또 다른 국영 은행 스베르방크에 있는 자사의 계좌에 똑같은 금액을 받았다. 이어서 역시나 스베르방크에 계좌를 보유한 바이칼 금융 그룹이 유간스크 매각 대금의 나머지 76억 달러를 법무부로 이전했다. 분석가들에 따르면, 이 모든 과정을 통해 로스네프트가 바이칼 금융 그룹으로 자금을 이전한 것처럼 보였다.

62 Catherine Belton, 'Chinese Lend Rosneft $6 Billion for Yugansk', *Moscow Times*, February 2 2005.

63 Catherine Belton, 'Putin Demotes Advisor Illarionov', *Moscow Times*, January 11 2005.

64 일라리오노프와 저자의 2005년 1월 인터뷰 내용.

65 Catherine Belton, 'Houston Court Rejects Yukos Appeal', *Moscow Times*, February 28 2005.

66 테메르코와 저자의 2016년 6월 인터뷰 내용.

67 이 과정에 관여한 서방의 중개자와 저자의 2017년 1월 인터뷰 내용.

68 같은 곳.

69 Isabel Gorst, 'Exxon and Rosneft Sign Arctic Deal', *Financial Times*, August 30 2011.

70 저자가 입수한 이 이메일 내용은 네덜란드에서 진행 중인 소송의 일부분이다.

71 Catherine Belton, 'Half of Rosneft IPO Goes to 4 Buyers', *Moscow Times*, July 17 2006.

72 테메르코와 저자의 2016년 6월 인터뷰 내용.

73 Catherine Belton, 'Banks Want Yukos Ruled Bankrupt', *Moscow Times*, March 13 2006.

74 위의 곳.

75 Catherine Belton, 'Creditor Banks Sell Yukos Loan to Rosneft', *Moscow Times*, March 16 2006.

76 Catherine Belton, 'Western Banks Fund Rosneft Move on Yukos', *Financial Times*, March 21 2007.

77 Catherine Belton, 'Analysts Skeptical as BP Quits Yukos Auction at First Stage', *Financial Times*, March 28 2007.

78 Catherine Belton, 'Russian Bargain That Comes at a Price', *Financial Times*, April 5 2007.

79 위의 곳.

80 Catherine Belton, 'The State's Unsated Appetite', *Financial Times*, April 20 2007.

81 Catherine Belton, 'Yukos Finally Expires, Victim of its Battle with the Kremlin', *Financial Times*, May 11 2007.

82 호도르콥스키의 2005년 4월 11일 자 최후 변론의 전체 녹취록은 다음을 보라. www.freerepublic.com/focus/news/1382298/posts.

83 Valeria Korchagina, 'Yukos Trial Ends with Applause', *Moscow Times*, April 12 2005.

84 서류 내용에 근거한 목격자의 증언이다. 이 증언에 대한 논평 요청을 받은 모스크바 법원은 이를 〈그 어떤 논평도 필요하지 않은 날조〉라고 답변했다. 〈형사 사건의 결과로 내려진 판결의 합법성과 정당화는 전국 법원에 의해서 확인되었으며, 유럽 인권 재판소, 즉 ECHR에 의해서도 검토되었다. 이 판결은 합법적인 것으로 확증되었다.〉 (하지만 ECHR에서는 2020년 1월에 호도르콥스키가 2009년과 2010년에 횡령과 돈세탁 혐의 가운데 두 번째에서 유죄 선고를 받았을 때에 공정한 재판을 받지 못했다고 판결했다. 즉 〈검찰 측과 피고 측 증인에 대한 검토에 대해서, 아울러 중요한 전문가 또는 무죄 증명 증거의 제출에 대해서 피고 측에게 허락하기〉를 러시아 판사들이 거부한 것은 호도르콥스키의 권리를 침해했다는 것이 ECHR의 판결이었다).

85 같은 곳.

86 같은 곳.

87 Valeria Korchagina, 'So Far, Verdict Appears to be Guilty', *Moscow Times*, May 17 2005.

88 Catherine Belton, 'Judges Drag Out Verdict for a Second Day', *Moscow Times*, May 18 2005.

89 Lyuba Pronina, 'Nine Years for Khodorkovsky and Lebedev', *Moscow Times*, June 1 2005.

90 Catherine Belton, 'Shock and Then Boredom in Court', *Moscow Times*, June 1 2005.

91 위의 곳.

92 목격자의 증언 내용.

93 같은 곳.

94 같은 곳.

95 같은 곳.

96 Valeria Korchagina, 'Court Rejects Khodorkovsky Appeal', *Moscow Times*, September 23 2005.

97 위의 곳.

98 Nabi Abdullaev, 'Khodorkovsky Jailed in Polluted Chita', *Moscow Times*, October 21 2005.

99 목격자의 증언 내용.

100 같은 곳.

101 Kathrin Hille, 'Business Behind Bars', *Financial Times*, August 10 2018.

제10장

1 Pavel Miledin, Anna Scherbakova, Svetlana Petrova, 'Sogaz prodali v Piter. Samy pribylny v Rossii strakhovschik dostalsya banku "Rossiya"', *Vedomosti*, January 21 2005.

2 밀로프와 저자의 2011년 10월 인터뷰 내용.

3 Catherine Belton, 'A Realm Fit for a Tsar', *Financial Times*, December 1 2011.

4 이와 관련해 탁월한 기사인 다음 자료를 보라. Neil Buckley and Arkady Ostrovsky, 'Putin's Allies are Turning Russia into a Corporate State', *Financial Times*, June 18 2006.

5 제네바의 고위급 은행가와 저자의 2013년 12월 인터뷰 내용.

6 Buckley and Ostrovsky, 'Putin's Allies are Turning Russia into a Corporate State'.

7 콜레스니코프와 저자의 2011년 9월 인터뷰 내용; Oleg Roldugin, 'Kak za Kammenym Ostrovom, Kuda Peresilsya znamenity Putinsky Dachny Kooperativ "Ozero"', *Sobesednik*, February 26 2014.

8 이런 행사 가운데 한 회에 참석했던 공연자가 훗날 그 모두에 관해 증언했다. Natalia Vetlitskaya, 'Netsenzurnaya Skazka', *LiveJournal*, August 15 2011.

9 콜레스니코프와 저자의 2011년 9월 인터뷰 내용.

10 같은 곳. 이 내용이 담긴 녹음테이프에 관해서는 또 다음 자료를 보라. Yevgenia Albats, 'Chisto Konkretny Kandidat', *New Times*, February 26 2012.

11 저자와의 2011년 9월 인터뷰 내용.

12 콜레스니코프와 저자의 2011년 9월 인터뷰 내용.

13 같은 곳.

14 과거 KGB의 중개인이었던 사람의 증언 내용, 전직 KGB 간부 블라디미르 미트로힌이 망명하면서 가져온 소련 문서의 내용에 의거함.

15 콜레스니코프와 저자의 2011년 9월 인터뷰 내용.

16 전직 KGB 간부와 저자의 2014년 3월 인터뷰 내용.

17 콜레스니코프와 저자의 2011년 9월 인터뷰 내용.

18 콜레스니코프가 저자에게 제공한 문서의 내용에 의거함.

19 콜레스니코프와 저자의 2011년 9월 인터뷰 내용, 아울러 콜레스니코프가 저자에게 제공한 문서의 내용.

20 콜레스니코프가 저자에게 제공한 문서 내용에 의거함. 악체프트는 원래 푸틴의 친척 가운데 한 명인 (즉 그의 숙부의 손자인) 미하일 셸로모프의 소유이며, 이 회사는 방크 로시야의 지분 4.5퍼센트를 보유하고 있었다. 아브로스는 100퍼센트 방크 로시야의 소유였다.

21 Aleksei Rozhkov, Irina Reznik, Anna Baraulina and Yelena Myazina, 'Pristroili 3% Gazproma. "Sogaz" kupil Kompaniyu upravlyayushchuyu rezervami "Gazfonda"', *Vedomosti*, August 23 2006; Belton, 'A Realm Fit for a Tsar'.

22 리더 자산 운용사와 가스폰드는 처음부터 공모 관계였다. 두 회사는 같은 사무실을 공유했으며, 가스폰드의 회의실 벽에는 리더의 로고가 붙어 있었다. 가스폰드의 60억 달러 연기금의 운영 방식에 관한 세부 내용은 찾아보기가 힘들다(가스폰드의 대차 대조표에 나온 가스프롬 주식 77억 달러가 어떻게 되었는지에 대한 세부 내용은 더 찾아보기가 힘들다. 사실 2008년에 이르러 이 주식은 아무런 설명이나 보고도 없이 사라져 버렸다). 하지만 가스폰드는 곧바로 방크 로시야의 궤도로 끌려 들어가게 되었다. 콜레스니코프의 동업자이며, 치과 의사 출신의 지멘스 지사장이며, 푸틴의 친구이기도 한 샤말로프는 이 자금 이전 과정이 시작되기도 전에 자기 아들을 2003년 8월에 가스폰드의 대표로 임명했다.

23 가스폰드는 모스크바의 전력 회사 모세네르고의 지분 20퍼센트를 모았다. 2006년 말에 가스프롬의 이사회에서는 가스프롬방크의 지배 지분(즉 50퍼센트 더하기 1주)을 가스폰드가 보유한 모세네르고 지분 20퍼센트(당시 가치로 18억 달러)와 맞바꾸기로 결정했다. 이 거래 직후에 (2007년 초) 새로운 법률이 발효되어서 연기금이 비거래 주식을 10퍼센트 이상 보유하지 못하게 금지하자, 가스폰드는 그 지분을 리더 자산 운용에게 이전함으로써 방크 로시야의 지배권을 건네주었다.

24 Belton, 'A Realm Fit for a Tsar'. 또 다음 자료를 보라. Boris Nemtsov and Vladimir Milov, 'Putin I Gazprom', *Nezavisimy Ekspertny Doklad*, October 2 2008.

25 밀로프와 저자의 2011년 9월 인터뷰 내용.

26 Belton, 'A Realm Fit for a Tsar'.

27 밀로프와 저자의 2011년 9월 인터뷰 내용. 이 추산액에는 가스폰드가 보유한 가스프롬의 지분 3퍼센트, 시가 77억 달러어치가 포함되어 있다. 이 추산액에 관해서는 다음 자료도 보라. Nemtsov and Milov, 'Putin I Gazprom'.

28 밀로프와 저자의 2011년 9월 인터뷰 내용.

29 같은 곳.

30 콜레스니코프와 저자의 2011년 9월 인터뷰 내용.

31 같은 곳.

32 같은 곳.

33 콜레스니코프의 주장이 처음 등장한 이후, 샤말로프는 이 궁전에서 자기가 보유했던 지분을 푸틴의 크렘린과 가까운 또 다른 사업가 알렉산드르 포모마렌코에게 매각했다.

다음 자료를 보라. Rinat Sagdiev and Irina Reznik, 'Troe iz Dvortsa', *Vedomosti*, April 4 2011.

34 샤말로프와 푸틴에 대해서 잘 아는 사람과 저자의 인터뷰 내용.

35 페스코프와 저자의 2011년 11월 인터뷰 내용.

36 콜레스니코프와 저자의 2011년 9월 인터뷰 내용.

37 이 영화의 제목은 「다이아몬드 팔Brilliantovaya Ruka」이다. 푸가체프 역시 막후에서 푸틴이 이 영화의 경찰서장 이름을 딴 〈미하일 이바노비치〉라는 별명으로 통했다고 확인해 주었다.

38 콜레스니코프와 저자의 2011년 9월 인터뷰 내용.

39 방크 로시야는 푸틴과 가장 가까운 한통속들을 위한 둥지가 되었다. 그의 핵심 사업 동맹자들이 그 주주로서 들락거렸다. 유일하게 코발추크만이 꾸준하게 최대 주주로 남아 있었으며, 소가스 주식의 취득이 완료된 2005년 초에 37.6퍼센트를 보유하고 있었다. 팀첸코의 석유 무역 회사인 인터내셔널 석유 제품사에서는 1998년부터 2002년까지 20.7퍼센트의 지분을 보유했으며, 그의 또 다른 무역 회사 키넥스는 2003년까지 바로 이 지분을 계속 보유했다. 아울러 이 은행은 푸틴과 교제한 범죄 조직 이해관계자 가운데 일부의 교차점 노릇도 한때나마 담당했다. 1998년부터 1999년까지 2년 동안 탐보프 조직범죄단의 두목 페트로프가 이 은행 지분 2.2퍼센트를 보유했고, 그의 동업자 가운데 하나인 세르게이 쿠즈민도 역시나 2.2퍼센트를 보유했으며, 그 당시에 나타났던 서로 긴밀한 부분 중복 사업체들로 이루어진 네트워크에서 최대 14퍼센트를 보유했기 때문이다. 이것이야말로 푸틴의 KGB 사람들이 자신들의 이익을 도모하며 도시를 (나중에 가서는 국가를) 운영하기 위해서 조성한 범죄 조직과의 동맹을 보여 주는 뚜렷한 증거인 셈이다. 이 동맹은 나중에 가서 너무나도 뚜렷하게 드러나게 되었는데, 스페인 검찰이 스페인 부동산을 통한 러시아의 돈세탁에 대해 실시한 광범위한 수사의 일환으로 페트로프를 2009년에 스페인에서 체포했기 때문이다. 이 사건은 페트로프와 동업자들이 크렘린 권력의 최상부와의 연계에 대해서 대화하는 내용을 포착한 도청에 부분적으로 근거했다. 그 와중에 페트로프의 아내는 콜레스니코프와 코발추크와 기타 방크 로시야 주주들이 사는 카메니 오스트로프 주거지의 주민으로 계속 남아 있었다.

40 Yevgenia Albats, 'Chisto Konkretny Kandidat', *New Times*, February 26 2012.

41 전직 KGB 간부와 저자의 2013년 5월 인터뷰 내용.

42 저자와의 2012년 12월 인터뷰 내용.

43 Belton and Buckley, 'On the Offensive: How Gunvor Rose to the Top of Oil Trading', *Financial Times*, May 14 2008.

44 위의 곳.

45 위의 곳; 페트로발의 전직 무역업자와 저자의 2007년 5월 인터뷰 내용(군보르는 그 수익을 공개한 적이 드물었다. 2008년에 토른크비스트는 단지 총매출액 700억 달러 가운데 연간 총수익이 〈수억 달러로〉 예상된다고만 말했을 뿐이었다. 하지만 다른 석유 무역업자들의 말에 따르면, 그 액수는 확연히 낮게만 들렸다. 한 무역업자는 역시나 수익을 공개하지 않았던 글렌코어가 2007년에 총매출액 1400억 달러에 총수익 60억 달러를 벌었다

고 추산했다). 군보르는 2010년부터 수익을 공개하기 시작했는데, 그해에 총매출액 960억 달러에서 세금을 뺀 순수익은 2억 9900만 달러였다고 밝혔다.

46 제네바에서 저자와의 2013년 2월 인터뷰 내용.

47 2008년에 저자와 인터뷰했을 때, 토른크비스트는 그 세 번째 주주가 〈정치와는 무관한 개인 사업가〉라고만 말했을 뿐이었다. 2012년에 슐레이노프가 폭로한 바에 따르면, 그 세 번째 주주는 또 다른 상트페테르부르크의 사업가 표트르 콜빈이었는데, 팀첸코의 제네바 관련자들은 그를 가리켜 푸틴의 〈가까운 친구〉라고 설명한 바 있었다. 다음 자료를 보라. Roman Shleynov, 'Tainstvennym tretim vladeltsem Gunvor byl Peterburgets Petr Kolbin', *Vedomosti*, October 8 2012. 팀첸코와 예전에 가장 가까웠던 동업자 가운데 한 명도 콜빈의 정체에 관한 이야기를 〈앞으로 10년은 지나야〉 할 수 있을 것이라고 말했다.

48 팀첸코와의 인터뷰인 다음 자료를 보라. Andrei Vandenko, 'Gennady Timchenko: Za Vsyo v Zhizni Nado Platits. I za znakomstvo s rukovodstvom strany tozhe', ITAR-TASS, August 4 2014.

49 위의 곳. 이 인터뷰에서 팀첸코는 〈우리가 감시당하고〉 있으므로 〈이 기술을 더 신중하게 사용해야〉 한다는 것을 에드워드 스노든에게 배웠다고 말했다.

50 Andrew Higgins, Guy Chazan and Alan Cullison, 'The Middleman: Secretive Associate of Putin Emerges as Czar of Russian Oil Trading – In First Interview, Gennady Timchenko Denies Ties', *Wall Street Journal*, June 11 2008.

51 저자와 푸가체프의 2014년 9월 인터뷰 내용. 팀첸코가 변호사를 통해 밝힌 바에 따르면, 그와 푸틴의 관계를 둘러싼 모종의 〈비밀주의〉가 있었다는 주장은 모두 터무니없다고 한다.

52 같은 곳.

53 Luke Harding, 'Secretive Oil Firm Denies Putin has Any Stake in its Ownership: Company Rejects Claims it Benefits from Kremlin Ties', *Guardian*, December 22 2007.

54 'Russian President Says Claims That He Has Amassed a Personal Fortune Are Nonsense', Associated Press, February 14 2008.

55 저자와 푸가체프의 2015년 1월 인터뷰 내용.

56 전직 KGB 간부이자 팀첸코와 가까운 관련자와 저자의 2014년 5월 인터뷰 내용.

57 푸틴과 가까운 러시아 재벌과 저자의 2014년 9월 인터뷰 내용.

58 US Department of Treasury, 'Treasury Sanctions Russian Officials, Members of the Russian Leadership's Inner Circle, and an Entity for Involvement in the Situation in Ukraine', March 20 2014, https://www.treasury.gov/press-center/pressreleases/Pages/jl23331.aspx. 미국 재무부에서는 더 자세한 내용을 전혀 제공하지 않았다. 팀첸코와 푸틴 가족 사이의 긴밀한 재정 관계를 보여 주는 몇 가지 징후는 2015년의 로이터 탐사 보도에서 나타났다. 2012년에 팀첸코는 머지않아 푸틴의 둘째 딸과 결혼하게 되는 키릴 샤말로프에게 프랑스 남부 비아리츠에 있는 370만 달러짜리 저택의 소유권을 미공개된 가격에 넘겨주었다(Stephen Grey, Andrei Kuzmin and Elizabeth Piper, 'Putin's Daughter, a Young Billionaire and the President's Friends', Reuters, November 10 2015). 2013년

에 푸틴의 둘째 딸과 결혼한 샤말로프는 1년 뒤에 러시아 최대 석유 화학 대기업 시부르의 지분 17퍼센트도 역시나 팀첸코로부터 미공개된 가격에 취득했는데, 이 과정에서 긴밀한 동맹 관계인 가스프롬방크로부터 10억 달러를 대출하며 도움받았다(Jack Stubbs, Andrei Kuzmin, Stephen Grey and Roman Anin, 'The Man Who Married Putin's Daughter and then Made a Fortune', Reuters, December 17 2015). 팀첸코의 대변인은 이 소유권 이전이 시장 가격에 따라 이루어졌다고 주장했다.

59 이 단락의 내용은 저자가 제네바에 근거한 팀첸코의 관련자들과 2012년 12월부터 2015년 4월까지 수행한 수십 시간의 인터뷰 내용에 근거했다. 고우츠코프와 팀첸코의 금융 관계의 징후는 국제 탐사 언론인 컨소시엄이 공유한 HSBC의 은행 기록 유출본에 나와 있다. 이 자료에 따르면, 팀첸코와 그의 딸은 2007년 3월 말에 제네바의 HSBC 프라이빗 뱅크에 계좌를 개설했다. 180년 역사를 자랑하는 스위스의 프라이빗 뱅크 줄리어스 베어 출신인 고우츠코프와 그의 팀이 새로이 합류하여 러시아의 프라이빗 뱅킹을 운영하게 되었다고 HSBC에서 발표한 지 겨우 6주 뒤였다. 고우츠코프는 이에 대해 논평을 거부했으며, 스위스 은행의 비밀 엄수 법률 때문에 어쩔 수 없다고 해명했다. HSBC 역시 고우츠코프의 고객들에 대한 질문에 답변을 거부했지만, 그와 러시아의 관계가 깊다는 사실만큼은 자사도 인정하고 있었다고 암시하면서, 그를 채용한 이유는 러시아 시장에서 자사의 존재감을 키우려는 열망 때문이었다고 밝혔다. 그가 프라이빗 뱅크에 합류한 지 2년 뒤에 HSBC는 러시아에서의 존재감을 키우기 위한 2억 달러짜리 판매 운동을 출범시켰으며, 고우츠코프는 HSBC 러시아 지사의 이사회에 합류했다.

60 고우츠코프와 직접 거래한 적이 있는 두 사람과 저자의 2012년 12월과 2013년 9월 인터뷰 내용.

61 제네바에서 저자와의 2012년 12월부터 2015년 4월까지의 인터뷰 내용. 또 러시아 금융 정보 전문 웹 사이트에 게재된 고우츠코프의 다음 인터뷰 내용을 보라. 'Ivan Goutchkov: 'Rossiya – odna iz takikh stran, kuda seichas vygodno investirovats', banki.ru, December 30 2015.

62 모스크바의 전직 HSBC 동료와 저자의 2013년 7월 인터뷰 내용.

63 제네바에서 저자와의 2013년 5월 인터뷰 내용.

64 고우츠코프의 제네바 관련자 두 명과 저자의 2013년 4월, 2013년 12월, 2014년 1월, 2014년 3월, 2014년 1월, 2015년 3월 인터뷰 내용.

65 같은 곳. 라파포트의 제국의 일부분인 페트로트레이드는 이 억만장자의 돈 대부분을 벌어들였다. 이 업체는 벨기에의 안트베르펜에 있는 방대하고 검은 연기를 내뿜는 정유소를 소유했으며, 이 정유소에서는 오래전부터 소비에트 석유 무역 독점 체제를 통해 소비에트의 원유를 제공받아 왔다.

66 관련자 가운데 첫 번째 사람과 저자의 2014년 9월 인터뷰 내용, 제네바에서 두 번째 사람과 저자의 2013년 12월 인터뷰 내용, 세 번째 사람과 저자의 2014년 4월 인터뷰 내용.

67 제네바 관련자와 저자의 2013년 12월 인터뷰 내용. 팀첸코가 변호사를 통해 밝힌 바에 따르면, 그는 고우츠코프와 푸틴과 함께 발람 수도원을 방문했다는 사실을 부정했다.

68 고우츠코프의 관련자 두 명과 저자의 2014년 9월, 제네바에서 2012년 12월,

2014년 5월 인터뷰 내용.

69 제네바에서 고우츠코프의 관련자와 저자의 2013년 12월 인터뷰 내용.

70 제네바 금융업자들의 가까운 관련자인 전직 KGB 고위 간부와 저자의 2014년 1월 인터뷰 내용.

71 푸틴의 동맹자와 저자의 2017년 1월 인터뷰 내용.

72 미국의 한 고위 공직자는 2015년 9월 인터뷰에서 이렇게 말했다. 〈어떤 사람이 수십억 달러를 갖게 될 경우, 그 돈 모두가 자기 소유일 수는 없는 법입니다.〉 팀첸코는 〈푸틴의 개인적인 부와 전략적 비자금 유형의 계좌의 관리자〉로 간주되었다. 다른 인터뷰에서 또 다른 미국 고위 공직자가 밝힌 바에 따르면, 푸틴의 사업 동맹자들에 대한 제재를 준비하는 과정에서 미국 정부는 정확히 이런 종류의 부를 조준했다. 〈우리는 그 한통속들 가운데 일부의 부가, 특히 팀첸코의 부와 아울러 (……) 다른 이들의 부가 푸틴의 돈과 얽혀 있으리라고 생각했습니다. 그가 개인 자산을 숨겨 두는 방법 가운데 하나는 그들에게 대신 시키는 것이었습니다. 즉 자기가 신뢰하는 사람들에게 맡기는 것이었으므로, 서류상의 흔적이 전혀 없었습니다. 아울러 러시아의 올리가르히, 특히 푸틴의 한통속들이 있었는데, 이들은 국가를 위한 프로젝트에 돈을 쓰라는 명령을 푸틴으로부터 받았습니다.〉 팀첸코의 변호사가 밝힌 바에 따르면, 팀첸코는 물론이고 그의 회사 가운데 어떤 곳도 푸틴의 자산을 보유하거나 관리하지는 않으며, 보유한 적이나 관리한 적도 없다고 한다. 〈우리의 고객과 그의 회사는 푸틴의 자산과 아무런 관계도 없고, 관계가 있었던 적도 없습니다.〉

73 제2장을 보라.

74 판니코프와 저자의 2008년 4월 인터뷰 내용. 또 다음 자료를 보라. Belton and Buckley, 'On the Offensive'.

75 저자와의 2019년 8월 인터뷰 내용.

76 드 팔렌과 가까운 사람 세 명과 저자의 인터뷰 내용.

77 제네바에서 저자와의 2013년 12월 인터뷰 내용.

78 제네바에서 저자와의 2014년 2월 인터뷰 내용, 말로페예프와 저자의 2014년 4월 인터뷰 내용.

79 러시아의 전직 해외첩보부 고위급 간부와 저자의 2018년 5월 인터뷰 내용. 또 다음 자료를 보라. Roman Shleynov, 'Kak Knyazya Aleksandra Trubetskovo zaverbovali v Svyazinvest', Vedomosti, August 15 2011.

80 위의 곳. 또 다음 자료를 보라. Shleynov, 'Kak Knyazya Aleksandra Trubetskovo zaverbovali v Svyazinvest'. 트루베츠코이가 그곳에서 근무하던 당시, 소비에트 KGB 간부 베트로프가 서방에 망명하면서 기술 밀수에 관여하던 소비에트 간부들의 명단을 공개했다. 하지만 트루베츠코이는 계속해서 톰슨에서 근무하면서 셰골레프와 TASS에 컴퓨터를 공급했다.

81 제네바에서 저자와의 2014년 5월 인터뷰 내용.

82 같은 곳. 아울러 그 당시 소비에트 정치국의 이익을 위해 봉사하며 드 팔렌과도 친분을 쌓았던 서방의 고위급 은행가와 저자의 2014년 6월 인터뷰 내용.

83 예전 KGB 관련자와 저자의 2014년 3월과 2013년 3월 인터뷰 내용.

84 제네바에서 저자와의 2013년 12월 인터뷰 내용.

85 제네바에서 저자와의 2014년 5월 인터뷰 내용, 말로페예프와 저자의 2014년 4월 인터뷰 내용.

86 말로페예프와 저자의 2014년 4월 인터뷰 내용.

87 제네바 금융업자 가운데 두 명과 저자의 2014년 5월 인터뷰 내용.

88 제네바에서 저자와의 2013년 5월 인터뷰 내용.

89 제네바에서 저자와의 2013년 12월 인터뷰 내용.

90 제네바에서 저자와의 2014년 5월 인터뷰 내용.

91 제네바에서 저자와의 2014년 3월 인터뷰 내용.

92 같은 곳.

93 리바추크와 저자의 2018년 10월 인터뷰 내용.

94 Simon Saradzhyan, 'Russia Rethinks its CIS Policy', *Moscow Times*, August 24 2005.

95 리바추크와 저자의 2018년 10월 인터뷰 내용.

96 같은 곳.

97 Catherine Belton, 'The Mob, an Actress and a Pile of Cash', *Moscow Times*, November 27 2003.

98 위의 곳.

99 리바추크와 저자의 2018년 10월 인터뷰 내용.

100 Andrew Kramer, 'Russia Cuts Off Gas to Ukraine as Talks on Pricing and Transit Terms Break Down', *New York Times*, January 2 2006.

101 Andrew Kramer, 'Russia Restores Most of Gas Cut to Ukraine Line', *New York Times*, January 3 2006.

102 Catherine Belton, 'Rosukrenergo Emerges as Winner in Gas Deal', *Moscow Times*, January 10 2006.

103 Steven Lee Myers, 'Ukraine's Leader Dismisses Parliament's Vote to Fire Premier', *New York Times*, January 12 2006.

104 리바추크와 저자의 2018년 10월 인터뷰 내용.

105 이 계약에 따르면 로수크레네르고는 더 저렴한 가스 410억 세제곱미터를 투르크메니스탄에서 구입할 예정이었고, 최대 150억 세제곱미터를 카자흐스탄과 우즈베키스탄에서 구입할 예정이었다. 러시아에서 구입하는 가스는 겨우 170억 세제곱미터에 불과했으며, 그 가격은 1000세제곱미터당 230달러였다. 그런데 우크라이나에서 매년 필요한 분량은 600세제곱미터에 불과했기 때문에, 러시아에서 구입하는 가스의 거의 전량을 1000세제곱미터당 280달러에 유럽에 재판매할 수 있었다.

106 리바추크와 저자의 2018년 10월 인터뷰 내용.

107 같은 곳. 또 다음을 보라. Isobel Koshiw, 'Dmytro Firtash: The Oligarch who Can't Come Home', *Kyiv Post*, December 26 2016.

108 위의 곳. 리바추크는 그 거래가 유셴코의 형제 페트로와 피르타시의 가까운 관계를 통해 이루어졌다고 주장했다(전직 서방 공직자의 말에 따르면, 피르타시는 대통령 취임 직

후의 유센코와 페트로와 다른 친척들을 비행기에 태워 미국에 보내 준 적도 있었다). 아울러 시리아와 러시아 안보 기관과 긴밀한 유대를 맺고 있는 시리아인 사업가 하레스 유세프도 피르타시의 네트워크의 일부분이었는데, 리바추크의 주장에 따르면 그는 유센코 패밀리의 〈금고지기〉였다.

109 Catherine Belton, 'Gas Trader Keeps Orange Team Apart', *Moscow Times*, March 24 2006.

110 Andrew Kramer, 'Ukraine Leader Forced to Name Ex-Rival as Prime Minister', *New York Times*, August 3 2006.

111 리바추크와 저자의 2018년 10월 인터뷰 내용.

112 피르타시와 푸틴을 아는 러시아 재벌과 저자의 2018년 10월 인터뷰 내용.

113 모길레비치의 예전 관련자들과의 저자 인터뷰 내용, 전직 서방 공직자들과 저자의 인터뷰 내용, 저자가 사본을 입수한 모길레비치의 활동 관련 미국 법무부 문서 내용에 의거했다.

114 모길레비치의 예전 관련자와 저자의 2018년 3월 인터뷰 내용; 전직 서방 공직자와 저자의 2018년 9월 인터뷰 내용.

115 모길레비치의 예전 관련자 두 명과 저자의 2018년 3월과 2018년 7월 인터뷰 내용.

116 모길레비치의 예전 관련자들과 저자의 2018년 3월과 2018년 4월 인터뷰 내용.

117 고던과 저자의 2007년 5월 인터뷰 내용.

118 모길레비치의 예전 관련자와 저자의 2018년 3월 인터뷰 내용. 미하일로프는 솔른쳅스카야의 두목으로 널리 간주되었다. 1990년대에 FBI에서는 유라시아에서 가장 강력한 범죄 조직으로 무기 매매, 마약, 돈세탁에 관여하는 솔른쳅스카야 조직의 두목으로 미하일로프를 거명한 바 있다. 미하일로프는 1996년에 스위스에서 체포되었고, 범죄 조직원 혐의로 기소되어 2년간 복역했다. 이 과정에서 핵심 증인이 충격으로 사망했다. 훗날 그는 배심 재판에서 무죄로 석방되었으며, 보상금을 챙겨서 러시아로 돌아갔다.

119 같은 곳.

120 같은 곳. 모길레비치의 관련자 가운데 두 번째 사람 역시 모길레비치가 투자 설계 과정에서 이 조직들의 해결사였다고, 왜냐하면 조직들도 그걸 스스로 하는 방법을 몰랐기 때문이라고 확인해 주었다.

121 전직 서방 공직자와 저자의 2018년 9월 인터뷰 내용.

122 모길레비치의 예전 관련자와 저자의 2018년 7월 인터뷰 내용.

123 전직 서방 공직자와 저자의 2018년 9월 인터뷰 내용.

124 FBI Archives: FBI Ten Most Wanted Fugitives, October 21 2009, https://archives.fbi.gov/archives/news/stories/2009/october/mogilevich_102109.

125 Gregory L. White, David Crawford and Glenn R. Simpson, 'Ukrainian Investor Hid Identity to Win Business', *Wall Street Journal*, April 28 2006.

126 Stefan Wagstyl and Tom Warner, 'Gazprom's Secretive Ukrainian Partner Tells of Lone Struggle to Build Business', *Financial Times*, April 28 2006.

127 이와 관련해 더 자세한 내용은 다음 자료를 보라. Tom Warner, 'Disputed Links

to an Alleged Crime Boss', *Financial Times*, July 14 2006. 또 다음 보고서를 보라. 'It's a Gas: Funny Business in the Turkmen-Ukraine Gas Trade', Global Witness, July 25 2006. 아울러 미국 법무부에서도 모길레비치와 피르타시의 연계에 대해 수사를 출범했다. 다음 자료를 보라. Glenn R. Simpson, 'US Probes Possible Crime Links to Russian Natural Gas Deals', *Wall Street Journal*, December 22 2006.

128 우크라이나 주재 미국 대사가 보낸 전문(電文). 위키리크스. 'Ukraine: Firtash Makes his Case to the USG', December 10 2008, https://wikileaks.org/plusd/cables/08KYIV2414_a.html. 피르타시는 훗날 이런 발언 가운데 일부를 철회하려고 시도해서, 2017년 『타임』 인터뷰에서는 자기가 모길레비치의 동업자였던 적이 전혀 없었다고 주장했다. 〈그는 우크라이나인이고 (……) 그 나라의 절반은 그가 누구인지 알고 있습니다. 그래서 어쨌다는 겁니까? (……) 그가 누구인지 안다고 해서 그에게 보고까지 한다는 뜻은 아니란 겁니다.〉

129 모길레비치의 예전 관련자와 저자의 2018년 3월 인터뷰 내용.

130 리바추크와 저자의 2018년 10월 인터뷰 내용. 야누코비치는 무뚝뚝하고 말투가 거친 전직 주지사로, 우크라이나 동부의 거친 동네 출신이었으며, 항상 러시아와 긴밀한 연계를 유지했다. 그는 10대 시절부터 교도소를 들락거렸으며, 그 지역 최대 강철 재벌 리나트 아흐메토프와 가까워졌다. 과거에만 해도 그 지역의 범죄 조직 간 전쟁에 관여한 있었던 아흐메토프는 야누코비치의 지역당에서 가장 큰 재정 후원자이기도 했다. 가장 가까운 보좌관 가운데 한 명을 통해 2006년에 피르타시를 소개받은 야누코비치는 자기에게 대안이 생긴 것을 환영했다. 〈그는 이런 이야기를 들었습니다. 당신도 독자적인 금고지기를 갖게 될 겁니다. 이제는 아흐메토프에게 의존하지 않아도 될 겁니다.〉 유셴코의 전직 비서실장 리바추크의 말이다. 〈어느 시점에선가 피르타시는 야누코비치에 대한 푸틴의 영향력을 성공적으로 대표하게 되었습니다. 그를 진정으로 부패시키는 것이 그 핵심이었습니다.〉

131 우크라이나 전직 총리 티모셴코가 2012년에 미국에 제기한 소송의 내용이다. 티모셴코의 변호사 제르칼로 네델리의 다음 인터뷰 내용을 보라. 'President Yanukovych's US Advisor to be summoned as a respondent in Tymoshenko's claim against Rosukrenergo', *Gorshenin Weekly*, February 13 2012.

132 Hans-Martin Tillack, 'A Tale of Gazoviki, Money and Greed', *Stern Magazine*, September 13 2007.

133 고위급 은행가와 저자의 2013년 8월 인터뷰 내용.

134 제1장을 보라. 독일 하원 의회의 조사 내용에 의거함.

135 Forster, *Auf der Spur*, p. 86.

136 2005년의 한 거래에서 그는 1990년대에 러시아의 알루미늄 산업 가운데 상당 부분을 소유했다고 알려진 러시아 범죄 조직원 체르네이로부터 불가리아의 이동 전화 사업체를 매입했다가 텔레콤 오스트리아에 곧바로 다시 매각해서 10억 유로에 가까운 수익을 벌어들였다.

137 슐라프의 가까운 관련자 마이클 해슨도 그 이사회에 자리를 얻었고, 슐라프와 가까운 동업자인 석유 무역업자 로베르트 노비콥스키도 그 회사의 지분 20퍼센트를 보유했다

(노비콥스키의 회사 주리멕스는 푸틴의 가까운 동맹자 팀첸코와 연계된 러시아의 석유 내 기업 수르구트네프테가스에서 받은 석유를 벨라루스에 판매했다). IMAG에서 아키모프의 부하 가운데 하나이며 오스트리아 첩보 기관 대령 출신인 핸젤러 역시 이 회사의 설립에서 일익을 담당했다고 전한다. Roman Kupchinsky, 'The Shadowy Side of Gazprom's Expanding Central European Gas Hub', *Eurasia Daily Monitor*, Vol 5, Issue 217, Jamestown Foundation, November 12 2008.

138 위의 곳. 이 업체는 로수크레네르고와도 겹치는 부분이 있었다. 로수크레네르고의 이사 가운데 한 명인 스위스의 회계사 한스 바움가르트너 박사가 센트렉스 빈 지사의 대표였으며, 그룹 전반의 설립을 도와주었던 것이다.

139 Tillack, 'A Tale of Gazoviki, Money and Greed'; Kupchinsky, 'The Shadowy Side of Gazprom's Expanding Central European Gas Hub'.

140 Roman Kupchinsky, 'Gazprom's European Web', Jamestown Foundation, February 2009.

141 Gidi Weitz, 'The Schlaff Saga: Money Flows into the Sharon Family Accounts', *Haaretz*, September 7 2010. 슐라프가 이스라엘 근해에 수상 카지노를 설립하기 위해 로비 작전을 시작하기 직전인 2002년, 그의 가까운 관련자 노비콥스키가 소유한 곡물 무역 회사에서 샤론의 두 아들이 보유한 은행 계좌로 300만 달러를 이전했다. 하지만 이스라엘 경찰의 수사는 오스트리아 국경에서 딱 멈추고 말았다. 슐라프와 빈의 그 관련자들을 조사하려던 시도가 차단당했기 때문이다. 〈슐라프는 오스트리아에서 영향력과 입지를 보유한 사람이었습니다. 그런데 오스트리아로 말하자면 비록 유럽 국가이기는 하지만, 뭐랄까요, 항상 적절하게 운영되는 국가까지는 아니었던 겁니다.〉 이스라엘의 경찰 수사관이 이스라엘 신문 『하레츠*Haaretz*』와의 인터뷰에서 한 말이다.

142 위의 곳.

143 Kupchinsky, 'Gazprom's European Web'.

144 이탈리아 주재 미국 대사 로널드 P. 스포글리가 보낸 2009년 1월 26일 자 전문. 위키리크스 자료의 일부로 공개됨. https://wikileaks.org/plusd/cables/09ROME97_a.html.

145 미헬 제페와 저자의 2013년 9월 인터뷰 내용.

146 리바추크와 저자의 2018년 10월 인터뷰 내용.

147 제네바에서 저자와의 2013년 12월 인터뷰 내용.

제11장

1 Andrew Higgins, 'You Don't Often Find this Kind of Mogul in the Arctic Snow – Russian Tycoon's Whim Drags Baffled Friends, Bodyguards into Aiding Blighted Region', *Wall Street Journal*, June 13 2001.

2 위의 곳.

3 아브라모비치의 대변인에 따르면, 이 재벌은 그 지역 재건을 위해 모두 25억 달러를

투자했다.

4 아브라모비치와 가까운 재벌과 저자의 2017년 10월 인터뷰 내용.

5 제10장을 보라.

6 아브라모비치와 가까운 재벌과 저자의 2017년 10월 인터뷰 내용.

7 Catherine Belton, 'Shvidler Questioned Over Taxes', *Moscow Times*, October 14 2003; 'Chelsea Boss made Millions from Tax Break: Insight', *Sunday Times*, September 14 2003. 2003년에 모스크바의 투자 은행 트로이카 디알로그가 내놓은 추산에 따르면, 그 지역에서 얻은 감세 혜택 덕분에 이 석유 회사는 4억 파운드의 횡재를 얻었다. 이 세금 계책은 2005년까지 유효했다.

8 2001년에 시브네프트의 실제 세율은 겨우 9퍼센트였던 반면 유코스의 세율은 13퍼센트였다.

9 Igor Semenenko, 'Abramovich Questioned in Sibneft Fraud Case', *Moscow Times*, May 31 2001.

10 Catherine Belton, 'Sibneft Hit with $1 Billion Tax Claim', *Moscow Times*, March 3 2004.

11 아브라모비치의 대변인이 훗날 밝힌 바에 따르면, 감세 혜택은 추코트카 재건 계획에 자금을 조달하는 방법으로 부여한 것이었다. 그러면서 그 지역 정부가 감세 금액의 최소 50퍼센트는 그 지역에 재투자해야 한다고 규정한 법안을 통과시켰다고 주장했다.

12 유마셰프와 푸가체프의 대화 녹음 내용. 아브라모비치와 가까운 관련자가 저자와의 2017년 11월 인터뷰에서 주장한 바에 따르면, 아브라모비치는 진심으로 추코트카에 좋은 일을 해주고, 그곳의 삶을 바꾸고 싶어 했다. 그는 1999년 12월에 그 지역의 의원으로 선출되어 의회에 진출하면서 〈전적인 공포〉를 처음 목격했으며, 〈이 모두를 본 이후, 자기가 주지사가 되면 더 많이 도울 수 있겠다고 생각했다〉는 것이다. 하지만 그 일이 어느 정도까지는 덫으로 변했으며, 따라서 이후에 푸틴이 캄차카에 가서 일하라고 부탁했을 때에는 그도 거절할 수밖에 없었다는 점만큼은 관련자도 시인했다. 〈그는 추코트카 때문에 지쳐 버렸습니다. 그거야말로 고맙다는 소리도 못 듣고 어렵기만 한 과제였기에, 그는 정말로 지쳐 버렸습니다. 신체적으로도 매우 어려웠는데, 거기까지 가려면 무려 열 시간 동안 비행기를 타야 했기 때문이고, 기상 악화 때문에 무려 서너 주 동안 비행기를 타고 나올 수도 없는 경우가 있었기 때문입니다. 모스크바에서 다급한 일이 있는 때도 못 나오는 겁니다. 그거야말로 어려운 일이었습니다. 그래서 임기가 끝났을 때에 그는 자기 실무진과 함께 해낸 성과를 보며 기뻐했습니다. 이들은 그곳의 사회 구조를 크게 변화시켰습니다. 학교와 주택을 여럿 짓고, 문화 행사를 개최하고, 아이들을 비행기에 태워 남쪽이며 여기저기로 여행하게 했습니다. 그 과정에는 상당한 노력과 돈이 들어갔죠. 그렇게 그는 4~5년쯤 (저도 정확히 기억은 못하겠습니다만) 거기서 일했고, 끝이 다가오자 이렇게 말했습니다. 《이걸로 끝이야. 이제는 나도 남은 힘이 없으니 그만 물러나야겠어.》 푸틴이 더 일하게 만들려고 설득했지만, 그는 이렇게 말했습니다. 《블라디미르 블라디미로비치, 저는 이제껏 일했습니다. 그만 물러나게 해주세요.》》

13 야신과 저자의 2013년 5월 인터뷰 내용.

14 전직 서방 정부 공직자들과 저자의 2018년 9월과 10월 인터뷰 내용.

15 Neil Buckley, 'Rich Rewards for Riding Rollercoaster — A New Model for Participation by Foreign Companies has Been Seen in Recent Months, Driven by Political Priorities', *Financial Times*, October 11 2005.

16 위의 곳.

17 Arkady Ostrovsky, 'Economy: New Found Wealth Starts to Spread', *Financial Times*, October 10 2006.

18 Neil Buckley, 'Russia's Middle Class Starts Spending', *Financial Times*, October 30 2006.

19 Ostrovsky, 'Economy: New Found Wealth Starts to Spread'.

20 Buckley, 'Russia's Middle Class Starts Spending'.

21 Masha Lipman, 'Russia's Non-Participation Pact', Project Syndicate, March 30 2011.

22 위의 곳.

23 제네바에서 저자와의 2014년 3월 인터뷰 내용.

24 전직 서방 정부 공직자들과 저자의 2018년 9월과 10월 인터뷰 내용.

25 Stefan Wagstyl, 'Challenge of Change Faces Old and New: The Citizens of All EU Member States Must Adapt to the Fulfilment of a Dream', *Financial Times*, April 27 2004.

26 Arkady Ostrovsky, 'Equity Offerings Signal Maturity', *Financial Times*, October 11 2005.

27 Astrid Wendlandt, 'Russian Executives Become Hooked on Lure of London', *Financial Times*, February 4 2004.

28 굴드데이비스와 저자의 2018년 10월 인터뷰 내용. 또 다음 자료를 보라. Nigel Gould-Davies, 'Russia's Sovereign Globalisation — Rise, Fall and Future', Chatham House research paper, January 2016.

29 Buckley, 'Rich Rewards for Riding Rollercoaster'.

30 굴드데이비스와 저자의 2018년 10월 인터뷰 내용.

31 Ostrovsky, 'Equity Offerings Signal Maturity'.

32 Wendlandt, 'Russian Executives Become Hooked on Lure of London'.

33 골롤로보프와 저자의 2018년 8월 인터뷰 내용.

34 Joanna Chung and Sarah Spikes, 'Rosneft Follows the Road to London', *Financial Times*, June 24 2006.

35 Kate Burgess, Joanna Chung, Arkady Ostrovsky and Helen Thomas, 'Dicey Russian Flotations challenge London Investors' Appetite for Risk', *Financial Times*, December 6 2005.

36 아브라모비치의 예전 관련자와 저자의 2017년 6월 인터뷰 내용.

37 푸가체프와 저자의 2017년 9월 인터뷰 내용.

38 같은 곳. 푸가체프의 말에 따르면, 푸틴이 그의 앞에서 처음 이 문제를 꺼낸 것은 아

브라모비치가 첼시를 매입하기 1년 전이었다. 즉 러시아의 영향력을 증대시키는 방법으로서 그 구단을 매입하라고 푸가체프에게 말한 것이었다. 〈그 거래가 이루어지기 전에, 푸틴은 그것이야말로 영국에 침투하기 위한 최상의 방법이라고 저에게 말한 적이 있었습니다.〉그의 말이다. 〈그의 말에 따르면, 그건 마치 영국의 술집을 모두 사들이는 것과 마찬가지였습니다. 우리는 그 정도 깊이에 도달할 겁니다.〉

39 아브라모비치의 예전 관련자와 저자의 2017년 6월 인터뷰 내용.

40 러시아 재벌과 저자의 2018년 5월 인터뷰 내용.

41 아브라모비치와 가까운 사람의 말에 따르면, 이 재벌은 처음에만 해도 이탈리아와 스페인에 있는 구단을 알아보았지만, 하나같이 〈문제가 있는〉 곳들이었다. 이후 영국의 구단 네 군데를 알아본 끝에 첼시 FC로 결정하게 되었는데, 왜냐하면 그곳은 〈부실 자산〉이었기 때문이다. 하지만 이 사람 역시 아브라모비치가 그 거래에 합의하기 전에 대통령과 이야기를 나누었을 가능성이 있음을 시인했다.

42 테메르코와 저자의 2018년 8월 인터뷰 내용.

43 Arkady Ostrovsky, 'Moscow Offers Gazprom $7 Billion for Stake', *Financial Times*, June 15 2005.

44 Neil Buckley, 'Watchdog Alarmed at Russia's Market Growth', *Financial Times*, February 16 2006.

45 Catherine Belton, 'Gazprom Scoops Up Sibneft for $13 Billion', *Moscow Times*, September 29 2005.

46 Catherine Belton, 'Fortunes Go to Kremlin Favourites', *Moscow Times*, September 23 2005. 아브라모비치가 러시아 대통령의 자금 보유자일 수 있으며, 시브네프트 매각으로 얻은 수익금을 크렘린과 나누었다는 주장에 대해서, 아브라모비치의 대변인은 〈그런 사실을 입증하는 증거를 전혀 본 적이 없다〉고 답변했다.

47 러시아 재벌과 저자의 2018년 5월 인터뷰 내용.

48 아브라모비치의 예전 관련자와 저자의 2017년 6월 인터뷰 내용. 아브라모비치가 자신의 사업 제국을 보유하는 지주 회사로 알려진 밀하우스 캐피털의 소유권은 항상 불투명한 상태였다. 그 수익 소유자가 누구인지는 결코 밝혀진 적이 없었다. 회사 정보에 나와 있는 유일한 주주는 키프로스에 등기된 엘렉투스 투자이며, 그 발자취는 거기서 끝나 버린다.

49 러시아 재벌과 저자의 2015년 4월 인터뷰 내용.

50 Neil Buckley and Arkady Ostrovsky, 'Rosneft Looks to US Banker to head IPO', *Financial Times*, March 15 2006.

51 Joanna Chung, 'Bankers to Reap $120 Million on Rosneft IPO', *Financial Times*, June 27 2006.

52 Catherine Belton, 'Yukos Asks London to Halt IPO', *Moscow Times*, June 26 2006.

53 George Soros, 'Rosneft Flotation Would Spur Putin on', *Financial Times*, April 26 2006.

54 Robert Amsterdam, 'Rosneft IPO Represents Nothing But the Syndication of

the Gulag', *Financial Times*, May 1 2006.

55 Gregory L. White, 'Capital Gains: Flush with Oil, Kremlin Explores Biggest Ever IPO', *Wall Street Journal*, April 18 2006.

56 Catherine Belton, 'Half of Rosneft IPO Goes to 4 Buyers', *Moscow Times*, July 17 2006.

57 위의 곳; Joanna Chung, 'Yukos Challenges Rosneft $10 Billion Flotation', *Financial Times*, July 17 2006.

58 Chung, 'Yukos Challenges Rosneft $10 Billion Flotation'.

59 Belton, 'Half of Rosneft IPO Goes to 4 Buyers'.

60 위의 곳.

61 Catherine Belton, 'An IPO Built on Greed and Ambition', *Moscow Times*, July 7 2006.

62 위의 곳.

63 Stephen Fidler and Arkady Ostrovsky, 'Yukos Case Highlights Role of Foreign Banks', *Financial Times*, March 24 2006.

64 Catherine Belton and Joanna Chung, 'Sberbank Issue to Fall Short of Russian Record', *Financial Times*, February 22 2007. 스베르방크는 러시아 최대의 저축 은행이다. 러시아의 소액 예금 가운데 60퍼센트를 보유하고 있으며, 러시아 경제가 석유 가격 급등으로 인해 호황을 누리면서, 지난 3년 동안 이 은행의 주가도 1020퍼센트 이상 급등했다. 하지만 내부자 거래의 문제가 작게나마 있었는데, 크렘린과 연계된 어느 재벌이 이 은행에서 수십억 달러를 대출받은 다음, 그 자금을 이용해 이 은행의 주식을 상당량 매입했기 때문이다.

65 Catherine Belton and Joanna Chung, 'VTB Sets Price for $8.2 Billion Offering', *Financial Times*, May 11 2007.

66 Catherine Belton, 'VTB Chief Hopes Offering will Seal Bank's Independent Future', *Financial Times*, May 2 2007. 중앙은행의 전직 부행장 알렉산드르 한드루예프는 저자에게 이렇게 말했다. 〈그곳은 정부의 특별 프로젝트를 위한 은행입니다. 즉 위험이 높은 곳에 대출과 보증을 제공하는 겁니다.〉

67 Catherine Belton, 'Risks Brushed Aside in Race to Take Part', *Financial Times*, April 20 2007.

68 위의 곳.

69 Catherine Belton, 'The Secret Oligarch', *Financial Times*, February 11 2012.

70 이 새로운 세대의 또 다른 사례는 우즈베키스탄 출신으로 러시아에서 가장 부유한 사람 가운데 한 명이 된 재벌 우스마노프였다. 우스마노프는 가스프롬의 고위직이라는 지위를 활용하여 가스프롬의 금속 자산을 자기 자신에게 이전함으로써, 금속 제국을 건설하고 가스프롬의 주식 1.5퍼센트를 획득했다. 이 국영 가스 대기업의 급등하는 주가 덕분에 그의 재산은 2005년부터 2006년 사이에 두 배로 늘어났다. 우스마노프 역시 크렘린의 수익 대리인으로 간주된다.

71 Belton, 'The Secret Oligarch'.

72 위의 곳.

73 케리모프는 처음에 브누콥스키 항공사를 세르게이 이사코프와 공동으로 소유했는데, 러시아의 사업가인 이사코프는 케리모프뿐만 아니라 후세인의 이라크와도 깊은 유대를 조성한 인물이기도 했다. 1990년대 말에 케리모프는 구 소비에트의 독점 석유 무역업체 나프타 모스크바의 마지막으로 남은 주식을 매입했고, 이를 통해 KGB와 한때 긴밀하게 연계되어 있었던 금융 네트워크를 물려받게 되었다. 그가 차지한 스위스의 지주 회사를 운영하던 슈투트할터 가문은 소비에트 붕괴 이후 KGB를 위해 돈을 옮겨 주고 있었다. 이후 이들은 시장 경제로의 이행에서 살아남는 방법에 관한 공산당 문건을 작성했던 KGB 대령 베셀룹스키라든지, 비르시테인의 시베코를 위해서도 자금을 관리해 주었다. 케리모프는 후세인의 석유 식량 교환 계책에서 석유를 무역할 수 있는 자격도 획득했는데, 이 계책은 국제 연합과 무관하게 러시아 해외 첩보부에서 대부분 운영했다.

74 서방의 고위급 은행가와 저자의 2011년 가을 인터뷰 내용. 또 다음 자료를 보라. Belton, 'The Secret Oligarch'.

75 같은 곳.

76 같은 곳.

77 Catherine Belton, 'I Don't Need to Defend Myself: An Old Dispute Returns to Haunt Rusal's Deripaska', *Financial Times*, July 13 2007.

78 Catherine Belton, 'Close to the Wind', *Financial Times*, October 25 2008.

79 위의 곳; Catherine Belton, 'Court Freezes Tycoon's Stake in Vimpelcom', *Financial Times*, October 27 2008.

80 Catherine Belton, 'Moscow to Lend $50 Billion to Indebted Businesses', *Financial Times*, September 30 2008; Catherine Belton and Charles Clover, 'Moscow Dictates Rescue of Oligarchs', *Financial Times*, October 14 2008; Catherine Belton, 'Too Big to Fail', *Financial Times*, July 28 2009.

81 러시아 재벌과 저자의 2018년 5월 인터뷰 내용.

82 서방의 고위급 은행가와 저자의 2011년 12월 인터뷰 내용.

83 제네바에서 저자와의 2015년 1월 인터뷰 내용.

84 Nicholas Shaxson, 'A Tale of Two Londons', *Vanity Fair*, March 13 2013.

85 러시아 재벌과 저자의 2015년 7월 인터뷰 내용.

86 서방의 전직 고위급 은행가와 저자의 2015년 8월 인터뷰 내용.

87 러시아 재벌과 저자의 2018년 5월 인터뷰 내용.

제12장

1 Vystuplenie I diskussiya na Munchehnskoi konferentsii po Voprosam Politiki Bezopasnosti', February 10 2007, www.kremlin.ru/events/president/transcripts/24034.

2 Carl Schreck, 'Putin Castigates US Foreign Policy', *Moscow Times*, February 12 2007.

3 Charles Clover, Catherine Belton, Dan Dombey and Jan Cienski, 'Countdown in the Caucasus: Seven Days that Brought Russia and Georgia to War', *Financial Times*, August 26 2008; Peter Finn, 'A Two-Sided Descent into Full-Scale War', *Washington Post*, August 17 2008. 또 다음 자료를 보라. Dan Bilefsky, C.J. Chivers, Thom Shanker and Michael Schwirtz, 'Georgia Offers Fresh Evidence on War's Start', *New York Times*, September 16 2008.

4 Clover, Belton, Dombey and Cienski, 'Countdown in the Caucasus'.

5 Charles Clover, 'The Message from Moscow: Resurgent Russia Bids to Establish a New Status Quo', *Financial Times*, August 12 2008.

6 Stefan Wagstyl, 'Medvedev Signals He will Meet Obama Soon', *Financial Times*, November 13 2008.

7 FT Reporters, 'Russia Halts Missile Plans for Eastern Europe', *Financial Times*, January 28 2009.

8 Strobe Talbott, 'A Russian Reset Button Based on Inclusion', *Financial Times*, February 24 2009.

9 Stefan Wagstyl, 'Obama Signals Backing for Medvedev', *Financial Times*, July 6 2009.

10 Charles Clover and Daniel Dombey, 'Russia Hails New US Tone on Missiles', *Financial Times*, March 3 2009.

11 Stefan Wagstyl, 'Obama and Medvedev Agree Arms Deal', *Financial Times*, July 6 2009.

12 'Medvedev Hopes his Visit to Silicon Valley will Boost Russian Business', RIA Novosti, June 24 2010.

13 'Obama Tries Burger Diplomacy with Medvedev', Agence France-Presse, June 24 2010.

14 콜레스니코프와 저자의 2011년 9월 인터뷰 내용.

15 Catherine Belton, 'Medvedev Plan could See Putin's Return', *Financial Times*, November 5 2008.

16 Charles Clover, 'Putin is Booed at Martial Arts Fight', *Financial Times*, November 20 2011.

17 Charles Clover, Courtney Weaver and Catherine Belton, 'Tens of Thousands Protest Against Putin', *Financial Times*, December 10 2011.

18 Catherine Belton, 'Prokhorov Pushes to Exploit Shift in Mood against Putin', *Financial Times*, February 29 2012.

19 러시아 재벌과 저자의 2012년 2월 인터뷰 내용.

20 Charles Clover, 'Putin Turns up Nationalist Rhetoric', *Financial Times*, February

23 2012. 또 다음을 보라. Charles Clover and Catherine Belton, 'I Will Transmit This to Vladimir', *Financial Times*, May 5 2012.

21 Neil Buckley, Charles Clover and Catherine Belton, 'Tearful Putin Claims Election Victory', *Financial Times*, March 4 2012.

22 Charles Clover, 'Protestors Defy Troops on Moscow Streets', *Financial Times*, December 6 2011.

23 Catherine Belton, 'Navalny Charged with Large-Scale Embezzlement', *Financial Times*, July 31 2012.

24 아브라모비치의 예전 가까운 관련자와 저자의 2017년 6월 인터뷰 내용.

25 러시아 억만장자와 저자의 2018년 6월 인터뷰 내용.

26 Lucia Ziobro, Assistant Special Agent in Charge of FBI's Boston Office, 'FBI's Boston Office Warns Business of Venture Capital Scams', *Boston Business Journal*, April 4 2014; Kyle Alspach and Michael B. Farrell, 'FBI Warns of Russian Investors; Tells State Tech Firms that Venture Capitalists May Seek to Give Sensitive Data to Military', *Boston Globe*, April 8 2014.

27 Peter Baker, 'Medvedev Aims to Lift Ties with US Business', *New York Times*, June 23 2010.

28 예를 들어 메드베데프의 대통령 임기 말에 이르러 팀첸코는 141억 달러로 추산되는 재산을 보유함으로써 『포브스』가 매년 집계하는 부자 명단에서 급상승했다. 그가 좌우하는 부의 급증은 러시아에서 두 번째로 큰 가스 생산업체 노바테크를 2008년 금융 위기 이후 인수한 데에 부분적으로 힘입은 결과였다.

29 푸가체프와 저자의 2014년 9월 인터뷰 내용.

30 푸가체프의 주장에 의거해 한 가지 사례를 들자면, 2004년에 푸틴이 군인 아파트 건설 자금을 지원하기 위해 그에게 긴급 자금 1억 달러를 요구했던 경우가 있었다.

31 푸가체프와 저자의 2015년 3월 인터뷰 내용.

32 Elena Mazneva, 'Nazval Khozyaina. Odin iz krupneishikh Podryadchikov Gazproma Stroigazmontazha Raskryl Vladetsa', *Vedomosti*, December 9 2009; 푸가체프와 저자의 2015년 3월 인터뷰 내용.

33 이 파이프라인은 훗날 노르트 스트림으로 명명되었다. 'Stroigazmontazh Vyigral Tender na Stroitelstvo Uchastka "Gryazaovets-Vyborg (597-917km)" Severo-Yevropeiskovo Gazoprovoda', AK&M, May 26 2008.

34 푸가체프와 저자의 2015년 3월 인터뷰 내용과 문서 증거.

35 같은 곳. 로텐베르크는 이에 관한 논평 요구에 응답하지 않았다.

36 스트로이가즈몬타시는 가스프롬의 가장 큰 도급 계약업체가 되었다. 2011년에 이 업체는 가스프롬의 530억 달러어치 투자 프로그램에서 거의 6분의 1을 가져갔는데, 비판자들은 이 국영 대기업의 파이프라인 건설 비용이 유럽의 유사 시설 건설 비용보다도 몇 배나 훨씬 더 높다고 지적했다.

37 Catherine Belton, 'Businessmen are Serfs in Putin's Russia, Warns Sergei

Pugachev', *Financial Times*, October 8 2014.

38 위의 곳.

39 푸가체프와 저자의 2014년 9월 인터뷰 내용과 법원 문서.

40 같은 곳.

41 같은 곳.

42 'President Rossii Prizval Perestats "Koshmarits" Maly Biznes', RIA Novosti, July 31 2008.

43 Belton, 'Businessmen are Serfs in Putin's Russia'.

44 러시아 재벌과 저자의 2015년 6월 인터뷰 내용.

45 푸가체프와 저자의 2014년 9월 인터뷰 내용.

46 모스크바의 싱크 탱크인 전략 분석 센터의 부소장 콘스탄틴 마키엔코와 저자의 2015년 6월 인터뷰 내용. 조선업의 전반적인 하락에 관한 수치는 또 다음 자료를 보라. Yegor Popov, Ivan Safronov, Yana Tsinoeva, 'Kakov Flot, Takov I Prikhod', *Kommersant*, March 5 2015; Yegor Popov, 'Sudostroenie ushlo v glukhuyu oboronu', *Kommersant*, March 1 2016. 이 신문 기사에 따르면, 2014년에 선박 생산에서는 41퍼센트의 하락이, 2015년에는 추가로 23퍼센트의 하락이 발생했다.

47 예를 들어 다음 자료를 보라. Alexander Shvarev, 'Sud Izuchit Khischeniya na Severnoi Verfi', *Rosbalt*, November 28 2014.

48 다음 자료를 보라. Alexander Burgansky, 'Rosneft: Paradigm Shift', Renaissance Capital, October 3 2017.

49 Support for Putin Sinks to Lowest Point in 12 Years, Poll Says', *Moscow Times*, December 4 2013. 또 다음 자료를 보라. 'Pollster Says Approval for Putin at 12-Year Low', *Moscow Times*, January 25 2013.

50 서방의 고위급 은행가와 저자의 2014년 8월 인터뷰 내용.

51 'Russia Issues Dark Warning to Ukraine against EU Trade and Cooperation Deal', Associated Press, September 21 2013.

52 Ukraine's EU Trade Deal will be Catastrophic, says Russia', Kazakhstan Newsline, September 23 2013.

53 Roman Olearchyk, 'Ukraine Students: 'Youth of the Nation for Euro Integration', *Financial Times*, November 28 2013.

54 Roman Olearchyk, 'Kiev Streets Erupt in Clashes with Police', *Financial Times*, January 19 2014.

55 Simon Shuster, 'Exclusive: Leader of Far-Right Ukrainian Militant Group Talks with TIME', *Time Magazine*, February 4 2014. 또 다음 자료를 보라. Neil Buckley and Roman Olearchyk, 'Fringe and Extremist Groups Carve Role in Ukraine Protests', *Financial Times*, January 30 2014.

56 Neil Buckley and Roman Olearchyk, 'Ukraine Commemorates Bloody Events that Led to War', *Financial Times*, February 20 2015.

57 FT Reporters, 'Ukraine Crisis: Pretext and Plotting Behind Crimea's Occupation', *Financial Times*, March 7 2014.

58 Kathrin Hille and Neil Buckley, 'Vladimir Putin, Strongman of Russia Gambling on Western Weakness', *Financial Times*, March 7 2014.

59 야쿠닌과 저자의 2014년 3월 인터뷰 내용; Catherine Belton, 'Putin Ally Accuses US of Trying to Destroy Russia', *Financial Times*, March 7 2014.

60 야쿠닌과 저자의 2014년 3월 인터뷰 내용.

61 크렘린과 가까운 고위급 은행가와 저자의 2014년 3월 인터뷰 내용. 또 다음 자료를 보라. Neil Buckley and Roman Olearchyk, 'Crimea Tensions Echo Georgia of 2008', *Financial Times*, March 1 2014; Roman Olearchyk, Jan Cienski and Neil Buckley, 'Russia Wages Media War on Ukraine', *Financial Times*, March 4 2014; Belton, 'Putin Ally Accuses US of Trying to Destroy Russia'.

62 Belton, 'Putin Ally Accuses US of Trying to Destroy Russia'.

63 Mattathias Schwartz, 'Who Killed the Kiev Protestors? A 3-D Model Holds the Clues', *New York Times Magazine*, May 30 2018.

64 Buckley and Olearchyk, 'Ukraine Commemorates Bloody Events that Led to War', *Financial Times*, February 20 2015.

65 위의 곳.

66 크렘린과 가까운 고위급 은행가, 아울러 전직 크렘린 고위 공무원과 저자의 2014년 3월과 4월 인터뷰 내용.

67 고르바초프의 전직 보좌관과 저자의 2014년 3월 인터뷰 내용.

68 'Obrascheniye Presidenta Rossiskoi Federatsii', March 18 2014(www.kremlin.ru/events/president/news/20603).

69 이러한 맥락에서 푸틴은 다음과 같이 말하기도 했다.〈우크라이나의 경우, 우리의 서방 협업자들은 한계선을 넘은 셈입니다. 그들은 어설프고 무책임하고 전문가답지 않게 행동했습니다. 그들은 우크라이나와 크림반도에서 수백만 명의 러시아인이 살고 있다는 것을 매우 잘 알고 있었습니다. (……) 알고 보니 러시아는 뒤로 물러설 수 없는 문턱에 서 있었던 것입니다.〉

70 'Obrascheniye Presidenta Rossiskoi Federatsii', March 18 2014(www.kremlin.ru/events/president/news/20603).

71 Dana Priest, James Jacoby and Anya Bourg, 'Russian Disinformation on Facebook Targeted Ukraine Well Before the 2016 US Election', *Washington Post*, October 28 2018.

72 Neil Buckley, 'Russia Relies on Destabilisation to Achieve Strategic Ends in Ukraine', *Financial Times*, July 15 2014.

73 Neil Buckley, Stefan Wagstyl and Peter Spiegel, 'How the West Lost Putin', *Financial Times*, February 3 2015.

74 US Department of Treasury, 'Treasury Sanctions Russian Officials, Members of

the Russian Leadership's Inner Circle, and an Entity for Involvement in the Situation in Ukraine', March 20 2014 (https://www.treasury.gov/press-center/press-releases/Pages/jl23331.aspx).

75 위의 곳.

76 Richard McGregor, Peter Spiegel and Jack Farchy, 'US Targets Vladimir Putin's Inner Circle', *Financial Times*, March 20 2014.

77 Andrew Jack and Roman Olearchyk, 'Pro-Russia Separatists Strengthen Grip', *Financial Times*, April 14 2014; Neil Buckley, Roman Olearchyk, Andrew Jack and Kathrin Hille, 'Ukraine Crisis: "Little Green Men" Carefully Mask their Identity', *Financial Times*, April 16 2014.

78 Neil Buckley, 'Russia Relies on Destabilisation to Achieve Strategic Ends in Ukraine', *Financial Times*, July 15 2014.

79 Geoff Dyer, Peter Spiegel and Kiran Stacey, 'US Sanctions Target Major Russian Companies', *Financial Times*, July 17 2014.

80 Peter Spiegel and Geoff Dyer, 'EU and US Toughen Sanctions on Russia', *Financial Times*, July 30 2014.

81 Buckley, Wagstyl and Spiegel, 'How the West Lost Putin', *Financial Times*, February 3 2015.

82 Roman Olearchyk, 'Weapons Withdrawal Agreement raises Hopes of End to 18 Months of Bloodshed', *Financial Times*, October 2 2015.

83 'Death Toll Up to 13,000 in Ukraine Conflict, Says UN Rights Office', *Radio Free Europe*, February 26 2019.

84 크렘린 공직자와 저자의 2017년 11월 인터뷰 내용.

85 푸가체프와 저자의 2014년 9월 인터뷰 내용.

86 안보 기관과 연계된 고위급 은행가와 저자의 2016년 2월 인터뷰 내용.

87 러시아 재벌과 저자의 2015년 9월 인터뷰 내용.

88 야쿠닌과 저자의 2014년 3월 인터뷰 내용.

89 팀첸코의 예전 동업자와 저자의 2013년 9월 인터뷰 내용.

90 Hille and Buckley, 'Vladimir Putin, Strongman of Russia Gambling on Western Weakness'.

91 위의 곳.

92 Kiran Stacey and Peter Spiegel, 'No 10 Denies Putting City's Interests First', *Financial Times*, March 4 2014; Caroline Binham, 'Sanctions Proposals Threaten London's Role as Global Legal Hub', *Financial Times*, April 10 2014.

93 푸가체프와 저자의 2015년 4월 인터뷰 내용.

94 같은 곳.

95 Alex Barker and Peter Spiegel, 'Ukraine PM Warns EU Against Putin's Divide and Conquer Tactics', *Financial Times*, March 19 2015.

제13장

1 유출 과정에 관한 완전한 설명은 다음 자료를 보라. Bastian Obermayer and Frederik Obermaier, *The Panama Papers: Breaking the Story of how the Rich and Powerful Hide Their Money*, One World, 2016.

2 Luke Harding, 'Mossack Fonseca: Inside the Firm that Helps the Super-Rich Hide Their Money', *Guardian*, April 8 2016.

3 러시아 연방 등기국의 기업 웹 사이트에서 다운로드한 방크 로시야의 등기 서류에 따르면, 롤두긴은 2005년의 주식 발행 당시에 지분 3.96퍼센트를 3억 7500만 루블에 매입함으로써 방크 로시야의 주주가 되었다. 또 다음 자료를 보라. Yelena Vinogradova, Ivan Vasilev and Rinat Sagdiev, 'Millioner ot Muzyki', *Vedomosti*, April 4 2016.

4 롤두긴과 관련된 ICIJ의 발견 내용에 관한 가장 완전한 설명은 다음 자료를 보라. Luke Harding, 'Sergei Roldugin, the Cellist Who Holds the Key to Tracing Putin's Hidden Fortune', *Guardian*, April 3 2016; Roman Anin, Olesya Shmagun and Dmitry Velikovsky, 'The Secret Caretaker', Organised Crime and Corruption Reporting Project, April 3 2016.

5 푸틴과 가까운 재벌과 저자의 2016년 4월 인터뷰.

6 같은 곳.

7 Steven Lee Myers, Jo Becker and Jim Yardley, 'It Pays to be Putin's Friend', *New York Times*, September 28 2014.

8 다음 자료를 보라. Yelena Vinogradova, Ivan Vasilev and Rinat Sagdiev, 'Millioner ot Muzyki', *Vedomosti*, April 4 2016.

9 Anin, Shmagun and Velikovsky, 'The Secret Caretaker'.

10 이 재벌들은 바로 로텐베르크와 케리모프였다. 파나마 문서에서는 롤두긴이 역외 회사 두 곳의 소유주로 나타났다. 즉 파나마 소재 인터내셔널 미디어 오버시즈의 소유주인 동시에 2007년부터 2012년까지는 영국령 버진 아일랜드 소재 소네트 오버시즈의 소유주이기도 했다. 양쪽 모두에서 그를 대리하는 상트페테르부르크의 사업가 올레그 고르딘과 알렉산드르 플레호프는 방크 로시야의 고위층과 제휴 관계였다. 플레호프와 고르딘 모두 이 네트워크와 연계된 영국령 버진 아일랜드 소재 회사 두 곳인 샌들우드 콘티넨털과 선반 유한 회사의 주식을 갖고 있었다. 롤두긴과 관련된 샌들우드 콘티넨털은 단돈 2달러짜리 복잡한 거래 두 건을 통해 재벌 케리모프가 소유한 회사 두 곳으로부터 40억 루블과 2억 달러에 대한 권리를 부여받았다. 이 문서에 따르면 선반 유한 회사가 푸틴과 가까운 동맹자 로텐베르크로부터 10년 동안 이율 2퍼센트에 대출금 1억 8500만 달러를 받을 예정임도 드러났다. 조직범죄 및 부패 보도 프로젝트의 기사에 따르면, 과연 이 계약이 실제로 이루어졌는지 여부는 불확실했는데, 그 내용과 관련된 다른 서류가 전혀 없었기 때문이었다.

11 위의 곳; Harding, 'Sergei Roldugin, the Cellist Who Holds the Key to Tracing Putin's Hidden Fortune'.

12 Anin, Shmagun and Velikovsky, 'The Secret Caretaker'.

13 푸틴의 동맹자이자 FSB 수장인 파트루셰프의 아들은 2007년에 브네슈토르그방크의 선임 부대표로 임명되었다. 공식 약력에 따르면 그는 이전 해에 FSB 학교를 졸업했다. 파트루셰프의 후임인 FSB 수장 알렉산드르 보르트니코프의 아들 데니스 보르트니코프 역시 2007년에 브네슈토르그방크 노스웨스트의 부대표로 임명되었다.

14 Luke Harding, 'Revealed: The $2 Billion Offshore Trail that Leads to Vladimir Putin', *Guardian*, April 4 2016.

15 Harding, 'Sergei Roldugin, the Cellist Who Holds the Key to Tracing Putin's Hidden Fortune'.

16 Vladimir Soldatkin, 'Putin Says Panama Papers Leaks are Attempt to Destabilise Russia', Reuters, April 7 2016.

17 Harding, 'Sergei Roldugin, the Cellist Who Holds the Key to Tracing Putin's Hidden Fortune'. 흑해를 거쳐 불가리아, 세르비아, 헝가리와 러시아를 연결하는 400억 달러짜리 가스 파이프라인 가운데 일부를 건설하는 국가 도급 계약을 체결한 직후에 로텐베르크는 방크 로시야와 롤두긴 관련 회사들 가운데 한 곳으로 대출금 2억 3100만 달러를 지급했다.

18 Anin, Shmagun and Velikovsky, 'The Secret Caretaker'.

19 이고라의 안내 데스크와 저자의 2018년 11월 통화 내용.

20 Jack Stubbs, Andrei Kuzmin, Stephen Grey and Roman Anin, 'The Man who Married Putin's Daughter and then Made a Fortune', Reuters, December 17 2015.

21 위의 곳. 결혼보다 한 해 앞서서 팀첸코는 프랑스 남부 비아리츠의 해안을 굽어보는 절벽 위에 있는 370만 달러짜리 저택의 소유권 역시 미공개된 가격에 키릴에게 넘겨주었다.

22 'Zemanovce sponszorovala pavucina firem napojena na Putinova pravnika', iDNES.cz, November 3 2018.

23 Filip Novokomet, Thomas Piketty and Gabriel Zucman, 'From Soviets to Oligarchs: Inequality and Property in Russia, 1905‒2016', National Bureau of Economic Research, August 2017 (http://www.nber.org/papers/w23712). 러시아 중앙은행에서는 1994년에 자료를 기록하기 시작한 이래로 5340억 달러가 유출되었다고 기록했다.

24 위의 곳. 러시아의 부 불평등 역시 가속화되었다. 크레디트 스위스에 따르면, 2014년에 이르러 러시아의 부 불평등은 세계에서 가장 높아서, 상위 10퍼센트가 국내의 부 가운데 85퍼센트를 보유하고 있었다(이와 비교해 미국은 75퍼센트였다).

25 Tatyana Likhanova, 'Chelovek, Pokhozhy na Millera, stroit dachu, pokhozhyu na Dvorets v Petergofe', *Novaya Gazeta*, No. 39, 9‒15 June 2009 (http://novayagazeta.spb.ru/articles/5210/). 가스프롬은 그 궁전이 밀레르와 관련되었다는 사실을 강력히 부인했지만, 2009년에 그 지역 언론인들이 연계의 증거를 발견했다. 그 개발 부지를 둘러싼 울타리에 붙어 있는 공지에서 그 궁전의 건축 시행사가 가스프롬의 가장 큰 도급 계약자인 스트로이가스컨설팅으로 나와 있었기 때문이다. 이 회사는 매년 가스프롬으로부터 파이프

라인 건설 계약으로 수백억 달러를 얻어 가는 한통속 회사 가운데 하나였다. 이 회사의 공동 소유주는 푸틴의 가장 가까운 동지 가운데 한 명으로 상트페테르부르크 FSB의 전직 수장인 그리고리예프의 딸이었다. (저자와의 인터뷰에서 나온) 콜레스니코프의 말에 따르면, 스트로이가스컨설팅의 공동 소유주인 요르단인 지야드 마나시르 역시 푸틴 정권의 금고지기였다.

26 Roman Anin, 'Dacha Yakunina ushla v Offshory', *Novaya Gazeta*, June 17 2013. 러시아의 독립 언론 매체 『노바야 가제타』의 탐사 기자 로만 아닌은 이 저택이 자리한 부지의 소유권 문서를 찾아냈고, 야쿠닌이 2007년부터 2011년까지 그곳을 소유했었음을 알아냈다. 이후 이 부지는 키프로스의 한 회사의 소유로 이전되었는데, 정작 그 회사의 소유권을 추적하기는 어려웠던 반면, 야쿠닌의 아들이 운영하는 또 다른 회사와 직접적인 연계를 맺고 있다는 사실은 확인할 수 있었다. 그 저택의 가치는 수천억 달러로 추산되는 반면, 야쿠닌의 공식 급여는 매년 150만 달러에서 250만 달러에 불과했다.

27 Boris Nemtsov and Leonid Martenyuk, 'Putin. Itogi. Zimnaya Olimpiada v Subtropikakh', Moscow, 2013(https://www.putin-itogi.ru/zimnyaya-olimpiada-v-subtropikax/).

28 위의 곳.

29 위의 곳; Aleksandra Mertsalova, 'Maloe Koltso Postroit Kompaniya Timchenko', *Izvestia*, June 9 2012; *Novoye Vremya*, 'Sochi-2014: Doroga v Spisok', *Forbes*, February 18 2013; 'Timchenko Oprovergayet Poluchenie Podryada po Druzhbe', RIA Novosti, February 5 2014.

30 Boris Nemtsov and Leonid Martenyuk, 'Putin. Itogi. Zimnaya Olimpiada v Subtropikakh', Moscow, 2013(https://www.putin-itogi.ru/zimnyaya-olimpiada-v-subtropikax/); Ilya Arkhipov and Henry Meyer, 'Putin Buddy Gets $7 Billion of Deals for Sochi Olympics', Bloomberg, March 19 2013.

31 Arkhipov and Meyer, 'Putin Buddy Gets $7 Billion of Deals for Sochi Olympics'; 'Benefitsiary Olympiady. Reiting-2014'(https://www.rospres.net/finance/13802/, January 30 2014).

32 러시아의 고위급 은행가와 저자의 2018년 1월 27일 자 인터뷰 내용.

33 팀첸코의 아내와 딸은 〈러시아와의 친선과 협력을 강화했다〉는 이유로 친선 훈장을 수여받았다. 야쿠닌도 다리가 휘청거릴 만큼 많은 상훈을 받았다. 〈자국의 사회 경제적 발전을 위한 전략적 과제를 결정한〉 공적으로 차르 시대 개혁가를 기리는 표트르 스톨리핀 메달을 받았고, 〈러시아 운송 시스템의 발전에 기여한〉 공적으로 1급 무결 노동 우수 메달을 받았고, 올림픽 경기 준비를 도운 공적으로 독일과 스웨덴 침략자를 격퇴해 성인(聖人)의 반열에 오른 러시아 대공을 기리는 알렉산드르 넵스키 훈장을 받았고, 그 외에도 친선 훈장과 기타 상훈을 받았다. 로텐베르크는 대성당 복원을 지원한 공적으로 러시아에서 가장 숭앙받는 성인 가운데 한 명을 기리는 세르게이 라도네즈스키 훈장을 받았고, 친선 훈장도 받았으며, 2012년 런던 올림픽 경기를 위해 선수들을 준비시킨 공적으로 영예 표창을 받았다. 로텐베르크가 개인 문장(紋章)을 얻으려는 열망을 지녔다는 이야기는 러시아 재벌

과 저자의 2015년 3월 인터뷰 내용 중에 나왔다.

34 이 상황을 잘 아는 세 명과 저자의 2013년 5월, 2018년 1월, 2018년 10월 인터뷰 내용.

35 Dmitry Velikovsky, Olesya Shmagun and Roman Anin, 'Iz Strany Vyveli 700 Milliardov Rublei. Novaya Gazeta otvechayet na Vopros: Komu Dostalas Eta Grandioznaya Summa', *Novaya Gazet*a, March 19 2017; Luke Harding and Nick Hopkins, 'How Dirty Money from Russia Flooded into the UK – and Where it Went', *Guardian*, March 20 2017.

36 러시아의 고위급 은행가와 저자의 2018년 1월 인터뷰 내용; Yury Senatorov, 'Sledy Dvukh Milliardov Vyveli na Khishcheniya', *Kommersant*, August 15 2019; Ilya Rozhdestvennsky, 'Obysky u krupneishevo Podryadchika RZhD', *Vedomosti*, August 15 2019.

37 Jack Stubbs, Andrey Kuzmin, Stephen Grey and Roman Anin, 'Russian Railways Paid Billions of Dollars to Secretive Private Companies', Reuters, May 23 2014.

38 Irina Reznik, Evgeniya Pismennaya and Gregory White, 'The Russian Banker Who Knew Too Much', Bloomberg, November 20 2017.

39 Ilya Rozhdestvennsky, 'Obysky u krupneishevo Podryadchika RZhD', *Vedomosti*, August 15 2019.

40 'The Russian Laundromat', Organised Crime and Corruption Reporting Project, August 22 2014.

41 Harding and Hopkins, 'How Dirty Money from Russia Flooded into the UK'.

42 Dmitry Velikovsky, Olesya Shmagun and Roman Anin, 'Chi 700 Milliardov rublei Vyvodili iz Rossii Cherez Moldaviyu', *Novaya Gazeta*, March 19 2017; Matthias Williams, 'Moldova Sees Russian Plot to Derail Money Laundering Probe', Reuters, March 15 2017.

43 'Dvoyurodny Brat Premer-Ministra RF Vladimira Putina, Igor Putin, Voshel v Sovet Direktorov Russkovo Zemelnovo Banka', RIA Novosti, April 16 2012.

44 'The Russian Laundromat Exposed', Organised Crime and Corruption Reporting Project, March 20 2017.

45 러시아의 고위 공직자와 저자의 2018년 10월 인터뷰 내용.

46 'The Russian Laundromat Exposed'; Harding and Hopkins, 'How Dirty Money from Russia Flooded into the UK'; Velikovsky, Shmagun and Anin, 'Chi 700 Milliardov rublei Vyvodili iz Rossii Cherez Moldaviyu'.

47 'Dvoyurodny Brat Premer-Ministra RF Vladimira Putina, Igor Putin, Voshel v Sovet Direktorov Russkovo Zemelnovo Banka', RIA Novosti, April 16 2012. 그리고리 예프와 푸틴은 더 이전의 사업체인 건설 회사 SU-888에서도 동업자였는데, 이 회사는 모스크바와 러시아의 극동 지역에서 국가 도급 계약으로 수십억 루블을 받았다. 이들이 처음 연결된 것은 대통령의 사촌 푸틴이 한 파이프라인 건설업체의 대표가 되면서부터였는데,

이 업체는 대통령과 가장 가까운 사업 동맹자들인 팀첸코와 로텐베르크가 소유한 여러 회사의 핵심 도급 계약자로 활동했다.

48 'U Promsberbanka Smenilis Aktsionery, a v Sovet Direktorov Voshel Kuzen Putina', banki.ru, October 24 2012.

49 Tatyana Aleshkina, 'Zerkalniye Sdelki Deutsche Banka Svyazali s Vyvodom Deneg Cherez Promsberbank', *RBK Daily*, December 16 2015; Ed Caesar, 'Deutsche Bank's $10 Billion Scandal', *New Yorker*, August 29 2016; Reznik, Pismennaya and White, 'The Russian Banker Who Knew Too Much'; 러시아의 고위급 은행가와 저자의 2018년 1월과 3월 인터뷰 내용.

50 뉴욕주 금융부가 도이체 방크에 4억 3500만 달러의 벌금을 물린 근거가 되었던 발견 내용에 나오는 거울 매매 계책의 설명에 관해서는 다음 자료를 보라. https://www.dfs.ny.gov/reports_and_publications/press_releases/pr1701301.

51 Reznik, Pismennaya and White, 'The Russian Banker Who Knew Too Much'.

52 위스웰의 동료와 저자의 2017년 1월 인터뷰 내용.

53 전직 도이체 방크 고위급 은행가와 저자의 2015년 9월 인터뷰 내용.

54 Reznik, Pismennaya and White, 'The Russian Banker Who Knew Too Much'.

55 뉴욕주 금융부의 다음 자료를 보라. https://www.dfs.ny.gov/reports_and_publications/press_releases/pr1701301.

56 도이체 방크 모스크바 지점 주식 부서의 전직 트레이더와 저자의 2017년 5월 인터뷰 내용.

57 Reznik, Pismennaya and White, 'The Russian Banker Who Knew Too Much'.

58 위의 곳; 러시아의 고위급 은행가와 저자의 2018년 1월 인터뷰 내용.

59 보리소비치와 저자의 2017년 4월과 6월 인터뷰 내용.

60 안보 기관과 연계된 러시아의 고위급 은행가와 저자의 2017년 5월 인터뷰 내용.

61 전직 도이체 방크 고위급 은행가와 저자의 2017년 5월 인터뷰 내용.

62 거울 매매를 통해 루블화가 달러화로 바뀌는 과정에서 그 금액은 회사 장부에서 사라져서 추적이 불가능한 검은돈으로 바뀌게 되는데, 러시아에서는 이런 과정을 〈오브날리치바니예〉라고 부른다.

63 전직 도이체 방크 고위급 은행가와 저자의 2017년 5월 인터뷰 내용.

64 Reznik, Pismennaya and White, 'The Russian Banker Who Knew Too Much'.

65 러시아의 고위급 은행가와 저자의 2018년 1월 인터뷰 내용.

66 Reznik, Pismennaya and White, 'The Russian Banker Who Knew Too Much'; 러시아의 고위급 은행가와 저자의 2018년 1월과 6월 인터뷰 내용.

67 Grant D. Ashley, Assistant Director, Criminal Investigative Division, Federal Bureau of Investigation, Senate Subcommittee on European Affairs, Washington DC, October 30 2003.

68 이반코프 사건에 관한 추가적인 정보는 (국제 조직범죄를 전담한 전직 FBI 요원) 로버트 A. 레빈슨의 법정 증언인 다음 자료를 보라. Declaration of Robert A. Levinson

in United States District Court for the District Court of Delaware(https://www. deepcapture.com/wp-content/uploads/Ivankov-Case.pdf).

69 Reznik, Pismennaya and White, 'The Russian Banker Who Knew Too Much'.

70 러시아의 고위급 은행가와 저자의 2018년 1월과 6월 인터뷰 내용.

71 같은 곳.

72 예를 들어 다음 자료를 보라. Leonid Nikitinsky, 'Who is Mister Dvoskin?', *Novaya Gazeta*, July 22 2011.

73 러시아의 고위급 은행가와 저자의 2018년 1월 인터뷰 내용.

74 내무부 수사관과 저자의 2012년 9월 인터뷰 내용; 드보스킨과 친밀한 러시아의 고위급 은행가와 저자의 2018년 1월과 6월 인터뷰 내용; Anastasia Stognei and Roman Badanin, 'Federalny Reserv: Rassledovanie o tom, kak FSB kryshuet banki', Proekt media, August 1 2019.

75 러시아의 전직 고위급 은행가들과 저자의 2019년 7월과 2018년 6월 인터뷰 내용.

76 Olga Plotonova, '11 Per cent Organizatsii ne Platit Nalogov' – Sergei Ignatyev, Predsedatel Banka Rossii', *Vedomosti*, February 20 2013.

77 전직 FSB 간부와 저자의 2014년 6월 인터뷰 내용; 안보 기관과 연계된 러시아의 고위급 은행가와 저자의 2016년 5월 인터뷰 내용.

78 안보 기관과 연계된 러시아의 고위급 은행가와 저자의 2016년 5월 인터뷰 내용.

79 Catherine Belton, 'Austria Link to Moscow Bank Killing', *Financial Times*, May 27 2007.

80 위키리크스의 자료 더미 가운데 일부인 다음 전문을 보라. 'Murdered Russian Central Banker's Visit to Estonia', US Embassy cable, https://wikileaks.org/ plusd/cables/06TALLINN1009_a.html; 또 다음 자료를 보라. Nico Hines, 'Russian Whistleblower Assassinated After Uncovering $200 Billion Dirty Money Scandal', *Daily Beast*, October 10 2018.

81 Natalya Morar, 'Vyshie Chinovniki Uvodyat Dengi Na Zapad', *New Times*, May 21 2007.

82 Catherine Belton, 'Austria Link to Moscow Bank Killing', *Financial Times*, May 27 2007.

83 디스콘트 은행 계책은 더 단순한 경로를 이용했다. 러시아의 위장 간판 회사들로 이루어진 그물망으로부터 오스트리아의 라이파이젠 은행에 개설된 디스콘트 은행의 대리 계좌를 통해 수억 달러가 역외로 빠져나갔다. 오스트리아 내무부의 자체 조사 결과, 내무부가 그 계좌를 동결하기 직전의 불과 나흘 사이에 세 군데 역외 회사에서 라이파이젠에 있는 디스콘트의 계좌를 통해 1억 1200만 달러가 또 다른 50군데 역외 회사로 이전된 것으로 나타났다. 코즐로프의 살해 혐의로 징역 19년을 선고받은 알렉세이 프렝켈은 자기가 드보스킨과 먀진의 살인죄를 덮어쓴 희생양일 뿐이라고 주장했다. 다음 자료를 보라. Sergei Khazov-Kassia, 'Pismo iz Labytnangi. Bankir Frenkel obvinyayet General FSB', Radio Svoboda, August 7 2019.

84 Luke Harding, 'Russian Millions Laundered via UK Firms, Leaked Report Says', *Guardian*, February 26 2018.

85 Bruun and Hjejle, 'Report on the Non-Resident Portfolio at Danske Bank's Estonian Branch', September 19 2018.

86 Catherine Belton, 'Tax Scam Points to Complicity of Senior Russian Officials', *Financial Times*, April 13 2012.

87 러시아의 고위급 은행가와 저자의 2018년 6월 인터뷰 내용.

88 러시아 돈세탁 관련 미국 하원 금융 재정 서비스 위원회의 청문회 내용의 전문은 다음 자료를 보라. 'Russian money laundering: hearings before the Committee on Banking and Financial Services, US House of Representatives, One Hundred Sixth Congress, first session, September 21, 22, 1999'.

89 위의 곳.

90 Andrew Higgins, Ann Davis and Paul Beckett, 'Money Players: The Improbable Cast of Capitalist Converts Behind BONY Scandal', *Wall Street Journal*, December 30 1999; Robert O'Harrow Jr, '3 Firms Links to Russia Probed', *Washington Post*, October 21 1999; Paul Beckett and Ann Davis, 'Fourth Firm, Sinex Bank, Called a Focus in Laundering Inquiry', *Wall Street Journal*, October 15 1999.

91 Testimony of Jonathan M. Winer, Former Deputy Assistant US Secretary of State, US House of Representatives Committee on Banking and Financial Services, March 9 2000.

92 Higgins, Davis and Beckett, 'Money Players'.

93 Bonner and O'Brien, 'Activity at Bank Raises Suspicions of Russia Mob Tie'. 모길레비치의 사람들은 주가를 인위적으로 높이고 거짓 정보를 제출했으며, 결국 투자자들에 대한 사기 혐의로 모길레비치와 그의 가장 가까운 관련자들이 기소되었다.

94 Timothy L. O'Brien and Raymond Bonner, 'Career Singed in Global Bank Fires', *New York Times*, August 23 1999; Testimony of Jonathan M. Winer, US House of Representatives Committee on Banking and Financial Services, March 9 2000.

95 Testimony of Jonathan M. Winer, US House of Representatives Committee on Banking and Financial Services, March 9 2000.

96 제10장을 보라.

97 전직 서방 공직자와 모길레비치의 예전 관련자의 증언 내용에 따름.

98 모길레비치의 예전 관련자와 저자의 2018년 3월과 4월 인터뷰 내용.

99 같은 곳. 아울러 저자가 입수한 모길레비치 제국 관련 FBI 보고서 내용.

100 모길레비치의 예전 관련자와 저자의 2018년 4월 인터뷰 내용.

101 모길레비치 제국 관련 FBI 보고서 내용. 모길레비치 스스로는 일개 사업가에 불과하다고 항상 주장해 왔다. 워낙 자신감이 넘치는 성격이었기 때문에, 하루는 『선데이 타임스』의 영국 부자 순위표에 오르고 싶다는 포부를 말한 적도 있었다. 〈그는 단지 서방이 만사와 연관 짓기 좋아하는 상상 속 악역에 불과합니다.〉 그의 변호사 고던이 내게 한 말이다.

102 모길레비치의 예전 관련자와 저자의 2018년 7월 인터뷰 내용.

103 Testimony of Jonathan M. Winer, US House of Representatives Committee on Banking and Financial Services, March 9 2000.

104 와이너와 저자의 2018년 12월 인터뷰 내용.

105 Timothy L. O'Brien and Raymond Bonner, 'Banker and Husband Tell of Role in Laundering Case', *New York Times*, February 17 2000.

106 Tom Hays, 'Bank of New York to Pay $38 million in Fines', *Washington Post*, November 8 2005.

107 시베츠와 저자의 2018년 5월 인터뷰 내용. 모길레비치와 러시아 해외 첩보부의 연계는 심지어 우크라이나 대통령 쿠치마와 우크라이나 안보 기관 수장 사이의 대화에서도 언급된 적이 있었다. 우크라이나의 한 공직자가 이들의 대화 내용을 녹음했다가 미국으로 도주하며 유출시킨 것이다. 2000년 2월 10일 자 대화 가운데 하나에서 우크라이나 안보 기관 수장 스메슈코는 모길레비치가 〈KGB의 특수 요원으로, 첫 번째 부서인 PGU(해외 첩보부) 소속〉이라고 쿠치마에게 말한다. 그의 말에 따르면, 〈소련이 붕괴했을 때, 그러니까 KGB에서 K 국(그 안보 기관에서 부패와 금융 거래를 감독하는 부서로서, 사실 검은돈의 이전을 촉진하는 과정에서 큰 역할을 담당했던 부서)을 창설하기 전에, 대령 한 사람이 (……) 모길레비치를 체포하려다가 뒤통수를 한 대 얻어맞고 이렇게 야단을 맞았습니다. 거기는 가지 마! 이 사람은 PGU의 최상위 계급이란 말이야〉.

108 Testimony of Jonathan M. Winer, US House of Representatives Committee on Banking and Financial Services, March 9 2000.

109 모길레비치의 예전 관련자와 저자의 2018년 3월 인터뷰 내용.

110 저자와 갈레오티의 2018년 10월 인터뷰 내용.

111 Caroline Binham, 'Trail of Dirty Money from Danske Bank leads to London Laundromat', *Financial Times*, October 3 2018.

112 돈세탁에 관한 독립 전문가 배로와 저자의 2018년 11월 인터뷰 내용.

113 Binham, 'Trail of Dirty Money from Danske Bank Leads to London Laundromat'.

114 배로와 저자의 2018년 11월 인터뷰 내용.

115 영국 하원 의원과 저자의 2018년 9월 인터뷰 내용.

116 전직 KGB 고위급 간부와 저자의 2019년 8월 인터뷰 내용.

117 Roman Anin, 'The Russian Laundromat Superusers Revealed', Organised Crime and Corruption Reporting Project, March 20 2017.

제14장

1 말로페예프와 저자의 2014년 4월 23일 인터뷰 내용.

2 같은 곳.

3 Sevastyan Kozitsyn, 'Na Volniye Khleba. Avtor IPO Irkuta pokkinul MDM Bank radi svoevo biznesa', *Vedomosti*, February 15 2005; Bela Lyaub, 'Marshall Vlozhitsa v Oteli', *Vedomosti*, April 18 2006; Anastasia Golitsyna, 'Sborshchik Kontenta. Marshall Capital Partners skupaet Provaiderov', *Vedomosti*, June 25 2007.

4 Gyuzel Gubeidullina and Maria Dranishnikova, 'Aktsionernaya Stoimost Nutriteka Uletuchilas – Konstantin Malofeyev', interview, *Vedomosti*, June 7 2010.

5 이사회 재직자 명단은 이 재단의 웹 사이트를 보라. www.fondsvv.ru/about#about_directora.

6 Oleg Salmanov and Igor Tsukanov, 'Nezavisimiye na Svyazi. Gosudarstvo menyaet chinovnikov v sovetakh goskompanii na nezavisimykh direktorov', *Vedomosti*, January 12 2009.

7 Timofei Dzyadko and Igor Tsukanov, 'Direktor Gostelekoma. Rukovoditel Rostelecoma, na baze kotorovo obyedinyayutsya krupneishie gosudarstvenniye telekommunikatsionniye kompanii, budet byvshy investbankir iz Marshall Capital', *Vedomosti*, July 14 2010.

8 Timofei Dzyadko, Irina Reznik and Igor Tsukanov, 'Kak Kupili Telekomy. Stats krupneishim minoritariem dochek Svyazinvesta Gazprombanku, Vozmozhno, Pomog sam Rostelecom', *Vedomosti*, September 20 2010; Vladimir Lavitsky and Inna Erokhina, 'Rostelecom zafiksiroval Novovo Aktsionera', *Kommersant*, September 7 2010.

9 유르첸코와 저자의 2014년 6월 인터뷰 내용. 또 다음 자료를 보라. Igor Tsukanov and Timofei Dzyadko, 'Yevgeny Yurchenko Protiv Marshalov Svyazi', *Vedomosti*, September 15 2010.

10 유르첸코와 저자의 2014년 6월 인터뷰 내용.

11 이와 관련해서는 탁월한 내용인 다음 자료를 보라. Orysia Lutsevych, 'Agents of the Russian World: Proxy Groups in the Contested Neighbourhood', Russia and Eurasia Programme, Chatham House, April 2016.

12 말로페예프와 저자의 2014년 4월 23일 인터뷰 내용.

13 Lutsevych, 'Agents of the Russian World'.

14 전직 소비에트 해외 첩보부 간부와 저자의 2018년 5월 인터뷰 내용.

15 Lutsevych, 'Agents of the Russian World'

16 https://www.youtube.com/watch?v=gQ-fXZbV9_4.

17 Lutsevych, 'Agents of the Russian World'.

18 바토즈스키와 저자의 2015년 1월 인터뷰 내용.

19 Valery Litoninsky, 'Nazvali sebya Vlastyu: Noviye Nachalniki Donetska', korrespondent.net, May 19 2014.

20 Boris Gont, 'Donetskaya Respublika 2005 I DNR 2014: ot fashistov k MMM-schikam', *Bukvy*, May 16 2015.

21 바토즈스키와 저자의 2015년 1월 인터뷰 내용.

22 V Rosii Vidayut Pasporty Gromadyan Donetskoi Respubliki, tsn.ua, March 1 2012(https://tsn.ua/politika/v-rosiyi-vidayut-pasporti-gromadyan-doneckoyi-respubliki.html).

23 바토즈스키와 저자의 2015년 1월 인터뷰 내용.

24 Jan Cienski, 'Oligarch Tries to Stamp Kiev Authority on Restive East', *Financial Times*, March 7 2014.

25 Roman Olearchyk, 'Ukraine Tensions Rise as Two Die in Donetsk Clashes', *Financial Times*, March 14 2014; Jan Cienski, 'Russian-Speaking Activists Demand their Own Referendums', *Financial Times*, March 17 2014; Neil Buckley, 'Ukraine's Ousted President Demands Regional Referendum', *Financial Times*, March 28 2014.

26 Roman Olearchyk, 'Turchynov Blames Russia for Unrest in East Ukraine', *Financial Times*, April 7 2014.

27 John Reed, 'Donetsk Governor Plays Down Rebel Threat', *Financial Times*, April 25 2014; John Reed, 'Mob Storms State Security HQ in Donetsk', *Financial Times*, May 3 2014; Guy Chazan, 'Separatists Urge Russia to Annex Donetsk', *Financial Times*, May 13 2014.

28 Darya Aslamova, 'Vice-Premyer Donetskoi Narodnoi Respubliki Andrei Purgin: Ukraina postavila na Donbasse Krest. Yei lyudi zdyes ne nuzhny', *Komsomolskaya Pravda*, July 8 2014.

29 Courtney Weaver, 'Donetsk Chaos Leads to Split in Separatist Ranks', *Financial Times*, May 31 2014.

30 바토즈스키와 저자의 2015년 1월 인터뷰 내용.

31 Aleksandr Vasovic and Maria Tsvetkova, 'Elusive Muscovite with Three Names Takes Control of Ukraine Rebels', Reuters, May 15 2014.

32 Arkhipov, Meyer and Reznik, 'Putin's Soros Dreams of Empire as Allies Wage Ukraine Revolt', Bloomberg, June 16 2004.

33 위의 곳.

34 'Marshal Malofeyev. Kak Rossiisky Raider Zakhvatil Yugo-Vostok Ukrainy', *The Insider*, May 27 2014. (이 자료에서는 〈아노님니 인터내셔널〉이라고 자처하는 단체에서 해킹한 이메일에 포함된 스트렐코프의 자필 약력을 인용하고 있다.)

35 Vasovic and Tsvetkova, 'Elusive Muscovite with Three Names Takes Control of Ukraine Rebels'.

36 Arkhipov, Meyer and Reznik, 'Putin's Soros Dreams of Empire as Allies Wage Ukraine Revolt'.

37 위의 곳.

38 Courtney Weaver, Kathrin Hille and Neil Buckley, 'Pretext and Plotting Behind Crimea's Occupation', *Financial Times*, March 7 2014.

39 바토즈스키와 저자의 2015년 1월 인터뷰 내용.

40 Dmitry Volchek, 'Operatsiya 「Dary Volkhov」. Kak RPTs stala otdelom administratsii Putina', Radio Svoboda, March 10 2018.

41 'Marshall Malofeyev. Kak Rossiisky Raider Zakhvatil Yugo-Vostok Ukrainy', The Insider, May 27 2014. 이 기사에서는 우크라이나 안보 기관에서 도청한 스트렐코프와 말로페예프의 통화 내용을 인용한다.

42 말로페예프와 저자의 2014년 4월 23일 인터뷰 내용; Arkhipov, Meyer and Reznik, 'Putin's Soros Dreams of Empire as Allies Wage Ukraine Revolt'; Courtney Weaver, 'Oligarch Emerges as Link Between Russia and Rebels', Financial Times, July 25 2014.

43 유럽 연합의 제재는 2014년 7월 30일 자로 발효되었다. Council Implementing Regulation (EU) No. 826/2014.

44 Weaver, 'Oligarch Emerges as Link Between Russia and Rebels'.

45 Arkhipov, Meyer and Reznik, 'Putin's Soros Dreams of Empire as Allies Wage Ukraine Revolt'.

46 저자와의 2014년 4월 23일 인터뷰 내용.

47 www.fondsvv.ru/about#about_directora.

48 제네바의 금융업자와 저자의 2014년 5월 5일 인터뷰 내용.

49 제2장을 보라.

50 바토즈스키와 저자의 2015년 1월 인터뷰 내용.

51 카펜터와 저자의 2015년 9월 인터뷰 내용.

52 전직 소비에트 해외 첩보부 간부와 저자의 2018년 5월 인터뷰 내용. 또 다음 자료를 보라. Roman Shleynov, 'Kak Knyazya Aleksandra Trubetskovo zaverbovali v Svyazinvest', Vedomosti, August 15 2011. 셰골레프는 러시아 국영 뉴스 통신사 ITAR-TASS의 특파원이라는 위장 신분으로 근무했다.

53 제네바의 금융업자들과 저자의 2012년 12월부터 2015년 4월까지의 인터뷰 내용. 또 제12장을 보라.

54 전직 소비에트 해외 첩보부 간부와 저자의 2018년 5월 인터뷰 내용. 또 다음 자료를 보라. Shleynov, 'Kak Knyazya Aleksandra Trubetskovo zaverbovali v Svyazinvest'.

55 고우츠코프는 로스텔레콤의 도급 계약 가운데 80퍼센트 이상을 부여받은 회사 인프라 엔지니어링의 이사회에 재직했다. Vladislav Novy, 'Svayzisty Podklyuchili Diplomatichesky Kanal. Eks-Glava MID Igor Ivanov voshel v Sovet Direktorov Infra Engineering', Kommersant, August 7 2012.

56 Shleynov, 'Kak Knyazya Aleksandra Trubetskovo zaverbovali v Svyazinvest'.

57 Andrew Higgins, 'Foot Soldiers in a Shadowy Battle Between Russia and the West', New York Times, May 29 2017.

58 다음 자료를 보라. Neil MacFarquhar, 'How Russians Pay to Play in Other Countries', New York Times, December 30 2016; and 'Martin Nejedly: Zemanovci volici jedi gothaj, foie gras je pro jine', interview with Nejedly, denik.cz, October 4 2014.

59 'Zemanovce sponszorovala pavucina firem napojena na Putinova pravnika', iDNES.cz, November 3 2018.

60 Higgins, 'Foot Soldiers in a Shadowy Battle Between Russia and the West'; Ondrej Soukup, 'Hackeri odhali otce proruskych akci v Cesku. Na organiszaci demonstraci ve stredni Evrope dostal 100 tisic eur', *Hospodarske Noviny*, March 13 2017.

61 Andrew Higgins, 'Out to Inflame EU, Russians Stir up Fringe', *New York Times*, December 25 2016. 더 자세한 내용은 다음 자료를 보라. Dezso Andras, 'A Glorious Match Made in Russia', *Index*, September 28 2014.

62 제네바의 금융업자와 저자의 2014년 5월 5일 인터뷰 내용.

63 제네바의 금융업자와 저자의 2013년 12월 19일과 2014년 7월 21일 인터뷰 내용. 두 번째 제네바 금융업자도 2013년 12월 20일의 인터뷰 중에 그 거래의 수립에서 비온다 가 담당한 역할과 아울러 토털을 팀첸코에 소개하는 과정에서 처음 담당한 역할에 대해서 도 확인해 주었다. 세 번째 제네바 관련자 역시 2014년 3월의 인터뷰에서 이 이야기를 확 인해 주었다. 토털에서는 이에 대한 논평을 거부했다.

64 불로(佛露) 상공 회의소 산하 경제 위원회의 웹 사이트를 보라. https://www.ccifr. ru/ekonomicheskij-sovet/sostav/.

65 이 연구소의 창설에 관해 언급한 모스크바 주재 미국 대사 윌리엄 번스의 다음 전문 을 보라. https://wikileaks.org/plusd/cables/08MOSCOW375_a.html.

66 전직 소비에트 해외 첩보부 간부와 저자의 2018년 5월 인터뷰 내용.

67 같은 곳.

68 https://wikileaks.org/plusd/cables/08MOSCOW375_a.html.

69 드 팔렌과 저자의 2014년 5월 12일 자 인터뷰 내용.

70 이 대출금은 제1체코 러시아 은행이 제공한 것인데, 이 은행은 대출 당시(2014년) 에 로만 포포프라는 러시아인이 대주주로 있었다. 그는 2007년에 팀첸코가 인수한 러시아 의 파이프라인 건설 회사 스트로이트란스가스의 재정 부서 부책임자 출신이었다. 이 은행 은 팀첸코가 스트로이트란스가스를 매입한 2007년부터 2014년 말까지 즉 대출이 제공된 이후까지 이 회사의 계좌를 관리하는 주요 금융 기관으로 남았다는 것이 스트로이트란스 가스의 대변인의 설명이다(Andrei Krasavin, 'Radikalniye Svyazi', *Kompaniya*, March 28 2016). 포포프는 이 은행의 대표 직위를 보유했으며, 스트로이트란스가스의 대표 빅토르 로렌츠는 팀첸코가 이 회사를 매입하기 이전과 이후 내내 그 은행의 지분 25퍼센트를 소유 했다. 팀첸코의 변호사들의 말에 따르면, 팀첸코는 국민 전선에 대한 대출 제공에 대한 그 은행의 결정에서 아무런 역할도 담당하지 않았다고 한다).

71 Karl Laske and Marine Turchi, 'The Third Russian Loan of Le Pen', Media Part, December 11 2014.

72 Agathe Duparc, 'Les Casseroles de Konstantin Malofeev, oligarque Russe soutien du Front National', Media Part, February 21 2016.

73 팔리코와 저자의 2014년 6월 인터뷰 내용.

74 위키리크스의 관련 전문을 보라. https://wikileaks.org/plusd/cables/09ROME97_a.html.

75 드 팔렌과 저자의 2014년 5월 12일 자 인터뷰 내용; Bernard Odehnal, 'Gipfeltreffen mit Putins funfter Kolonne', *TagesAnzeiger*, June 3 2014.

76 말로페예프와 저자의 2015년 6월 인터뷰 내용.

77 James Marson, 'Deepening Ties Between Greece and Russia Sow Concerns in the West', *Wall Street Journal*, February 14 2015; Sam Jones, Kerin Hope and Courtney Weaver, 'Alarm Bells Ring over Syriza's Russia Links', *Financial Times*, January 28 2015.

78 Robert Coalson, 'New Greek Government has Deep, Longstanding Ties with Russian Eurasianist Dugin', Radio Free Europe, January 28 2015.

79 이 말로페예프의 관련자는 알렉세이 코모프였다. 그는 미국의 〈가족 지키기〉 보수주의 운동인 세계 가족 회의의 러시아 대표이자, 성(聖) 대바실리 재단에서 말로페예프의 오른팔이었다. 다음 자료를 보라. Anton Pospelov, 'Miroviye Elity. Beseda s Poslom Vsemirnovo Kongressa Semei v UN Alekseem Komovym', Pravoslavie.ru, September 5 2013; Tizian di Giovanni and Stefano Vergine, '3 Million for Salvini', *L'Espresso*, February 28 2019; Alberto Nardelli and Mark di Stefano, 'The Far-Right Bromance at the Heart of Italy's Russian Oil Scandal', BuzzFeed, July 12 2019.

80 Di Giovanni and Vergine, '3 Million for Salvini'; Nardelli and di Stefano, 'The Far-Right Bromance at the Heart of Italy's Russian Oil Scandal'.

81 Di Giovanni and Vergine, '3 Million for Salvini'.

82 이 거래에 관해서는 『레스프레소』의 언론인들이 처음으로 보도했다. 이후 버즈피드의 알베르토 나르델리가 후속 보도를 통해 2018년 10월에 이 거래를 논의하는 사보이니의 대화 녹음테이프를 공개했다. 다음 자료를 보라. 'Revealed: The Explosive Secret Recording that Shows how Russia Tried to Funnel Millions to the European Trump', BuzzFeed, July 10 2019.

83 전직 KGB 고위급 간부와 저자의 2019년 8월 인터뷰 내용.

84 Nardelli, 'Revealed: The Explosive Secret Recording that Shows how Russia Tried to Funnel Millions to the European Trump'.

85 Sam Jones and Valerie Hopkins, 'Austrian Vice-Chancellor Filmed Seeking Covert Deals', *Financial Times*, May 18 2019.

86 제네바 관련자와 저자의 2014년 3월 23일 인터뷰 내용.

87 2014년 11월의 보도에 따르면, 미국 법무부에서는 팀첸코가 부패한 거래에서 나온 자금을 미국 금융 시스템으로 이전했는지 여부에 대한 돈세탁 수사를 출범했다. Christopher M. Matthews and Andrew Grossman, 'US Money Laundering Probe Touches Putin's Inner Circle; Federal Prosecutors Investigating Financial Transactions Involving Billionaire Gennady Timchenko', *Wall Street Journal*, November 5 2014. 그런데 이 수사에서는 아무런 결과도 도출되지는 못한 것처럼 보인다. 러시아 국영 뉴스 통신사 ITAR-TASS와의 인터뷰에서 팀첸코는 자기가 유럽을 여행할 수 없다고, 왜냐하면 〈미

국 비밀 기관의 도발을 두려워할 만한 심각한 이유가〉 있기 때문이라고 말했다. 〈정말입니다. 이건 날조가 아니라 절대적으로 구체적인 정보입니다. 물론 그 세부 내용까지는 당연히 말씀드릴 수 없지만 말입니다.〉 Andrei Vandenko, 'Gennady Timchenko: Za Vsyo v Zhizni Nado Platits. I za znakomstvo s rukovodtsvom strany to zhe', August 4 2014, ITAR-TASS, https://tass.ru/top-officials/1353227.

88 제네바 관련자와 저자의 2014년 7월 21일, 2014년 10월 1일, 2014년 12월 9일 인터뷰 내용. 팀첸코는 중국에서의 자기 활동 가운데 어느 것도 비온다와는 관련이 없다고 말했다.

89 Vandenko, 'Gennady Timchenko: Za Vsyo v Zhizni Nado Platits. I za znakomstvo s rukovodtsvom strany to zhe'.

90 제네바 관련자와 저자의 2014년 3월 19일 인터뷰 내용.

91 또 다른 제네바 관련자와 저자의 2014년 3월 28일 인터뷰 내용.

92 제네바 관련자와 저자의 2015년 3월 16일 인터뷰 내용.

93 또 다른 제네바 관련자와 저자의 2014년 3월 28일 인터뷰 내용.

94 제네바 관련자와 저자의 2013년 2월 25일 인터뷰 내용.

95 Jesus Rodriguez, 'Gerard Lopez, manual para hacerse millionario', El Pais, December 27 2015.

96 비온다는 자기 소유의 회사 선레이 에너지를 통해서 오래전부터 로터스 포뮬러 원 레이싱 팀의 주식을 보유해 왔다. 그의 사무실에는 자동차 경주 가운데 한 번의 기념물인 찌그러진 자동차 범퍼가 보관되어 있는데, 그 범퍼의 나머지 절반은 거기서 동쪽으로 수천 킬로미터 떨어진 푸틴의 체육관에 보관되어 있다. 과거에 푸틴과 긴밀하게 일했고, 상트페테르부르크 항구와 석유 집하장을 통제했으며, 범죄 조직원이라는 소문까지 있었던 트라베르의 러시아인 동업자의 아들 비탈리 페트로프가 모나코 그랑프리 대회에서 운전하다가 벽에 충돌한 자동차에 달려 있던 범퍼이기 때문이다. 이 청년은 푸틴 정권과 워낙 가까웠기 때문에, 2010년 상트페테르부르크에서 개최된 러시아 최초의 포뮬러 원 경주 대회에서 푸틴이 그의 차에 함께 타고 경기장을 한 바퀴 돌기도 했었다. 어떻게 해서인지 간에 푸틴의 식구 가운데 일부가 된 모양이었다. 비온다가 로터스 포뮬러 원 레이싱 팀의 지분을 보유하는 매개체인 게니 그룹의 설립자는 바로 로페스이다.

97 Catherine Belton, 'In British PM Race, a Former Russian Tycoon Quietly Wields Influence', Reuters, July 19 2019. 이 기사가 간행된 이후, 테메르코의 변호사들은 그 내용이 〈부정확〉하고 〈명예 훼손적〉이라고 주장했다. 로이터에서는 이에 대해 다음과 같은 성명을 발표했다. 〈우리는 이 기사를 사실로서 지지하는 바이다.〉 이 기사에서는 테메르코가 러시아 안보 기관 사람들과 자신의 관계는 〈개인적인〉 차원이 아니라 〈공식적인〉 차원이라고 발언한 내용을 인용했다. 그는 러시아 안보 기관과의 지속적인 연계를 부인했다.

98 훗날 뱅크스의 아내가 된 에카테리나 파데리나는 그 지역 하원 의원 마이크 핸콕의 도움으로 구제받았는데, 이 하원 의원은 그로부터 10년 가까이 지나서 스캔들에 휘말리게 되었다. 그의 의회 보좌관 가운데 한 명인 또 다른 젊은 러시아 여성이 MI5로부터 러시아 스파이 혐의를 받아 강제로 추방되었기 때문이다.

99 Public statement on NCA investigation into suspected EU referendum offences, September 24 2019.

100 Adam Ramsay, 'National Crime Agency Finds No Evidence of Crimes Committed by Arron Banks's Brexit Campaign', *OpenDemocracy*, September 25 2019. 아울러 국제 투명성 기구 영국 지부에서는 이에 응답하여 다음과 같은 트윗을 올렸다. 〈정치 후원금에 대한 규정이 해외에서 들어오는 자금을 막는 데에 역부족이라는 사실이야 한동안 명백한 상태였지만, 이번 사건에 대한 법 집행 기관의 해석은 그런 규정을 아예 존재하지 않게 만들어 버린 셈이다.〉

101 Caroline Wheeler, Richard Kerbaj, Tim Shipman and Tom Harper, 'Revealed: Brexit Backer's Golden Connection', *Sunday Times*, June 10 2018.

102 샤를마뉴 캐피털이라는 이 펀드는 유럽 연합 탈퇴에 관한 영국의 국민 투표가 실시된 지 한 달 뒤에 러시아의 국영 다이아몬드 독점 사업체 알로사의 주식 공모가 이루어졌을 때에 러시아 직접 투자 펀드에 참여할 수 있었던 소수의 선별된 해외 투자자들 가운데 하나가 되었다. 알로사의 주식은 정말 번개 같은 속도로 진행된 공모에서 할인 가격에 판매되었다. 공시 내역에 따르면 그 거래 당시에 멜론은 이 펀드에서 19.4퍼센트의 지분을 보유하고 있었다(Charlemagne Capital Limited OPD – Charlemagne Capital – Replacement, *Regulatory News Service*, September 30 2016). 2016년에 이 펀드가 케이맨 제도에 등기된 피에라 캐피털과 합병하자, 멜론은 이 펀드의 사외 이사 직위를 결국 포기했다(Charlemagne Capital Limited Scheme Effective, *Regulatory News Service*, December 14 2016).

103 야쿠닌과 저자의 2013년 6월 인터뷰 내용.

104 온라인 가톨릭 뉴스 매체에 올라온 다음 기사를 보라. Josh Craddock, 'Russia Positions Herself as Light to the World During Pro-Family Conference', Aleteia, September 23 2014; Anton Shekhovtsov, 'A Rose by Any Other Name: the World Congress of Families in Moscow'(http://anton-shekhovtsov.blogspot.com/2014/09/a-rose-by-any-other-name-world-congress.html?m=1). 미국의 제재 때문에 세계 가족 회의는 막판에 가서 자기네 이름을 빼고 말았지만, 그 지도자 모두는 그 행사에 참석했다. 또 다음 자료를 보라. Casey Michel, 'How Russia Became the Leader of the Global Christian Right', *Politico*, February 9 2017.

105 Craddock, 'Russia Positions Herself as Light to the World During Pro-Family Conference'.

106 나루소바와 저자의 2014년 6월 인터뷰 내용.

107 야쿠닌과 저자의 2016년 11월 인터뷰 내용.

108 같은 곳.

109 말로페예프와 저자의 2014년 4월 인터뷰 내용.

110 야쿠닌과 저자의 2017년 2월 인터뷰 내용.

111 야쿠닌과 저자의 2016년 11월 인터뷰 내용.

112 야쿠닌과 저자의 2017년 2월 인터뷰 내용.

113 Joseph Biden, 'Brookings Hosts Vice President, Joe Biden, for Remarks on the Russia‑Ukraine Conflict', Brookings Institution, May 27 2015, https://www.brookings.edu/wp‑content/uploads/2015/05/20150527_biden_transcript.pdf.

114 저자가 입수한 스페인 검찰의 수사 내역 중 전화 도청 내용의 녹취록 내용에 의거함. 또 다음 자료를 보라. Anastasia Kirilenko, 'Intercepted Calls Expose Ties between the Tambovskaya Gang, head of FSB's Economic Security Service, and the Prosecutor of St Petersburg', *The Insider*, January 8 2019. 그 당시 바이든의 러시아 담당 보좌관이었던 카펜터가 보기에 이 수사는 푸틴의 러시아의 작동 방식을 이해하는 진정한 계기였다. 〈그것이야말로 러시아의 조직범죄와 국가 구조의 융합을 강조하는 핵심적인 순간이었습니다.〉(저자와의 2018년 1월 인터뷰 내용.)

115 위키리크스의 전문을 보라. https://wikileaks.org/plusd/cables/10MADRID154_a.html.

116 수리코프와 저자의 2009년 9월 인터뷰 내용.

117 저자와의 2018년 1월 인터뷰 내용.

118 전직 서방 첩보계 고위급 간부와 저자의 2016년 10월 인터뷰 내용.

119 프랭크 몬토야 2세와 저자의 2018년 7월 인터뷰 내용.

120 테메르코와 저자의 2016년 6월 인터뷰 내용.

제15장

1 치기린스키와 저자의 2018년 5월 인터뷰 내용.

2 같은 곳.

3 〈좁은 서클을 형성한 그들은 열려 있었고, 개혁을 위한 방법을 만들고 있었습니다. 균열은 이미 눈에 보였습니다. 그때야말로 매우 흥미진진한 시기였습니다.〉 치기린스키의 말이다.

4 그는 제네바에서 소비에트의 석유 판매 수익금을 대규모로 운용한 스위스 은행가 라파포트를 만났다. 소련의 황혼기에 소비에트와도 거래했던 논란 많은 금속 무역업자 리치와도 만났으며, 소더비 경매장 소유주 타우브먼도 소개받아서 확고한 우정을 쌓았다. 치기린스키의 말에 따르면, 그의 주선을 통해서 러시아 주재 이스라엘 대사인 전설적인 하임 바르레브 장군, 최초의 이스라엘 주재 소비에트 대사인 보빈, 자기 멘토이자 전직 소비에트 군사 첩보 수장인 밀시테인, 이렇게 세 사람의 역사적 첫 만남이 밀시테인의 모스크바 별장에서 성사되었다고 한다.

5 치기린스키와 저자의 2018년 5월 인터뷰 내용.

6 치기린스키와 저자의 2018년 7월 인터뷰 내용.

7 치기린스키와 저자의 2018년 5월 인터뷰 내용.

8 시베츠와 저자의 2019년 8월 인터뷰 내용.

9 위키리크스에서 다운로드한 모스크바 주재 미국 대사관의 2010년 2월 12일 자 전문

에는 당시 모스크바 시장 루시코프와 솔른쳅스카야의 연계에 관한 소문이 언급되어 있다. https://wikileaks.org/plusd/cables/10MOSCOW317_a.html.

10 치기린스키와 저자의 2019년 10월 인터뷰 내용.

11 치기린스키와 저자의 2019년 4월 인터뷰 내용.

12 같은 곳. 그린버그의 아내는 저자와의 2018년 5월 인터뷰에서 자기 남편이 루치아니와 함께 소련을 여행했으며, 두 사람이 애틀랜틱시티의 카지노 규제법 초안을 작성하는 일을 했다고 확인해 주었다. 이후 그린버그는 골든 너깃의 대표로 재직하게 되었다. 그린버그의 예전 법률 회사 동료였던 가이 마이클스도 저자와의 인터뷰에서 그린버그가 훗날 타지마할의 구조 개편 과정에서 채권자들을 대리하게 되었다고 확인해 주었다.

13 치기린스키와 저자의 2019년 4월 인터뷰 내용.

14 치기린스키와 저자의 2018년 5월 인터뷰 내용.

15 같은 곳. 이들의 동업에 대한 공식 확인은 다음 자료를 보라. Nikolai Sergeyev, 'Umer Glava Evikhona', *Kommersant*, April 11 2014.

16 번역 대행업체 링크온의 공식 등기 정보에는 치기린스키도 동업자로 나온다.

17 'Chapter 11 for Taj Mahal', Reuters, July 18 1991.

18 Julie Baumgold, 'Fighting Back: Trump Scrambles off the Canvas', *New York Magazine*, November 9 1992.

19 위의 곳.

20 'Taj Mahal is Out of Bankruptcy', *New York Times*, October 5 1991. 구조 개편에 관한 추가적인 세부 내용은 뉴저지주 카지노 관리 위원회에서의 합의 파산 협의 관련 법원 기록의 온라인 자료를 보라. https://www.washingtonpost.com/wp-stat/graphics/politics/trump-archive/docs/trump-financial-stability-hearing-vol-iv-6-18-1991.pdf.

21 Josh Kosman, 'Icahn, Ross Saved Trump Brand from Taj Mahal Casino Mess', *New York Post*, November 25 2016; 아이컨의 역할에 관해서는 위 각주에 언급한 법원 심리 기록을 보라.

22 그린버그가 채무자들을 대리한 것에 관해서는 뉴저지주 카지노 관리 위원회에서의 합의 파산 협의 관련 법원 기록의 온라인 자료를 보라. https://www.washingtonpost.com/wp-stat/graphics/politics/trump-archive/docs/trump-financial-stability-hearing-vol-iv-6-18-1991.pdf.

23 치기린스키와 저자의 2019년 4월 인터뷰 내용.

24 Baumgold, 'Fighting Back'.

25 Robert L. Friedman, *Red Mafia*, pp. 132-3, Little, Brown, 2000; 또 다음 자료를 보라. 'The Tri-State Joint Soviet-Émigré Organized Crime Project'(https://www.state.nj.us/sci/pdf/russian.pdf).

26 Jose Pagliery, 'Trump's Casino was a Money Laundering Concern Shortly After it Opened', CNN, May 22 2017; 또 CNN이 입수한 미국 재무부 산하 금융 범죄 수사 네트워크와 트럼프 타지마할사 간의 합의 관련 문서인 다음 자료를 보라. https://assets.

documentcloud.org/documents/3727001/Responsive-Docs-for-17-205-F-Pagliery. pdf. 또 이 내용과 관련해서는 다음 자료도 유용하다. Seth Hettena, *Trump/Russia: A Definitive History*, pp. 25 ‑7, Melville House, 2018.

27 저자가 입수한 FBI의 모길레비치 제국 관련 보고서 내용.

28 FBI 특수 요원 레스터 맥널티가 1995년 3월 31일 뉴욕 남부 지역 법원에서 내놓은 증언 내용.

29 다음 자료를 보라. Hettena, *Trump/Russia*, p. 27. 같은 저자의 블로그에는 이반 코프의 타지마할 방문에 관한 FBI 문서의 단편도 올라와 있다. https://trump-russia. com/2017/10/06/the-russian-gangster-who-loved-trumps-taj-mahal/.

30 「데리바솝스코이 거리는 날씨 맑음, 브라이턴 비치는 다시 비 내림Na Deribasovskoi khoroshaya pogoda, ili Na Braiton-Bich Opyat idut Dozhdy」이라는 제목의 이 영화는 온라인 사이트(Yandex.ru)에서 찾아볼 수 있다.

31 치기린스키와 저자의 2018년 5월 인터뷰 내용.

32 2008년에 『포브스』에서는 그의 재산을 25억 달러로 추산했다.

33 Ekaterina Drankina, ʻMoskovskaya Neftyanaya Vykhodit na Rynokʻ, *Ekspert*, April 24 2000.

34 Matthew Swibel, ʻThe Boomerang Effect: Billionaire Tamir Sapir Earned a Bundle Exploiting Russia. Now Crony Capitalism is Getting the Better of Himʼ, *Forbes*, April 17 2006.

35 Motoko Rich and William Neuman, ʻ$40 Million Buys Ex-Cabby His Own Corner of 5th Avenueʼ, *New York Times*, January 10 2006; Dan Morrison, ʻA Man of Many Interestsʼ, *Newsday*, December 31 2000.

36 체르네이가 저자와의 2007년 5월 인터뷰에서 밝힌 바에 따르면, 그들은 항상 KGB 구성원과 협조하지 않을 수 없었다고 한다. 그렇지 않고서는 사업으로 진출하는 다른 방법 이 없었기 때문이었다. 〈그들은 국가의 구조물을 통해 판매하라고 우리에게 강요하곤 했습 니다. 우리는 국가에 뇌물을 바치지 않을 수 없었죠. 그 당시에 암시장은 어땠을까요? 그건 어디까지나 회색의 사업이었습니다. 저는 시스템 바깥에 있었지만, 항상 법의 가장자리를 따라 움직였습니다.〉

37 러시아 국영 텔레비전 채널 NTV와의 2019년 9월 인터뷰에서 키슬린은 트럼프 와의 우정을 과시하면서, 자기가 그에게 몇 번이나 보르시를 먹었다고 주장하는가 하면, 1970년대에는 그에게 텔레비전 700대를 구입할 자금을 빌려주었다고도 말했다. www. ntv.ru/video/1771880.

38 치기린스키와 저자의 2018년 5월 인터뷰 내용.

39 전직 KGB 해외 첩보부 고위급 간부인 시베츠와 저자의 2018년 5월 인터뷰 내용. 아 갈라로프는 논평을 거부했다.

40 아갈라로프의 동업자 가운데 한 명이 나중에 한 말에 따르면, 1990년대의 사업에서 또 한 가지 부분으로 인해 아갈라로프는 〈러시아의 여러 준정부 기관과〉 직접 엮이게 되었 다고 한다. 아갈라로프가 구소련에서 무역 회의를 주최했기 때문이었는데, 이 동업자의 말

에 따르면 그 행사는 〈정치와 협상과 돈의 민감한 혼합〉이었다고 한다.

41 'Leila I Emin', *Izvestia*, February 6 2006. 여기서 아갈라로프는 체르키좁스키의 주주로 거론된다. 체르키좁스키와 그 운영 방식에 관한 탁월한 묘사로는 다음 자료를 보라. Andrew E. Kramer, 'Huge Profits Spell Doom for a 400-Acre Market', *New York Times*, July 28 2009.

42 아리프가 2010년에 미성년자 성매매 여성들을 동원한 요트 파티를 개최한 혐의로 튀르키예에서 체포되었을 때, 체르키좁스키의 주요 소유주 가운데 한 명인 텔만 이스마일로프와 한창 대화를 나누는 모습이 목격되었다. 'Telman Ismailov Popal v Skandalnuyu Istoriyu v Turtsii', *Trend*, October 4 2010. 이 신문 보도에 따르면, 이스마일로프는 이 사건에 대한 증언을 위해 경찰에 소환되었다고 한다. 아울러 그 당시에 요트에 있었던 사람 중에는 아리프의 카자흐스탄 동업자들인 이른바 〈삼인조〉, 즉 ENRC의 배후에 있는 마슈케비치를 비롯한 카자흐스탄 사업가들도 있었다.

43 시베츠와 저자의 2018년 5월 인터뷰 내용.

44 Jon Swaine and Shaun Walker, 'Trump in Moscow: What Happened at Miss Universe in 2013', *Guardian*, September 18 2017.

45 시베츠와 저자의 2018년 5월 인터뷰 내용.

46 다음 자료를 보라. United States General Accounting Office, 'Suspicious Banking Activities: Possible Money Laundering by US Corporations Formed for Russian Entities', October 2000. 시티 그룹의 국제 부문 법무실장 마이클 A. 로스는 미국 회계 감사국에 보낸 2000년 11월 28일 자 편지에서 카벨랏제가 이 수상한 돈의 흐름을 주도한 장본인이라고 확인했다. 이 편지에서는 시티 그룹이 카벨랏제 관련 계좌들에서 그 어떤 불법 활동도 감지하지 못했다고 설명했다. 즉 그는 1991년 10월부터 계좌를 개설하기 시작했고, 이후로 은행에서는 그 모두를 폐쇄했다면서, 〈의심의 여지가 있는 활동〉을 감지하는 데에 실패한 은행의 절차상의 부족함을 지적했다. 또 다음 자료를 보라. Raymond Bonner, 'Laundering of Money Seen as Easy', *New York Times*, November 29 2000.

47 다음 언론 자료를 보라. 'Levin Releases GAO Report on Vulnerabilities to Money Laundering in US Banks', November 29 2000. 문제의 라트비아인 은행가와 KGB의 연계에 관해서는 다음 자료를 보라. Knut Royce, 'San Francisco Bank Linked to Laundering Probe at Bank of New York', Center for Public Integrity, December 9 1999.

48 시티 그룹의 국제 부문 법무실장 로스가 미국 회계 감사국에 보낸 2000년 11월 28일 자 편지 내용.

49 위의 곳.

50 전직 크렘린 공직자와 저자의 2018년 6월 인터뷰 내용; 전직 러시아 첩보계 고위 간부와 저자의 2018년 5월 인터뷰 내용.

51 이 문제에 대해 잘 아는 사람과 저자의 2018년 5월 인터뷰 내용.

52 Royce, 'San Francisco Bank Linked to Laundering Probe at Bank of New York'; Sam Zuckerman, 'Russian Money Laundering Scandal Touches S.F. Bank', *San Francisco Chronicle*, September 23 1999; Robert O'Harrow Jr, '3 Firms Links to Russia

Probed', *Washington Post*, October 21 1999: Andrew Higgins, Ann Davis and Paul Beckett, 'Money Players: The Improbable Cast of Capitalist Converts Behind BONY Scandal', *Wall Street Journal*, December 30 1999. 뉴욕 은행의 여러 계좌에서 베넥스를 거쳐서 샌프란시스코 상업 은행의 여러 계좌로 800만 달러가 이전되었다. 아울러 나우루에 등기된 시넥스 은행은 샌프란시스코 은행에 대리 계좌를 보유하고 있었는데, 러시아에서 베넥스로 들어간 자금 가운데 상당수는 우선 시넥스 은행으로 이전된 바 있었다.

53 시베츠와 저자의 2018년 5월 인터뷰 내용.

54 시베츠와 저자의 2019년 8월 인터뷰 내용; 모길레비치의 예전 관련자는 저자와의 2018년 3월 인터뷰에서 이렇게 말했다. 〈법무부가 뉴욕 은행 계책을 봉쇄하자, 이들은 트럼프 그룹을 통해서 돈을 보내기 시작했습니다. 트럼프 그룹은 그 당시에만 해도 러시아인이나 세바에게 결코 열린 적이 없었던 도관을 보유하고 있었으며 (……) 러시아인들이 접근할 수 있었던 돈은 미국 투자자들이 그 당시에 접근할 수 있었던 돈보다 훨씬 더 컸기 때문에 (……) 러시아인들은 그 돈이 안전한지 여부에 대해서는 신경도 쓰지 않았습니다. 트럼프는 다른 누구도 제공할 수 없었던 접근권을 그들에게 제공했던 겁니다. 미하스와 세바에게는 수억 달러도 그리 큰돈까지는 아니었습니다. 하지만 트럼프에게는 그것만 해도 상당히 큰돈이었습니다. 더럽게도 큰돈이었습니다.〉 트럼프 그룹의 수석 법무실장 가튼은 이에 대한 논평 요청에 응답하지 않았다.

55 시베츠와 저자의 2019년 8월 인터뷰 내용.

56 가튼은 베이로크와 관련해서 『파이낸셜 타임스』에 이렇게 말했다. 〈우리가 선관주의를 할 때에는 선의로 행동하며 관련 자료를 모두 살펴보려고 하지만, 우리가 뭔가를 살펴볼 때에도 어느 정도까지이게 마련입니다. 우리도 최대한 하려고 노력합니다만, 공개 기록에만 국한되는 겁니다.〉 Tom Burgis, 'Dirty Money: Trump and the Kazakh Connection', *Financial Times*, October 19 2016.

57 Timothy L. O'Brien and Eric Dash, 'Is Trump Headed for a Fall?', *New York Times*, March 28 2004.

58 위의 곳.

59 Timothy L. O'Brien, 'Trump, Russia and a Shadowy Business Partnership', Bloomberg, June 21 2017.

60 저자와 사테르의 2018년 5월 인터뷰 내용. 트럼프와의 이 첫 만남이 언제였는지에 대한 그의 발언은 모호했다. 처음에는 2000년이라고 말했다가, 나중에는 2001년이라고 말했다. 티모시 L. 오브라이언의 탐사 보도로 촉발된 트럼프와 『뉴욕 타임스』와의 법적 분쟁 과정에서 작성된 2008년 1월 23일 자 진술서에서는 트럼프 그룹 구성원들과의 첫 만남을 2001년이라고, 또는 2002년부터 시작되었을 가능성이 상당히 농후하다고 말했다. 훗날 베이로크의 재무 담당자 크리스가 제기한 소송에서는 사테르가 2002년에 베이로크에 합류했다고 나왔다.

61 모길레비치의 예전 관련자 두 명과 저자의 2018년 3월과 7월 인터뷰.

62 저자와 사테르의 2018년 5월 인터뷰 내용.

63 United States v. Felix Sater, Criminal Docket No. 98 CR 1101, letter from DoJ

filed under seal to Judge I. Leo Glasser, August 27 2009.

64 또 사테르의 기소와 관련된 다음의 법원 문서들도 보라. United States of America against Felix Sater, signed by Zachary Carter, United States Attorney Eastern District of New York; 사테르에 대한 판결문(the Honorable I. Leo Glasser, United States District Senior Judge, October 23 2009)에는 〈익명 남성〉이라고 나와 있지만, 그 속기록에는 〈사테르〉라고 나와 있다; Complaint and Affidavit in Support of Arrest Warrants, Leo Taddeo Affidavit, April 1998. 검찰의 다음 보도 자료도 보라. United States Attorney, Eastern District of New York, '19 Defendants Indicted in Stock Fraud Scheme that was Protected and Promoted by Organised Crime', March 2 2000.

65 해당 사건에서 증권 중개업체 A. R. 배런의 개입이 언급된 계책의 세부 내용, 아울러 뉴욕 은행과 베넥스 계책과의 연계에 대해서는 다음 자료를 보라. Glenn R. Simpson and Paul Beckett, 'UK Probe Possible Link Between Russian Case, A.R. Baron', *Wall Street Journal*, September 24 1999.

66 저자와 사테르의 2018년 5월 인터뷰 내용.

67 시베츠와 저자의 2018년 5월 인터뷰 내용; 모길레비치의 예전 관련자와 저자의 2018년 3월 인터뷰 내용.

68 United States v. Felix Sater, Criminal Docket No. 98 CR 1101, letter from DOJ filed under seal to Judge I. Leo Glasser, August 27 2009.

69 위의 곳.

70 위의 곳.

71 Friedman, *Red Mafia*, pp. 55 - 7.

72 United States v. Felix Sater, Criminal Docket No. 98 CR 1101.

73 시베츠와 저자의 2019년 8월 인터뷰 내용. 칼마노비치는 2009년 11월에 암살되었다. 그즈음 사테르는 FBI와의 협조를 끝냈다.

74 모길레비치의 예전 관련자와 저자의 2018년 3월 인터뷰 내용.

75 모길레비치의 예전 관련자와 저자의 2018년 7월 인터뷰 내용.

76 저자와 사테르의 2018년 5월 인터뷰 내용.

77 같은 곳.

78 제13장을 보라. 먀진은 몰도바와 도이체 방크 계책과 관련된 프롬스베르방크에서 자금을 횡령한 혐의로 2018년에 유죄 선고를 받았던 반면, 드보스킨은 여전히 자유롭게 활보했다. 또 다음 자료를 보라. Leonid Nikitinsky, 'Who is Mister Dvoskin?', *Novaya Gazeta*, July 22 2011.

79 저자와 사테르의 2018년 5월 인터뷰 내용.

80 같은 곳.

81 같은 곳.

82 아리프는 아갈라로프와도 연계되어 있었다. 체르키좁스키 시장의 공동 소유주인 아제르바이잔인이 그의 관련자였기 때문이다.

83 마슈케비치는 1980년대 말에 비르시테인이 설립한 무역 회사 시베코의 부대표로

사업을 시작했다. 비르시테인은 솔른쳅스카야의 관련자로 FBI와 스위스 첩보 기관에서 거명된 인물이다(모길레비치의 예전 관련자 역시 이 삼인조가 솔른쳅스카야와 계속해서 일했다고 주장했다).

84 저자와 사테르의 2018년 5월 인터뷰 내용.

85 같은 곳.

86 Andrew Rice, 'The Original Russia Connection', *New York Magazine*, August 7 2017.

87 위의 곳; 트럼프와 『뉴욕 타임스』의 오브라이언의 소송 사건에서 작성된 사테르의 진술서(Felix Sater deposition, April 1 2008, in Trump v. O'Brien) 내용.

88 저자와 사테르의 2018년 5월 인터뷰 내용.

89 O'Brien, 'Trump, Russia and a Shadowy Business Partnership'.

90 이 프로젝트에서 트럼프와 베이로크의 이권에 관한 최초의 보도는 다음 자료를 보라. Tom Stieghorst, 'Trump Eyes Oceanfront Land Aventura Firm to Market Project in Lauderdale', *South Florida Sun-Sentinel*, December 12 2003. 이 기사에서 트럼프는 개발업자로 지칭된 반면, 베이로크는 그저 동업자로만 언급되었다. 하지만 나중에 가서, 즉 만사가 끝장나고 나서야 비로소 진실이 밝혀졌다. 트럼프는 개발업자가 아니었고, 거기서 그저 명의 사용료만 챙길 예정이었다. Michael Sallah and Michael Vasquez, 'Failed Donald Trump Tower Thrust into GOP Campaign for Presidency', *Miami Herald*, March 12 2016(베이로크는 이 부지를 4000억 달러에 매입했으며, 이후 건축을 위해 1억 3900만 달러를 추가로 대출받았다).

91 Glen Creno and Catherine Burrough, 'Trump Raises Stakes: Camelback's Glitzy Boom Continues', *Arizona Republic*, November 13 2003. 트럼프와 오브라이언의 소송 사건에서 작성된 사테르의 진술서(Sater deposition, April 1 2008, in Trump v. O'Brien, p. 60)에서도 베이로크가 트럼프에게 제안한 최초의 프로젝트는 피닉스와 포트 로더데일이라고 분명히 밝혔다. 〈질문: 당신은 트럼프 그룹의 중역들인 플리커 씨와 리스 씨에게 어떤 기회를 소개했다고 말씀하셨지요. 처음에는 그게 어떤 기회였습니까? 답변: 포트 로더데일과 피닉스였습니다. 우리는 미국 전체와 세계 전체에서 트럼프 그룹이 진출에 관심을 둔 지역이 어디인지, 그런 다양한 기회 중에서 우리가 공동으로 협력할 수 있는 기회가 무엇인지를 놓고 전반적인 이야기를 나누었습니다.〉

92 Michael Stoler, 'Parking Lots and Garages go the Way of the Dinosaurs', *New York Sun*, February 16 2006. 이 프로젝트에 관해서는 베이로크의 2007년 사업 설명서에 더 자세한 내용이 나와 있다.

93 트럼프는 오브라이언과의 소송 사건(Donald J. Trump v. Timothy L. O'Brien)에서 제출한 2007년 진술서에서 자신이 트럼프 소호에서 18퍼센트의 지분을 소유했음을 밝혔다. 다음 자료를 보라. assets.documentcloud.org/documents/2430267/trumps-lawsuit-on-net-worth.pdf. 또 다음 자료를 보라. O'Brien, 'Trump, Russia and a Shadowy Business Partnership'.

94 해당 파산 신청(Trump Casino Holdings LLC Petition for Chapter 11

Bankruptcy, filed November 21 2004)의 사본 내용.

95 블룸과 저자의 2018년 12월 인터뷰 내용. 트럼프 그룹의 법무실장 가튼은 이에 대한 논평 요청에 응답하지 않았다.

96 Tom Burgis, 'Tower of Secrets: The Russian Money Behind a Donald Trump Skyscraper', *Financial Times*, July 12 2018.

97 Jody Kriss and Michael Ejekam v. Bayrock Group LLC et al., United States District Court, Southern District of NY. 크리스의 부당 이득에 대한 고소장의 최초 버전은 다음 자료를 보라. www.documentcloud.org/documents/3117825-Qui-Tam-Complaint-With-Exhibit-a-and-Attachments.html#document/p1. 또 다음 자료를 보라. Andrew Rice, 'The Original Russia Connection', *New York Magazine*, August 7 2017. 이 고소장은 이후 두 번 수정되었는데, 그 과정에서 이 특정한 주장은 삭제되었다. 베이로크는 2018년에 이 소송에 대해 합의를 보았다. 다음 자료를 보라. 'Trump-Linked Real Estate Firm Settles Suit by Ex-Employee', Bloomberg, February 23 2018.

98 위의 곳; Marc Champion, 'How a Trump SoHo Partner Ended Up with Toxic Mining Riches from Kazakhstan', Bloomberg, January 11 2018. 베이로크가 카자흐스탄의 크롬 정제소에서 나온 현금 계좌에 접근할 수 있었다는 주장은 나중에 가서 부적절하게 입수한 정보라는 이유로 고소장에서 삭제되었다.

99 Craig Shaw, Zeynep Sentek and Stefan Candea, 'World Leaders, Mobsters, Smog and Mirrors', *Football Leaks, The Black Sea*, December 20 2016.

100 Jody Kriss and Michael Ejekam vs Bayrock Group LLC et al., United States District Court, Southern District of NY. 크리스의 부당 이득에 대한 고발장의 최초 버전은 다음 자료를 보라. www.documentcloud.org/documents/3117825-Qui-Tam-Complaint-With-Exhibit-a-and-Attachments.html#document/p1; O'Brien, 'Trump, Russia and a Shadowy Business Partnership'.

101 위의 곳.

102 Robyn A. Friedman, 'Trump Puts Stamp on Project; Father and Son Add Famous New Yorker as Partner to Build Sunny Isles Towers', *South Florida Sentinel*, January 30 2002.

103 Nathan Layne, Ned Parker, Svetlana Reiter, Stephen Grey and Ryan McNeill, 'Russian Elite Invested Nearly $100 Million in Trump Buildings', Reuters, March 17 2017.

104 위의 곳.

105 시나이데르의 이력에 관한 훌륭한 자료들로 다음을 보라. Tony Wong, 'Meet the Man Behind Trump Tower', *Toronto Star*, December 4 2004; Heidi Brown and Nathan Vardi, 'Man of Steel: Alex Shnaider Became a Billionaire in the Dimly Lit Steel Mills of Eastern Europe. How Will He Handle the Glare of the Western World?', *Forbes*, March 28 2005; Michael Posner, 'The Invisible Man; But for the Car, it Might Be', *Globe and Mail*, May 27 2005.

106 베이로크의 2007년 사업 설명서 내용.

107 저자가 입수한 모길레비치 제국 관련 1995년 FBI 보고서 내용.

108 제2장을 보라.

109 모길레비치 제국 관련 FBI 보고서 내용.

110 저자가 입수한 2007년 6월의 스위스 첩보 기관 보고서에 따르면, 비르시테인은 솔른쳅스카야 범죄 조직단과 〈긴밀한 연계〉를 맺고 있다(비르시테인의 아들 알론이 2005년에 온타리오에서 제출한 고소장 내용에 따르면, 1995년에 벨기에에 거주할 당시에 비르시테인은 국제 범죄 수사의 대상이 되었다고 한다. 〈러시아, 미국, 스위스, 벨기에 경찰에서는 피고가 솔른쳅스카야 마피아의 일원이라고 의심했으며 (……) 그들은 그가 악명 높은 러시아 범죄 조직원 미하일로프의 공범이라고 믿었다.〉 이 고소장 사본에 등장하는 구절이다).

111 Charles Clover, 'Questions over Kuchma's Advisor Cast Shadows', *Financial Times*, October 29 1999.

112 Mark MacKinnon, 'Searching for Boris Birshtein', *Globe and Mail*, December 29 2018. 저자와의 전화 통화에서 비르시테인은 더 이상의 논평을 거부했다. 『글로브 앤드 메일 *Globe and Mail*』의 개빈 타이가 인용한 비르시테인의 변호사의 발언에 따르면, 저자가 추가 논평을 위해 연락을 해왔을 때 비르시테인은 더 이상 변호사에게 아무런 지시도 내리지 않았다고 한다.

113 Alain Lallemand, 'Coordination. Des Retards, des délais dépasses, des incohèrences', *Le Soir*, January 18 2017.

114 Burgis, 'Tower of Secrets'.

115 Ned Parker, Stephen Grey, Stefanie Eschenbacher, Roman Anin, Brad Brooks and Christine Murray, 'Ivanka and the Fugitive from Panama', Reuters, November 17 2017.

116 위의 곳.

117 위의 곳. 로이터와의 인터뷰에서 노구에이라는 자기가 이 영상에 등장하는 주장 가운데 어떤 것도 했다는 기억나지 않는다고 말했으며, 트럼프의 프로젝트를 통한 돈세탁이나 마약 판매 대금 관리를 모두 부정했다.

118 위의 곳. 알초울의 주택 담보 대출 사기 혐의에 대한 형사 사건 수사는 1년 뒤에 종료되었다. 카발렌카에 대한 형사 사건 수사 역시 핵심 증인들인 이른바 성매매 여성들이 법정에 출석하지 않으면서 2005년에 종료되었다.

119 Donald Trump, 'Mr. Trump Strongly Defends his Good Name', *Wall Street Journal*, November 28 2007.

120 베이로크의 2007년 사업 설명서 내용.

121 치기린스키와 저자의 2018년 7월 인터뷰 내용.

122 Jody Kriss and Michael Ejekam v. Bayrock Group LLC et al., United States District Court, Southern District of NY.

123 위의 곳.

124 아이슬란드에서는 FL 그룹이 파산하고 말았다. 하지만 저자가 입수한 문서에 따르면, 델라웨어주에서는 그 부동산 부문 가운데 하나인 FLG 부동산 I가 여전히 운영 중이었다.

125 Sallah and Vasquez, 'Failed Donald Trump Tower Thrust into GOP Campaign

for Presidency', *Miami Herald*, March 12 2016.

126 저자가 입수한 문서 내용에 의거함.

127 O'Brien, 'Trump, Russia and a Shadowy Business Partnership'.

128 Ben Protess, Steve Eder and Eric Lipton, 'Trump Organization will Exit from Its Struggling SoHo Hotel in New York', *New York Times*, November 22 2017.

129 Gary Silverman, 'Trump's Russian Riddle', *Financial Times*, August 14 2016.

130 Cribb, Chown, Blackman, Varhnham O'Regan, Maidenberg and Rust, 'How Every Investor Lost his Money on Trump Tower Toronto (but Donald Trump Made Millions Anyway)', *Toronto Star*, October 21 2017.

131 블룸과 저자의 2018년 12월 인터뷰 내용.

132 트럼프와 오브라이언의 소송 사건에서 작성된 사테르의 진술서(Felix Sater deposition, April 1 2008, in Trump v. O'Brien) 내용.

133 위의 곳.

134 'Ispaniya Vernet Rossii Khranitelya Kompromata', *Rosbalt*, June 10 2013.

135 저자와 사테르의 2018년 5월 인터뷰 내용.

136 Nikolai Mikhailev, 'Rossiya Umenshilas v Razmerakh', *RBK Daily*, March 14 2012.

137 Alan Cullison and Brett Forrest, 'Trump Tower Moscow? It was the End of Long, Failed Push to Invest in Russia', *Wall Street Journal*, November 30 2018.

138 Irina Gruzinova, 'Milliarder Aras Agalarov: 「Ya ne umeyu zarabatyvats na gosudarstvennikh stroikakh」', *Forbes Russia*, March 11 2015.

139 치기린스키와 저자의 2018년 5월 인터뷰 내용.

140 모스크바의 고위급 은행가와 저자의 2017년 1월 인터뷰 내용.

141 Anthony Cornier and Jason Leopold, 'Trump Moscow: The Definitive Story of How Trump's Team Worked the Russia Deal During the Campaign', BuzzFeed, May 17 2018.

142 Matt Apuzzo and Maggie Haberman, 'Trump Associate Boasted that Moscow Business Deal Will Get Donald Elected', *New York Times*, August 28 2017.

143 'Read the Emails on Donald Trump Jnr', *New York Times*, July 11 2017.

144 Jo Becker, Adam Goldman and Matt Apuzzo, 'Russian Dirt on Clinton? I Love it, Donald Trump Jnr. Said', *New York Times*, July 11 2017.

145 위의 곳.

146 Philip Bump, 'A Timeline of the Roger Stone – Wikileaks Question', *Washington Post*, October 30 2018.

147 위의 곳.

148 David Filipov and Andrew Roth, 'Yes We Did: Russia's Establishment Basks in Trump's Victory; Russians Couldn't Help Gloating a Bit Over Trump's Win', *Washington Post*, November 9 2016.

149 Andrew Osborn, 'Donald Trump's Foreign Policy Almost Exactly the Same as Putin, Kremlin Says', Reuters, November 10 2016.

150 시베츠와 저자의 2019년 8월 인터뷰 내용.

151 러시아의 고위 공직자와 저자의 2017년 2월 인터뷰 내용.

152 시베츠와 저자의 2019년 8월 인터뷰 내용; Donald Trump, Open Letter, 'There's Nothing Wrong with America's Foreign Defense Policy that a Little Backbone Can't Cure', Washington Post, September 2 1987. 다음 웹 사이트에서 볼 수 있다. https://assets.documentcloud.org/documents/4404425/Ad-in-The-Washington-Post-from-Donald-Trump.pdf.

153 트럼프와 오브라이언의 소송 사건에서 작성된 사테르의 진술서(Sater deposition, April 1 2008, in Trump v. O'Brien) 내용.

154 위의 곳. 사테르의 말에 따르면, 베이로크는 〈서비스 수행에 대해서 그들과의 계약을 개시하기 위해서〉 트럼프 그룹에 25만 달러를 대금으로 지급했고, 아울러 개발 용역에 대해서도 〈속적으로 매월〉 대금을 지급했지만 그 정확한 금액까지 기억나지는 않는다고 덧붙였다. 트럼프 그룹의 법무실장 가튼은 이와 관련해서 트럼프 그룹이 베이로크에게서 그런 대금을 얼마나 받았는지, 아울러 포트 로더데일과 트럼프 소호에서의 베이로크 프로젝트를 위해서도 이와 유사한 합의가 있었는지에 대한 논평 요청에 응답하지 않았다.

155 밀리안과 ABC 뉴스의 2016년 7월 인터뷰 전문 녹취록 내용.

156 시베츠와 저자의 2019년 8월 인터뷰 내용.

157 자툴린과 저자의 2016년 10월 인터뷰 내용.

158 야쿠닌과 저자의 2016년 7월 인터뷰 내용.

159 야쿠닌과 저자의 2017년 11월 인터뷰 내용.

160 같은 곳.

161 Shane Harris, Josh Dawsey and Ellen Nakashima, 'Trump Told Russian Officials in 2017 He Wasn't Concerned About Moscow's Interference in US Election', Washington Post, September 28 2019.

162 Sharon LaFraniere, Nicholas Fandos and Andrew E. Kramer, 'Ex-Envoy to Ukraine Testifies False Claims ropelled Ouster', New York Times, October 12 2019.

163 치기린스키와 저자의 2018년 5월 인터뷰 내용.

164 2018년 7월 16일 헬싱키에서 있었던 트럼프와 푸틴의 기자 회견 녹취록을 보라. www.kremlin.ru/events/president/news/58017.

165 위의 곳.

166 갈레오티와 저자의 2018년 2월 인터뷰 내용. 또 다음 자료를 보라. Simon Shuster, 'How Putin's Oligarchs got Inside the Trump Team', Time, September 20 2018.

167 러시아 억만장자와 예전에 가까웠던 관련자와 저자의 2017년 6월 인터뷰 내용.

168 서방의 고위급 은행가와 저자의 2013년 5월 인터뷰 내용.

169 러시아의 고위급 사업가와 저자의 2017년 3월 인터뷰 내용.

170 치기린스키와 저자의 2018년 5월 인터뷰 내용.

171 그레이엄과 저자의 2018년 5월 인터뷰 내용.

172 아브라모비치와 예전에 가까웠던 관련자와 저자의 2017년 5월 인터뷰 내용.

173 러시아 억만장자와 예전에 가까웠던 관련자와 저자의 2017년 6월 인터뷰 내용.

174 'Kremlin Says Mueller's Russia Investigation is Pointless', Reuters, May 29 2018.

175 시베츠와 저자의 2019년 8월 인터뷰 내용.

176 Knut Royce, 'FBI Tracked Alleged Russian Mob Ties of Giuliani Campaign Supporter', The Center for Public Integrity, December 14 1999. 이 자료에서는 키슬린이 1994년부터 1997년까지 1만 4250달러를 줄리아니에게 직접 기부하고, 기금 마련 행사를 개최하는 등의 과정을 자세히 설명했다. 아울러 1996년 인터폴 보고서도 언급했는데, 거기서는 키슬린의 트랜스 상사가 러시아의 유명한 범죄 조직원 체르네이를 위해 금속을 무역했다고 나온다. 러시아 국영 텔레비전 채널 NTV와의 2019년 9월 인터뷰에서 키슬린은 트럼프와의 우정을 과시하면서, 자기가 그에게 몇 번이나 보르시를 먹였다고 주장했었다. https://www.ntv.ru/video/1771880.

177 https://www.ntv.ru/video/1771880.

178 위의 곳.

179 Darren Samuelson and Ben Schreckinger, 'Indicted Giuliani Associate Attended Private '16 Election Night Party for Friend Trump', Politico, October 11 2019. 이 기사에 따르면 파르나스는 2018년 5월에 백악관에서 트럼프와 함께 찍은 사진을 인터넷에 올렸다. 트럼프는 〈나는 모든 사람과 함께 사진을 찍어 준다〉며서 그 일의 심각성을 일축했다.

180 Aubrey Belford and Veronika Melkozerova, 'Meet the Florida Duo Helping Giuliani Investigate for Trump in Ukraine', Organised Crime and Corruption Reporting Project, July 22 2019.

181 또 다음 자료를 보라. Rosalind S. Helderman, Tom Hamburger, Josh Dawsey and Paul Sonne, 'How Two Soviet-Born Emigres Made it Into Elite Trump Circles', Washington Post, October 13 2019.

182 Aram Roston, Karen Freifeld and Polina Ivanova, 'Indicted Giuliani Associate Worked on Behalf of Ukrainian Oligarch Firtash', Reuters, October 11 2019. 파르나스와 프루만이 과시하듯 지출한 금액에 관해서는 다음 자료를 보라. Michael Sallah and Emma Loop, 'Two Key Players Spent Lavishly as They Dug for Dirt on Biden', BuzzFeed, October 9 2019.

183 Vicky Ward and Marshall Cohen, 「I'm the Best Paid Interpreter in the World」: Indicted Giuliani associate Lev Parnas touted windfall from Ukrainian Oligarch', CNN, November 1 2019.

184 Matt Zapotosky, Rosalind S. Helderman, Tom Hamburger, Josh Dawsey, 'Prosecutors Suspect Ties between Ukrainian Gas Tycoon, Giuliani Associates', Washington Post, October 23 2019.

185 Opening Statement of Ambassador William B. Taylor to House Intelligence Committee, October 22 2019.

186 러시아의 전직 고위급 은행가와 저자의 2019년 9월 인터뷰 내용.

187 러시아의 고위급 사업가와 저자의 2017년 3월 인터뷰 내용.

맺음말

1 셰스툰이 겪은 일에 관한 훌륭한 설명은 다음 자료를 보라. Arkady Ostrovsky, 'A Russian Tale: The Rise and Fall of Alexander Shestun', *The Economist*, December 22 2018. 셰스툰의 1990년대 사업 경력에 관해서는 그의 공식 약력인 다음 자료를 보라. cyclowiki.org/wiki/Aleksandr_Vyacheslavovich_Shestun.

2 Ostrovsky, 'A Russian Tale'.

3 러시아의 고위급 은행가와 저자의 2018년 6월 인터뷰 내용.

4 Anna Krasnoperova, 'Arestovanny Aleksandr Shestun Rasskazal o Korruptsii v FSB', *The Insider*, June 26 2018, https://theins.ru/news/107934.

5 'Tebya pereedut katkom – general FSB ugrozhayet v Administratsii prezidenta', pasmi.ru, April 20 2018(https://pasmi.ru/archive/208765/). 녹음과 영상 내용도 포함되어 있다.

6 'FSB Schitaet Gubernatora Vorobyova Opasnee Banditov', Pasmi.ru, November 11 2018(https://pasmi.ru/archive/223752/). 녹음 내용도 포함되어 있다.

7 위의 곳. 랄라킨은 모스크바 지역의 포돌스크단의 우두머리였으며, 프롬스베르방크의 전직 대표 그리고리예프며 먀진과 함께 몰도바와 거울 매매 계책에서 일한 바 있었다.

8 크렘린의 내부자와 저자의 2017년 2월 인터뷰 내용.

9 러시아 재벌과 저자의 2017년 2월 인터뷰 내용.

10 Aleksei Navalny, 'Kto Obyedaet Rosgvardiyu', FBK, August 23 2018.

11 러시아 재벌과 저자의 2019년 9월 인터뷰 내용.

12 서방 변호사와 저자의 2019년 9월 인터뷰 내용. 크림반도 이전까지만 해도, 푸틴은 러시아를 2020년에 이르러 세계 경제 규모에서 5위 국가로 만들겠다고 거듭해서 약속했다. 실제로도 그렇게 되어 가는 경로에 있었던 것처럼 보였다. 2011년에 경제 사업 연구 센터에서는 러시아가 2020년에 이르러 4위를 달성할 것이라고 예측했다(다음 자료를 보라. Philip Inman, 'Brazil passes UK to Become World's Sixth Largest Economy', *Guardian*, December 26 2011). 국제 통화 기금에 따르면, 2013년에 러시아는 세계 경제 규모 순위에서 8위를 차지했다. 2018년에는 11위를 차지했다.

13 전직 정부 고위 공직자와 저자의 2019년 4월 인터뷰 내용.

14 'Korotko o tom, skolko milliardov I na kakie strany tratit Rossiya', *Telekanal Dozhd*, November 15 2018. 또 다음 자료를 보라. Andrei Biryukov and Evgeniya Pismennaya, 'Russia Dips into Soviet Playbook in Bid to Buy Allies Abroad', Bloomberg, October 23 2019. 블룸버그의 보도에 따르면, 2022년에 이르러 외국에 대한 러시아의 연간 대출액은 두 배로 늘어날 것으로 예측되었는데, 이것이야말로 소비에트 시

절의 관습으로 회귀한 셈이었다.

15 밀로프와 저자의 2018년 9월 인터뷰 내용.

16 호도르콥스키와 저자의 2016년 7월 인터뷰 내용.

17 러시아의 고위급 은행가와 저자의 2018년 6월 인터뷰 내용.

18 러시아 재벌과 저자의 2019년 1월 인터뷰 내용.

19 러시아의 고위급 은행가와 저자의 2019년 1월 인터뷰 내용.

20 푸가체프와 저자의 2015년 7월 인터뷰 내용.

21 푸가체프와 저자의 2014년 9월 인터뷰 내용.

22 푸가체프와 저자의 2019년 1월 인터뷰 내용.

사진 출처

1 697면 ⓒ Sovfoto, Universal Images Group, Getty Images.

2 698면 ⓒ Itar Tass, Pool, Shutterstock.

3 699면 ⓒ Shutterstock.

4 699면 ⓒ AFP, AFP via Getty Images.

5 700면 ⓒ Alexey Panov, AFP via Getty Images.

6 701면 ⓒ Alexei Kondratyev, AP, Shutterstock.

7 702면 ⓒ Shutterstock.

8 702면 ⓒ Sputnik, TopFoto.

9 703면 ⓒ Alexander Nikolayev, AFP via Getty Images.

10 703면 ⓒ STR, AFP via Getty Images.

11 703면 ⓒ Sergei Malgavko, TASS via Getty Images.

12 703면 ⓒ Simon Dawson, Bloomberg via Getty Images.

13 704면 ⓒ Sputnik, Alamy.

14 705면 ⓒ AFP via Getty Images.

15 706면 ⓒ Anton Denisov, AFP via Getty Images.

16 706면 ⓒ AFP via Getty Images.

17 707면 ⓒ Pool Photograph, Corbis, Corbis via Getty Images.

18 708면 ⓒ Shutterstock.

19 708면 ⓒ Shutterstock.

20 709면 ⓒ Alexey Filippov, TASS via Getty Images.

21 709면 ⓒ Kommersant Photo Agency, SIPA USA, PA.

22 710면 ⓒ Mikhail Metzel, TASS via Getty Images.

23 710면 ⓒ AMA, Corbis via Getty Images.

24 711면 ⓒ Natalia Kolesnikova, AFP via Getty Images.

25 711면 © Sasha Mordovets, Getty Images.
26 712면 © Joe Dombroski, Newsday RM via Getty Images.
27 712면 © Mark Von Holden, WireImage.

푸틴의 권력과 〈올리가르히〉의 공생 관계

김병호 『매일경제』 부장

(전 연합뉴스 모스크바 특파원, 국제관계학 박사)

지난해 시작된 러시아와 우크라이나 간의 전쟁으로 인해 국내에서도 이들 나라에 대한 관심이 부쩍 커졌지만 아직도 많은 것이 베일에 싸여 있다. 푸틴 대통령의 장기 집권과 강력한 권력 때문에 러시아를 아직도 과거 소련 시절의 공산주의 국가로 오해하는 사람들도 있다. 소련 해체 이후 분리되어 나온 러시아는 삭스 같은 저명한 미국 경제학자들을 초빙해 시장 경제로 가기 위한 〈충격 요법shock theraphy〉을 시행하는 등 자본주의의 역사도 어느덧 30년이 넘었다. 하지만 러시아에 대한 서방 국가들의 인식은 여전히 자유 민주주의나 시장 경제와는 거리가 멀다. 서방의 기준에서는 2000년대 들어 대통령과 총리로 계속해서 집권 중인 푸틴의 권력은 정당성이 없어 보인다. 또 나발니 같은 반(反)정부 야권 인사를 탄압해 살해 기도까지 벌이고, 언론과 시민 단체 활동을 옥죄는 법을 시행하는 등의 반문명적 행보는 지금의 디지털 산업화 시대에 어울리지 않는 것으로 여긴다.

물론 이러한 비난은 서구인들이 러시아에 대해 전통적으로 갖고 있는 무시와 혐오, 두려움 같은 〈루소포비아Russophobia〉의 감정을 고려한다면 크게 놀랄 일도 아니다. 이번 전쟁을 포함해서 러시아에 대한 부정적인 이슈들이 루소포비아를 확대하거나 그 근거로 활용되어 왔기 때문이다.

서방이 〈러시아는 역시 그렇지〉 하며 곱지 않게 바라보는 얘깃거리 중 하나는 러시아 재벌과 관련한 것이다. 정경 유착과 부정부패, 각종 이권 개입 등 러시아 사회의 많은 어두운 단면이 재벌과 돈을 놓고 벌어진다. 미국과 유럽에서는 러시아의 재벌을 결코 〈기업가entrepreneur〉로 부르지 않고 〈올리가르흐oligarch〉로 칭하는데 복수 개념인 올리가르히를 해석하면 신흥 과두(소수) 재벌들이지만 한편에서는 〈졸부(猝富)〉라는 비아냥의 느낌이 강하다. 요즘에는 러시아인들도 스타트업을 창업해 정보 기술이나 금융권 진출도 많이 하지만 여전히 러시아 부호 순위 상위에는 예전부터 올리가르히로 불리던 인물이 많다.

이들은 주로 소련 해체 이후 자본주의로 가기 위한 민영화 과정에 뛰어들어 국영 자산들을 헐값에 사들여 부를 쌓았다. 초기 러시아 당국은 시장 경제로의 전환뿐만 아니라 가용할 재원을 확보하기 위해 국영 기업들을 민영화하는 데 착수했는데, 매물로 나온 것은 천연가스나 원유 같은 에너지와 철광석, 니켈 등 각종 광물 자원을 보유한 알짜 회사들이었다. 소련 시절 국영 기업에 대한 가치 평가나 재무제표가 부실했던 관계로 이들 매물은 턱없이 낮은 가격에 시장에 나왔다. 당시 일반인들은 시장이나 주식의 개념조차 몰랐기 때문에 자본주의로의 전환에 무관심했고, 고위층과 연줄이 있거나 유럽을 통해 자본주의를 스스로 깨우친 약삭빠른 자들만이 민영화가 가져올 횡재의 기회를 놓치지 않았다.

초기 러시아에서 있은 민영화 절차 중 대표적인 것은 〈주식 담보부 대출Loans for Shares〉 경매라는 것이었는데 요점은 이렇다. 먼저 정부와 가까운 민간 은행은 매물로 나온 국영 기업의 주식을 담보로 잡고 정부에 돈을 빌려준다. 정부가 약속한 기일 내에 변제하지 못하면 은행은 담보로 잡은 국영 기업 주식을 경매에 부치게 되는데, 그 매물은 은행 소유주인 재벌 기업에 떨어졌다. 올리가르히에 속한 회사 외에는 경매 입찰에 참가하기가 사실상 어려워 은행을 소유한 그 상위 기업이 낙찰을 받는 구조였다. 다른 기업의 입찰을 막기 위해 공항을 갑자기 폐쇄하거나 도로를 막는 등 꼼수가 저질러지기도 했다. 입찰 참여자가 적다 보니 낙찰가는 낮아질 수밖에 없었고, 더 많은 돈을 써낼 의향이 있는 외국인 투자자는 국유 자산 보호를 이유로 신청이 거부되었다. 따라서 은행과 동일한 기업 집단에 속한 재벌 회사가 거의 단독으로 응찰해 국영 기업을 헐값에 얻게 된 것이다.

더 황당한 것은 이들 은행이 정부에 제공한 대출의 상당액이 국가 조세 수입으로 이루어졌다는 점이다. 정부는 각종 세수(稅收)의 계좌 관리를 올리가르히가 설립한 은행에 맡겼는데, 이들 은행은 국영 기업 주식을 담보로 잡고 정부가 맡겨 둔 세금으로 정부에 대출해 준 셈이다. 이로 인해 서방에서는 주식 담보부 민영화를 〈세기(世紀)의 도적질〉이라고 불렀다. 러시아인들도 〈프리흐바티자쩨야 prikhvatizatsiya〉라고 칭했는데, 이는 러시아어로 〈민영화〉를 뜻하는 〈프리바티자쩨야приватизация〉에 〈탈취하다〉라는 뜻의 〈흐바찓뜨хвати ть〉를 합성해 만든 것이다. 주식 담보부 민영화는 지금의 주요 올리가르히가 탄생하게 된 계기였을 뿐만 아니라 국가 자산을 특정인과 기업에 넘겨 불평등과 빈부 격차를 낳는 단초가 됐다.

올리가르히는 자신이 얻은 부(富)의 정당성이 없기 때문에 권력의 비위를 맞출 수밖에 없었다. 예컨대 재벌은 자신이 보유한 언론 매체를 통해 정부 정책을 홍보해 주거나 더 많은 사업권 획득과 매물 정보를 얻기 위해 관료에게 뇌물을 제공하는 등 유착 관계가 심화됐다. 재벌들 간에는 상대 회사를 빼앗기 위해 묻지마식 폭행과 청부 살인이 난무하기도 했는데 당시의 이러한 치열한 분위기는 〈약탈과 비방 전쟁Kompromat war〉이라고 불렸다.

하지만 이들은 전체의 기득권을 지키기 위해서는 똘똘 뭉쳤다. 대표적인 것이 1996년 대통령 선거에서 옐친을 재선시키는 데 성공한 것이다. 금권이 권력을 창출한 것으로 초기 러시아 정경 유착의 정점이었다. 당시 옐친의 실정(失政) 덕분에 인기가 높았던 공산당 후보가 대통령이 된다면 재벌들은 사실상 불법적으로 얻은 재산을 빼앗길 수 있기 때문에 옐친 정권의 재창출을 위해 힘을 합쳤다. 옐친의 승리는 기존의 재산을 지키는 데서 더 나아가 사업 확장은 물론 정치권력과 밀착할 수 있는 기회이기도 했다. 초기의 올리가르히로 자동차 수입과 에너지, 항공, 방송 등 여러 사업에 진출했던 베레좁스키는 〈1996년 대선은 우리의 가장 소중한 이익을 얻기 위한 전투였다〉라고 회상했다.

옐친이 재선에 승리하자 올리가르히는 계속된 주식 담보부 경매를 통해 국영 기업의 지분을 추가로 빼내 갔고, 해당 기업에는 광범위한 면세와 사업 확장 혜택 등이 주어졌다. 일부 올리가르히는 공직(公職) 감투를 쓰기도 했는데 베레좁스키는 국가 안보 회의 부서기, 포타닌은 경제 부총리가 됐다.

재계는 권력과 혼맥으로도 얽혔다. 마피아까지 동원한 폭력과 유력자와의 연대를 통해 러시아 〈알루미늄 제왕〉에 오른 데리파스카가 대표적이다. 그는 사얀스크 알루미늄 공장을 시작으로 러시아 내 대다수 알루미늄 업체를 통합해 루살을 세계 1위의 알루미늄 기업으로 성장시켰다. 『포브스』가 선정한 2008년 세계 부호 9위에 오르기도 한 그는 크렘린 행정실장을 지낸 유마셰프의 딸과 2001년 결혼했다. 이듬해 유마셰프가 옐친의 차녀인 타티야나와 재혼하면서 데리파스카는 옐친의 배다른 손녀사위가 됐다. 이로 인해 퇴임한 옐친과 그 가족에 대해 푸틴이 제공한 면죄부가 데리파스카에게도 미치면서 그의 사업은 번창했다. 하지만 그는 과거에 행한 불법 사실들이 밝혀지면서 해외 재산을 압류당하고, 서방 국가로부터 비자 발급이 금지되는 수모를 겪었다.

승승장구할 것만 같았던 올리가르히는 푸틴이 집권하면서 날개가 크게 꺾였다. 푸틴은 2000년 7월, 올리가르히 21명을 크렘린에 소집했다. 푸틴은 이 자리에서 〈러시아에는 이해하기 힘든 일이 있다. 어디에서 비즈니스가 끝나고 국가(정치)가 시작되는지, 반대로 어디에서 국가가 끝나고 비즈니스가 시작되는지 모르겠다〉는 말로 운을 뗐다. 그는 〈민영화로 내준 기업을 다시 빼앗는 일은 없다. 정상적인 러시아를 만드는 데 협조한다면 정부는 기업을 최대한 지원하겠다〉고 밝혔다. 이는 〈올리가르히는 사업 외에 정치에는 더 이상 개입하지 말라. 그렇지 않으면 재산과 신변 안전을 보장할 수 없다〉는 경고였다.

푸틴의 발언은 과거 옐친 시절에 올리가르히가 정치에 개입하고 법체계를 교란했던 구태(舊態)를 용납하지 않겠다는 신호라는 점에서 긍정적이었다. 문제는 민영화된 일부 기업들이 다시 국유화되는 과정에서 서방의 기준으로는 이해하기 힘든 부정이 저질러졌다는 점이다. 즉 러시아는 권력이 기업을 빼앗는 권위주의 사회로 변모했고, 재계는 권력의 눈치를 보면서 이를 비판하는 언론과 시민 사회도 위축되는 길을 걸었다.

푸틴이 재국유화에 관심을 둔 것은 가스프롬과 로스네프트 같은 에너지 기업이었다. 천연가스와 석유는 러시아의 지속적인 경제 성장을 담보하고 국제 위상을 높일 수 있어 국가가 집중해 관리해야 한다는 것이 푸틴의 지론이었다. 푸틴은 1999년 본인의 박사 학위 논문을 요약한 「러시아 경제 발전을 위한 전략으로서의 천연자원」에서 국가가 자원을 직접 통제 및 개발해야 한다고 강조했다.

집권 후 정치·사회적 안정을 이룬 푸틴은 국가의 에너지 통제에 나섰는데, 가장 유명한 것이 일명 〈유코스 사태〉였다. 2003년 10월 당시 러시아 최고 부자였던 유코스 사장 호도르콥스키를 횡령과 사기, 세금 포탈 등의 혐의로 구속하면서 러시아 2위, 세계 7위의 석유 기업 유코스를 파산시켜 국가 소유로 만들어 버렸다. 유코스는 소련 시절 석유부에서 출발해 국영 기업인 로스네프트로 바뀌었다가, 소련 해체 후 일부 자산이 유코스로 떨어져 나와 1995년 말 주식 담보부 경매를 통해 호도르콥스키가 차지했다. 이후 구조 조정과 전문 경영인 영입 등으로 회사 가치가 급격히 상승했다.

이로 인한 자신감으로 호도르콥스키는 〈정치에 개입하지 말라〉는 푸틴의 금도를 어겨 정권의 최대 희생양이 됐다. 그는 반(反)푸틴을 외치는 시민 단체나 야당에 자금을 대주고 크렘린의 국내외 정책을 비난했으며, 미국 에너지 기업에 유코스 매각을 추진했다. 또 2007년 유코스 사장에서 물러나 이듬해 대선 출마를 암시하기도 했다. 푸틴은 시범 케이스로 반정부 재벌을 처단하고, 유코스를 해체해 국영 에너지 기업으로 키우면서 잘못된 민영화를 바로잡아 국민의 지지를 얻는 일석삼조의 효과를 거두고자 했다.

유코스의 핵심 자회사인 유간스크네프테가스는 파산 절차를 거쳐, 그때만 해도 존재감이 없던 국영 기업 로스네프트에 매각됐다. 유간스크네프테가스는 먼저 페이퍼 컴퍼니인 BFG에 기업 가치(약 300억 달러)의 3분의 1도 안 되는 가격에 매각되었고, 경매 나흘 뒤 로스네프트는 BFG의 지분 100퍼센트를 인수했다. 이는 정부가 민간 석유 기업을 로스네프트로 넘겨 국유화하려는 의지를 드러낸 것이다. 이후 로스네프트는 중소 석유업체들을 인수했고, 특히 영국 BP와 합작해 만든 러시아 3위의 석유 회사 TNK-BP 지분의 절반을 2012년에 인수하면서 러시아 최대 석유 기업에 올랐다.

유코스 다음 차례는 영국 프로 축구 팀 첼시의 구단주였던 아브라모비치가 소유한 석유 기업 시브네프트였다. 러시아 세무 당국은 시브네프트 최고 경영자를 소환했고, 회사 매입과 세금 납부에 부정이 있다고 지적했다. 평소 친정부 인사였던 아브라모비치는 회사를 내놓으라는 정부의 압력임을 알아차리고 시브네프트를 국영 가스 회사 가스프롬에 130억 달러에 넘겼다. 그는 이로써 호도르콥스키와 달리 막대한 시세 차익과 함께 신체적 자유를 얻었다. 가스프롬은 러시아 최대 기업이 되면서 사업 영역을 가스와 석유뿐만 아니라 언론과 엔터테인먼트, 각종 공익 분야로까지 넓혔다.

푸틴이 에너지 기업을 국유화한 것은 가스프롬(천연가스)과 로스네프트(석유)를 국가 전략 기업으로 만들려는 〈내셔널 챔피언 National Champions〉 계획의 일환이었다. 러시아가 꾸준한 경제 성장을 통해 강대국이 되려면 에너지에 대한 국가 통제를 강화해야 한다는 것이 푸틴의 인식이었다. 2007년 3월 러시아 주간지 『프로필 Profile』은 〈가스프롬은 푸틴의 주요한 무기〉라고 표현했는데, 이는 가스 공급을 중단해 타국을 곤경에 빠뜨릴 수 있는 푸틴의 위세를 빗댄 것이다.

재국유화된 기업의 수장 자리는 푸틴의 뜻에 순종하는 측근들로 채워졌다. 가스프롬 회장은 푸틴의 최대 계파인 상트페테르부르크 사단(일명 페테르 마피아)에 속한 밀레르가 차지했고, 로스네프트는 푸틴의 또 다른 계파인 권력 부서 출신(일명 실로비키)의 세친이 맡아 크렘린의 에너지 통제 구상을 적극 지원했다. 실로비키는 KGB 같은 정보기관과 군대, 경찰 등 권력 및 무력 부서 출신자를 뜻한다.

한편으로 재국유화를 통한 올리가르히에 대한 공격은 푸틴의 인기를 끌어올린 요인이기도 했다. 많은 러시아인이 올리가르히의 불법 축재(蓄財)에 반대하며 민영화 결과를 무효로 해야 한다고 주장했는데 푸틴은 이에 적극 부응한 것이다. 즉 재벌들의 기업을 빼앗아 국가 소유로 되돌리고, 옐친 시절 무소불위의 권력을 휘둘렀던 올리가르히를 꼼짝 못 하게 만드는 푸틴의 용병술에 러시아 국민은 환호했다. 반면 서방의 평가는 민간 기업들을 압박하는 러시아가 〈약탈 국가 predatory state〉의 면모를 드러냈다며 부정적이었다. 실제 유코스 사태를 계기로 올리가르히와 정부 간의 균형추는 정부 쪽으로 기울었다. 푸틴과 대면한 재벌들이 고개를 떨군 채 눈치를 보며 답변하는 장면이 텔레비전을 통해 중계되었다. 정부가 마음만 먹으면 회사 주인을 갈아 치울 수 있는 분위기가 되면서 올리가르히는 푸틴 앞에서 숨죽여 지내는 신세가 되었다.

유코스 사태를 계기로 러시아 기업인 중에는 푸틴과 가까운 인사들만 살아남는 게 정설이 되었다. 푸틴 집권 후 체첸과의 전쟁을 비난한 미디어 재벌 구신스키는 이스라엘로 도망쳤고, 옐친 시절 정계를 주물렀던 베레좁스키는 영국으로 망명해 해외에서 푸틴 공격의 선봉장이 되었다. 하지만 그는 러시아에 남겨진 재산을 다 빼앗기고 정보기관의 추적을 받는 상황에 내몰리면서 2013년 3월 사실상 파산 상태로 자택에서 숨진 채 발견되었다.

반면에 푸틴과 연줄이 있는 사람들은 정권의 비호 속에 기업을 운영하며 사세(社勢)를 키웠다. 스위스 제네바에 본사를 둔 에너지 유통 기업 군보르는 2000년대 후반부터 러시아 석유 수출의 대부분을 담당했다. 군보르는 회계 장부도 공개하지 않던 정체 불명의 회사였는데 갑자기 성장한 배경에는 군보르의 창업주이자 회장인 팀첸코가 푸틴과 가깝기 때문이었다. 이들은 1952년생 동갑으로 KGB에서 한솥밥을 먹었고, 푸틴이 1990년대 초반 상트페테르부르크시 대외 부시장을 지낼 때 사업적으로 인연을 맺었다. 당시 영국 매체는 푸틴이 가스프롬 지분뿐만 아니라 군보르의 주식 75퍼센트를 가진 사실상의 소유주라고 보도하기도 했다.

　로텐베르크 형제는 송유관과 발전 설비를 짓는 건설 회사 스트로이가즈몬타시를 세웠는데 이들은 정부의 건설 사업을 대거 수주하면서 큰 부를 축적했다. 이 중에는 러시아와 독일 북부를 해저로 연결하는 〈노르트 스트림〉 가스관처럼 가스프롬이 발주한 대규모 프로젝트도 포함되었다. 이들 형제는 푸틴과 어릴 적부터 상트페테르부르크에서 함께 유도를 하며 우정을 쌓았고, 서로를 봐주는 사이로 성장한 것이다. 러시아에서는 유도를 통해 푸틴과의 밀월을 뜻하는 〈유도크라시judocracy〉라는 용어가 생길 정도였다.

　올리가르히는 언제 재산을 빼앗길지 모르는 상황에서 영국 런던에 거처를 두고 모스크바를 오가며 이중생활을 하는 사례가 많았다. 이로 인해 런던은 〈런던그라드londongrad〉로 불렸는데, 이는 〈런던london〉에다 러시아어로 도시를 뜻하는 〈그라드grad〉를 붙인 조어다. 베레좁스키와 아브라모비치를 포함해 돈깨나 있는 러시아인들은 런던에 터를 잡았다. 이는 영국 당국이 망명자에게 관대해 죄를 짓고도 러시아로 송환될 위험이 적고, 합법적인 세금 회피가 가능하기 때문이다. 또한 해외 거주자로 등록되어 있으면 외국에서 발생하는 소득에 대해서는 세금을 내지 않는다. 러시아에서 변고가 생기면 언제든지 영국으로 튈 수 있는 장점도 있었다.

　푸틴은 대외 관계에서도 자신과 친한 연줄을 적극적으로 활용했다. 대표적인 예가 2006년 새해 벽두부터 있은 우크라이나에 대한 천연가스 공급 중단 때였다. 우크라이나 대선에서 친서방 후보가 당선되자 러시아는 보복을 서둘렀고, 그중 하나가 가스 가격 인상에 따른 공급 중단이었다. 2006년 1월 1일부로 우크라이나에 가스 공급이 끊기자, 당시 사흘 만에 해결사가 된 것은 크렘린과 연결된 우크라이나의 친러시아 기업이었다.

당시 러시아가 제시한 해법은 꼼수가 담긴 절묘한 것이었는데, 가스프롬이 〈로수크레네르고〉라는 회사에 1000세제곱미터당 230달러로 가스를 판 뒤 이를 다시 우크라이나 국영 가스 회사인 나프토가스에 1000세제곱미터당 135달러가 인하된 95달러에 공급한다는 것이 골자였다. 로수크레네르고는 러시아산뿐만 아니라 투르크메니스탄에서 저가로 가스를 사들여 이들을 상계 처리 한 뒤 1000세제곱미터당 95달러에 나프토가스에 판매하는 것이다. 로수크레네르고는 주로 투르크메니스탄의 천연가스를 동유럽에 수송하는 회사였는데, 가스프롬이 50퍼센트, 우크라이나 재벌인 피르타시가 나머지 지분을 갖고 있었다.

피르타시는 우크라이나에서 정권의 성향을 가리지 않고 친했는데, 특히 러시아와 오랫동안 사업을 하면서 푸틴과도 연결된 것으로 알려졌다. 피르타시가 소유한 기업 집단은 로수크레네르고의 영어 앞 글자를 따서 일명 〈루RUE〉 그룹으로 불렸다. 피르타시는 로수크레네르고가 가스프롬의 가스 사업을 중개하는 데 러시아 내 최대 마피아 조직 수장인 모길레비치와 연결됐다고 증언하기도 했다. 그는 우크라이나 출신의 모길레비치가 루의 숨은 실세라면서 러시아에서의 사업은 모길레비치의 허락을 받아야 했다고 말했다. 실제 모길레비치의 조직은 소련 시절부터 정부와 고위 관료의 자금을 세탁해 해외로 반출하는 일을 맡았는데, 이것이 러시아에 와서도 크렘린의 묵인 아래에 지속되었던 것이다. 모길레비치는 뉴욕 은행과 다른 6개국 금융 기관이 연루된 100억 달러 규모의 돈세탁 혐의로 FBI의 10대 지명 수배자 명단에 오르기도 했다.

그러나 푸틴의 독단에 반발이 없는 것은 아니다. 푸틴의 장기 집권에 대한 일부 시민들의 저항이 커지자 푸틴의 측근들 가운데 문제를 제기하는 사람도 있었다. 예컨대 조선업 등으로 부를 키운 푸가체프의 경우 푸틴의 친구로서 〈크렘린의 출납원〉으로 불릴 정도였지만, 푸틴이 조선업 장악을 목표로 2012년 푸가체프가 소유한 대형 조선소를 몰수하면서 둘의 관계가 틀어졌다. 푸틴은 에너지에 이어 국영 조선업체를 만들고 싶어 했고, 그 대상은 기술력과 규모가 있는 푸가체프의 조선소였다. 푸가체프가 보유한 메즈프롬방크가 러시아 중앙은행의 지원 자금을 상환하지 못하자 2010년 10월 정부는 은행 면허를 취소하고, 상트페테르부르크 항만에 있는 조선소 두 곳에 대한 강제 매각을 진행했다.

러시아 예금 보험원은 푸가체프가 경영난에 빠진 메즈프롬방크를 통해 중앙은행으로부터 막대한 보조금을 받은 뒤 일부를 빼돌렸다며 20억 달러 반환 소송을 런던 법원에 내기도 했다. 반면 푸가체프는 자신의 알짜 조선소가 부당한 경매로 아파트 한 채 수준의 헐값에 매각되었다고 비난했다. 푸가체프는 2014년 『파이낸셜 타임스』와의 인터뷰에서 〈러시아에는 사유 재산이란 게 없다. 러시아 기업들은 푸틴에 속한 농노에 불과하다〉고 주장하기도 했다.

푸틴 정권의 비리를 폭로해 온 대표적인 인물은 변호사 출신의 나발니다. 그는 2007년부터 민주주의를 강조하면서 항의 시위를 주도했고, 2012년 푸틴이 대선에 도전하자 이를 저지하기 위한 맹렬한 투쟁으로 지지를 얻었다. 2013년에는 모스크바 시장 선거에 출마해 시민들의 성금과 자원봉사자들의 활동으로 2위를 차지했다. 비록 푸틴이 미는 후보에 졌지만 당시 37세의 야권 운동가는 푸틴 정권에 위협으로 비쳐졌다. 나발니는 부족한 조직력과 자금을 만회하기 위해 블로그와 유튜브 활동으로 존재감을 높여 왔다. 그는 2016년 10월 푸틴의 딸 예카테리나가 운영하는 재단이 재벌 기업들로부터 수천만 달러를 받았다는 사실을 유튜브를 통해 폭로했다. 이듬해 3월에는 메드베데프 총리의 부정 축재와 호화로운 삶을 담은 영상을 내보내 파장을 일으켰다. 그는 푸틴 측근들의 부패를 폭로하면서 여당인 통합 러시아당을 〈도둑놈과 사기꾼들의 도당〉이라고 비난을 퍼부으며 인지도를 높였다.

푸틴 정권에 위협이 된 나발니는 2020년 8월 시베리아의 톰스크에서 모스크바로 향하는 비행기 안에서 독극물에 감염되어 혼수상태에 빠졌다. 치료차 독일 베를린으로 긴급 이송된 나발니는 다행히 살아났지만 언제 죽을지 모를 위협에 시달리게 되었다. 세계적으로 금지된 약물인 〈노비촉〉이 사용된 점에서 공격의 배후가 푸틴과 정보기관일 것으로 서방 언론은 전했지만 크렘린은 부인하고 있는 상태다.

2022년 2월 푸틴이 우크라이나를 상대로 일으킨 〈특별 군사 작전〉의 작은 배경 중 하나는 러시아 내의 반정부적 분위기를 외부로 돌리기 위한 전통적인 전술의 일환으로도 볼 수 있다. 2024년 3월 러시아 대선을 앞두고 반푸틴 시위가 재차 격화될지 모르는 상황에서, 우크라이나를 장악해 안보 문제를 해결하는 업적을 남겨 선거 승리의 기반을 쌓으려는 것이다. 물론 단시일에 전쟁을 끝내려는 푸틴의 계산은 맞아떨어지지 않은 가운데 미국과 유럽이 러시아를 상대로 대규모 제재에 나서 어려움이 커지고 있다. 러시아의 주요 기업들을 포함해 푸틴과 친분 있는 인사들이 제재 리스트에 대거 망라되었다. 러시아 정부와 크렘린 관료들은 당연히 대상에 올랐고 푸틴과 가까운 기업인도 상당수다. 푸틴이 가장 신뢰하는 조언자로서 오랫동안 로스네프트의 회장으로 있는 세친을 비롯해 팀첸코, 로텐베르크, 우스마노프 등 푸틴이 친구처럼 지내는 재벌들은 전쟁 직후부터 제재 대상에 포함되었다. 해외에 있는 개인 자산이 동결되었고, 이들의 기업은 서방과 교역하는 데 제한을 받을 수밖에 없게 되었다.

다른 아제모을루 미국 매사추세츠 공과 대학 경제학과 교수는

2012년 그의 저서에서 권력이 기업을 통제하는 러시아는 여전히 〈착취형〉 체제로 지속적인 성장이 어렵다고 진단한 바 있다. 그는 〈각국의 경제 제도는 포용적이냐, 착취적이냐로 나눌 수 있는데 이를 결정하는 것은 바로 정치 제도〉라면서 〈착취형 모델에서는 당장 성과를 낼 수 있더라도 장기간 지속적인 경제 성장은 어렵다〉고 밝혔다. 착취형 국가에서는 소수 계층이 기득권을 지키기 위해 혁신을 거부하기 때문이다. 그는 〈러시아의 성장은 석유와 가스에 기반한 것으로 크렘린과 몇몇 재벌들에게만 이익을 주는 구조〉라며 〈소련과 비슷한 어려움에 처하게 될 것〉이라고 내다보았다.

지금의 러시아-우크라이나 전쟁은 러시아에 대한 이러한 불길한 전망에 암운을 더욱 드리울지 모른다. 전쟁으로 인해 서방과의 교류가 단절되고 푸틴은 권력을 지키고자 내부 통제에 전념하면서 디지털 산업화 시대에 맞는 발전의 길을 찾기가 힘들어지기 때문이다. 그동안 러시아에서는 권력이 기업들을 통제해 왔지만 전쟁 장기화로 곤경에 처한다면 국제 무대에서 러시아의 위상은 낮아지고, 올리가르히를 포함한 〈푸틴의 사람들〉 역시 충성을 유지하기가 힘들어질 수 있다.

옮긴이의 말

1

『푸틴의 사람들』은 영국의 탐사 언론인 캐서린 벨턴이 2020년에 간행한 책이다. 저자는 16년간 러시아에 체류하면서 『파이낸셜 타임스』와 로이터 같은 유명 언론사의 특파원으로 활동하며 구축한 폭넓은 인맥과 예리한 통찰을 토대로 푸틴 정권의 본질을 낱낱이 해부한다. 출간과 동시에 베스트셀러가 되고, 영국 여러 언론사에서 격찬과 함께 올해의 책으로 선정되었으며, 독일과 프랑스를 비롯한 유럽 8개국에서 번역 출간되었다. 러시아를 비롯한 세계 각지에서 생성된 검은 돈의 행방을 추적해 온 『머니랜드』의 저자 올리버 벌로도 이 책을 〈우리가 지금껏 기다려 왔던 푸틴 관련서〉라고 격찬한 바 있다.

벨턴의 활약상에 관해서는 이 책에서도 언급된 미국의 투자자 브라우더가 이미 증언한 바 있다. 그는 소련 해체 직후 러시아에서 대담한 투자로 큰 성공을 거두었지만, 러시아 기업의 만성적인 회계 부정을 비판하다가 푸틴 정부의 역린을 건드려 탄압을 받았으며, 이 과정에서 감옥에서 동료가 의문사하자 미국 의회에 로비하여 그 가해자를 제재하는 특별법을 제정하기도 했다. 브라우더의 저서 『적색 수배령』

에 따르면 벨턴은 그의 억울한 사정을 취재해 세상에 널리 알린 언론인이었으며, G8 정상 회담에 참석한 푸틴에게 대뜸 그 사건에 대한 돌직구 질문을 던졌을 정도로 당찬 인물로 묘사된다.

『머니랜드』에서 벌로는 우크라이나 유력자의 비리를 비판하는 영화를 제작했지만 명예 훼손 소송 우려로 공개가 불발된 것을 놓고 외국인이 영국 법원을 이용해 언론의 자유를 탄압한다며 한탄했는데, 벨턴도 『푸틴의 사람들』을 간행한 직후에 유사한 일을 겪었다. 우선 아브라모비치가 이 책의 내용 일부에 대해서 명예 훼손 소송을 제기했고 프리드만, 아벤, 치기린스키, 러시아 석유 기업 로스네프트가 연이어 마찬가지로 소송을 제기했다. 이 책의 서두에 소개된 푸가체프의 사례에서 적나라하게 드러났던 크렘린의 길고도 무자비한 사정거리가 여전히 건재함을 보여 주는 일화이다.

2

푸틴에 관해서는 국내외 저자가 저술한 평전과 인터뷰 모음집은 물론이고, 심지어 아동용 전기까지 다양하게 간행되어 있다. 기존의 책들이 대부분 그의 이력을 시간순으로 일목요연하게 서술한 반면, 벨턴의 저서는 그의 이력에서 각별히 주목할 만한 주요 사건들에 대해서 다양한 증언들을 조합해서 다각도로 조명한다는 점이 특징이다. 예를 들어 푸틴의 드레스덴과 상트페테르부르크 시절, 크렘린 진출과 권좌 등극, 체첸 전쟁과 테러 대응, 언론 탄압과 기업 몰수, 제국주의적 야심과 정교회 정책, 에너지 무기화와 영향력 작전, 인접국과의 갈등과 미국 대선 개입 등 아직도 추측이 구구한 내용들을 새로이 조명한다.

특히 제목에 나와 있듯이 푸틴 못지않게 그 주위의 〈사람들〉에 초점을 맞추고, 그중 상당수를 직접 만나 인터뷰함으로써 생생한 증언을 담은 것이 최대 강점이다. 푸틴의 최측근인 야쿠닌과 드 팔렌, 옐친 패밀리의 일원으로 푸틴을 권좌에 올려놓은 유마셰프, 러시아 출신 사업가로 트럼프를 오랫동안 지원한 사테르와 치기린스키, 러시아 최고 부호였다가 푸틴과의 갈등으로 순식간에 몰락한 베레좁스키와 호도르콥스키, 그 외에도 과거 푸틴과 일했던 KGB, 드레스덴, 상트페테르부르크의 관련자들이며, 그저 익명으로만 거론될 수밖에 없었던 여러 내부자와 증인이 저자를 만나 내밀한 이야기를 들려준 것이다.

그중에서도 저자는 푸가체프라는 의외의 인물을 실마리로 삼아서 이야기를 풀어 나간다. 한때 영국 첩보 기관에서도 그 위상을 몰랐을 만큼 대외적으로는 무명이었지만, 실제로는 옐친 패밀리와 각별한 올리가르흐로서 막후에서 큰 영향력을 행사했다. 본인의 주장에 따르면 비리 혐의로 위기에 직면한 옐친 패밀리를 위해 비교적 무명인 푸틴을 발탁하고 천거한 장본인이기도 했다. 저자의 지적처럼 비록 그의 증언을 모두 믿을 수는 없더라도, 지금까지 숱한 추측을 불렀던 푸틴의 갑작스러운 권좌 등극을 둘러싼 수수께끼 가운데 상당 부분이 풀린다는 점에서는 충분히 주목할 만한 가치가 있어 보인다.

푸가체프에 따르면 옐친 패밀리는 푸틴을 만만한 꼭두각시로 여기고 정권을 넘겼지만, 이후 구정권의 그늘에서 벗어난 푸틴은 자의적으로 권력을 휘두르기 시작했다. 급기야 KGB 출신자부터 범죄 조직원까지 망라한 푸틴의 〈사람들〉이 전면으로 나서면서 러시아의 정치와 경제를 장악하고 전 세계와 갈등을 빚기 시작했다. 결국 우크라이나 전쟁을 거치며 본격적인 신냉전 시대에 돌입한 오늘날에 와서 돌아보면, 이 모든 문제의 원인이 무려 옐친 정권으로, 그보다 앞선 소련 해체로, 그보다 앞선 KGB의 이행 준비처럼 무려 반세기 전의 과거로까지 거슬러 올라간다는 점은 그저 놀라움과 한탄을 자아낼 뿐이다.

저자 역시 KGB의 복귀와 독재 정권의 확립을 거치며 러시아가

30년 전으로 돌아갔다고 지적했는데, 그러면서도 푸틴 정권이 구소련의 실패를 반복할 수밖에 없는 운명이라고 진단했다는 점은 흥미롭다. 다만 이 통찰이 실현되려면 러시아 국민의 각성이 필수적인데, 푸틴의 국가 장악이 진행되던 20년 전에는 (폴리트콥스카야의 한탄처럼) 그들도 긴 공산주의 독재와 갑작스런 자본주의 도입의 충격으로 체념에 빠져 무력하기만 했었다. 그나마 최근 우크라이나 전쟁으로 인한 징집으로 비교적 큰 반발이 일었는데, 장차 러시아 국민이 푸틴 정권과의 오랜 암묵적 협정을 깨고 변화를 선택할지가 주목된다.

또 다른 변수는 푸틴 본인이다. 권좌에 오른 이후로는 마치 호랑이 등에 올라탄 격이 되어 하차하고 싶어도 못 하고 질주하다가 지금에 이르렀지만, 이제는 건강 문제를 비롯해 노쇠의 징후가 드러나며 정권의 종말도 멀지 않아 보이기 때문이다. 푸틴이 물러나면 러시아는 과연 어디로 가게 될까? 앞서 말했듯 러시아 국민의 각성으로 민주주의가 회복된다면 무엇보다 다행스러운 일이겠지만, 과거 옐친이 푸틴을 깜짝 발탁했듯이 또 다른 의외의 후계자가 등장할 가능성도 완전히 배제할 수는 없을 것이다. 그렇기에 지금의 우리로선 〈푸틴의 사람들〉에게 주목해야 할 이유가 특히나 많다고도 말할 수 있겠다.

3

이 책의 번역에는 윌리엄 콜린스 출판사의 초판본 하드커버(2020)와 페이퍼백(2021)을 사용했다. 많은 이야기를 하다 보니 분량 자체도 많은데, 푸틴 정권의 이력을 되짚어 가며 자세히 분석하는 책의 특징상 러시아의 최근 역사며 상황에 친숙하지 않은 독자에게는 따라가기가 벅찰 수도 있겠다는 판단이 들었다. 이에 편집부와 상의하여 소련의 해체부터 푸틴 정권의 현재까지에 대한 일목요연한 배경 설명은 별도의 해제로 제공하고, 원서에는 없었던 연보를 편의상 추가했다. 여기에 저자가 서두에 정리한 인물 소개까지 함께 활용한다면 『푸틴의 사람들』의 진가를 누구나 충분히 만끽할 수 있으리라 생각한다.

박중서

찾아보기

레베데프, 플라톤 349~351, 353, 374, 443, 702
레신, 미하일 304
레이먼드, 리 352~353, 375
로제프스키, 이고리 584~585
로텐베르크, 아르카디 24, 36, 543~544, 562, 578, 682, 731
롤두긴, 세르게이 571~576, 615
루샤일로, 블라디미르 244~246
루시코프, 유리 198, 200, 205, 210, 222, 226, 237~238, 241, 243, 247, 249~251, 256, 259, 295~296, 650, 727
루찬스키, 그리고리 118
루치아니, 앨프리드 646
리가체프, 예고르 334
리바추크, 올레흐 479~480, 483~487, 496
리볼로프레프, 드미트리 671, 691
리빈, 예브게니 331, 333, 350
리트비넨코, 알렉산드르 220, 636

마그니츠키, 세르게이 591, 677
마네비치, 미하일 167~168
마르코프, 세르게이 391, 679
마슈케비치 알렉산드르 663, 668, 670,
마스하도프, 아슬란 305, 367~368, 387, 391
말로폐예프, 콘스탄틴 476, 602~605, 607, 609~612, 614~616, 621~623, 631~632, 703
말로프, 예브게니 149~150
매케인, 존 407~408, 539
먀진, 이반 587~588, 590, 592, 715
메드베데프, 드미트리 24, 371~372, 441~442, 459, 480~481, 485, 531~532, 534~538, 540~543, 545, 548, 551, 634, 638, 711
메드베데프, 알렉산드르 331, 493
메르켈, 앙겔라 561, 567, 686
멜론, 짐 629~630
모길레비치, 세묜 26~27, 37, 488~491, 593~595, 597, 645~646, 649, 655, 657, 659~662, 691, 694, 709
모드로, 한스 63, 73, 90

미서모어, 브루스 415~416, 421~422
미셸, 크리스티앙 97, 117, 121, 131, 138, 291~292, 335, 405~406
미하일로프, 세르게이 27, 488, 667~668, 709
밀레르, 알렉세이 323, 375, 377, 432, 462, 464, 577
밀로프, 블라디미르 329, 427, 450~451, 459~462, 719
밀시테인, 미하일 114~116, 128, 642~643, 647, 650
밀케, 에리히 74~75, 79~82

바라예프, 모브사르 361~362, 367
바르니히, 마티아스 69, 83, 165, 417, 456, 585, 621
바빌로프, 안드레이 183, 195, 266, 340
바실리예프, 세르게이 167
바이사로프, 루슬란 548, 550
바카틴, 바딤 129~130
바토스스키, 콘스탄틴 607, 609, 610, 613
바투리나, 옐레나 249
뱅크스, 애런 628~629
베레좁스키, 보리스 25, 32~33, 38, 137~138, 187, 201, 202, 206, 218~221, 227, 230, 245, 247~250, 289, 291, 294~297, 300~302, 305~306, 308, 309~311, 319~320, 324, 360, 460, 469, 497, 515, 636, 701, 727
베를루스코니, 실비오 495~496, 621~622
베셀니츠카야, 나탈리야 676~677
베셀롭스키, 레오니트 106~109, 124
벡셀베르크, 빅토르 578, 691
벨콥스키, 스타니슬라프 347
보그단치코프, 세르게이 289, 340
보로딘, 파벨 186, 192~193, 196~198, 202, 204, 213, 221, 229, 281
보르듀자, 니콜라이 199~200, 202
보리소비치, 로만 586
볼로신, 알렉산드르 25, 206~207, 209, 223, 227, 266, 273, 283, 285, 297~298, 309~311, 324~325, 343, 348, 370~373,

177, 289, 291~292, 301, 319~321,
328~329, 331~344, 346~358, 360, 370,
372~374, 376~377, 403~417, 421,
423~424, 426~427, 431~432, 436,
438~443, 445, 450, 452~454, 473, 478,
497, 501~502, 512~515, 517, 542, 688,
701~702, 707, 713, 722~725

옮긴이 **박중서** 출판 기획가 및 번역가. 한국저작권센터KCC에서 근무했으며, 〈책에 대한 책〉 시리즈를 기획했다. 옮긴 책으로는 『불멸의 열쇠』, 『빌 브라이슨 언어의 탄생』, 『거의 모든 사생활의 역사』, 『모든 용서는 아름다운가』, 『안드로이드는 전기양의 꿈을 꾸는가?』, 『무신론자를 위한 종교』, 『지식의 역사』, 『과학적 경험의 다양성』, 『런던 자연사 박물관』, 『신화의 시대』, 『끝없는 탐구』, 『인간의 본성에 관한 10가지 이론』, 『대구』, 『언어의 천재들』 등이 있다.

푸틴의 사람들

발행일 2023년 5월 5일 초판 1쇄

지은이 캐서린 벨턴
옮긴이 박중서
발행인 홍예빈 · 홍유진
발행처 주식회사 열린책들

경기도 파주시 문발로 253 파주출판도시
전화 031-955-4000 팩스 031-955-4004
www.openbooks.co.kr

Copyright (C) 주식회사 열린책들, 2023, *Printed in Korea.*
ISBN 978-89-329-2335-2 03300